国家社科基金
GUOJIA SHEKE JIJIN HOUQI ZIZHU XIANGMU
后期资助项目

下靳史前墓地

The Prehistoric Cemetery of Xiajin

山西省考古研究院 山西博物院　编著

上海古籍出版社

2018年度国家社科基金后期资助项目（18FKG002）

国家社科基金后期资助项目
出版说明

  后期资助项目是国家社科基金设立的一类重要项目，旨在鼓励广大社科研究者潜心治学，支持基础研究多出优秀成果。它是经过严格评审，从接近完成的科研成果中遴选立项的。为扩大后期资助项目的影响，更好地推动学术发展，促进成果转化，全国哲学社会科学工作办公室按照"统一设计、统一标识、统一版式、形成系列"的总体要求，组织出版国家社科基金后期资助项目成果。

全国哲学社会科学工作办公室

序

下靳史前墓地的田野考古发掘工作始于1998年,其时山西临汾尧庙乡下靳村在村北建设大型砖厂,施工中发现古墓葬。中国社会科学院考古研究所山西工作队和山西省考古研究所先后对其进行了抢救性考古发掘。

考古发掘工作伊始,时任山西省考古研究所副所长石金鸣先生即制定了科学的发掘计划,把下靳墓地发掘工作作为山西考古的一项重大课题,将之与塔儿山下的陶寺、距砖厂不远的尧庙及"尧都平阳"紧密联系起来,思考其文化内涵和价值,尽可能对墓葬资料做了详细记录和采集。他还着眼长远,对M76进行套箱搬迁,以便日后做进一步展示与研究。时隔多年,2004年山西博物院建成开放,石金鸣先生被任命为山西博物院院长,M76随之搬迁至文明摇篮展厅陈列展示,使社会公众得以对史前墓葬有更直观的认识。

2003年10月,山西省考古研究所所长石金鸣受命筹建山西博物院,山西省考古研究所副所长宋建忠被任命为常务副所长,并受石金鸣所长委托主持省考古所日常工作,两人均面临大量行政事务性工作,整理工作陷入停顿。2011年,省考古研究所所长宋建忠先生从全所角度审视考古发掘资料整理工作,加快清理考古资料整理旧账,委托基建考古室郭智勇系统筹划资料整理事宜。郭智勇研学史前考古,有较好的史前考古理论和实践基础,他分步骤、按计划很快完成初稿的整理。为加快出版进度,他还申请了国家社科基金后期资助项目,并获得成功。

下靳墓地和陶寺墓地均分布在古文献记载的唐尧部族活动区域。下靳墓地涉及墓葬500余座,出土玉(石)器近200件,丰富了陶寺文化研究的内容,有助于唐尧文化学术课题的深入研究;有利于探索早期玉石之路的线路走向;对探索山西地区乃至中华古代文明的起源、进程与模式有重要参考意义。何努先生认为,《下靳史前墓地》是《襄汾陶寺——1978~1985年考古发掘报告》发表之后,有关陶寺文化墓地的又一批重要考古资料,关系陶寺文化基层聚落,特别是很可能关系特殊功能(码头)遗址——东邓遗址社会组织方面的考古资料,对于深入探索陶寺邦国社会地方组织、社会等级关系等,具有很高的学术价值。其他诸如墓葬的分布规律以及被野蛮盗扰等现象也值得学界思考和探索。

　　本报告尊重发掘初始,翔实报道,客观叙述,规范写作,分析到位,有助于学界同仁更好地利用材料,结合史前其他地区考古发掘资料做更深入的研究。编写者还提出了一些墓地可能反映的学术课题,以期抛砖引玉。尽管如此,本报告对材料的整体分析和把握难免会有所疏漏,错误也在所难免。在此,烦请各位同仁和学者多多担待!

　　本报告的出版,要感谢所有参与和支持发掘工作的领导和同志!感谢石金鸣、宋建忠两位先生对后继编写者的信任!感谢所有参与编写的老师和同仁!

　　是为序。

山西省考古研究院院长　王晓毅

目　录

序……………………………………………………………………………………………… ⅰ

第一章　墓地概述…………………………………………………………………………… 1
　　第一节　自然环境…………………………………………………………………… 1
　　第二节　历史沿革…………………………………………………………………… 3
　　第三节　发现、勘探与发掘………………………………………………………… 5
　　第四节　资料整理与报告编写……………………………………………………… 6

第二章　墓葬分述…………………………………………………………………………… 8
　　第一节　发掘概况…………………………………………………………………… 8
　　第二节　地层堆积…………………………………………………………………… 9
　　第三节　墓葬分述…………………………………………………………………… 12

第三章　墓葬研究………………………………………………………………………… 335
　　第一节　墓葬分类………………………………………………………………… 335
　　第二节　A类墓葬的特点………………………………………………………… 335
　　第三节　B类墓葬的特点………………………………………………………… 337
　　第四节　A、B类墓葬比较研究………………………………………………… 338

第四章　人骨研究………………………………………………………………………… 340
　　第一节　人骨特征与病理分析…………………………………………………… 340
　　第二节　人类牙釉质锶氧碳同位素分析………………………………………… 420
　　第三节　线粒体DNA检测分析………………………………………………… 427

第五章　随葬品研究·· 436

　　第一节　陶器·· 437

　　第二节　玉石器·· 438

　　第三节　骨、蚌、牙器·· 477

第六章　墓地认识和讨论·· 482

　　第一节　年代推断·· 482

　　第二节　文化属性分析·· 484

　　第三节　随葬品文化因素分析·· 486

　　第四节　其他相关问题探讨·· 488

附录：墓葬登记表·· 489

Abstract··· 519

后记··· 521

插 图 目 录

图一　下靳墓地地理位置示意图…………… 2

图二　发掘区位置示意图………………… 9

图三……………………………………… 插页

图四　M1平、剖面图　…………………… 13

图五　M2平、剖面图　…………………… 13

图六　M3平、剖面图　…………………… 14

图七　M4平、剖面图　…………………… 15

图八　M5平、剖面图　…………………… 16

图九　M3、M5出土器物图 ……………… 16

图一〇　M6平、剖面图　………………… 17

图一一　M7平、剖面图　………………… 18

图一二　M8平、剖面图　………………… 18

图一三　M11平、剖面图 ………………… 19

图一四　M12平、剖面图 ………………… 20

图一五　M12器物 ………………………… 21

图一六　M13平、剖面图 ………………… 22

图一七　M15平、剖面图 ………………… 23

图一八　M16平、剖面图 ………………… 24

图一九　M15、M16出土器物图 ………… 25

图二〇　M20平、剖面图 ………………… 26

图二一　M22平、剖面图 ………………… 27

图二二　M23平、剖面图 ………………… 27

图二三　M26平、剖面图 ………………… 28

图二四　M28平、剖面图 ………………… 29

图二五　M29平、剖面图 ………………… 30

图二六　M30平、剖面图 ………………… 31

图二七　M20、M30出土器物图 ………… 31

图二八　M32平、剖面图 ………………… 32

图二九　M35平、剖面图 ………………… 33

图三〇　M38平、剖面图 ………………… 34

图三一　M39平、剖面图 ………………… 35

图三二　M41平、剖面图 ………………… 36

图三三　M44平、剖面图 ………………… 37

图三四　M44出土器物图 ………………… 38

图三五　M45平、剖面图 ………………… 39

图三六　M45出土器物图 ………………… 39

图三七　M47平、剖面图 ………………… 40

图三八　M47出土器物图 ………………… 41

图三九　M48平、剖面图 ………………… 42

图四〇　M48出土器物图 ………………… 43

图四一　M49平、剖面图 ………………… 44

图四二　M50平、剖面图 ………………… 44

图四三　M49、M50出土器物图 ………… 45

图四五　M54平、剖面图 ………………… 46

图四四　M51平、剖面图 ………………… 46

图四六　M55平、剖面图 ………………… 47

图四七　M55出土器物图 ………………… 47

图四八　M56平、剖面图 ………………… 48

图四九　M57平、剖面图 ………………… 49

图五〇　M56、M57出土器物图 ………… 50

图五一　　M58平、剖面图 …………… 51
图五二　　M59平、剖面图 …………… 52
图五三　　M58、M59出土器物图 ……… 52
图五四　　M60平、剖面图 …………… 53
图五五　　M60出土器物图 …………… 53
图五六　　M66平、剖面图 …………… 55
图五七　　M68平、剖面图 …………… 55
图五八　　M70平、剖面图 …………… 56
图五九　　M66、M70出土器物图 ……… 57
图六〇　　M71平、剖面图 …………… 58
图六一　　M72平、剖面图 …………… 58
图六二　　M73平、剖面图 …………… 59
图六三　　M74平、剖面图 …………… 60
图六四　　M75平、剖面图 …………… 60
图六五　　M76平、剖面图 …………… 61
图六六　　M77平、剖面图 …………… 62
图六七　　M75、M77出土器物图 ……… 63
图六八　　M78平、剖面图 …………… 63
图六九　　M79平、剖面图 …………… 64
图七〇　　M83平、剖面图 …………… 65
图七一　　M83、M85出土器物图 ……… 66
图七二　　M85平、剖面图 …………… 67
图七三　　M87平、剖面图 …………… 68
图七四　　M89平、剖面图 …………… 69
图七五　　M90平、剖面图 …………… 70
图七六　　M91平、剖面图 …………… 71
图七七　　M87、M91出土器物图 ……… 72
图七八　　M92平、剖面图 …………… 72
图七九　　M93平、剖面图 …………… 73
图八〇　　M94平、剖面图 …………… 74
图八一　　M95平、剖面图 …………… 75
图八二　　M97出土器物图 …………… 76
图八三　　M98平、剖面图 …………… 76
图八四　　M100平、剖面图 ………… 77
图八五　　M103平、剖面图 ………… 78

图八六　　M104平、剖面图 ………… 79
图八七　　M105平、剖面图 ………… 80
图八八　　M107平、剖面图 ………… 80
图八九　　M108平、剖面图 ………… 81
图九〇　　M111平、剖面图 ………… 82
图九一　　M112平、剖面图 ………… 83
图九二　　M114平、剖面图 ………… 84
图九三　　M115平、剖面图 ………… 84
图九四　　M98、M115出土器物图 …… 85
图九五　　M108出土器物图 ………… 85
图九六　　M116平、剖面图 ………… 86
图九七　　M119平、剖面图 ………… 87
图九八　　M119出土器物图 ………… 88
图九九　　M122平、剖面图 ………… 89
图一〇〇　M124平、剖面图 ………… 90
图一〇一　M122、M124出土器物图 …… 91
图一〇二　M126平、剖面图 ………… 92
图一〇三　M128平、剖面图 ………… 93
图一〇四　M131平、剖面图 ………… 94
图一〇五　M132平、剖面图 ………… 95
图一〇六　M134平、剖面图 ………… 96
图一〇七　M135平、剖面图 ………… 97
图一〇八　M136平、剖面图 ………… 98
图一〇九　M129、M131、M135、M136出土
　　　　　器物图 ………………… 98
图一一〇　M139平、剖面图 ………… 99
图一一一　M139出土器物图 ………… 100
图一一二　M140平、剖面图 ………… 101
图一一三　M141平、剖面图 ………… 102
图一一四　M141出土器物图 ………… 102
图一一五　M142平、剖面图 ………… 103
图一一六　M143平、剖面图 ………… 104
图一一七　M144平、剖面图 ………… 105
图一一八　M145平、剖面图 ………… 105
图一一九　M144、M145出土器物图 …… 106

图一二〇　M148平、剖面图 …………… 107

图一二一　M149平、剖面图 …………… 108

图一二二　M150平、剖面图 …………… 108

图一二三　M150、M151出土器物图 …… 109

图一二四　M151平、剖面图 …………… 110

图一二五　M152平、剖面图 …………… 110

图一二六　M153平、剖面图 …………… 111

图一二七　M153出土器物图 …………… 112

图一二八　M154平、剖面图 …………… 113

图一二九　M155平、剖面图 …………… 113

图一三〇　M156平、剖面图 …………… 114

图一三一　M158平、剖面图 …………… 115

图一三二　M159平、剖面图 …………… 116

图一三三　M160平、剖面图 …………… 116

图一三四　M161平、剖面图 …………… 117

图一三五　M162平、剖面图 …………… 118

图一三六　M163平、剖面图 …………… 119

图一三七　M164平、剖面图 …………… 119

图一三八　M166平、剖面图 …………… 120

图一三九　M169平、剖面图 …………… 121

图一四〇　M172平、剖面图 …………… 122

图一四一　M173平、剖面图 …………… 122

图一四二　M201平、剖面图 …………… 123

图一四三　M202平、剖面图 …………… 124

图一四四　M204平、剖面图 …………… 125

图一四五　M206平、剖面图 …………… 125

图一四六　M208平、剖面图 …………… 126

图一四七　M210平、剖面图 …………… 127

图一四八　M211平、剖面图 …………… 128

图一四九　M161、M202、M205、M211出土
器物图…………………………… 129

图一五〇　M212平、剖面图 …………… 129

图一五一　M212、M213出土器物图 …… 130

图一五二　M213平、剖面图 …………… 131

图一五三　M214平、剖面图 …………… 132

图一五四　M214出土器物图 …………… 132

图一五五　M215平、剖面图 …………… 133

图一五六　M216平、剖面图 …………… 134

图一五七　M217平、剖面图 …………… 134

图一五八　M218平、剖面图 …………… 135

图一五九　M218出土器物图（一）…… 136

图一六〇　M218出土器物图（二）…… 136

图一六一　M219平、剖面图 …………… 137

图一六二　M221平、剖面图 …………… 138

图一六三　M221出土器物图 …………… 138

图一六四　M222平、剖面图 …………… 139

图一六五　M227平、剖面图 …………… 140

图一六六　M228平、剖面图 …………… 141

图一六七　M229平、剖面图 …………… 142

图一六八　M230平、剖面图 …………… 143

图一六九　M231平、剖面图 …………… 143

图一七〇　M232平、剖面图 …………… 144

图一七一　M227、M229、M232出土器物图
………………………………… 145

图一七二　M233平、剖面图 …………… 146

图一七三　M234平、剖面图 …………… 146

图一七四　M235平、剖面图 …………… 147

图一七五　M234、M235出土器物图 …… 148

图一七六　M236平、剖面图 …………… 148

图一七七　M237平、剖面图 …………… 149

图一七八　M238平、剖面图 …………… 150

图一七九　M240平、剖面图 …………… 150

图一八〇　M241平、剖面图 …………… 151

图一八一　M241出土器物图 …………… 152

图一八二　M242平、剖面图 …………… 153

图一八三　M243平、剖面图 …………… 154

图一八四　M244平、剖面图 …………… 154

图一八五　M245平、剖面图 …………… 155

图一八六　M245出土器物图 …………… 156

图一八七　M246平、剖面图 …………… 157

图一八八　M248平、剖面图 ················ 158

图一八九　M249平、剖面图 ················ 159

图一九〇　M250平、剖面图 ················ 160

图一九一　M250出土器物图 ················ 161

图一九二　M251平、剖面图 ················ 162

图一九三　M252平、剖面图 ················ 163

图一九四　M254平、剖面图 ·········· 164

图一九五　M255平、剖面图 ················ 165

图一九六　M255出土器物图 ················ 165

图一九七　M256平、剖面图 ················ 166

图一九八　M257平、剖面图 ················ 167

图一九九　M258平、剖面图 ················ 168

图二〇〇　M259平、剖面图 ················ 169

图二〇一　M260平、剖面图 ················ 170

图二〇二　M261平、剖面图 ················ 171

图二〇三　M263平、剖面图 ················ 172

图二〇四　M266平、剖面图 ················ 173

图二〇五　M268平、剖面图 ·········· 174

图二〇六　M259、M263、M268出土器物图

　　　　　 ······························· 174

图二〇七　M269平、剖面图 ················ 175

图二〇八　M271平、剖面图 ················ 176

图二〇九　M273平、剖面图 ················ 177

图二一〇　M269、M273出土器物图 ······ 177

图二一一　M269、M273出土器物图 ······ 177

图二一二　M274平、剖面图 ················ 178

图二一三　M275平、剖面图 ················ 179

图二一四　M276平、剖面图 ················ 180

图二一五　M277平、剖面图 ················ 181

图二一六　M278平、剖面图 ················ 181

图二一七　M279平、剖面图 ················ 182

图二一八　M276、M279出土器物图 ······ 182

图二一九　M280平、剖面图 ················ 183

图二二〇　M281平、剖面图 ················ 184

图二二一　M284平、剖面图 ················ 185

图二二二　M285平、剖面图 ················ 186

图二二三　M286平、剖面图 ················ 187

图二二四　M287平、剖面图 ················ 188

图二二五　M288平、剖面图 ················ 189

图二二六　M289平、剖面图 ················ 190

图二二七　M284、M285、M288、M289出土

　　　　　 器物图 ························· 190

图二二八　M290平、剖面图 ················ 191

图二二九　M292平、剖面图 ················ 192

图二三〇　M293平、剖面图 ················ 193

图二三一　M295平、剖面图 ················ 194

图二三二　M297平、剖面图 ················ 194

图二三三　M298平、剖面图 ················ 195

图二三四　M299平、剖面图 ················ 196

图二三五　M300平、剖面图 ················ 197

图二三六　M301平、剖面图 ················ 198

图二三七　M292、M295、M297、M298、

　　　　　 M301出土器物图 ············ 198

图二三八　M302平、剖面图 ················ 199

图二三九　M303平、剖面图 ················ 200

图二四〇　M305平、剖面图 ················ 201

图二四一　M306平、剖面图 ················ 201

图二四二　M308平、剖面图 ················ 202

图二四三　M309平、剖面图 ················ 203

图二四四　M310平、剖面图 ················ 204

图二四五　M311平、剖面图 ················ 204

图二四六　M312平、剖面图 ················ 205

图二四七　M313平、剖面图 ················ 206

图二四八　M314平、剖面图 ················ 206

图二四九　M315平、剖面图 ················ 207

图二五〇　M316平、剖面图 ················ 208

图二五一　M318平、剖面图 ················ 209

图二五二　M319平、剖面图 ················ 209

图二五三　M320平、剖面图 ················ 210

图二五四　M321平、剖面图 ················ 211

图二五五　M322平、剖面图 ………… 211

图二五六　M324平、剖面图 ………… 212

图二五七　M325平、剖面图 ………… 213

图二五八　M326平、剖面图 ………… 214

图二五九　M327平、剖面图 ………… 215

图二六○　M302、M303、M308、M311、

　　　　　M327 出土器物图 ………… 215

图二六一　M328平、剖面图 ………… 216

图二六二　M329平、剖面图 ………… 217

图二六三　M330平、剖面图 ………… 217

图二六四　M331平、剖面图 ………… 218

图二六五　M332平、剖面图 ………… 219

图二六六　M333平、剖面图 ………… 220

图二六七　M334平、剖面图 ………… 220

图二六八　M335平、剖面图 ………… 221

图二六九　M329、M332、M335 出土器物图

　　　　　…………………………… 221

图二七○　M336平、剖面图 ………… 222

图二七一　M337平、剖面图 ………… 223

图二七二　M337出土器物图 ………… 223

图二七三　M338平、剖面图 ………… 224

图二七四　M340平、剖面图 ………… 225

图二七五　M342平、剖面图 ………… 226

图二七六　M344平、剖面图 ………… 227

图二七七　M345平、剖面图 ………… 227

图二七八　M348平、剖面图 ………… 229

图二七九　M349平、剖面图 ………… 229

图二八○　M352平、剖面图 ………… 231

图二八一　M352出土器物图 ………… 231

图二八二　M353平、剖面图 ………… 232

图二八三　M354平、剖面图 ………… 232

图二八四　M357平、剖面图 ………… 233

图二八五　M358平、剖面图 ………… 234

图二八六　M359平、剖面图 ………… 235

图二八七　M361平、剖面图 ………… 236

图二八八　M363平、剖面图 ………… 237

图二八九　M364平、剖面图 ………… 237

图二九○　M365平、剖面图 ………… 238

图二九一　M366平、剖面图 ………… 239

图二九二　M368平、剖面图 ………… 240

图二九三　M358、M366、M368出土器物图

　　　　　…………………………… 240

图二九四　M369平、剖面图 ………… 241

图二九五　M371平、剖面图 ………… 242

图二九六　M372平、剖面图 ………… 243

图二九七　M372出土器物图 ………… 244

图二九八　M373平、剖面图 ………… 244

图二九九　M374平、剖面图 ………… 245

图三○○　M374出土器物图 ………… 246

图三○一　M375平、剖面图 ………… 246

图三○二　M377平、剖面图 ………… 247

图三○三　M378平、剖面图 ………… 248

图三○四　M379平、剖面图 ………… 249

图三○五　M380平、剖面图 ………… 250

图三○六　M381平、剖面图 ………… 250

图三○七　M383平、剖面图 ………… 251

图三○八　M375、M379、M383出土器物图

　　　　　…………………………… 252

图三○九　M384平、剖面图 ………… 253

图三一○　M385平、剖面图 ………… 253

图三一一　M386平、剖面图 ………… 254

图三一二　M387平、剖面图 ………… 255

图三一三　M389平、剖面图 ………… 256

图三一四　M390平、剖面图 ………… 256

图三一五　M392平、剖面图 ………… 257

图三一六　M393平、剖面图 ………… 258

图三一七　M385、M393出土器物图 …… 259

图三一八　M394平、剖面图 ………… 259

图三一九　M395平、剖面图 ………… 260

图三二○　M396平、剖面图 ………… 261

图三二一	M397平、剖面图	··············	261	图三五六	M438平、剖面图	··············	287
图三二二	M399平、剖面图	··············	262	图三五七	M439平、剖面图	··············	288
图三二三	M400平、剖面图	··············	263	图三五八	M439出土器物图	··············	289
图三二四	M401平、剖面图	··············	264	图三五九	M440平、剖面图	··············	289
图三二五	M394、M401出土器物图	······	264	图三六〇	M440出土器物图	··············	290
图三二六	M402平、剖面图	··············	265	图三六一	M445平、剖面图	··············	291
图三二七	M403平、剖面图	··············	266	图三六二	M446平、剖面图	··············	292
图三二八	M404平、剖面图	··············	267	图三六三	M448平、剖面图	··············	293
图三二九	M405平、剖面图	··············	267	图三六四	M449平、剖面图	··············	293
图三三〇	M406平、剖面图	··············	268	图三六五	M452平、剖面图	··············	294
图三三一	M402、M406出土器物图	······	269	图三六六	M458平、剖面图	··············	296
图三三二	M407平、剖面图	··············	270	图三六七	M460平、剖面图	··············	297
图三三三	M408平、剖面图	··············	270	图三六八	M462平、剖面图	··············	298
图三三四	M409平、剖面图	··············	271	图三六九	M463平、剖面图	··············	298
图三三五	M410平、剖面图	··············	272	图三七〇	M466平、剖面图	··············	300
图三三六	M409、M410出土器物图	······	273	图三七一	M467平、剖面图	··············	300
图三三七	M411平、剖面图	··············	273	图三七二	M467出土器物图	··············	301
图三三八	M412平、剖面图	··············	274	图三七三	M471平、剖面图	··············	302
图三三九	M413平、剖面图	··············	274	图三七四	M472平、剖面图	··············	303
图三四〇	M415平、剖面图	··············	275	图三七五	M472出土器物图	··············	303
图三四一	M419平、剖面图	··············	277	图三七六	M473平、剖面图	··············	304
图三四二	M420平、剖面图	··············	277	图三七七	M474平、剖面图	··············	305
图三四三	M421平、剖面图	··············	278	图三七八	M474出土器物图	··············	305
图三四四	M422平、剖面图	··············	279	图三七九	M477平、剖面图	··············	306
图三四五	M423平、剖面图	··············	279	图三八〇	M477出土器物图	··············	307
图三四六	M425平、剖面图	··············	280	图三八一	M478平、剖面图	··············	308
图三四七	M427平、剖面图	··············	281	图三八二	M482平、剖面图	··············	309
图三四八	M428平、剖面图	··············	282	图三八三	M483平、剖面图	··············	310
图三四九	M413、M428出土器物图	······	282	图三八四	M483出土器物图（一）	········	311
图三五〇	M429平、剖面图	··············	283	图三八五	M483出土器物图（二）	······	311
图三五一	M431平、剖面图	··············	284	图三八六	M484平、剖面图	··············	312
图三五二	M432平、剖面图	··············	284	图三八七	M485平、剖面图	··············	313
图三五三	M433平、剖面图	··············	285	图三八八	M486平、剖面图	··············	314
图三五四	M434平、剖面图	··············	286	图三八九	M487平、剖面图	··············	314
图三五五	M437平、剖面图	··············	287	图三九〇	M488平、剖面图	··············	315

图三九一　M489平、剖面图　………… 316

图三九二　M490平、剖面图　………… 317

图三九三　M491平、剖面图　………… 317

图三九四　M492平、剖面图　………… 318

图三九五　M494平、剖面图　………… 319

图三九六　M492、M495出土器物图　…… 320

图三九七　M498平、剖面图　………… 321

图三九八　M499平、剖面图　………… 322

图三九九　M501平、剖面图　………… 323

图四〇〇　M502平、剖面图　………… 323

图四〇一　M503平、剖面图　………… 324

图四〇二　M508平、剖面图　………… 326

图四〇三　M509平、剖面图　………… 326

图四〇四　M510平、剖面图　………… 327

图四〇五　M515平、剖面图　………… 329

图四〇六　M516平、剖面图　………… 329

图四〇七　M515、M516出土器物图　… 330

图四〇八　M518平、剖面图　………… 331

图四〇九　M519平、剖面图　………… 332

图四一〇　M518、M519出土器物图　… 332

图四一一　M522平、剖面图　………… 333

图四一二　下靳墓地居民各年龄段死亡率
　　　　　………………………… 341

图四一三　下靳墓地男女两性死亡年龄
　　　　　分布图………………… 341

图四一四　M051下颌龋齿状况　……… 369

图四一五　M104头骨　………………… 371

图四一六　M257下颌　………………… 371

图四一七　下靳墓地齿列不齐与牙齿形态
　　　　　变异…………………… 373

图四一八　下靳墓地牙齿其他问题……… 373

图四一九　下靳组与新石器时代对比组的
　　　　　树状聚类图…………… 380

图四二〇　下靳组与青铜—铁器时代
　　　　　对比组的树状聚类图……… 383

图四二一　下靳墓地人类牙釉质锶同位素
　　　　　比值…………………… 422

图四二二　下靳人类牙釉质碳氧稳定
　　　　　同位素值散点图………… 424

图四二三　下靳墓地人类牙釉质锶、碳、
　　　　　氧同位素比值散点图……… 426

图四二四　亚欧非人群中的mtDNA遗传
　　　　　谱系…………………… 430

图四二五　陶瓶………………………… 438

图四二六　代表性透闪石质玉器红外
　　　　　光谱图………………… 439

图四二七　代表性蛇纹石样品红外光谱图
　　　　　………………………… 441

图四二八　代表性蚀变大理岩样品红外
　　　　　光谱图………………… 442

图四二九　代表性伊利石质玉样品红外
　　　　　光谱图………………… 444

图四三〇　代表性绿泥石质玉样品红外
　　　　　光谱图………………… 444

图四三一　代表性石英质玉样品红外
　　　　　光谱图………………… 445

图四三二　滑石质玉样品M5：1红外
　　　　　光谱图………………… 445

图四三三　下靳透闪石玉与其他产地透闪
　　　　　石玉微量元素线性判别分析投
　　　　　影图…………………… 449

图四三四　临汾下靳绿松石拉曼图谱…… 453

图四三五　临汾下靳与五处矿源绿松石
　　　　　样品铅锶同位素散点图…… 455

图四三六　Aa型钺　…………………… 458

图四三七　Ab型钺　…………………… 458

图四三八　Ac型钺　…………………… 459

图四三九　Ba型钺　…………………… 459

图四四〇　Bb型钺　…………………… 460

图四四一　Bc型钺　…………………… 460

图四四二　C型钺 ……………………… 461　　图四五一　V形槽玉石器 ………………… 468

图四四三　Aa型璧 ……………………… 462　　图四五二　管 ……………………………… 469

图四四四　Ab、Ac型璧 ………………… 462　　图四五三　璜形器 ………………………… 470

图四四五　B型璧和复合璧 …………… 463　　图四五四　石笄等玉石器 ………………… 471

图四四六　镞 ……………………………… 464　　图四五五　坠饰等玉石器 ………………… 472

图四四七　双孔刀 ………………………… 465　　图四五六　骨镞和骨饰 …………………… 478

图四四八　琮、凿 ……………………… 466　　图四五七　骨簪、骨笄 …………………… 479

图四四九　镶嵌腕饰、有领石环 ………… 467　　图四五八　蚌器 …………………………… 480

图四五○　梯形花边石片、轮形饰 ……… 468　　图四五九　牙器 …………………………… 481

图 版 目 录

图版一　墓地局部照

图版二　工地工作照

图版三　专家学者视察工地

图版四　专家学者视察工地

图版五　各级领导与考古队员合影

图版六　套箱搬迁墓葬

图版七　墓葬清理

图版八　墓葬清理

图版九　墓葬清理

图版一〇　M3

图版一一　M12

图版一二　M17

图版一三　M30

图版一四　M41

图版一五　M45

图版一六　M47

图版一七　M48

图版一八　M50

图版一九　M56

图版二〇　M70

图版二一　M76

图版二二　M91

图版二三　M93

图版二四　M94

图版二五　M98

图版二六　M107

图版二七　M123

图版二八　M124

图版二九　M125

图版三〇　M134

图版三一　M136

图版三二　M139

图版三三　M140、M141

图版三四　M144

图版三五　M145

图版三六　M150、M151

图版三七　M152

图版三八　M153

图版三九　M156

图版四〇　M158

图版四一　M161

图版四二　M173

图版四三　M201、M202

图版四四　M211

图版四五　M212

图版四六　M213、M214

图版四七　M221

图版四八　M227

图版四九　M229

图版五〇　M231

图版五一　M237

图版五二　M241

图版五三　M245

图版五四　M252

图版五五　M253

图版五六　M262

图版五七　M263

图版五八　M268

图版五九　M273

图版六〇　M274

图版六一　M276

图版六二　M281

图版六三　M286

图版六四　M287

图版六五　M289

图版六五　M290

图版六七　M292

图版六八　M295

图版六九　M297

图版七〇　M300

图版七一　M301

图版七二　M302

图版七三　M303

图版七四　M304

图版七五　M306

图版七六　M308

图版七七　M309

图版七八　M310

图版七九　M312

图版八〇　M313

图版八一　M314

图版八二　M315

图版八三　M316

图版八四　M318

图版八五　M320

图版八六　M321

图版八七　M322

图版八八　M325

图版八九　M326

图版九〇　M327

图版九一　M328

图版九二　M332

图版九三　M333

图版九四　M334

图版九五　M335

图版九六　M336

图版九七　M337

图版九八　M338

图版九九　M340

图版一〇〇　M342

图版一〇一　M344

图版一〇二　M350

图版一〇三　M351

图版一〇四　M352

图版一〇五　M355

图版一〇六　M356

图版一〇七　M357

图版一〇八　M359

图版一〇九　M361

图版一一〇　M362

图版一一一　M364

图版一一二　M365

图版一一三　M368

图版一一四　M372

图版一一五　M373

图版一一六　M374

图版一一七　M375

图版一一八　M376

图版一一九　M379

图版一二〇　M382

图版一二一　M383

图版一二二　M385

图版一二三　M386

图版一二四　M387

图版一二五　M389

图版一二六　M391

图版一二七　M392

图版一二八　M393

图版一二九　M394

图版一三〇　M397

图版一三一　M398

图版一三二　M401

图版一三三　M402

图版一三四　M406

图版一三五　M410

图版一三六　M412

图版一三七　M413

图版一三八　M415

图版一三九　M416

图版一四〇　M419

图版一四一　M420

图版一四二　M423

图版一四三　M424

图版一四四　M428

图版一四五　M429

图版一四六　M430

图版一四七　M431

图版一四八　M432

图版一四九　M434

图版一五〇　M436

图版一五一　M442、M443

图版一五二　M444

图版一五三　M445

图版一五四　M450

图版一五五　M452

图版一五六　M458

图版一五七　M460

图版一五八　M462

图版一五九　M463

图版一六〇　M464

图版一六一　M465

图版一六二　M466

图版一六三　M469、M470

图版一六四　M471

图版一六五　M473

图版一六六　M474

图版一六七　M476

图版一六八　M477

图版一六九　M478

图版一七〇　M481

图版一七一　M482

图版一七二　M483

图版一七三　M484

图版一七四　M485

图版一七五　M486

图版一七六　M487

图版一七七　M488

图版一七八　M489

图版一七九　M490

图版一八〇　M491

图版一八一　M494

图版一八二　M498

图版一八三　M499

图版一八四　M500

图版一八五　M501

图版一八六　M502

图版一八七　M503

图版一八八　M504

图版一八九　M505

图版一九〇　M508

图版一九一　M509

图版一九二　M510

图版一九三　M512

图版一九四　M516

图版一九五　M517

图版一九六　M518

图版一九七　M519

图版一九八　M520

图版一九九　M521

图版二〇〇　M522、M523

图版二〇一　A型陶瓶

图版二〇二　A、B、C型陶瓶

图版二〇三　陶罐与木环

图版二〇四　Aa型玉石钺

图版二〇五　Ab型玉石钺

图版二〇六　Ab型玉石钺

图版二〇七　Ab与Ac型玉石钺

图版二〇八　Ac型玉石钺

图版二〇九　Ac型玉石钺

图版二一〇　Ba型玉石钺

图版二一一　Ba型玉石钺

图版二一二　Bb型玉石钺

图版二一三　Bc型玉石钺

图版二一四　Bc、Ca与Cb型玉石钺

图版二一五　Aa型玉石璧

图版二一六　Aa型玉石璧

图版二一七　Ab与Ac型玉石璧

图版二一八　Ac与B型玉石璧

图版二一九　复合玉石璧

图版二二〇　复合玉石璧

图版二二一　A、B型石镞

图版二二二　B、C与D型石镞

图版二二三　双孔石刀

图版二二四　石凿、石琮与石圭

图版二二五　有领石环

图版二二六　绿松石腕饰

图版二二七　轮形石饰、梯形花边石

图版二二八　V形槽玉石器

图版二二九　V形槽玉石器与玉石管

图版二三〇　玉石管

图版二三一　玉石管

图版二三二　玉石璜

图版二三三　玉石璜

图版二三四　玉石璜

图版二三五　玉石璜

图版二三六　石笄与扁条形玉石器

图版二三七　柄形石器、锥形玉器与梭形石饰

图版二三八　梭形石饰、扇形石片与三角形石片

图版二三九　梯形石片、不规则形玉石片与凹形石片饰

图版二四〇　穿孔石片饰、绿松石、钺形石器与玉环

图版二四一　穿孔石片、绿松石饰、石坠饰与琮形石器

图版二四二　骨镞与弧形骨饰

图版二四三　骨饰

图版二四四　骨簪与Ab型骨笄

图版二四五　骨笄

图版二四六　蚌器

图版二四七　A与B型牙器

图版二四八　B与C型牙器

图版二四九　M104头骨

图版二五〇　M277头骨、M51与M145牙齿状况

图版二五一　M162、M172、M229、M241、M257、M259、M275牙齿状况

第一章　墓地概述

第一节　自然环境

下靳村位于临汾市西南约10公里处,属于临汾市尧都区尧庙镇。东南距陶寺遗址约25公里,西隔汾河遥望吕梁山南段。南、北为平坦开阔的临汾盆地,海拔高度450米,属汾河东岸发育良好的河旁台地,土壤肥沃,环境优美。下靳墓地南距下靳村、东北距神刘村约1 500米;西侧紧靠汾河;北侧被宽50、深10米的东西向冲沟破坏;南侧以一条东西向水渠为界;东部已被砖厂连年取土破坏,幸存部分属墓地西部(图一)。

一、地理位置

临汾市位于山西省西南部,东倚太岳,与长治、晋城为邻;西临黄河,与陕西省隔河相望;北起韩信岭,与晋中、吕梁毗连;南与运城接壤。地理坐标为北纬35°23′～36°57′,东经110°22′～112°34′,南北最大纵距170多公里,东西最大横距约200公里,总面积20 275平方公里,占山西省的13%。临汾"东临雷霍,西控河汾,南通秦蜀,北达幽并",地理位置十分重要,自古为兵家必争之地[1]。

临汾市地形轮廓大体呈"凹"字形分布,四周环山,中间为平川,全境分山地、丘陵、盆地三大地形单元。其中,平川面积占19.4%,丘陵面积为51.4%,山地面积占29.2%。临汾盆地纵贯临汾市中部,将整体隆起的高原分为东西两部分山地。东部由北向南为太岳山、中条山,西部是吕梁山脉,海拔多在1 000米以上。最高处太岳山霍山主峰,海拔2 346.8米,最低处乡宁县师家滩,海拔385.1米。境内有黄河、汾河、听水河、沁河、浍河、鄂河、清水河7条河流和郭庄、龙祠、霍泉三大名泉。

临汾市有大小河流200余条,均属黄河水系。流域面积在1 000平方公里以上的有黄河干流、汾河和沁河。黄河干流位于临汾市西侧,为晋、秦天然分界线,全长174公里,流域面积7 739平方公里。汾河纵贯全境中部,流域面积10 286平方公里,是临汾第一大河流。沁河是临汾含沙量最

---

[1]　临汾年鉴编纂委员会:《临汾年鉴(2005)》,方志出版社,2006年。本节内容多引自该书,不另注。

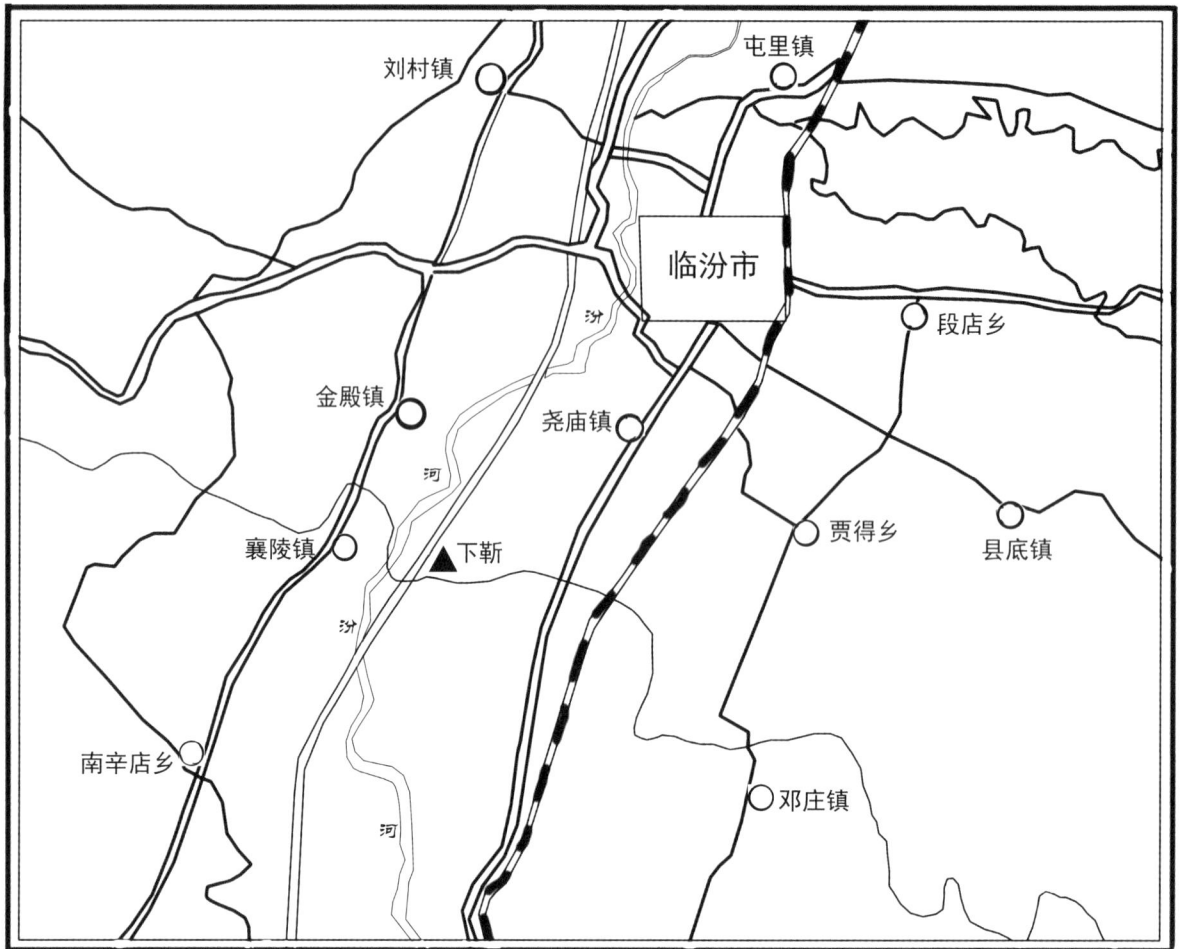

图一　下靳墓地地理位置示意图

小的河系，全长95公里，流域面积2 288平方公里。河流以季节性河流为主，径流量多集中在汛期的7～9月，故形成雨季排洪、旱季断水的特点。在地域分布上，山区大于平川，东山大于西山。

二、地理特征

临汾市地处半干旱、半湿润季风气候区，属温带大陆性气候。气候的主要特征是：冬季寒冷干燥，降雪稀少；春季干旱多风；秋季阴雨连绵；夏季酷热多暴雨，伏天晴雨交错。

受水热条件影响，临汾市土壤发育较完全，形成深重黏化层，养分含量较为丰富。临汾市普遍分布的地带性土壤类型为褐土，此外还有草原草甸土、棕壤土、沼泽土等几种类型。临汾市土地资源丰富，稳产高产肥沃耕地分布集中，由于"二川三山五丘陵"，土地类型多样，宜林草面积大。但森林覆盖率低，水土流失较为严重。

临汾市矿产资源丰富，已探明的矿种有38种，其中燃料矿产2种、金属矿产12种、非金属矿产24种，煤、铁、石膏、石灰岩、白云岩、膨润土、花岗岩、大理石、油页岩、耐火黏土等在全省乃至全国占有重要地位,矿产资源综合优势度为0.73。首屈一指的是煤炭资源,储藏面积1.54万平方公里,总储量960亿吨。铁矿是临汾市第二大矿产资源,总储量4.2亿吨,其中磁铁矿储量1.8亿吨,富矿比例高,占山西省富矿的70%以上。大理石储量1.5亿立方米,石英储量2 000万吨,石膏的远景储量为234亿吨,被誉为"有千种用途黏土"的膨润土分布在临汾市永和县、大宁县、吉县。

三、植被与动物群

临汾市植物资源丰富,除农作物外,已调查到的种子植物有606种,分属97科、386属,占山西省植物区系总种数的62.1%,总科数的81.7%,总属数的79.3%。在植物分布上,东南山区丘陵地带以油松和华山松占优势;东部山地以沙棘、荆条等次生灌草丛植被为主;太岳山区以油松、辽东栎林及次生灌草丛植被为主;临汾盆地以冬麦、棉花等栽培农作物为主;吕梁山以油松、白皮松、辽东栎林及次生灌丛植被为主;西部黄土残塬丘陵植被区以灌丛和草丛为主。临汾森林面积较为贫乏,临汾市森林覆盖率26.3%。其中,天然林面积36.98万公顷,人工林面积36.98万公顷,木材蓄积量86.58万公顷,天然草地面积51万公顷。

临汾市野生动物种类丰富,陆栖脊椎动物300余种,占山西省总种数的74%,其中,鸟类243种,兽类45种,爬行类8种,两栖类4种,分别占山西省总种数的81.1%、61%、44.4%和29%。在临汾市动物种类中,属国家一类保护动物的有白鹤、黑鹤和褐马鸡3种;二类保护动物有金钱豹、原麝、大天鹅、鸳鸯;三类保护动物有青羊、大鸨、金雕、玉带海雕等。

根据相距不远的陶寺遗址孢粉分析和遗址中出土有獐、马、鹿、竹鼠的骨骼,可知4 000多年前这里有暖温带落叶阔叶林,应该属于全新世中期温暖湿润期后段[1]。较为优越的气候和自然环境为下靳先民在此生息繁衍提供了良好保障。

第二节　历 史 沿 革

临汾地区以临汾盆地为中心,北以霍太山与晋中为界,南以峨眉岭与晋南毗邻,西到黄河,东依太行,处于黄河中游,气候温和,土地肥沃,资源丰富,是华夏民族的重要发祥地和黄河文明的摇篮,是我国历史上经济文化发展最早的地区之一。

大约30万年以前,临汾地区就有"丁村人"繁衍、生息。1953年至今,考古学家在丁村发现有3枚人牙化石、1件幼儿顶骨化石及大量的石制品和丰富的动物化石等。

位于临汾吉县境内的柿子滩遗址,是中国目前发现的距今2万～1万年前面积最大、堆积最厚、内涵最丰富的一处原地埋藏遗址,是以典型细石器为主体的旧石器时代晚期文化遗存。2001年至今发现有10余处人类用火遗迹和丰富的石制品、动物化石以及石磨盘、石磨棒和蚌质穿孔装饰品等。

[1] 中国社会科学院考古研究所、山西省临汾市文物局:《襄汾陶寺——1978—1985年考古发掘报告》,文物出版社,2015年,第1161页。

　　临汾地区具代表性的新石器时代早期遗址主要是翼城枣园遗址,距今7 000年左右。陶器常见口沿饰一周红色或红褐色彩带的各种小平底钵、假圈足钵和折沿盆、敛口高领双耳壶、釜、器座等,反映了山西南部早期农耕文化的面貌,是山西目前发现最早的新石器文化遗址。

　　山西境内新石器时代中期遗存主要为仰韶文化,临汾地区发现的仰韶时代早期遗存较多,以侯马褚村遗址早期遗存为代表,陶器以泥质红陶为主,钵、盆、壶、罐、鼎是其基本组合。其他主要遗址有西阳呈、曲沃里村西沟、襄汾丁村、翼城古署、西石桥、北橄等。庙底沟文化是山西仰韶时代中期的代表性文化,距今6 300年左右。陶器以泥质红陶为主,纹饰以宽带、弧线三角、圆点、钩叶、豆荚、斜线等母题构成的黑彩图案最具特色,器物以曲腹盆、双唇小口尖底瓶、敛口钵等为主要组合。山西境内尤其临汾盆地含该文化的遗址十分集中,典型遗址有翼城北橄、洪洞耿壁等。到仰韶时代晚期,灰陶明显增加,直腹罐和大口罐成为新的流行品种,附加堆纹和绳纹最多。临汾地区以1987年经过发掘的襄汾陈郭遗址为代表。

　　距今5 000年左右,山西晋南地区形成了以灰陶为主,篮纹和绳纹为主要纹饰,斝、鼎、釜灶、夹砂罐和小口高领罐为主要组合的庙底沟二期文化。这一时期的遗存主要分布在晋中以南的汾河流域,有垣曲古城东关、宁家坡、侯马东呈王、太谷白燕和汾阳杏花村等典型遗址。

　　距今4 300年前后,山西各地区的考古学文化基本同时进入龙山文化时期。陶器以灰陶为主,纹饰以绳纹为主,平底器和袋足器发达,可分为晋西南(运城地区)、晋南(临汾地区)、晋中和晋东南等地区类型。

　　襄汾县陶寺遗址是临汾地区龙山文化的典型代表,年代为距今4 300～3 900年,发现有城址、房址、水井、窖穴、窑址和部落公共墓地。自1978年秋季以来,陶寺遗址共发掘墓葬1 000余座。根据随葬品的多寡,这些墓葬有大、中、小三个类型。墓葬的大小和随葬品的多寡显示出原始社会氏族成员之间的平等关系已遭破坏,出现了严格的等级制度。这类遗址主要分布在山西南部峨嵋岭以北的临汾盆地,汾河下游、浍河、滏河流域,由于文化特征明显,又被称为"陶寺文化"。

　　山西南部古有"夏墟"之称,是《尚书·禹贡》九州中的"冀州"之地,也是古文献中的"唐""大夏""夏墟"所在。临汾地区属夏文化东下冯类型,其遗物以陶器为主,生活用陶种类齐全,如炊器类鬲、斝、甗、鼎、罐,盛储器尊、盆、簋、豆,酒器盉等,纹饰以绳纹为主。

　　商朝时,洪洞、曲沃等地出土的青铜器,其造型和纹饰等都具有显著的殷商文化特征。发现于浮山桥北的商代墓葬,位于临汾盆地东南缘。

　　西周时期,周成王封弟叔虞于唐(即翼城),因唐境内有晋水,叔虞之子燮父"易唐为晋"。春秋属诸侯国晋,晋文公称霸北方时,晋国的中心就在曲沃、侯马、襄汾一带。战国初期,韩、赵、魏"三家分晋",韩建都平阳。秦统一天下后,改分封制为郡县制,临汾地区属河东郡。西汉时郡国并行,属河东郡司隶部辖。247年(三国魏正始八年)置平阳郡。309年(西晋永嘉三年),刘渊建汉,都平阳。北魏孝昌中置唐州。583年(隋开皇三年),置临汾郡,临汾因此得名,并沿用至今。唐实行道、府、州、县制,618年(武德初年)为晋州。1116年(北宋政和六年),始置平阳府,辖临汾、汾西、洪洞、岳阳、乡宁、赵城、霍邑、浮山、冀氏、和川10县及隰、吉、绛3州。元实行省、路、府(州)、县四级制,为中书省西宣慰司晋宁路(治临汾)。明清重置平阳府,统领35州县,包括临汾、运城两市及晋中市灵石县和吕梁地区石楼县。

1914年,民国政府废府设道,以道辖县,临汾、洪洞、赵城、襄陵、汾城、曲沃、安泽、浮山、翼城、乡宁、吉县、霍县、汾西、隰县、蒲县、大宁、永和等17县属河东道管辖;1927年,废道直属山西省。抗日战争初期,临汾为山西省7个行政区中的第6区。1937年11月,山西省政府迁到吉县。日伪统治时,为冀宁道。抗战胜利后,属太岳区。1948年5月17日临汾解放。1949年2月成立晋南区,属陕甘宁边区政府,同年9月1日改属山西省。

1950年1月6日成立临汾专区。1954年同运城专区合并为晋南专区(驻临汾),辖29县。1970年专区改地区,晋南专区又按原建制划分为临汾、运城两地区。1978年设临汾地区行政公署,辖临汾、侯马2市和16县。1983年临汾县和临汾市合并为临汾市。2000年11月1日撤地设市,成立地级临汾市。

第三节 发现、勘探与发掘

1995年,山西临汾尧庙乡下靳村在村北1 500余米处建起一座大型砖厂,施工人员在取土过程中发现一些古代墓葬,由于起初并未引起重视,持续的取土致使该处墓地被大面积破坏。1997年8月,临汾行署文物局发现古墓破坏现场,此后一场紧张而又有序的保护古墓地的工作陆续展开。

1998年1月,中国社会科学院考古研究所专家考察墓地及部分出土文物后,确认该墓地属于陶寺文化时期。3月10日,临汾行署文物局决定立刻组织力量进行抢救性发掘。3月12日,中国社会科学院考古研究所山西队会同临汾行署文物局开始清理现场。4月6日,专家们向当地政府提出建议,呼吁切实保护墓地,并对墓地周围区域进行勘探,引起各级政府高度重视。自1998年3月12日至4月12日,中国社会科学院考古研究所山西工作队抢救性发掘墓葬53座,发掘工作由梁星彭先生主持,参加工作的有李兆祥、张新智、牛世山、李少英等。

4月13日,山西省文物局指示临汾行署文物局积极与当地政府及有关部门协作,关停砖厂,并做好墓区安全保卫工作,同时将下靳古墓地列入1998年山西省文物局重要田野考古项目,之后,国家文物局、山西省文物局、临汾市政府及相关部门组织人员先后赴墓地调查,并于4月19日采取果断措施彻底停止了砖厂取土,临场清理随之结束,使墓地免遭进一步破坏。

为了搞清墓地的分布范围、保存状况及排列布局,进一步探索与墓葬相应的聚落遗址,4月21日山西省文物局决定由山西省考古研究所牵头会同临汾行署文物局、临汾市文化局组成下靳考古队,详细勘察墓地及周围地区的古文化遗址。随后,省考古研究所派出了以石金鸣副所长为首的考古队赶赴下靳墓地一带进行调查勘探,以便掌握砖厂取土范围内濒临破坏的墓葬,了解墓群的分布范围、保存状况及排列布局,进一步搞清墓地的文化性质和内涵,并通过抢救性发掘使其得到有效保护。4月底,从洛阳市聘请的考古勘探队抵达工地现场,有计划有秩序的勘探工作随即开始。勘探以砖厂范围为中心,向周围逐步辐射,从而界定了墓地范围。

鉴于砖厂西部墓葬已部分暴露,众人皆知,且不法分子已有觊觎之心,而且当地政府及村委会承担着保护任务,刑警、民兵等24小时值守,人力、物力难以长久维持,考古队提出了边勘探边发掘的申请。5月11日,经山西省文物局上报国家文物局批准,下靳考古队开始对砖厂西部梯形地带已暴露的墓地进行抢救性发掘。5月19日,墓地的考古勘探工作全部结束。

为做好下靳墓地的考古发掘与保护工作,本次发掘分两个阶段进行,第一阶段从5月11日至6月10日,清理砖厂停工前已暴露的墓葬,主要在砖厂西部;第二阶段从6月11日至8月10日,发掘经勘探所发现的墓葬及清理过程中新发现的有打破关系的墓葬(图版一至九)。

本次发掘共清理墓葬533座。其中M76人骨架保存较好,墓室内没有受到扰乱,头部、脚端、手腕等处随葬品的位置比较清晰,且右手腕部有1件嵌绿松石和贝饰的宽带状腕饰,较为重要且颇具观赏性。故对M76进行了套箱搬迁,迁至室内,以做进一步展示与研究。M76曾于2005至2021年于山西博物院文明摇篮展厅陈列展示。

考古发掘工作伊始,石金鸣副所长即制定了科学的发掘计划,把下靳墓地的发掘作为山西考古的一项重大课题来做,并将之与塔儿山下的陶寺、距砖厂东北不远的尧庙及隔河相望的"尧都平阳"紧密联系起来,思考其文化内涵和价值。同时发掘过程中认真贯彻文物保护十六字方针——保护为主、抢救第一、合理利用、加强管理;尽量与施工方形成双赢的合作模式,考虑施工方的诉求,给对方节省时间,为此采取了大面积揭露发掘的方法,通过大面积去除耕土层或垫土层,使墓地得到充分暴露,再划出墓圹,依次序进行发掘,并根据发掘的先后顺序给墓葬编号。遇到有叠压打破关系的墓葬,则需判断清楚其早晚关系后再做进一步发掘,所有关系中如有一处未弄清楚则不得下挖。

本次发掘工作严格贯彻《田野考古工作规程》。考古队要求发掘人员必须尽全力获取墓葬的全部信息,责任到人,层层把关;流水作业,程序科学;记录完整,保证安全。墓葬清理由张明菊负责,墓葬记录由冀保金负责。绘图工作在统一标准的原则下,根据发掘和整理情况,墓葬平剖面图由仪张敏、牛秀平、权美丽、马教河等绘制,墓葬平剖面图、器物硫酸纸图由孙先徒绘制。田野照相摄像工作由石金鸣、宋建忠负责。人骨鉴定由石金鸣负责,现场鉴定并及时采集骨骼标本。先后参加发掘的人员有:石金鸣、宋建忠、薛新明、牛秀平、张东斌、王月变、刘粉英、张雪梅、梁淑红、王萍、张明菊、李全贵、宋小斌、狄更飞、李俊杰、李俊峰。

发掘期间,山西省文物局局长郭士星、副局长高可,文物处处长宁立新,山西省考古研究所所长张庆捷,临汾行署文物局李兆祥等多次到现场指导工作,提出很多宝贵意见。山西省文物局、临汾行署文物局、临汾行署文体委、临汾市文化局、尧庙乡政府、尧庙乡派出所、下靳村党支部及村委、神刘村党支部及村委、上靳村党支部及村委、尹村党支部及村委等对发掘工作都给予了有力支持,在此一并谨表谢意。

第四节 资料整理与报告编写

下靳墓地发掘伊始,领队石金鸣先生、执行领队宋建忠先生都非常重视这一项目的资料整理工作,极具课题意识。翻阅当时的工作日记,可以清晰看到扉页上列出了史前研究的一大串参考书目,例如:《中国原始社会史》《汾河湾》《中国通史》《山西考古四十年》等,还复印了有关陶寺文化所发表的相关资料,供全体考古队员参阅和研究使用。

1998年发掘完毕后,两位领队即制定了报告编写提纲,动手整理了部分资料。当时确定的指导思想是:全部资料客观公布,充分利用多种手段,从发掘资料中获取信息,重视多学科互动和综合研究。同年12月,宋建忠、薛新明两位先生在《中国文物报》和《文物》上先后发表了《临汾下靳墓发掘获重要成果》和《山西临汾下靳墓地发掘简报》,1999年梁星彭先生在《考古学报》发表了由中国社会科学院考古研究所山西工作队等发掘的部分墓葬资料。之后宋建忠先生于2003年在《古代文明(第2卷)》上发表了《山西临汾下靳墓地玉石器分析》一文,对下靳墓地出土的玉石器进行了初步探讨。

下靳墓地整理工作开始后,适逢山西省基本建设工作中的抢救性考古发掘工作大量开展,工作紧张,人手不足,事务繁杂。2002年3月,山西省考古研究所领导班子换届,石金鸣荣升所长,宋建忠出任副所长。2003年10月,石金鸣所长又受命筹建山西博物院,宋建忠被任命为常务副所长,并受石金鸣所长委托主持省考古所日常工作,两人均面临大量行政事务性工作,不得不将下靳墓地的资料整理工作暂时搁置。

直至2011年11月初,宋建忠所长从全所角度审视考古发掘资料的整理工作,开始在全所推行并加快清理多年积压的考古报告整理旧账,为此启动了多个发掘报告的编写工作,下靳墓地报告整理工作因此被提上日程,并委托郭智勇全权负责报告的整理与编写工作。之后,开始了对下靳墓地资料的系统整理。

通过全面审视这批资料,郭智勇列出了先前已然完成的相关工作和下一步亟待开展的事项。基础工作需要做的还有绘制墓葬平剖面硫酸纸图、器物硫酸纸图,墓葬和器物描述,人骨综合研究、玉器综合研究,编制墓葬统计表,等等。

整理者秉承全面、科学、客观发表考古发掘资料的原则,通过大量翻阅和借鉴优秀考古发掘报告的编写体例,并结合下靳墓地资料整理工作的实际,最终拟定了目前的编写规范:专题研究与综合研究并行,墓地资料与研究成果分别成章,利用墓葬登记表和墓葬图全面公布墓葬的相关资料,以便为其他学者的研究奠定一个良好的基础。其间,为了使发掘资料得到尽可能全面客观的发表,整理者做了多遍核对。尽管如此,仍难免疏漏。另外,对于相关研究,也只谈了些粗浅认识。因此,资料的全面发布必将为其他学者的后续深入研究提供广阔的空间。

2018年9月,在上海古籍出版社的支持下,《下靳史前墓地》入选国家社科基金后期资助项目,在充分肯定业已做出的工作前提下,项目评审专家从专业角度提出了很多宝贵意见和建议。之后,整理者又用一年多的时间对报告多次修改完善,力求做到最大限度地全面客观公布资料,并将整理过程中的些许思考提出,希望能抛砖引玉,并借此感谢各位社科基金评审专家给予的肯定和鼓励!

第二章　墓　葬　分　述

第一节　发　掘　概　况

下靳村位于临汾市西南约 10 公里处,隶属临汾市尧庙乡,东南距陶寺遗址约 25 公里,西隔汾河遥望吕梁山南段。南、北为平坦开阔的临汾盆地,海拔高度 450 米,属汾河东岸发育良好的河旁台地,土壤肥沃,环境优美。

下靳墓地南距下靳村、东北距神刘村约 1 500 米,西侧紧靠汾河,北侧被宽 50、深 10 米的东西向冲沟破坏,南侧以一条东西向水渠为界。墓地东部已被砖厂连年取土破坏,幸存部分属墓地西部。为工作方便,我们将本次发掘区域编为 A 区,取土坑部分编为 B 区(图二)[1]。

A 区呈不规则梯形,南北宽 20～25 米,东西长 185 米。其中靠近 B 区的东半部墓葬分布稠密,往西则较稀疏。第一阶段的发掘区属 A 区东半部分,为 1998 年 3 月中国社会科学院考古研究所山西队等单位抢救性发掘的墓葬,在 700 余平方米的范围内,中国社会科学院考古研究所山西队清理 53 座[2],山西省考古研究所下靳考古队发掘 158 座。第二阶段的发掘区属 A 区中部和西部,在 1 300 余平方米范围内共发掘墓葬 322 座。两个阶段共计在 2 000 余平方米范围内清理史前墓葬 533 座。本报告主要公布的为山西省考古研究所发掘的 480 座墓葬,但做相关研究时会兼顾两者。

B 区为砖厂取土区域,面积 6 000 余平方米,据反映,在 B 区中部和西部均有墓葬发现,破坏面积可能近 4 000 平方米。依发掘区墓葬分布密度推断,其数量当不少于 1 000 座。

经仔细勘察,墓地 A、B 区以南的田地中基本不再有属于该墓地的墓葬。因此,这次发掘的西、南部已至原墓地的边缘地带,北部虽受到冲沟破坏,但沟边当接近其边缘。墓地原先总面积约 6 000 平方米,墓葬总数在 1 500 座以上,是一处大型墓地。

---

[1]　山西省临汾行署文化局、中国社会科学院考古研究所山西工作队:《山西临汾下靳村陶寺文化墓地发掘报告》,《考古学报》1999 年第 4 期。
[2]　山西省临汾行署文化局、中国社会科学院考古研究所山西工作队:《山西临汾下靳村陶寺文化墓地发掘报告》,《考古学报》1999 年第 4 期。

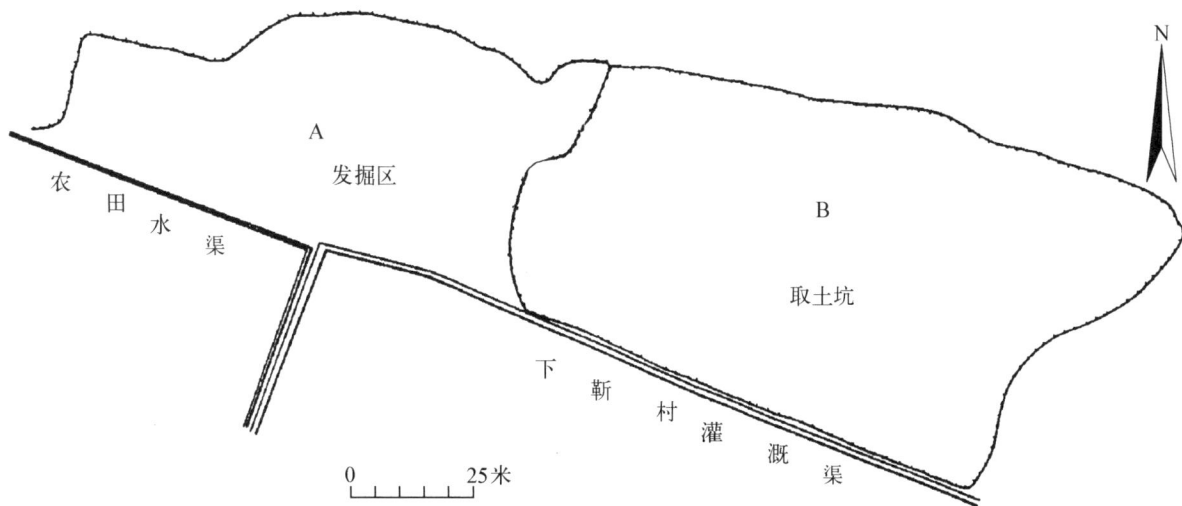

图二 发掘区位置示意图

第二节 地 层 堆 积

下靳史前墓地所在范围内,迄今未见同时期的居址遗迹和其他文化堆积。墓地地层堆积较为简单,第①层,耕土层,厚25～30厘米。土色黄而微红,地面撂荒,未种植农作物。第②层,扰乱层,厚约20厘米,个别地区略厚一些,土色浅红,较松软,颗粒较细。偶见近代瓷片。第③层,深褐色土层,厚20～40厘米,土质较密。未发现遗物。第③层下即为生土[1]。部分墓葬开口于耕土层下。部分区域在耕土层下有扰乱层,其下即是生土层,一部分墓葬的开口即在扰乱层下;也有一部分墓葬已经暴露在外,除去浮土即可清理。这是因为经过多次的平整土地,所有墓口均遭破坏,多数墓残存深度在0.5米以内,有的仅存墓底。大部分墓的开口皆非原貌,绝大多数小型墓基本已到底部,很多遗骸已暴露。在没有第②层的部分区域,有少数墓葬开口在第①层下,打破第③层和生土[2]。墓地南部边缘地带有两条东西向的近代沟渠打破墓地。中部有两条南—北走向的近代不规则沟状堆积打破部分墓葬。

这里的墓葬大部分被扰乱过,但没有明显的地层关系来分析扰乱的年代。不过据现场观察,扰乱的时代可能较早。因为从发掘现场看,扰土与填土没有明显区分,某些墓填土无扰迹,但墓底较乱;扰乱现象比较明显地反映在遗骸的零散分布上,即大部分脱离了解剖部位。

整个墓地被近现代形成的沟和现代水渠破坏,被破坏的区域空无一墓,而没有遭到沟渠破坏的区域墓葬则相对集中(图三)。墓葬按头向主要分为两类,一类为东南向墓葬(即下文所述A

[1] 山西省临汾行署文化局、中国社会科学院考古研究所山西工作队:《山西临汾下靳村陶寺文化墓地发掘报告》,《考古学报》1999年第4期。

[2] 山西省临汾行署文化局、中国社会科学院考古研究所山西工作队:《山西临汾下靳村陶寺文化墓地发掘报告》,《考古学报》1999年第4期。

类);一类为东北向墓葬(即下文所述 B 类),若以墓地南北向的中轴线为界,A 类分布于整个发掘区域,B 类主要分布于发掘区南部,且被 A 类墓葬打破者较多。A 类墓葬之间涉及打破关系的共计48组,涉及墓葬95座;A 类墓葬打破 B 类墓葬的共计110组,涉及墓葬154座;B 类墓葬之间涉及打破关系的共计6组,涉及墓葬12座。

被近代沟打破的墓葬79座,包括 M4、M5、M9、M10、M11、M12、M13、M14、M15、M41、M50、M210、M268、M271、M273、M275、M276、M277、M278、M280、M282、M283、M284、M285、M288、M289、M291、M293、M294、M313、M315、M316、M338、M339、M351、M352、M355、M356、M362、M374、M380、M386、M390、M391、M392、M405、M406、M407、M409、M436、M442、M443、M448、M451、M456、M459、M465、M474、M475、M482、M483、M486、M490、M492、M496、M501、M502、M503、M504、M505、M507、M508、M509、M513、M514、M515、M519、M521、M523。

被现代坑打破的墓葬7座,包括 M45、M129、M130、M384、M399、M400、M401。

被近现代墓葬打破的墓葬7座,包括 M43、M44、M45、M53、M66、M95、M298。

被汉墓打破的墓葬4座,包括 M17、M23、M46、M165。

被现代砖室墓打破的墓葬3座,包括 M239、M240、M266。

被现代水渠打破的墓葬10座,包括 M388、M390、M391、M392、N393、M394、M416、M417、M420、M421。

被砖厂取土打破的墓葬1座,即 M54。

A 类墓葬之间涉及的打破关系如下:

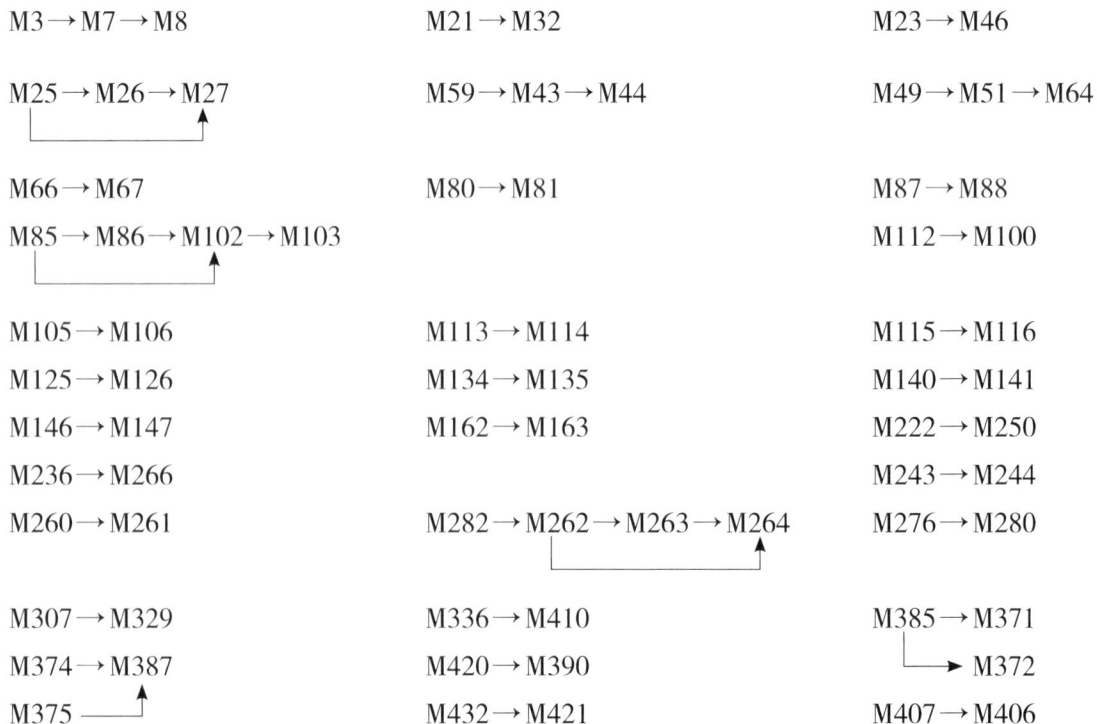

M3→M7→M8   M21→M32   M23→M46

M25→M26→M27   M59→M43→M44   M49→M51→M64

M66→M67   M80→M81   M87→M88

M85→M86→M102→M103   M112→M100

M105→M106   M113→M114   M115→M116

M125→M126   M134→M135   M140→M141

M146→M147   M162→M163   M222→M250

M236→M266   M243→M244

M260→M261   M282→M262→M263→M264 M276→M280

M307→M329   M336→M410   M385→M371

M374→M387   M420→M390   →M372

M375   M432→M421   M407→M406

近代沟渠 G1

现代坑

现代墓　H1

H2

盗洞

砖室墓

24（汉墓）

盗洞

N

近代沟渠 G7

近代沟渠 G8

近代沟渠 G6

近代沟渠 G2

H3

H7

H5

H6

H4

现代水渠

现代水渠

近代沟渠 G9

近代沟渠 G5

近代沟渠 G5

近代沟渠 G4

近代沟渠 G3

图三

M428→M419
　└→ M427

M442→M443
M480→M481

M469→M470
M496→M497

M516→M518　　　SKM6→SKM9　　　SKM7→SKM13

A类墓葬打破B类墓葬的关系如下：

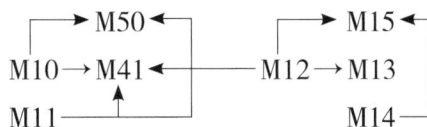

M10→M41←M50←M12→M13→M15
M11　　　　　　　　　　M14

M8→M6
M37→M38
M62→M63
M64
M162→M164
M207→M206
M221→M251
M228→M231
M230
M229→M232
M249→M272
M253　　M271
M258→M259
M273→M274
M289→M290
M303→M304

M345→M404
M346→M357
M343→M344
　　→M403
M457→M458

M470→M471
M460→M462　M464
M461→M463
M466

M23→M166
M40→M39
M66→M68
　→M69
M201→M204
M202
M224→M223
M225
M236→M237
M245→M247→M248
M246
M269→M270

M278→M281
M279

M325→M326

M353→M354
M406

M379→M520
M516

M468　M469
M467→M477
M476
M479　M478

M46→165
　　→166
M147→M148
M153→M149
　　→M154
M212→M252
M213

M241→M242
M250→M251
M254→M257
M255
M275→M256
M285
　　M277
M348→M349

M359→M360
M366→M383
M439→M438
M453→M454
M455

M481
M472→M482
　　→M474
M473

M487→M489　　　　　　　M490→M491　　　　　　M492→M513

M496　　M499　　　　　　M500→M501　　　　　　M512———↗

M498←M497　　　　　　　　　└———→ M502　　　　M507→M508

M495→M494　　　　　　　　M512→M513　　　　　　　└———→ M509

M516→M520　　SKM8→SKM21

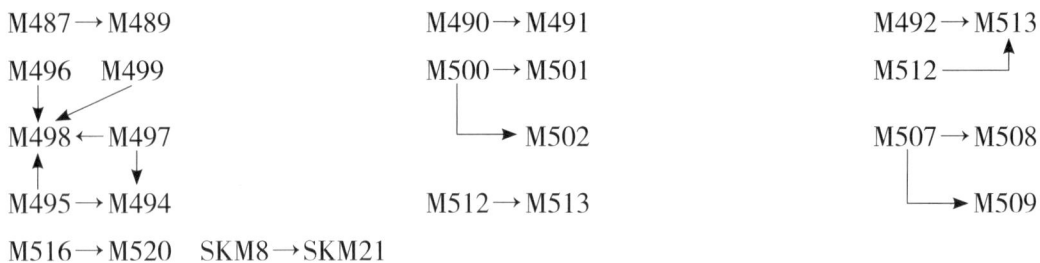

B类墓葬之间涉及的打破关系如下：

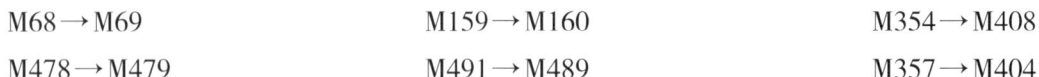

M68→M69　　　　　　　　M159→M160　　　　　　　M354→M408

M478→M479　　　　　　　M491→M489　　　　　　　M357→M404

第三节　墓　葬　分　述

　　墓葬分述基本按照墓向、墓葬结构、葬具、人骨、随葬品的顺序展开介绍。墓葬结构中墓圹的长度和宽度为墓圹口部的最大长度和最大宽度，深度为墓室底部距墓葬现存开口地表的深度。骨架的描述则按照性别、年龄、人骨出土时的放置情况等展开介绍。另外，个别墓葬如M52、M267、M296等属于近现代晚期墓，不在本次介绍范围之内，这也使得墓号没有完全连贯下来。有一些墓葬属于临时清理，墓室已基本到底，空无一物，故未编号。一些墓葬因缺乏完整人骨，对于其墓葬方向的判断主要是基于墓葬的排列规律及残存人骨的位置和人骨痕迹等综合推断的。鉴于个别墓葬已被严重扰乱，仅剩一个竖穴土坑，既无人骨也无随葬品，我们只作介绍或提供原始照相记录，并未刊出线图。墓口距地表超过30厘米，即为开口于扰乱层下，故文中不再单独说明。还有一些墓葬已暴露在外，除去浮土即可清理，故未再标示墓口距地表的深度。

　　山西省考古研究所下靳考古队发掘墓葬的编号为XAM+顺序号，简略为M+顺序号；本报告研究中所涉及中国社会科学院考古研究所山西队等单位抢救性发掘的墓葬原编号为M+顺序号，为使两个单位的编号相互区分，本报告改为SKM+顺序号，更详细的情况请参照原报告[1]。

M1

　　竖穴土坑墓，方向118°。墓圹平面呈圆角长方形，墓口长130、宽40、墓口距地表55、墓深10厘米（图四）。边壁规整较直，口底大小相等，平底。墓室内填红褐花土，葬具不清。

　　人骨扰乱严重，保存极差，仅在墓室东部残存有少量头骨残片。经鉴定为女性，M2磨耗5级，年龄约为42.4岁。葬式及面向不详。

　　墓中未发现随葬品。

---

[1] 山西省临汾行署文化局、中国社会科学院考古研究所山西工作队：《山西临汾下靳村陶寺文化墓地发掘报告》，《考古学报》1999年第4期。

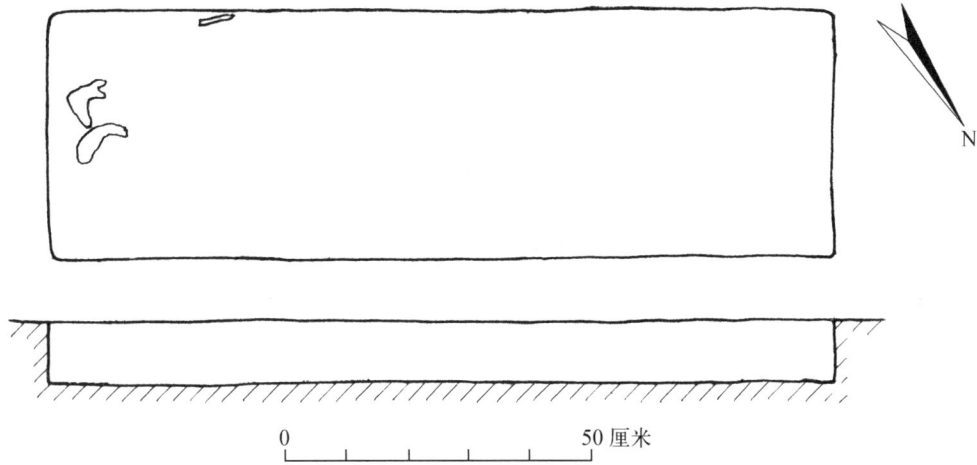

图四 M1平、剖面图

M2

竖穴土坑墓,方向134°。墓圹平面呈圆角梯形,墓口长131、宽43～54、墓口距地表55、墓深54厘米(图五)。墓壁陡直,口底大小相等,墓底平坦。墓室内填红褐花土。

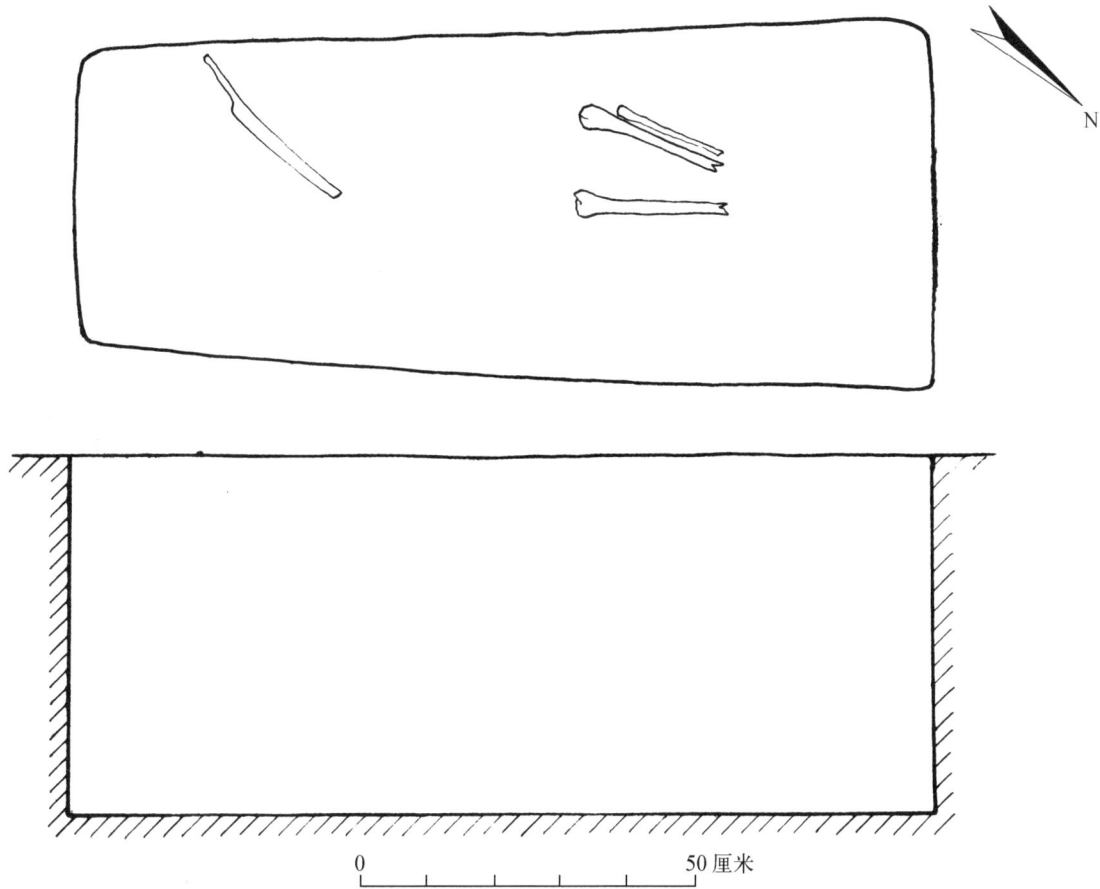

图五 M2平、剖面图

墓中人骨扰乱严重,保存较差,仅存股骨残段、两侧胫骨和左侧腓骨等。性别、年龄不详。葬式及面向亦不清楚。

墓中未发现随葬品。

M3

竖穴土坑墓,方向145°。墓圹平面呈长方形,墓口长210、宽60～64、墓口距地表55、墓深45厘米。墓壁规整,上下垂直,口底大小相等,平底(图六,图版一〇)。打破M7。墓室内填红褐花土,葬具不清。

墓主人为一成年女性,具体年龄不详。葬式为仰身直肢葬,面向不清。头骨不见,上半身骨架凌乱,仅见少量肋骨、桡骨残段等;下肢保存相对完整,两腿伸直,双脚靠拢。

右股骨下端外侧横置1件石钺,M3:1,蛇纹石化大理岩。青灰色,部分区域受沁发白。体近长方形,器体薄厚均匀,双面斜刃,两侧起刃。顶部左角残,中下部断裂。近顶端有一单面实心钻钻孔,通体磨光。长11.4、顶端残宽5、刃端残宽5、厚0.4、孔径0.4厘米(图九,2;图版二一二,1)。

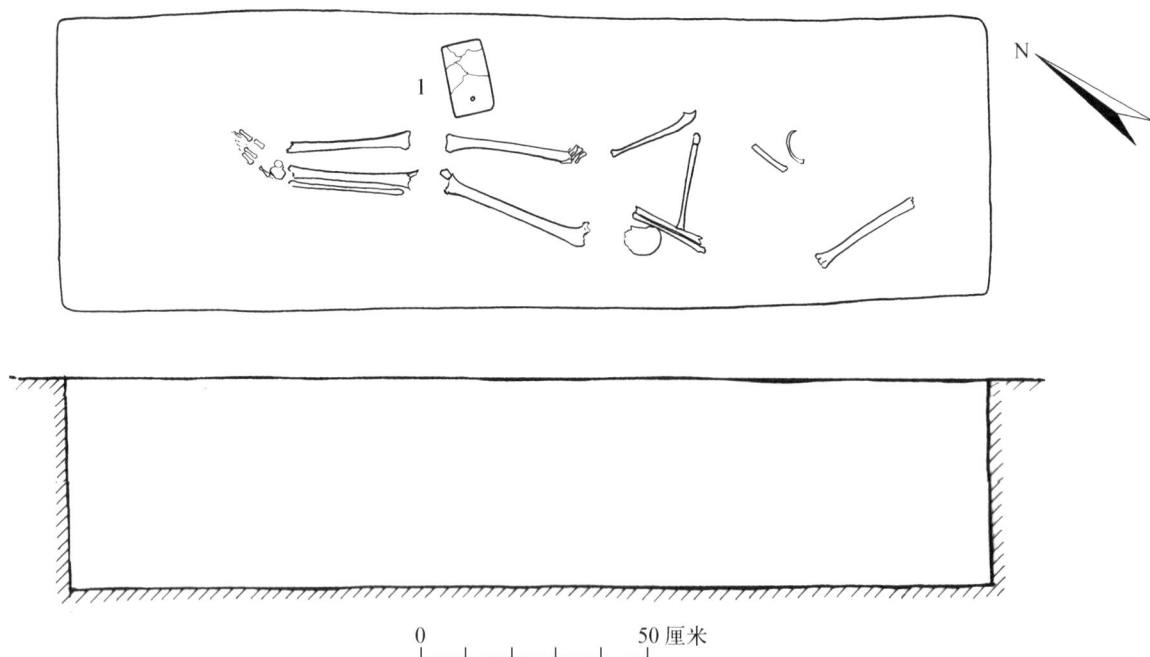

图六　M3平、剖面图

1.石钺(M3:1)

M4

竖穴土坑墓,方向145°。墓圹平面大体呈长方形,墓口长195、宽42～44、墓口距地表55、墓深36厘米(图七)。墓壁规整,上下垂直,口底大小相等,平底。墓葬被扰。墓室内填红褐花土,葬具不清。

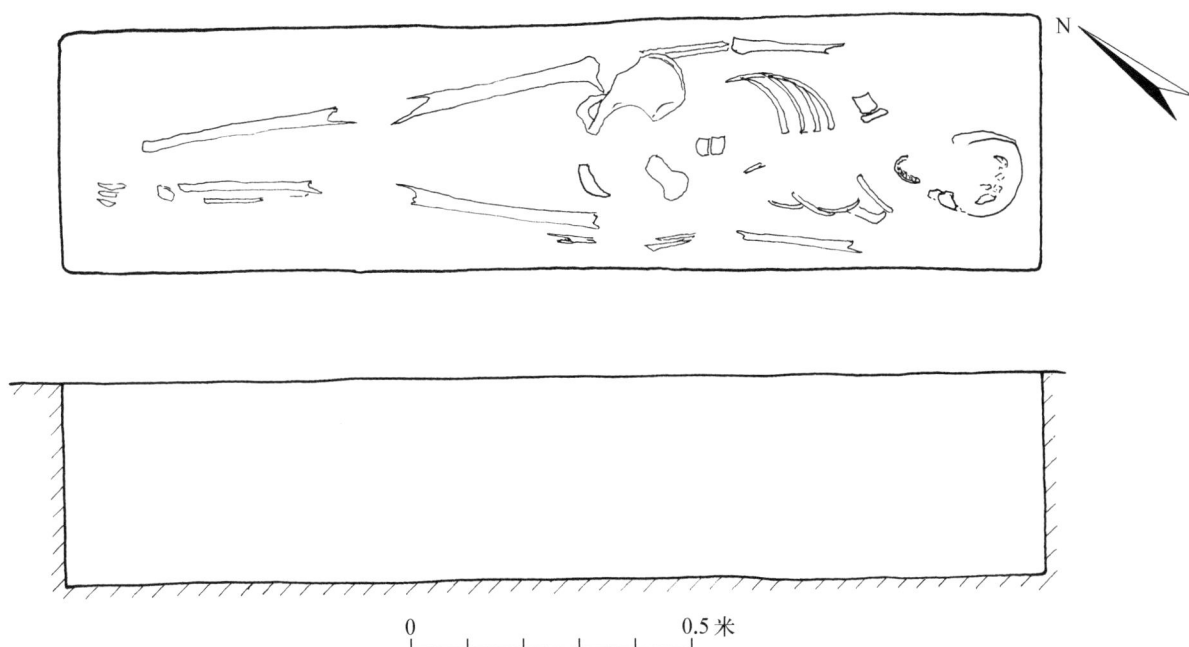

0　　　　　　　　　0.5 米

图七　M4 平、剖面图

墓主人为女性，M₁磨耗Ⅵ级以上，年龄在60岁以上。葬式为仰身直肢葬，头向东南，面部向上，骨骸居于墓室中央，但腐蚀严重，许多细小骨骼无存，只能辨别大体轮廓，两臂伸直，双腿伸展。

墓中未发现随葬品。

M5

竖穴土坑墓，方向143°。东、北墓圹在砖厂取土时遭到破坏，墓口长159、残宽85～106厘米，墓底长147、残宽82～104厘米，墓口距地表80、墓深50厘米（图八）。墓壁斜直，口大底小，平底。被近代沟渠打破。墓室内填红褐花土，葬具不清。

墓主人为女性，M₁磨耗Ⅴ～Ⅵ级，年龄为50～55岁。葬式及面向不详。人骨扰乱严重，骨骸散乱，头骨、下颌骨、左右股骨、肋骨、桡骨、尺骨等各自成堆，杂乱无序。

墓室中部偏东北的地方出土1件穿孔石片饰，梯形，残。M5：1，滑石岩。青绿色，弱蜡状光泽，片状，长端中部双面钻两穿，通体磨光。长3.3、厚0.3厘米，短端残长0.9、长端残长1.7厘米。（图九，1；图版二四〇，1）。

M6

竖穴土坑墓，方向46°。墓圹平面呈长方形，墓口长167、宽48～50、墓口距地表60、墓深70厘米（图一〇）。墓壁陡直，口底大小相等，墓底平坦。被M8打破。墓室填有黄褐花土，葬具不清。

墓主人为女性，M₁磨耗Ⅲ级，年龄在30岁左右。葬式为仰身直肢葬，头向东北，面向东。上肢保存较好，双肩上耸，肋骨排列整齐，两臂伸直，双手放于腿两侧；下肢残缺，左侧腓骨、左右胫

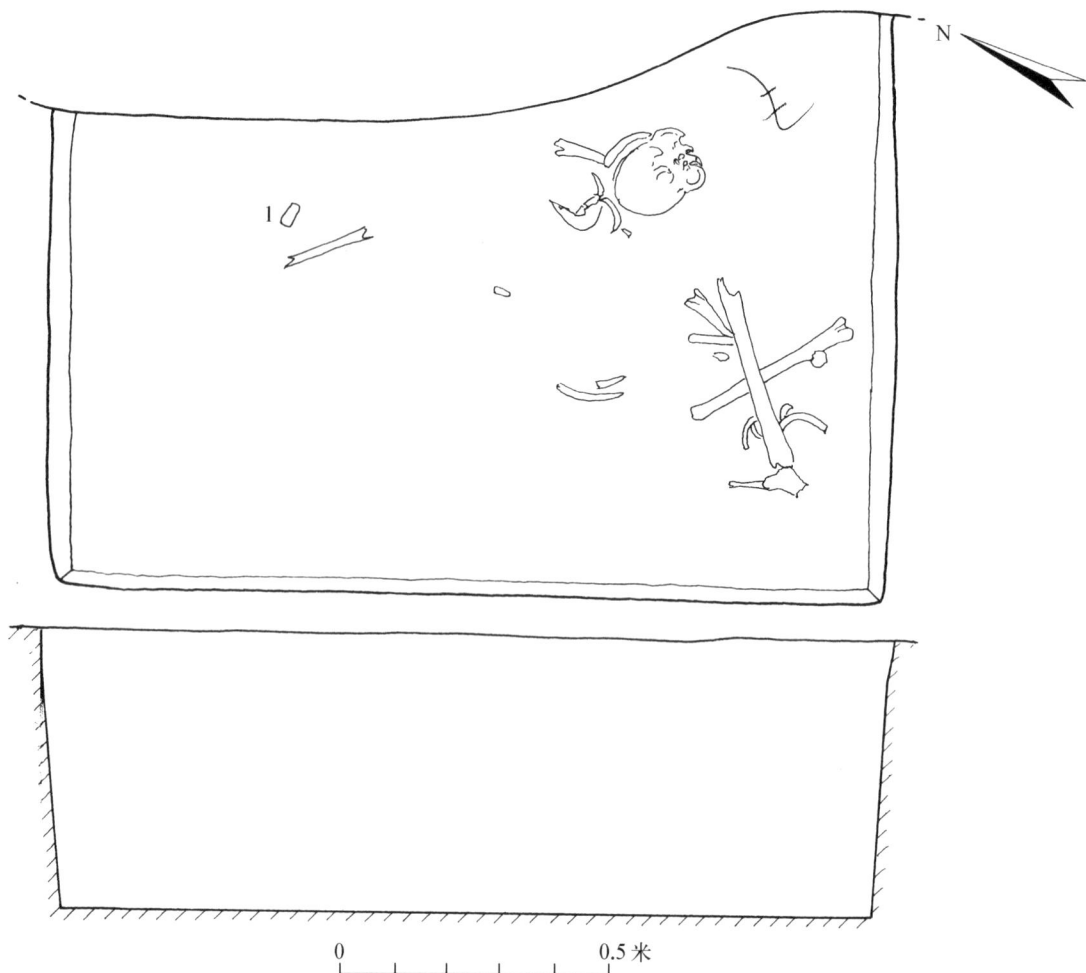

图八　M5平、剖面图

1.穿孔石片饰（M5∶1）

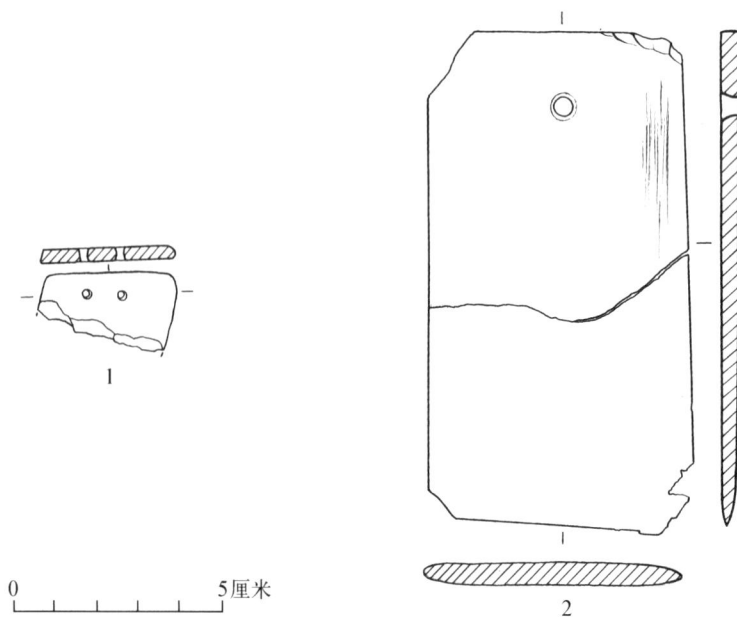

图九　M3、M5出土器物图

1.穿孔石片饰（M5∶1）　2.石钺（M3∶1）

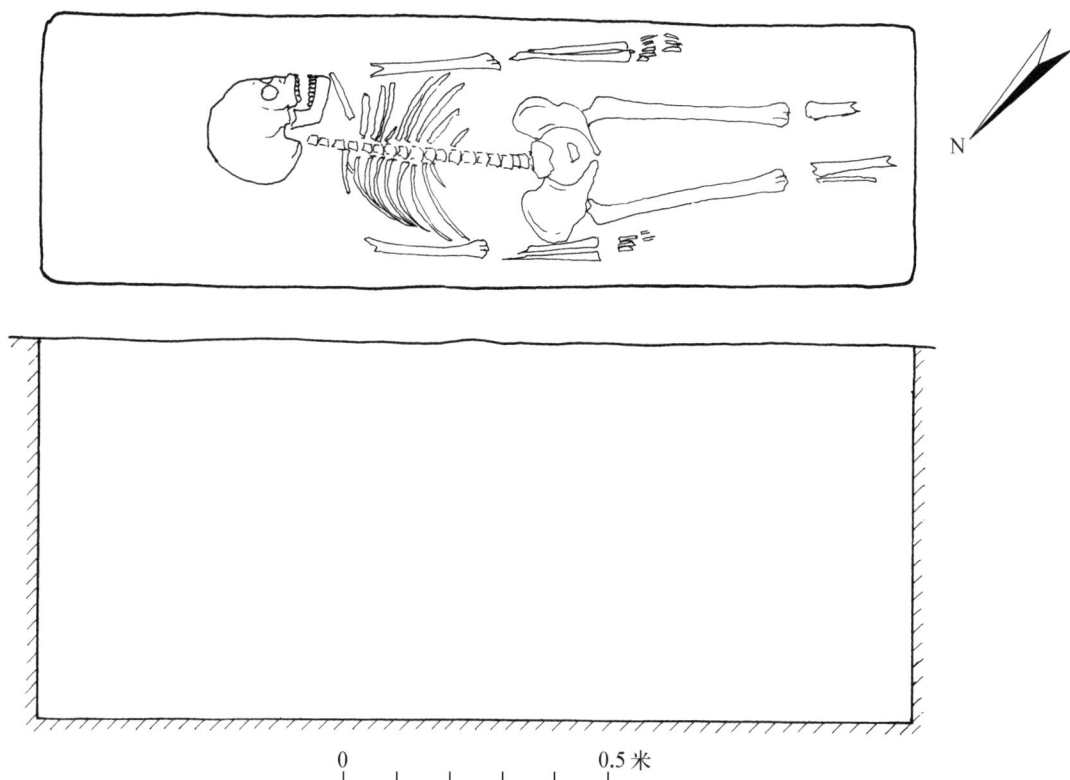

图一〇 M6平、剖面图

骨及右侧腓骨中部以下未见。

墓中未发现随葬品。

M7

竖穴土坑墓,方向105°。墓口残长110～130、宽43～46、墓深20厘米(图一一)。边壁规整,上下垂直,口底大小相等,平底。打破M8,并被M3打破。墓室填红褐花土,葬具不清。

墓主人为男性,M_1磨耗Ⅵ级以上,年龄在60岁以上。葬式及面向不详。人骨扰乱严重,仅残存有头骨、左侧肱骨残段和右侧肱骨残段等。

头骨南侧发现1件梯形绿松石饰。扁平,平面呈梯形。一面较平;另一面两侧微向中间隆起,下端有两道凹槽,顶端有一孔。孔属桿钻对穿,孔右侧受沁呈色青灰。顶端0.5、底端宽1.6、高0.9厘米(图版二四一,3)

M8

竖穴土坑墓,方向145°。墓口长195、宽53～58、墓深22厘米(图一二)。墓壁规整,上下垂直,口底大小相等,平底。打破M6,并被M7打破。墓室填土为红褐花土,葬具不清。

墓室叠压打破关系复杂,人骨扰乱严重,仅存头骨残片。墓主为女性,具体年龄不详。葬式和面向不清楚。

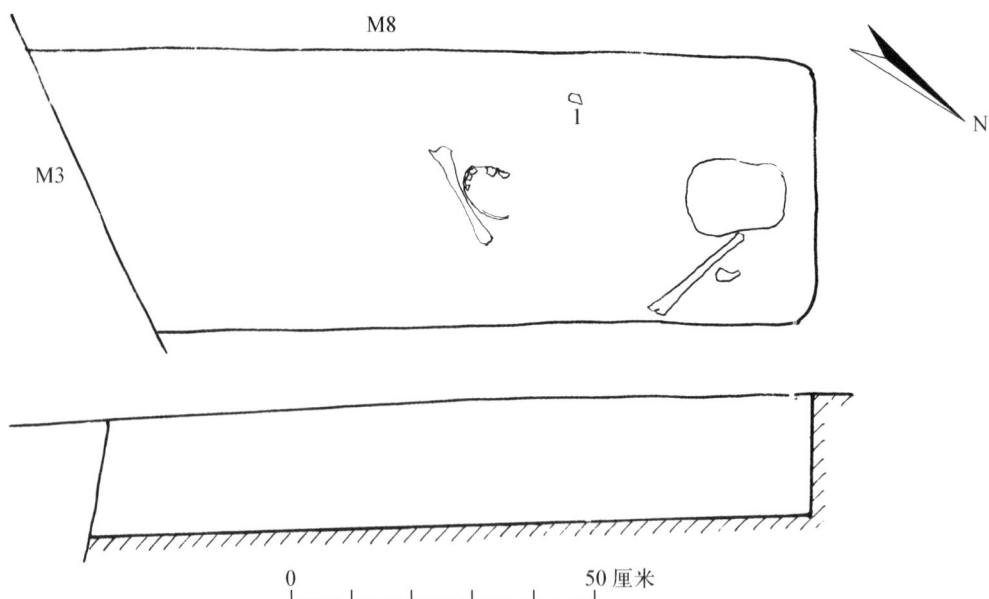

图一一　M7平、剖面图
1. 梯形绿松石饰(M7:1)

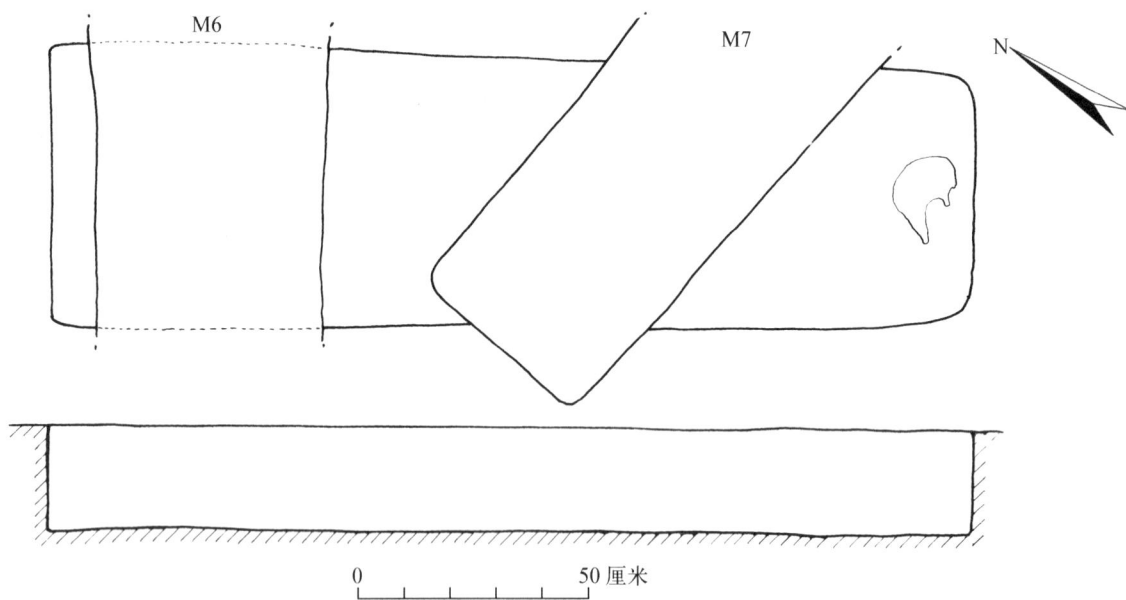

图一二　M8平、剖面图

墓中未发现随葬品。

M9

竖穴土坑墓,方向136°。墓圹平面呈圆角梯形,墓口长166、宽61～66、墓口距地表50、墓深40厘米。墓壁规整,上下垂直,口底大小相等,平底。被近代沟渠打破。墓室填红褐花土。

墓中未发现随葬品。

M10

竖穴土坑墓,方向130°。墓口残长150～160、宽60、墓深14厘米。边壁规整,上下垂直,口底大小相等,平底。打破M41、M50,被M11打破。被近代沟渠打破。墓室填红褐花土,葬具不清。

墓主为男性,M_1磨耗Ⅴ～Ⅵ级,年龄在50～55岁之间。葬式及面向不详。遗骸被扰乱,整体居于墓室中部偏西的位置,保存情况较差,仅剩头骨、下颌骨、右股骨及部分肋骨等。

墓中未发现随葬品。

M11

竖穴土坑墓,方向130°。墓圹东南壁被砖厂破坏,墓口残长210、宽110、墓深10厘米(图一三)。直壁,口底大小相等,平底。打破M10、M41和M50,被近代沟渠打破。墓室填红褐花土,葬具不清。

墓主人为男性,M_1磨耗Ⅲ～Ⅳ级,年龄在35～40岁之间。葬式不详,面向西南。骨骸扰乱严重,保存较差,仅见有头骨、下颌骨、左右股骨残段、左右胫骨残段、左侧盆骨等。

墓中未发现随葬品。

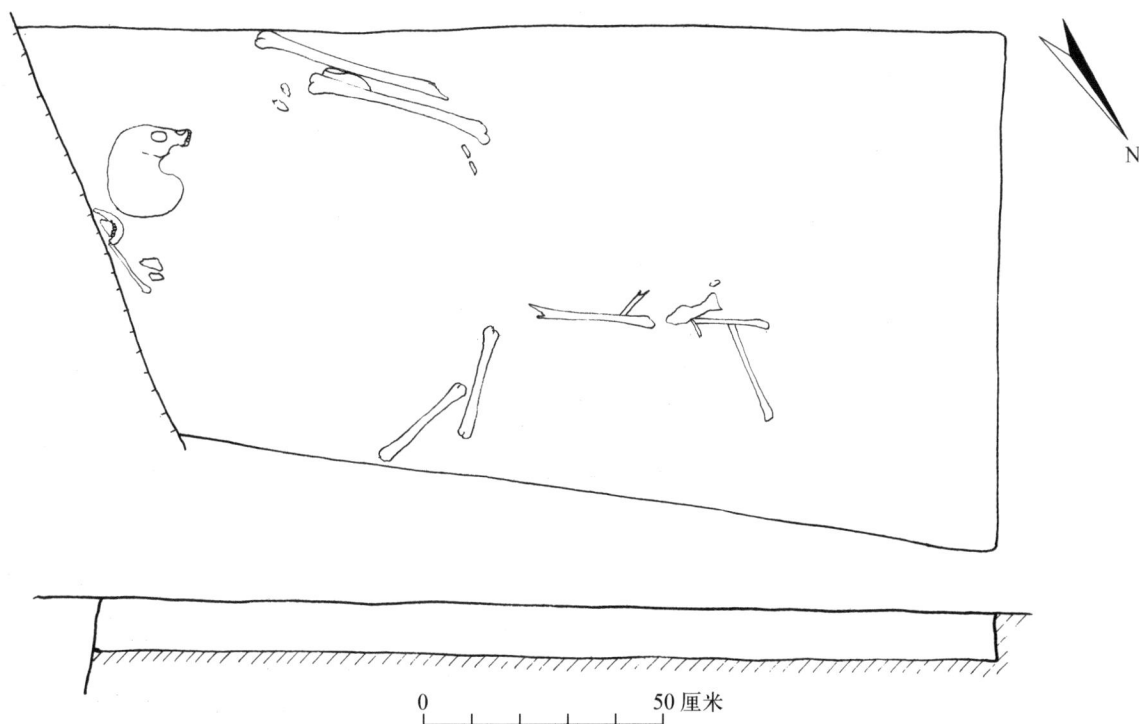

0   50厘米

图一三 M11平、剖面图

M12

竖穴土坑墓,方向143°。墓圹平面略呈圆角梯形,头端墓壁较窄,脚端墓壁稍宽,墓口长190～194、宽77～83厘米,墓底长180～187、宽70～76厘米,墓深60厘米(图一四,图版一一)。墓室

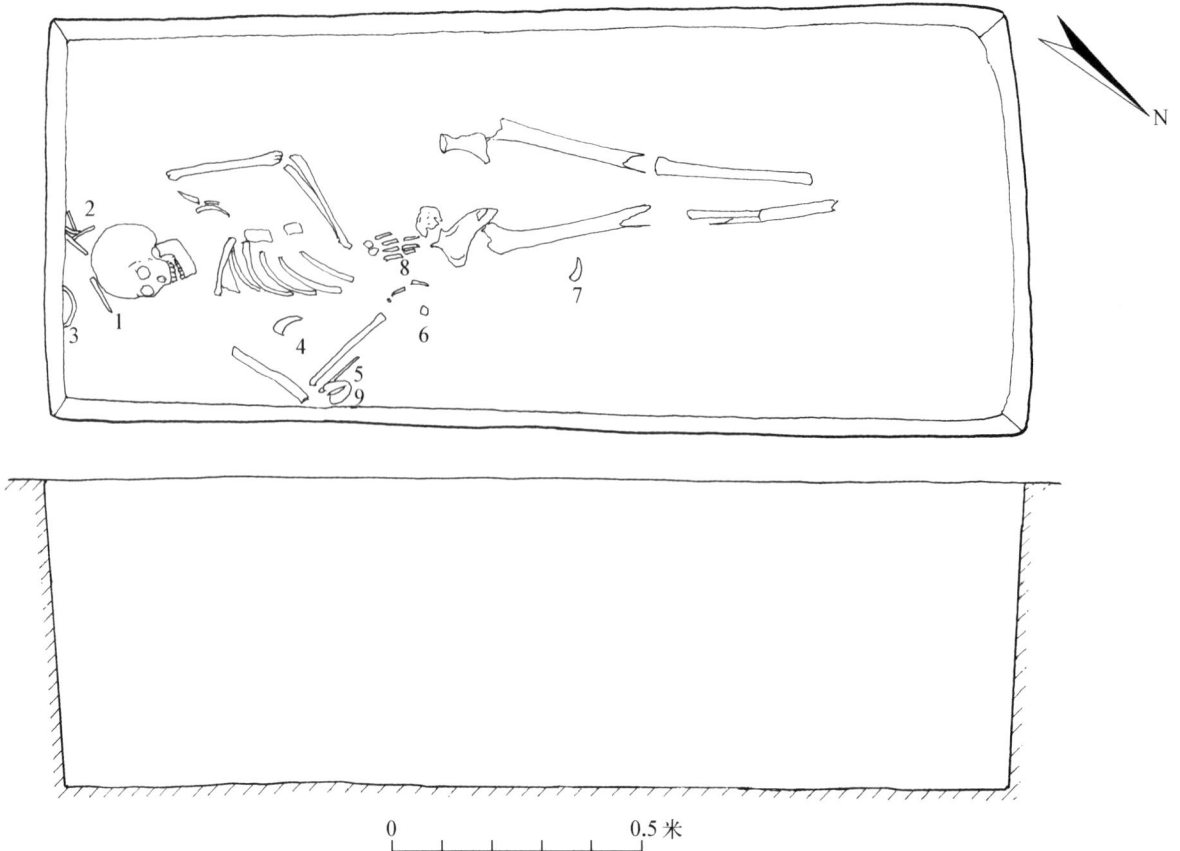

图一四　M12平、剖面图

1. 石笄（M12：1）　2. 轮形石饰（M12：2）　3. 玉璜（M12：7）　4～7、9. 骨饰（M12：3、M12：4、M12：5、M12：6、M12：9）
8. 绿松石（M12：8）

口大底小，呈仰斗式。打破M13、M15和M41，被近代沟渠打破。墓室内部填红褐花土。葬具不清。

　　墓主人为男性，M_1磨耗Ⅴ～Ⅵ级，年龄在50～55岁之间。葬式为仰身直肢葬，头向东南，面向东北。人骨保存一般，似被扰乱过。左右臂向内斜置于腹部，两腿伸直，在骨骸上还有草灰痕迹，只是未见脚骨。

　　墓主头部正上方有1件石笄，已残，M12：1，大理岩。已钙化为白色，原色应为青色。剖面呈圆形，两端残，受沁严重，残长12.2厘米（图一五，1）。头骨左上侧为1件轮形石饰，已残，M12：2，大理岩。青绿色。外径3、肉宽1厘米（图一五，2；图版二二七，1）。右上侧为1件玉璜，M12：7，透闪石玉。青色，一端受沁发黄。切面呈长方形，两端各有一个钻孔，通体抛光。肉宽0.8厘米（图一五，8；图版二三二，1）。此外，在其头骨顶部、右臂内侧、外侧、右手外侧、右股骨外侧共出土5件骨饰，浅黄白色，呈月牙形，中部剖面呈扁方形（图一五，3～7；图版二四二，5）。M12：3，一端尖，有穿，通长5、宽1.7厘米；M12：4，通长4、宽1.7厘米；M12：5，通长4、宽1.5厘米；M12：6，通长4.1厘米；M12：9，宽段有凹槽，通长4、宽1.7厘米。M12：8，绿松石，不规则形，附着于土块之上，长径1厘米（图版二四一，2）。

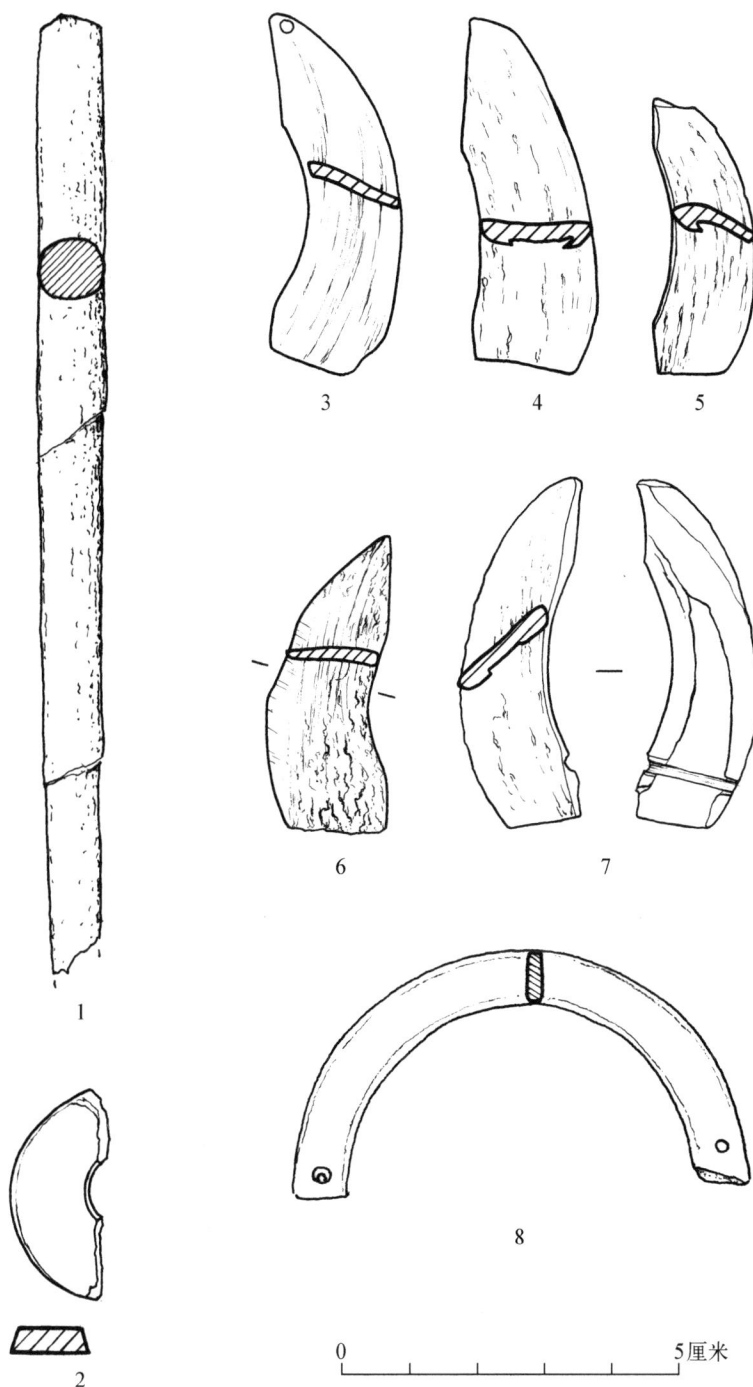

图一五 M12器物

1.石笄（M12：1） 2.轮形石饰（M12：2） 3～7.骨饰（M12：3、M12：4、M12：5、M12：6、M12：9） 8.玉璜（M12：7）

M13

竖穴土坑墓,方向52°。墓圹平面大致呈长方形,墓口长194～199、宽44～48、墓深60厘米(图一六)。墓壁陡直,口底大小相等,墓底平坦。被M12和近代沟渠打破。墓室内填黄褐花土,葬具不清。

墓主为女性,M_1磨耗V～VI级,年龄在50～55岁之间。葬式为仰身葬,头向东北,面向东南。上肢保存较好,双肩略耸,肋骨排列整齐,双臂伸直;下肢被M12破坏。

墓主人头骨右侧清理出1件骨簪,已残,M13:1,浅黄白色。剖面呈扁长方形,顶端残,尖端圆钝。残长12.2厘米。

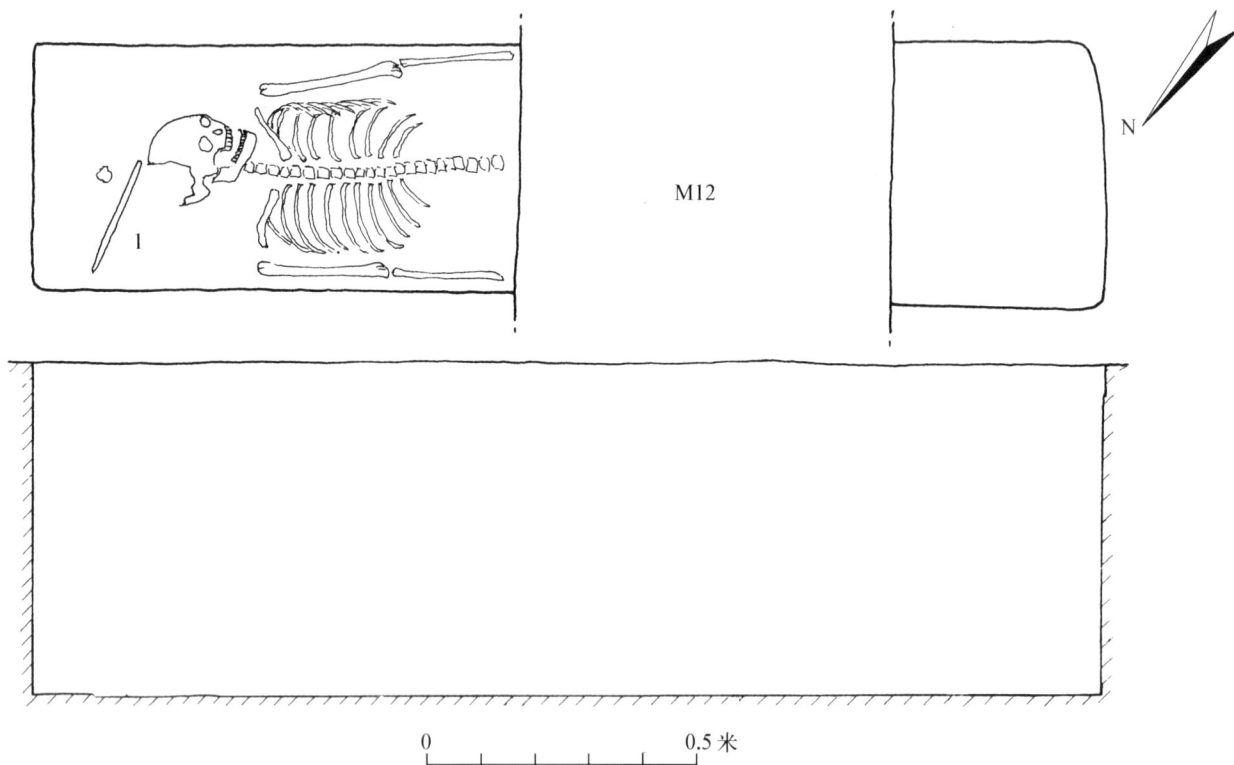

图一六　M13平、剖面图

1.骨簪(M13:1)

M14

竖穴土坑墓,方向135°。墓圹平面呈长方形,墓口长180、宽60、墓深35厘米。墓壁规整较直,口底大小相等,平底。打破M15,被近代沟渠打破。墓室填红褐花土。

不见人骨,亦未发现其他任何遗存。

M15

竖穴土坑墓,方向45°。墓口长192、宽50～60、墓深40厘米(图一七)。墓壁规整,上下垂直,口底大小相等,平底。被M12、M14和近代沟渠打破。墓室填黄褐花土,葬具不清。

墓主人为女性,M_1磨耗Ⅴ～Ⅵ级,年龄在50～55岁之间。葬式为仰身直肢葬,头向东北,面向西。遗骸腐痕较重,双肩略耸,左侧部分被M12破坏,不见左侧肱骨、指骨、股骨等;右侧保存相对较好,右臂及双腿自然伸直。

头骨左后方随葬1件骨笄。M15:1,浅黄白色。中部剖面呈椭圆形,顶端残,尖端略呈方形。残长10.7、直径0.7厘米(图一九,1;图版二四四,9)。

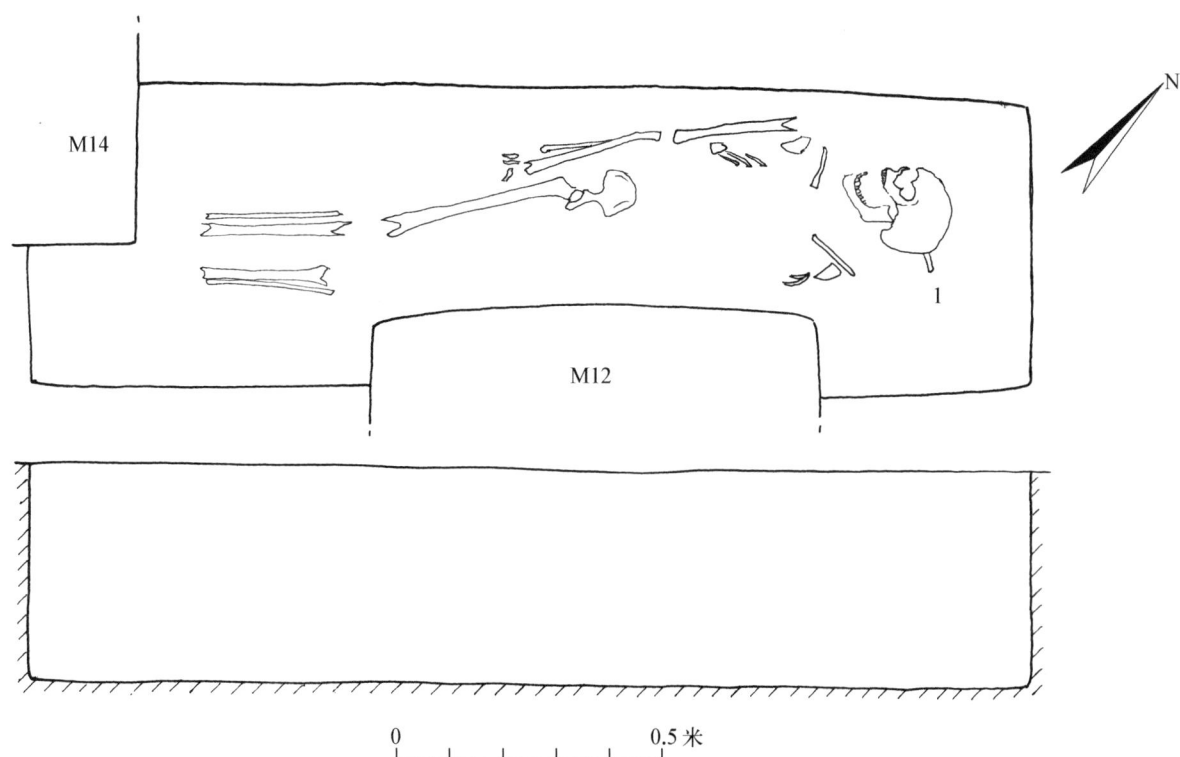

图一七 M15平、剖面图

1. 骨笄(M15:1)

M16

竖穴土坑墓,方向130°。墓口长210、宽100、墓口距地表50、墓深90厘米(图一八)。墓壁规整,口底大小相等,平底。墓室东北部有一壁龛,长50、高45、深40厘米。墓室填红褐花土,葬具不清。

墓室有两具人骨,一男一女,被扰乱。葬式及面向不详。男性,仅存左右股骨残段,右侧胫腓骨、肋骨残段。女性存左右肱骨残段,左右桡、尺骨残段,右侧髋骨(坐骨大切迹角度大),左右股骨残段,骶骨(三分之一),左侧胫骨残段。

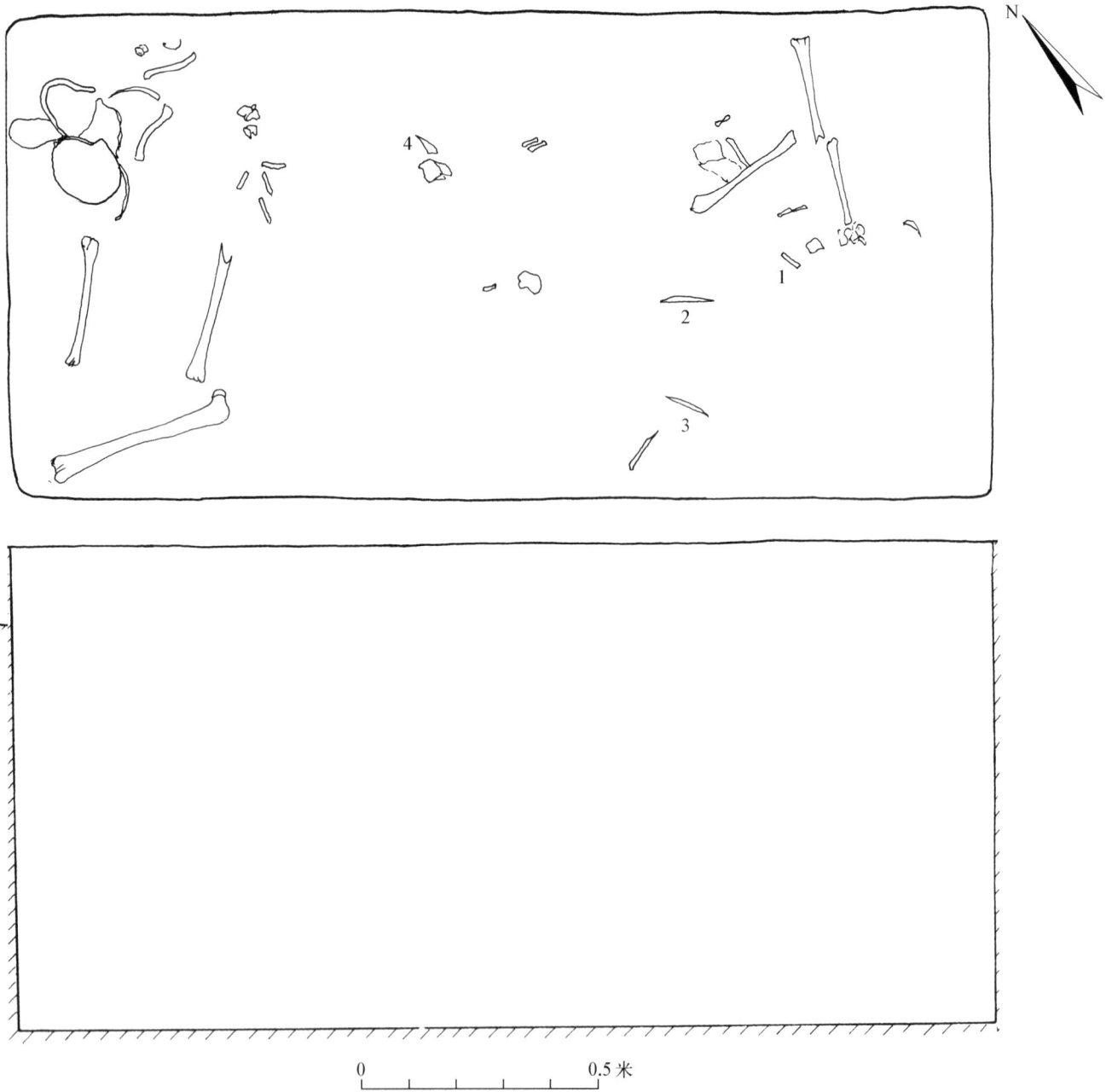

图一八　M16平、剖面图

1. V形槽玉块（M16∶1）　2、3. 骨镞（M16∶2、M16∶3）　4. 三角形石片（M16∶4）

　　清理出2件骨镞、V形槽玉块和三角形石片各1件。骨镞，浅黄白色，前锋横剖面呈三角形，圆锥形铤（图一九，2、3；图版二四二，3、4）。M16∶2，长8.9厘米；M16∶3，长8.8厘米。V形槽玉块，M16∶1，墨绿色，透闪石玉。条状，两端残，在一侧中间有一凹槽，通体抛光。残长4.2、最宽处1.5厘米（图版二二八，1）。三角形石片，M16∶4，大理岩。灰白色，一边略弧，短边端略薄，已残（图版二三八，3）。残长4.4厘米。

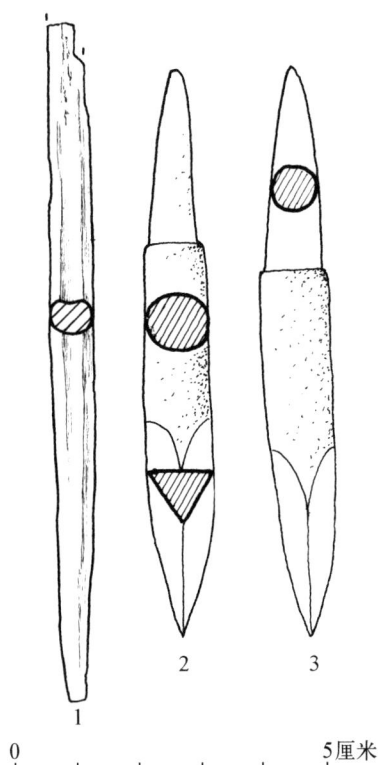

图一九 M15、M16出土器物图

1. 骨笄(M15：1) 2、3. 骨镞(M16：3、M16：2)

M17

竖穴土坑墓，方向38°。墓口残长1.2、宽45、墓深30厘米（图版一二）。墓壁规整，上下垂直，口底大小相等，平底。墓葬被扰。墓室填土为黄褐花土，葬具不清。

墓主人为一成年女性，根据其股骨上、下端，腓、胫骨上、下端愈合情况判断，年龄应该在22岁以上。葬式为仰身直肢葬，面向不详。上身被M24（汉墓）破坏，盆骨以上骨骼无存；下身骨骼保存完好，双腿伸直。

墓中未发现随葬品。

M20

竖穴土坑墓，方向135°。墓圹平面呈圆角长方形，墓口长163～171、宽70、墓深45厘米（图二〇）。墓壁规整，口底大小相等，平底。墓室填红褐花土，葬具不清。

墓主为一成年男性，股骨上、下端骨骺完全愈合，年龄在22岁以上。面向不详，直肢葬。人骨扰乱严重，仅存左侧股骨、左右胫骨、腓骨及脚骨等，其余均未见，双腿伸直，两脚紧并。

墓室正中出土1件残三角形石片，M20：1，蚀变大理岩。青白色。体残，两直边均为双面刃。残长3.7、宽2.1、厚0.4厘米（图二七，1；图版二三八，4）。

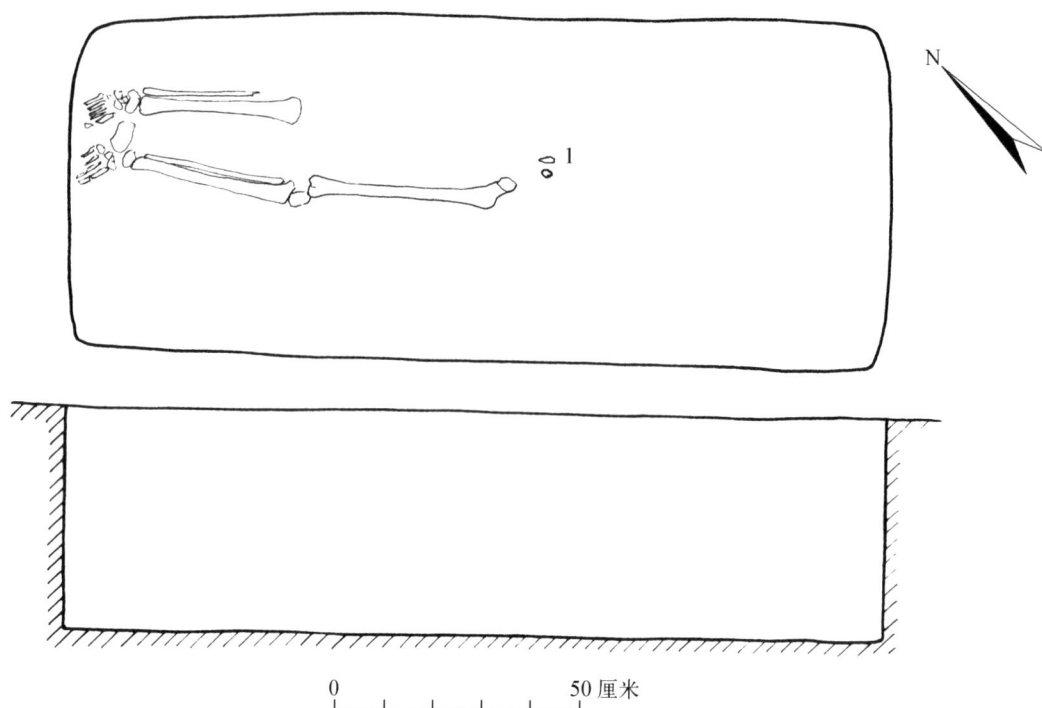

图二〇　M20平、剖面图
1.三角形石片（M20：1）

M21

竖穴土坑墓，方向130°。墓圹平面呈圆角长方形，墓口长194、宽50、墓口距地表70、墓深20厘米。边壁规整，上下垂直，墓底平坦，长度略小于墓口。打破M32。墓室填红褐花土，葬具不清。

墓主人为男性，M_1磨耗Ⅲ～Ⅳ级，年龄在35～40岁之间。面向及葬式不详。人骨扰乱严重，保存较差，仅在墓室中央发现部分头骨残片。

墓中未发现随葬品。

M22

竖穴土坑墓，方向50°。墓圹平面呈梯形，头端墓壁较窄，脚端墓壁稍宽，墓口长170、宽55～65、墓深16厘米（图二一）。边壁规整，上下垂直，口底大小相等，平底。墓室填土为黄褐花土，葬具不清。

墓主人为男性，M_1磨耗Ⅵ级以上，年龄在60岁以上。葬式为直肢葬，头向东北，面向上。人骨整体由东北向西南倾斜。人骨被扰乱，上身保存较差，仅存头骨、胸部肋骨残段等；下肢保存较为完好，双腿伸直，两脚紧并，脚尖略向右倾。

墓中未发现随葬品。

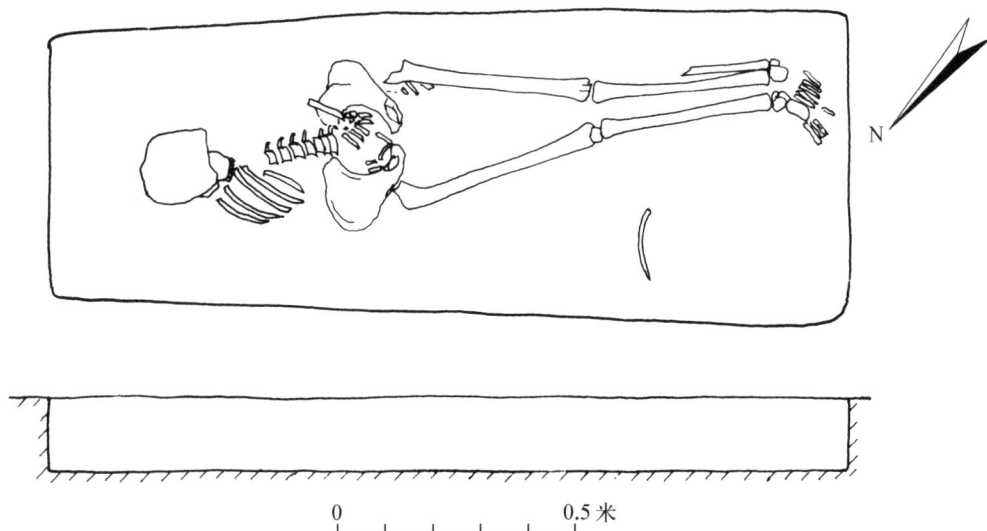

图二一 M22平、剖面图

M23

竖穴土坑墓,方向140°。墓口被破坏,原长度不详。残存墓口长边110、短边62、宽50、墓深10厘米(图二二)。边壁规整,口底大小相等,平底。打破M46和M166,被M24(汉墓)打破。墓室填红褐花土,葬具不清。

墓主人为一成年女性,但具体年龄无法鉴定。葬式为直肢葬,头向东南,面向不详。骨骸保

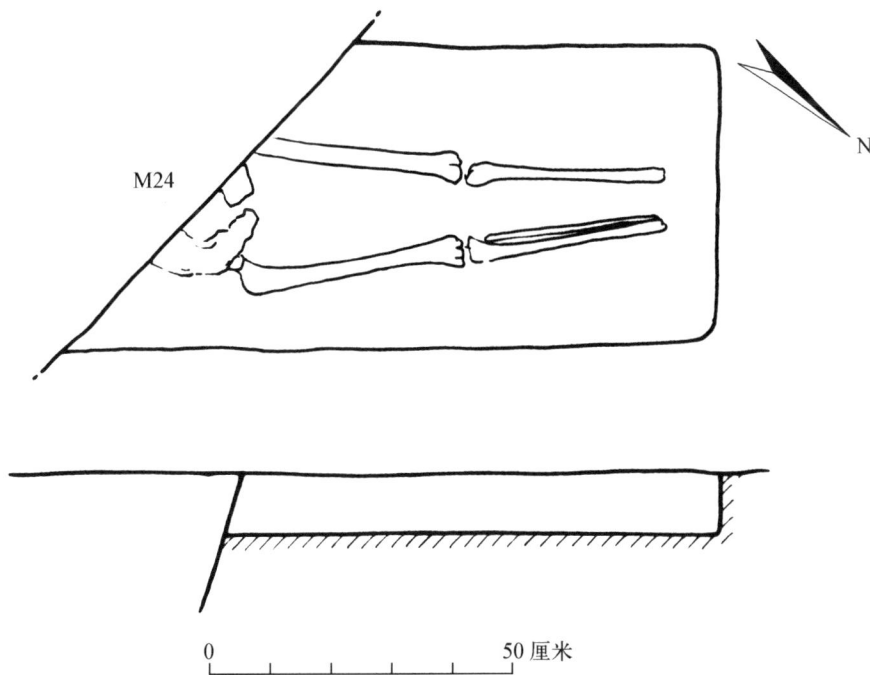

图二二 M23平、剖面图

存较差,上身被M24破坏,骨骼无存;下肢两腿伸直,但未见左右脚骨。

墓中未发现随葬品。

M25

竖穴土坑墓,方向130°。墓口残长240、宽48、墓深70厘米。墓壁陡直,口底大小相等,墓底平坦。打破M26和M27。墓室填红褐花土,其内含有零星的碎骨渣。

墓中未发现任何遗存。

M26

竖穴土坑墓,方向142°。墓口被M25打破,残长85、宽50、墓深70厘米(图二三)。墓壁陡直,口底大小相等,墓底平坦。打破M27,被M25打破。墓室填红褐花土,其内含有零星碎骨渣,葬具不清。

墓中人骨扰乱严重,保存极差,仅剩左右胫骨和左侧腓骨堆在一起。性别、年龄不详。葬式

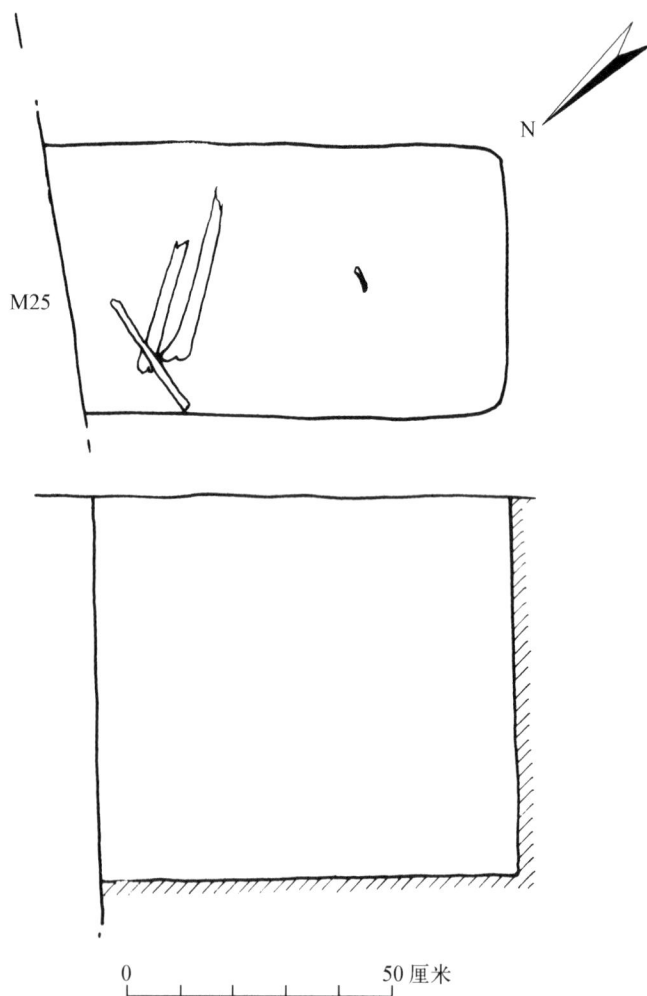

图二三　M26平、剖面图

及面向亦不清楚。

墓中未发现随葬品。

M27

竖穴土坑墓,方向128°。墓口被M25和M26打破,残长155、宽88、墓深60厘米。墓壁陡直,口底大小相等,墓底平坦。墓室填红褐花土。

墓中未发现任何遗存。

M28

竖穴土坑墓,方向140°。墓圹平面整体略显梯形,墓口长195、宽80~89、墓深124厘米(图二四)。墓壁陡直,口底大小相等,墓底平坦。墓室填红褐花土,葬具不清。

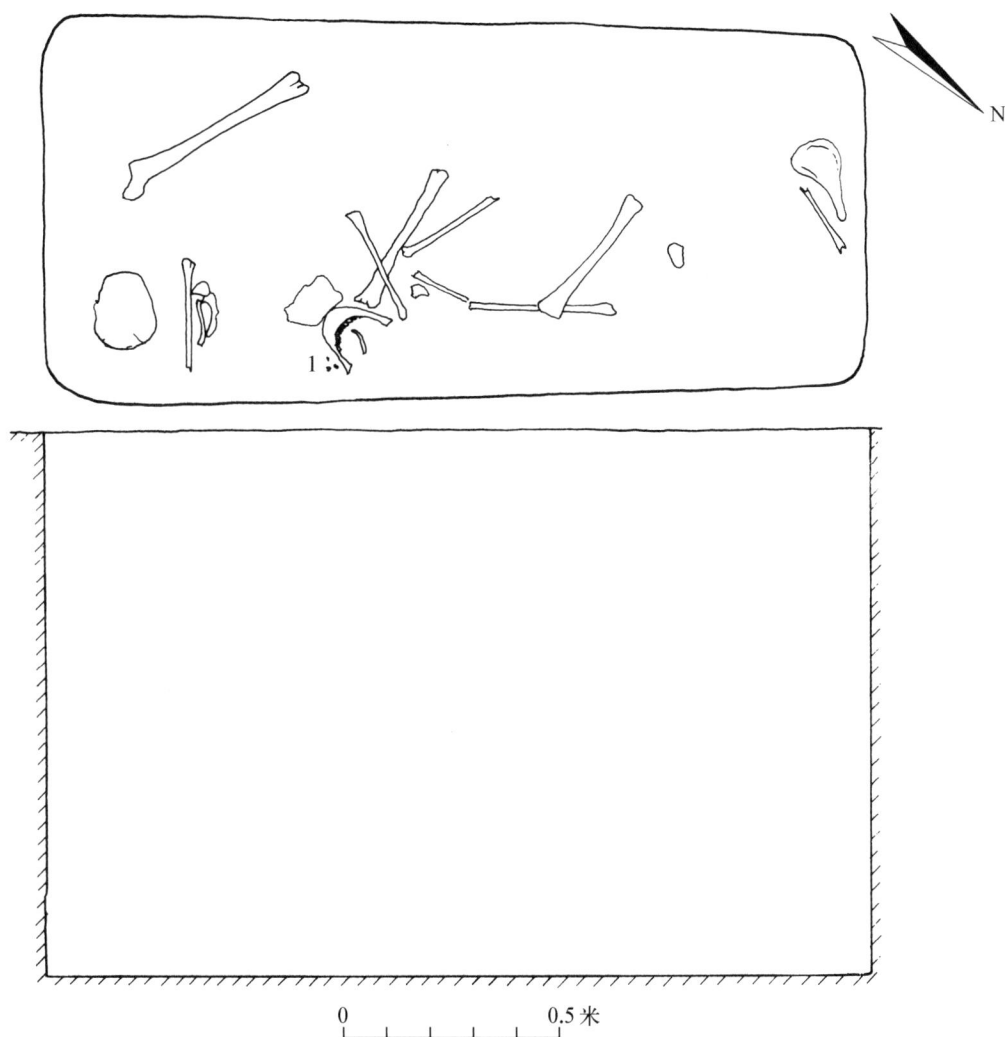

图二四 M28平、剖面图

1.绿松石碎块(M28:1)

墓主人为女性，M_1磨耗Ⅴ～Ⅵ级，年龄在50～55岁之间。葬式不清，面向不详。骨骸分布散乱，存有头骨、右侧肱骨、左侧锁骨残段、左侧股骨、左右胫骨、腓骨等骨骼。

墓室下颌骨右侧清理出少量直径小于0.2厘米的绿松石碎块。

M29

竖穴土坑墓，方向137°。墓室南部在砖厂取土时遭到破坏，墓口残长100、宽40、墓深25厘米（图二五）。墓壁规整，上下垂直，口底大小相等，平底。墓室填红褐花土，葬具不清。

墓主人为一成年女性，胫骨上、下骨骺完全愈合，年龄应在24岁以上。葬式为屈肢葬，头向东南，面向不详。上身骨架被砖厂破坏，骨骼无存；下肢保存较好，形态清晰，整体略向右侧弯曲。

墓中未发现随葬品。

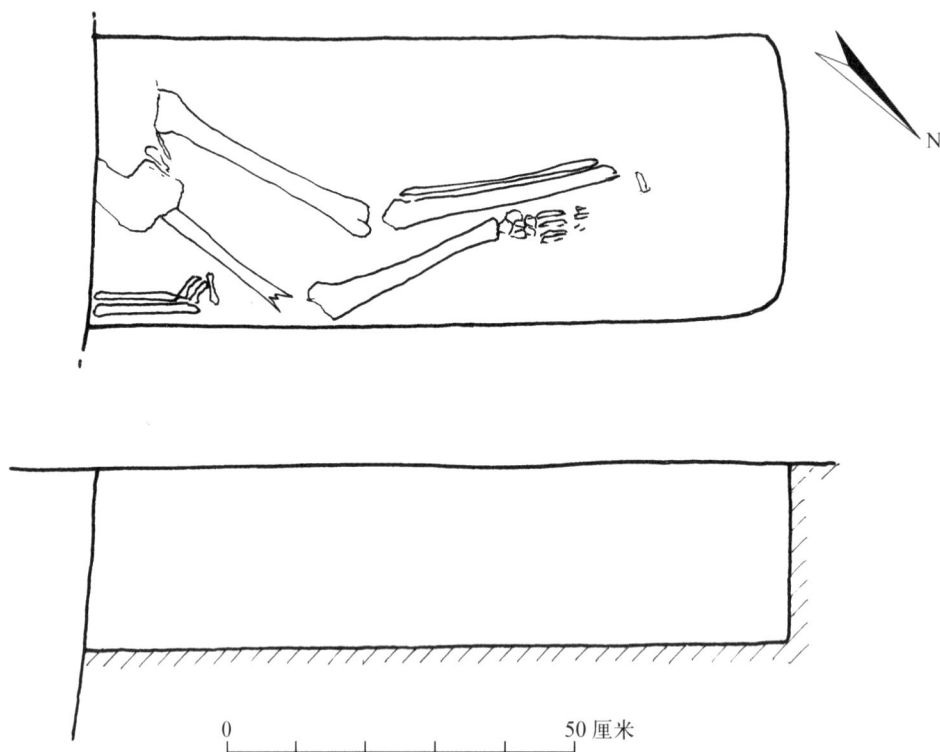

0　　　　　　　　　　　　　　　50厘米

图二五　M29平、剖面图

M30

竖穴土坑墓，方向130°。墓圹平面呈长方形，墓口长206、宽93、墓深100厘米（图二六，图版一三）。墓壁陡直，口底大小相等，墓底平坦。墓室填红褐花土，葬具不清。

墓主人为一成年女性，具体年龄不详。墓室被扰乱，葬式应为直肢葬，面向不详。骨架散乱，大体可分为两堆，头骨位于墓室西北部，距墓底70厘米，头骨东侧是下肢骨，如左右股骨、髌骨、左右腓骨残段等；墓室东南部为人骨上肢部分，计有肩胛骨、锁骨、肋骨等。

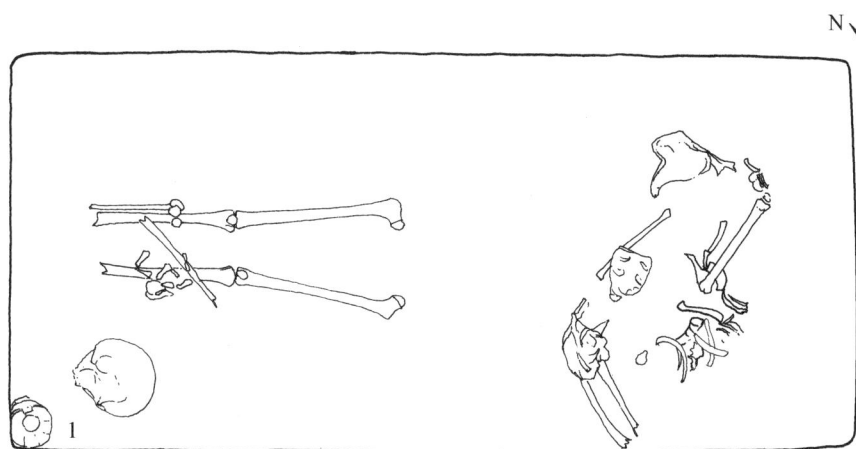

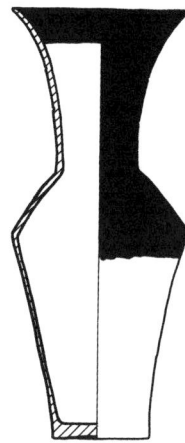

0   0.5 米

图二六　M30平、剖面图

1. 陶瓶（M30：1）

0   5厘米

图二七　M20、M30出土器
物图

1. 三角形石片（M20：1）
2. 陶瓶（M30：1）

墓室西北角随葬1件陶瓶，M30：1，泥质褐陶。敞口，尖圆唇，细长颈，折肩，腹向下斜收，小平底。颈、肩、上腹部和口沿内侧绘红彩。口径11、底径6、高26.4厘米（图二七，2；图版二〇一，1）。填土中清理出3件牙饰（图版二四七，1），M30：2，黄白色，月牙形，横剖面呈椭圆形。通长6.5厘米。M30：3，黄白色，月牙形，横剖面呈椭圆形，残断为两节。通长7厘米。M30：4，黄白色，月牙形，横剖面呈椭圆形。通长5.9厘米。填土中另清理出若干直径小于0.2厘米的绿松石小碎块。

M31

竖穴土坑墓，方向140°。墓室在砖厂取土时遭到破坏，墓口残长191、宽139厘米，墓深80厘米，墓底残长186、宽128厘米。墓壁陡直，墓口略大于墓底，呈仰斗式，平底。墓室内填红褐花土，葬具不清。

墓中共发现一男一女两具人骨个体,但扰乱严重,只存两个头骨、左侧肱骨残段及肋骨残段等少量骨骼,且散落于墓室之中,无法提取其他信息。根据鉴定,男性M_1磨耗Ⅵ级以上,年龄在60岁以上;女性M_1磨耗Ⅲ级,年龄在30岁左右。

墓中未发现随葬品。

M32

竖穴土坑墓,方向155°。墓圹平面呈圆角长方形,墓口长165、宽65、墓深35厘米(图二八)。墓壁规整,上下垂直,口底大小相等,平底。被M21打破。墓室填土为红褐花土,葬具不清。

墓主人为一成年女性,具体年龄不详。葬式及面向亦不清楚。人骨腐蚀、扰乱严重,仅存头骨残片、左右股骨残段、左侧胫骨残段等,分布于墓室南部。

墓中未发现随葬品。

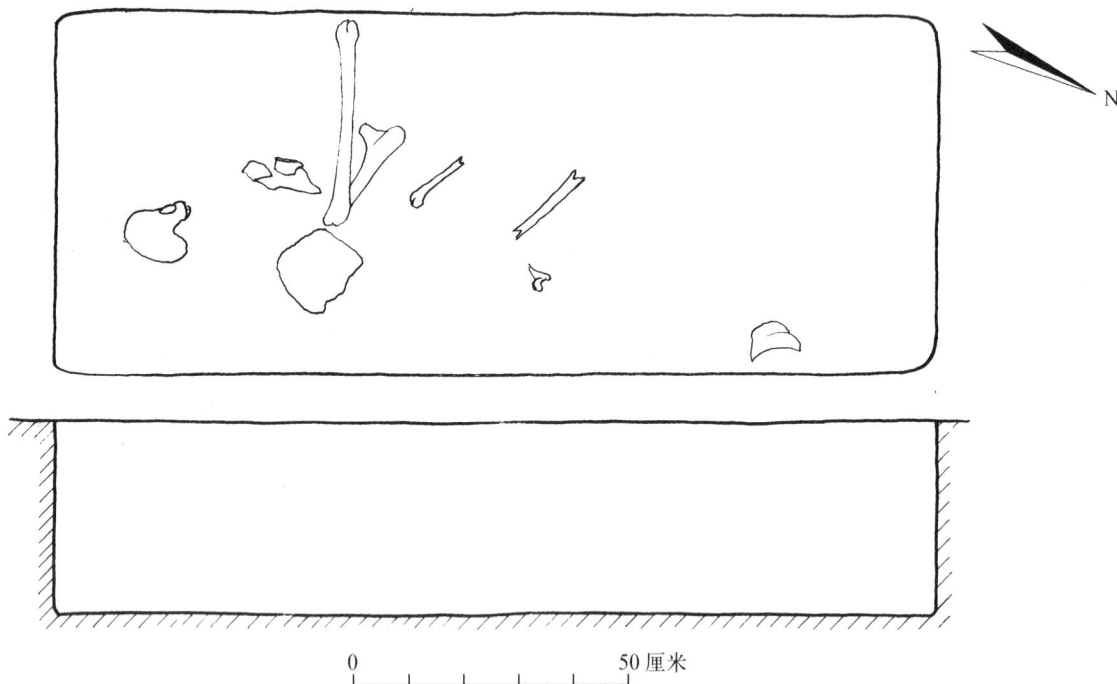

图二八　M32平、剖面图

M33

竖穴土坑墓,方向140°。墓圹平面呈圆角长方形,墓口长151、宽40、墓深10厘米。边壁规整,口底大小相等,平底。墓室填红褐花土,葬具不清。

墓中人骨扰乱严重,保存极差,只存头骨残片和1段胫骨残段。性别、年龄不详。葬式及面向亦不清楚。

墓中未发现随葬品。

M34

竖穴土坑墓,方向135°。墓圹平面呈长方形,墓口长170、宽50、墓深25厘米。墓壁规整,上下垂直,口底大小相等,平底。墓室填黄褐花土,葬具不清。

墓主人为一成年女性,股骨头和下端完全愈合,推断其年龄应在22岁以上。根据骨骼保存情况推断葬式为直肢葬,头向东南,面向不详。骨骼保存较差,左腿伸直,股骨、胫骨及腓骨形态清晰,墓室南部还残留有右侧胫骨残段。

墓中未发现随葬品。

M35

竖穴土坑墓,方向139°。墓圹平面呈圆角梯形,头端较宽,脚端较窄。墓口长185、宽48～55、墓深54厘米(图二九)。墓壁陡直,口底大小相等,墓底平坦。墓室填土为红褐花土,葬具不清。

墓主人为男性,M_1磨耗Ⅳ～Ⅴ级,年龄在40～45岁之间。葬式为仰身直肢葬,头向东南,面向东北。上身骨骼被扰乱,排列无序;下身保存较好,尚可辨认基本形态,两腿伸直,不见左侧股骨以下部分。

墓中未发现随葬品。

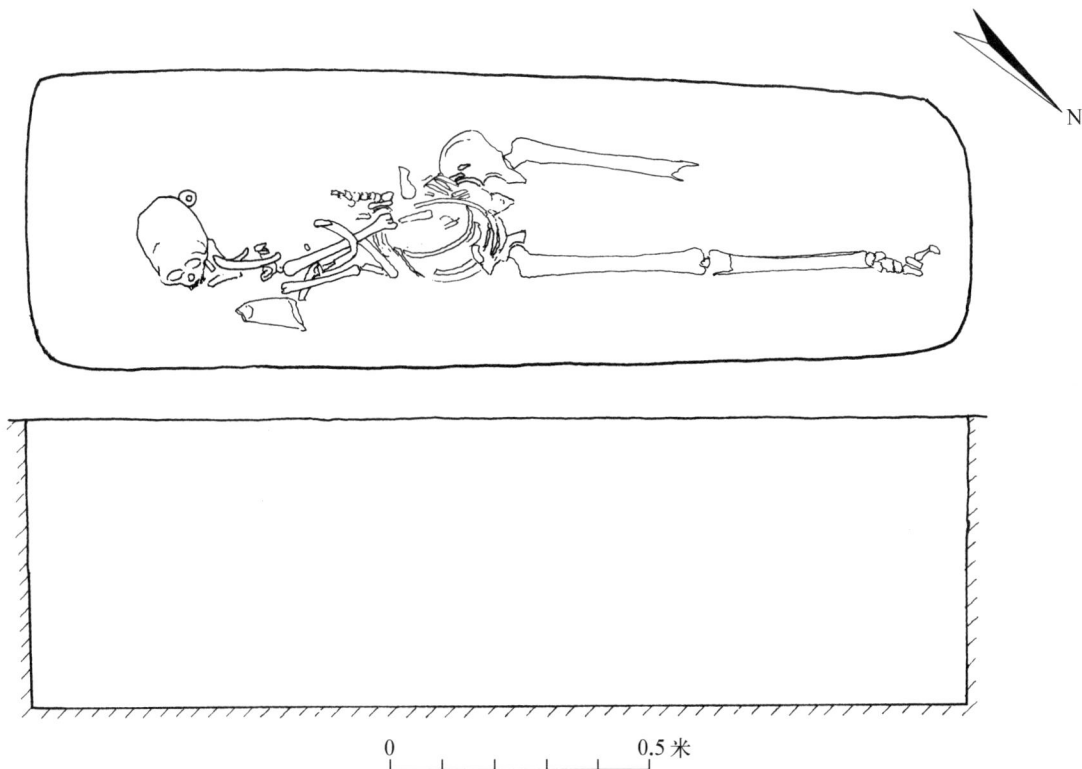

图二九 M35平、剖面图

M36

竖穴土坑墓,方向135°。墓圹平面呈圆角长方形,墓口长140、宽60、墓深20厘米。边壁规整,口底大小相等,平底。墓室填土为红褐花土,葬具不清。

墓主人为一女性,从头骨残片上分析,可能处于少年时期。葬式及面向不详。人骨扰乱、腐蚀严重,仅在墓室南部残存有头骨残片、左侧上端股骨残段和胫骨残段等骨骼。

头骨东侧清理出一段兽骨的下颌骨残块。

M37

竖穴土坑墓,方向120°。墓圹平面呈圆角长方形,墓口长200、宽70、墓深35厘米。墓壁规整,上下垂直,口底大小相等,平底。打破M38。墓室填红褐花土,葬具不清。

墓主人为男性,M_1磨耗Ⅵ级以上,年龄在60岁以上。葬式及面向不详。人骨保存较差,只是在墓中零星散落着下颌骨残段、手指骨、左侧髋骨残段、右侧桡骨残段、左侧尺骨残段、左侧腓骨及胫骨等。

墓中未发现随葬品。

M38

竖穴土坑墓,方向35°。墓圹平面呈圆角长方形,墓口长150、宽50、墓深65厘米(图三〇)。墓壁陡直,口底大小相等,墓底平坦。被M37打破。墓室填黄褐花土,葬具不清。

图三〇　M38平、剖面图

墓中共发现两具男性人骨个体，一个M_1磨耗Ⅲ～Ⅳ级，年龄在35～40岁之间；另一个M_1磨耗Ⅵ级以上，年龄在60岁以上。葬式及面向不详。人骨扰乱严重，遗骸保存较差，整体上大体分两组，墓室南部为股骨等；墓室北部是主要分布区域，计有头骨2、左右肱骨、左右桡骨残段、左侧尺骨残段、右侧尺骨残段、肋骨残段等。

墓中未发现随葬品。

M39

竖穴土坑墓，方向58°。墓圹平面呈圆角梯形，墓口长175～194、宽74、墓深18厘米（图三一）。边壁规整，上下垂直，口底大小相等，平底。M40从中部将其打破。墓室填黄褐花土，葬具不清。

墓主人为男性，M_1磨耗Ⅵ级以上，年龄为60岁以上。葬式不详，面向上。人骨扰乱严重，骨架被M40破坏，仅存头骨（头骨粗壮）、左右胫骨、腓骨残段等少量骨骼。

墓中未发现随葬品。

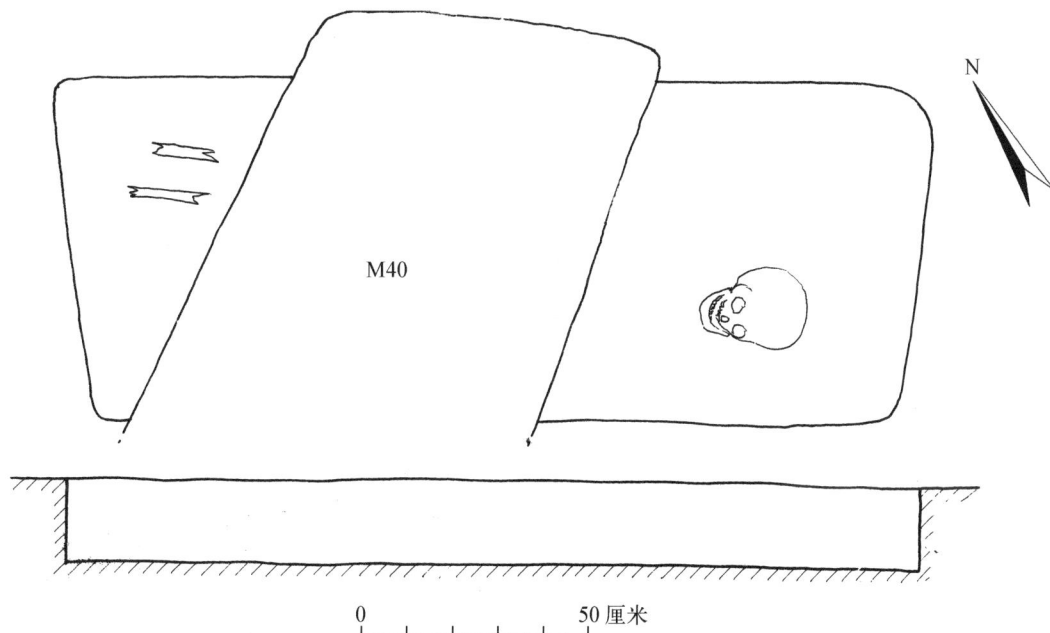

图三一　M39平、剖面图

M40

竖穴土坑墓，方向122°。墓口长175～188、宽75～85、墓深46厘米。墓壁规整，上下垂直，口底大小相等，平底。打破M39。墓室填土为红褐花土。

墓中未发现任何遗存。

M41

竖穴土坑墓,方向45°。墓圹平面呈长方形,墓口长180、宽50、墓深80厘米(图三二,图版一四)。墓壁陡直,口底大小相等,墓底平坦。分别被M10、M11、M12及近代沟渠打破。墓室内填黄褐花土,葬具不清。

墓主人为女性,M_1磨耗Ⅲ～Ⅳ级,年龄在35～40岁之间。葬式为仰身直肢葬,头向东北,面向西北。人骨未被扰乱,保存基本完好,双肩上耸,肋骨排列整齐,两臂伸直,双手放于腿两侧,双腿自然伸展。

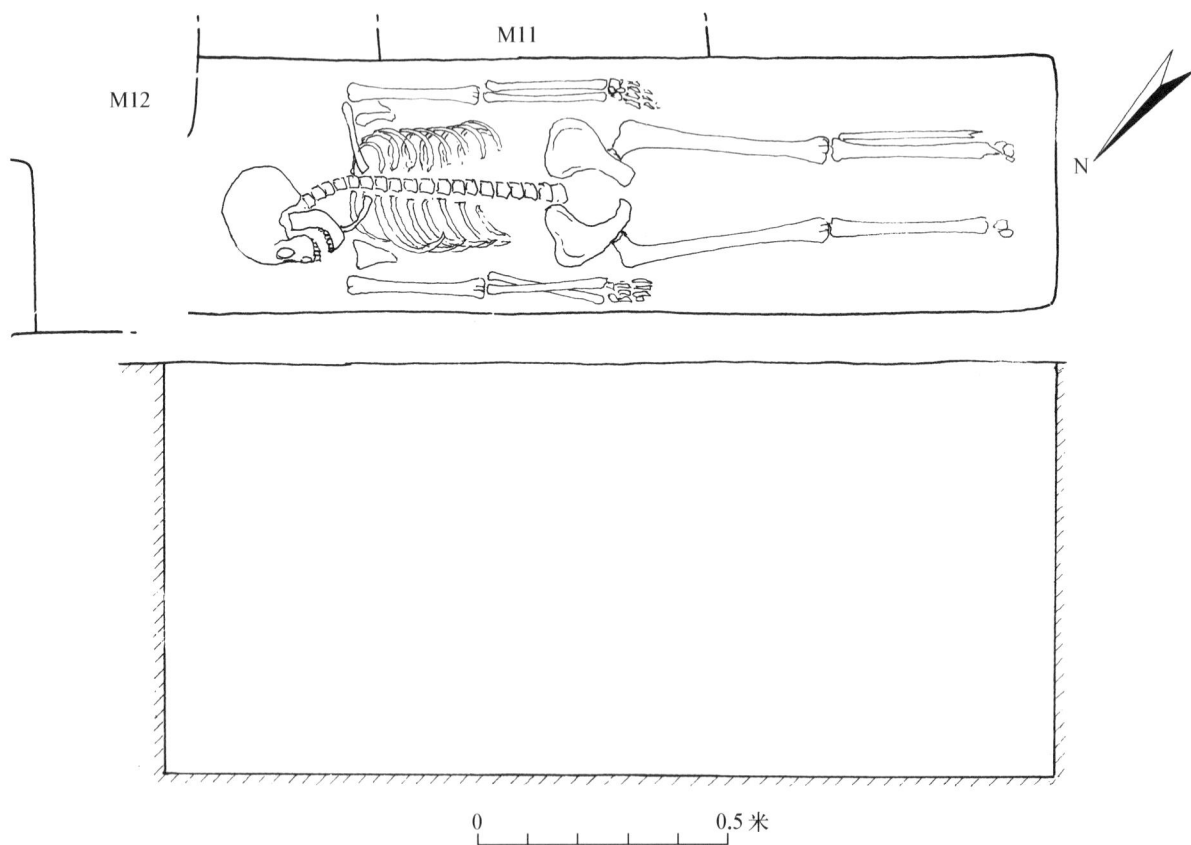

图三二　M41平、剖面图

墓中未发现随葬品。

M42

竖穴土坑墓,方向123°。墓圹平面呈圆角长方形,墓口长174、宽45、墓深18厘米。边壁规整,上下垂直,口底大小相等,平底。墓室内填红褐花土,葬具不清。

墓中骨架扰乱严重,大部都已腐朽,仅剩头骨残片、右侧胫、腓骨残段等。性别、年龄不详。葬式及面向亦不清楚。

墓中未发现随葬品。

M43

竖穴土坑墓,方向97°。墓口残长90、宽77～81、墓深110厘米。墓壁陡直,口底大小相等,墓底平坦。打破M44,同时又被M59和一座现代墓打破。墓内填红褐花土,葬具不清。

该墓扰乱现象明显,除少量左右胫骨残块以外,骨架已荡然无存。个体、性别、年龄不详。葬式及面向亦不清楚。

墓中未发现随葬品。

M44

竖穴土坑墓,方向130°。墓圹平面呈圆角长方形,墓口长181、宽73、墓深70厘米(图三三)。墓壁规整,口底大小相等,平底。墓室北部被M43和一座现代墓打破。墓室内填土为红褐花土,葬具不清。

墓主人为女性,M_1磨耗Ⅴ～Ⅵ级,年龄在50～55岁之间。葬式为仰身直肢葬,头向东南,面向上。骨架轮廓基本完整,双肩上耸,肋骨排列整齐,两臂弧状内收,双腿伸直,右侧股骨及左侧胫骨、腓骨下端以下骨骼被现代墓破坏。

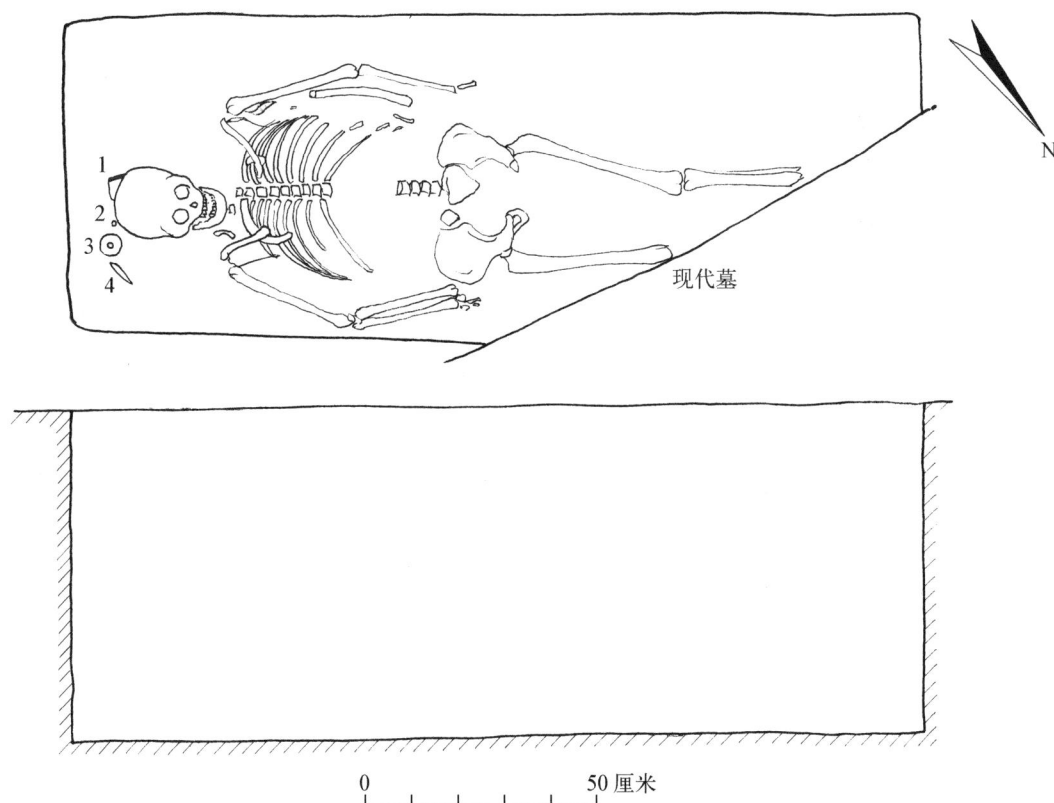

图三三 M44平、剖面图

1.钺形石器(M44∶1) 2.绿松石片(M44∶2) 3.轮形石饰(M44∶3) 4.梭形石饰(M44∶4)

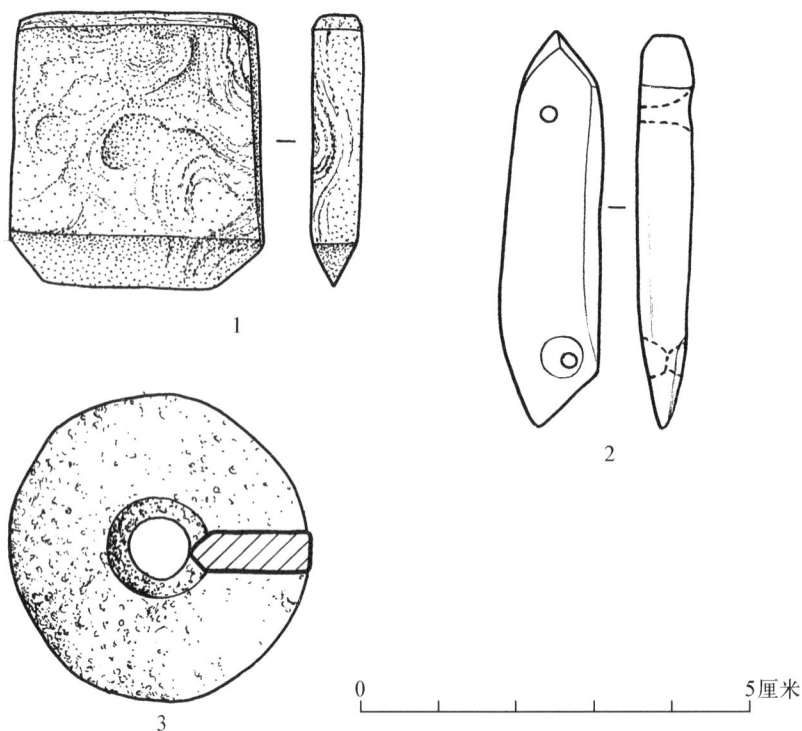

图三四　M44 出土器物图

1. 钺形石器(M44∶1)　2. 梭形石饰(M44∶4)　3. 轮形石饰(M44∶3)

　　头骨右侧至头顶位置发现4件随葬品,依次为钺形石器、绿松石碎片、轮形饰、梭形饰。钺形石器,M44∶1,大理岩。体略方,平刃,两刃角为倭角。黄色泛白,无钻孔。长3.4、顶端宽2.2、刃端宽3.1、厚0.6厘米(图三四,1;图版二四〇,3)。轮形石饰,M44∶3,大理岩。灰白色。外径4、中孔径0.8、厚0.5厘米(图三四,3;图版二二七,2)。梭形石饰,M44∶4,大理岩。白色,局部受沁泛黄。扁条状,两端呈三角形,各有一孔,近顶端出尖刃,长5、最宽处1.3厘米(图三四,2;图版二三七,4)。M44∶2,绿松石片,扁薄,略呈平行四边形,椭圆形孔,边长1.2厘米。

M45

　　竖穴土坑墓,方向137°。被现代坑H1和现代墓打破。墓口残,长边187、短边115、宽45、墓深40厘米(图三五,图版一五)。墓壁规整,上下垂直,口底大小相等,平底。墓室内填红褐花土,葬具不清。

　　墓主人为一成年男性,根据其股骨头和下端完全愈合的情况来看,年龄应在22岁以上。葬式为仰身直肢葬,头向东南,面向不详。头骨及左侧上肢被现代墓破坏,骨骼无存。右前臂斜置于腹部,右手放在盆骨之上,双腿伸直。

　　墓主人右前臂外侧随葬1件石璧,M45∶1,蚀变大理岩。白色。受沁严重,表面受腐蚀变得粗糙。切面呈楔形,内缘厚,外侧薄。外径11.8、好径6.2、最厚处1厘米(图三六,2;图版二一七,4)。左侧胫骨上端横置1件石钺,M45∶2,蚀变大理岩。青白色。长方形,体扁平,双面斜刃,直

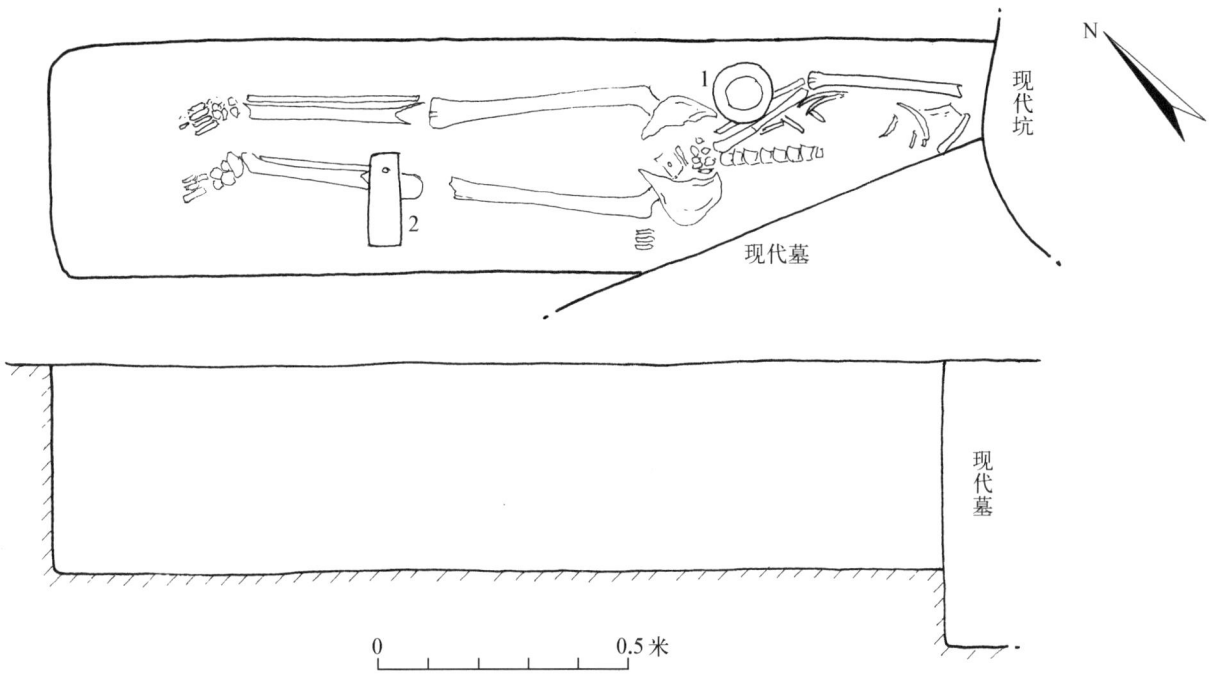

图三五 M45平、剖面图

1.石璧(M45:1) 2.石钺(M45:2)

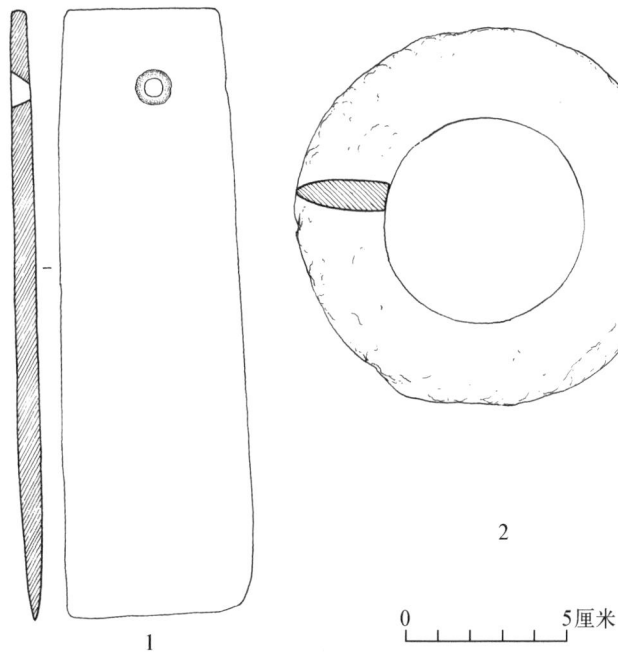

图三六 M45出土器物图

1.石钺(M45:2) 2.石璧(M45:1)

背,近顶端处有一个单面钻圆孔,通体磨光。长18.4、顶端宽4.6、刃端宽5.8、厚0.6、孔径0.5厘米,
上半部有两处横向断裂,受到的腐蚀较严重(图三六,1;图版二一四,4)。

M46

竖穴土坑墓,方向105°。墓口长150、残宽40、墓深10厘米。边壁规整,口底大小相等,平底。
打破M165和M166,被M23和M24(汉墓)打破。墓室填红褐花土,葬具不清。

墓主人为一成年个体,性别不详。根据原墓葬登记表的记录情况,葬式为仰身直肢葬,头向
东南。骨架存在扰乱现象,已失去原来面貌,且腐蚀严重,仅剩髋骨残片、右侧肱骨残段、左右股
骨残段、右侧胫骨残段等。

墓中未发现随葬品。

M47

竖穴土坑墓,方向140°。墓圹平面呈圆角梯形,头端墓壁较宽,脚端墓壁较窄,墓口长195、
宽40～50、墓深20厘米(图三七,图版一六)。边壁规整,口底大小相等,平底。墓室填红褐花
土,葬具不清。

墓主人为男性,M₁磨耗Ⅵ级以上,年龄在60岁以上。葬式为仰身直肢葬,头向东南,面向
上。人骨居于墓室中央,保存较好,整体形态清晰,双肩上耸,两臂、双腿伸直,脚端紧并。

头骨两侧发现有不规则柱状V形槽玉块1件、玉璜2件和轮形石饰1件。不规则柱状V形
槽玉块,M47:1,透闪石玉。黄绿色间有黑斑。不规则柱状,切面呈椭圆形,一端残,一面有深

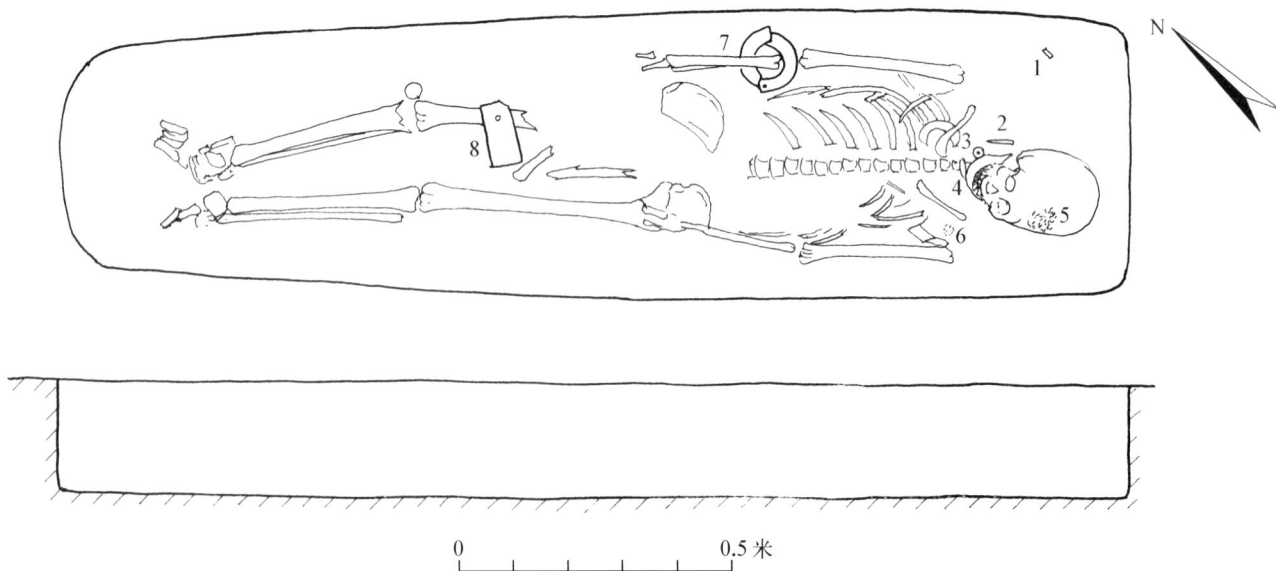

图三七　M47平、剖面图

1.柱状V形槽玉块(M47:1)　2、4.玉璜(M47:2、M47:4)　3.轮形石饰(M47:3)　5、6.绿松石块(M47:5、M47:6)
7.玉璧(M47:7)　8.石钺(M47:8)

长凹槽。该玉块一端断面略显弧形，有线形切割痕，另一端有台阶状切割痕。其可能为玉器加工所剩的玉料块。残长2.1厘米（图三八，2；图版二二八，2）。玉璜，M47：2，透闪石玉。青色。两端残。窄体，切面呈扁长方形，两端各有一个钻孔连缀。通体抛光。两端外径长4.7、宽0.8、最厚处0.2厘米（图三八，1；图版二三二，2）。M47：4，透闪石玉。灰白色，部分区域受沁发黄。切面呈楔形，器体内缘厚，外缘薄。两端各一个钻孔，通体磨光。长4.5、宽1.8、厚0.2～0.4厘米（图三八，4；图版二三三，1）。轮形石饰1件，M47：3，伊利石质。乳白色。器体薄厚均匀。外径2、中孔径0.4、厚0.4厘米（图三八，3；图版二二七，3）。头骨和左肩胛骨上有镶嵌着绿松石的饰物，右臂上套1件断裂后连缀的玉璧，M47：7，伊利石质。青色有黑斑，部分区域受沁发黄。由两片长短不一璜片联成，以二对一的钻孔连缀，外缘略薄，通体抛光。外径12.2、好径6.9、最厚处0.5厘米（图三八，5；图版二一八，1）。右股骨下端横置1件石钺，M47：8，蚀变大理岩。青灰色，顶端和刃部残。顶端一侧因受沁发白，器近梯形，体略薄，双面斜刃，近顶端处有一个单

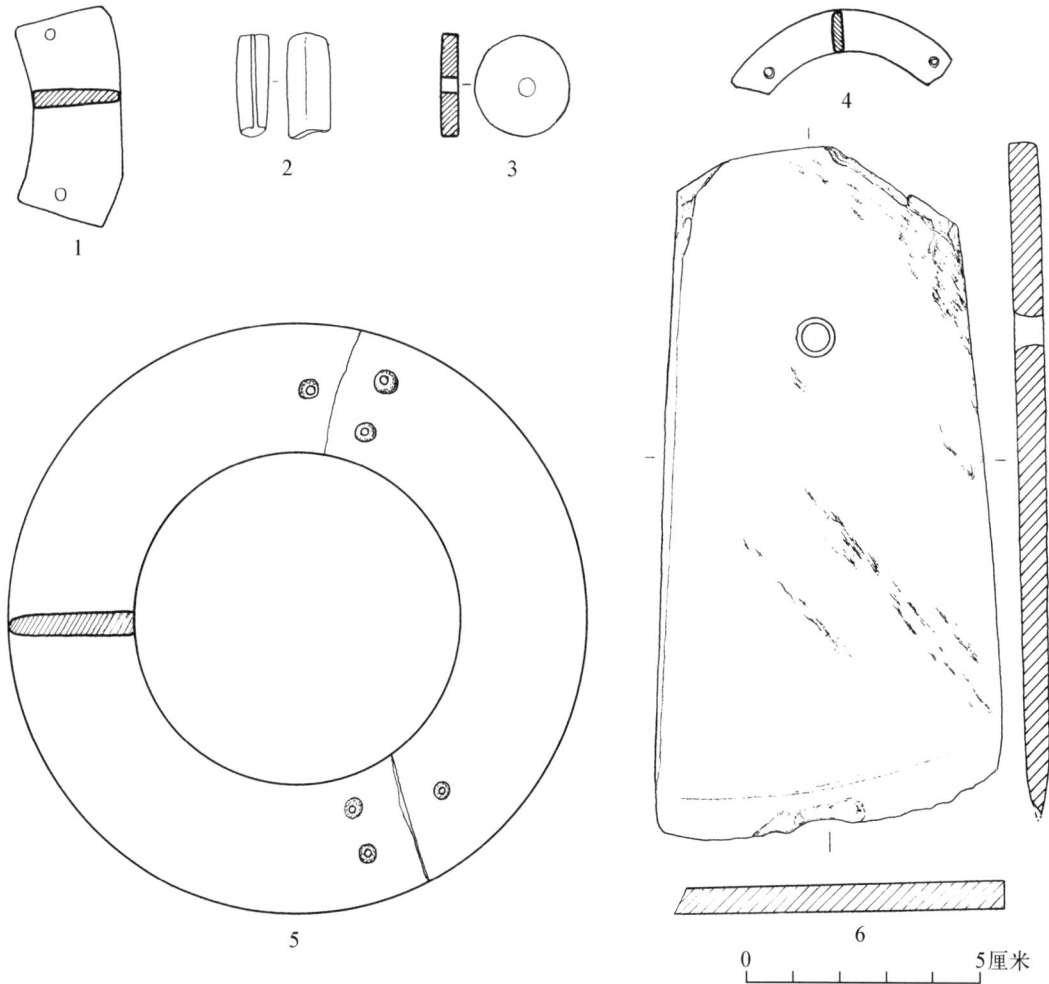

图三八 M47出土器物图

1、4.玉璜（M47：4、M47：2） 2.柱状V形槽玉块（M47：1） 3.轮形石饰（M47：3） 5.玉璧（M47：7） 6.石钺（M47：8）

面钻的圆孔。残长13.9、顶端残宽3.2、厚0.6、刃端宽7.2、孔径0.6厘米(图三八,6;图版二〇五,1)。M47:5,绿松石碎块,大小不一,直径0.2~1厘米不等,形状不规则。与一枚白色椭圆骨片一起散乱嵌于黑色胶状物上并黏滞在头骨左侧(图版二四〇,2)。M47:6,绿松石碎块若干,散落在左肩胛骨下方,直径0.2厘米左右。

M48

竖穴土坑墓,方向137°。墓圹平面为圆角梯形,墓壁头端较窄,脚端较宽,墓口长198、宽50~56、墓深46厘米(图三九,图版一七)。墓壁规整,上下垂直,口底大小相等,平底。墓室内填红褐花土,葬具不清。

墓主人为男性,M₁磨耗Ⅴ~Ⅵ级,年龄在50~55岁之间。葬式为仰身直肢葬,头向东南,面向上。人骨腐蚀较重,躯干、盆骨等骨骼无存,只能辨别骨架大体形态,肩部上耸,左臂伸直,右臂弧状内收,右手放于右侧股骨之上,双腿伸展。

头顶左侧并排放置石圭和扁条形石饰各1件。石圭,M48:1,大理岩。青色发黄。扁平条状,两侧起刃,三角形锋。通长5.5、宽1.9厘米(图四〇,2;图版二二四,4)。扁条形石饰,M48:2,大理岩。乳白色。扁平条状,两侧起刃,一端有穿,另一端残。残长8.2厘米,宽2厘米(图四〇,3;图版二三六,2)。左股骨上横置1件石钺,M48:3,蚀变大理岩,青白色。长方形,体扁平,由顶端至刃部渐厚。双面直刃,刃角略弧,平直背,近顶端处有一个单面钻的圆孔。长19.6、顶端宽7.3、刃端宽8.5、厚0.7、孔径0.6厘米(图四〇,1;图版二一〇,1)。

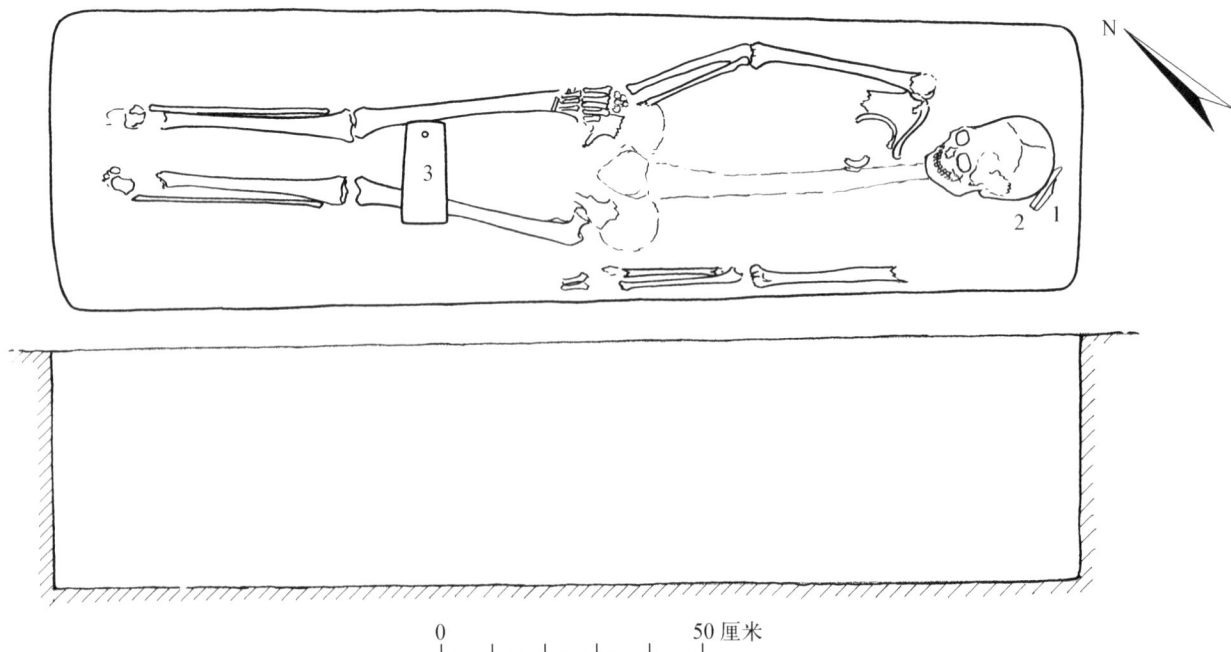

0   50厘米

图三九 M48平、剖面图

1. 石圭(M48:1)   2. 扁条形石饰(M48:2)   3. 石钺(M48:3)

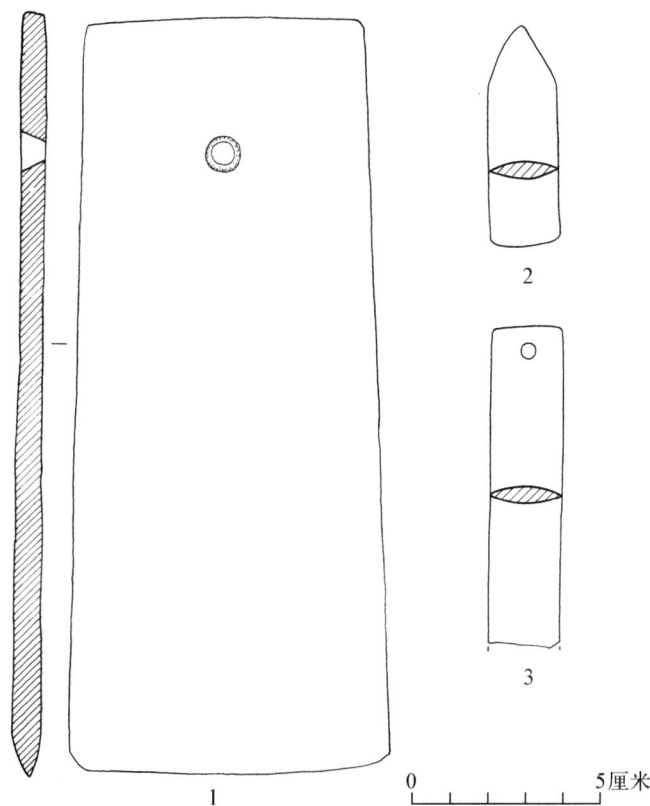

图四〇　M48出土器物图

1. 石钺（M48∶3）　2. 石圭（M48∶1）　3. 扁条形石饰（M48∶2）

M49

竖穴土坑墓，方向137°。墓圹平面呈圆角梯形，墓壁头端较宽，脚端较窄，墓口长186、宽56～63、墓深46厘米（图四一）。墓壁规整，上下垂直，口底大小相等，平底。打破M51。墓室内填红褐花土，葬具不清。

墓主人为男性，M_1磨耗Ⅵ级以上，年龄在60岁以上。葬式为仰身直肢葬，头向东南，面向上。人骨遭到扰乱，部分骨骼错位现象明显。墓主人双肩上耸，右臂弧状内收，双腿伸直。

右胫骨上横置1件石钺，顶端和刃端均残，M49∶1，蚀变大理岩。黄褐色。长方形，体扁平。双面直刃，刃角略弧，平直背，近顶端处有一个双面钻的圆孔。长12.2、顶端残宽3.5、刃端残宽5、孔径0.8厘米（图四三，2；图版二一〇，2）。

M50

竖穴土坑墓，方向48°。墓圹平面呈圆角长方形，墓口长180、宽50、墓深70厘米（图四二；图版一八）。墓壁陡直，口底大小相等，墓底平坦。被M10、M11和近代沟渠打破。墓室内填黄褐花土，葬具不清。

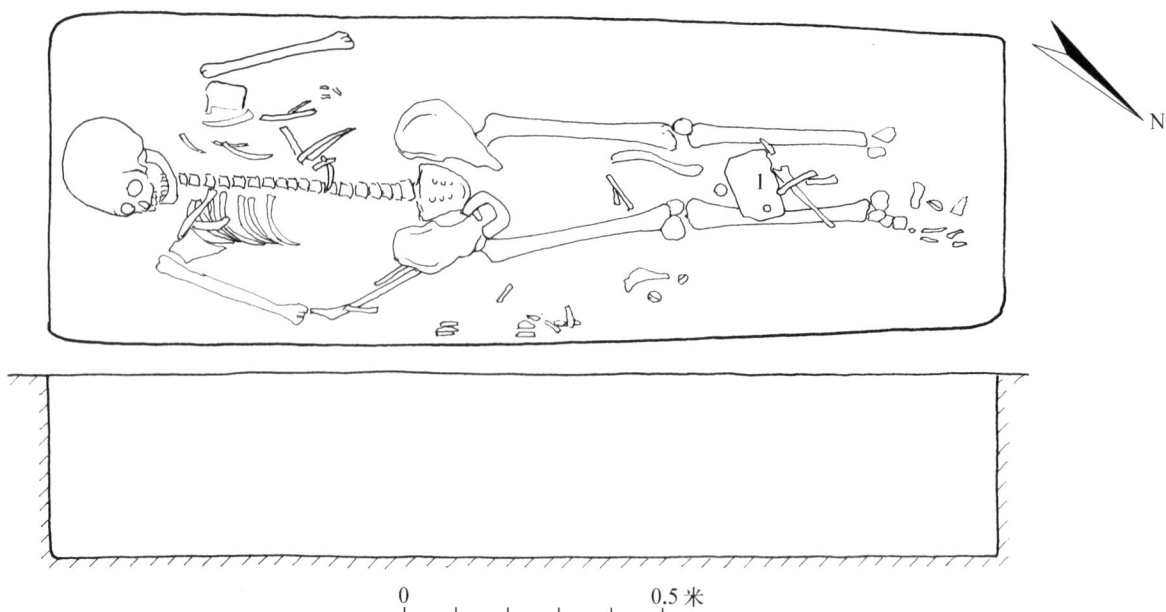

0　　　　　　　　　　0.5 米

图四一　M49平、剖面图

1. 石钺（M49∶1）

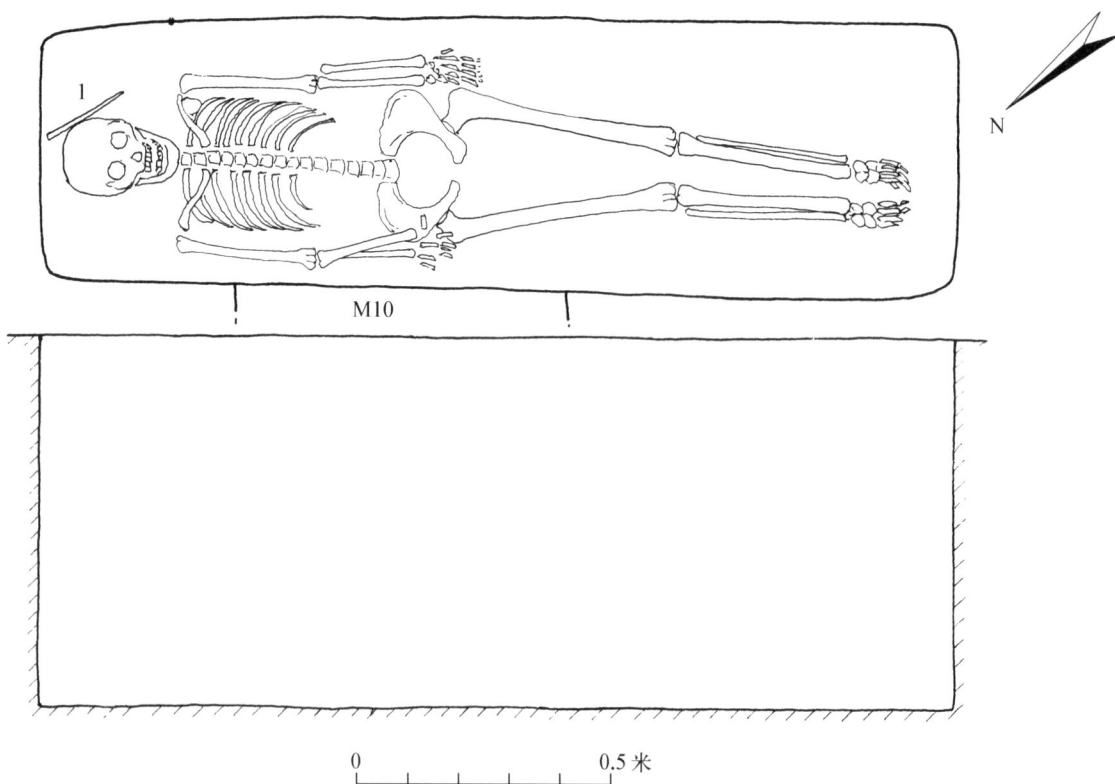

M10

0　　　　　　　　　　0.5 米

图四二　M50平、剖面图

1. 骨簪（M50∶1）

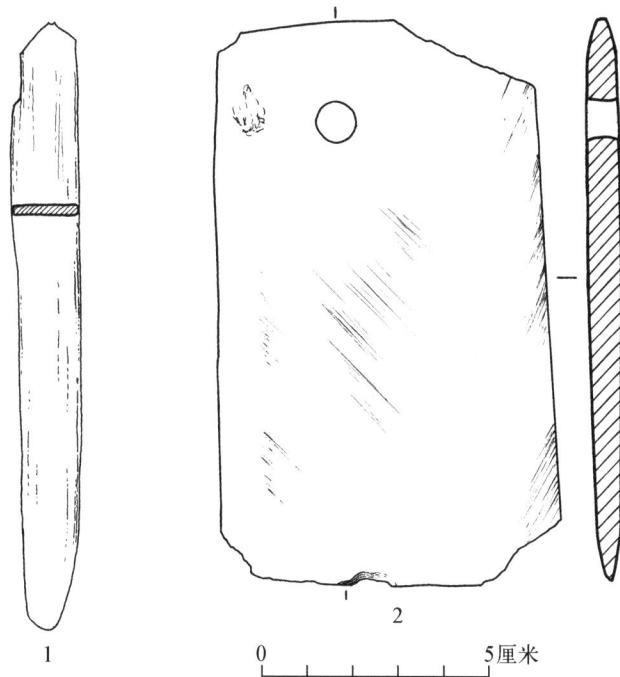

图四三 M49、M50出土器物图

1. 骨簪(M50∶1) 2. 石钺(M49∶1)

墓主人为一成年女性,具体年龄不详。葬式为仰身直肢葬,头向东北,面向上。人骨置于墓室中央,未受扰乱,保存完好,双肩上耸,左臂自然伸直,左手紧依大腿根部,右臂略向内弯,右手放于盆骨之上,双腿伸直,双脚紧并。

墓主人头顶左侧出土1件骨簪,M50∶1,浅黄白色,扁条状,横剖面呈扁长方形,顶端残,尖端圆钝。残长13.2厘米(图四三,1;图版二四四,3)。

M51

竖穴土坑墓,方向140°。墓口残长98、宽51~56、墓深20厘米(图四四)。墓壁规整,上下垂直,口底大小相等,平底。打破M64,被M49打破。墓室内填红褐花土,葬具不清。

墓主人为男性,M₁磨耗Ⅴ级,年龄在50岁左右。葬式及面向不详。骨骸保存较差,仅存下颌骨残片、右侧肱骨和左右股骨,且集中分布于墓室西北。

墓中未发现随葬品。

M53

竖穴土坑墓,方向50°。墓口长135、宽30~44厘米,墓底长135、宽29~38厘米,墓深45厘米。墓底略窄,斜壁内收,墓底宽29~38厘米。墓口被近代墓打破。墓室填黄褐花土。

墓中未发现任何遗存。

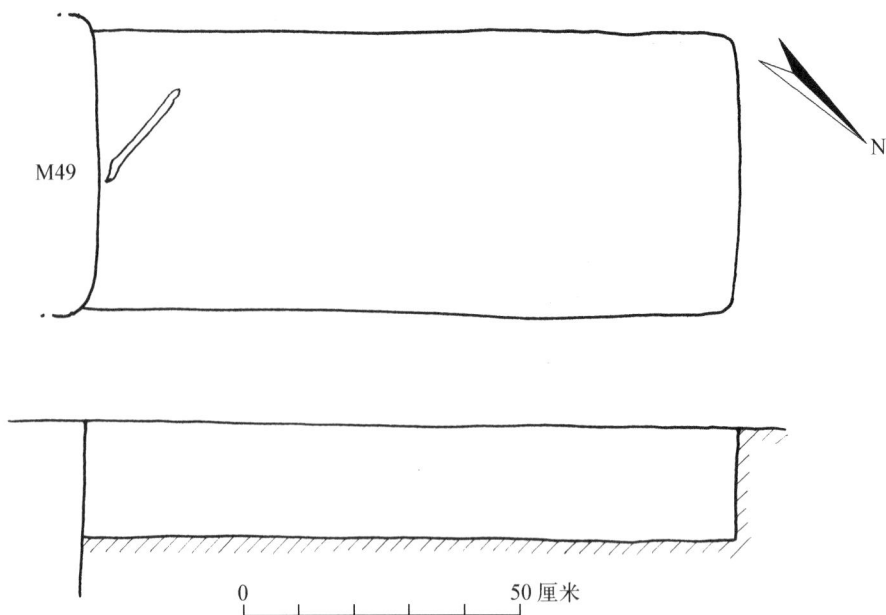

图四四　M51平、剖面图

M54

竖穴土坑墓,方向138°。墓圹平面呈圆角长方形,墓口长174、宽34~40、墓深35厘米(图四五)。墓壁规整,上下垂直,口底大小相等,平底。被砖厂取土破坏。墓室内填红褐花土,葬具不清。

墓主人为女性,M_1磨耗Ⅲ~Ⅳ级,年龄在35~40岁之间。葬式为仰身葬,头向东南,面向上。人骨腐蚀严重,仅存头骨、右侧肱骨及左右桡骨、尺骨残段等骨骼。

墓中未发现随葬品。

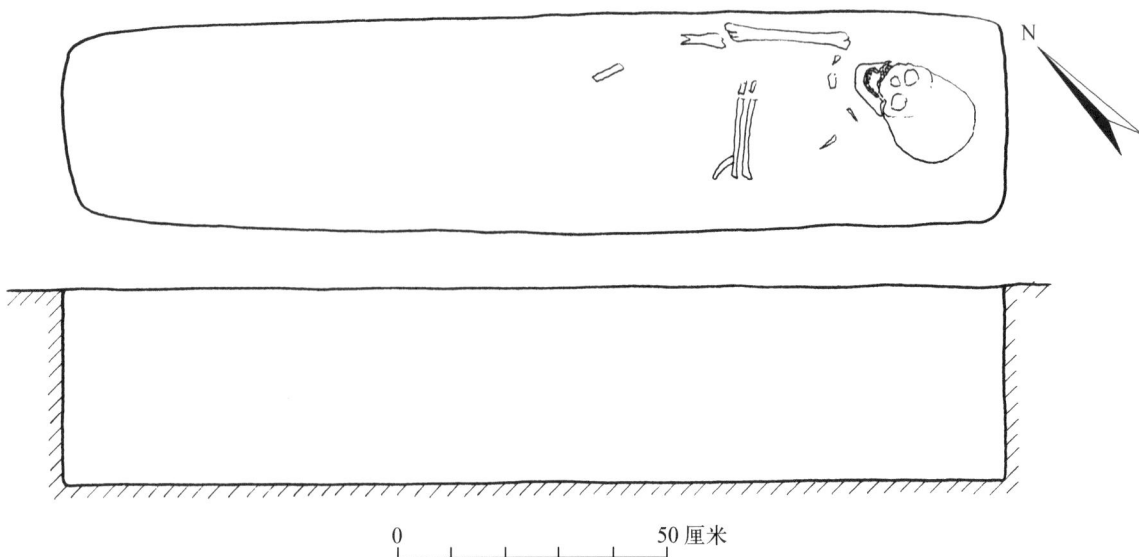

图四五　M54平、剖面图

M55

竖穴土坑墓,方向138°。墓圹平面呈圆角梯形,墓口长222、宽90～100、墓深105厘米(图四六)。墓壁陡直,口底大小相等,墓底平坦。墓室内填红褐花土,葬具不清。

该墓扰乱严重,仅在墓室中部残存部分肋骨灰痕。性别、年龄不详。葬式及面向亦不清楚。

墓室中南部出土1件玉环,M55:1,透闪石玉。青绿色。玉环剖面呈方形,通体磨光。直径2.3厘米(图四七,1;图版二四〇,4)。墓室西北角清理出1件陶瓶,M55:2,泥质褐陶。敞口,尖圆唇,细长颈,折肩,腹向下斜收,小平底。颈、肩、上腹部和口沿内侧绘红彩。口径11.5、底径6、高25.4厘米(图四七,2;图版二〇一,2)。

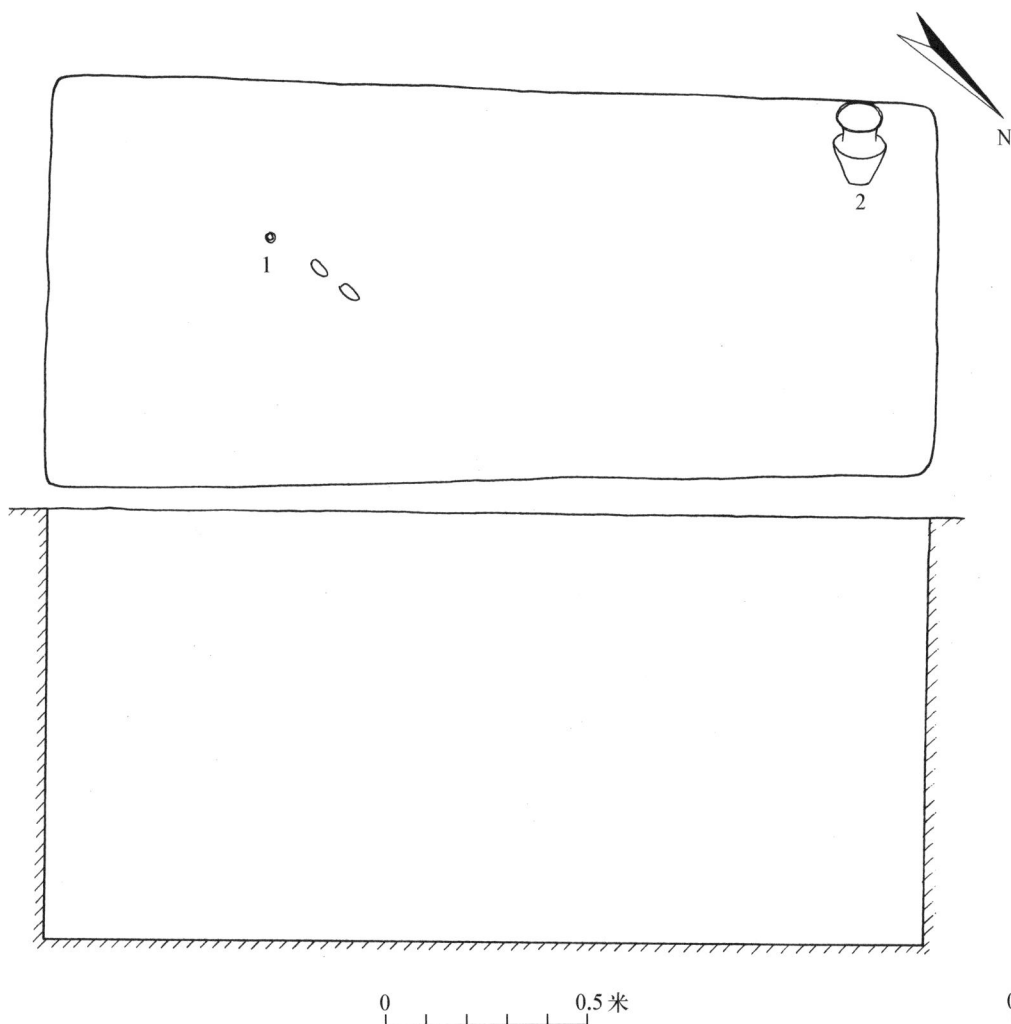

图四六 M55平、剖面图

1.玉环(M55:1) 2.陶瓶(M55:2)

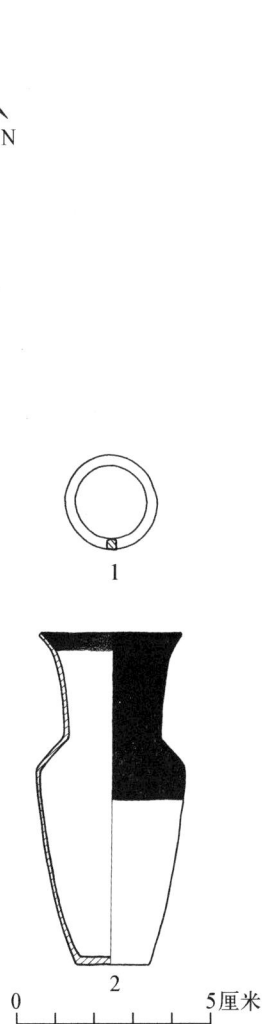

图四七 M55出土器物图

1.玉环(M55:1) 2.陶瓶(M55:2)

M56

竖穴土坑墓,方向130°。墓圹平面呈圆角梯形,墓口长240、宽136～144、墓深125厘米(图四八,图版一九)。墓室中间有棺的痕迹,棺长177、宽80、残高25厘米,墓壁陡直,口底大小相等,棺周围有生土二层台。墓室内填红褐花土。

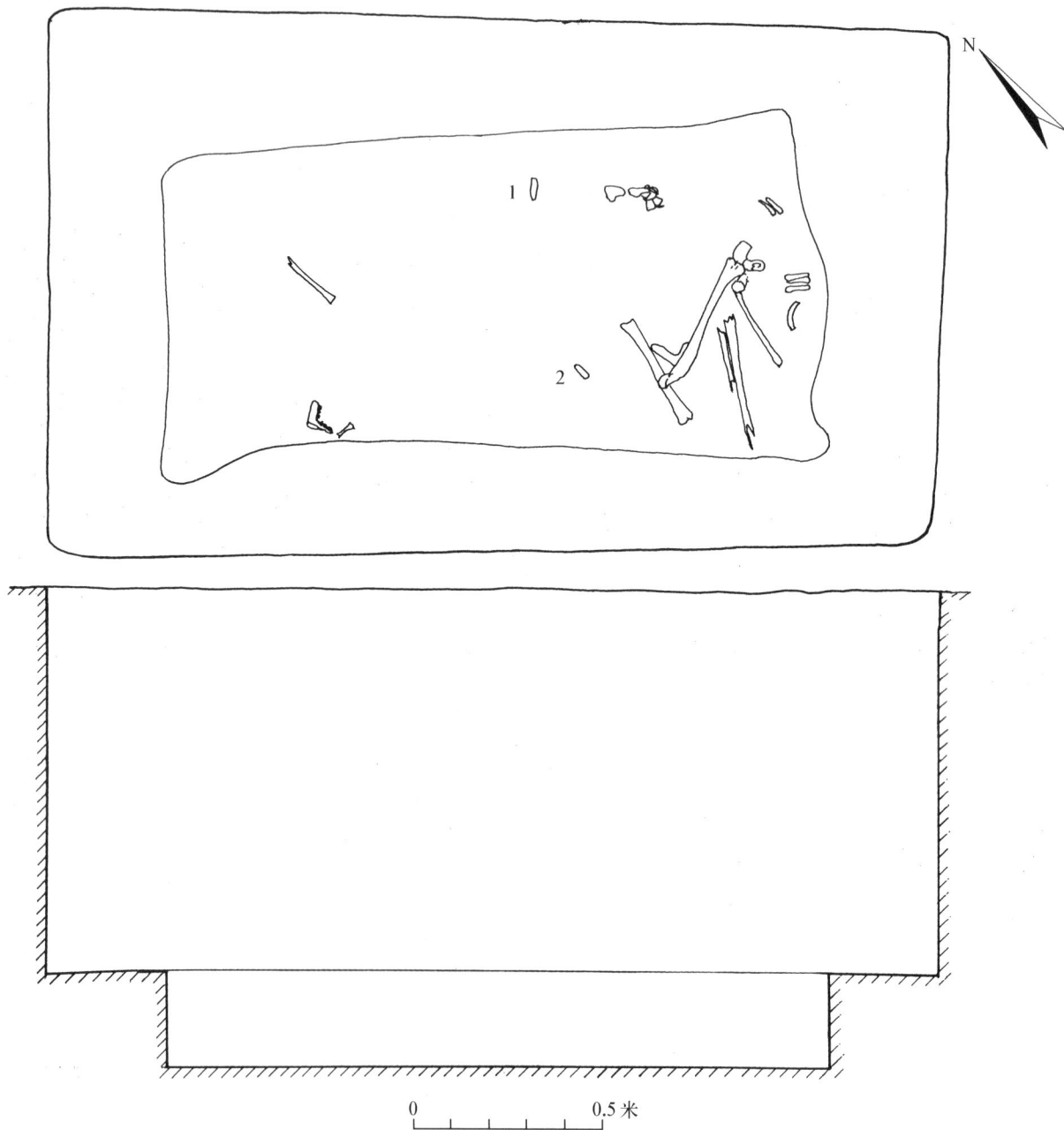

图四八　M56平、剖面图

1、2. 牙饰(M56:1、M56:2)

墓主人为女性,M₁磨耗Ⅵ级以上,年龄在60岁以上。葬式及面向不详。人骨扰乱严重,保存较差,零散分布于墓室之中,其中又以南部较为集中,仍残存有左右股骨、左侧腓骨、下颌骨残块等。

墓室中部两侧位置各发现1件牙饰,浅黄白色,两端均残(图五〇,1、2;图版二四七,2)。M56:1,横剖面呈扁长方形,残长5.3厘米;M56:2,横剖面呈扁椭圆形,残长5.2厘米。

M57

竖穴土坑墓,方向135°。墓圹平面呈圆角长方形,墓口长191、宽91、墓深93厘米(图四九)。墓壁陡直,口底大小相等,墓底平坦。墓室内填红褐花土,葬具不清。

图四九 M57平、剖面图

1.陶瓶(M57:1) 2.木环(M57:2)

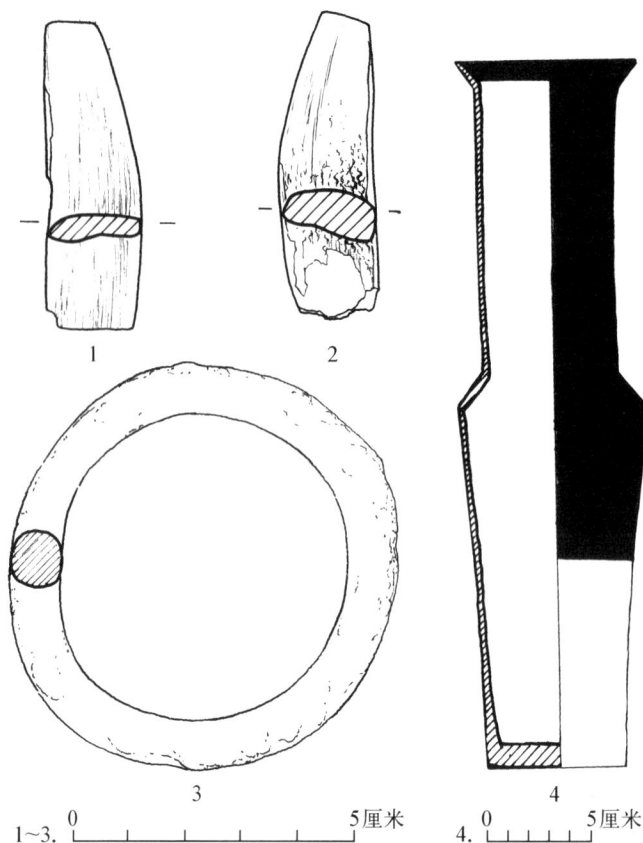

图五〇　M56、M57 出土器物图

1、2. 牙饰（M56：1、M56：2）　3. 木环（M57：2）　4. 陶瓶（M57：1）

墓内发现一男一女两个人骨个体。其中，男性 M_1 磨耗 V～VI 级，年龄在 50～55 岁之间；女性 M_1 磨耗 IV～V 级，年龄在 40～45 岁之间。人骨扰乱严重，集中分布在墓室东南角，包括两个头骨、锁骨、腓骨残段、肋骨残段等。

该墓清理出 1 件陶瓶和 1 件已炭化的木环。陶瓶，M57：1，泥质褐陶。器身细长似棒槌，侈口、尖圆唇，细长颈，折肩，腹向下斜收，小平底。颈、肩、上腹部和口沿内侧绘红彩。口径 9、底径 6.7、高 34 厘米（图五〇，4；图版二〇二，4）。木环，M57：2，因炭化器表呈黑色。横截面呈圆形。外径 6.8、内径 5 厘米（图五〇，3；图版二〇三，4）。

M58

竖穴土坑墓，方向 135°。墓圹平面呈圆角长方形，墓口长 196、宽 98、墓深 140 厘米，墓底长 206 厘米。墓室中部有木棺痕迹，长 186、宽 51、残高 5 厘米（图五一）。墓壁陡直，口小底略大，墓室底部有生土二层台。墓室内填红褐花土。

墓主人为一成年男性，股骨头和下端完全愈合，推测年龄应在 22 岁以上。葬式及面向不详。人骨扰乱严重，在距墓底 80 厘米处，于墓室东南部清理出头骨、左右股骨、右侧肱骨、桡骨、尺骨等骨

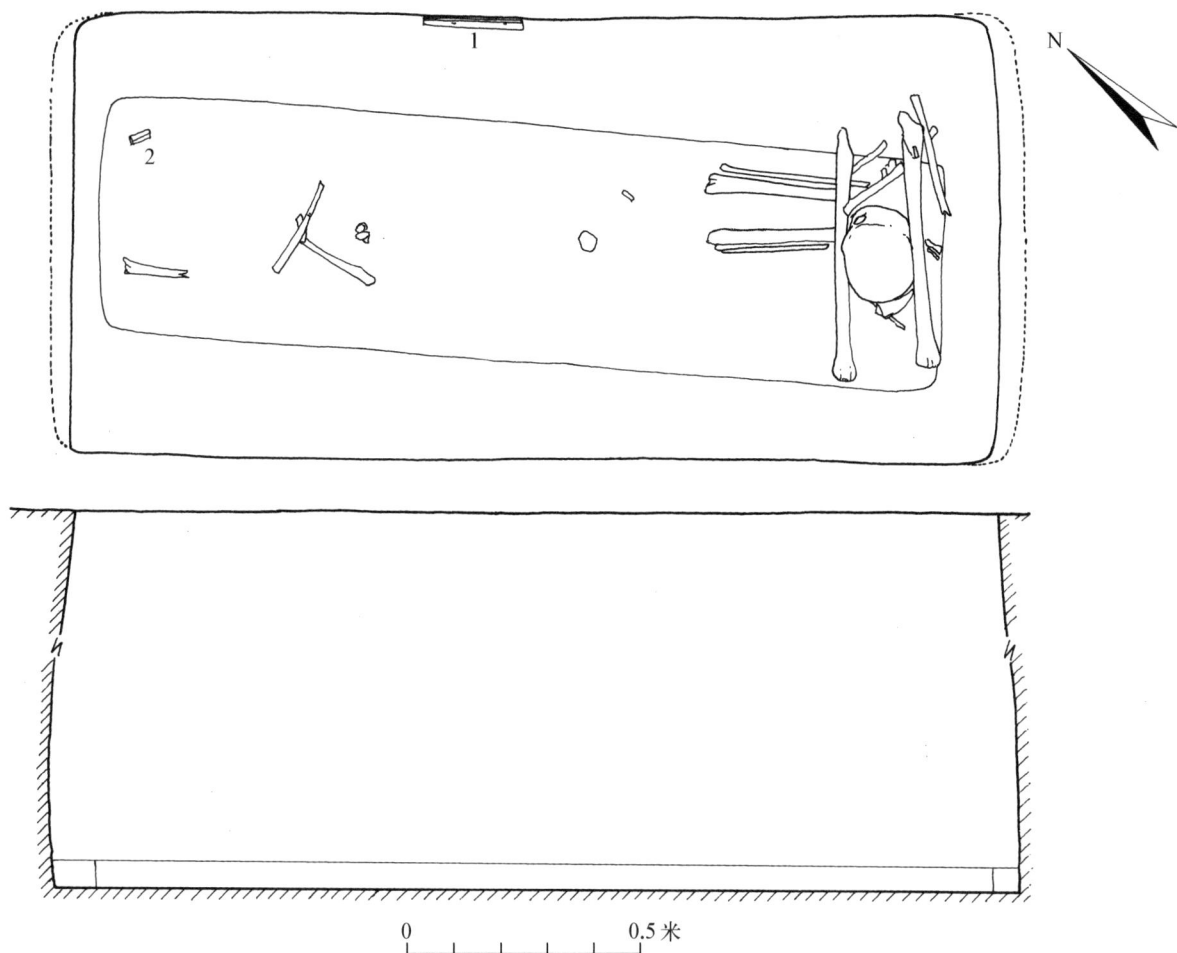

图五一 M58平、剖面图

1. 双孔石刀（M58∶1） 2. 石管（M58∶2）

骸，并且这些骨骸集中放置在一起。随后，在墓室底部大致同一区域又发现左右胫骨和腓骨。

　　墓中共发现2件随葬品，其中，双孔石刀位于北侧墓壁中段下方，M58∶1，蚀变大理岩。灰白色。器体近长方形，靠背部两侧有两穿，双面直刃，背部也薄至起刃。背长21.9、刃部长22.1、厚0.3、左孔径0.4、右孔径0.3、最宽处7厘米（图五三，1；图版二二三，1）。石管则见于墓室的西北部，M58∶2，伊利石岩。墨绿色。椭圆柱状，中空，通体磨光。长4.1、直径1.5厘米（图五三，3；图版二三〇，2）。

M59

　　竖穴土坑墓，方向138°。墓圹平面呈圆角长方形，墓口长170、宽93～96厘米，墓深40厘米（图五二）。墓壁规整，口底大小相等，墓底平坦。打破M43。墓室内填红褐花土，葬具不清。

　　墓主人性别不详，年龄较小，根据发现的乳齿判断，应在10岁以下。葬式及面向不详。骨骸腐朽、扰乱严重，只零星发现有头骨残片、颈椎、股骨等。

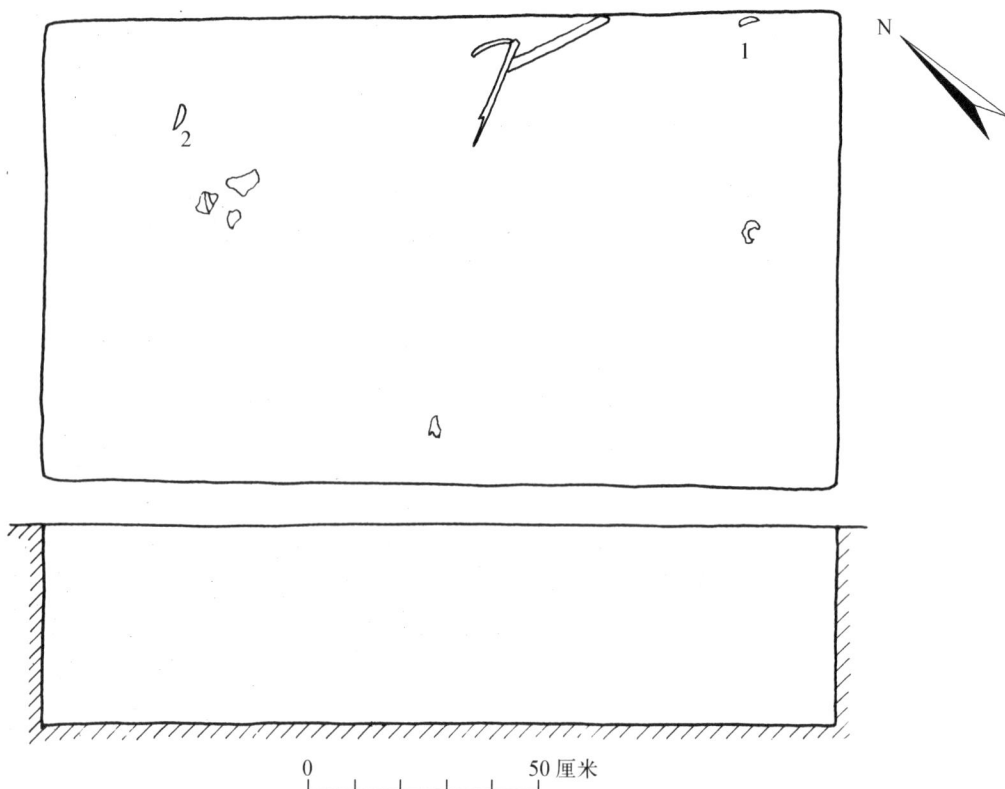

图五二 M59平、剖面图

1、2. 骨饰（M59∶1、M59∶2）

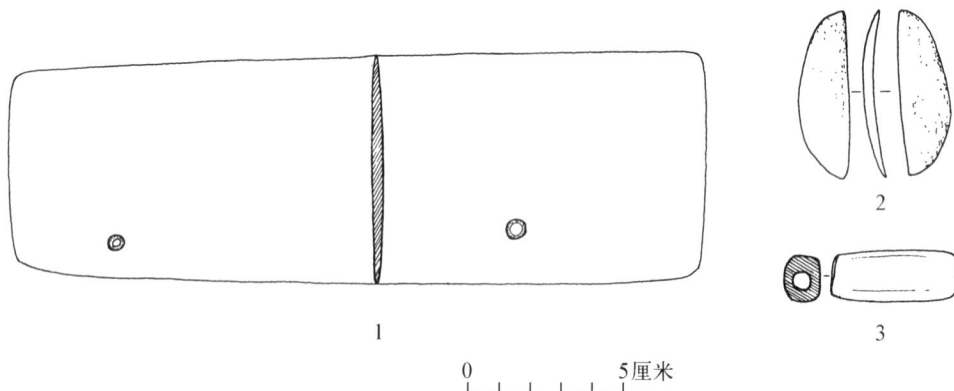

图五三 M58、M59出土器物图

1. 双孔石刀（M58∶1） 2. 骨饰（M59∶1、2） 3. 石管（M58∶2）

墓室西北角和东北角填土中各清理出1件骨饰（图五三,2;图版二四三,2）。浅黄白色,月牙形。M59∶1,长5厘米;M59∶2,长5.2厘米。

M60

竖穴土坑墓,方向138°。墓圹平面呈圆角长方形,墓口长201、宽94～100、墓深100厘米（图

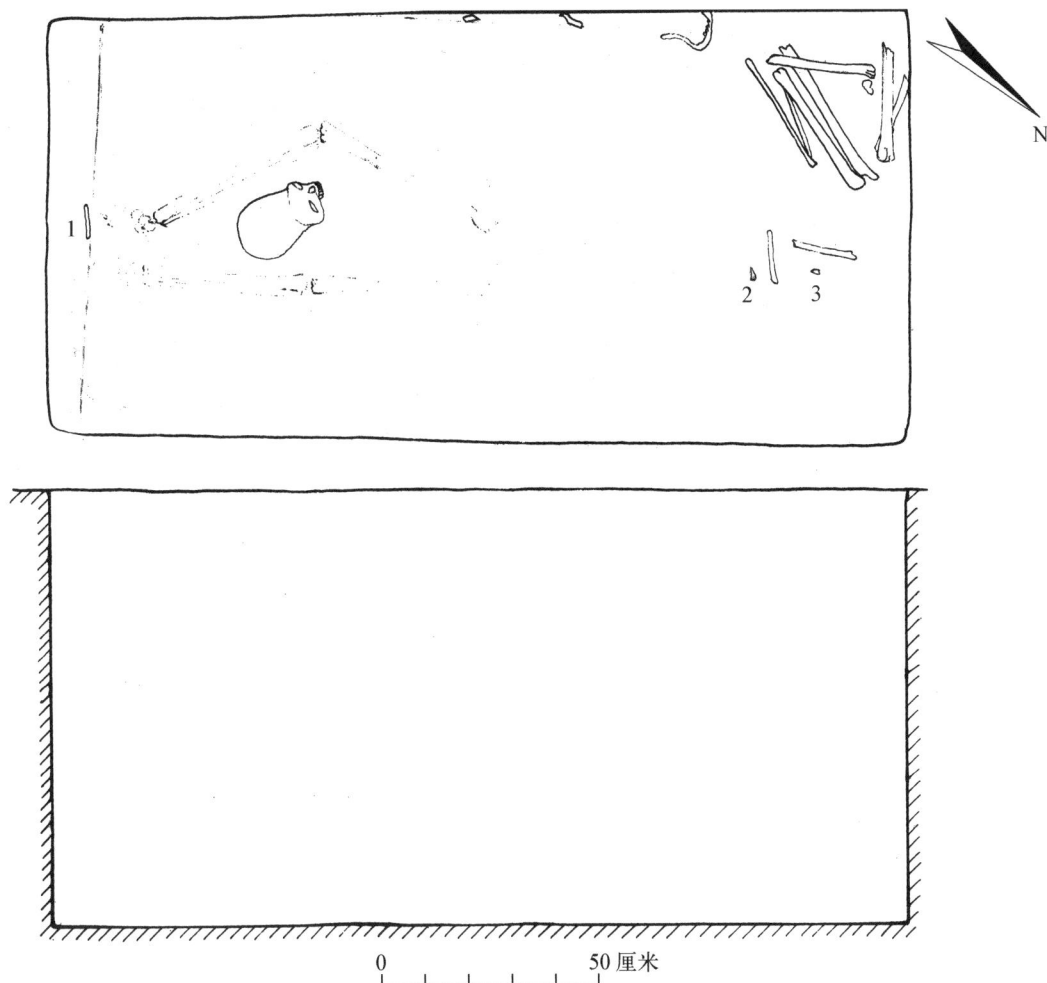

图五四 M60平、剖面图

1.扁条形玉饰(M60:1) 2、3.石镞(M60:2、M60:3)

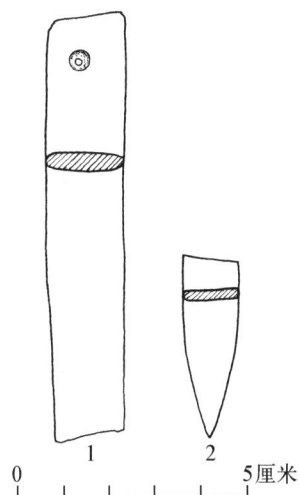

图五五 M60出土器物图

1.扁条形玉饰(M60:1) 2.石镞(M60:2)

五四)。墓壁陡直,口底大小相等,墓底平坦。墓室内填红褐花土,葬具不清。

墓主人为男性,M_1磨耗Ⅵ级以上,年龄在60岁以上。葬式及面向不详,头向东南。人骨腐蚀严重,仅存下颌骨、右侧桡骨残段、左右股骨残段、左右胫骨和腓骨残段等。其中头骨位于墓室南部,其余皆在墓室北部。

头骨东南约35厘米处发现1件扁条形玉饰,M60:1,透闪石玉。墨绿色,部分区域泛白。长条形,横剖面扁圆,一端有一穿,另一端残。残长8.9、宽1.7厘米(图五五,1;图版二三六,3)。墓室西北部及中部偏西区域先后发现2件石镞,已残。M60:2,泥质板岩。青灰色,三角形,横剖面呈扁长方形。残长3.7厘米（图五五,2;图版二二一,1）。M60∶3,泥质板岩。青色泛黄,尖端残,残长4厘米（图版二二一,5）。

M61

竖穴土坑墓,方向50°。墓圹平面呈梯形,墓壁头端较窄,脚端较宽。墓口长140、宽50～55、墓深25厘米。墓壁规整,口底大小相等,平底。墓室内填黄褐花土,葬具不清。

人骨腐朽严重,仅在墓室南部发现幼儿头骨残片。性别不详。葬式及面向亦不清楚。

墓中未发现随葬品。

M62

竖穴土坑墓,方向137°。墓圹平面呈圆角长方形,墓口长164、宽50、墓深40厘米。墓壁规整,口底大小相等,平底。打破M63。墓室填红褐花土。

墓中未发现任何遗存。

M63

竖穴土坑墓。方向48°。墓口残长90、宽45、墓深20厘米。边壁规整,上下垂直,口底大小相等,平底。被M64和M62打破。墓室填黄褐花土。

墓中未发现任何遗存。

M64

竖穴土坑墓,方向138°。墓口残长120、宽50、墓深45厘米。墓壁规整,口底大小相等,平底。打破M63,被M51打破。墓室填红褐花土,其中包含有少量碎骨渣,葬具不清。

墓中人骨扰乱严重,保存极差,仅见左侧尺骨。性别、年龄不详。葬式及面向亦不清楚。

墓中未发现随葬品。

M66

竖穴土坑墓,方向122°。墓圹平面呈圆角长方形,墓口长216、宽100、墓深54厘米（图五六）。墓壁陡直,口底大小相等,墓底平坦。打破M67、M68和M69,被近代墓打破。墓室填红褐花土,其中包含有少量碎骨渣,葬具不清。

墓室扰乱严重,墓底未发现人骨痕迹。

墓室东南部清理出1件石管,M66∶1,伊利石岩。淡青色。柱状中空,长1.4、直径0.9厘米（图五九,2;图版二二九,3）。

M67

竖穴土坑墓,方向122°。墓圹平面呈圆角长方形,墓口长163、宽60、墓深55厘米。墓壁陡

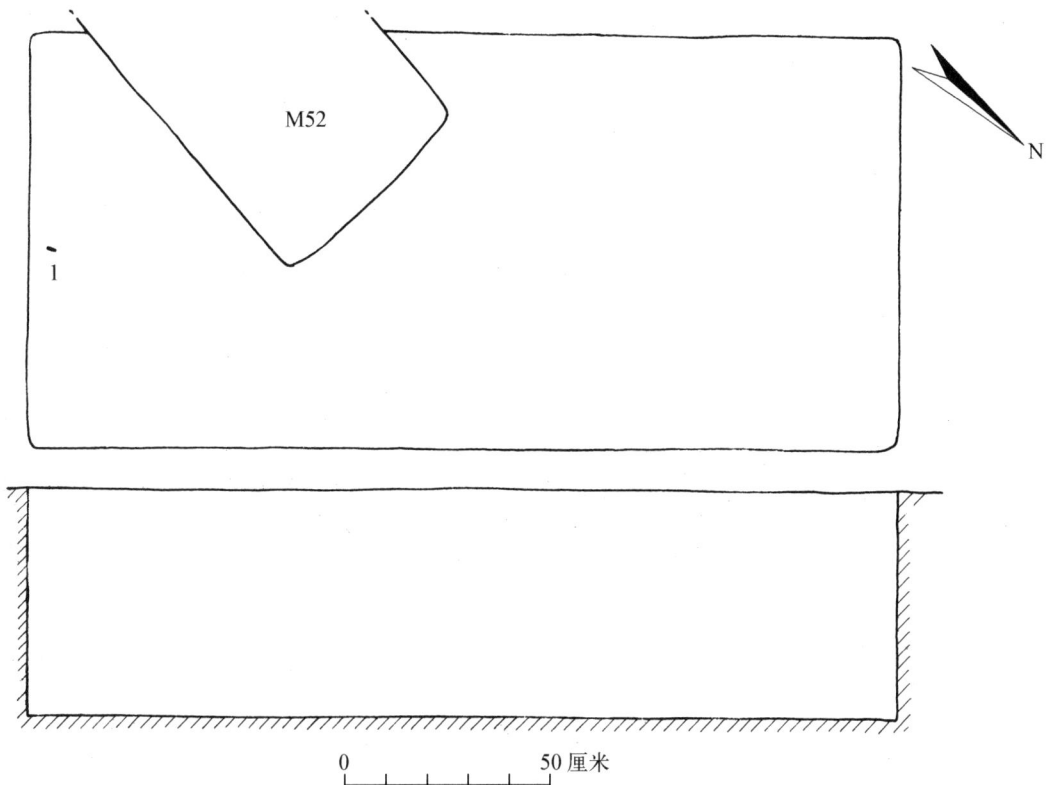

图五六　M66平、剖面图

1. 石管（M66∶1）

直，口底大小相等，墓底平坦。被M66打破。墓室填红褐花土。

墓中未发现任何遗存。

M68

竖穴土坑墓，方向50°。墓口残长65、宽70厘、墓深20厘米（图五七）。边壁规整，口底大小相等，平底。打破M69，但南部被M66打破。墓室内填黄褐花土，葬具不清。

墓主人为男性，M_1磨耗Ⅴ～Ⅵ级，年龄在50～55岁之间。葬式及面向不详。人骨扰乱严重，墓室南部被M66破坏，骨骼无存；墓室北部骨骸亦十分散乱，尚可辨认出头骨残片、下颌骨、锁骨、右侧股骨、左右胫骨残段、右侧肱骨残段、左侧腓骨残段等。

墓中未发现随葬品。

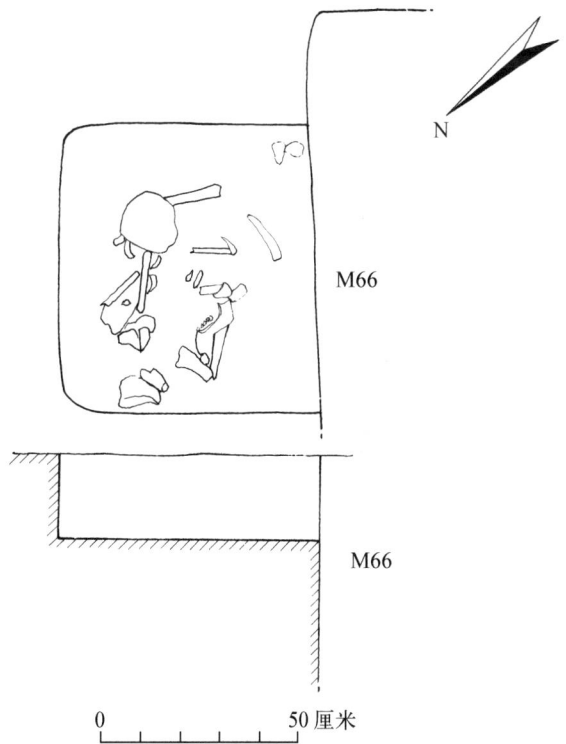

图五七　M68平、剖面图

M69

竖穴土坑墓,方向50°。墓圹平面呈圆角长方形,墓口长145、宽60、墓深17厘米。边壁规整,上下垂直,口底大小相等,平底。被M66和M68打破。墓室内填黄褐花土,葬具不清。

墓中骨骸腐蚀、扰乱严重,仅在墓室东北部存有右侧胫骨残块。性别、年龄不详。葬式及面向亦不清楚。

墓中未发现随葬品。

M70

竖穴土坑墓,方向134°。墓圹平面为圆角梯形,墓壁头端较窄,脚端较宽,墓口长147、宽45～53、墓深16厘米(图五八,图版二〇)。边壁规整,上下垂直,口底大小相等,平底。墓室内填红褐花土,葬具不清。

墓主人为女性,M_1磨耗Ⅲ～Ⅳ级,年龄在35～40岁之间。葬式不清,头向东南,面向西南。人骨扰乱严重,下肢无存,上肢亦仅剩躯干部分,如肋骨、尺骨残段、椎骨碎块等。

人骨颈部散落有穿孔蚌壳20件,均有不同程度残损,当为串饰,编号为M70:1-3(图五九,1;图版二四六,5)。白色,椭圆形,中间有一凹槽,两端有穿。最长者3.2厘米,最短者残长0.8厘米。右臂上套1件白色石璧,M70:2,大理岩。白色,部分区域受沁发黄。切面呈楔形,器体内缘后,外缘薄,通体磨光。外径13.5、好径6.5、最厚处0.7厘米(图五九,3;图版二一七,1)。

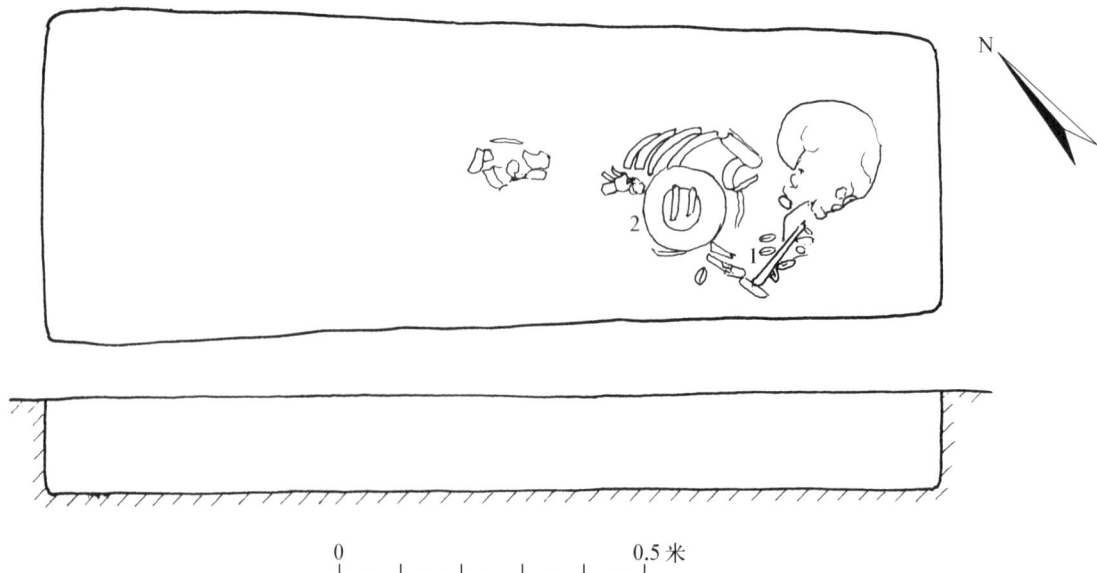

0   0.5 米

图五八　M70平、剖面图

1. 穿孔蚌壳(M70:1)　2. 石璧(M70:2)

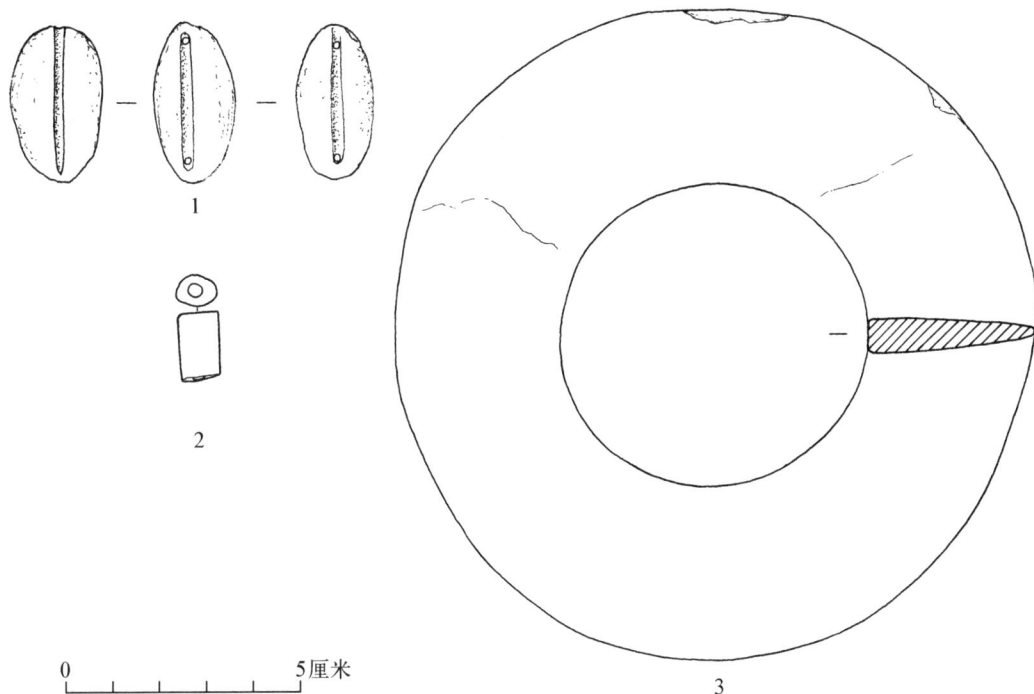

0　　　　　　　5厘米

图五九　M66、M70出土器物图

1.蚌壳(M70:1-3)　2.石管(M66:1)　3.石璧(M70:2)

M71

竖穴土坑墓,方向143°。墓圹平面呈圆角长方形,墓口长188、宽76～80、墓深60厘米(图六〇)。墓壁陡直,口底大小相等,墓底平坦。墓室内填红褐花土,葬具不清。

墓主人为女性,M_1磨耗Ⅴ级,年龄在45～50岁之间。葬式为仰身直肢葬,头向东南,面向上。人骨大体居于墓室正中,骨骸虽受到扰乱,但四肢位置明确,整体轮廓清晰。墓主人左臂内弯,左前臂斜置于腹部,左手放置于右腿根部,右臂弧状内收;双腿伸直,两脚并拢。

头骨下清理出1件石器,碎裂为五块,经观察拼对发现并不是一件完整的石器,仍有缺失,因而无法复原。青色,受沁泛白。属蚀变大理岩。其中一块呈三角形,长边为刃状,未侵蚀部分光润,可能做过抛光处理。长边残长3.7、高2.1厘米。

M72

竖穴土坑墓,方向130°。墓圹平面呈圆角长方形,墓口长122、宽40、墓深25厘米(图六一)。墓壁规整,上下垂直,口底大小相等,平底。墓室填红褐花土。

墓中未发现任何遗存。

M73

竖穴土坑墓,方向150°。墓圹平面呈圆角长方形,墓口长203、宽88～90、墓深35厘米

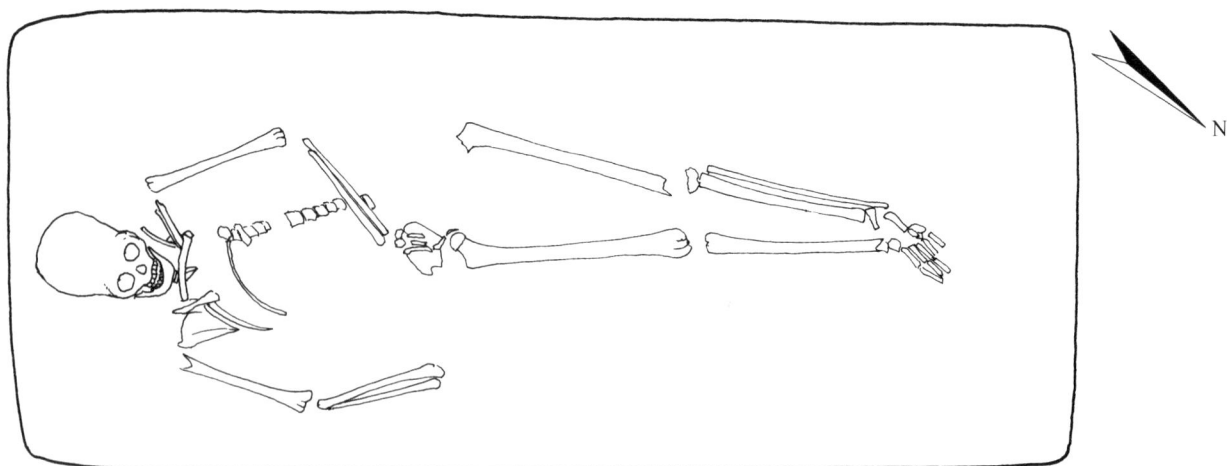

0   0.5 米

图六〇　M71 平、剖面图

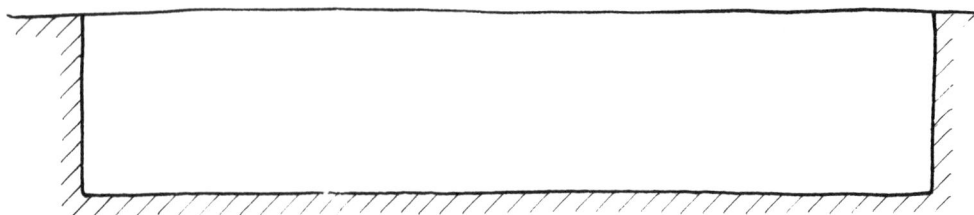

0   50 厘米

图六一　M72 平、剖面图

图六二 M73平、剖面图

（图六二）。墓壁规整，上下垂直，口底大小相等，平底。墓室内填红褐花土，葬具不清。

墓中共发现一男、一女、一幼三个人骨个体，但扰乱严重，骨骸散布于墓室之中，具体的葬式、头向已不清楚。墓中前后共清理出两个头骨、三个颌骨以及肋骨残段、胫骨和腓骨残段、右侧肱骨残段、左侧尺骨残段等。根据鉴定，女性为29岁左右；男性 M_1 磨耗Ⅳ～Ⅴ级，年龄在40～45岁之间；幼年个体的下颌骨上仍留有乳齿，当在10岁以下。

墓中未发现随葬品。

M74

竖穴土坑墓，方向140°。墓圹平面呈圆角长方形，墓口长190、宽54、墓深5厘米（图六三）。边壁规整，上下垂直，口底大小相等，平底。墓室内填红褐花土，葬具不清。

墓主人为一成年男性，年龄不详。葬式为直肢，面向不清，头向东南。人骨腐蚀严重，仅存左右股骨，髌骨以下及盆骨中上部骨骸皆无存。

墓中未发现随葬品。

M75

竖穴土坑墓，方向133°。墓圹平面呈圆角长方形，墓口长151、宽49、墓深29厘米（图六四）。墓壁规整，上下垂直，口底大小相等，平底。墓室内填红褐花土，葬具不清。

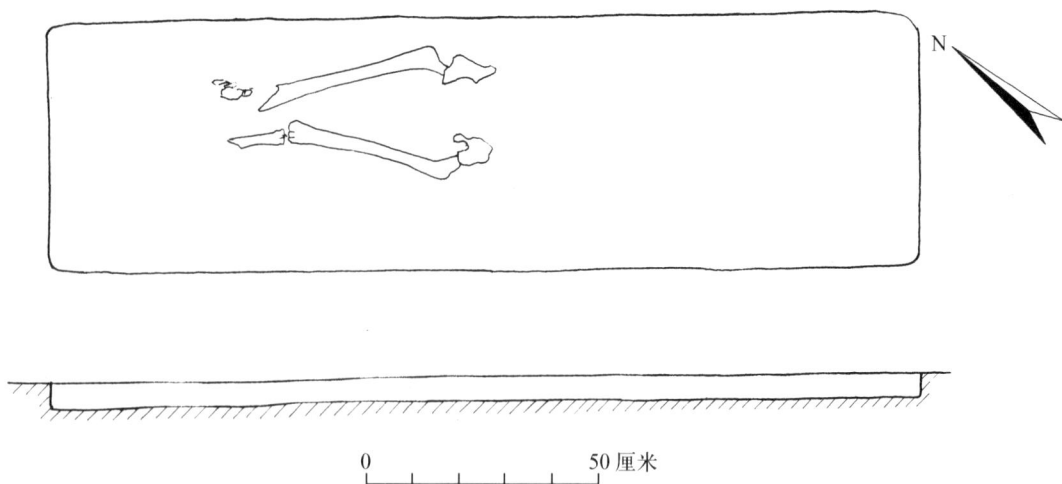

图六三　M74平、剖面图

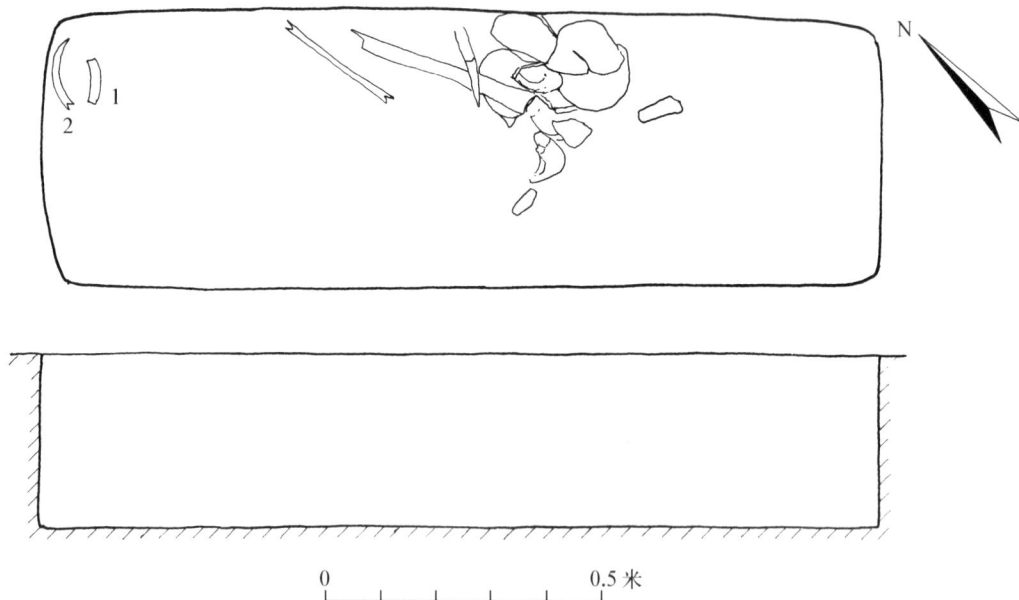

图六四　M75平、剖面图

1、2. 牙饰(M75：1、M75：2)

　　墓主人为男性，M_1磨耗Ⅴ～Ⅵ级，年龄在50～55岁。葬式及面向不详。骨骸扰乱严重，集中分布在墓室中部，包括头骨残片、左侧股骨、腓骨等。

　　在墓室的西北角清理出2件野猪牙饰。浅黄白色。月牙状，横剖面呈三角形，中空，两端已残(图六七，3、4)。M75：1，两端均残，残高7.5厘米(图版二四八，4)；M75：2，窄端有孔，已残，残高13.5厘米。

M76

　　竖穴土坑墓，方向135°。墓圹平面呈圆角长方形，墓口长195、宽91～95、墓深100厘米(图六五，图版二一)。墓壁陡直，口底大小相等，墓底平坦。墓室内填红褐花土，葬具不清。

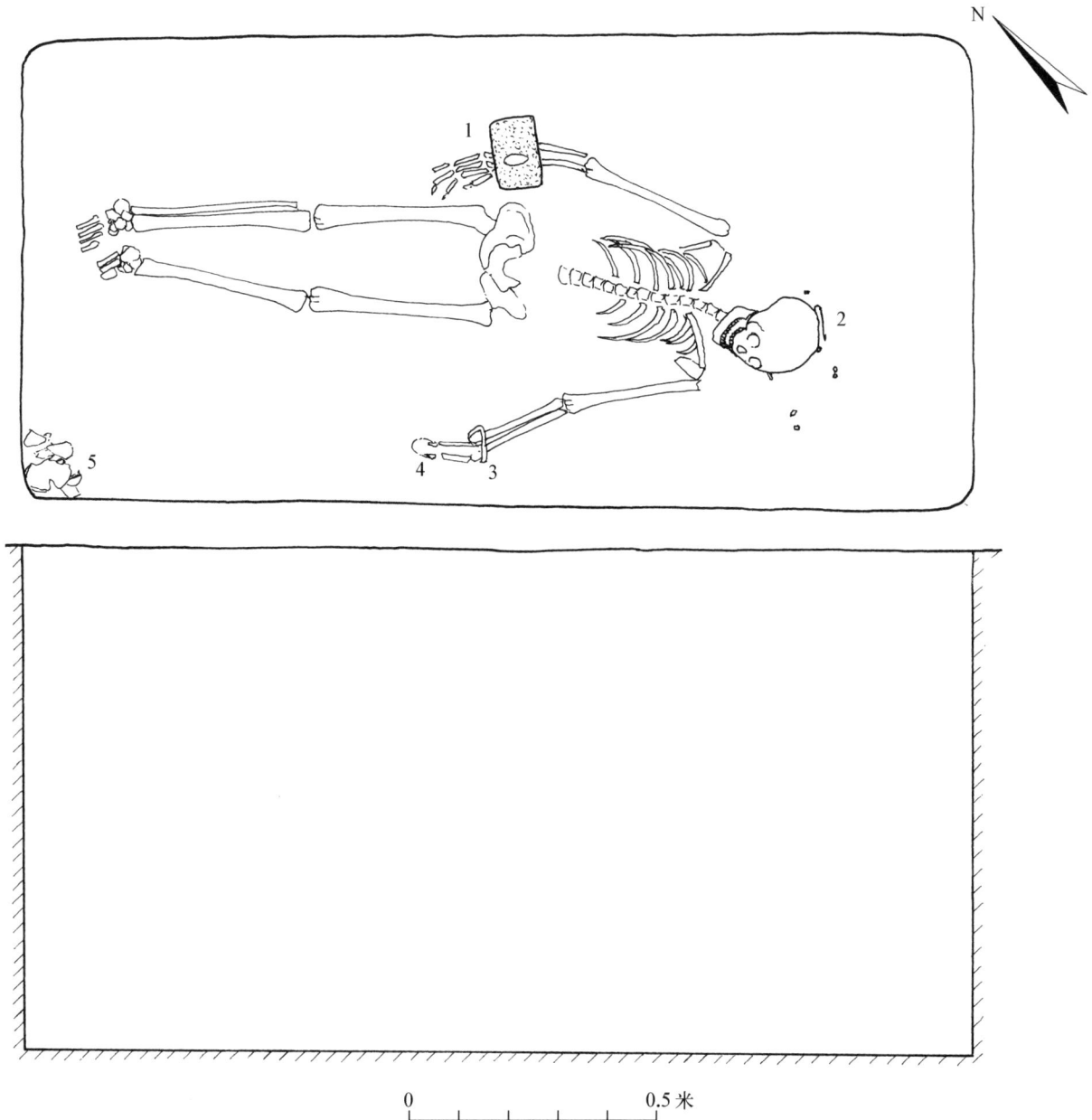

图六五 M76平、剖面图

1. 绿松石腕饰(M76:1) 2. 骨笄(M76:2) 3. 木镯(M76:3) 4. 指环(M76:4) 5. 陶瓶(M76:5)

墓主人为女性,M₁磨耗Ⅵ级以上,年龄在60岁以上。葬式为仰身直肢葬,头向东南,面向西。人骨保存基本完好,整体形态清晰,肋骨排列整齐,左臂微向外张,右臂弧状内收,双腿伸直,两脚并拢,脚尖微向左。

头顶横置1件长条形片状骨笄(M76:2),头周围散落属于同一长条状玉饰的碎片,右手腕部有1件嵌绿松石和贝饰的宽带状腕饰,M76:1,宽环带状,在黑色胶状物上贴附绿松石碎片,其上等距镶嵌3个白色贝饰。周长30、宽9厘米。左手腕上戴1件已炭化的木镯(M76:3),手指戴1

个圆形指环(M76∶4)。墓室西北角放1件陶瓶(M76∶5),但已破碎。

M77

竖穴土坑墓,方向133°。墓圹平面呈圆角长方形,墓口长171、宽46、墓深26厘米(图六六)。墓壁规整,上下垂直,口底大小相等,平底。墓室内填红褐花土,葬具不清。

墓主人为男性,M₁磨耗Ⅳ～Ⅴ级,年龄在40～45岁。葬式为侧身屈肢葬,头向东南,面向东北。骨骸被扰,且腐蚀较重,许多细小骨骼均已不见。墓主人双肩上耸,左前臂横置于腹部,左手放置于右臂之上,左右股骨中下部被破坏。

左侧腰部清理出2件牙饰,浅黄白色(图六七,1、2;图版二四七,5)。月牙状,两端均已残。M77∶1,残高4.5厘米;M77∶2,残高7.9厘米。

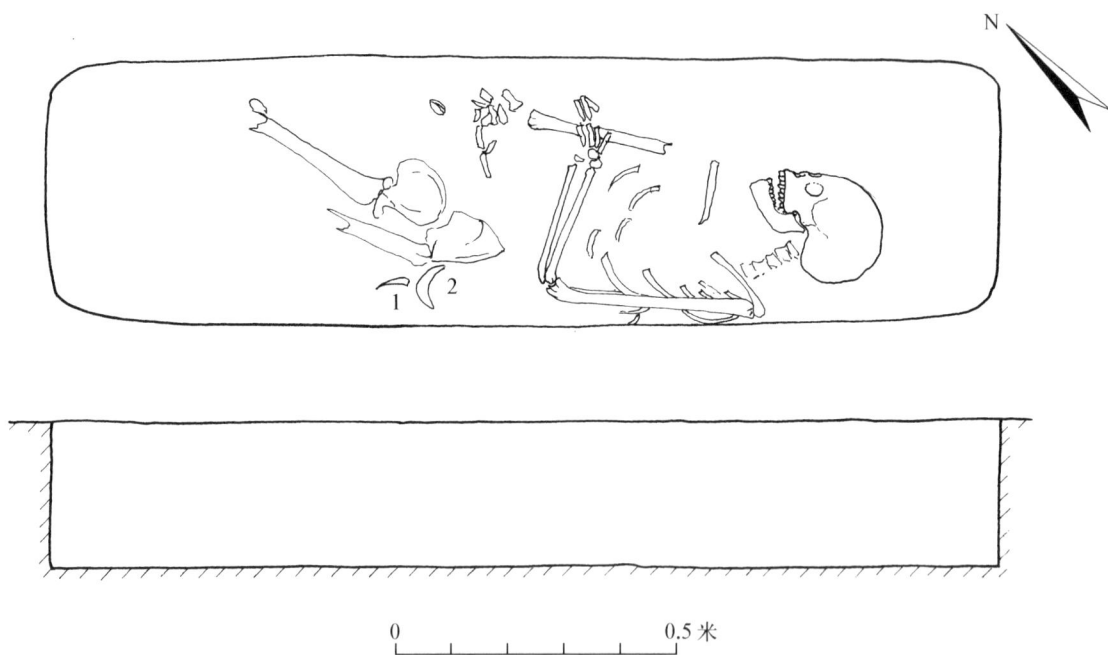

图六六　M77平、剖面图

1、2. 牙饰(M77∶1、M77∶2)

M78

竖穴土坑墓,方向160°。墓圹平面呈圆角梯形,墓口长196、宽47～60、墓深24厘米(图六八)。墓壁规整,上下垂直,口底大小相等,平底。墓室内填红褐花土,葬具不详。

墓主人为男性,M₁磨耗Ⅵ级以上,年龄在60岁以上。葬式及面向不详。人骨扰乱严重,散布于墓室之中,又以中部较为集中,仍残存右侧肱骨、左侧胫骨、肋骨及股骨残段等。头骨左侧后部有箭镞穿孔造成的两个椭圆形洞。

墓中未发现随葬品。

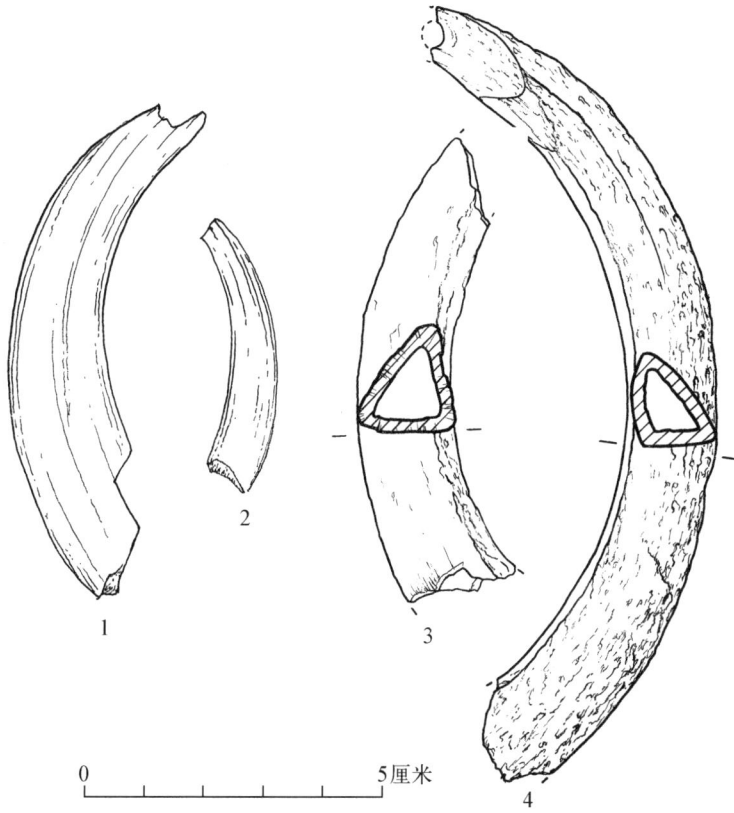

图六七 M75、M77 出土器物图

1~4. 牙饰（M77：2、M77：1、M75：1、M75：2）

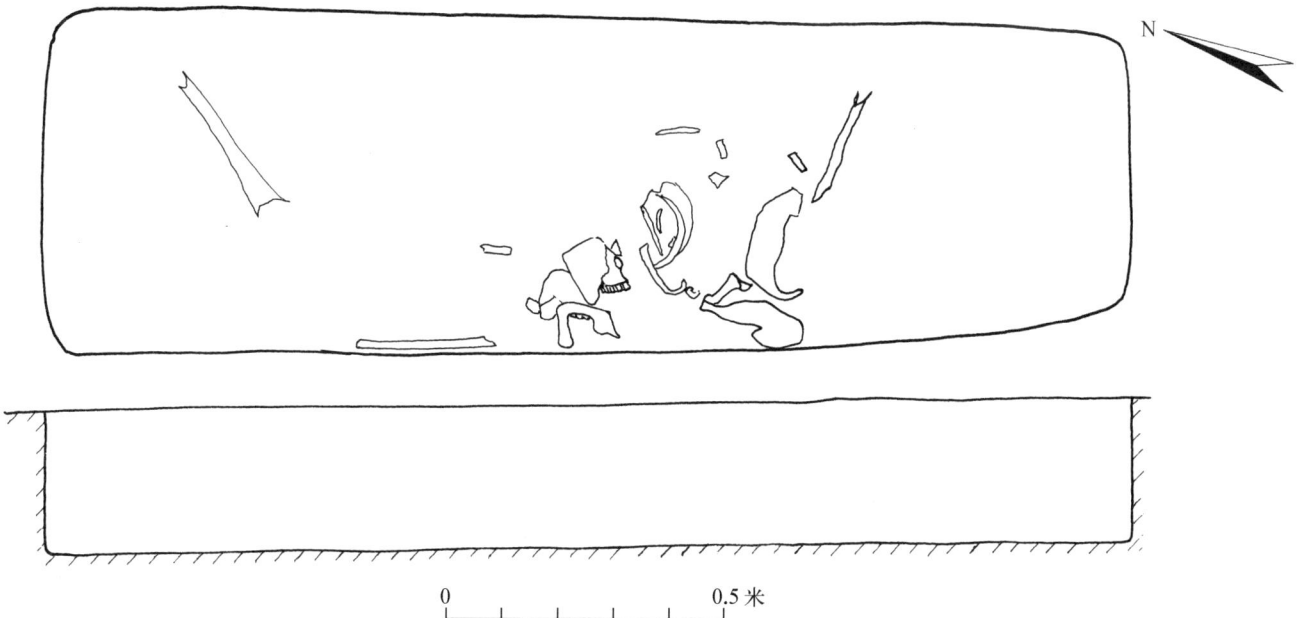

图六八 M78 平、剖面图

M79

竖穴土坑墓，方向140°。墓圹平面呈圆角长方形，墓口长126、宽40～45、墓深10厘米（图六九）。边壁规整，口底大小相等，平底。墓室内填红褐花土，葬具不清。

墓主人为女性，M_1磨耗Ⅵ级以上，年龄在60岁以上。葬式为仰身葬，头向东南，面向上。人骨腐蚀严重，下肢仅存有左右股骨上部及右侧脚骨等少量骨骼；上肢保存相对较好，基本形态仍可看清，双肩上耸，肋骨稍显凌乱，右臂伸直，右手置于右腿外侧，左前臂斜置于胸部。

颅骨右侧出土1件柱状石器残块，剖面近半圆形，M79：1，蚀变大理岩。青色，受沁泛黄。长2.3、宽0.5厘米。

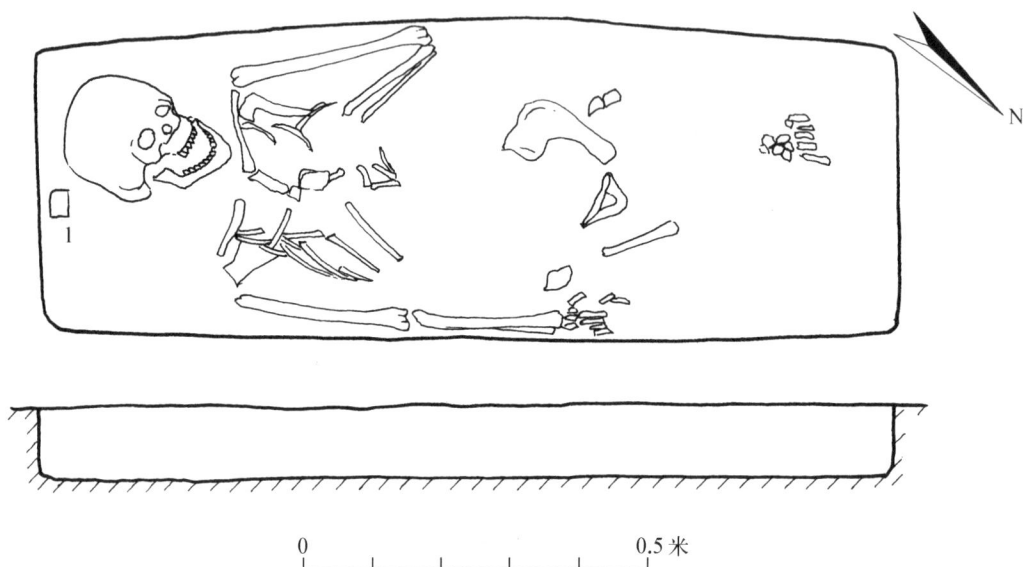

0　　　　　　　　　　　　　　0.5 米

图六九　　M79平、剖面图

1. 石器残块（M79：1）

M80

竖穴土坑墓，方向160°。墓圹平面呈圆角长方形，墓口长175、宽120、墓深30厘米。墓壁规整，上下垂直，口底大小相等，平底。打破M81。墓室填红褐花土。墓葬被扰。

墓中未发现任何遗存。

M81

竖穴土坑墓，方向133°。墓圹平面呈梯形，墓口长215、宽101～110厘米，墓底长215、宽96～98厘米，墓深85厘米，墓口略大于墓底，斜壁内收，墓底平坦。被M80打破。墓室内填红褐花土，葬具不清。

墓中骨骸腐蚀、扰乱严重，只在墓室中清理出左右肱骨残段、右侧胫骨、左侧桡骨残段等少数骨骼。性别、年龄不详。葬式及面向亦不清楚。

墓中未发现随葬品。

M83

竖穴土坑墓,方向145°。墓圹平面呈圆角长方形,墓口长184、宽70、墓深110厘米(图七〇)。墓壁陡直,口底大小相等,墓底平坦。墓室被盗洞破坏。墓室内填红褐花土,葬具不清。

0   0.5 米

图七〇 M83平、剖面图

1. 锥形玉器(M83∶1)

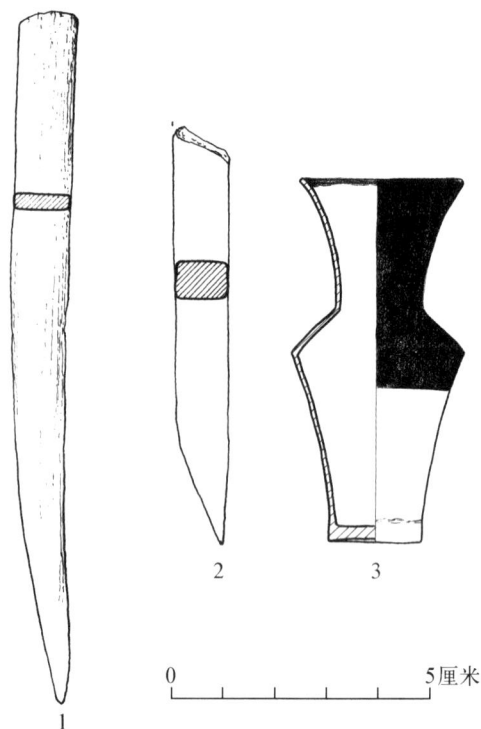

图七一　M83、M85出土器物图

1. 骨笄（M83∶2）　2. 锥形玉器（M83∶1）　3. 陶瓶（M85∶1）

墓主人为女性，M_1磨耗Ⅳ～Ⅴ级，年龄在40～45岁。葬式及面向不详。骨骸扰乱严重，保存较差，主要散落于墓室东南部，如头骨、肋骨残段、左右肱骨、左侧股骨、左右胫骨、腓骨等。

墓中清理出2件随葬品：1件是骨笄，出于填土中。M83∶2，浅黄白色，顶端微残，条状，中上部横剖面呈扁长方形，至尖端逐渐变窄。残长13.2厘米（图七一，1）。另1件为锥形玉器，M83∶1，透闪石玉。青绿色。柱状，横剖面近方形，一端已残，另一端收缩成尖峰，尖略残。残长8厘米（图七一，2；图版二三七，3）。

M85

竖穴土坑墓，方向140°。墓圹平面呈圆角梯形，墓口长220、宽100～110厘米，墓底长200、宽90～110厘米，墓深90厘米（图七二）。墓口略大于墓底，斜壁内收，墓口北段约20厘米后，开始向内延伸约17厘米，然后顺势再向下，墓底平坦。打破M86和M102。墓室内填红褐花土，葬具不清。

墓主人为男性，M_1磨耗Ⅵ级以上，年龄在60岁以上。葬式及面向不详。骨骸保存较差，仅剩右侧胫骨、腓骨、左侧胫骨及下颌骨残块等，均位于墓室西北部，其中头骨残片距墓底深约70厘米。

头骨西北侧清理出1件陶瓶，M85∶1，泥质褐陶。敞口，尖圆唇，细长颈，折肩，腹向下内弧，小平底。颈、肩、上腹部和口沿内侧绘红彩。口径9.6、底径6、高21厘米（图七一，3；图版二〇一，3）。

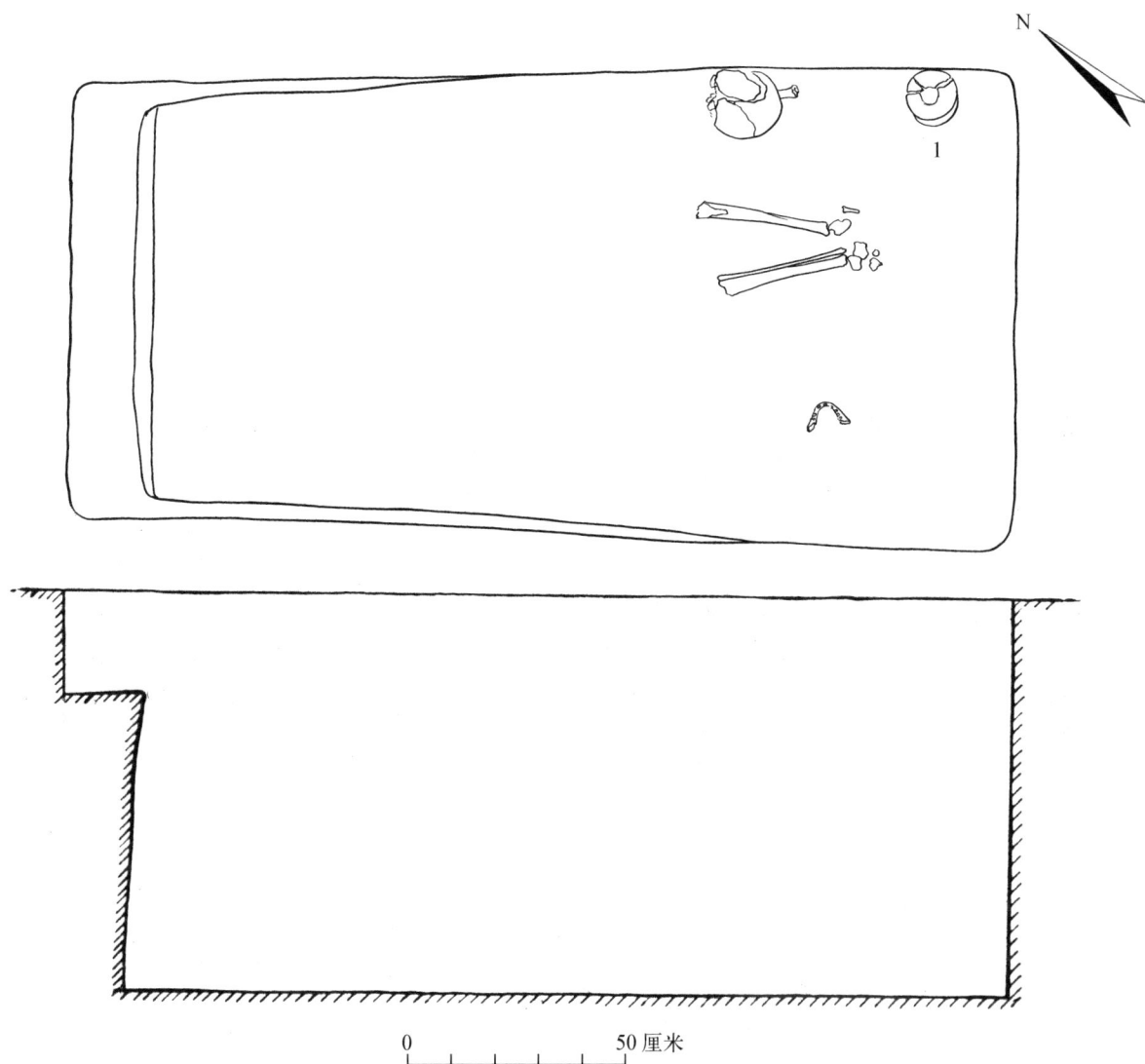

图七二 M85平、剖面图

1.陶瓶（M85：1）

M86

竖穴土坑墓，方向140°。墓口长125、一端残宽30、另一端残宽50、墓深54厘米，墓壁陡直，口底大小相等，墓底平坦。打破M102，两端均被M85打破。墓室填红褐花土。墓葬被扰。

墓中未发现任何遗存。

M87

竖穴土坑墓，方向128°。墓圹平面呈圆角长方形，墓口长185、宽90、墓深80厘米（图七三）。墓壁陡直，口底大小相等，墓底平坦。打破M88。墓室内填红褐花土，葬具不清。

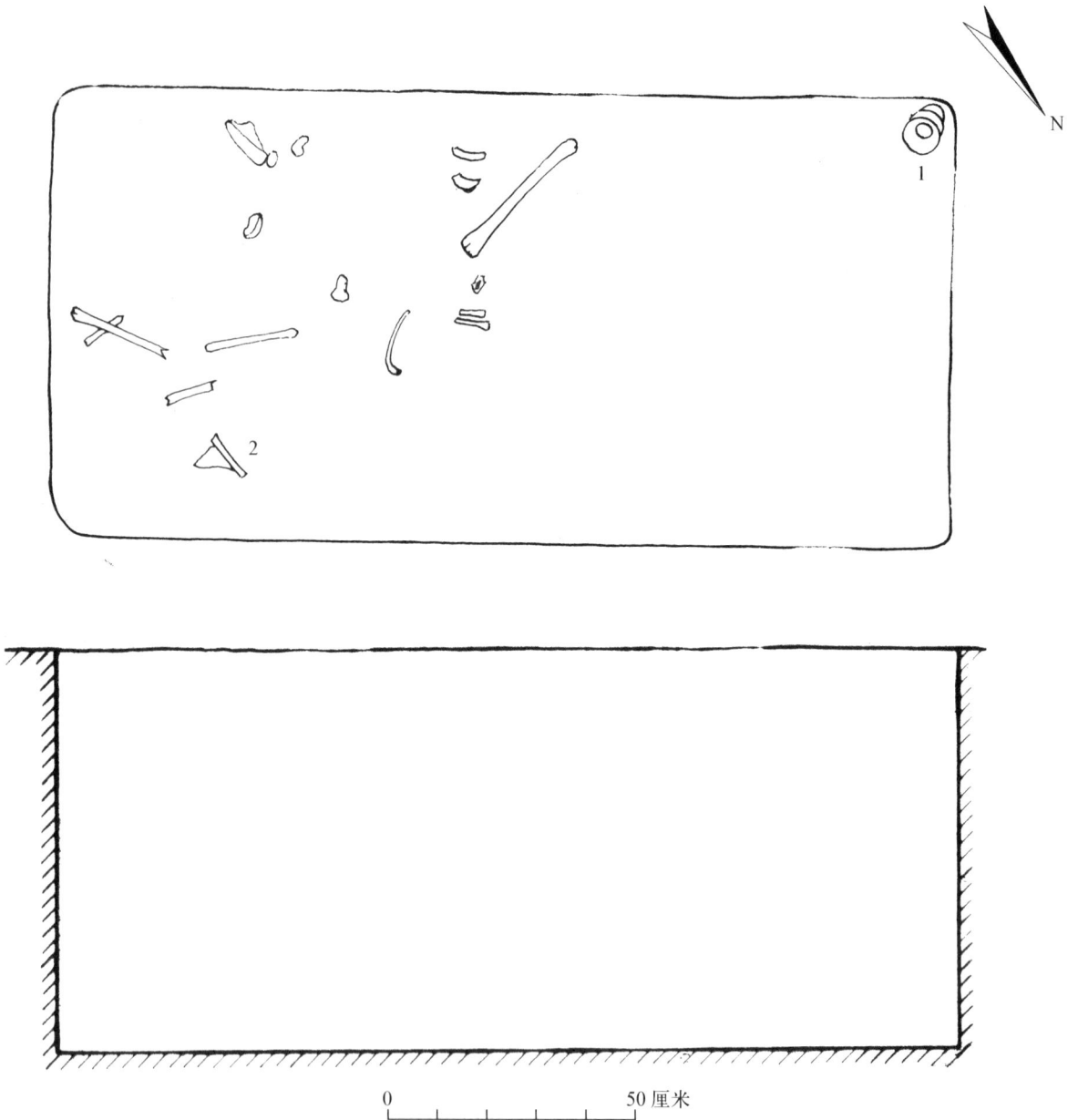

图七三　M87平、剖面图

1. 陶瓶(M87∶1)　2. 柄形石器(M87∶2)

　　墓主人性别不详,M₁磨耗Ⅵ级以上,年龄在60岁以上。葬式及面向亦不清楚。人骨扰乱、腐蚀严重,仅残存右侧胫骨残段、左侧桡骨残段等少量骨骼。

　　墓室西南角清理出1件陶瓶,M87∶1,泥质褐陶。敞口,圆唇,长颈,折肩,腹向下内弧,小平底。颈、肩和口沿内侧绘红彩,多已脱落。口径9、底径5.6、高19厘米(图七七,3;图版二○一,4)。墓室东北部发现1件柄形石器,M87∶2,蚀变大理岩。长条状,一端近顶部两侧内凹,青色,受沁泛白,长8.5、宽1.4厘米(图七七,2;图版二三七,1)。

M88

竖穴土坑墓,方向135°。墓圹平面呈圆角长方形,墓口长165、宽70、墓深40厘米。墓壁规整,上下垂直,口底大小相等,平底。被M87打破。墓室填红褐花土。

墓中未发现任何遗存。

M89

竖穴土坑墓,方向133°。墓圹平面呈梯形,头端略窄。墓口长140、宽45～50、墓深20厘米(图七四)。边壁规整,上下垂直,口底大小相等,平底。墓室内填红褐花土,葬具不清。

墓中清理出一具骨架,性别不详,从骨骼上看,可能是15岁左右的少年。葬式和面向不清楚,头向东南。人骨扰乱、腐蚀较重,上肢基本无存,仅能看到左侧桡骨和尺骨残段、右侧肱骨残段等;下肢保存较好,基本形态清晰,双腿交叉,右小腿放于左小腿之上。

墓中未发现随葬品。

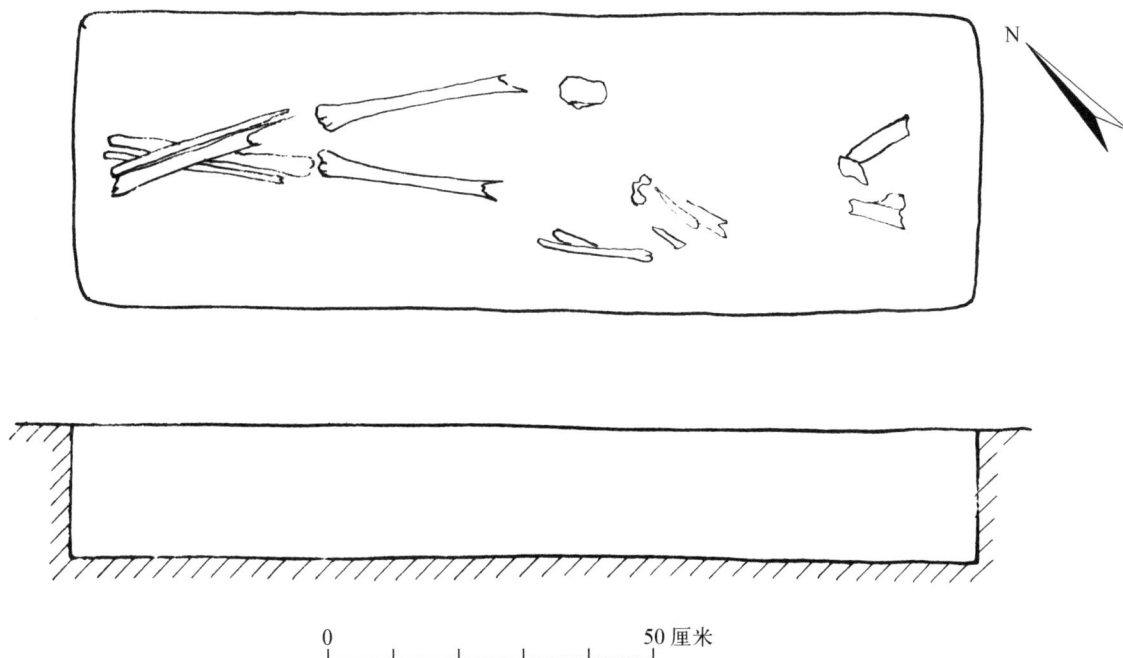

图七四 M89平、剖面图

M90

竖穴土坑墓,方向129°。墓圹平面稍显梯形,头端略窄。墓口长182～187、宽50～56、墓深50厘米(图七五)。墓壁陡直,口底大小相等,墓底平坦。墓室内填红褐花土,葬具不清。

墓主人为一女性个体,年龄不详。葬式为直肢葬,头向东南,面向不清。骨骼扰乱严重,保存

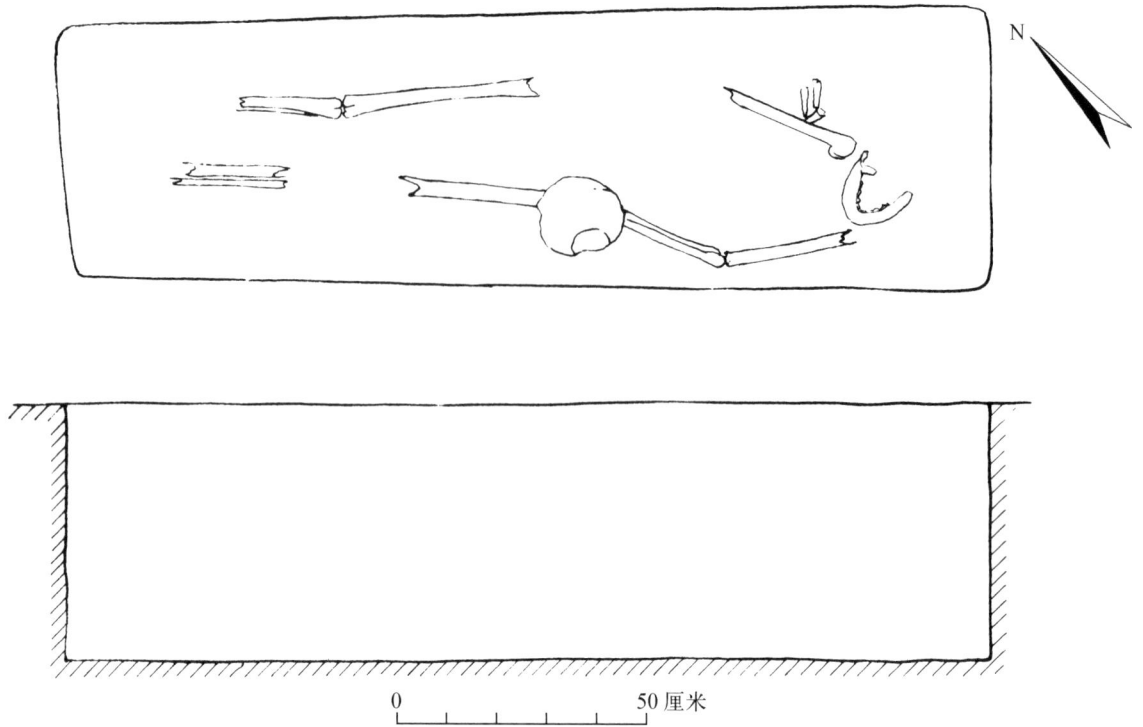

图七五　M90平、剖面图

较差，只能依稀辨认出大体轮廓，头骨位于墓室中部左股骨上端正上方约20厘米处，但下颌骨仍在两肩之中。双腿伸直，不见脚骨。

墓中未发现随葬品。

M91

竖穴土坑墓，方向133°。墓圹平面呈圆角长方形，头端略窄。墓口长185、宽124～129、墓深115厘米（图七六，图版二二）。墓壁陡直，口底大小相等，墓底平坦。墓室填红褐花土。

墓室中清理出1件陶瓶，M91：1，泥质褐陶。敞口，尖圆唇，细长颈，折肩，腹向下内弧，小平底。颈、上腹部和口沿内侧绘红彩。口径13、底径7.2、高32厘米（图七七，1；图版二〇二，1）。但未见人骨痕迹。

M92

竖穴土坑墓，方向136°。墓圹平面呈圆角长方形，墓口长170、宽40～42、墓深10厘米（图七八）。边壁规整，口底大小相等，平底。墓室内填红褐花土，葬具不清。

墓中发现一具人骨个体，性别不详，从头骨和其他骨骼上看，可能是15岁左右的少年。葬式为直肢葬，头向东南，面向不清。骨骸整体上位于墓室中部，略偏西。人骨腐蚀较重，躯干基本无存，仅见少量肋骨残段左侧肱骨残段等；下肢相对完好，形态清晰，双腿伸直。

墓中未发现随葬品。

图七六　M91平、剖面图

1. 陶瓶（M91：1）

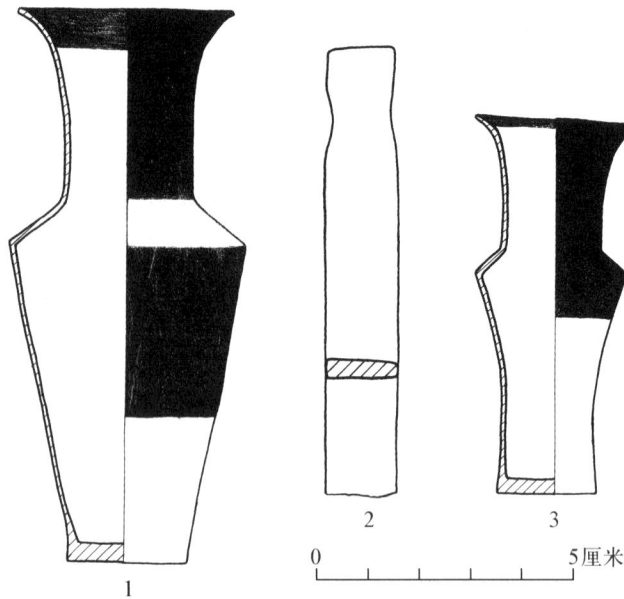

图七七　M87、M91 出土器物图

1、3. 陶瓶(M91：1，M87：1)　2. 柄形石器(M87：2)

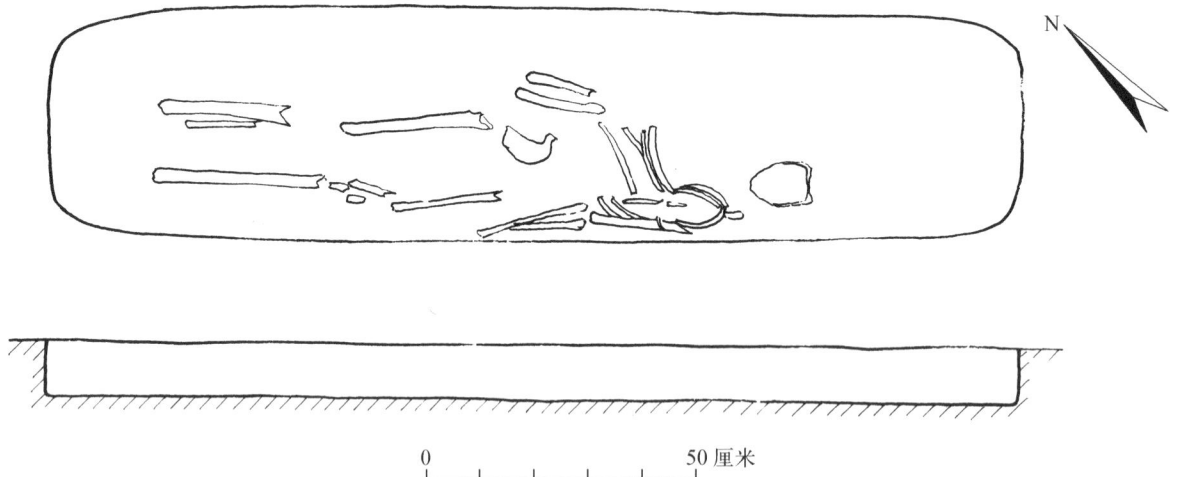

图七八　M92 平、剖面图

M93

竖穴土坑墓，方向137°。墓圹平面呈梯形，墓口长160～170、宽104～106、墓深85厘米(图七九，图版二三)。墓壁陡直，墓底平坦。墓室内填红褐花土，葬具不清。

墓主人为男性，M_1磨耗Ⅲ～Ⅳ级，年龄在35～40岁。葬式及面向不详。人骨扰乱严重，头骨位于墓室中部偏西位置，距墓底约70厘米。其他骨骼如左侧肱骨、左右股骨、右侧胫骨、腓骨等集中分布于墓室东部区域。

墓中未发现随葬品。

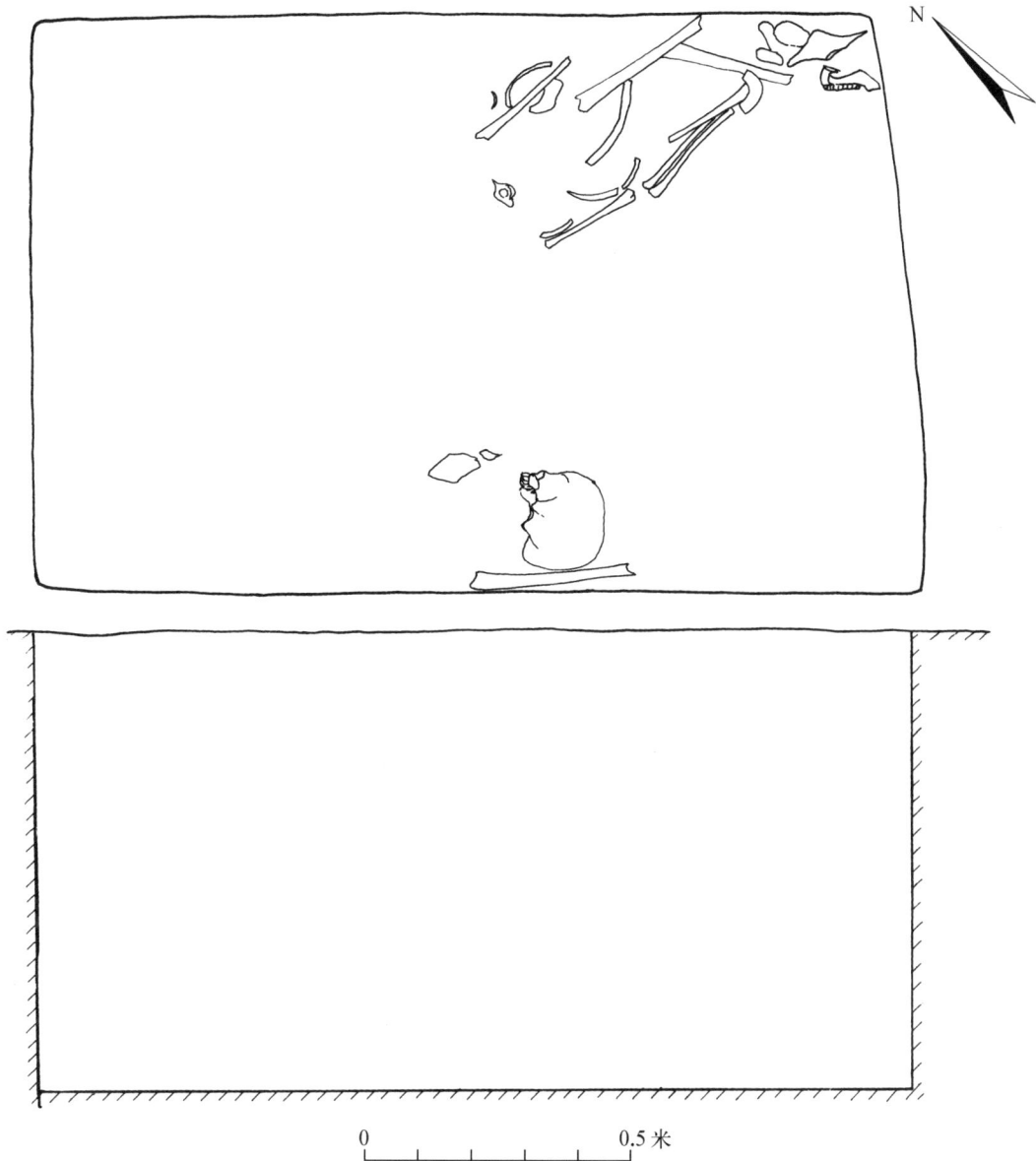

图七九 M93平、剖面图

M94

竖穴土坑墓,方向135°。墓圹平面呈梯形,头端略窄。墓口长195、宽50～60、墓深54厘米(图八〇,图版二四)。墓壁陡直,口底大小相等,墓底平坦。墓室内填红褐花土,葬具不清。

墓主人为女性,M₁磨耗Ⅲ级,年龄在30岁左右。葬式为仰身直肢葬,头向东南,面向上。人骨保存完好,整体形态清晰,两肩上耸,肋骨排列整齐,双臂伸直,双手置于腿两侧,双腿伸展,两脚靠拢,脚尖右倾。

墓中未发现随葬品。

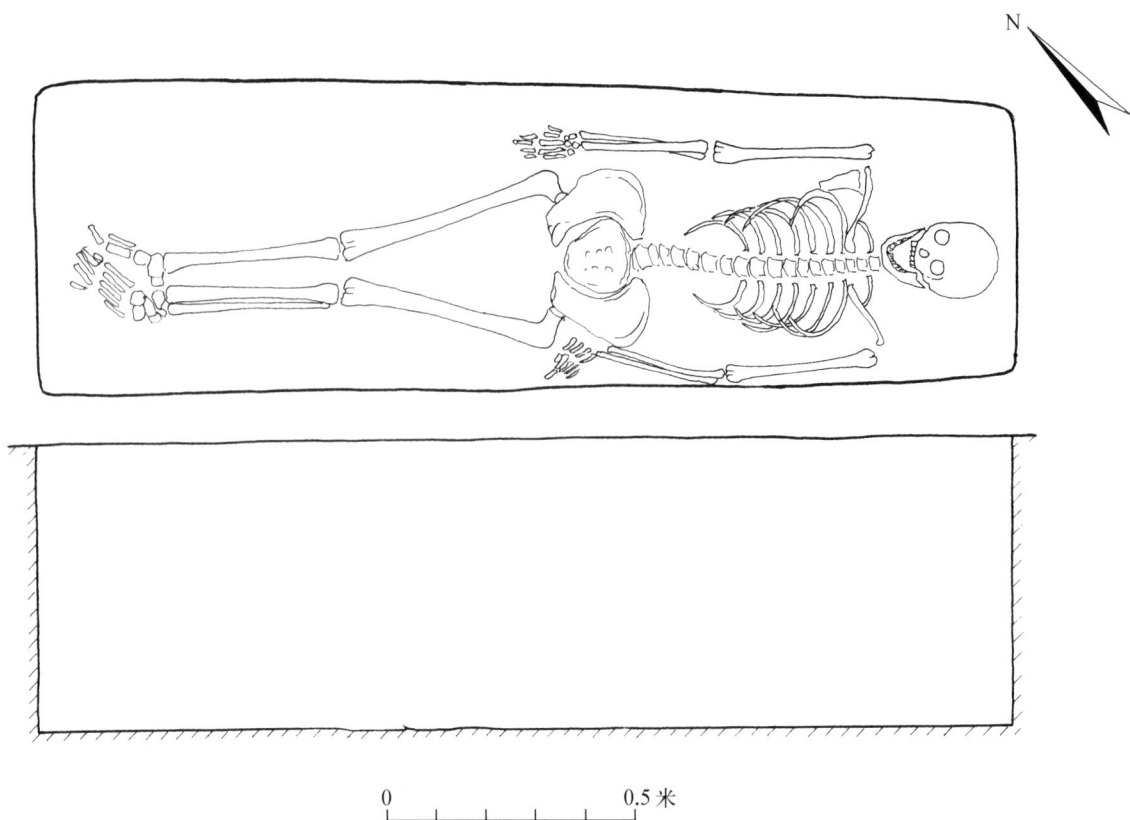

图八〇　M94平、剖面图

M95

竖穴土坑墓，方向142°。墓圹平面呈圆角长方形，墓口长180、宽60、墓深14厘米（图八一）。边壁规整，口底大小相等，平底。被现代墓打破。墓室内填红褐花土，葬具不清。

墓主人为男性，M_1磨耗Ⅵ级以上，年龄在60岁以上。葬式为仰身直肢葬，头向东南，面向西南。人骨保存大体完好，双肩上耸，右臂自然伸直，右手位于右腿外侧，左小臂略向外弯；双腿伸展，但左右胫骨和腓骨下端以下骨骼不见。

墓中未发现随葬品。

M96

竖穴土坑墓，方向134°。墓圹平面稍显梯形，头端略窄。墓口长135、宽40～44、墓深18厘米。边壁规整，上下垂直，口底大小相等，平底。墓室内填红褐花土，葬具不清。

墓主人性别不详，年龄较小，根据发现的乳齿判断，应在10岁以下。葬式及面向不详。墓中骨骸腐朽、扰乱严重，仅在墓室北部发现头骨残片、右侧锁骨及部分肋骨等。

墓中未发现随葬品。

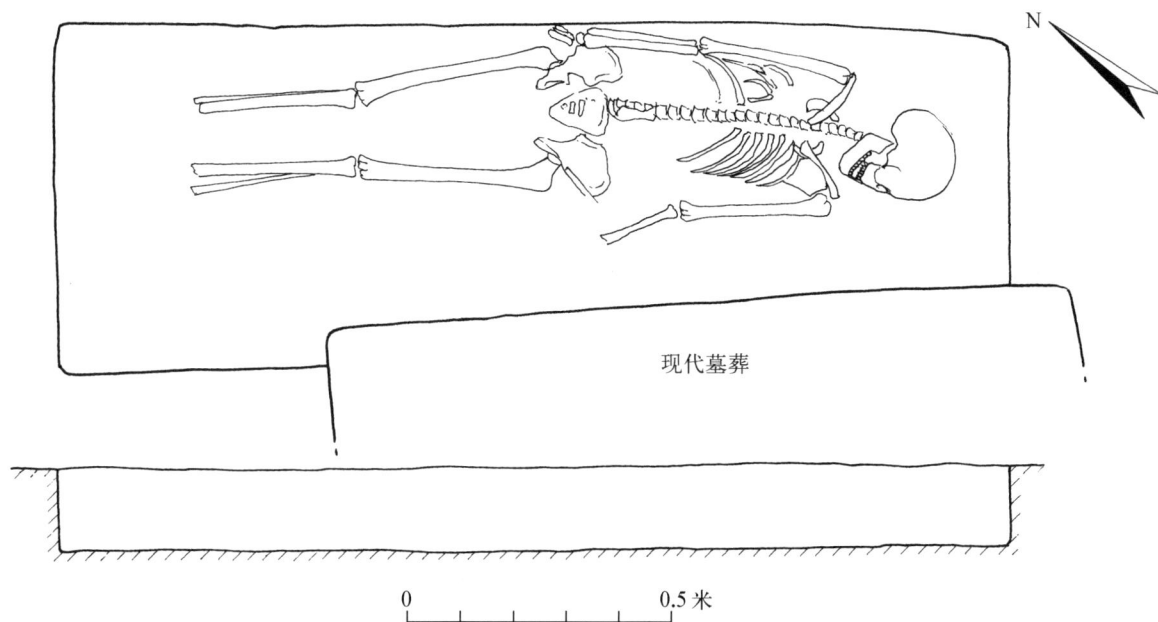

现代墓葬

0   0.5 米

图八一　M95平、剖面图

M97

竖穴土坑墓，方向140°。墓圹平面呈圆角长方形，墓口长210、宽52、墓深40厘米。墓壁规整，上下垂直，但墓底起伏不平。墓室内填红褐花土，葬具不清。

墓中人骨扰乱严重，骨骸保存较差，大部分已腐朽无存，只能见到锁骨残段、左侧肱骨残段、右侧桡骨和尺骨残段、左右股骨残段、左右胫骨残段等。性别、年龄不详。葬式及面向亦不清楚。

右股骨外侧清理出1件石钺，M97：1，蛇纹石。浅绿色，部分地方因受沁发白，间杂黑斑，刃部和两侧略残。器近梯形，体略薄。双面弧刃，近顶端处有一个双面钻的圆孔，通体抛光。长11.7、顶端宽4.2、厚0.5、刃端宽7.7厘米，孔两侧起刃，径0.9厘米（图八二，图版二〇七，4）。

M98

竖穴土坑墓，方向140°。墓圹平面略呈梯形，头端略窄。墓口长175、宽36～40、墓深25厘米（图八三，图版二五）。墓壁规整，墓底平坦。墓室内填红褐花土，葬具不清。

墓主人为男性，M_1磨耗Ⅵ级以上，年龄在60岁以上。葬式为仰身直肢葬，头向东南，面向东北。人骨保存相对较好，双肩略耸，右臂自然伸直，右手位于右腿外侧，左臂向内弯曲，左前臂斜置于胸部之上；双腿略向右侧倾斜，至小腿处相交叉，左侧胫骨、腓骨居上。

墓主人头骨右侧发现2件柄形蚌饰（图九四，2、3；图版二四六，1）。M98：1，白色。体长略弧，中间宽，两端窄。一端有一圈凹槽。长5.6厘米。M98：2，白色。体长略弧，尖端处有两圈凹槽，另一端略残。残长6厘米。

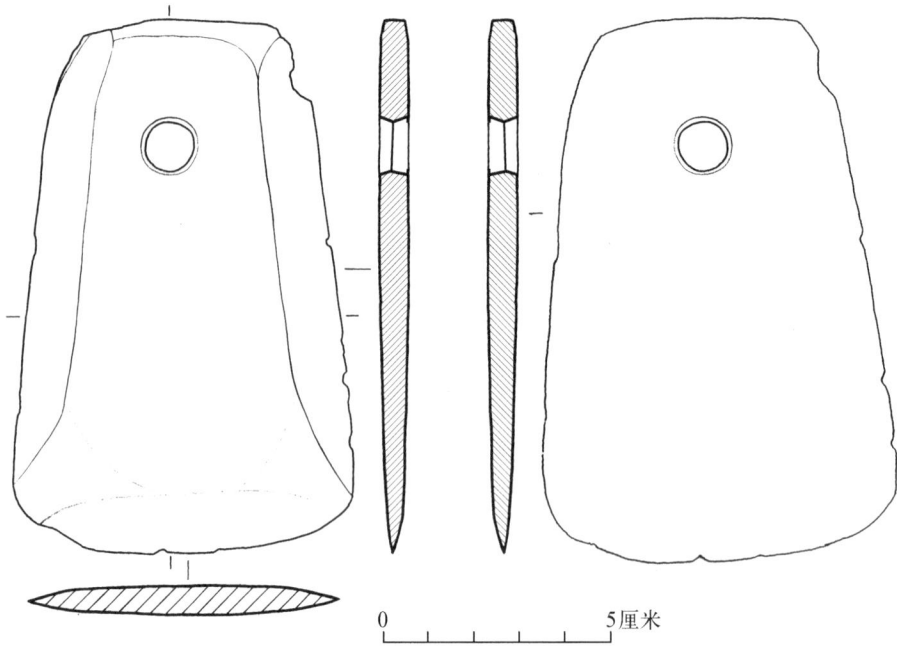

图八二　M97出土器物图

石钺（M97：1）

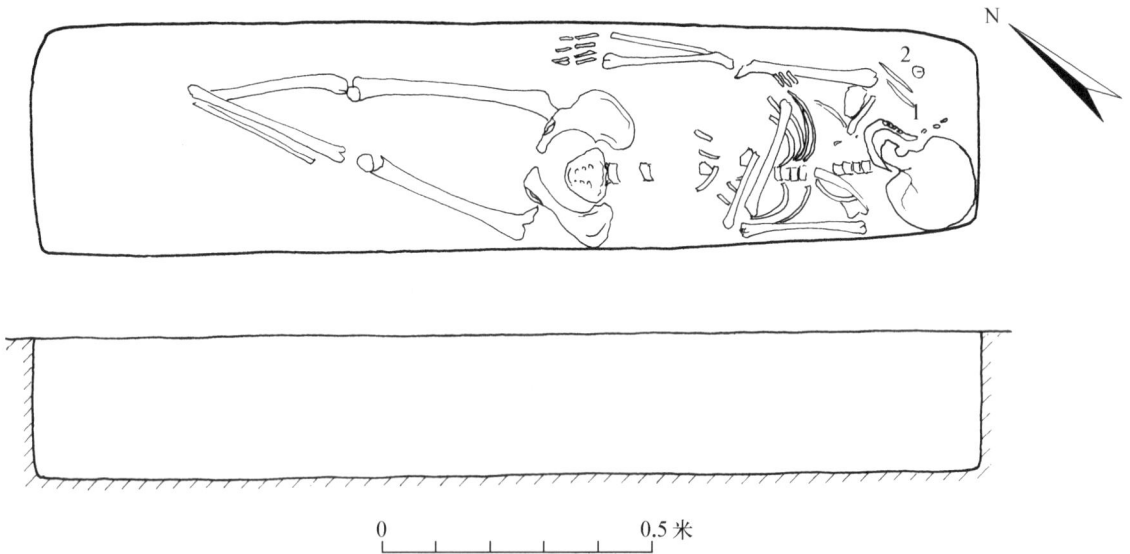

图八三　M98平、剖面图

1、2.柄形蚌饰（M98：1、M98：2）

M99

竖穴土坑墓，方向139°。墓圹平面略呈梯形，墓口长160、宽40～46、墓深20厘米。边壁规整，上下垂直，口底大小相等，平底。墓室内填红褐花土，葬具不清。

墓中人骨扰乱严重，保存极差，大部分已腐朽，仅存头骨残片、胫骨残段等，且集中分布于墓室中部偏东的位置。性别、年龄不详。葬式及面向亦不清楚。

出土1件石器,M99:1,已残,断裂为碎石,无法复原,原先可能为璧,但不甚规整。蚀变大理岩,青绿,受沁泛黄。较大一块残高约6厘米。

M100

竖穴土坑墓,方向140°。墓圹平面呈梯形,墓口长155、宽40～45、墓深12厘米(图八四)。边壁规整,上下垂直,口底大小相等,平底。被M112打破。墓室内填红褐花土,葬具不清。

墓中葬式及面向亦不清楚。人骨扰乱严重,保存极差,大部分已腐朽,仅在墓室南部发现头骨残片,并在墓室北部清理出少量胫骨、腓骨残段。性别、年龄不详。

墓中未发现随葬品。

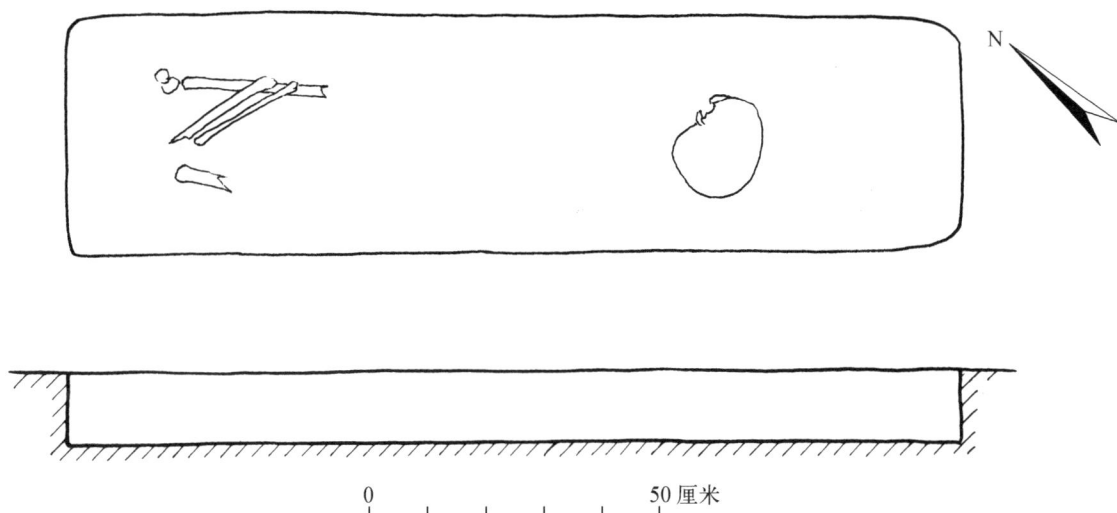

图八四 M100平、剖面图

M101

竖穴土坑墓,方向138°。墓圹平面呈圆角长方形,墓口长160、宽57～59、墓深24厘米。墓壁规整,上下垂直,口底大小相等,平底。墓室填红褐花土。

墓中未发现任何遗存。

M102

竖穴土坑墓,方向140°。墓口被破坏,长边残长125、短边残长75、宽60、墓深15厘米。墓壁规整,口底大小相等,墓底平坦。打破M103,同时又被M85和M86打破。墓室内填红褐花土,葬具不清。

墓中人骨扰乱严重,保存较差,仅在墓室北部近墓底处清理出右侧肱骨残段、左右股骨残段、左右胫骨和腓骨残段。性别、年龄不详。葬式和面向不详。

墓中未发现随葬品。

M103

竖穴土坑墓，方向140°。墓圹平面呈圆角梯形，头端略窄，墓口长150、宽45～50、墓深10厘米（图八五）。边壁规整，口底大小相等，平底。墓室东南角被M102打破。墓内填红褐花土，葬具不清。

墓中骨骸保存较差，散布于墓室之中，见有头骨残片、右侧肱骨、右侧锁骨、肋骨残段、左侧肱骨残段等。性别不详，M_1磨耗Ⅲ级，年龄在30岁左右。葬式及面向不清楚。

墓中未发现随葬品。

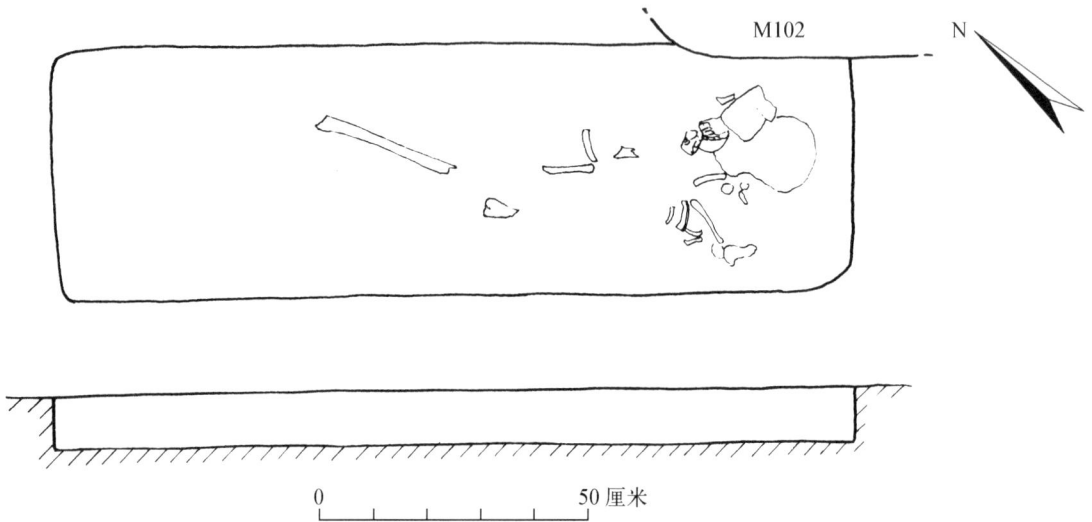

图八五　M103平、剖面图

M104

竖穴土坑墓，方向143°。墓圹平面呈圆角长方形，墓口长180、宽66、墓深40厘米（图八六）。墓壁规整，上下垂直，口底大小相等，平底。墓室填红褐花土。

墓主人为女性，M_1磨耗Ⅵ级以上，年龄在60岁以上。葬式为仰身直肢葬，头向东南，面向上。人骨保存基本完好，双肩上耸，肋骨排列整齐，两臂弧状内收，双手分别放置于腿两侧，双腿自然伸直。人骨架上发现有草灰痕迹。

头顶左侧横置1件石镞，M104：1，大理岩。白色，因受沁发黄。圭形，尖端略残。残长3.7、宽1.6厘米（图版二二一，2）。头骨右侧散落1件石璜和若干直径约0.3厘米的绿松石碎块（M104：5）。M104：2，石璜，大理岩。白色，因受沁微发黄，断裂为三截。一端和内缘周围有双面钻穿，通体抛光。长14.3、肉径5.6厘米（图版二三三，2）。右前臂和右手腕部依次套有1件木质手环（M104：3、4），已炭化。

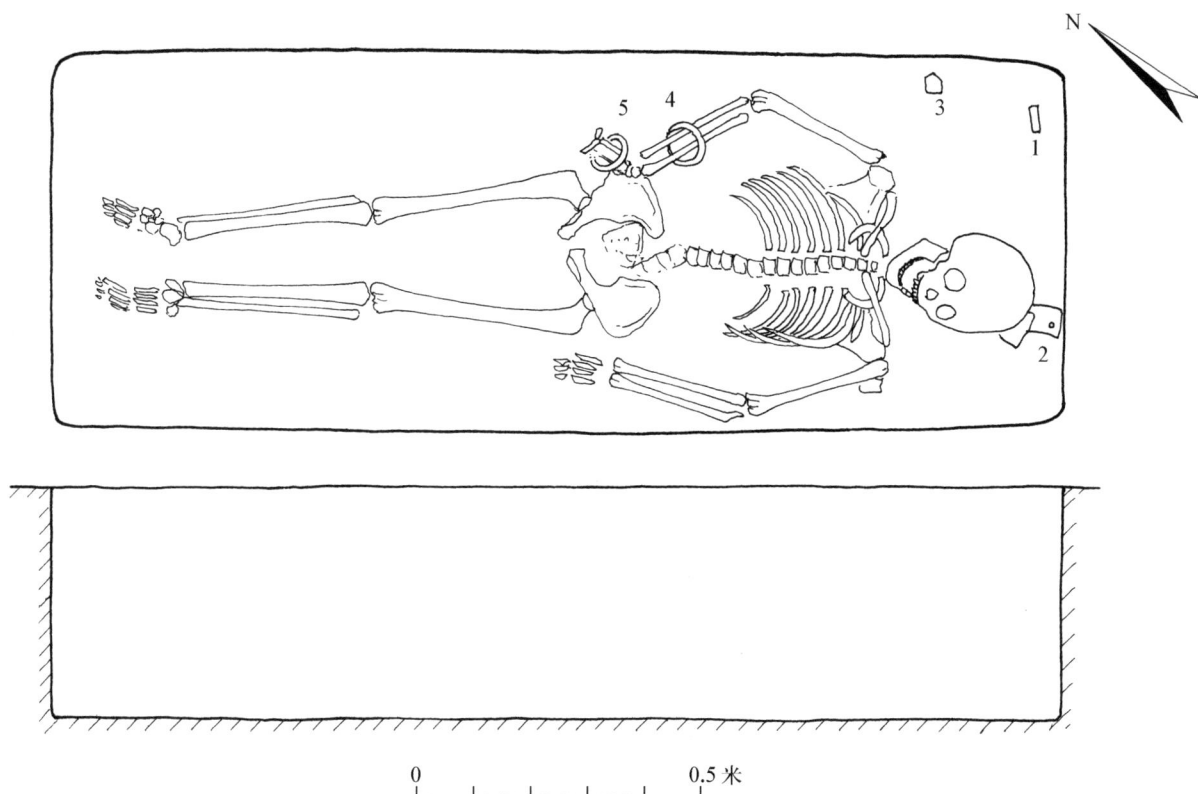

图八六 M104平、剖面图

1.石镞（M104：1） 2.石璜（M104：2） 3.绿松石（M104：5） 4、5.木环（M104：3、M104：4）

M105

竖穴土坑墓，方向135°。墓圹平面呈圆角长方形，墓口长200、宽60、墓深54厘米（图八七）。墓壁陡直，口底大小相等，墓底平坦。打破M106。墓室填红褐花土，葬具不清。

墓主人为女性，M_1磨耗Ⅴ～Ⅵ级，年龄在50～55岁。葬式及面向不详。人骨被扰乱，腐蚀严重，骨骸大体可以分为两部分。头骨、下颌骨及右侧锁骨等位于墓室南部，左右胫骨、腓骨残段等居于墓室北部。

头骨上方发现1残断的木环，已炭化。

M106

竖穴土坑墓，方向138°。墓圹平面呈圆角梯形，墓口长180、宽10～20、墓深10厘米，墓壁陡直，口底大小相等，墓底平坦，被M105打破，墓室填红褐花土，未见人骨及随葬品。

M107

竖穴土坑墓，方向140°。墓圹平面呈圆角长方形，墓口长195、宽50、墓深60厘米（图八八，图版二六）。墓壁陡直，口底大小相等，墓底平坦。墓室填红褐花土，葬具不清。

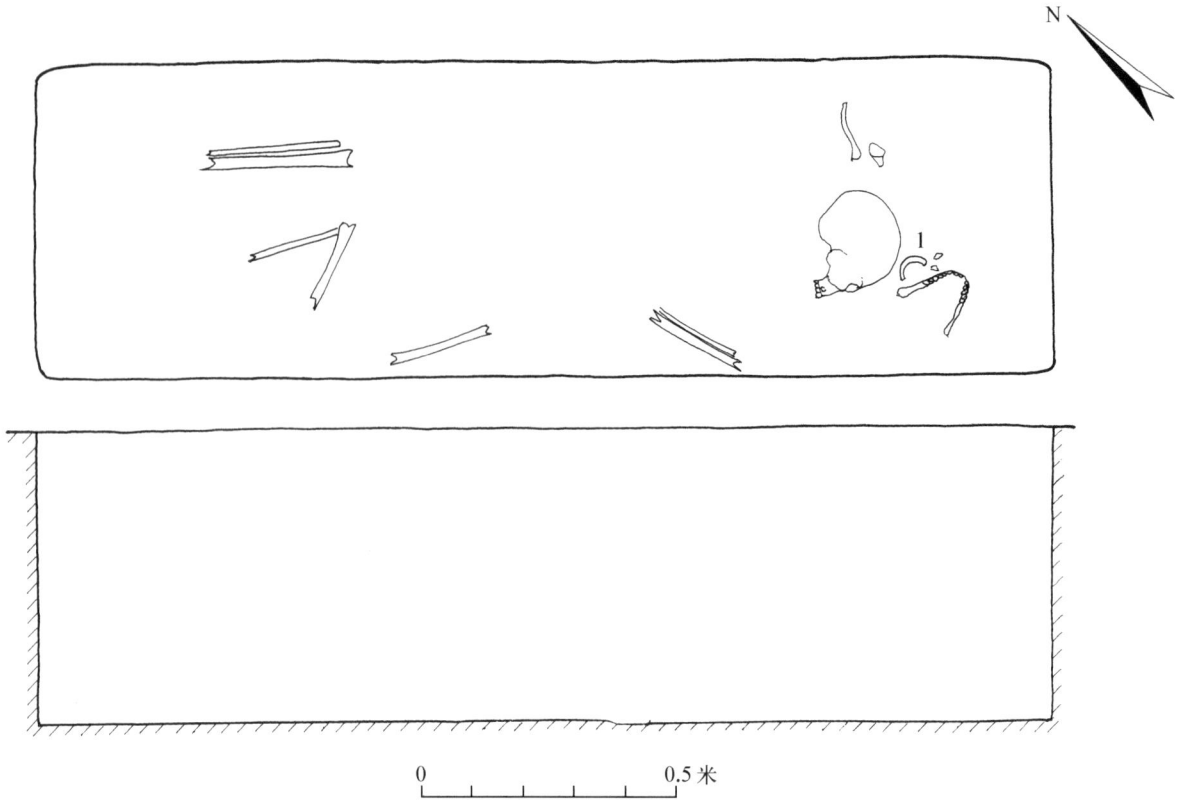

图八七　M105平、剖面图

1. 木环

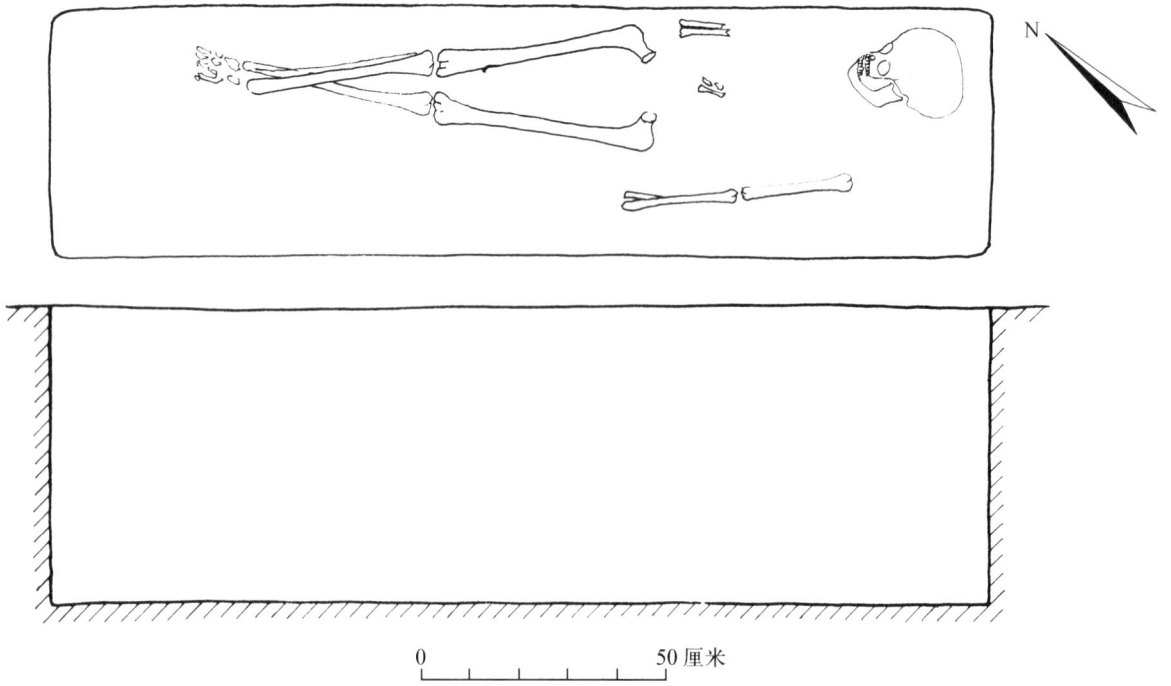

图八八　M107平、剖面图

墓主人为女性,M₁磨耗Ⅴ～Ⅵ级,年龄在50～55岁。葬式为仰身直肢葬,头向东南,面向西南。人骨腐蚀较重,上身仅存左臂及右侧桡骨、尺骨残段,下肢相对完整,股骨及胫骨、腓骨俱在,双腿交叉,脚骨腐朽成灰。

墓中未发现随葬品。

M108

竖穴土坑墓,方向140°。墓圹平面呈圆角长方形,墓口长133、宽40、墓深13厘米(图八九)。边壁规整,口底大小相等,平底。墓室填红褐花土,葬具不清。

墓主人为一女性个体,年龄不详。葬式为侧身屈肢葬,头向东南。骨骸整体居于墓室中央,向左屈,但遭到扰乱,骨架比较凌乱,仅存头骨残片、锁骨、部分颈椎、肋骨残段,及股骨、胫骨等骨骼。

此外,头骨旁清理出1件复合石璧,M108:1,蚀变大理岩。器体残缺,拼合后为不规则的圆形。青色,受沁发黄。由4个长短不一的璜片拼凑连缀而成,每个璜片两端各有一或两个钻孔,较大的一璜片断裂为两截。最大外径19.4、好径6.8厘米(图九五;图版二一九,1)。

其中一璜片有一孔尚未贯通。

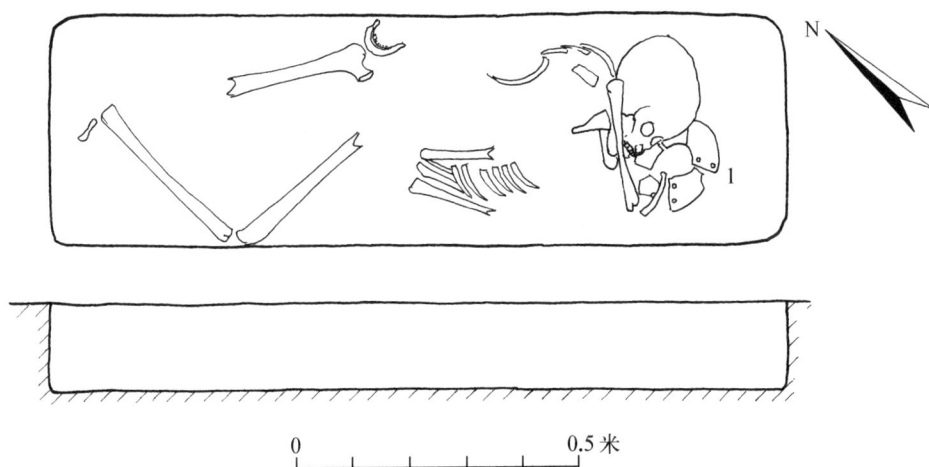

图八九　M108平、剖面图
1.复合石璧(M108:1)

M109

竖穴土坑墓,方向135°。墓圹平面呈圆角长方形,墓口长155、宽40～45、墓深12厘米。边壁规整,口底大小相等,平底。墓室内填红褐花土,葬具不清。

墓中共发现两个人骨个体,但扰乱严重,骨骸散布于墓室之中,基本形态无存,具体的葬式已不清楚。人骨主要集中在墓室南部,有下颌骨残块、右侧肱骨残段、右侧锁骨等。根据鉴定,其中一个为女性,M₁磨耗Ⅲ级,年龄在30岁左右;另一个性别不详,M₁磨耗Ⅰ级,年龄在20～25岁。

墓中未发现随葬品。

M110

竖穴土坑墓,方向128°。墓圹平面稍显梯形,头端略窄,墓口长154、宽49～52、墓深15厘米。边壁规整,上下垂直,口底大小相等,平底。墓室填红褐花土,葬具不清。

墓主人为男性,M_1磨耗Ⅲ～Ⅳ级,年龄在35～40岁。葬式不详,面向西南。人骨被扰乱,骨骼保存较差,仅见头骨、胸部肋骨和左右侧桡骨等,其他无存。

墓中未发现随葬品。

M111

竖穴土坑墓,方向130°。墓圹平面呈长方形,墓口长140、宽44、墓深12厘米(图九〇)。边壁规整,口底大小相等,平底。墓室填红褐花土,葬具不清。墓室被扰。

墓主人为女性,M_1磨耗Ⅳ～Ⅴ级,年龄在40～45岁。葬式为仰身直肢葬,头向东南,面向上。骨架整体居于墓室中部略偏西,腐蚀较重,墓主人双臂交叉置于胸前,双腿伸直,未见脚骨。

墓中未发现随葬品。

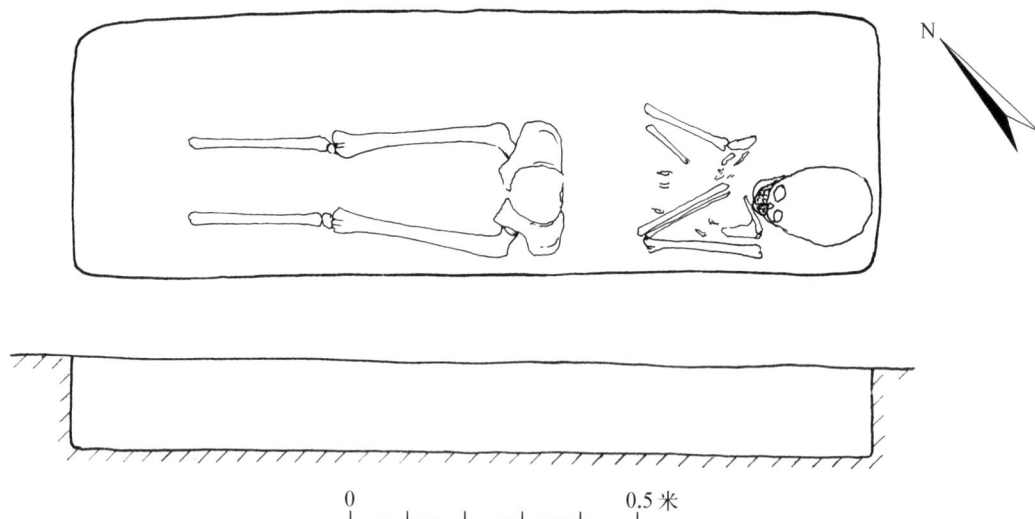

图九〇　M111平、剖面图

M112

竖穴土坑墓,方向135°。墓圹平面呈圆角长方形,墓口长110、宽40、墓深35厘米(图九一)。墓壁规整,上下垂直,口底大小相等,平底。打破M100。墓室填红褐花土,葬具不清。

墓主人为一女性个体,根据发现的乳齿判断,年龄当在10岁左右。葬式为仰身屈肢葬,头向东南,面向上。骨骸居于墓室中央,整体向右屈。人骨虽未被扰乱,但腐蚀严重,骨架保存较差,仅存头骨残片、锁骨、部分颈椎、肋骨残段及股骨等,髋骨以下已腐朽成灰。

墓中未发现随葬品。

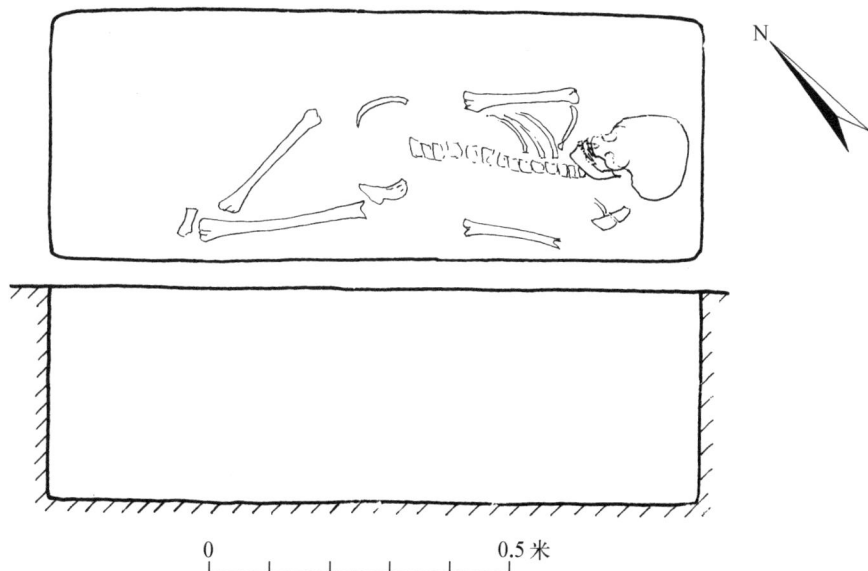

图九一 M112平、剖面图

M113

竖穴土坑墓,方向140°。墓圹平面呈圆角长方形,墓口长200、宽70、墓深85厘米(图九二)。墓壁陡直,口底大小相等,墓底平坦。打破M114。墓室填红褐花土。

墓中未发现任何遗存。

M114

竖穴土坑墓,方向138°。墓圹平面呈圆角梯形,墓口长188、宽75～79、墓深91厘米。墓壁陡直,口底大小相等,墓底平坦。被M113打破。墓室填红褐花土,葬具不清。

墓主人为女性,从头骨矢状缝和冠状缝愈合的情况判断,年龄当在40岁以上。葬式及面向不详。骨骸扰乱严重,保存较差,仅在墓室中部存有头骨、右侧肱骨、左侧肱骨残段及桡骨残段等。

墓室西南角清理出1件陶瓶,M114∶1,泥质褐陶。侈口,尖圆唇,细长颈,折肩,腹向下斜收,小平底。颈、肩和上腹部绘红彩,上腹有两道弦纹。口径9、底径5.4、高25厘米(图版二〇二,3)。

M115

竖穴土坑墓,方向137°。墓圹平面呈圆角梯形,墓口长205、宽50～55、墓深50厘米(图九三)。墓壁规整,口底大小相等,平底。打破M116。墓室填红褐花土,葬具不清。

墓中人骨腐蚀严重,且被扰乱,基本形态无存,保存有左右肱骨残段、左侧桡骨残段、右侧盆骨残片、左右股骨残段、左右胫骨、腓骨残段。年龄、性别不详。葬式及面向亦不清楚。

墓室中部发现1件残石琮,M115∶1,蛇纹石化大理岩。青色,外圈呈弧角方形,内圈较圆。长边残长4.2厘米(图九四,1;图版二二四,2)。

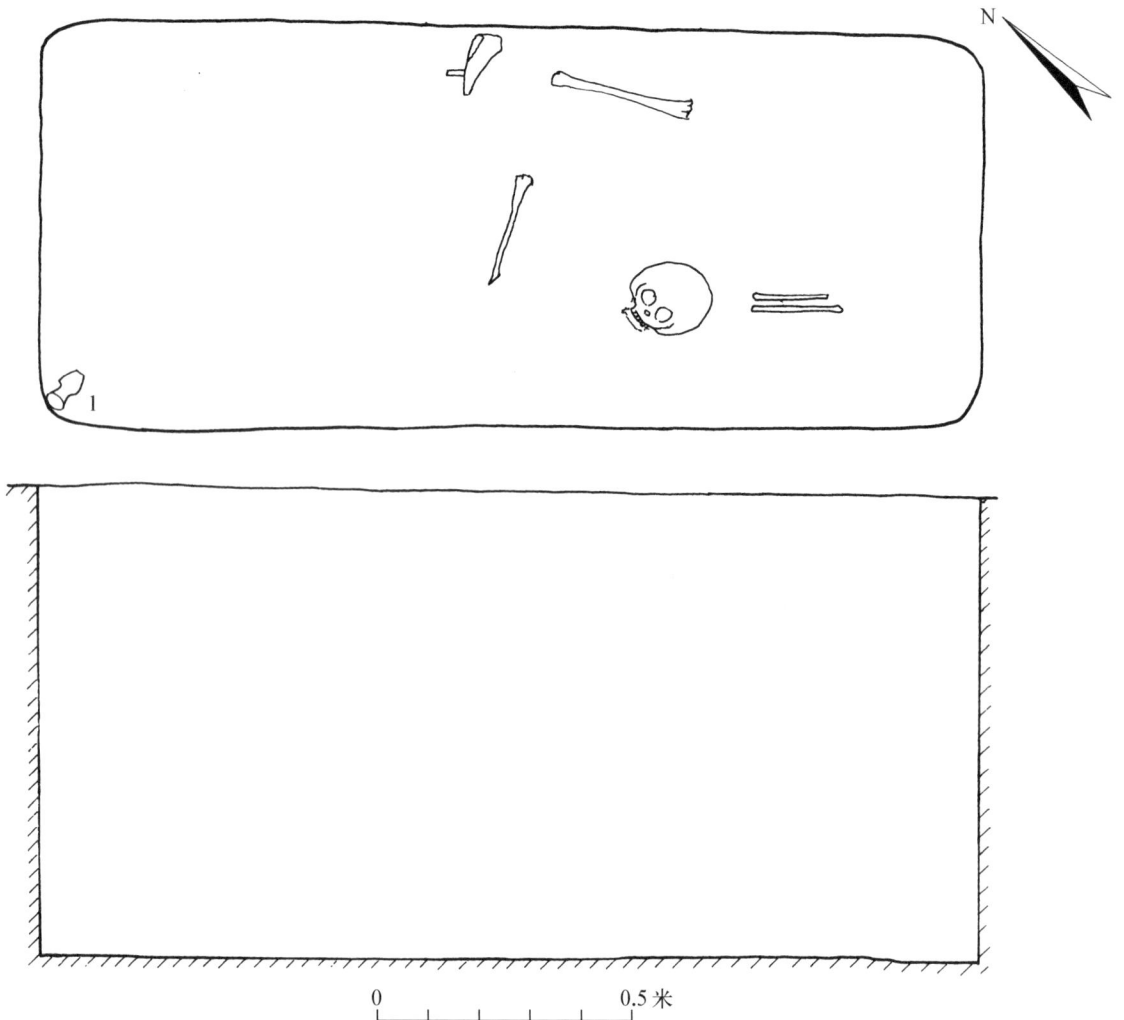

图九二　M114平、剖面图

1.陶瓶（M114:1）

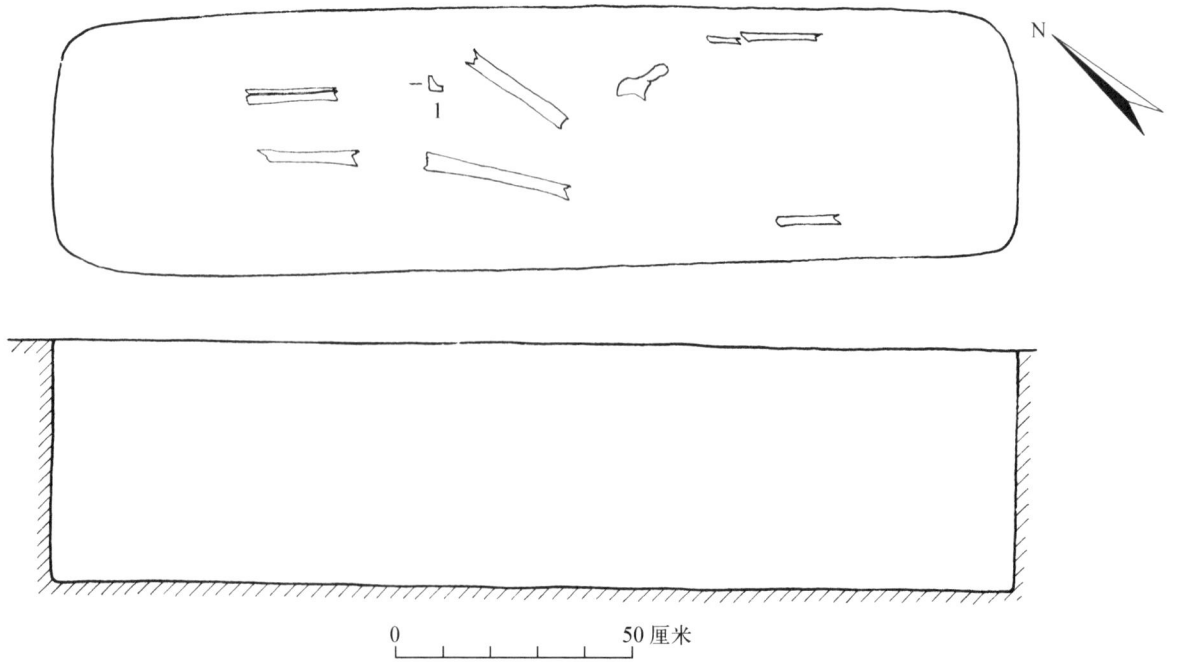

图九三　M115平、剖面图

1.石琮（M115:1）

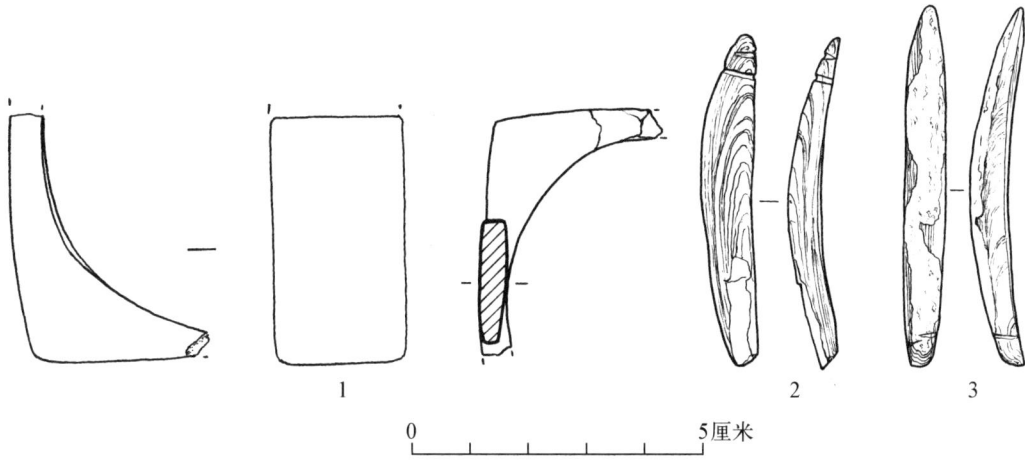

图九四 M98、M115 出土器物图

1. 石琮（M115∶1） 2、3. 柄形蚌饰（M98∶2、M98∶1）

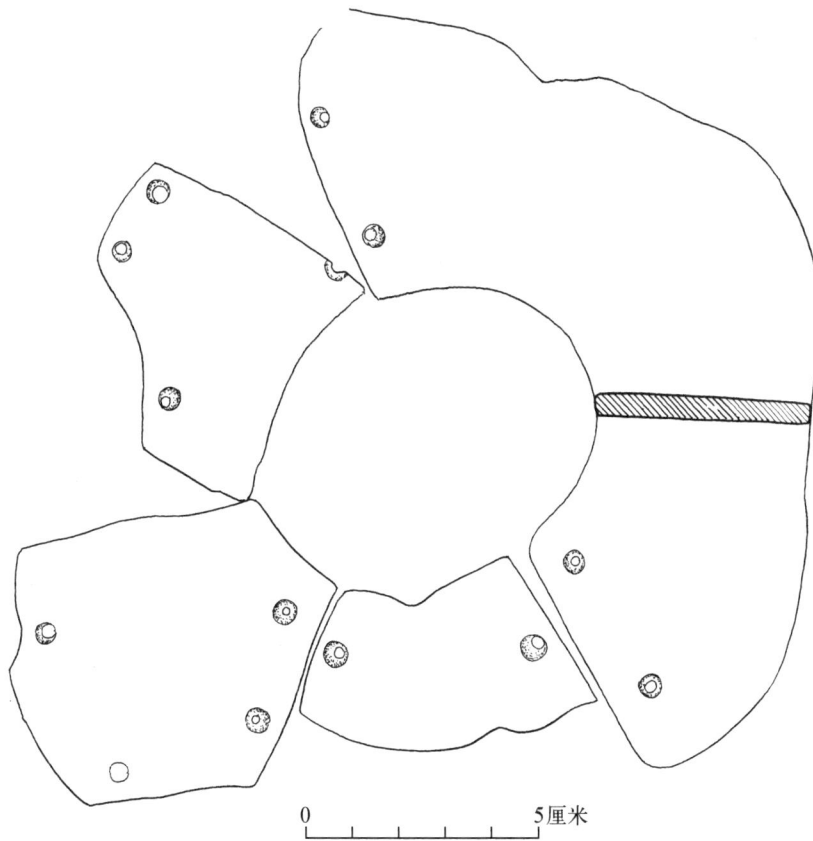

图九五 M108 出土器物图

1. 复合石璧（M108∶1）

M116

竖穴土坑墓,方向137°。墓口长204、残宽49、墓深30厘米(图九六)。墓壁规整,口底大小相等,平底。被M115打破。墓室填红褐花土,葬具不清。

墓中人骨腐蚀严重,骨骸保存较差,仅见头骨残片、左侧桡骨残段、左右胫骨、腓骨残段等。年龄、性别不详。葬式及面向亦不清楚。

墓中未发现随葬品。

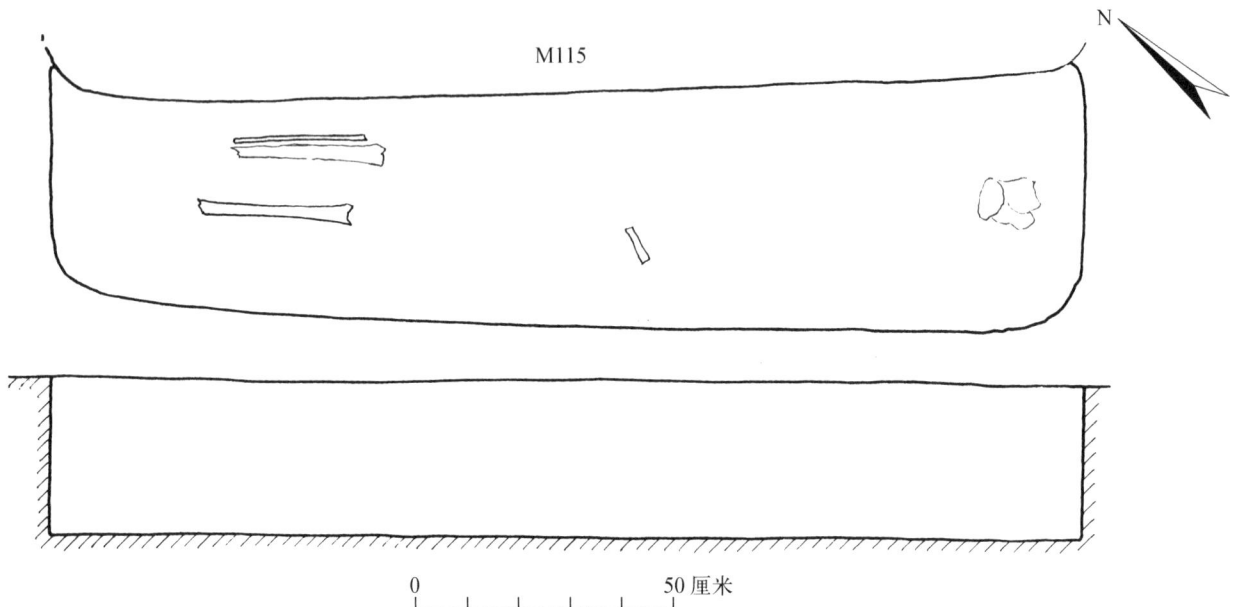

图九六　M116平、剖面图

M117

竖穴土坑墓,方向148°。墓圹平面呈圆角梯形,墓口长190、宽56～60、墓深35厘米。墓壁规整,上下垂直,口底大小相等,平底。墓室填红褐花土,葬具不清。

墓主人为男性,M_1磨耗Ⅵ级以上,年龄在60岁以上。葬式及面向不详。骨骸扰乱严重,只存下颌骨、左右肱骨残段、左侧尺骨残段、胫骨残段。

墓中未发现随葬品。

M118

竖穴土坑墓,方向143°。墓圹整体呈圆角梯形,脚端墓壁较宽,墓口长200、宽50～60、墓深24厘米。墓壁规整,上下垂直,口底大小相等,平底。墓室填红褐花土,葬具不清。

墓中人骨扰乱、腐蚀严重,仅存左右胫骨和腓骨。性别、年龄不详。从残存的左右胫骨和腓骨推测,应为直肢,面向不清楚。

墓中未发现随葬品。

M119

竖穴土坑墓,方向140°。墓圹平面呈圆角长方形,墓口长200、宽100、墓深100厘米(图九七)。墓壁陡直、口底大小相等,墓底平坦。墓室填红褐花土,葬具不清。

墓主人为女性,M_2磨耗Ⅵ级以上,年龄在60岁以上。葬式及面向不详。骨骸扰乱严重,散布于墓室之中,仍存头骨、肋骨残段、左右股骨残段、左右胫骨残段、左侧髋骨等。

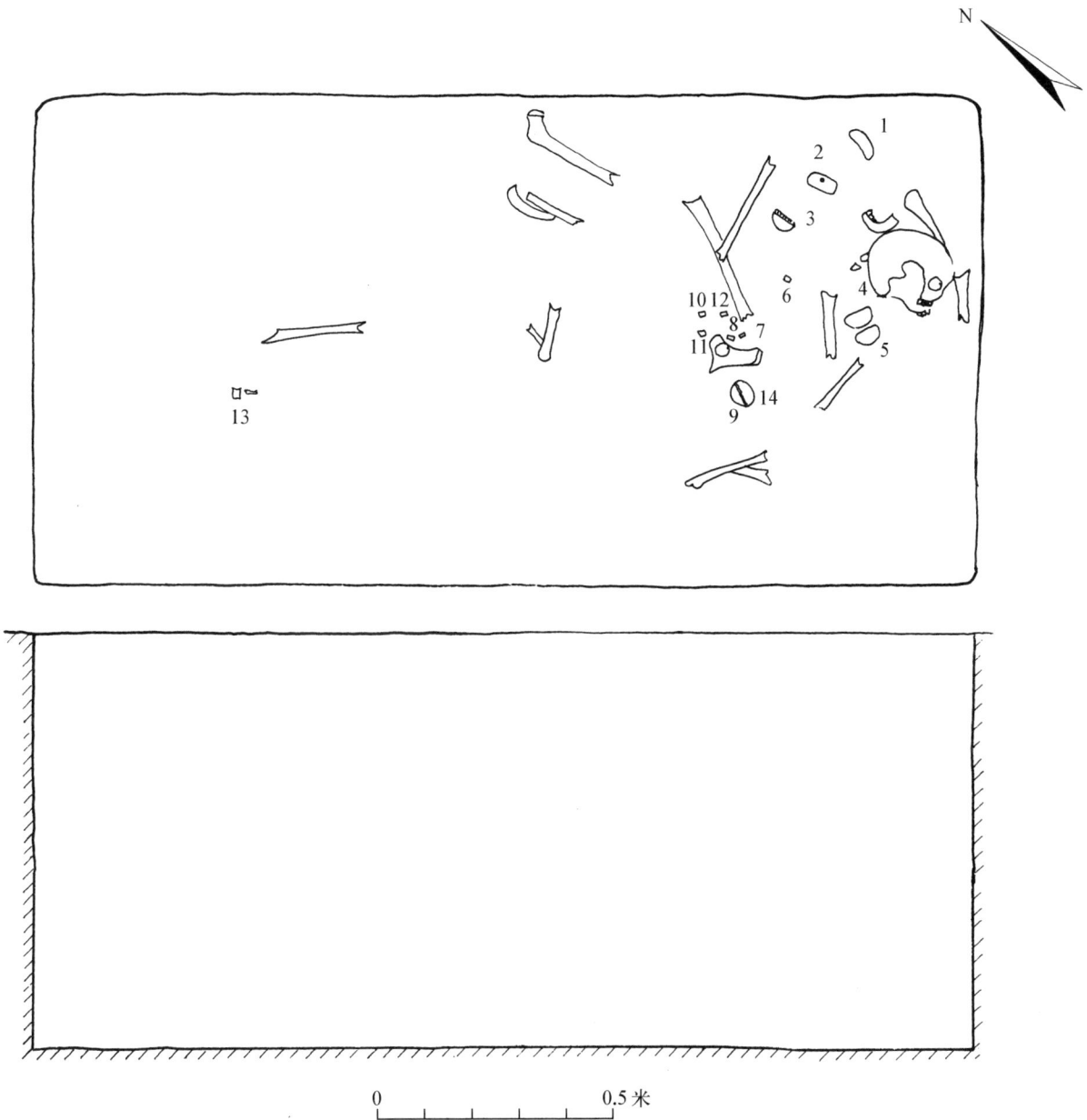

图九七 M119平、剖面图

1、3、4、5、9、14.半圆形骨饰(M119:1、M119:3、M119:4、M119:5、M119:9、M119:14) 2.石钺(M119:2)
6、7、8、11、12、13.亚腰形骨饰(M119:6、M119:7、M119:8、M119:11、M119:12、M119:13) 10.穿孔蚌片(M119:10)

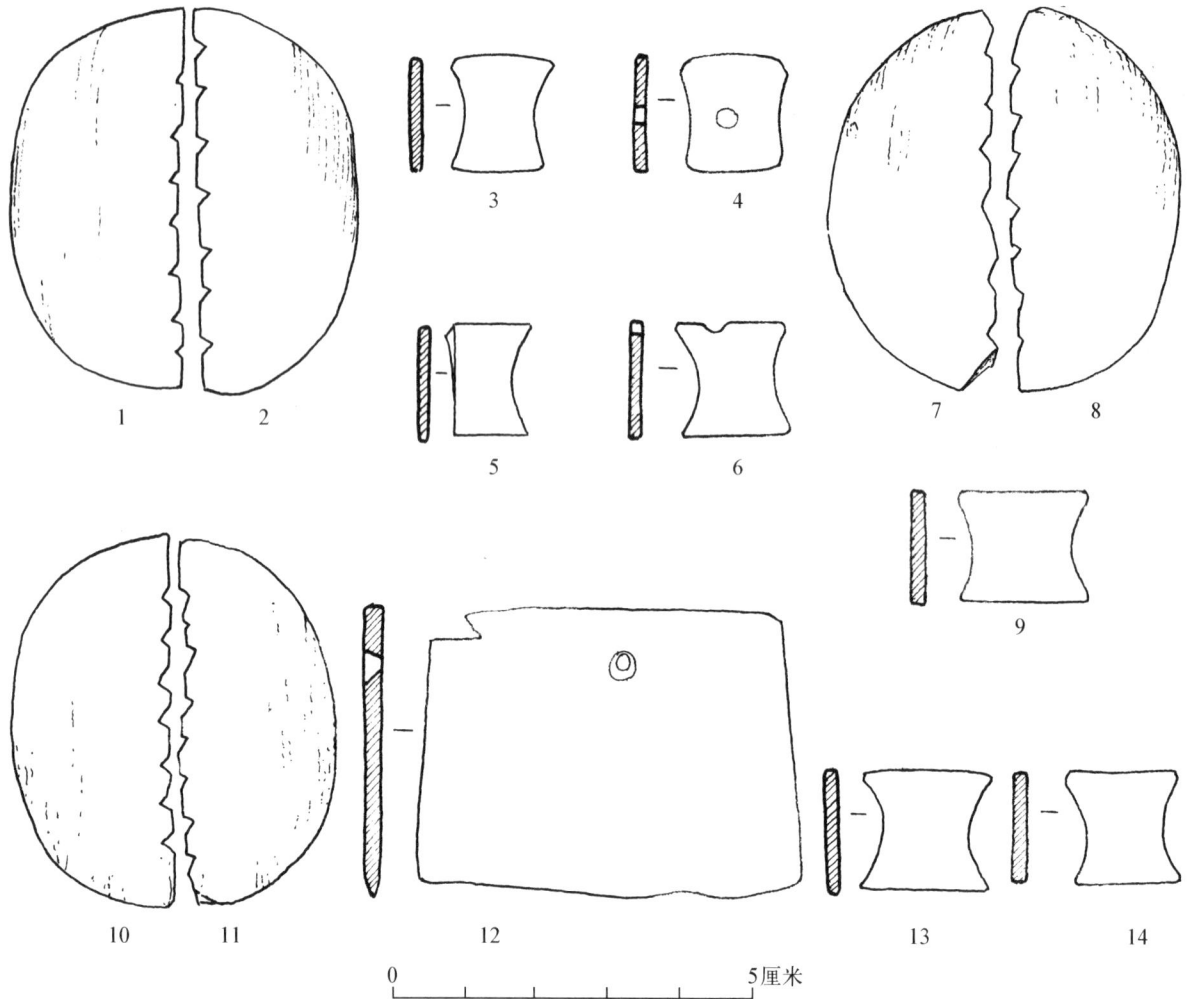

图九八　M119出土器物图

1、2、7、8、10、11.半圆形骨饰（M119：1，M119：3，M119：4，M119：5，M119：9，M119：14）
3、5、6、9、13、14.亚腰型骨饰（M119：8，M119：12，M119：13，M119：11，M119：7，M119：6）　4.穿孔蚌片（M119：10）
12.石钺（M119：2）

共发现14件随葬品。头骨北侧区域前后共清理出12件骨饰品。第一种为亚腰型骨饰：体扁平，亚腰型，大小相近（图九八，3、5、6、9、13、14；图版二四三，3）。M119：6，灰黄色，长1.5厘米；M119：7，棕褐色，长1.6厘米；M119：8，灰黄色，长1.6厘米；M119：11，灰白色，长1.5厘米；M119：13，浅黄白色，一端有凹形槽，长1.5厘米；半弧形，M119：12，浅白黄色，长1.5厘米。第二种为，半圆形骨饰：6件（图九八，1、2、7、8、10、11；图版二四三，1）。浅黄白色，月牙形，直边呈锯齿状。大小相近。长5厘米。分别为：M119：1、3、4、5、9、14。穿孔蚌片：M119：10，灰白色，体扁平，呈亚字形，近中部穿孔，长1.6厘米（图九八，4）。1件石钺，M119：2，残。蚀变大理岩。灰白色，因受沁有黄黑斑，顶端一侧微残。近长方形，体略薄，直刃，直背，近顶端处有一个单面钻圆孔。长3.9、顶端残宽4.2、刃端宽5.3、厚0.2、孔径0.2厘米（图九八，12；图版二〇四，1）。

M121

竖穴土坑墓,方向145°。墓圹平面稍显梯形,墓口长170、宽40～45、墓深50厘米。墓壁规整,口底大小相等,平底。墓室内填红褐花土,葬具不清。

墓中发现人骨,但扰乱严重,基本形态无存,仅剩右侧股骨残段,具体的葬式已不清楚。

墓中未发现随葬品。

M122

竖穴土坑墓,方向140°。墓圹平面稍显梯形,墓口长210、宽100～110、墓深60厘米(图九九)。墓壁陡直,口底大小相等,墓底平坦。墓室内填红褐花土,葬具不清。

墓中共发现两个人骨个体,但扰乱严重,骨骸散布于墓室之中,基本形态无存。人骨主要集中在墓室中南部,共发现头骨2个:其中1个头骨距墓底45厘米,另1个头骨破碎;2个下颌骨:1个外翻角度小,1个内收角度大。此外还有右侧肱骨残段、左侧桡骨和尺骨残段、左侧股骨残段、

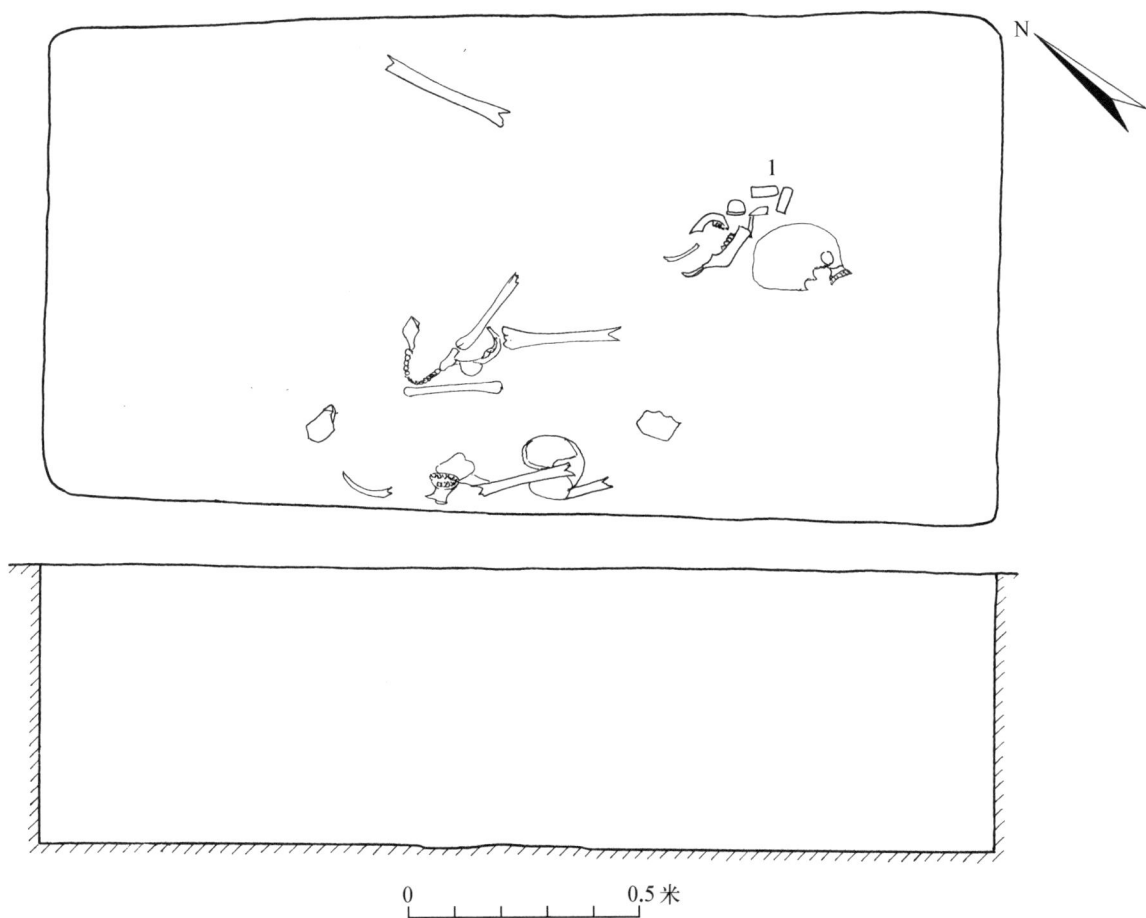

图九九 M122平、剖面图

1. 石笄(M122:1)

左侧胫骨残段、右侧胫骨残段、锁骨残段等。根据鉴定,其中一个为男性,M_1磨耗Ⅴ级,年龄在50岁左右;另一个为女性,M_1磨耗Ⅳ～Ⅴ级,年龄在40～45岁。此墓当为一座夫妻合葬墓。

墓室中还清理出1件石笄,断为两截,窄端残。M122:1,受沁严重,近土色。扁条状,横剖面呈半圆形。残长9.9厘米(图一〇一,1)。

M123

竖穴土坑墓,方向140°。墓圹平面稍显梯形,墓口长200、宽60～72、墓深55厘米(图版二七)。墓壁陡直,口底大小相等,墓底平坦。墓室内填红褐花土,葬具不清。

墓中墓主人骨骸扰乱较重,仅存左侧锁骨残段、残椎骨、右侧股骨和胫骨残段等。性别、年龄不详。从残存的未受干扰的脚趾骨可判断头向应为东南。

墓中未发现随葬品。

M124

竖穴土坑墓,方向130°。墓口长185～192、宽51～55、墓深30厘米(图一〇〇,图版二八)。墓壁规整,上下垂直,口底大小相等,平底。墓室填红褐花土,葬具不清。

墓主人为女性,M_1磨耗Ⅴ级,年龄在50岁左右。葬式为仰身直肢葬,头向东南,面向上。人骨保存较好,整体居于墓室中央,双肩略耸,肋骨排列整齐,双臂弧状内收,右前臂斜置于盆骨之上,两脚并拢。

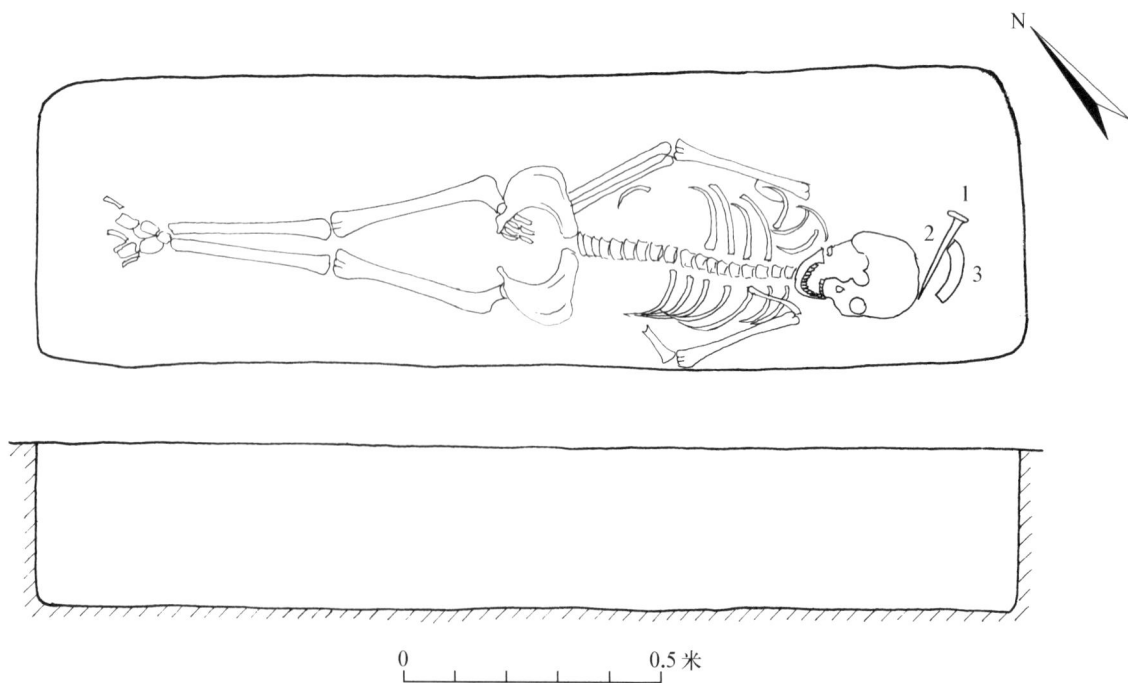

图一〇〇　M124平、剖面图

1. 石管(M124:1)　2. 梯形石片(M124:2)　3. 石璜(M124:3)

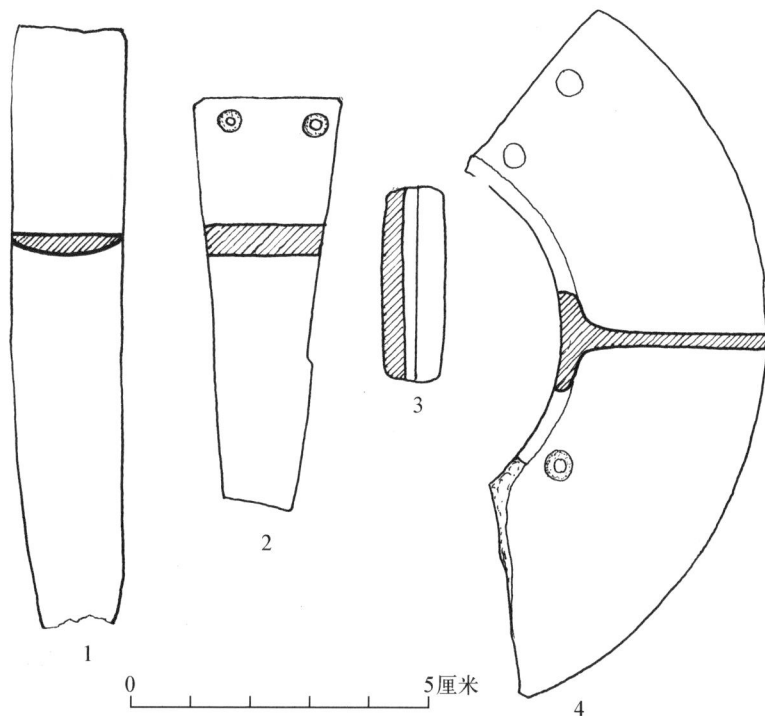

图一〇一 M122、M124出土器物图

1.石笄(M122∶1) 2.梯形石片(M124∶2) 3.石管(M124∶1) 4.石璜(M124∶3)

人骨头顶依次清理出石管、梯形石片和残石璜各1件。石管,M124∶1,伊利石岩。墨绿色,柱状中空,通体磨光。长3.2厘米(图一〇一,3;图版二二九,4)。梯形石片,M124∶2,大理岩。青绿色,已断裂。整体呈梯形,横剖面扁方,宽端有两穿,系双面钻成。残长6.9、宽端2.5、窄端1.1、厚0.5厘米(图一〇一,2;图版二三九,1)。石璜,M124∶3,大理岩。青白色,受沁泛黄,应为有领石环的残件。切面呈长方形,薄厚均匀。一端有两个钻孔,另一端有一个钻孔,内圈边缘一周凸起。肉宽3.3、厚0.3厘米(图一〇一,4;图版二三三,3)。

M125

竖穴土坑墓,方向130°。墓圹平面略呈梯形,墓口长125、宽53~56、墓深13厘米(图版二九)。打破M126。墓室填红褐花土,葬具不清。

墓葬被扰,墓中发现人骨骨骸整体向左屈,双臂向下,双手位于左右股骨上,未见头骨。性别、年龄不详。葬式为侧身屈肢葬,面向不清楚。

墓中未发现随葬品。

M126

竖穴土坑墓,方向130°。墓圹平面呈梯形,墓口长160、宽80~100、墓深70厘米(图一〇二)。墓壁陡直,口底大小相等,墓底平坦。被M125打破。墓室填红褐花土,葬具不清。

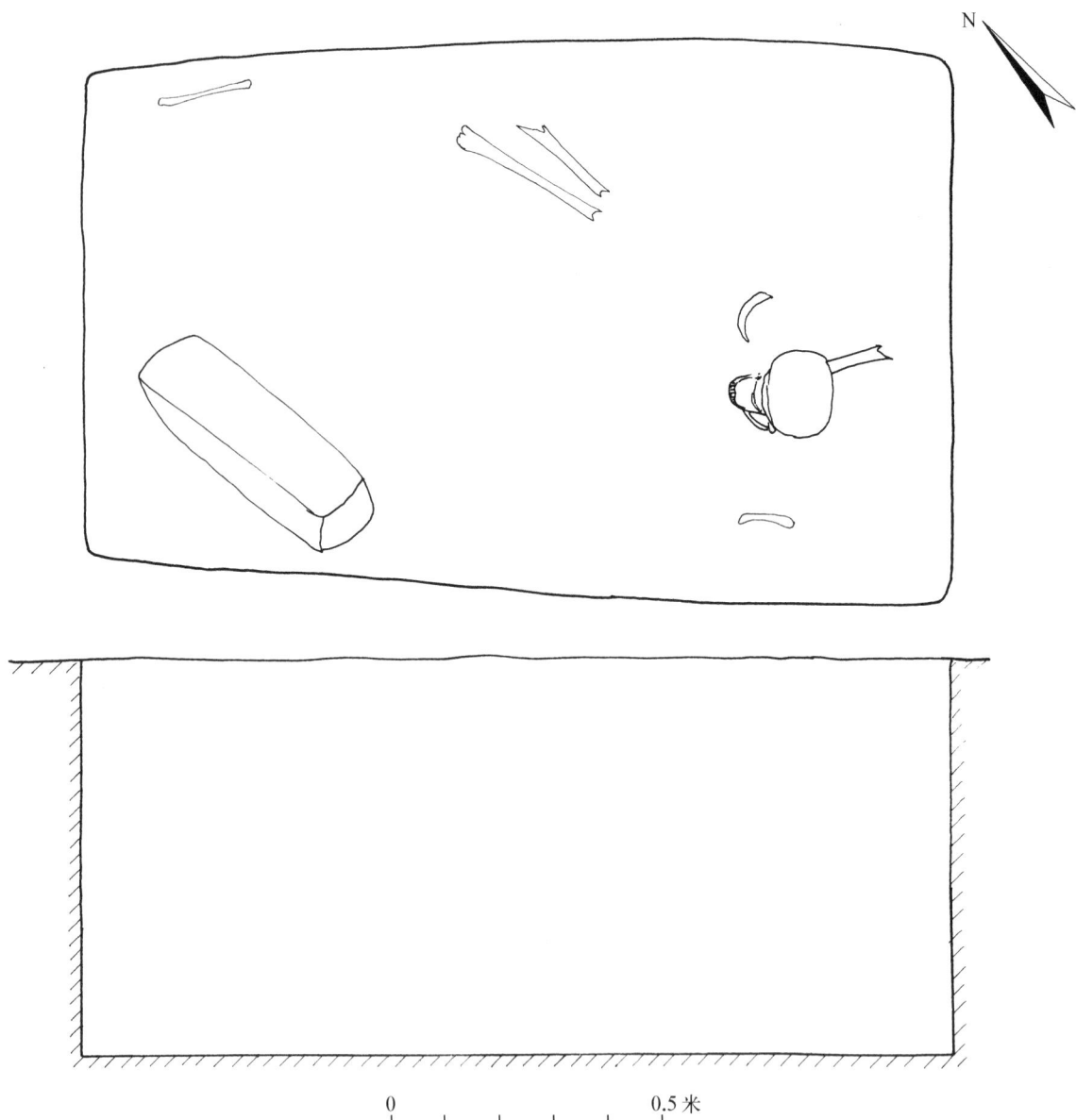

图一〇二　M126平、剖面图

墓中骨骸扰乱严重,仅存头骨残片、右侧肱骨残段、尺骨残段、左右胫骨残段、左右腓骨残段等。性别不详,M₁磨耗Ⅵ级以上,年龄在60岁以上。葬式及面向亦不清楚。墓室西部角清理出1块石头。

墓中未发现随葬品。

M127

竖穴土坑墓,方向130°。墓圹平面呈圆角长方形,墓口长200、宽50、墓深75厘米。墓壁陡直,口底大小相等,墓底平坦。墓室填红褐花土,葬具不清。

墓中的人骨集中于墓室北部,扰乱严重,大部分已腐朽,仅存头骨残片、左右股骨残段。老年人骨个体,性别不详,M_1磨耗Ⅵ级以上,年龄在60岁以上。葬式及面向亦不清楚。

墓中未发现随葬品。

M128

竖穴土坑墓,方向132°。墓圹平面呈圆角长方形,墓口长200、宽100、墓深70厘米(图一○三)。墓壁陡直,口底大小相等,墓底平坦。墓室填红褐花土,葬具不清。

墓中骨骸扰乱严重,上肢无存,左腿伸直,右腿呈弧形内收。骨骼粗壮,可能为男性;其左右股骨下端,左右胫、腓骨上下端愈合,年龄当在22岁以上。葬式及面向不详。

墓中未发现随葬品。

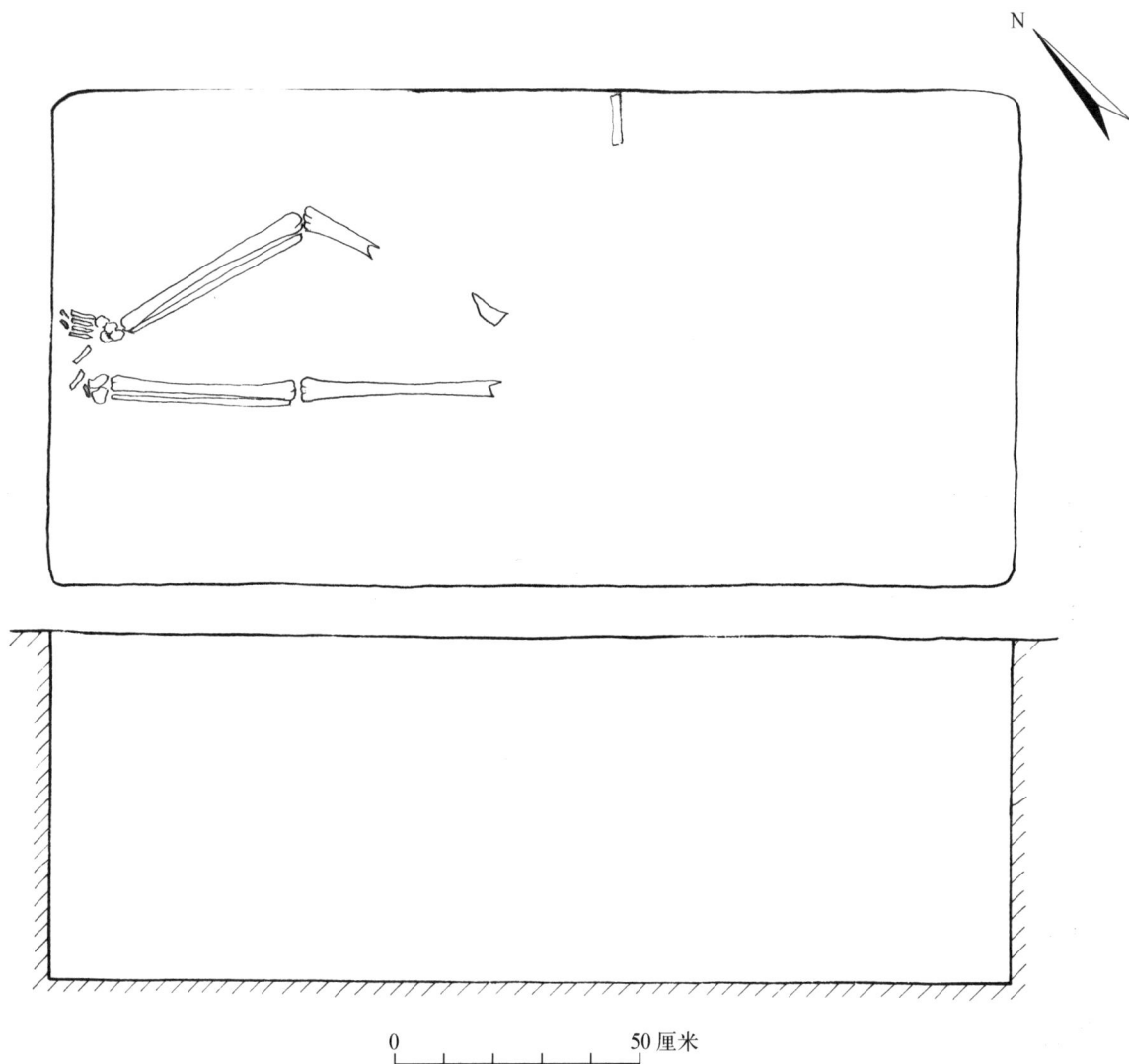

0   50厘米

图一○三 M128平、剖面图

M129

竖穴土坑墓，方向40°。墓圹平面呈圆角长方形，墓口长150、宽55、墓深70厘米。墓壁陡直，口底大小相等，墓底平坦。被现代坑H3打破。墓室内填黄褐花土，葬具不清。

墓中骨骸扰乱严重，仅存头骨残片、左右股骨残段和右侧胫骨残段等。性别、年龄不详，面向不清。

墓室中部清理出1件三角形石片，残。M129：1，大理岩。青黄，受沁钙化泛白。平面呈三角形，顶端略残，双面直刃。可能为坠饰。残长3.2、刃端宽2、顶端宽0.6厘米（图一○九，4；图版二三八，5）。

M130

竖穴土坑墓，方向35°。墓圹平面呈圆角长方形，墓口长170、宽100、墓深60厘米。墓壁陡直，口底大小相等，墓底平坦。被现代坑H3打破。墓室内填黄褐花土，葬具不清。

墓中人骨扰乱严重，仅在墓室南部清理出部分头骨残片和盆骨残片。女性，年龄不详。葬式及面向亦不清楚。

墓中未发现随葬品。

M131

竖穴土坑墓，方向135°。墓圹平面呈梯形，头端略窄。墓口长170、宽35～40、墓深12厘米（图一○四）。边壁规整，上下垂直，口底大小相等，平底。墓室填黄褐花土，葬具不清。

墓葬被扰，墓中人骨腐蚀严重，仅存左侧肱骨下端至桡骨、尺骨，右侧股骨、胫骨、左侧股骨残段等，不见头骨、右侧肢骨、肋骨和左侧胫骨等。女性，年龄不详。葬式为仰身直肢葬。

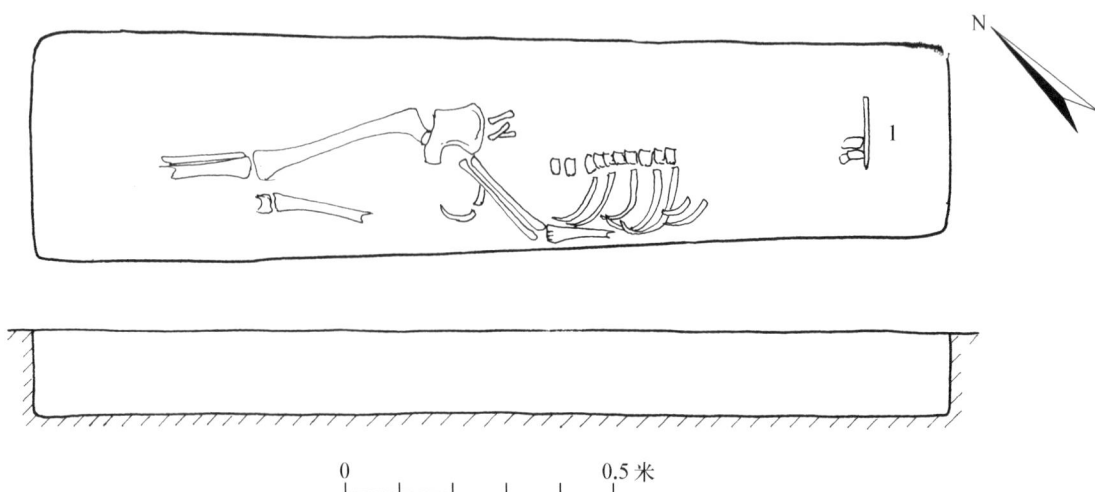

图一○四　M131平、剖面图
1. 锥形石器（M131：1）

墓室大约头顶的位置清理出1件锥形石器,M131:1,蛇纹石化大理岩。青色,一侧下半部分残。扁条状,顶端平,刃端尖锐,一侧起刃。残长7.3、厚0.7厘米(图一〇九,3)。

M132

竖穴土坑墓,方向140°。墓圹平面呈圆角梯形,墓口长174～180、宽60、墓深45厘米(图一〇五)。墓壁规整,上下垂直,口底大小相等,平底。墓室填红褐花土,葬具不清。

墓主人为男性,M_1磨耗Ⅵ级以上,年龄在60岁以上。葬式及面向不详。骨骸扰乱、腐蚀严重,骨骼集中分布于墓室南部,前后清理出头骨、右侧肱骨残段、左侧桡骨残段、残下颌骨、左右股骨残段和右侧颈、腓骨残段等。

墓中未发现随葬品。

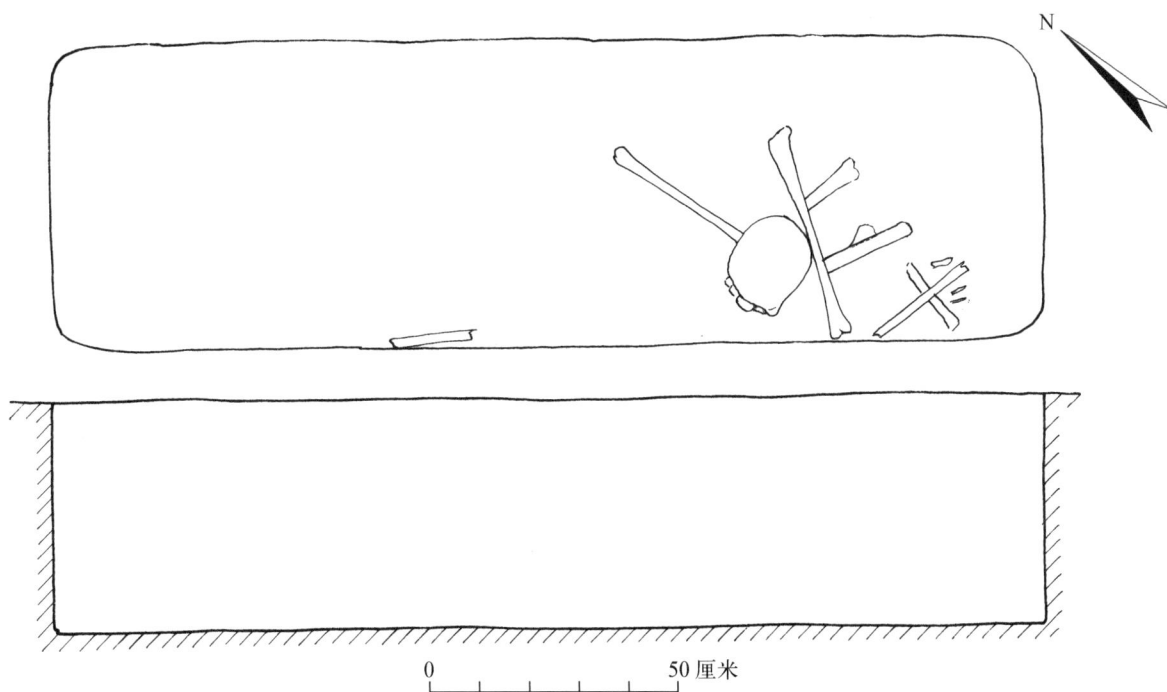

图一〇五 M132平、剖面图

M133

竖穴土坑墓,方向137°。墓圹平面呈圆角长方形,墓口长150、宽40、墓深10厘米。边壁规整,上下垂直,口底大小相等,平底。墓室填红褐花土,葬具不清。

墓葬被扰,墓中人骨腐蚀严重,仅存有头骨残片、左侧肱骨残段、左侧胫骨和腓骨、右侧腓骨等。性别不详,M_1磨耗Ⅲ～Ⅳ级,年龄在35～40岁。葬式及面向亦不清楚。

墓中未发现随葬品。

M134

竖穴土坑墓,方向140°。墓圹平面呈圆角梯形,头端墓壁较窄,脚端墓壁较宽,墓口长200、宽60～65、墓深40厘米(图一〇六,图版三〇)。墓壁规整,上下垂直,口底大小相等,平底。打破M135。墓室填红褐花土,葬具不清。

墓主人为男性,M₁磨耗Ⅴ～Ⅵ级,年龄在50～55岁。葬式为仰身直肢葬,头向东南,面向东北。人骨保存基本完好,双肩上耸,肋骨排列整齐,左臂向外伸张,右臂置于股骨处,双腿伸直,未见脚骨。

墓中未发现随葬品。

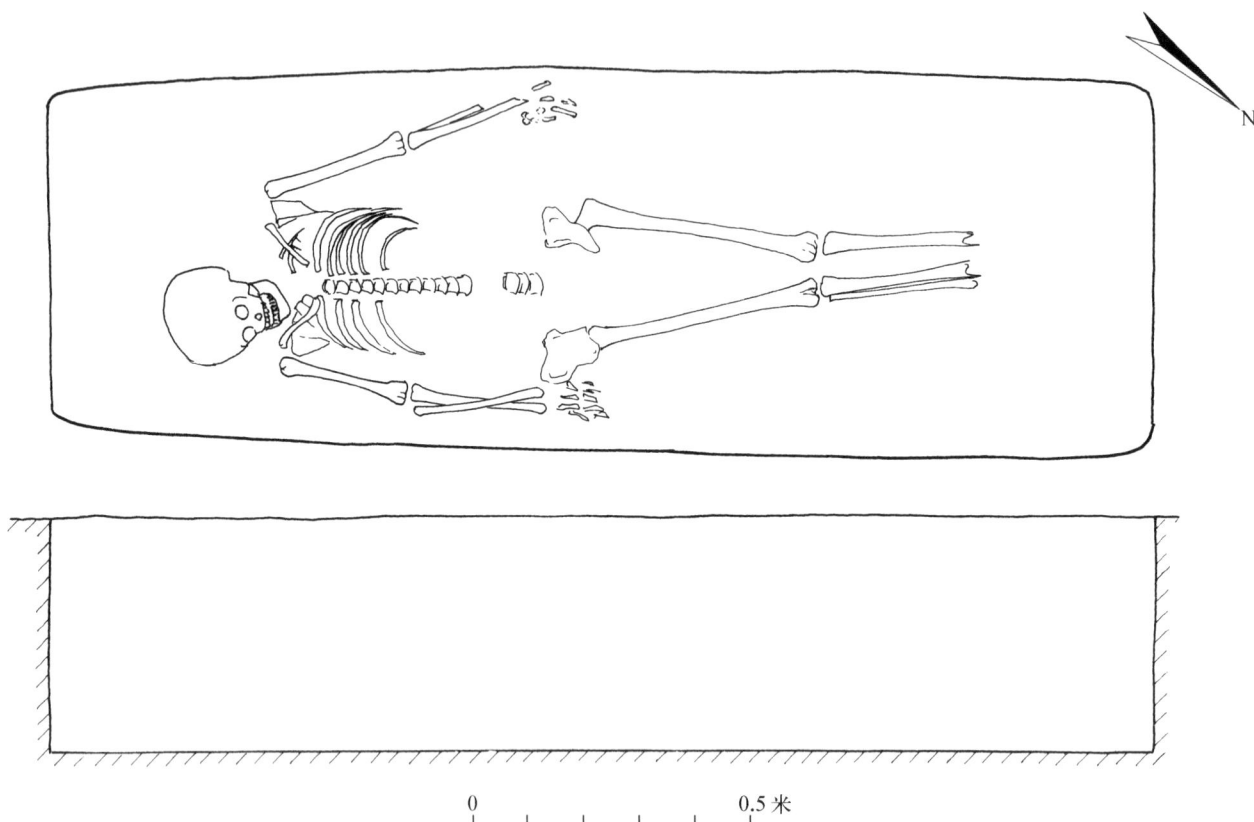

```
0          0.5 米
```

图一〇六　　M134平、剖面图

M135

竖穴土坑墓,方向127°。墓圹平面呈圆角长方形,墓口长160、宽40、墓深10厘米(图一〇七)。边壁规整,口底大小相等,平底。被M134打破。墓室填红褐花土,葬具不清。

墓主人为男性,M₁磨耗Ⅴ级,年龄在50岁左右。葬式为仰身直肢葬,头向东南,面向上。人骨居于墓室正中,保存基本完好,右臂伸直,左前臂斜置于胸部,双腿伸展,未见脚骨。

在头骨右侧清理出1件牙饰,M135：1,浅黄白色,多处断裂。弧形,两端各有一穿。高15厘米(图一〇九,1)。

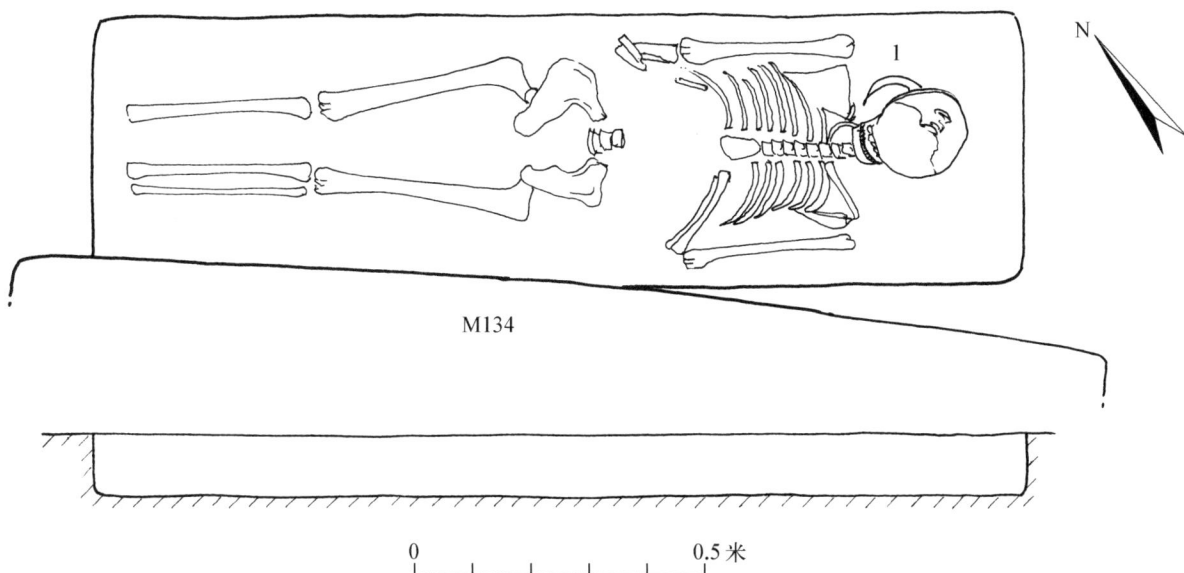

图一〇七 M135平、剖面图

1. 牙饰（M135∶1）

M136

竖穴土坑墓，方向135°。墓圹平面呈圆角梯形，头端墓壁较宽，脚端墓壁较窄，墓口长180、宽58～65、墓深55厘米（图一〇八，图版三一）。墓壁陡直，口底大小相等，墓底平坦。墓室填红褐花土，葬具不清。

墓室被扰，墓主人为女性，M_1磨耗Ⅵ级以上，年龄在60岁以上。葬式为仰身直肢葬，头向东南，面向上。人骨腐蚀较重，躯干及脚骨基本不见。墓主人左前臂置于右前臂之上，两腿交叉。

人骨头顶有玉璧和梭形石饰各1件。玉璧：M136∶1，透闪石玉。青色。由长短不一的两个璜片连缀而成，接头处以一对一的钻孔连缀。切面呈扁长方形，厚薄均匀，通体抛光。外径4.7、好径2.1、厚0.2厘米（图一〇九，2；图版二一七，2）。梭形石饰：M136∶2，蚀变大理岩。灰白色。扁圆条状，两端有刃，钝圆。通长3.7厘米（图一〇九，5；图版二三八，1）。左手戴1件贴附绿松石腕饰，M136∶3，状似手镯，在黑色胶状物上贴附绿松石片，绿松石一般已磨光。外径9.5、内径5.3厘米（图版二二六，1）。

M137

竖穴土坑墓，方向140°。墓圹平面呈圆角梯形，墓口长130、宽45～50、墓深20厘米。边壁规整，口底大小相等。墓室填红褐花土，葬具不清。

墓中骨骸扰乱严重，仅存有头骨残片、左侧肱骨残段和零散的手指骨等。性别不详，M_1磨耗Ⅰ级，年龄在20～25岁。葬式及面向亦不清楚。

墓中未发现随葬品。

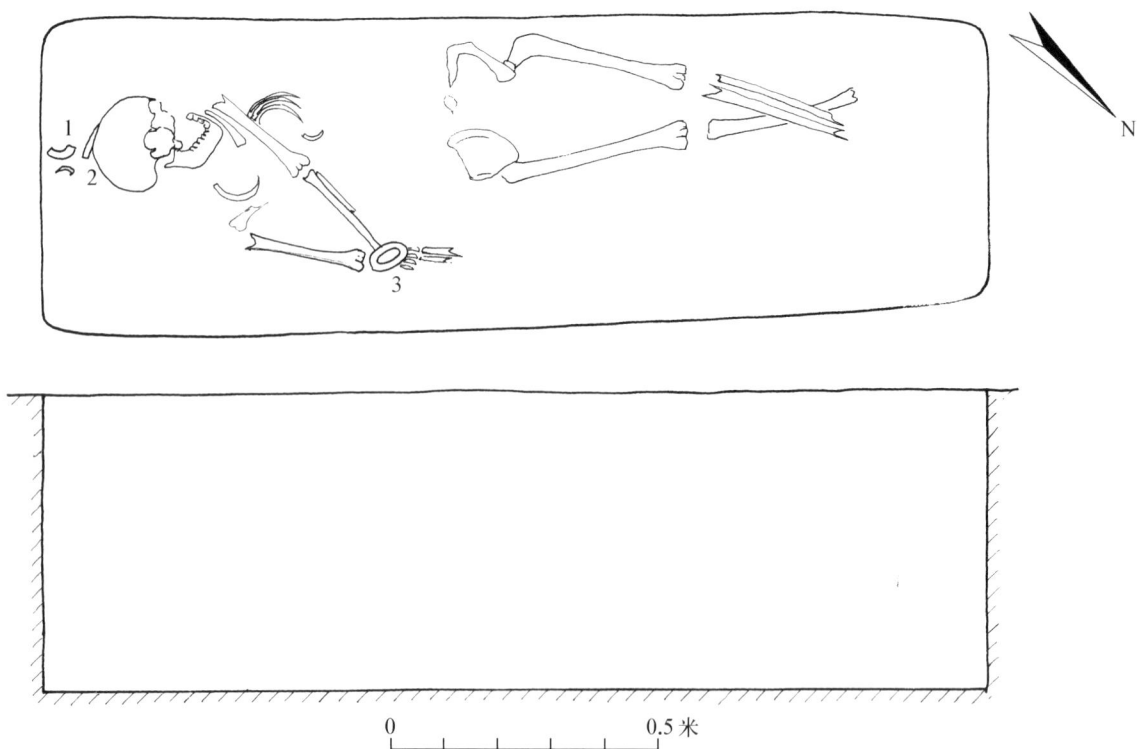

图一〇八　M136平、剖面图

1.玉璧（M136∶1）　2.梭形石饰（M136∶2）　3.绿松石腕饰（M136∶3）

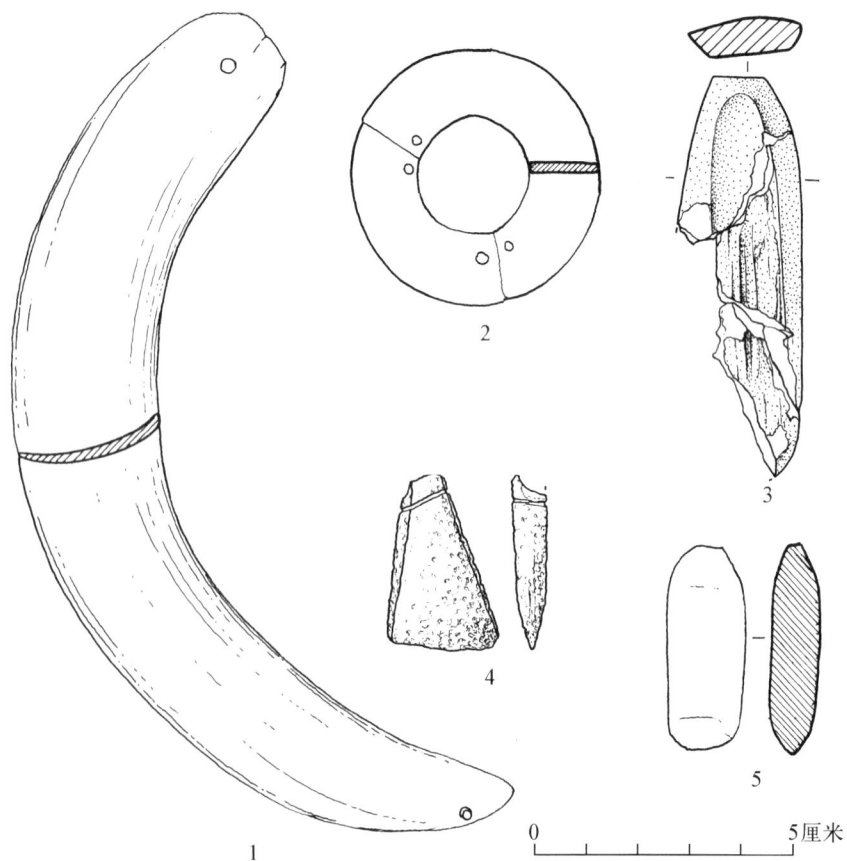

图一〇九　M129、M131、M135、M136出土器物图

1.牙饰（M135∶1）　2.玉璧（M136∶1）　3.锥形石器（M131∶1）　4.三角形石片（M129∶1）　5.梭形石饰（M136∶2）

M138

竖穴土坑墓,方向145°。墓圹平面呈圆角梯形,墓口长140、宽45、墓深20厘米。边壁规整,上下垂直,口底大小相等。墓室填红褐花土,葬具不清。

墓葬被扰,墓主人为女性,M_2磨耗Ⅲ级,年龄在30岁左右。从现场残留人骨痕迹判断,葬式为仰身屈肢葬,头向东南,面向西南。人骨腐蚀严重,保存较差,仅存部分头骨残片、左右股骨残段。

墓中未发现随葬品。

M139

竖穴土坑墓,方向137°。墓圹平面呈圆角长方形,墓口长175、宽68~80、墓深60厘米(图一一〇,图三二)。墓壁陡直,口底大小相等,墓底平坦。墓室内填红褐花土,葬具不清。

墓主人为女性,M_1磨耗Ⅳ~Ⅴ级,年龄在40~45岁。葬式为仰身直肢葬,头向东南,面向上。骨骸保存相对完好,双肩上耸,肋骨清晰,两臂弧状内收,双腿舒展,只是不见右手指骨和两脚骨。

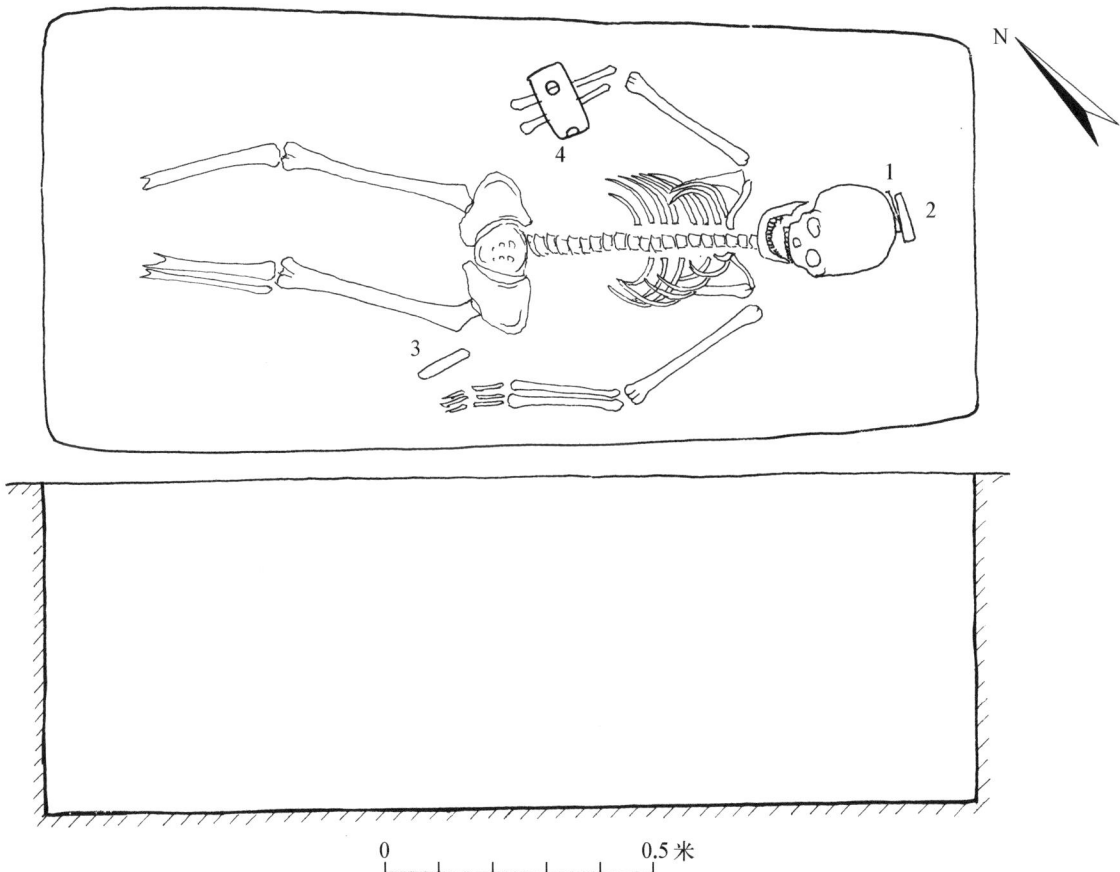

图一一〇 M139平、剖面图

1. 穿孔条形蚌饰(M139:1) 2. 石璜(M139:4) 3. 柄形石器(M139:2) 4. 绿松石腕饰(M139:3)

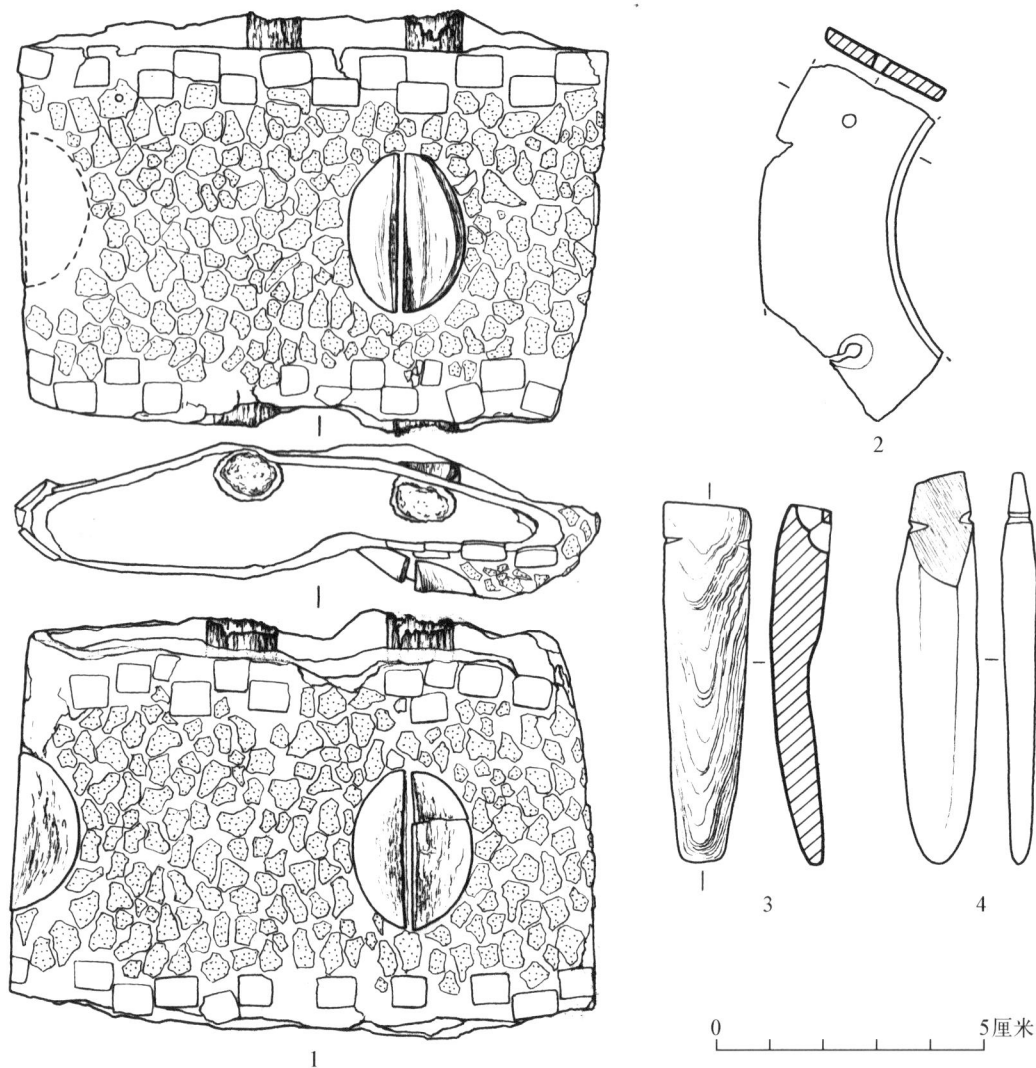

图———　　M139出土器物图

1.绿松石腕饰（M139：3）　2.石璜（M139：4）　3.穿孔条形蚌饰（M139：1）　4.柄形石器（M139：2）

　　人骨头顶位置发现1件蚌饰和1件石璜。穿孔条形蚌饰：M139：1，白色。扁条状，整体微屈，一端宽，一端略窄，宽端两侧有凹槽，钻有两孔相通。长6.4、宽1.5厘米（图———，3；图版二四六，3）。石璜：M139：4，蚀变大理岩。青白色，断裂为三截，两端残。切面呈扁长方形，薄厚均匀。两端各有一个单面钻孔。肉宽2.5、厚0.3厘米（图———，2；图版二三四，1）。左手与股骨之间亦清理出1件柄形石器，M139：2，蚀变大理岩。条形状，近顶处一端两侧有凹槽，另一端出刃。长7.2、最宽处1.5厘米（图———，4；图版二三七，2）。右前臂套1件嵌有不规则绿松石碎片和月牙形骨器组成的宽带状腕饰M139：3，长11厘米（图版二二六，2）。出土时已压扁变形。上下缘用长条形石片或蚌片镶出边框，有的已脱落露出黑色胶状物。镶嵌所用绿松石片，多数呈绿色，均呈不规则形，每片大小不一，表面一般磨光，腕饰中部由底边呈直线的弧形蚌片对合成椭圆形（图———，1）。

M140

竖穴土坑墓,方向137°。墓圹平面呈圆角长方形,墓口长170、宽48厘米,墓深10厘米(图一一二,图版三三)。边壁规整,上下垂直,口底大小相等,平底。打破M141。墓室填红褐花土,葬具不清。

墓葬被扰,墓主人为女性,M_1磨耗Ⅲ级,年龄在30岁左右。葬式为仰身直肢葬,面向上。人骨腐蚀较重,左右股骨下部、左右胫骨上部、左右腓骨上部、脚骨与手骨等均已不见。上肢相对完整,大体形态依稀可辨,双肩上耸,肋骨排列整齐,两臂伸直。

墓中未发现随葬品。

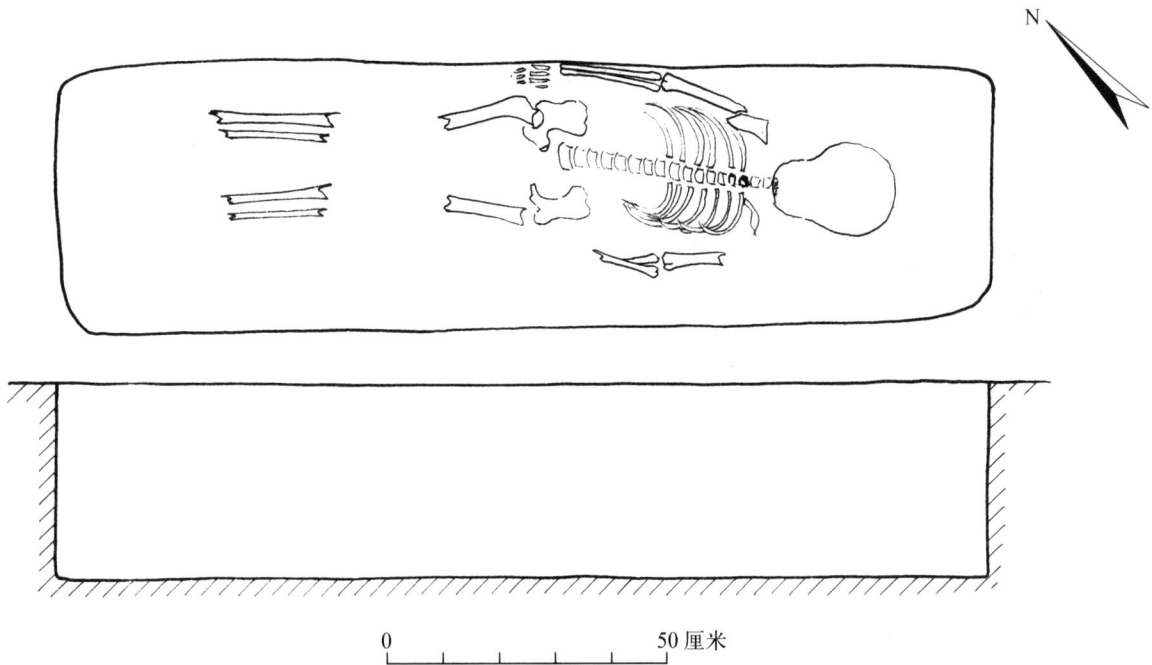

0　　　　　　　　50厘米

图一一二　M140平、剖面图

M141

竖穴土坑墓,方向137°。墓圹平面呈圆角长方形,墓口长170、宽45、墓深35厘米(图一一三,图版三三)。墓壁规整,上下垂直,口底大小相等,平底。被M140打破。墓室填红褐花土,葬具不清。

墓主人为男性,M_1磨耗Ⅲ～Ⅳ级,年龄在35～40岁。葬式为仰身屈肢葬,头向东南,面向西南。骨骸整体向左屈,扰乱严重,仅保存有头骨残片、左侧股骨残段、右侧脚骨等。

下颌骨处共清理出2件牙饰(图一一四,2、3),以及部分石璧残片。M141:2,黄白色,月牙形,一端有穿孔,两端均残。残高13厘米(图版二四七,6)。M141:3,黄白色,月牙形,两端有穿孔,两端均残。残高8.5厘米。另外,头骨和右脚下方发现有石璧残片,所见石璧残片均属1件器物,M141:1,蚀变大理岩。青白色,部分区域受沁泛黄,多处断裂,边缘有一处破损。器体由两

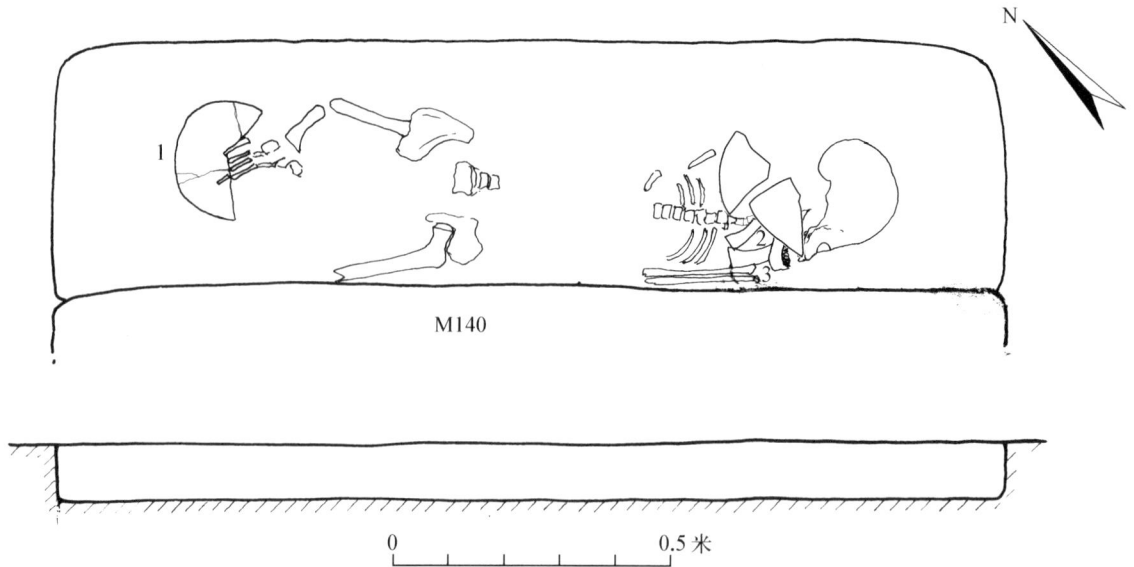

图一一三　M141平、剖面图

1. 石璧（M141∶1）　2、3. 牙饰（M141∶2、3）

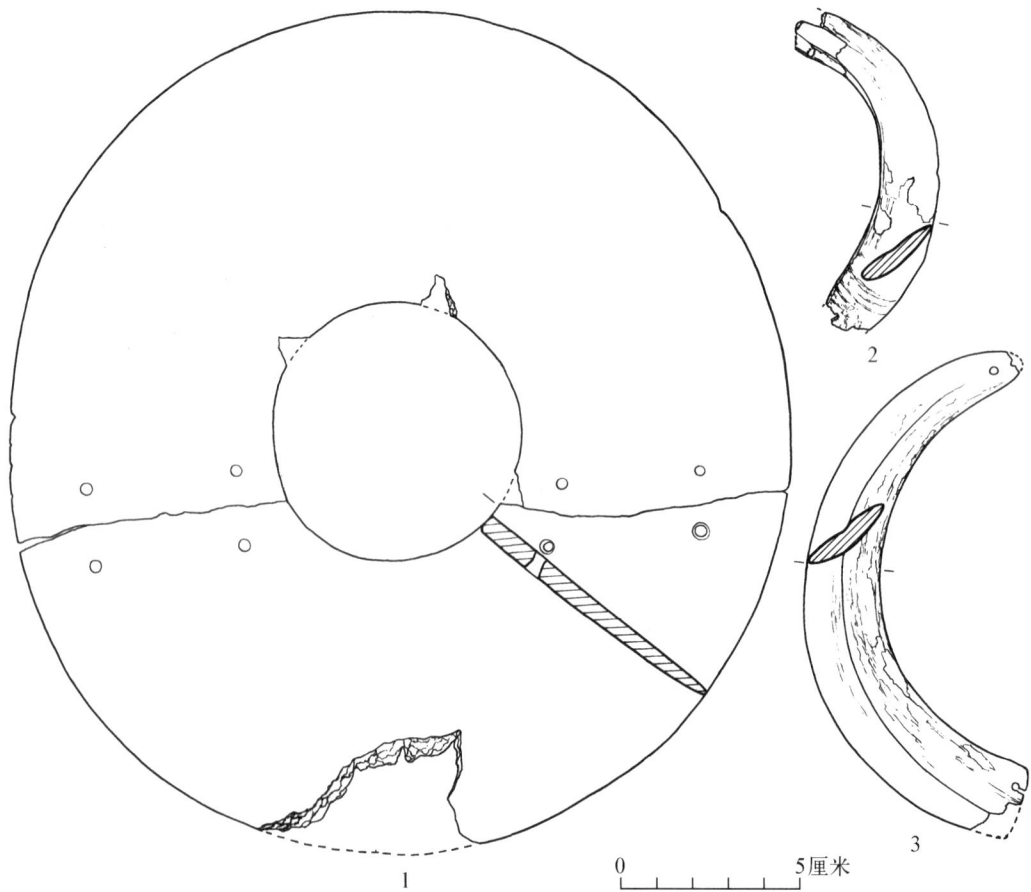

图一一四　M141出土器物图

1. 石璧（M141∶1）　2、3. 牙饰（M141∶3、M141∶2）

片长短不一的璜片联成,以两两相对的钻孔连缀,切面呈楔形,内缘厚,外缘薄。外径23、好径7、最厚处0.5厘米(图一一四,1;图版二一五,1)。

M142

竖穴土坑墓,方向137°。墓圹平面呈圆角梯形,墓口长170、宽43～55、墓深35厘米(图一一五)。墓壁规整,上下垂直,口底大小相等,平底。墓室内填红褐花土,葬具不清。

墓主人为女性,M_1磨耗Ⅲ级,年龄在30岁左右。葬式为仰身直肢葬,面向上。人骨遭到扰乱,上肢及躯干保存较差,未见左右锁骨、肩胛骨和左侧肱骨至手骨,右侧桡骨和尺骨斜置于胸部。下肢保存较好,双腿伸直。

墓中未发现随葬品。

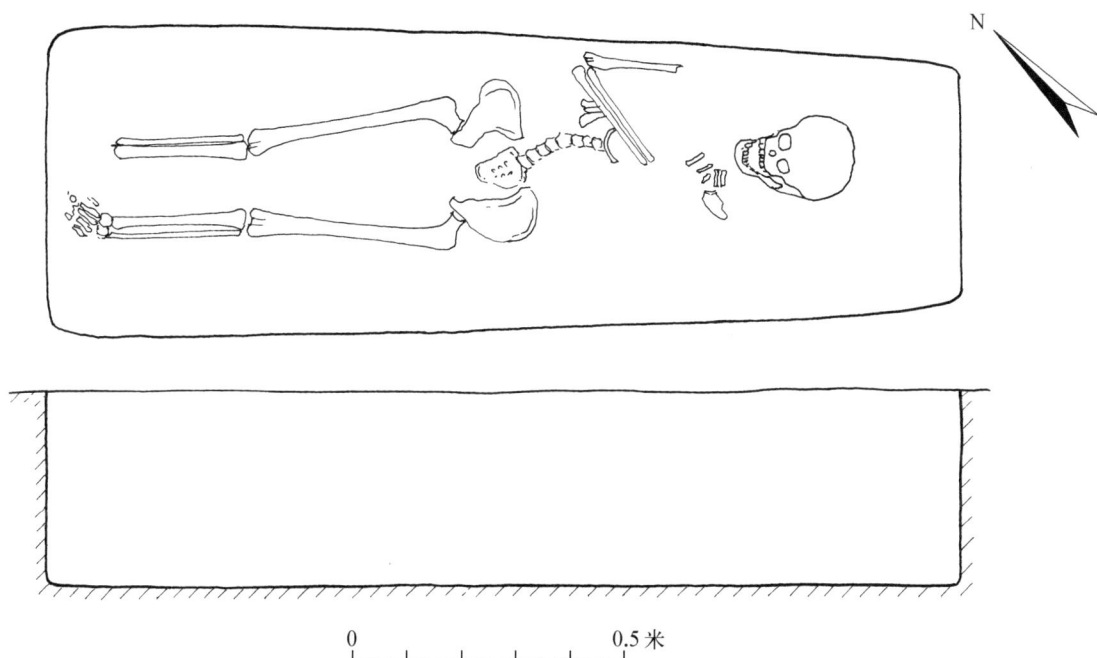

图一一五 M142平、剖面图

M143

竖穴土坑墓,方向160°。墓圹平面呈圆角梯形,墓壁头端较窄,脚端较宽,墓口长150、宽40～58、墓深40厘米(图一一六)。墓壁规整,上下垂直,口底大小相等,平底。墓室填红褐花土,葬具不清。

墓中骨骸扰乱严重,仅存有头骨残片。性别、年龄不详。葬式、头向及面向亦不清楚。

墓中未发现随葬品。

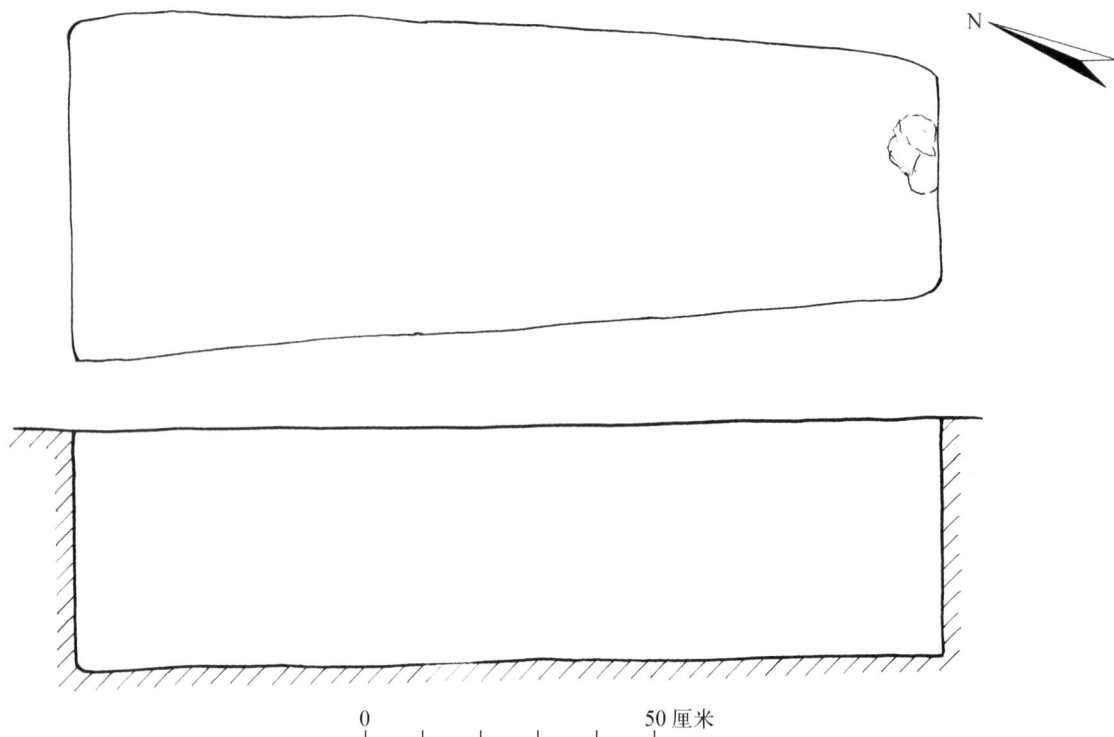

图一一六　M143平、剖面图

M144

竖穴土坑墓,方向137°。墓圹平面呈圆角梯形,墓口长190、宽43～50、墓深50厘米(图一一七,图版三四)。墓壁规整,上下垂直,口底大小相等,平底。墓室内填红褐花土,葬具不清。

墓主人为男性,M_1磨耗Ⅴ～Ⅵ级,年龄在50～55岁。葬式为仰身直肢葬,头向东南,面向东北。人骨保存基本完好,双肩略耸,肋骨清晰,两臂伸直,双腿伸展,未见左手指骨,右侧脚骨已成骨灰。

人骨头顶发现1件残石笄,M144：1,蚀变大理岩。乳白色。器身宽扁,横剖面呈半圆形,一端残,一端呈三角形锋。残长10.6厘米(图一一九,1;图版二三六,1)。以及1件扁条形石饰,M144：2,蛇纹石化大理岩。青白色,断裂,一端残。器身宽扁,横剖面略呈梯形,残长9.2、最宽处2.6厘米(图一一九,2;图版二三六,4)。

M145

竖穴土坑墓,方向135°。墓圹平面呈圆角长方形,墓口长160、宽40、墓深10厘米(图一一八,图版三五)。边壁规整,上下垂直,口底大小相等,平底。墓室内填红褐花土,葬具不清。

墓主人为女性,M_1磨耗Ⅲ～Ⅳ级,年龄在35～40岁。墓室被扰,葬式为仰身屈肢葬,头向东南,面向上。骨骸整体向右屈,腐蚀较重,躯干部分骨骼基本不见,左侧桡骨和尺骨横置于胸部,

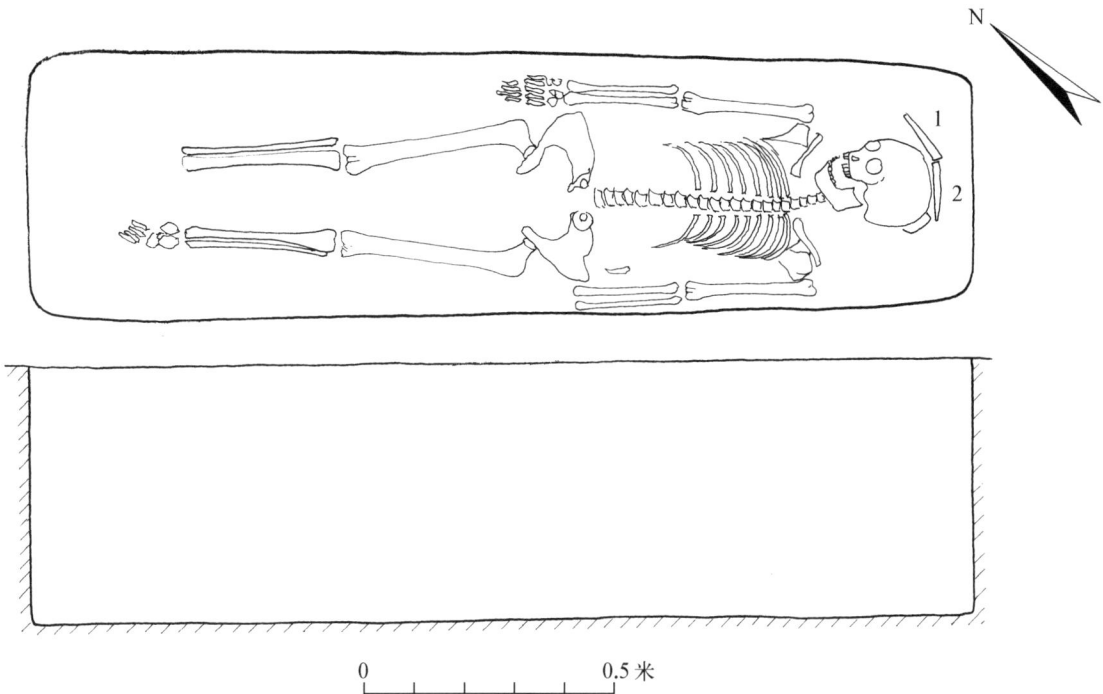

图一一七 M144平、剖面图

1.石铲（M144:1） 2.扁条形石饰（M144:2）

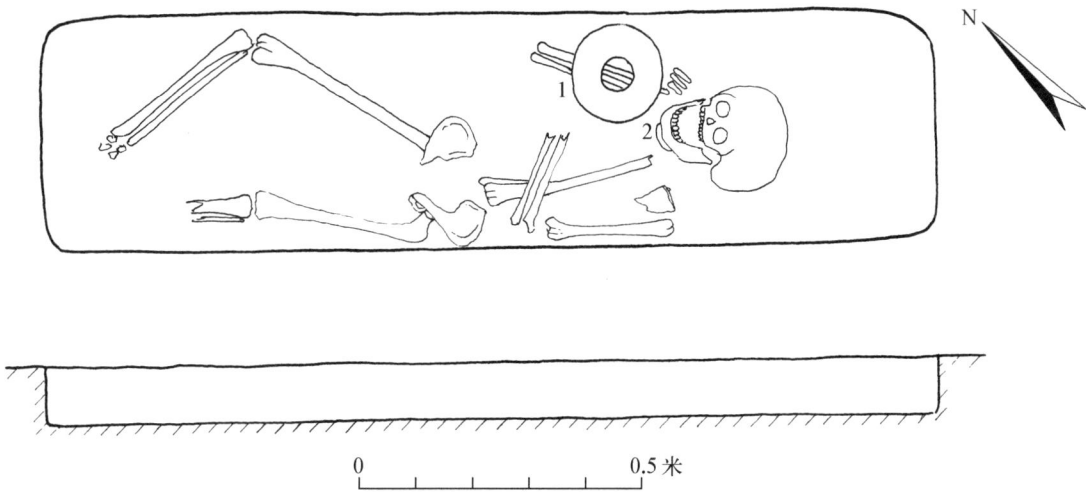

图一一八 M145平、剖面图

1.石璧（M145:1） 2.牙饰（M145:2）

左侧股骨及胫骨、腓骨（上端）伸直，右腿向右弯曲。

右侧肱骨上方清理出1件石璧，M145:1，蚀变大理岩。青白色，因受沁有钙质结晶斑。器体由两片长短不一的璜片联成，以两两相对的钻孔连缀，切面呈楔形，内缘厚，外缘薄。外径15.5、好径5.9、厚0.2～0.8厘米（图一一九，4；图版二一五，2）。以及一件牙饰，M145:2，浅黄白色，月牙形，横剖面呈扁圆形，两端有穿。残高8.6厘米（图一一九，3；图版二四七，7）。

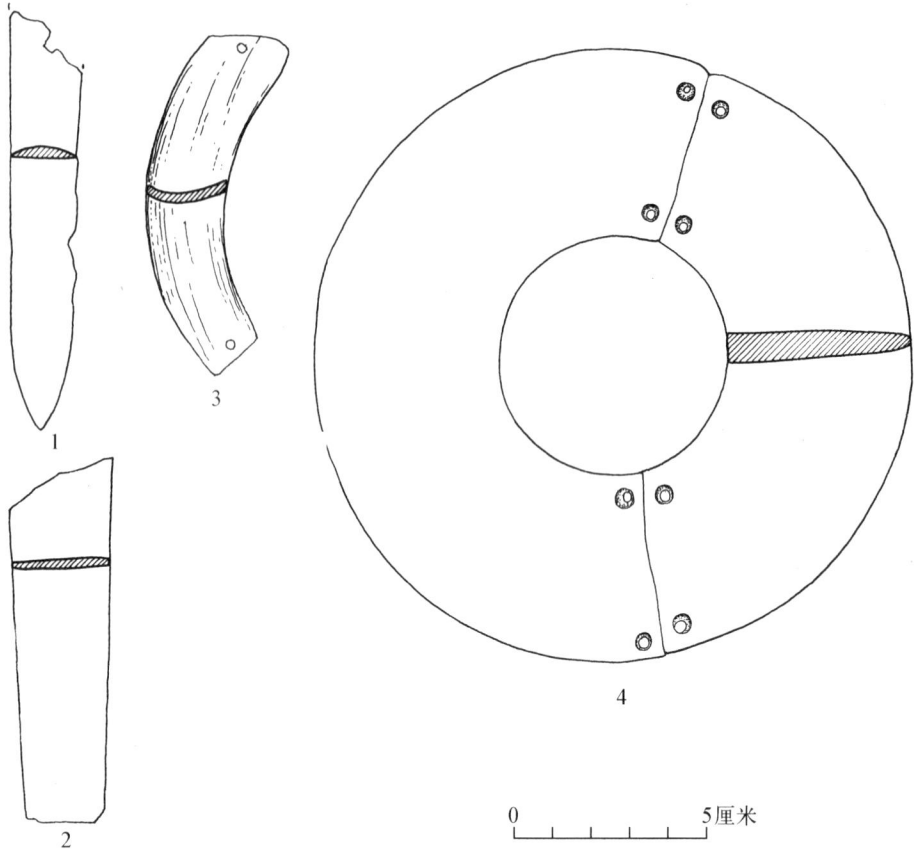

图一一九　M144、M145 出土器物图

1. 残石笄（M144∶1）　2. 扁条形石饰（M144∶2）　3. 牙饰（M145∶2）　4. 石璧（M145∶1）

M146

竖穴土坑墓，方向135°。墓圹平面呈圆角长方形，墓口长111、宽40、墓深7厘米。边壁规整，上下垂直，口底大小相等，平底。打破M147。墓室填红褐花土，葬具不清。

墓中骨骸扰乱严重，仅存有左侧肱骨和桡骨、尺骨残段。性别、年龄不详。葬式及面向亦不清楚。

墓中未发现随葬品。

M147

竖穴土坑墓，方向135°。墓圹平面呈圆角梯形，头端略窄。墓口长180、宽40~43、墓深10厘米。边壁规整，上下垂直，口底大小相等，平底。打破M148，被M146打破。墓室填红褐花土，葬具不清。

墓中人骨整体向左屈，腐蚀较重，残存有脊椎、股骨、胫骨和腓骨等。性别、年龄不详。葬式为侧身屈肢葬。

墓中未发现随葬品。

M148

竖穴土坑墓,方向40°。墓圹平面呈圆角长方形,墓口长170、宽50、墓深60厘米(图一二〇)。墓壁陡直,口底大小相等,墓底平坦。被M147打破。墓室内填黄褐花土,葬具不清。

墓主人为男性,M_1磨耗Ⅳ～Ⅴ级,年龄在40～45岁。葬式为仰身直肢葬,头向东北,面向上。人骨未被扰乱,保存基本完好。骨骸居于墓室中央,双肩略耸,肋骨排列整齐,两臂伸直,双腿伸展,两脚靠拢。

墓中未发现随葬品。

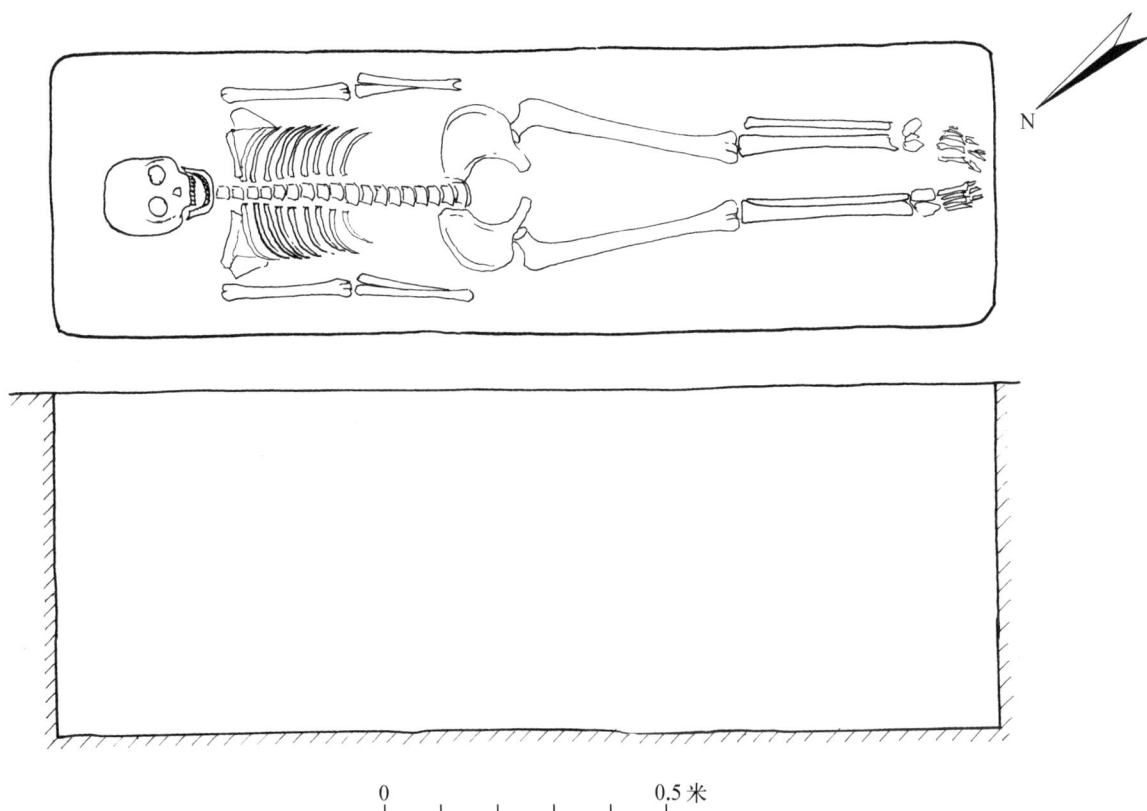

图一二〇 M148平、剖面图

M149

竖穴土坑墓,方向40°。墓圹平面呈圆角长方形,墓口长190、宽50、墓深20厘米(图一二一)。边壁规整,上下垂直,口底大小相等,平底。被M153打破。墓室内填黄褐花土,葬具不清。

墓主人为男性,M_1磨耗Ⅲ～Ⅳ级,年龄在35～40岁。葬式为仰身直肢葬,头向东北,面向上。人骨居于墓室中央,保存较好,整体形态清晰,左侧桡骨和尺骨放置于腹部,两腿伸直。右侧肱骨下端至股骨上端部分被M153破坏。

墓中未发现随葬品。

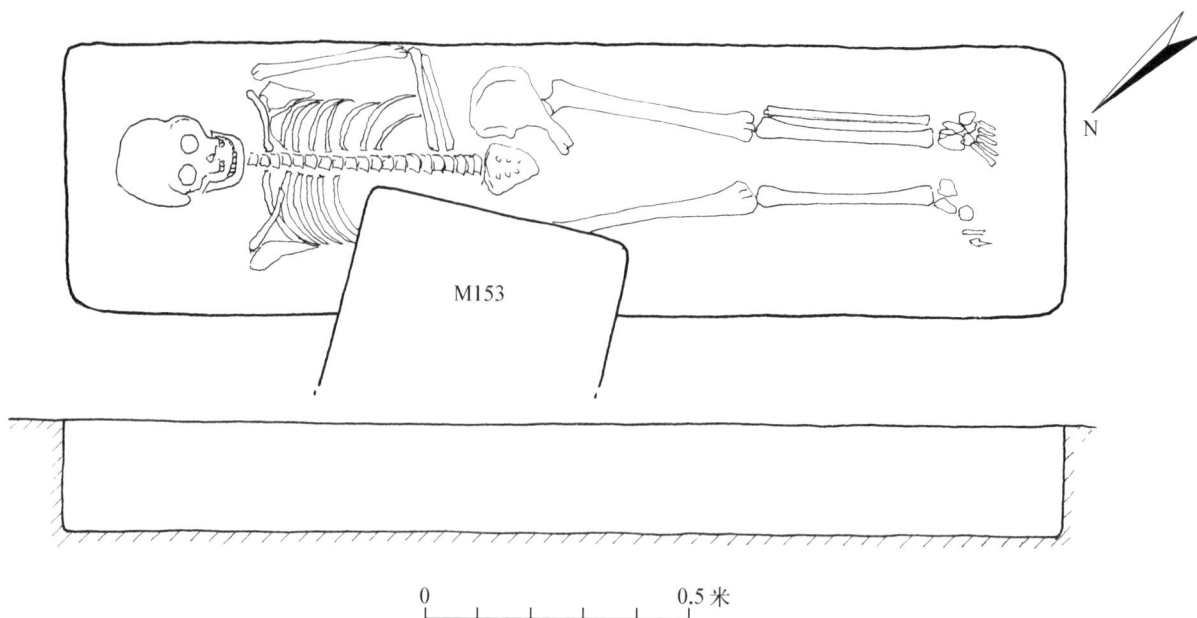

0   ————————   0.5 米

图一二一　　M149 平、剖面图

M150

竖穴土坑墓,方向 137°。墓圹平面呈圆角长方形,墓口长 180、宽 50、墓深 10 厘米(图一二二,图版三六)。边壁规整,上下垂直,口底大小相等,平底。墓室内填红褐花土,葬具不清。

墓主人为男性,M_1 磨耗Ⅳ～Ⅴ级,年龄在 40～45 岁。葬式为仰身屈肢葬,头向东南,面向东北。骨骸整体向右屈,腐蚀较重,左侧桡骨和尺骨斜置于胸部,右前臂向右上方弯曲,双腿胫骨及腓骨下端至脚骨处被扰。

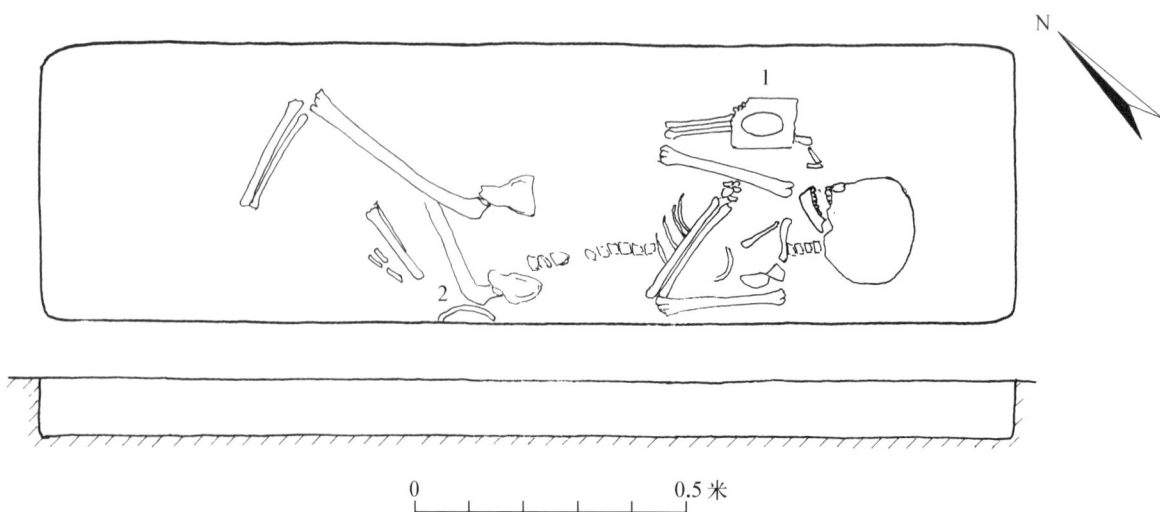

0   ————————   0.5 米

图一二二　　M150 平、剖面图

1. 石璧(M150:2)　2. 牙饰(M150:1)

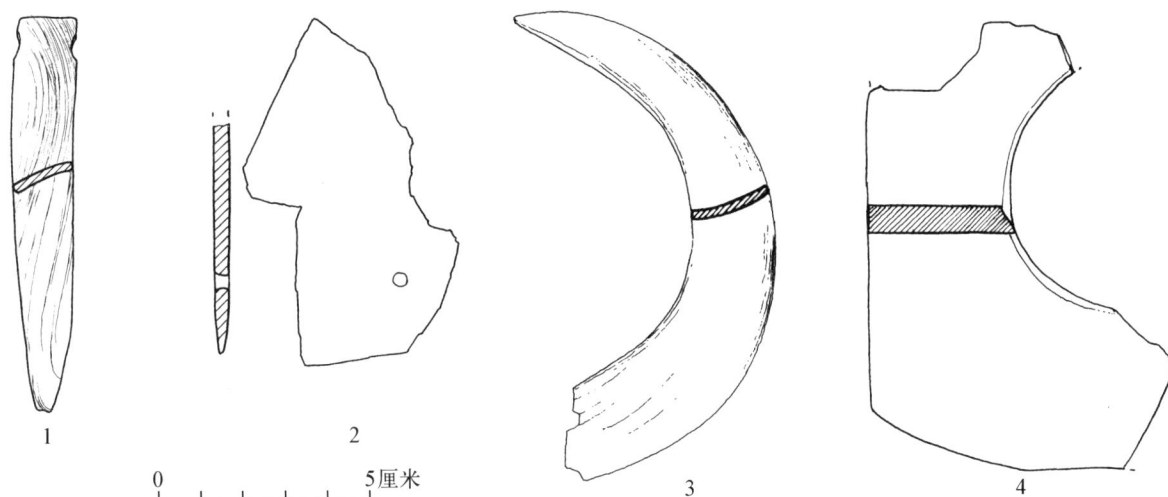

图一二三　M150、M151出土器物图

1. 蚌饰（M151：1）　2. 不规则形石片（M151：3）　3. 牙饰（M150：1）　4. 石璧（M150：2）

墓主人右侧桡骨和尺骨上发现1件石璧，已残，M150：2，蚀变大理岩。白色泛青。器体外侧方圆，薄厚均匀。最宽4.3、厚0.7厘米（图一二三，4；图版二一八，5）。并于左股骨根部清理出2件牙饰（图版二四七，8）。M150：1，浅黄白色，月牙形，横剖面呈扁方形，宽端残。残高10.8厘米（图一二三，3）；M150：3，浅黄白色，月牙形，一端有穿，两端均残。残高9.4厘米。

M151

竖穴土坑墓，方向135°。墓圹平面略呈梯形，脚端略窄。墓口长160、宽42～45、墓深30厘米（图一二四，图版三六）。墓壁规整，上下垂直，口底大小相等，平底。墓室内填红褐花土，葬具不清。

墓主人为男性，M₁磨耗Ⅴ～Ⅵ级，年龄在50～55岁。葬式为仰身屈肢葬，头向东南，面向东北。人骨腐蚀较重，向右屈。两臂作环状横置于胸腹部，股骨下端和胫骨、腓骨上端及髌骨在砖厂取土时遭到破坏，保存较差。

头骨右侧及头顶位置依次清理出3件随葬品，分别为1件柄形蚌饰，M151：1，扁锥形，宽端有一圈凹槽。通长6.3厘米（图一二三，1；图版二四六，2）。1件骨笄，M151：2，浅黄白色，残。扁条状，横剖面呈半弧形，近一端侧面有凹形槽。残长16.5厘米。以及1件不规则形石片，M151：3，蚀变大理岩。深白色，残。体扁平，一端略薄，有一单面钻穿孔。残长8厘米（图一二三，2；图版二三九，3）。

M152

竖穴土坑墓，方向135°。墓圹平面呈圆角梯形，墓口长190、宽38～45、墓深35厘米（图一二五，图版三七）。墓壁规整，上下垂直，口底大小相等，平底。墓室内填红褐花土，葬具不清。

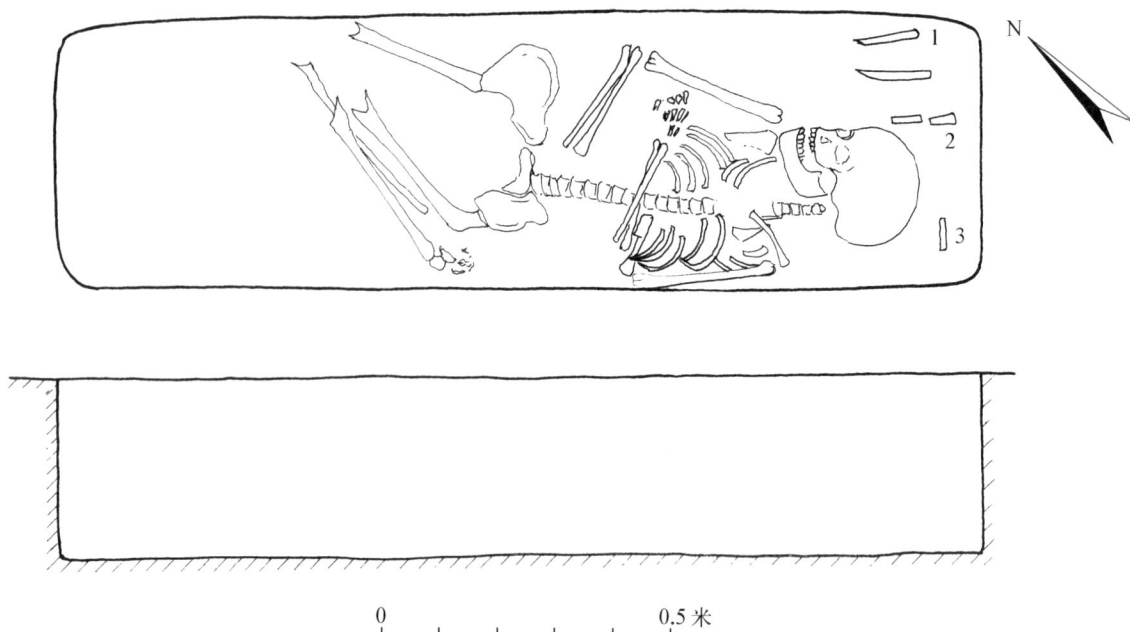

0　　　　　　　　　　　　0.5 米

图一二四　M151 平、剖面图

1. 柄形蚌饰（M151：1）　2. 骨笄（M151：2）　3. 不规则形石片（M151：3）

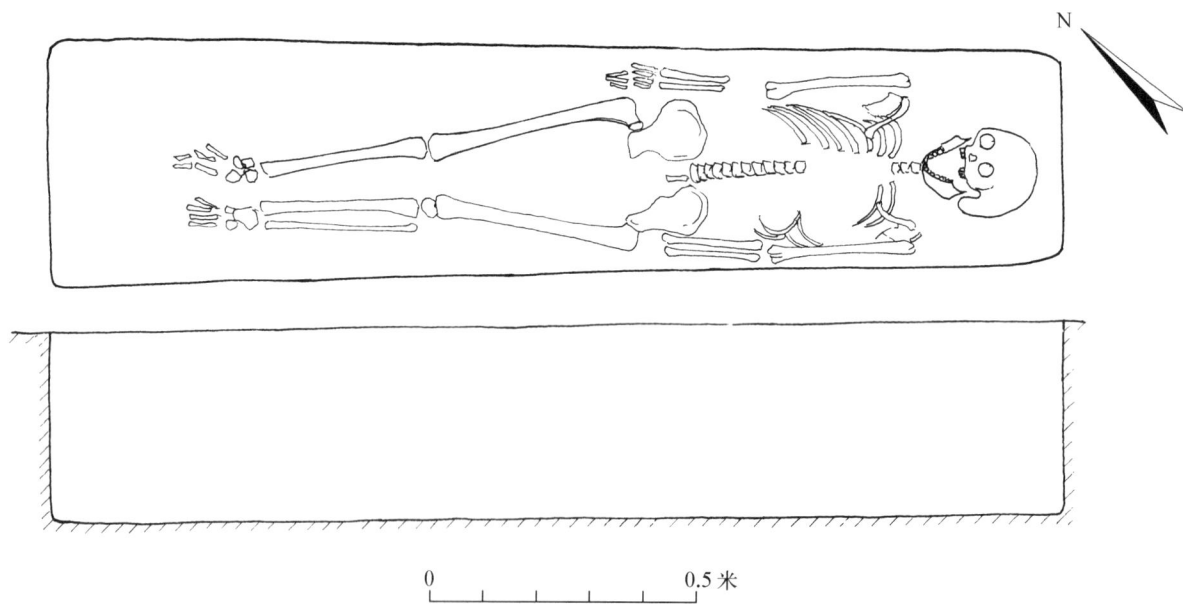

0　　　　　　　　　　　　0.5 米

图一二五　M152 平、剖面图

　　墓主人为女性，M_1 磨耗 Ⅳ ～ Ⅴ 级，年龄在 40～45 岁。葬式为仰身直肢葬，头向东南，面向上。人骨居于墓室中央，未被扰乱，保存相对完好，双肩上耸，两臂伸直，两腿伸展，未见左侧肋骨和左侧手骨。

　　未发现随葬品。

M153

竖穴土坑墓,方向140°。墓圹平面呈圆角梯形,墓口长190、宽46～60、墓深60厘米(图一二六,图版三八)。墓壁陡直,口底大小相等,墓底平坦。打破M149和M154。墓室内填红褐花土,葬具不清。

墓主人为男性,M_1磨耗Ⅵ级以上,年龄在60岁以上。葬式为仰身直肢葬,头向东南,面向上。骨骸腐蚀较重,只能辨别出大体形态,不见左侧手骨、盆骨、左右股骨上端等部分。

左侧肱骨外侧和左侧股骨下端分别清理出1件双孔石刀和石钺,M153:1,双孔石刀,磁铁矿化蚀变英安岩。青灰色间杂黑斑,窄端刃部略残,且孔处竖向断裂。近梯形,平直背,双面弧刃,刀体上有两个双面钻圆孔,大小相仿。背长21.7、刃部长23.4、窄端宽4.9、宽端宽6.3、厚0.6、孔径0.9厘米(图一二七,1;图版二二三,2)。石钺,M153:2,伊利石质。黄褐色,表面有多处划痕,另一面土沁严重。体近梯形,器体由顶端至刃部渐薄,双面斜刃,顶端圆钝,器体两侧起刃,近顶端中部有一管钻圆孔,通体抛光。长11.3、顶端宽5.5、刃端宽6.5、最厚处0.6、孔径0.9厘米(图一二七,2;图版二〇五,2)。另外,墓主人头骨下方及左右髋骨处还发现有朱砂痕迹。

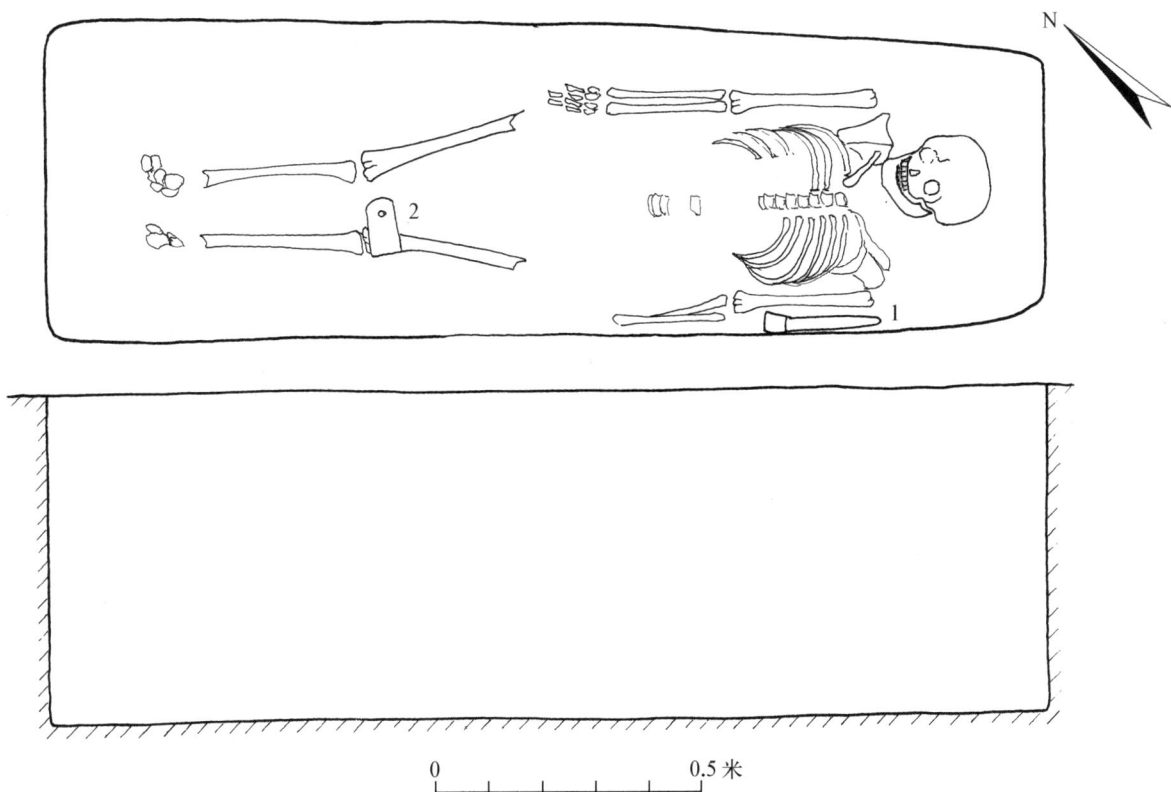

0 0.5米

图一二六 M153平、剖面图

1.双孔石刀(M153:1) 2.石钺(M153:2)

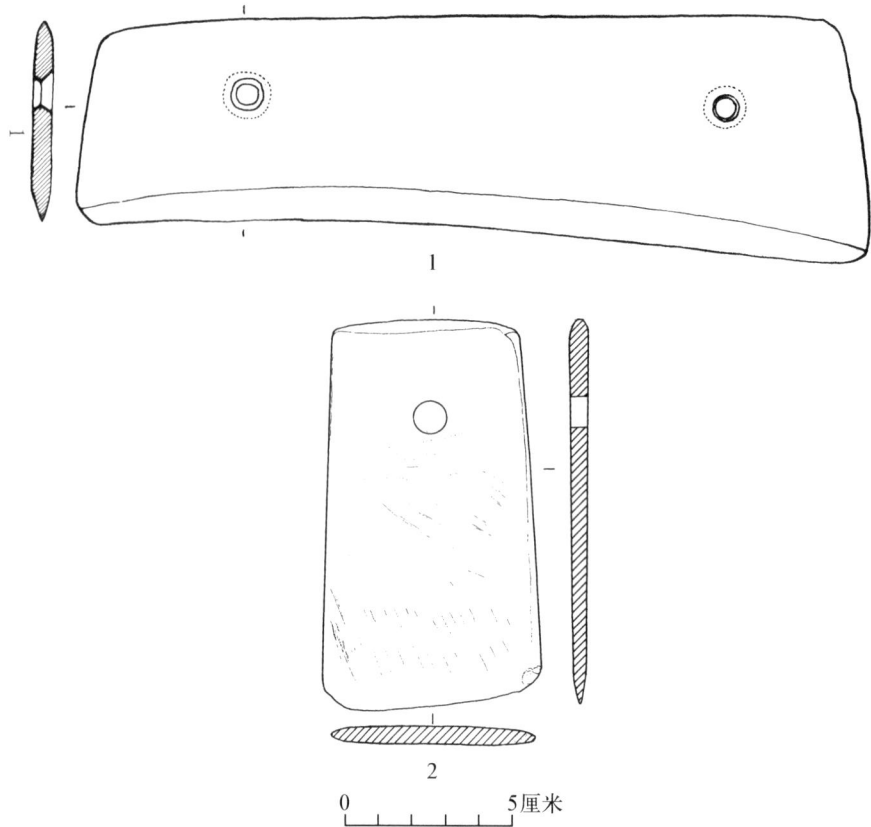

图一二七 M153出土器物图

1. 双孔石刀（M153：1） 2. 石钺（M153：2）

M154

竖穴土坑墓，方向35°。墓口残长158、宽45、墓深10厘米（图一二八）。边壁规整，上下垂直，口底大小相等，平底。被M153打破。墓室内填黄褐花土，葬具不清。

墓主人为一成年女性，年龄不详。葬式为仰身直肢葬，头向东北。头骨、双肩及左右肱骨上端等部分被M153破坏，已经无存。其余骨骸保存相对完好：两臂伸直，双手放置于腿两侧，双腿伸展。

墓中未发现随葬品。

M155

竖穴土坑墓，方向148°。墓圹平面呈圆角梯形，头端略窄。墓口长165、宽47～56、墓深60厘米（图一二九）。墓壁陡直，口底大小相等，墓底平坦。被近代沟渠打破。墓室内填红褐花土，葬具不清。

墓主人为男性，M_1磨耗Ⅴ～Ⅵ级，年龄在50～55岁。葬式为仰身直肢葬，头向东南，面向东北。人骨居于墓室中央，保存完好，双肩上耸，肋骨排列整齐，两臂弧状内收，双腿伸直，但略向右倾。

墓中未发现随葬品。

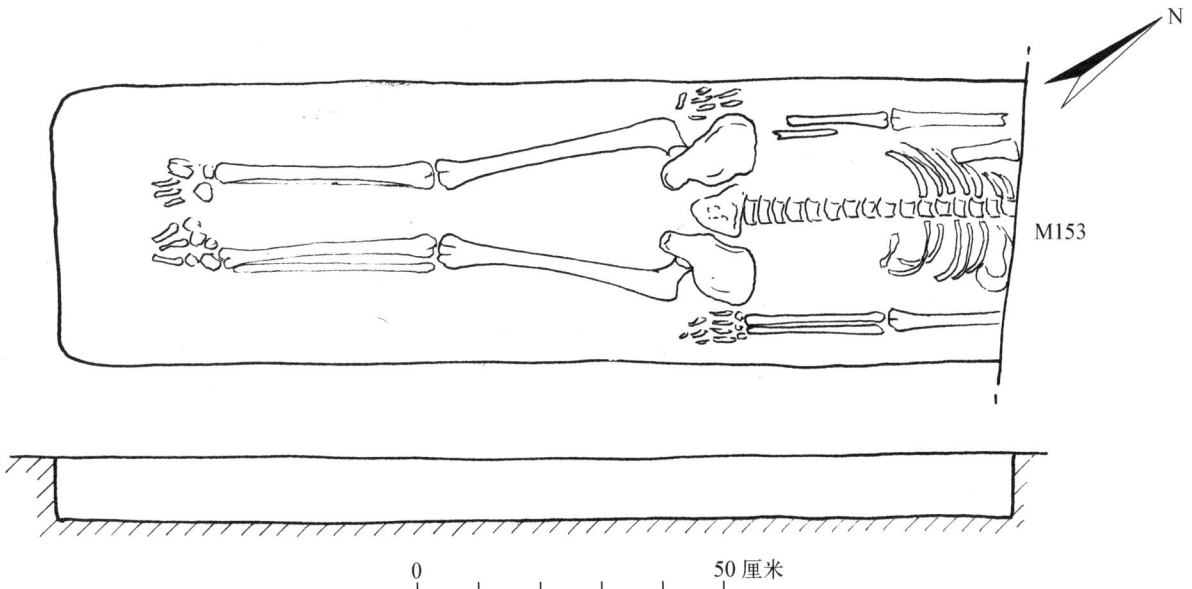

M153

0　　　　　　　　50 厘米

图一二八　M154平、剖面图

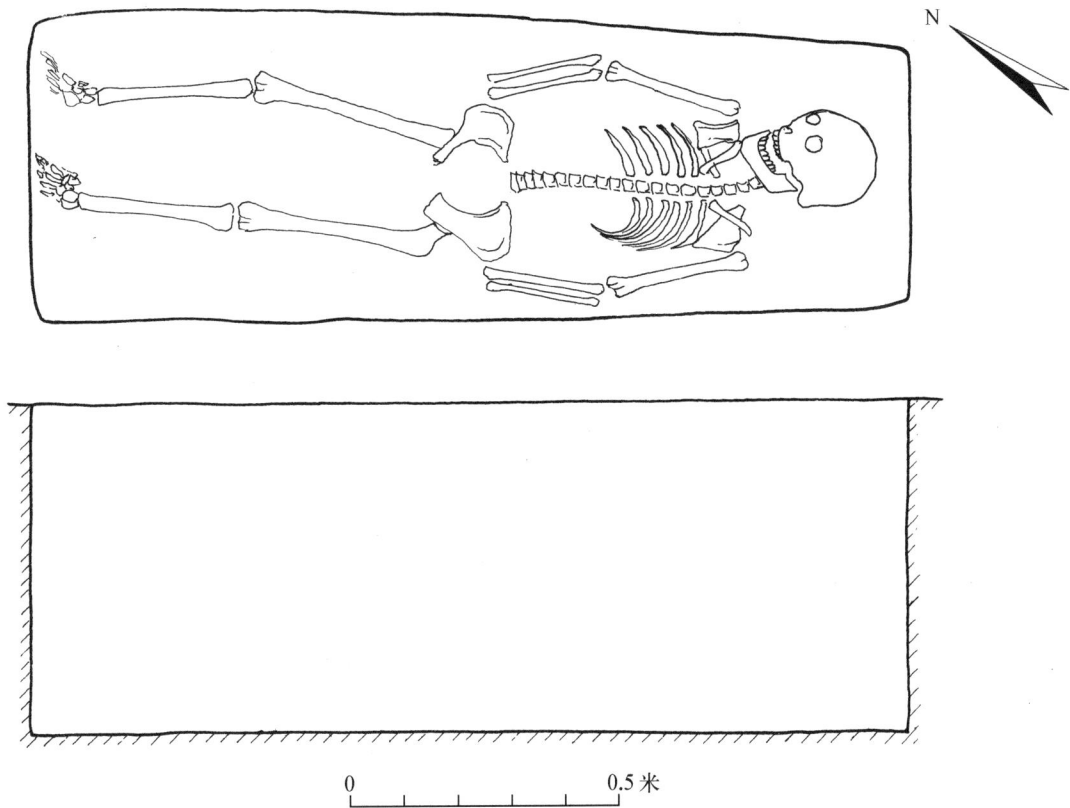

0　　　　　　　0.5 米

图一二九　M155平、剖面图

M156

竖穴土坑墓,方向37°。墓圹平面呈圆角梯形,墓口长180、宽42～51、墓深30厘米(图一三〇,图版三九)。墓壁规整,上下垂直,口底大小相等,平底。墓室内填黄褐花土,葬具不清。

墓主人为男性,M₁磨耗Ⅴ～Ⅵ级,年龄在50～55岁。葬式为仰身直肢葬,头向东北,面向东南。人骨居于墓室中央,被扰,躯干基本无存,两臂伸直,双手置于腿两侧,双腿伸展。

墓中未发现随葬品。

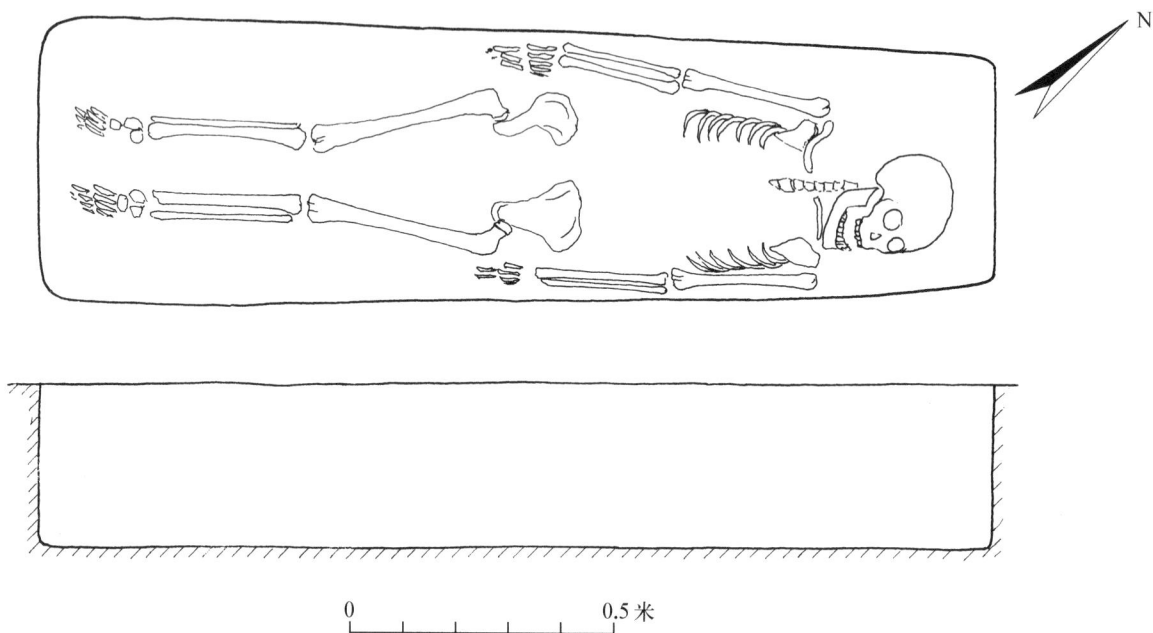

图一三〇　M156平、剖面图

M157

竖穴土坑墓,方向30°。墓口残长160、宽80、墓深40厘米。墓壁规整,口底大小相等。由于沟边塌方,墓室东北壁已不存在。墓室内填土为黄褐花土,葬具不清。

墓中骨骸扰乱、腐蚀严重,残存人骨集中分布于墓室中部,计有上颌骨残块、左侧肱骨下端残段、右侧尺骨上端残段、肋骨残段、左侧股骨残段、左右胫骨上端残段、腓骨残段等。性别不详,M₁磨耗Ⅲ～Ⅳ级,年龄在35～40岁。葬式及面向亦不清楚。

墓中未发现随葬品。

M158

竖穴土坑墓,方向37°。墓圹平面呈圆角梯形,墓口长210、宽50～60、墓深65厘米(图一三一,图版四〇)。墓壁陡直,口底大小相等,墓底平坦。墓室内填黄褐花土,葬具不清。

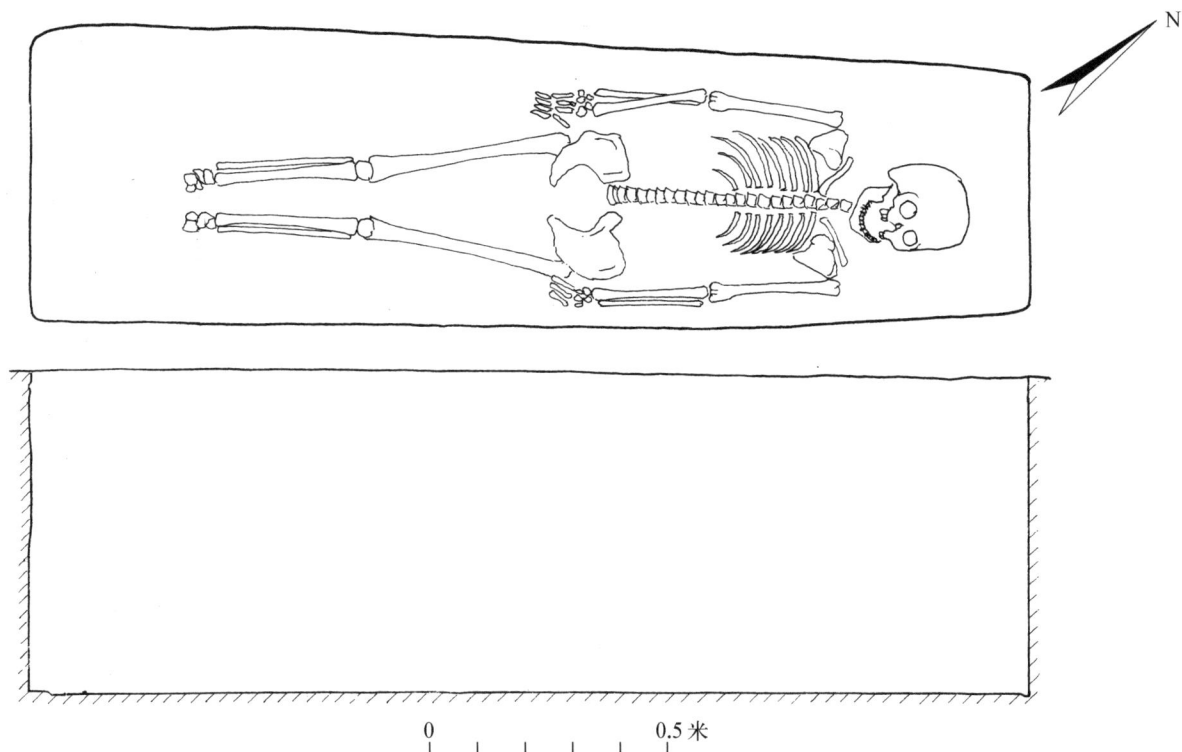

图一三一 M158平、剖面图

墓主人为男性，M₁磨耗Ⅴ级，年龄在50岁左右。葬式为仰身直肢葬，头向东北，面向上。人骨未被扰乱，保存较好，双肩上耸，肋骨排列整齐，两臂伸直，左手放置于左侧骨盆之上，两腿伸展。

人骨胸部肋骨处发现有朱砂痕迹。墓中未发现随葬品。

M159

竖穴土坑墓，方向45°。墓圹平面呈圆角长方形，墓口长190、宽55、墓深60厘米（图一三二）。墓壁陡直，口底大小相等，墓底平坦。打破M160。墓室内填黄褐花土，葬具不清。

墓主人为男性，M₁磨耗Ⅳ～Ⅴ级，年龄在40～45岁。葬式为仰身直肢葬，头向东北，面向上。人骨整体居于墓室中央略偏北，保存较好，双肩略耸，肋骨清晰可见，两臂自然伸直，双手置于腿两侧，双腿伸展。

墓中未发现随葬品。

M160

竖穴土坑墓，方向45°。墓圹平面呈圆角长方形，墓口长170、宽60、墓深40厘米（图一三三）。墓壁规整，上下垂直，口底大小相等，平底。被M159打破。墓室内填黄褐花土，葬具不清。

墓主人为女性，M₁磨耗Ⅵ级以上，年龄在60岁以上。葬式为仰身直肢葬，头向东北，面向上。骨骸位于墓室正中，左臂被M159破坏，但其他骨骼保存相对完好，肋骨排列整齐，右手置于右股

M160

0   0.5 米

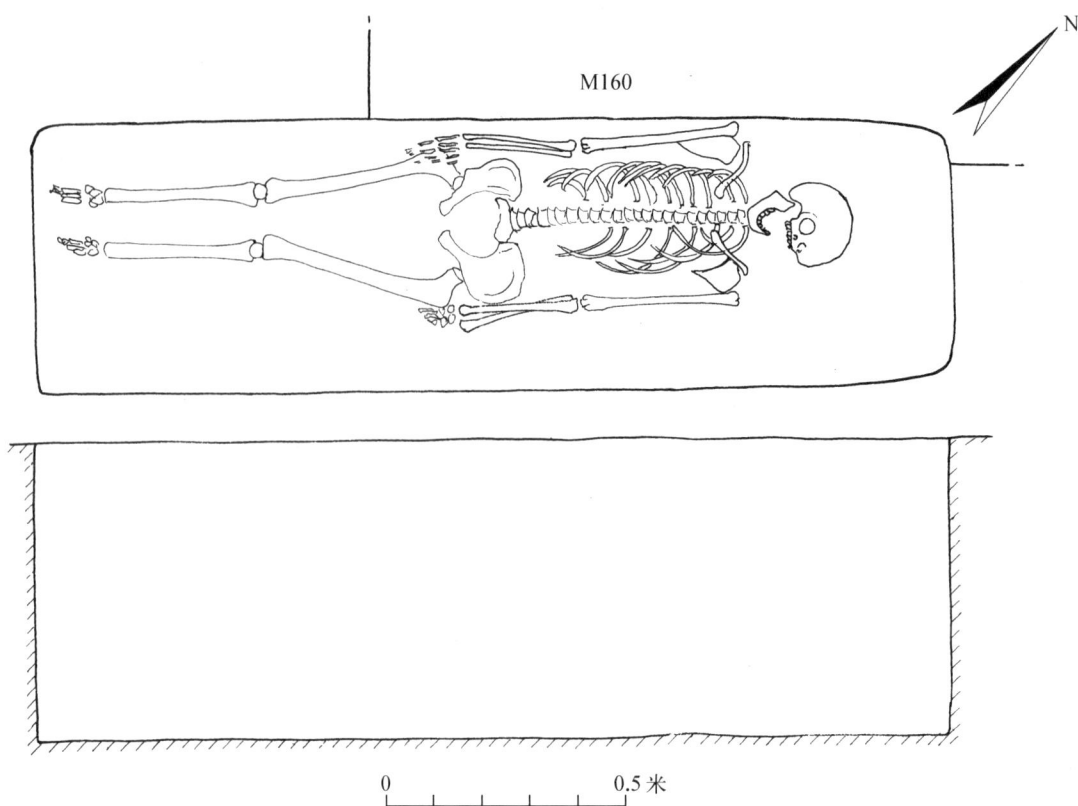

图一三二 M159平、剖面图

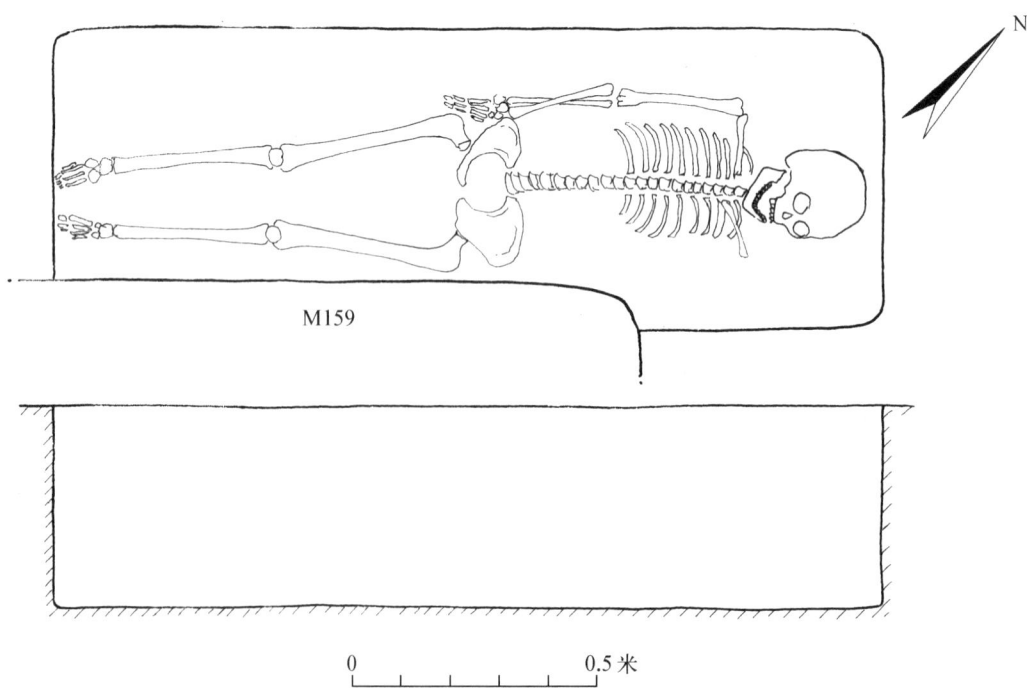

M159

0   0.5 米

图一三三 M160平、剖面图

骨外侧,两腿伸直,双脚伸展。

墓中未发现随葬品。

M161

竖穴土坑墓,方向140°。墓圹平面呈圆角长方形,墓口长170、宽55、墓深60厘米(图一三四,图版四一)。墓壁陡直,口底大小相等,墓底平坦。墓室内填红褐花土,葬具不清。

墓主人为女性,M_1磨耗Ⅴ级,年龄在50岁左右。葬式为仰身直肢葬,头向东南,面向东北。人骨未被扰乱,保存较好,双肩上耸,左右肱骨伸直,两前臂内收放置于骨盆之上,双腿伸展,两脚靠拢,脚尖略向右倾。

右侧髋骨下方横置1件石钺,M161:1,矽卡岩化大理岩。灰黑色,因受沁腐蚀,致使表面粗糙,本体已不易辨识。体近长方形,近顶端有一管钻圆孔,厚薄均匀,双面斜刃。长16、顶端宽5.8、刃端宽7.6、最厚处0.8、孔径0.7厘米(图一四九,4;图版二〇五,3)。

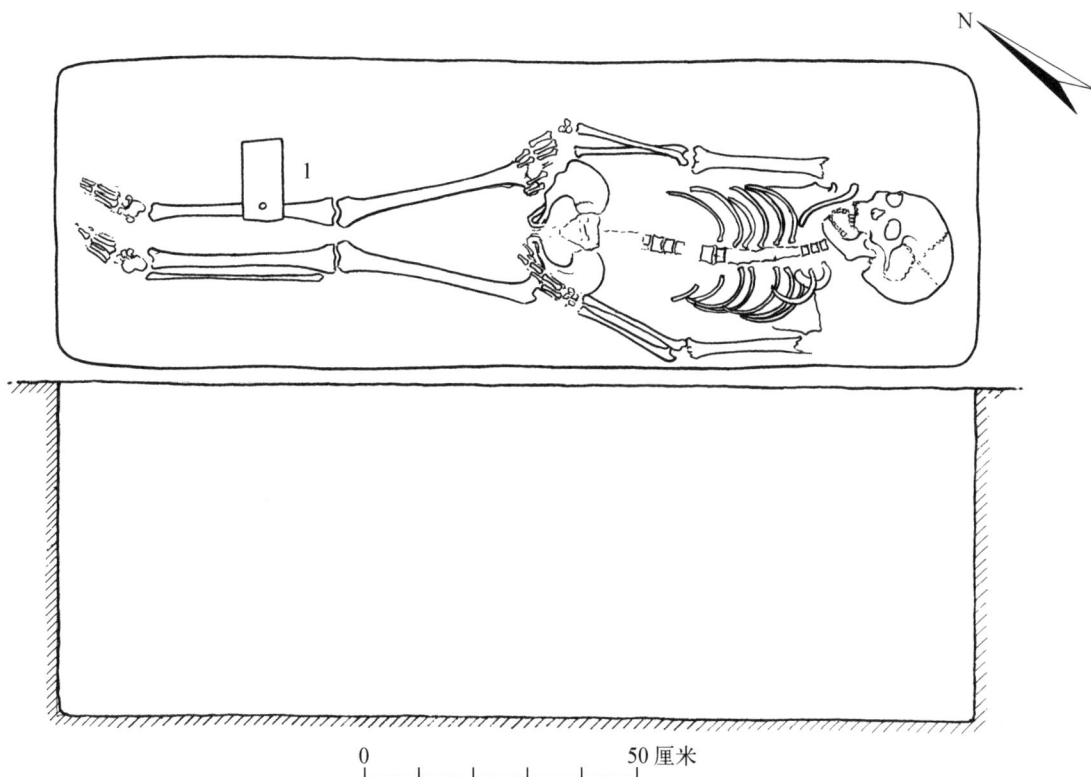

0   50厘米

图一三四 M161平、剖面图

1.石钺(M161:1)

M162

竖穴土坑墓,方向152°。墓圹平面呈圆角长方形,墓口长170、宽57、墓深35、墓口距地表50厘米(图一三五)。墓壁规整,上下垂直,口底大小相等,平底。打破M163和M164。墓室内填红

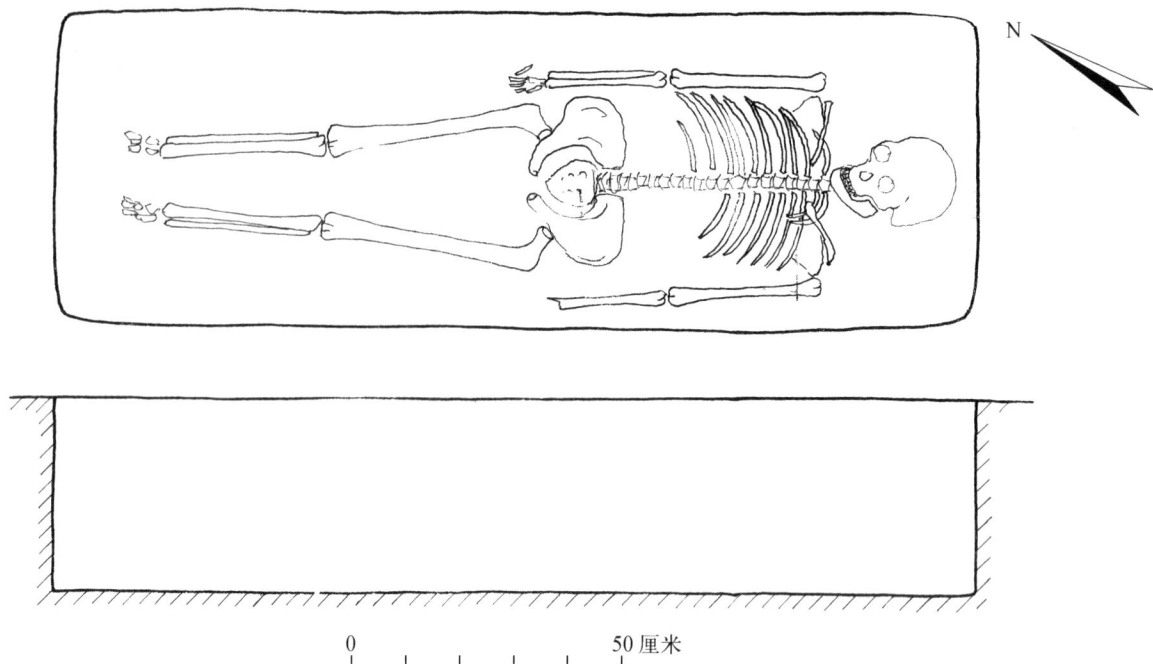

图一三五　M162平、剖面图

褐花土,葬具不清。

　　墓主人为女性,M_1磨耗Ⅴ～Ⅵ级,年龄在50～55岁。葬式为仰身直肢葬,头向东南,面向上。骨骸保存基本完整,两臂伸直,肋骨清晰可见,双腿伸展,但未见左右脚骨和左侧手指骨。

　　墓中未发现随葬品。

M163

　　竖穴土坑墓,方向152°。墓口残长95、宽55、墓深20厘米(图一三六)。边壁规整,上下垂直,口底大小相等,平底。被M162打破。墓室内填红褐花土,葬具不清。

　　墓主人为女性,M_1磨耗Ⅲ级,年龄在30岁左右。葬式为仰身葬,头向东南,面向西南。盆骨以下部分被M162破坏,基本无存,上肢保存相对完好,头微仰,左臂自然伸直,右侧尺骨和桡骨横置于胸部肋骨上。

　　墓中未见随葬品。

M164

　　竖穴土坑墓,方向45°。墓圹平面呈圆角长方形,墓口长180、宽45、墓深25厘米(图一三七)。墓壁规整,上下垂直,口底大小相等,平底。被M162打破。墓室内填黄褐花土,葬具不清。

　　墓室中部被M162破坏,骨骸扰乱严重,仅残存有左右胫骨残段、腓骨残段等。性别、年龄不详。葬式及面向亦不清楚。

　　墓中未发现随葬品。

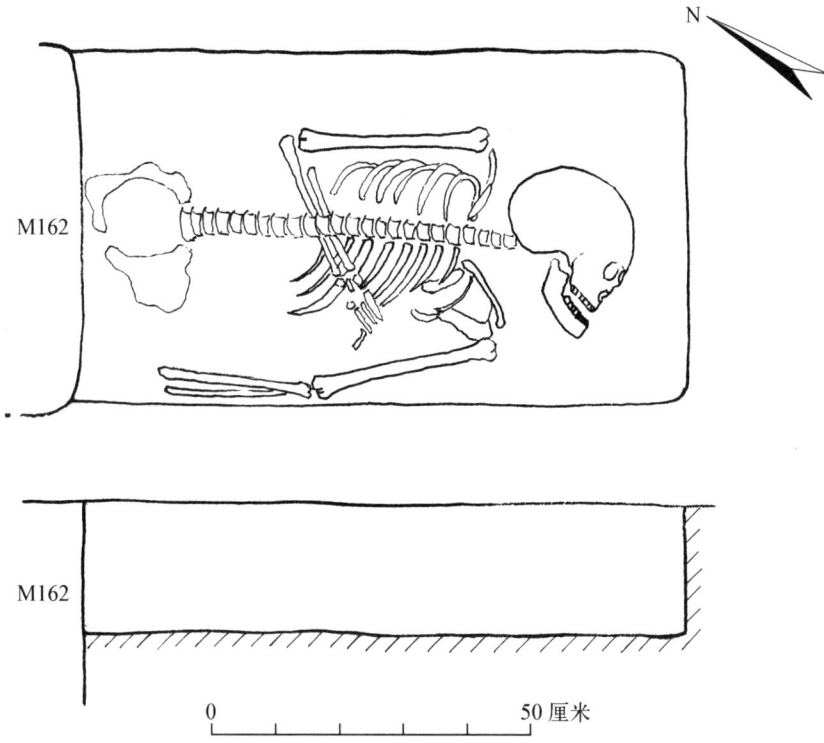

图一三六　M163平、剖面图

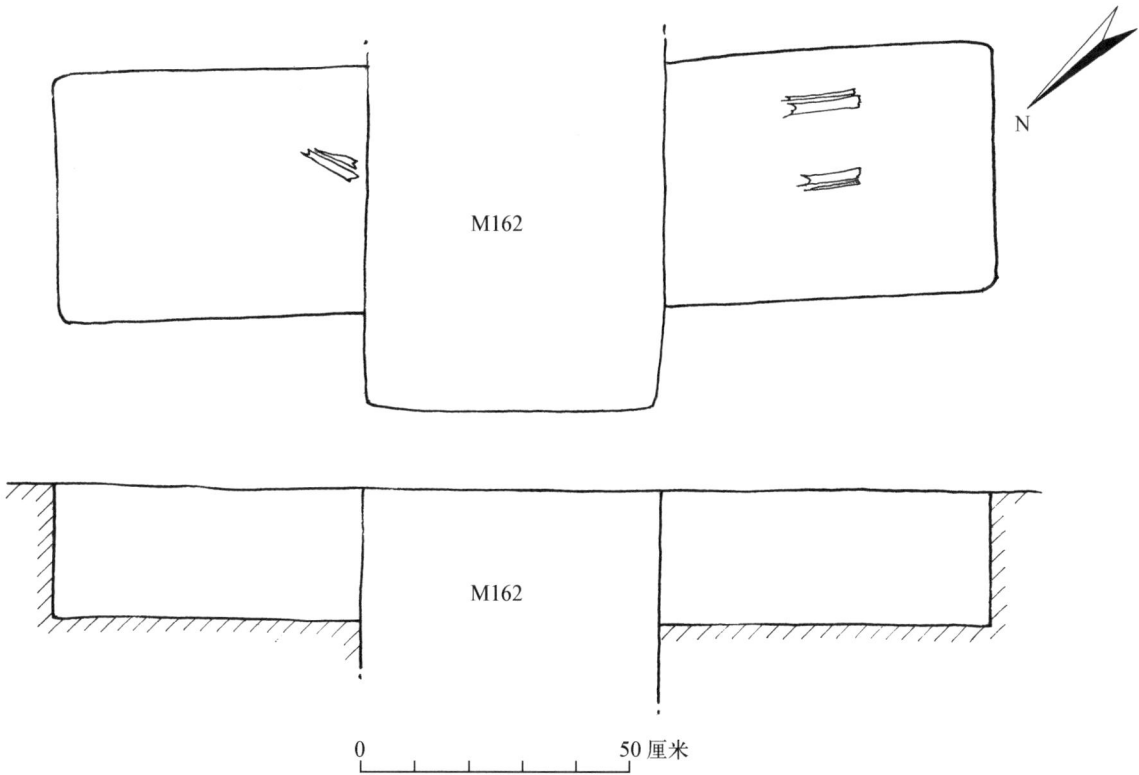

图一三七　M164平、剖面图

M165

竖穴土坑墓,方向45°。墓口残长85、宽85厘米,墓底残长62、墓深100厘米。被M24(汉墓)和M46打破。墓室内填黄褐花土,葬具不清。

墓中人骨扰乱严重,保存较差,只可见部分颈椎、肋骨及左右肱骨残段。未见头骨、右侧锁骨、肩胛骨,肱骨下端以下全被破坏。性别、年龄不详。葬式为仰身。面向不清楚。

墓中未发现随葬品。

M166

竖穴土坑墓,方向40°。墓圹平面呈圆角长方形,墓口长190、宽50、墓深60厘米(图一三八)。墓壁陡直,口底大小相等,墓底平坦。被M23和M46打破。墓室内填黄褐花土。

墓主人为一女性,年龄不详。葬式为仰身直肢葬。人骨保存较好,大体形态清晰可辨,双肩上耸,肋骨排列整齐,两臂和双腿伸直,双脚并拢,只是未见头骨。

墓中未发现随葬品。

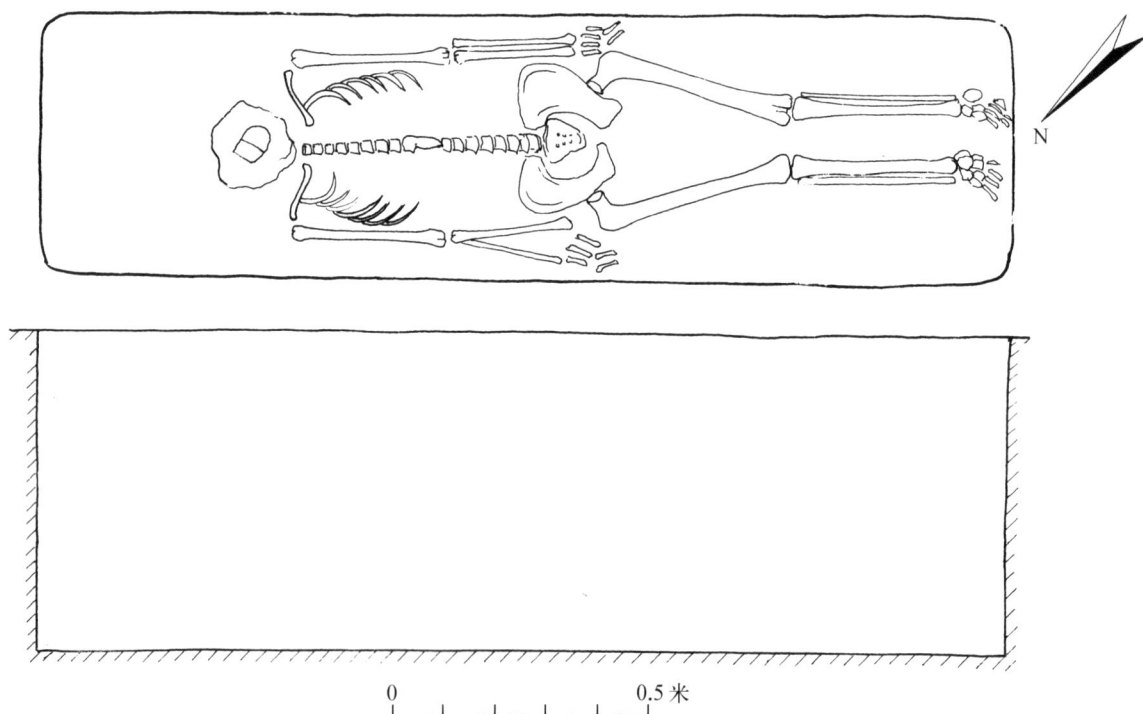

图一三八　M166平、剖面图

M169

竖穴土坑墓,方向140°。墓口长150、宽45、墓深30厘米(图一三九)。墓壁规整,上下垂直,口底大小相等,平底。墓室内填红褐花土,葬具不清。

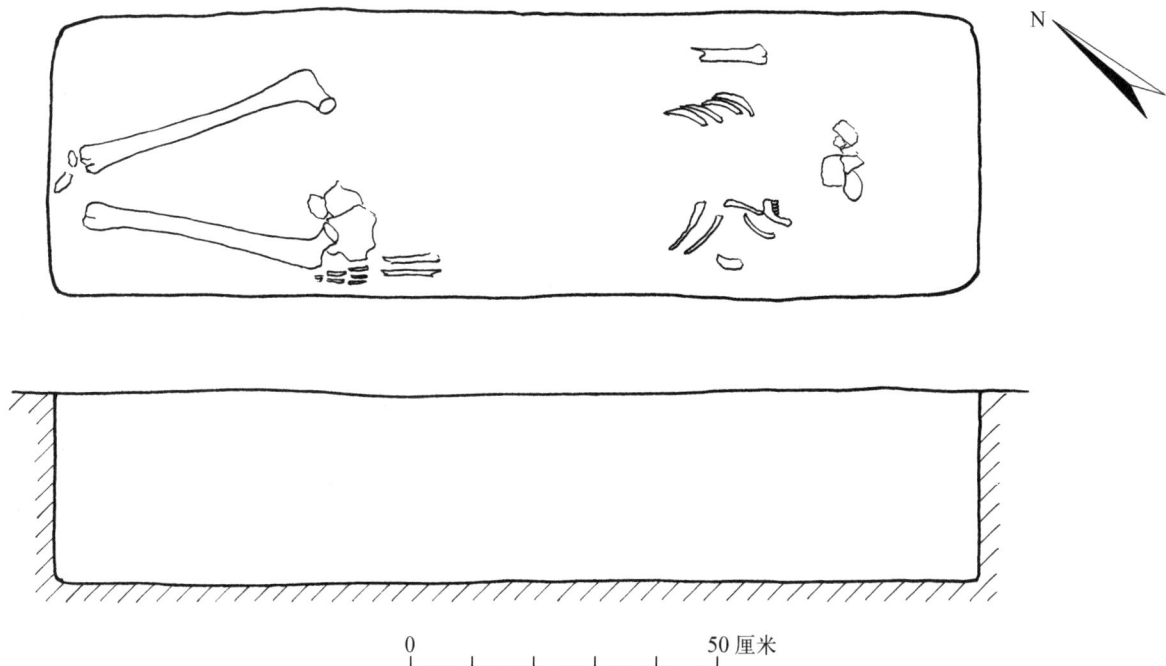

图一三九　M169平、剖面图

墓主人股骨头较大,切股骨长大而粗重,推测可能为男性个体,但年龄不详。葬式为直肢葬,面向不清楚。骨骸扰乱严重,保存较差,散布于墓室之中,尚可辨别的骨骼有左右股骨、髋骨残片、右侧肱骨残段、肋骨残段等。

墓中未发现随葬品。

M172

竖穴土坑墓,方向125°。墓圹平面呈圆角梯形,墓口长180、宽37～46、墓深45、墓口距地表50厘米(图一四○)。墓壁规整,上下垂直,口底大小相等,平底。墓室内填红褐花土,葬具不清。

墓主人为男性,M_1磨耗Ⅲ级,年龄在30岁左右。葬式为仰身直肢葬,头向东南,面向东北。人骨未被扰乱,保存完好,头微向右扭,肋骨排列整齐,两前臂交叉放于盆骨上方,两腿伸直,双脚并拢。

墓中未发现随葬品。

M173

竖穴土坑墓,方向140°。墓圹平面呈圆角梯形,墓口长175、宽42～52、墓深15、墓口距地表50厘米(图一四一,图版四二)。边壁规整,上下垂直,口底大小相等,平底。墓室内填红褐花土,葬具不清。

墓主人为男性,M_1磨耗Ⅳ～Ⅴ级,年龄在40～45岁。葬式为仰身直肢葬,头向东南,面向东北。骨骸未被扰乱,虽腐蚀较重,但整体形态清晰,双肩上耸,肋骨排列杂乱,两臂自然伸直,双腿

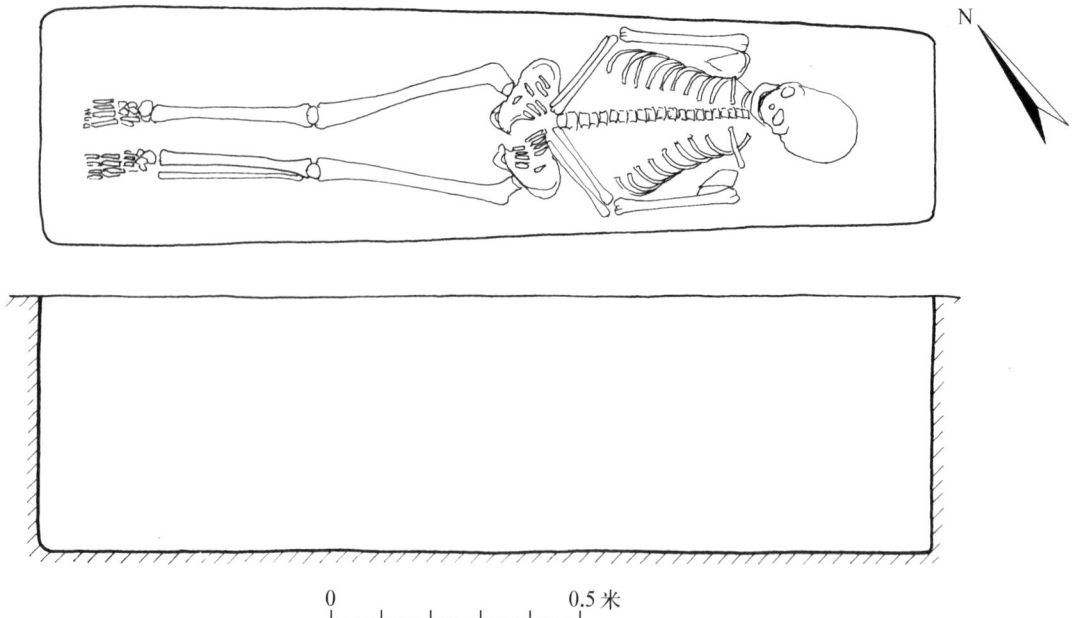

图一四〇　M172平、剖面图

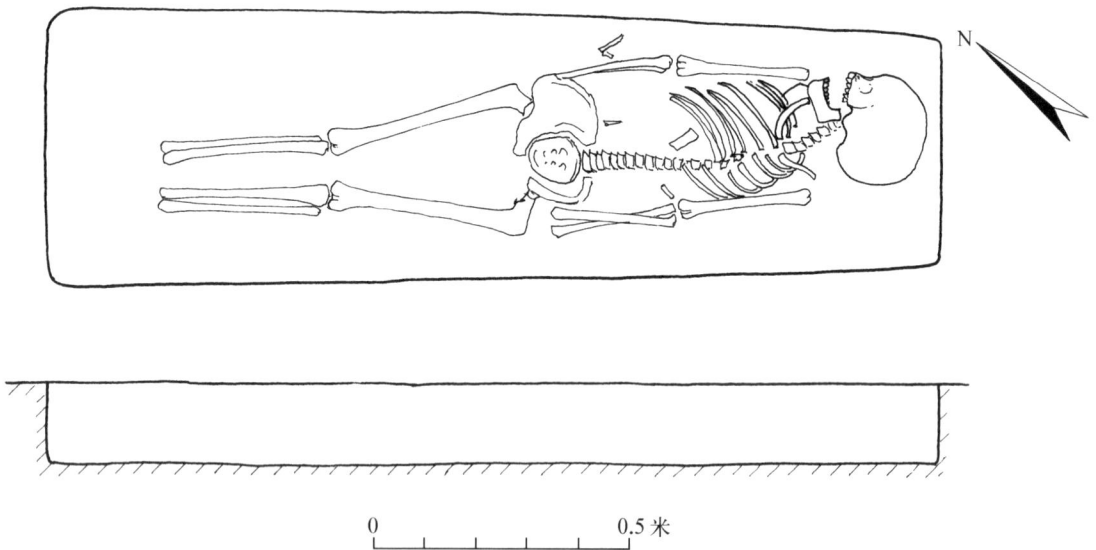

图一四一　M173平、剖面图

伸展。不见左右脚骨，或许与墓葬埋藏较浅，农民日常平整土地破坏有关。

墓中未发现随葬品。

M201

竖穴土坑墓，方向137°。墓圹平面呈圆角长方形，墓口长175、宽40、墓深25、墓口距地表50厘米（图一四二，图版四三）。墓壁规整，上下垂直，口底大小相等，平底。打破M204。墓室内填红褐花土，葬具不清。

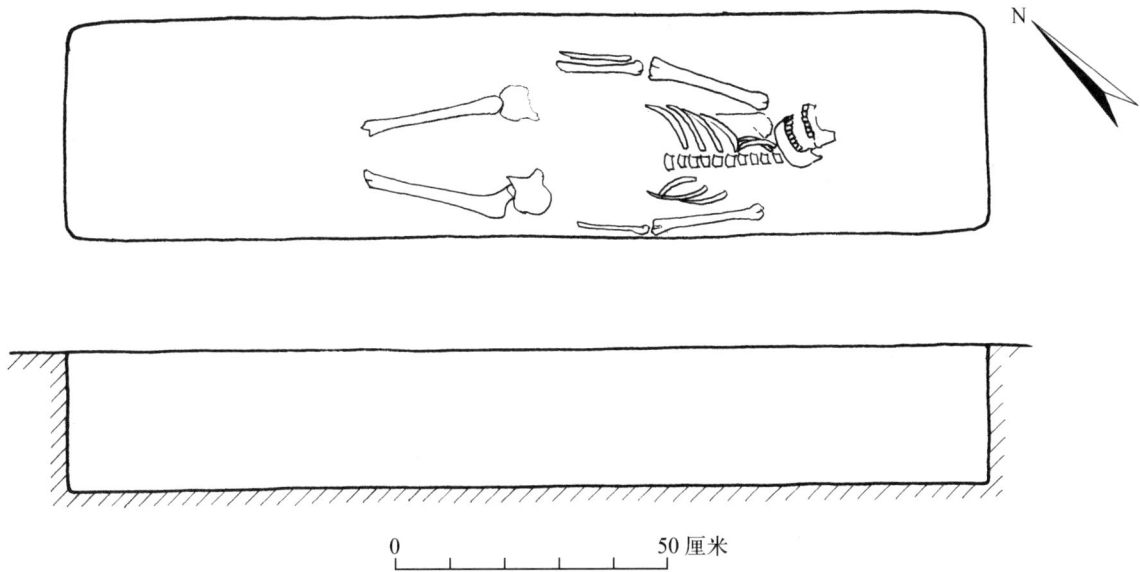

图一四二 M201平、剖面图

墓主人为女性，M$_1$磨耗Ⅲ级，年龄在30岁左右。葬式为仰身直肢葬，头向东南，面向上。骨骸被扰乱，右上肢向内折。头骨大部、左右桡骨、尺骨至手骨、左右胫骨、腓骨及其以下部分遭到破坏。

墓中未发现随葬品。

M202

竖穴土坑墓，方向135°。墓圹平面呈圆角长方形，墓口长180、宽55、墓深20厘米，墓口距地表50厘米（图一四三，图版四三）。边壁规整，上下垂直，口底大小相等，平底。打破M204。墓室内填红褐花土，葬具不清。

墓主人为男性，M$_1$磨耗Ⅴ级，年龄在50岁左右。葬式为侧身屈肢葬，头向东南，面向西南。骨骸整体居于墓室中央，向左屈，右前臂向上弯曲，右手放于下颌骨处。人骨扰乱严重，左侧已遭到破坏。

头骨后方清理出1件牙饰，M202:1，浅黄白色。月牙形，两端已残。残高9.6厘米（图一四九,3）。

M203

竖穴土坑墓，方向155°。墓圹平面呈圆角长方形，墓口残长100～114、宽41、墓深20、墓口距地表50厘米。边壁规整，上下垂直，口底大小相等，平底。墓圹东南部在砖厂取土时遭到破坏。墓室内填红褐土，葬具不清。

墓主人为一成年女性，具体年龄不详。葬式和面向亦不清楚。人骨扰乱严重，仅存部分盆骨和桡骨残段等。

墓中未发现随葬品。

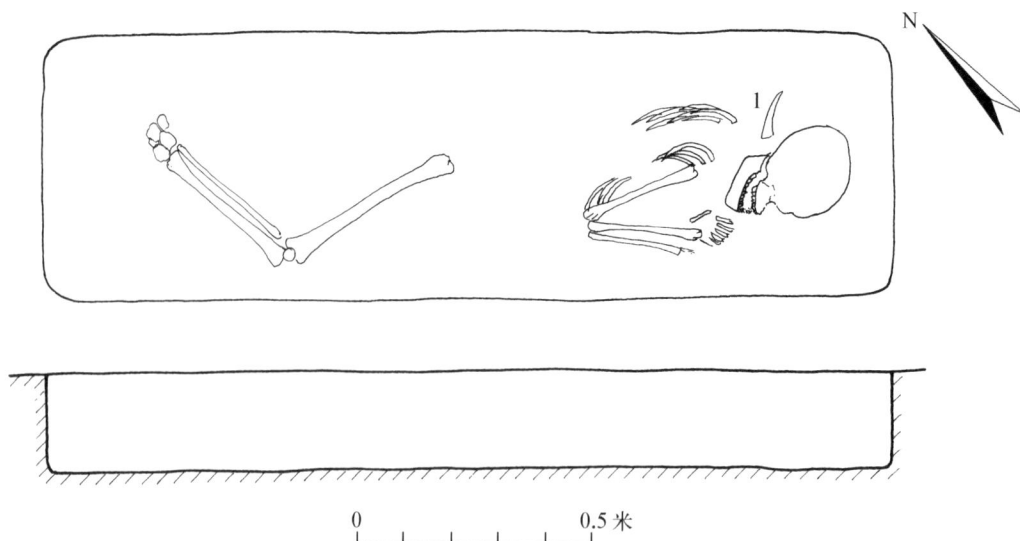

图一四三　M202平、剖面图

1. 牙饰（M202：1）

M204

竖穴土坑墓，方向20°。墓圹平面整体呈长方形，墓圹东北略宽于东南，墓口长160、宽46～48、墓深70、墓口距地表50厘米（图一四四）。墓壁陡直，口底大小相等，墓底平坦。被M201和M202打破。墓室内填黄花土，葬具不清。

墓主人为女性，M_1磨耗Ⅴ～Ⅵ级，年龄在50～55岁。葬式为仰身直肢葬，头向东北，面向东南。骨骸居于墓室中部偏东位置，保存基本完好，两肩略耸，双臂伸直，肋骨清晰可见，双腿伸展，左侧腓骨向外突出。

墓中未发现随葬品。

M205

竖穴土坑墓，方向135°。墓圹平面呈圆角长方形，墓口长190、宽75、墓深90、墓口距地表50厘米。墓壁陡直，口底大小相等，墓底平坦。墓室填红褐花土。

墓葬被扰，墓坑填土中出土1件石管，M205：1，蚀变大理岩。浅黄白色。柱状，横剖面呈椭圆形，中部有一穿。长3厘米（图一四九，2；图版二三〇，1）。未发现其他任何遗存。

M206

竖穴土坑墓，方向45°。墓口残长130、宽42、墓深50、墓口距地表50厘米（图一四五）。墓壁规整，上下垂直，口底大小相等，平底。被M207打破。墓室内填黄褐花土，葬具不清。

墓主人为一成年女性，具体年龄不详。葬式为仰身直肢葬，面向不清。人骨保存较好，只是胸部以上部分被M207破坏。墓主双手平伸，置于腿两侧，双脚伸展，脚尖外撇。

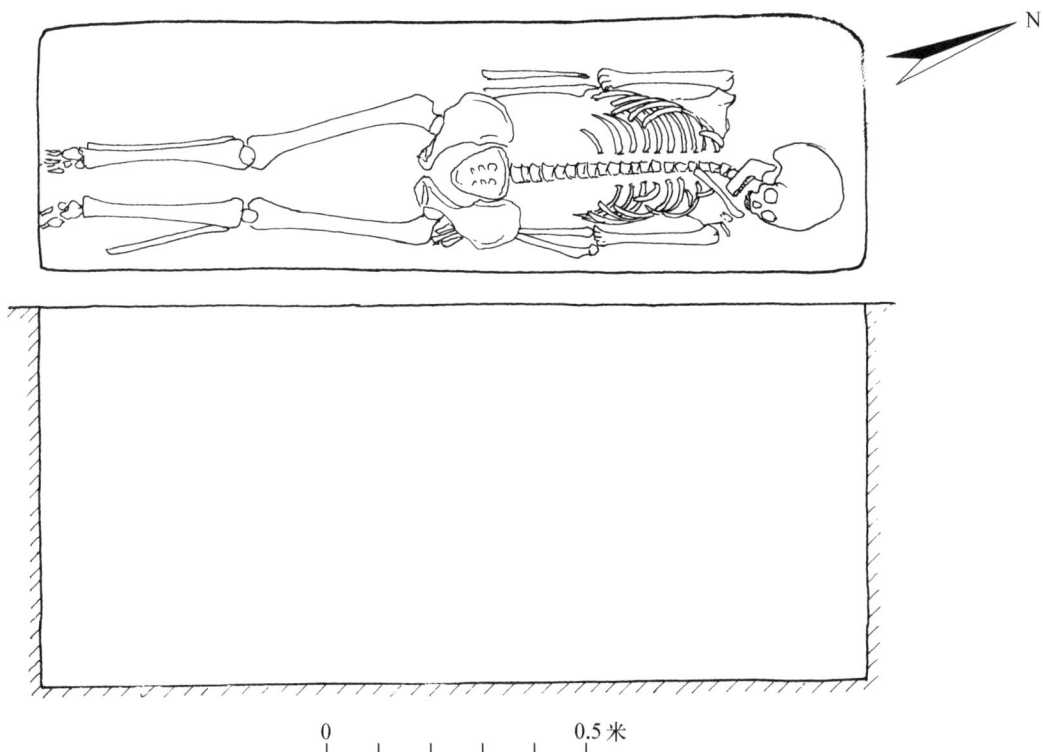

图一四四 M204平、剖面图

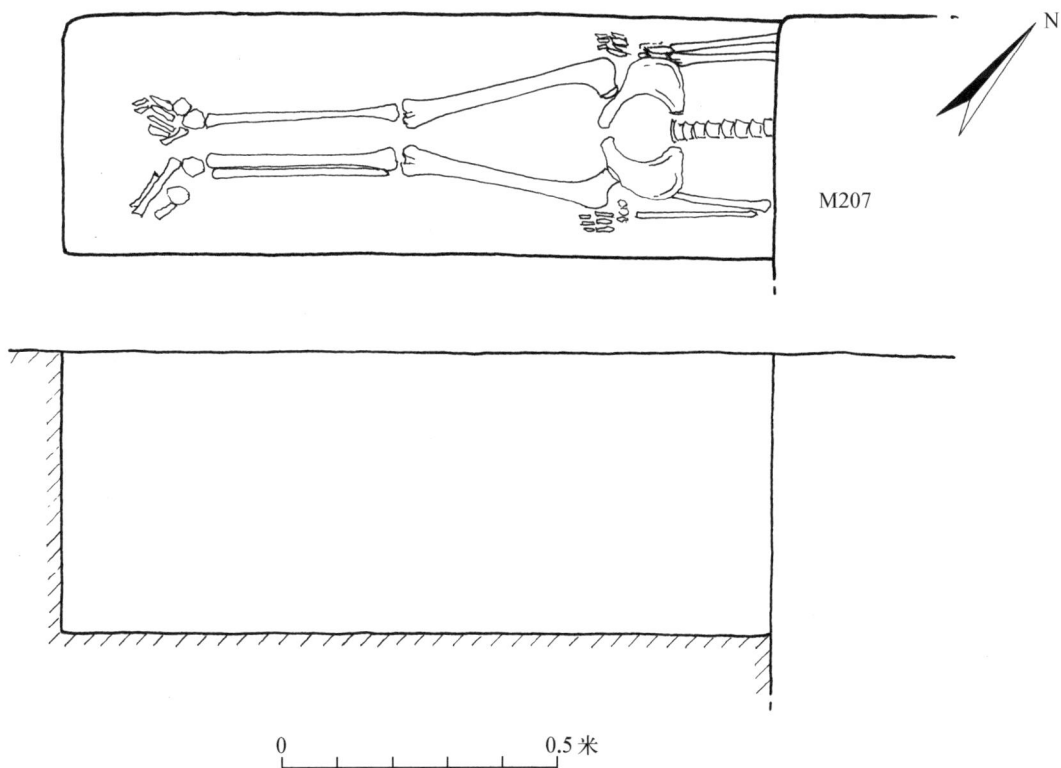

图一四五 M206平、剖面图

墓中未发现随葬品。

M207

竖穴土坑墓，方向135°。墓圹平面呈圆角梯形，墓口长190、宽55～65、墓深60、墓口距地表50厘米。墓壁陡直，口底大小相等，墓底平坦。打破M206。墓室内填红褐花土，葬具不清。

墓中人骨腐蚀、扰乱严重，仅残存有部分头骨残片和左右胫骨、腓骨残段，无法获得葬式等具体信息。性别不详。M_1磨耗Ⅴ～Ⅵ级，年龄在50～55岁。

墓中未发现随葬品。

M208

竖穴土坑墓，方向140°。墓口长200、宽70、墓深130、墓口距地表50厘米（图一四六）。墓壁陡直，口底大小相等，墓底平坦。墓圹东北部被盗洞破坏，盗坑深70～100厘米。墓室内填红褐花土，葬具不清。

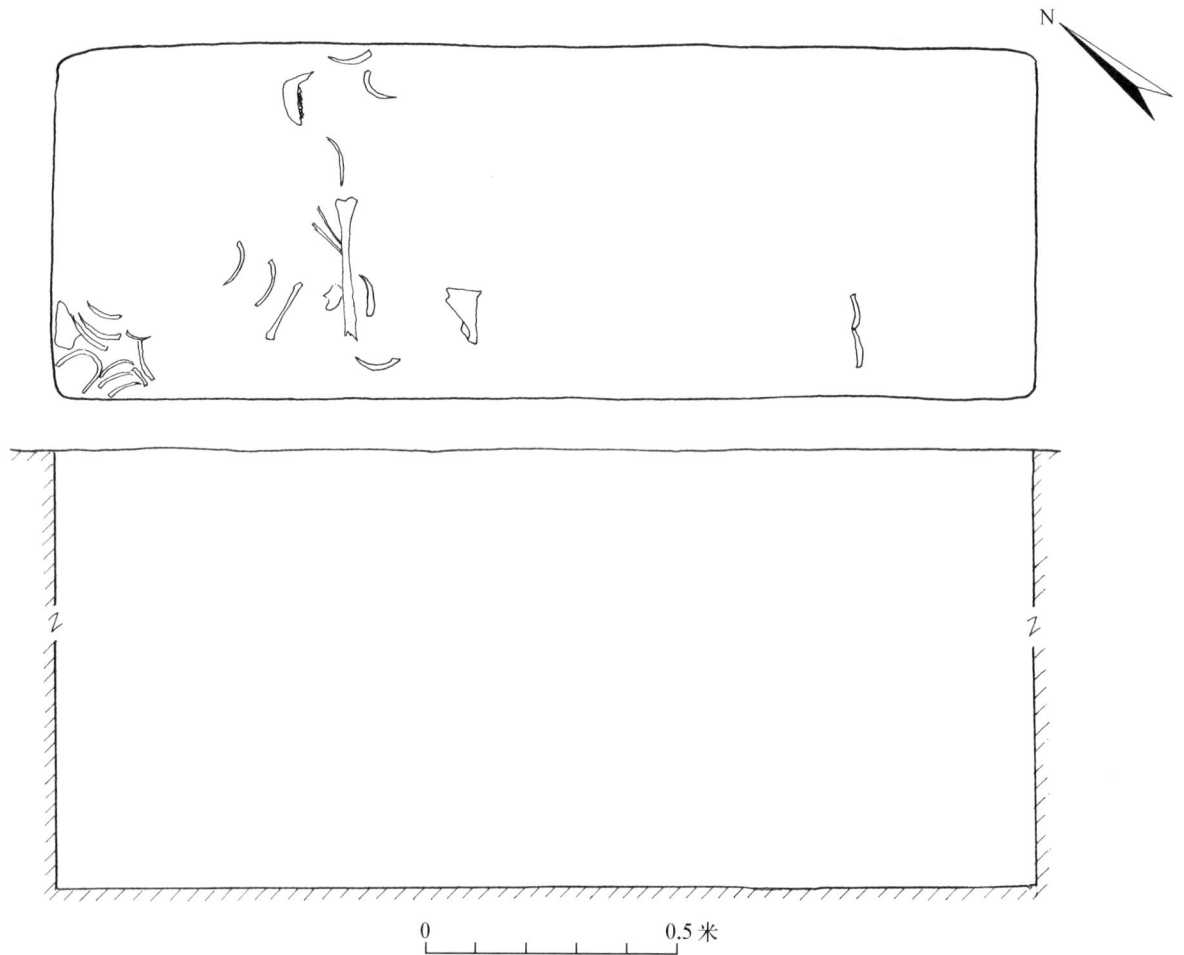

图一四六　M208平、剖面图

墓主人为男性，M$_1$磨耗Ⅴ级，年龄在50岁左右。葬式及面向不详。骨骼扰乱严重，集中分布在墓室北部，尚存有左右肩胛骨、完整的下颌骨、肋骨残段、左侧肱骨等。

填土中发现猪下颌骨一个。

M209

竖穴土坑墓，方向138°。墓圹平面呈梯形，墓口长190、宽45～60、墓深60、墓口距地表50厘米。墓壁陡直，口底大小相等，墓底平坦。墓室内填红褐花土，葬具不清。

墓主人为男性，M$_1$磨耗Ⅴ～Ⅵ级，年龄在50～55岁。葬式及面向不详。人骨保存极差，仅剩残上颌骨、残下颌骨（下颌角外翻）、左右胫骨残段、右侧肱骨残段等。

墓中未发现随葬品。

M210

竖穴土坑墓，方向25°。墓口残长120、宽50、墓深35、墓口距地表50厘米（图一四七）。墓壁规整，上下垂直，口底大小相等，平底。墓圹西南部被近代沟渠破坏。墓室内填黄褐花土，葬具不清。

墓主人为女性，M$_1$磨耗Ⅴ级，年龄在50岁左右。葬式及面向不详。人骨扰乱严重，仅存头骨、左侧肱骨、右侧肱骨残段、桡骨和尺骨残段，及部分肋骨残段。

墓中未发现随葬品。

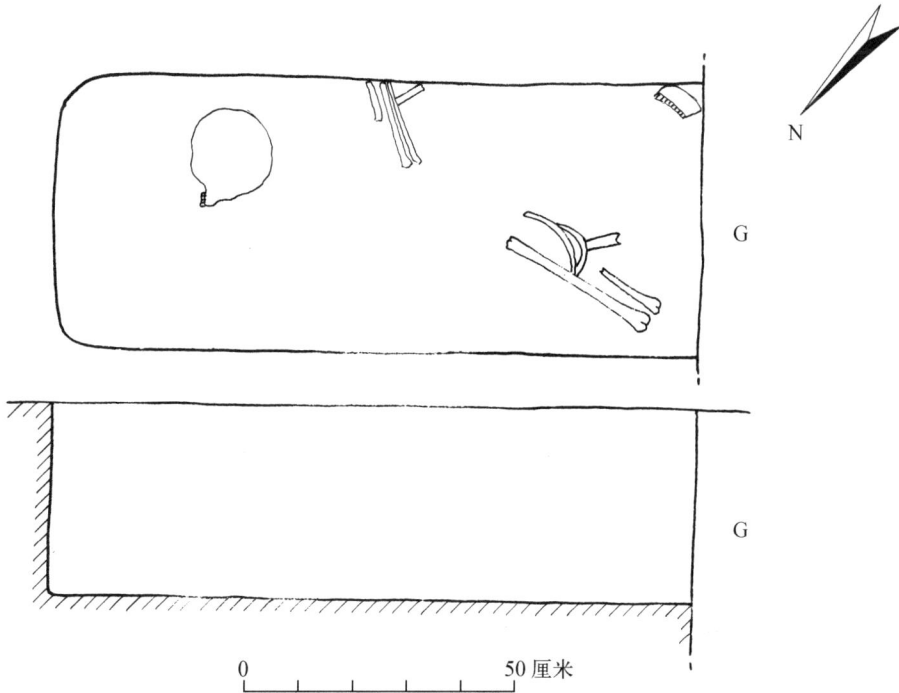

图一四七 M210平、剖面图

M211

竖穴土坑墓,方向140°。墓圹平面呈圆角长方形,墓口长180、宽54、墓深20、墓口距地表50厘米(图一四八,图版四四)。边壁规整,上下垂直,口底大小相等,平底。墓室内填红褐花土,葬具不清。

墓主人为女性,M₁磨耗Ⅴ~Ⅵ级,年龄在50~55岁。葬式为侧身屈肢葬,头向东南,面向东北。骨骸居于墓室中部偏西位置,右下肢直立,左下肢整体向右屈,尚可辨认出基本形态,只是躯干下端及脚骨等处骨骸遭到破坏。

左右股骨之间出土1件石钺,M211:1,蚀变大理岩。青灰色,受沁泛黄白。体呈长方形。器体薄厚均匀,单面直刃,通体抛光。近顶端中部有一单面钻圆孔。长边15.7、短边15、顶端宽8.4、刃端宽8.5、厚0.6、孔径1厘米(图一四九,1;图版二一〇,3)。

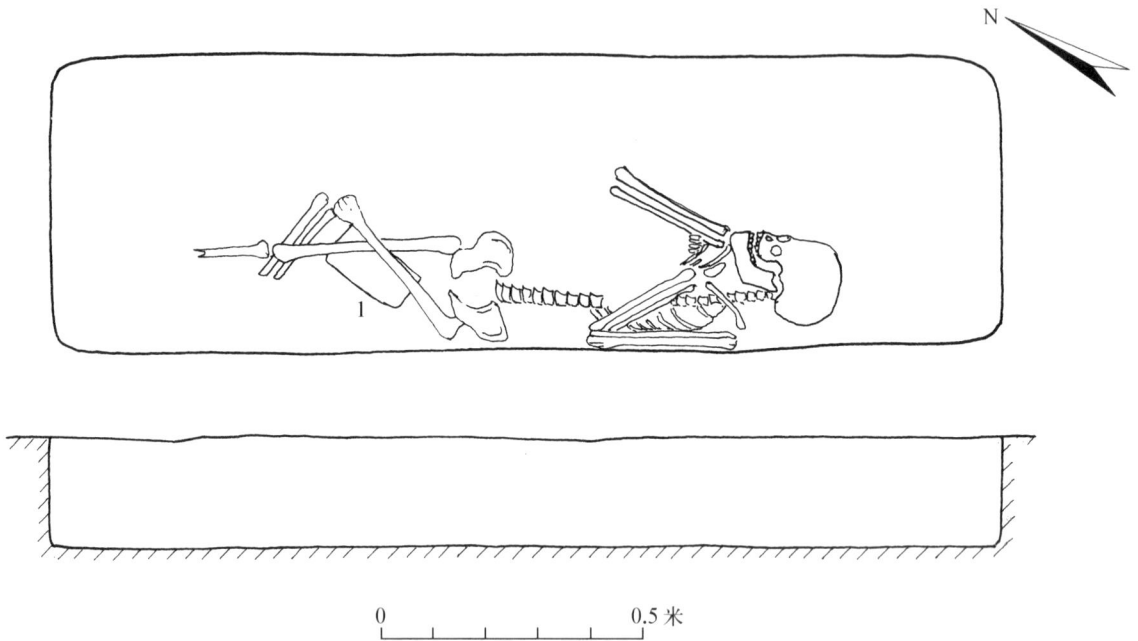

图一四八 M211平、剖面图

1. 石钺(M211:1)

M212

竖穴土坑墓,方向140°。墓圹平面呈圆角长方形,墓口长190、宽50、墓深20、墓口距地表50厘米(图一五〇,图版四五)。边壁规整,上下垂直,口底大小相等,平底。打破M252。墓室内填红褐花土,葬具不清。

墓主人为男性,M₁磨耗Ⅳ~Ⅴ级,年龄在40~45岁。葬式为仰身直肢葬,头向东南,面向西北。人骨扰乱、腐蚀严重,左右胫骨、腓骨以下部分已腐蚀成骨灰,不见左右锁骨、肋骨及右侧股骨下端,整个骨架只可辨别出四肢的大体形态。较为特别的是头骨立起,垂直于墓底。

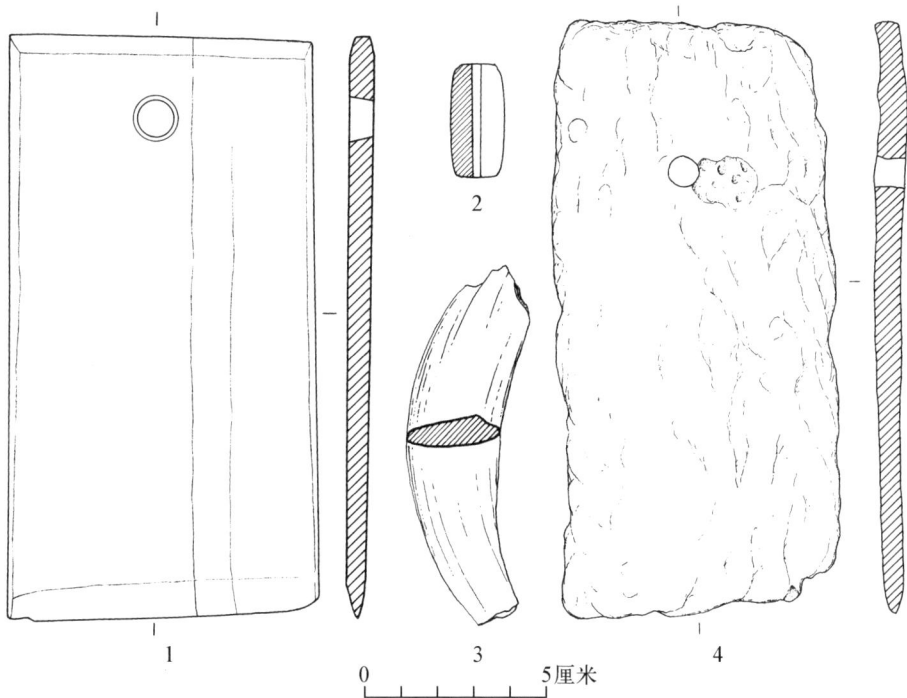

图一四九　M161、M202、M205、M211出土器物图

1. 石钺（M211：1）　2. 石管（M205：1）　3. 牙饰（M202：1）　4. 石钺（M161：1）

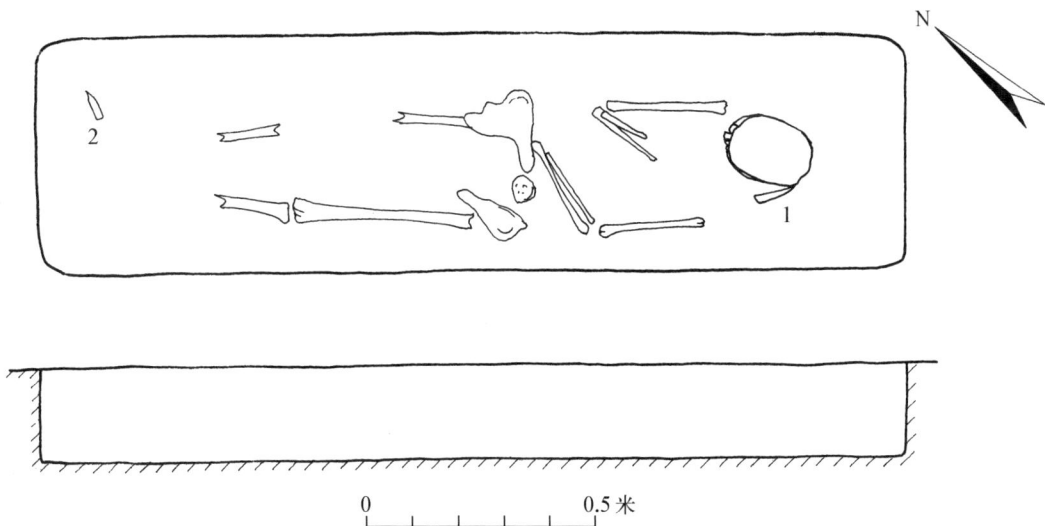

图一五〇　M212平、剖面图

1. 牙饰（M212：1）　2. 石镞（M212：2）

　　此外，头骨后方发现一件残牙饰，M212：1，浅黄白色。月牙形，横剖面呈扁长方形，一端尖圆，另一端较宽，宽端有穿已残。残高12厘米（图一五一，3；图版二四八，1）。并于墓室北部清理出1件残石镞，M212：2，板岩。青色，两端个别区域泛红，体表部分剥离。器身扁薄，前锋呈三角形。器表有磨制加工的线纹痕迹。长7.1、最宽处2.1厘米（图一五一，2；图版二二一，6）。

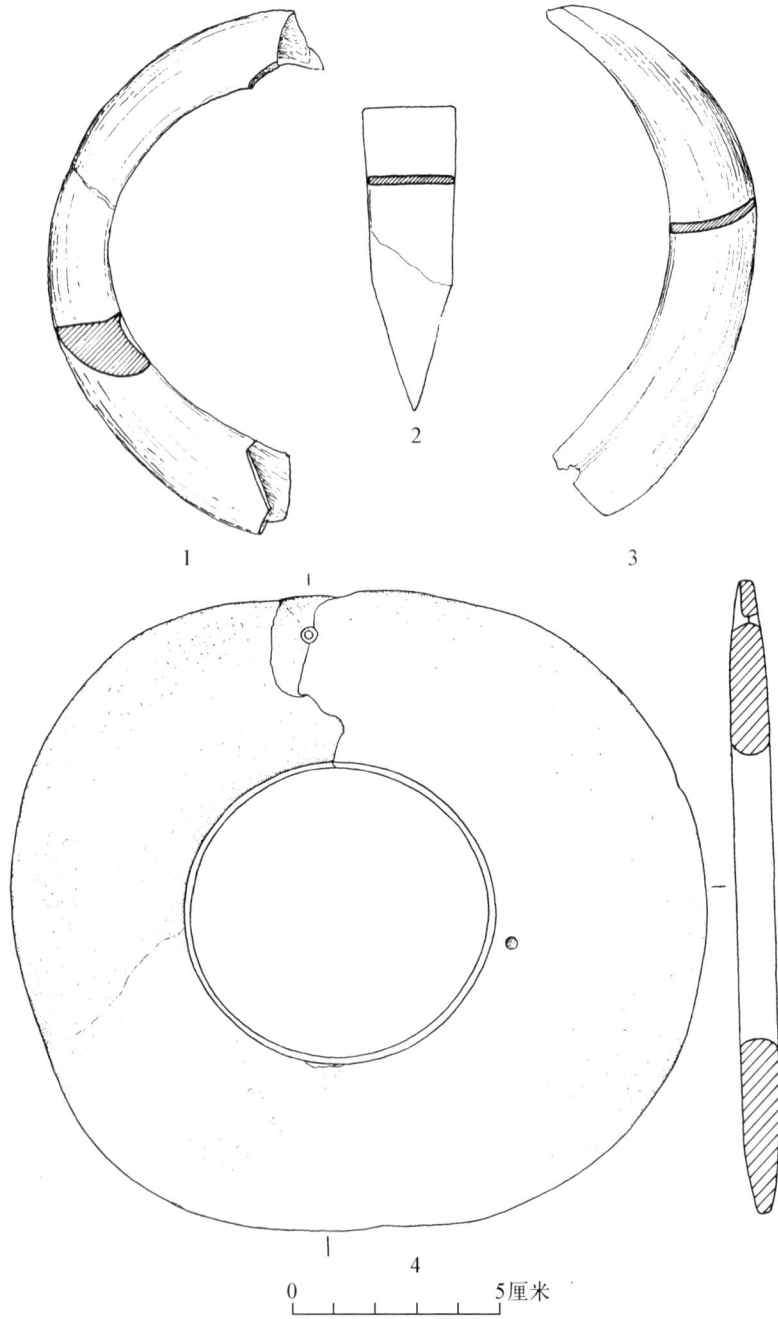

图一五一　M212、M213 出土器物图

1、3.牙饰（M213∶2、M212∶1）　2.石镞（M212∶2）　4.石璧（M213∶3）

M213

竖穴土坑墓，方向145°。墓圹平面呈圆角长方形，墓口长190、宽43、墓深20、墓口距地表50厘米（图一五二，图版四六）。边壁规整，上下垂直，口底大小相等，平底。打破M252。墓室内填红褐花土，葬具不清。

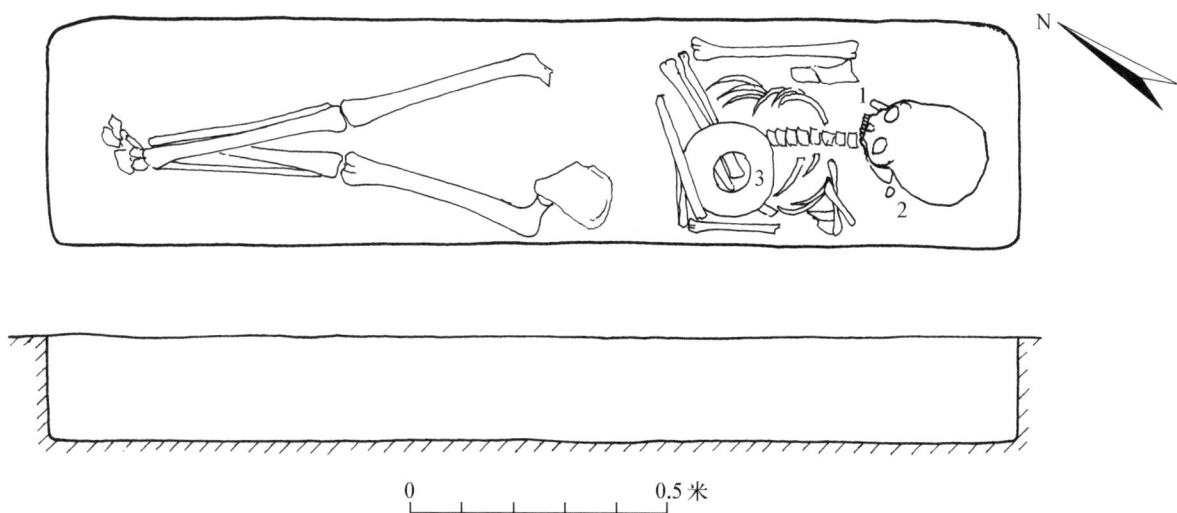

0　　　　　　　　　　　0.5 米

图一五二　M213平、剖面图

1、2. 牙饰（M213∶1、M213∶2）　3. 石璧（M213∶3）

墓主人为女性，M_1磨耗Ⅲ～Ⅳ级，年龄在35～40岁。葬式为仰身直肢葬，头向东南，面向上。人骨整体居于墓室中央，保存较好，双肩上耸，两前臂环抱于胸前，双腿交叉，右腿置于左腿之上。

头骨两侧各清理出1件残牙饰，M213∶1，浅黄白色，月牙形，两端均残缺。残高6.4厘米；M213∶2，浅黄白色，半圆形，两端残。残高12.3厘米（图一五一，1；图版二四八，5）。胸部发现1件石璧，M213∶3，蚀变大理岩。青灰色，部分区域受沁泛黄，断裂处有一双面钻孔，切面呈楔形，内缘厚，外缘薄。外径16.8、好径6.9、厚0.3～0.9厘米（图一五一，4；图版二一五，3）。

M214

竖穴土坑墓，方向145°。墓圹平面呈圆角长方形，墓口长200、宽45、墓深15厘米，墓口距地表50厘米（图一五三，图版四六）。边壁规整，上下垂直，口底大小相等，平底。墓室内填红褐花土，葬具不清。

墓主人为男性，左M_2磨耗Ⅴ～Ⅵ级，年龄在50～55岁。葬式为仰身屈肢葬，头向东南，面向不详。人骨整体微向左屈，上身骨骼凌乱，存有头骨残片、左右侧肱骨、左侧尺骨等，腰椎、盆骨和右侧桡骨以下部分遭到破坏，左侧胫骨下端斜压于右侧胫骨下端之上。

下颌骨下方出土2件牙饰，M214∶1，黄白色，月牙形，两端均有穿，已残。残高9.5厘米（图版二四八，6）。M214∶2，黄白色，月牙形，一端有穿山，另一端残。残高7.5厘米（图版二四八，7）。右侧肱骨处散落有1件复合石璧，已散落为3块，蚀变大理岩。乳黄色，残，抛光（图一五四）。位置错乱，分别编号。M214∶3-1，呈半弧形，内缘厚，外缘略薄。器身两端分别为三个和一个钻孔，一孔已残。宽端4.2、窄端2、厚0.5～0.8厘米（图版二一九，2）。M214∶3-2，呈半弧形，内缘厚，外缘略薄。器身两端分别有一个钻孔，其中一孔残，其旁有未钻透的坑。宽端4.1、窄端3、厚0.5厘米（图版二一九，3）。M214∶3-3，呈半弧形，一端残缺。切面呈扁长方形，厚薄均匀。器身两端分别有两个和一个钻孔。宽端4.4、窄端2.4、厚0.8厘米（图版二一九，4）。

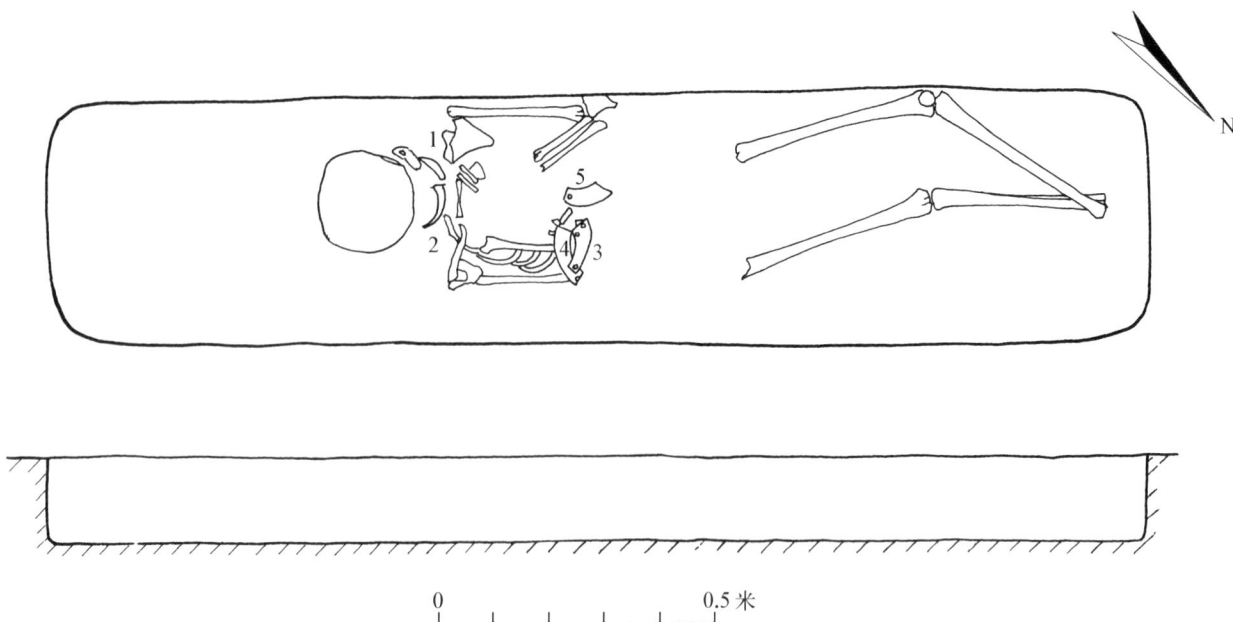

图一五三　M214平、剖面图

1、2. 牙饰（M214：1，M214：2）　3、4、5. 复合石璧（M214：3）

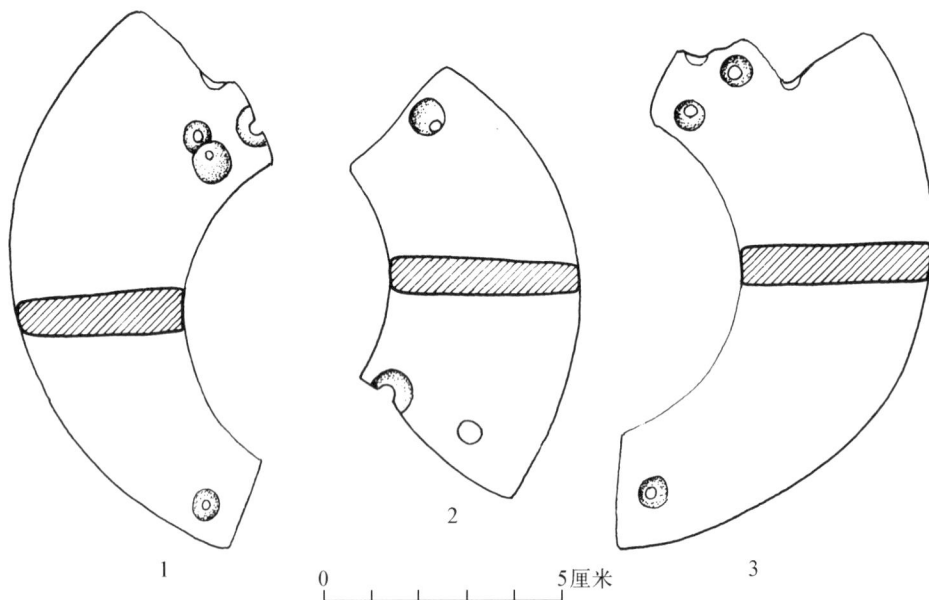

图一五四　M214出土器物图

复合石璧（1. M214：3-1、2. M214：3-2、3. M214：3-3）

M215

竖穴土坑墓，方向143°。墓圹平面呈圆角长方形，墓口长190、宽55、墓深25、墓口距地表50厘米（图一五五）。墓壁规整，上下垂直，口底大小相等，平底。墓室内填红褐花土，葬具不清。

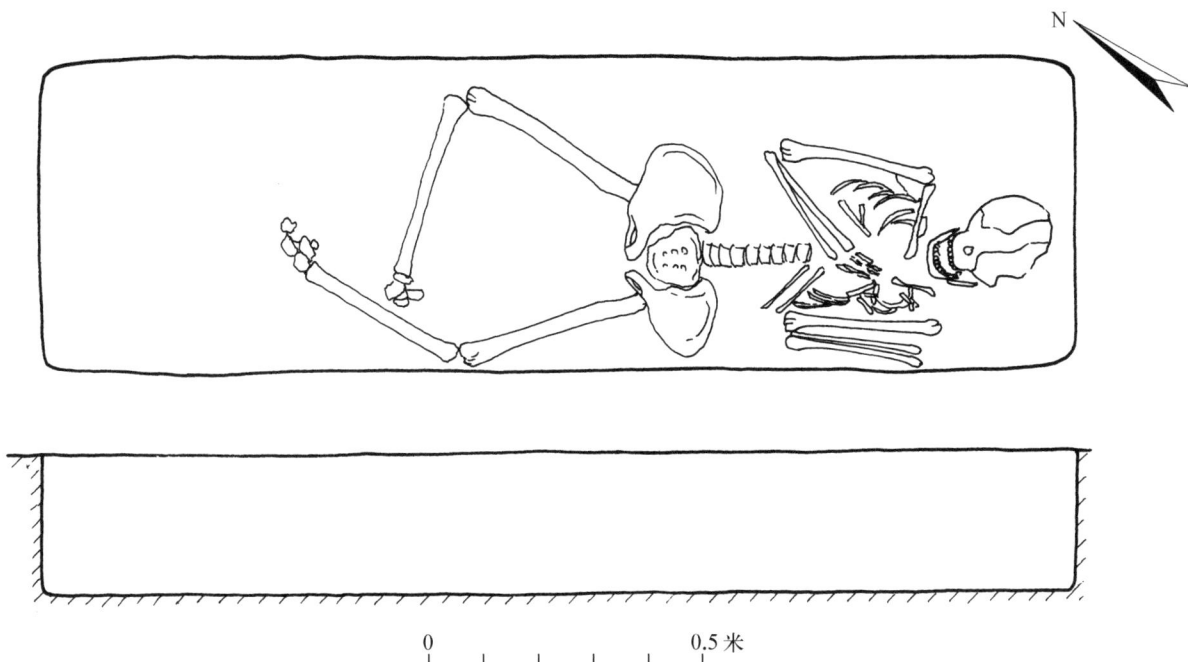

图一五五 M215平、剖面图

墓主人为女性，M_1磨耗 V～VI级，年龄在50～55岁。葬式为仰身屈肢葬，头向东南，面向上。人骨保存较差，两前臂交叉置于胸前，两腿盘坐。

墓中未发现随葬品。

M216

竖穴土坑墓，方向130°。墓圹平面呈圆角长方形，墓口长170、宽45、墓深40、墓口距地表50厘米（图一五六）。墓壁规整，上下垂直，口底大小相等，平底。墓室内填红褐花土，葬具不清。

墓主人为一成年女性，股骨和胫骨、腓骨上下端愈合，推测年龄大于22岁。葬式为仰身直肢葬，面向不详。骨骼扰乱严重，左右桡骨、尺骨以上部分基本不见。下肢保存相对完好，双腿伸直，两脚并拢。

墓中未发现随葬品。

M217

竖穴土坑墓，方向137°。墓圹平面呈圆角长方形，墓口长160、宽50、墓深40、墓口距地表50厘米（图一五七）。墓壁规整，上下垂直，口底大小相等，平底。墓室内填红褐花土，葬具不清。

墓主人为一女性个体，其恒齿第二前臼齿萌出，推测年龄在10～13岁之间。葬式为仰身直肢葬，头向东南，面向不详。骨骼保存较差，上肢扰乱严重，散落一堆，基本形态无存。下肢保存相对较好，两腿伸展，两脚紧并。

墓中未发现随葬品。

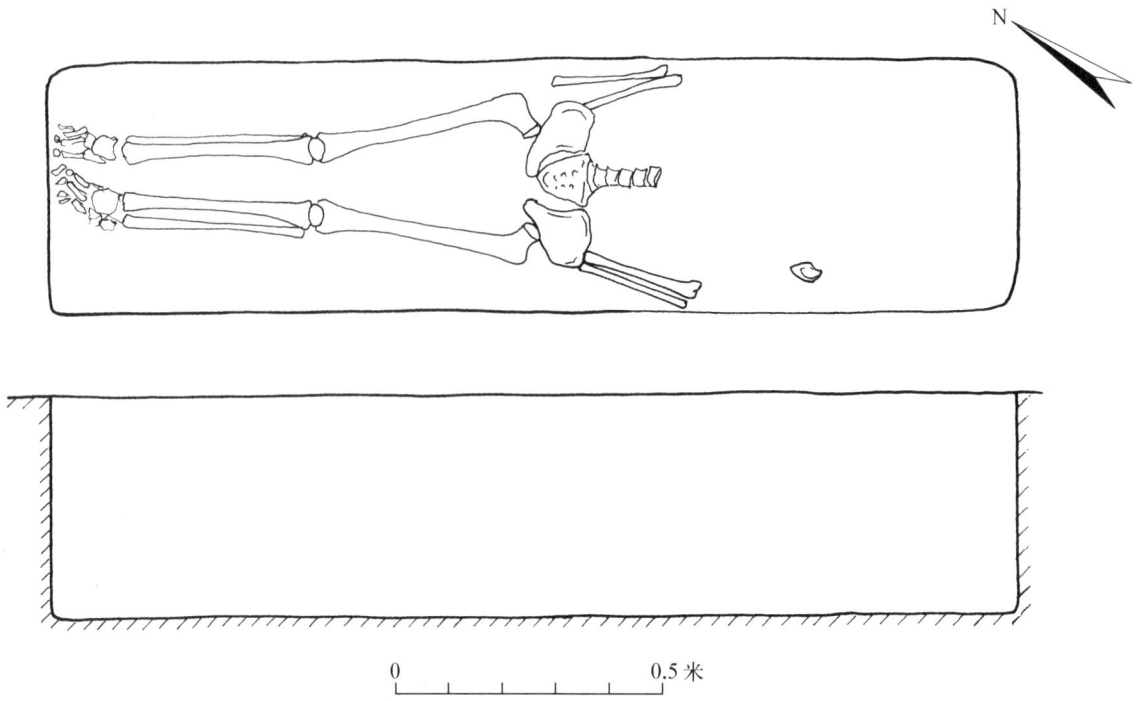

0　　　　　　　　　0.5 米

图一五六　M216 平、剖面图

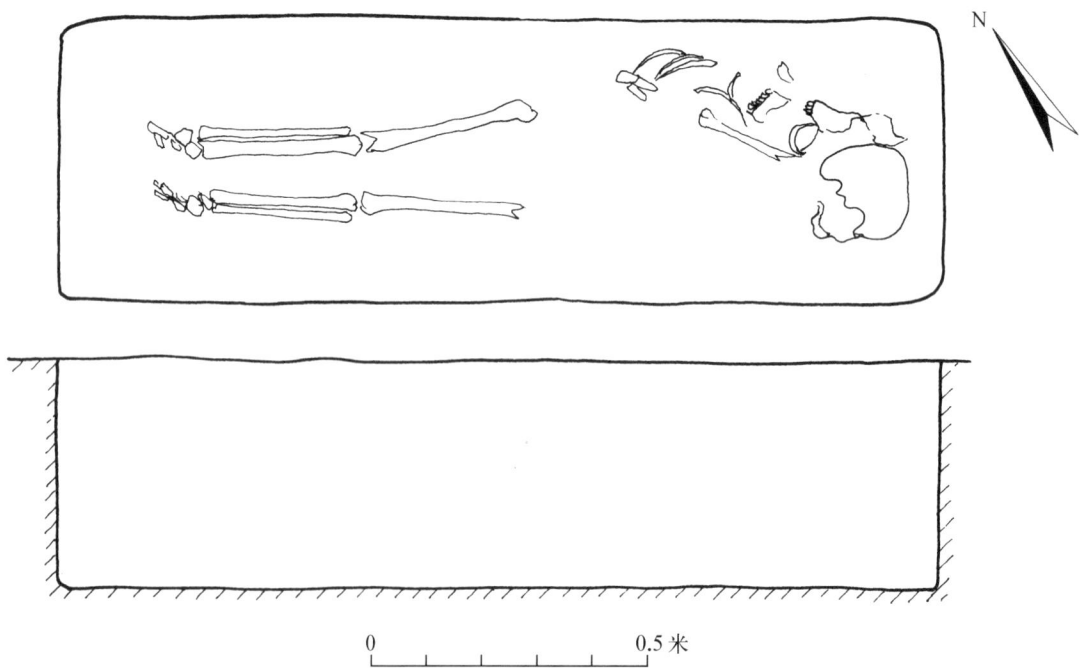

0　　　　　　　　　0.5 米

图一五七　M217 平、剖面图

M218

竖穴土坑墓,方向134°。墓圹平面呈圆角长方形,墓口长210、宽60、墓深55、墓口距地表50厘米(图一五八)。墓壁陡直,口底大小相等,墓底平坦。墓室内填红褐花土,葬具不清。

墓主人为男性,M_1磨耗Ⅴ~Ⅵ级,年龄在50~55岁。葬式为仰身直肢葬,头向东南,面向西南。人骨保存较好,双肩上耸,头向左扭,右臂斜置于盆骨之上,左臂自然伸直,两腿伸展。

随葬品较多,头骨左侧清理出1件石璜,M218:1,伊利石质。青绿色,部分区域受沁泛黄。体近梯形,切面呈楔形,两侧分别有双面钻孔,肉宽3、最厚处0.3厘米(图一六〇,1;图版二三四,2)。右侧肱骨上放置1件石璧,M218:2,蛇纹石。白色,间杂有黑斑,受沁严重,表面变得粗糙,断为两截。切面呈楔形,内缘厚,外侧薄。外径12、好径6.4、厚0.5厘米(图一六〇,2;图版二一七,3)。并于股骨之间发现1件玉钺,M218:3,透闪石玉。青绿色,受沁发褐、发白。长方形,体略薄,断为两截,沿断裂处有小孔,顶端和刃端略残,双面直刃,左侧边有薄刃。两侧厚薄不一。近顶端和右侧边各有一个单钻圆孔,通体抛光。长16.4、顶端宽6.5、刃端宽8.8、厚0.21~0.32、大小孔径分别为1.2和0.5厘米(图一五九;图版二一〇,4)。紧贴墓室西南侧发现1件石钺,M218:4,蚀变大理岩。青绿色,因受沁体表有白色钙质结晶斑,顶端一侧残。体近长方形,扁平。双面直刃,近顶端处有一个管钻圆孔,由顶端至刃部渐厚,通体磨光。长12.8、顶端残宽4、刃端宽5.7、厚0.7、孔径0.8厘米(图一六〇,3;图版二一一,1)。

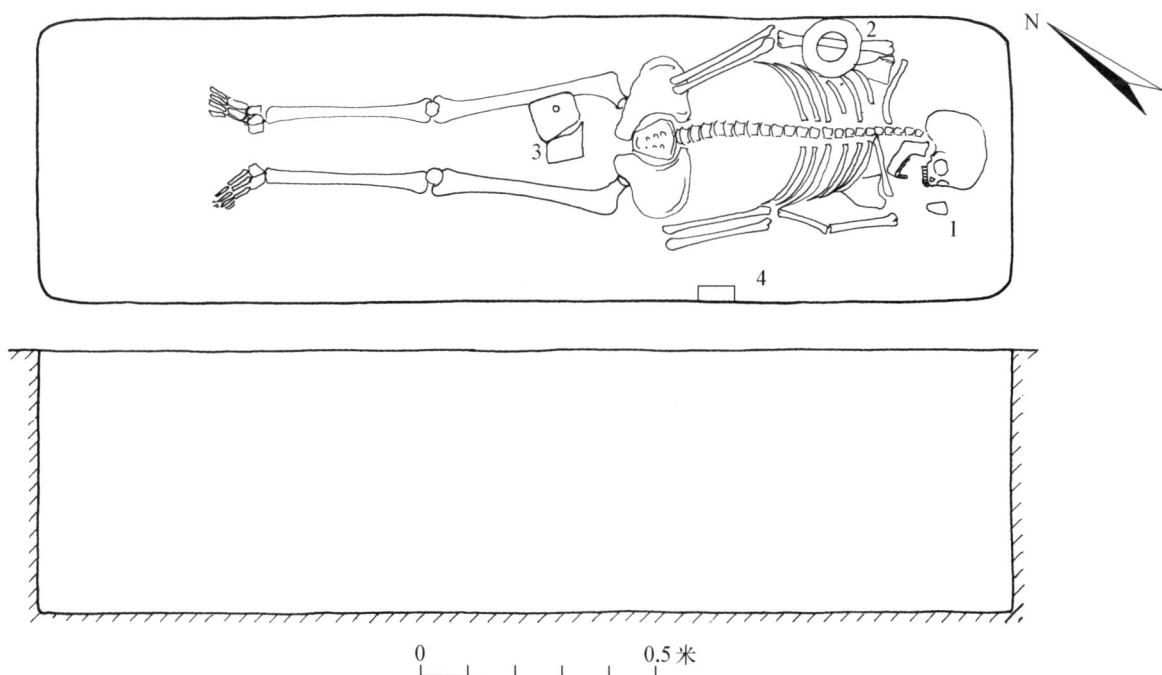

0   0.5 米

图一五八 M218平、剖面图

1. 石璜(M218:1) 2. 石璧(M218:2) 3. 玉钺(M218:3) 4. 石钺(M218:4)

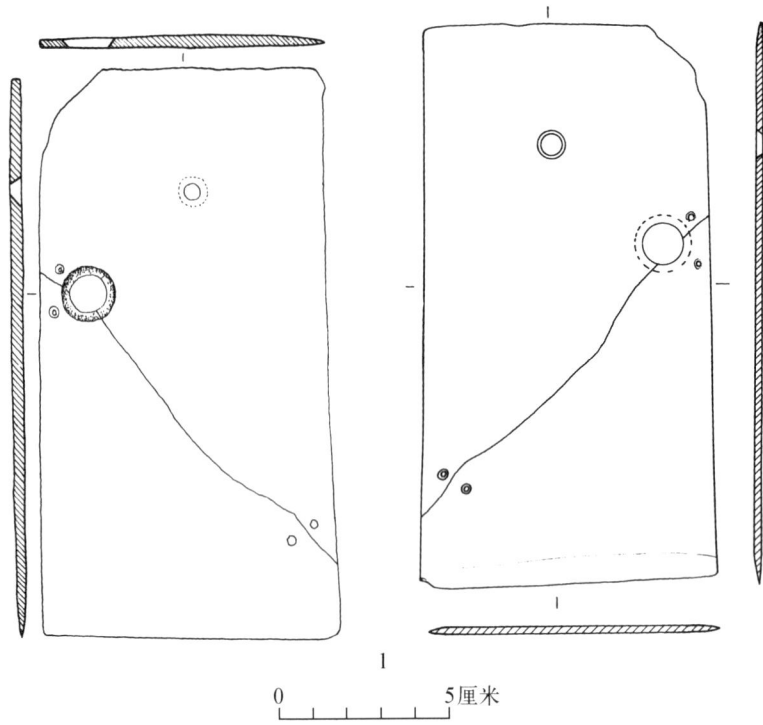

图一五九　M218出土器物图（一）

1. 玉钺（M218：3）

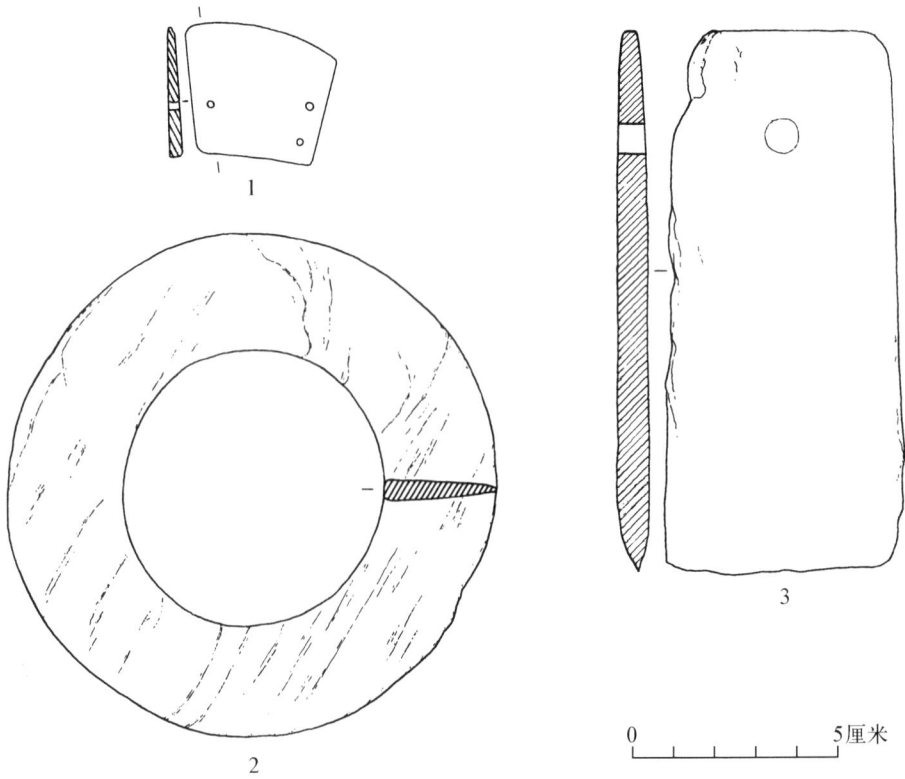

图一六〇　M218出土器物图（二）

1. 石璜（M218：1）　2. 石璧（M218：2）　3. 石钺（M218：4）

M219

竖穴土坑墓,方向135°。墓圹平面呈梯形,墓口长200、宽60~82、墓深30、墓口距地表50厘米,墓室发现有棺的痕迹,棺长160、宽35、残高1.5厘米(图一六一)。墓壁规整,上下垂直,口底大小相等,平底。东南部和西南部墓圹在盗墓时遭到破坏。墓室内填红褐花土。

墓主人为女性,M₁磨耗Ⅳ~Ⅴ级,年龄在40~45岁。葬式及面向不详。骨骼凌乱,散布于墓室之中,仅存有残下颌骨、左右肱骨残段、部分盆骨、右侧股骨、左右胫骨残段等。

墓中未发现随葬品。

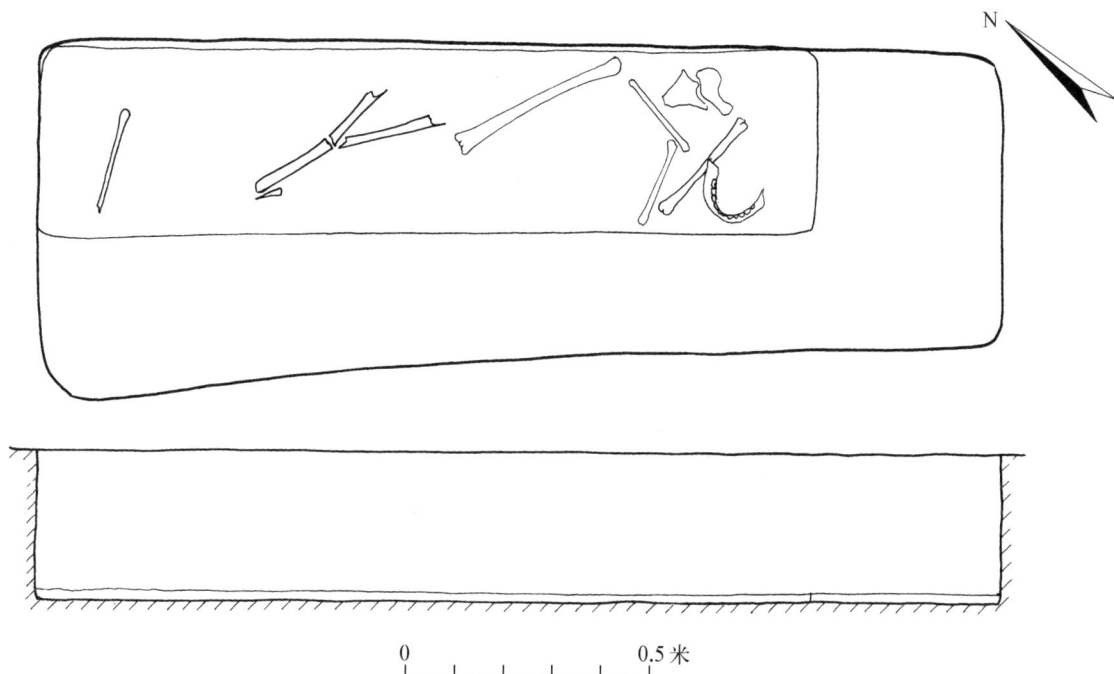

N

0   0.5 米

图一六一　M219平、剖面图

M220

竖穴土坑墓,方向135°。墓口长190、宽50、墓深45、墓口距地表50厘米。墓壁规整,上下垂直,口底大小相等,平底。墓圹西南部发现1个深0.1米的盗坑。墓室内填红褐花土,葬具不清。

墓主人为男性,矢状缝和冠状缝愈合,年龄大于41岁。葬式及面向不详。人骨扰乱、腐蚀严重,仅在墓室中南部发现头骨、左侧肱骨残段、右侧股骨残段、右侧胫骨残段等。

墓中未发现随葬品。

M221

竖穴土坑墓,方向135°。墓圹平面呈长方形,墓口长200、宽55、墓深55、墓口距地表50厘米(图一六二,图版四七)。墓壁陡直,口底大小相等,墓底平坦。打破M251。墓室内填红褐花土。

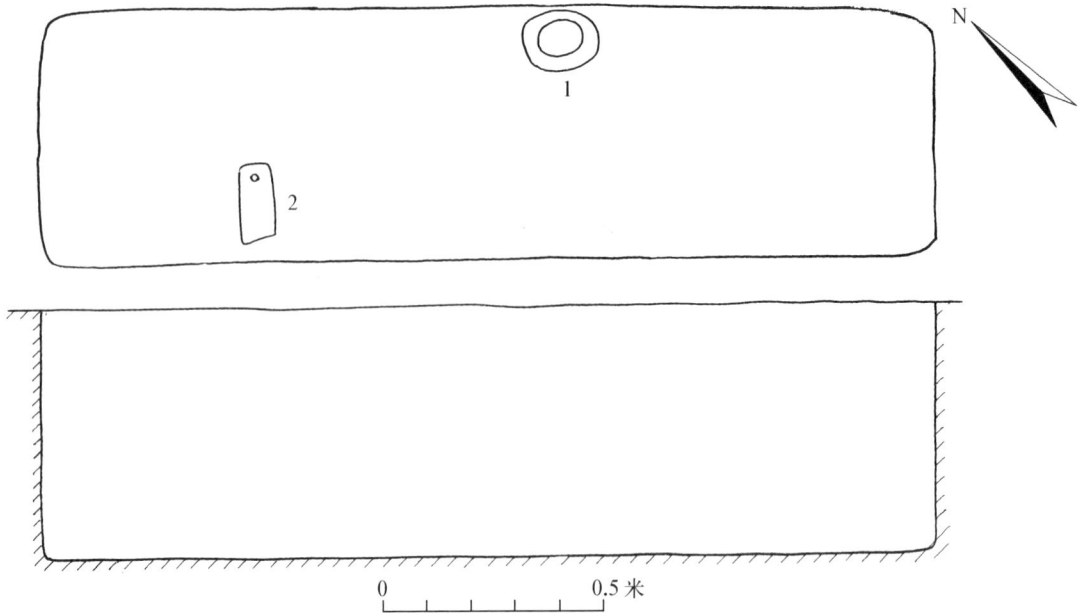

图一六二　M221平、剖面图

1. 石璧（M221：1）　2. 石钺（M221：2）

　　墓中未发现人体骨架，但在墓底残存有草灰痕迹，且出土有1件石璧和1件石钺。石璧，M221：1，多矿物岩石。白色，受沁泛黄，表面变得粗糙，边缘略有残损。切面呈楔形，内缘厚，外侧薄。外径16.3、好径7.3、最厚处0.8厘米（图一六三，2；图版二一五，4）。石钺，M221：2，蚀变

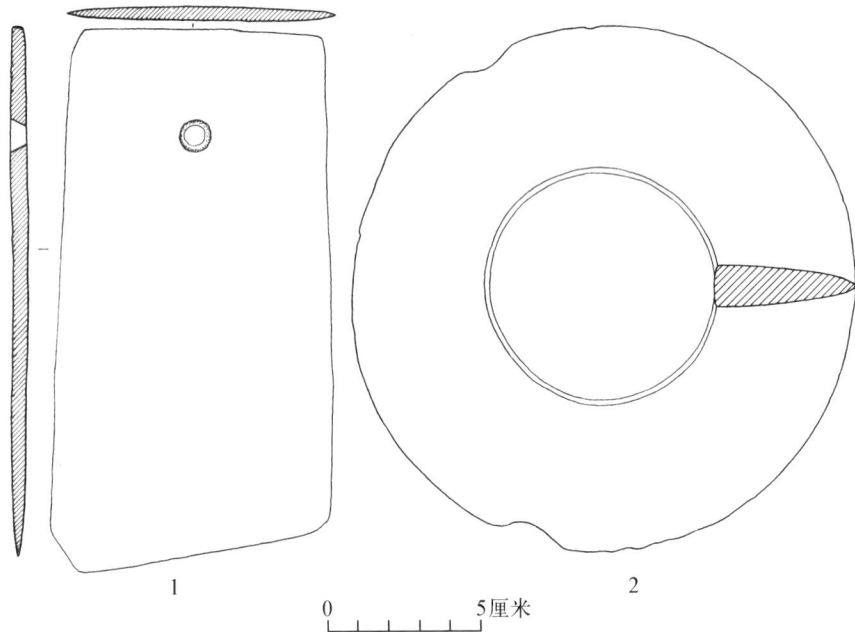

图一六三　M221出土器物图

1. 石钺（M221：2）　2. 石璧（M221：1）

大理岩。青灰色,局部受沁泛白。多处断裂,刃角略残。近梯形,体略薄,近顶端处有一个单钻圆孔,双面斜刃,两侧渐薄至起刃。长16.8、顶端宽7.7、刃端宽8.8、厚0.5、孔径0.7厘米(图一六三,1;图版二一二,2)。此外,墓室中央向西北方向延伸有一道长95、宽20厘米左右的朱砂痕迹。

M222

竖穴土坑墓,方向130°。墓圹平面呈梯形,墓口长160、宽42～55、墓深15、墓口距地表50厘米(图一六四)。边壁规整,上下垂直,口底大小相等,平底。打破M250。墓室内填红褐花土,葬具不清。

墓主人为一成年女性,具体年龄不详。葬式为俯身直肢葬,头向东南。人骨遭到扰乱,多数骨骼无存,仅能见到头骨残片、右侧锁骨残段、肋骨残段、肱骨残段和左右股骨残段等。

左侧桡骨、尺骨处见有已炭化的木环痕迹。

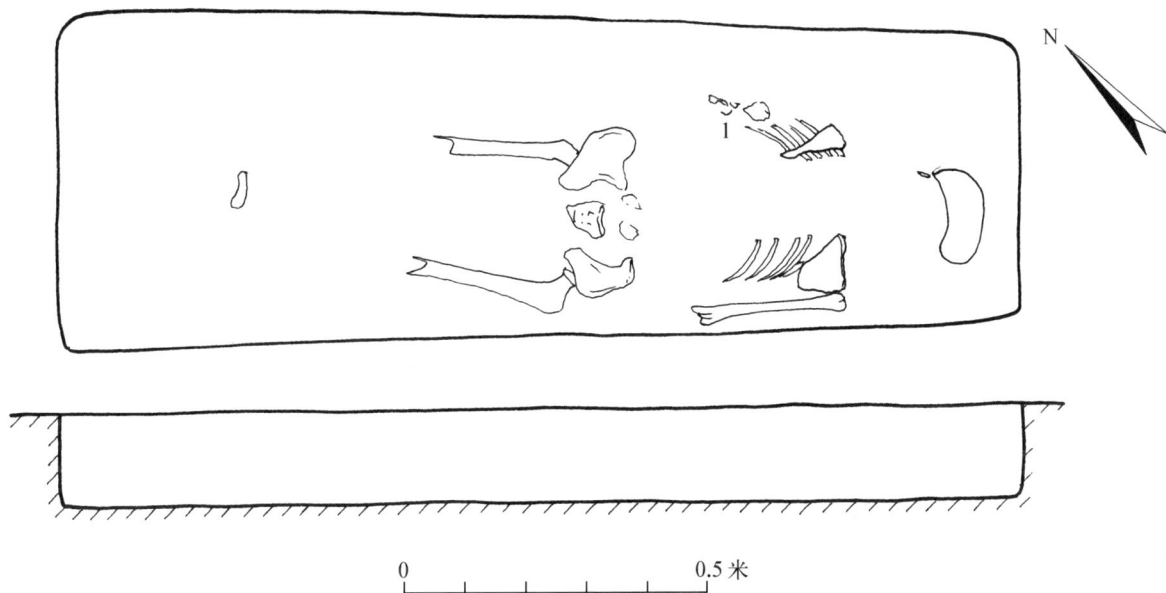

图一六四 M222平、剖面图

1. 木环(已炭化)

M223

竖穴土坑墓,方向68°。墓圹平面呈梯形,墓口长170、宽40～55、墓深25、墓口距地表50厘米。墓壁规整,上下垂直,口底大小相等,平底。被M224和M225打破。墓室内填黄褐花土,葬具不清。

墓主人为男性,M_1磨耗Ⅵ级以上,年龄在60岁以上。葬式及面向不详。骨骼扰乱严重,仅存头骨、左侧肱骨残段及右侧股骨。

墓中未发现随葬品。

M224

竖穴土坑墓,方向145°。墓圹平面呈圆角长方形,墓口长170、宽55、墓深50、墓口距地表50厘米。墓壁规整,上下垂直,口底大小相等,平底。打破M223。墓室填红褐花土。

墓中未发现任何遗存。

M225

竖穴土坑墓,方向130°。墓圹平面呈圆角长方形,墓口长180、宽45、墓深15、墓口距地表50厘米。边壁规整,上下垂直,口底大小相等,平底。打破M223。墓室填红褐花土,填土中包含有碎骨渣。

墓底未发现任何遗存。

M226

竖穴土坑墓,方向120°。墓圹平面呈梯形,墓口长200、宽70～90、墓深30、墓口距地表50厘米。墓壁规整,上下垂直,口底大小相等,平底。墓室内填红褐花土,葬具不清。

墓主人为一成年男性,具体年龄不详。葬式及面向亦不清楚。骨骼扰乱严重,集中分布于墓室南部,残存有左侧肱骨残段、左右桡骨残段、左右股骨残段、肋骨残段等。

墓中未发现随葬品。

M227

竖穴土坑墓,方向133°。墓圹平面呈梯形,头端窄脚端宽,墓口长210、宽55～65、墓深35、墓口距地表50厘米(图一六五,图版四八)。墓壁规整,上下垂直,口底大小相等,平底。墓室内填

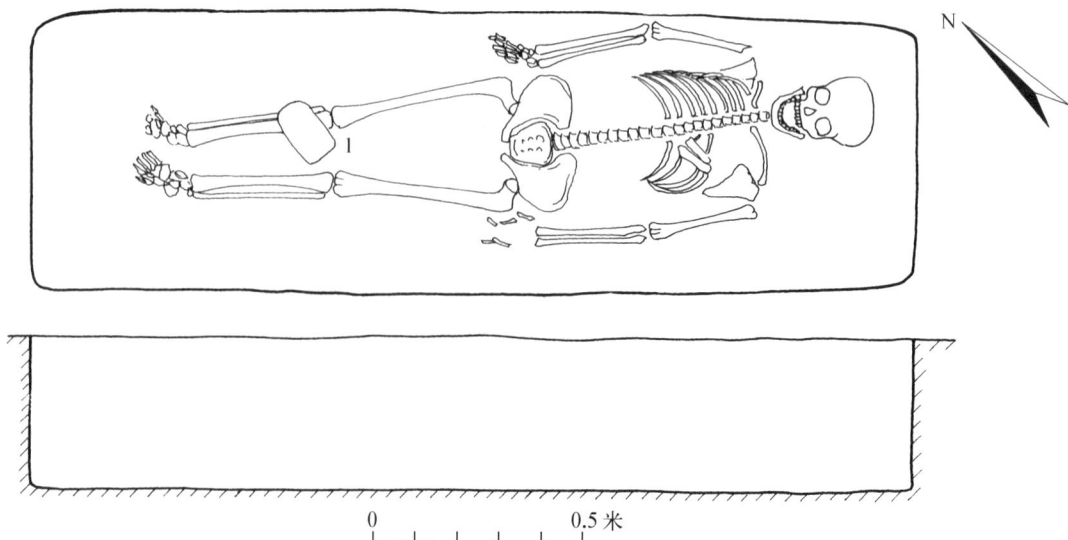

图一六五 M227平、剖面图

1. 石钺(M227:1)

红褐花土,葬具不清。

墓主人为男性,M₁磨耗Ⅵ级以上,年龄在60岁以上。葬式为仰身直肢葬,头向东南,面向上。人骨未被扰乱,保存完好,双肩略耸,两臂弧形内收,双手分别置于腿两侧,两腿伸直,双脚靠拢。

右侧胫骨上端横置1件石钺,M227:1,片麻岩。青褐色,因受沁发黄,并有钙质结晶,刃端一角微残。器近长方形,中间厚两端薄。双面弧刃,近顶端处有一个双面钻的圆孔。长12、顶端宽4、厚1.5、刃端宽7、孔径0.9厘米(一七一,1;图版二一三,1)。

M228

竖穴土坑墓,方向130°。墓圹平面呈梯形,墓口长200、宽50～60、墓深25、墓口距地表50厘米(图一六六)。墓壁规整,上下垂直,口底大小相等,平底。打破M231。墓室内填红褐花土,葬具不清。

墓主人为男性,M₁磨耗Ⅴ～Ⅵ级,年龄在50～55岁。葬式为仰身直肢葬,面向不详。人骨扰乱严重,尤其是上肢,只能零星见到下颌骨、锁骨残段、肋骨残段等,下肢保存相对完好,基本形态清晰可见。

墓中发现石器,已碎裂,无法辨认器形。M228:1,蚀变大理岩。青色,受沁泛黄。最大块长6厘米。

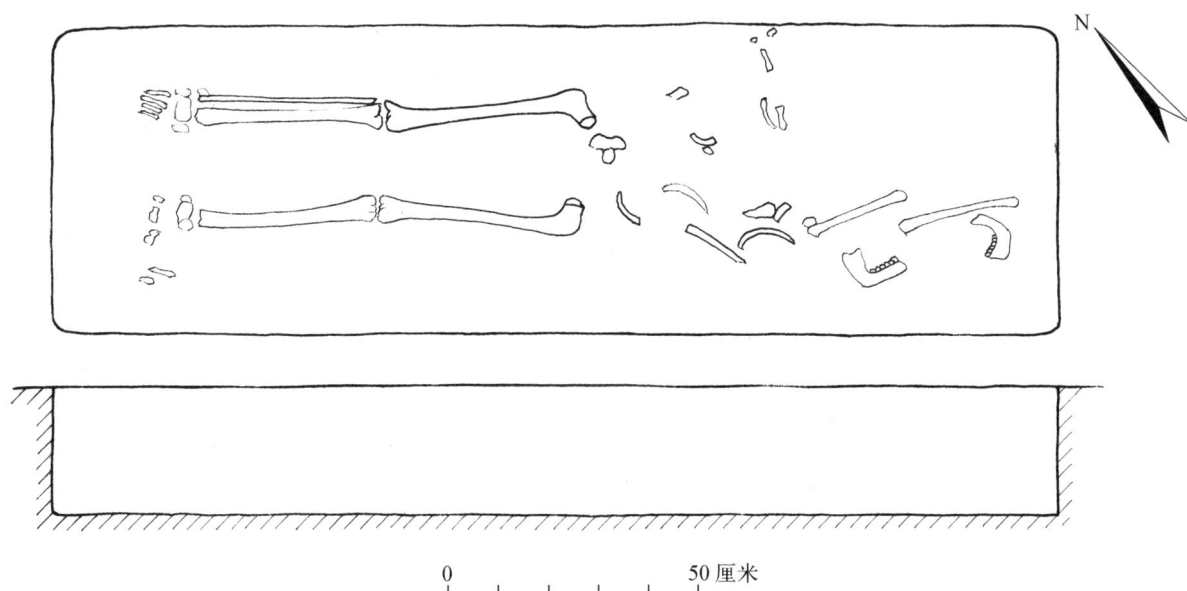

图一六六　M228平、剖面图

M229

竖穴土坑墓,方向135°。墓圹平面略呈梯形,墓口长180、宽35～45、墓深15、墓口距地表50厘米(图一六七,图版四九)。边壁规整,上下垂直,口底大小相等,平底。打破M231和M232。墓室内填红褐花土,葬具不清。

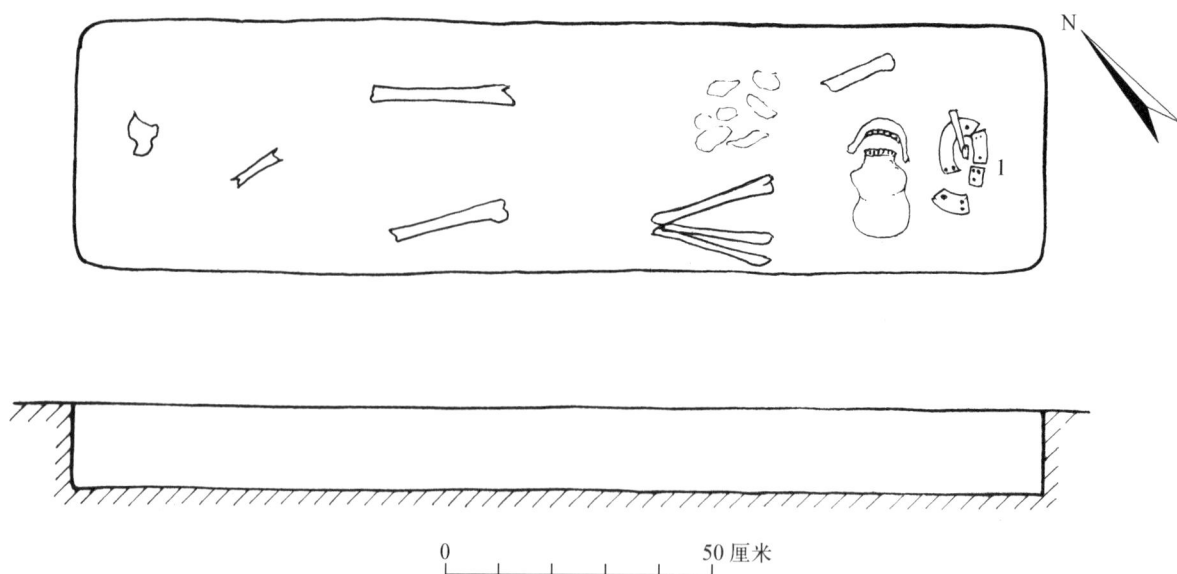

图一六七　M229 平、剖面图

1. 复合石璧（M229：1）

墓主人为男性，M₁磨耗Ⅴ级，年龄在50岁左右。葬式不详，面向上。人骨扰乱严重，呈点状散布于墓室之中，尚存有头骨残片、左侧桡骨和尺骨、右侧肱骨残段、肋骨残段、左右股骨上端残段等。

头骨东南部清理出1件复合石璧，但已散落，M229：1，蚀变大理岩。乳白色。由4个璜片以二对一的双面钻孔连缀而成。切面呈楔形，内缘厚，外缘薄。外径11.7、好径6.3、最厚处0.5厘米（图一七一，2；图版二二〇，1）。

M230

竖穴土坑墓，方向135°。墓圹平面呈圆角长方形，墓口长160、宽40～52、墓深25、墓口距地表50厘米（图一六八）。墓壁规整，上下垂直，口底大小相等，平底。打破M231。墓室内填红褐花土，葬具不清。

墓主人为女性，M₁磨耗Ⅴ级，年龄在50岁左右。葬式为仰身直肢葬，头向东南，面向东北。骨骸保存较好，双肩上耸，两前臂交叉放置于胸前，两腿伸直，但是未见左侧胫骨、腓骨下端及左侧脚骨。

墓中未发现随葬品。

M231

竖穴土坑墓，方向42°。墓圹平面呈圆角长方形，墓口长200、宽50、墓深90、墓口距地表50厘米（图一六九，图版五〇）。墓壁陡直，口底大小相等，墓底平坦。被M228、M229、M230打破。墓室内填黄褐花土，葬具不清。

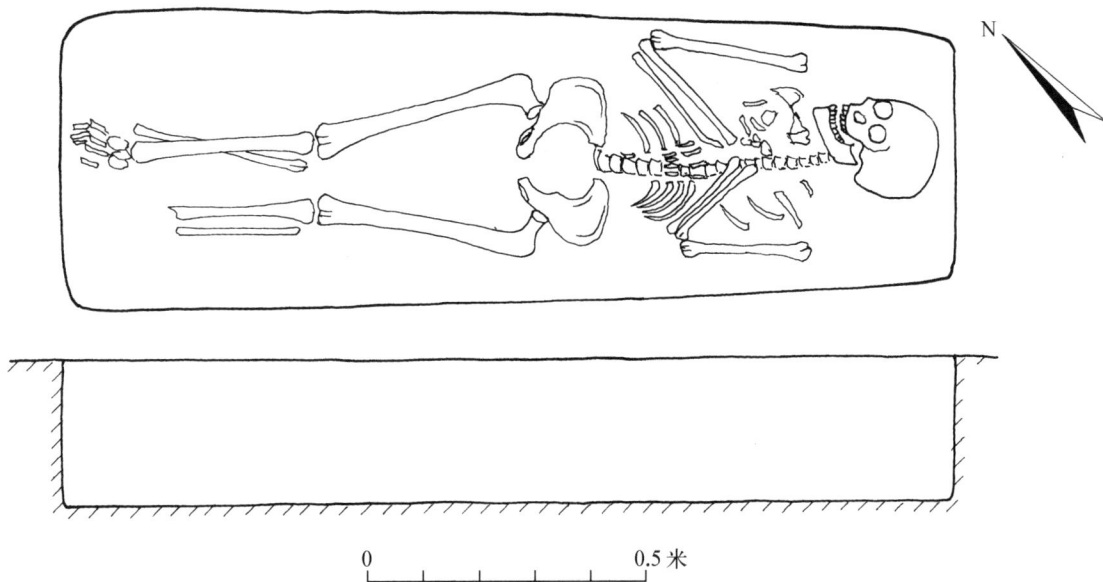

图一六八　M230平、剖面图

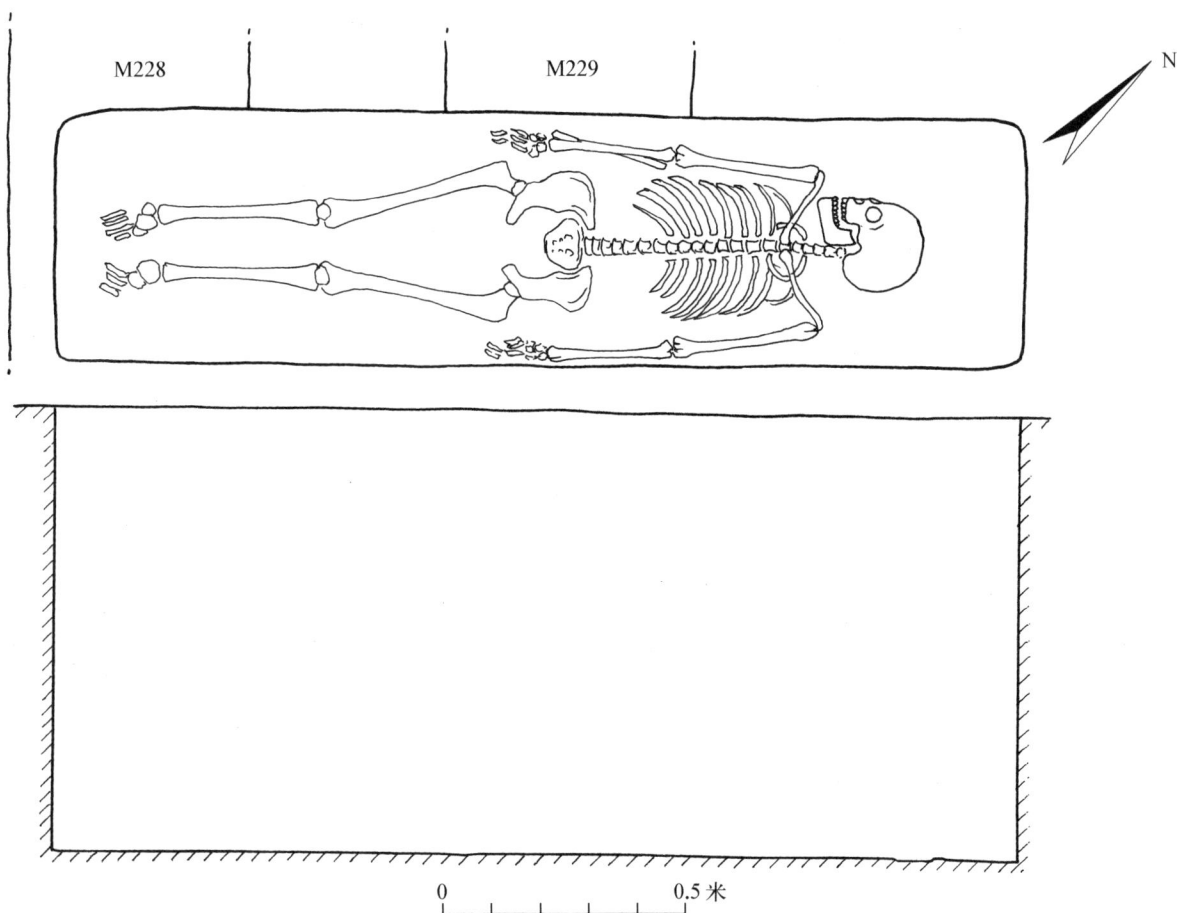

图一六九　M231平、剖面图

墓主人为女性，M₁磨耗Ⅴ～Ⅵ级，年龄在50～55岁。葬式为仰身直肢葬，头向东北，面向西北。人骨未被扰乱，保存完好，双肩上耸，两臂自然伸直略向外张，双手放置于腿两侧，两腿伸直。墓中未发现随葬品。

M232

竖穴土坑墓，方向42°。墓圹平面呈圆角长方形，墓口长185、宽60、墓深80、墓口距地表50厘米（图一七〇）。墓壁陡直，口底大小相等，墓底平坦。被M229和M249打破。墓室内填黄花土，葬具不清。

墓主人为女性，M₁磨耗Ⅵ级以上，年龄在60岁以上。葬式为仰身直肢葬，头向东北，面向西北。人骨保存较好，只是右侧上肢骨和下肢骨被M249破坏。

人骨左肩北部清理出1件骨笄，M232：1，残，浅黄白色。扁条状，中间厚两侧薄，顶端残，另一端呈舌状。残长20.1厘米（图一七一，3；图版二四五，9）。

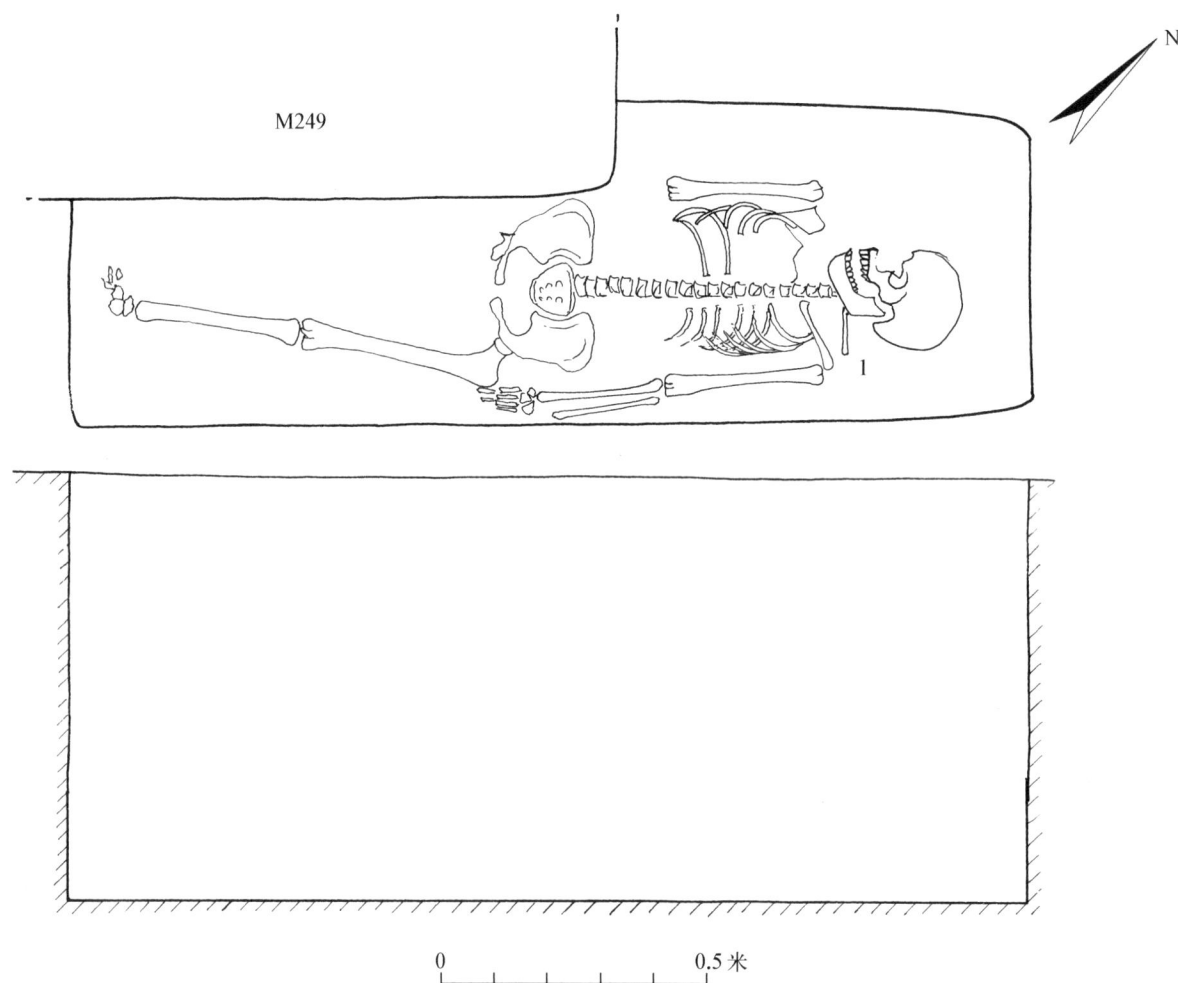

图一七〇　M232平、剖面图

1. 骨笄（M232：1）

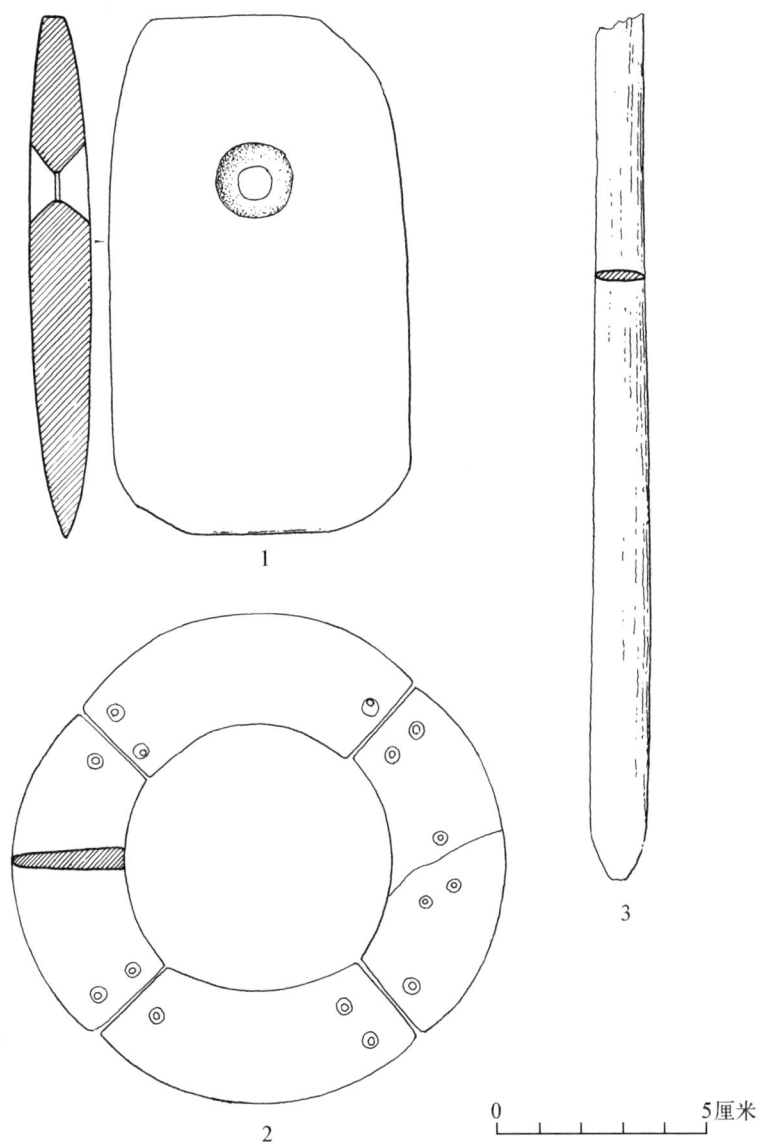

图一七一　M227、M229、M232出土器物图

1.石钺（M227:1）　2.复合石璧（M229:1）　3.骨笄（M232:1）

M233

竖穴土坑墓，方向135°。墓圹平面呈梯形，墓口长150、34~47、墓深25、墓口距地表50厘米（图一七二）。墓壁规整，上下垂直，口底大小相等，平底。墓室内填红褐花土，葬具不清。

墓葬被扰，墓主人为男性，M_1磨耗Ⅲ级，年龄在30岁左右。葬式为仰身屈肢葬，头向东南，面向西南。人骨保存较差，仅可辨认出四肢的大体形态。

墓中未发现随葬品。

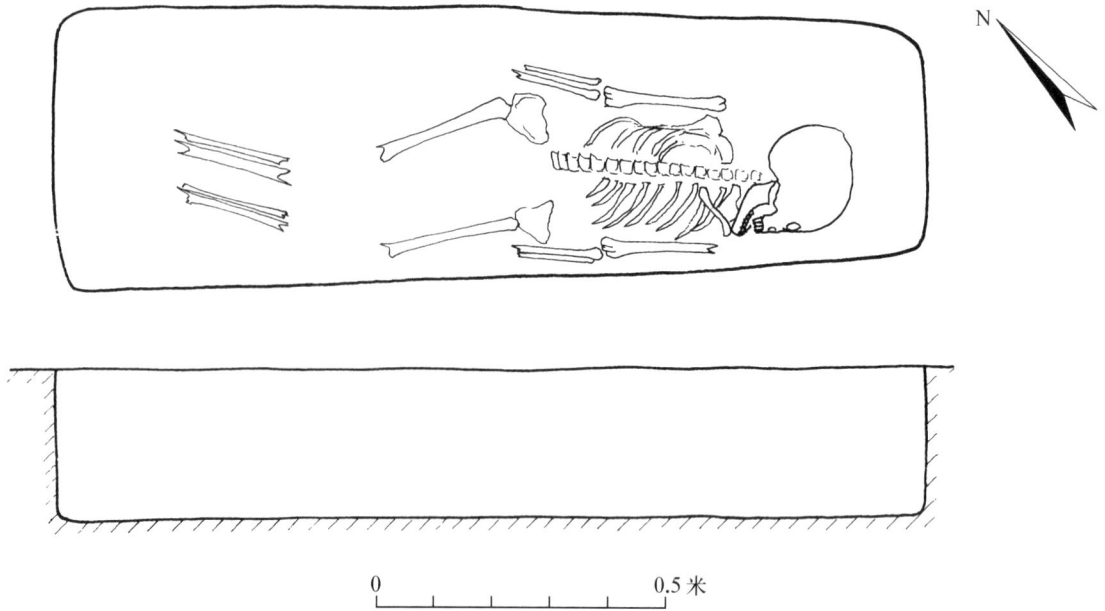

図一七二　M233平、剖面図

M234

竖穴土坑墓，方向135°。墓圹平面呈梯形，墓口长145、宽31～43、墓深25、墓口距地表50厘米（图一七三）。墓壁规整，上下垂直，口底大小相等，平底。墓室内填红褐花土，葬具不清。

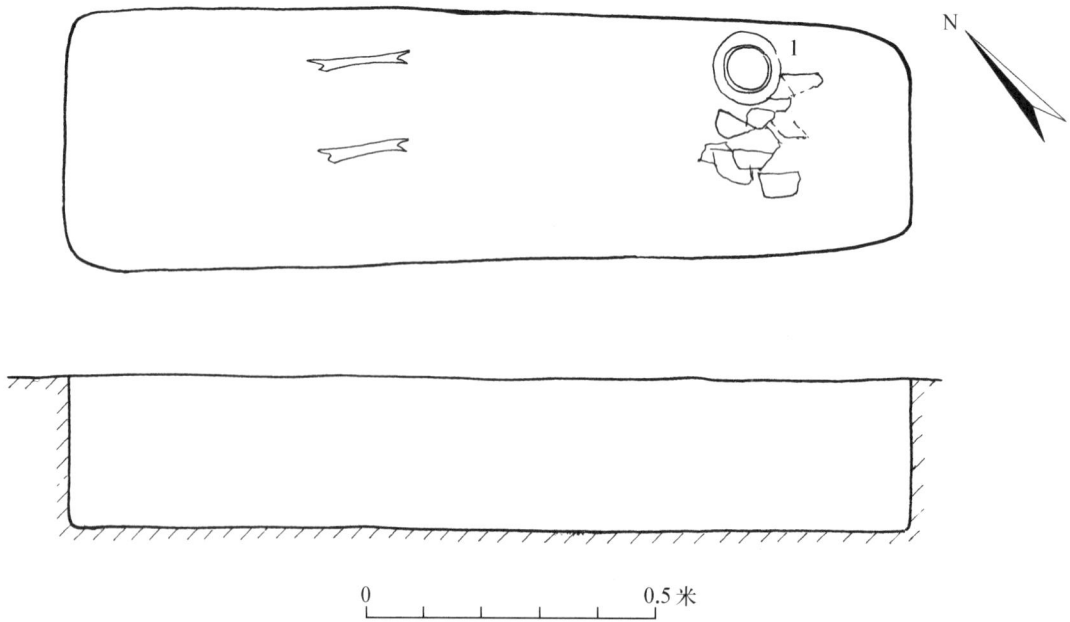

图一七三　M234平、剖面图

1. 有领石环（M234：1）

墓主人性别不详，M₁磨耗Ⅱ级，年龄在25～30岁。葬式、面向亦不清楚。人骨扰乱特别严重，仅剩头骨碎片及左右股骨残段。

头骨右侧发现1件有领石环，M234：1，大理岩。白色，横切面呈楔形，内缘厚，外缘薄，内缘起棱。体断裂为两截，外缘略残。外径10.5、中孔径6.2厘米（图一七五，2；图版二二五，1）。

M235

竖穴土坑墓，方向135°。墓圹平面呈梯形，墓口长145、宽30～45、墓深20、墓口距地表50厘米（图一七四）。边壁规整，上下垂直，口底大小相等，平底。墓室内填红褐花土，葬具不清。

墓主人为女性，M₁磨耗Ⅲ级，年龄在30岁左右。葬式为仰身直肢葬，面向不详。人骨被扰乱，保存较差，仅可辨认出大体形态。

下颌骨下方清理出1件牙饰，M235：1，浅黄白色。月牙状，尖端边有凹槽，另一端残。残高14.2厘米（图一七五，1；图版二四八，8）。右侧肋骨上发现1件石琮，M235：2，蚀变大理岩。浅黄白色。外圈呈弧角方形，内圈较圆。最大外径9、中孔径7.1厘米（图一七五，3；图版二二四，3）。

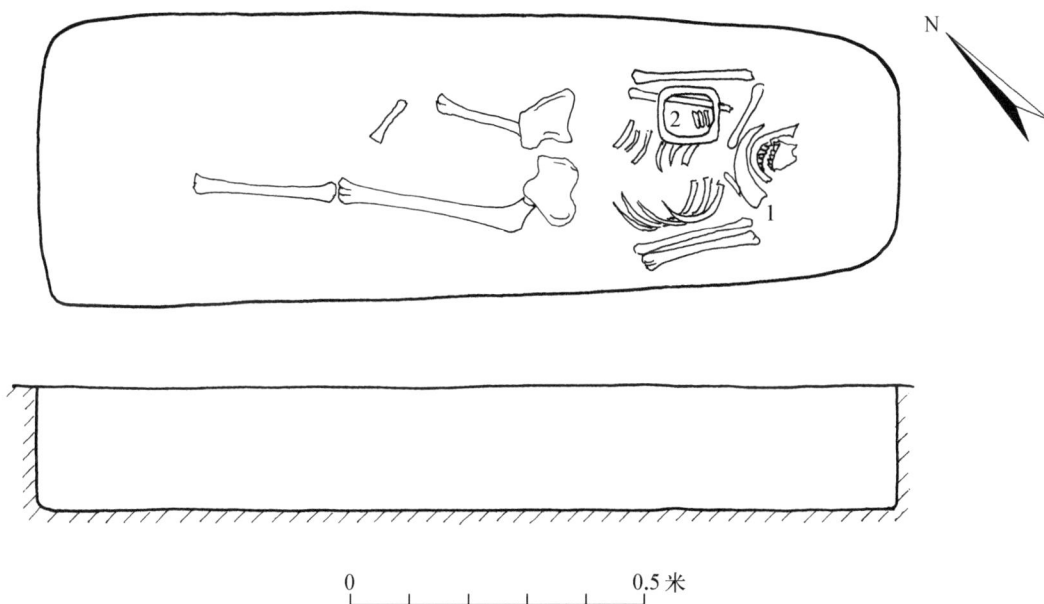

图一七四　M235平、剖面图

1. 牙饰（M235：1）　2. 石琮（M235：2）

M236

竖穴土坑墓，方向135°。墓圹平面呈长方形，墓口长150、宽50、墓深15、墓口距地表50厘米（图一七六）。边壁规整，上下垂直，口底大小相等，平底。打破M237和M266。墓室内填红褐花土，葬具不清。

墓主人为一女性个体，犬齿萌出，年龄在10岁左右。葬式为仰身直肢葬，头向东南，面向西

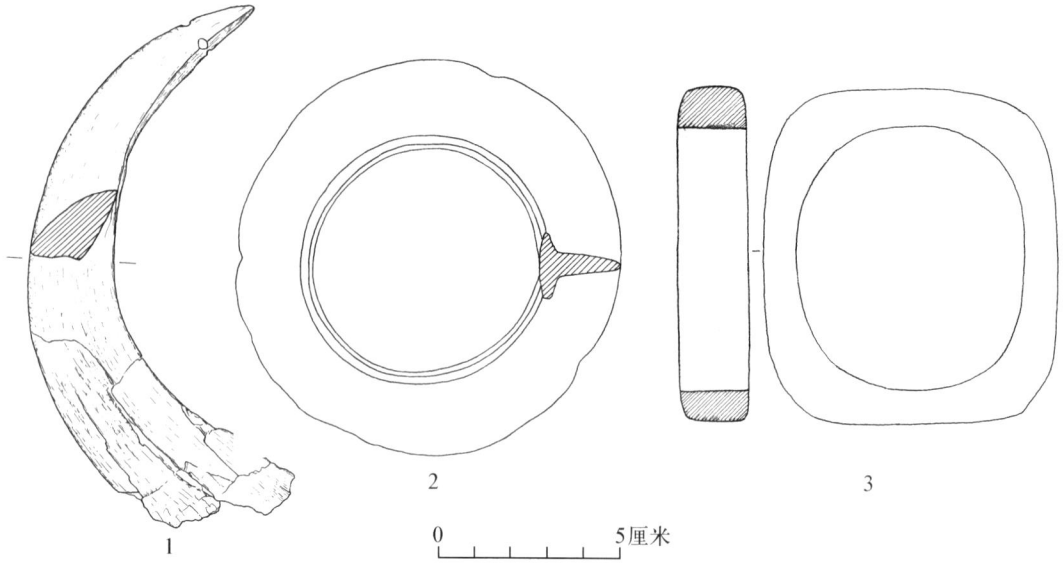

图一七五　M234、M235 出土器物图

1.牙饰（M235∶1）　2.有领石环（M234∶1）　3.石琮（M235∶2）

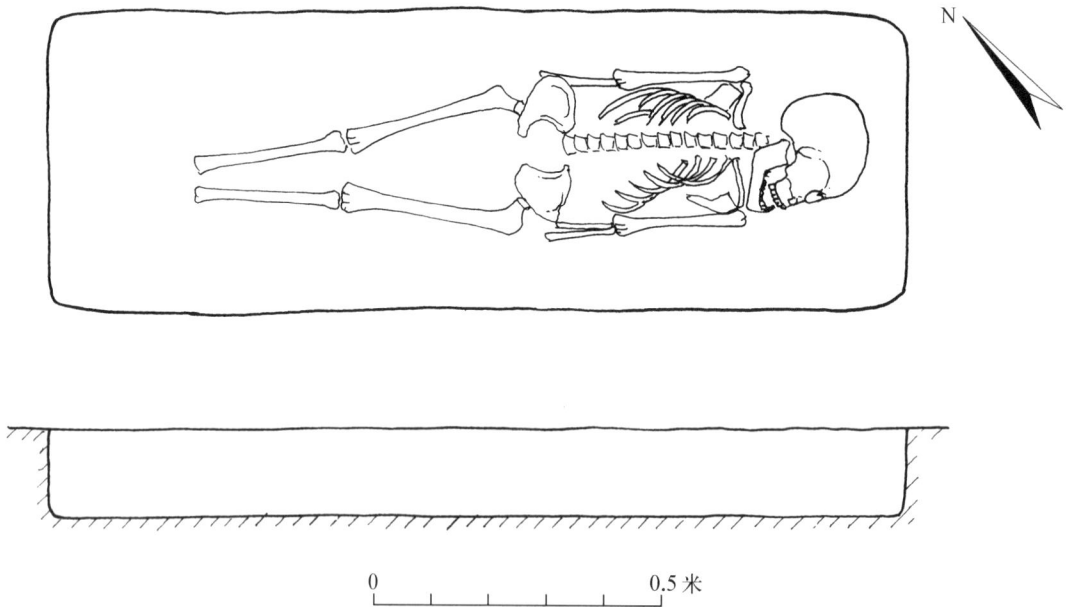

图一七六　M236 平、剖面图

南。人骨保存较好，双肩上耸，两臂伸直，未见脚骨。

墓中未发现随葬品。

M237

竖穴土坑墓，方向43°。墓圹平面呈圆角长方形，墓口长190、宽50、墓深90、墓口距地表50厘米（图一七七，图版五一）。墓壁陡直，口底大小相等，墓底平坦。被M236打破。墓室内填黄褐花

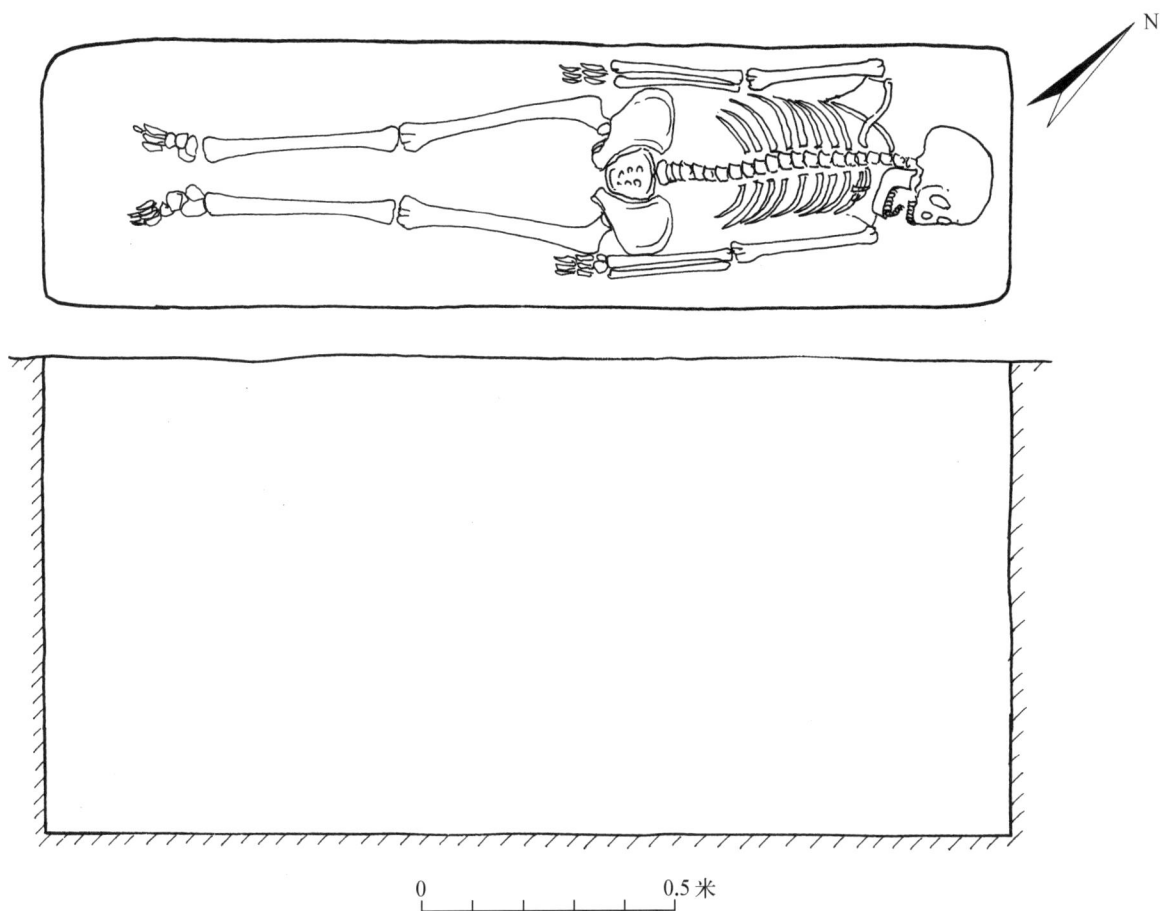

0   0.5 米

图一七七　M237平、剖面图

土,葬具不清。

墓主人为男性,M₁磨耗Ⅴ级,年龄在50岁左右。葬式为仰身直肢葬,头向东北,面向东南。人骨保存完好,两肩上耸,双臂伸直,双手置于腿两侧,双腿伸展。

墓中未发现随葬品。

M238

竖穴土坑墓,方向138°。墓圹平面呈梯形,墓口长140、宽45～70、墓深15、墓口距地表50厘米(图一七八)。边壁规整,上下垂直,口底大小相等,平底。墓室内填红褐花土,葬具不清。

墓葬被扰,墓主人为一男性个体,恒齿第二前臼齿萌出,年龄应在10～13岁之间。葬式不清,头向东南,面向西南。人骨整体向左屈,腐蚀严重,仅可辨认出大体形态。

头骨下方出土2件牙饰,已残。M238:1,黄白色,月牙形,一端有穿,另一端残。残高7.5厘米。M238:2,黄白色,月牙形,两端均残。残高8.2厘米。下肢骨附近出土1件残石器,M238:3,大理岩。青白色,已碎裂为多块,无法拼对成器,其中两块各有两孔,原器形可能为璧形器。最大块长6厘米。

图一七八 M238平、剖面图

1、2.牙饰（M238：1，M238：2） 3.残石器（M238：3）

M239

竖穴土坑墓，方向120°。墓口残长50、宽45、墓深15、墓口距地表50厘米。边壁规整，上下垂直，口底大小相等，平底。被一座砖室墓M65打破。墓室内填红褐花土，葬具不清。

墓中发现一个人骨个体，性别、年龄不详。葬式、面向亦不清楚。左右胫骨以上骨骼全被砖室墓破坏。

墓中未发现随葬品。

M240

竖穴土坑墓，方向132°。墓口残长60～120、宽80、墓深90、墓口距地表50厘米（图一七九）。墓壁陡直，口底大小相等，墓底平坦。被一座砖室墓M65打破。墓室内填红褐花土，葬具不清。

墓主人为女性，M_1磨耗Ⅴ～Ⅵ级，年龄在50～55岁。葬式、面向不

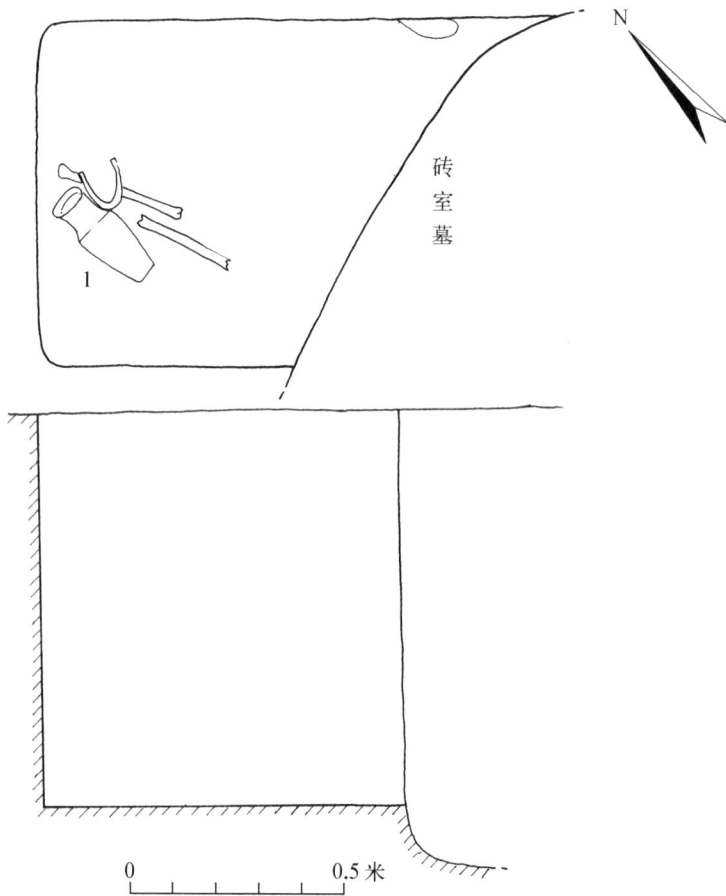

图一七九 M240平、剖面图

1.陶瓶（M240：1）

详。人骨扰乱严重,仅在墓室西北部清理出下颌骨、右侧肱骨、右侧股骨等。

墓室西北角发现1件陶瓶。M240:1,混质褐陶。敞口,折肩,腹斜内收。颈、肩、上腹和口沿内侧绘红彩,上腹红彩已脱落,底部胎有剥离。口径9.5、底径6、通高21厘米(图一八一,4;图版二○二,2)。

M241

竖穴土坑墓,方向135°。墓圹平面呈圆角长方形,墓口长270、宽60、墓深100、墓口距地表50厘米(图一八〇,图版五二)。墓壁陡直,口底大小相等,墓底平坦。打破M242。墓室内填红褐花土,葬具不清。

墓主人为男性,M_1磨耗Ⅴ～Ⅵ级,年龄在50～55岁。葬式为仰身直肢葬,头向东南,面向上。人骨未被扰乱,保存完好。

随葬品比较丰富。人骨头顶清理出1件骨笄,M241:1,黄白色。器身扁条形,一端宽,另一端略尖,宽端两侧各有两锯齿凹槽。长10厘米(图一八一,1;图版二四五,7)。左右锁骨处各有

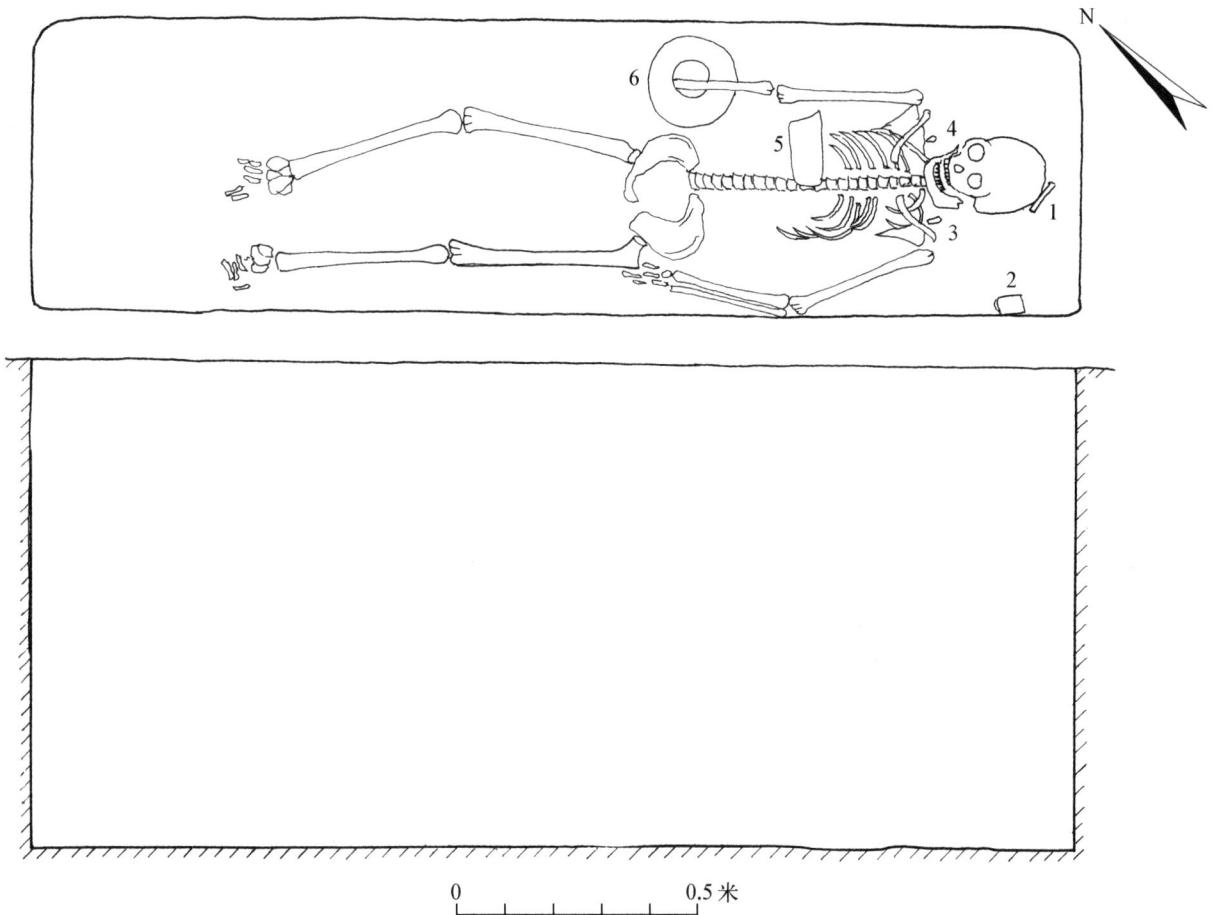

图一八〇 M241平、剖面图

1.骨笄(M241:1) 2.残石器(M241:2) 3、4.石坠饰(M241:3、M241:4) 5.石钺(M241:5) 6.石璧(M241:6)

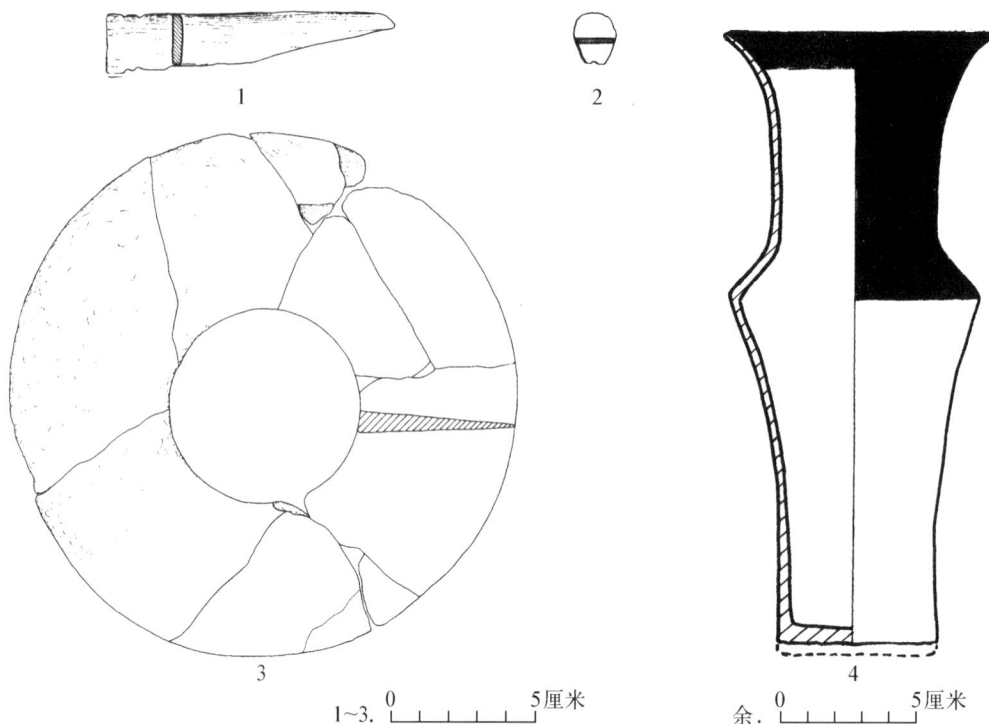

图一八一　M241出土器物图

1. 骨笄（M241∶1）　2. 石坠饰（M241∶4）　3. 石璧（M241∶6）　4. 陶瓶（M240∶1）

1件坠饰，M241∶3，绿松石，片状，一端有穿，长1.7、厚0.2厘米（图版二四一，4）。M241∶4，蚀变大理岩。青色。顶端残，器身椭圆形，横剖面呈长方形，一端有穿。残长1.7、厚0.2厘米（图一八一，2；图版二四一，5）。右侧肋骨上方横置1件石钺，M241∶5，蚀变大理岩。青灰色，受沁泛黄，酥脆，器体多处断裂，顶端、右侧、刃端残。体呈长方形，器体从顶端至刃部逐渐变薄，双面斜刃，通体曾抛光。近顶端中部有一双面管钻圆孔。长边17、短边14.6、顶端宽5.4、刃端宽7.2、厚0.5、孔径0.7厘米。1件石璧套于右前臂，M241∶6，蚀变大理岩。青灰色，间杂有黑斑，器体多处断裂，边缘略残。切面略呈楔形，内缘厚，外缘薄。外径18、好径6.8、最厚处0.7厘米（图一八一，3；图版二一六，1）。此外，在头骨左侧还发现有10厘米左右的朱砂痕迹及1件残石器，M241∶2，蚀变大理岩。破碎为数块，受沁严重。残长11.5厘米。

M242

竖穴土坑墓，方向40°。墓口残长130～140、宽60、墓深75、墓口距地表50厘米（图一八二）。墓壁陡直，口底大小相等，墓底平坦。被M241打破。墓室内填黄花土，葬具不清。

墓主人为一成年女性，具体年龄不详。葬式为仰身直肢葬。左右桡骨和尺骨以上部分被M241破坏，基本无存。下肢保存相对较好，两腿伸直，双脚并拢。

墓中未发现随葬品。

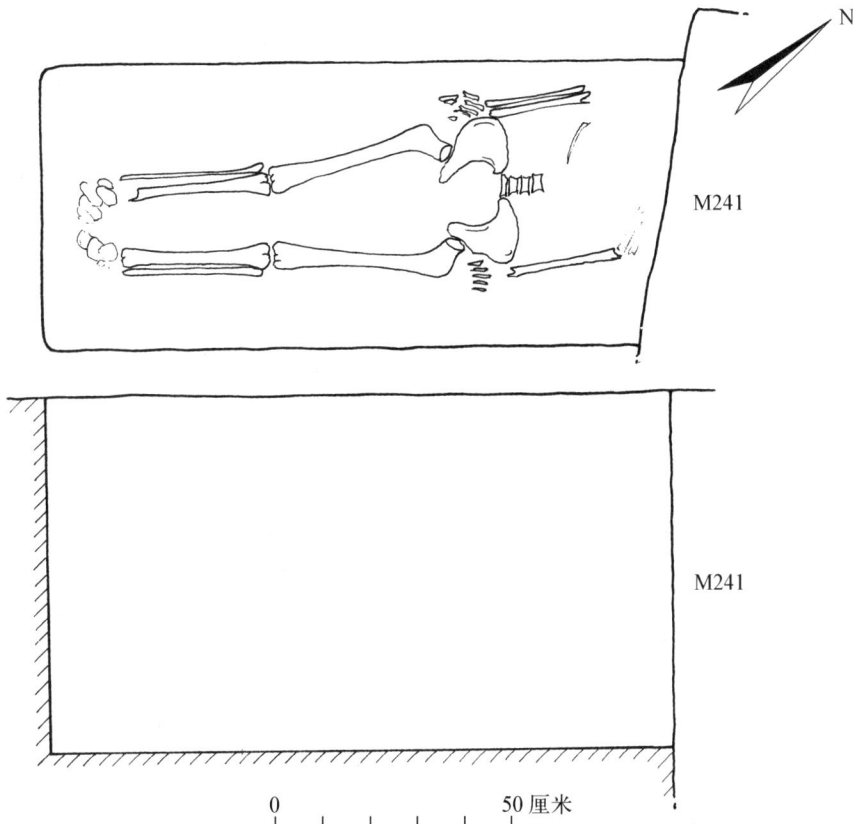

图一八二 M242平、剖面图

M243

竖穴土坑墓，方向145°。墓圹平面呈梯形，墓口长180、宽54～60、墓深60、墓口距地表50厘米（图一八三）。墓壁陡直，口底大小相等，墓底平坦。打破M244。墓室内填红褐花土，葬具不清。

墓主人为一成年女性，具体年龄不详。葬式为直肢葬，面向亦不清楚。人骨扰乱严重，上肢散布于墓室南部，仅存有锁骨残段、左侧肱骨和桡骨残段、肋骨残段等；下肢相对较好，仍可见左右胫骨、腓骨及脚骨等。

墓中未发现随葬品。

M244

竖穴土坑墓，方向125°。墓口残长短边12、长边168、宽60、墓深15、墓口距地表50厘米（图一八四）。边壁规整，上下垂直，口底大小相等，平底。被M243打破。墓室内填红褐花土，葬具不清。

墓主人为一女性个体，恒齿第二前臼齿萌出，年龄当在10～13岁之间。葬式为仰身葬。骨骸被扰乱，保存较差，仅存有头骨、肋骨残段、右侧肱骨残段等。

墓中未发现随葬品。

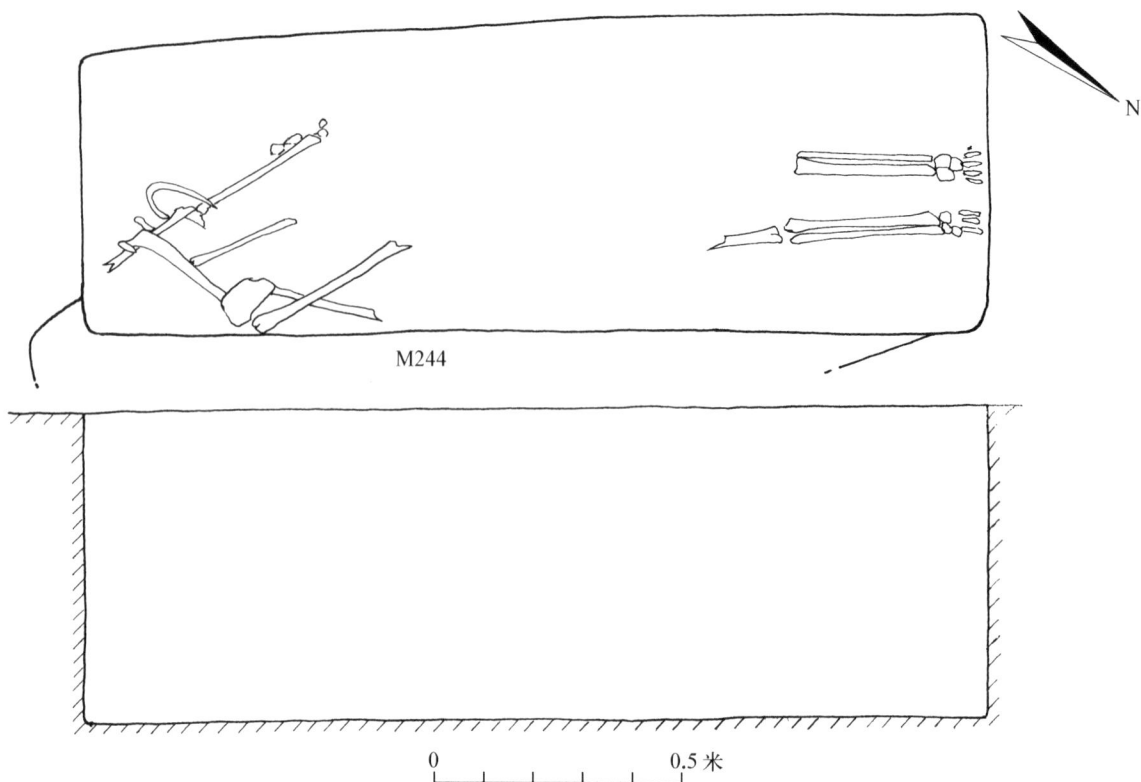

图一八三　M243平、剖面图

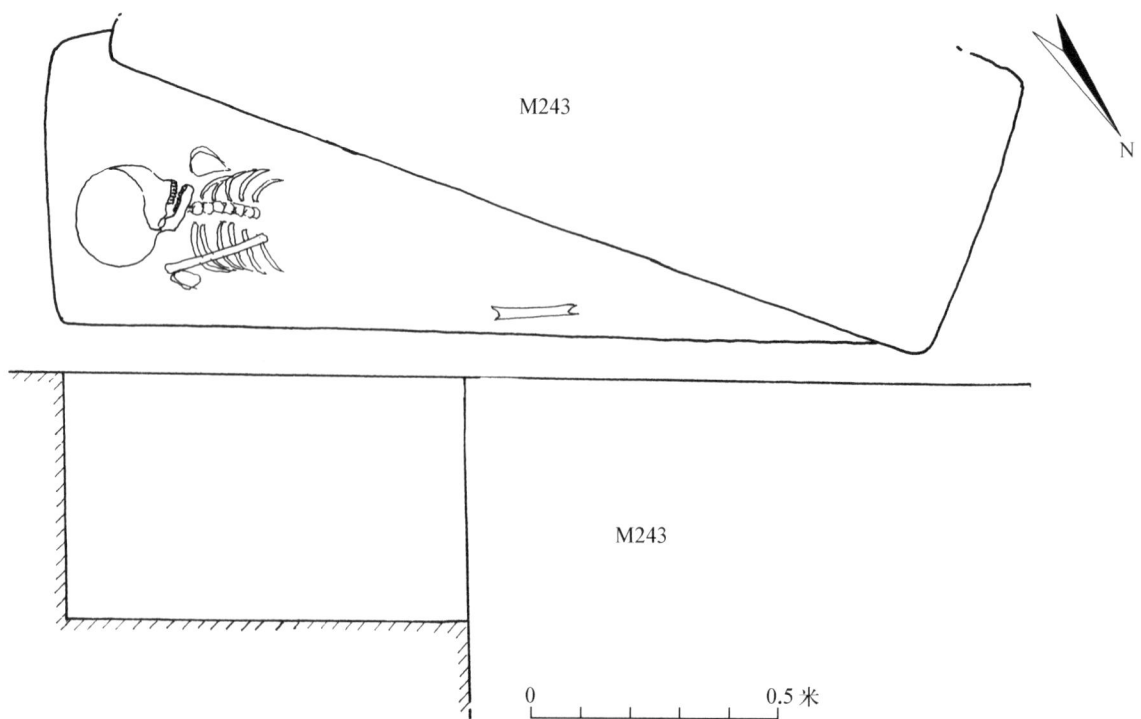

图一八四　M244平、剖面图

M245

竖穴土坑墓,方向137°。墓圹平面呈梯形,墓口长240、墓口宽70～80、墓深120、墓口距地表50厘米(图一八五,图版五三)。墓底发现有棺的痕迹,棺长224、宽61厘米。墓壁规整。打破M247和M248。墓室内填红褐花土。

墓主人为男性,M_1磨耗Ⅵ级以上,年龄在60岁以上。葬式为仰身直肢葬,头向东南,面向北。人骨未被扰乱,保存完好,左臂弧形内收,左手放置于盆骨上方,右臂自然伸直,双腿伸展。此外,墓底和人骨架上均发现草灰痕迹。

墓中出土的随葬品较为丰富。头顶发现1件骨笄和1件小石钺,骨笄,M245:1,浅黄白色。器身扁薄,上半部横剖面为半圆形,顶端有单面钻孔,下半部收缩成刃,单面斜刃。长9.4、宽1.4厘米(图一八六,2;图版二四五,8)。石钺,M245:2,大理岩。青色,受沁泛白,刃端残。体呈梯形,器体略厚,双面刃,通体抛光。顶端宽3.1、厚0.6、残长6.5厘米(图一八六,

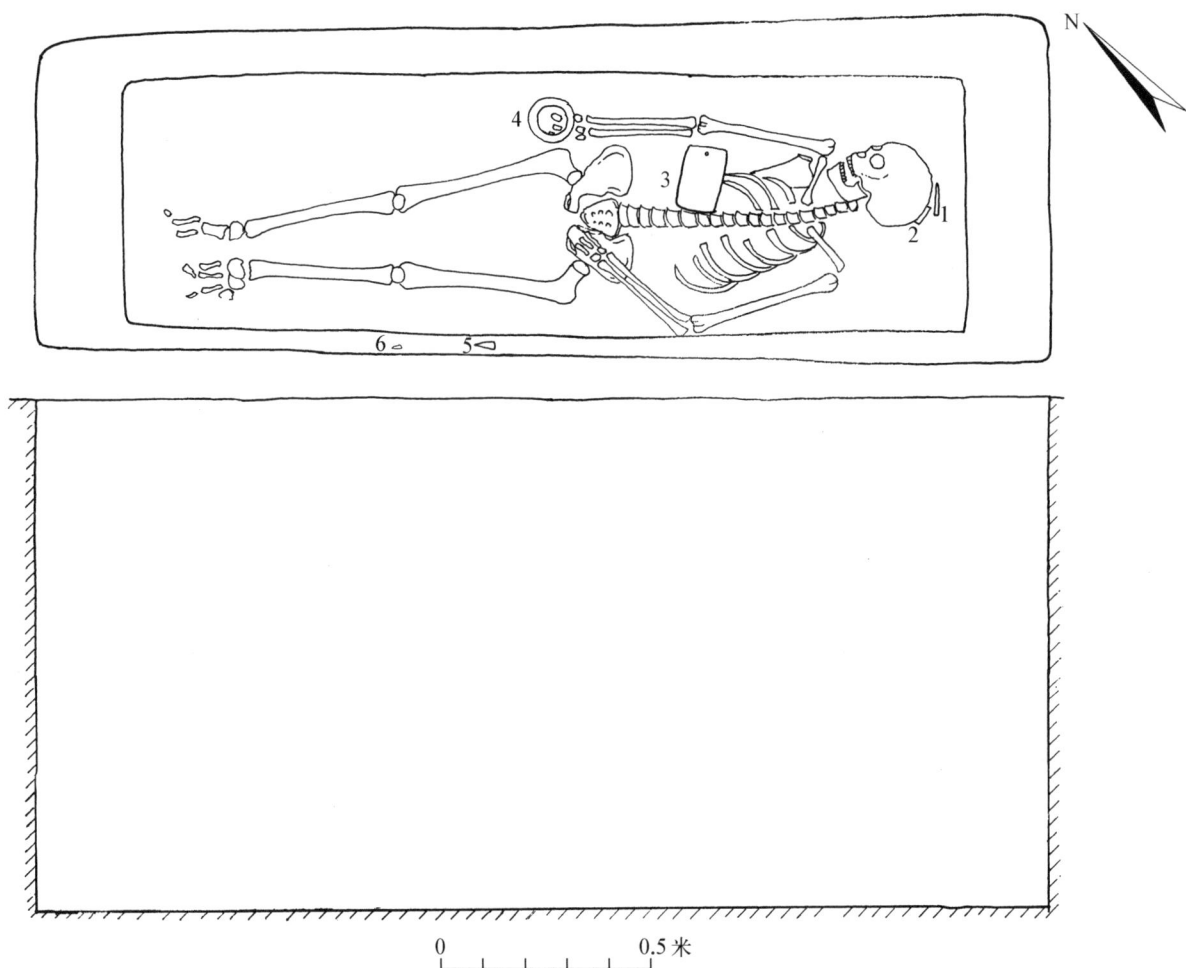

图一八五 M245平、剖面图

1.骨笄(M245:1) 2、3.石钺(M245:2、M245:3) 4.石璧(M245:4) 5、6.石镞(M245:5、M245:6)

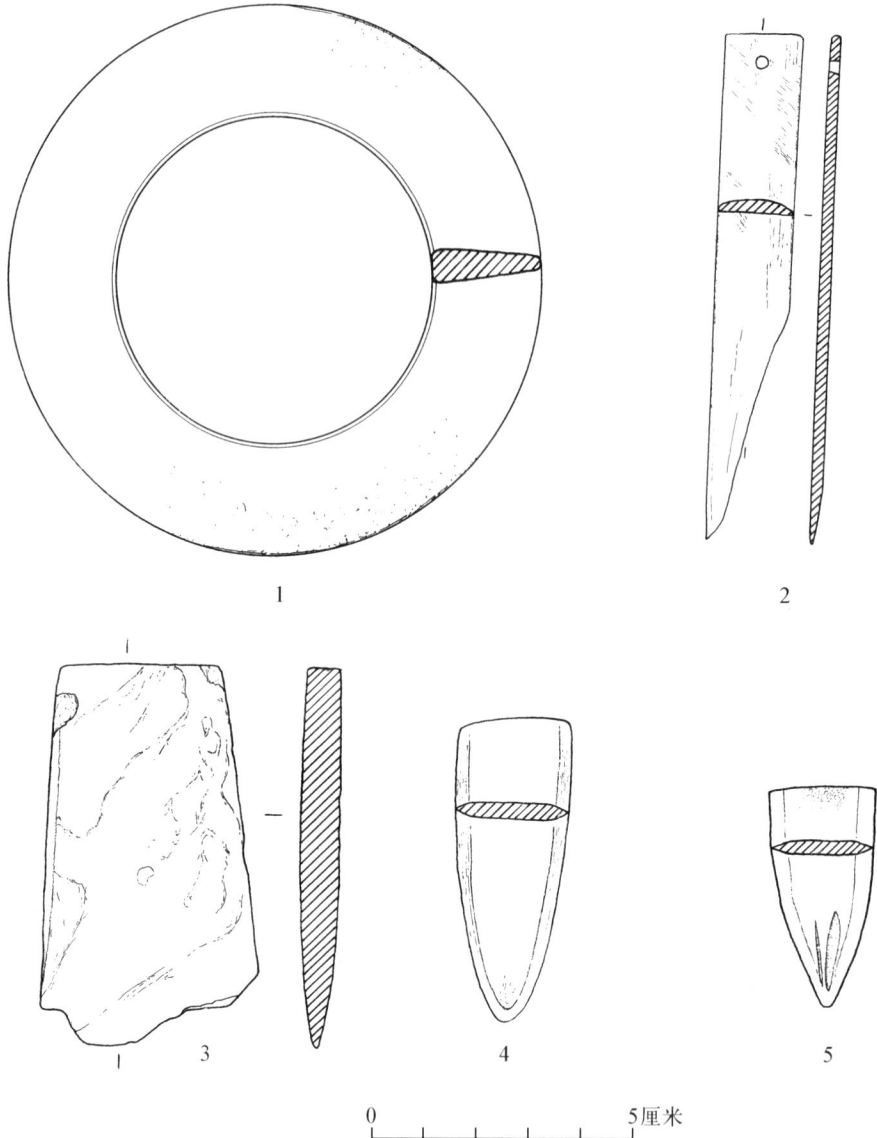

图一八六　M245出土器物图

1. 石璧（M245：4）　2. 骨笄（M245：1）　3. 石钺（M245：2）　4、5. 石镞（M245：6、M245：5）

3；图版二〇六，2）。右侧肱骨和脊椎之间出土1件石钺，M245：3，蚀变大理岩。青灰色，受沁泛黄。体呈长方形，双面弧刃，通体抛光。近顶端中部有一双面钻圆孔。顶端宽9厘米、刃端宽10、厚0.8、孔径2、长16厘米（图版二一三，2）。右手戴有石璧，M245：4，蛇纹石化大理岩。青色，器体受沁泛白。切面呈楔形，内缘厚，外缘薄，通体抛光。外径10.4、好径6.1、厚0.2～0.6厘米（图一八六，1；图版二一八，2）。左股骨外侧清理出2枚石镞以及少量红漆皮。石镞，青灰色。器身呈扁薄的三角形，两侧起刃。M245：5，片岩。青灰色，尖锋，略残，残长4.1厘米（图一八六，5；图版二二一，3）。M245：6，板岩，青灰色，锋略圆钝，长5.7厘米（图一八六，4；图版二二一，4）。下颌骨右侧和锁骨之间还见有类似黑环的遗存。

M246

竖穴土坑墓，方向140°。墓圹平面呈圆角梯形，墓口长180、宽40～52、墓深20、墓口距地表50厘米（图一八七）。边壁规整，上下垂直，口底大小相等，平底。打破M247和M248。墓室内填红褐花土，葬具不清。

墓主人为男性，M_1磨耗Ⅵ级以上，年龄在60岁以上。葬式为仰身直肢葬，面向不详。骨骸受到扰乱，头骨、左侧肋骨等遭到破坏，但四肢位置明确，整体轮廓清晰。墓主人双肩上耸，右前臂斜置于腹部，左臂伸直，左手放在左盆骨上，两腿伸展。

墓中未发现随葬品。

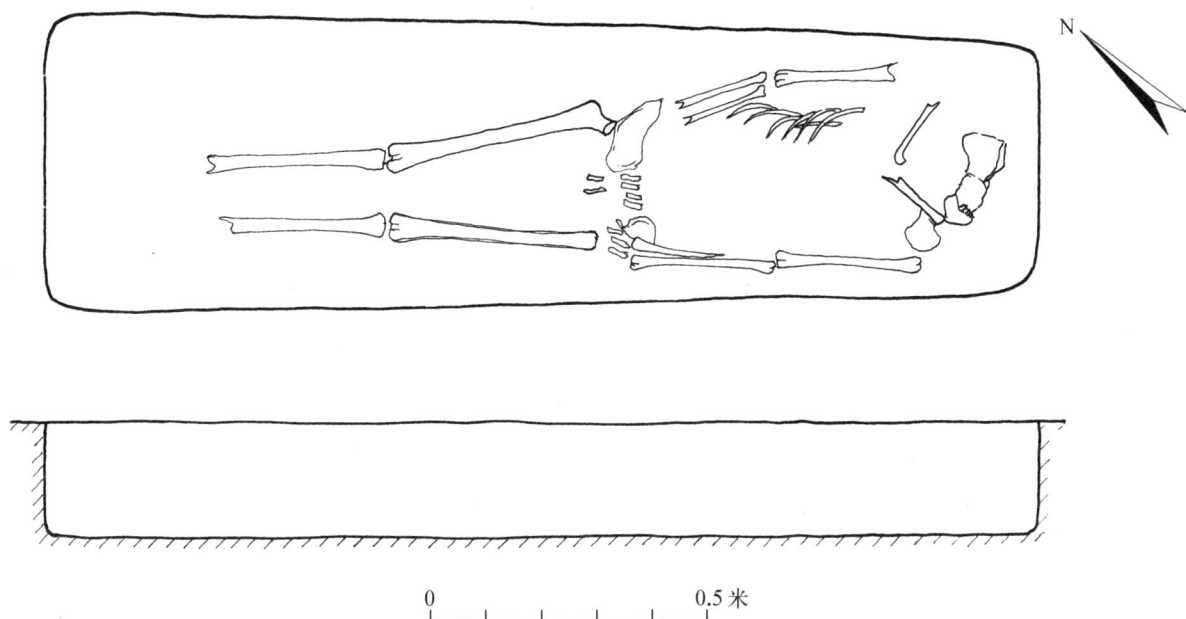

0   0.5 米

图一八七　M246平、剖面图

M247

竖穴土坑墓，方向47°。墓圹平面呈圆角长方形，墓口长180、宽50、墓深10、墓口距地表50厘米。边壁规整，上下垂直，口底大小相等，平底。被M245和M246打破。墓室内填黄褐花土，葬具不清。

墓内并未发现人骨架，仅是在墓底清理出一件猪下颌骨。

M248

竖穴土坑墓，方向37°。墓口残长120、宽55、墓深60、墓口距地表50厘米（图一八八）。墓壁陡直，口底大小相等，墓底平坦。被M245和M246打破。墓室内填黄褐花土，葬具不清。

墓主人为女性，M_1磨耗Ⅵ级以上，年龄在60岁以上。葬式为仰身葬，头向东北，面向东

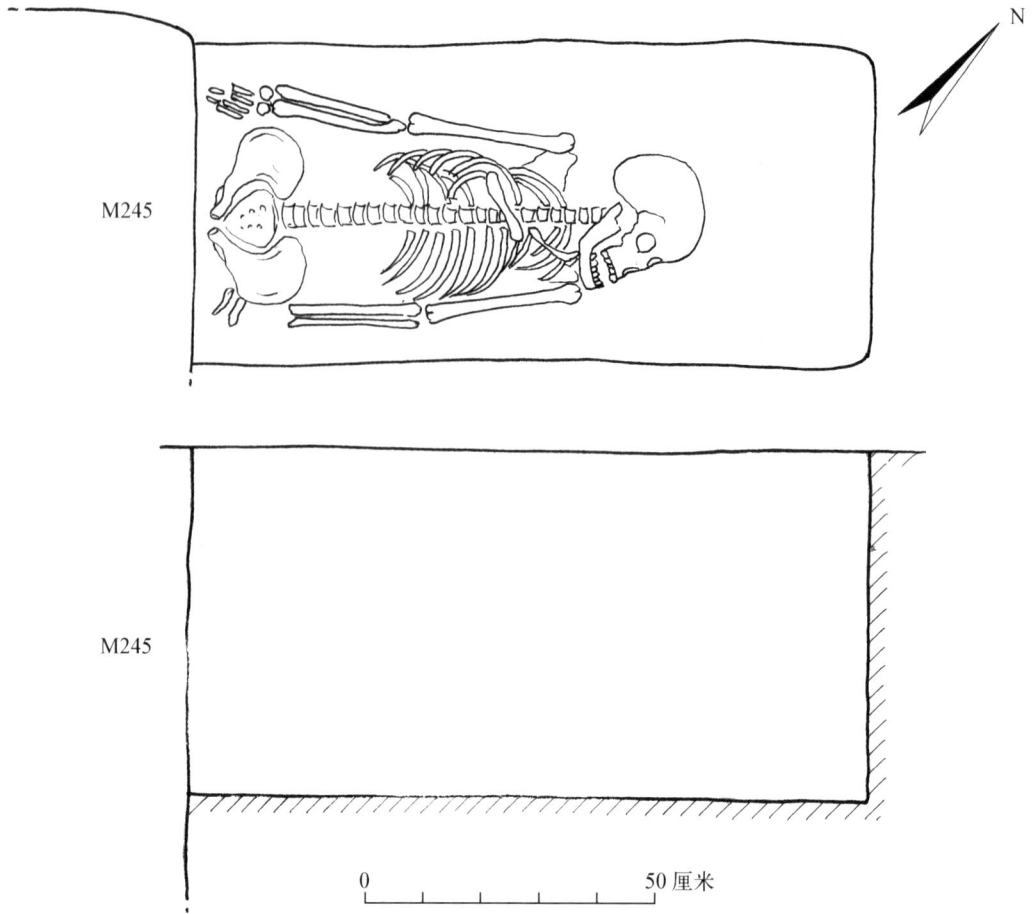

图一八八　M248平、剖面图

南。盆骨以下部分被M245破坏,上肢保存相对完好,双肩上耸,两臂自然伸直,双手放置于盆骨两侧。

墓中未发现随葬品。

M249

竖穴土坑墓,方向130°。墓口长210、宽115、墓深140、墓口距地表50厘米(图一八九)。墓壁陡直,口底大小相等,墓底平坦。墓圹西南部在盗墓时遭到破坏。打破M232和M253和M272。墓室内填红褐花土,葬具不清。

墓中骨骸扰乱严重,仅存左右股骨残段、左右胫骨和腓骨残段等,无法获取更多信息。胫骨和腓骨下面发现有朱砂痕迹,性别、年龄不详。葬式及面向亦不清楚。墓底清理出1块长50、宽30、高20厘米的不规则石头。

墓中未发现随葬品。

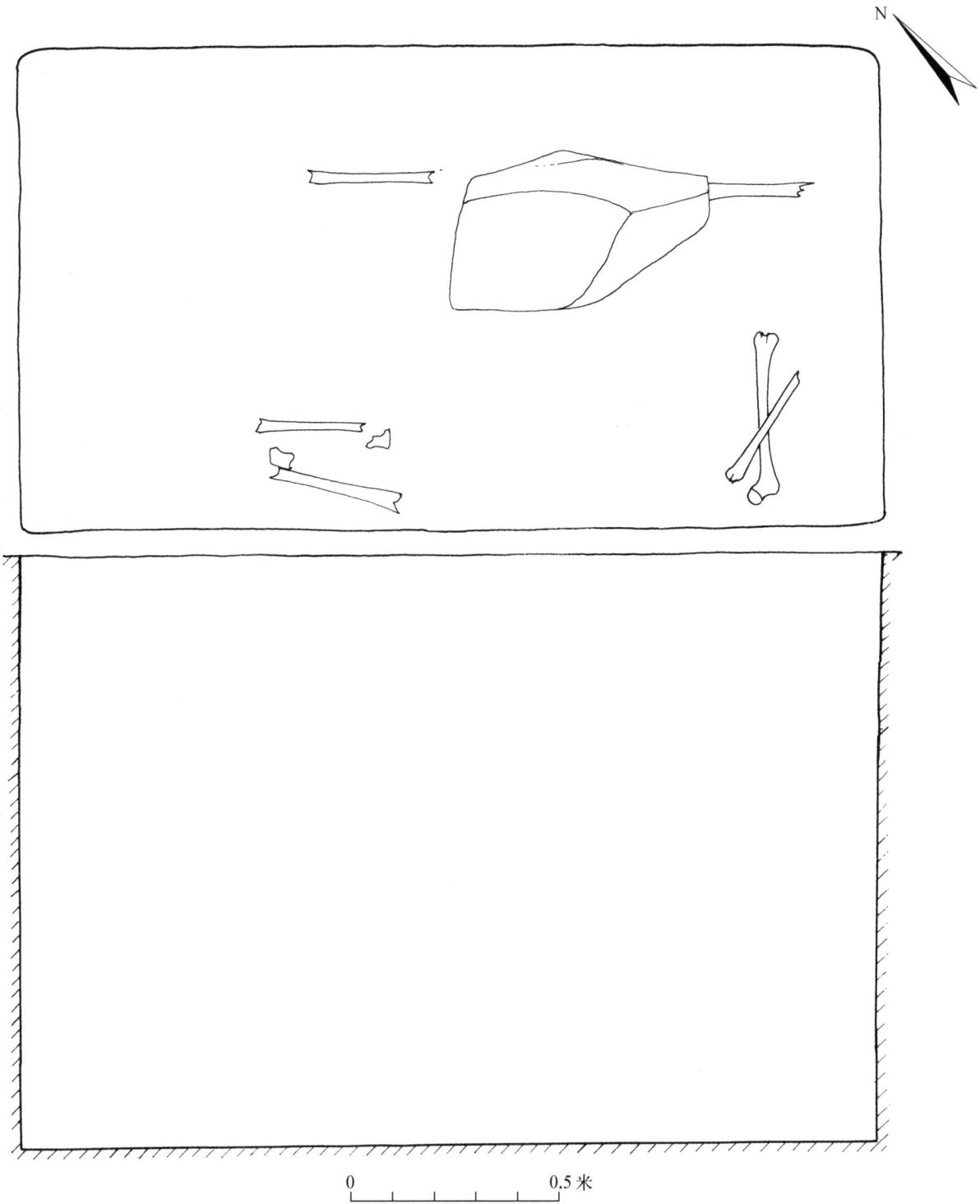

图一八九 M249平、剖面图

M250

竖穴土坑墓，方向132°。墓圹平面呈圆角长方形，墓口长160、宽45、墓深55厘米（图一九〇）。墓壁陡直，口底大小相等，墓底平坦。打破M251，被M222打破。墓室内填红褐花土，葬具不清。

墓中骨骸扰乱严重，仅在墓室西北角填土中清理出右侧胫骨残段和腓骨残段。性别、年龄不详。葬式亦不清楚。

随葬品计有10件。玉璜，M250：1，透闪石玉。青色，有土沁。窄体，内外缘较薄，通体抛光。长3.7、肉宽1厘米（图一九一，9；图版二三四，3）。石管6件，柱状，中间有穿，两端平齐，腹部圆鼓，大小不一（图一九一，1～6；图版二三一，3）。M250：2，伊利石质，长3.2、直径1.5厘米；M250：3，伊利石质，长3、直径1.6厘米；M250：4，伊利石质，长3.3、直径1.5厘米（图版二三一，1）；M250：5，伊利石质，长3.3、直径1.5厘米（图版二三一，2）；M250：6，绿泥石玉，长2.3、直径1.5厘米；M250：7，绿泥石，长2、直径1.5厘米。石璜1件（或为石璧残段），M250：8，大理岩。青色，两端残。切面呈楔形，内缘厚，外缘薄。肉宽2.2厘米、最厚处0.4厘米（图一九一，8）。石镞1件，M250：9，板岩。青灰色。尖残，体呈扁薄的三角形，尖锋两侧起刃。残长5、宽1.9厘米（图一九一，7）。石钺1件，

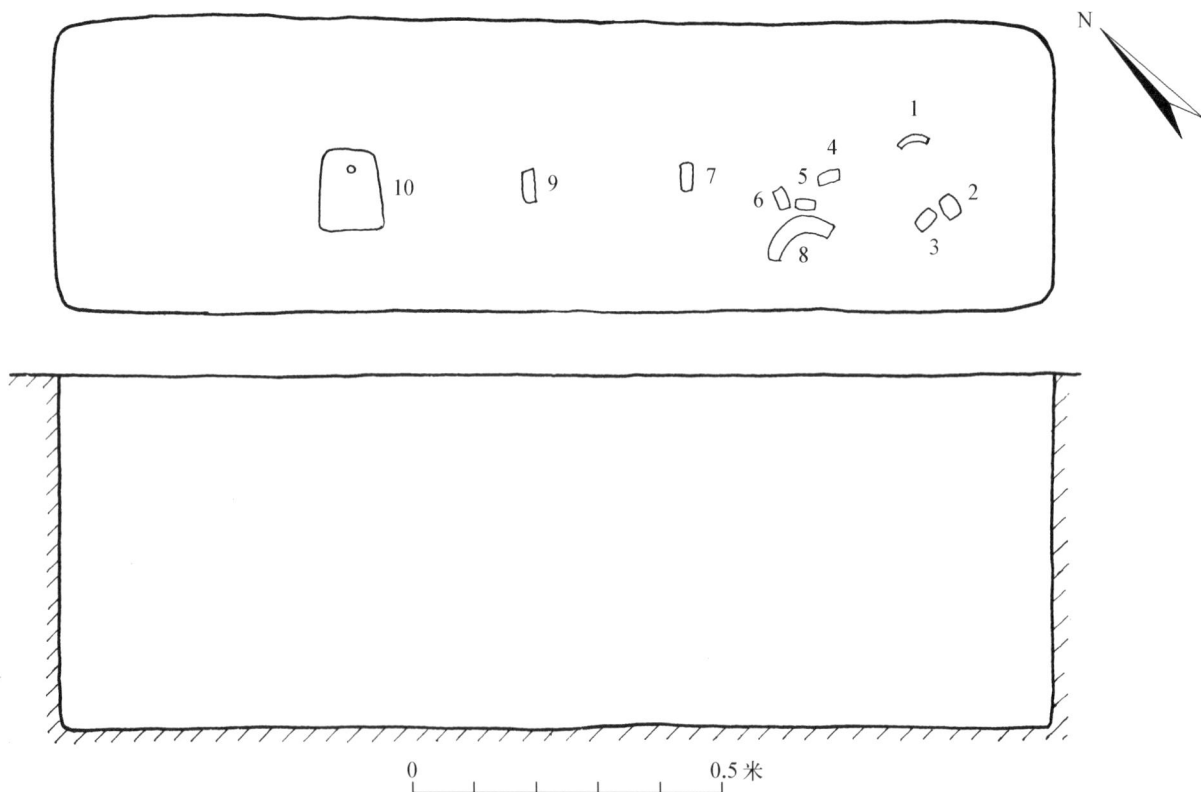

图一九〇　M250平、剖面图

1. 玉璜（M250：1）　2～7. 石管（M250：2、M250：3、M250：4、M250：5、M250：6、M250：7）　8. 石璜（M250：8）
9. 石镞（M250：9）　10. 石钺（M250：10）

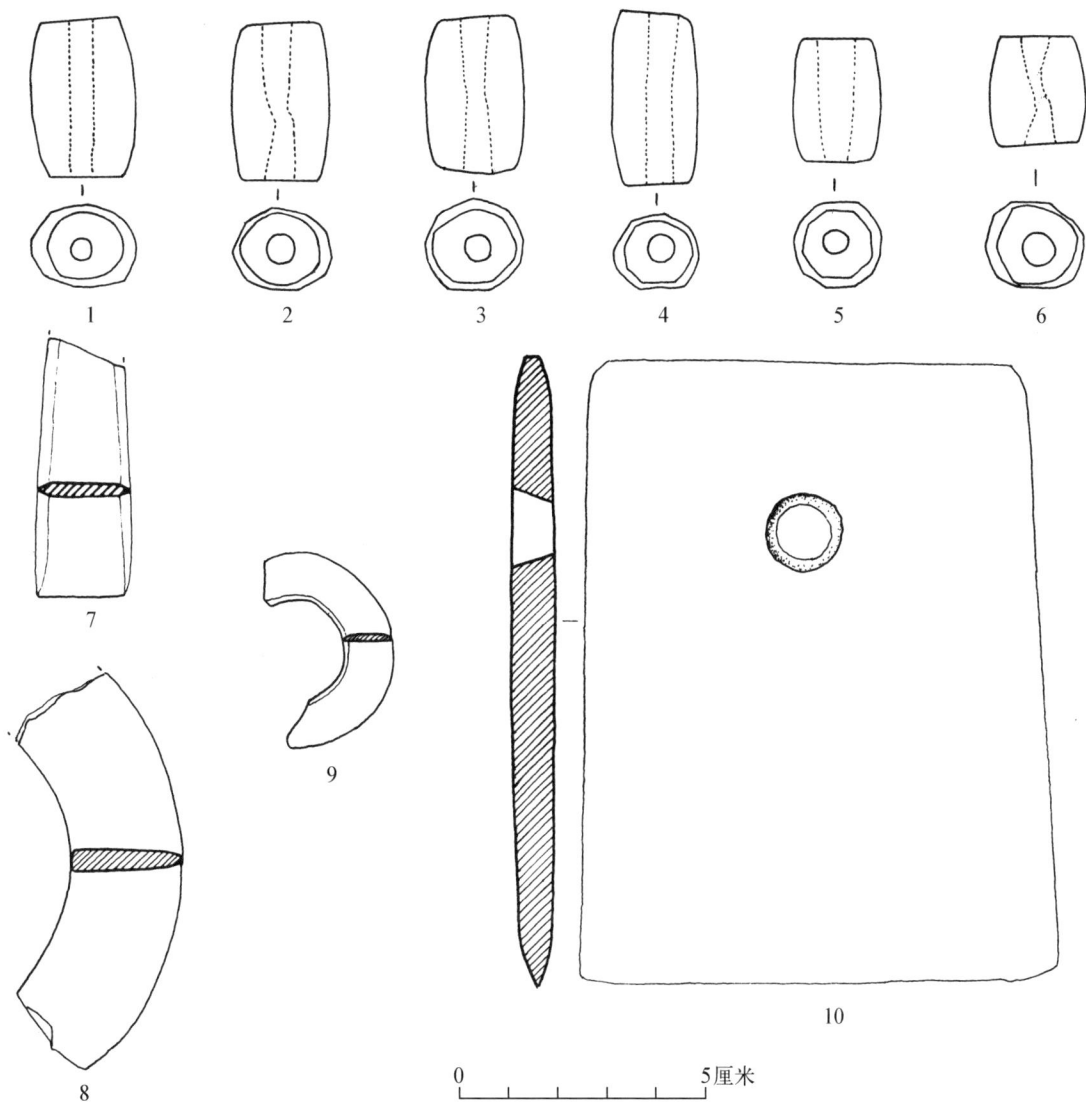

图一九一　M250出土器物图

1～6. 石管（M250：2、M250：3、M250：4、M250：5、M250：6、M250：7）　7. 石镞（M250：9）　8. 石璜（M250：8）
9. 玉璜（M250：1）　10. 石钺（M250：10）

M250：10，片岩。青灰色，部分区域受沁发黄。长方形，厚薄均匀，双面直刃，近顶端中央有一个单面钻的圆孔。长12.3、顶端宽8.5、刃端宽9.7、孔径1.2、厚0.8厘米（图一九一，10；图版二〇四，2）。

M251

竖穴土坑墓，方向38°。墓圹平面呈圆角长方形，墓口长200、宽50～55、墓深120、墓口距地表50厘米（图一九二）。墓壁陡直，口底大小相等，墓底平坦。被M221和M250打破。墓室内填黄花土，葬具不清。

墓主人为男性，M_1磨耗Ⅵ级以上，年龄在60岁以上。葬式为仰身直肢葬，头向东北，面向西

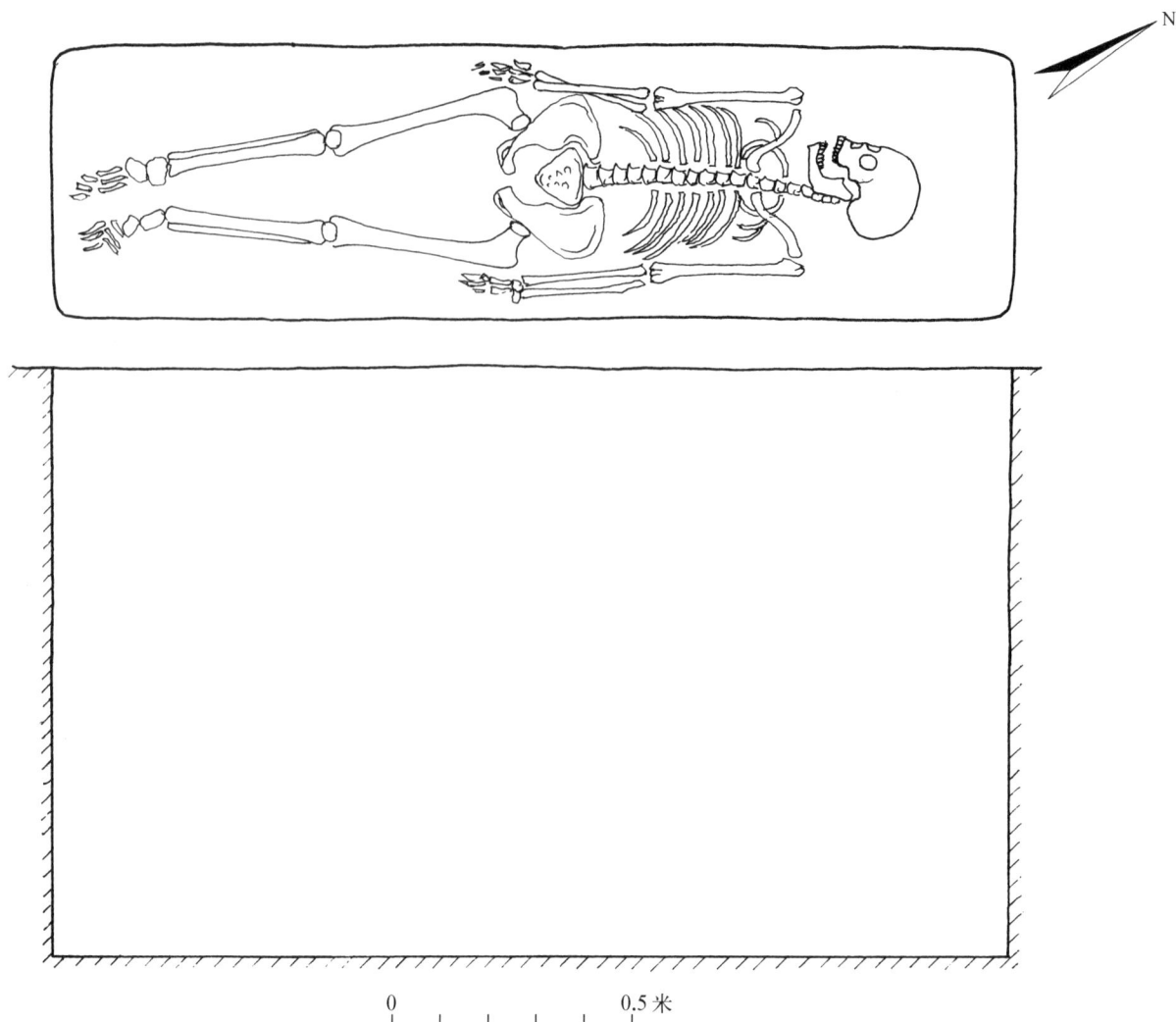

图一九二　M251平、剖面图

北。人骨保存完好,两肩上耸,双臂伸直,双手置于腿两侧,双腿伸展,两脚靠拢略向左倾。

墓中未发现随葬品。

M252

竖穴土坑墓,方向42°。墓圹平面呈圆角长方形,墓口长170、宽44～55、墓深90、墓口距地表50厘米(图一九三,图版五四)。墓壁陡直,口底大小相等,墓底平坦。被M212和M213打破。墓室内填黄褐花土,葬具不清。

墓主人为女性,M_1磨耗Ⅵ级以上,年龄在60岁以上。葬式为仰身直肢葬,头向东北,面向东南。人骨保存完好,整体居于墓室中央,两肩上耸,双臂伸直,双手置于腿两侧,双腿伸展。

墓中未发现随葬品。

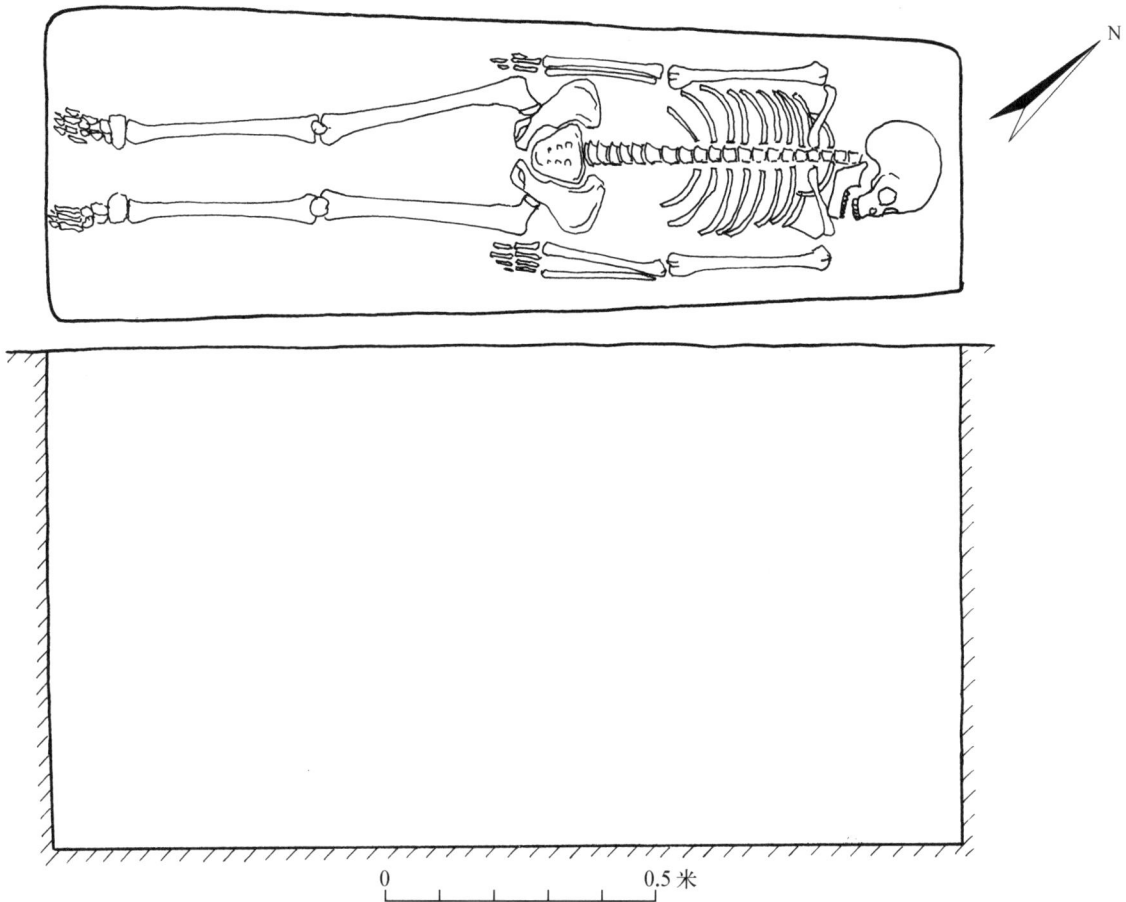

图一九三　M252平、剖面图

M253

竖穴土坑墓,方向40°。墓口残长60、宽45～50、墓深55、墓口距地表50厘米(图版五五)。墓壁陡直,口底大小相等,墓底平坦。被M249打破。墓室内填黄褐花土,葬具不清。

墓主人为女性,M_1磨耗Ⅴ级,年龄在50岁左右。葬式为仰身葬,头向东北,面向东南。左右肱骨及其以上部分骨骼保存较好,基本形态清晰可辨,但其以下部分被M249破坏,已然无存。

墓中未发现随葬品。

M254

竖穴土坑墓,方向133°。墓圹平面呈圆角梯形,墓口长180、宽37～52、墓深25、墓口距地表50厘米(图一九四)。墓壁规整,上下垂直,口底大小相等,平底。打破M257。墓室内填红褐花土,葬具不清。

墓主人为女性,M_1磨耗Ⅲ级,年龄在30岁左右。葬式和面向不详。骨骼散乱,保存较差,集中分布于墓室中部和东南部,如头骨残片、锁骨残段、左右肱骨残段、右侧尺骨残段、肋骨残段、左

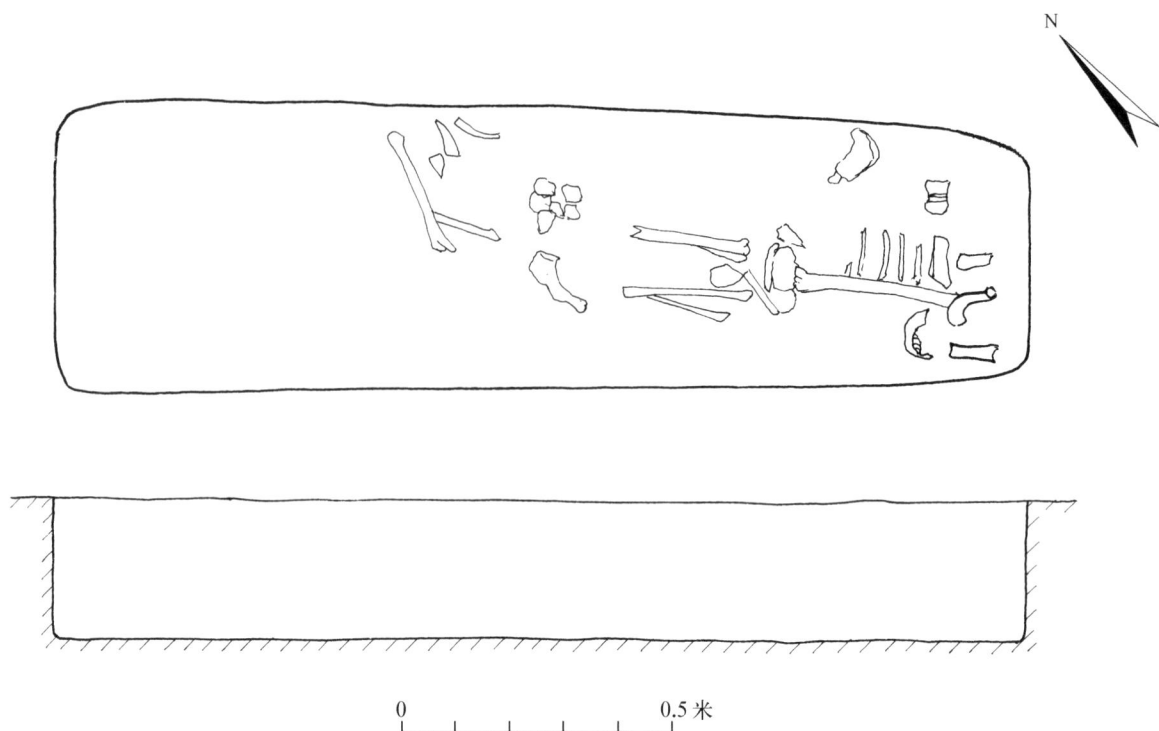

图一九四　M254 平、剖面图

右股骨残段等。

墓中未发现随葬品。

M255

竖穴土坑墓，方向125°。墓圹平面呈圆角长方形，墓口长210、宽100、墓深100、墓口距地表50厘米（图一九五）。墓壁陡直，口底大小相等，墓底平坦。打破M257。墓室内填红褐花土。

墓中骨骸扰乱严重，保存极差，左侧肱骨残段、右侧股骨、左右胫骨和腓骨残段、骶骨等骨骼散布于墓室之中。性别、年龄不详。葬式及面向亦不清楚。墓底清理出大面积的朱砂痕迹，但厚薄不均。

随葬品亦比较丰富，主要有梯形花边石片（或牌饰），M255：1，蚀变大理岩。青白色，器体断裂，顶端和一侧边略残。器身近梯形，窄端有肩，近顶端有一双面钻圆孔，厚度均匀，但宽端略薄，两侧及宽端中部有一圆形凹槽，通体抛光。长7.1、宽4.9厘米（图一九六，1；图版二二七，4）。骨镞，M255：2，浅黄白色。器身呈三角形，中间厚两边薄。长5.4、宽1.8厘米（图版二四二，1）。石镞，有13枚，编号M255：3～15（1枚残），均为板岩。青灰色。器身宽扁，中间厚两边薄，前锋呈三角形，大小相近（图版二二一，7～10；图版二二二，1～9）。最大一枚：长6.5、宽2.1厘米；最小一枚，仅剩尖峰部分，残长2.6、宽1.8厘米。标本M255：12，长5、宽1.8厘米（图一九六，3）。此外，还发现有棺灰痕迹，只是不太明显，板厚约5、残高30厘米。

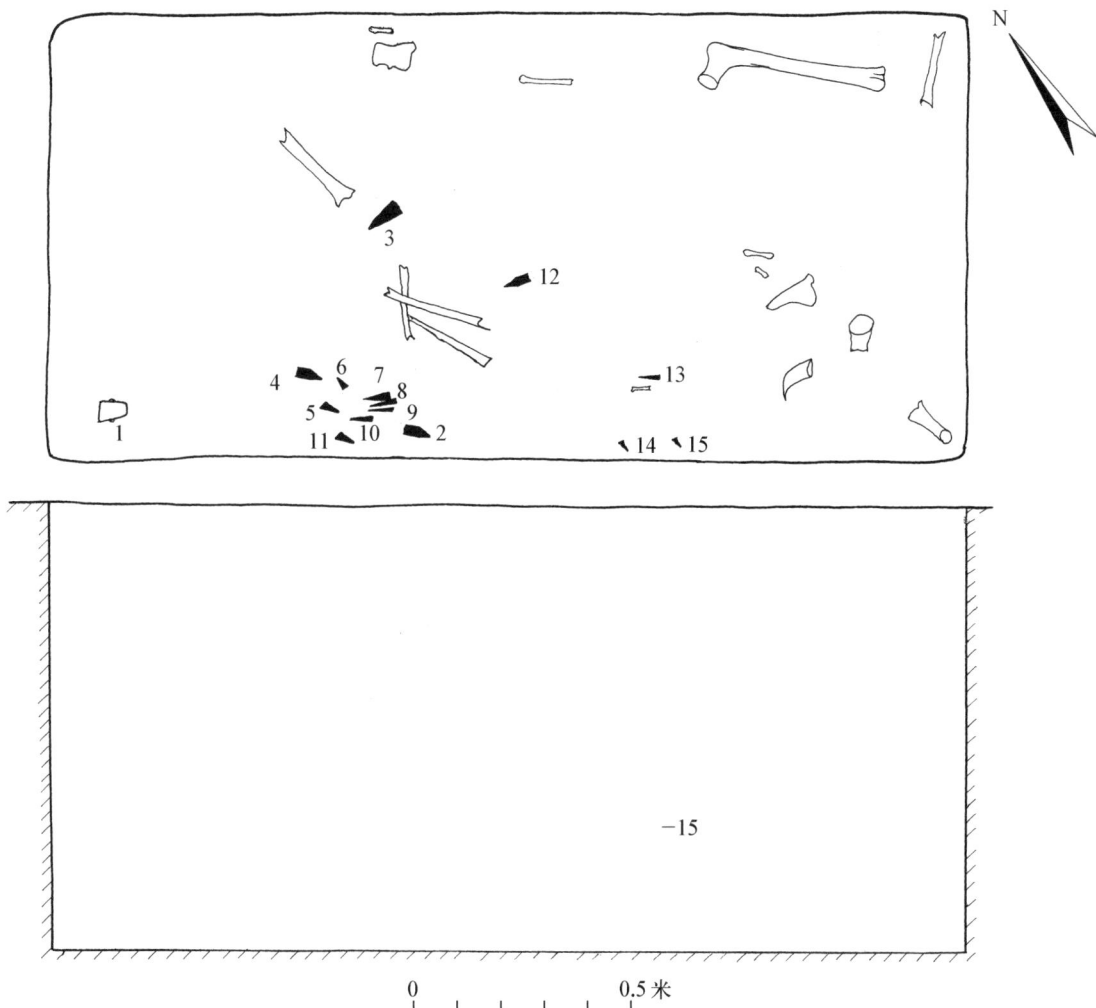

图一九五　M255平、剖面图

1. 梯形花边石片（M255∶1）　2. 骨镞（M255∶2）　3～15. 石镞（M255∶3～15）

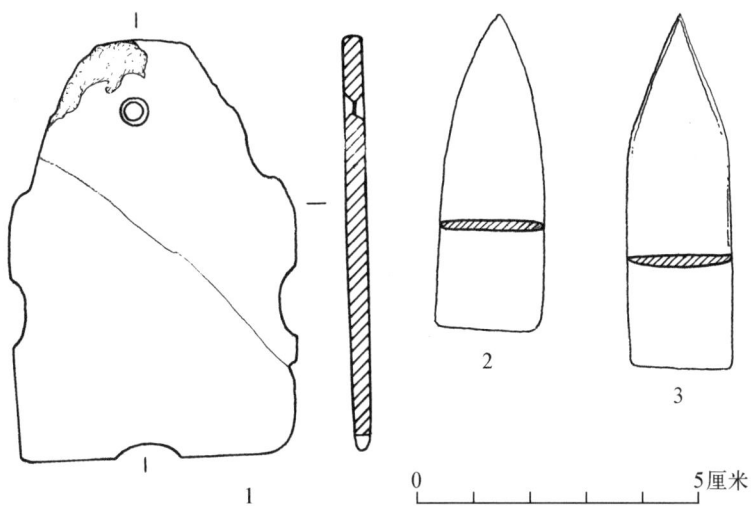

图一九六　M255出土器物图

1. 梯形花边石片（M255∶1）　2. 骨镞（M255∶2）　3. 石镞（M255∶12）

M256

　　竖穴土坑墓,方向42°。墓口残长140、宽50、墓深50、墓口距地表50厘米(图一九七)。墓壁规整,上下垂直,口底大小相等,平底。被M275和M285打破。墓室内填黄褐花土,葬具不清。

　　墓主人为一成年男性,髂嵴和髂骨愈合,年龄应大于24岁。葬式为仰身直肢葬,面向不详。左右桡骨、尺骨以上部分被M285破坏,剩余骨骼保存较好,两前臂平伸,双手放于腿两侧,双腿紧并,两脚靠拢略向右倾。

　　未发现随葬品。

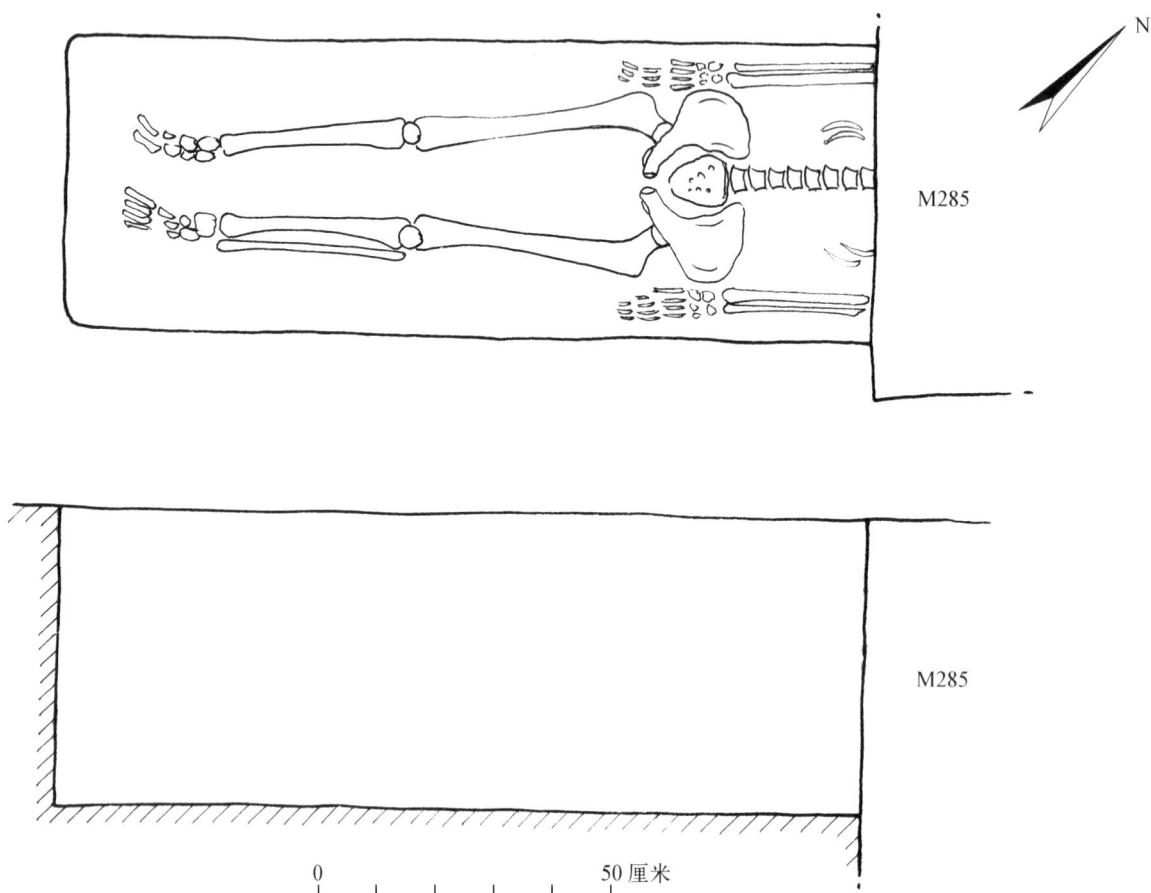

图一九七　M256平、剖面图

M257

　　竖穴土坑墓,方向48°。墓口残长110、宽42～48、墓深70、墓口距地表50厘米(图一九八)。墓壁陡直,口底大小相等,墓底平坦。被M254和M255打破。墓室内填黄褐花土,葬具不清。

　　墓主人为男性,M_1磨耗Ⅵ级以上,年龄在60岁以上。葬式为仰身葬,头向东北,面向上。盆骨以下部分被M255破坏,基本无存。上肢保存相对完好,头微仰,双肩上耸,两臂伸直,肋骨清晰可见。

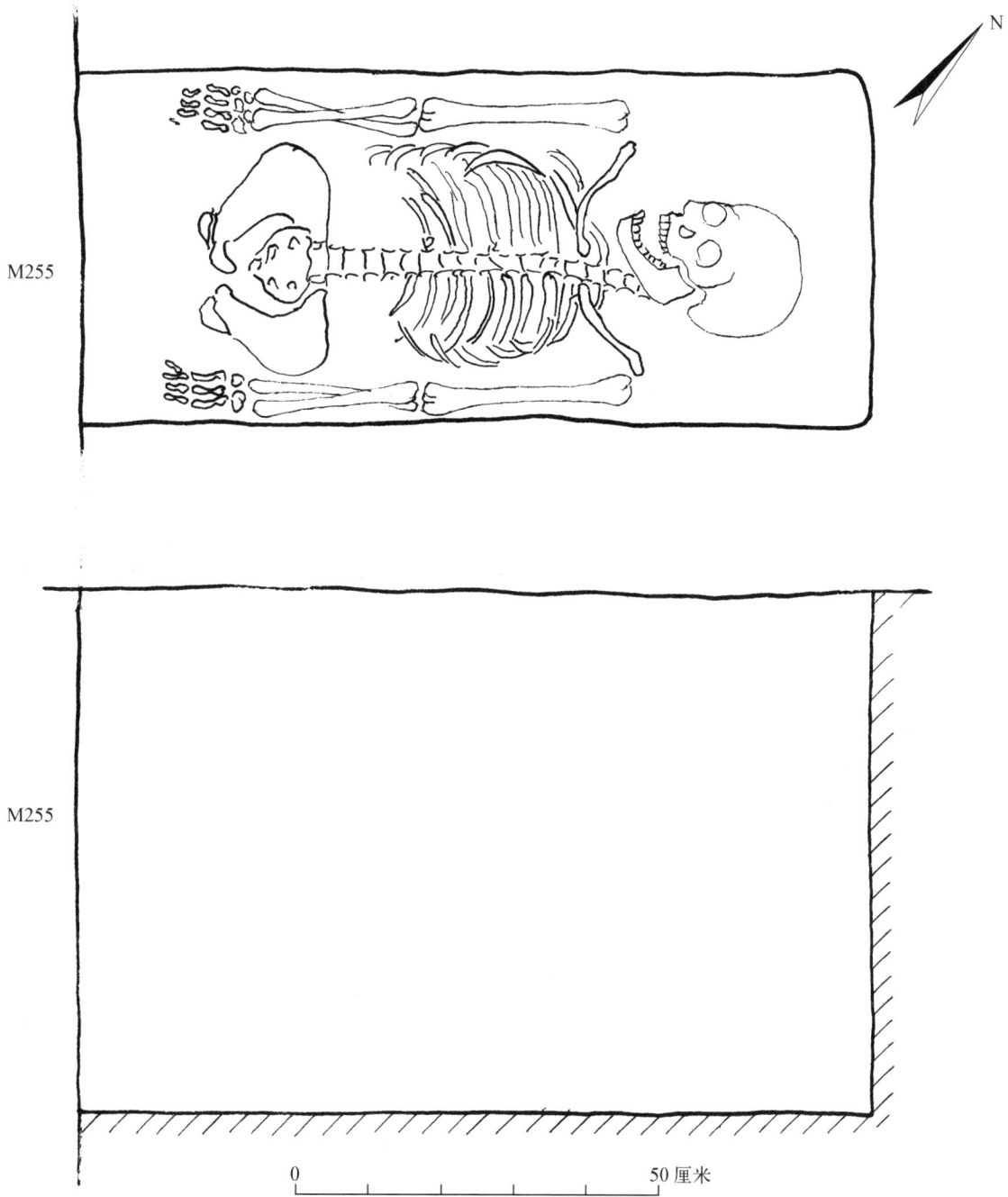

图一九八 M257平、剖面图

墓中未发现随葬品。

M258

竖穴土坑墓,方向133°。墓圹平面呈圆角长方形,墓口长210、宽110、墓深120、墓口距地表50厘米(图一九九)。墓壁陡直,口底大小相等,墓底平坦。打破M259。墓室内填红褐花土,葬具不清。

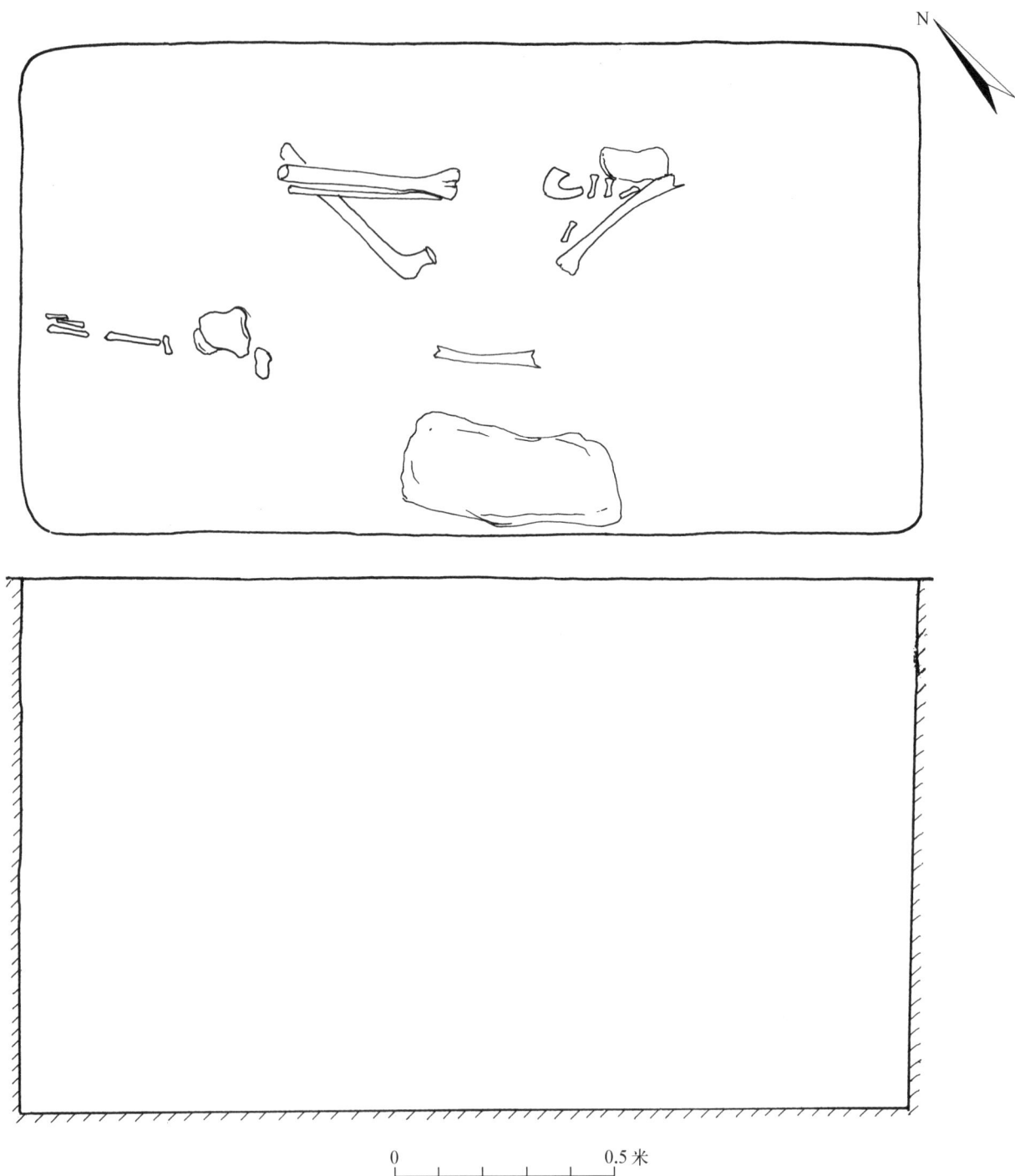

0   0.5 米

图一九九　M258平、剖面图

墓主人为一成年男性,具体年龄不详。葬式及面向亦不清楚。人骨被扰乱,保存极差,大部分已腐朽无存,仅剩头骨残片、左右肱骨残段、左右胫骨残段、右侧腓骨残段、手指骨(指骨有发黑的痕迹)、脚趾骨等。墓室西南部还发现1块长50、宽23、厚15厘米的不规则形石头。

墓中未发现随葬品。

M259

竖穴土坑墓,方向46°。墓圹平面呈圆角长方形,墓口长190、宽60、墓深100、墓口距地表50厘米(图二〇〇)。墓壁陡直,口底大小相等,墓底平坦。被M258打破。墓室内填黄褐花土,葬具不清。

墓主人为女性,M₁磨耗Ⅴ级,年龄在50岁左右。葬式为仰身葬,头向东北,面向东南。人骨保存较好,只是右侧下肢骨和左侧股骨以下部分被M258破坏。

墓主头顶处清理出1件骨簪,器身断裂。M259:1,浅黄白色。顶端略扁出刃,体中部横剖面为圆形,另一端出尖,体下部横剖面为扁长方形。残长14.1厘米(图二〇六,1;图版二四四,6)。

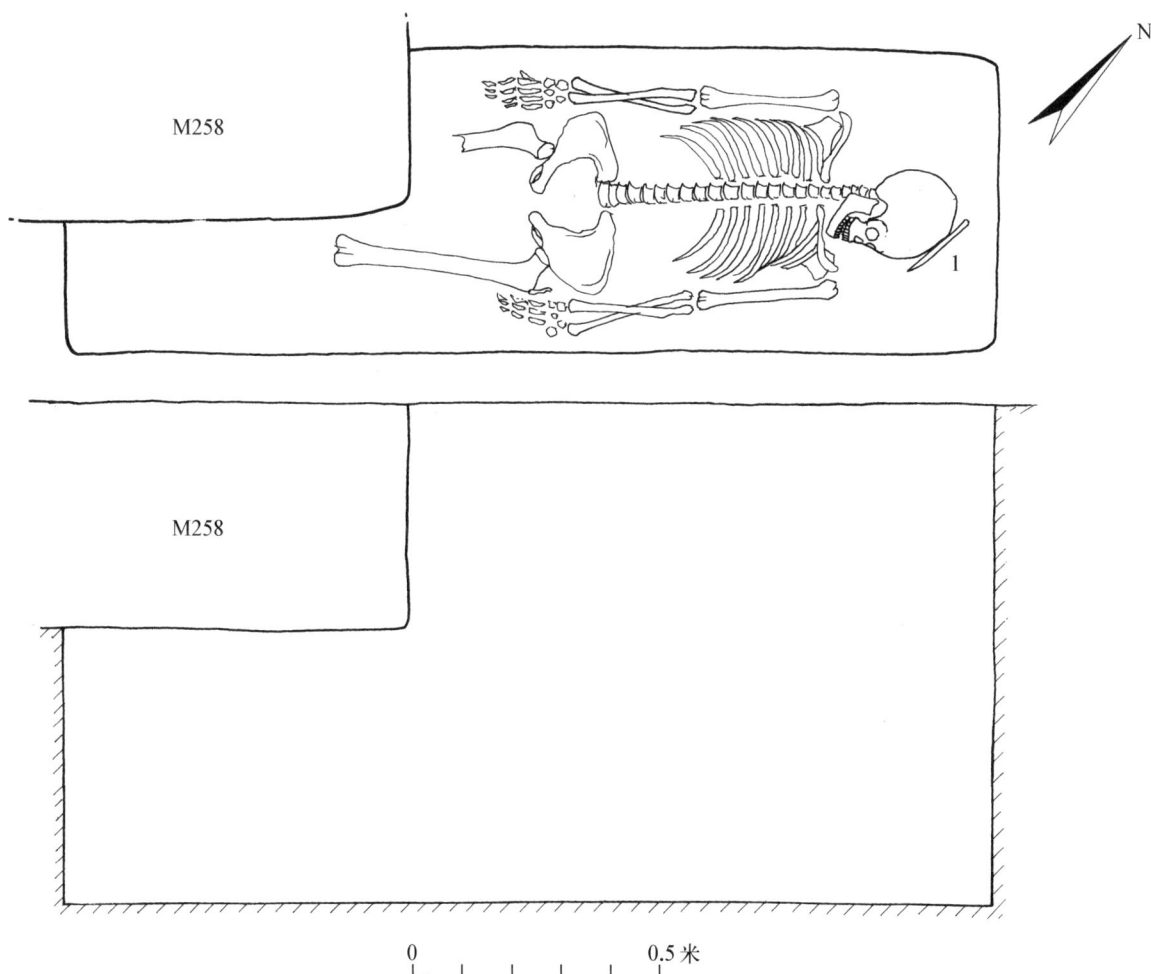

图二〇〇 M259平、剖面图

1.骨簪(M259:1)

M260

竖穴土坑墓，方向135°。墓圹平面呈梯形，墓口长195、宽66～80、墓深90、墓口距地表50厘米（图二○一）。墓壁陡直，口底大小相等，墓底平坦。打破M261。墓室内填红褐花土，葬具不清。

墓主人为男性，M_1磨耗Ⅵ级以上，年龄在60岁以上。葬式及面向不清楚。人骨扰乱严重，骨骼散布于墓室之中，可辨别的有头骨、肩胛骨、锁骨残段、左侧肱骨残段、右侧尺骨残段、盆骨、左右股骨残段、肋骨残段、左右胫骨和腓骨残段等。

墓中未发现随葬品。

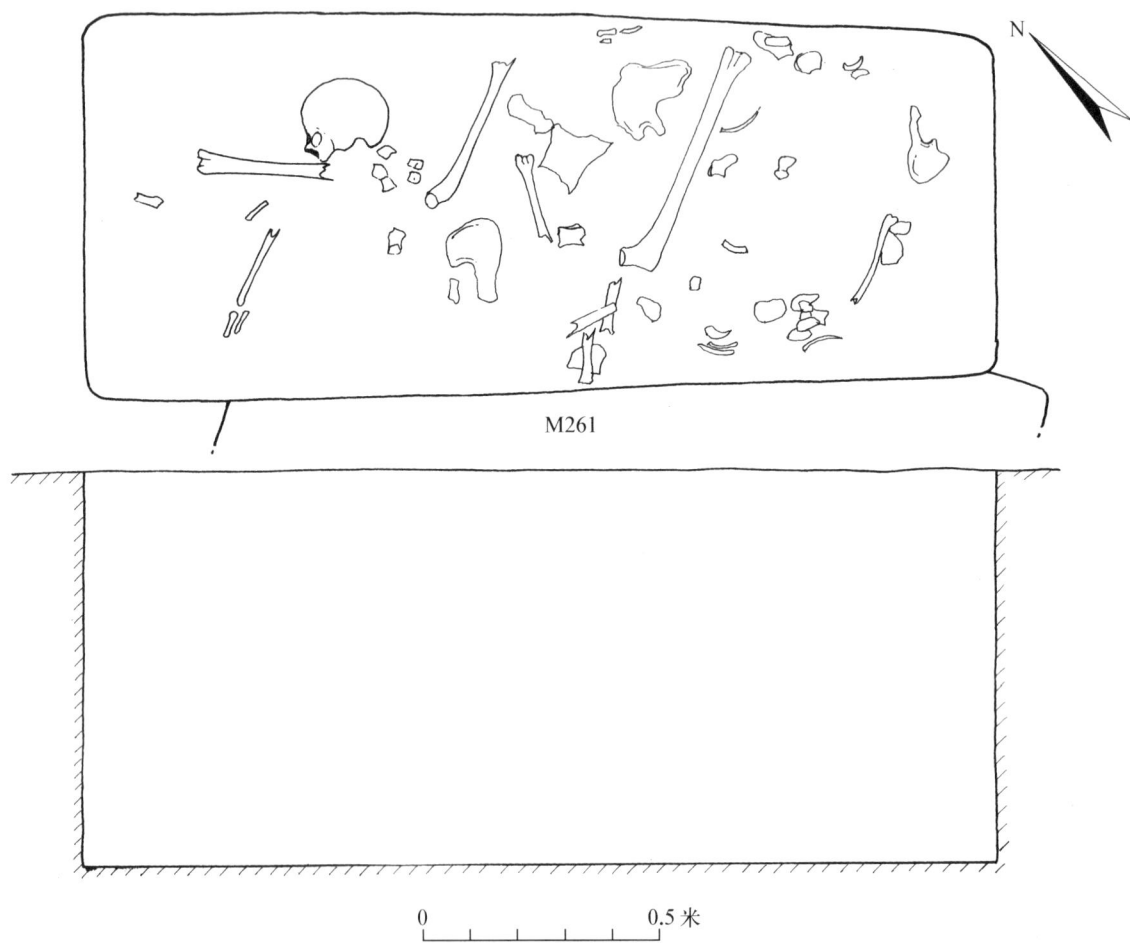

图二○一　M260平、剖面图

M261

竖穴土坑墓，方向150°。墓圹平面呈圆角长方形，墓口长175、宽75、墓深30、墓口距地表50厘米（图二○二）。墓壁规整，上下垂直，口底大小相等，平底。被M260打破。墓室内填红褐花土，葬具不清。

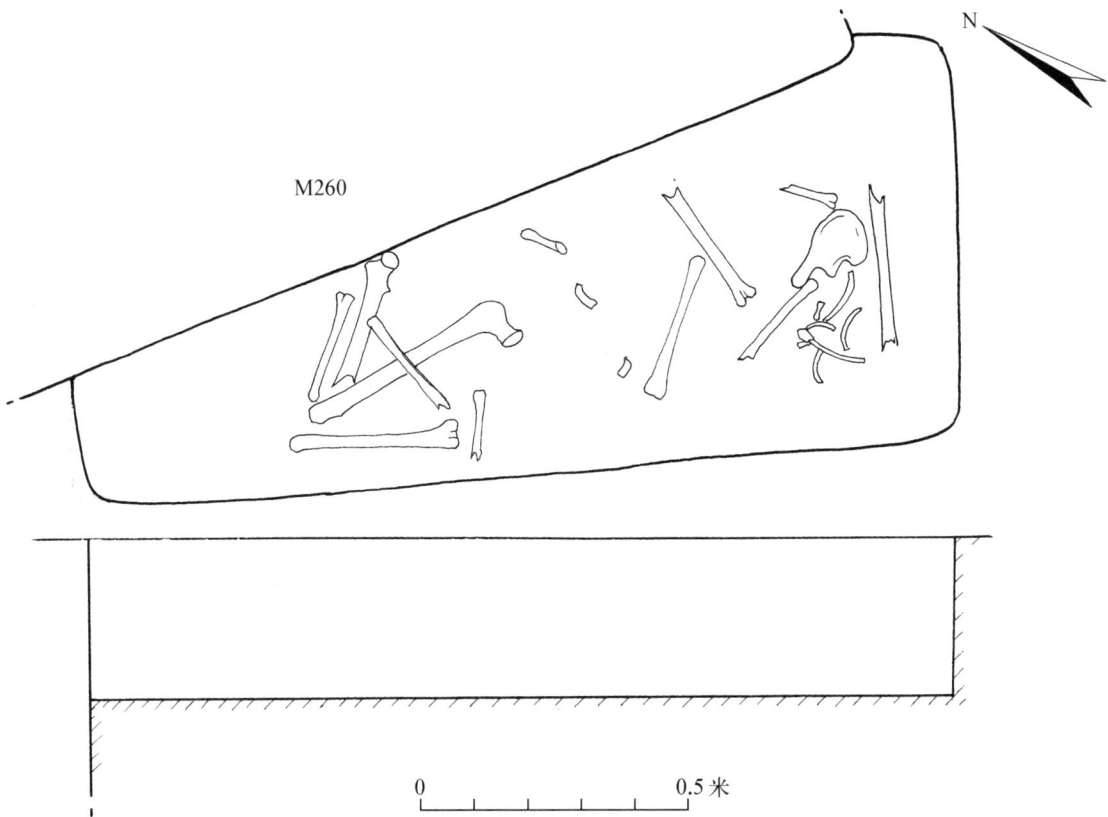

图二〇二　M261平、剖面图

墓主人为女性，矢状缝愈合，年龄大于35岁。葬式及面向不详。人骨扰乱严重，东北部被M260打破，骨骼散乱，残存有右侧肱骨残段、右侧桡骨和尺骨残段、左右股骨、右侧胫骨和腓骨残段、椎骨等。

墓中未发现随葬品。

M262

竖穴土坑墓，方向138°。墓圹平面呈长方形。墓口长240、宽145、墓深150、墓口距地表50厘米（图版五六）。墓壁陡直，口底大小相等，墓底平坦。打破M263和M264，被M282打破。墓室内填红褐花土。

墓主人为男性，M1磨耗Ⅵ级以上，年龄在60岁以上。葬式、面向不详。该墓曾被盗扰，仅存有头骨等少量骨骼。盗洞位于墓室东北部，呈斜坡状，最深处1米。

墓中未发现随葬品。

M263

竖穴土坑墓，方向133°。墓圹平面呈圆角长方形，墓口长180、宽51～59、墓深15、墓口距地表50厘米（图二〇三，图版五七）。边壁规整，上下垂直，口底大小相等，平底。打破M264，被

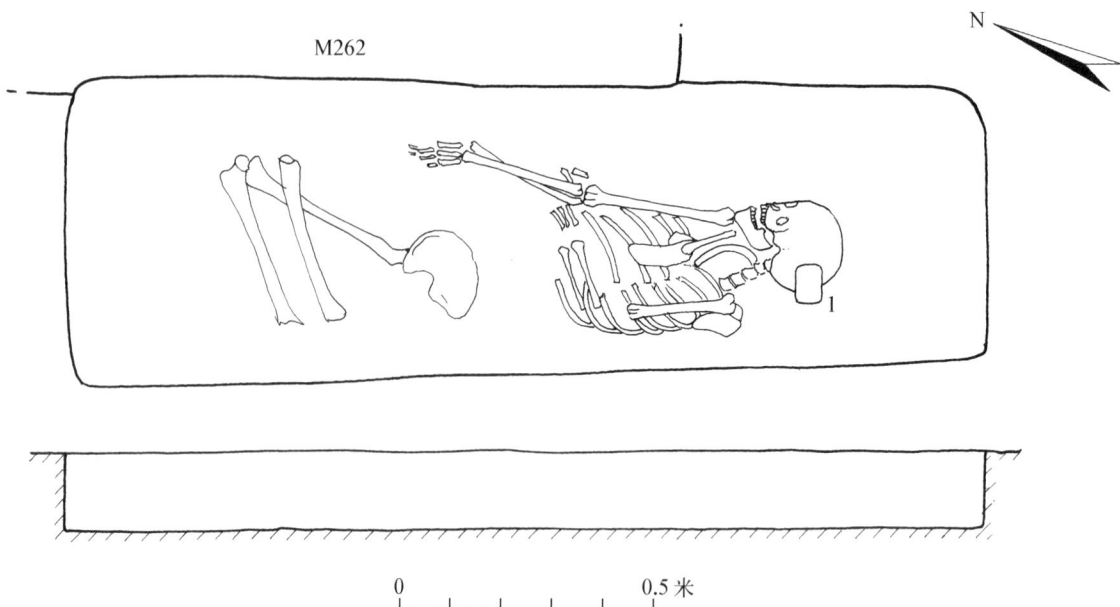

图二〇三 M263平、剖面图

1. 石钺（M263∶1）

M262打破。墓室内填红褐花土，葬具不清。

墓主人为男性，M₁磨耗Ⅴ级，年龄在50岁左右。葬式为侧身屈肢葬，头向东南，面向东北。人骨居于墓室正中，整体向右屈，保存较好，右臂自然伸直，左手放于右前臂上端，左侧股骨及两脚骨等被扰乱。

头骨后方清理出1件石钺，M263∶1，石英岩。青色，右顶端略残。体近方形，器体薄厚均匀，单面弧刃，通体磨光。长6.8、顶端残宽4.5、刃端宽5.5、厚0.4厘米（图二〇六，2；图版二一三，3）。

M264

竖穴土坑墓，方向135°。墓口长200、残宽31～53、墓深25、墓口距地表50厘米。墓壁规整，上下垂直，口底大小相等，平底。被M262和M263打破。墓室内填红褐花土，葬具不清。

墓主人为一男性个体，桡骨上端愈合，年龄在13～19岁之间。葬式为仰身直肢葬，头向东南，面向西。骨骸虽受到扰乱，但整体轮廓清晰，右臂伸直，头骨下部和左上肢骨被M263破坏，双腿伸展。

墓中未发现随葬品。

M265

竖穴土坑墓，方向137°。墓圹平面呈圆角长方形，墓口长230、宽100、墓深120、墓口距地表50厘米。墓壁陡直，口底大小相等，墓底平坦，西南部被盗洞破坏。墓室内填红褐花土，葬具不清。

墓葬被扰。墓中发现有人骨个体,但数量、性别、年龄不详。葬式、面向等亦不清楚。人骨扰乱严重,仅剩左侧肱骨残段。

未发现随葬品。

M266

竖穴土坑墓,方向140°。墓口残长140、宽45、墓深40、墓口距地表50厘米(图二〇四)。墓壁规整,上下垂直,口底大小相等,平底。被M236和砖室墓打破。墓室内填红褐花土,葬具不清。

墓主人为女性,M_1磨耗Ⅲ级,年龄在30岁左右。葬式为仰身直肢葬,头向东南,面向不详。人骨被扰乱,尤其是上半身,仅存头骨残片、左侧肱骨、右侧桡骨和尺骨等,且腐蚀严重,已无法辨认基本形态,下半身保存相对较好。

墓中未发现随葬品。

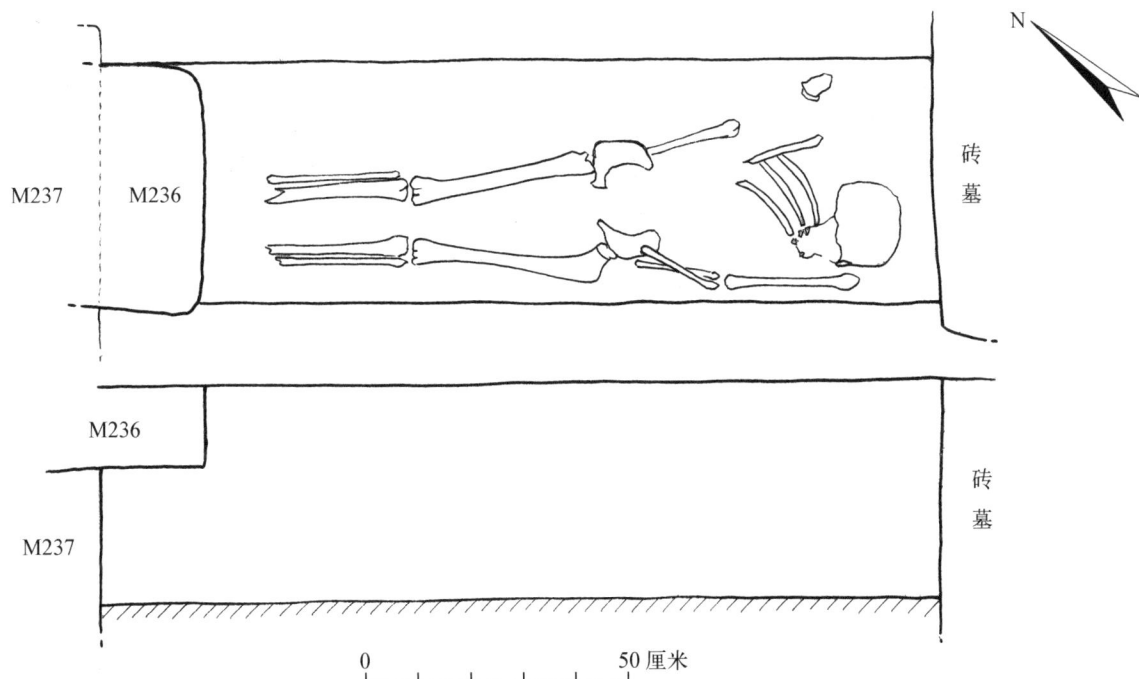

图二〇四 M266平、剖面图

M268

竖穴土坑墓,方向140°。墓圹平面呈梯形,头端较窄。墓口长160、宽34～49、墓深15、墓口距地表50厘米(图二〇五,图版五八)。边壁规整,上下垂直,口底大小相等,平底。被近代沟渠打破。墓室内填红褐花土,葬具不清。

墓主人为男性,M_1磨耗Ⅵ级以上,年龄在60岁以上。葬式为仰身屈肢葬,头向东南,面向北。人骨居于墓室正中,整体略向左屈。其中,左前臂向上弯曲,放于胸部;右前臂横置于腹部;左右

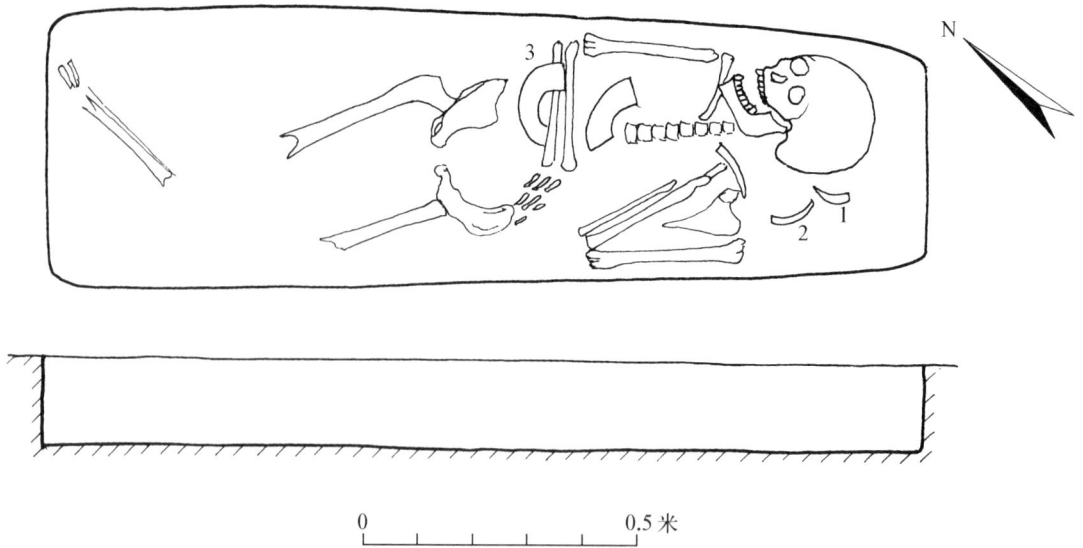

图二〇五　M268平、剖面图

1、2.牙饰（M268：1，M268：2）　3.石璧（M268：3）

股骨下端和右侧胫骨、腓骨下端遭到破坏。

　　头骨后方清理出2件牙饰，M268：1，浅黄白色，月牙形，器身扁薄，两端残。残高9.1厘米（图二〇六，3；图版二四八，2）。M268：2，残为碎块。并在胸腹部发现1件石璧（残断）。M268：3，大理岩。青绿色，受沁泛黄，外缘残。横切面呈楔形，内缘厚，外缘薄。外径18、好径7.6、最厚处0.8厘米（图二〇六，4；图版二一六，2）。

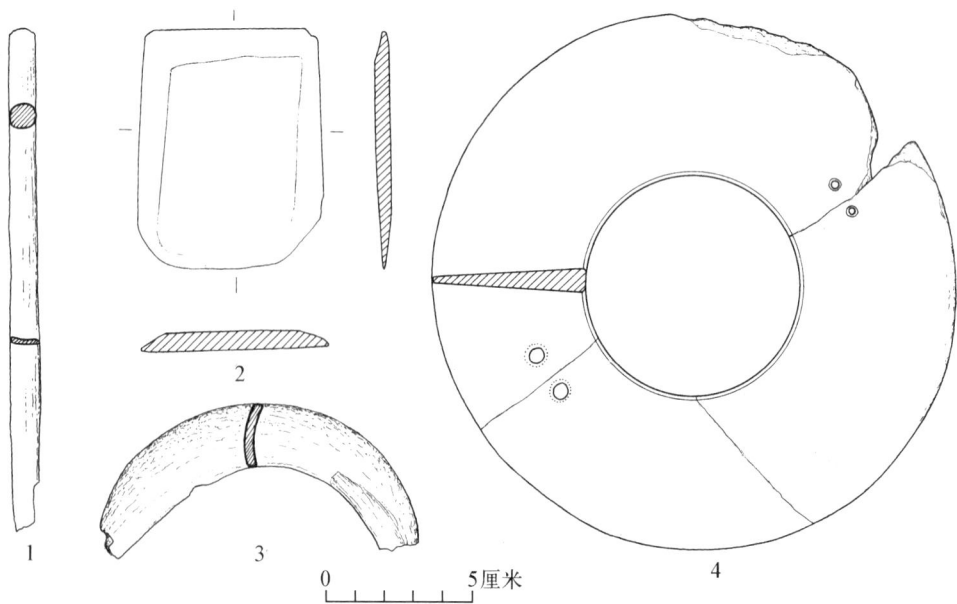

图二〇六　M259、M263、M268出土器物图

1.骨簪（M259：1）　2.石钺（M263：1）　3.牙饰（M268：1）　4.石璧（M268：3）

M269

竖穴土坑墓,方向130°。墓圹平面呈梯形,墓口长180、宽64～70、墓深60、墓口距地表50厘米(图二〇七)。墓壁陡直,口底大小相等,墓底平坦。打破M270,被近代沟渠打破。墓室内填红褐花土,葬具不清。

墓主人为女性,M₁磨耗Ⅵ级以上,年龄在60岁以上。葬式为仰身直肢葬,头向东南,面向西北。人骨保存较好,两臂均弧状内收,左手放置于左腿外侧,右前臂斜置于盆骨之上,双腿伸直,两脚并拢。

墓主人头部附近先后清理出1件石钺和1件骨簪。石钺,M269∶2,蚀变大理岩。乳白色,微泛黄,两侧微残。近梯形,体扁平,两端略薄,双面弧刃。长6.3、顶端宽4.1、刃端宽4.8、厚0.4厘米(图二一一,1;图版二〇八,1)。骨簪M269∶1,浅黄白色,断裂为数截,顶端略残。器身横剖面呈扁椭圆形,残长20.7厘米(图二一〇,1;图版二四四,8)。

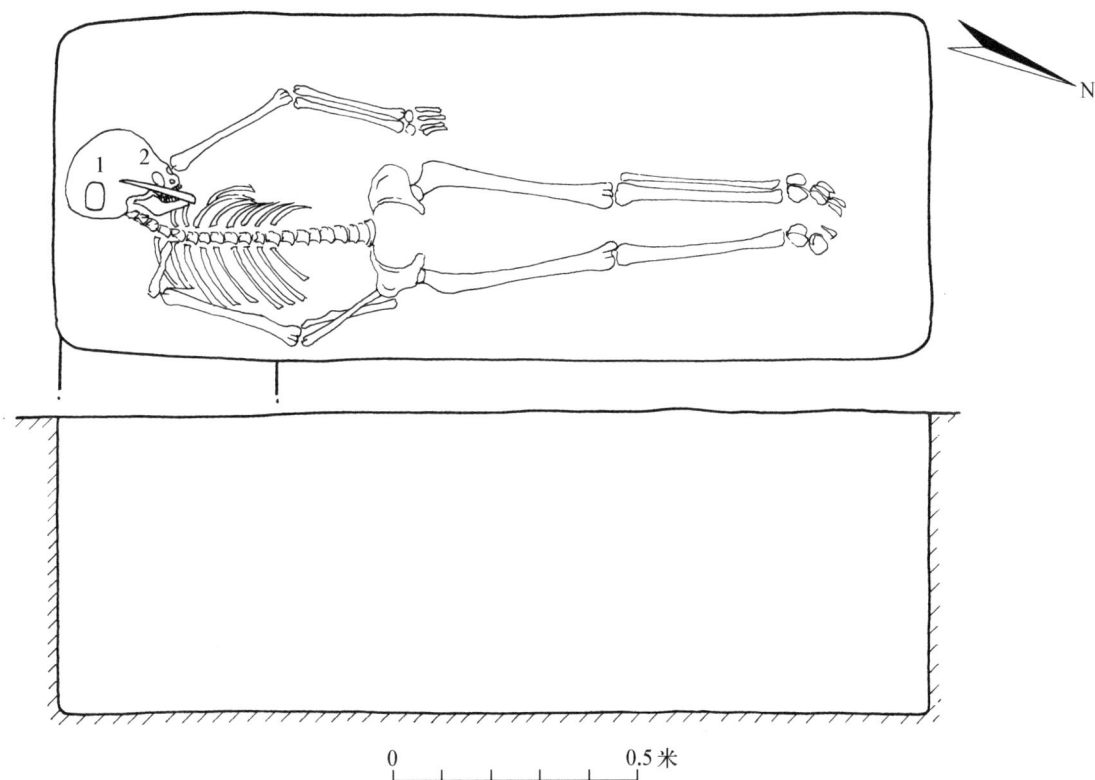

图二〇七 M269平、剖面图

1. 石钺(M269∶2) 2. 骨簪(M269∶1)

M270

竖穴土坑墓,方向50°。墓口残长108、宽45、墓深65、墓口距地表50厘米。墓壁陡直,口底大小相等,墓底平坦。被M269打破。墓室内填黄褐花土,葬具不清。

墓主人为男性,矢状缝和冠状缝愈合,年龄大于41岁。葬式为仰身葬,头向东北,面向东南。人骨保存较差,上身仅存有头骨、左右肱骨、左右尺骨和桡骨。尺骨和桡骨以下部分均被M269破坏。

墓中未发现随葬品。

M271

竖穴土坑墓,方向130°。墓圹平面呈圆角长方形,墓口长160、宽40、墓深20、墓口距地表50厘米(图二〇八)。边壁规整,上下垂直,口底大小相等,平底。打破M272,被近代沟渠打破。墓室内填红褐花土,葬具不清。

墓主人为女性,M_1磨耗Ⅲ级,年龄在30岁左右。葬式为仰身直肢葬,头向东南,面向上。人骨腐蚀严重,左侧肱骨至手骨均未见,残存骨骼也仅能看出大体形态。

墓中未发现随葬品。

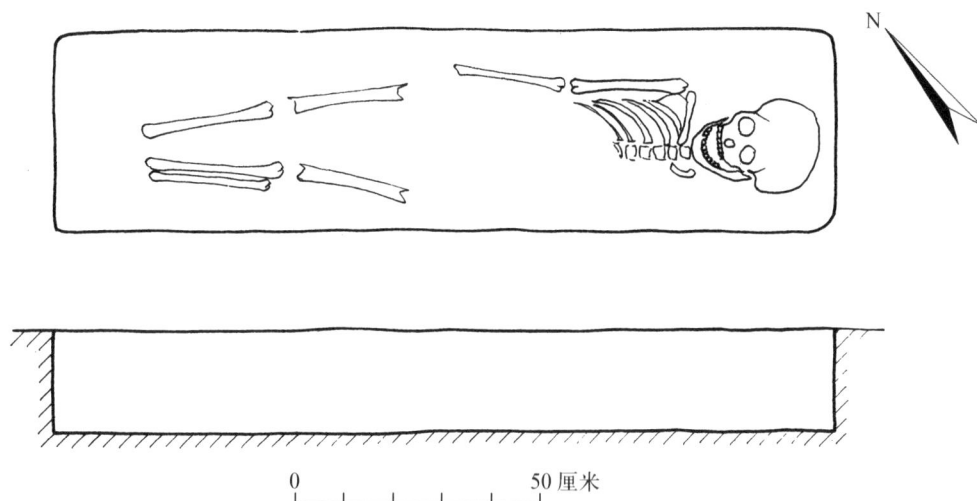

0　　　　　　　　50厘米

图二〇八　M271平、剖面图

M272

竖穴土坑墓,方向45°。墓口长210、宽50、墓深100、墓口距地表50厘米。墓壁陡直,口底大小相等,墓底平坦。被M249和M271打破。墓室内填黄褐花土,葬具不清。

墓主人为男性,M_1磨耗Ⅵ级以上,年龄在60岁以上。葬式不清,头向东北,面向西北。桡骨和尺骨以下,至胫骨、腓骨之间都被M249破坏。

墓中未发现随葬品。

M273

竖穴土坑墓,方向125°。墓圹平面呈圆角长方形,墓口长160、宽55、墓深20、墓口距地表50厘米(图二〇九,图版五九)。边壁规整,上下垂直,口底大小相等,平底。打破M274,被近代沟渠

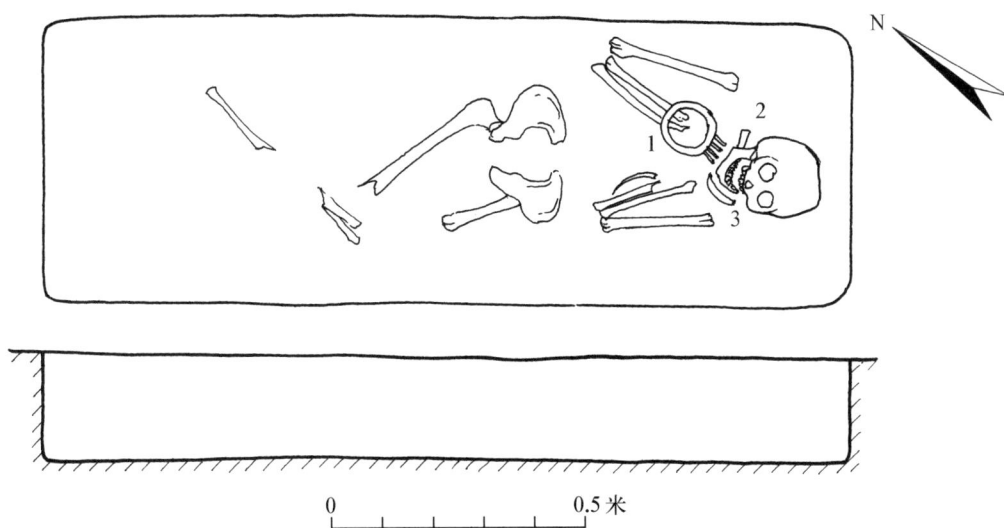

图二○九 M273平、剖面图

1.石璧（M273：1） 2、3.牙饰（M273：2、M273：3）

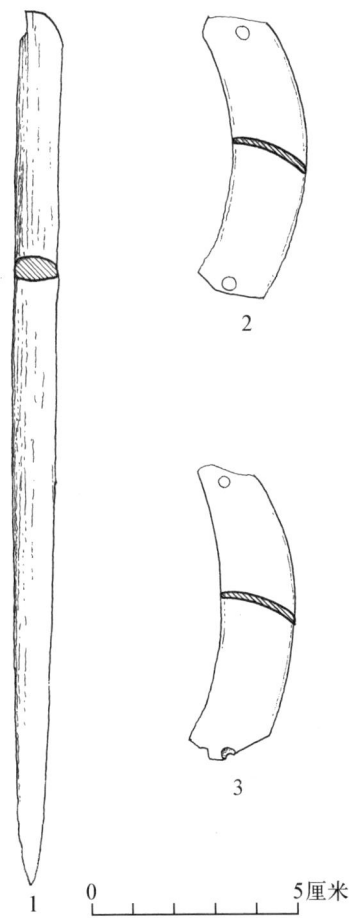

图二一○ M269、M273出土器物图

1.骨簪（M269：1） 2、3.牙饰（M273：2、M273：3）

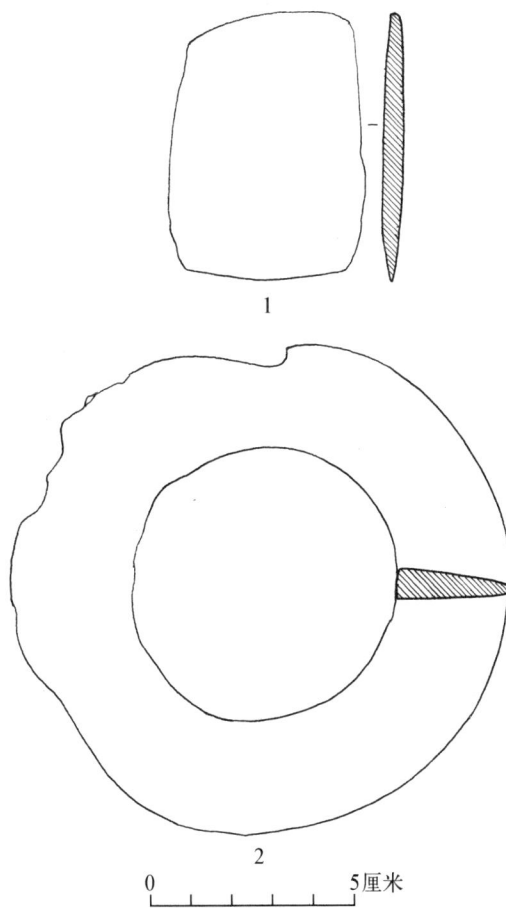

图二一一 M269、M273出土器物图

1.石钺（M269：2） 2.石璧（M273：1）

打破。墓室内填红褐花土,葬具不清。

　　墓主人为女性,M₁磨耗Ⅱ级,年龄在25～30岁。葬式为仰身葬,头向东南,面向上。骨骸被扰乱。人骨上半身偏左,两前臂向内弯曲放于胸部。右前臂上方发现1件石璧,M273∶1,大理岩。青白色,断裂,外缘略有残缺。切面呈三角形,内缘厚,外缘薄。外径12.4、好径6.5、最厚处0.7厘米(图二一一,2;图版二一八,4)。并于头骨两侧分别清理出1件牙饰,残,浅黄白色。弧形,器身扁薄,横剖面呈扁长方形,薄厚均匀。M273∶2,两端各有一个钻孔,高7、宽1.7厘米(图二一○,2;图版二四七,3);M273∶3,两端有穿,一端为两个钻孔均残,另一端为一个钻孔,残高6.8、宽1.8厘米(图二一○,3;图版二四七,4)。

M274

　　竖穴土坑墓,方向34°。墓圹平面呈圆角长方形,墓口长213、宽60、墓深110、墓口距地表50厘米(图二一二,图版六○)。墓壁陡直,口底大小相等,墓底平坦。被M273打破。墓室内填黄褐花土,葬具不清。

　　墓主人为男性,M₁磨耗Ⅵ级以上,年龄在60岁以上。葬式为仰身直肢葬,头向东北,面向上。人骨未被扰乱,保存完好,两肩上耸,双臂伸直,双手置于腿两侧,双腿伸展,两脚靠拢略向右倾。

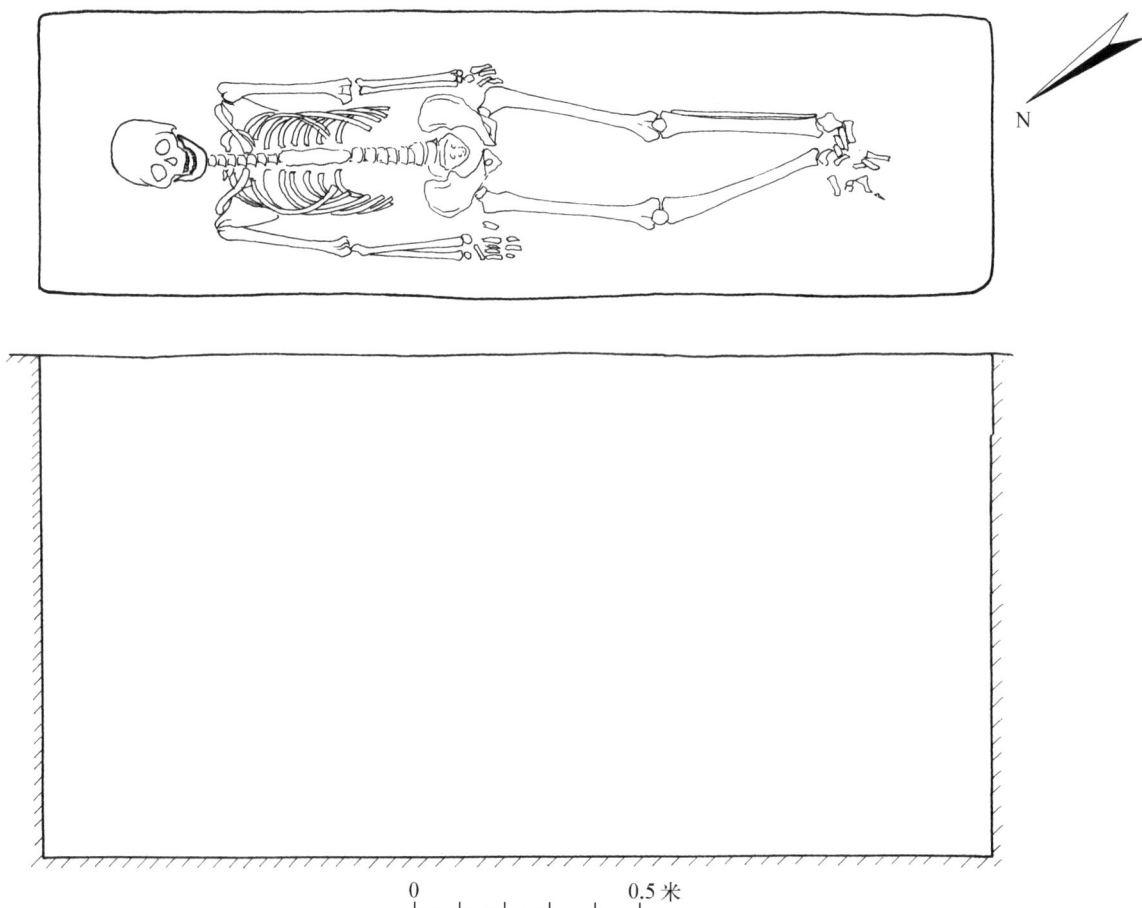

图二一二　M274平、剖面图

墓中未发现随葬品。

M275

竖穴土坑墓,方向120°。墓口残长70、宽50、墓深20、墓口距地表50厘米(图二一三)。边壁规整,上下垂直,口底大小相等,平底。打破M256,又被近代沟渠打破。墓室内填红褐花土,葬具不清。

墓主人为女性,M_1磨耗Ⅲ~Ⅳ级,年龄在35~40岁。葬式为仰身葬,面向西北。人骨保存较差,两前臂均向右上方弯曲,左侧尺骨和桡骨横置于胸部,其余骨骼被沟渠破坏。

手腕处发现1件木环,M275:1,残,炭化变黑,直径6厘米。

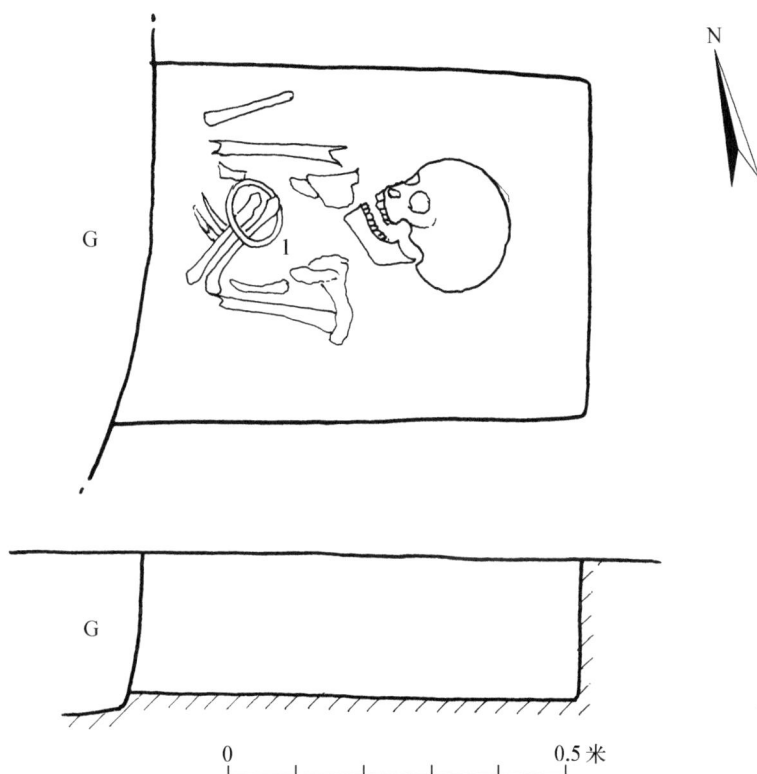

图二一三 M275平、剖面图

1. 木环(M275:1)

M276

竖穴土坑墓,方向138°。墓圹平面呈梯形,头端略窄。墓口长150、宽39~43、墓深15、墓口距地表50厘米(图版六一)。边壁规整,上下垂直,口底大小相等,平底。打破M280,被近代沟渠打破。墓室内填红褐花土,葬具不清。

墓主人性别不详,恒齿第二前臼齿萌出,年龄应该在10~13岁之间。葬式为仰身屈肢葬,面向不清。人骨被扰乱,头骨发现于脚骨处。骨骼整体向右屈,右臂伸直,在右侧桡骨和尺骨下端发现1件有领石环,M276:1,白色,横切面呈楔形,内缘厚,外缘薄,内缘起棱。外径10.5、中孔径

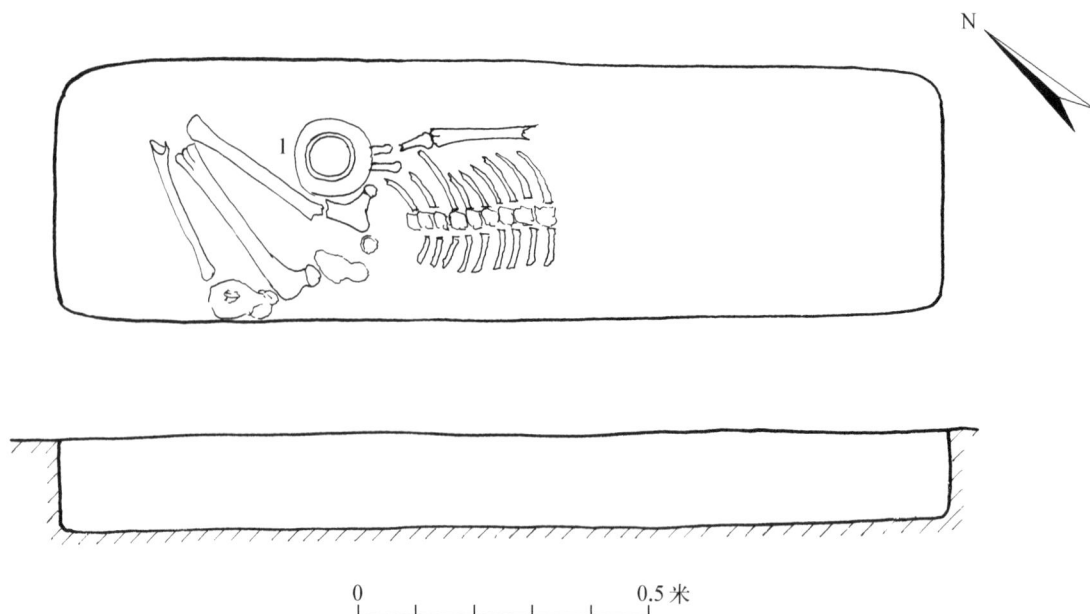

图二一四　M276平、剖面图

1. 有领石环(M276:1)

6.1、最厚2.1厘米(图二一八,1;图版二二五,2)。

M277

竖穴土坑墓,方向43°。墓圹平面呈圆角长方形,墓口长203、宽54、墓深100、墓口距地表50厘米(图二一五)。墓壁陡直,口底大小相等,墓底平坦。被M285和近代沟渠打破。墓室内填黄褐花土,葬具不清。

墓主人为男性,M₁磨耗Ⅲ级,年龄在30岁左右。葬式为侧身直肢葬,头向东北,面向西南。骨骸未被扰乱,保存较好。人骨整体向左侧身,左臂弧状内收,右前臂斜压于左前臂之上,下肢伸展,双脚并拢。

墓中未发现随葬品。

M278

竖穴土坑墓,方向137°。墓圹平面呈梯形。墓口长150、宽50～75、墓深40、墓口距地表50厘米(图二一六)。墓壁规整,上下垂直,口底大小相等,平底。打破M281,被近代沟渠打破。墓室内填红褐花土,葬具不清。

墓主人为一成年女性,髂嵴与髂骨愈合,年龄应大于24岁。葬式及面向不详。人骨扰乱严重,集中散布于墓室中部,计有左右肱骨残段、左右桡骨和尺骨残段、肋骨残段、股骨残段、盆骨等。

墓中未发现随葬品。

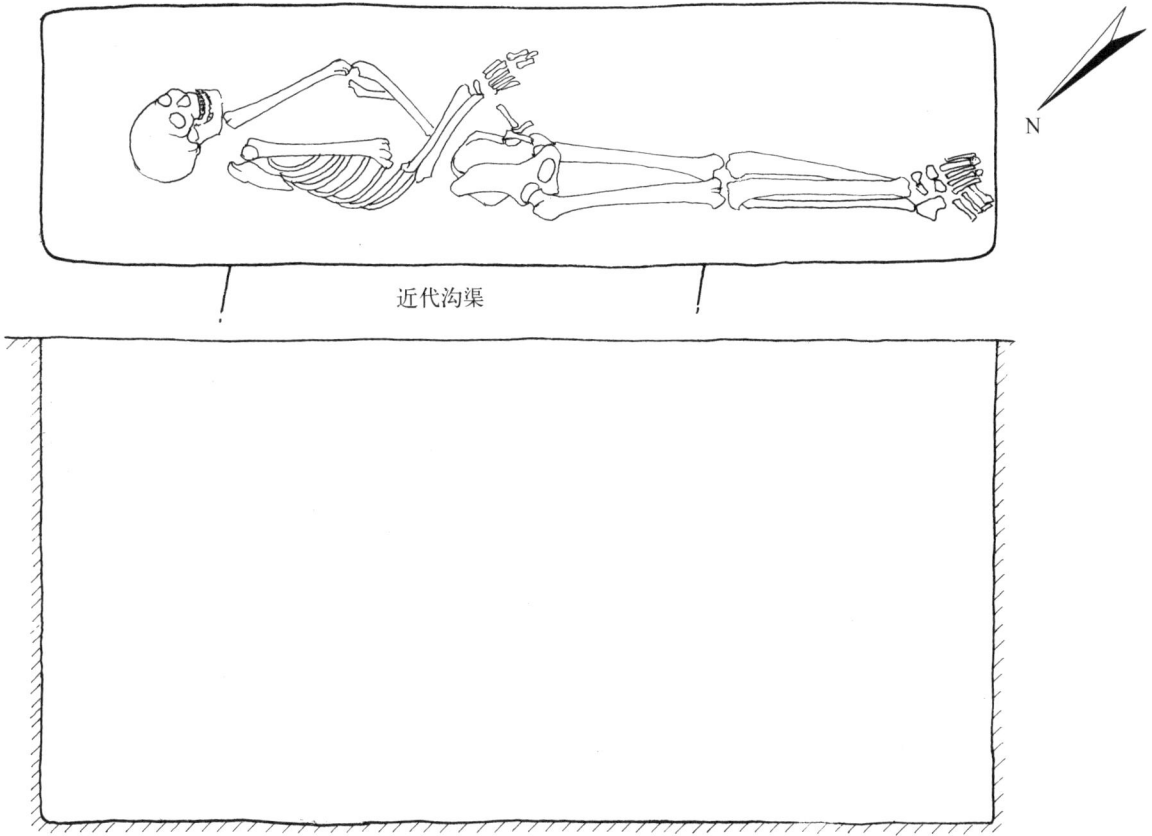

近代沟渠

0   0.5 米

图二一五　M277平、剖面图

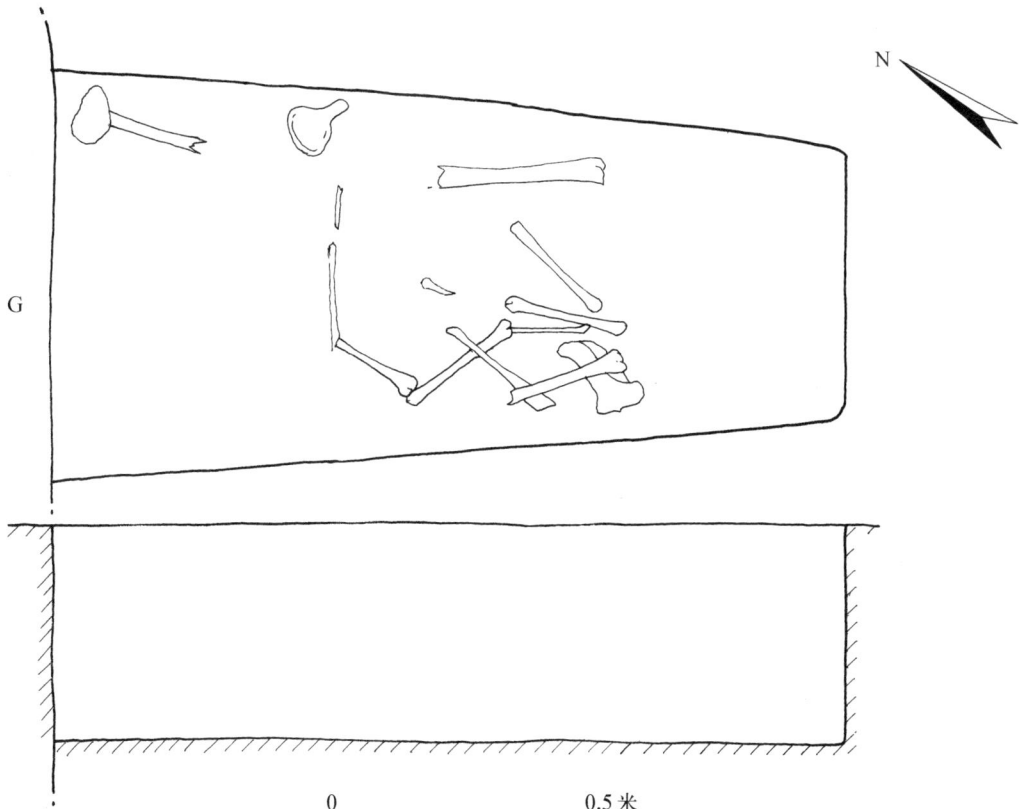

G

0   0.5 米

图二一六　M278平、剖面图

M279

竖穴土坑墓，方向132°。墓圹平面呈圆角长方形，墓口长140、宽60、墓深10、墓口距地表50厘米（图二一七）。边壁规整，上下垂直，口底大小相等，平底。打破M281。墓室内填红褐花土，葬具不清。

墓主人性别不详，恒齿第二前臼齿萌出，年龄应该在10～13岁之间。依痕迹判断，葬式为仰身屈肢葬，头向东南，面向不清。骨骸被扰乱，腐蚀严重，只能大体辨认出人骨向左屈。

墓主人背部发现1件有领石环，M279：2，蚀变大理岩。青黄色，内缘略残。横切面呈楔形，内缘厚，外缘薄，内缘起棱。外径12、中孔径6.1、最厚3.8厘米（图二一八，3；图版二二五，3）。并

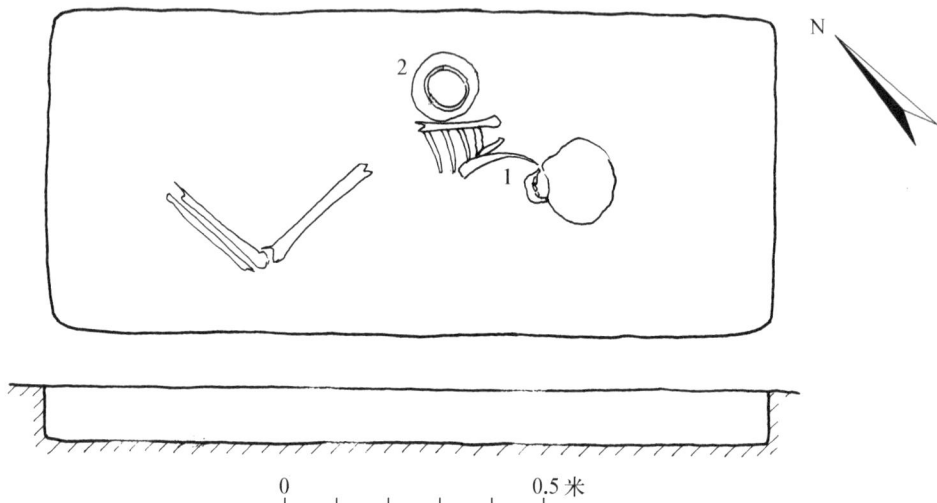

图二一七　M279平、剖面图

1. 牙饰（M279：1）　2. 有领石环（M279：2）

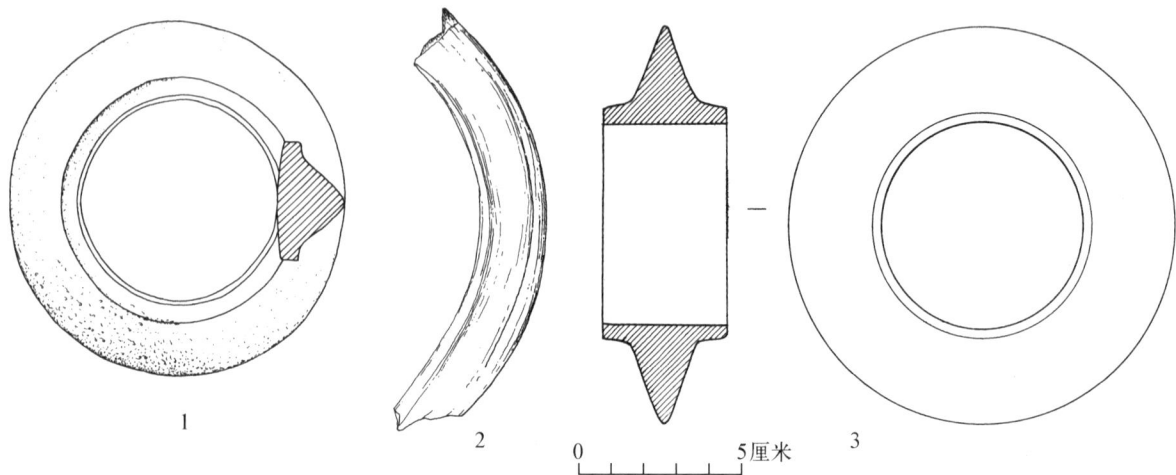

图二一八　M276、M279出土器物图

1、3. 有领石环（M276：1、M279：2）　2. 牙饰（M279：1）

于肋骨处清理出1件牙饰,M279:1,浅黄白色。月牙形,两端残。残高12.7厘米(图二一八,2;图版二四八,3)。

M280

竖穴土坑墓,方向133°。墓圹平面呈圆角长方形,墓口长180、宽42、墓深30、墓口距地表50厘米(图二一九)。墓壁规整,上下垂直,口底大小相等,平底。被M276和近代沟渠打破。墓室内填红褐花土,葬具不清。

墓主人为女性,M_1磨耗Ⅲ级,年龄在30岁左右。葬式为仰身直肢葬,面向不详。人骨扰乱严重,上身基本无存,仅剩残下颌骨、左侧肱骨残段和肋骨残段等;下肢相对较好,仍可辨认出大体轮廓。

墓中未发现随葬品。

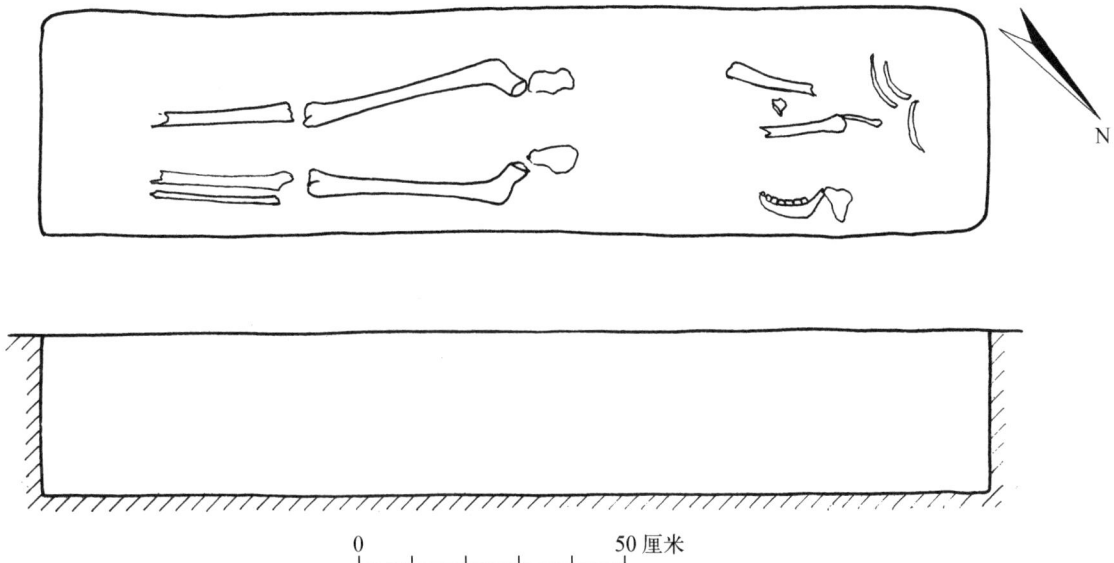

图二一九　M280平、剖面图

M281

竖穴土坑墓,方向45°。墓圹平面呈圆角长方形,墓口长180、宽55、墓深85、墓口距地表50厘米(图二二〇,图版六二)。墓壁陡直,口底大小相等,墓底平坦。被M278和M279打破。墓室内填黄褐花土,葬具不清。

墓主人为女性,M_1磨耗Ⅵ级以上,年龄在60岁以上。葬式为仰身直肢葬,头向东北,面向东南。人骨未被扰乱,保存完好,双肩上耸,两臂伸直,双手置于腿两侧,双腿分别向外撇,两脚后跟并拢。

墓中未发现随葬品。

M282

竖穴土坑墓,方向140°。墓圹平面呈圆角长方形,墓口长170、宽80、墓深45、墓口距地表50厘米。墓壁规整,上下垂直,口底大小相等,平底。打破M262,被近代沟渠打破。墓室内填红褐花土,葬具不清。

墓主人为男性,M_1磨耗Ⅲ～Ⅳ级,年龄在35～40岁。葬式及面向不详。人骨扰乱严重,除右侧股骨残段位于墓室西北角外,其余所见骨骸均散布于墓室东南角,计有下颌骨、肩胛骨、盆骨残片、肋骨残段、右侧尺骨残段等。

墓中未发现随葬品。

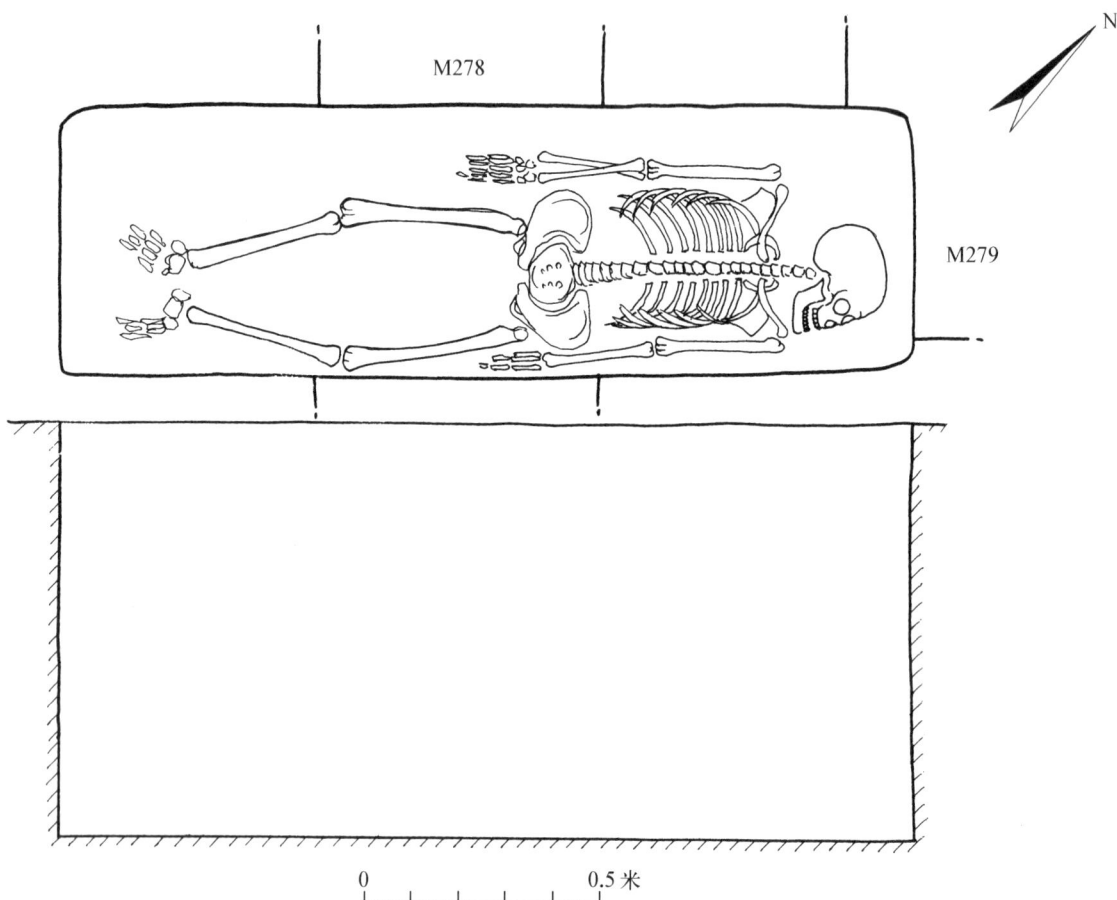

图二二〇　M281平、剖面图

M283

竖穴土坑墓,方向140°。墓口残长90～100、宽40、墓深15、墓口距地表50厘米。边壁规整,上下垂直,口底大小相等,平底。被近代沟渠打破。墓室内填红褐花土,葬具不清。

墓主人为男性,M_1磨耗Ⅲ级,年龄在30岁左右。葬式为仰身葬,头向东南,面向西。人骨保存较差,仅可见头骨、左侧肱骨和部分肋骨残段。

墓中未发现随葬品。

M284

竖穴土坑墓,方向140°。墓圹平面呈梯形,墓口长173、宽57～60、墓深55、墓口距地表50厘米(图二二一)。墓壁陡直,口底大小相等,墓底平坦。被近代沟渠打破。墓室内填红褐花土,葬具不清。

墓主人为男性,M_1磨耗Ⅵ级以上,年龄在60岁以上。葬式为直肢葬,面向不详。人骨扰乱严重,不见上肢及躯干骨,下肢尚存有左右股骨残段、右侧腓骨和胫骨等,头骨及下颌骨位于右腿外侧。

头骨上方清理出1件残牙饰,M284:1,浅黄白色。横剖面呈扁长方形,一端有穿,两端均残,残高12.1厘米(图二二七,4)。

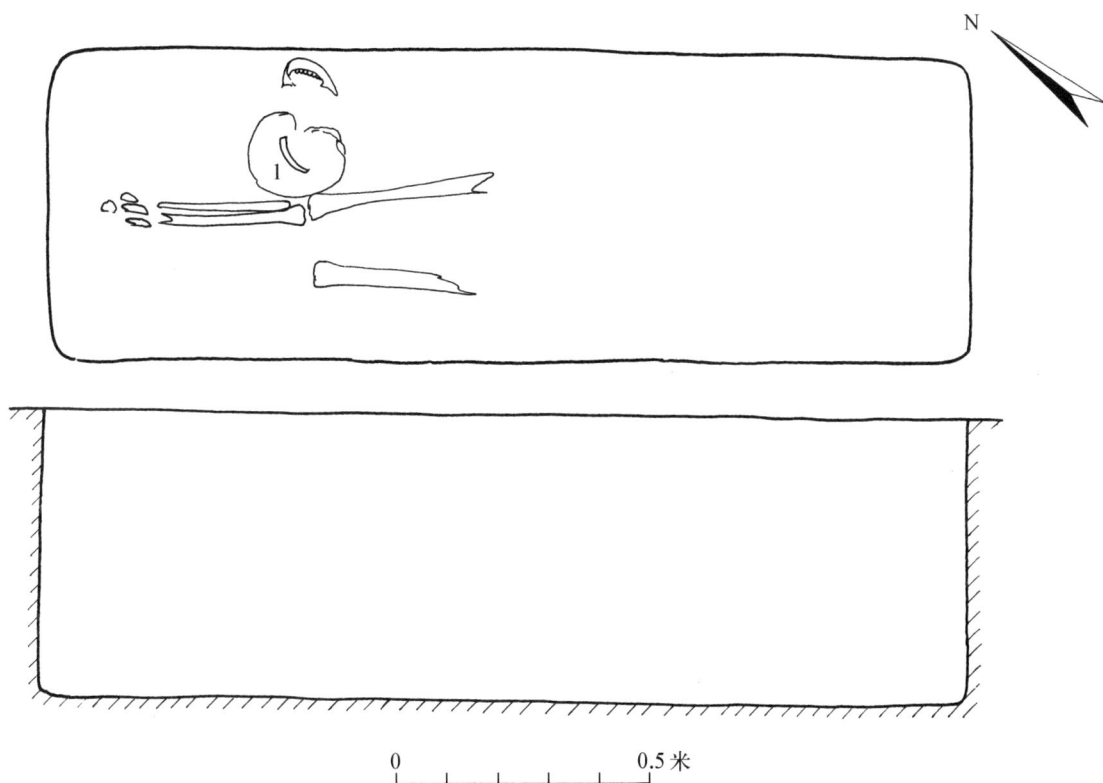

图二二一 M284平、剖面图

1.牙饰(M284:1)

M285

竖穴土坑墓,方向135°。墓口残长145～156、宽94～100、墓深140、墓口距地表50厘米(图二二二)。墓壁陡直,口底大小相等,墓底平坦。打破M256和M277,被近代沟渠打破。墓室内填红褐花土,葬具不清。

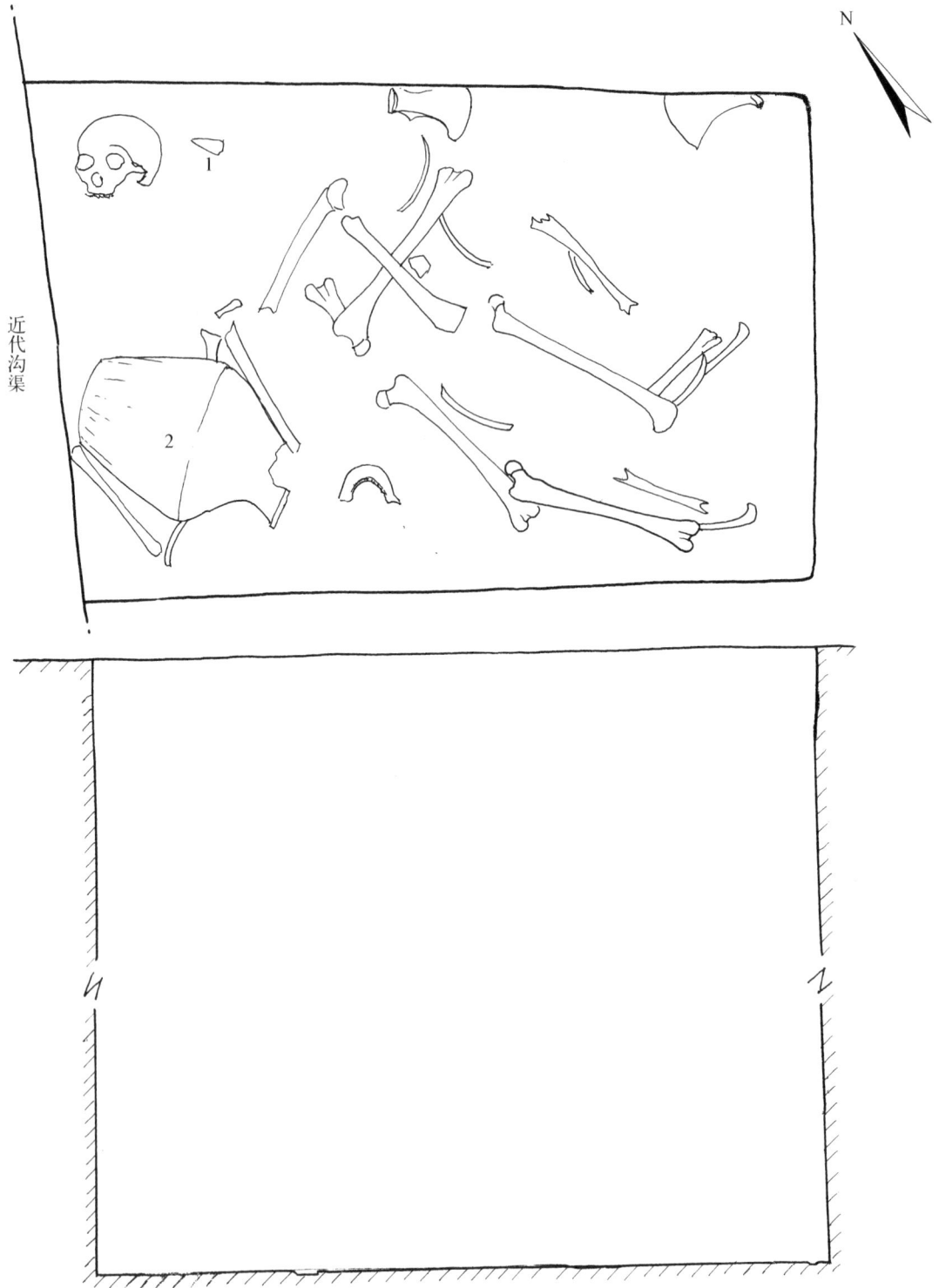

图二二二　M285平、剖面图

1. 穿孔三角蚌饰（M285：1）　2. 陶罐（残）

墓中共发现一男、一女两具人骨，两人M₁磨耗Ⅴ～Ⅵ级，年龄在50～55岁。墓室内人骨扰乱严重，遍布各处，无法确定具体的葬式、头向及面向等信息。从残存的骨骸看，有1个头骨、2个下颌骨及左右股骨、左右肱骨残段等骨骼，部分人骨上染有黑色物质。

墓中发现1件穿孔三角形蚌饰和1件陶罐。蚌饰：M285:1，白色，残。器身呈扁薄的三角形，横剖面呈扁长方形，宽端有穿，已残。残长7.1厘米（图二二七，3；图版二四六，3）。陶罐，M285:2，已残，底部不见，仅剩一半。夹砂灰陶。口微侈，圆折肩，斜腹。通体饰竖绳纹，肩部抹光。残高42厘米，经复原，口径15.6、肩径33.2厘米（图版二〇三，1）。

M286

竖穴土坑墓，方向142°。墓圹平面呈圆角长方形，墓口长185、宽55、墓深50、墓口距地表50厘米（图二二三，图版六三）。墓壁规整，上下垂直，口底大小相等，平底。墓室内填红褐花土，葬具不清。

墓主人为女性，M₁磨耗Ⅳ～Ⅴ级，年龄在40～45岁。葬式为仰身直肢葬，头向东南，面向西。人骨未被扰乱，保存完好，双肩上耸，两臂呈弧状内收，左手放置于盆骨之上，两腿伸直，脚尖并拢。

头骨右侧发现1件残骨笄，M286:1，浅黄白色。器身锥状，横剖面呈椭圆形，断为三节。长12厘米。

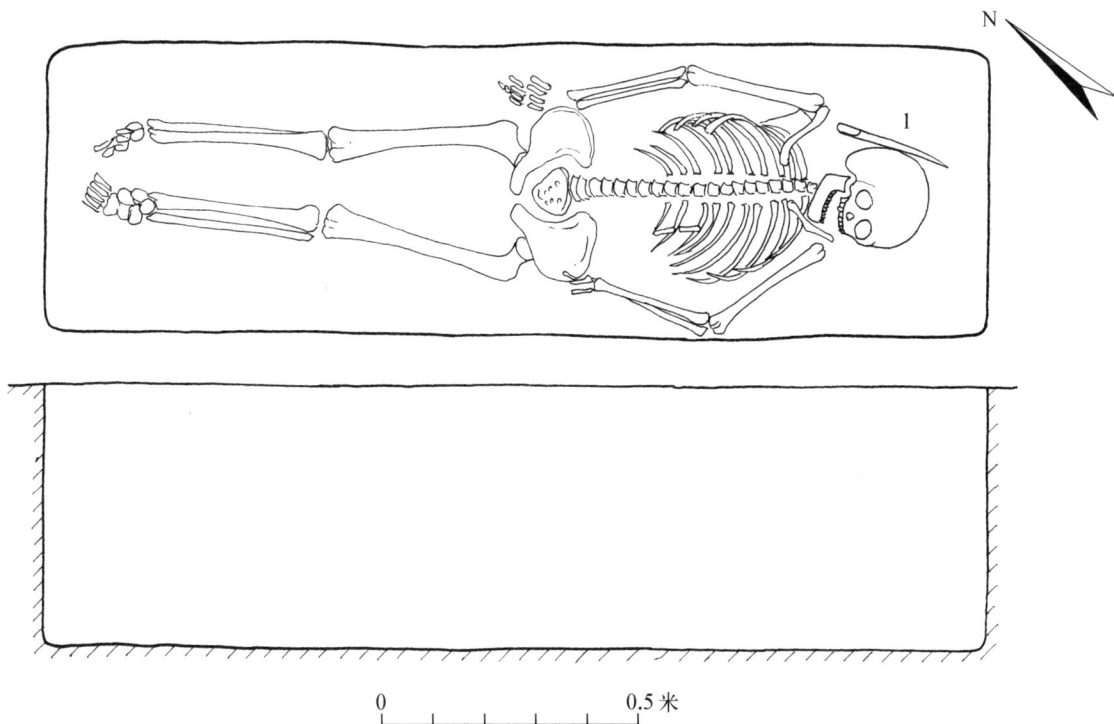

0   0.5米

图二二三 M286平、剖面图

1. 骨笄（M286:1）

M287

竖穴土坑墓,方向135°。墓圹平面呈梯形,墓口长180、宽53～65、墓深70、墓口距地表50厘米(图二二四,图版六四)。墓壁陡直,口底大小相等,墓底平坦。墓室内填红褐花土,葬具不清。

墓主人为男性,M_1磨耗Ⅵ级以上,年龄在60岁以上。葬式为仰身直肢葬,头向东南,面向上。骨骸保存较好,双肩上耸,左前臂斜置于左胸部,右臂呈弧状内收,右手放置于盆骨之上,两腿伸直。

墓中未发现随葬品。

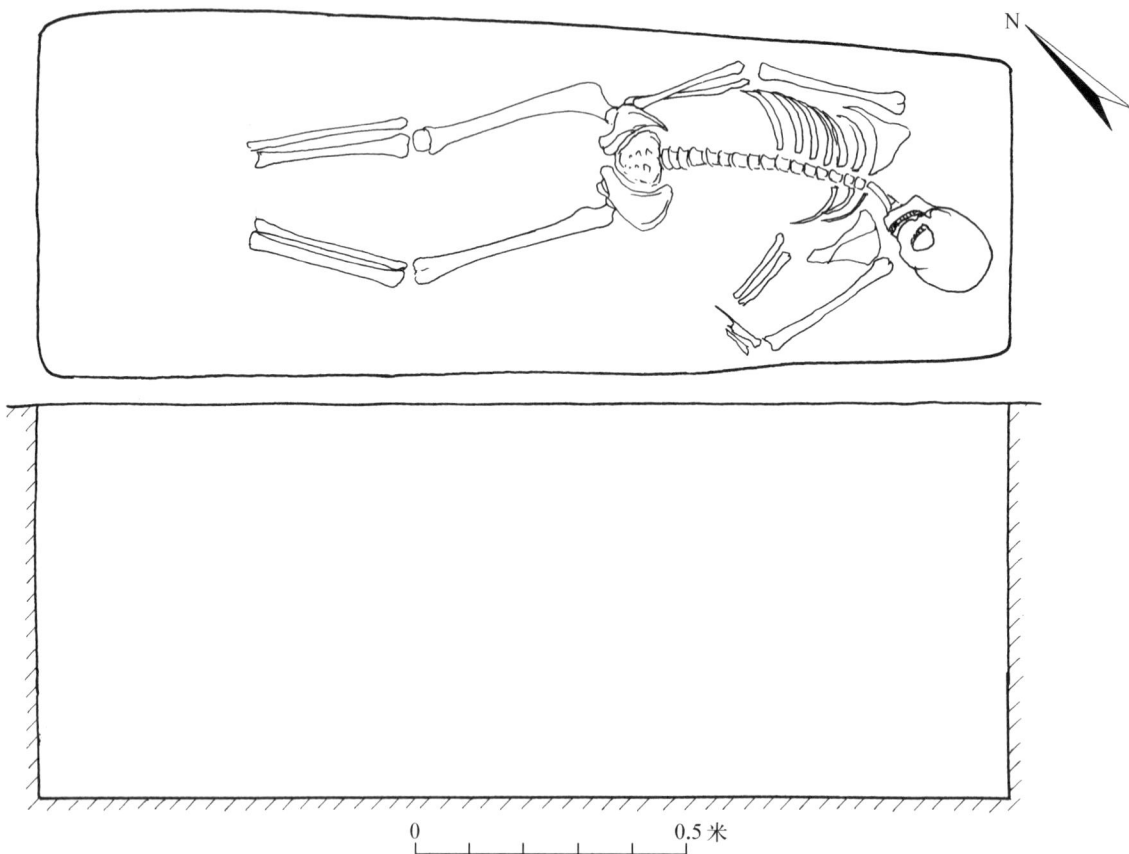

图二二四　M287平、剖面图

M288

竖穴土坑墓,方向130°。墓圹平面呈圆角长方形,墓口长180、宽60、墓深70、墓口距地表50厘米(图二二五)。墓壁陡直,口底大小相等,墓底平坦。被近代沟渠打破。墓室内填红褐花土,葬具不清。

墓主人为男性,M_1磨耗Ⅵ级以上,年龄在60岁以上。葬式为仰身直肢葬,头向东南,面向上。骨骸扰乱、腐蚀严重,仅可辨认出人骨的整体形态:左肩上耸,左前臂斜置于盆骨上,右臂伸直。

人骨头顶发现1件残骨笄,M288∶1,浅黄白色。器身锥状,顶端微残,横剖面呈长方形,近尖端处横剖面呈圆形,残长13.9厘米(图二二七,1;图版二四五,1)。

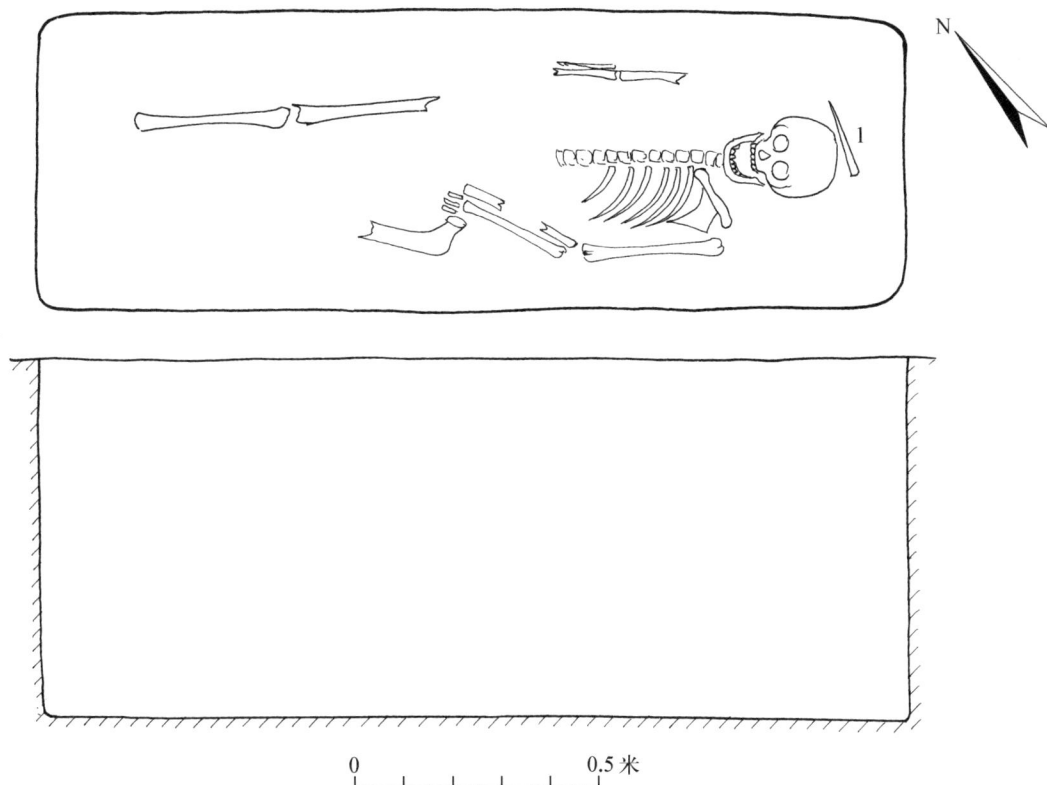

图二二五　M288平、剖面图

1. 骨笄（M288∶1）

M289

竖穴土坑墓，方向140°。墓圹平面稍显梯形，墓口长170、宽42～46、墓深38、墓口距地表50厘米（图二二六，图版六五）。墓壁规整，上下垂直，口底大小相等，平底。被近代沟渠打破，打破M290。墓室内填红褐花土，葬具不清。

墓主人为女性，M_1磨耗Ⅴ～Ⅵ级，年龄在50～55岁。葬式为仰身直肢葬，头向东南，面向西北。人骨未被扰乱，保存完好，双臂呈弧状内收，两手放于盆骨之上，双腿伸直，两脚紧并。

头骨右侧清理出1件石镞，M289∶1，蚀变大理岩。乳白色，器身横剖面呈长方形，圆铤，前锋呈三角形。长4.9、最宽处1.3厘米（图二二七，2；图版二二二，11）。

M290

竖穴土坑墓，方向45°。墓圹平面呈梯形，墓口长215、宽42～45、墓深80、墓口距地表50厘米（图二二八，图版六六）。墓壁陡直，口底大小相等，墓底平坦。被M289打破。墓室内填黄褐花土，葬具不清。

墓主人为男性，M_1磨耗Ⅳ～Ⅴ级，年龄在40～45岁。葬式为仰身直肢葬，头向东北，面向东南。人骨未被扰乱，保存较好，双肩上耸，两臂伸直，双手放置于腿两侧，双腿伸展。

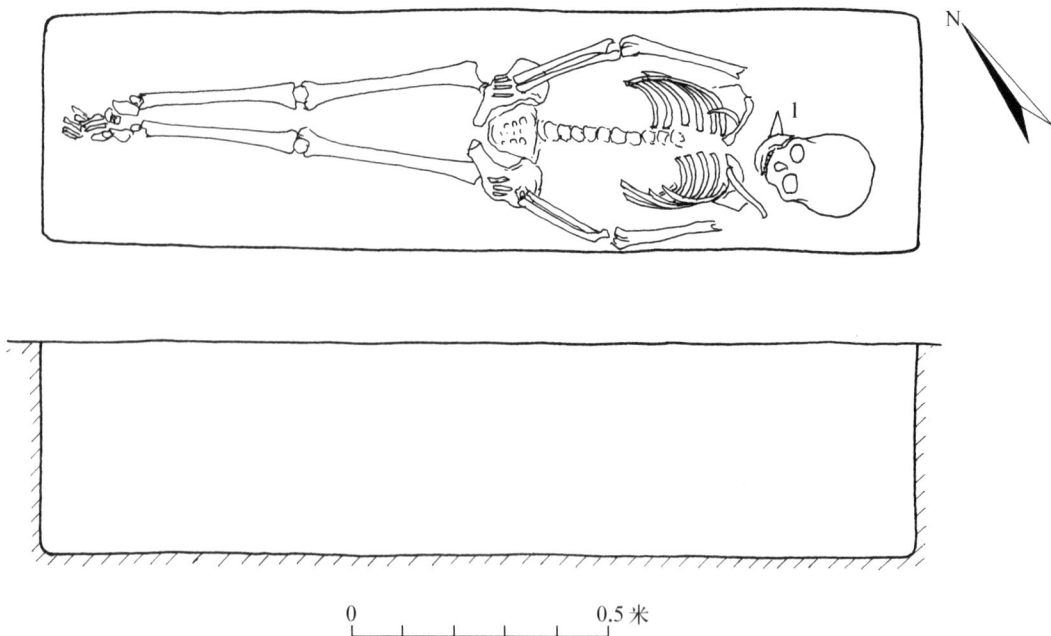

图二二六　M289 平、剖面图

1. 石镞（M289：1）

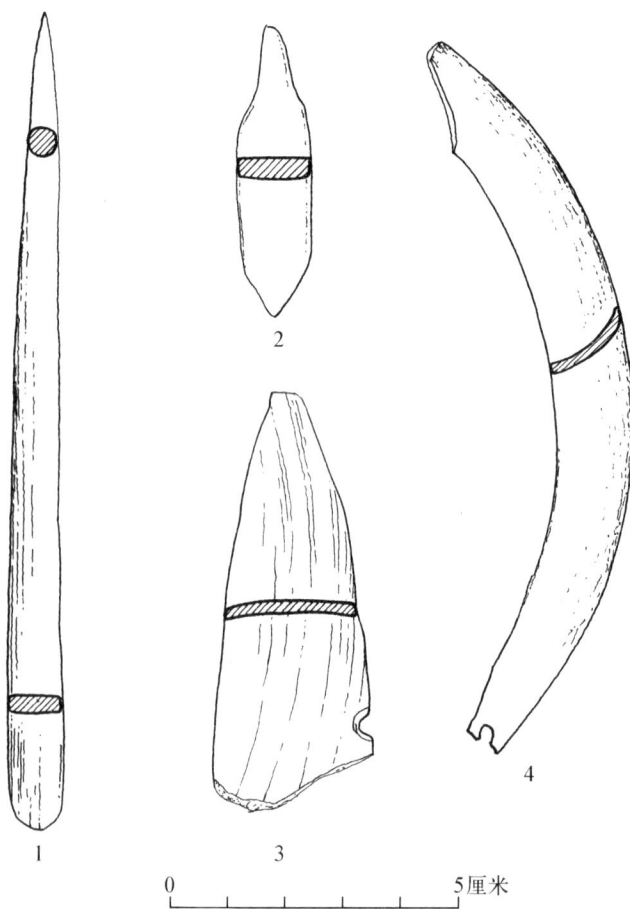

图二二七　M284、M285、M288、M289 出土器物图

1. 骨笄（M288：1）　2. 石镞（M289：1）　3. 穿孔三角形蚌饰（M285：1）　4. 牙饰（M284：1）

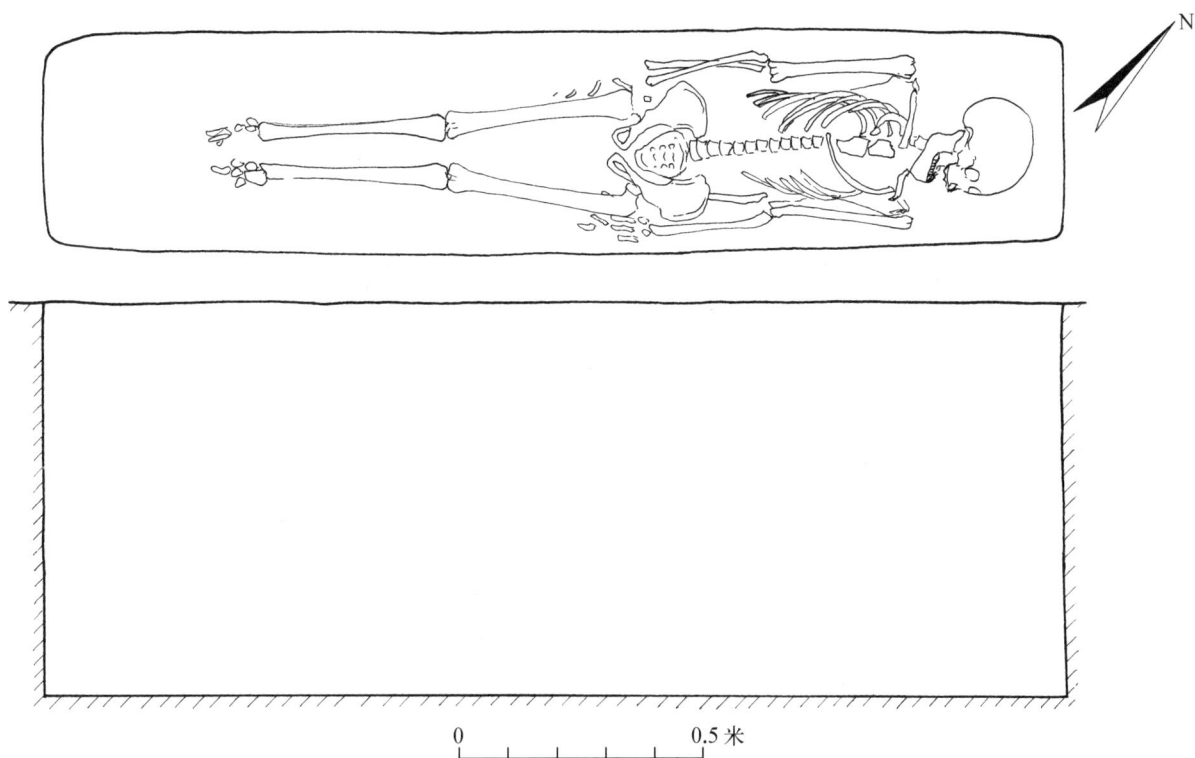

图二二八　M290平、剖面图

墓中未发现随葬品。

M291

竖穴土坑墓,方向128°。墓圹平面稍显梯形,墓口长165、宽42～50、墓深40、墓口距地表50厘米。墓壁规整,上下垂直,口底大小相等,平底。被近代沟渠打破。墓室内填红褐花土,葬具不清。

墓主人为女性,右M_2磨耗6级,年龄48岁。下肢微向右屈,面向不详,头向东南。人骨扰乱严重,仅存有头骨残片、锁骨、肱骨残段、肋骨残段、左右股骨残段、左右胫骨残段等。

墓中未发现随葬品。

M292

竖穴土坑墓,方向42°。墓圹平面呈圆角长方形,墓口长164、宽50、墓深74、墓口距地表50厘米(图二二九,图版六七)。墓壁陡直,口底大小相等,墓底平坦。墓室内填黄褐花土,葬具不清。

墓主人为女性,M_1磨耗Ⅴ级,年龄在50岁左右。葬式为仰身直肢葬,头向东北,面向西南。人骨未被扰乱,保存较好,双肩上耸,两臂伸直,双手放置于腿两侧,双腿略向右斜,两脚并拢。

头骨左侧清理出1件骨簪,M292:1,浅黄白色。顶端残。长条形,横剖面呈半圆形,残长15.1厘米(图二三七,2;图版二四四,1)。

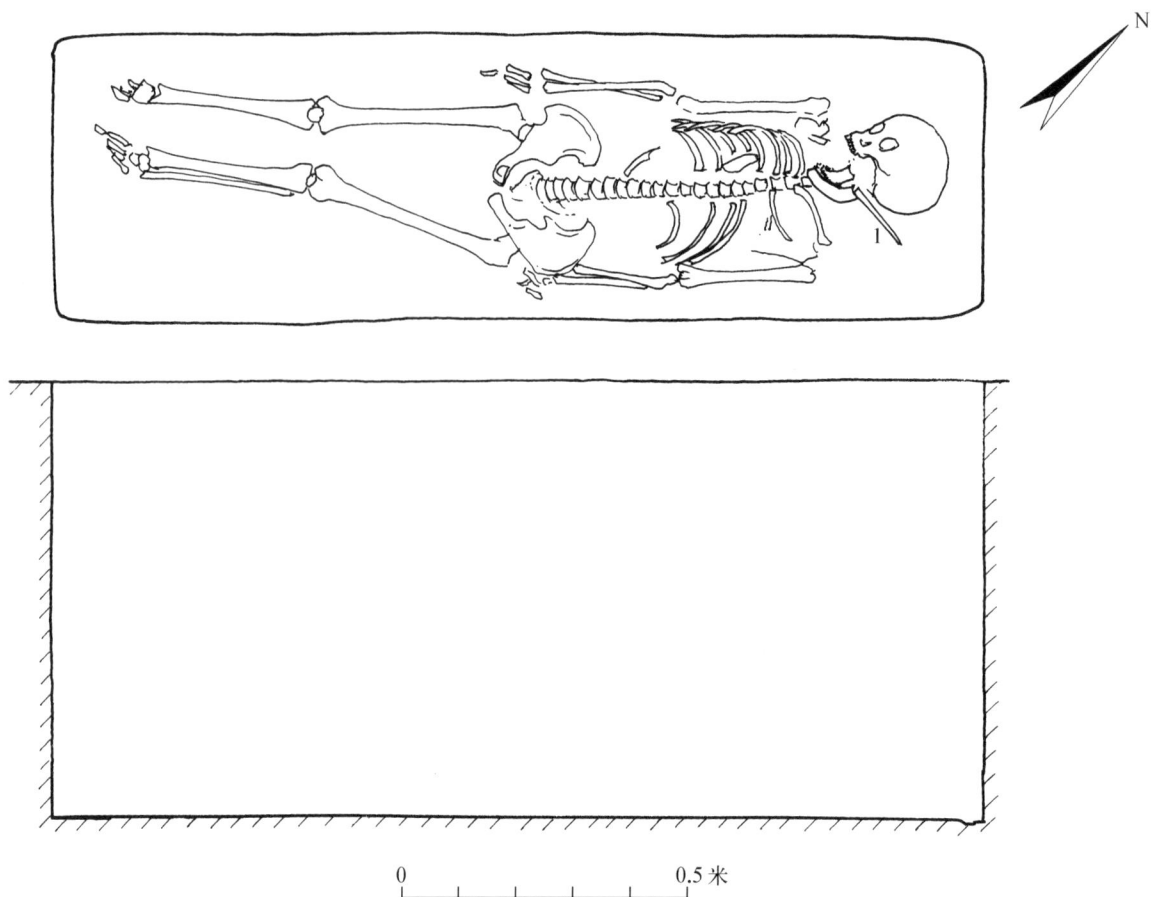

图二二九　M292平、剖面图

1.骨簪（M292：1）

M293

竖穴土坑墓，墓圹略呈梯形，头窄脚宽。方向130°。墓口长150、宽45～50、墓深30、墓口距地表50厘米（图二三○）。墓壁规整，上下垂直，口底大小相等，平底。被近代沟渠打破。墓室内填红褐花土，葬具不清。

墓主人为一成年女性，髋骨、髂嵴与髂骨愈合，年龄应大于24岁。葬式为仰身直肢葬，面向不详。左右肱骨以上部分被沟渠破坏，下肢保存相对完好，双腿伸直，两脚并拢。

墓中未发现随葬品。

M294

竖穴土坑墓，方向157°。墓口残长100～120、宽50、墓深35、墓口距地表50厘米。墓壁规整，上下垂直，口底大小相等，平底。被近代沟渠打破。墓室内填红褐花土，葬具不清。

墓中骨骸扰乱严重，保存极差，仅存左侧胫骨残段和右侧股骨残段，性别、年龄不详。葬式及面向亦不清楚。

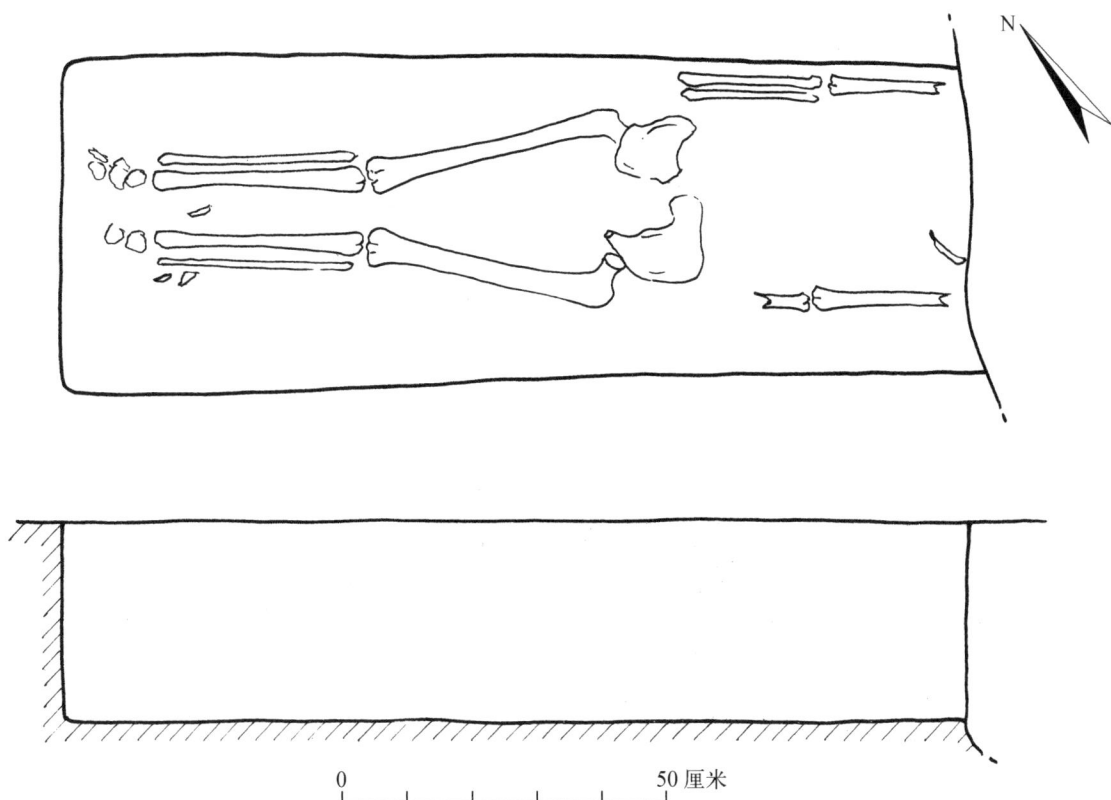

图二三〇 M293平、剖面图

墓室填土中发现有1件陶罐,已残,不见下腹和底部。M294:1,夹砂灰陶,圆唇,侈沿,沿外用泥片加厚,束颈,上腹向外弧。素面。经复原测量,口径18.2厘米,残高11厘米(图版二〇三,2)。

M295

竖穴土坑墓,方向132°。墓圹平面略呈圆角梯形,墓口长200、宽45～50、墓深40、墓口距地表50厘米(图二三一,图版六八)。墓壁规整,上下垂直,口底大小相等,平底。墓室内填红褐花土,葬具不清。

墓主人为男性,M_1磨耗Ⅵ级以上,年龄在60岁以上。葬式为仰身直肢葬,头向东南,面向上。人骨未被扰乱,保存较好,双肩上耸,两臂伸直,双手放置于腿两侧,双腿伸展。

人骨头顶发现1件残骨笄,M295:1,浅黄白色,残。横剖面呈长方形,残长11.4厘米(图二三七,3)。

M297

竖穴土坑墓,方向40°。墓圹平面呈圆角梯形,墓口长200、宽40～54、墓深120、墓口距地表50厘米(图二三二,图版六九)。墓壁陡直,口底大小相等,墓底平坦。墓室内填黄褐花土,葬具不清。

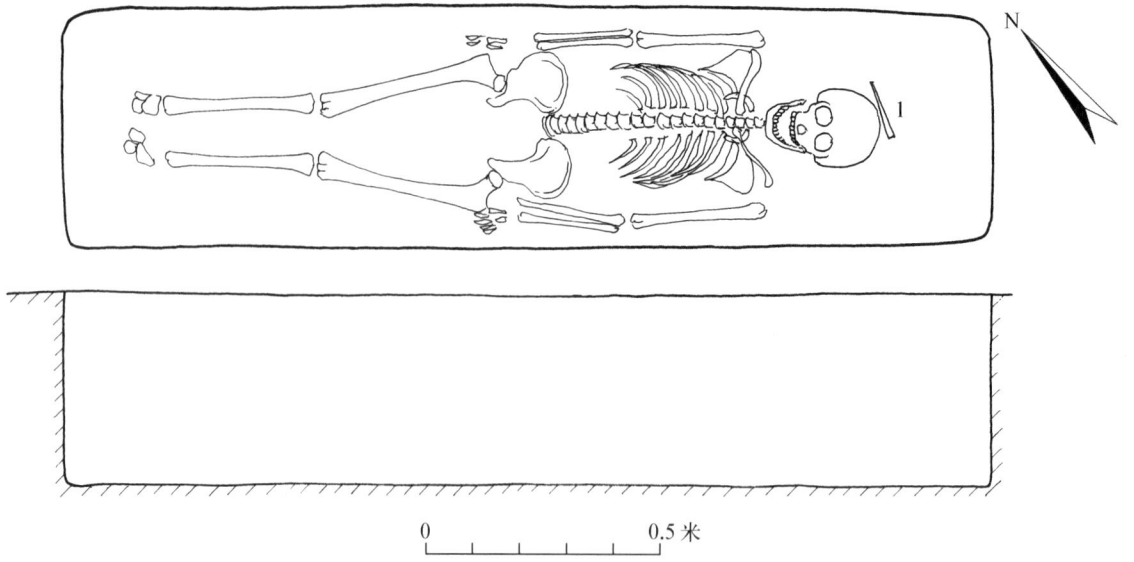

0　　　　　　　0.5 米

图二三一　　M295 平、剖面图

1. 骨笄（M295∶1）

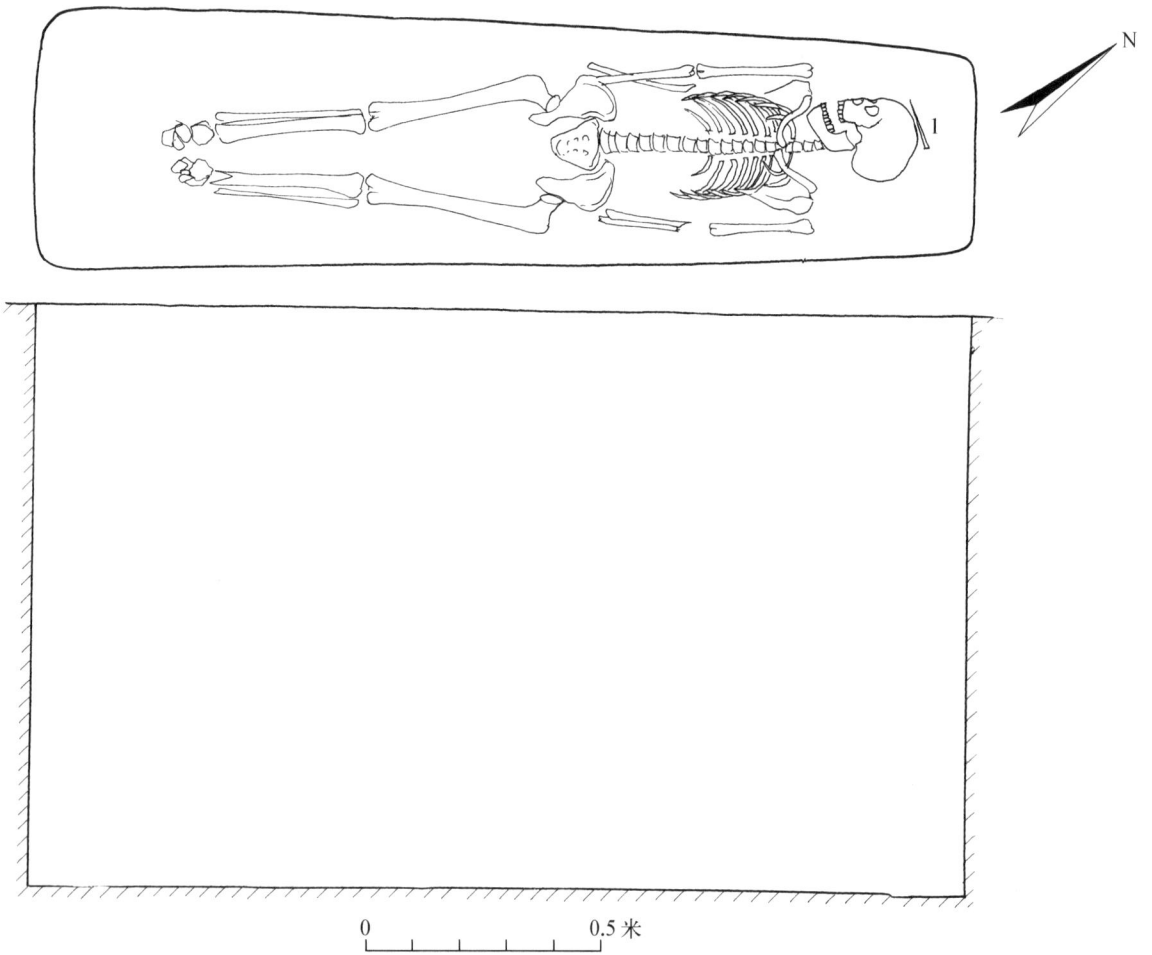

0　　　　　　　0.5 米

图二三二　　M297 平、剖面图

1. 骨笄（M297∶1）

墓主人为女性，M₁磨耗Ⅴ级，年龄在50岁左右。葬式为仰身直肢葬，头向东北，面向西北。人骨未被扰乱，保存较好，双肩上耸，两臂伸直，双手放置于腿两侧，双腿伸展，两脚靠拢。

人骨头顶发现1件残骨笄，M297∶1，浅黄白色，顶端残。长条形，横剖面呈圆形。残长9.9厘米（图二三七，4；图版二四五，2）。

M298

竖穴土坑墓，方向50°。墓口残长120、宽40、墓深110、墓口距地表50厘米（图二三三）。墓壁陡直，口底大小相等，墓底平坦。被M296（现代墓）打破。墓室内填黄褐花土，葬具不清。

墓主人为女性，M₁磨耗Ⅴ级，年龄在50岁左右。葬式为仰身直肢葬，头向东北，面向东南。骨骸腐蚀严重，而又以右侧骨骼为甚。两侧股骨下端被M296破坏，已然无存。

墓主人头顶位置发现1件残骨笄，M298∶1，浅黄白色。长条形，横剖面呈半圆形，尖端锋利。残长15.8厘米（图二三七，1；图版二四五，3）。

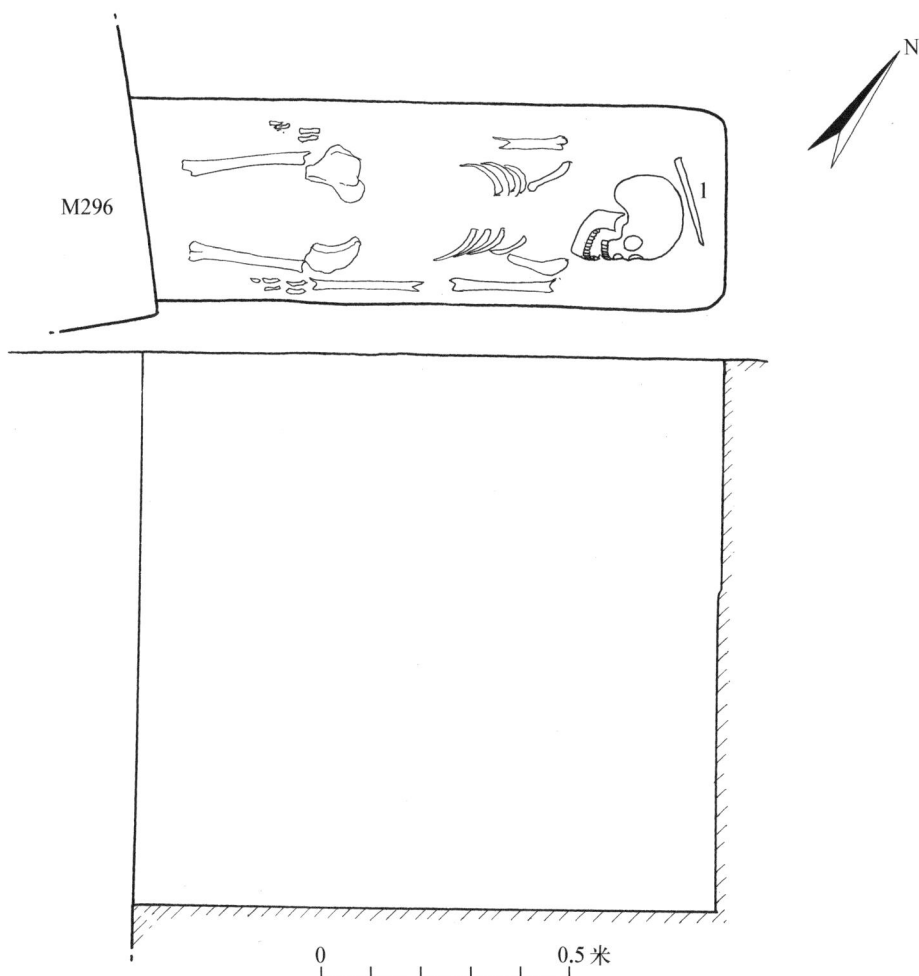

图二三三 M298平、剖面图

1.骨笄（M298∶1）

M299

竖穴土坑墓,方向43°。墓圹平面呈圆角梯形,墓口长190、宽46～55、墓深25、墓口距地表50厘米(图二三四)。墓壁规整,上下垂直,口底大小相等,平底。墓室内填黄花土,葬具不清。

墓葬被扰,墓主人为女性,M_1磨耗Ⅳ～Ⅴ级,年龄在40～45岁。葬式为俯身直肢葬,头向东北,面向下。骨骸保存较差,仅能辨别出骨架的大体形态。

该墓共发现2件随葬品,1件是头骨西北部的陶罐,另1件是左侧肱骨东部清理出的绿松石管。陶罐,M299:1,残。夹砂灰陶,侈口,束颈,圆肩,弧腹平底。肩腹饰竖绳纹,肩腹转折处和上腹部分别被抹平一圈。口径14.6、腹径21.6、高19.2、底径11.6厘米(图版二〇三,3)。绿松石管,M299:2,柱状,中空,剖面椭圆形。长0.5厘米(图版二三〇,3)。清理时发现在陶罐口上盖有1块石头,并在人骨背部由西北向东南依次放置有4块石头。

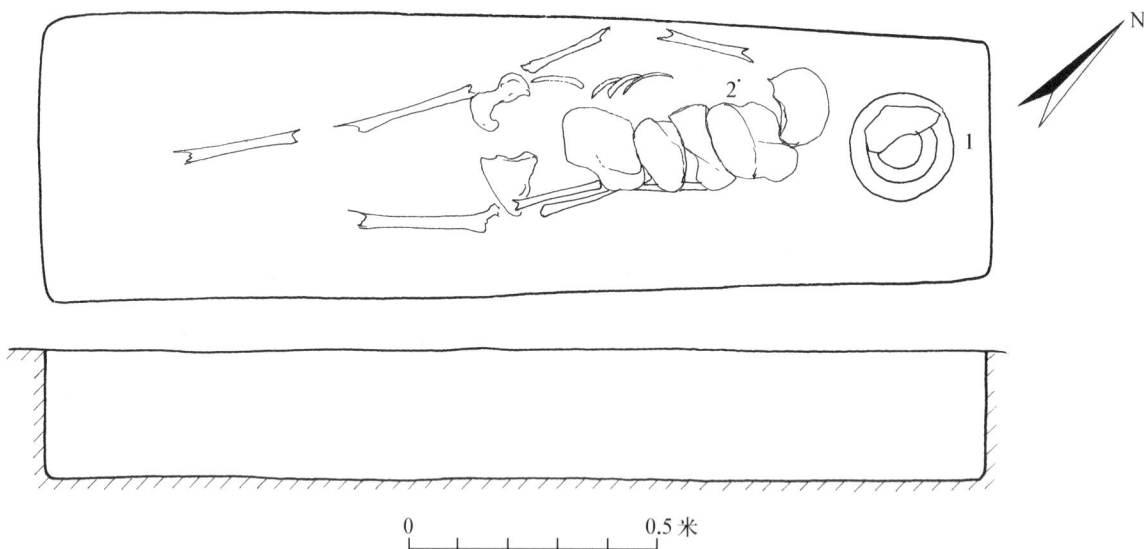

图二三四　M299平、剖面图

1.陶罐(M299:1)　2.绿松石管(M299:2)

M300

竖穴土坑墓,方向45°。墓圹平面呈圆角梯形,墓口长210、宽37～53、墓深90、墓口距地表50厘米(图二三五,图版七〇)。墓壁陡直,口底大小相等,墓底平坦。墓室内填黄褐花土,葬具不清。

墓主人为男性,M_1磨耗Ⅴ～Ⅵ级,年龄在50～55岁。葬式为仰身直肢葬,头向东北,面向上。人骨保存较好,双肩上耸,两臂伸直,双手紧紧放置于腿两侧,双腿伸展。

墓中未发现随葬品。

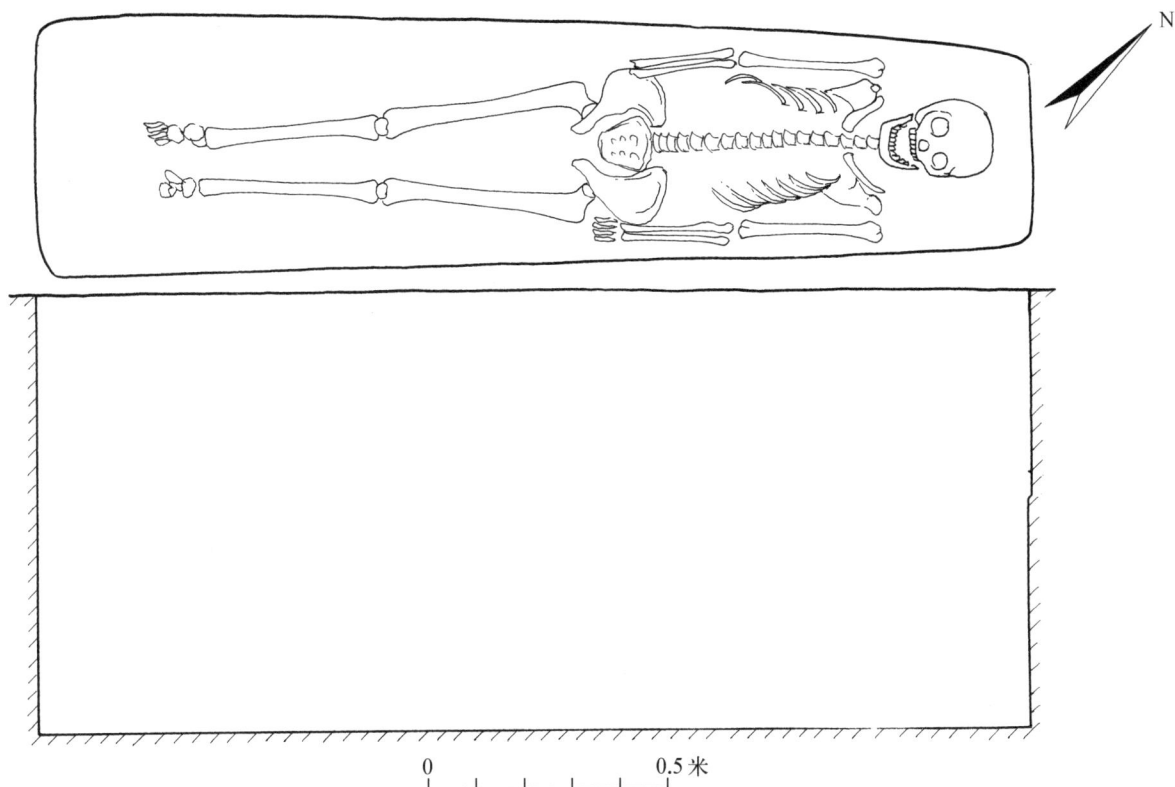

图二三五　M300平、剖面图

M301

竖穴土坑墓,方向40°。墓圹平面略呈梯形,墓口长200、宽43～51、墓深75、墓口距地表50厘米(图二三六,图版七一)。墓壁陡直,口底大小相等,墓底平坦。墓室内填黄褐花土,葬具不清。

墓主人为男性,M₁磨耗Ⅵ级以上,年龄在60岁以上。葬式为仰身直肢葬,头向东北,面向东南。人骨保存较好,双肩上耸,两臂伸直,双手放置于腿两侧,双腿伸展,两脚紧并。

左脚踝处发现1件石镞和1件骨镞。石镞,M301:1,板岩。青灰色。器身整体呈三角形,中间厚,两边薄至起刃,尖锋,磨制。长4.7、宽1.2厘米(图二三七,5;图版二二二,10)。骨镞,M301:2,浅黄白色。器身扁薄,中间厚两边薄,前锋呈三角形,磨制。长2.5厘米(图二三七,6;图版二四二,2)。

M302

竖穴土坑墓,方向45°。墓圹平面呈梯形,墓口长210、宽47～61、墓深60、墓口距地表50厘米(图二三八,图版七二)。墓壁陡直,口底大小相等,墓底平坦。墓室内填黄褐花土,葬具不清。

墓主人为女性,M₁磨耗Ⅲ级,年龄在30岁左右。葬式为仰身直肢葬,头向东北,面向东南。人骨保存较好,双肩上耸,两臂伸直,双腿伸展,只是未见左侧手骨。

头骨右侧清理出1件残骨簪,M302:1,浅黄白色,残。横剖面呈扁长方形,顶端残,尖端方圆。残长14.4厘米(图二六〇,3)。

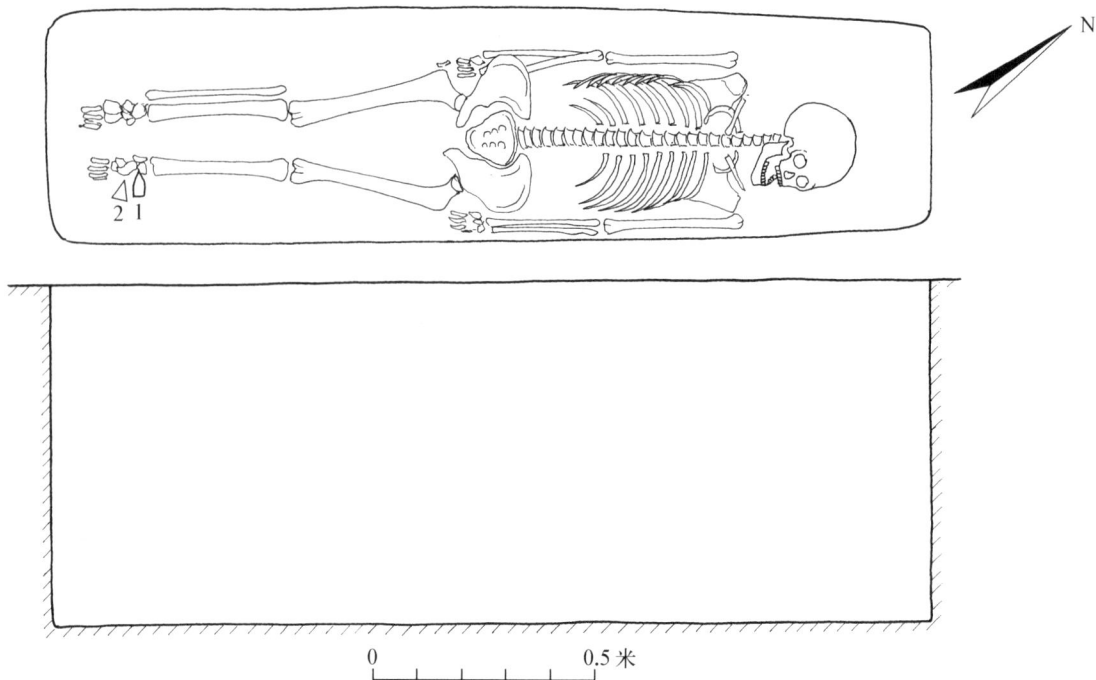

图二三六　M301 平、剖面图

1. 石镞（M301：1）　2. 骨镞（M301：2）

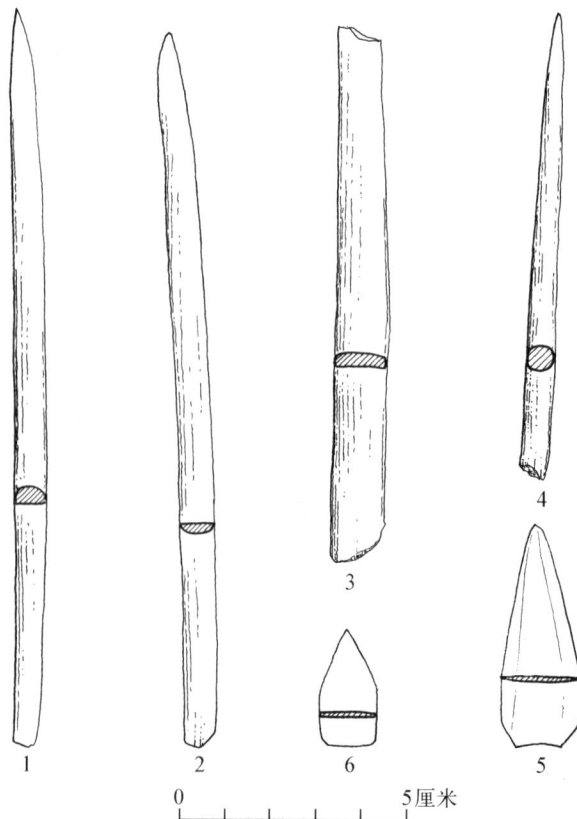

图二三七　M292、M295、M297、M298、M301 出土器物图

1、3、4. 骨笄（M298：1、M295：1、M297：1）　2. 骨簪（M292：1）　5. 石镞（M301：1）　6. 骨镞（M301：2）

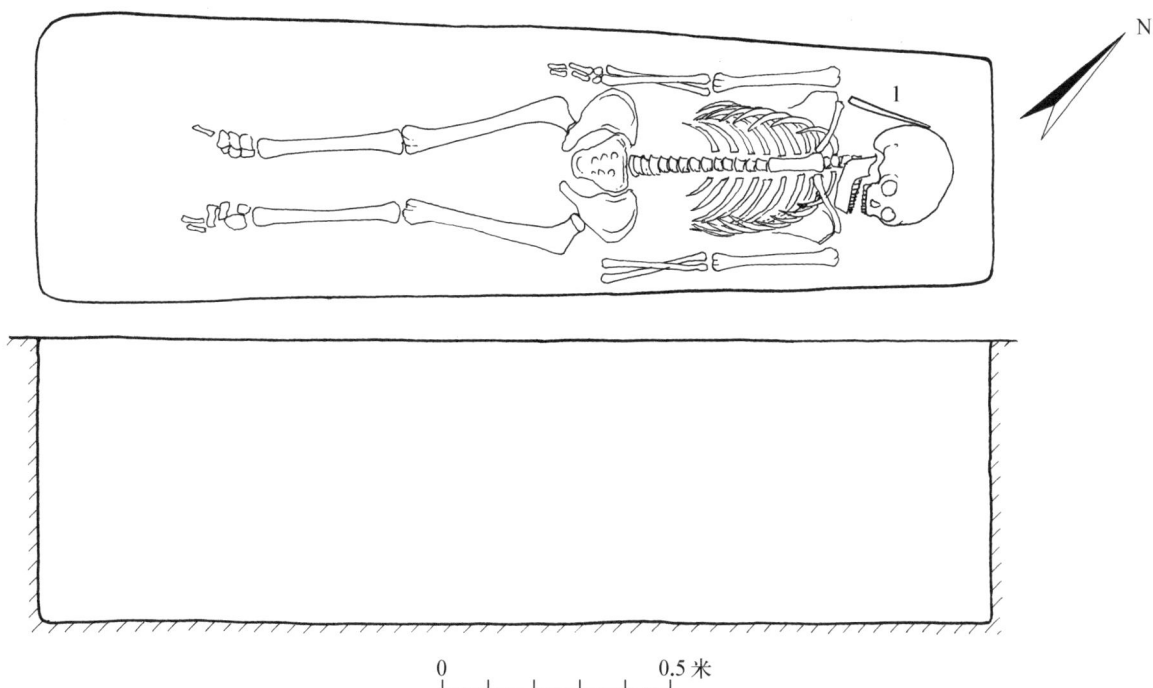

图二三八 M302平、剖面图

1. 骨簪（M302：1）

M303

竖穴土坑墓，方向140°。墓圹平面呈圆角长方形，墓口长180、宽48～60、墓深50、墓口距地表50厘米（图二三九，图版七三）。墓壁规整，上下垂直，口底大小相等，平底。打破M304。墓室内填红褐花土，葬具不清。

墓主人为男性，M₁磨耗Ⅳ～Ⅴ级，年龄在40～45岁。葬式为仰身直肢葬，头向东南，面向东北。人骨被扰乱，右侧肱骨下端和右前臂遭到破坏，但骨架大体形态仍清晰可见。双肩上耸，两臂伸直，双腿伸展。

头顶清理出1件残骨笄，M303：1，浅黄白色，两端残。横剖面呈扁长方形。残长12.7厘米（图二六〇，4）。

M304

竖穴土坑墓，方向35°。墓圹平面呈圆角梯形，墓口长200、宽45～55、墓深90、墓口距地表50厘米（图版七四）。墓壁陡直，口底大小相等，墓底平坦。被M303打破。墓室内填黄褐花土，葬具不清。

墓主人为一成年男性，髂嵴和髂骨愈合，年龄大于24岁。葬式为仰身直肢葬，面向不详。头骨、锁骨及右肋骨不见，左右肱骨被扰乱，左肋骨及下肢保存相对较好，双腿伸直，两脚尖向外。

墓中未发现随葬品。

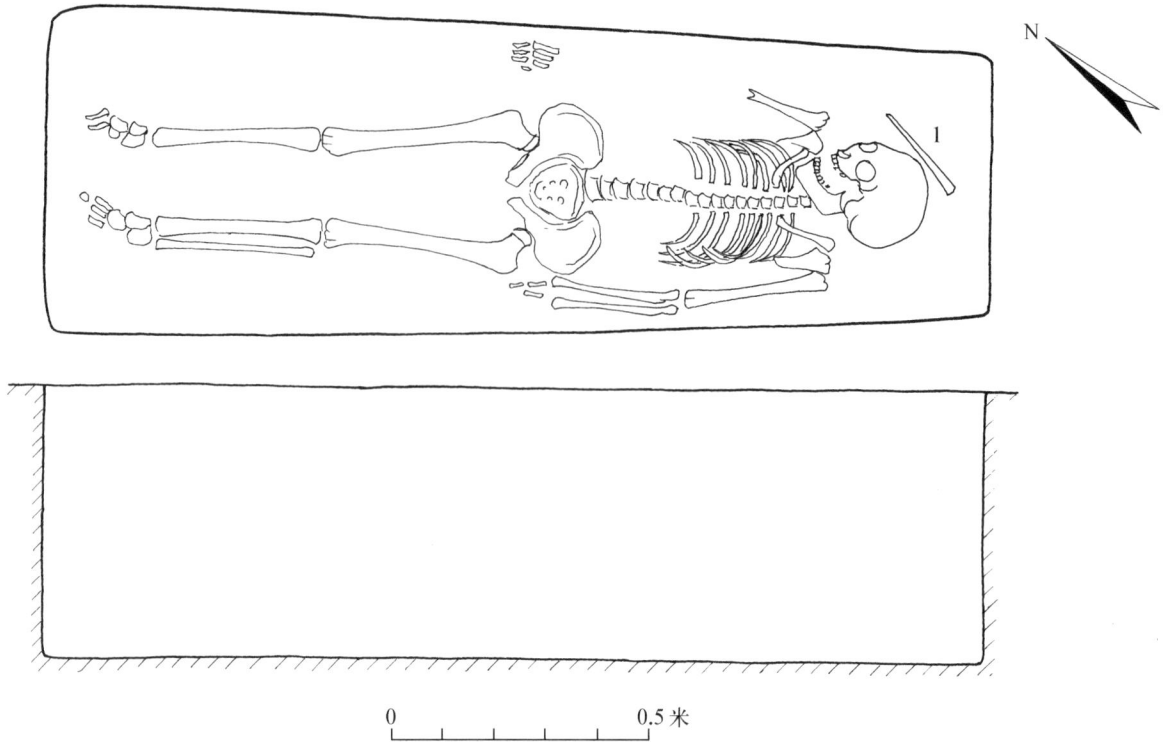

图二三九　M303平、剖面图

1. 骨笄(M303：1)

M305

竖穴土坑墓,方向50°。墓圹平面略呈梯形,墓口长200、宽45～52、墓深90、墓口距地表50厘米(图二四〇)。墓壁陡直,口底大小相等,墓底平坦。墓室内填黄褐花土,葬具不清。

墓葬被扰。墓主人为男性,M_1磨耗Ⅴ～Ⅵ级,年龄在50～55岁。葬式为仰身直肢葬,头向东北,面向西北。骨骸保存较好,双肩上耸,两臂伸直,双手放置于腿两侧,双腿伸展,但脚骨被扰。

墓中未发现随葬品。

M306

竖穴土坑墓,方向135°。墓圹平面呈梯形,墓口长200、宽45～60、墓深55、墓口距地表50厘米(图二四一,图版七五)。墓壁陡直,口底大小相等,墓底平坦。墓室内填红褐花土,葬具不清。

墓葬被扰。墓主人为女性,M_1磨耗Ⅴ～Ⅵ级,年龄在50～55岁。葬式为仰身直肢葬,头向东南,面向上。人骨被扰乱,头骨左侧、右侧肱骨下端直至手骨均遭到破坏,左臂呈弧状内收,左手放置于盆骨外侧,两腿伸直。

墓中未发现随葬品。

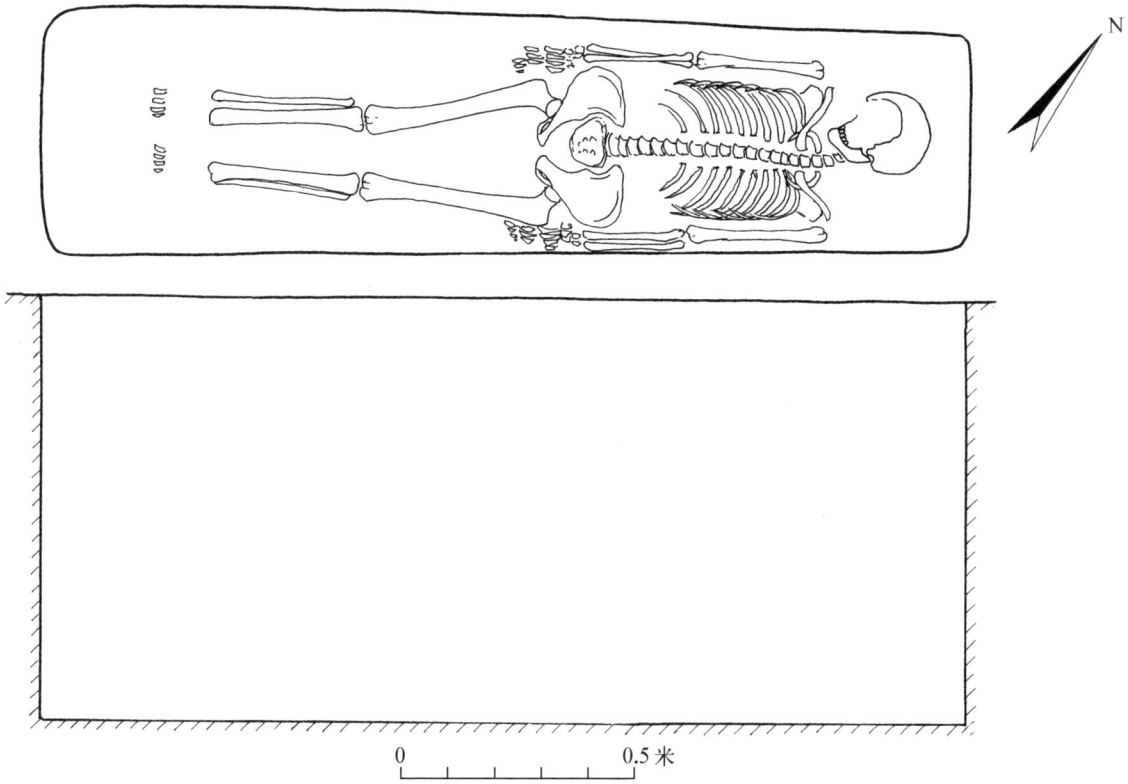

0　　　　　　　　0.5米

图二四〇　M305平、剖面图

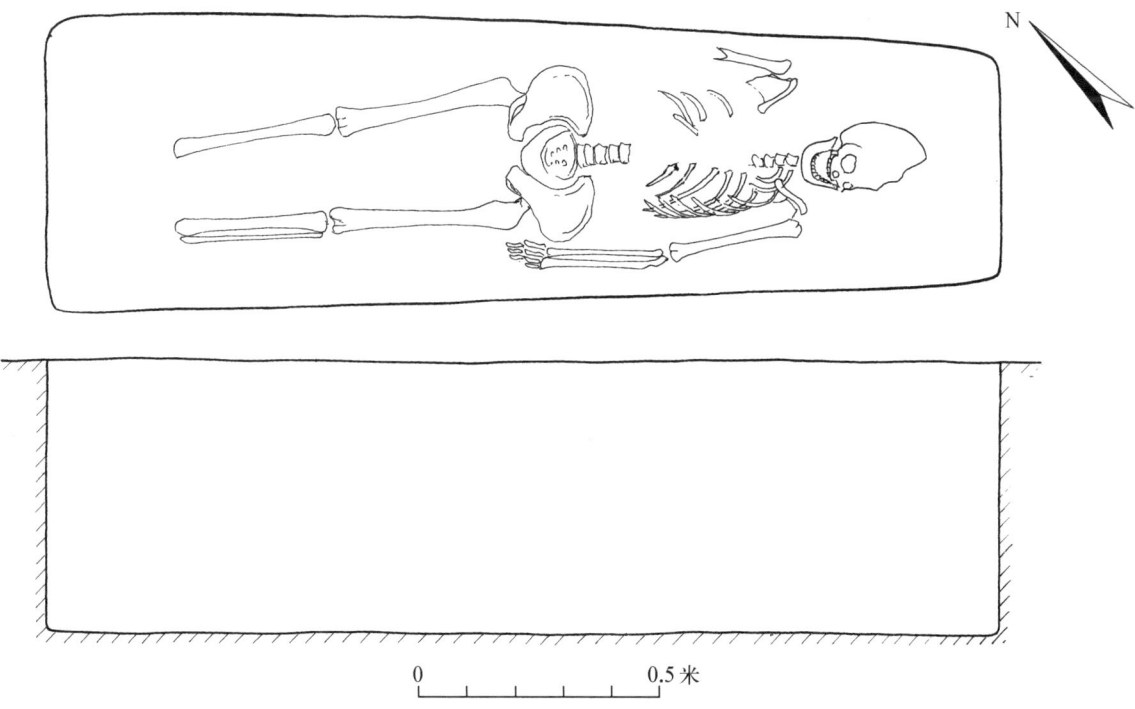

0　　　　　　　　0.5米

图二四一　M306平、剖面图

M307

竖穴土坑墓，方向135°。墓圹平面呈圆角长方形，墓口长180、宽90、墓深10、墓口距地表50厘米。边壁规整，上下垂直，口底大小相等，平底。打破M329。墓室内填红褐花土，葬具不清。

墓主人为男性，M_1磨耗Ⅵ级以上，年龄在60岁以上。葬式及面向不详。人骨扰乱严重，各种骨骸集中分布在墓室中部偏西北的位置，计有头骨残片、下颌骨、左右胫骨残段、桡骨残段、肋骨残段、尺骨残段等。

墓中未发现随葬品。

M308

竖穴土坑墓，方向130°。墓圹平面略呈梯形，墓口长170、宽43～55、墓深55、墓口距地表50厘米（图二四二，图版七六）。墓壁陡直，口底大小相等，墓底平坦。墓室内填红褐花土，葬具不清。

墓葬被扰。墓主人为女性，M_1磨耗Ⅵ级以上，年龄在60岁以上。葬式为仰身直肢葬，头向东南，面向上。人骨被扰乱，未见左侧上肢骨。右臂自然伸直，双腿伸展。

墓主人头顶发现1件骨笄，中部已裂。M308：1，浅黄白色。横剖面呈扁圆形，尖端锐利。长20.8厘米（图二六○，1；图版二四五，4）。

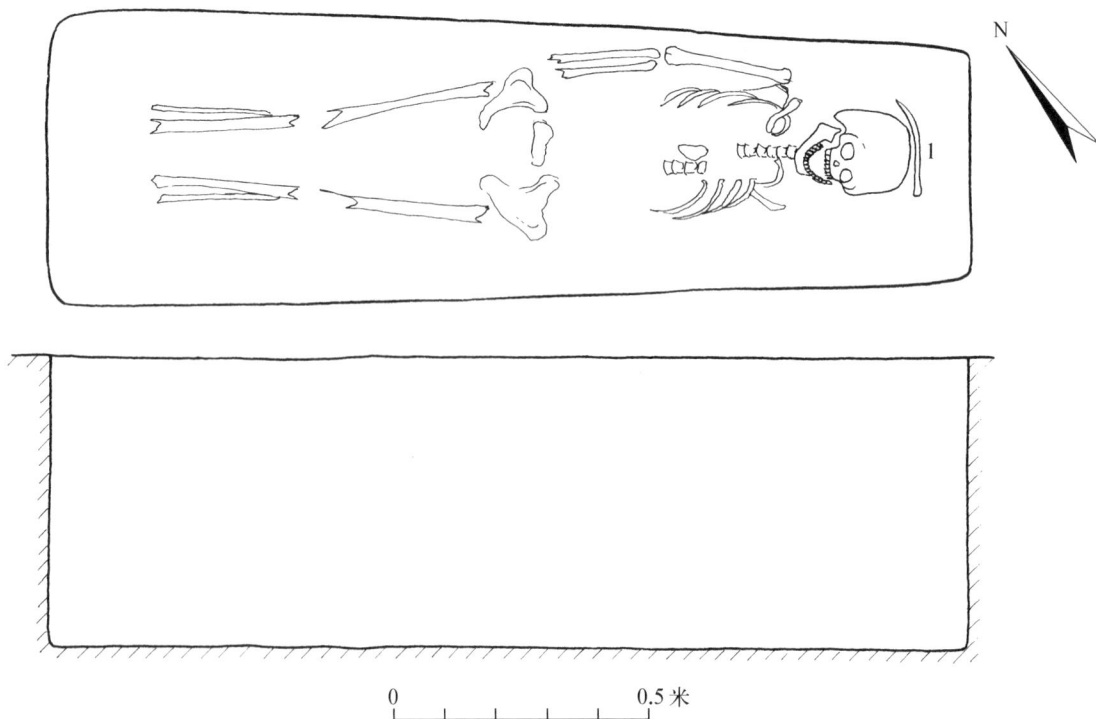

0　　　　　　　　　　0.5 米

图二四二　　M308 平、剖面图

1. 骨笄（M308：1）

M309

竖穴土坑墓，方向135°。墓圹平面呈梯形，墓口长170、宽40～50、墓深45、墓口距地表50厘米（图二四三，图版七七）。墓壁规整，上下垂直，口底大小相等，平底。墓室内填红褐花土，葬具不清。

墓主人为一青年女性，M_1磨耗Ⅰ级，年龄在20～25岁。葬式为仰身直肢葬，头向东南，面向西南。骨骸细小，虽腐蚀严重，但整体形态清晰。双肩上耸，两臂自然伸直，双腿伸展，不见脚骨。

墓中未发现随葬品。

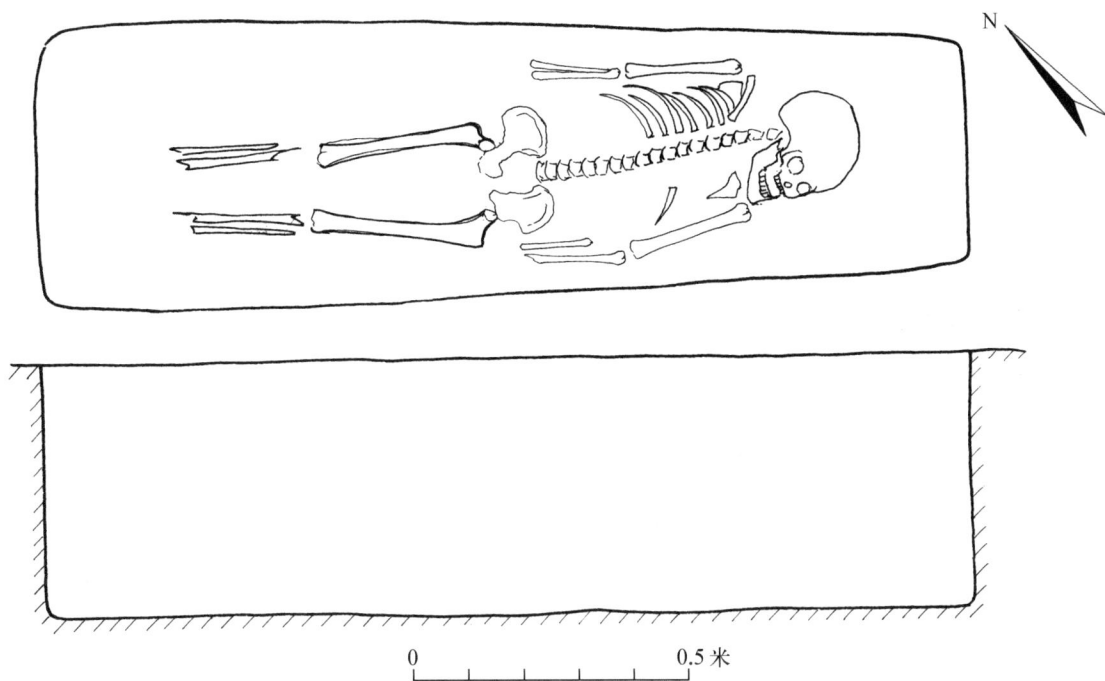

图二四三 M309平、剖面图

M310

竖穴土坑墓，方向140°。墓圹平面呈梯形，墓口长170、宽42～55、墓深30、墓口距地表50厘米（图二四四，图版七八）。墓壁规整，上下垂直，口底大小相等，平底。墓室内填红褐花土，葬具不清。

墓主人为女性，M_1磨耗Ⅲ～Ⅳ级，年龄在35～40岁。葬式为仰身直肢葬，头向东南，面向上。人骨整体居于墓室中央，左臂伸直，右前臂向内弯曲，右手放于盆骨之上，肋骨凌乱；下肢形态较为特别，双腿斜向内收，至脚踝处相交。

墓中未发现随葬品。

M311

竖穴土坑墓，方向133°。墓圹平面呈梯形，墓口长180、宽45～50、墓深60、墓口距地表50厘米（图二四五）。墓壁陡直，口底大小相等，墓底平坦。墓室内填红褐花土，葬具不清。

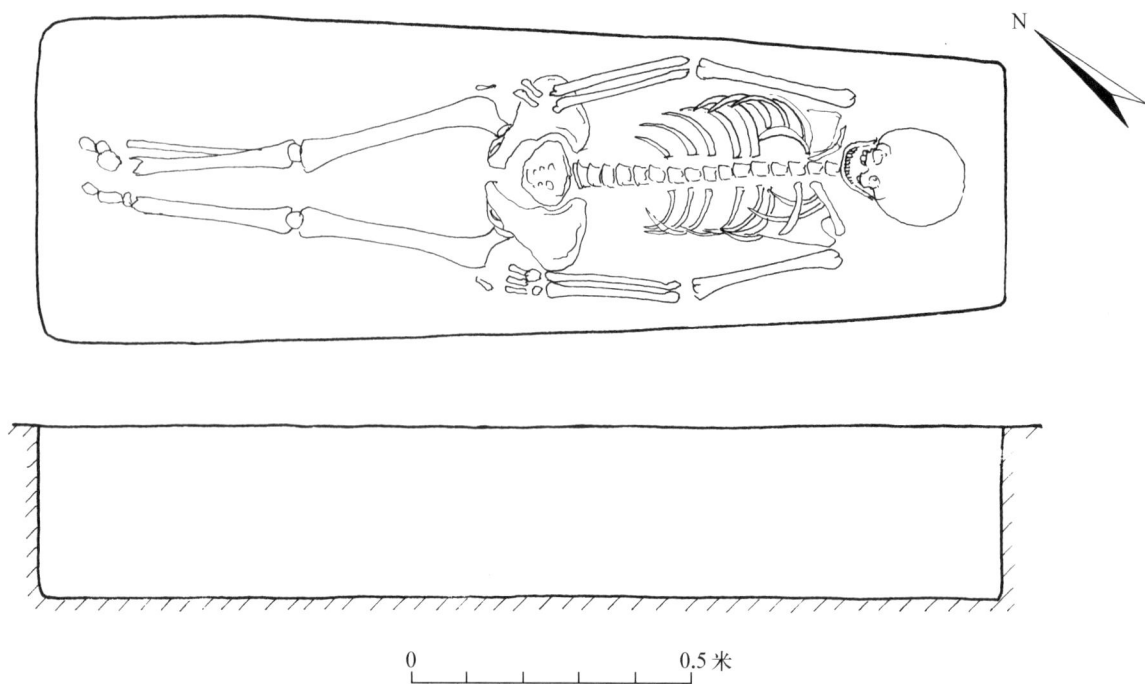

图二四四　M310平、剖面图

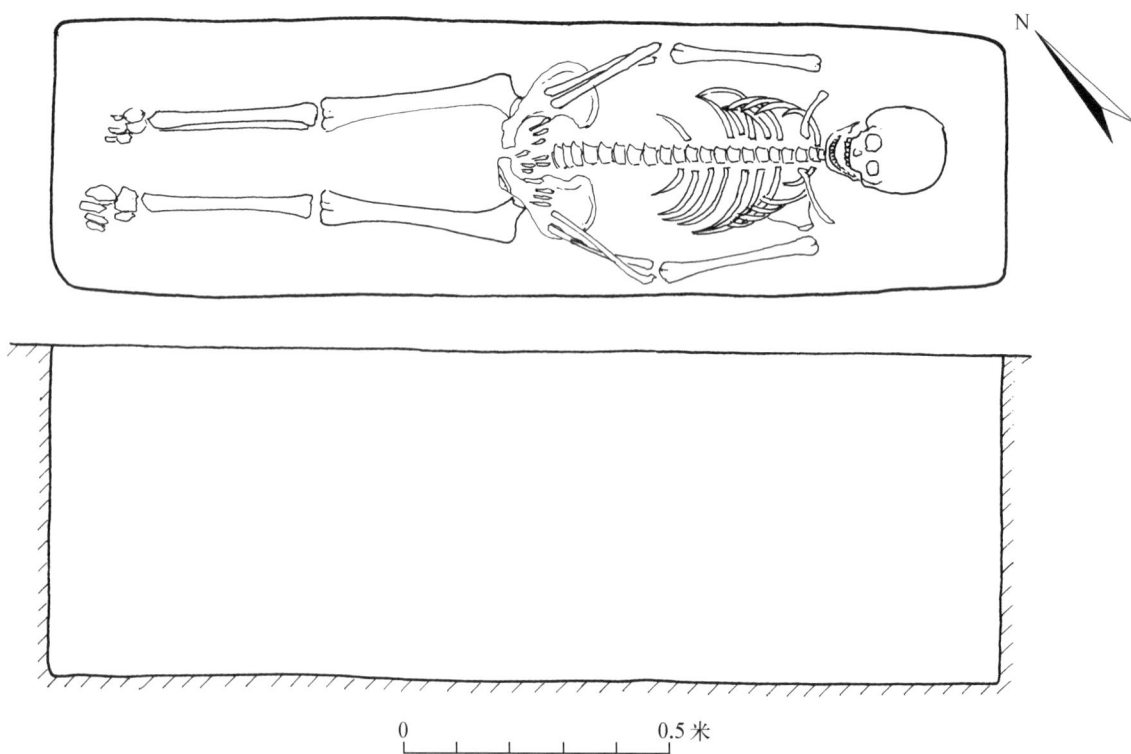

图二四五　M311平、剖面图

墓主人为女性，M₁磨耗Ⅳ～Ⅴ级，年龄在40～45岁。葬式为仰身直肢葬，头向东南，面向上。人骨未被扰乱，保存完好，双肩上耸，肋骨清晰可见，两前臂斜向内收，双手放于盆骨之上，两腿伸直。

头骨正下方发现骨笄1件，M311：1，浅黄白色。横剖面呈扁长方形，顶端残，尖端钝圆。残长16.5厘米（图二六〇，2；图版二四五，5）。

M312

竖穴土坑墓，方向122°。墓圹平面呈梯形，墓口长190、宽42～59、墓深45、墓口距地表50厘米（图二四六，图版七九）。墓壁规整，上下垂直，口底大小相等，平底。墓室内填红褐花土，葬具不清。

墓主人为女性，M₁磨耗Ⅳ～Ⅴ级，年龄在40～45岁。葬式为仰身直肢葬，头向东南，面向西南。人骨虽未被扰乱，但腐蚀严重，许多细小骨骼均已不见。墓主人两臂伸直，双腿伸展。

墓中未发现随葬品。

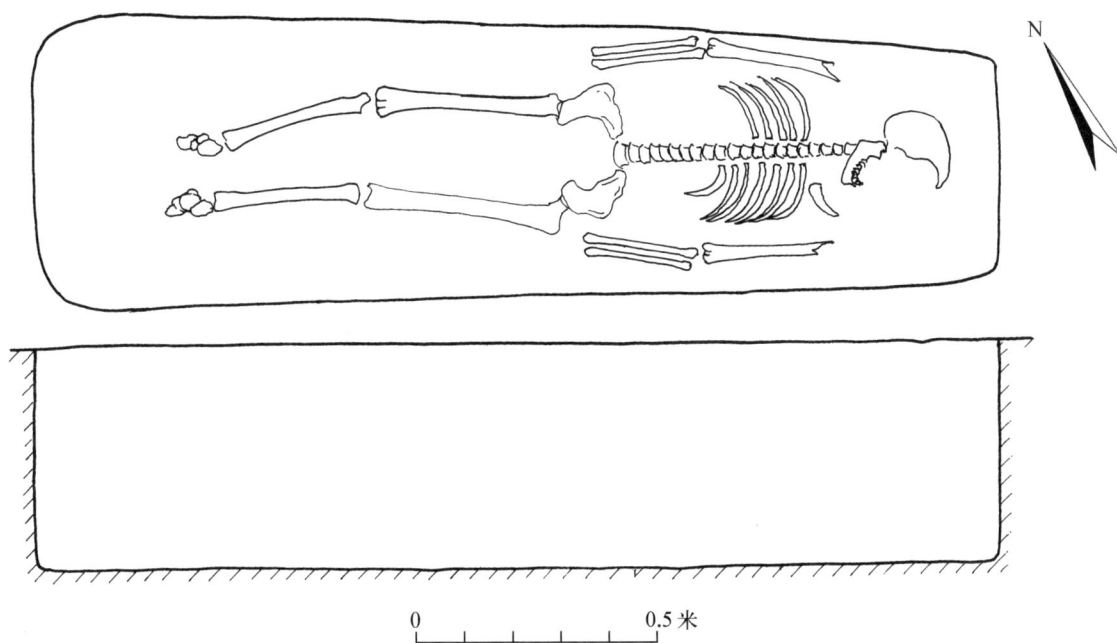

0　　　　　　0.5 米

图二四六　M312平、剖面图

M313

竖穴土坑墓，方向35°。墓圹平面呈梯形，墓口长210、宽45～57、墓深70、墓口距地表50厘米（图二四七，图版八〇）。墓壁陡直，口底大小相等，墓底平坦。被近代沟渠打破。墓室内填黄褐花土，葬具不清。

墓主人为男性，M₁磨耗Ⅳ～Ⅴ级，年龄在40～45岁。葬式为仰身直肢葬，头向东北，面向上。人骨未被扰乱，保存基本完好，双肩上耸，两前臂横置于腹部，左手放于盆骨之上，双腿伸直。

墓中未发现随葬品。

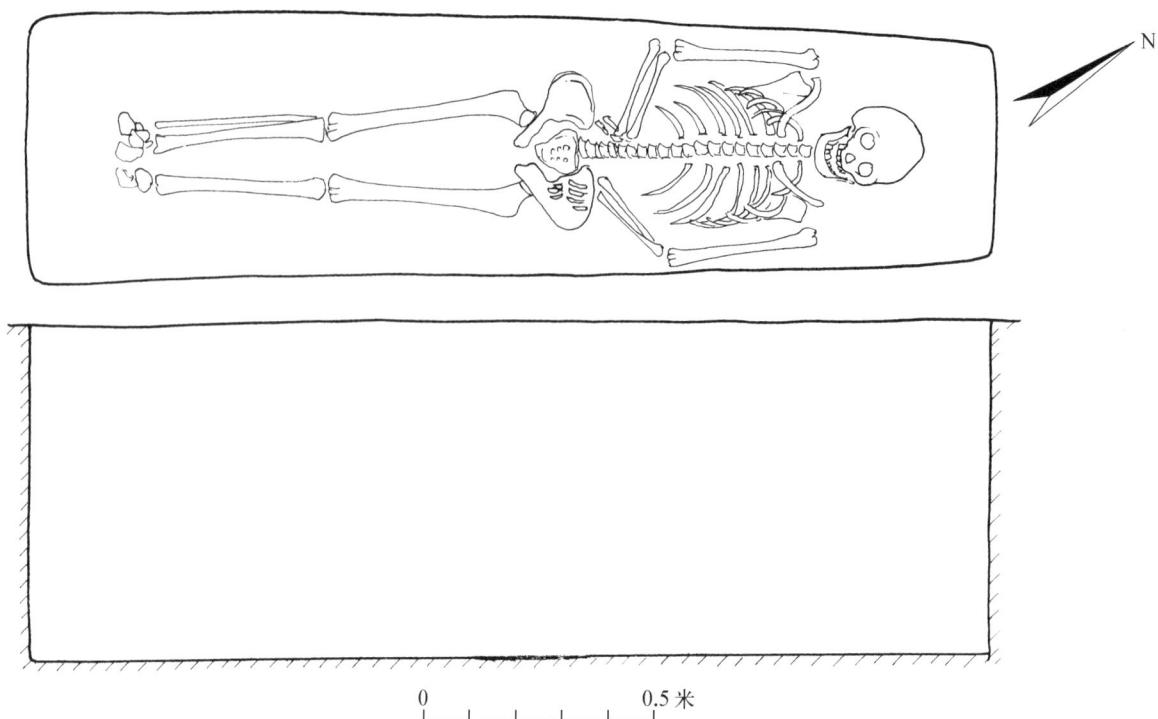

图二四七　M313平、剖面图

M314

竖穴土坑墓，方向45°。墓圹平面呈圆角长方形，墓口长150、宽45、墓深15、墓口距地表50厘米（图二四八，图版八一）。边壁规整，上下垂直，口底大小相等，平底。墓室内填黄褐花土，葬具不清。

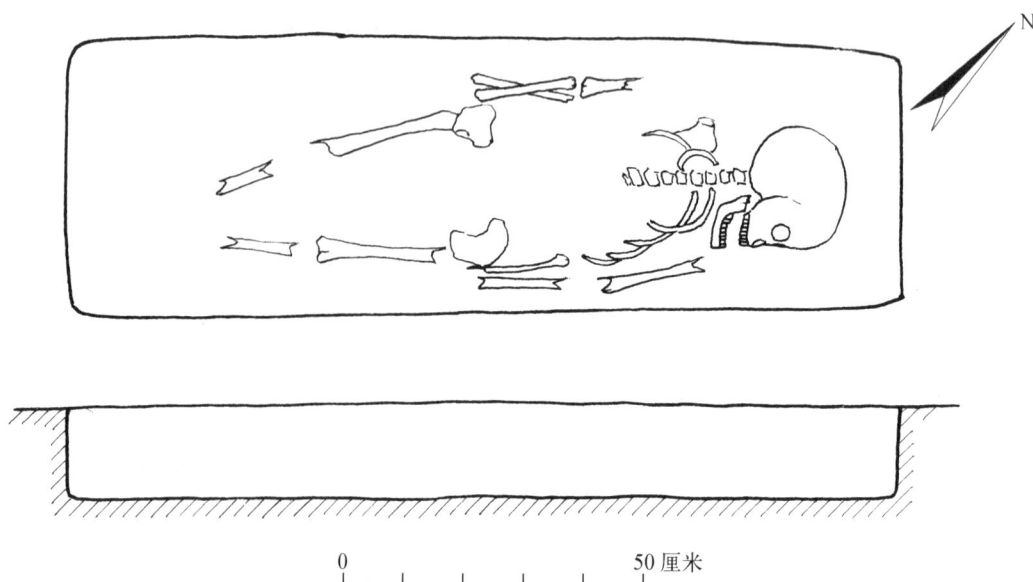

图二四八　M314平、剖面图

墓室被扰,墓主人为一男性个体,恒齿第二前臼齿萌出,年龄应该在10～13岁之间。葬式为仰身直肢葬,头向东北,面向东南。骨骸腐蚀严重,仅能辨别出骨架的大体形态:两臂伸直,肋骨凌乱,双腿斜向内收。

墓中未发现随葬品。

M315

竖穴土坑墓,方向42°。墓圹平面呈梯形。墓口长200、宽41～50、墓深60、墓口距地表50厘米(图二四九;图版八二)。墓壁陡直,口底大小相等,墓底平坦。被近代沟渠打破。墓室内填黄褐花土,葬具不清。

墓主人为男性,M_1磨耗Ⅳ～Ⅴ级,年龄在40～45岁。葬式为仰身直肢葬,头向东北,面向东南。人骨未被扰乱,保存基本完好,两肩上耸,双臂伸直,双手置于腿两侧,双腿伸展。

墓中未发现随葬品。

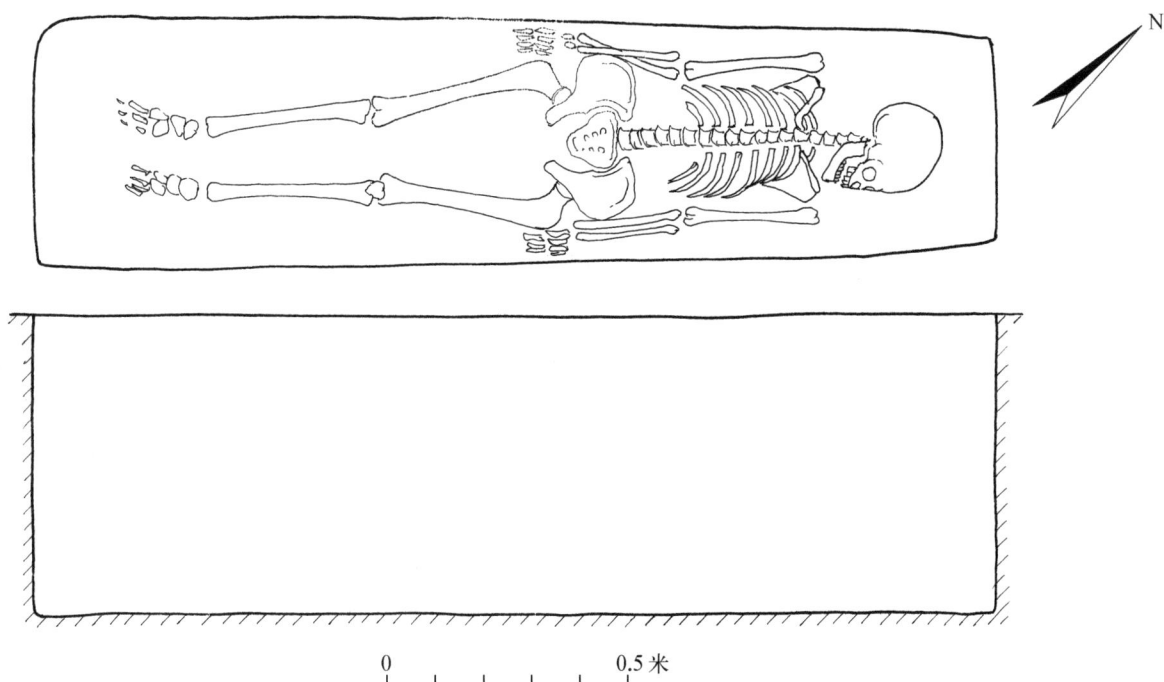

图二四九 M315平、剖面图

M316

竖穴土坑墓,方向50°。墓圹平面呈梯形。墓口长195、宽43～57、墓深50厘米(图二五〇,图版八三)。墓壁规整,上下垂直,口底大小相等,平底。被近代沟渠打破。墓室内填黄褐花土,葬具不清。

墓主人为男性,M_1磨耗Ⅲ～Ⅳ级,年龄在35～40岁。葬式为仰身直肢葬,头向东北,面向西

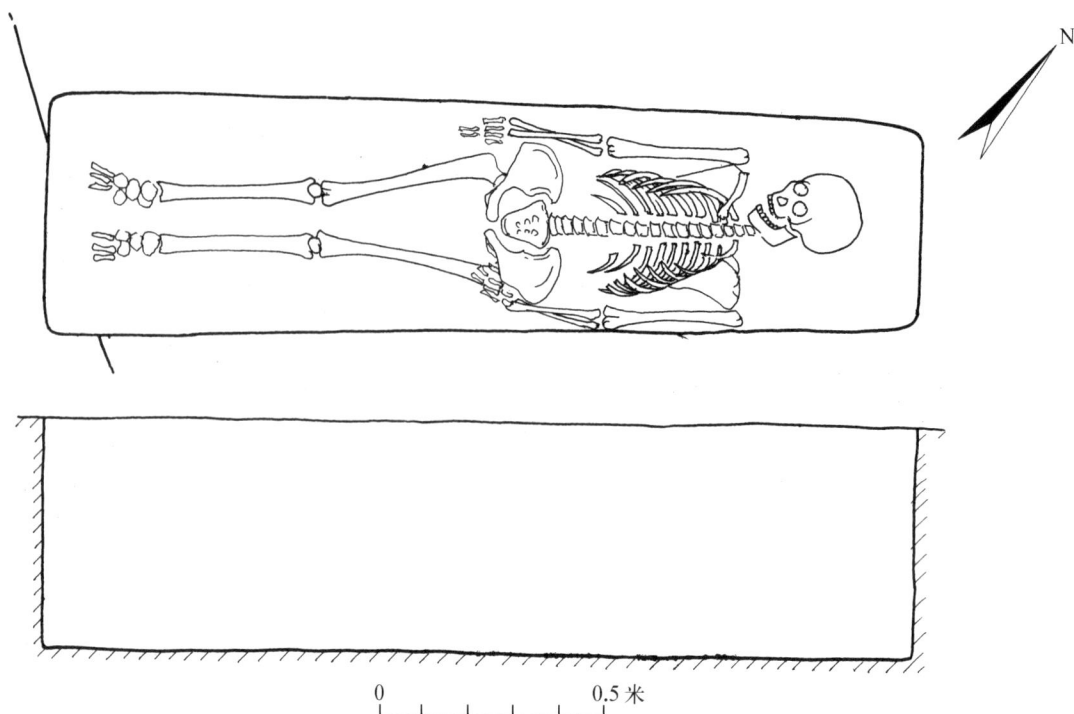

图二五〇　M316平、剖面图

南。人骨未被扰乱,保存基本完好,两肩上耸,双臂伸直,左手放于盆骨之侧,双腿伸展。

墓中未发现随葬品。

M318

竖穴土坑墓,方向50°。墓圹平面呈梯形,墓口长190、宽48～61、墓深75、墓口距地表50厘米(图二五一,图版八四)。墓壁陡直,口底大小相等,墓底平坦。墓室内填黄褐花土,葬具不清。

墓主人为女性,M_1磨耗Ⅵ级以上,年龄在60岁以上。葬式为仰身直肢葬,头向东北,面向东南。骨骸腐蚀严重,保存较差,脚骨已成骨灰,但骨架的整体形态清晰,双肩上耸,两臂伸直,双腿并拢。

墓中未发现随葬品。

M319

竖穴土坑墓,方向50°。墓圹平面略呈梯形,墓口长190、宽44～52、墓深90、墓口距地表50厘米(图二五二)。墓壁陡直,口底大小相等,墓底平坦。墓室内填黄褐花土,葬具不清。

墓主人为女性,M_1磨耗Ⅴ～Ⅵ级,年龄在50～55岁。葬式为仰身直肢葬,头向东北,面向西北。人骨腐蚀较重,但未被扰乱,大体轮廓依稀可辨,双肩上耸,两臂伸直,双腿紧并。

头骨左侧清理出1件骨簪,M319:1,浅黄白色,近尖端处略残。横剖面呈椭圆形,尖端钝圆。长18.5厘米(图版二四四,7)。

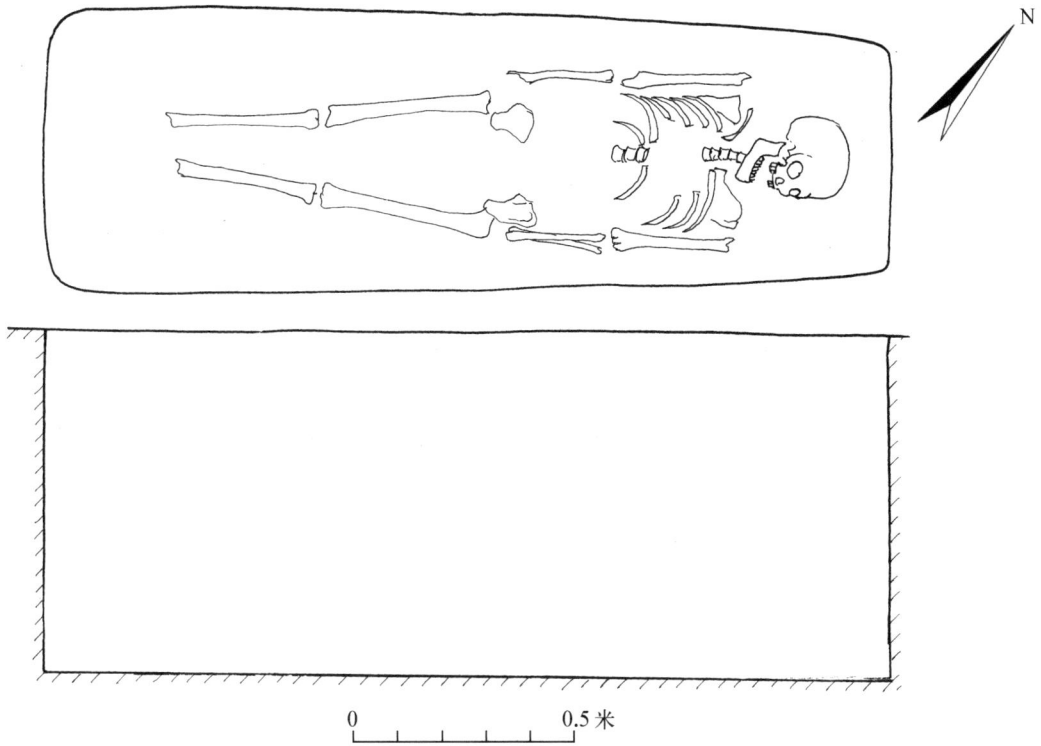

图二五一 M318平、剖面图

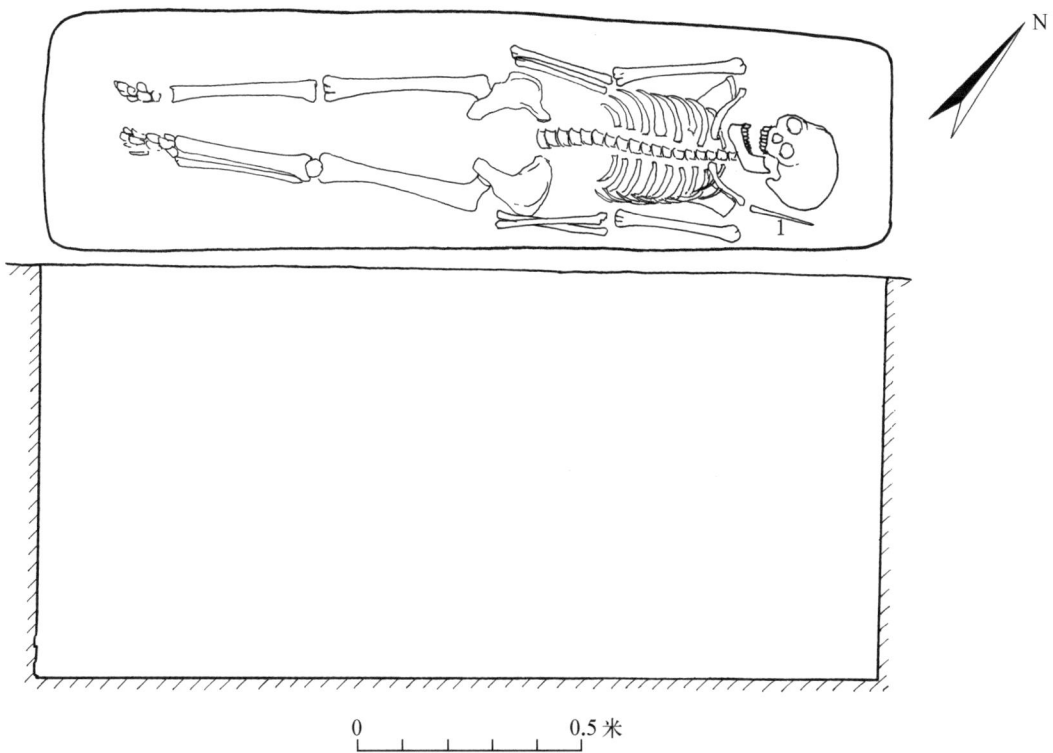

图二五二 M319平、剖面图

1. 骨簪（M319：1）

M320

竖穴土坑墓,方向40°。墓圹平面呈梯形,墓口长190、宽46～55、墓深80、墓口距地表50厘米(图二五三,图版八五)。墓壁陡直,口底大小相等,墓底平坦。墓室内填黄褐花土,葬具不清。

墓主人为女性,M_1磨耗Ⅴ级,年龄在50岁左右。葬式为仰身直肢葬,头向东北,面向西南。骨骸腐蚀较重,脚骨已成骨灰,但骨架的整体形态清晰,双肩上耸,两臂伸直,双腿伸展。

墓中未发现随葬品。

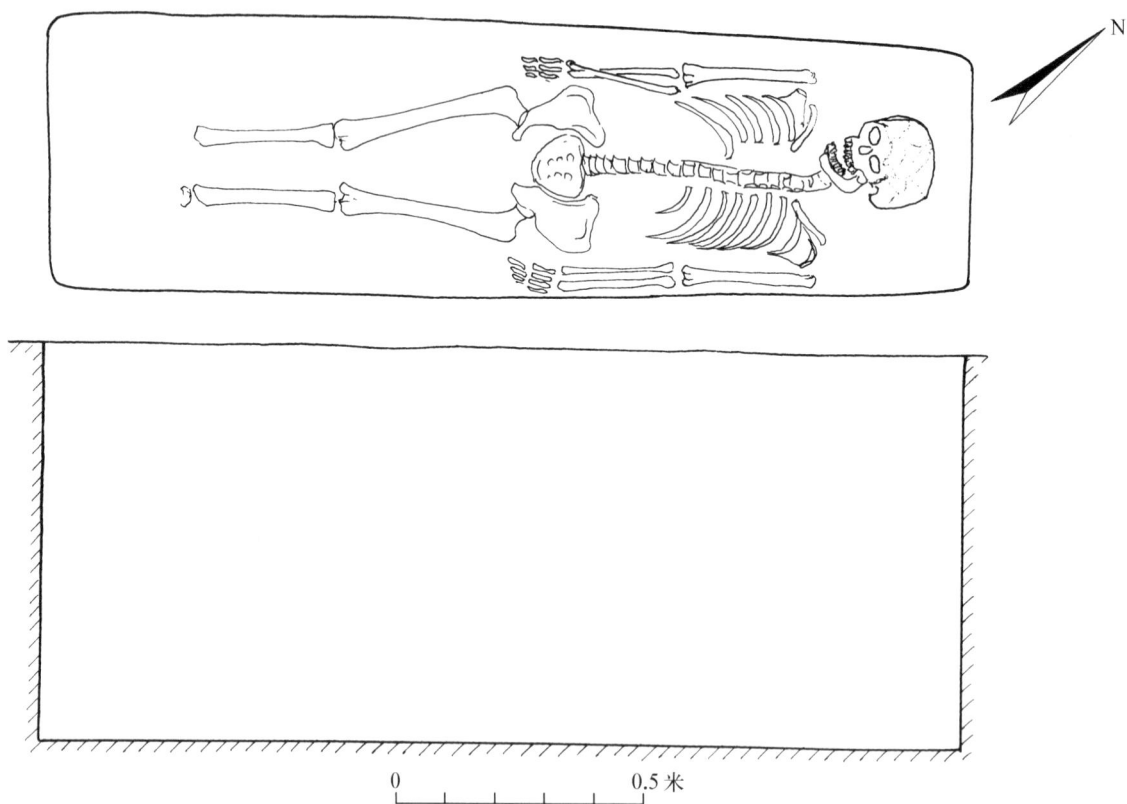

0　　　　　　　　　　0.5米

图二五三　M320平、剖面图

M321

竖穴土坑墓,方向135°。墓圹平面呈梯形,墓口长200、宽43～47、墓深30、墓口距地表50厘米(图二五四,图版八六)。墓壁规整,上下垂直,口底大小相等,平底。墓室内填红褐花土,葬具不清。

墓主人为女性,M_1磨耗Ⅲ级,年龄在30岁左右。葬式为仰身直肢葬,头向东南,面向西南。人骨保存较好,整体居于墓室中央,左臂伸直,右前臂向内弯曲,右手放于盆骨之上,肋骨凌乱,双腿斜向内收,两脚并拢。

墓中未发现随葬品。

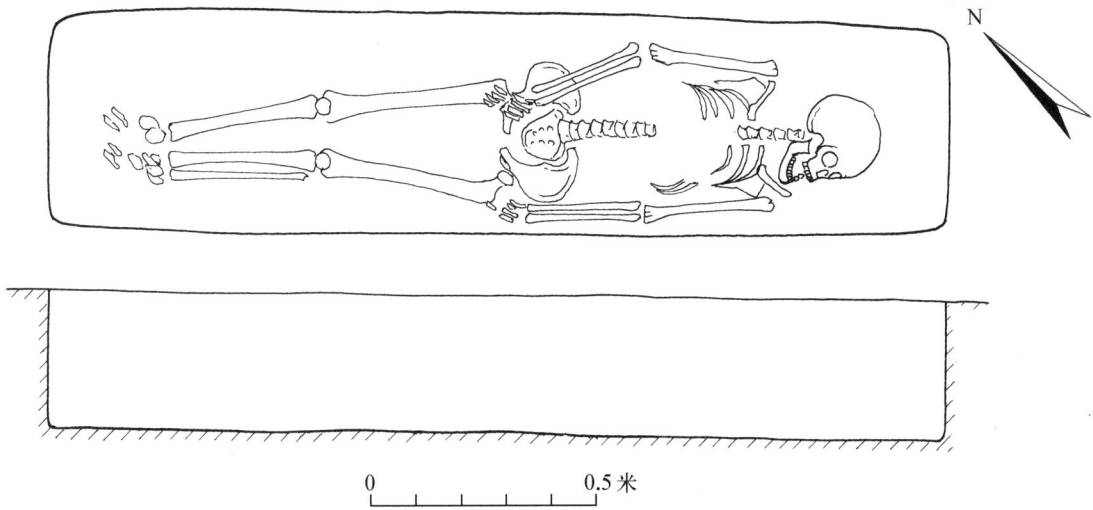

图二五四 M321平、剖面图

M322

竖穴土坑墓,方向42°。墓圹平面呈圆角长方形,墓口长200、宽60、墓深90、墓口距地表50厘米(图二五五,图版八七)。墓壁陡直,口底大小相等,墓底平坦。墓室内填黄褐花土,葬具不清。

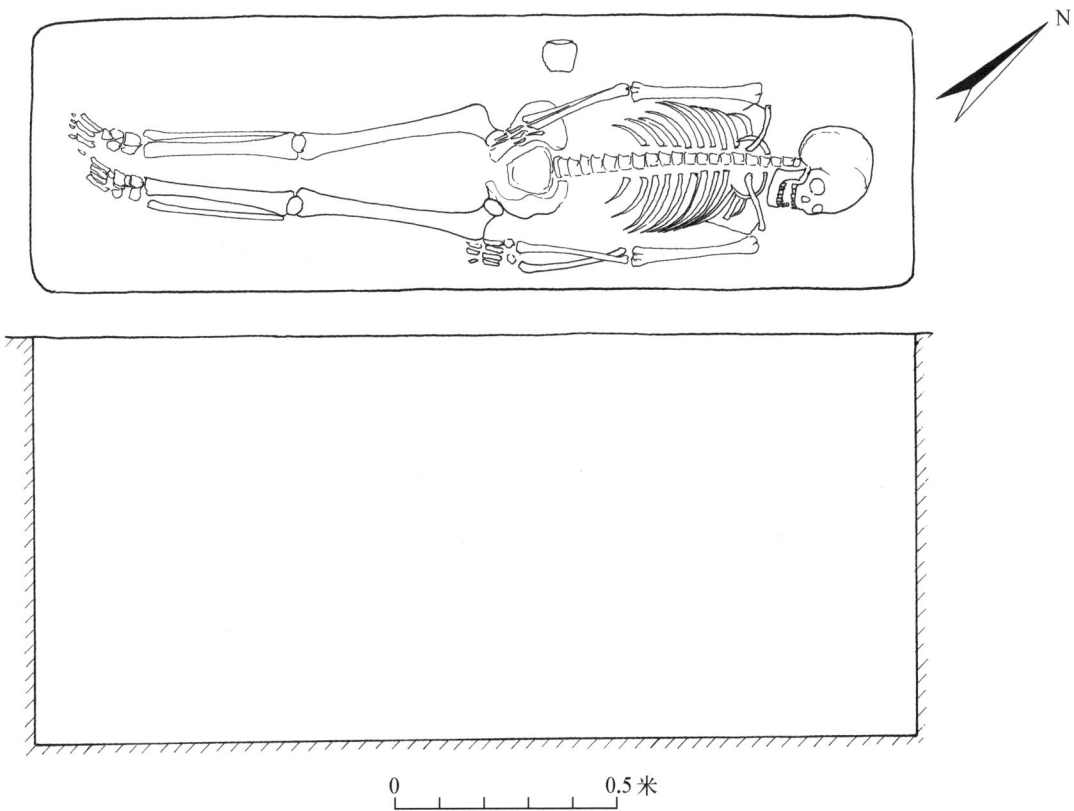

图二五五 M322平、剖面图

墓主人为男性，M_1磨耗Ⅲ～Ⅳ级，年龄在35～40岁。葬式为仰身直肢葬，头向东北，面向东南。人骨保存较好，整体居于墓室中央，左臂伸直，右前臂向内弯曲，右手放于盆骨之上，肋骨清晰可见，两脚靠拢略向右倾。墓主人右前臂外侧清理出1块平面为长方形的石头。长8、宽6、厚5厘米。

墓中未发现随葬品。

M323

竖穴土坑墓，方向37°。墓圹平面呈圆角长方形，墓口长200、宽60、墓深65、墓口距地表50厘米。墓壁陡直，口底大小相等，墓底平坦。墓室内填黄褐花土，葬具不清。被一近代墓打破。

墓主人为一成年女性，具体年龄不详。葬式及面向亦不清楚。骨骸扰乱严重，保存极差，仅残存有头骨碎片、左右肱骨残段、桡骨残段、左侧胫骨和腓骨残段、右侧髋骨等，且集中分布在墓室中部。

墓中未发现随葬品。

M324

竖穴土坑墓，方向132°。墓圹平面呈圆角长方形，墓口长160、宽45、墓深15、墓口距地表50厘米（图二五六）。边壁规整，上下垂直，口底大小相等，平底。墓室内填红褐花土，葬具不清。

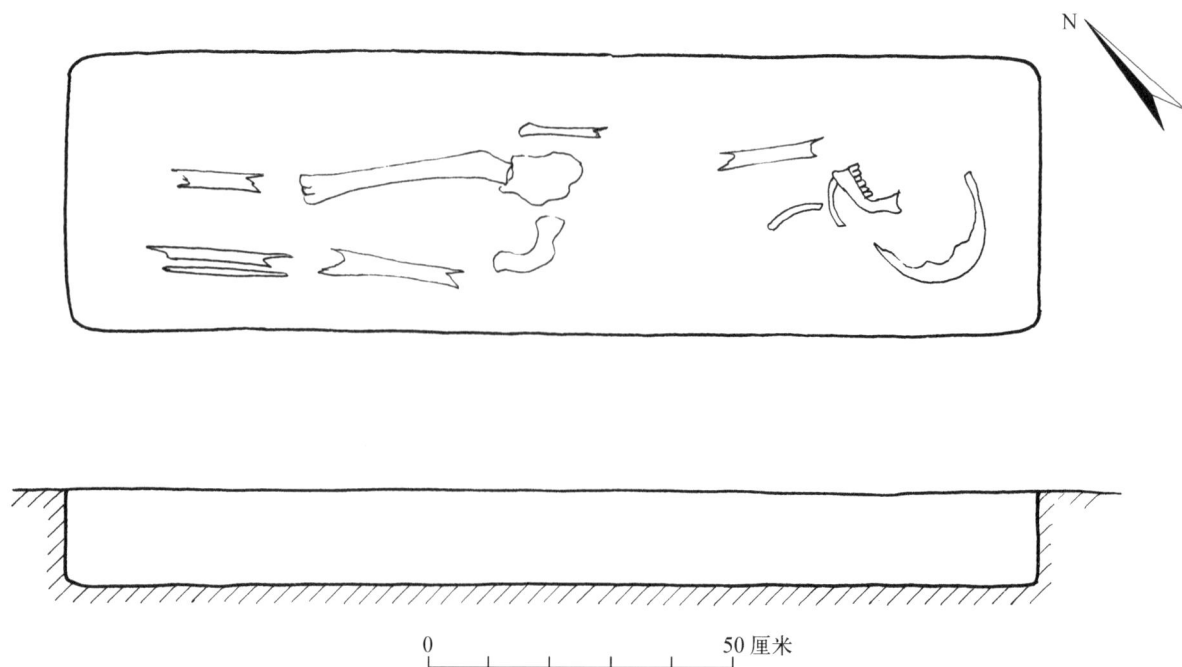

0　　　　　　　　　　　50厘米

图二五六　M324平、剖面图

墓主人为女性，M₁磨耗Ⅵ级以上，年龄在60岁以上。葬式为仰身直肢葬，头向东南，面向东北。人骨扰乱严重，上半身仅存头骨残片、下颌骨、右侧肱骨残段等，下肢保存相对较好，两腿伸直。

墓中未发现随葬品。

M325

竖穴土坑墓，方向133°。墓圹平面呈圆角梯形，墓口长170、宽45～55、墓深35、墓口距地表50厘米（图二五七，图版八八）。墓壁规整，上下垂直，口底大小相等，平底。打破M326。墓室内填红褐花土，葬具不清。

墓主人为男性，M₁磨耗Ⅵ级以上，年龄在60岁以上。葬式为仰身直肢葬，头向东南，面向西北。骨骸扰乱严重，右侧肱骨下端和左侧上肢骨及肋骨等均被破坏，左右前臂斜置于盆骨上方，双腿伸直，两脚并拢。

墓中未发现随葬品。

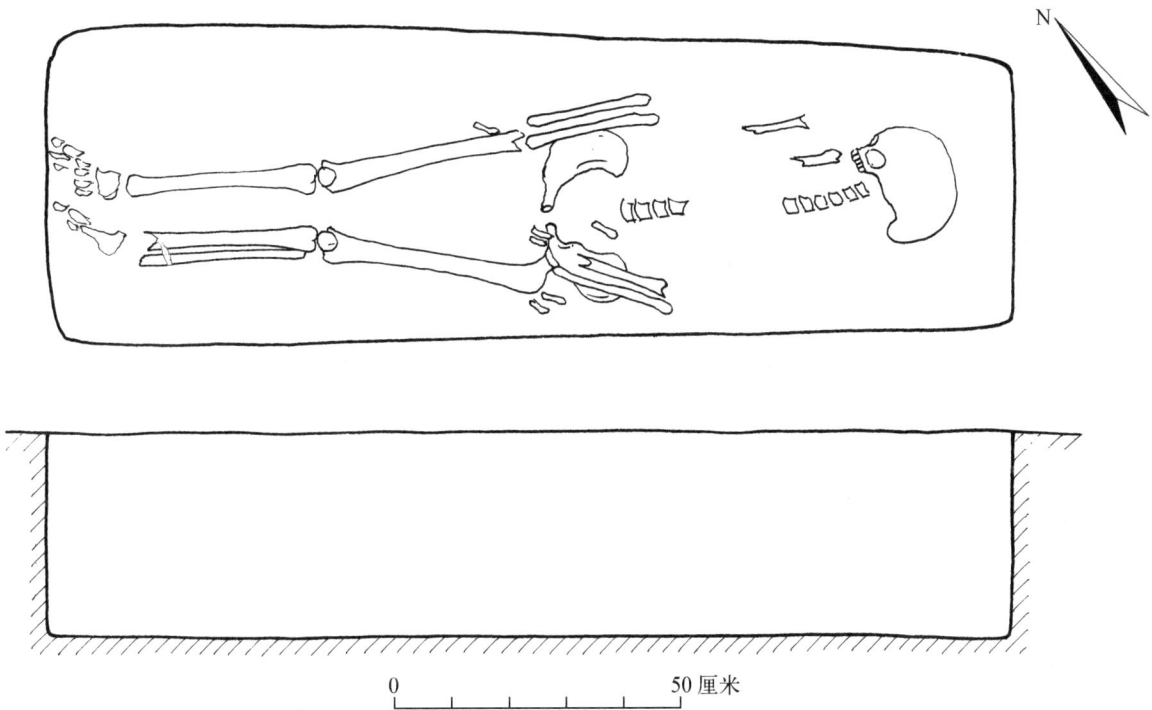

图二五七　M325平、剖面图

M326

竖穴土坑墓，方向35°。墓圹平面呈圆角长方形，墓口长200、宽60、墓深70、墓口距地表50厘米（图二五八，图版八九）。墓壁陡直，口底大小相等，墓底平坦。被M325打破。墓室内填黄褐花土，葬具不清。

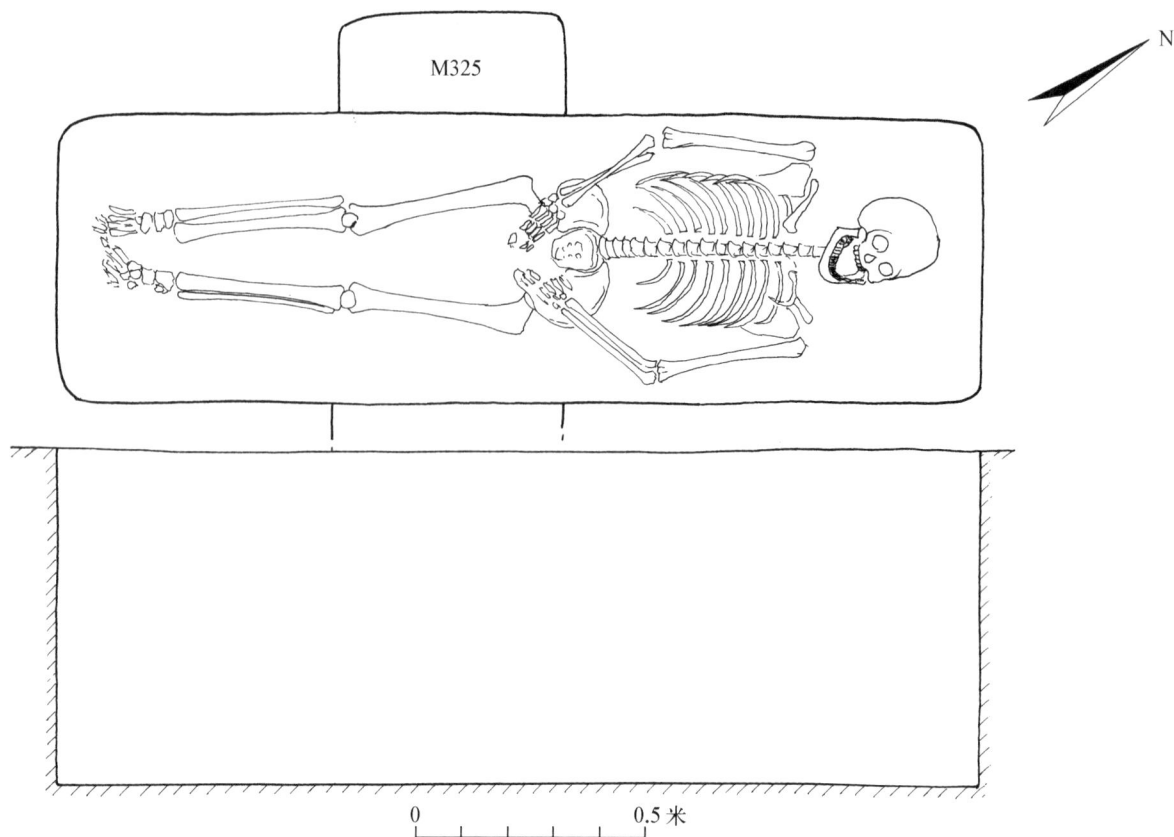

图二五八　M326平、剖面图

墓主人为男性，M₁磨耗 V 级，年龄在50岁左右。葬式为仰身直肢葬，头向东北，面向上。人骨未被扰乱，保存完好，双肩上耸，肋骨清晰可见，两前臂斜向内收，双手放于盆骨之上，两腿伸直，双脚并拢。

墓中未发现随葬品。

M327

竖穴土坑墓，方向138°。墓圹平面呈圆角梯形，墓口长190、宽44～55、墓深40、墓口距地表50厘米（图二五九，图版九〇）。墓壁规整，上下垂直，口底大小相等，平底。墓室内填红褐花土，葬具不清。

墓主人为一老年男性，M₁磨耗 Ⅵ 级以上，年龄在60岁以上。葬式为仰身直肢葬，头向东南，面向上。人骨未被扰乱，保存完好，双肩上耸，肋骨清晰可见，两臂伸直，双手置于腿两侧，双腿伸展，两脚靠拢略向右倾。

左右股骨之间发现1件石钺，M327∶1，长英质岩，灰褐色。体近梯形，器体薄厚均匀，双面直刃，近顶端中部有一双面钻圆孔，通体磨光。长12.6、顶端宽6.8、刃端宽6.6、厚0.9、孔径0.8厘米（图二六〇,5；图版二〇四,3）。

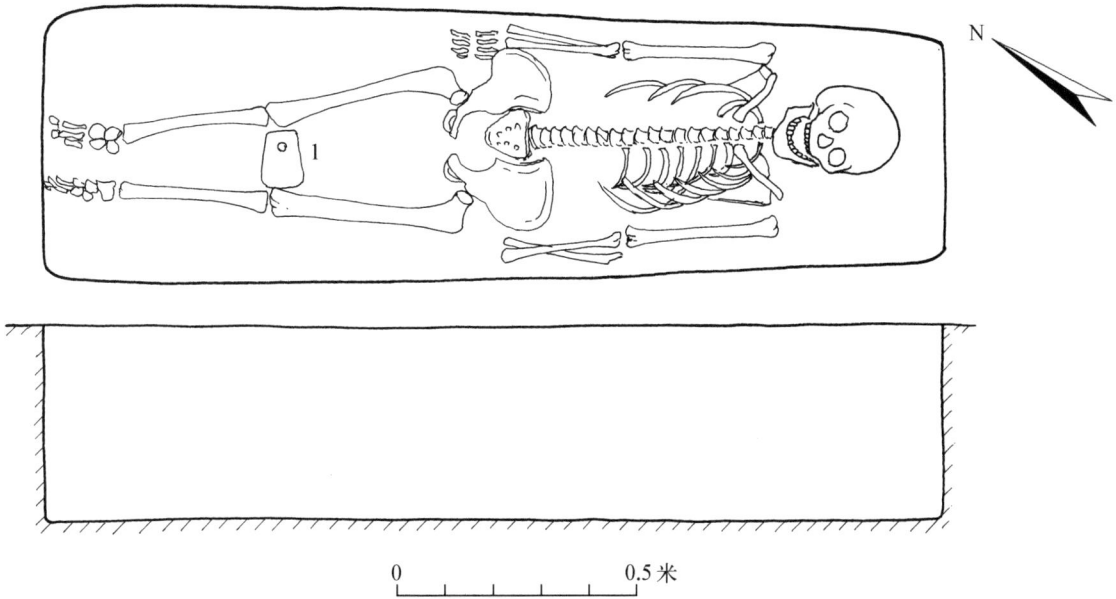

图二五九 M327平、剖面图

1. 石钺（M327∶1）

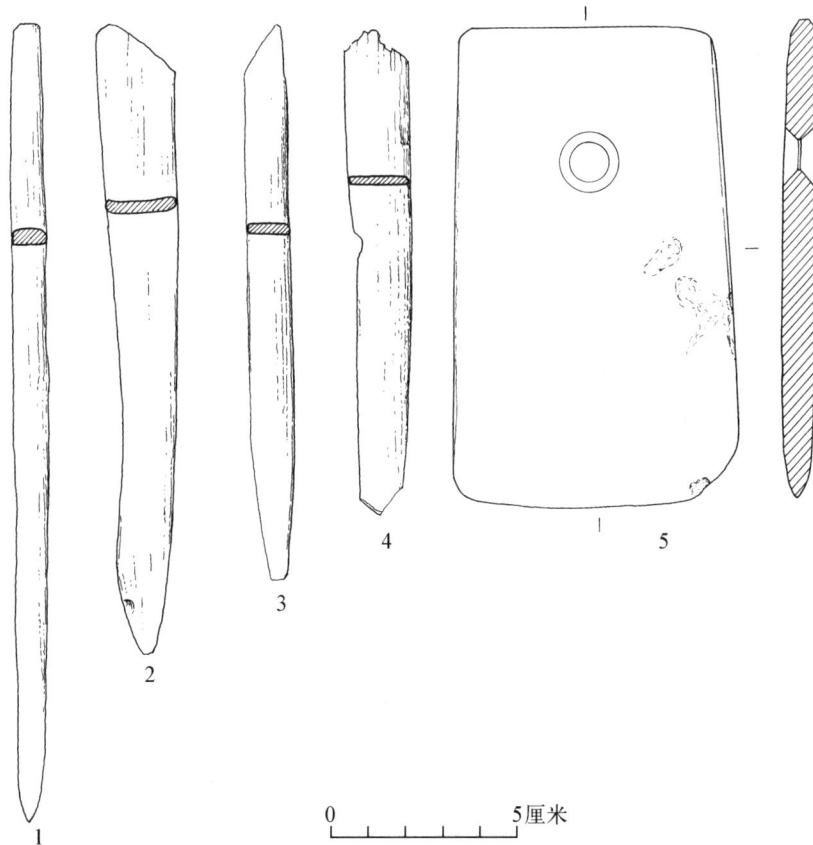

图二六○ M302、M303、M308、M311、M327 出土器物图

1、2、4. 骨笄（M308∶1、M311∶1、M303∶1） 3. 骨簪（M302∶1） 5. 石钺（M327∶1）

M328

竖穴土坑墓,方向36°。墓圹平面呈圆角长方形,墓口长180、宽45～50、墓深35、墓口距地表50厘米(图二六一,图版九一)。墓壁规整,上下垂直,口底大小相等,平底。墓室内填黄褐花土,葬具不清。

墓室被扰,墓主人为女性,M1磨耗V级,年龄在50岁左右。葬式为仰身直肢葬,头向东北,面向上。人骨保存较好,双肩上耸,肋骨清晰可见,两前臂斜向内收,双手放于盆骨之上,两腿伸直。从采集的左右胫骨残段看,有创伤痕迹。

墓中未发现随葬品。

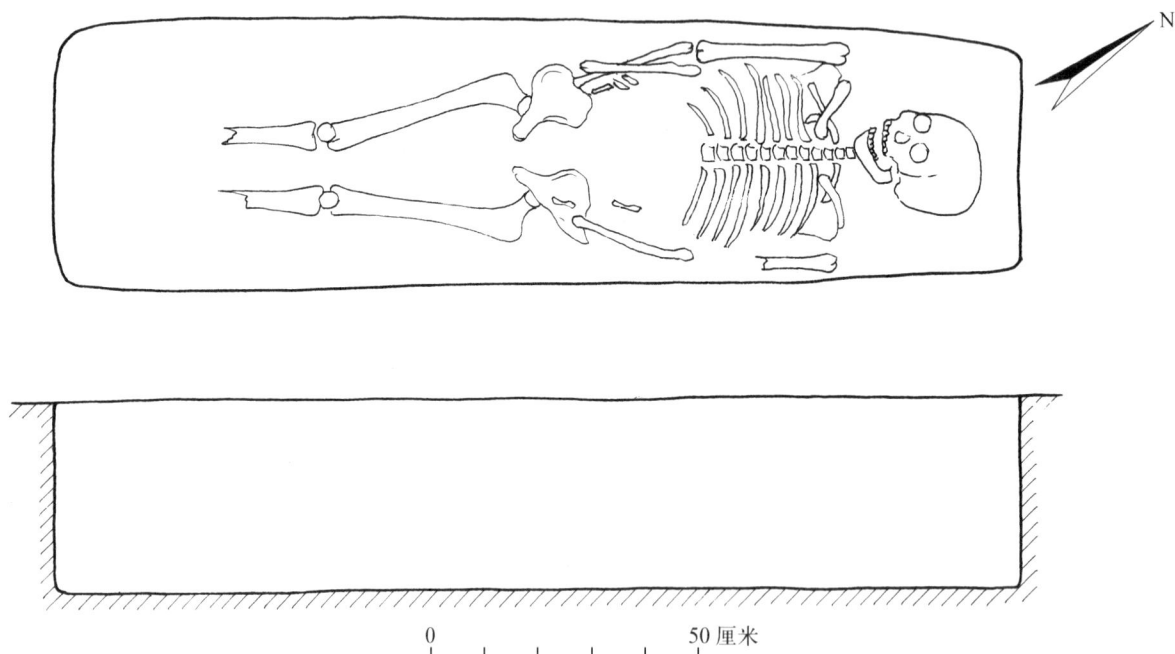

图二六一　M328平、剖面图

M329

竖穴土坑墓,方向137°。墓圹平面呈圆角长方形,墓口长190、宽50、墓深35、墓口距地表50厘米(图二六二)。墓壁规整,上下垂直,口底大小相等,平底。被M307打破。墓室内填红褐花土,葬具不清。

墓主人为女性,M1磨耗VI级以上,年龄在60岁以上。葬式为仰身直肢葬,头向东南,面向上。人骨未被扰乱,保存较好,双肩上耸,右臂伸直,左侧肱骨中段骨骼变形,左前臂放置于腹部,两腿伸直。

头顶清理出1件残骨簪,M329:1,浅黄白色,两端残。横剖面呈扁长方形,残长16.6厘米(图二六九,1)。

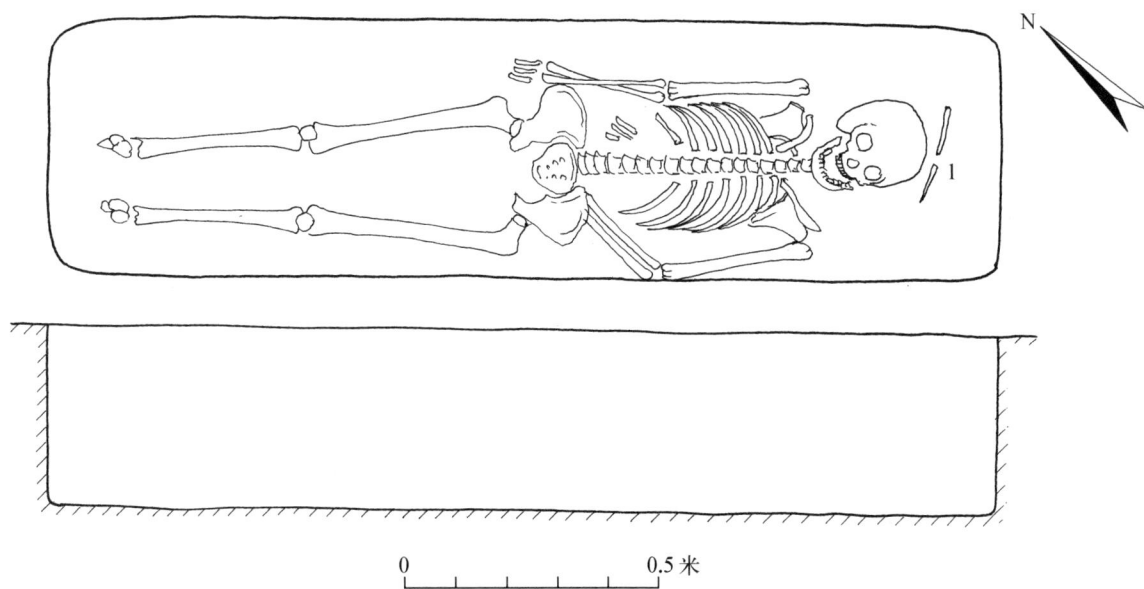

图二六二 M329平、剖面图

1. 骨簪(M329∶1)

M330

竖穴土坑墓,方向146°。墓圹平面呈圆角梯形,墓口长200、宽40～55、墓深60、墓口距地表50厘米(图二六三)。墓壁陡直,口底大小相等,墓底平坦。墓室内填红褐花土,葬具不清。

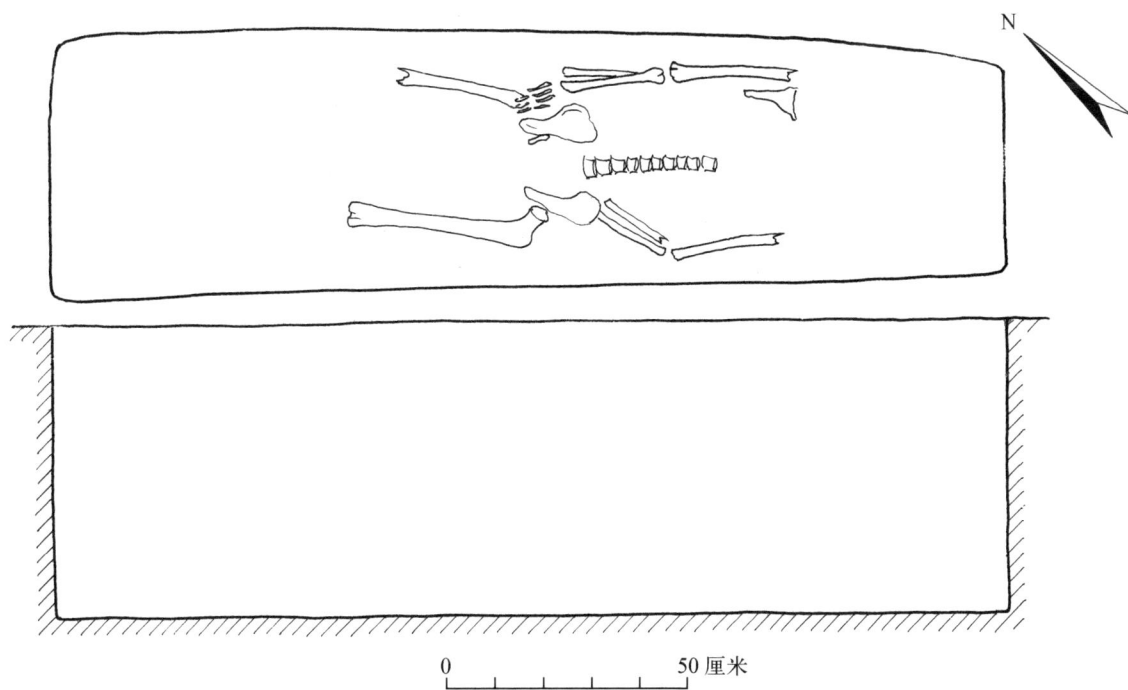

图二六三 M330平、剖面图

墓主人为一成年女性，髂嵴与髂骨愈合，年龄应大于24岁。葬式为仰身直肢葬，面向不详。人骨扰乱严重，保存较差，未见头骨、左右胫骨和腓骨等骨骼。墓主人右臂弧状内收，右手放置于右股骨上端，左前臂斜置于盆骨之上。

墓中未发现随葬品。

M331

竖穴土坑墓，方向40°。墓圹平面呈圆角长方形，墓口长185、宽50、墓深75、墓口距地表50厘米（图二六四）。墓壁陡直，口底大小相等，墓底平坦。墓室内填黄褐花土，葬具不清。

墓主人为女性，M_1磨耗Ⅲ级，年龄在30岁左右。葬式为仰身直肢葬，头向东北，面向上。人骨未被扰乱，保存较好，双肩上耸，肋骨清晰可见，两臂伸直，双手置于腿两侧，双腿伸展，两脚靠拢略向右倾。

头顶发现有1件骨簪，M331：1，浅黄白色，两端残。横剖面呈扁长方形，残长16.6厘米（图版二四四，5）。

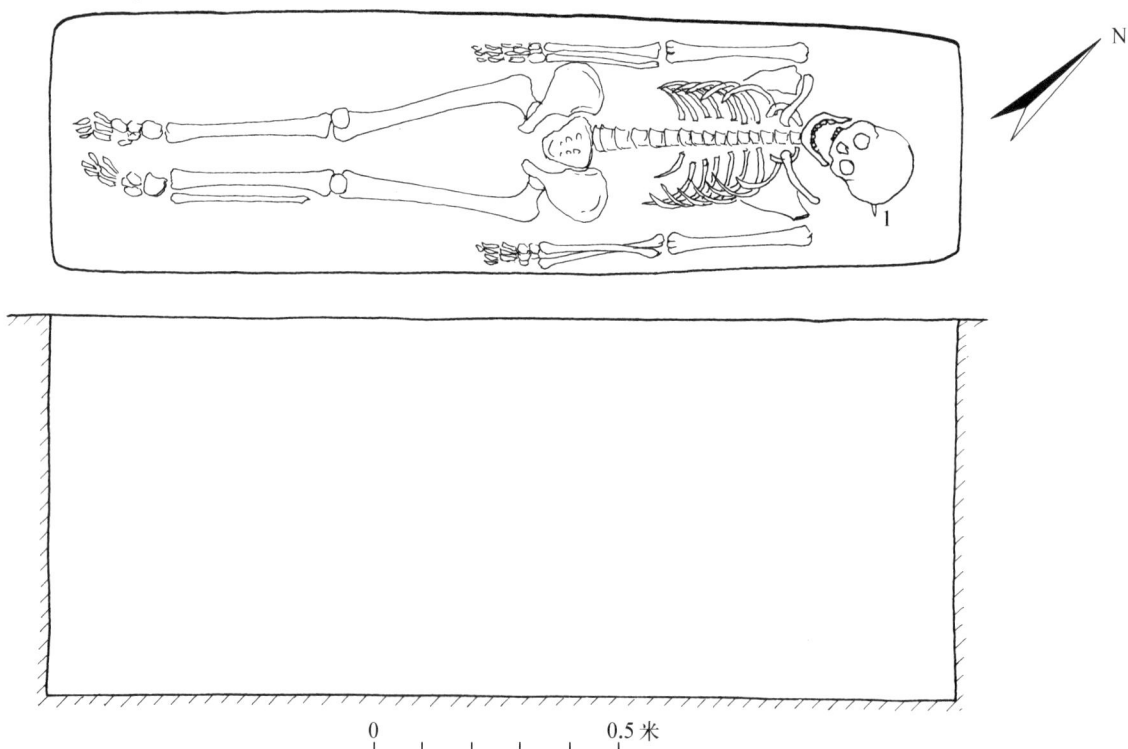

图二六四　M331平、剖面图

1. 骨簪（M331：1）

M332

竖穴土坑墓，方向130°。墓圹平面呈圆角长方形，墓口长200、宽55、墓深65、墓口距地表50厘米（图二六五，图版九二）。墓壁陡直，口底大小相等，墓底平坦。墓室内填红褐花土，葬具不清。

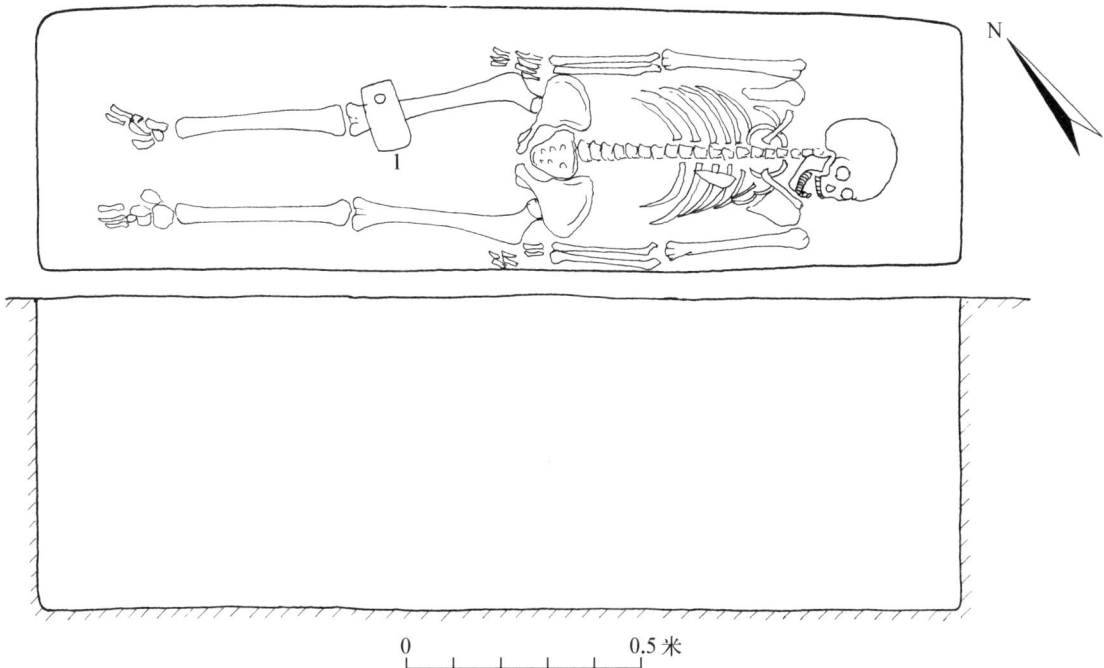

图二六五 M332平、剖面图

1.石钺（M332∶1）

墓主人为男性，M_1磨耗Ⅵ级以上，年龄在60岁以上。葬式为仰身直肢葬，头向东南，面向西南。人骨未被扰乱，保存较好，双肩上耸，肋骨清晰可见，两臂伸直，双手置于腿两侧，双腿伸展。

右侧股骨下端横置1件石钺，M332∶1，硅质岩。黑色。长方形，器体薄厚均匀，双面弧刃，通体抛光，双面钻孔。长14.2、顶端宽7.1、刃端宽7.4、厚1、孔径0.7厘米（图二六九，3；图版二一三，4）。

M333

竖穴土坑墓，方向142°。墓圹平面呈梯形，墓口长150、宽38～46、墓深20、墓口距地表50厘米（图二六六，图版九三）。边壁规整，上下垂直，口底大小相等，平底。墓室内填红褐花土，葬具不清。

墓中发现一具男性人骨个体，恒齿第二前臼齿萌出，年龄应该在10～13岁之间。葬式为仰身直肢葬，头向东南，面向北。骨骼整体居于墓室中央，人骨虽未被扰乱，但腐蚀严重，许多细小骨骼均已不见。墓主人两臂伸直，双腿伸展。

墓中未发现随葬品。

M334

竖穴土坑墓，方向138°。墓圹平面呈圆角梯形，墓口长200、宽43～51、墓深35、墓口距地表50厘米（图二六七，图版九四）。墓壁规整，上下垂直，口底大小相等，平底。墓室内填红褐花土，葬具不清。

墓主人为男性，M_1磨耗Ⅴ～Ⅵ级，年龄在50～55岁。葬式为仰身直肢葬，头向东南，面向上。人骨未被扰乱，保存较好，双肩上耸，肋骨清晰可见，两臂伸直，右手放置于盆骨之上，双腿伸

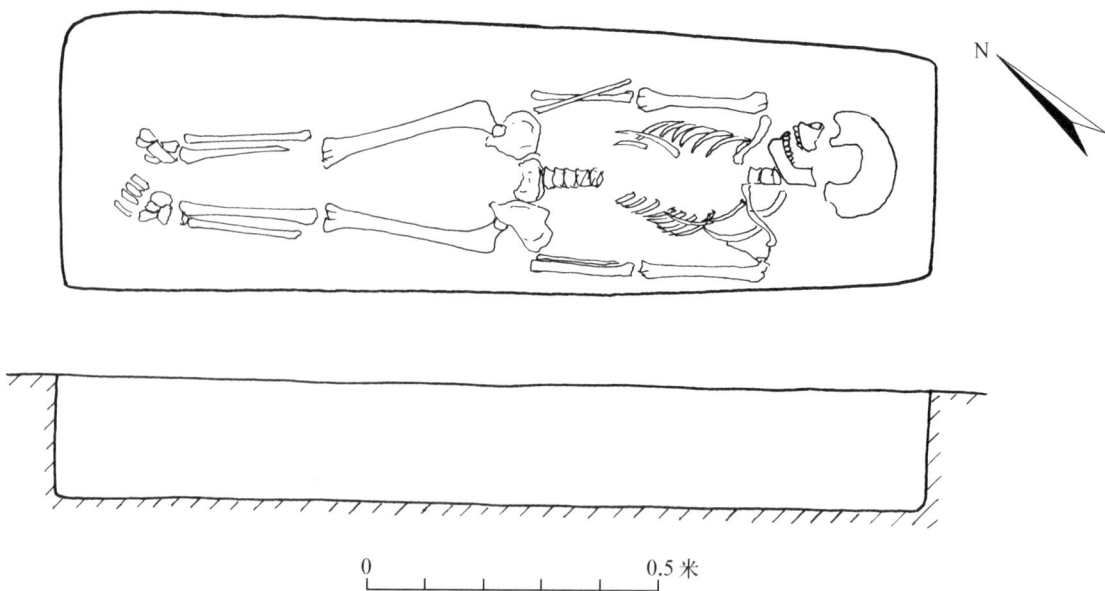

图二六六 M333平、剖面图

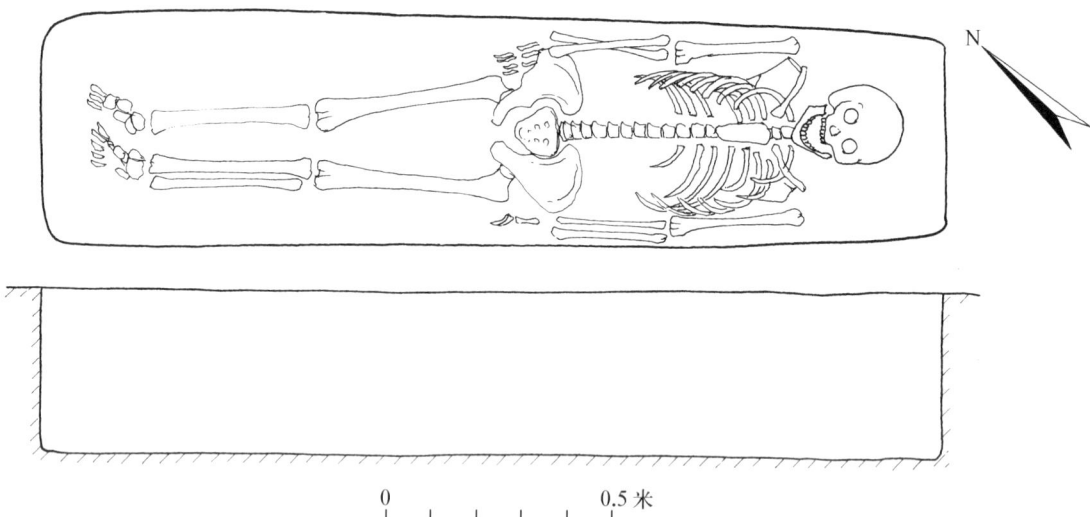

图二六七 M334平、剖面图

展,两脚靠拢略向右倾。

墓中未发现随葬品。

M335

竖穴土坑墓,方向140°。墓圹平面呈圆角梯形,墓口长200、宽44～55、墓深60、墓口距地表50厘米(图二六八,图版九五)。墓壁陡直,口底大小相等,墓底平坦。墓室内填红褐花土,葬具不清。

墓主人为男性,M_1磨耗Ⅴ～Ⅵ级,年龄在50～55岁。葬式为仰身直肢葬,头向东南,面向上。人骨未被扰乱,保存较好,双肩上耸,肋骨清晰可见,两臂伸直,双手置于腿两侧,双腿伸展,两脚靠拢。

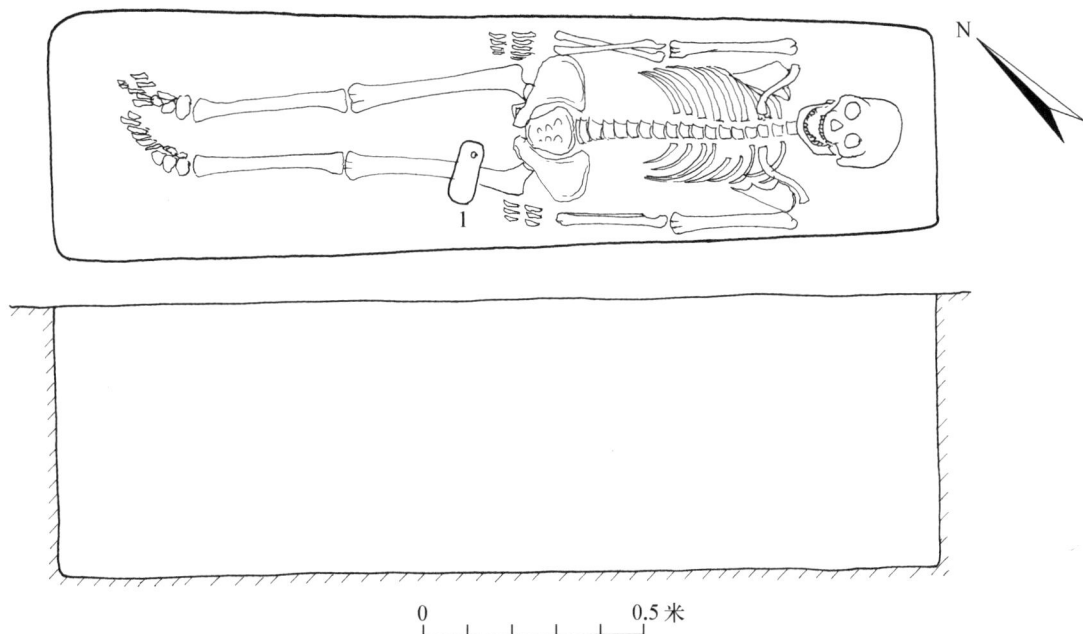

图二六八 M335平、剖面图

1.石钺(M335:1)

左侧股骨中段横置1件石钺,M335:1,蚀变大理岩。青白色,部分区域受沁发黄,器体断裂。体近长方形,薄厚均匀,双面直刃,近顶端中部有一双面钻圆孔,通体抛光。长13、顶端宽5、刃端宽6、厚0.5、孔径1厘米(图二六九,2;图版二一一,2)。

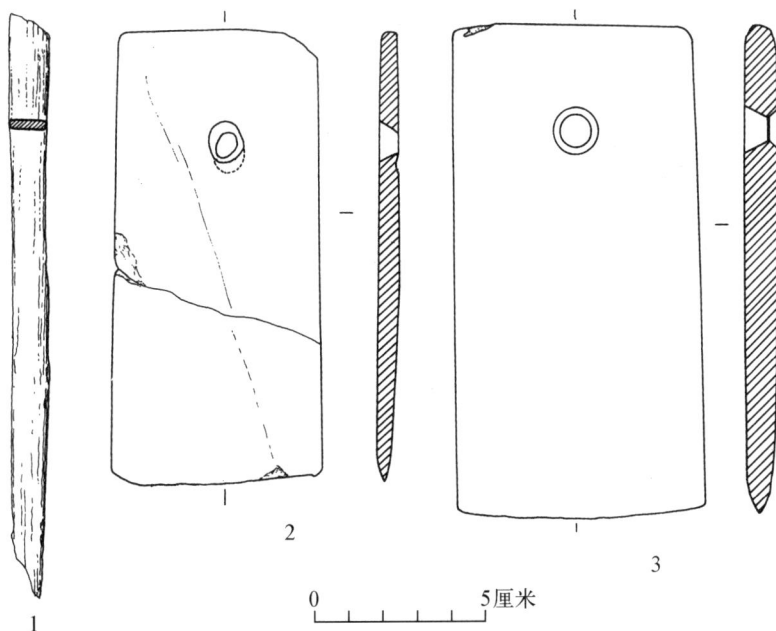

图二六九 M329、M332、M335出土器物图

1.骨簪(M329:1) 2、3.石钺(M335:1、M332:1)

M336

竖穴土坑墓,方向140°。墓圹平面略呈圆角梯形,墓口长200、宽45～52、墓深40、墓口距地表50厘米(图二七〇,图版九六)。墓壁规整,上下垂直,口底大小相等,平底。打破M410。墓室内填红褐花土,葬具不清。

墓主人为女性,M₁磨耗Ⅲ～Ⅳ级,年龄在35～40岁。葬式为仰身直肢葬,头向东南,面向上。虽然右侧桡骨、尺骨和手骨等被扰乱,但骨架整体形态清晰,双肩上耸,左前臂斜置于腹部,左手放于盆骨之上,双腿伸直,两脚并拢。

墓中未发现随葬品。

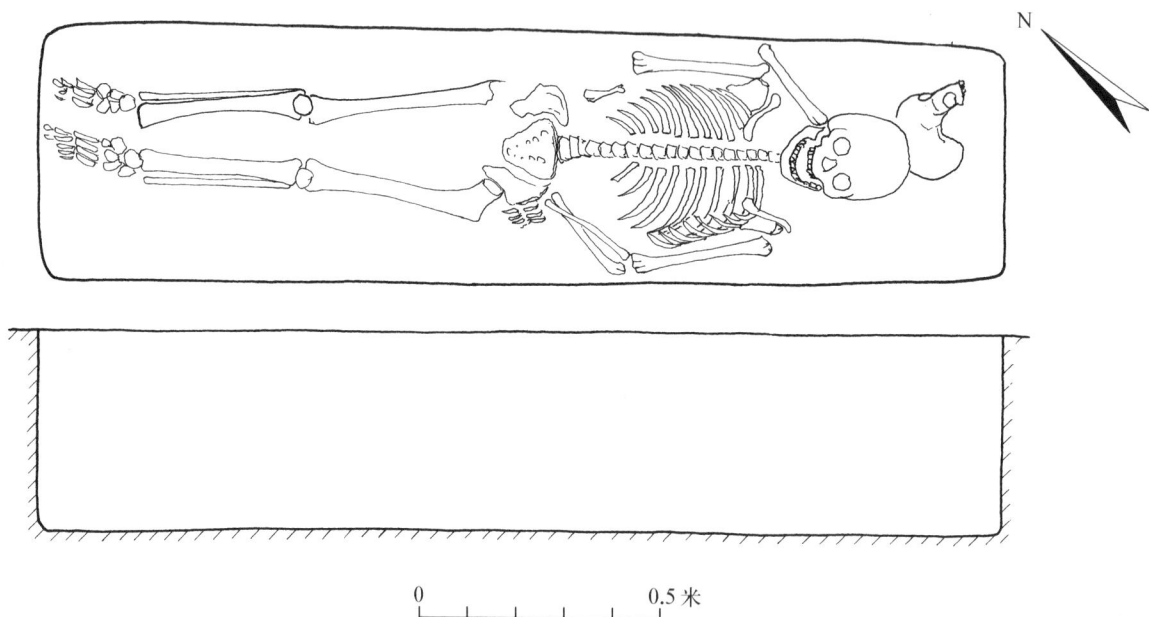

图二七〇 M336平、剖面图

M337

竖穴土坑墓,方向140°。墓圹平面呈圆角长方形,墓口长200、宽48～59、墓深50、墓口距地表50厘米(图二七一,图版九七)。墓壁规整,上下垂直,口底大小相等,平底。墓室内填红褐花土,葬具不清。

墓主人为一老年男性,M₁磨耗Ⅵ级以上,年龄在60岁以上。葬式为仰身直肢葬,头向东南,面向东北。人骨未被扰乱,保存较好,双肩上耸,肋骨清晰可见,两臂伸直,双手置于腿两侧,双腿伸展。

脊柱和右侧尺骨之间横置1件石钺,M337:1青色,腐蚀严重,体表有层状剥离。体近长方形,近顶端中部有一双面钻圆孔。残长14、顶端宽7.4、刃端宽6.5、厚1、孔径0.7厘米(图二七二)。

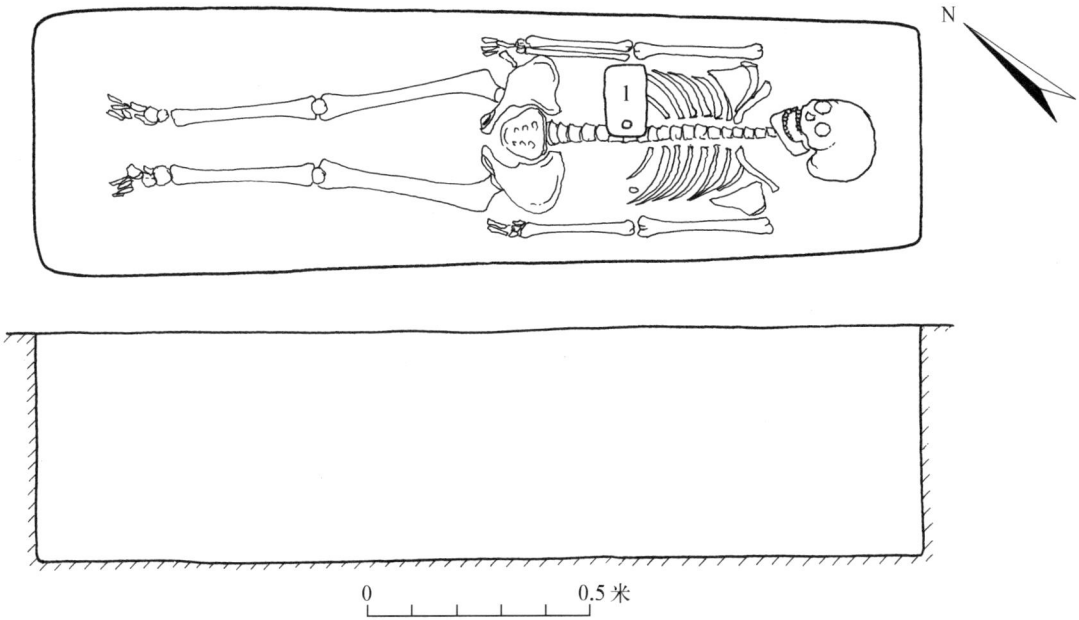

图二七一　M337平、剖面图

1. 石钺（M337：1）

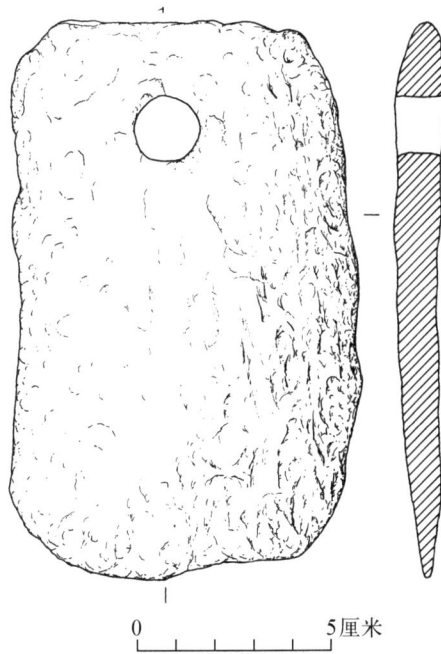

图二七二　M337出土器物图

石钺（M337：1）

M338

竖穴土坑墓，方向125°。墓口长180、宽40～43、墓深40、墓口距地表50厘米（图二七三，图版九八）。墓壁规整，上下垂直，口底大小相等，平底。上部一侧被近代沟渠打破。墓室内填黄褐

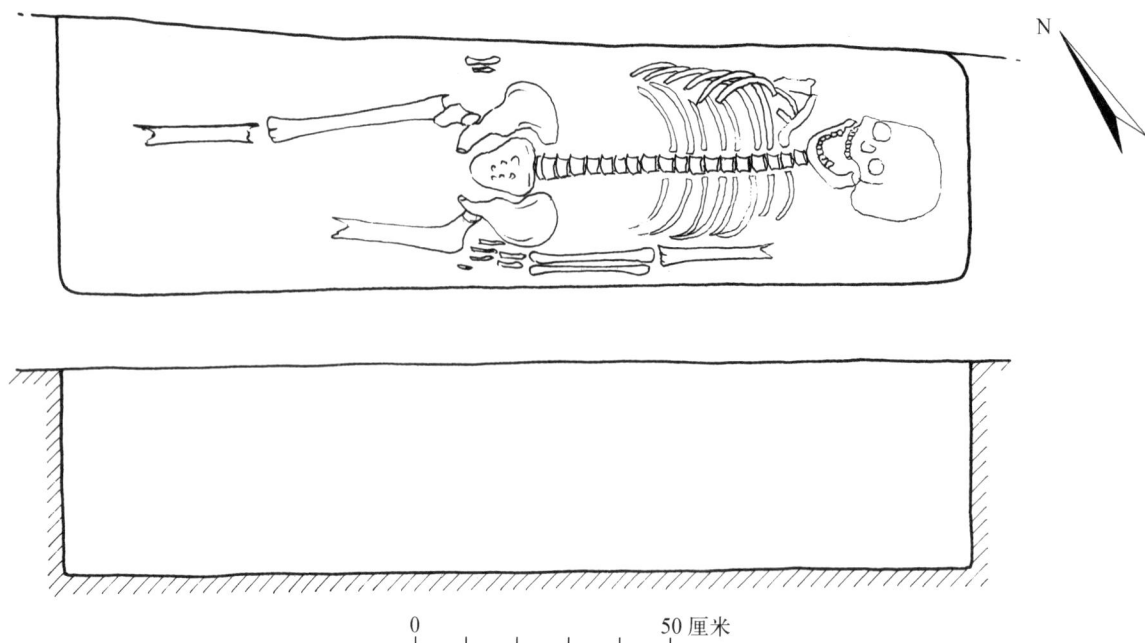

0 ___|___|___|___ 50 厘米

图二七三　M338 平、剖面图

花土,葬具不清。

　　墓主人为一男性,M₁磨耗 V ～ VI 级,年龄在 50～55 岁。葬式为仰身直肢葬,头向东南,面向上。骨骸扰乱较重,右侧上肢骨被沟渠打破,左侧股骨中段以下部分未见,但骨架整体形态依稀可辨,双肩上耸,肋骨清晰可见,左臂伸直,右腿伸展。

　　墓中未发现随葬品。

M339

　　竖穴土坑墓,方向 145°。墓口残长 52、80、宽 40、墓深 20、墓口距地表 50 厘米。边壁规整,上下垂直,口底大小相等,平底。被近代沟渠打破。墓室内填褐黄花土,葬具不清。

　　墓主人为一成年个体,性别及具体年龄不详。葬式为直肢葬,面向不清。左侧股骨下端和右侧股骨上端以上部分均被沟渠破坏,骨骸已然无存,以下部分保存相对较好,两腿伸直。

　　墓中未发现随葬品。

M340

　　竖穴土坑墓,方向 150°。墓圹平面呈圆角梯形,墓口长 200、宽 30～50、墓深 25、墓口距地表 50 厘米(图二七四,图版九九)。墓壁规整,上下垂直,口底大小相等,平底。墓室内填红褐花土,葬具不清。

　　墓主人为女性,M₁磨耗 IV ～ V 级,年龄在 40～45 岁。葬式为仰身直肢葬,头向东南,面向上。人骨被扰乱,未见右侧上肢骨,但其余骨骼保存较好,肋骨清晰可见,左臂伸直,左手放置于

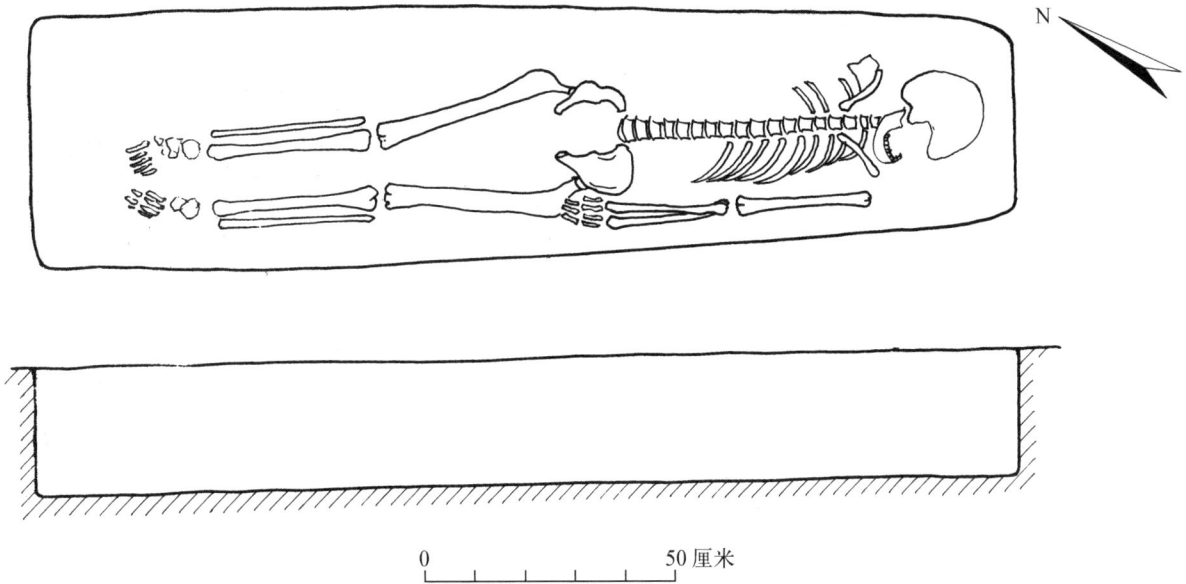

图二七四 M340平、剖面图

左股骨外侧,两腿伸展,双脚靠拢。

墓中未发现随葬品。

M341

竖穴土坑墓,方向143°。墓圹平面呈圆角梯形,墓口长200、宽35～55、墓深20、墓口距地表50厘米。边壁规整,上下垂直,口底大小相等,平底。墓室内填红褐花土,葬具不清。

墓主人为男性,M_1磨耗Ⅲ～Ⅳ级,年龄在35～40岁。葬式及面向不清。人骨被扰乱,仅存有头骨、肩胛骨、左右肱骨、右侧桡骨和尺骨残段等,且集中分布于墓室中部。

墓中未发现随葬品。

M342

竖穴土坑墓,方向143°。墓圹平面呈圆角梯形,墓口长200、宽50～63、墓深40、墓口距地表50厘米(图二七五,图版一○○)。墓壁规整,上下垂直,口底大小相等,平底。墓室内填红褐花土,葬具不清。

墓主人为男性,M_1磨耗Ⅳ～Ⅴ级,年龄在40～45岁。葬式为仰身直肢葬,头向东南,面向上。人骨未被扰乱,保存较好,双肩上耸,肋骨清晰可见,左臂伸直,右臂弧状内收,右手放置于盆骨之上,双腿伸展。

墓中未发现随葬品。

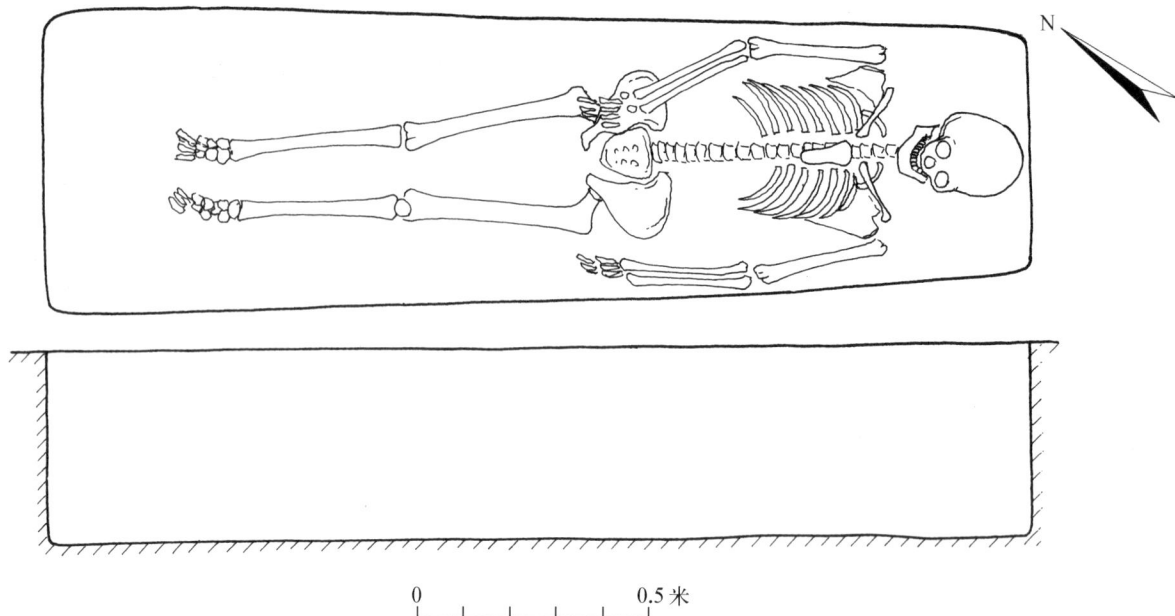

图二七五 M342平、剖面图

M343

竖穴土坑墓,方向140°。墓圹平面呈圆角梯形,墓口长200、宽40～55、墓深10、墓口距地表50厘米。边壁规整,上下垂直,口底大小相等,平底。打破M344和M403。墓室内填红褐花土,葬具不清。

墓中人骨扰乱严重,仅在墓室西北部清理出左右胫骨残段。葬式不清。面向亦不清楚。

墓中未发现随葬品。

M344

竖穴土坑墓,方向55°。墓圹平面呈梯形,墓口长150、宽50～65、墓深25、墓口距地表50厘米(图二七六,图版一〇一)。墓壁规整,上下垂直,口底大小相等,平底。被M343和M346打破。墓室内填黄褐花土,葬具不清。

墓主人为一女性个体,恒齿第二前臼齿萌出,年龄应该在10～13岁之间。葬式为仰身直肢葬,头向东北,面向西北。人骨腐蚀较重,上身已经变形,下肢保存相对较好,两腿伸直,双脚并拢。

墓中未发现随葬品。

M345

竖穴土坑墓,方向147°。墓圹平面呈梯形,墓口长193、宽40～45、墓深30、墓口距地表50厘米(图二七七)。墓壁规整,上下垂直,口底大小相等,平底。打破M357和M404。墓室内填红褐花土,葬具不清。

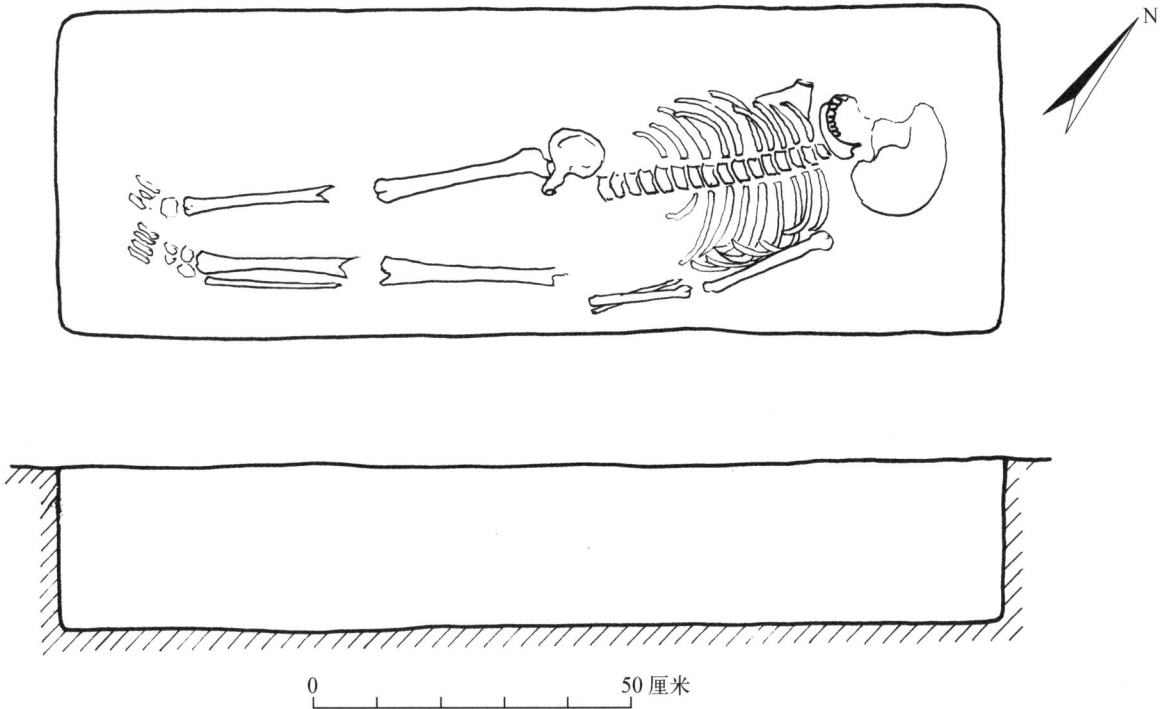

图二七六 M344平、剖面图

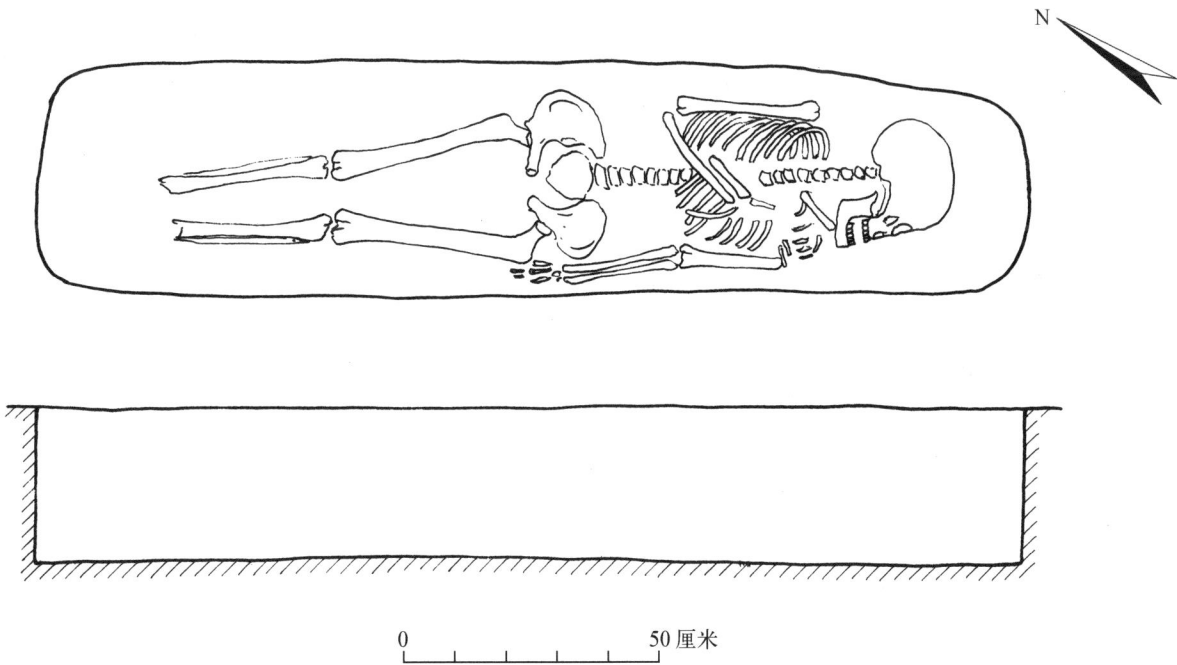

图二七七 M345平、剖面图

墓主人为女性，M₁磨耗Ⅲ～Ⅳ级，年龄在35～40岁。葬式为仰身直肢葬，头向东南，面向西南。人骨未被扰乱，保存较好，双肩上耸，肋骨清晰可见，左臂伸直，右前臂斜置于胸部，双腿伸展。

墓中未发现随葬品。

M346

竖穴土坑墓，方向143°。墓圹平面呈梯形，墓口长200、宽50～80、墓深80、墓口距地表50厘米。墓壁陡直，口底大小相等，墓底平坦。打破M344、M357和M403。墓室内填红褐花土，葬具不清。

墓主人为一成年男性，具体年龄不详。葬式及面向亦不清楚。骨骸扰乱严重，仅在墓室西北部清理出下颌骨残块、桡骨残段、右侧股骨残段、左右胫骨和腓骨残段等。

墓中未发现随葬品。

M347

竖穴土坑墓，方向132°。墓圹平面呈圆角梯形，墓口长180、宽35～50、墓深30、墓口距地表50厘米。墓壁规整，上下垂直，口底大小相等，平底。墓室内填红褐花土，葬具不清。

墓主人性别不详，M₁磨耗Ⅵ级以上，年龄在60岁以上。葬式及面向亦不清楚。骨骸扰乱严重，保存较差，只剩下颌骨残块、左侧桡骨和尺骨残段、右侧股骨残段等。

墓中未发现随葬品。

M348

竖穴土坑墓，方向140°。墓圹平面呈圆角梯形，墓口长188、宽40～60、墓深65、墓口距地表50厘米（图二七八）。墓壁陡直，口底大小相等，墓底平坦。打破M349。墓室内填红褐花土，葬具不清。

墓葬被扰，墓主人为女性，M₁磨耗Ⅵ级以上，年龄在60岁以上。葬式为仰身直肢葬，头向东南，面向东北。人骨腐蚀严重，左右肱骨以下直至左右胫骨、腓骨上端的骨骸均被破坏，但骨架的基本轮廓清晰。

墓中未发现随葬品。

M349

竖穴土坑墓，方向38°。墓圹平面呈圆角梯形，墓口长170、宽45～60、墓深30、墓口距地表50厘米（图二七九）。墓壁规整，上下垂直，口底大小相等，平底。被M348打破。墓室内填黄褐花土，葬具不清。

墓主人为男性，M₁磨耗Ⅲ级，年龄在30岁左右。葬式为仰身直肢葬，头向东北，面向上。骨架的基本形态清晰可辨，但左右肱骨以下直至左右股骨上端的骨骸均被M348破坏，且未见脚骨。

墓中未发现随葬品。

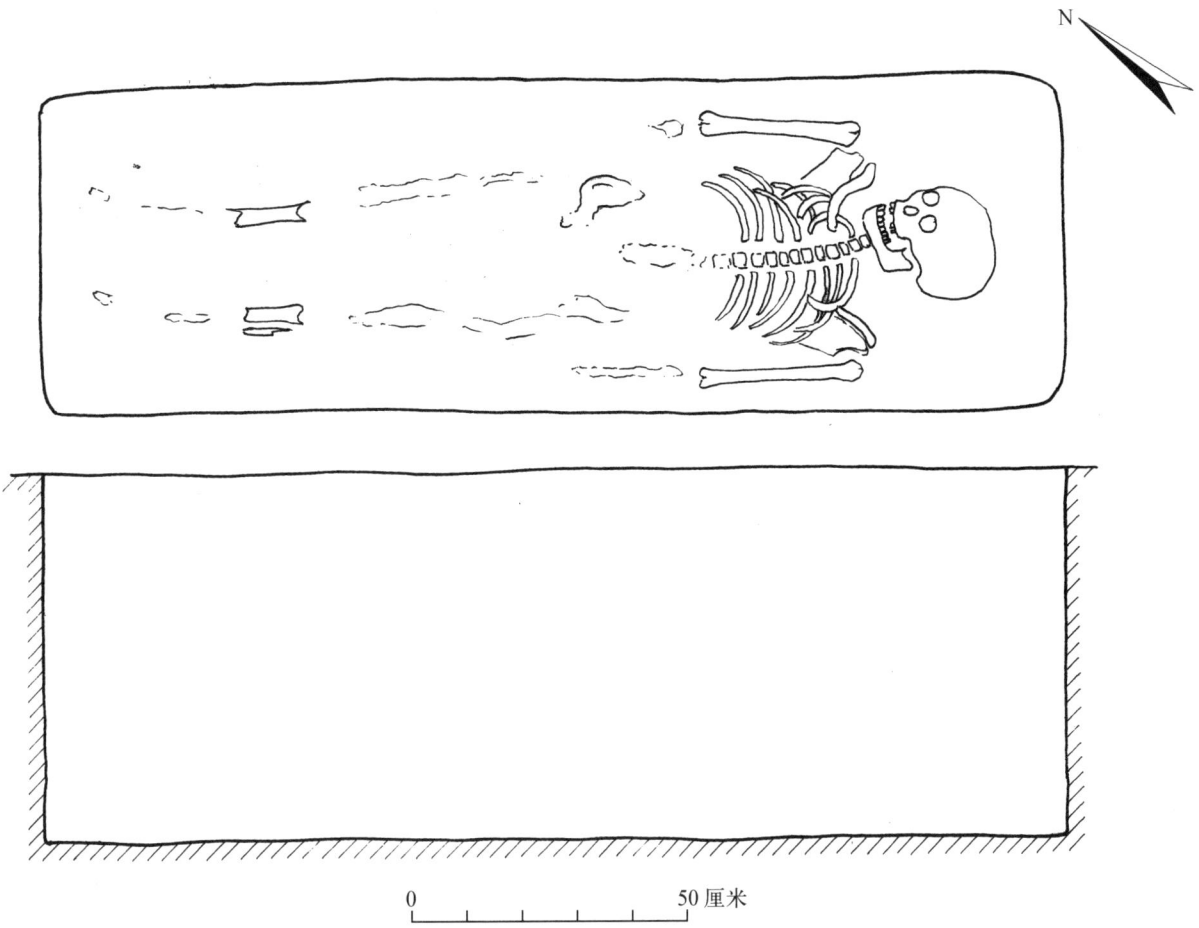

图二七八　M348平、剖面图

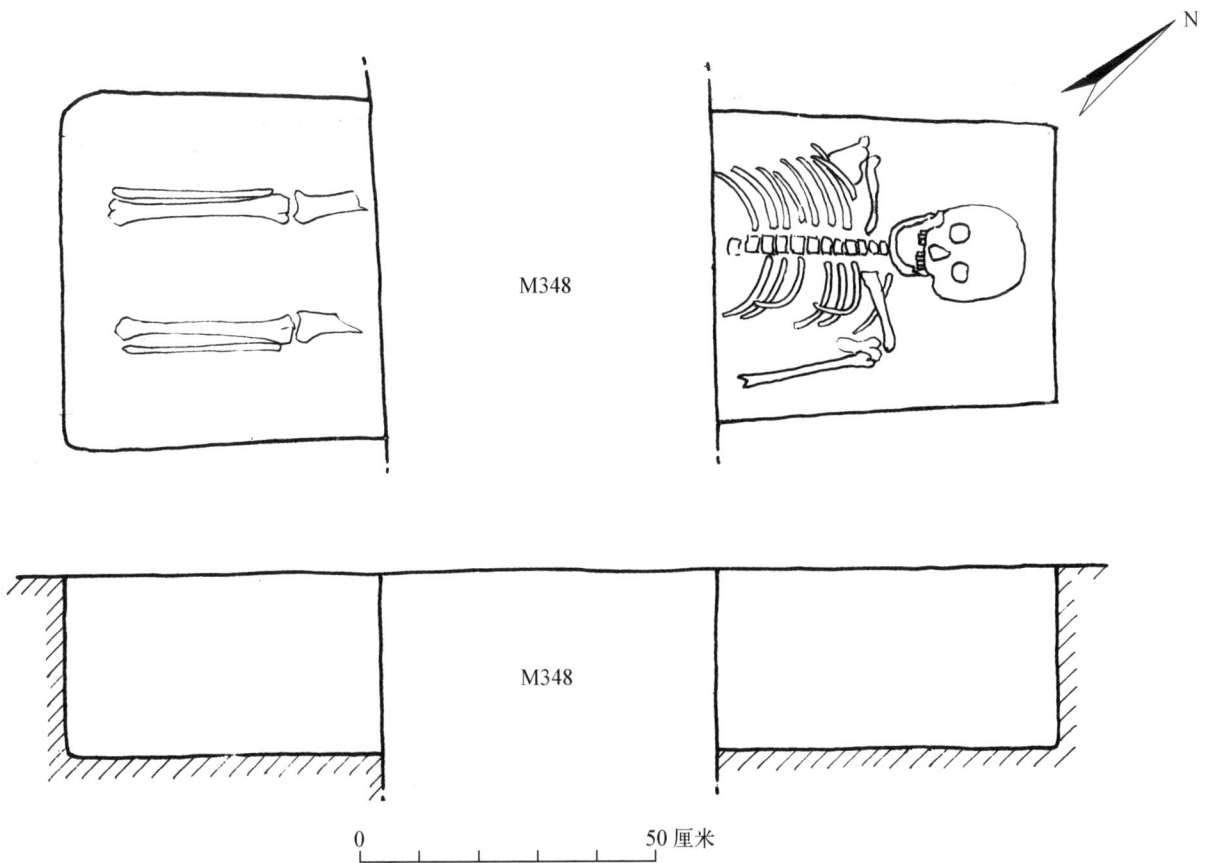

图二七九　M349平、剖面图

M350

竖穴土坑墓,方向133°。墓圹平面呈梯形,墓口长80、宽45～50、墓深40、墓口距地表50厘米(图版一○二)。墓壁规整,上下垂直,口底大小相等,平底。墓室内填红褐花土,葬具不清。

墓主人为男性,M_1磨耗Ⅴ～Ⅵ级,年龄在50～55岁。葬式为仰身直肢葬,头向东南,面向西南。人骨扰乱严重,左右桡骨和尺骨、手骨、右侧盆骨等均被破坏,左右胫骨上端以下部分则被破坏,只有头骨、左右肱骨、锁骨、左侧肋骨、左右股骨等保存较好。

墓中未发现随葬品。

M351

竖穴土坑墓,方向150°。墓口残长110、宽50～60、墓深10、墓口距地表50厘米(图版一○三)。边壁规整,上下垂直,口底大小相等,平底。被近代沟渠打破。墓室内填红褐花土,葬具不清。

墓主人为一成年男性,肱骨下端、桡骨和尺骨下端愈合,年龄大于20岁。葬式为仰身葬,头向东南,面向上。人骨扰乱严重,下肢基本被沟渠破坏,骨骼无存。上身保存较好,双肩上耸,两臂伸直,只是肋骨比较凌乱。

墓中未发现随葬品。

M352

竖穴土坑墓,方向145°。墓口平面大致呈梯形,残长127、宽50～65、墓深30、墓口距地表50厘米(图二八○,图版一○四)。墓壁规整,上下垂直,口底大小相等,平底。被近代沟渠打破。墓室内填红褐花土,葬具不清。

墓主人为女性,M_1磨耗Ⅴ～Ⅵ级,年龄在50～55岁。葬式为仰身直肢葬,头向东南,面向西北。人骨扰乱严重,左右髋骨以下部分被沟渠破坏,骨骼无存。上身保存较好,双肩上耸,肋骨清晰可见,两臂弧状内收,做叉腰状。

右前臂套有1件石璧,M352∶1,青灰色。切面呈楔形,内缘厚,外缘薄,通体磨光。外径10、好径6.3厘米,最厚处0.6厘米(图二八一;图版二一八,3)。

M353

竖穴土坑墓,方向135°。墓圹平面呈梯形,墓口长190、宽40～60、墓深45、墓口距地表50厘米(图二八二)。墓壁规整,上下垂直,口底大小相等,平底。打破M354。墓室内填红褐花土,葬具不清。

墓主人为男性,M_1磨耗Ⅲ～Ⅳ级,年龄在35～40岁。葬式为仰身直肢葬,头向东南,面向上。人骨未被扰乱,保存较好,两肩上耸,肋骨清晰可见,右臂自然伸直,左前臂在发掘时不慎被清理掉,双腿伸展。

墓中未发现随葬品。

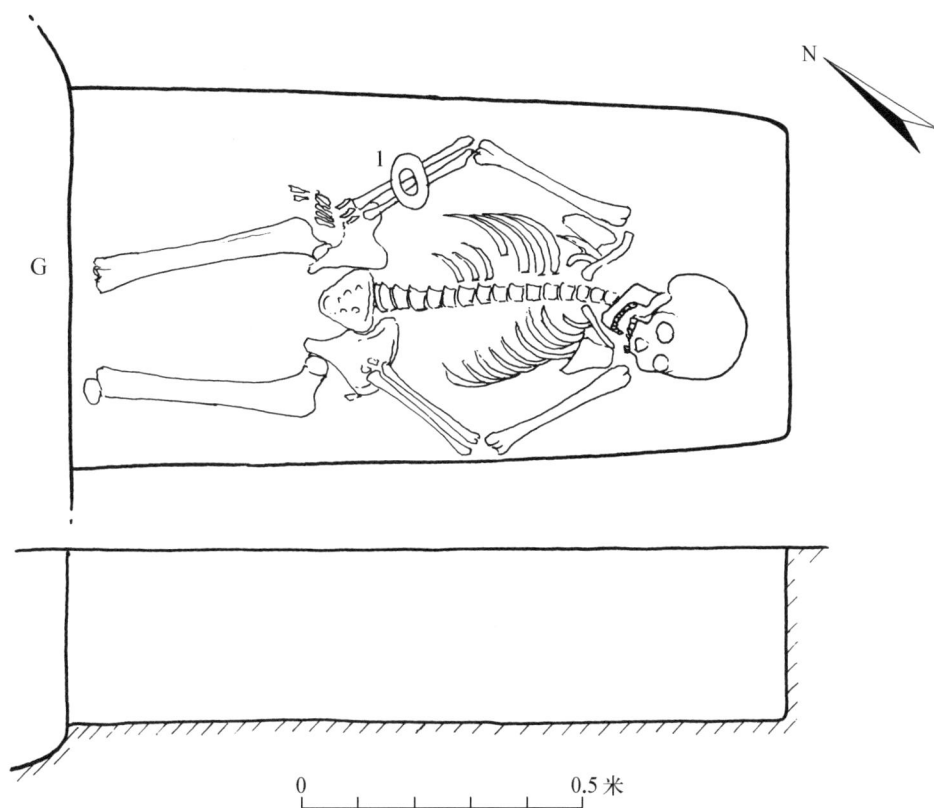

图二八〇 M352平、剖面图

1. 石璧(M352:1)

M354

竖穴土坑墓,方向45°。墓口残长90、宽50、墓深15、墓口距地表50厘米(图二八三)。边壁规整,上下垂直,口底大小相等,平底。打破M408,被M406和M353打破。墓室内填黄褐花土,葬具不清。

墓主人为女性,M_1磨耗Ⅱ级,年龄在25～30岁。葬式为仰身葬,头向东北,面向不详。头骨被破坏,仅能见到下颌骨及牙齿。上肢和躯干部分保存较好,双肩上耸,肋骨清晰可见,左臂伸直,右臂弧状内收,右手放于盆骨之上;下身被M353破坏,骨骼无存。

墓中未发现随葬品。

M355

竖穴土坑墓,方向138°。墓口残长100、宽55、墓深15、墓口距地表50厘米(图版一〇五)。

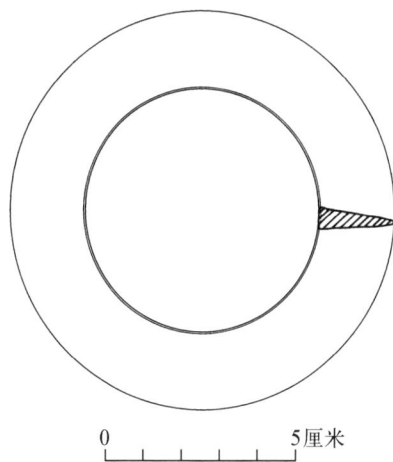

图二八一 M352出土器物图

石璧(M352:1)

M354

0   50 厘米

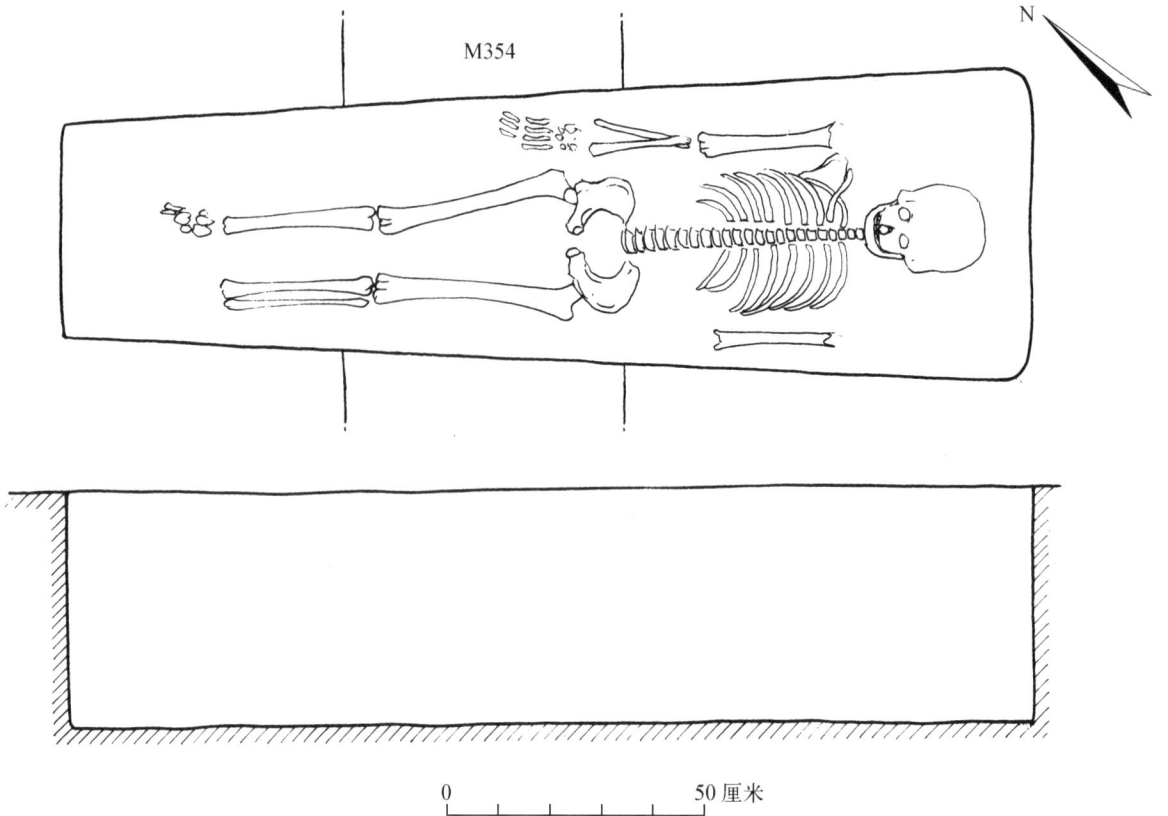

图二八二　M353 平、剖面图

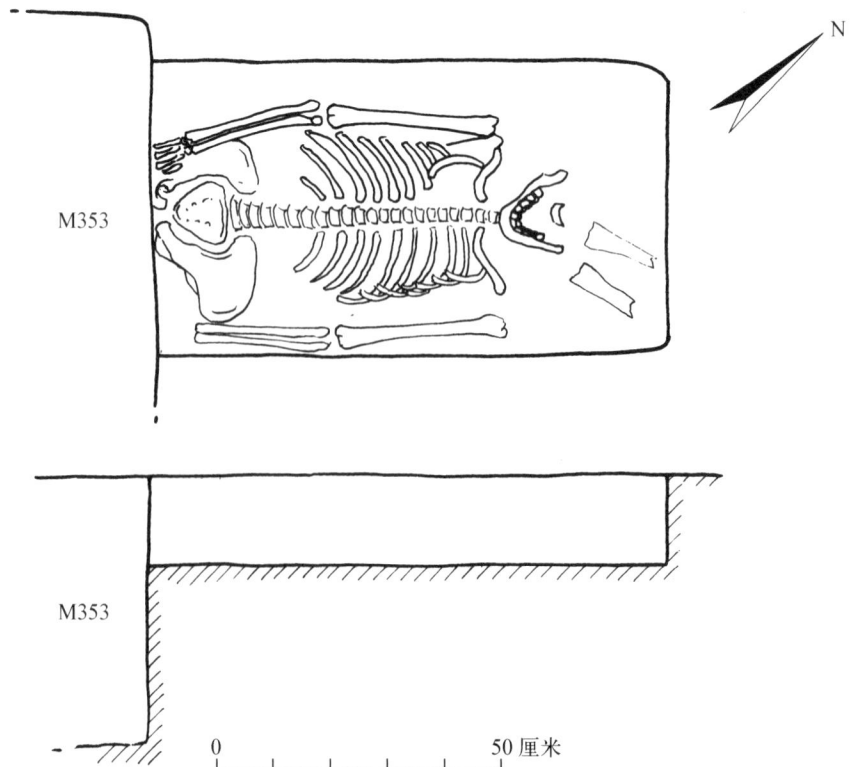

M353

M353

0   50 厘米

图二八三　M354 平、剖面图

边壁规整,上下垂直,口底大小相等,平底。被近代沟渠打破。墓室内填红褐花土,葬具不清。

墓主人为男性,M₁磨耗Ⅵ级以上,年龄在60岁以上。葬式为仰身葬,头向东南,面向上。上身保存较好,基本形态清晰可见,双肩略耸,两臂伸直,但肋骨稍显凌乱;下身被近代沟渠破坏,骨骼无存。

墓中未发现随葬品。

M356

竖穴土坑墓,方向138°。墓口残长68、宽45、墓深10、墓口距地表50厘米(图版一〇六)。边壁规整,上下垂直,口底大小相等,平底。被近代沟渠打破。墓室内填红褐花土,葬具不清。

墓主人为一成年女性,右侧肱骨下端愈合,年龄应大于19岁。葬式为俯身葬,头向东南,面向下。骨骼扰乱严重,保存较差,左侧肱骨上端至右侧桡骨和尺骨以下部分骨骼均遭到沟渠破坏,上身亦有多处骨骼被扰乱。

墓中未发现随葬品。

M357

竖穴土坑墓,方向43°。墓圹平面呈圆角梯形,墓口长180、宽30～50、墓深20、墓口距地表50厘米(图二八四,图版一〇七)。边壁规整,上下垂直,口底大小相等,平底。打破M404,被M345和M346打破。墓室内填黄褐花土,葬具不清。

墓主人为男性,M₁磨耗Ⅳ～Ⅴ级,年龄在40～45岁。葬式为仰身直肢葬,头向东北,面向上。左侧肱骨及肋骨、肩胛骨等被M346破坏;左右前臂下端至左右髋骨以上部分,包括手骨、盆

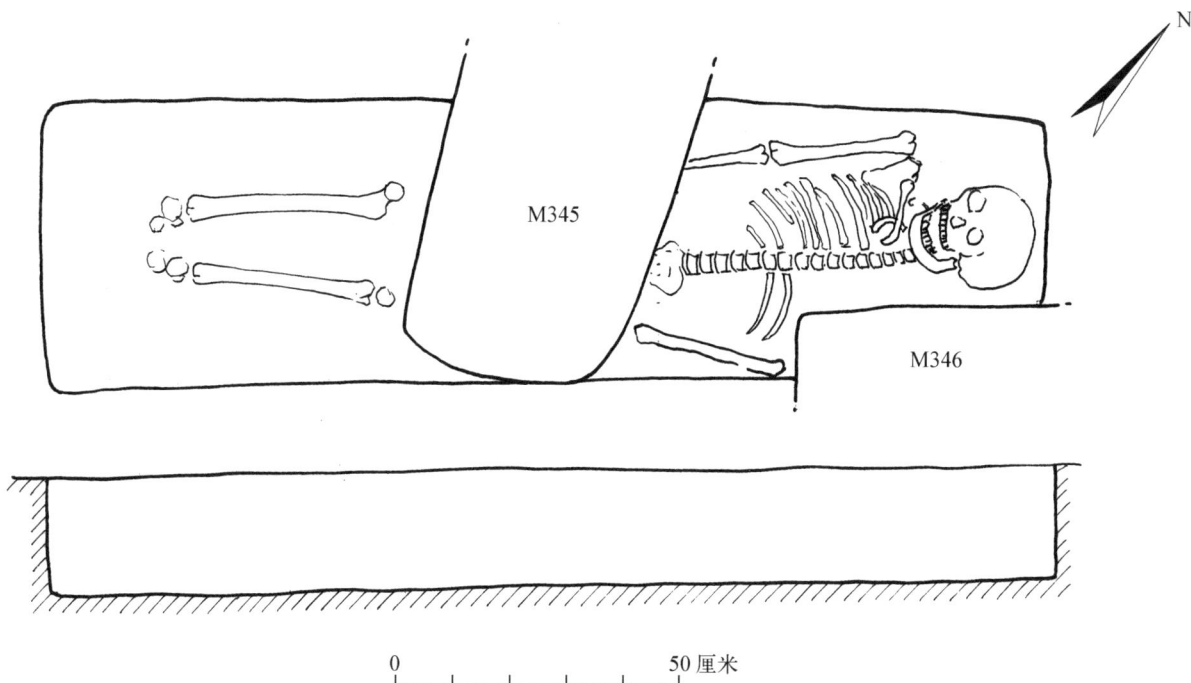

图二八四 M357平、剖面图

骨、左右股骨等均被M345破坏，胫骨、腓骨等保存较好，未见脚骨。

墓中未发现随葬品。

M358

竖穴土坑墓，方向145°。墓圹平面呈圆角梯形，墓口长170、宽56～60、墓深25、墓口距地表50厘米（图二八五）。边壁规整，上下垂直，口底大小相等，平底。墓室内填红褐花土，葬具不清。

墓主人为一成年男性，具体年龄不详。葬式及面向亦不清楚。人骨扰乱严重，大部分骨骼无存，仅剩头骨残片、肩胛骨、左右胫骨残段等散布于墓室之中。值得注意的是头骨残片上发现有3个创伤小孔。

墓室西北角发现有1件扇形石片，应为石璧的残片。M358:1，蚀变大理岩。青白色，钙化严重。切面呈三角形，内缘厚，外缘薄。肉宽5.3、厚0.1～0.6厘米（图二九三，3；图版二三八，2）。

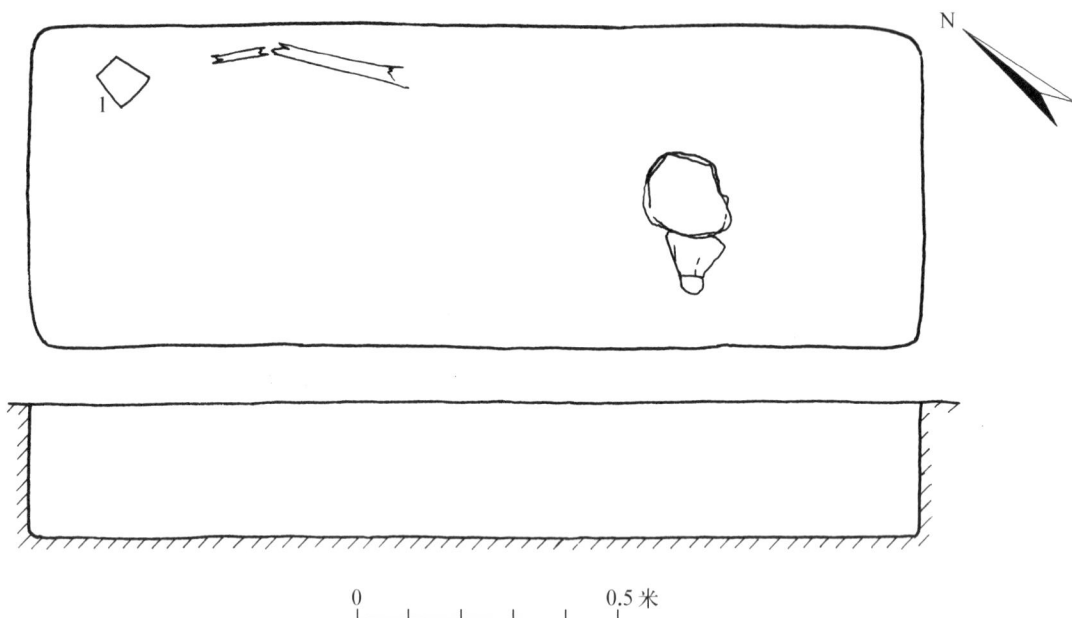

图二八五　M358平、剖面图

1.扇形石片（M358:1）

M359

竖穴土坑墓，方向125°。墓圹平面呈圆角长方形，墓口长190、宽65、墓深30、墓口距地表50厘米（图二八六，图版一○八）。墓壁规整，上下垂直，口底大小相等，平底。打破M360。墓室内填红褐花土，葬具不清。

墓中共发现一男（下）一女（上）两具人骨，其中，男性M₁磨耗Ⅳ～Ⅴ级，年龄在40～45岁；女性M₁磨耗Ⅵ级以上，年龄在60岁以上。葬式均为仰身直肢葬，头向东南，但男性面向东北，女性面向西北。人骨未被扰乱，保存基本完好，女性个体在上，左臂弧状内收，左手放于腰际，右臂向左弯

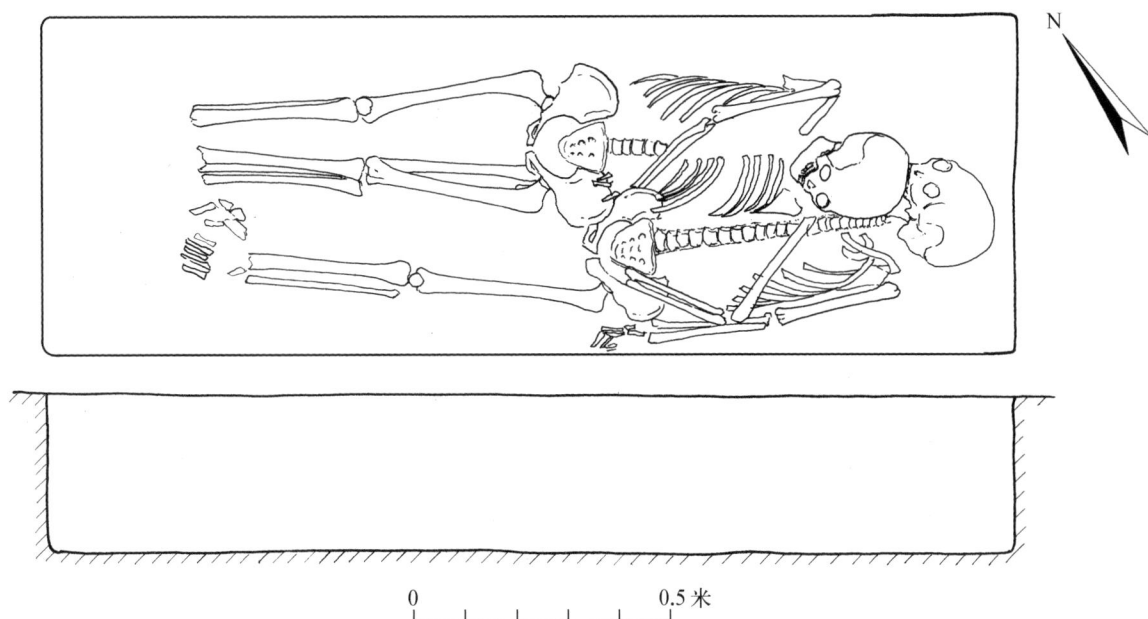

图二八六 M359平、剖面图

曲,右前臂横置于腹部,右手亦放于腰际,下肢两腿伸直,脚骨腐蚀成骨灰;男性个体在下,整体位于女性左侧,但右臂及右腿压于女性身下,男性左臂自然伸直,两腿伸展,部分脚骨腐蚀成灰。

墓中未发现随葬品。

M360

竖穴土坑墓,方向45°。墓圹平面呈圆角长方形,墓口长170、宽50、墓深45、墓口距地表50厘米。墓壁规整,上下垂直,口底大小相等,平底。被M359打破。墓室填黄褐花土。

墓中未发现任何遗存。

M361

竖穴土坑墓,方向35°。墓圹平面呈圆角梯形,墓口长170、宽44～56、墓深15、墓口距地表50厘米(图二八七,图版一〇九)。边壁规整,上下垂直,口底大小相等,平底。墓室内填黄褐花土,葬具不清。

墓主人为男性,M_1磨耗Ⅲ级,年龄在30岁左右。葬式为仰身葬,头向东北,面向上。人骨主要居于墓室东北部,骨骸扰乱严重,保存较差,部分肋骨及其一些细小骨骸已然不见,右侧下肢亦被破坏,仅剩左侧下肢骨向上弯曲,放置于躯干左侧。

墓中未发现随葬品。

M362

竖穴土坑墓,方向128°。墓口长170、宽45、墓深20、墓口距地表50厘米(图版一一〇)。边

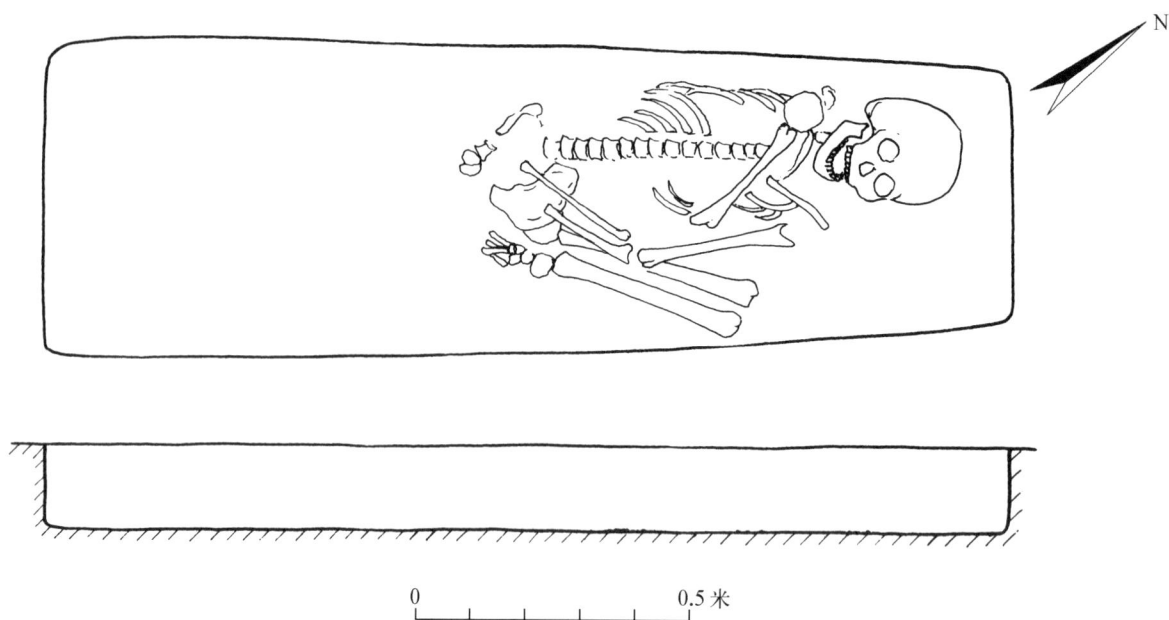

图二八七　M361平、剖面图

壁规整,上下垂直,口底大小相等,平底。被近代沟渠打破。墓室内填红褐花土,葬具不清。

墓主人为一成年个体,具体年龄、性别不详。葬式为直肢葬,面向不清。人骨保存较差,左右股骨以上部分均被沟渠破坏,两腿伸直稍向左弯,脚骨腐蚀成骨灰。

墓中未发现随葬品。

M363

竖穴土坑墓,方向143°。墓圹平面呈圆角梯形,墓口长180、宽40～50、墓深10、墓口距地表50厘米(图二八八)。边壁规整,上下垂直,口底大小相等,平底。墓室内填红褐花土,葬具不清。

墓主人为女性,M_1磨耗Ⅲ～Ⅳ级,年龄在35～40岁。葬式为仰身直肢葬,头向东南,面向不详。头骨被扰乱,仅存部分碎片,躯干及四肢相对保存较好:双肩上耸,两臂伸直,左手放于盆骨之上,两腿伸展,但脚骨已腐蚀成骨灰。

墓中未发现随葬品。

M364

竖穴土坑墓,方向42°。墓圹平面呈圆角梯形,墓口长182、宽34～46、墓深76、墓口距地表50厘米(图二八九,图版一一一)。墓壁陡直,口底大小相等,墓底平坦。墓室内填黄褐花土,葬具不清。

墓主人为女性,M_1磨耗Ⅵ级以上,年龄在60岁以上。葬式为仰身直肢葬,头向东北,面向东南。人骨未被扰乱,保存较好,双肩上耸,肋骨清晰可见,两臂伸直,双手放置于腿两侧,双腿伸展。

头骨右侧清理出1件骨笄,M364:1,浅黄白色。剖面呈椭圆形,两端残。残长15.5厘米(图版二四五,6)。

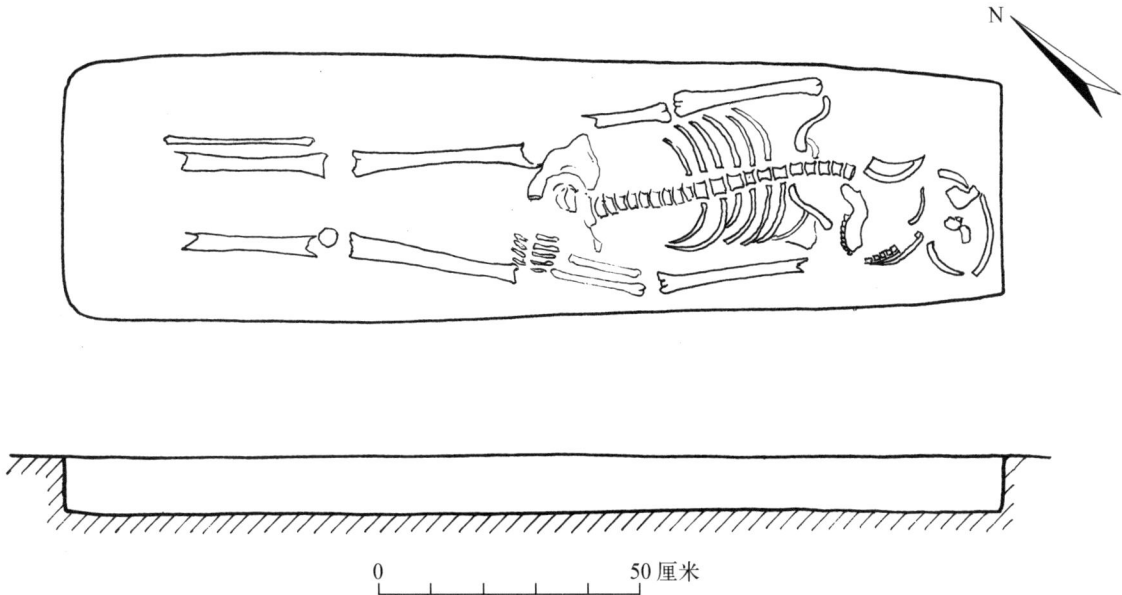

图二八八 M363平、剖面图

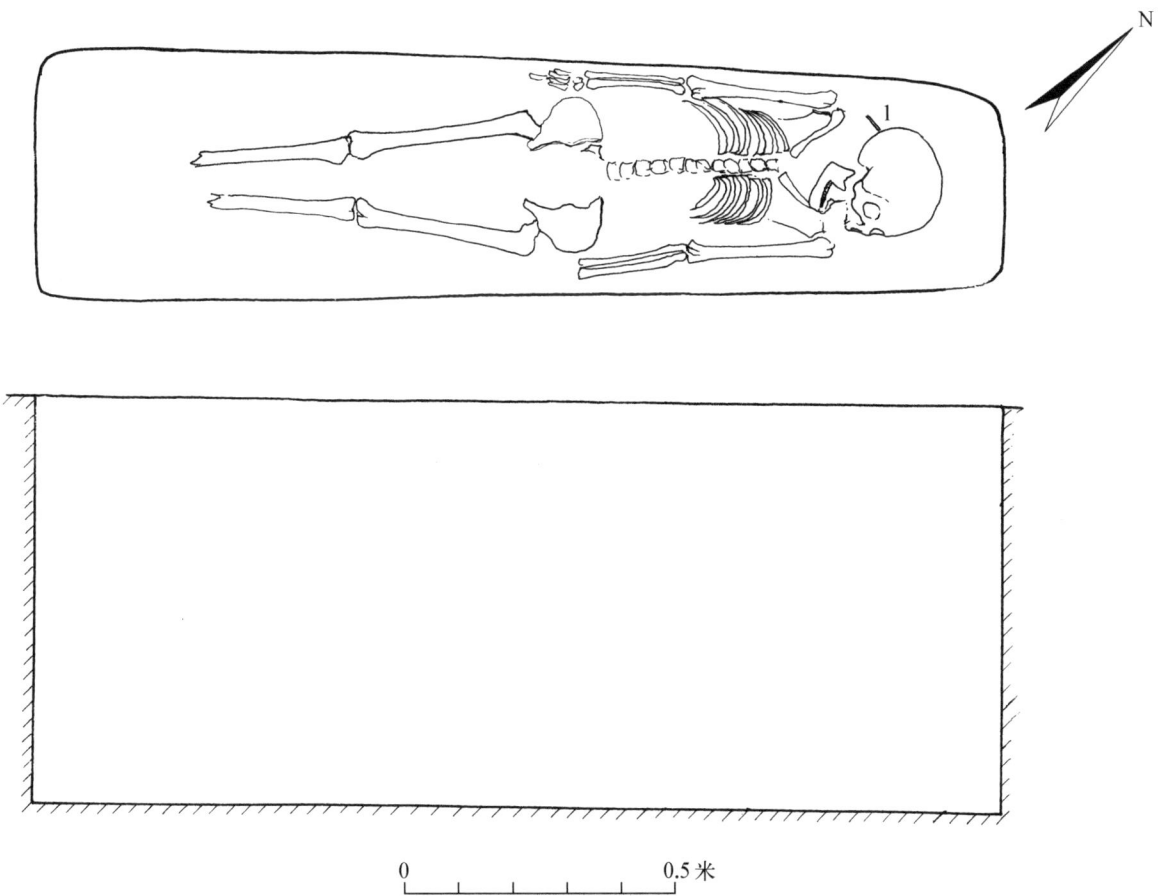

0 _____ 50厘米

图二八九 M364平、剖面图

1.骨笄（M364：1）

M365

竖穴土坑墓,方向37°。墓圹平面呈圆角长方形,墓口长190、宽47、墓深60、墓口距地表50厘米(图二九〇,图版一一二)。墓壁陡直,口底大小相等,墓底平坦。墓室内填黄褐花土,葬具不清。

墓主人为男性,M₁磨耗Ⅴ~Ⅵ级,年龄在50~55岁。葬式为仰身直肢葬,头向东北,面向西北。人骨保存较好,双肩上耸,肋骨清晰可见,两臂伸直,双手放置于腿两侧,双腿伸展。

墓中未发现随葬品。

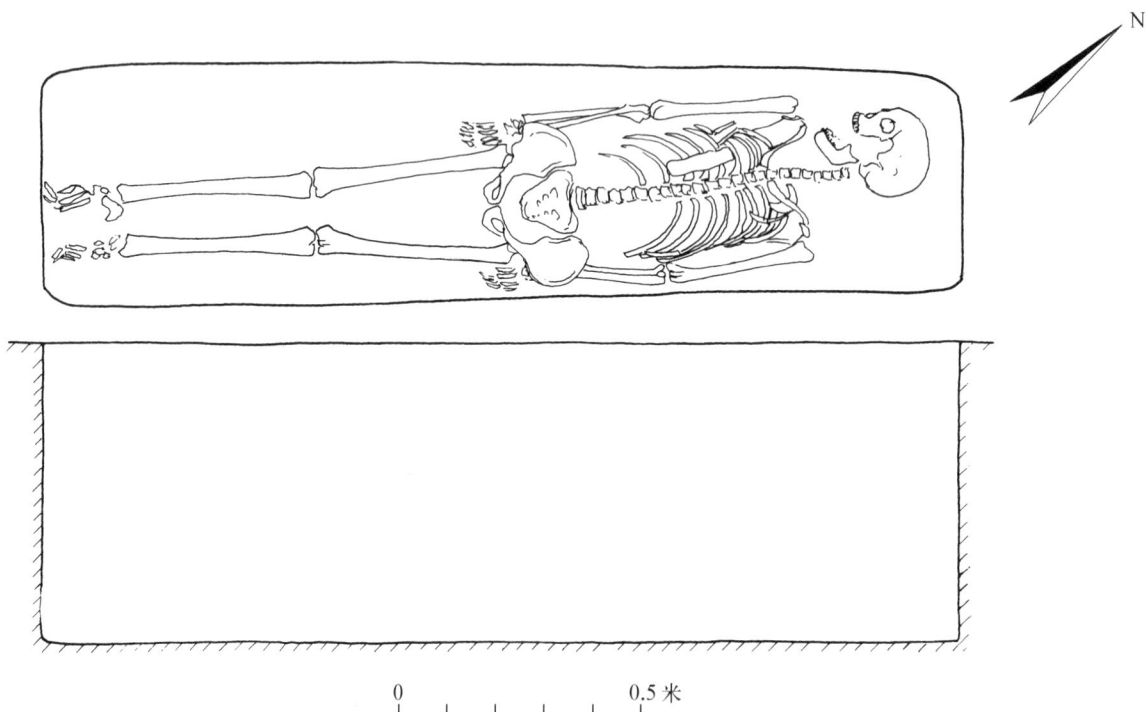

0　　　　　　　0.5 米

图二九〇　M365平、剖面图

M366

竖穴土坑墓,方向130°。墓圹平面呈圆角长方形,墓口长200、宽45、墓深50、墓口距地表50厘米(图二九一)。墓壁规整,上下垂直,口底大小相等,平底。打破M383。墓室内填红褐花土,葬具不清。

墓主人为男性,M₁磨耗Ⅴ级,年龄在50岁左右。葬式为仰身直肢葬,头向东南,面向西南。人骨未被扰乱,保存较好,双肩上耸,肋骨清晰可见,两臂伸直,双手放置于腿两侧,双腿伸展,两脚靠拢略向左倾。

左股骨下端横置1件石钺,M366:1,蚀变大理岩。青灰色,部分区域受沁发白。器体近长方形,薄厚均匀,双面弧刃,两侧起刃。顶部左角略残,中下部断裂。通体磨光。长16.6、顶端宽8.5、刃端宽9.9、厚0.4、孔径0.8厘米(图二九三,1;图版二〇八,2)。

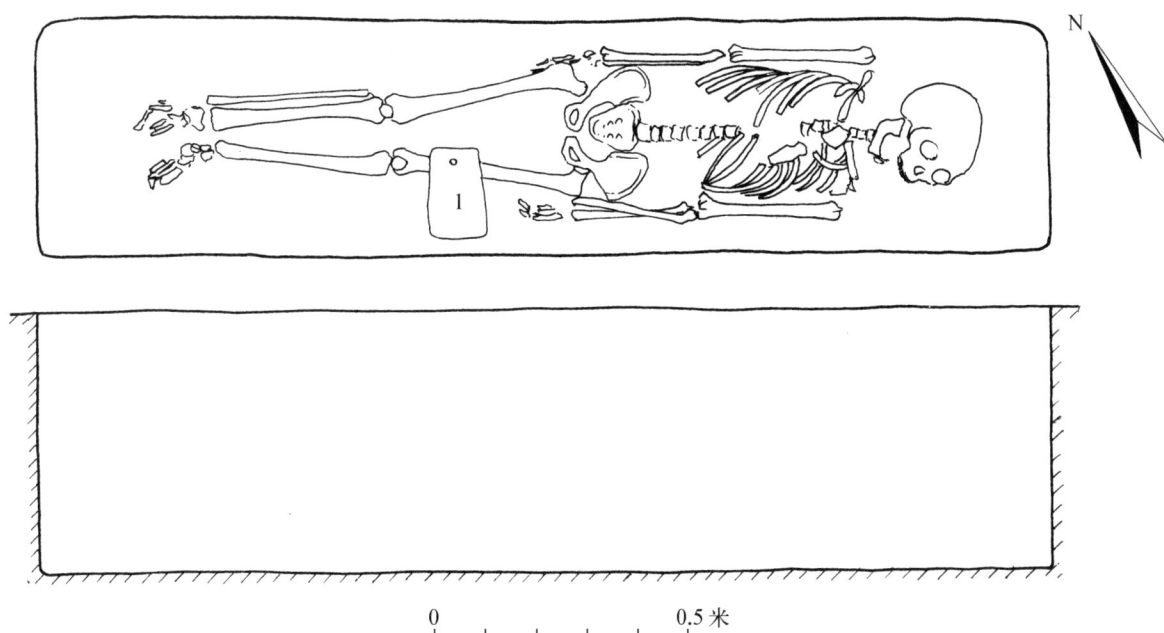

图二九一　M366平、剖面图

1. 石钺（M366：1）

M367

竖穴土坑墓，方向145°。墓圹平面呈梯形，两边略弧。墓口长170、宽36～45、墓深7、墓口距地表50厘米。西北侧和西南侧墓壁弧形外鼓，口底大小相等，墓底平坦。墓室内填红褐花土，葬具不清。

墓中人骨被扰乱，保存较差，仅在墓室中部残存有右侧肋骨、骶骨等骨骼。具体年龄、性别不详。葬式及面向不清。

墓中未发现随葬品。

M368

竖穴土坑墓，方向130°。墓圹平面呈圆角梯形，墓口长170、宽40～53、墓深15、墓口距地表50厘米（图二九二，图版一一三）。边壁规整，上下垂直，口底大小相等，平底。墓室内填红褐花土，葬具不清。

墓主人为男性，M_1磨耗Ⅴ～Ⅵ级，年龄在50～55岁。葬式为仰身屈肢葬，头向东南，面向东北。人骨居于墓室中央，整体向左屈，未被扰乱，保存较好，双肩上耸，肋骨清晰可见，两臂伸直，左前臂斜向内收，左手放于盆骨之上，双腿向左弯曲。

墓主人面部覆盖有穿孔石片，应属于璧的残段。M368：1，不规则形。蚀变大理岩。乳白色，肉较宽，切面略呈楔形，内缘厚，外缘薄。内缘及两端有双面钻孔。肉宽6.4、最厚处0.7厘米（图二九三，2；图版二四一，1）。

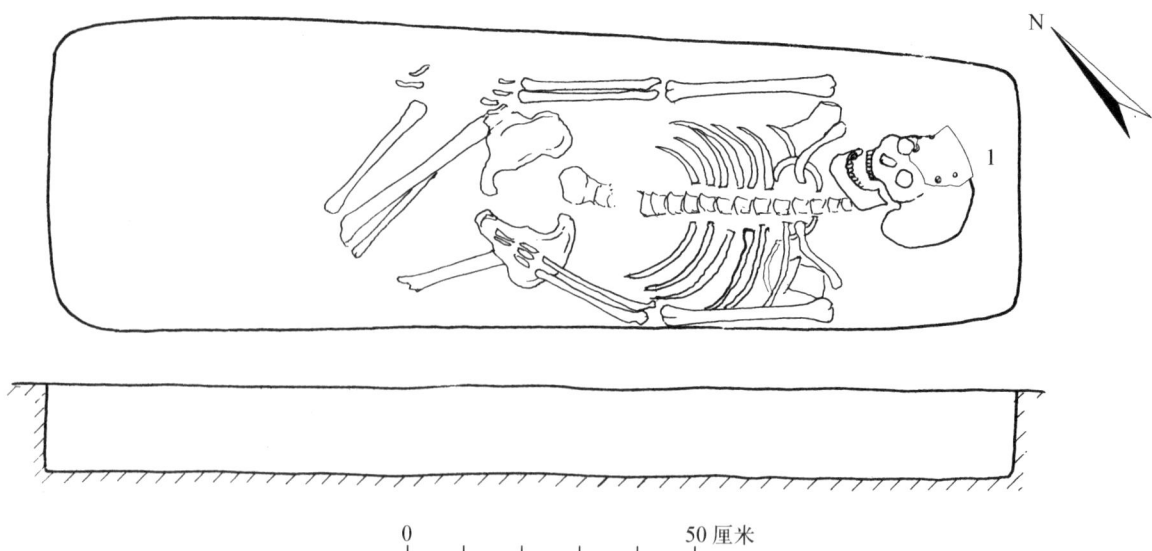

图二九二　M368平、剖面图

1. 穿孔石片（M368：1）

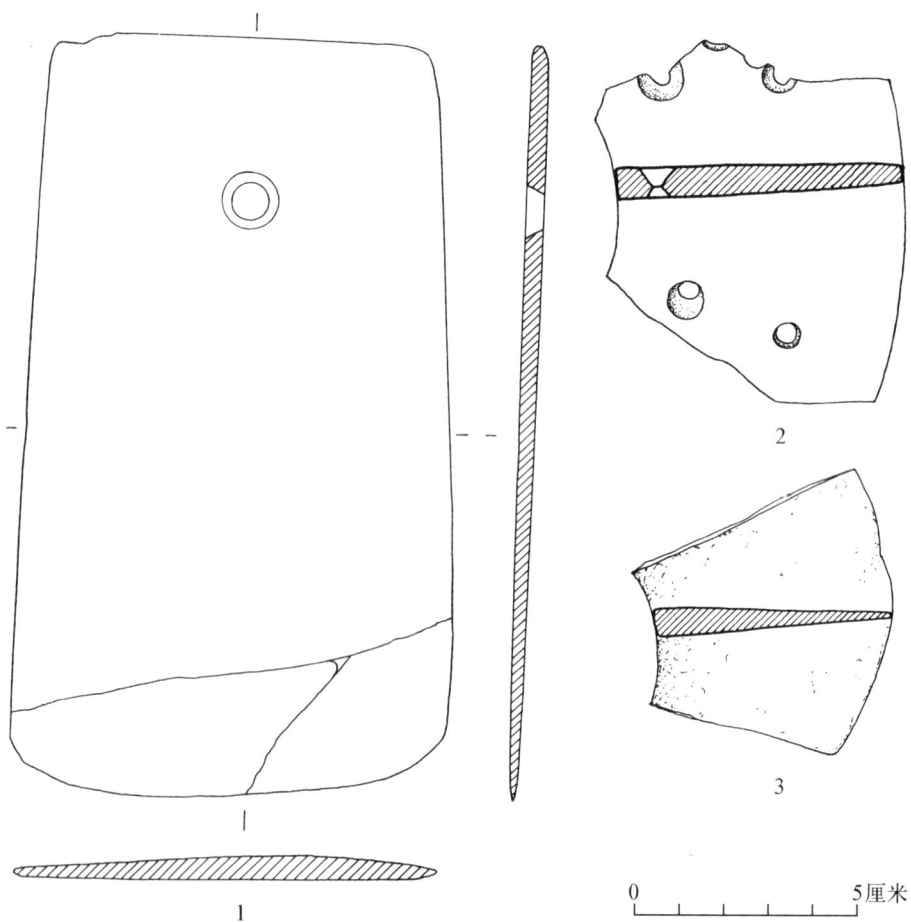

图二九三　M358、M366、M368出土器物图

1. 石钺（M366：1）　2. 穿孔石片（M368：1）　3. 扇形石片（M358：1）

M369

竖穴土坑墓,方向133°。墓圹平面呈梯形,墓口长180、宽45～55、墓深35、墓口距地表50厘米(图二九四)。墓壁规整,上下垂直,口底大小相等,平底。墓室内填红褐花土,葬具不清。

墓主人为男性,M₁磨耗Ⅴ～Ⅵ级,年龄在50～55岁。葬式为仰身直肢葬,头向东南,面向上。左侧桡骨、尺骨、手骨等均被扰乱,但骨架整体轮廓清晰,双肩上耸,右前臂向上斜置于胸部,肋骨排列整齐,两腿伸直。

墓中未发现随葬品。

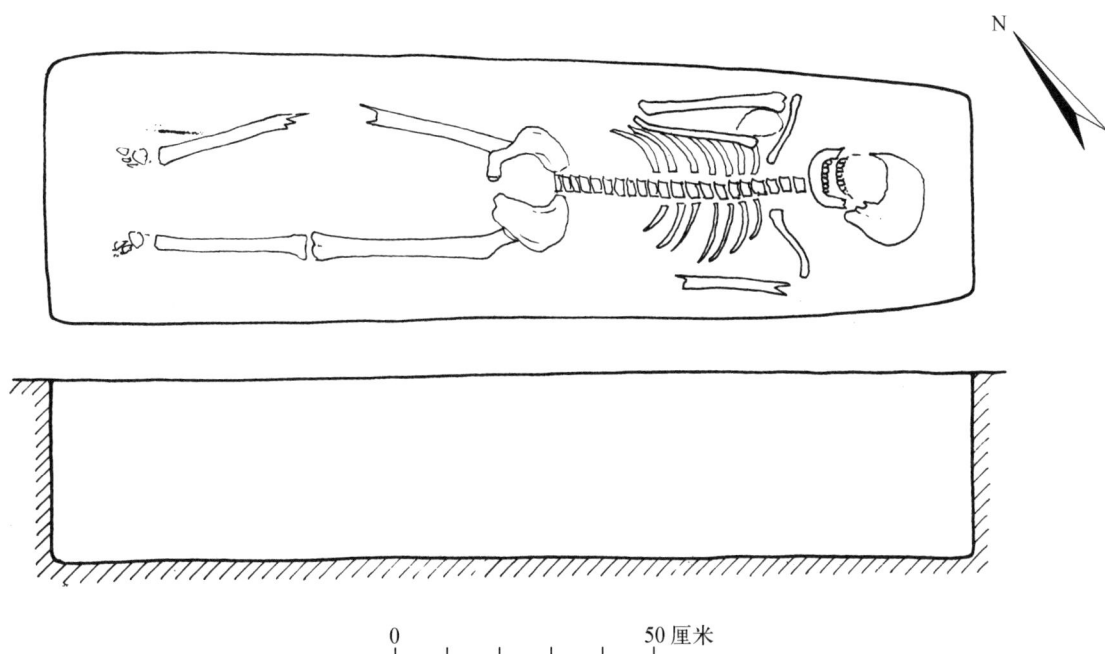

0　　　　　　50厘米

图二九四　M369平、剖面图

M370

竖穴土坑墓,方向135°。墓口长157、宽40、墓深10、墓口距地表50厘米。墓圹平面整体呈圆角长方形,两边略弧,墓底平坦。墓室内填红褐花土,葬具不清。

墓中人骨被扰乱,保存较差,仅在墓室东部有左右胫骨残段,且两者堆砌叠压在一起。墓主人为女性,具体年龄不详。葬式及面向不清。

墓中未发现随葬品。

M371

竖穴土坑墓,方向138°。墓圹平面呈圆角长方形,墓口长160、宽44～55、墓深15、墓口距地

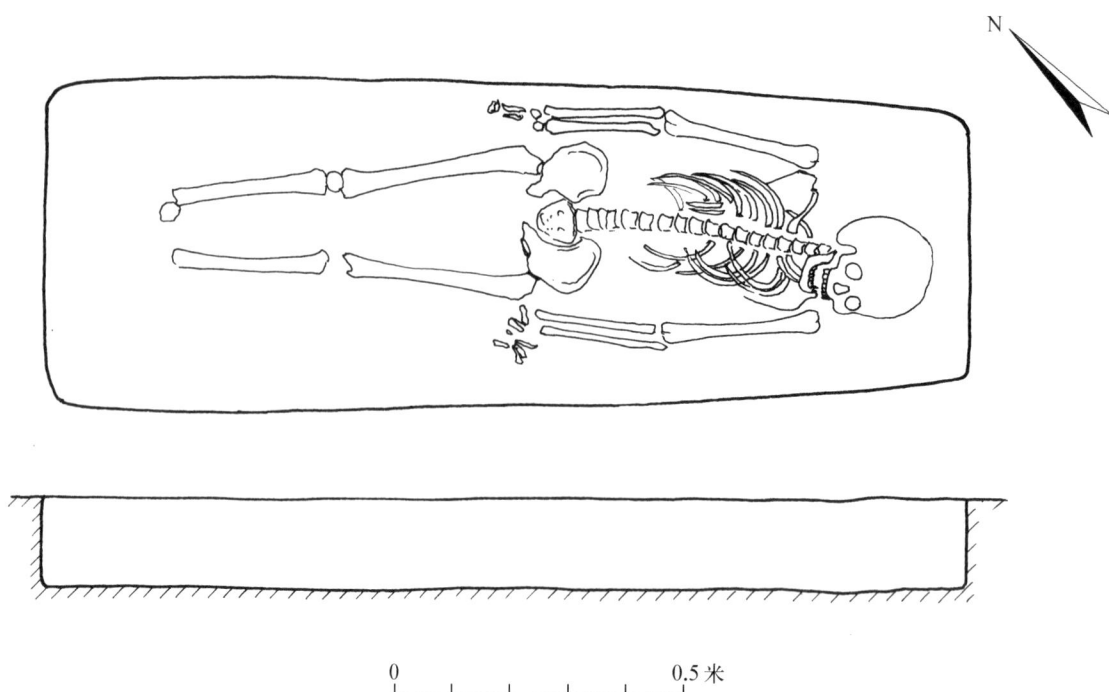

图二九五　M371平、剖面图

表50厘米（图二九五）。边壁规整，上下垂直，口底大小相等，平底。被M385打破。墓室内填红褐花土，葬具不清。

墓主人为男性，M_1磨耗Ⅴ～Ⅵ级，年龄在50～55岁。葬式为仰身直肢葬，头向东南，面向西南。骨骸未被扰乱，虽腐蚀较重，但整体形态清晰：双肩上耸，肋骨凌乱，左臂伸直，右侧肱骨微向外张，两腿伸展，双脚已成骨灰。

墓中未发现随葬品。

M372

竖穴土坑墓，方向133°。墓圹平面呈圆角梯形，墓口长205、宽45～70、墓深35、墓口距地表50厘米（图二九六，图版一一四）。墓壁规整，上下垂直，口底大小相等，平底。被M385打破。墓室内填红褐花土，葬具不清。

墓主人为男性，M_1磨耗Ⅴ～Ⅵ级，年龄在50～55岁。葬式为仰身直肢葬，头向东南，面向上。人骨保存完好，双肩上耸，两臂伸直，双手置于腿两侧，肋骨清晰可见，双腿伸展，两脚靠拢。

随葬品亦较为丰富，在头顶位置清理出2件凹形石片饰，大小相近，蛇纹石化大理岩。青色。体近梯形，剖面呈长方形，一端内凹。M372：1-1，最宽处2.9、最窄处2.3厘米；M372：1-2，最宽处2.8、最窄处2.2厘米（图二九七，2；图版二三九，4）；右前臂套有石璧M372：2，蛇纹石化大理岩。青灰色，器体断裂，边缘微残。切面略呈楔形，内缘厚，外缘薄。外径14.2、好径6.3、最厚处

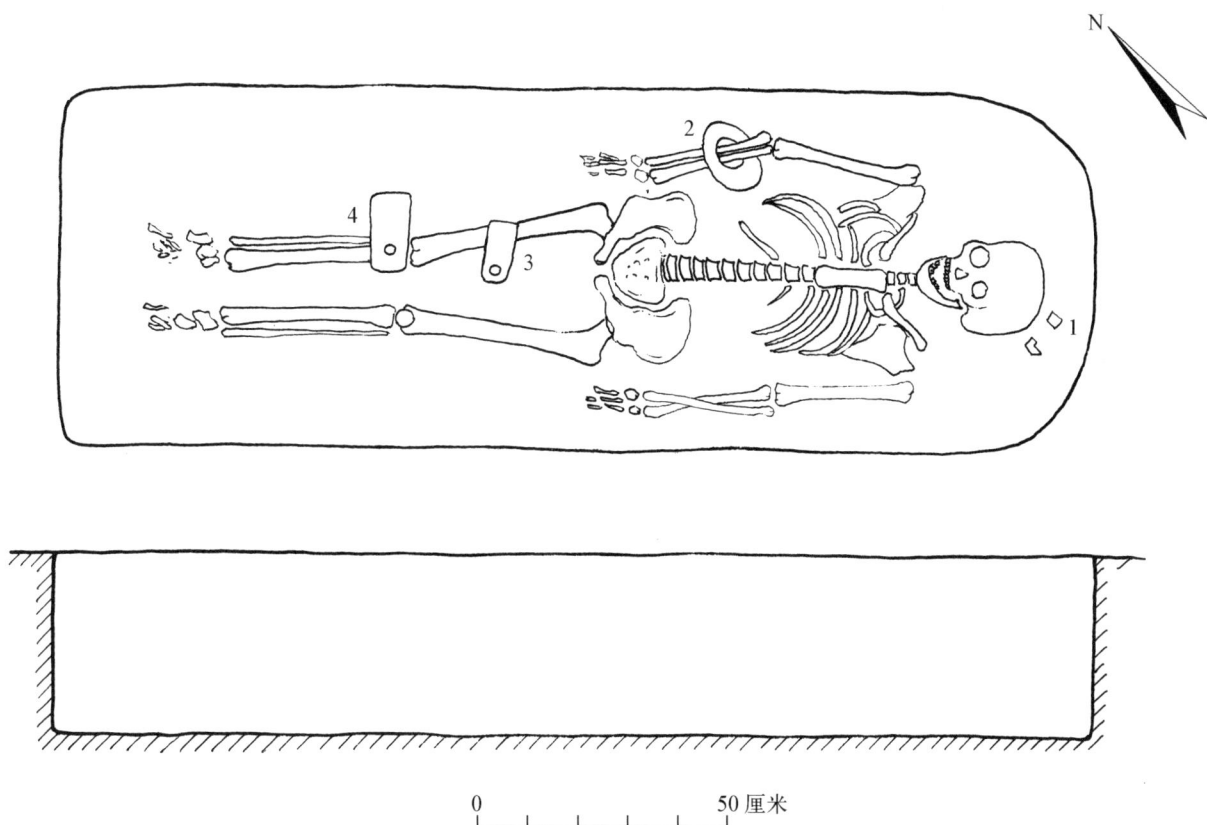

图二九六 M372平、剖面图

1.凹形石片饰（M372∶1） 2.石璧（M372∶2） 3、4.石钺（M372∶3、M372∶4）

0.4厘米（图二九七，3；图版二一六，3）；右侧股骨上端横置1件石钺，M372∶3，蛇纹石化大理岩。青色，刃残。器体厚薄均匀，刃部斜直，近顶端中部有一管钻孔。长8.9、顶端宽5、刃端残宽5.3、厚0.5、孔径0.3厘米（图二九七，1）。右侧髌骨上放有石钺1件，M372∶4，蛇纹石化大理岩。青色，顶端和刃部残。从顶端至刃部渐薄，刃部斜直，近顶端中部有一双面钻孔。长14.2、顶端残宽7.9、刃端残宽8.4、厚0.5、孔径0.7厘米（图二九七，4）。

M373

竖穴土坑墓，方向145°。墓圹平面呈长方形，墓口长190、宽55、墓深40、墓口距地表50厘米（图二九八，图版一一五）。墓壁规整，上下垂直，口底大小相等，平底。墓室内填红褐花土，葬具不清。

墓主人为男性，M_1磨耗Ⅵ级以上，年龄在60岁以上。葬式为仰身直肢葬，头向东南，面向东北。人骨保存较好，整体形态清晰可辨，双肩上耸，右臂伸直，左前臂斜置于盆骨之上，双腿伸展，左脚压在右脚脚面上。

墓中未发现随葬品。

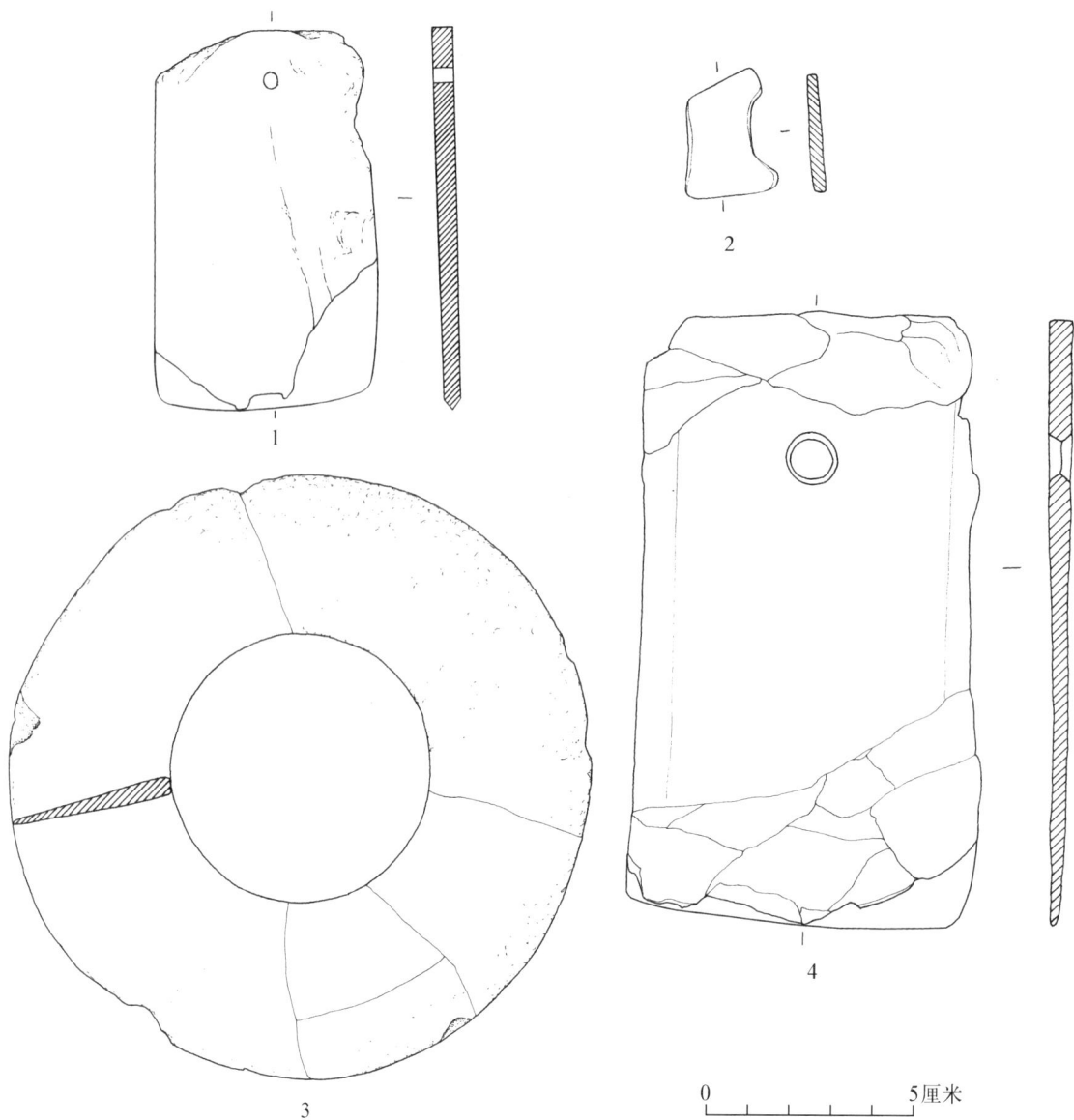

图二九七　M372出土器物图

1、4. 石钺（M372：3、M372：4）　2. 凹形石片饰（M372：1-1）　3. 石璧（M372：2）

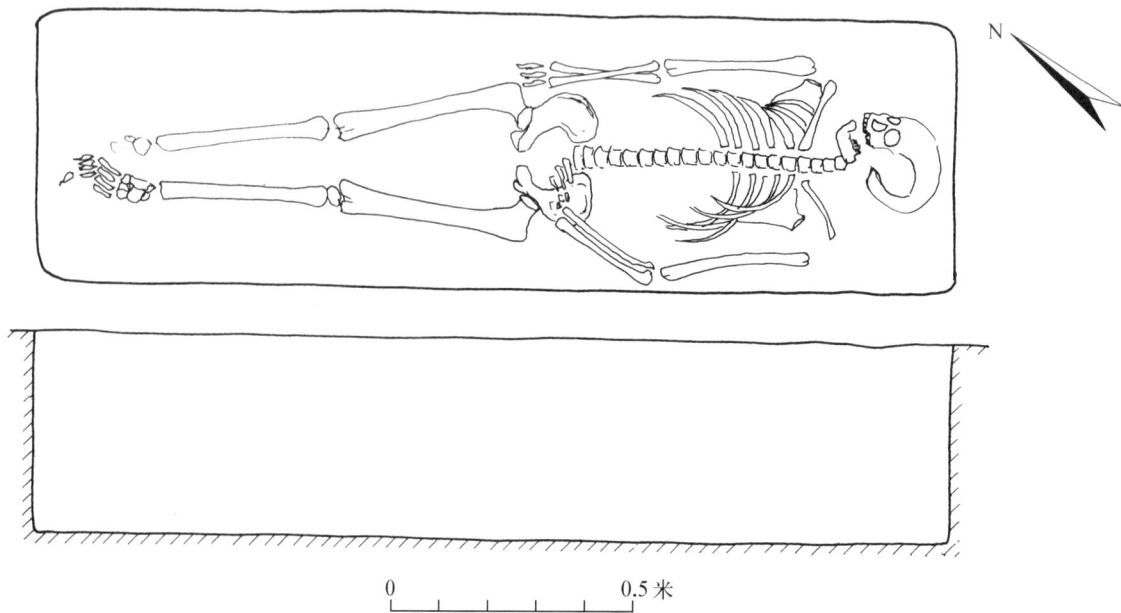

图二九八　M373平、剖面图

M374

竖穴土坑墓,方向145°。墓圹平面呈圆角梯形,墓口长200、宽45～67、墓深30、墓口距地表50厘米(图二九九,图版一一六)。墓圹南部被近代沟渠破坏,墓壁规整,上下垂直,口底大小相等,平底。打破M387,被近代沟渠打破。墓室内填红褐花土,葬具不清。

墓主人为男性,M_1磨耗Ⅴ～Ⅵ级,年龄在50～55岁。葬式为仰身直肢葬,头向东南,面向上。虽左侧上肢骨被沟渠破坏,骨骼基本无存,但骨架轮廓清晰,右臂弧状内收,右手放于腰际;双腿亦弧形内收,脚分向两侧外撇。

墓主人头顶发现1件三角形石片,M374:1,蛇纹石化大理岩。青色,上半部残。双面直刃。残长5.2厘米、残宽5.4厘米(图三〇〇,2;图版二三八,4)。左右胫骨之间清理出1件石钺,M374:2,灰绿色,周边有不同程度残损。体近长方形,双面直刃,近顶端左侧有一单面钻孔,通体抛光。长13.2、顶端宽6.3、刃端宽6.4、厚0.9、孔径0.7厘米(图三〇〇,1;图版二一一,3)。

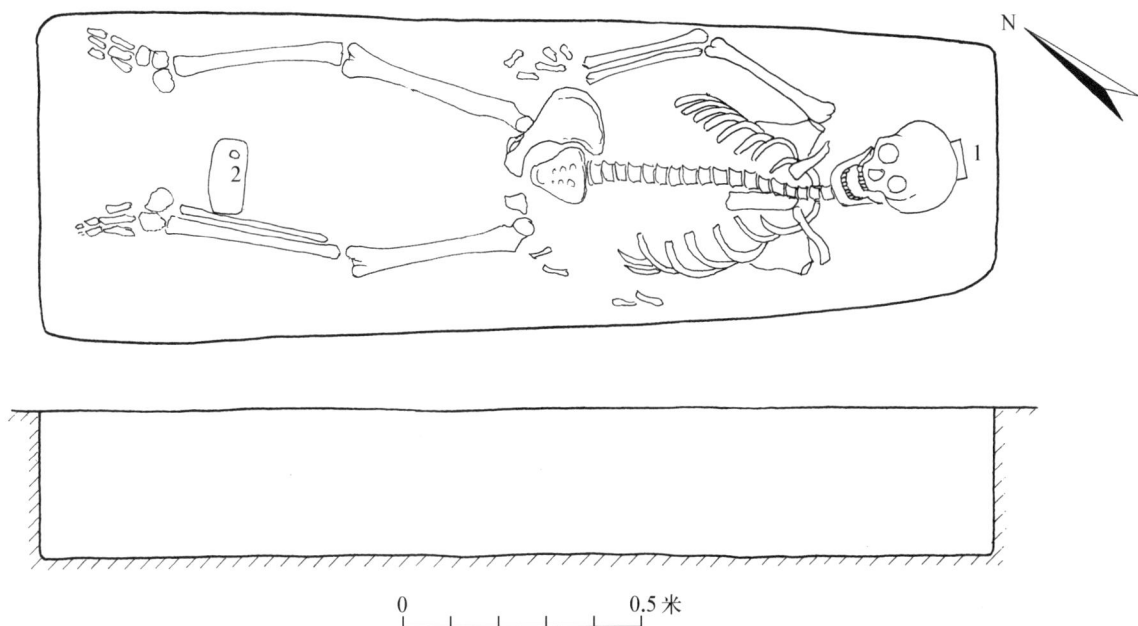

图二九九 M374平、剖面图
1.三角形石片(M374:1) 2.石钺(M374:2)

M375

竖穴土坑墓,方向145°。墓圹平面呈圆角梯形,墓口长180、宽45～55、墓深15、墓口距地表50厘米(图三〇一,图版一一七)。边壁规整,上下垂直,口底大小相等,平底。打破M387。墓室内填红褐花土,葬具不清。

墓主人为男性,M_1磨耗Ⅵ级以上,年龄在60岁以上。葬式为仰身直肢葬,头向东南,面向西

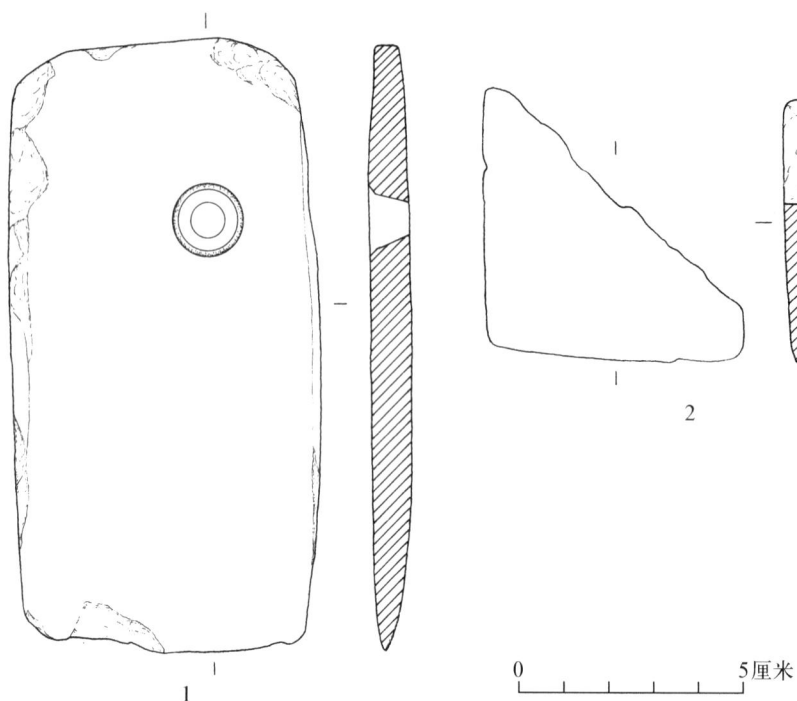

图三〇〇　M374出土器物图

1. 石钺（M374∶2）　2. 三角形石片（M374∶1）

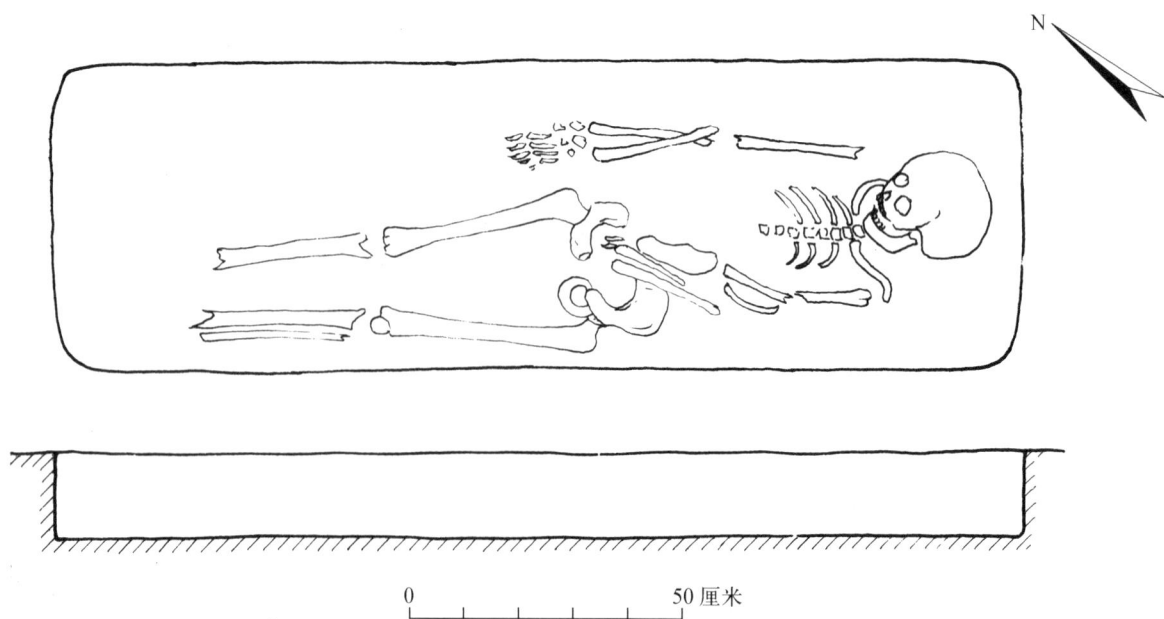

图三〇一　M375平、剖面图

北。人骨保存较差,双肩上耸,右臂伸直,左前臂斜置于腹部,左手放在右侧盆骨之上,双腿伸展,但脚骨腐蚀成骨灰。

墓主人头骨下有1件石璜,M375:1,板岩。青白色,部分区域受沁发黄。半圆形,直边磨出双面刃,其中器身上部孔径为单钻,器身下部两个钻孔为双面钻,磨制。直边长5.8、半径4厘米(图三〇八,3;图版二三四,4)。

M376

竖穴土坑墓,方向145°。墓圹平面呈圆角梯形,墓口长180、宽45～65、墓深25、墓口距地表50厘米(图版一一八)。墓壁规整,上下垂直,口底大小相等,平底。墓室内填红褐花土,葬具不清。

墓主人为男性,M₁磨耗Ⅵ级以上,年龄在60岁以上。葬式及面向不详。人骨扰乱严重,大部分骨骼已然无存,尚可辨别的有头骨残片、左右肱骨残段、锁骨、肋骨残段、盆骨残片、左右腓骨残段等。

墓中未发现随葬品。

M377

竖穴土坑墓,方向145°。墓圹平面呈梯形,墓口长180、宽42～50、墓深15、墓口距地表50厘米(图三〇二)。边壁规整,上下垂直,口底大小相等,平底。墓室内填红褐花土,葬具不清。

墓主人为男性,M₁磨耗Ⅴ～Ⅵ级,年龄在50～55岁。葬式为仰身直肢葬,头向东南,面向西南。骨骸未被扰乱,虽腐蚀较重,但整体形态清晰。双肩上耸,肋骨排列整齐,两臂自然伸直,双手放于腿两侧,双腿伸展,右侧脚骨腐蚀成骨灰。

墓中未发现随葬品。

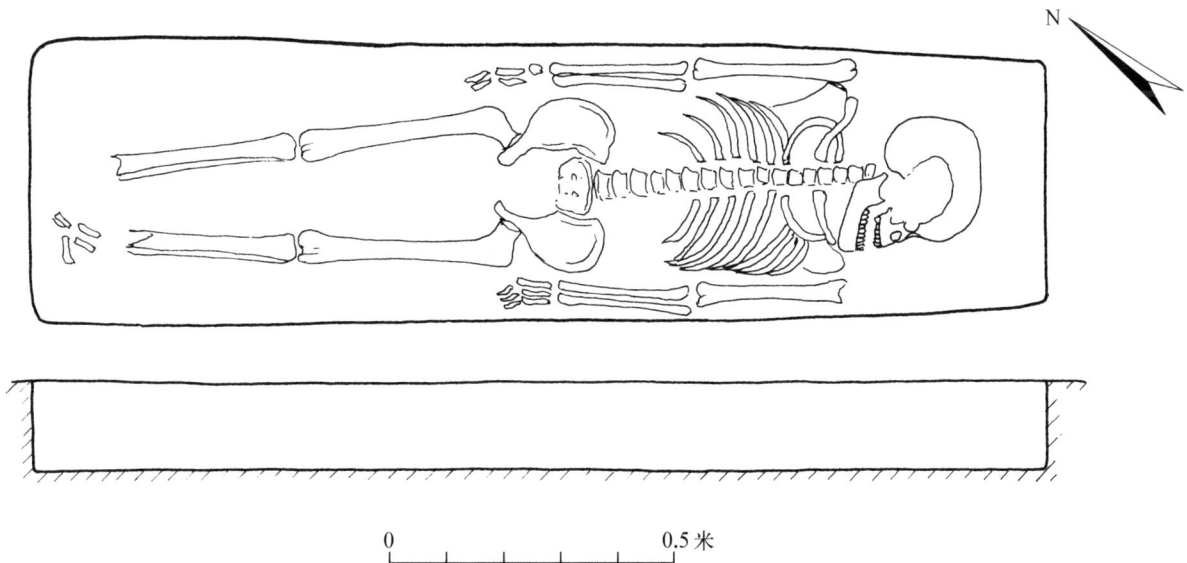

图三〇二　M377平、剖面图

M378

竖穴土坑墓，方向145°。墓圹平面呈圆角长方形，墓口长180、宽65、墓深30、墓口距地表50厘米（图三○三）。墓壁规整，上下垂直，口底大小相等，平底。墓室内填红褐花土，葬具不清。

墓主人为男性，M₁磨耗Ⅴ～Ⅵ级，年龄在50～55岁。葬式为仰身直肢葬，头向东南，面向上。双肩上耸，肋骨清晰可见，左臂弧状内收，左手放于腰际，右前臂横置于腹部，右手向下放于盆骨之上，左腿自然伸直，右侧胫骨向左微倾，两脚骨已腐蚀成骨灰。

墓中未发现随葬品。

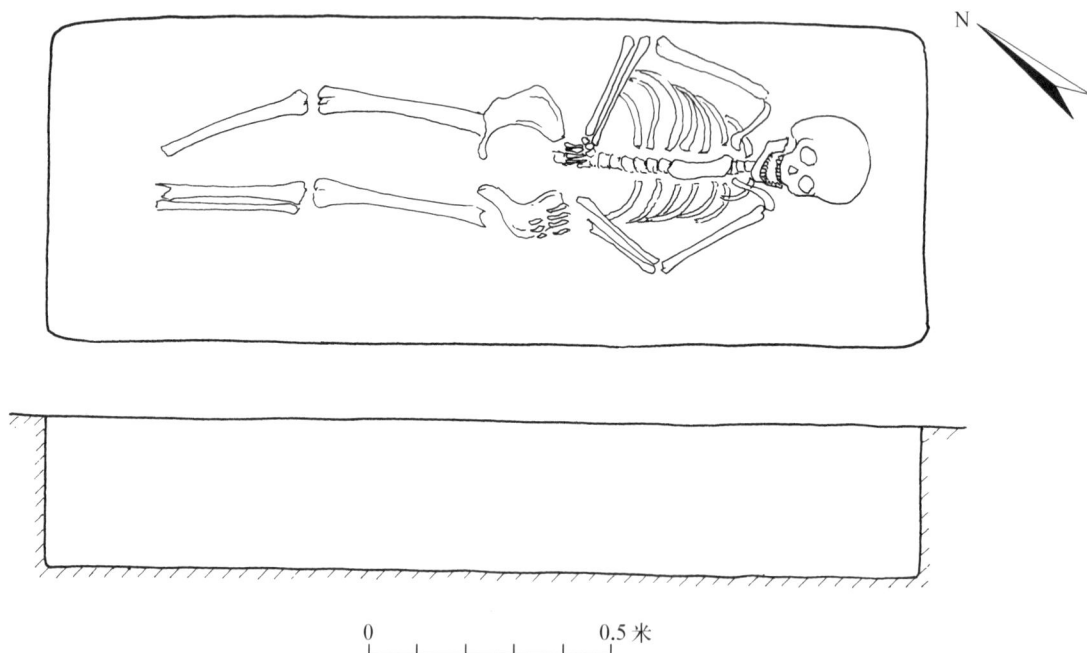

图三○三　M378平、剖面图

M379

竖穴土坑墓，方向147°。墓圹平面呈梯形，墓口长180、宽45～50、墓深8、墓口距地表50厘米（图三○四，图版一一九）。边壁规整，上下垂直，口底大小相等，平底。打破M520。墓室内填红褐花土，葬具不清。

墓主人为一成年男性，具体年龄不详。葬式为仰身直肢葬，面向不清。人骨扰乱严重，左右股骨以上部分均被破坏，已然无存。下肢保存相对较好，两腿伸直，双脚并拢，脚尖微向左倾。

左侧胫骨上端横置有1件石钺，M379∶1，蚀变大理岩。一面受侵蚀较重，一面有层状剥落。黄绿色。体近梯形，两端薄中间厚，双面斜刃，近顶端中部有一单面钻圆孔，通体抛光。长13.5、顶端宽8.3、刃端宽9.4、厚1.4、孔径1.1厘米（图三○八，4；图版二○五，4）。

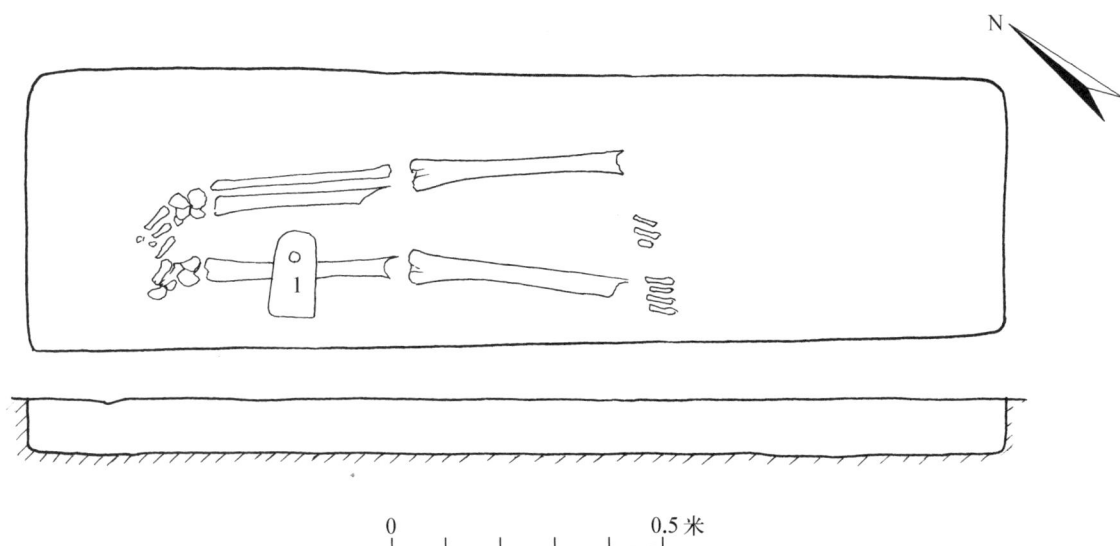

图三〇四 M379平、剖面图

1. 石钺（M379：1）

M380

竖穴土坑墓，方向137°。墓圹平面呈梯形，墓口长180、宽45～56、墓深25～45、墓口距地表50厘米（图三〇五）。墓壁规整，上下垂直，墓底高低不平，东部较浅，西部略深。墓室内填红褐花土，葬具不清。

墓主人为男性，M_1磨耗Ⅴ级，年龄在50岁左右。葬式为仰身葬，头向东南，面向上。人骨扰乱严重，左右股骨中段以下部分均被破坏，已然无存。上身保存较好，整体形态清晰，双肩上耸，肋骨排列整齐，两臂伸直，双手放于腿两侧。

墓中未发现随葬品。

M381

竖穴土坑墓，方向138°。墓圹平面呈圆角梯形，墓口长170、宽45～55、墓深20厘米（图三〇六）。边壁规整，上下垂直，口底大小相等，平底。墓室内填红褐花土，葬具不清。

墓主人为女性，M_1磨耗Ⅲ级，年龄在30岁左右。葬式为仰身直肢葬，头向东南，面向西南。人骨被扰乱，左侧桡骨、尺骨至手骨、左侧胫骨、腓骨至脚骨均被破坏；右臂弧状内收，右手放于盆骨之上，右腿伸直。

墓中未发现随葬品。

M382

竖穴土坑墓，方向147°。墓圹平面呈梯形，墓口长180、宽45～50、墓深10、墓口距地表50厘米（图版一二〇）。边壁规整，上下垂直，口底大小相等，平底。墓室内填红褐花土，葬具不清。

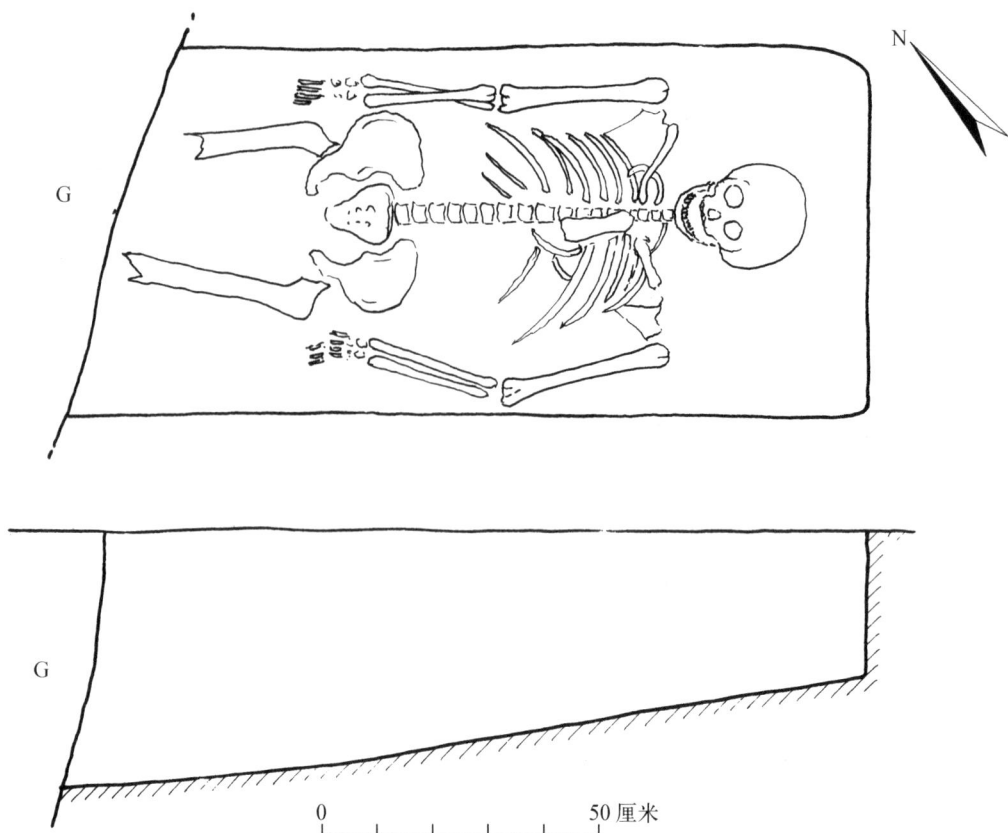

图三〇五　M380平、剖面图

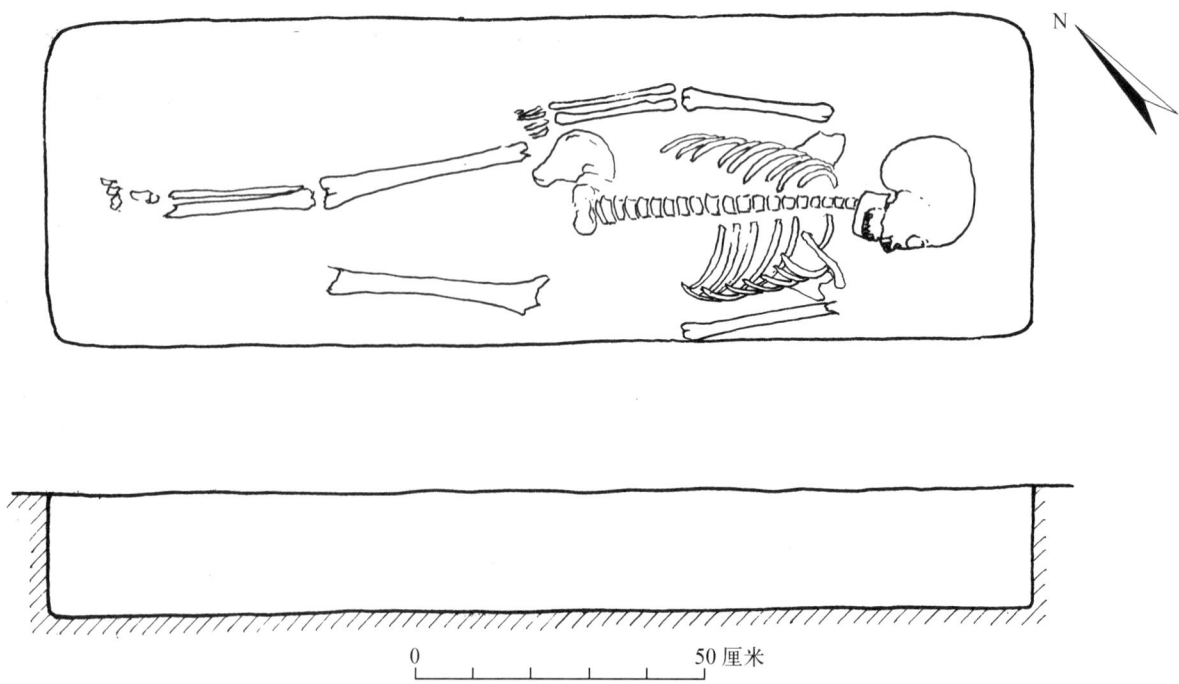

图三〇六　M381平、剖面图

墓主人为一成年男性,具体年龄不详。葬式为仰身直肢葬,面向亦不清楚。人骨扰乱严重,仅在墓室中部存有盆骨及左右股骨。

墓中未发现随葬品。

M383

竖穴土坑墓,方向43°。墓圹平面呈圆角梯形,墓口长185厘、宽43～54、墓深85、墓口距地表50厘米(图三〇七,图版一二一)。墓壁陡直,口底大小相等,墓底平坦。被M366打破。墓室内填黄褐花土,葬具不清。

墓主人为女性,M_1磨耗Ⅳ～Ⅴ级,年龄在40～45岁。葬式为仰身直肢葬,头向东北,面向东南。人骨保存较好,双肩上耸,肋骨清晰可见,两臂伸直,双手放于腿两侧,双腿伸展,左脚骨缺失。

头顶和左侧腓骨外侧各发现1件骨簪,浅黄白色。两端残,通体抛光,受沁严重。M383:2,剖面呈扁椭圆形,残长18.5厘米(图三〇八,2;图版二四四,2);M383:1,剖面呈扁薄的长方形,残长21.5厘米(图三〇八,1;图版二四四,4)。

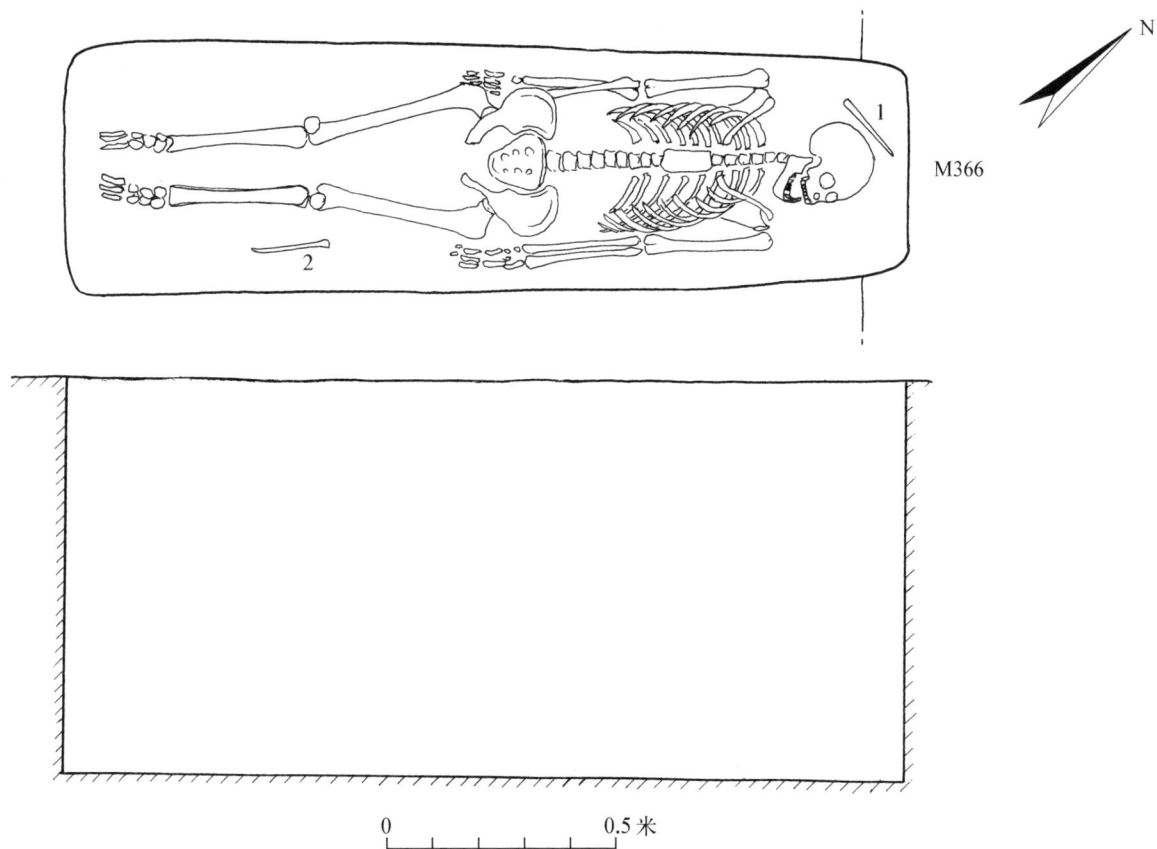

图三〇七 M383平、剖面图

1、2. 骨簪(M383:2、M383:1)

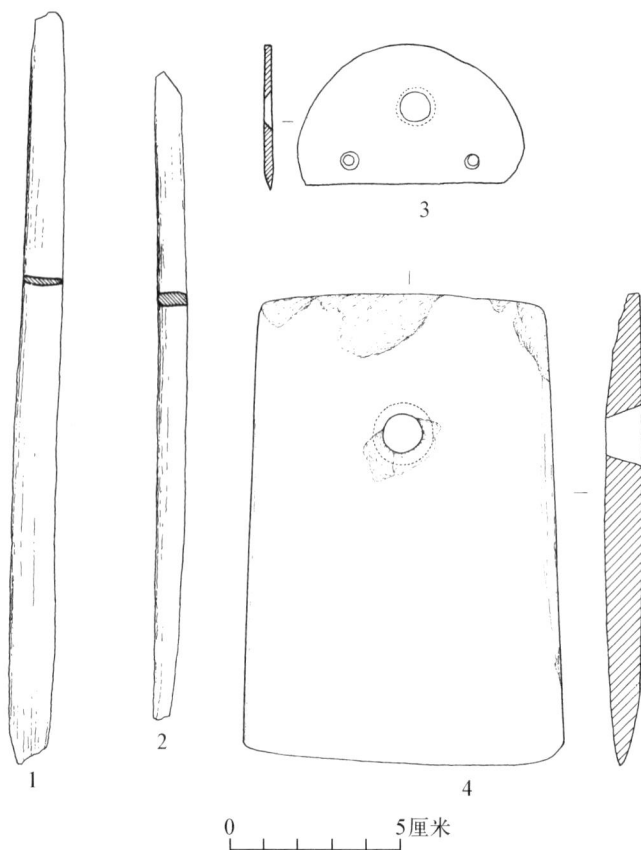

图三〇八　M375、M379、M383出土器物图

1、2.骨簪（M383：1、M383：2）　3.石璜（M375：1）　4.石钺（M379：1）

M384

竖穴土坑墓，方向35°。墓口长190、宽40～60、墓深15、墓口距地表50厘米（图三〇九）。墓圹北侧被灰坑打破，墓底平坦。墓室内填黄褐花土。

墓主人为男性，M_1磨耗Ⅳ～Ⅴ级，年龄在40～45岁。葬式为仰身直肢葬，头向东北，面向东南。右侧肩胛骨以下至右侧胫骨上端均被灰坑破坏，左侧骨架保存相对较好，左前臂斜置于腹部，左手放于盆骨之上，两腿伸直。

墓中未发现随葬品。

M385

竖穴土坑墓，方向145°。墓口长200、宽50、墓深50厘米，墓口距地表50厘米（图三一〇，图版一二二）。墓壁规整，上下垂直，口底大小相等，墓底平坦。打破M371和M372。墓室内填红褐花土，葬具不清。

墓主人为男性，M_1磨耗Ⅲ～Ⅳ级，年龄在35～40岁。葬式为仰身直肢葬，头向东南，面向上。人骨保存较好，双肩上耸，肋骨排列整齐，两臂伸直，双手放于腿两侧，双腿伸展，两脚靠拢。

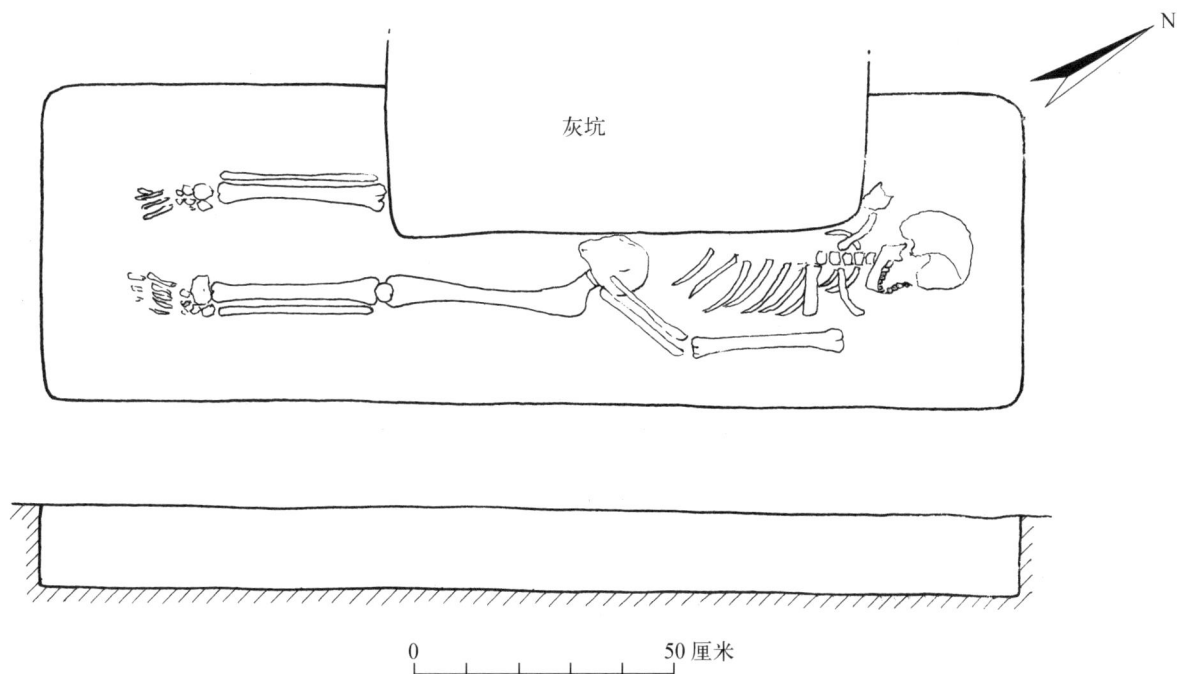

灰坑

0　　　　　　　　50 厘米

图三〇九　M384 平、剖面图

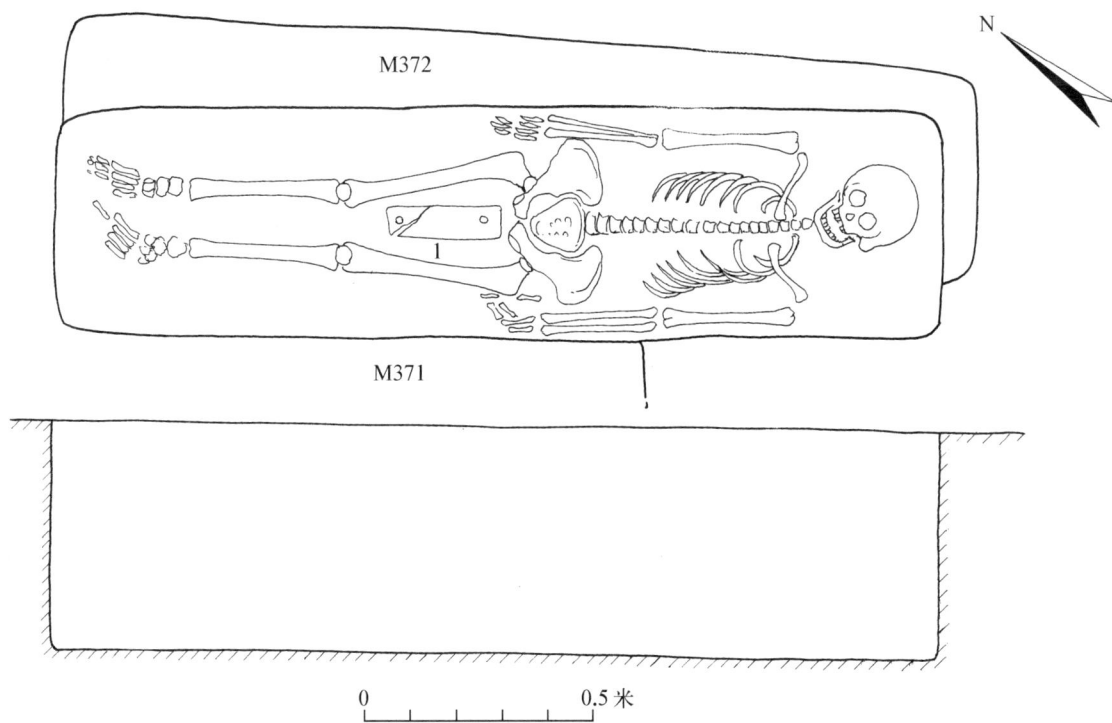

M372

M371

0　　　　　　　　0.5 米

图三一〇　M385 平、剖面图

1. 双孔石刀（M385：1）

左右股骨之间竖置一把双孔石刀，M385：1，泥灰质粉砂岩。灰黄色，刃部残。一端斜向断裂。近长方形，双面直刃，刀体上有两个圆孔，分别为单面钻和双面钻，大小相近，器体厚薄均匀，磨制。通高6.7、刀背长20、刃部长25.7、厚0.5、孔径0.4～0.6厘米（图三一七，1；图版二二三，3）。

M386

竖穴土坑墓，方向130°。墓圹平面呈圆角梯形，墓口长175、宽40～50、墓深60、墓口距地表50厘米（图三一一，图版一二三）。墓壁陡直，口底大小相等，墓底平坦。被现代水渠打破。墓室内填红褐花土，葬具不清。

墓主人为女性，M₁磨耗Ⅵ级以上，年龄在60岁以上。葬式为仰身直肢葬，头向东南，面向西南。人骨未被扰乱，保存较好，双肩上耸，肋骨排列整齐，左臂弧状内收，右臂自然伸直，双手放于腿两侧，双腿伸展，只是脚骨已腐朽成灰。

墓中未发现随葬品。

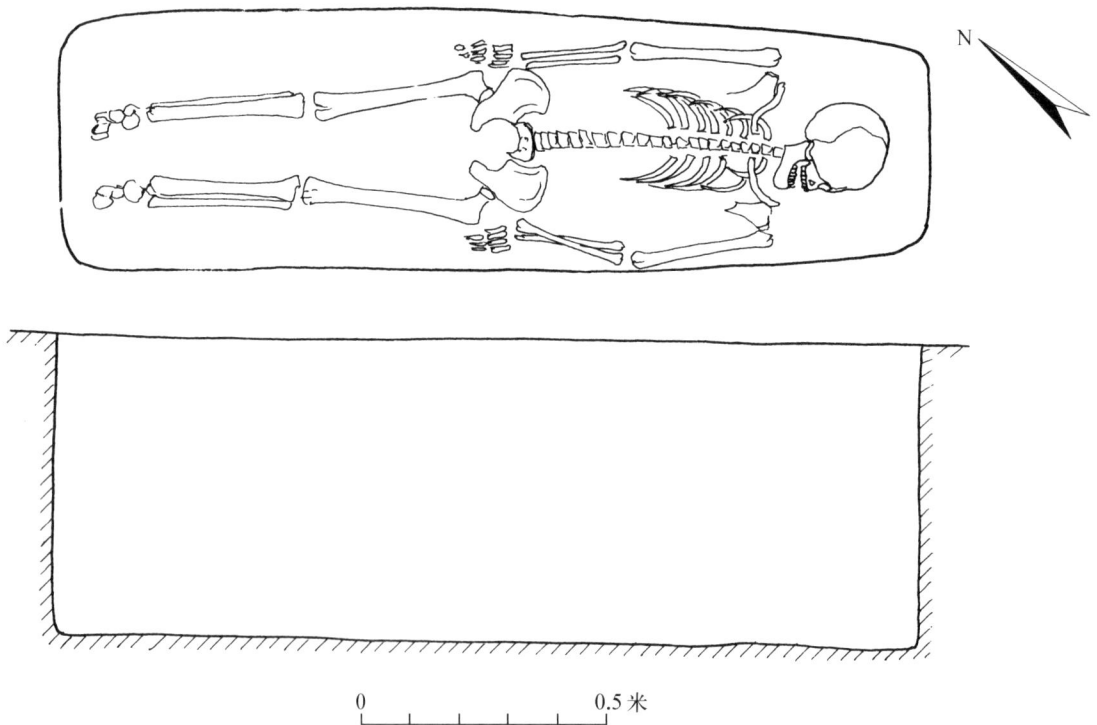

图三一一　M386平、剖面图

M387

竖穴土坑墓，方向135°。墓圹平面稍显梯形，墓口长180、宽45～55、墓深35、墓口距地表50厘米（图三一二，图版一二四）。墓壁规整，上下垂直，口底大小相等，平底。被M374和M375打破。墓室内填红褐花土，葬具不清。

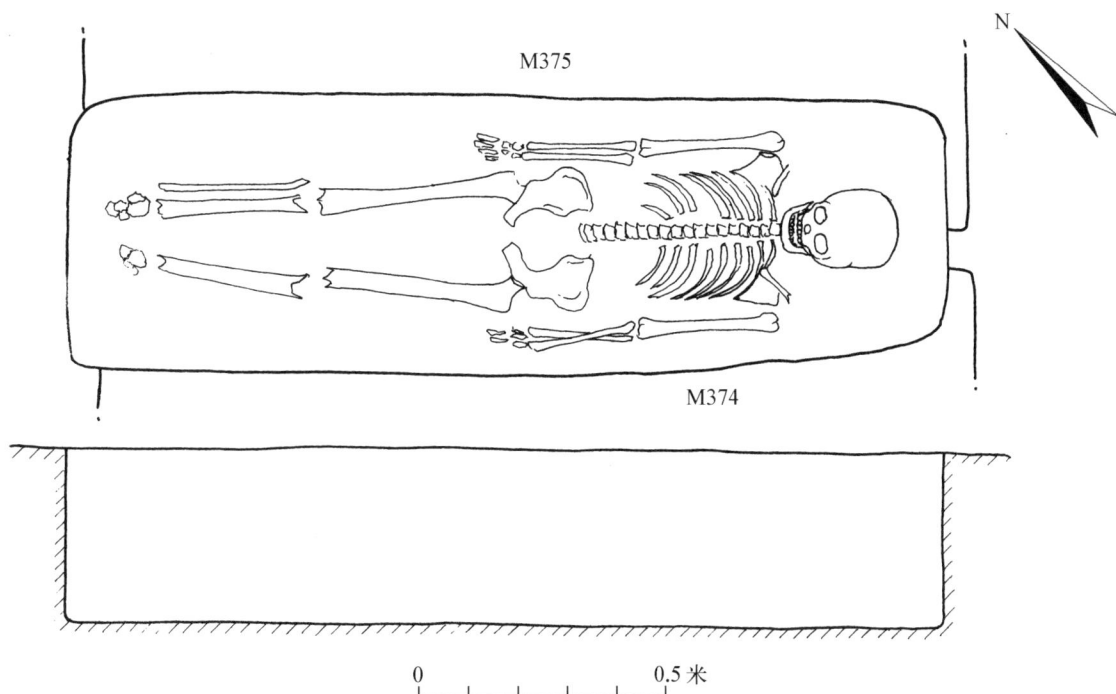

图三一二 M387平、剖面图

墓主人为女性,M₁磨耗Ⅵ级以上,年龄在60岁以上。葬式为仰身直肢葬,头向东南,面向上。人骨虽未被扰乱,但腐蚀较重,许多细小骨骼均已不见,只能辨认出骨架的大致形态:双肩上耸,两臂伸直,双手放于腿两侧,双腿伸展,脚端靠拢。

墓中未发现随葬品。

M388

竖穴土坑墓,方向140°。被现代水渠打破。墓圹平面呈圆角长方形,墓口残长160、宽40、墓深50、墓口距地表50厘米。墓壁规整,上下垂直,口底大小相等,平底。被现代水渠打破。墓室填红褐花土。

墓中未发现任何遗存。

M389

竖穴土坑墓,方向133°。墓圹平面略呈梯形,墓口长180、宽50、墓深20、墓口距地表50厘米(图三一三,图版一二五)。边壁规整,上下垂直,口底大小相等,平底。墓室内填红褐花土,葬具不清。

墓葬被扰,墓主人为男性,M₁磨耗Ⅴ~Ⅵ级,年龄在50~55岁。葬式为仰身直肢葬,头向东南,面向上。人骨虽未被扰乱,但腐蚀较重,许多细小骨骼均已不见,只能辨认出骨架的大致形态:双肩上耸,肋骨凌乱,两臂伸直,双手放于腿两侧,双腿伸展,脚骨已腐蚀成骨灰。

墓中未发现随葬品。

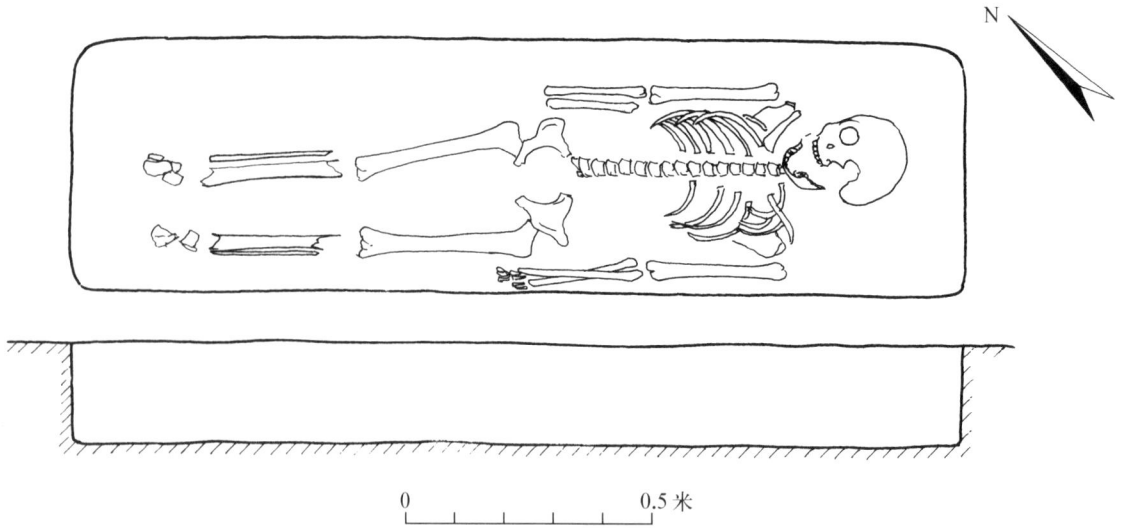

图三一三　M389平、剖面图

M390

竖穴土坑墓,方向145°。墓圹平面呈圆角长方形,墓口长180、宽40～55、墓深7、墓口距地表50厘米(图三一四)。边壁规整,上下垂直,口底大小相等,平底。被M420和现代水渠打破。墓室内填红褐花土,葬具不清。

人骨扰乱严重,保存较差,左右肱骨以下至左右胫骨、腓骨上端之间的骨骼均被水渠破坏。残存的骨骼,如肋骨、颈椎、锁骨、胫骨残段、腓骨残段等亦腐蚀甚巨,仅能辨认出大体形态。性

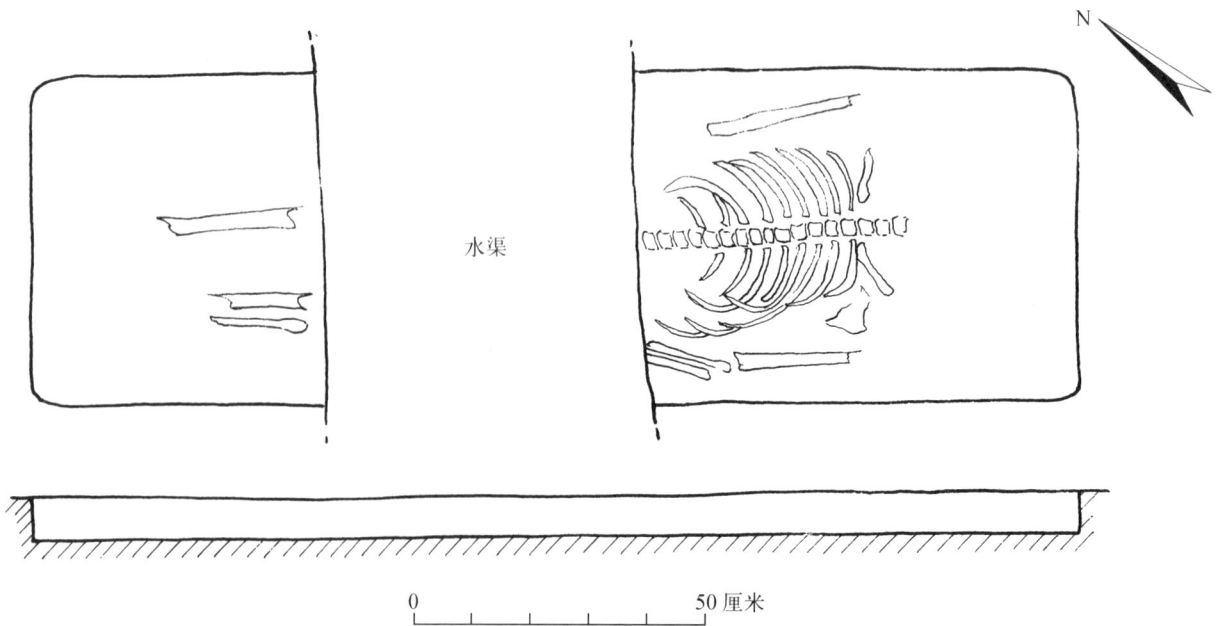

图三一四　M390平、剖面图

别、年龄不详。葬式为仰身直肢葬,头向东南,面向不清楚。

墓中未发现随葬品。

M391

竖穴土坑墓,方向150°。墓圹平面呈圆角梯形,墓口长180、宽40～55、墓深5、墓口距地表50厘米(图版一二六)。边壁规整,上下垂直,口底大小相等,平底。被现代水渠打破。墓室内填红褐花土,葬具不清。

墓葬被扰,墓中人骨保存极差,仅在墓室西北部残存有左右胫骨和腓骨残段。性别、年龄不详。葬式为直肢葬,面向不清。

墓中未发现随葬品。

M392

竖穴土坑墓,方向135°。墓圹平面呈梯形,墓口长190、宽49～60、墓深40、墓口距地表50厘米(图三一五,图版一二七)。墓壁规整,上下垂直,口底大小相等,平底。被现代水渠打破。墓室内填红褐花土,葬具不清。

墓主人为男性,M₁磨耗Ⅴ～Ⅵ级,年龄在50～55岁。葬式为仰身直肢葬,头向东南,面向东北。人骨未被扰乱,保存完好,双肩上耸,肋骨清晰可见,两臂伸直,双手置于腿两侧,双腿伸展,两脚靠拢略向右倾。

墓中未发现随葬品。

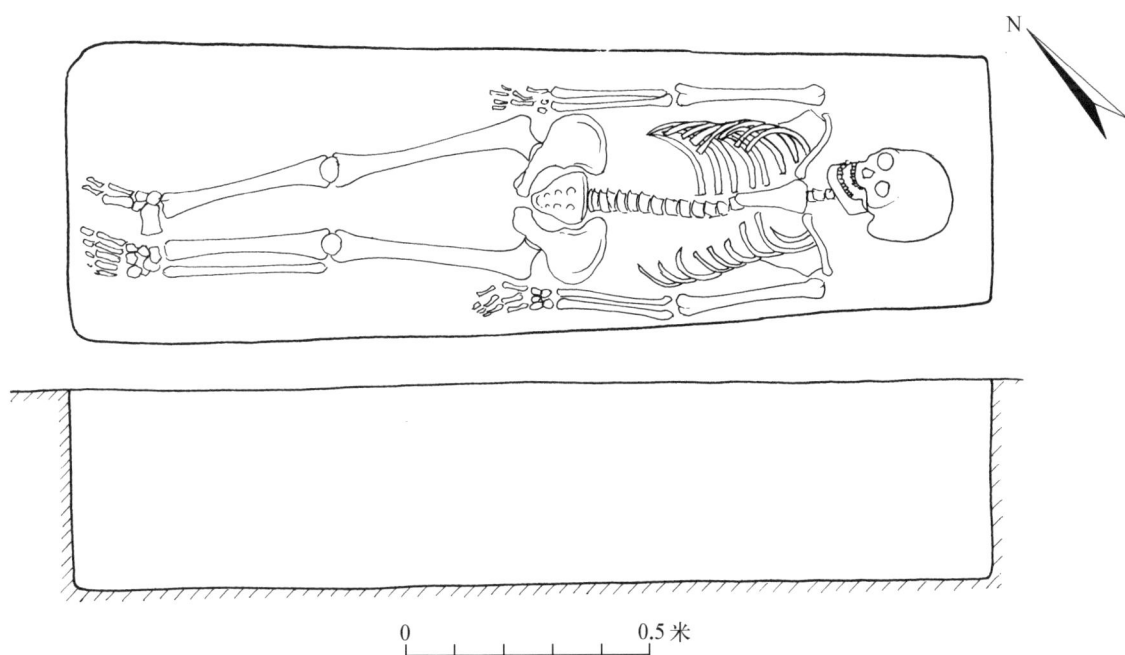

图三一五 M392平、剖面图

M393

竖穴土坑墓,方向140°。墓圹平面呈圆角梯形,墓口长200、宽48～61、墓深45、墓口距地表50厘米(图三一六,图版一二八)。墓壁规整,上下垂直,口底大小相等,平底。墓室内填红褐花土,葬具不清。

墓主人为男性,M_1磨耗Ⅲ级,年龄在30岁左右。葬式为仰身直肢葬,头向东南,面向上。人骨未被扰乱,保存较好,双肩上耸,肋骨排列整齐,左臂伸直,右前臂斜置于腹部,右手放于盆骨之上,双腿伸展,两脚靠拢。

右股骨上端横置1件长条形石凿,M393:1,蚀变大理岩。受沁腐蚀较重,器体变得酥脆。灰白色。长条形,两端薄中间厚,单面直刃,通体磨光。长22.9、顶端宽1.9、刃端宽3.6、厚1.1厘米(图三一七,1;图版二二四,1)。

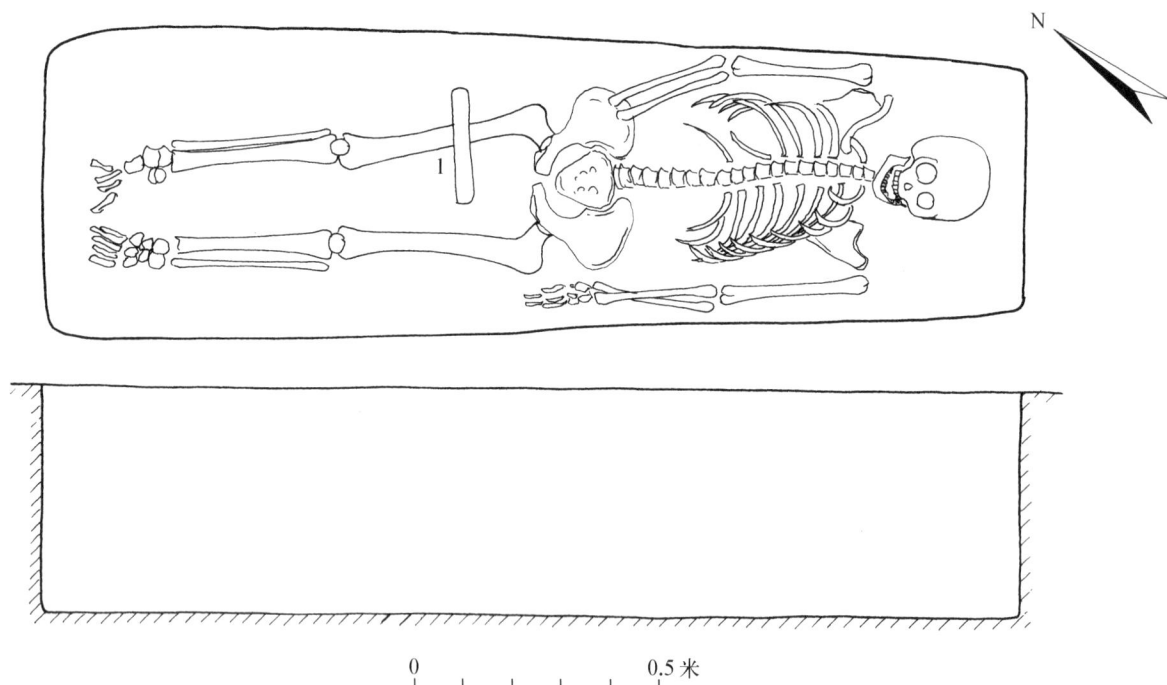

图三一六　M393平、剖面图

1. 石凿(M393:1)

M394

竖穴土坑墓,方向135°。墓圹平面呈圆角长方形,墓口长200、宽65、墓深40、墓口距地表50厘米(图三一八,图版一二九)。墓壁规整,上下垂直,口底大小相等,平底。被现代水渠打破。墓室内填红褐花土,葬具不清。

墓主人为男性,M_1磨耗Ⅴ～Ⅵ级,年龄在50～55岁。葬式为仰身直肢葬,头向东南,面向东北。头部被扰乱,仅存头骨残片、上颌骨、下颌骨等。四肢及躯干部分骨骼保存较好,骨架整体形

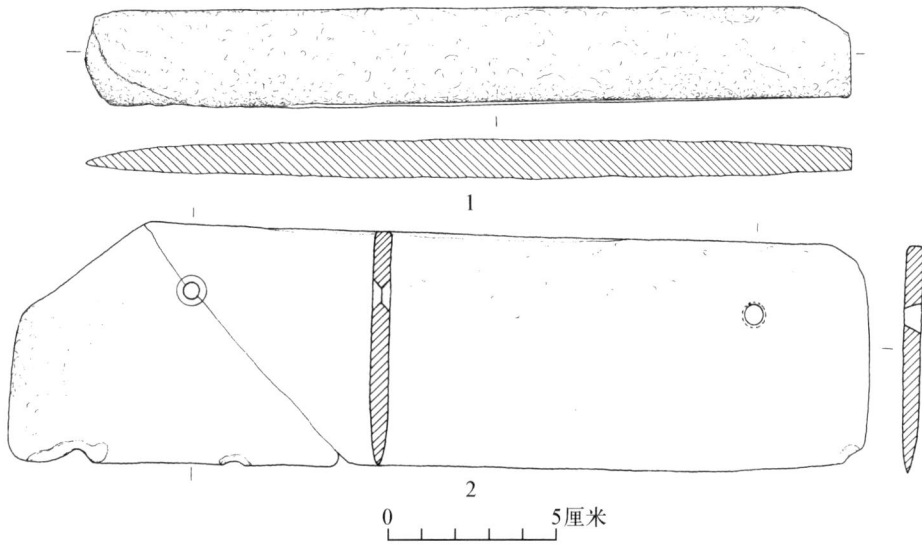

图三一七　M385、M393出土器物图

1.石凿(M393：1)　2.双孔石刀(M385：1)

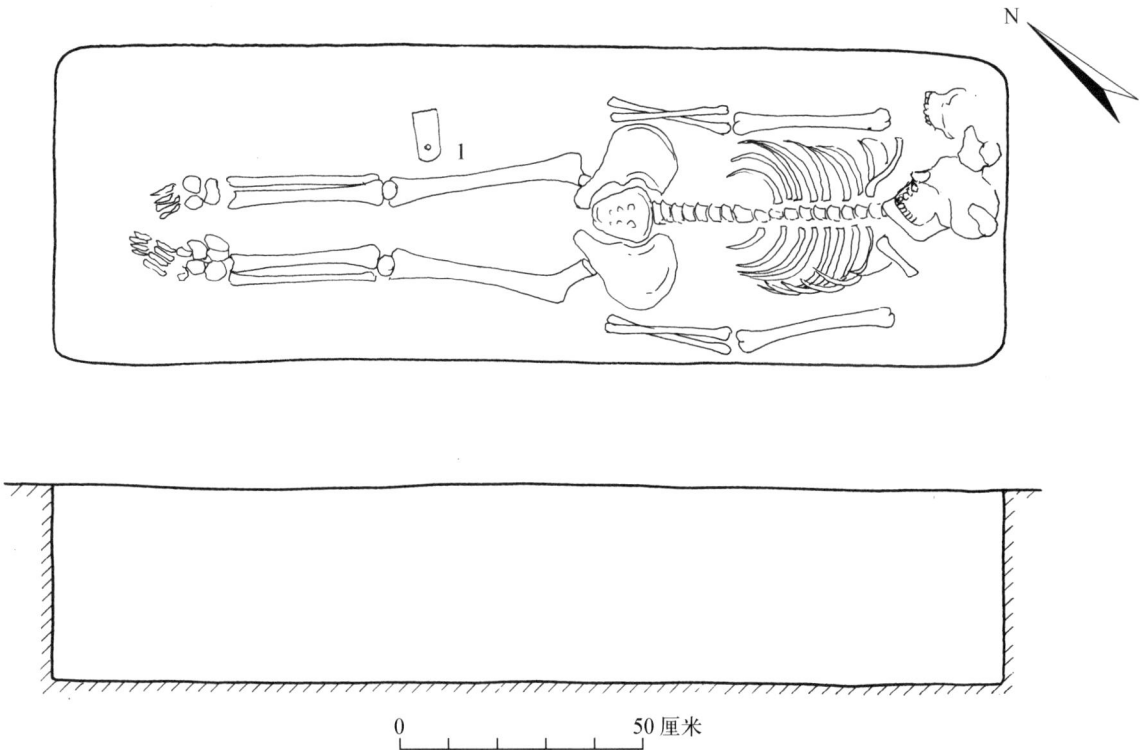

图三一八　M394平、剖面图

1.石钺(M394：1)

态清晰可见：双肩上耸，肋骨排列整齐，两臂伸直，双腿伸展，两脚靠拢，脚尖略向左倾。

墓主人右股骨外侧横置1件石钺，已残，M394：1，蚀变大理岩。白色，器体断裂。平面近梯形，两端薄中间厚，近顶端处有一个单面钻圆孔，双面直刃，磨光。长9.8、刃部顶端宽3.7、刃端宽4.4、最厚处0.5、孔径0.2厘米（图三二五，2）。

M395

竖穴土坑墓，方向147°。墓圹平面呈圆角梯形，头端墓壁较窄，脚端墓壁较宽，墓口长180、宽50～55、墓深25、墓口距地表50厘米（图三一九）。边壁规整，上下垂直，口底大小相等，平底。墓室内填红褐花土，葬具不清。

墓主人为女性，M_1磨耗Ⅴ级，年龄在50岁左右。葬式为仰身直肢葬，头向东南，面向上。人骨未被扰乱，保存基本完好，左臂弧状内收，右臂向左弯曲，右前臂横置于腹部，两腿伸直，双脚并拢。

墓中未发现随葬品。

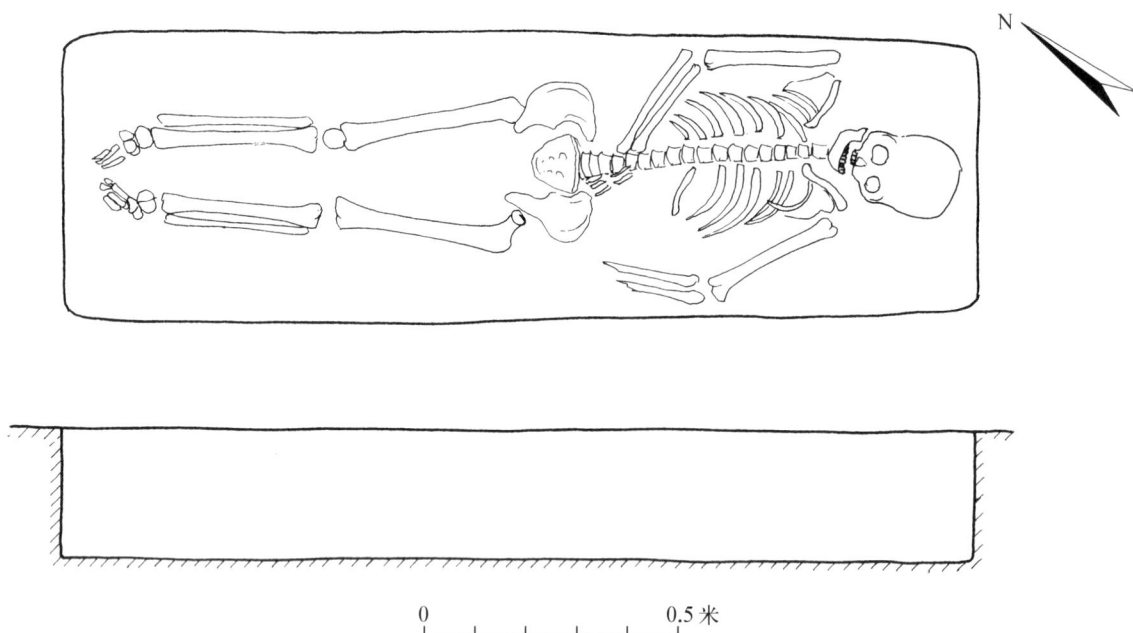

0   0.5 米

图三一九　M395平、剖面图

M396

竖穴土坑墓，方向145°。墓圹平面呈圆角梯形，墓口长180、宽37～45、墓深40、墓口距地表50厘米（图三二○）。墓壁规整，上下垂直，口底大小相等，平底。墓室内填红褐花土，葬具不清。

墓主人为男性，M_1磨耗Ⅳ～Ⅴ级，年龄在40～45岁。葬式为侧身直肢葬，头向东南，面向上。人骨未被扰乱，保存较好。骨架整体居中，略微向右侧身，右臂自然伸直，左前臂斜置于盆骨之上，左腿亦微微压在右腿上面。

墓中未发现随葬品。

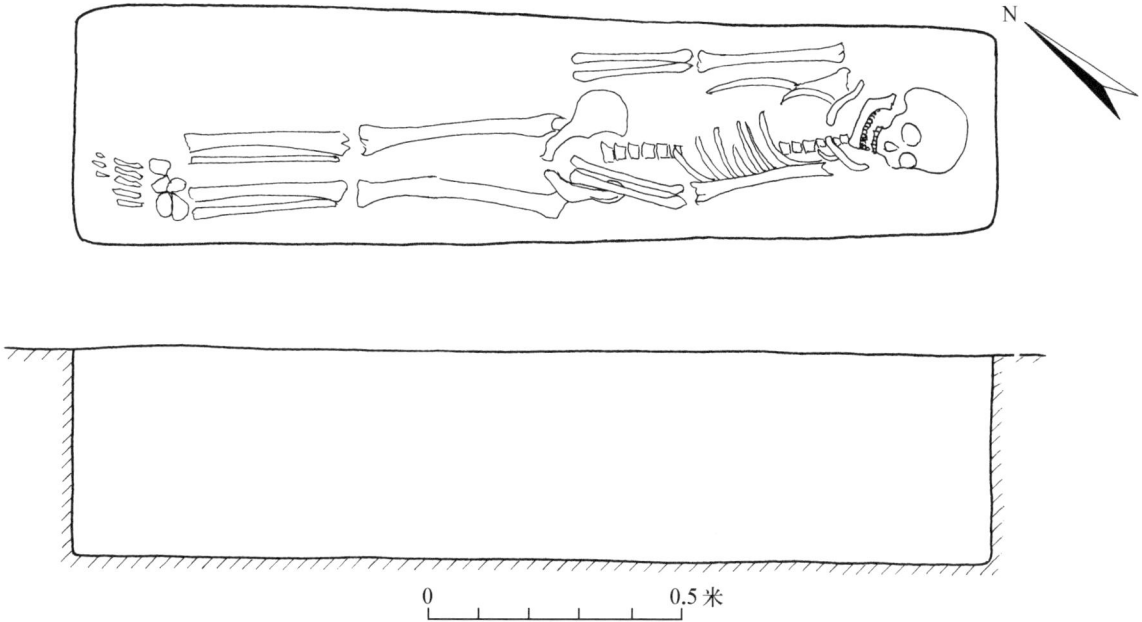

图三二〇 M396平、剖面图

M397

竖穴土坑墓，方向138°。墓圹平面呈圆角梯形，墓口长200、宽45～57、墓深25、墓口距地表50厘米（图三二一，图版一三〇）。墓壁规整，上下垂直，口底大小相等，平底。墓室内填红褐花土，葬具不清。

墓主人为男性，M_1磨耗Ⅲ～Ⅳ级，年龄在35～40岁。葬式为仰身直肢葬，头向东南，面向不详。头骨上部、右侧肱骨、右侧桡骨和尺骨上端及右侧肋骨等骨骼被破坏，但人骨其他部分保存

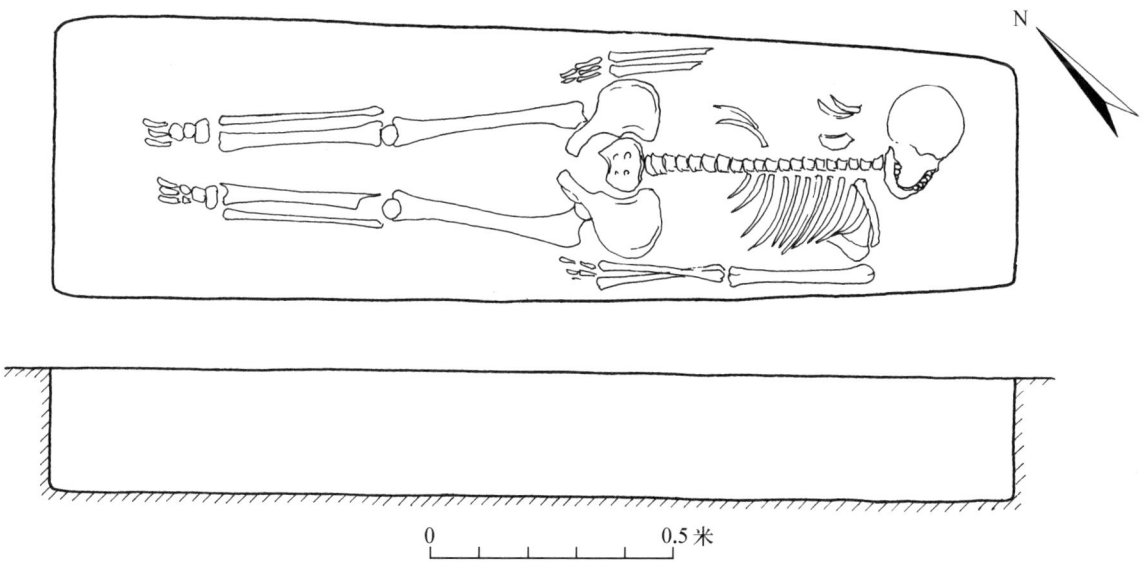

图三二一 M397平、剖面图

较好,骨架整体形态清晰,两臂伸直,双手放于腿两侧,双腿伸展,两脚靠拢。

墓中未发现随葬品。

M398

竖穴土坑墓,方向132°。墓圹平面呈圆角梯形,墓口长190、宽40～60、墓深25、墓口距地表50厘米(图版一三一)。墓壁规整,上下垂直,口底大小相等,平底。墓室内填红褐花土,葬具不清。

墓主人为一成年男性,具体年龄不详。葬式、头向及面向亦不清楚。人骨扰乱严重,仅在墓室中部残存有左侧桡骨和尺骨残段、盆骨残片、肋骨残段及部分手指骨等骨骼。

墓中未发现随葬品。

M399

竖穴土坑墓,方向145°。墓口长190、宽60、墓深40、墓口距地表50厘米(图三二二)。墓圹被灰坑打破,墓壁规整,上下垂直,口底大小相等,墓底平坦。被灰坑H3打破。墓室内填红褐花土,葬具不清。

墓主人为男性,M_1磨耗Ⅴ级,年龄在50岁左右。葬式为仰身直肢葬,头向东南,面向上。虽然右侧肩胛骨、肱骨等均被灰坑破坏,但骨架整体形态清晰,双肩上耸,肋骨排列整齐,左臂自然伸直,右前臂斜置于盆骨之上,两腿向前伸展。

墓中未发现随葬品。

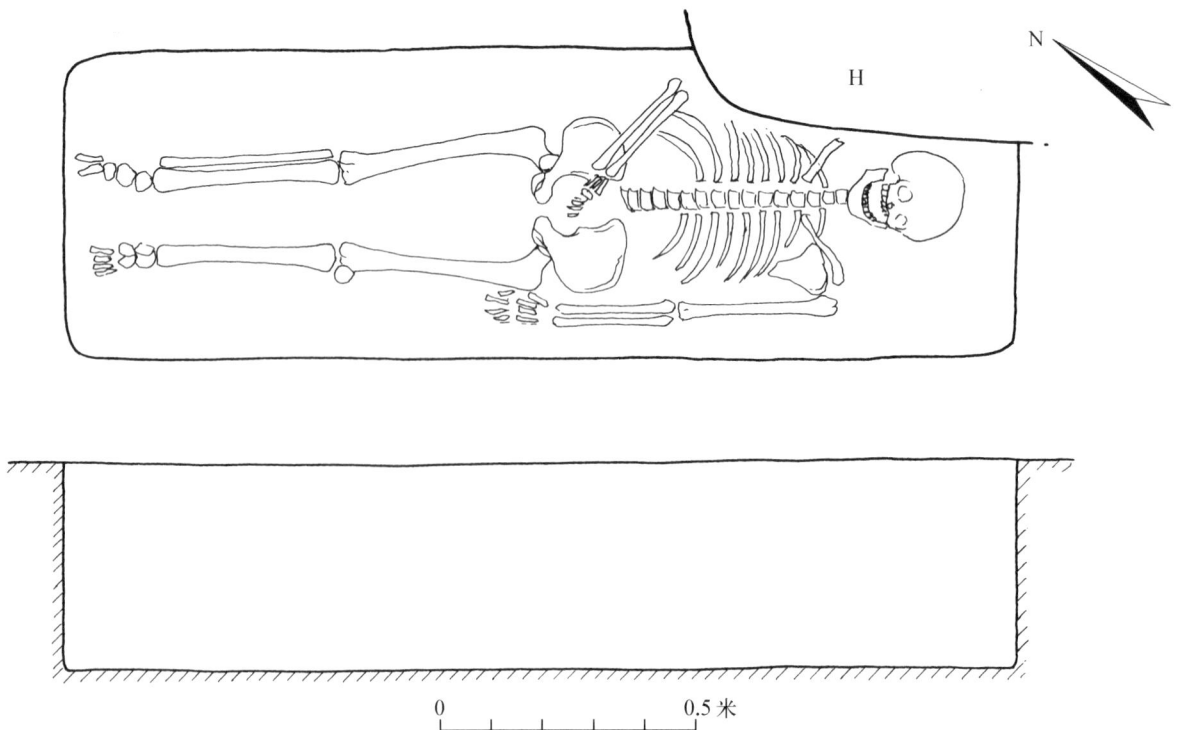

图三二二　M399平、剖面图

M400

竖穴土坑墓,方向138°。墓口残长170、宽50、墓深30、墓口距地表50厘米(图三二三)。墓壁规整,上下垂直,口底大小相等,平底。被灰坑H3打破。墓室内填红褐花土,葬具不清。

墓主人为男性,M_1磨耗Ⅲ级,年龄在30岁左右。葬式为仰身直肢葬,头向东南,面向西南。灰坑仅破坏头骨东南部分墓室,未及人骨,骨架保存较好,双肩上耸,左臂弧状内收,右臂自然伸直,双手放于腿两侧,两腿伸展,双脚靠拢。

墓中未发现随葬品。

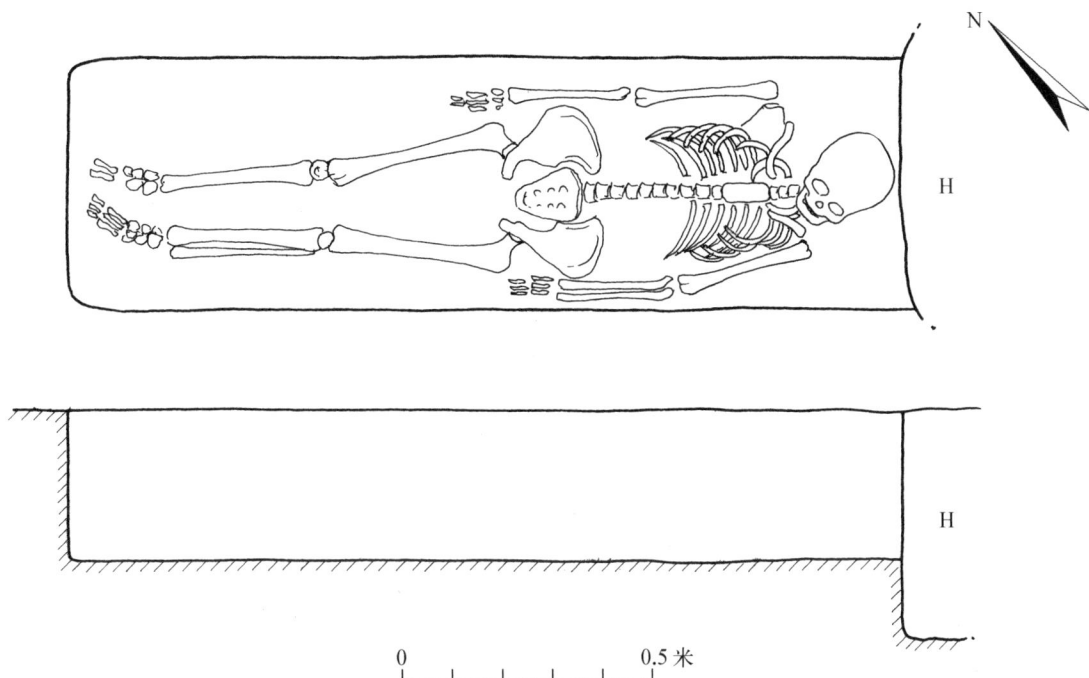

图三二三　M400平、剖面图

M401

竖穴土坑墓,方向130°。墓圹平面呈梯形,墓口长190、宽55～62、墓深25、墓口距地表50厘米(图三二四,图版一三二)。墓壁规整,上下垂直,口底大小相等,平底。被灰坑H3打破。墓室内填红褐花土,葬具不清。

墓主人为男性,M_1磨耗Ⅵ级以上,年龄在60岁以上。葬式为仰身直肢葬,头向东南,面向不详。头骨被灰坑破坏,仅存下颌骨残片,但四肢及躯干部分未受影响,骨架整体形态清晰,双肩上耸,肋骨排列整齐,两臂伸直,双手放于腿两侧,双腿伸展。

右股骨中段内侧横置1件石钺,已残,M401:1,蚀变大理岩。灰褐色,器体下部断裂,刃残。平面近梯形,体薄,两端薄中间厚,双面斜刃,近顶端处有一个单面钻圆孔,磨光。长10.3、最宽处7.2、厚0.4、孔径0.5厘米(图三二五,1;图版二○六,1)。

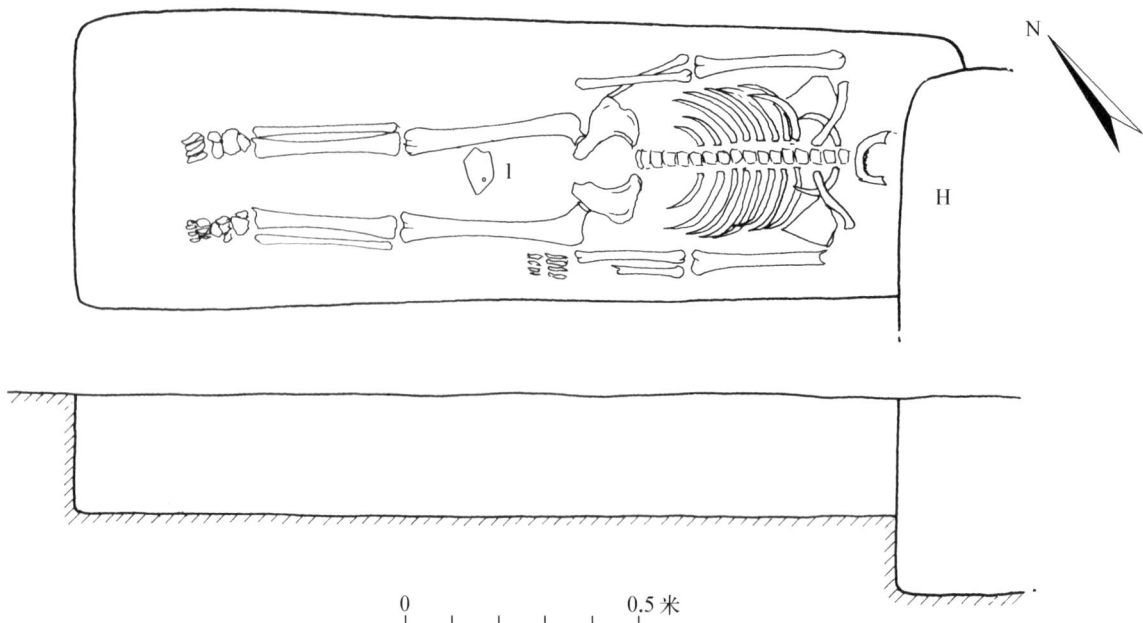

图三二四　M401平、剖面图

1. 石钺（M401:1）

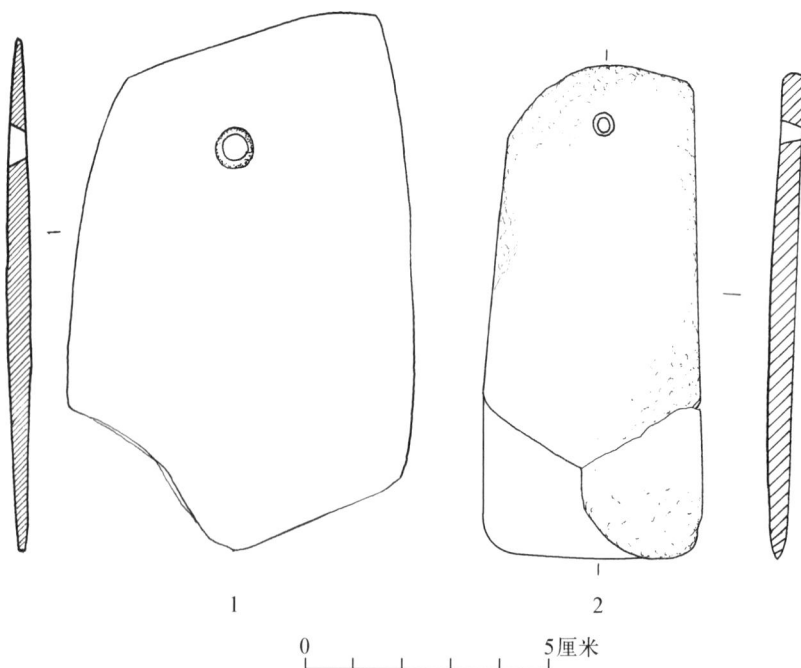

图三二五　M394、M401 出土器物图

1、2. 石钺（M401:1、M394:1）

M402

竖穴土坑墓,方向138°。墓圹平面呈圆角长方形,墓口长180、宽55、墓深50、墓口距地表50厘米(图三二六,图版一三三)。墓壁规整,上下垂直,口底大小相等,平底。墓室内填红褐花土,葬具不清。

墓主人为男性,M_1磨耗Ⅳ～Ⅴ级,年龄在40～45岁。葬式为仰身直肢葬,头向东南,面向西北。人骨未被扰乱,保存较好,双肩上耸,肋骨排列整齐,左臂弧状内收,左手放于盆骨之上,右臂伸直,双腿伸展。

头骨左侧清理出1件骨笄,M402:1,浅黄白色。剖面呈扁方形,两端圆钝。长24厘米(图三三一,4)。

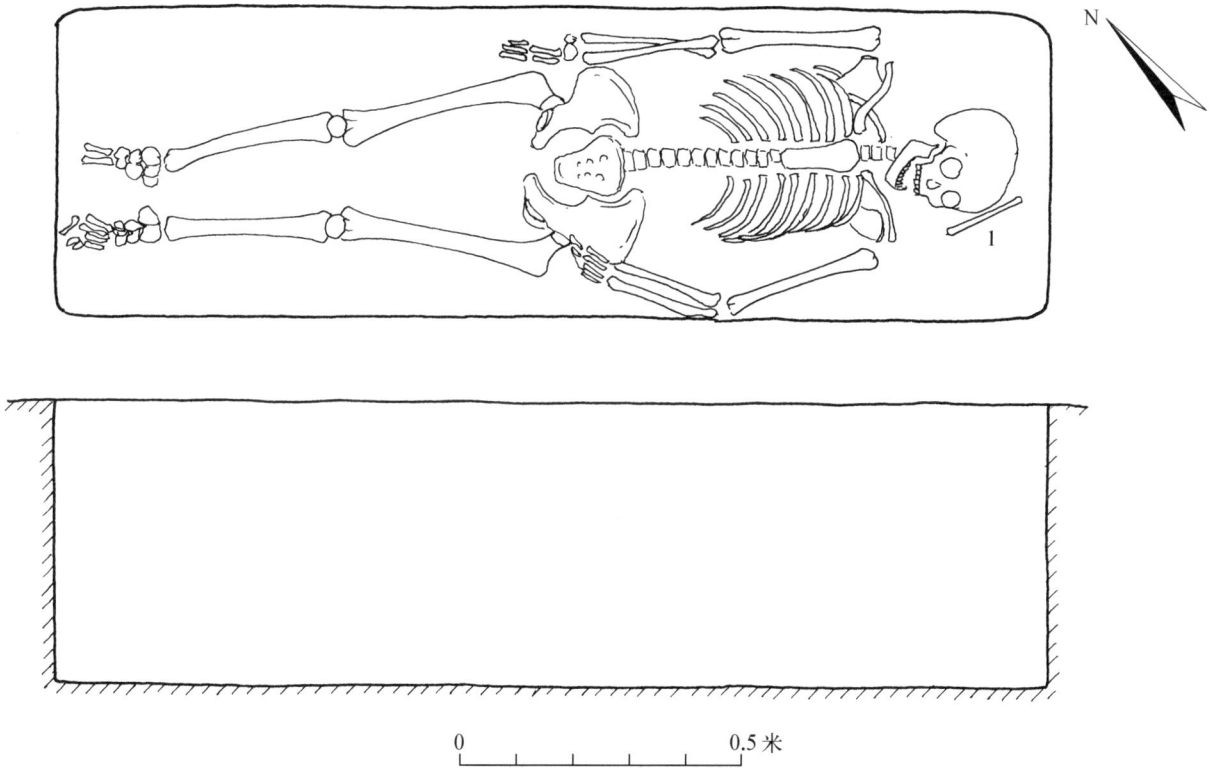

图三二六　M402平、剖面图

1.骨笄(M402:1)

M403

竖穴土坑墓,方向45°。墓口残长170、宽55、墓深60、墓口距地表50厘米(图三二七)。墓壁陡直,口底大小相等,墓底平坦。被M343和M346打破。墓室内填黄褐花土,葬具不清。

墓主人为一成年女性,髂嵴与髂骨愈合,年龄应在24岁以上。葬式为仰身直肢葬,头向东北,面向不详。头骨被M346破坏,但四肢及躯干部分未受影响,骨架整体形态清晰,双肩上耸,肋

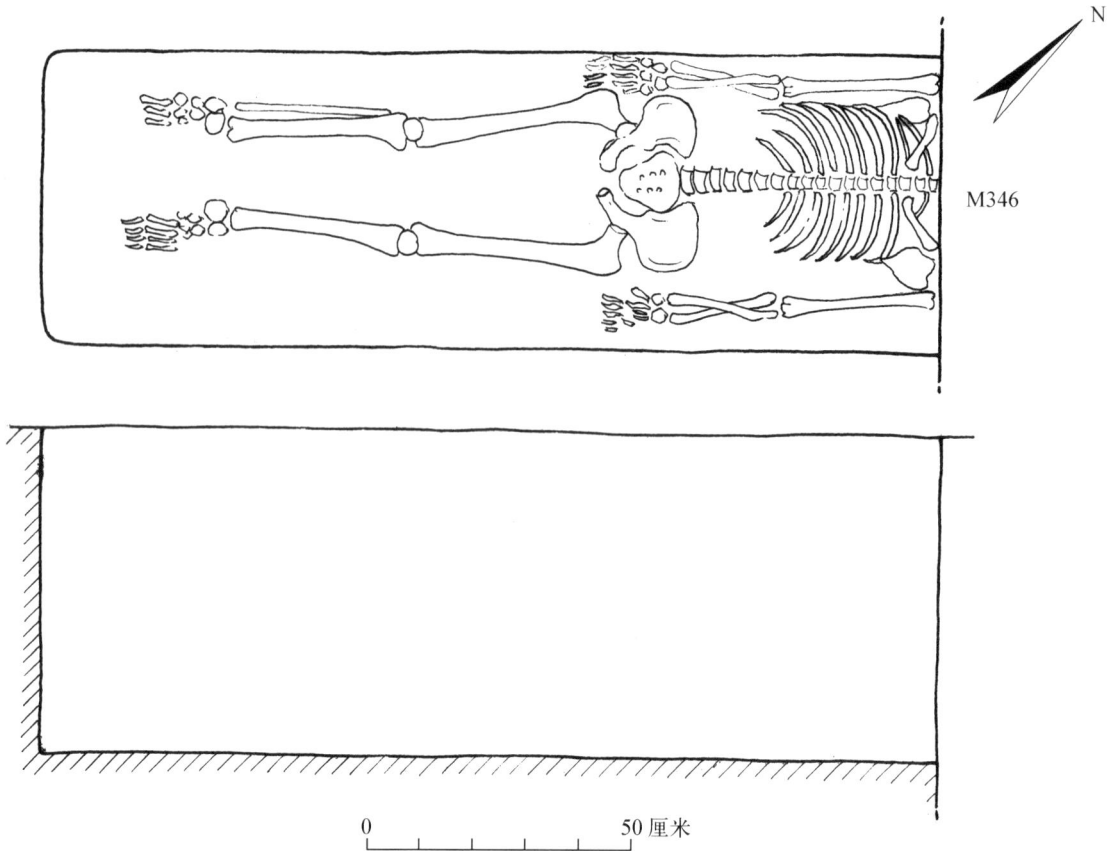

图三二七　M403平、剖面图

骨排列整齐,两臂伸直,双手放于腿两侧,双腿伸展。

墓中未发现随葬品。

M404

竖穴土坑墓,方向48°。墓圹平面呈梯形,墓口长200厘米,宽40～50厘米,墓深35厘米,墓口距地表50厘米(图三二八)。墓壁规整,上下垂直,口底大小相等,平底。被M345和M357打破。墓室内填黄褐花土,葬具不清。

墓主人为男性,M₁磨耗Ⅳ～Ⅴ级,年龄在40～45岁。葬式为仰身直肢葬,头向东北,面向上。右前臂以下至右侧髋骨以上部分骨骼被M345破坏。人骨其余部分保存较好,双肩上耸,肋骨排列整齐,双腿伸展,脚尖略向右倾。

墓中未发现随葬品。

M405

竖穴土坑墓,方向145°。墓口残长184、宽60、墓深40、墓口距地表50厘米(图三二九)。墓壁规整,上下垂直,口底大小相等,平底。被近代沟渠打破。墓室内填红褐花土,葬具不清。

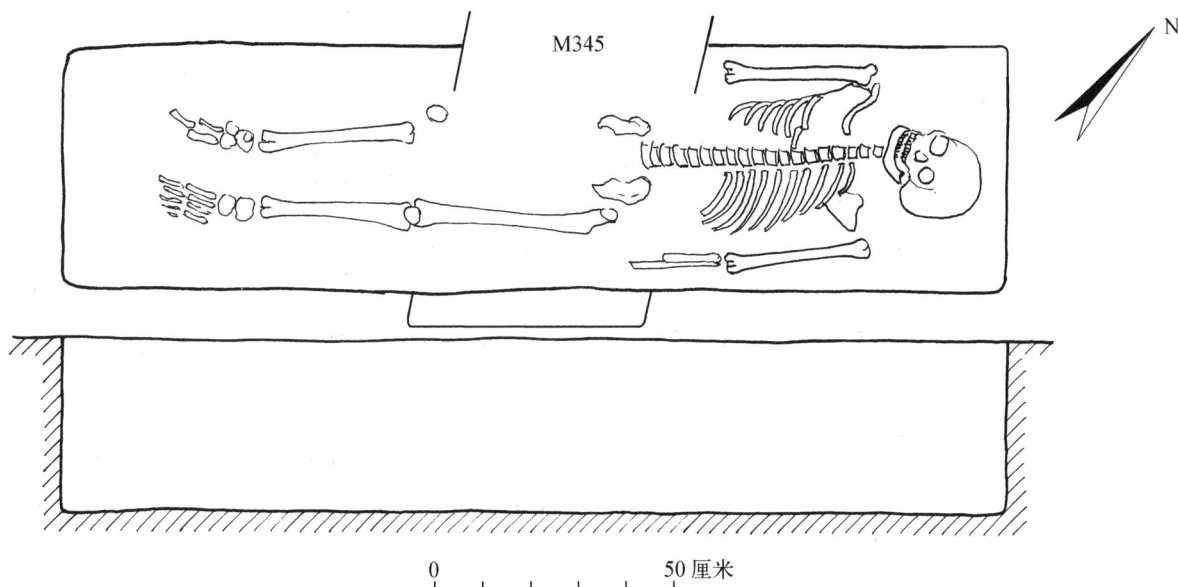

图三二八 M404平、剖面图

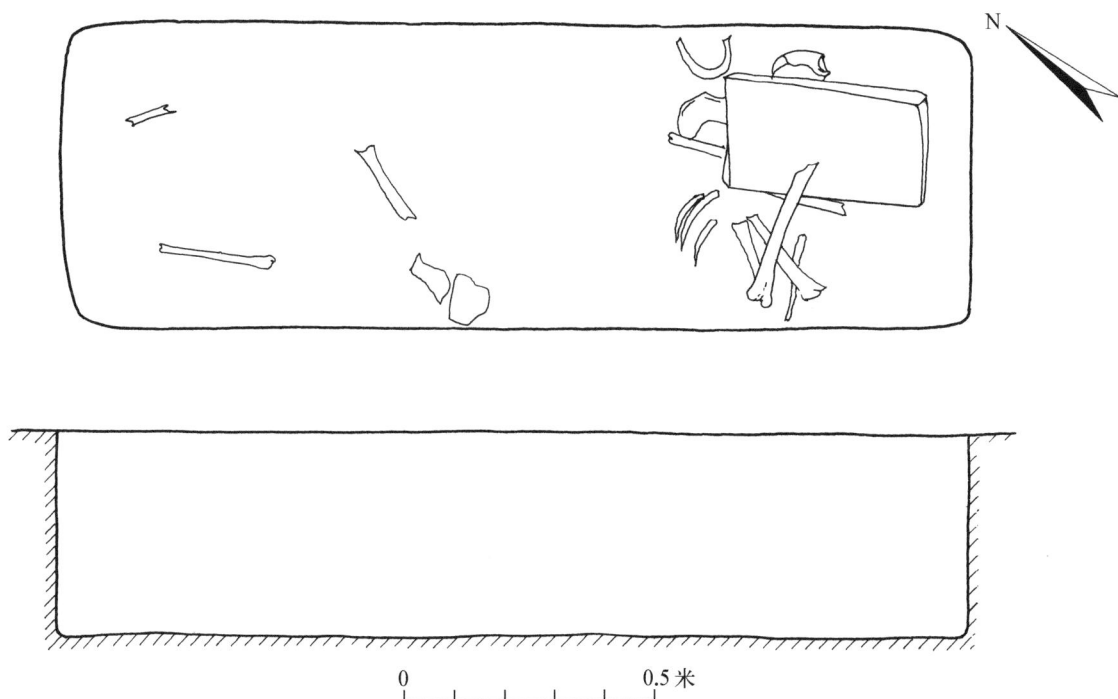

图三二九 M405平、剖面图

墓主人为女性,矢状缝愈合,年龄在35岁以上。葬式及面向不清。骨骼散乱,集中分布在墓室南部,计有头骨、下颌骨、左右肱骨残段、肋骨残段、股骨残段、盆骨残片、胫骨残段等,且在骨架上压着1块大石头。此外,墓室中部偏西的位置亦清理出1块小石头。

墓中未发现随葬品。

M406

竖穴土坑墓,方向132°。墓圹平面整体呈圆角长方形,但并不规则,墓口长195、宽65、墓深40、墓口距地表50厘米(图三三〇,图版一三四)。墓壁上下垂直,口底大小相等,平底。打破M354,被M407和近代沟渠打破。墓室内填红褐花土,葬具不清。

墓主人为男性,矢状缝和冠状缝愈合,年龄在41岁以上。葬式为仰身直肢葬,头向东南,面向西。人骨保存较好,整体形态清晰可辨,双肩上耸,两臂弧状内收,双手放于腿两侧,两腿伸展。

头骨下方压着1件小石钺和1件不规则形玉片,石钺M406:3,泥质板岩。深黄色,因受沁表面变得粗糙。一侧残,有纵向断裂。器体近梯形,体扁平,薄厚均匀,双面斜刃,磨光。长7.7、顶端宽3.4、刃端宽6、厚0.5厘米(图三三一,2;图版二〇六,3)。不规则形玉片,M406:4,透闪石玉。青色,间杂黑褐斑。片状,不规则形。一面有直线切割痕,长5.6厘米(图三三一,1;图版二三九,2)。右前臂戴有石璧,M406:1,蚀变大理岩。灰褐色。切面呈长方形,器体厚薄均匀,由三个璜片连缀而成,接头处各以一对一钻孔连缀,外缘略有磕损。外径16.5、好径6.8、厚0.7厘米(图三三一,5;图版二一六,4)。左侧股骨上横置1件石钺,M406:2,蛇纹石化大理岩。青灰色。

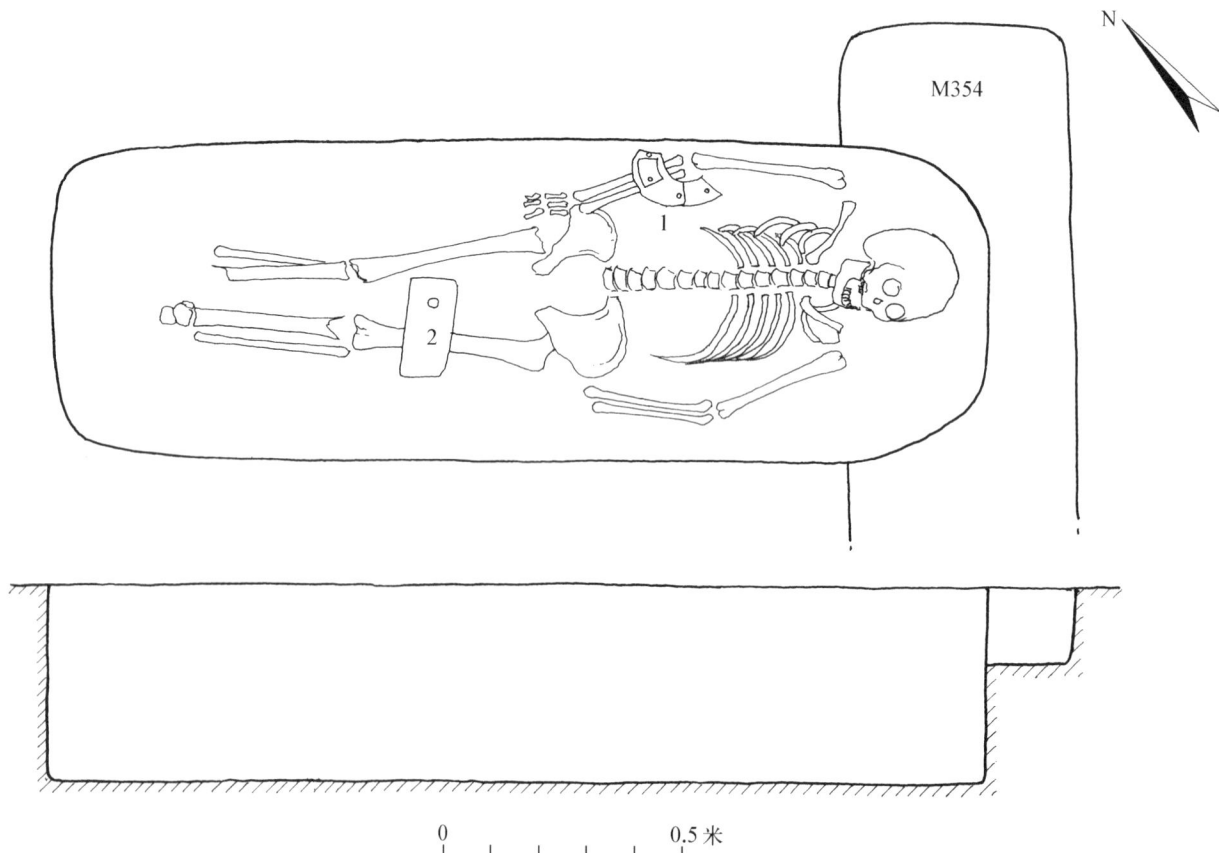

图三三〇　M406平、剖面图

1.石璧(M406:1)　2.石钺(M406:2)

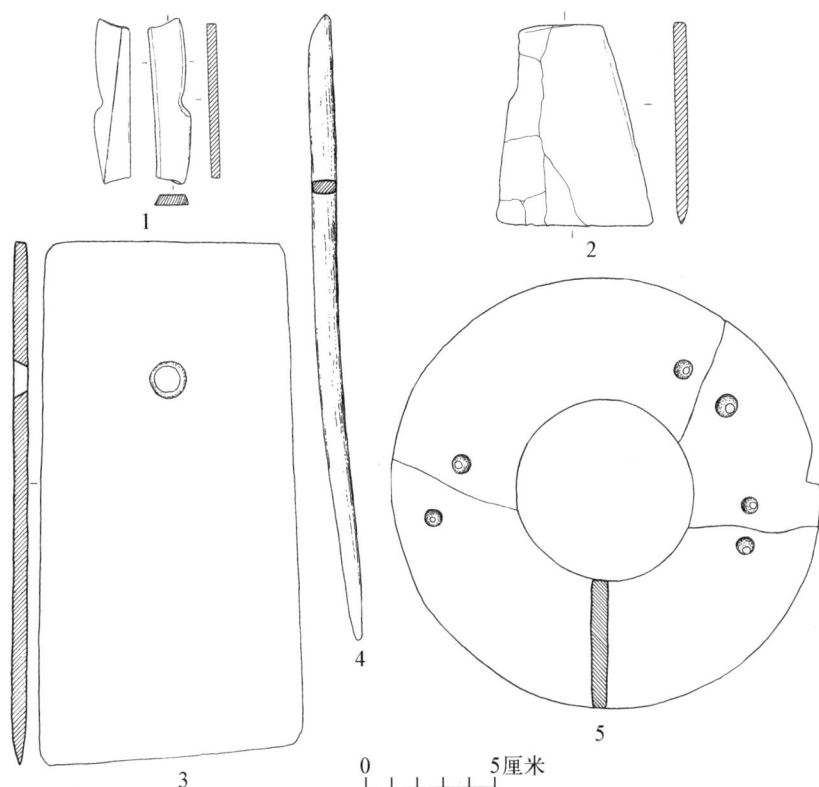

图三三一 M402、M406出土器物图

1. 不规则形玉片（M406：4） 2、3. 石钺（M406：3、M406：2） 4. 骨笄（M402：1） 5. 石璧（M406：1）

器体近梯形，体扁平，薄厚均匀，双面斜刃，抛光。近顶端处有一个单面钻圆孔。长19.7、顶端宽9.3、刃端宽9.8、厚0.5、孔径1厘米（图三三一，3；图版二〇六，2）。

M407

竖穴土坑墓，方向145°。墓圹平面呈圆角长方形，墓口长180、宽50、墓深40、墓口距地表50厘米（图三三二）。墓壁规整，上下垂直，口底大小相等，平底。打破M406，被近代沟渠打破。墓室内填红褐花土，葬具不清。

墓主人为男性，M_1磨耗Ⅳ～Ⅴ级，年龄在40～45岁。葬式为仰身直肢葬，头向东南，面向西南。人骨扰乱严重，仅剩头骨至右侧肱骨、左侧腓骨、右侧胫骨和腓骨等骨骼，其余大部分已然无存。

墓中未发现随葬品。

M408

竖穴土坑墓，方向55°。墓圹平面呈圆角长方形，墓口长180、宽50、墓深35、墓口距地表50厘米（图三三三）。墓壁规整，上下垂直，口底大小相等，平底。被M354打破。墓室内填黄褐花土，葬具不清。

近代沟

0　　　　　　　　50 厘米

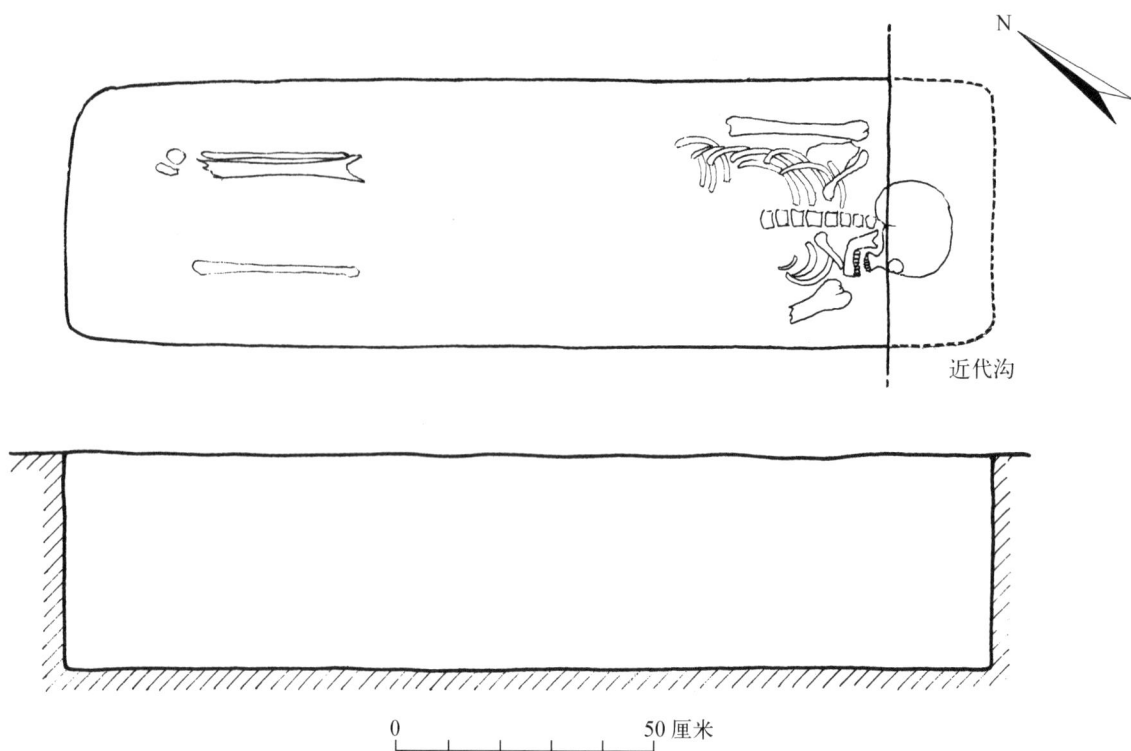

图三三二　M407平、剖面图

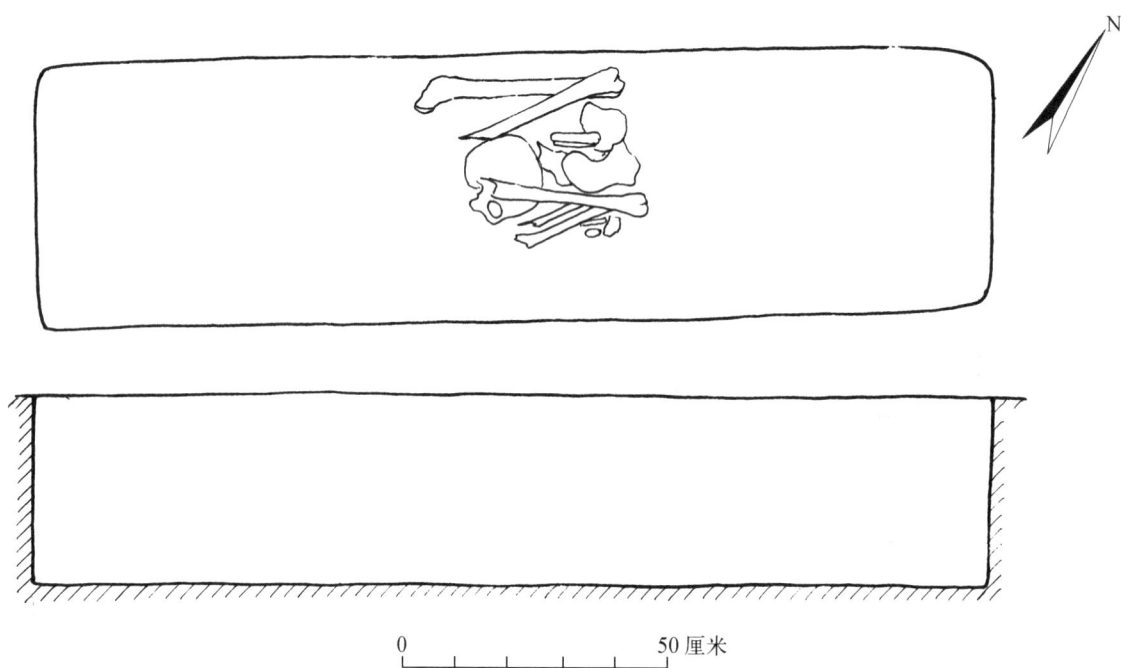

0　　　　　　　　50 厘米

图三三三　M408平、剖面图

墓主人为女性,M₁磨耗Ⅲ级,年龄在30岁左右。葬式及面向不详。人骨扰乱严重,仅在墓室中部残存有头骨、肋骨残段、股骨残段、胫骨残段等。

墓中未发现随葬品。

M409

竖穴土坑墓,方向135°。墓口残长150、宽50、墓深45、墓口距地表50厘米(图三三四)。墓壁规整,上下垂直,口底大小相等,平底。被近代沟渠打破。墓室内填红褐花土,葬具不清。

墓主人为男性,矢状缝和冠状缝愈合,年龄在41岁以上。葬式为仰身直肢葬,头向东南,面向东北。左右胫骨和腓骨以下部分被沟渠破坏,骨骼无存。上身保存完好,双肩略耸,肋骨排列整齐,两臂伸直,双手放于腿两侧。

人骨头顶发现1件石璜(或为璧的残段),M409:2,蚀变大理岩。青色,两端残。横截面呈楔形,内缘厚,外缘薄。两端各有一个单面管钻圆孔。肉宽3、厚0.2～0.5厘米(图三三六,2;图版二三五,1)。右股骨中段清理出1件石钺,刃端微残。M409:1,蚀变大理岩。青白色。器体近梯形,中间厚两端略薄。双面直刃,近顶端处有一个管钻圆孔,通体抛光。受沁较重,致使体表变得粗糙。长8.3、顶端宽3.4、刃端宽4.2、厚1.1、孔径0.6厘米(图三三六,3;图版二〇六,4)。

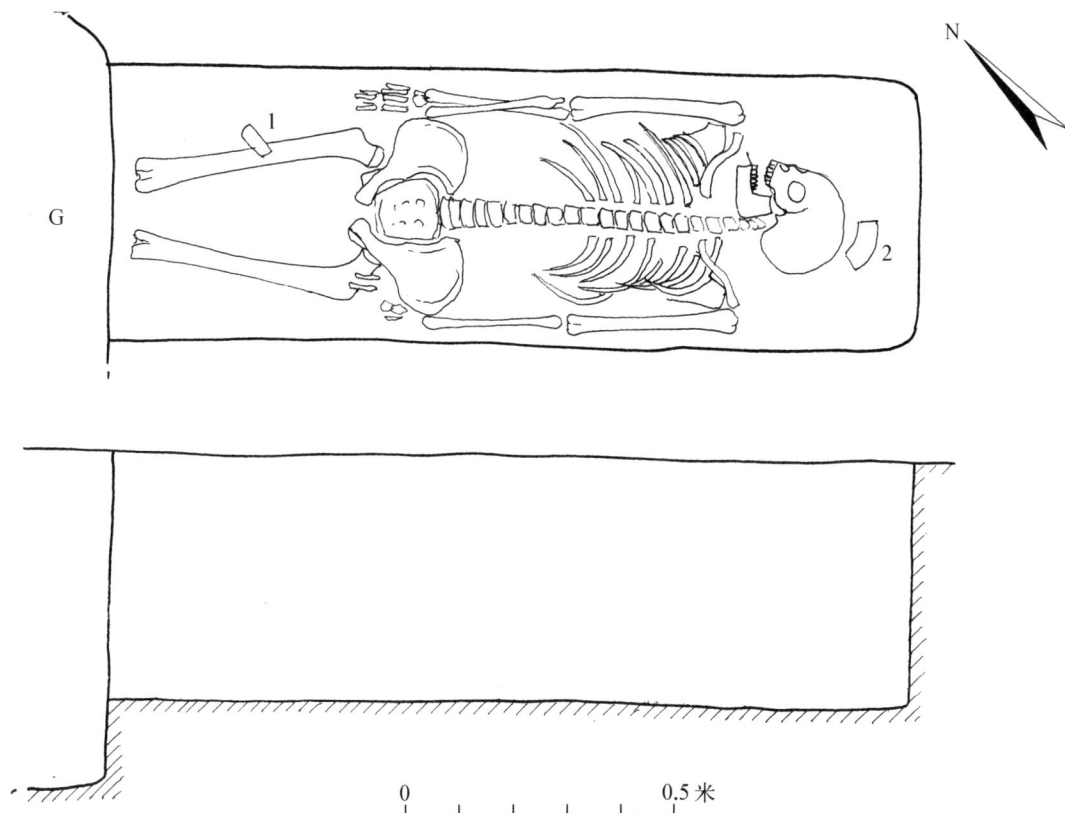

图三三四　M409平、剖面图

1. 石钺(M409:1)　2. 石璜(M409:2)

M410

竖穴土坑墓，方向140°。墓圹平面呈圆角梯形，墓口长200、宽45～55、墓深50、墓口距地表50厘米（图三三五，图版一三五）。墓壁规整，上下垂直，口底大小相等，平底。叠压在M336之下，并被其打破。墓室内填红褐花土，葬具不清。

墓主人为男性，M_1磨耗Ⅵ级以上，年龄在60岁以上。葬式为仰身直肢葬。头骨被扰乱，发现于墓室东北角。其余骨架保存较好，双肩上耸，左臂伸直，右前臂斜置于盆骨之上，两腿伸展。

下颌骨和头骨旁清理出1件石钺，M410∶1，蚀变大理岩。青灰色。器体近梯形，扁平，厚薄不均，从顶端至刃部逐渐增厚，双面斜刃，刃部锋利，刃部略残。器体中部有一单面钻圆孔，孔处有钻时错位留下的痕迹。通体磨光。近顶端有横向朱砂痕，或为绑缚留下。长10.1、顶端宽8、刃端残宽9、最厚处0.7、孔径1.1厘米（图三三六，1；图版二○七，1）。

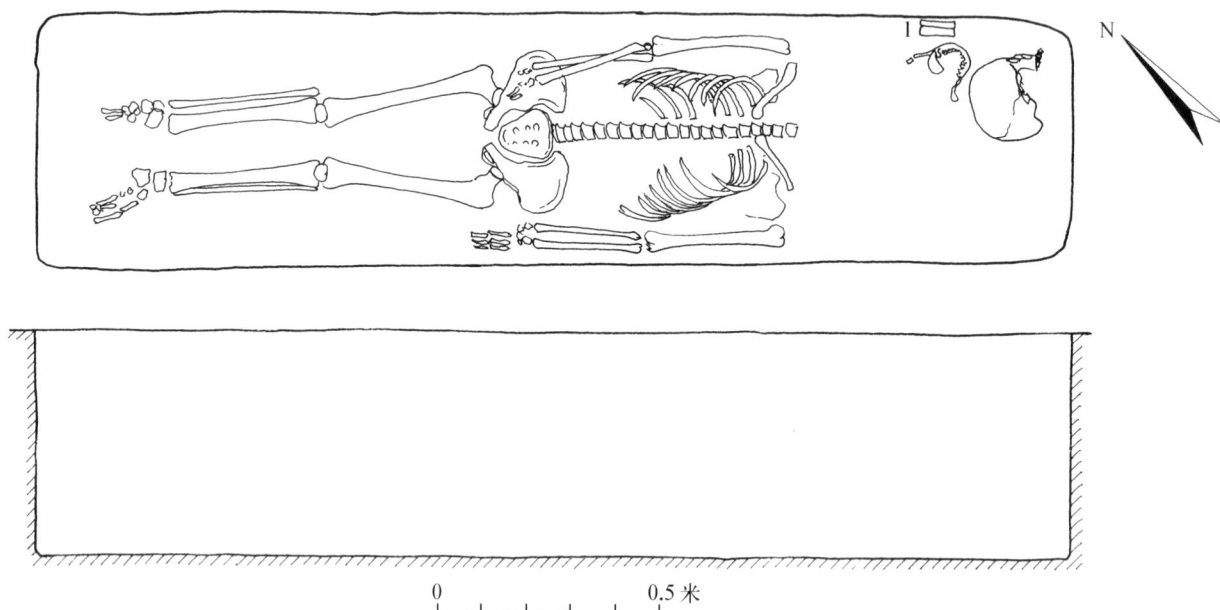

0　　　　　　　　0.5 米

图三三五　M410平、剖面图

1. 石钺（M410∶1）

M411

竖穴土坑墓，方向130°。墓圹平面呈圆角梯形，墓口长180、宽38～45、墓深7、墓口距地表50厘米（图三三七）。边壁规整，上下垂直，口底大小相等，平底。墓室内填红褐花土，葬具不清。

墓葬被扰，墓主人为男性，M_1磨耗Ⅴ～Ⅵ级，年龄在50～55岁。葬式为侧身直肢葬，头向东南，面向东北。人骨整体靠右，向右侧身，保存较差，左侧肱骨以下至左侧胫骨上端骨骼均被破坏，脚骨腐蚀成灰。右侧骨架保存相对较好，尚能辨认出大体形态，右臂及右腿伸直。

墓中未发现随葬品。

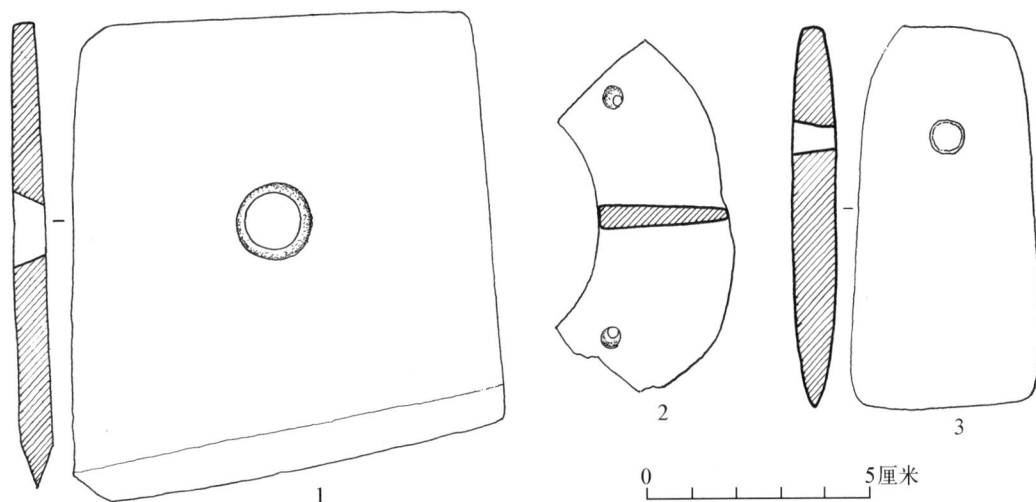

图三三六 M409、M410出土器物图

1、3. 石钺(M410:1、M409:1) 2. 石璜(M409:2)

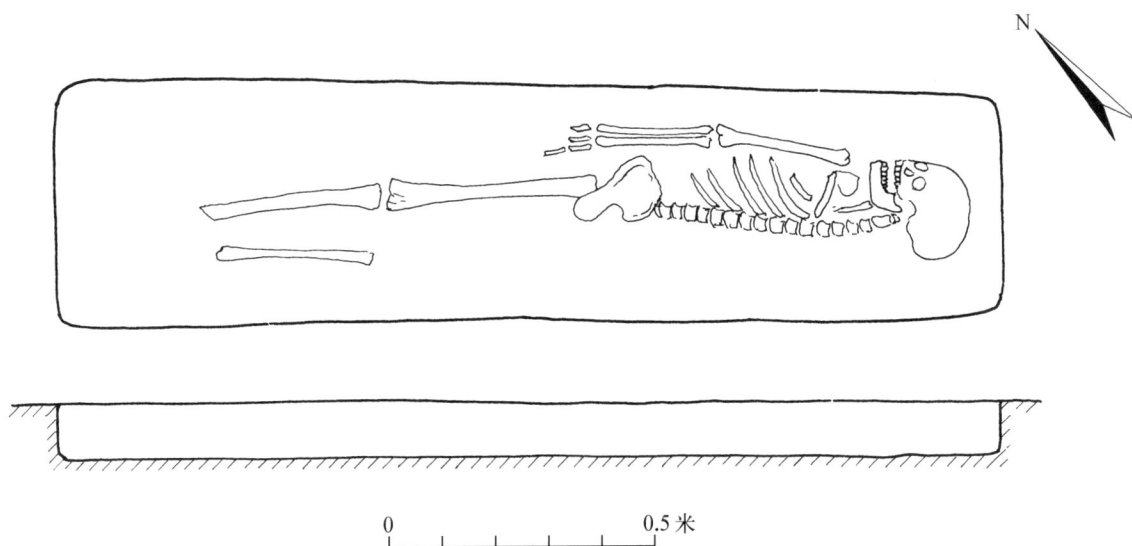

图三三七 M411平、剖面图

M412

竖穴土坑墓,方向132°。墓圹平面稍显梯形,墓口长180、宽45~55、墓深35、墓口距地表50厘米(图三三八,图版一三六)。墓壁规整,上下垂直,口底大小相等,平底。墓室内填红褐花土,葬具不清。

墓主人为女性,M_1磨耗Ⅴ级,年龄在50岁左右。葬式为仰身直肢葬,头向东南,面向东北。骨骸腐蚀较重,但整体形态清晰,双肩上耸,肋骨排列整齐,两臂自然伸直,双手放于腿两侧,双腿伸展,脚骨不见。

墓中未发现随葬品。

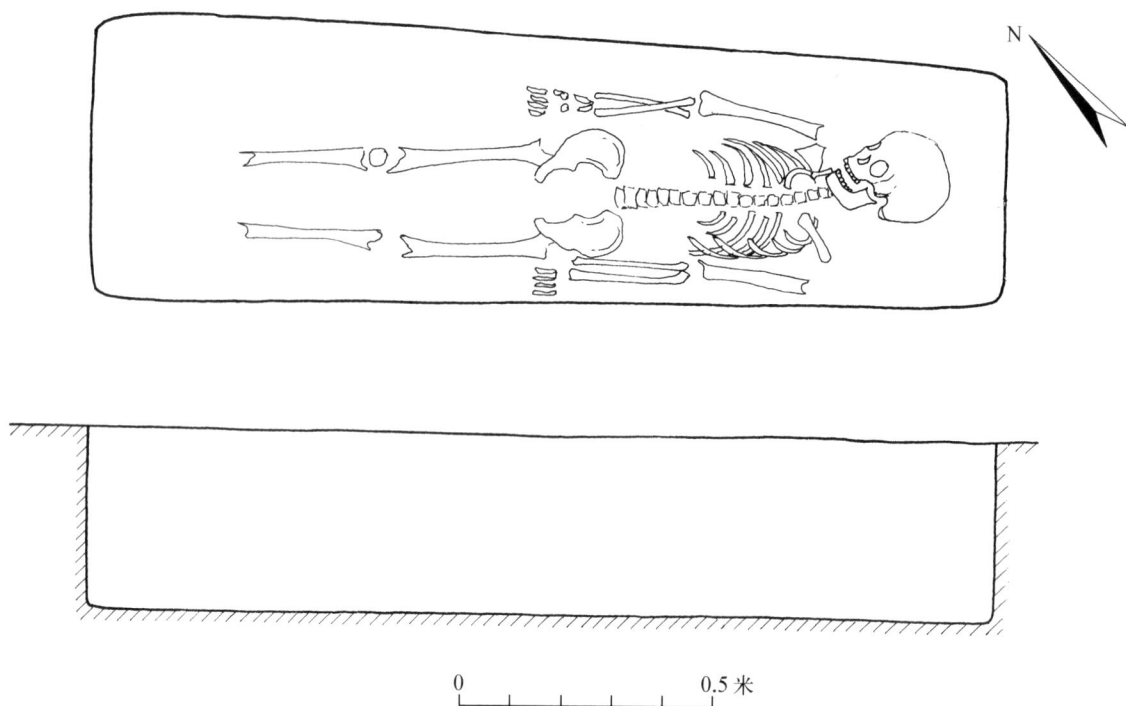

图三三八　M412平、剖面图

M413

　　竖穴土坑墓, 方向142°。墓圹平面呈圆角梯形, 墓口长205、宽45～55、墓深34、墓口距地表50厘米(图三三九,图版一三七)。墓壁规整,上下垂直,口底大小相等,平底。墓室内填红褐花

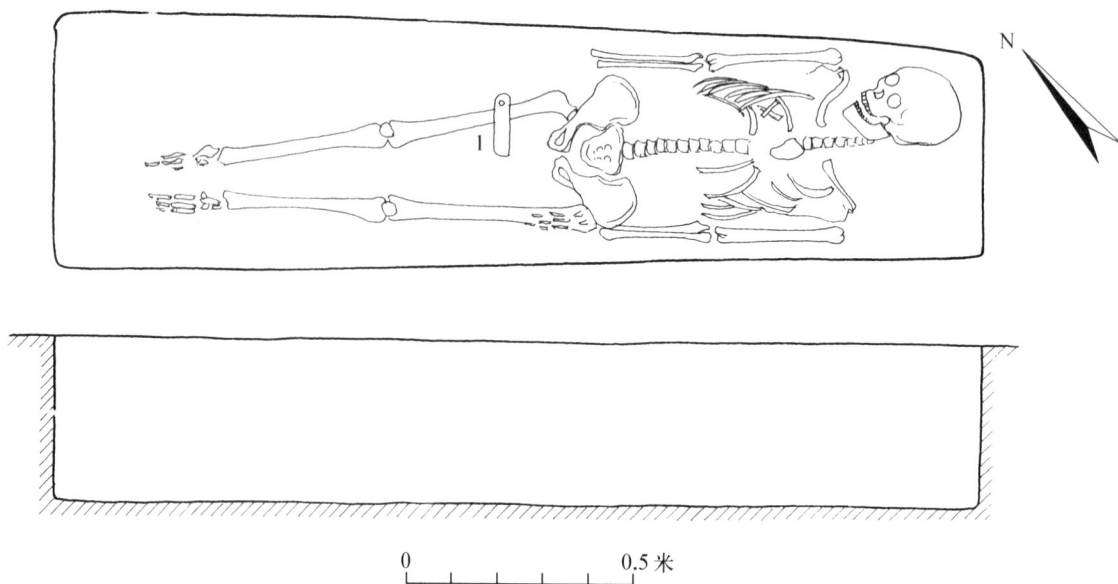

图三三九　M413平、剖面图

1. 石钺(M413:1)

土,葬具不清。

墓主人为男性,M_1磨耗Ⅴ级,年龄在50岁左右。葬式为仰身直肢葬,头向东南,面向东北。人骨未被扰乱,保存较好,双肩上耸,肋骨凌乱,两臂自然伸直,双手放于腿两侧,双腿伸展。

右侧股骨上端横置1件石钺,顶端和刃端略残。M413:1,蛇纹石。墨绿色。体近长方形,单面钻圆孔,中间厚两端略薄。双面直刃,通体抛光。体表不同部分受沁腐蚀。长14.6、顶端宽2.4、刃端宽3.3、厚1、孔径1.1厘米(图三四九,2;图版二一四,3)。

M414

竖穴土坑墓,方向135°。墓圹平面呈梯形,墓口长180、宽40～55、墓深6、墓口距地表50厘米。边壁规整,上下垂直,口底大小相等,平底。墓室内填红褐花土,葬具不清。

墓主人为男性,M_1磨耗Ⅴ～Ⅵ级,年龄在50～55岁。葬式为仰身葬,头向东南,面向西南。人骨扰乱严重,左右桡骨和尺骨上端以下全被破坏,骨骼无存,以上部分亦比较凌乱,仅存大体轮廓。

墓中未发现随葬品。

M415

竖穴土坑墓,方向135°。墓圹平面呈梯形,墓口长200、宽40～59、墓深25、墓口距地表50厘米(图三四〇,图版一三八)。墓壁规整,上下垂直,口底大小相等,平底。墓室内填红褐花土,葬具不清。

墓主人为男性,M_1磨耗Ⅴ级,年龄在50岁左右。葬式为仰身直肢葬,头向东南,面向东北。人骨保存较好,整体形态清晰可辨,双肩上耸,肋骨排列整齐,两臂伸直,双手放于腿两侧,双腿伸展。

墓中未发现随葬品。

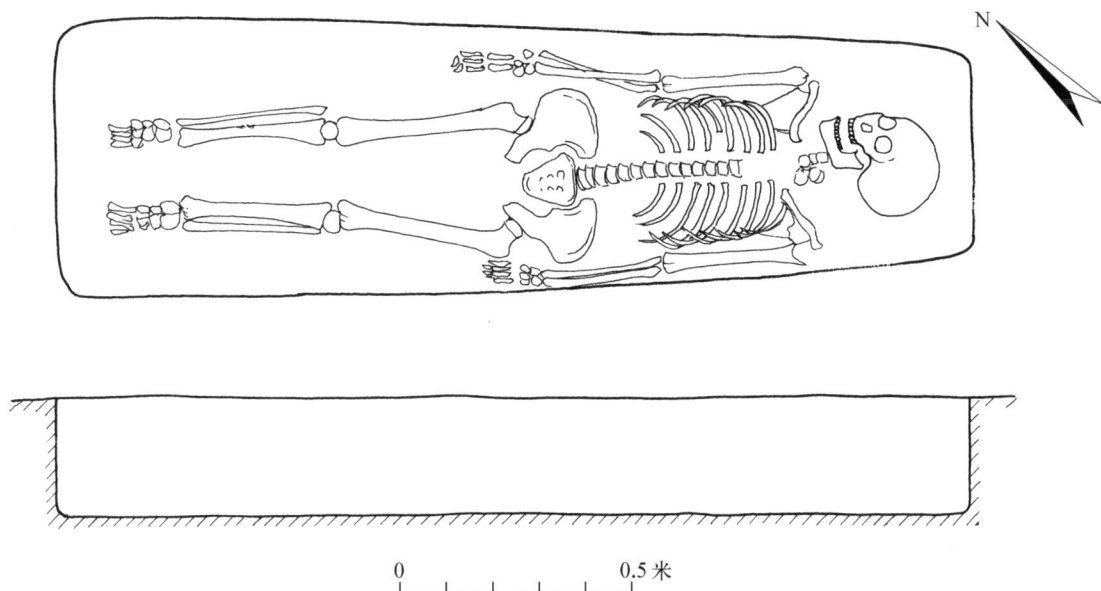

0   0.5米

图三四〇 M415平、剖面图

M416

竖穴土坑墓,方向140°。墓圹平面呈梯形,墓口长170、宽40～60、墓深15、墓口距地表50厘米(图版一三九)。边壁规整,上下垂直,口底大小相等,平底。被现代水渠打破。墓室内填红褐花土,葬具不清。

墓主人为男性,M_1磨耗Ⅴ～Ⅵ级,年龄在50～55岁。葬式为仰身葬。骨骸整体向左靠近墓壁,但扰乱严重,头骨被水渠破坏,仅存下颌骨及部分残片,左右股骨下端以下亦基本无存。上身骨骼保存相对较好,肋骨排列整齐,右前臂斜置于盆骨之上。

墓中未发现随葬品。

M417

竖穴土坑墓,方向140°。墓圹平面呈圆角梯形,墓口长115、宽38～42、墓深10、墓口距地表50厘米。边壁规整,上下垂直,口底大小相等,平底。被现代水渠打破。墓室内填红褐花土,葬具不清。

墓中人骨扰乱严重,骨骸基本无存,仅剩肋骨残段、右侧桡骨和尺骨残段。性别、年龄不详。葬式及面向不清楚。

墓中未发现随葬品。

M418

竖穴土坑墓,方向140°。墓圹平面呈圆角梯形,墓口长180、宽50～65、墓深8、墓口距地表50厘米。边壁规整,上下垂直,口底大小相等,平底。墓室内填红褐花土,葬具不清。

墓主人为一成年女性,髂嵴与髂骨愈合,年龄应大于24岁。葬式及面向不详。人骨扰乱严重,仅在墓室中部发现盆骨残片。

墓中未发现随葬品。

M419

竖穴土坑墓,方向140°。墓口残长146、宽57、墓深15、墓口距地表50厘米(图三四一,图版一四〇)。边壁规整,上下垂直,口底大小相等,平底。被M428打破。墓室内填红褐花土,葬具不清。

墓主人为女性,M_1磨耗Ⅲ级,年龄在30岁左右。葬式为侧身直肢葬,头向东南,面向西。人骨向左侧身,骨架保存较好,整体形态清晰,右前臂横置于腰际,与右侧肱骨垂直,肋骨排列整齐,左腿伸直,右腿弧状内收,两脚骨被M428破坏。

墓中未发现随葬品。

M420

竖穴土坑墓,方向145°。墓圹平面呈圆角梯形,墓口长130、宽40～54、墓深70、墓口距地表50厘米(图三四二,图版一四一)。墓壁陡直,口底大小相等,墓底平坦。打破M390,被现代水渠

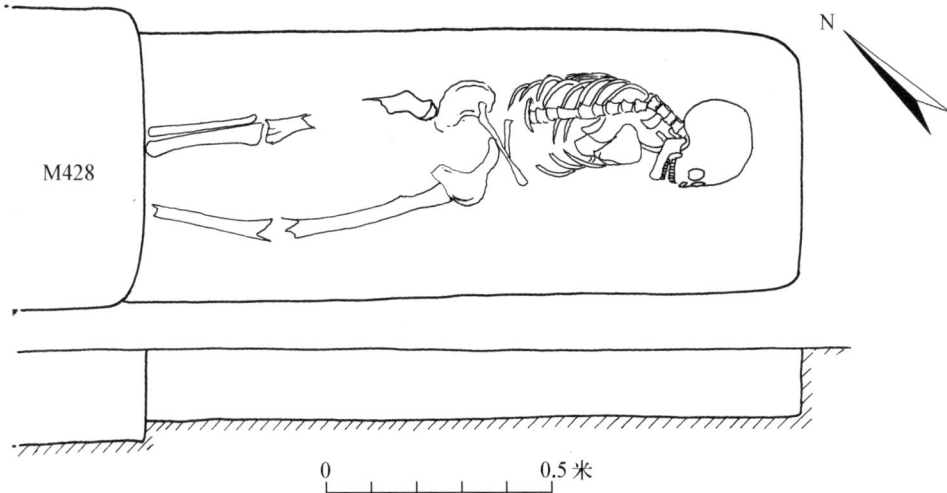

图三四一 M419平、剖面图

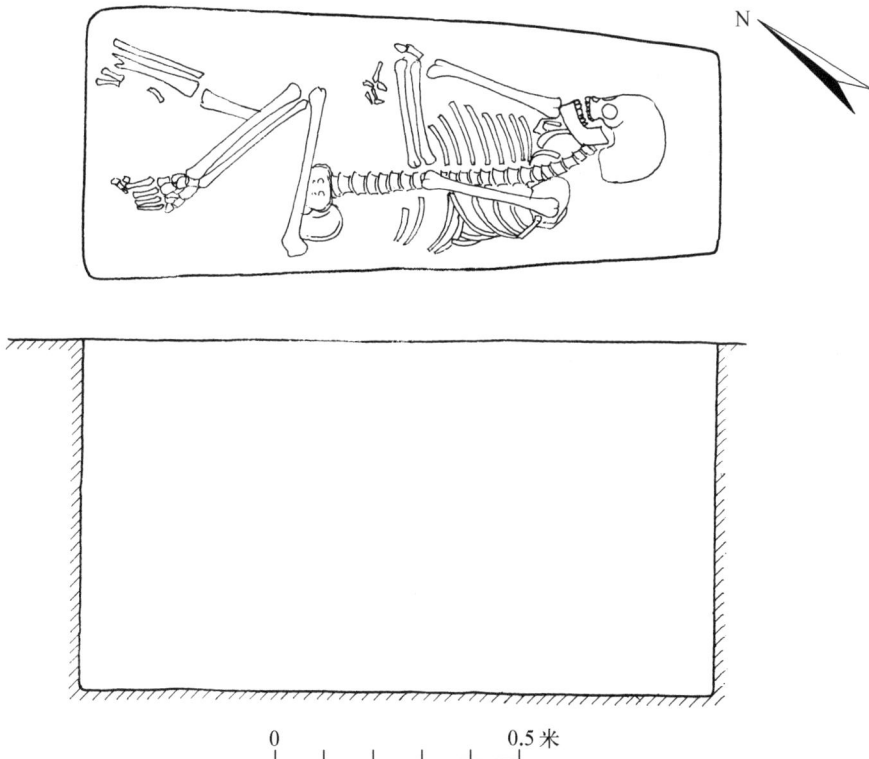

图三四二 M420平、剖面图

打破。墓室内填红褐花土,葬具不清。

墓主人为女性,M₁磨耗Ⅲ级,年龄在30岁左右。葬式为侧身屈肢葬,头向东南,面向东北。骨骸整体向右屈,保存较好,肋骨排列整齐,两臂环抱于胸前,左侧股骨与脊椎成直角,左侧胫骨和腓骨压在右股骨之上。

墓中未发现随葬品。

M421

竖穴土坑墓,方向142°。墓圹平面呈圆角梯形,墓口长165、宽44~52、墓深55、墓口距地表50厘米(图三四三)。墓壁陡直,口底大小相等,墓底平坦。被 M432 和现代水渠打破。墓室内填红褐花土,葬具不清。

墓主人为一壮年男性,M_1 磨耗 Ⅱ 级,年龄在 25~30 岁。葬式为仰身直肢葬,头向东南,面向上。人骨整体形态清晰,保存较好,双肩上耸,肋骨排列整齐,左前臂斜置于腹部,右前臂斜置于盆骨之上,双腿伸直,右侧脚骨被 M432 破坏。

墓中未发现随葬品。

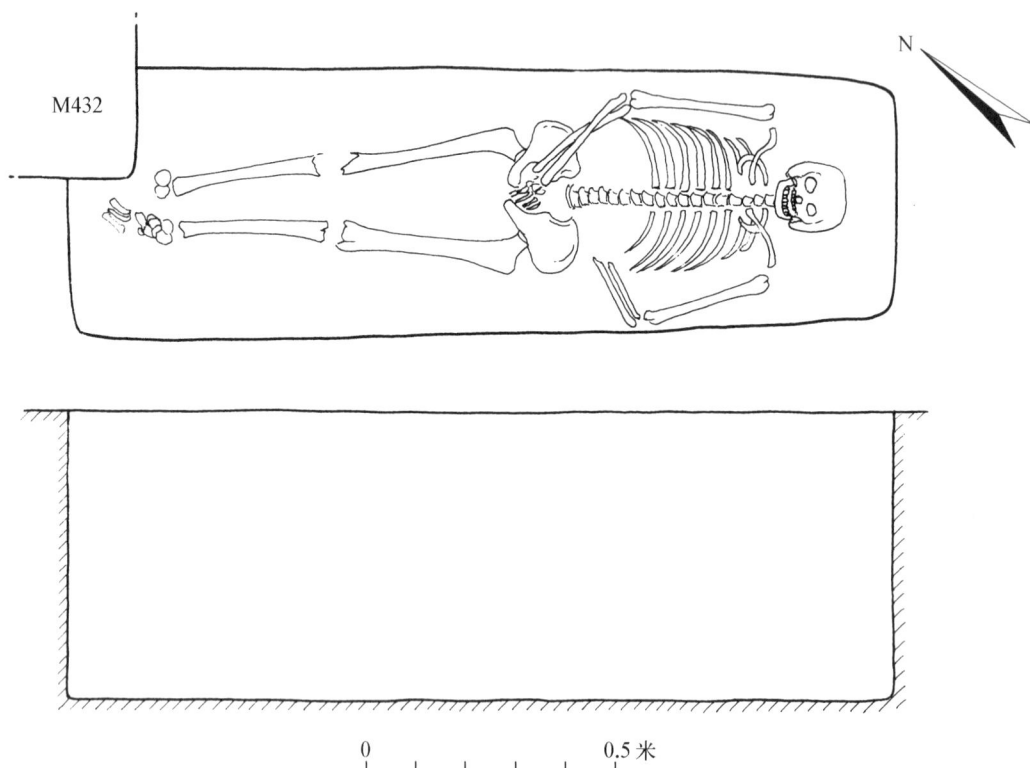

图三四三　M421 平、剖面图

M422

竖穴土坑墓,方向52°。墓圹平面呈圆角长方形,墓口长175、宽52、墓深30、墓口距地表50厘米(图三四四)。墓壁规整,上下垂直,口底大小相等,平底。墓室内填黄褐花土,葬具不清。

墓主人为女性,M_1 磨耗 Ⅳ~Ⅴ 级,年龄在 40~45 岁。葬式为仰身直肢葬,头向东北,面向上。人骨未被扰乱,保存较好,双肩上耸,肋骨清晰可见,右臂伸直,左前臂斜置于盆骨之上,双腿伸展。

墓中未发现随葬品。

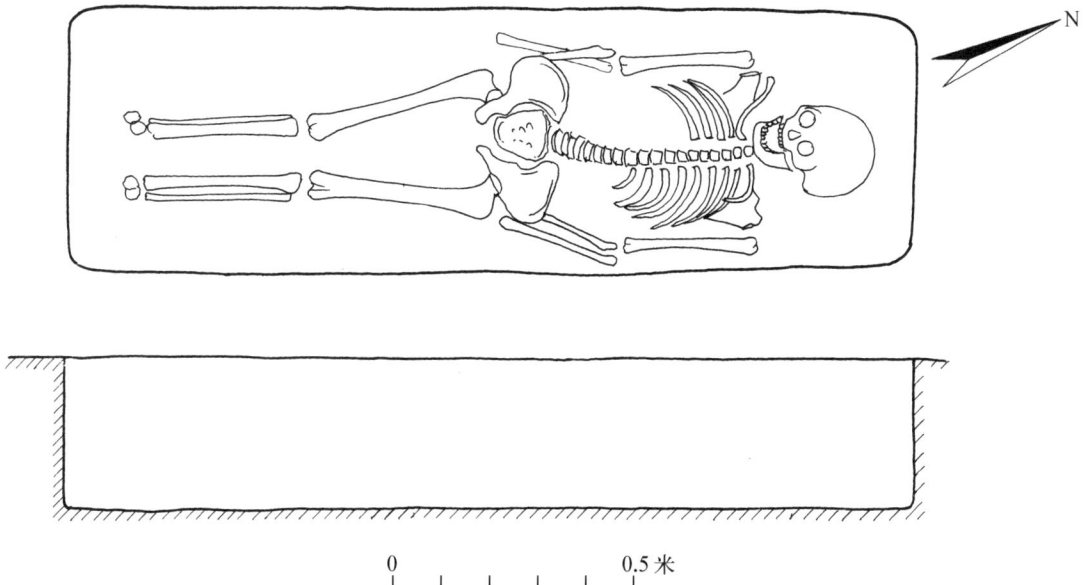

图三四四 M422平、剖面图

M423

竖穴土坑墓,方向150°。墓圹平面呈圆角梯形,墓口长170、宽42～53、墓深10、墓口距地表50厘米(图三四五,图版一四二)。边壁规整,上下垂直,口底大小相等,平底。墓室内填红褐花土,葬具不清。

墓主人为女性,M_1磨耗Ⅲ级,年龄在30岁左右。葬式为仰身直肢葬,头向东南,面向东北。人骨虽未被扰乱,但腐蚀严重,许多细小骨骼均已不见。墓主人双肩上耸,两臂伸直,肋骨稍显凌乱,双腿伸展。

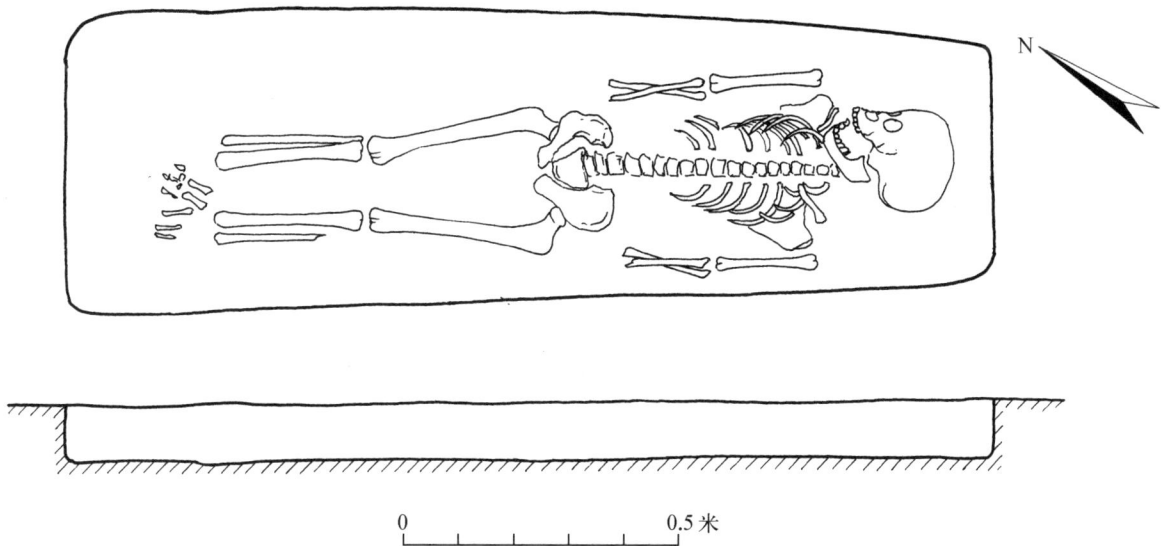

图三四五 M423平、剖面图

墓中未发现随葬品。

M424

竖穴土坑墓，方向155°。墓圹平面呈圆角梯形，墓口长170、宽50～70、墓深10、墓口距地表50厘米（图版一四三）。边壁规整，上下垂直，口底大小相等，平底。墓室内填红褐花土，葬具不清。

墓主人为一成年女性，髂嵴与髂骨愈合，年龄应大于24岁。葬式为仰身直肢葬，面向不详。人骨扰乱严重，头骨、左侧肱骨至左侧胫骨上端之间的骨骼均被破坏，右侧骨架保存相对较好，肋骨清晰，右臂和右腿均自然伸直。

墓中未发现随葬品。

M425

竖穴土坑墓，方向145°。墓圹平面呈圆角梯形，墓口长180、宽40～50、墓深20、墓口距地表50厘米（图三四六）。边壁规整，上下垂直，口底大小相等，平底。墓室内填红褐花土，葬具不清。

墓主人为女性，M_1磨耗Ⅲ级，年龄在30岁左右。葬式为仰身葬，头向东南，面向东北。骨骼保存较差，除头骨、肋骨、左侧肱骨至左侧胫骨、腓骨等骨骼外，其余均被扰乱。

墓中未发现随葬品。

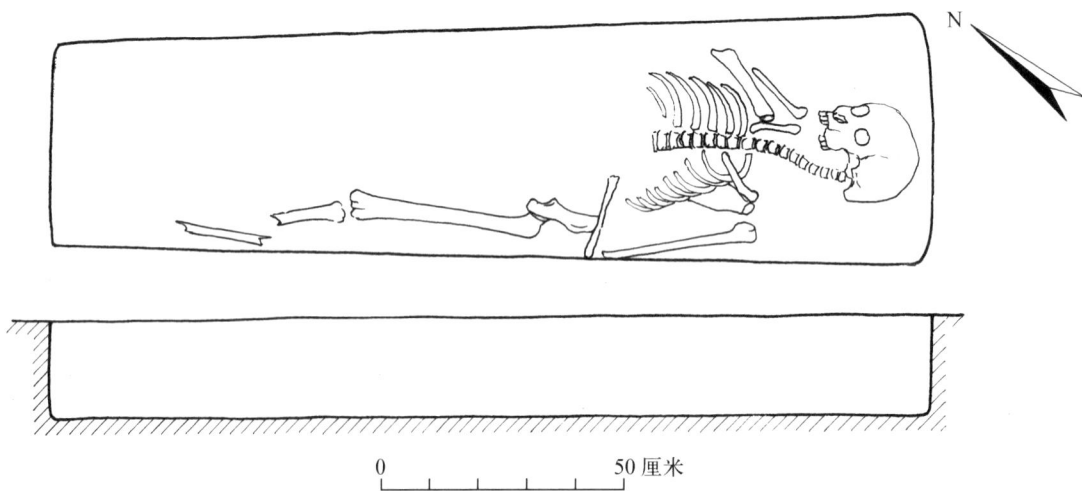

图三四六　M425平、剖面图

M427

竖穴土坑墓，方向138°。墓圹平面呈圆角长方形，墓口长180、宽50、墓深20、墓口距地表50厘米（图三四七）。边壁规整，上下垂直，口底大小相等，平底被M428打破。墓室内填红褐花土，葬具不清。

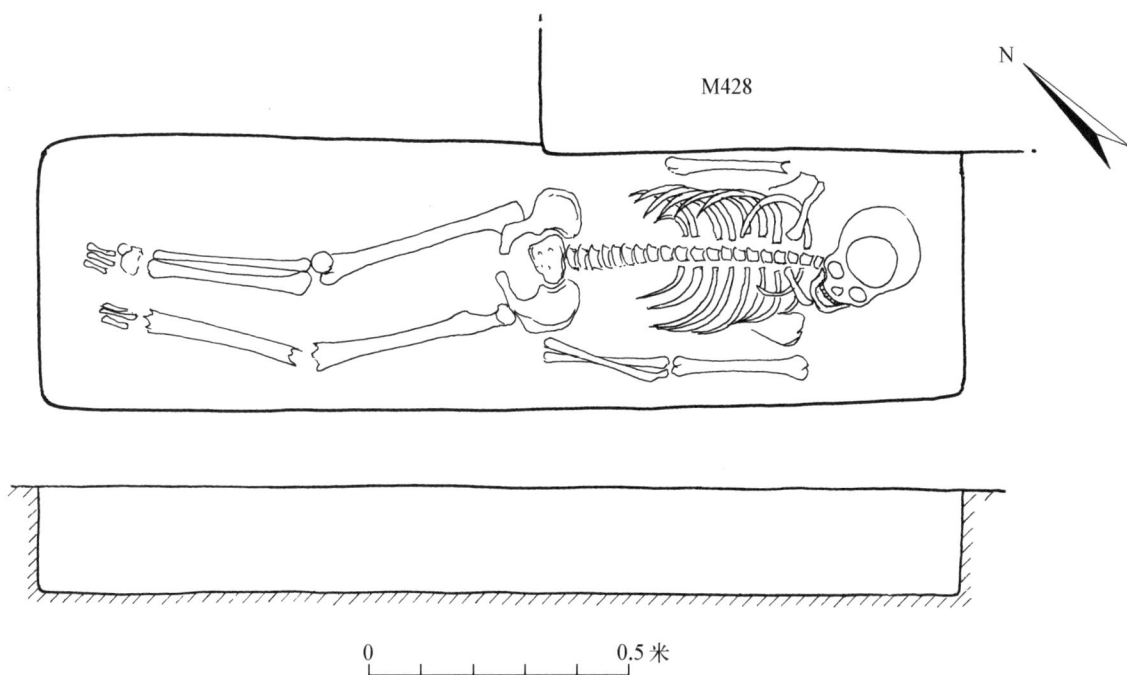

图三四七 M427平、剖面图

墓主人为男性，M₁磨耗Ⅴ级，年龄在50岁左右。葬式为仰身直肢葬，头向东南，面向西。右侧桡骨和尺骨被M428破坏，但骨架整体形态清晰，双肩上耸，两臂伸直，双腿微向左弯，两脚并拢。

墓中未发现随葬品。

M428

竖穴土坑墓，方向140°。墓圹平面呈长方形，墓口长200、宽55、墓深54、墓口距地表50厘米（图三四八，图版一四四）。墓壁陡直，口底大小相等，墓底平坦。打破M419和M427。墓室内填红褐花土，葬具不清。

墓主人为男性，M₁磨耗Ⅳ～Ⅴ级，年龄在40～45岁。葬式为仰身直肢葬，头向东南，面向上。人骨保存较好，双肩上耸，肋骨排列整齐，两臂伸直，双手放于腿两侧，双腿伸展。

右侧股骨中段横置1件石钺，器身中下部多处横向断裂，受沁腐蚀较重。刃端残。M428：1，青黄色。体近长方形，略薄，厚薄均匀，双面弧刃，近顶端有一单面钻圆孔。长15.5、顶端宽5.5、刃端残宽5、孔径0.5厘米（图三四九，1；图版二〇八，3）。

M429

竖穴土坑墓，方向140°。墓圹平面呈圆角梯形，墓口长175、宽40～49、墓深20、墓口距地表50厘米（图三五〇，图版一四五）。边壁规整，上下垂直，口底大小相等，平底。墓室内填褐黄花土，葬具不清。

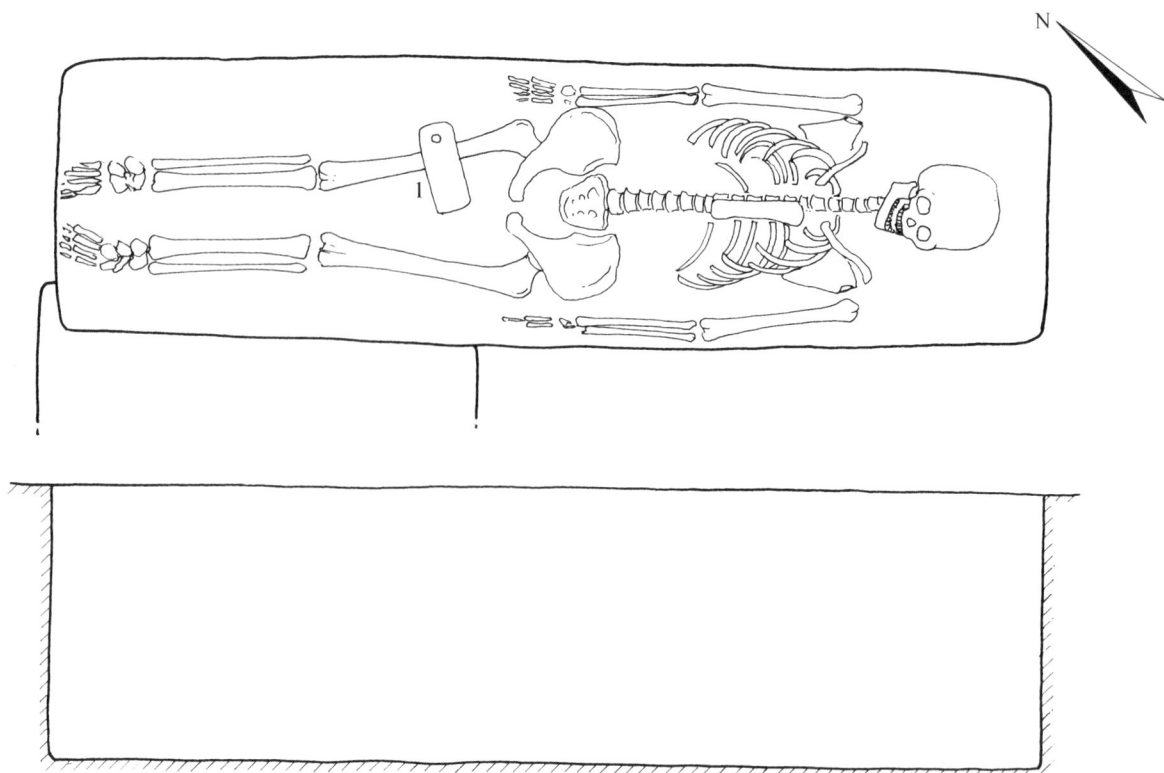

图三四八　M428平、剖面图

1. 石钺（M428∶1）

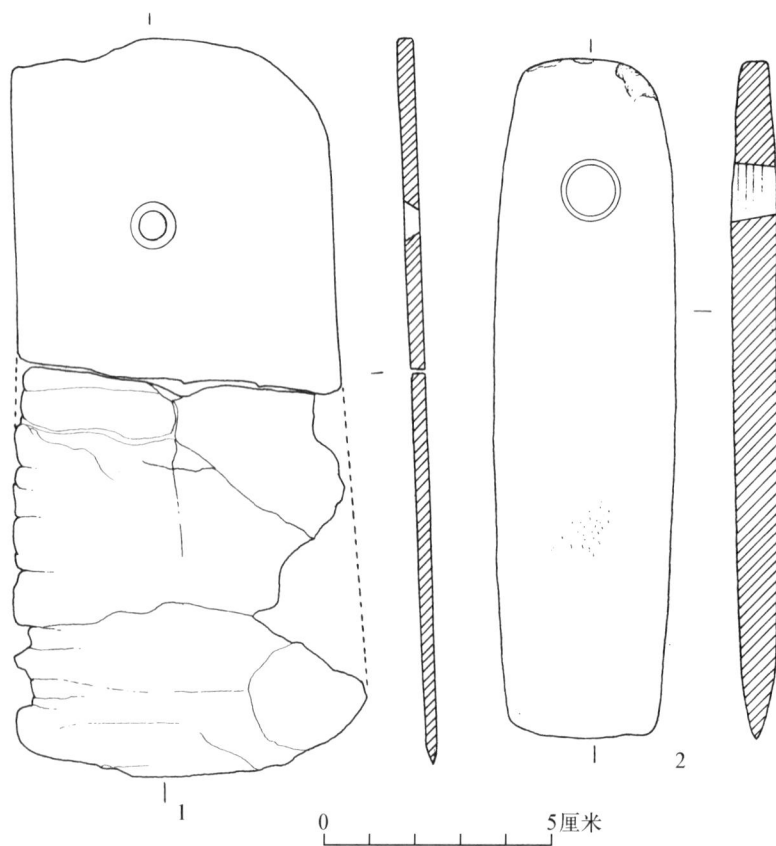

图三四九　M413、M428出土器物图

1、2. 石钺（M428∶1、M413∶1）

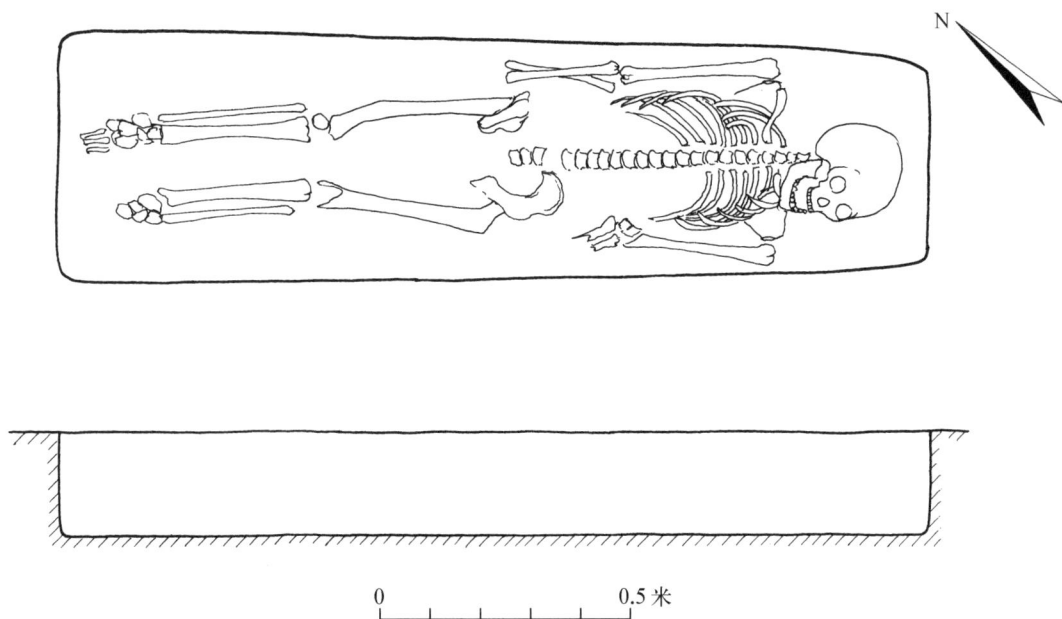

0　　　　　　　　0.5 米

图三五〇　M429平、剖面图

墓主人为一中年女性，M₁磨耗Ⅴ级，年龄在50岁左右。葬式为仰身直肢葬，头向东南，面向西南。左前臂被扰乱，但骨架整体形态清晰，双肩上耸，两臂伸直，肋骨排列整齐，双腿伸展。

墓中未发现随葬品。

M430

竖穴土坑墓，方向132°。墓圹被破坏，墓口残长180、宽50、墓深40、墓口距地表50厘米（图版一四六）。墓壁规整，上下垂直，口底大小相等，平底。墓室内填褐黄花土，葬具不清。

墓主人为一中年男性，M₁磨耗Ⅳ～Ⅴ级，年龄在40～45岁。葬式为仰身直肢葬，头向东南，面向上。头骨左侧墓室被破坏，但未及骨架。人骨保存较好，双肩上耸，肋骨排列整齐，右前臂斜置于盆骨之上，双腿伸展。

墓中未发现随葬品。

M431

竖穴土坑墓，方向132°。墓圹平面呈圆角梯形，墓口长178、宽38～53、墓深35、墓口距地表50厘米（图三五一，图版一四七）。墓壁规整，上下垂直，口底大小相等，平底。墓室内填红褐花土，葬具不清。

墓主人为女性，M₁磨耗Ⅵ级以上，年龄在60岁以上。葬式为仰身直肢葬，头向东南，面向上。人骨未被扰乱，保存较好，两肩上耸，双臂伸直，双手置于腿两侧，双腿伸展，两脚靠拢略向右倾。

墓中未发现随葬品。

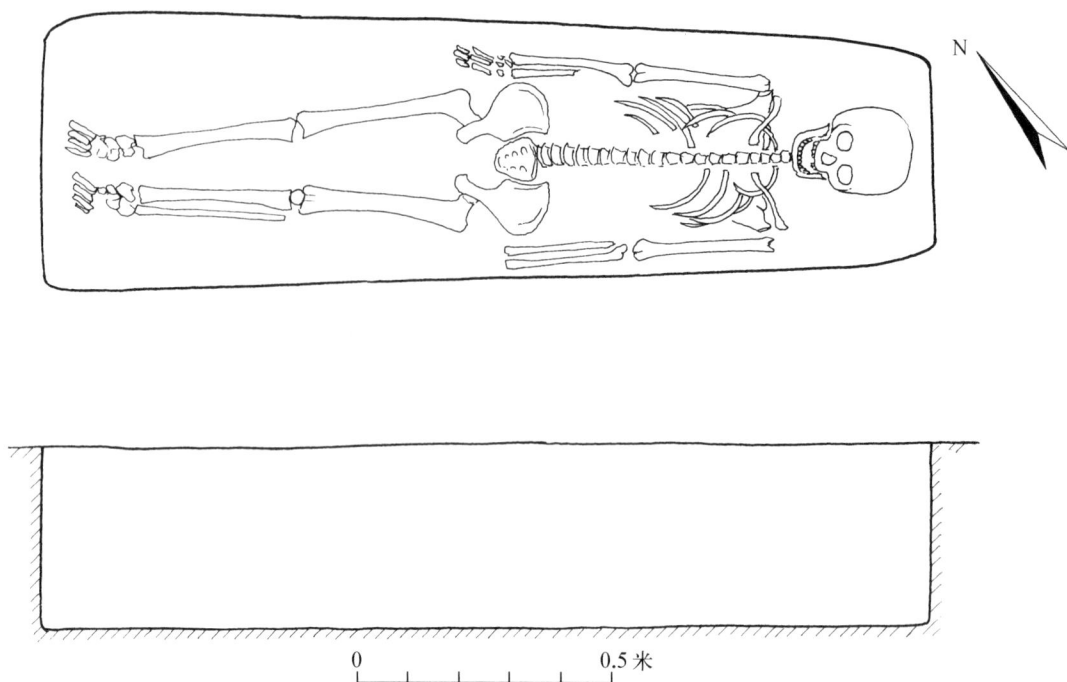

图三五一　M431 平、剖面图

M432

竖穴土坑墓，方向143°。墓圹平面呈圆角梯形，墓口长172、宽40～50、墓深40、墓口距地表50厘米（图三五二，图版一四八）。墓壁规整，上下垂直，口底大小相等，平底。打破M421。墓室

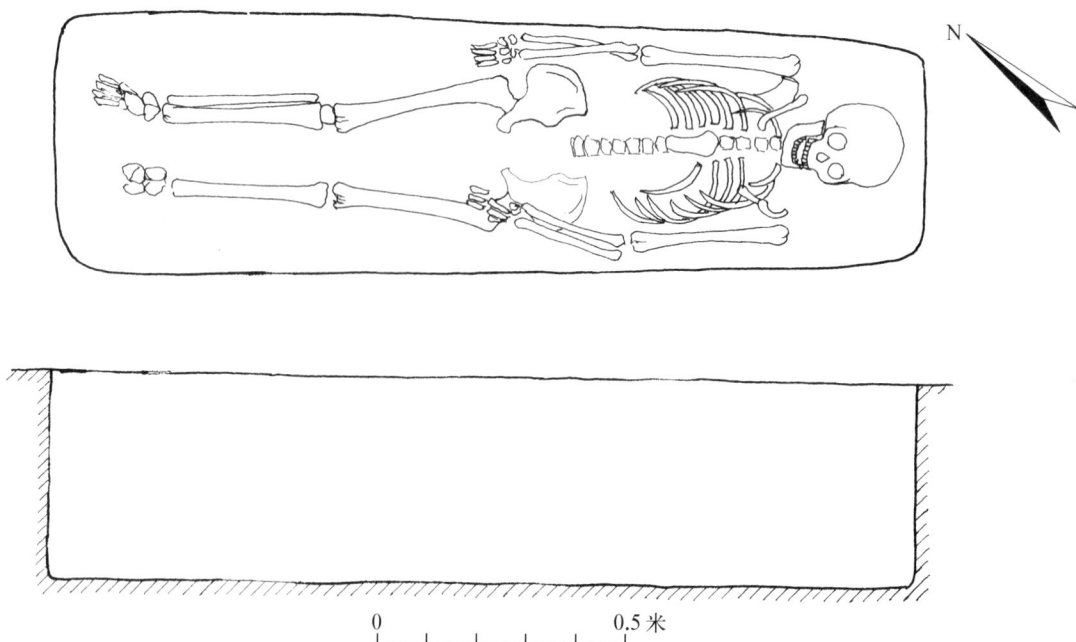

图三五二　M432 平、剖面图

内填红褐花土,葬具不清。

墓主人为女性,M_1磨耗Ⅵ级以上,年龄在60岁以上。葬式为仰身直肢葬,头向东南,面向上。人骨未被扰乱,保存较好,两肩上耸,肋骨排列整齐,右臂伸直,左前臂横置于盆骨之上,双腿伸展。

墓中未发现随葬品。

M433

竖穴土坑墓,方向140°。墓圹平面呈圆角梯形,墓口长148、宽47～54、墓深25、墓口距地表50厘米(图三五三)。墓壁规整,上下垂直,口底大小相等,平底。墓室内填红褐花土,葬具不清。

墓葬被扰,墓主人为一男性个体,下牙中门齿萌出,年龄在6～7.5岁之间。葬式为仰身屈肢葬,头向东南,面向西北。人骨整体居于墓室东南部,向右屈,腐蚀较重。双肩上耸,肋骨排列杂乱,两臂自然伸直,双腿向右侧弯曲,左腿微压于右腿之上。

墓中未发现随葬品。

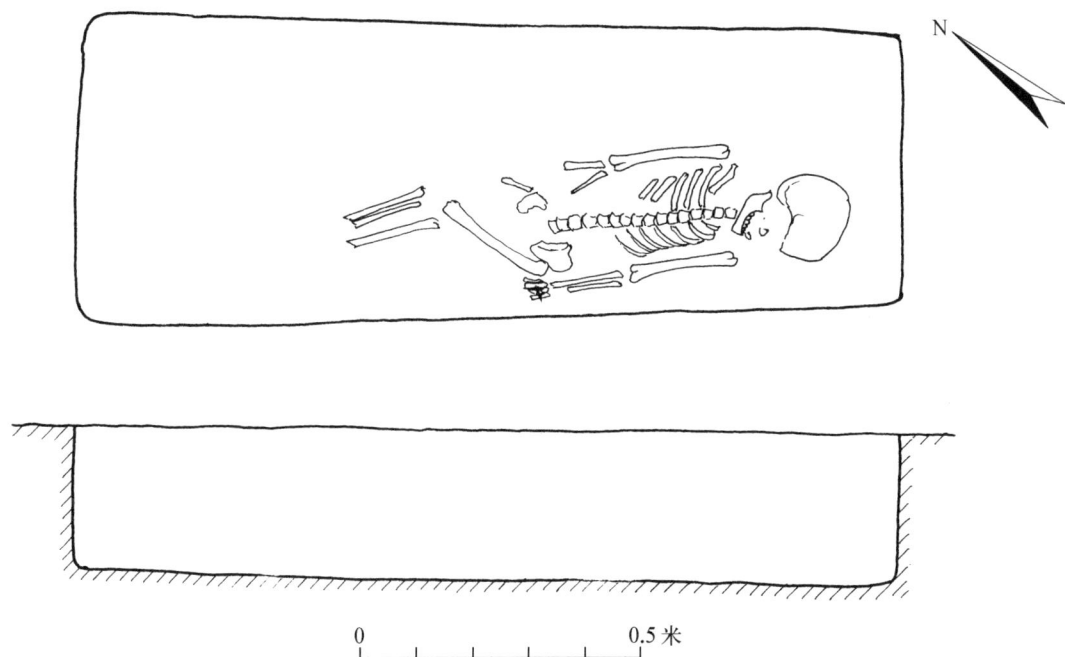

图三五三 M433平、剖面图

M434

竖穴土坑墓,方向140°。墓圹平面呈圆角梯形,墓口长175、宽43～54、墓深35、墓口距地表50厘米(图三五四,图版一四九)。墓壁规整,上下垂直,口底大小相等,平底。墓室内填红褐花土,葬具不清。

墓主人为男性,M_1磨耗Ⅵ级以上,年龄在60岁以上。葬式为仰身直肢葬,头向东南,面向西

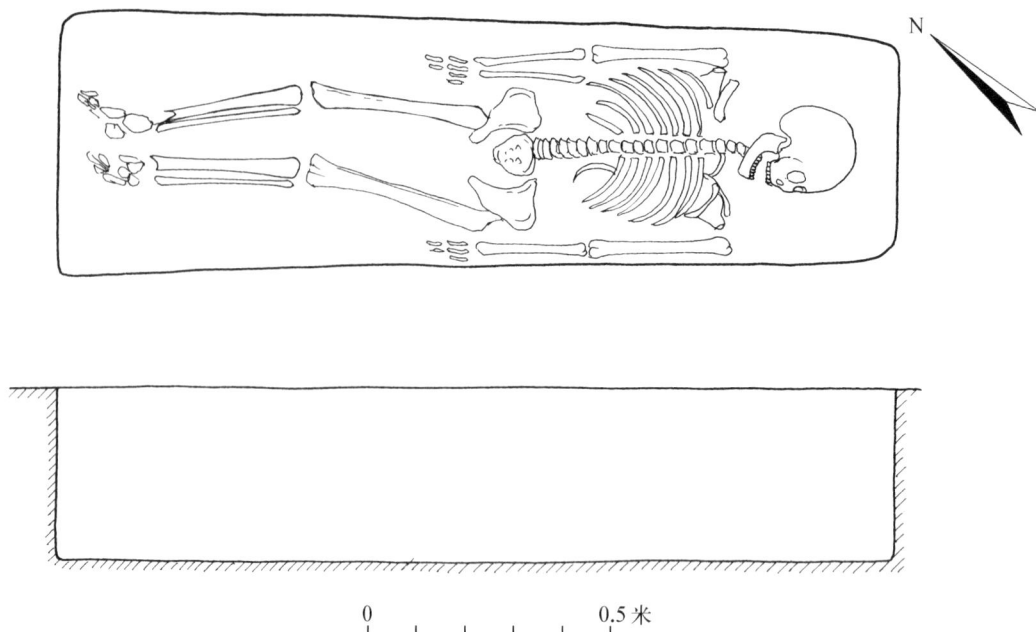

图三五四　M434平、剖面图

南。人骨未被扰乱,虽腐蚀较重,但整体形态清晰。双肩上耸,肋骨排列整齐,两臂自然伸直,双腿伸展。

墓中未发现随葬品。

M435

竖穴土坑墓,方向143°。墓圹平面呈圆角梯形,墓口长180、宽30～40、墓深5、墓口距地表50厘米。边壁规整,上下垂直,口底大小相等,平底。墓室内填红褐花土,葬具不清。

墓中人骨扰乱严重,骨骸基本无存,仅在墓室西部残存有部分肋骨残段及右侧肱骨残段。性别、年龄不详。葬式及面向亦不清楚。

未发现随葬品。

M436

竖穴土坑墓,方向38°。墓口残长150、宽50、墓深5、墓口距地表50厘米(图版一五〇)。边壁规整,上下垂直,口底大小相等,平底。被近代沟渠打破。墓室内填黄褐花土,葬具不清。

墓主人为一成年女性,具体年龄不详。葬式为俯身直肢葬。人骨被扰乱,保存较差,胸椎以上被壕沟破坏,左右胫骨上端以下骨骸亦已无存。且骨架腐蚀严重,肋骨凌乱,不见双臂。

墓中未发现随葬品。

M437

竖穴土坑墓,方向135°。墓圹平面呈圆角梯形,墓口长170、宽35～40、墓深20、墓口距地表

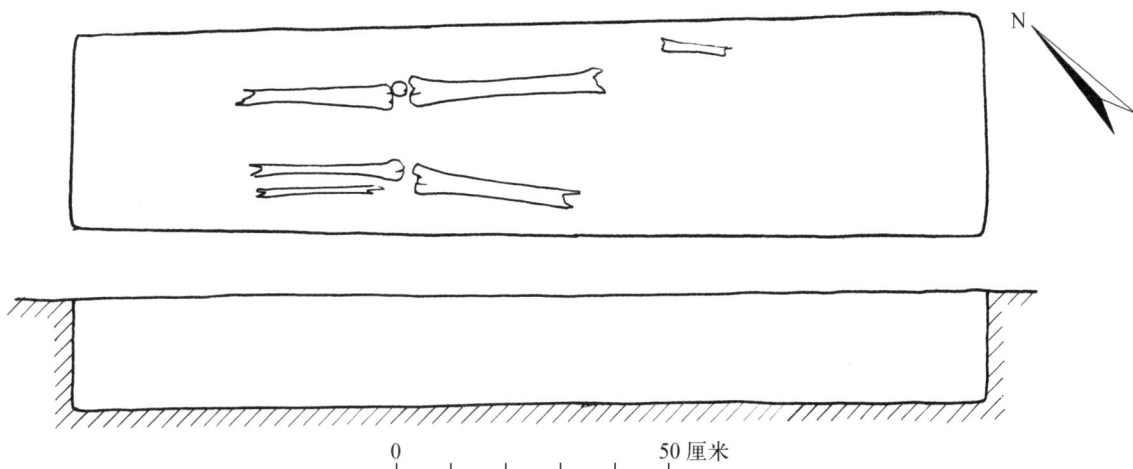

图三五五 M437平、剖面图

50厘米（图三五五）。边壁规整，上下垂直，口底大小相等，平底。墓室内填红褐花土，葬具不清。

墓中人骨扰乱严重，上身仅存右侧尺骨残段，下身保存相对较好，虽腐蚀严重，但双腿伸直，位置明确。性别、年龄不详。葬式为直肢葬，面向亦不清楚。

墓中不见随葬品。

M438

竖穴土坑墓，方向35°。墓圹平面呈圆角梯形，墓口长180、宽40～50、墓深5、墓口距地表50厘米（图三五六）。边壁规整，上下垂直，口底大小相等，平底。被M439打破。墓室内填黄褐花土，葬具不清。

墓主人为男性，矢状缝和冠状缝愈合，年龄在41岁以上。葬式为仰身直肢葬，头向东北，面向不详。人骨被扰乱，保存较差，左肢及躯干部分骨骼无存，左侧胫骨和腓骨下端亦被M439破

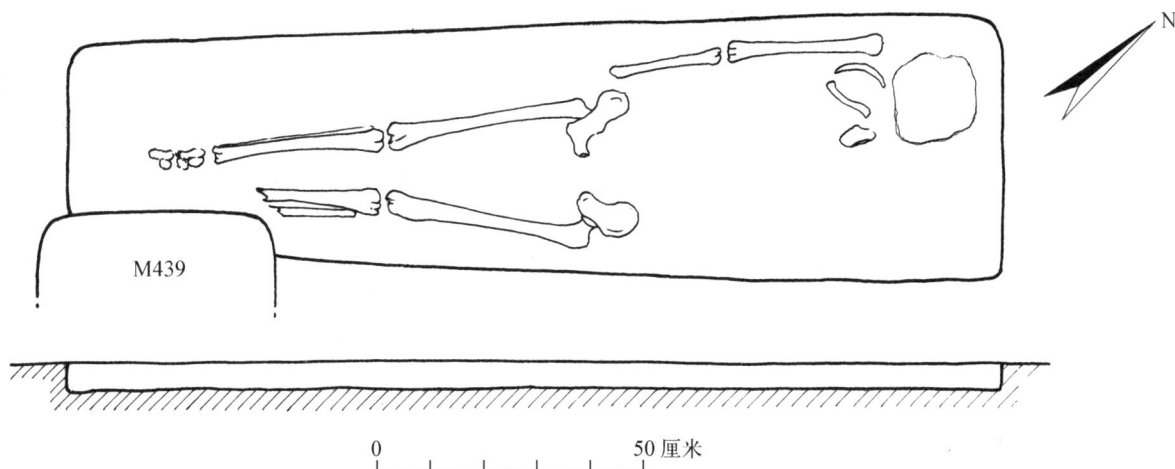

图三五六 M438平、剖面图

坏。但骨架整体形态清晰,右臂伸直,双腿伸展。

墓中未发现随葬品。

M439

竖穴土坑墓,方向145°。墓圹平面呈圆角长方形,墓口长180、宽50、墓深50、墓口距地表50厘米(图三五七)。墓壁规整,上下垂直,口底大小相等,平底。打破M438。墓室内填红褐花土。但未见人骨。

墓中共发现2件石钺,一件横置于墓室中部,另一件紧挨墓室东北壁竖置。M439:1,蚀变大理岩。青色。刃端略残,体近长方形,中间厚两端略薄,双面弧刃,近顶端中部有一双面钻圆孔,通体抛光。长12.6、顶端宽5.7、刃端残宽6.5、厚0.6、孔径0.7厘米(图三五八,2;图版二〇八,4)。M439:2,蚀变大理岩。器身上部横向断裂。青绿色。体近长方形,中间厚两端略薄,两侧也较薄,双面弧刃,近顶端中部有一双面钻圆孔,通体抛光。长14、顶端宽8.7、刃端宽9.2、厚1、孔径0.7厘米(图三五八,1;图版二一四,1)。

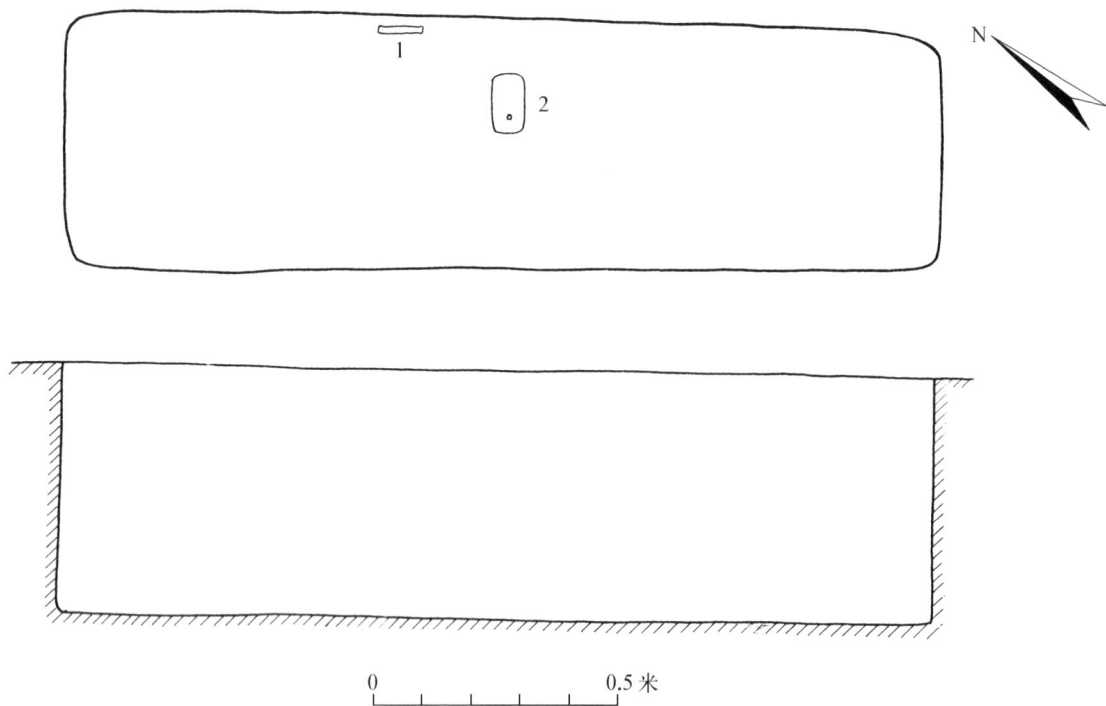

图三五七　M439平、剖面图

1、2. 石钺(M439:1、M439:2)

M440

竖穴土坑墓,方向138°。墓圹平面呈圆角梯形,墓口长190、宽37~50、墓深50、墓口距地表50厘米(图三五九)。墓壁规整,上下垂直,口底大小相等,平底。墓室内填红褐花土。未见人骨。

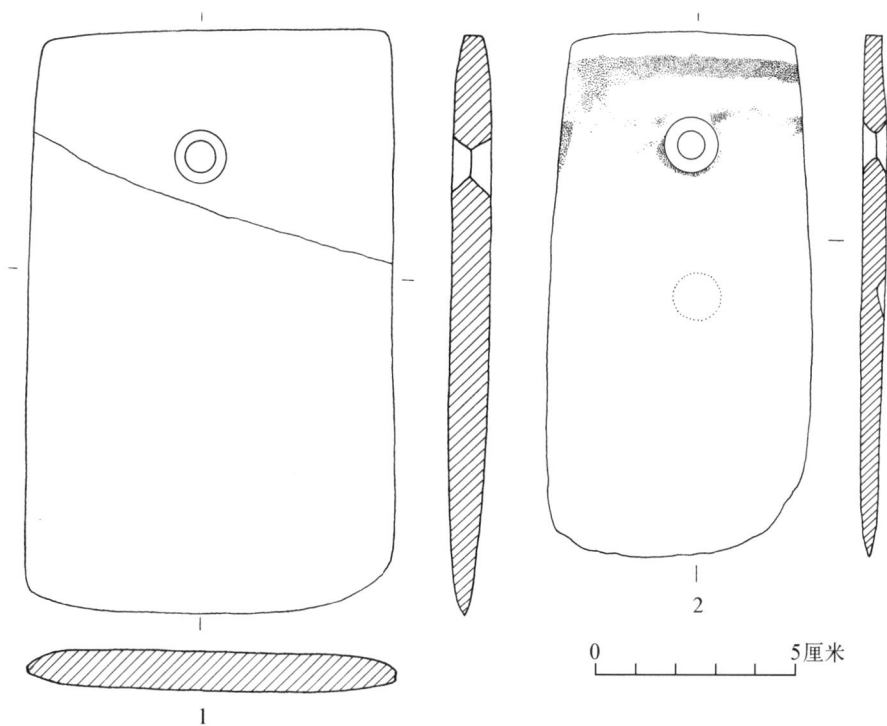

图三五八　M439出土器物图

1、2. 石钺（M439：2、M439：1）

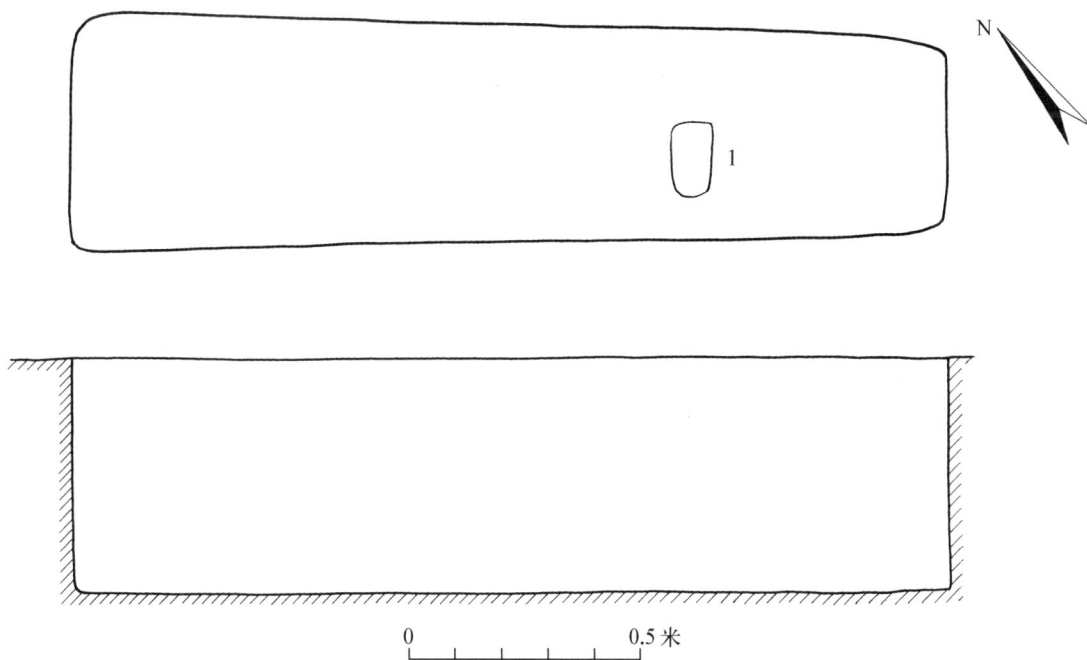

图三五九　M440平、剖面图

1. 石钺（M440：1）

墓室南部清理出1件石钺,M440:1,伊利石质。青灰色,受沁发黄、发红,器体于孔下部横向断裂,刃角残。体近梯形,中间厚两端略薄,双面斜刃,近顶端中部有一单面钻圆孔,通体抛光。长14.9、顶端宽6.3、刃端残宽7.7、厚0.7、孔径0.6厘米(图三六〇;图版二〇七,2)。

图三六〇　M440出土器物图

石钺(M440:1)

M441

竖穴土坑墓,方向137°。墓圹平面呈圆角长方形,墓口长180、宽50、墓深5、墓口距地表50厘米。边壁规整,上下垂直,口底大小相等,平底。墓室内填黄花土,葬具不清。

墓中人骨被扰乱,保存极差,仅在墓室中部残存有脊椎及部分肋骨。性别、年龄不详。葬式及面向亦不清楚。

未发现随葬品。

M442

竖穴土坑墓,方向150°。墓口残长62、宽40、墓深25、墓口距地表50厘米(图版一五一)。墓壁规整,上下垂直,口底大小相等,平底。打破M443,被近代沟渠打破。墓室内填红褐花土,葬具不清。

墓主人为男性,M_1磨耗Ⅲ～Ⅳ级,年龄在35～40岁。仰身,头向东南,面向西南。左侧肱骨下端及右侧肩胛骨以下骨骸均被沟渠破坏,骨骸无存,以上骨骸相对较好,仍可辨认出具体形态。

墓中未发现随葬品。

M443

竖穴土坑墓,方向148°。墓口残长52、宽43、墓深20、墓口距地表50厘米(图版一五一)。边壁规整,上下垂直,口底大小相等,平底。被M442和近代沟渠打破。墓室内填红褐花土,葬具不清。

墓主人为女性,M_1磨耗Ⅵ级以上,年龄在60岁以上。仰身葬,头向东南,面向上。左右肱骨下端以下骨骸均被沟渠破坏,骨骸无存,双肩上耸,肋骨稍显凌乱。

墓中未发现随葬品。

M444

竖穴土坑墓,方向113°。墓圹平面呈圆角梯形,墓口长170、宽40～45、墓深10、墓口距地表50厘米(图版一五二)。边壁规整,上下垂直,口底大小相等,平底。被近代沟渠破坏。墓室内填红褐花土,葬具不清。

墓主人为男性，M₁磨耗Ⅳ～Ⅴ级，年龄在40～45岁。葬式不清，面向不详。骨骸扰乱严重，上身骨骼仅存头骨残片、左侧肱骨残段、锁骨、右侧桡骨残段等；下肢亦仅能看到左侧股骨残段、左右胫骨和腓骨残段，只能依稀辨认出大体形态。

墓中未发现随葬品。

M445

竖穴土坑墓，方向140°。墓圹平面呈圆角长方形，墓口长188、宽60、墓深20、墓口距地表50厘米（图三六一，图版一五三）。边壁规整，上下垂直，口底大小相等，平底。墓室内填红褐花土，葬具不清。

墓主人为男性，M₁磨耗Ⅲ～Ⅳ级，年龄在35～40岁。葬式为仰身直肢葬，头向东南，面向西南。人骨未被扰乱，保存较好，双肩上耸，左臂弧状内收，左手放于腰际，右前臂斜置于盆骨之上，双腿微向左弯。

墓中未发现随葬品。

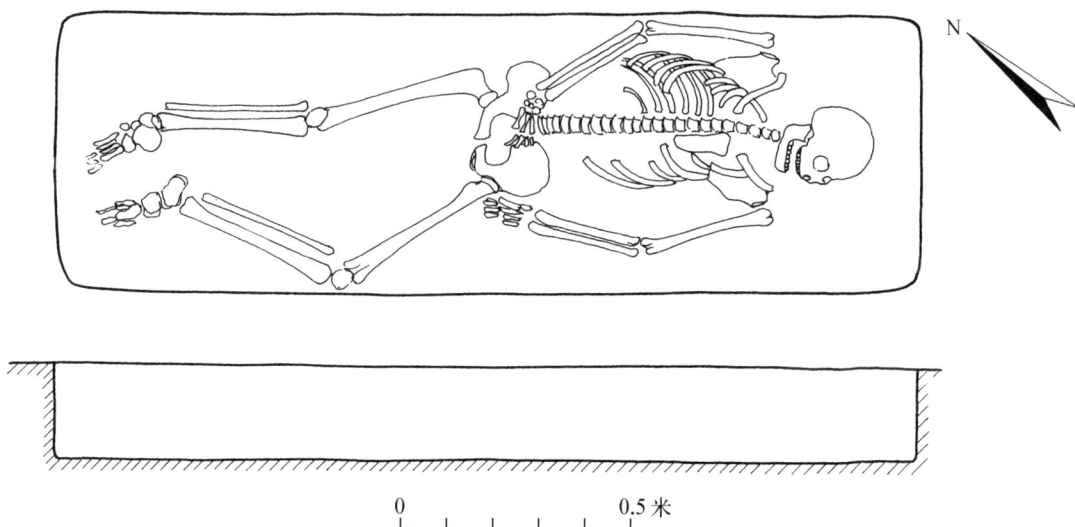

图三六一 M445平、剖面图

M446

竖穴土坑墓，方向140°。墓圹平面呈圆角梯形，墓口长180、宽39～51、墓深6、墓口距地表50厘米（图三六二）。边壁规整，上下垂直，口底大小相等，平底。墓室内填红褐花土，葬具不清。

墓主人为女性，M₁磨耗Ⅲ～Ⅳ级，年龄在35～40岁。葬式为仰身直肢葬，头向东南，面向上。骨骸未被扰乱，虽腐蚀较重，但整体形态清晰。双肩上耸，肋骨稍显凌乱，左前臂向上斜置于胸部，右前臂斜置于腹部，两腿伸直，双脚并拢。

墓中未发现随葬品。

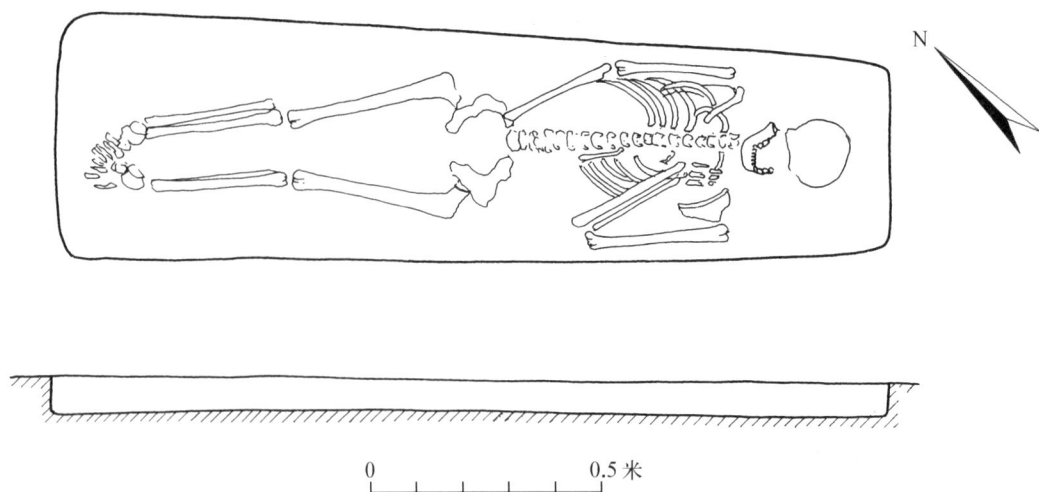

图三六二　M446平、剖面图

M447

竖穴土坑墓,方向35°。墓圹平面呈圆角梯形,墓口长170、宽45～60、墓深20、墓口距地表50厘米。边壁规整,上下垂直,口底大小相等,平底。墓室内填黄褐花土,葬具不清。

墓中人骨扰乱严重,保存极差,仅在墓室东北角清理出左侧胫骨残段。性别、年龄不详。葬式及面向亦不清楚。

未发现随葬品。

M448

竖穴土坑墓,方向147°。墓口残长133、宽40～45、墓深25、墓口距地表50厘米(图三六三)。墓壁规整,上下垂直,口底大小相等,平底。被现代人取土破坏。墓室内填红褐花土,葬具不清。

墓主人为男性,M₁磨耗Ⅲ～Ⅳ级,年龄在35～40岁。葬式为仰身直肢葬,头向东南,面向上。左右股骨下端以下骨骸均被取土破坏,骨骸无存,以上骨骸相对较好,仍可辨认出具体形态,双肩上耸,肋骨排列整齐,右臂伸直,左前臂斜置于盆骨之上,双腿伸展。

墓中未发现随葬品。

M449

竖穴土坑墓,方向140°。墓圹平面呈圆角梯形,墓口长170、宽40～45、墓深25、墓口距地表50厘米(图三六四)。墓壁规整,上下垂直,口底大小相等,平底。墓室内填红褐花土,葬具不清。

墓主人为一成年女性,髂嵴和髂骨愈合,年龄应大于24岁。葬式为仰身直肢葬,头向东南,面向不详。右侧肱骨下端与左侧桡骨以上骨骸被扰,基本无存,肋骨亦稍显凌乱。但骨架整体形态清晰,两臂伸直,双手放于腿两侧,双腿伸展。

墓中未发现随葬品。

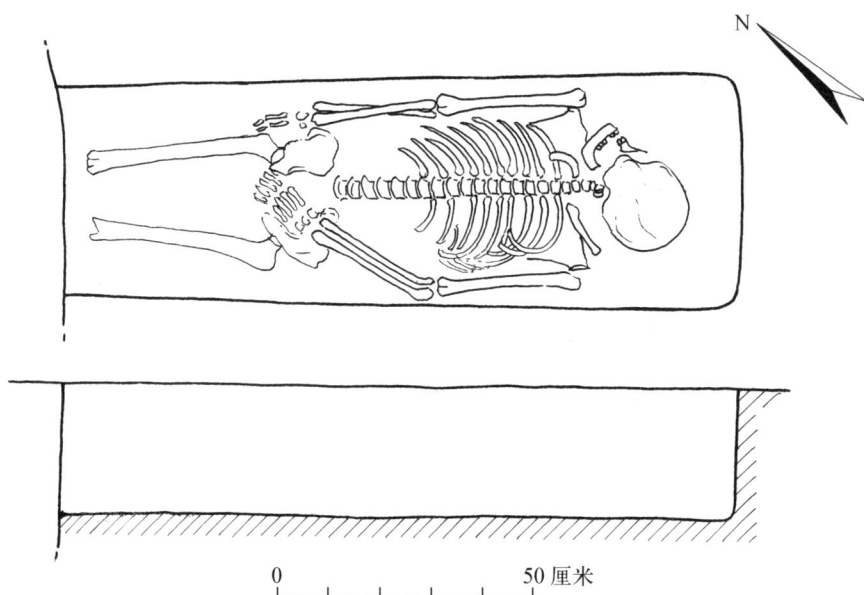

图三六三　M448 平、剖面图

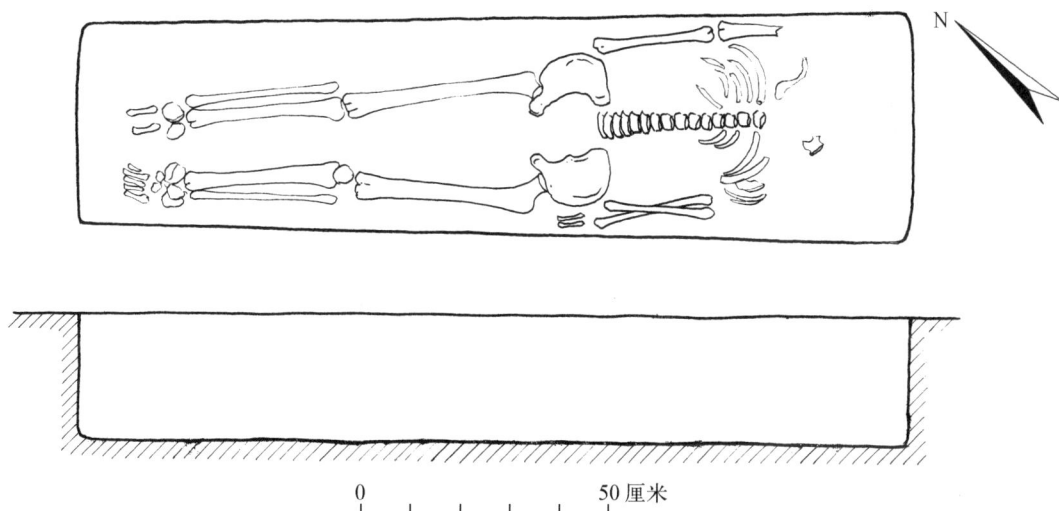

图三六四　M449 平、剖面图

M450

竖穴土坑墓，方向135°。墓圹平面呈圆角梯形，墓口长180、宽40～45、墓深5、墓口距地表50厘米（图版一五四）。边壁规整，上下垂直，口底大小相等，平底。墓室内填红褐花土，葬具不清。

墓主人为一成年男性，髂嵴和髂骨愈合，年龄应大于24岁。葬式为仰身直肢葬，头向东南，面向不详。上身骨骸扰乱严重，仅存肋骨残段、左右桡骨和尺骨残段、左侧肱骨残段等，下身双腿伸直，不见脚骨，保存相对较好。

墓中未发现随葬品。

M451

竖穴土坑墓,方向140°。墓圹平面呈圆角梯形,墓口长200、宽50～70、墓深30、墓口距地表50厘米。墓壁规整,上下垂直,口底大小相等,平底。被近代沟渠破坏。墓室内填红褐花土,葬具不清。

墓中人骨扰乱严重,集中分布于墓室中部,有左右肱骨残段、右侧尺骨残段、肋骨残段等。性别、年龄不详。葬式及面向亦不清楚。

墓中未发现随葬品。

M452

竖穴土坑墓,方向135°。墓圹平面呈圆角梯形,墓口长160、宽46～53、墓深10、墓口距地表50厘米(图三六五,图版一五五)。边壁规整,上下垂直,口底大小相等,平底。墓室内填红褐花土,葬具不清。

墓主人为一男性个体,M_1磨耗Ⅰ级,年龄在20～25岁。葬式为仰身直肢葬,头向东南,面向西南。墓葬被扰,面颅不见。虽腐蚀较重,但整体形态清晰。双肩上耸,两臂伸直,双手放于腿两侧,双腿伸展,脚骨腐蚀成灰。

墓中未发现随葬品。

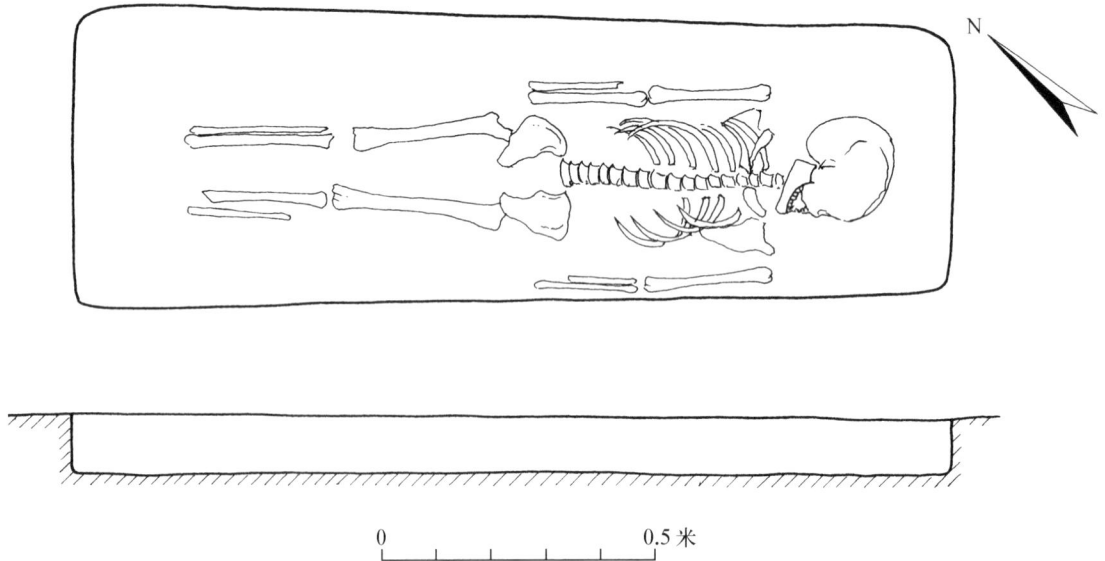

图三六五　M452平、剖面图

M453

竖穴土坑墓,方向126°。墓口残长120～170,宽70、墓深85、墓口距地表50厘米。墓壁陡直,口底大小相等,墓底平坦。打破M454。墓室内填红褐花土,葬具不清。

墓葬被扰,墓主人为男性,M₁磨耗Ⅵ级以上,年龄在60岁以上。葬式及面向不详。骨骸非常散乱,保存较差,大体可分为两组:西北侧一组残存有下颌骨、盆骨残片等,东南侧一组则为肩胛骨、左侧肱骨残段、桡骨和尺骨残段等。

墓中未发现随葬品。

M454

竖穴土坑墓,方向30°。墓圹平面呈圆角长方形,墓口长180、宽60、墓深125、墓口距地表50厘米。墓壁陡直,口底大小相等,墓底平坦。被M453和M455打破。墓室内填黄褐花土,葬具不清。

墓主人为男性,M₁磨耗Ⅴ级,年龄在50岁左右。葬式及面向不详。骨骸扰乱严重,仅存头骨、残下颌骨、左右肱骨残段、右侧桡骨和尺骨残段、肋骨残段等,且无法辨认骨架整体形态。

墓中未发现随葬品。

M455

竖穴土坑墓,方向138°。墓圹平面呈圆角长方形,墓口长180、宽45、墓深25、墓口距地表50厘米。墓壁规整,上下垂直,口底大小相等,平底。打破M454。墓室内填红褐花土。墓葬被扰。

墓中未发现任何遗存。

M456

竖穴土坑墓,方向122°。墓口残长105～150,宽50、墓深30、墓口距地表50厘米。墓壁规整,上下垂直,口底大小相等,平底。被近代沟渠打破。墓室内填红褐花土。

墓中未发现任何遗存。

M457

竖穴土坑墓,方向138°。墓圹平面呈圆角长方形,墓口长130、宽50、墓深40、墓口距地表50厘米。墓壁规整,上下垂直,口底大小相等,平底。打破M458。墓室内填红褐花土。墓葬被扰。

墓中未发现任何遗存。

M458

竖穴土坑墓,方向32°。墓圹平面呈圆角梯形,墓口长200、宽48～61、墓深70、墓口距地表50厘米(图三六六,图版一五六)。墓壁陡直,口底大小相等,墓底平坦。被M457打破。墓室内填黄褐花土,葬具不清。

墓主人为男性,M₁磨耗Ⅴ级,年龄在50岁左右。葬式为仰身直肢葬,头向东北,面向西。人骨未被扰乱,保存较好,双肩上耸,肋骨排列整齐,两臂伸直,双手放于腿两侧,双腿伸展。

墓中未发现随葬品。

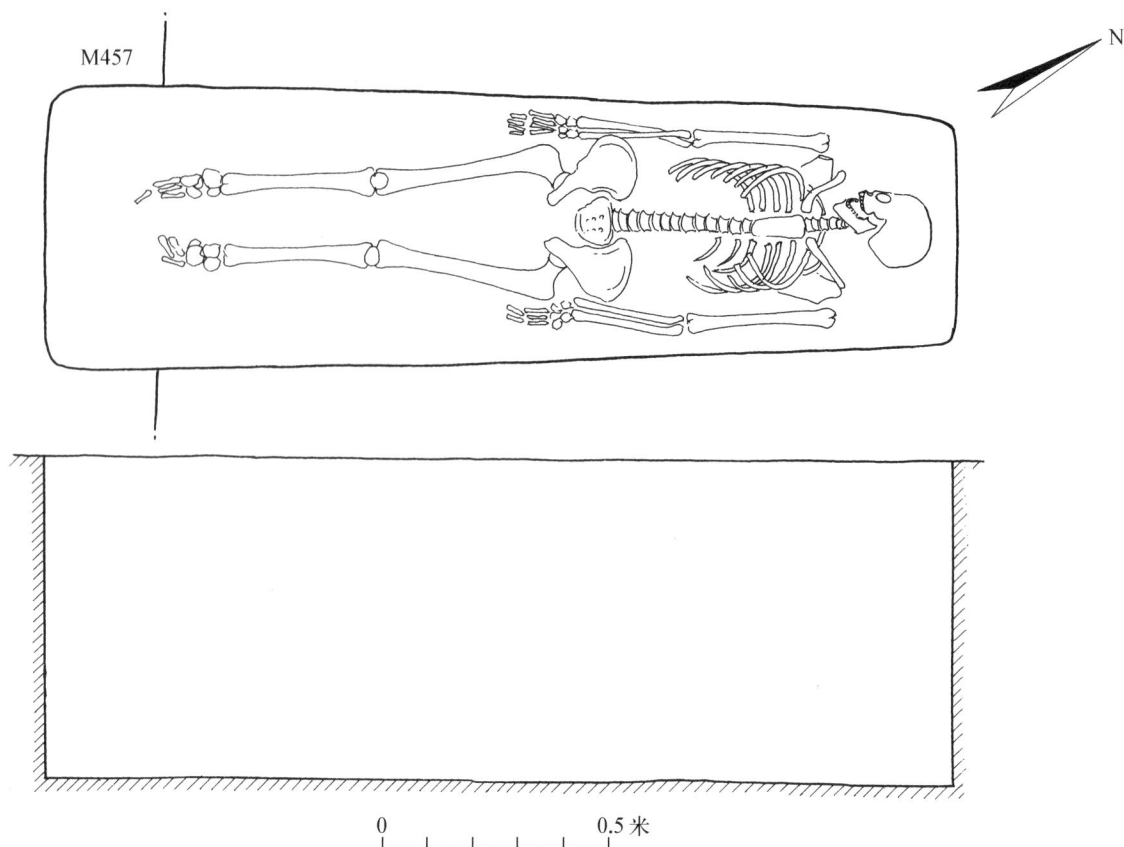

M457

0　　　　　　　　　　0.5 米

图三六六　　M458 平、剖面图

M459

竖穴土坑墓,方向 145°。墓口残长 99～163、宽 45、墓深 10、墓口距地表 50 厘米。边壁规整,上下垂直,口底大小相等,平底。被近代沟渠打破。墓室内填红褐花土。葬具不清。

墓主人为一成年女性,髂嵴和髂骨愈合,年龄应大于 24 岁。葬式为直肢葬,头向东南,面向不详。人骨腐蚀较重,且盆骨以上骨骼均被沟渠破坏。下肢保存相对较好,两腿伸直。

墓中未发现随葬品。

M460

竖穴土坑墓,方向 128°。墓圹平面呈圆角梯形,墓口长 180、宽 45～55、墓深 30、墓口距地表 50 厘米(图三六七,图版一五七)。墓壁规整,上下垂直,口底大小相等,平底。打破 M462。墓室内填红褐花土,葬具不清。

墓主人为女性,M_1 磨耗Ⅲ级,年龄在 30 岁左右。葬式为仰身直肢葬,头向东南,面向不详。骨骼保存较好,仅头骨等被扰乱,骨架整体形态清晰,两前臂向上弯曲,肋骨稍显凌乱,两腿伸直,双脚并拢,两脚向左上方微翘。

墓中未发现随葬品。

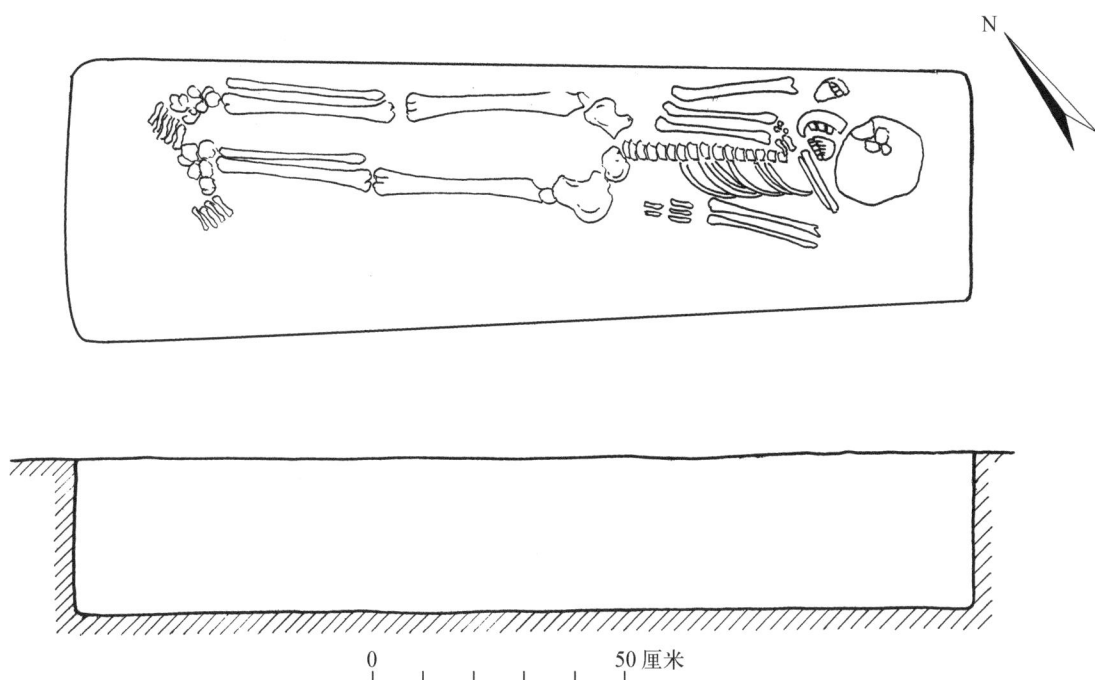

图三六七 M460平、剖面图

M461

竖穴土坑墓,方向130°。墓圹平面呈圆角梯形,墓口长190、宽65～80、墓深75、墓口距地表50厘米。墓壁陡直,口底大小相等,墓底平坦。打破M462、M463、M466。墓室内填红褐花土,葬具不清。

墓主人为一成年个体,性别及具体年龄不详。葬式、面向亦不清楚。人骨扰乱严重,保存较差,仅在墓室中部清理出左右股骨残段、胫骨和腓骨残段等少数骨骼。

墓中未发现随葬品。

M462

竖穴土坑墓,方向45°。墓口残长149、宽50、墓深65、墓口距地表50厘米(图三六八,图版一五八)。墓壁规整,上下垂直,口底大小相等,平底。被M460、M461和M470打破。墓室内填黄褐花土,葬具不清。

墓主人为一成年男性,髂嵴和髂骨愈合,年龄应大于24岁。葬式为仰身直肢葬,头向东北,面向不详。左右肱骨上端及其以上骨骼被M461破坏,但人骨骨架保存较好,整体形态清晰,肋骨排列整齐,两臂伸直,双手放于腿两侧,双腿伸展。

墓中未发现随葬品。

M463

竖穴土坑墓,方向25°。墓口残长124～138、宽54、墓深80、墓口距地表50厘米(图三六九,图版一五九)。墓壁陡直,口底大小相等,墓底平坦。被M461和M464打破。墓室内填黄褐花土,

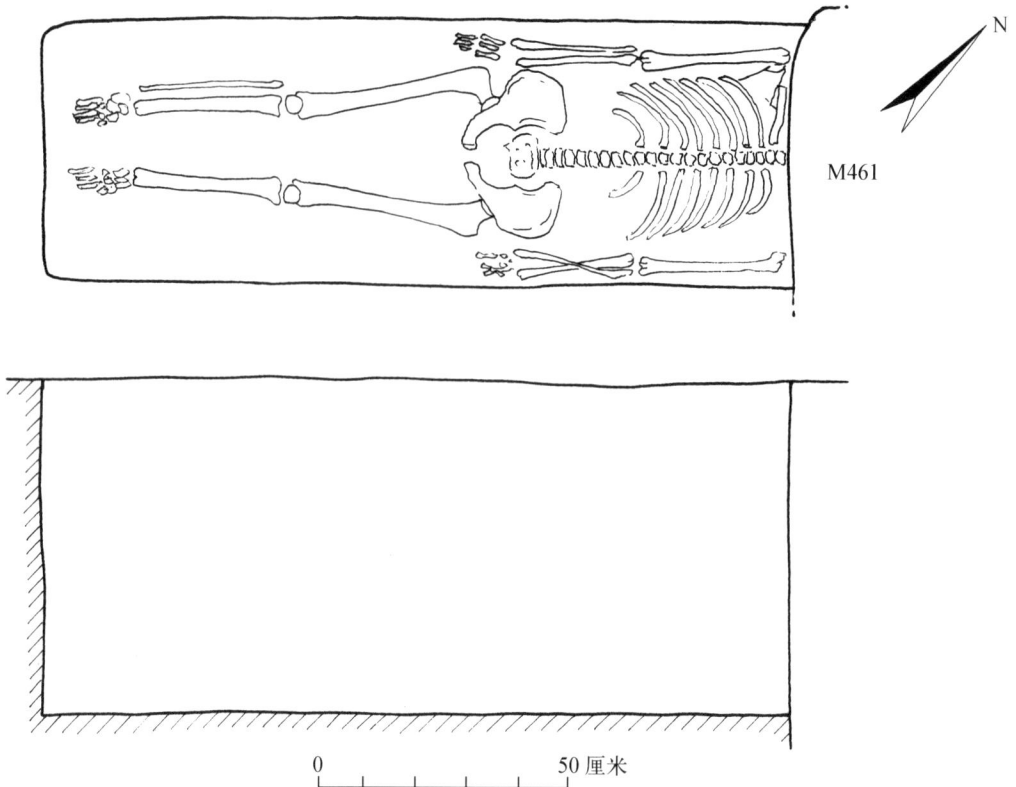

图三六八　M462平、剖面图

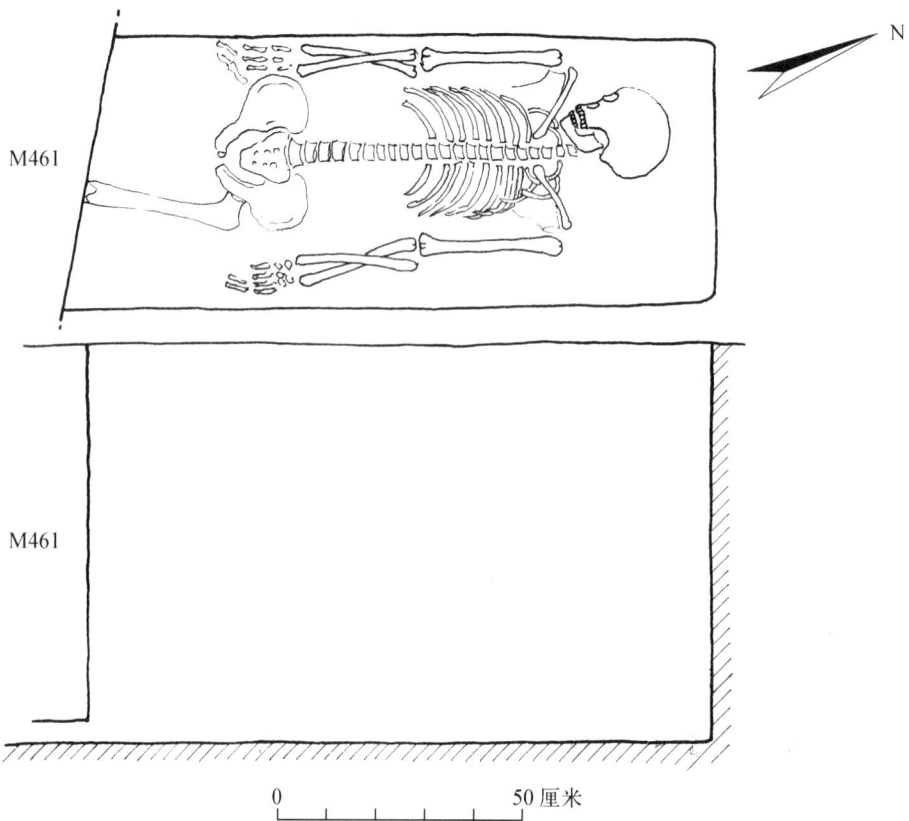

图三六九　M463平、剖面图

葬具不清。

墓主人为男性，M$_1$磨耗Ⅴ～Ⅵ级，年龄在50～55岁。葬式为仰身葬，头向东北，面向西南。左侧股骨下端和右侧盆骨以下骨骼被M461破坏，上身保存相对较好，整体形态清晰，肋骨排列整齐，双肩上耸，两臂伸直，双手放于腿两侧。

墓中未发现随葬品。

M464

竖穴土坑墓，方向136°。墓圹平面呈圆角梯形，墓口长170、宽50～60、墓深45、墓口距地表50厘米（图版一六〇）。墓壁规整，上下垂直，口底大小相等，平底。打破M463。墓室内填红褐花土，葬具不清。

墓主人为一成年个体，性别及具体年龄不详。葬式及面向亦不清楚。人骨扰乱严重，保存较差，仅在墓室中部清理出左右股骨残段、胫骨和腓骨残段等少量骨骼。

墓中未发现随葬品。

M465

竖穴土坑墓，方向133°。墓圹平面呈圆角长方形，墓口长190、宽60、墓深20、墓口距地表50厘米（图版一六一）。边壁规整，上下垂直，口底大小相等，平底。被近代沟渠打破。墓室内填红褐花土，葬具不清。

墓主人为男性，M$_1$磨耗Ⅲ级，年龄在30岁左右。葬式及面向不详。骨骼扰乱严重，保存较差，已无法辨认骨架具体形态，仅在墓室中部清理出头骨、残下颌骨等骨骼。

墓中未发现随葬品。

M466

竖穴土坑墓，方向30°。墓口长180、宽50、墓深75、墓口距地表50厘米（图三七〇，图版一六二）。墓壁陡直，口底大小相等，墓底平坦。被M461打破。墓室内填黄褐花土，葬具不清。

墓主人为男性，M$_1$磨耗Ⅴ级，年龄在50岁左右。葬式为仰身葬，头向东北，面向东南。右侧股骨下端和左侧盆骨以下骨骼被M461破坏，上身保存相对较好，整体形态清晰，肋骨排列整齐，双肩上耸，两臂伸直，双手放于腿两侧。

墓中未发现随葬品。

M467

竖穴土坑墓，方向139°。墓口残长170、宽60、墓深20、墓口距地表50厘米（图三七一）。边壁规整，上下垂直，口底大小相等，平底。打破M477。墓室内填红褐花土，葬具不清。

墓主人为一成年个体，性别及具体年龄不详。葬式及面向亦不清楚。人骨扰乱严重，保存较差，仅在墓室中清理出左侧股骨残段。

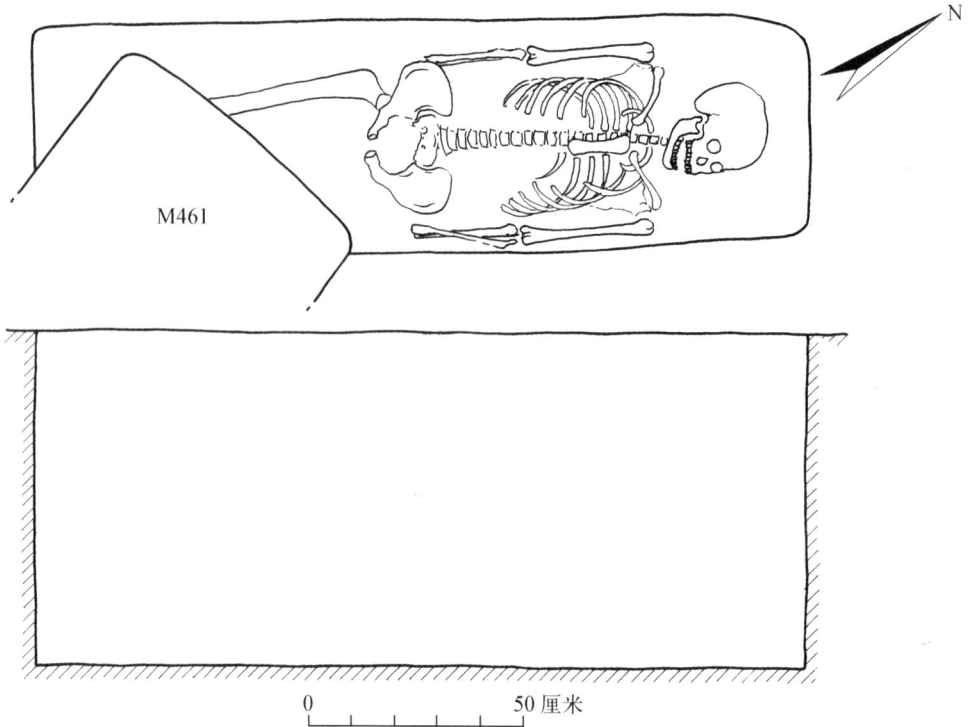

M461

0 　　　　　　50厘米

图三七〇　M466 平、剖面图

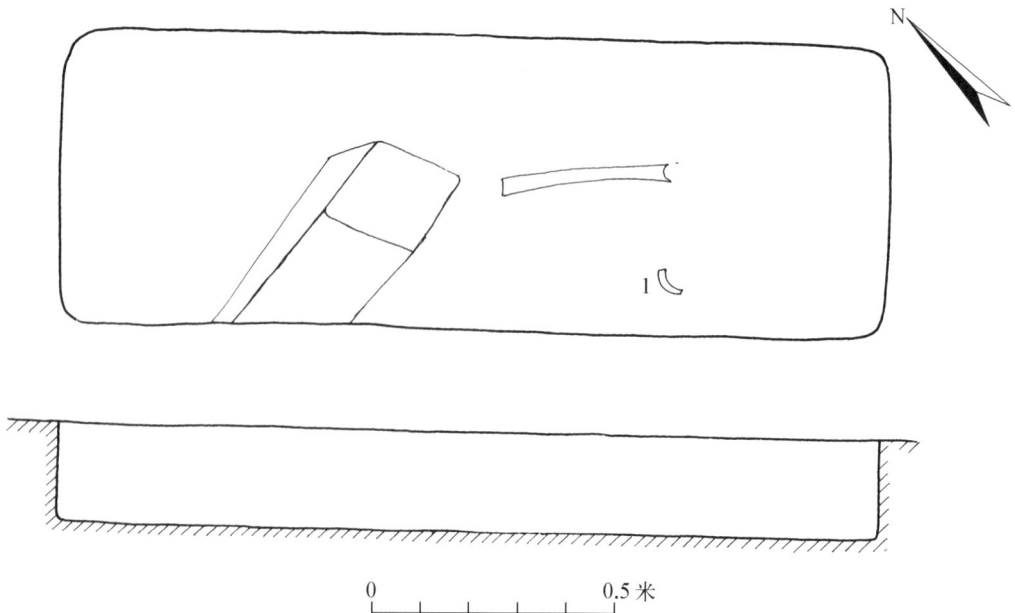

I

0 　　　　　　0.5 米

图三七一　M467 平、剖面图

1. 琮形石器（M467：1）

墓中随葬有1件琮形石器，M467：1，残，蚀变大理岩。青黄色，外方内圆，横截面呈梯形，一面有深长凹槽。最宽处1.6厘米（图三七二；图版二四一，6）。墓室西南部竖有1块长约50、宽15～20厘米的长方体石块。

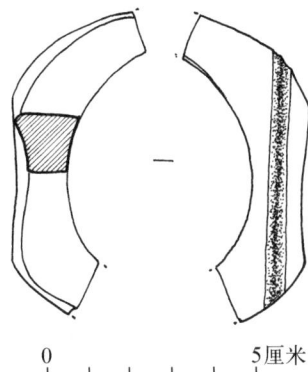

图三七二　M467出土器物图

琮形石器（M467：1）

M468

竖穴土坑墓，方向140°。墓圹平面呈圆角长方形，墓口长200、宽50、墓深20、墓口距地表50厘米。边壁规整，上下垂直，口底大小相等，平底。打破M477。墓室内填红褐花土。墓葬被扰。

墓中未发现任何遗存。

M469

竖穴土坑墓，方向133°。墓圹平面呈圆角长方形，墓口长175、宽50、墓深10、墓口距地表50厘米（图版一六三）。边壁规整，上下垂直，口底大小相等，平底。打破M470和M477。墓室内填红褐花土，葬具不清。

墓主人为一成年男性，股骨上端和下端愈合，年龄应大于24岁。葬式为仰身直肢葬，头向东南，面向不详。左侧股骨上端和右侧胫骨上端以上骨骼均被破坏，上身仅存有肋骨残段、脊椎残段、肱骨残段、手骨等，且已无法辨认骨架形态，下肢相对较好，两腿伸直。

墓中未发现随葬品。

M470

竖穴土坑墓，方向135°。墓圹平面呈圆角长方形，墓口长160、宽50、墓深20、墓口距地表50厘米（图版一六三）。边壁规整，上下垂直，口底大小相等，平底。打破M462和M471，被M469打破。墓室内填红褐花土，葬具不清。

墓主人为男性，M_1磨耗Ⅳ～Ⅴ级，年龄在40～45岁。葬式为仰身直肢葬，头向东南，面向上。上身保存较好，双肩上耸，肋骨排列整齐，左臂伸直，右前臂斜置于胸腹部，下身左侧胫骨和腓骨上端与右侧股骨下端以下骨骼被M469扰乱。

墓中未发现随葬品。

M471

竖穴土坑墓，方向35°。墓圹平面呈圆角长方形，墓口长180、宽45、墓深46、墓口距地表50厘米（图三七三，图版一六四）。墓壁规整，上下垂直，口底大小相等，平底。被M470打破。墓室内填黄褐花土，葬具不清。

墓主人为女性，M_1磨耗Ⅲ级，年龄在30岁左右。葬式为仰身直肢葬，头向东北，面向西。人骨未被扰乱，保存较好，双肩上耸，肋骨排列整齐，两臂伸直，双手放于腿两侧，两腿伸展，脚骨腐

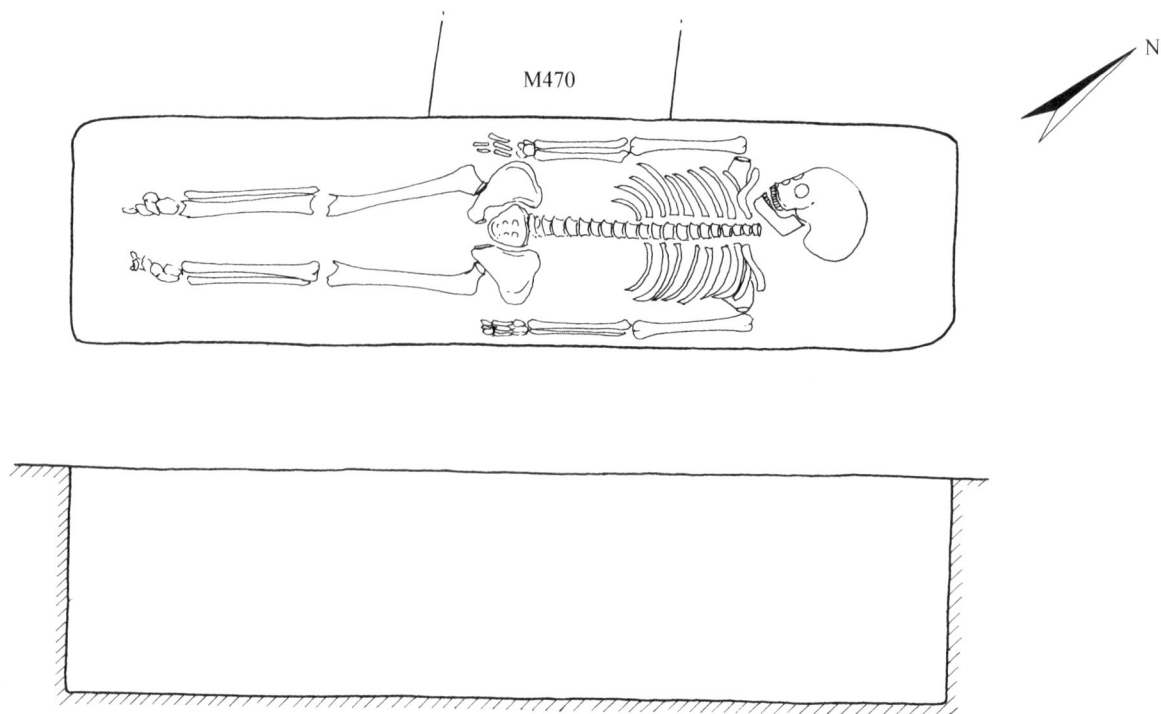

M470

0   0.5 米

图三七三　M471平、剖面图

蚀成灰。

墓中未发现随葬品。

M472

竖穴土坑墓,方向132°。墓圹平面呈梯形,墓口长190、宽50～55、墓深20、墓口距地表50厘米(图三七四)。边壁规整,上下垂直,口底大小相等,平底。打破M482一角和M474。墓室内填红褐花土。不见人骨。

墓葬被扰。墓中先后清理出3件玉石器。1件残石钺,M472∶1,大理岩。棕黄色。体近梯形,从顶端到刃部逐渐变薄,双面弧刃,近顶端两侧稍向里凹,由于受沁,体表变的粗糙。长6.2、顶端宽4、刃端宽5.2、厚0.6厘米(图三七五,1;图版二○九,1)。1件复合石璧,M472∶2,透闪石玉,表面均有不同程度的沁蚀。青绿色。由六片长短不一的带穿璜片连成,出土时已散落,切面呈楔形,以二对一或一对一的钻孔连缀,原拼合方式已不可知,通体抛光。外径10.7、好径5.4、厚0.2～0.3厘米(图三七五,2;图版二二○,2)。1件石钺,M472∶3,大理岩。棕黄色。体近长方形,器体中间略厚两端略薄,双面斜刃,近顶端中部有一双面钻圆孔,通体磨光。长11.7、顶端宽7.2、刃端宽7.7、厚0.7、孔径0.5厘米(图三七五,3;图版二一二,3)。

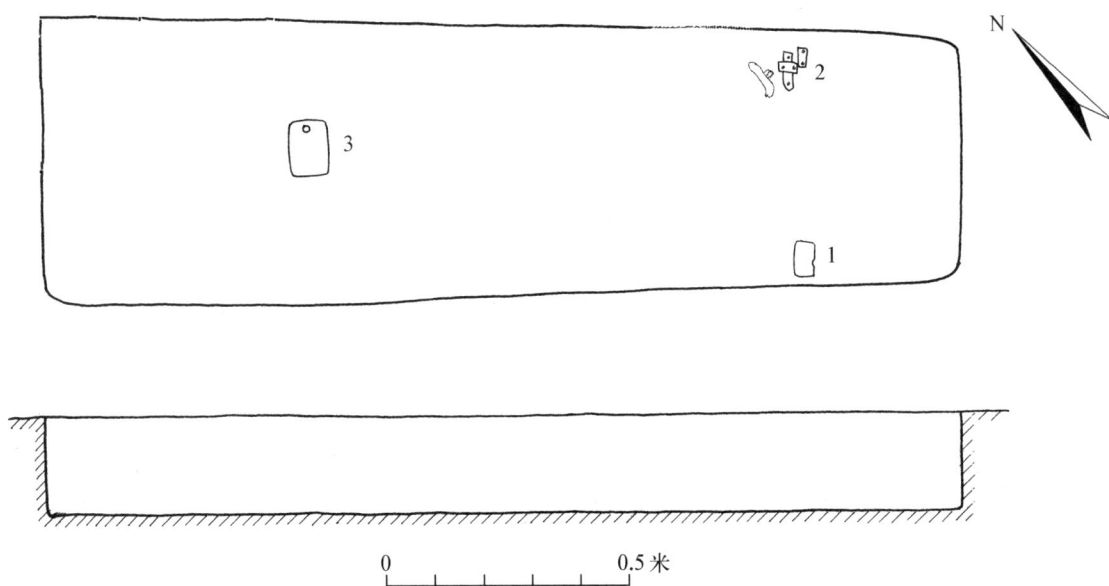

图三七四 M472平、剖面图

1.石钺(M472:1) 2.复合石璧(M472:2) 3.石钺(M472:3)

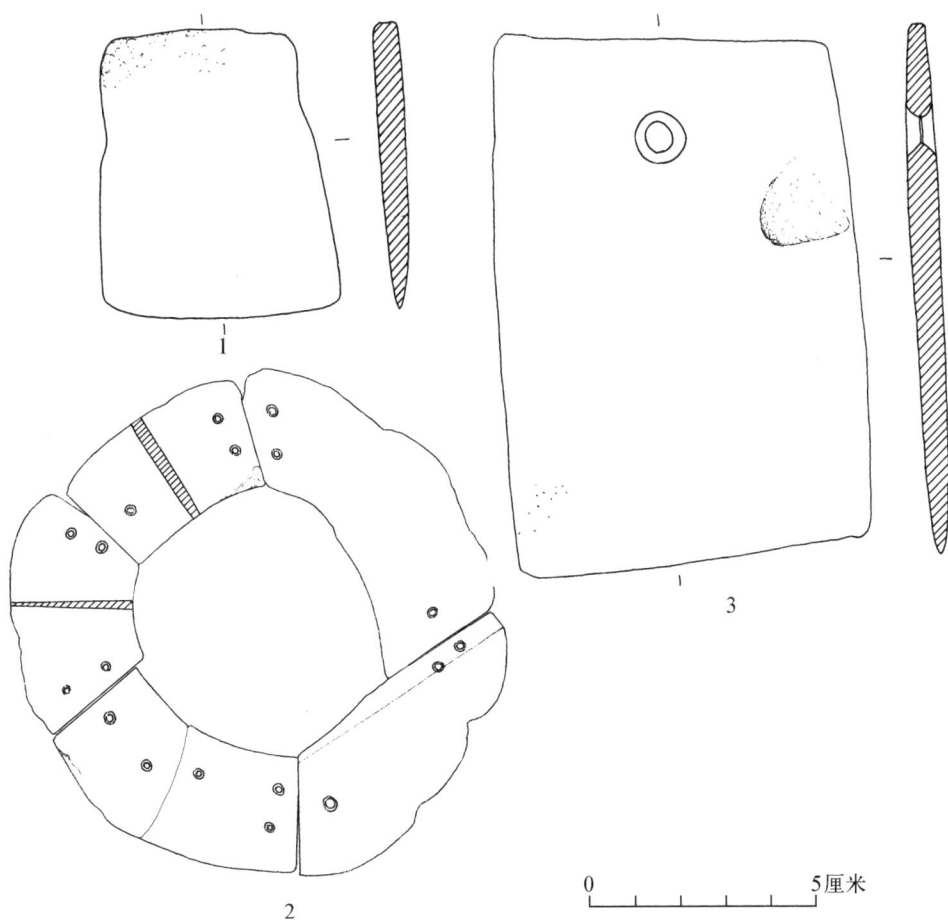

图三七五 M472出土器物图

1、3.石钺(M472:1、M472:3) 2.复合石璧(M472:2)

M473

竖穴土坑墓,方向132°。墓圹平面呈圆角梯形,墓口长190、宽40～53、墓深20、墓口距地表50厘米(图三七六,图版一六五)。边壁规整,上下垂直,口底大小相等,平底。打破M474。墓室内填红褐花土,葬具不清。

墓主人为一壮年女性,M_1磨耗Ⅲ级,年龄在30岁左右。葬式为侧身直肢葬,头向东南,面向西南。人骨未被扰乱,保存较好,肋骨排列整齐,双臂均弧状内收,两前臂斜置于盆骨之上,两腿伸直,两脚并拢,脚尖微向左倾。

墓中未发现随葬品。

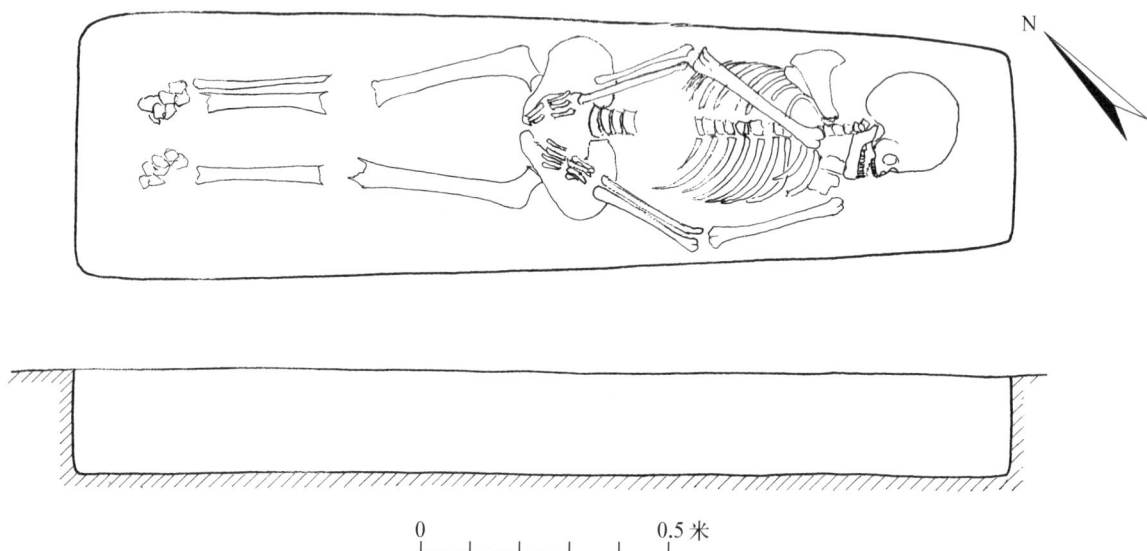

图三七六　M473平、剖面图

M474

竖穴土坑墓,方向40°。墓圹平面呈圆角梯形,墓口长190、宽46～57、墓深70、墓口距地表50厘米(图三七七,图版一六六)。墓壁陡直,口底大小相等,墓底平坦。被M472、M473和近代沟渠打破。墓室内填黄褐花土,葬具不清。

墓主人为女性,M_1磨耗Ⅴ～Ⅵ级,年龄在50～55岁。葬式为仰身直肢葬,头向东北,面向东南。人骨保存完好,两肩上耸,肋骨排列整齐,双臂伸直,双手置于腿两侧,双腿紧并,脚尖靠拢。

头顶清理出1件骨笄,M474:1,浅黄白色。剖面呈扁长方形,顶端残。残长10.4、宽0.8厘米(图三七八)。

M475

竖穴土坑墓,方向135°。墓口残长73～115、宽50、墓深25、墓口距地表50厘米。墓壁规整,

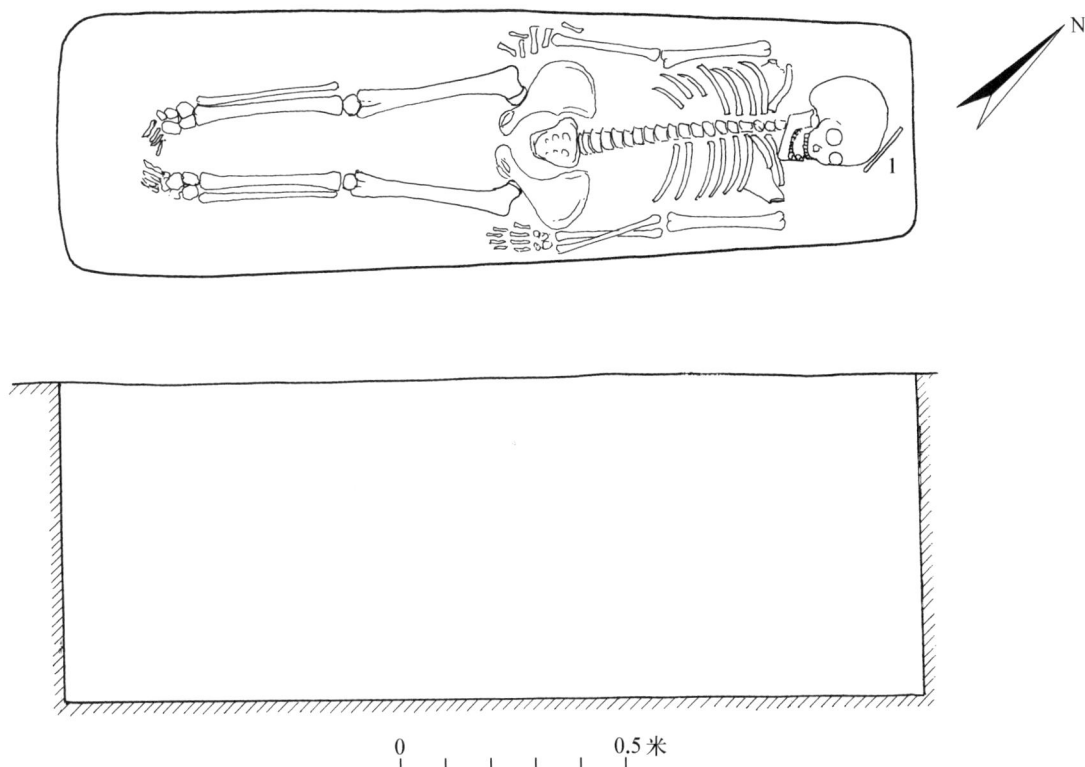

图三七七 M474平、剖面图

1. 骨笄(M474：1)

上下垂直，口底大小相等，平底。墓圹叠压在现代沟渠之下。墓室内填红褐花土。墓葬被扰。

墓中未发现任何遗存。

M476

竖穴土坑墓，方向137°。墓圹平面呈梯形，墓口长200、宽40～50、墓深35、墓口距地表50厘米（图版一六七）。墓壁规整，上下垂直，口底大小相等，平底。打破M477、M478和M479。墓室内填红褐花土，葬具不清。

墓主人为一壮年女性，M₁磨耗Ⅲ级，年龄在30岁左右。葬式为直肢葬，头向东南，面向不详。人骨扰乱严重，上身骨骼基本无存，仅剩头骨残片、左右肱骨残段、尺骨残段等，且无法辨认骨架原本形态；下身相对较好，双腿伸直，但脚骨腐蚀成灰。

墓中未发现随葬品。

图三七八 M474出土器物图

骨笄(M474：1)

M477

竖穴土坑墓,方向45°。墓圹平面呈圆角长方形,墓口长190、宽55、墓深95、墓口距地表50厘米(图三七九,图版一六八)。墓壁陡直,口底大小相等,墓底平坦。被M467、M468、M469和M476打破。墓室内填黄褐花土,葬具不清。

墓主人为男性,M_1磨耗Ⅳ～Ⅴ级,年龄在40～45岁。葬式为仰身直肢葬,头向东北,面向上。人骨未被扰乱,保存较好,双肩上耸,肋骨排列整齐,双臂伸直,双手放于腿两侧,双腿伸展。

左侧盆骨之上横置1件石钺,M477:1,蚀变大理岩。青灰色,器体多处断裂,刃端一角略残。器体近长方形,自顶端至刃部逐渐变薄,双面弧刃,近顶端中部有一双面钻圆孔,通体抛光。长14、顶端宽7.6、刃端宽8.3、厚0.6、孔径1.1厘米(图三八○)。

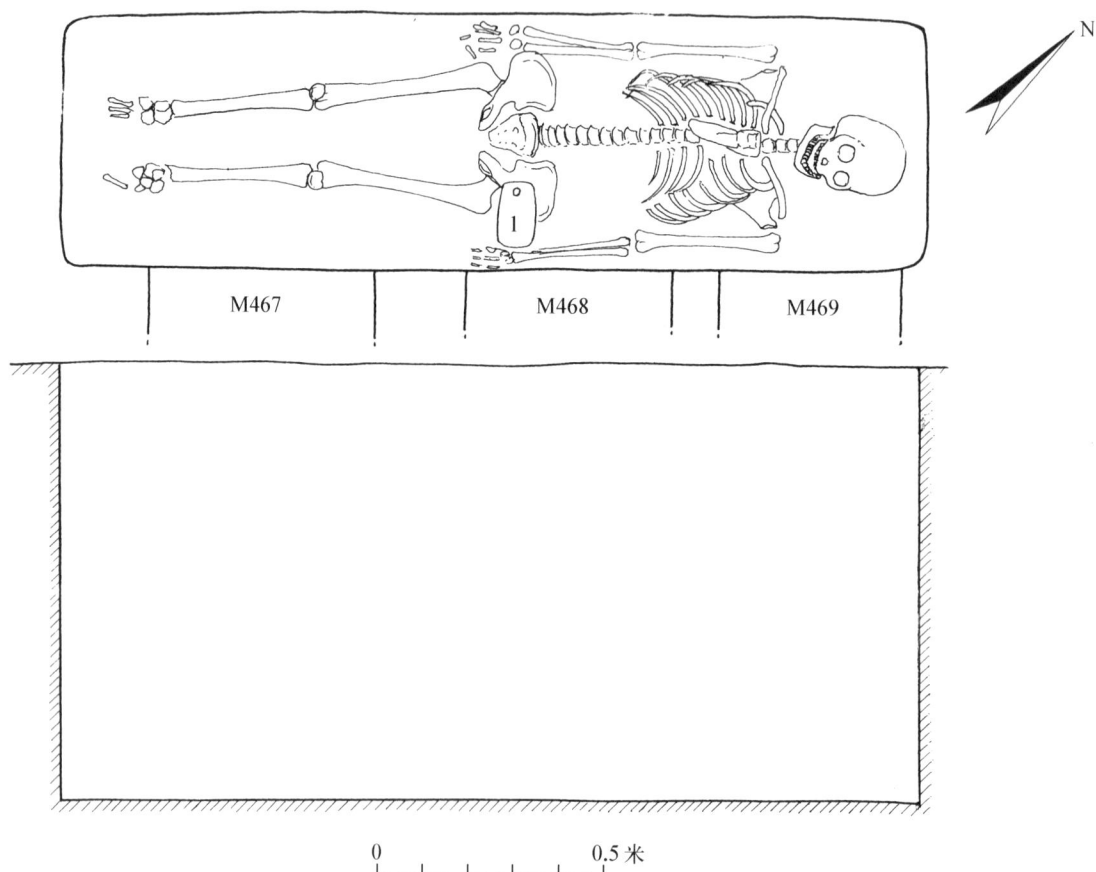

图三七九 M477平、剖面图

1. 石钺(M477:1)

M478

竖穴土坑墓,方向35°。墓圹平面呈圆角长方形,墓口长160、宽50、墓深70、墓口距地表50厘米(图三八一,图版一六九)。墓壁陡直,口底大小相等,墓底平坦。打破M479,被M476打破。墓

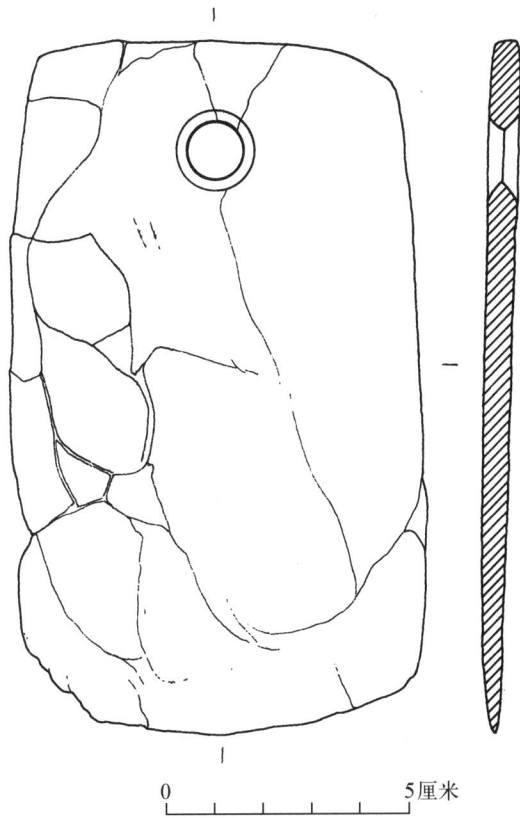

0   5厘米

图三八〇　M477出土器物图

石钺（M477：1）

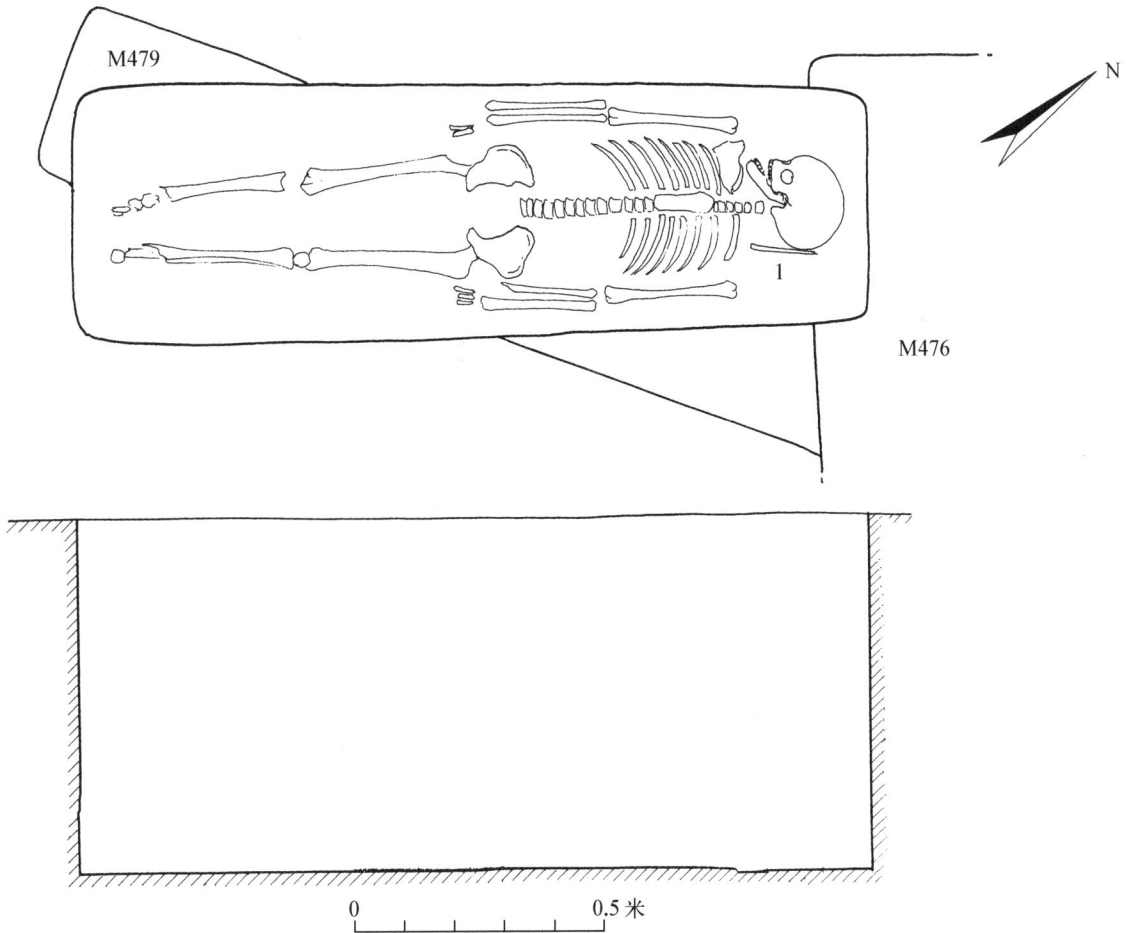

M479

N

M476

0   0.5米

图三八一　M478平、剖面图

1.骨笄（M478：1）

室内填黄褐花土,葬具不清。

墓主人为女性,M₁磨耗Ⅵ级以上,年龄在60岁以上。葬式为仰身直肢葬,头向东北,面向西。人骨未被扰乱,保存较好,双肩上耸,肋骨排列整齐,双臂伸直,双手放于腿两侧,双腿伸展,脚骨腐蚀成灰。

墓主人脑后清理出1件骨笄,M478:1,浅黄白色。锥状,横剖面呈椭圆形,断为四节。长18.8厘米。

M479

竖穴土坑墓,方向37°。墓圹平面呈圆角长方形,墓口长180、宽50、墓深20、墓口距地表50厘米。边壁规整,上下垂直,口底大小相等,平底。被M476和M478打破。墓室填黄褐花土。墓葬被扰。

墓中未发现任何遗存。

M480

竖穴土坑墓,方向135°。墓圹平面呈圆角长方形,墓口长150、宽45、墓深20、墓口距地表50厘米。边壁规整,上下垂直,口底大小相等,平底。打破M481。墓室内填红褐花土,葬具不清。

墓主人为男性,M₁磨耗Ⅴ～Ⅵ级,年龄在50～55岁。葬式及面向不详。骨骸扰乱严重,保存极差,仅在墓室中部清理出残下颌骨、桡骨残段及部分肋骨残段,且无法判断骨架形态。

墓中未发现随葬品。

M481

竖穴土坑墓,方向138°。墓圹平面呈圆角梯形,墓口长190、宽45～50、墓深35、墓口距地表50厘米(图版一七〇)。墓壁规整,上下垂直,口底大小相等,平底。被M480打破,打破M482。墓室内填红褐花土,葬具不清。

墓主人为一成年女性,股骨上、下端愈合,年龄在22岁以上。葬式为直肢葬,头向东南,面向不详。人骨扰乱严重,绝大部分骨骸无存,仅在墓室中部发现相互交叉的左右股骨,并在墓室西北清理出左右胫骨和腓骨。

墓中未发现随葬品。

M482

竖穴土坑墓,方向45°。墓圹平面呈圆角梯形,墓口长180、宽55～62、墓深90、墓口距地表50厘米(图三八二,图版一七一)。墓壁陡直,口底大小相等,墓底平坦。被M481、M472和近代沟渠打破。墓室内填黄褐花土,葬具不清。

墓主人为女性,M₁磨耗Ⅳ～Ⅴ级,年龄在40～45岁。葬式为仰身直肢葬,头向东北,面向

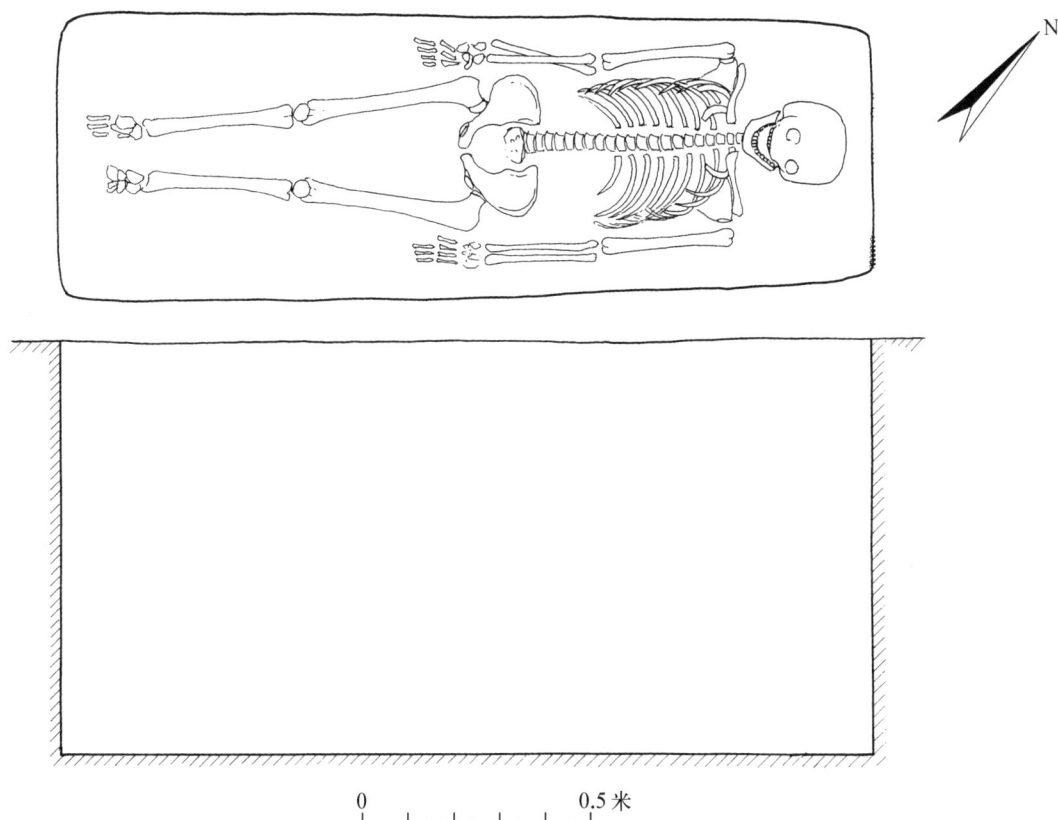

图三八二 M482平、剖面图

上。人骨保存较好，整体形态清晰可辨，双肩上耸，肋骨排列整齐，两臂伸直，双手放于腿两侧，双腿伸展。

墓中未发现随葬品。

M483

竖穴土坑墓，方向130°。墓圹平面呈圆角梯形，墓口长200、宽55～67、墓深60、墓口距地表50厘米（图三八三，图版一七二）。墓壁陡直，口底大小相等，墓底平坦。被近代沟渠打破。墓室内填红褐花土。

墓主人为男性，M_1磨耗 V～VI 级，年龄在50～55岁。葬式为仰身直肢葬，头向东南，面向西南。人骨未被扰乱，保存较好，骨架形态清晰可辨，上身整体微向右倾，双肩上耸，肋骨排列整齐，两臂伸直，双手放于腿两侧，双腿伸展，两脚靠拢。

墓中的随葬品较为丰富。墓主人头骨右侧依次随葬有玉璜、石管、方柱状V形槽石饰等3件器物。玉璜M483∶1，透闪石玉。乳黄色。切面呈楔形，内缘厚，外缘薄，两端各有一个单面钻孔，通体抛光。肉宽2.8、厚0.3～0.6厘米（图三八五，2；图版二三五，2）。石管M483∶2，透闪石玉。青白色。柱状，中空，剖面呈圆方形，磨光。通长3、宽1.7厘米（图三八四，4；图版二三○，

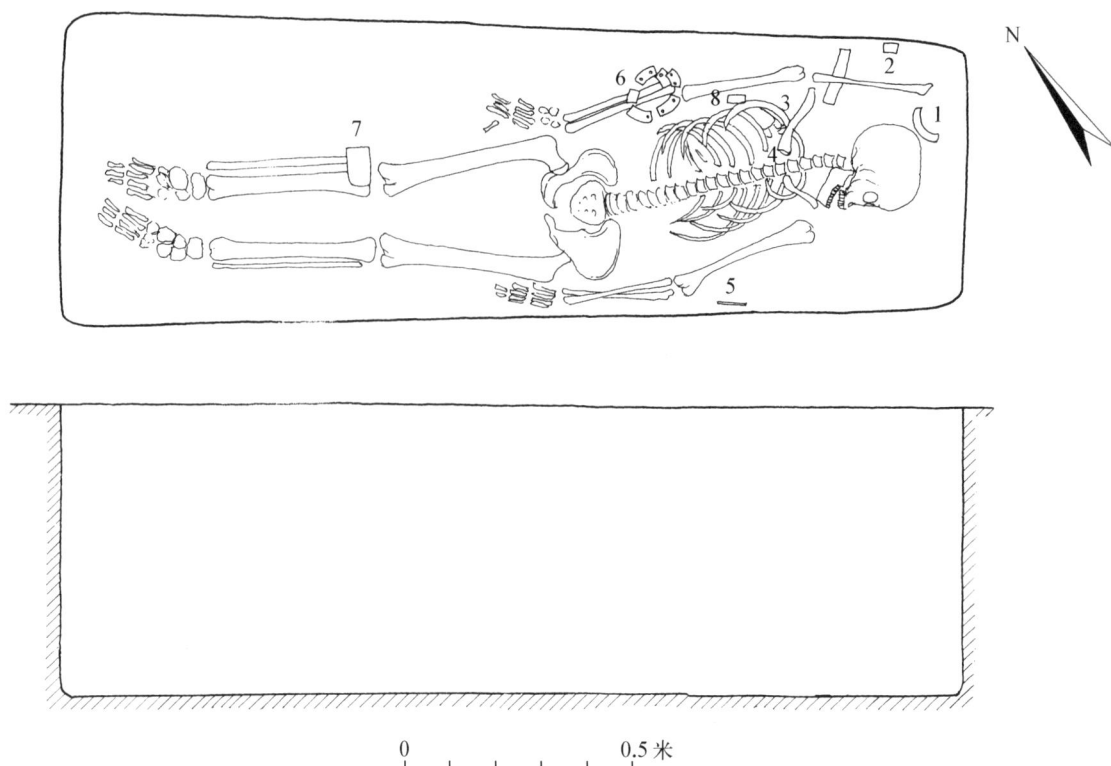

图三八三　M483平、剖面图

1. 玉璜（M483：1）　2. 石管（M483：2）　3、4、8. 方柱状V形槽石饰（M483：3、M483：4、M483：8）
5、7. 石钺（M483：5、M483：7）　6. 复合石璧（M483：6）

4）。方柱状V形槽石饰M483：3，伊利石岩。绿色。方形条状，一面有凹槽，凹槽的两端斜对侧各
有一穿。凹槽周边有细密平行的直线痕迹。长3.7、最宽处1.4厘米（图三八四，2；图版二二八，
3）。在其右侧肋骨处亦发现2件方柱状V形槽石饰，M483：4，伊利石岩。白色，因受沁表面变得
粗糙，一端残。长方片状，长边一侧有细深凹槽。长2.3、宽1.5厘米（图三八四，5；图版二二八，
4）。M483：8，伊利石质。绿色。方柱状，一面有凹槽，凹槽一端有穿孔，另一端残，凹槽周边有细
密平行的范线痕迹。长5.1、宽1厘米（图三八四，3；图版二三九，1）。左肱骨外侧及右侧髋骨下
方各放置1件石钺，M483：5，绿泥石。青色。顶端残。器体近梯形，略薄，双面斜刃，两侧厚薄不
均，从一侧至另一侧渐薄，通体抛光。长7.6、顶端残宽4.6、刃端宽6.5、厚0.3厘米（图三八五，3；
图版二〇七，3）。M483：7，石英岩。青黄色，顶端一角略残。器体近长方形，两端略薄，双面直
刃，近顶端中部有双面钻孔，通体抛光。长12、顶端残宽5.6、刃端宽6.2、厚0.9、孔径1.1厘米（图
三八四，1；图版二一一，4）。右前臂佩戴有复合石璧，已散开，M483：6，透闪石玉。青绿色。切
面呈楔形，内缘厚，外缘薄。器体由6个璜片联成，以二对一钻孔连缀，通体抛光。外径11.9、好径
6.4、厚0.2～0.3厘米（图三八五，1；图版二二〇，3）。此外，在墓底还见到明显的草灰痕迹（头骨
右侧桡骨为其他墓中墓主人的骨骸）。

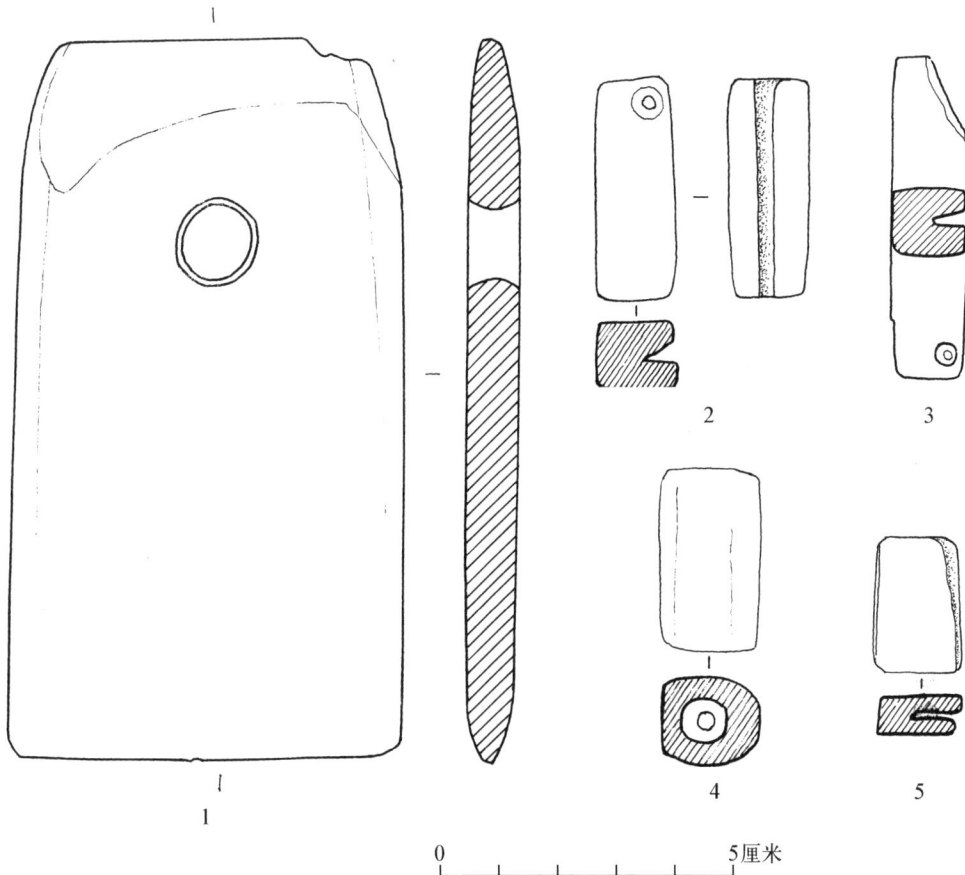

图三八四 M483出土器物图(一)

1. 石钺(M483:7) 2、3、5. 方柱状V形槽石饰(M483:3、M483:8、M483:4) 4. 石管(M483:2)

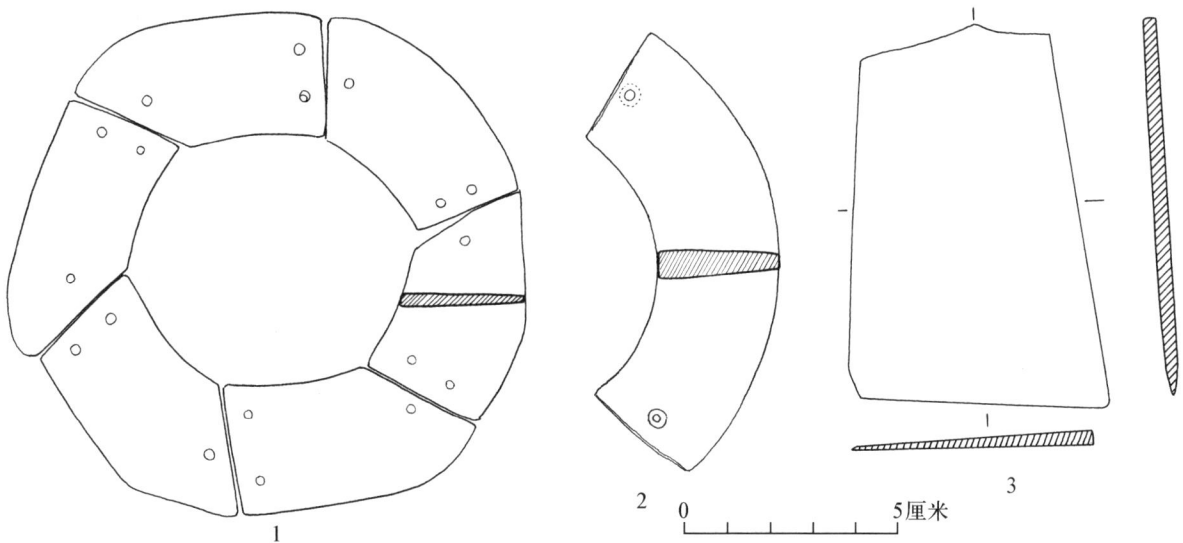

图三八五 M483出土器物图(二)

1. 复合石璧(M483:6) 2. 石璜(M483:1) 3. 石钺(M483:5)

M484

竖穴土坑墓,方向45°。墓圹平面呈圆角梯形,墓口长180、宽52～58、墓深55、墓口距地表50厘米(图三八六,图版一七三)。墓壁陡直,口底大小相等,墓底平坦。墓室内填黄褐花土,葬具不清。

墓主人为女性,M_1磨耗Ⅴ～Ⅵ级,年龄在50～55岁。葬式为仰身直肢葬,头向东北,面向上。骨架居于墓室中央,整体形态清晰可辨,双肩上耸,肋骨排列整齐,两臂伸直,双手放于腿两侧,双腿伸展,两脚靠拢。

墓中未发现随葬品。

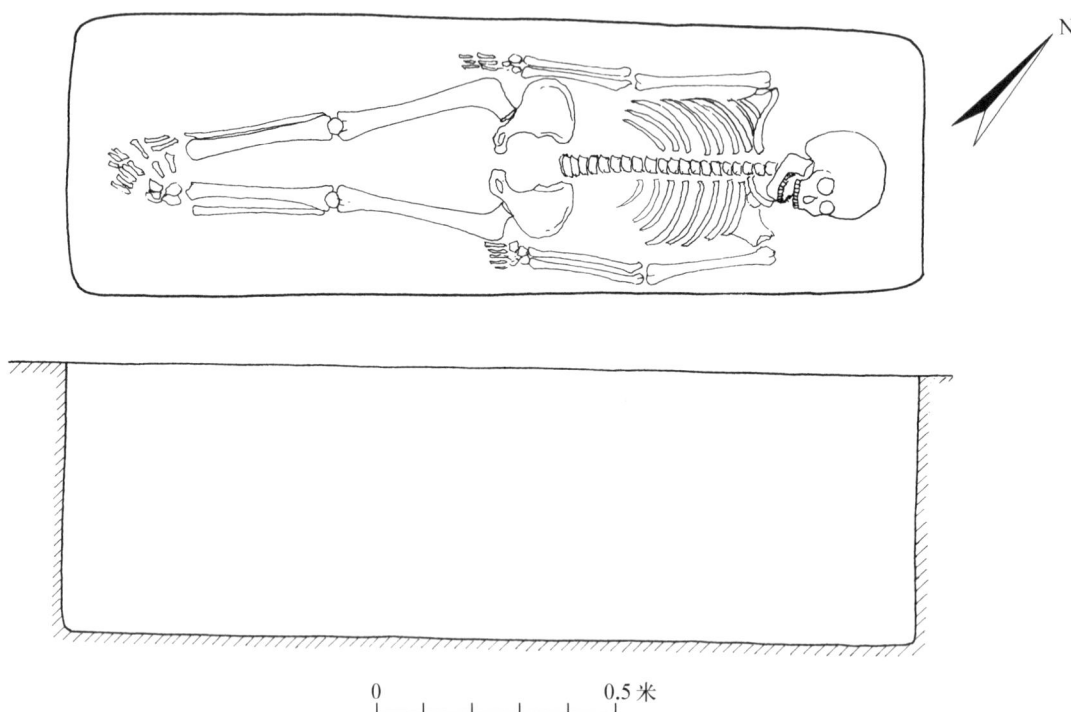

图三八六　M484平、剖面图

M485

竖穴土坑墓,方向35°。墓圹平面呈圆角梯形,墓口长200、宽57～75、墓深75、墓口距地表50厘米(图三八七,图版一七四)。墓壁陡直,口底大小相等,墓底平坦。墓室内填黄褐花土,葬具不清。

墓主人为男性,M_1磨耗Ⅴ级,年龄在50岁左右。葬式为仰身直肢葬,头向东北,面向上。人骨未被扰乱,保存较好,双肩上耸,肋骨清晰可见,两臂伸直,双手放于腿两侧,双腿伸展。

墓中未发现随葬品。

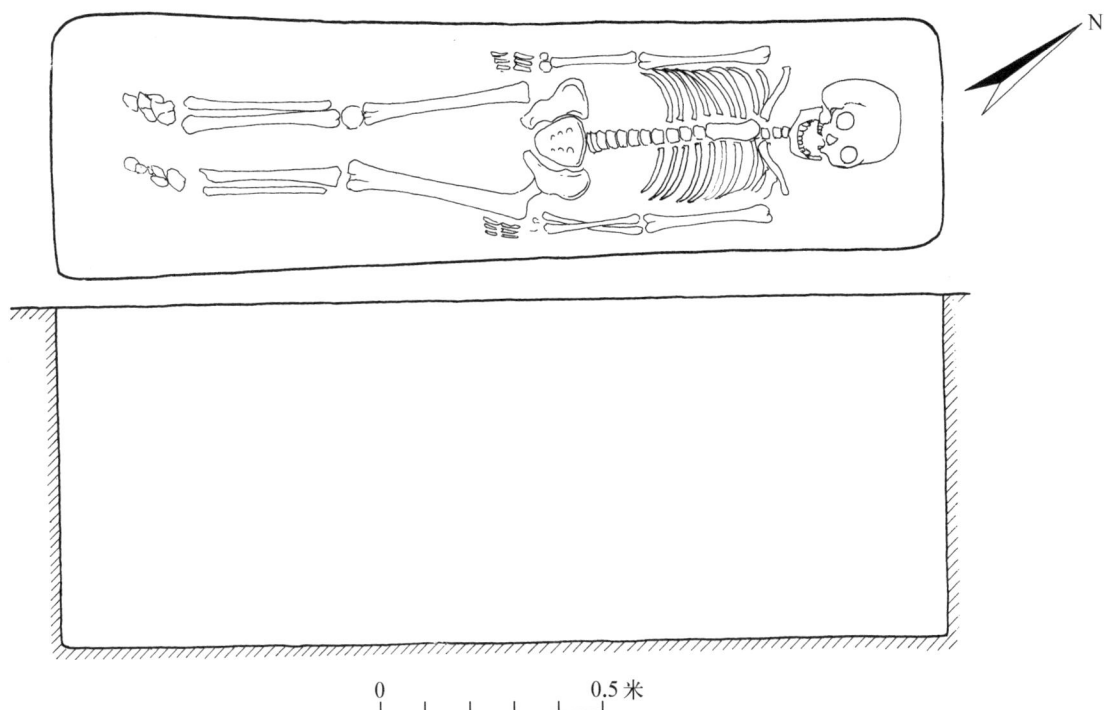

图三八七　M485平、剖面图

M486

竖穴土坑墓,方向35°。墓圹平面呈圆角梯形,墓口长200、宽49～56、墓深100、墓口距地表50厘米(图三八八,图版一七五)。墓壁陡直,口底大小相等,墓底平坦。被近代沟渠打破。墓室内填黄褐花土,葬具不清。

墓主人为男性,M₁磨耗Ⅳ～Ⅴ级,年龄在40～45岁。葬式为仰身直肢葬,头向东北,面向上。人骨未被扰乱,保存较好,双肩上耸,肋骨排列整齐,两臂伸直,双手放于腿两侧,双腿伸展,两脚靠拢,脚尖略向右倾。

墓中未发现随葬品。

M487

竖穴土坑墓,方向125°。墓圹平面呈圆角长方形,墓口长190、宽50、墓深25、墓口距地表50厘米(图三八九,图版一七六)。边壁规整,上下垂直,口底大小相等,平底。打破M489。墓室内填红褐花土,葬具不清。

墓主人为男性,M₁磨耗Ⅴ级,年龄在50岁左右。葬式为仰身直肢葬,头向东南,面向西南。骨骸未被扰乱,虽腐蚀较重,但整体形态清晰。双肩上耸,肋骨稍显凌乱,左臂伸直,右肱骨中部有断痕,右手放于右侧股骨之上,两腿伸展。

墓中未发现随葬品。

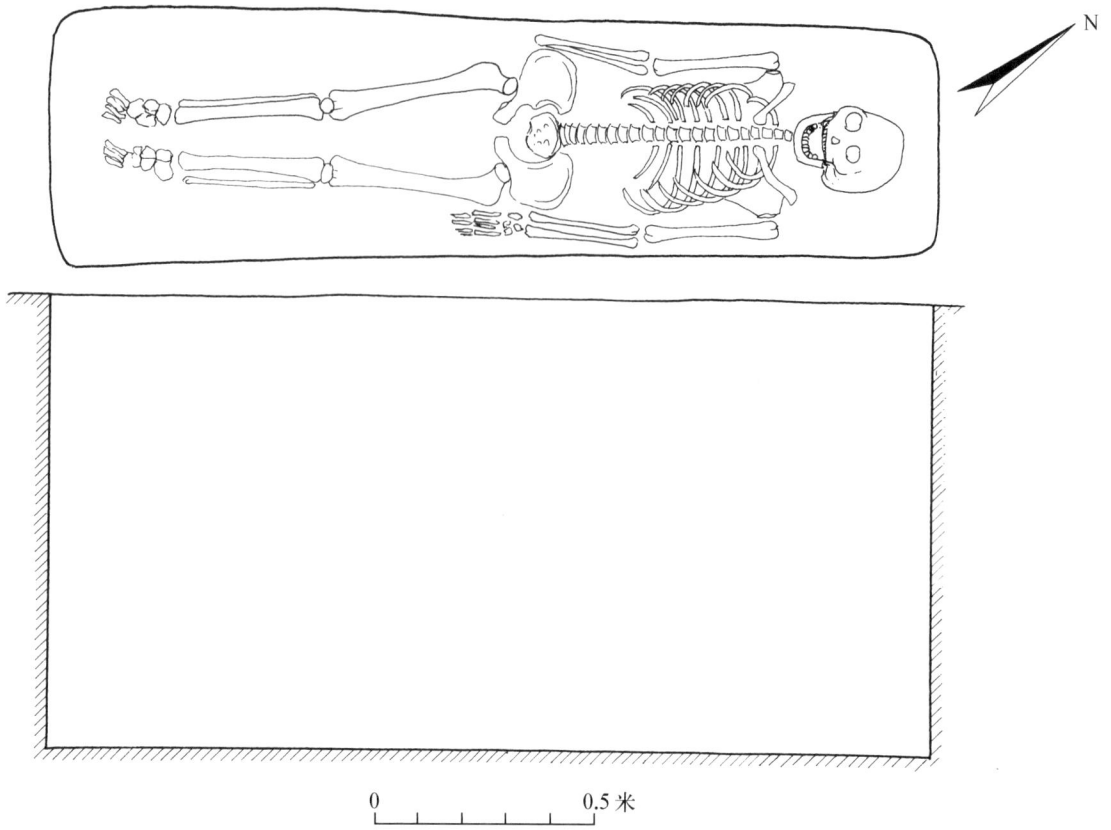

图三八八　M486平、剖面图

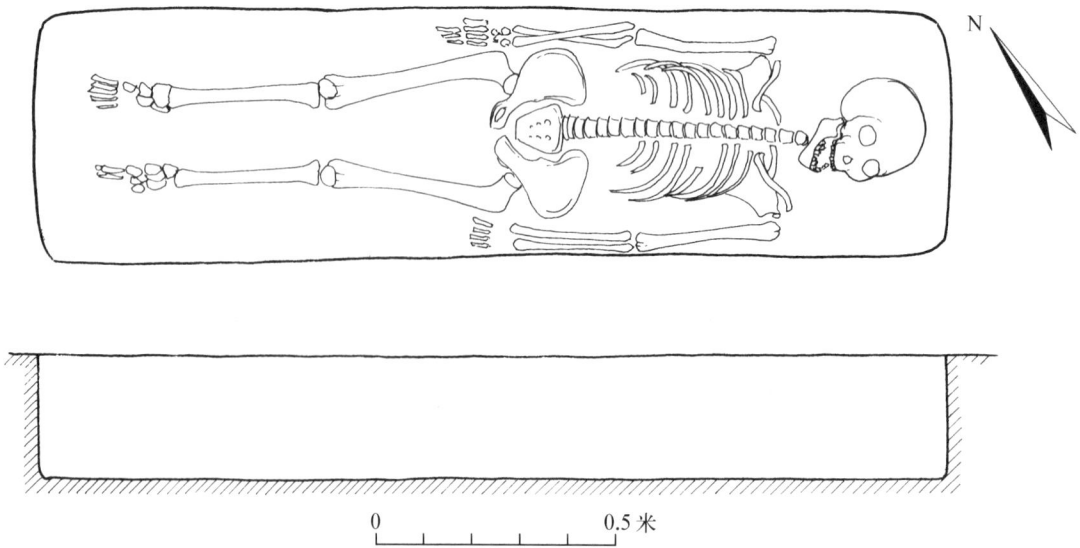

图三八九　M487平、剖面图

M488

竖穴土坑墓,方向45°。墓圹平面呈圆角长方形,墓口长200、宽55、墓深54、墓口距地表50厘米(图三九〇,图版一七七)。墓壁陡直,口底大小相等,墓底平坦。墓室内填黄褐花土,葬具不清。

墓主人为男性,M₁磨耗Ⅴ～Ⅵ级,年龄在50～55岁。葬式为仰身直肢葬,头向东北,面向上。人骨未被扰乱,保存完好,双肩上耸,肋骨排列整齐,两臂伸直,双手放于腿两侧,双腿伸展。

墓中未发现随葬品。

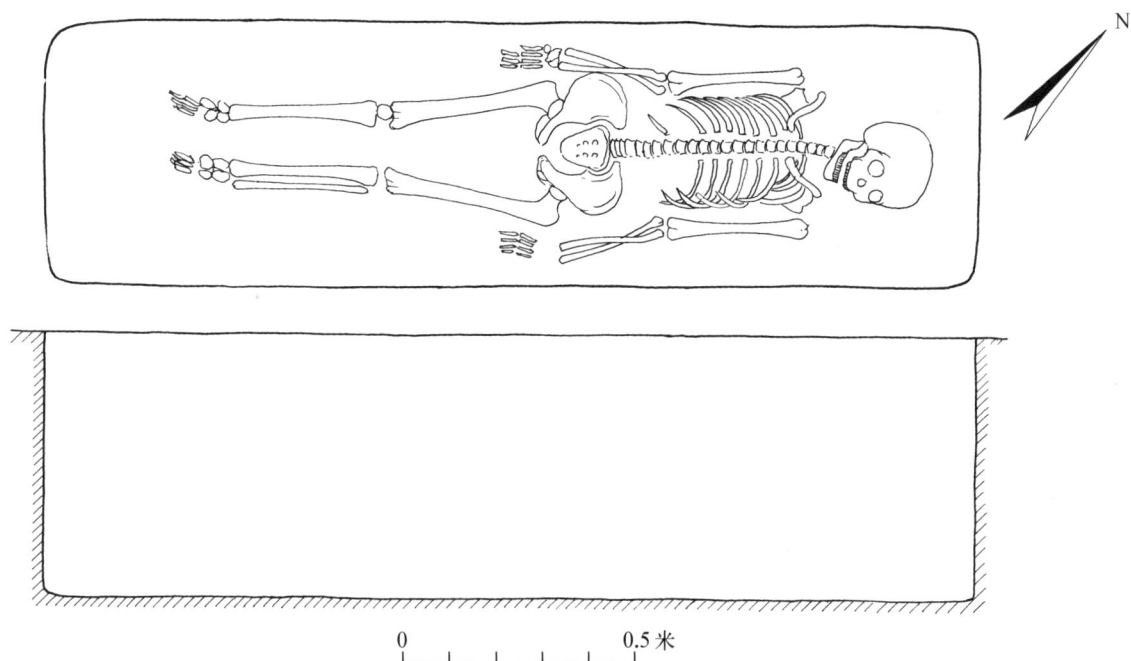

图三九〇 M488平、剖面图

M489

竖穴土坑墓,方向36°。墓圹平面呈圆角梯形,墓口长190、宽45～59、墓深60、墓口距地表50厘米(图三九一,图版一七八)。墓壁陡直,口底大小相等,墓底平坦。被M487和M491打破。墓室内填黄褐花土,葬具不清。

墓主人为女性,M₁磨耗Ⅲ～Ⅳ级,年龄在35～40岁。葬式为仰身直肢葬,头向东北,面向东南。人骨未被扰乱,保存完好,双肩上耸,肋骨清晰可见,两臂伸直,双手放于腿两侧,双腿伸展。

墓中未发现随葬品。

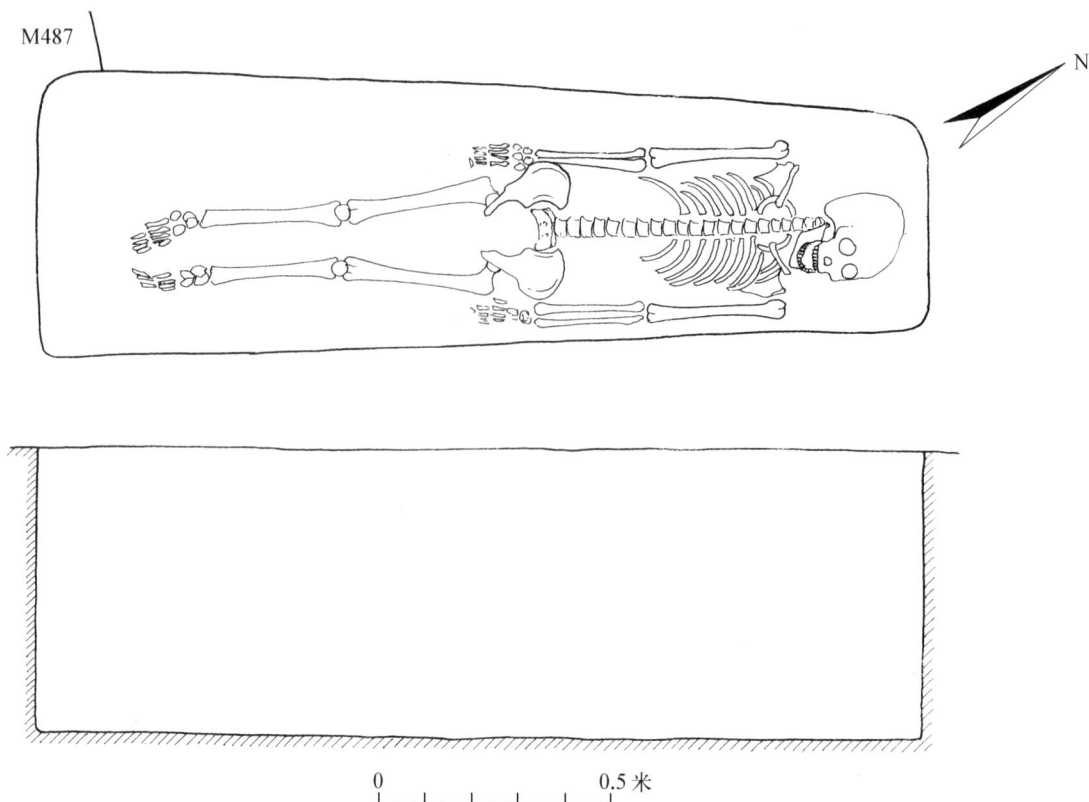

图三九一　M489平、剖面图

M490

竖穴土坑墓,方向125°。墓圹平面呈圆角梯形,墓口长190、宽45～50、墓深30、墓口距地表50厘米(图三九二,图版一七九)。墓壁规整,上下垂直,口底大小相等,平底。打破M491,被近代沟渠打破。墓室内填红褐花土,葬具不清。

墓主人为男性,M₁磨耗Ⅴ～Ⅵ级,年龄在50～55岁。葬式为仰身直肢葬,头向东南,面向不详。上身被扰乱,右侧上肢及左侧桡骨、尺骨至手骨均被破坏,仅存部分肋骨等少数骨骼;下身保存相对较好,双腿伸直。

墓中未发现随葬品。

M491

竖穴土坑墓,方向48°。墓圹平面呈圆角长方形,墓口长180、宽50、墓深70、墓口距地表50厘米(图三九三,图版一八〇)。墓壁陡直,口底大小相等,墓底平坦。打破M489,被M490打破。墓室内填黄褐花土,葬具不清。

墓主人为男性,M₁磨耗Ⅴ～Ⅵ级,年龄在50～55岁。葬式为仰身直肢葬,头向东北,面向上。人骨未被扰乱,保存较好,双肩上耸,肋骨清晰可见,两臂伸直,双手放于腿两侧,

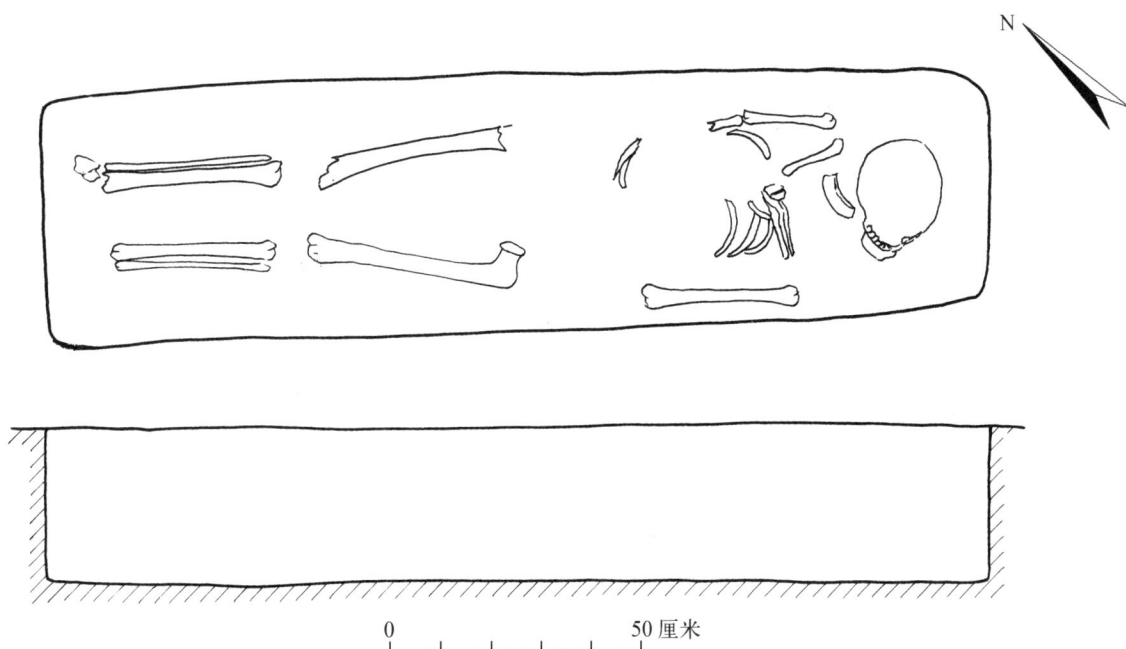

0　　　　　　　50厘米

图三九二　M490平、剖面图

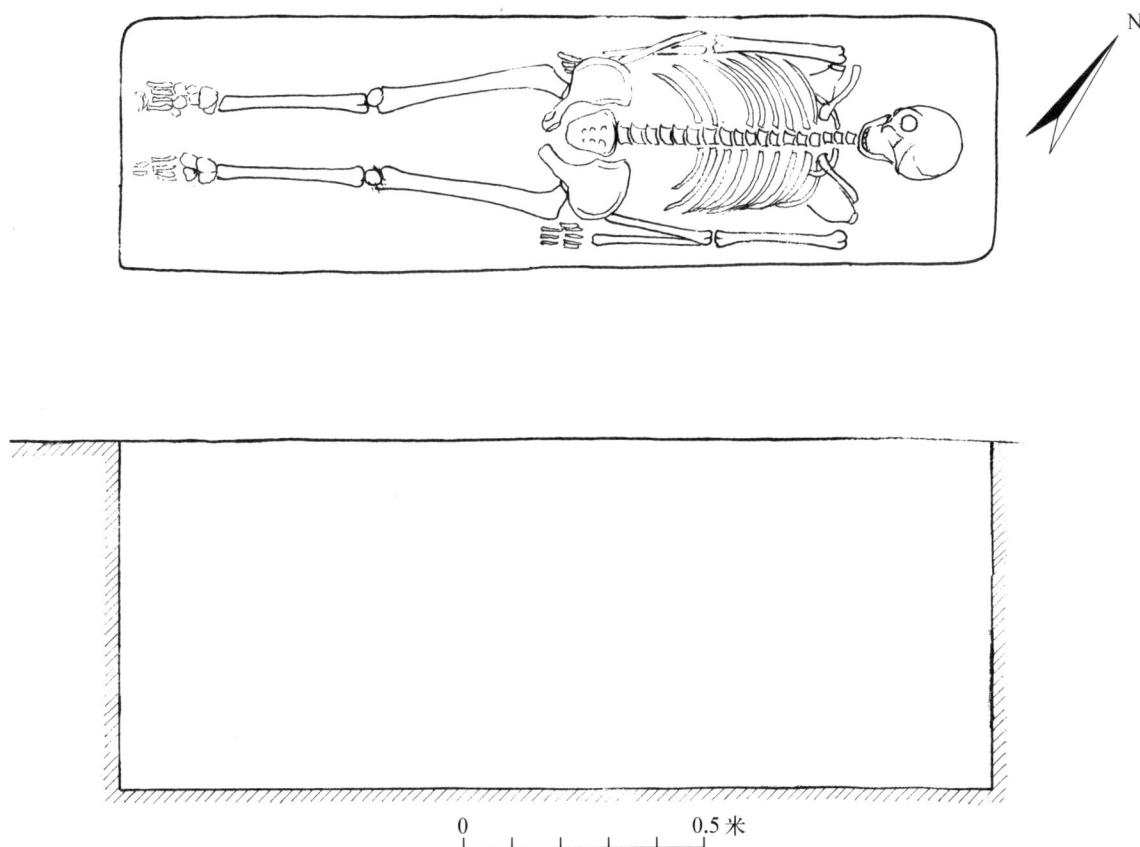

0　　　　　　　0.5米

图三九三　M491平、剖面图

双腿伸展。

墓中未发现随葬品。

M492

竖穴土坑墓,方向135°。墓圹平面不详,墓口长210、一端宽60、墓深45、墓口距地表50厘米(图三九四)。墓壁规整,上下垂直,口底大小相等,平底。打破M513,墓圹南部被近代沟渠打破。墓室内填红褐花土。未见人骨。

墓室中部偏东位置先后清理出1件V形槽玉片和2件玉璜。V形槽玉片M492:1,透闪石玉。青褐色。条状,一面有深长凹槽,一侧可见直线切割痕,长2.3、宽1.2厘米(图三九六,2;图版二二九,2)。玉璜M492:2,透闪石玉。青绿色。半弧形,切面呈长方形,器体薄厚均匀,两端分别有两个和一个钻孔。长8.4、肉宽2.1、厚0.4厘米(图三九六,3;图版二三五,3)。玉璜M492:3,透闪石玉。青绿色。器体略呈弧形,较短,切面呈长方形,薄厚均匀。两端分别有两个和一个钻孔。长4.3、宽1.8厘米(图版二二三五,4)。两件玉璜或许是一件复合璧的组成部分,但因该墓墓室已被扰而无法验证。

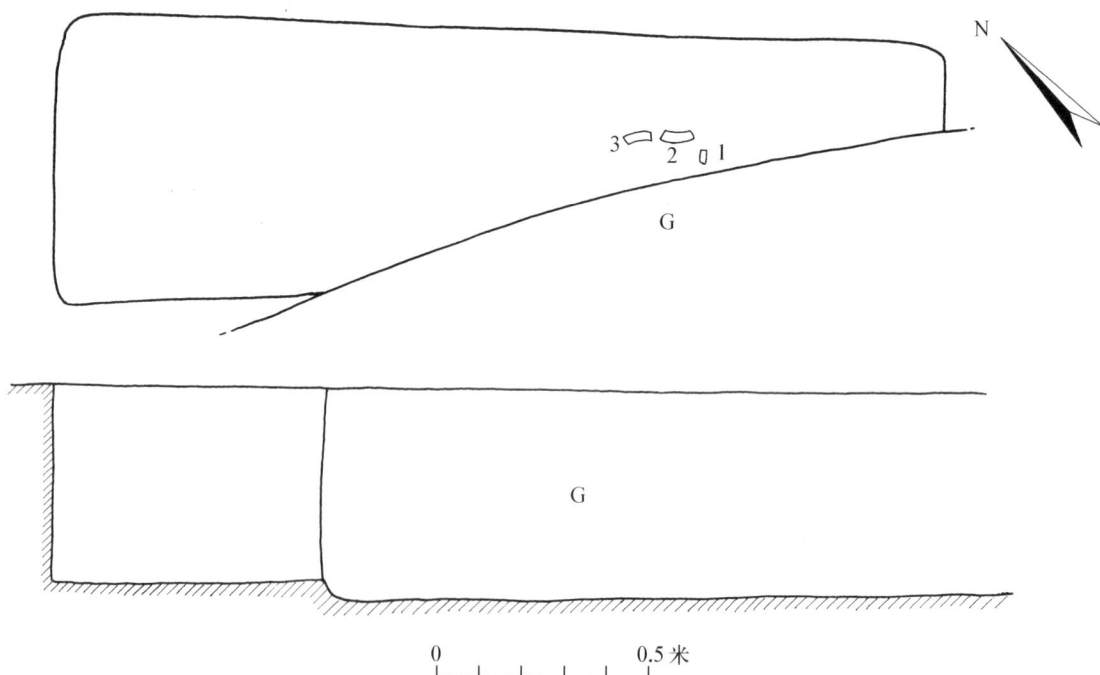

图三九四　M492平、剖面图

1. V形槽玉片(M492:1)　2、3.玉璜(M492:2、M492:3)

M493

竖穴土坑墓,方向140°。墓圹平面呈圆角长方形,墓口长150、宽45、墓深30、墓口距地表50厘米。墓壁规整,上下垂直,口底大小相等,平底。墓室填红褐花土。墓葬被扰。

墓中未发现任何遗存。

M494

竖穴土坑墓,方向40°。墓圹平面呈圆角梯形,墓口长200、宽60～66、墓深55、墓口距地表50厘米(图三九五,图版一八一)。墓壁陡直,口底大小相等,墓底平坦。被M495和M497打破。墓室内填黄褐花土,葬具不清。

墓主人为男性,M₁磨耗Ⅴ级,年龄在50岁左右。葬式为仰身直肢葬,头向东北,面向西北。人骨未被扰乱,保存较好,双肩上耸,肋骨清晰可见,两臂伸直,双手放于腿两侧,双腿伸展。

墓中未发现随葬品。

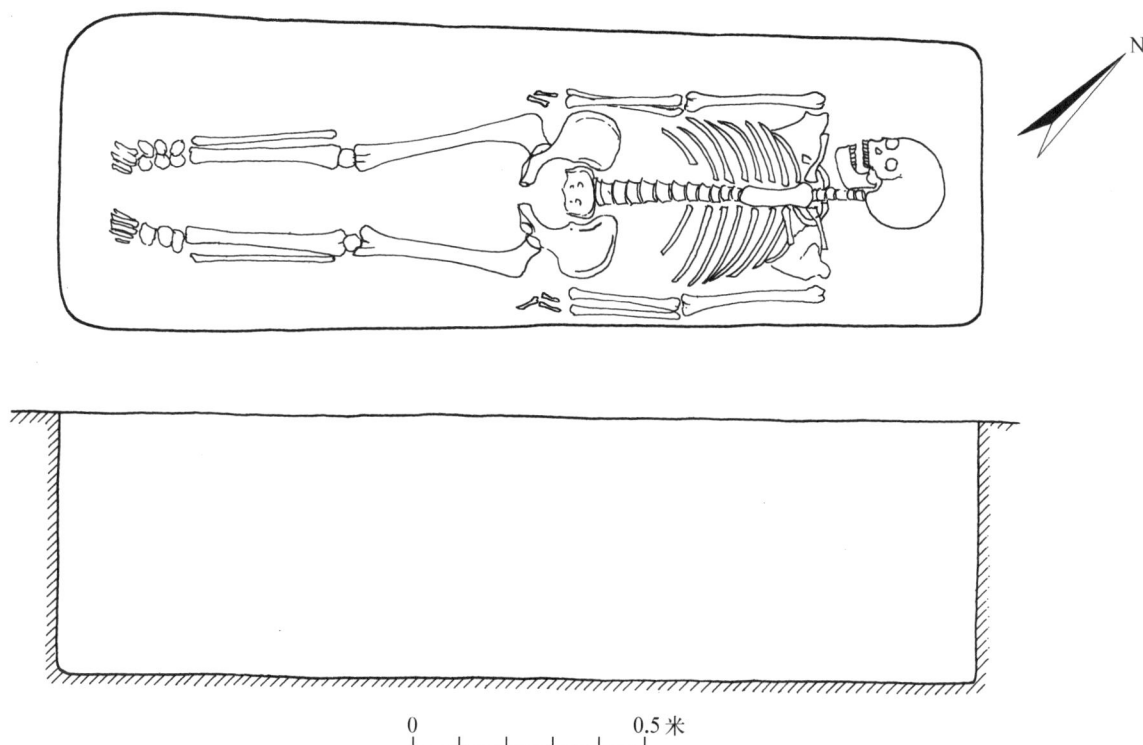

图三九五 M494平、剖面图

M495

竖穴土坑墓,方向140°。墓口残长80、宽45、墓深22、墓口距地表50厘米。墓壁规整,上下垂直,口底大小相等,平底。打破M494和M498。墓室内填红褐花土。墓室被扰。未见人骨。

墓室中部发现有1件石钺,M495:1,大理岩。黄色,因受沁上半部表面部分发红,顶端残,刃端一角略残。器体近梯形,略厚,自穿孔处至两端变薄,双面弧刃,近顶端处有一双面钻圆孔,通体磨光。长11.3、厚1.2、顶端残宽4.8、刃端宽6.3、孔径0.7厘米(图三九六,1;图版二〇九,2)。

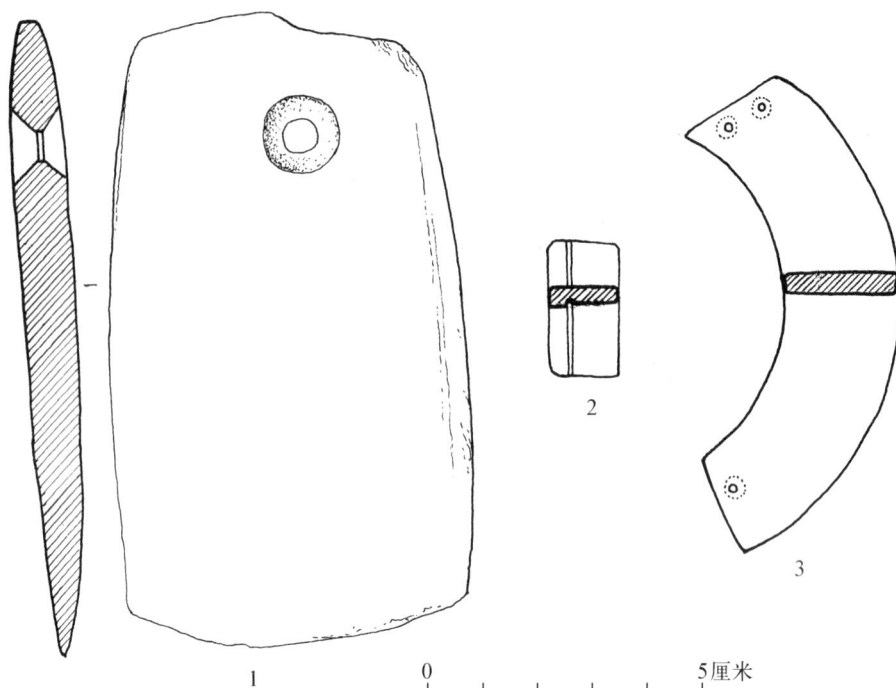

图三九六　M492、M495出土器物图

1. 石钺（M495∶1）　2. V形槽玉片（M492∶1）　3. 玉璜（M492∶2）

M496

竖穴土坑墓，方向138°。墓圹平面呈圆角长方形，墓口长150、宽45、墓深35、墓口距地表50厘米。墓壁规整，上下垂直，口底大小相等，平底。打破M497和M498，被近代沟渠打破。墓室填红褐花土。

墓中未发现任何遗存。

M497

竖穴土坑墓，方向138°。墓口残长50、宽45、墓深30、墓口距地表50厘米。墓壁规整，上下垂直，口底大小相等，平底。被M496打破，打破M494和M498。墓室填红褐花土。

墓中未发现任何遗存。

M498

竖穴土坑墓，方向47°。墓圹平面呈圆角梯形，墓口长180、宽48～54、墓深80、墓口距地表50厘米（图三九七，图版一八二）。墓壁陡直，口底大小相等，墓底平坦。被M495 M497、M496和M499打破。墓室内填黄褐花土，葬具不清。

墓主人为男性，M_1磨耗Ⅴ～Ⅵ级，年龄在50～55岁。葬式为仰身直肢葬，头向东北，面向上。人骨未被扰乱，保存较好，双肩上耸，肋骨排列整齐，两臂伸直，双手放于腿两侧，双腿伸展，两脚靠拢。

墓中未发现随葬品。

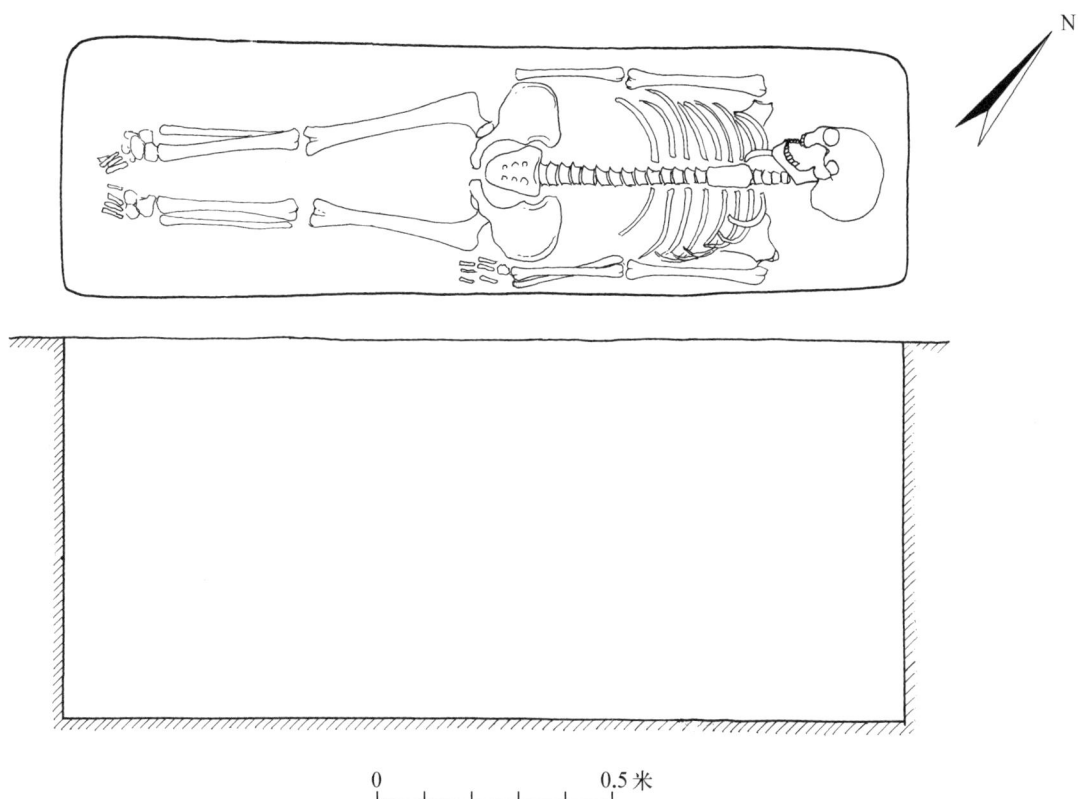

图三九七　　M498平、剖面图

M499

竖穴土坑墓，方向133°。墓圹平面呈圆角长方形，墓口长190、宽45、墓深40、墓口距地表50厘米（图三九八，图版一八三）。墓壁规整，上下垂直，口底大小相等，平底。打破M498。墓室内填红褐花土，葬具不清。

墓主人为男性，M_1磨耗Ⅲ～Ⅳ级，年龄在35～40岁。葬式为仰身直肢葬，头向东南，面向西北。右侧上肢及右股骨中段以下骨骼被扰乱，其余保存较好，骨架整体形态清晰，肋骨排列整齐，双腿伸直。

墓中未发现随葬品。

M500

竖穴土坑墓，方向140°。墓圹平面呈圆角长方形，墓口长180、宽45、墓深15、墓口距地表50厘米（图版一八四）。边壁规整，上下垂直，口底大小相等，平底。打破M501和M502。墓室内填红褐花土，葬具不清。

墓主人为一成年女性，具体年龄不详。面向亦不清楚。人骨扰乱严重，上身骨骼基本无存，仅能看到右侧桡骨和尺骨下端残段，下肢左右胫骨和腓骨以下亦被破坏。

墓中未发现随葬品。

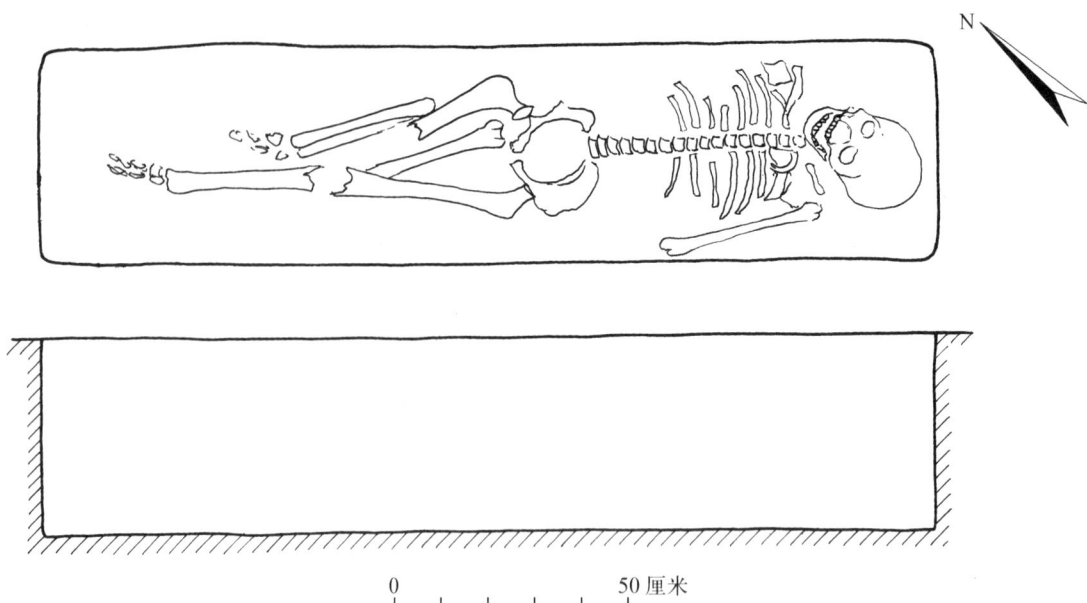

图三九八　M499平、剖面图

M501

竖穴土坑墓,方向40°。墓圹平面呈圆角长方形,墓口长190、宽55、墓深100、墓口距地表50厘米(图三九九,图版一八五)。墓壁陡直,口底大小相等,墓底平坦。被M500和近代沟渠打破。墓室内填黄褐花土,葬具不清。

墓主人为男性,M_1磨耗Ⅴ级,年龄在50岁左右。葬式为仰身直肢葬,头向东北,面向上。人骨未被扰乱,保存完好,整体形态清晰,双肩上耸,肋骨排列整齐,两臂伸直,双手放于腿两侧,双腿伸展,脚尖靠拢。

墓中未发现随葬品。

M502

竖穴土坑墓,方向37°。墓圹平面呈圆角长方形,墓口长200、宽60、墓深95、墓口距地表50厘米(图四○○,图版一八六)。墓壁陡直,口底大小相等,墓底平坦。被M500和近代沟渠打破。墓室内填黄褐花土,葬具不清。

墓主人为男性,M_1磨耗Ⅴ～Ⅵ级,年龄在50～55岁。葬式为仰身直肢葬,头向东北,面向上。人骨未被扰乱,保存完好,整体形态清晰,双肩上耸,肋骨排列整齐,两臂伸直,双手放于腿两侧,双腿伸展,脚骨腐蚀成灰。

墓中未发现随葬品。

M503

竖穴土坑墓,方向30°。墓圹平面呈圆角长方形,墓口长200、宽65、墓深90、墓口距地表50厘

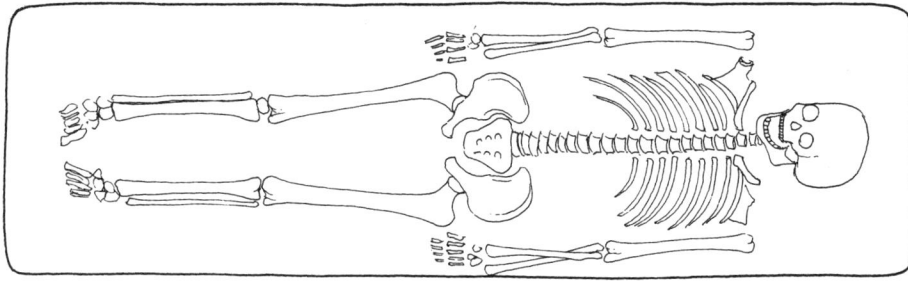

图三九九　M501平、剖面图

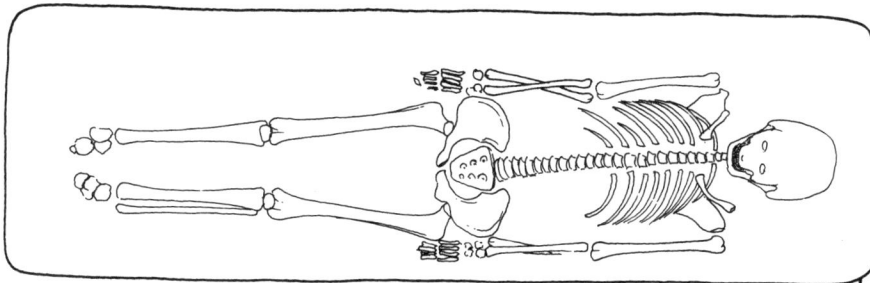

M500

图四〇〇　M502平、剖面图

米(图四〇一,图版一八七)。墓壁陡直,口底大小相等,墓底平坦。被近代沟渠打破。墓室内填黄褐花土,葬具不清。

墓主人为男性,M_1磨耗Ⅴ～Ⅵ级,年龄在50～55岁。葬式为仰身直肢葬,头向东北,面向西南。人骨未被扰乱,保存完好,整体形态清晰,双肩上耸,肋骨排列整齐,两臂伸直,双手放于腿两侧,双腿伸展,两脚靠拢,脚尖微向右倾。

墓中未发现随葬品。

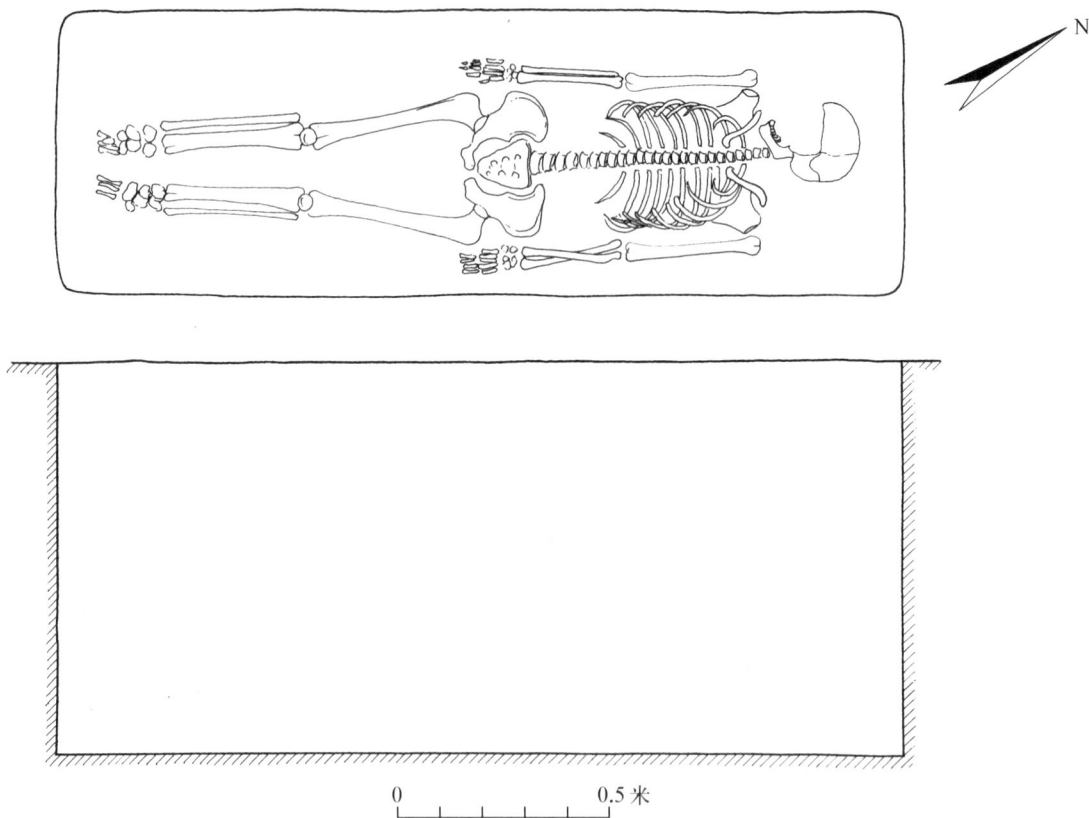

图四〇一 M503平、剖面图

M504

竖穴土坑墓,方向40°。墓口残长100～130、宽50、墓深40、墓口距地表50厘米(图版一八八)。墓壁规整,上下垂直,口底大小相等,平底。被近代沟渠打破。墓室内填黄褐花土,葬具不清。

墓主人为一成年个体,性别及具体年龄不详。葬式为直肢葬,面向亦不清楚。人骨保存较差,左右股骨以上骨骸被沟渠破坏,骨骼无存;下肢亦腐蚀严重,仅能辨认出大体形态,双腿伸直。

墓中未发现随葬品。

M505

竖穴土坑墓,方向40°。墓口残长90～120、宽50、墓深40、墓口距地表50厘米(图版一八九)。

墓壁规整,上下垂直,口底大小相等,平底。被近代沟渠打破。墓室内填黄褐花土,葬具不清。

墓主人为一成年女性,具体年龄不详。葬式为直肢葬,面向亦不清楚。骨骸腐蚀严重,左右髋骨以上骨骸均被沟渠破坏,骨骼无存;下肢骨架保存相对较好,尚能辨认出大体形态,双腿伸直。

墓中未发现随葬品。

M506

竖穴土坑墓,方向42°。墓圹平面呈圆角长方形,墓口长190、宽50、墓深120、墓口距地表50厘米。墓壁陡直,口底大小相等,墓底平坦。墓室填黄褐花土。墓葬被扰。

墓中未发现任何遗存。

M507

竖穴土坑墓,方向145°。墓圹平面呈圆角长方形,墓口长170、宽40、墓深11、墓口距地表50厘米。边壁规整,上下垂直,口底大小相等,平底。打破M508和M509,被近代沟渠打破。墓室内填红褐花土,葬具不清。

墓中人骨扰乱严重,仅在墓室西北部残存有左右胫骨和腓骨残段。性别、年龄不详。面向不清楚。

墓中未发现随葬品。

M508

竖穴土坑墓,方向35°。墓口残长143～156、宽50、墓深35、墓口距地表50厘米(图四〇二,图版一九〇)。墓壁规整,上下垂直,口底大小相等,平底。被M507和近代沟渠打破。墓室内填黄褐花土,葬具不清。

墓主人为男性,M_1磨耗Ⅴ～Ⅵ级,年龄在50～55岁。葬式为仰身直肢葬,头向东北,面向东南。左侧胫骨、腓骨下端及右侧股骨以下骨骸被M507破坏,骨骼无存,以上骨架保存较好,整体形态清晰,双肩上耸,肋骨排列整齐,两臂伸直,双手放于腿两侧,双腿伸展。

墓中未发现随葬品。

M509

竖穴土坑墓,方向32°。墓圹平面呈圆角长方形,墓口长180、宽50、墓深80、墓口距地表50厘米(图四〇三,图版一九一)。墓壁陡直,口底大小相等,墓底平坦。被M507和近代沟渠打破。墓室内填黄褐花土,葬具不清。

墓主人为女性,M_1磨耗Ⅵ级以上,年龄在60岁以上。葬式为仰身直肢葬,头向东北,面向东南。人骨未被扰乱,保存较好,整体形态清晰,双肩上耸,肋骨排列整齐,左臂伸直,右前臂横置于腹部,双腿伸展。

墓中未发现随葬品。

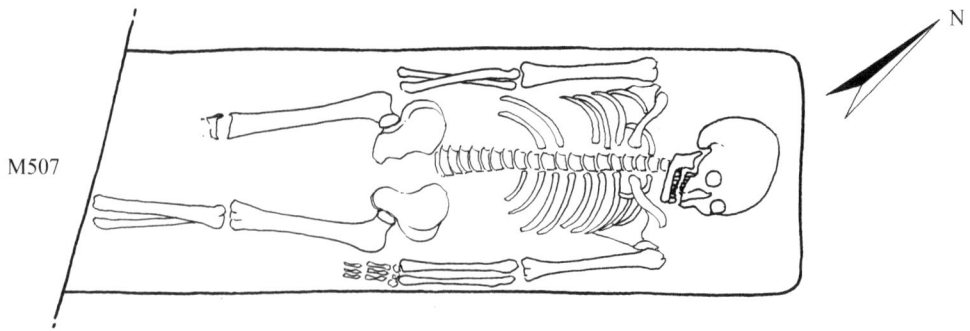

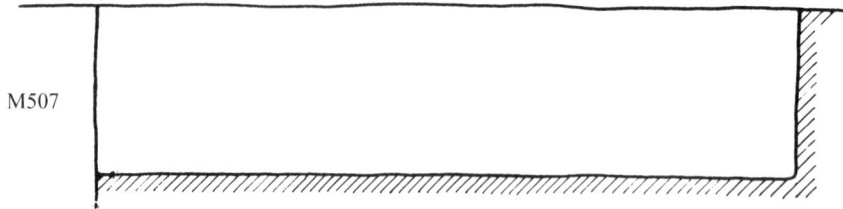

M507

M507

0　　　　　　　50 厘米

图四〇二　M508平、剖面图

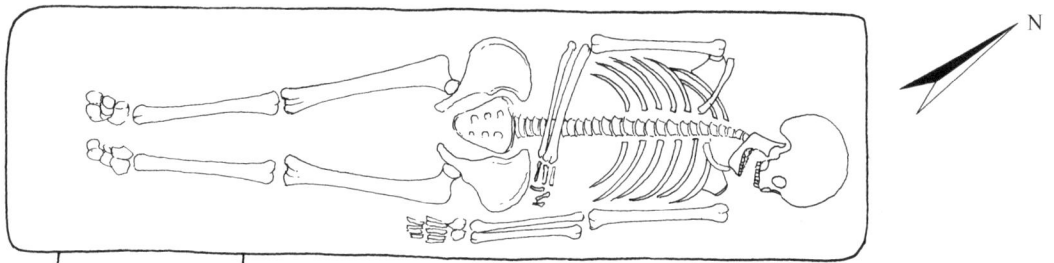

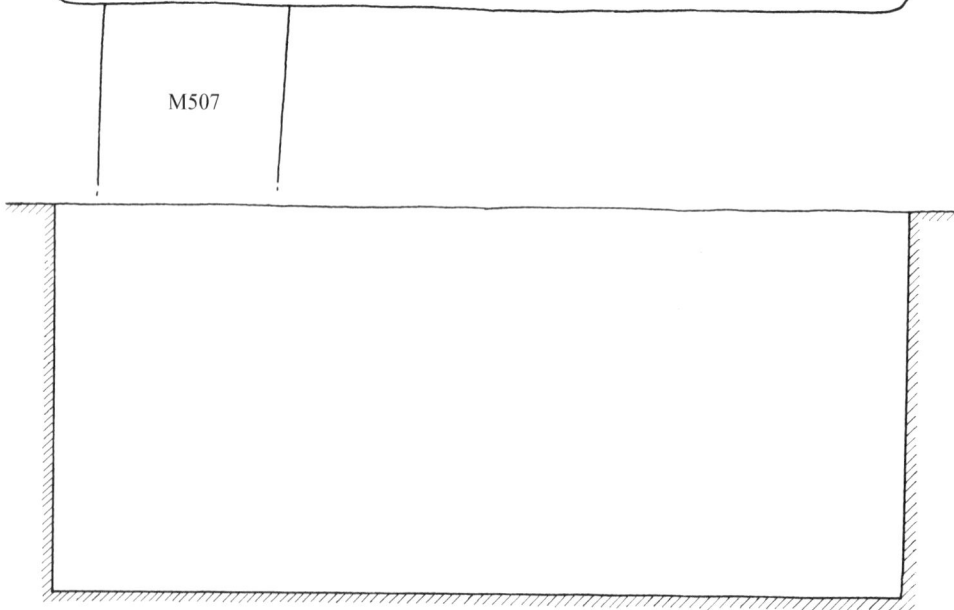

M507

0　　　　　　　0.5 米

图四〇三　M509平、剖面图

M510

竖穴土坑墓,方向138°。墓圹平面呈圆角梯形,墓口长150、宽41～49、墓深20、墓口距地表50厘米(图四〇四,图版一九二)。边壁规整,上下垂直,口底大小相等,平底。墓室内填红褐花土,葬具不清。

墓中发现一女性人骨个体,恒齿第二前臼齿萌出,年龄在10～13岁之间。葬式为仰身直肢葬,头向东南,面向西南。骨骸保存较差,双肩上耸,肋骨稍显凌乱,两臂弧状内收,左前臂斜置于盆骨之上,双腿伸直,不见脚骨。

墓中未发现随葬品。

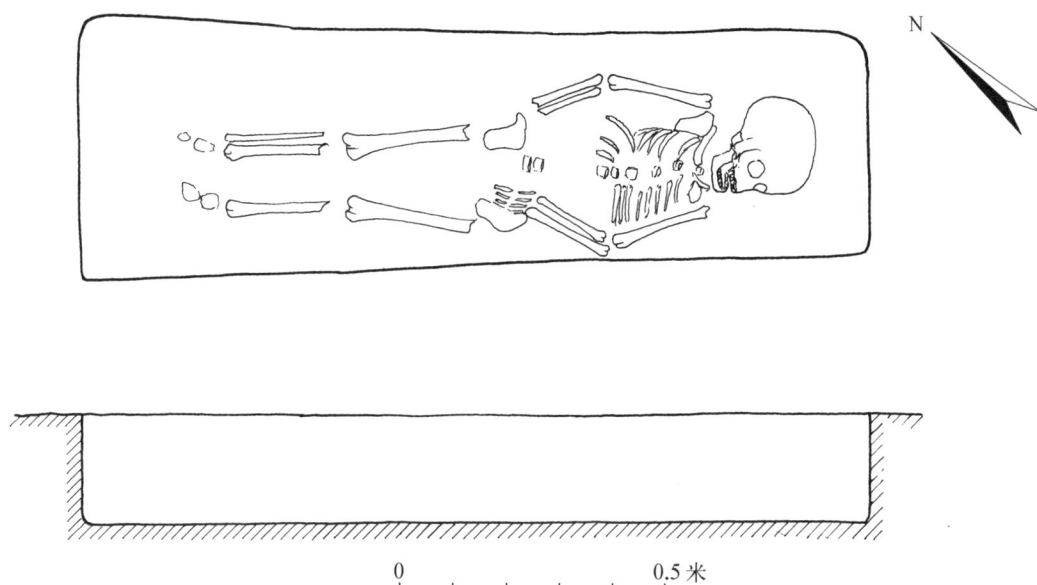

图四〇四 M510平、剖面图

M511

竖穴土坑墓,方向140°。墓圹平面呈圆角梯形,墓口长160、宽40～45、墓深40、墓口距地表50厘米。墓壁规整,上下垂直,口底大小相等,平底。墓室内填红褐花土。墓葬被扰。

墓中未发现任何遗存。

M512

竖穴土坑墓,方向135°。墓圹平面呈圆角梯形,墓口长190、宽45～50、墓深30、墓口距地表50厘米(图版一九三)。墓壁规整,上下垂直,口底大小相等,平底。打破M513。墓室内填红褐花土,葬具不清。

墓中骨骸扰乱严重,上身仅存头骨碎片及左侧肱骨残段,且已无法辨认具体形态;下身亦只能看到右侧胫骨、腓骨残段和左侧腓骨残段。性别、年龄不详。葬式为直肢葬,面向不清。

墓中未发现随葬品。

M513

竖穴土坑墓，方向45°。墓口残长115、宽47、墓深40、墓口距地表50厘米。墓壁规整，上下垂直，口底大小相等，平底。被M492、M512和近代沟渠打破。墓室内填黄褐花土，葬具不清。

墓主人为男性，M_1磨耗Ⅳ～Ⅴ级，年龄在40～45岁。葬式不详，面向西北。人骨扰乱严重，仅存头骨、左侧锁骨、右侧胫骨上端等少量骨骼，其余均被破坏。

墓中未发现随葬品。

M514

竖穴土坑墓，方向140°。墓圹平面呈圆角长方形，墓口长180、宽60、墓深60、墓口距地表50厘米。墓壁陡直，口底大小相等，墓底平坦。被近代沟渠打破。墓室内填红褐花土，葬具不清。

墓主人为男性，M_1磨耗Ⅲ～Ⅳ级，年龄在35～40岁。葬式及面向不详。人骨扰乱严重，仅存头骨残片、锁骨、左右股骨等，已无法辨认骨架整体形态。

墓中未发现随葬品。

M515

竖穴土坑墓，方向132°。墓口长170、残宽13～34、墓深60、墓口距地表50厘米（图四〇五）。墓壁陡直，墓底平坦。被近代沟渠打破。墓室内填红褐花土，葬具不清。

墓中发现一具成年人骨个体，性别、年龄不详。面向亦不清楚。骨骸扰乱严重，头骨、右侧骨架等骨骼均被沟渠破坏，左右胫骨和腓骨及其以下骨骼亦被扰乱，仅存左侧肱骨下端至左侧股骨下端等极少数人骨尚能辨认骨架形态。

左股骨下端横置1件石钺，M515∶1，石英斑岩。青灰色，刃部微残。器近长方形，自顶端至刃端渐薄，单面弧刃，近顶端处有一单面钻圆孔，通体磨光，但器表受侵蚀较重，变得粗糙。长11.9、厚0.6、顶端宽6.8、刃端宽6.9、孔径0.7厘米（图四〇七，2；图版二一四，2）。

M516

竖穴土坑墓，方向145°。墓圹平面呈圆角梯形，墓口长200、宽60～65、墓深30、墓口距地表50厘米（图四〇六，图版一九四）。墓壁规整，上下垂直，口底大小相等，平底。打破M518和M520。墓室内填红褐花土，葬具不清。

墓主人为男性，M_1磨耗Ⅴ级，年龄在50岁左右。葬式为仰身直肢葬，头向东南，面向东北。人骨未被扰乱，保存较好，整体形态清晰，双肩上耸，肋骨排列整齐，左臂伸直，右臂弧状内收，双腿在脚踝处交叉。

墓主人右前臂套有1件复合石璧，M516∶1，蛇纹石。灰白色，因受沁表面变的粗糙。由4个

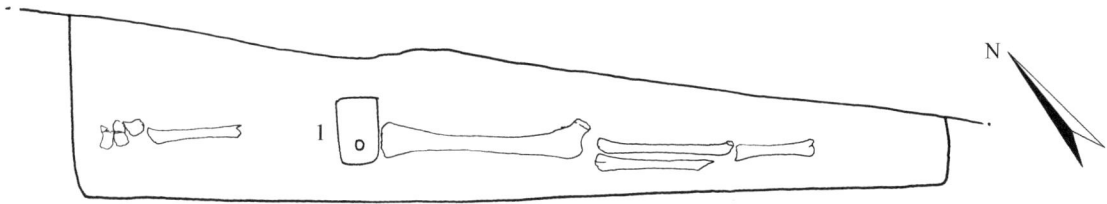

图四〇五 M515平、剖面图

1. 石钺(M515∶1)

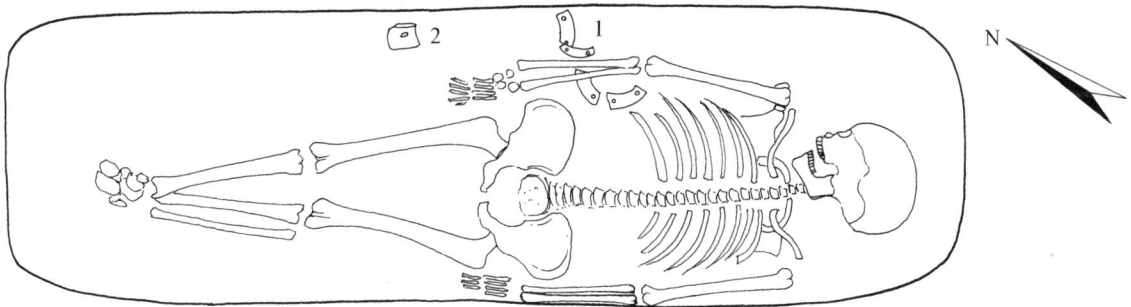

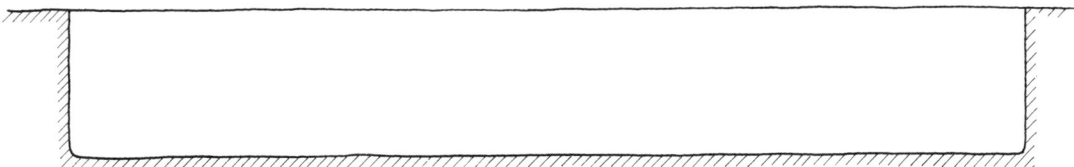

图四〇六 M516平、剖面图

1. 复合石璧(M516∶1) 2. 石钺(M516∶2)

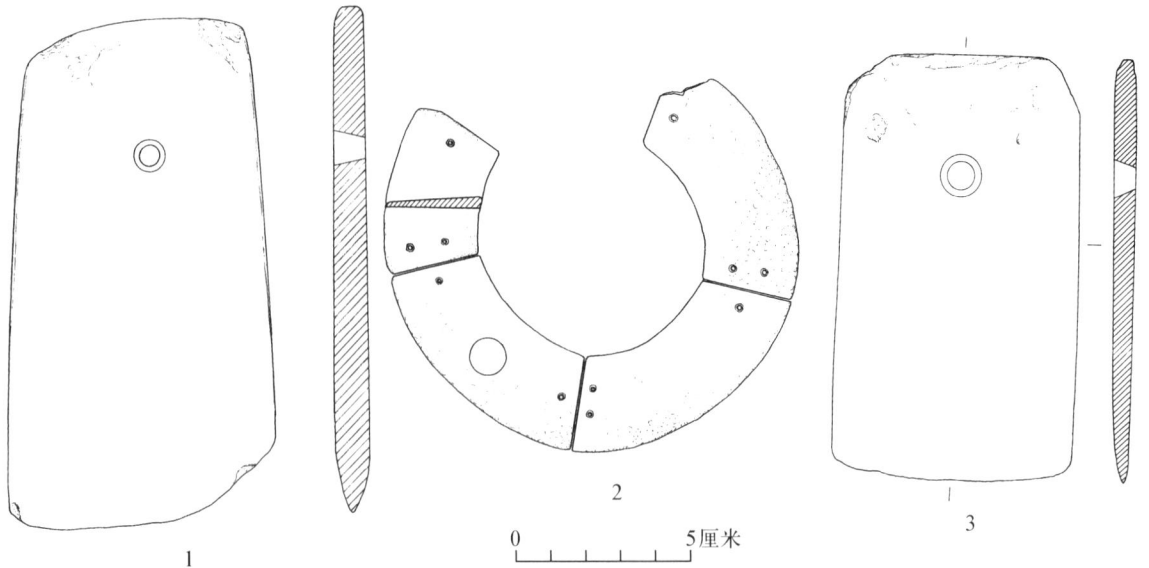

图四〇七　M515、M516出土器物图

1、3. 石钺（M516∶2、M515∶1）　2. 复合石璧（M516∶1）

长短不一的璜片以二对一的钻孔连缀，横剖面呈楔形，其中一个璜片中部有一孔径为1厘米的钻孔。外径11.8、好径6.5、厚0.3厘米（图四〇七，2，图版二二〇，4）。右股骨外侧清理出1件石钺，M516∶2，变质泥灰岩。青黄色，刃部和顶端微残。器近梯形，自顶端至刃端略微变厚，双面弧刃，近顶端处有一单面钻圆孔，通体抛光。长14.2、厚1、顶端宽6.4、刃端宽7.7、孔径0.6厘米（图四〇七，1，图版二〇九，3）。

M517

竖穴土坑墓，方向150°。墓圹平面呈圆角长方形，墓口长170、宽45、墓深15、墓口距地表50厘米（图版一九五）。边壁规整，上下垂直，口底大小相等，平底。墓室内填红褐花土，葬具不清。

墓主人为女性，年龄48岁。葬式为仰身直肢葬，头向东南，面向不详。人骨被扰乱，且腐蚀严重，许多细小骨骼均已不见，仅能辨认出骨架的大体形态。墓主人两臂伸直，双腿伸展。

墓中未发现随葬品。

M518

竖穴土坑墓，方向143°。墓圹平面呈圆角长方形，墓口长185、宽50、墓深40、墓口距地表50厘米（图四〇八，图版一九六）。墓壁规整，上下垂直，口底大小相等，平底。被M516打破。墓室内填红褐花土，葬具不清。

墓主人为男性，M₁磨耗Ⅴ～Ⅵ级，年龄在50～55岁。葬式为仰身直肢葬，头向东南，面向上。人骨未被扰乱，保存较好，整体形态清晰，双肩上耸，肋骨排列整齐，两臂伸直，双手放于腿两

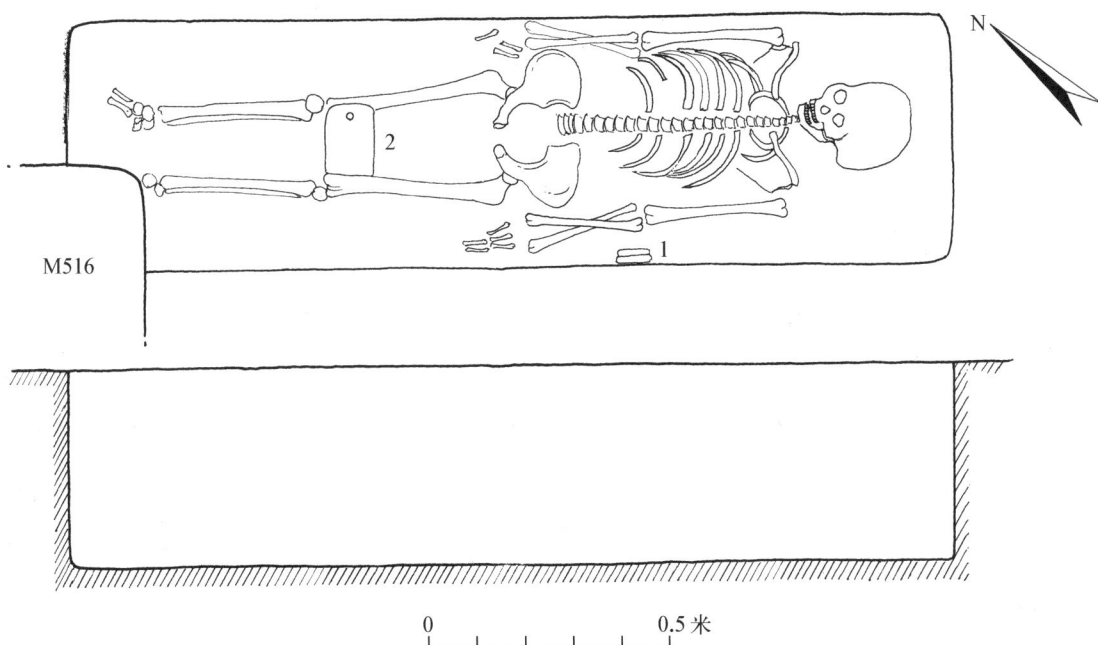

图四〇八 M518平、剖面图

1、2. 石钺（M518：1、M518：2）

侧，双腿伸展。

左肱骨外侧竖置有1件石钺，M518：1，蚀变大理岩。灰白色。器体近长方形，薄厚均匀，双面斜刃，刃部残，近顶端中部有一单面钻圆孔，通体磨光，器表多处受沁蚀。在近顶端的孔至顶间可见一道红彩痕迹。长14.4、顶端宽5.5、刃端残宽5、厚0.4、孔径0.5厘米（图四一〇，3；图版二一二，4）。右股骨下端横置1件石钺，M518：2，蚀变花岗闪长岩。青绿色。体近梯形，略厚，从顶端至刃部逐渐变薄，弧刃，近器体中部有一双面钻圆孔，通体抛光。长15.5、顶端宽8、刃端宽9、厚1、孔径0.8厘米（图四一〇，1；图版二〇九，4）。

M519

竖穴土坑墓，方向145°。墓圹平面略呈圆角梯形，墓口长190、宽45～50、墓深20、墓口距地表50厘米（图四〇九，图版一九七）。墓壁陡直，口底大小相等，墓底平坦。被近代沟渠打破。墓室内填红褐花土，葬具不清。

墓主人为男性，M_1 磨耗V～VI级，年龄在50～55岁。葬式为仰身直肢葬，头向东南，面向东北。人骨未被扰乱，保存较好，整体形态清晰，双肩上耸，肋骨排列整齐，两臂伸直，双手放于腿两侧，双腿伸展。

右侧股骨上端横置1件石钺，M519：1，青绿色，因受沁发白。略呈梯形，器体扁平，断裂，四个角残，双面直刃，近顶端处有一个单面钻圆孔。长11.6、顶端宽6.3、刃端宽7、厚0.7、孔径0.7厘米（图四一〇，2；图版二〇四，4）。

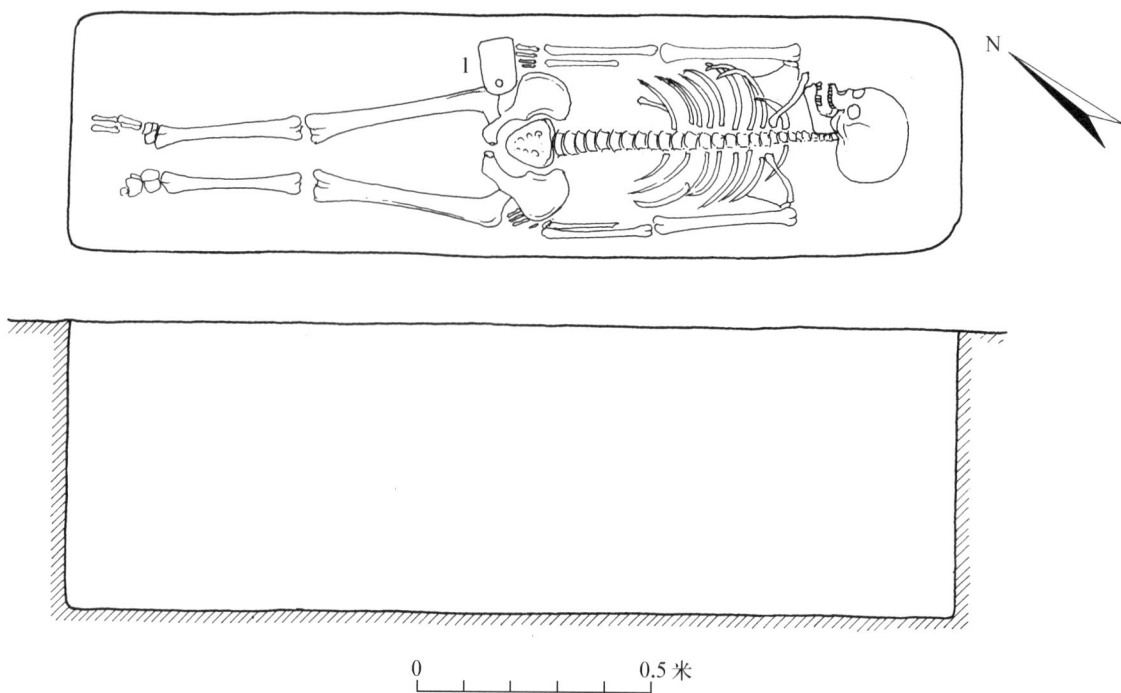

图四〇九　M519平、剖面图

1. 石钺（M519：1）

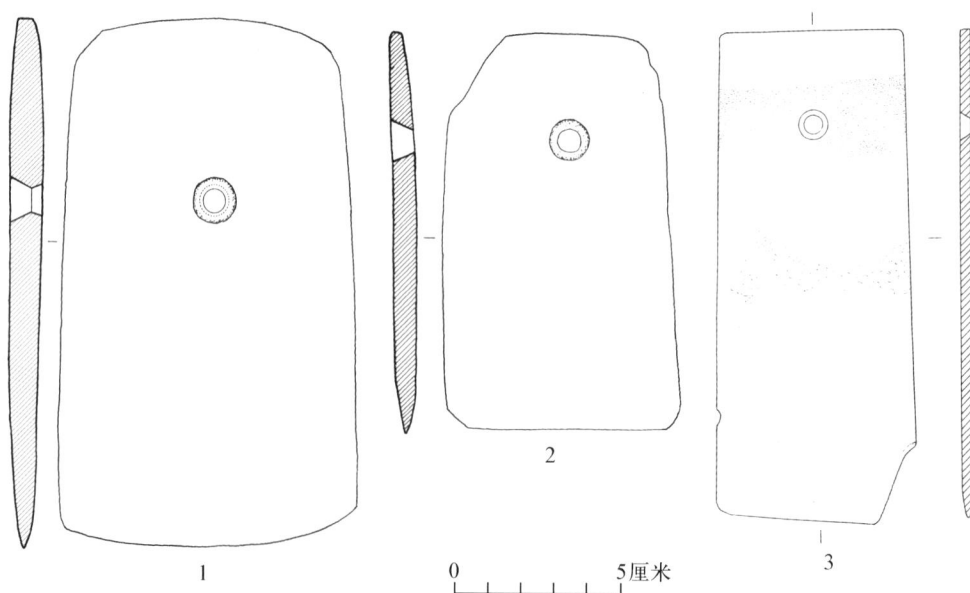

图四一〇　M518、M519出土器物图

1、2、3. 石钺（M518：2、M519：1、M518：1）

M520

竖穴土坑墓,方向40°。墓圹平面呈圆角长方形,墓口长180、宽50、墓深35、墓口距地表50厘米(图版一九八)。墓壁规整,上下垂直,口底大小相等,平底。被M379和M516打破。墓室内填黄褐花土,葬具不清。

墓主人为男性,M₁磨耗Ⅳ ～ Ⅴ级,年龄在40～45岁。葬式为仰身直肢葬,头向东北,面向上。骨骸保存较差,上肢及躯干部分被M516破坏,骨骼无存。上身仅存头骨及少量肋骨残段,下身尚能辨认出整体形态,两腿伸直。

墓中未发现随葬品。

M521

竖穴土坑墓,方向140°。墓口残长60、宽45、墓深34、墓口距地表50厘米(图版一九九)。墓壁规整,上下垂直,口底大小相等,平底。被近代沟渠打破。墓室内填红褐花土,葬具不清。

墓主人为女性,M₁磨耗Ⅴ级,年龄在50岁左右。仰身,头向西北,面向上。右侧肱骨下端及左侧肱骨肩胛骨以下均被沟渠破坏,骨骼无存,以上相对较好,仍可辨认出具体形态。

墓中未发现随葬品。

M522

竖穴土坑墓,方向140°。墓圹平面呈圆角长方形,墓口长180、宽45、墓深40、墓口距地表50厘米(图四一一,图版二〇〇)。墓壁规整,上下垂直,口底大小相等,平底。墓室内填红褐花土,

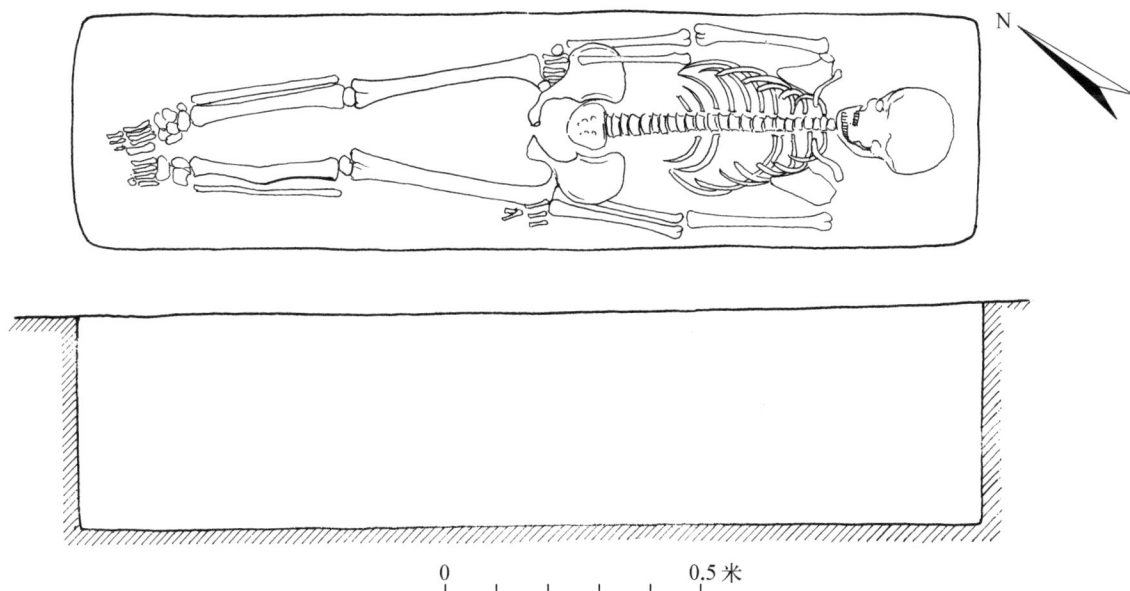

图四一一 M522平、剖面图

葬具不清。

墓主人为女性，M_1磨耗V级，年龄在50岁左右。葬式为仰身直肢葬，头向东南，面向上。人骨整体形态清晰可辨，面颅被扰，双肩上耸，肋骨排列整齐，左臂伸直，右前臂斜置于盆骨之上，双腿伸展，两脚靠拢。

墓中未发现随葬品。

M523

竖穴土坑墓，方向140°。墓口残长51、宽43、墓深40、墓口距地表50厘米（图版二〇〇）。墓壁规整，上下垂直，口底大小相等，平底。被近代沟渠打破。墓室内填红褐花土。

墓主人为女性，M_1磨耗V级，年龄在50岁左右。仰身葬，头向东南，面向上，左右肱骨中段以下均被沟渠破坏，骨骼无存，以上保存相对较好，双肩上耸，肋骨稍显凌乱。

墓中未发现随葬品。

第三章 墓葬研究

第一节 墓葬分类

下靳墓地是继陶寺遗址之后临汾盆地又一个经科学发掘的大型墓地。

下靳墓地共发掘533座墓葬,墓葬朝向大于180°的有1座,即SKM14[1]。其余墓葬根据墓葬主人头向不同,可分为A、B两类。A类墓的分布循一定之规,墓葬朝向位于90°～180°之间,大部分墓葬在南偏东20°～60°,即120°～160°之间。A类墓有415座。B类墓的填土呈黄褐色,极少有杂质。墓内未发现葬具痕迹,也没有铺撒朱砂的现象。墓向均为东北,大多在北偏东30°～48°,即42°～60°之间。B类墓有117座。

第二节 A类墓葬的特点

1. 布局

A类墓除M102、M112等极个别墓排属不明外,绝大部分虽不十分整齐,但基本左右并列成排分布。墓葬横向间距不等,距离最远的墓葬间距达7米,间距最近者墓圹几乎相连,排与排间距1米左右。同一排墓葬的数量由于取土破坏已不可确知。现存墓葬最少的一排仅2座,最多的一排达22座。若将未清理部分及被破坏掉的墓葬计算在内,该排墓的数量当在40座以上。

A类墓之间有个别打破关系。这种情况或许是因为墓葬分布过密,相邻墓葬间距太近造成的,如M115打破M116;也有的可能是入葬时间间隔较长,部分墓葬重复葬于此前墓地范围内所致,如M162打破M163,M21打破M32等。尽管如此,墓葬分布稠密、排列有序仍是A类墓最主要的特点。这说明该墓地有一套比较严格的葬规和管理制度。

---

[1] 山西省临汾行署文化局、中国社会科学院考古研究所山西工作队:《山西临汾下靳村陶寺文化墓地发掘报告》,《考古学报》1999年第4期。

　　下靳墓地 A 类墓分布规整,所有墓葬均成排分布。较大的墓葬分布在近东部的中心区域,墓葬之间的间距较大,分布稀疏,周围则分布着密集整齐的小墓。不同地位的成员共同组成一个关系密切的集团,但没有确切迹象表明可划分出不同的墓区。这或许与墓地大部分被破坏有关。

　　2. 形制

　　A 类墓均为竖穴土坑墓,有长方形和梯形两类。两类墓葬两端有的较平齐,有的呈半弧形;四壁较直,大部分墓葬墓底与墓口大小基本相同。口大底小墓葬两座,为 M5 和 M12,口小底大墓葬 1 座,为 M58。墓葬的大小差别不大,一般长不足 2 米,宽 0.5 米;较小的 M72 长仅 1.22、宽 0.4 米。墓圹仅可容身的墓占绝大多数,少数较大的墓长 2 米余,宽在 0.9 米以上。这种墓多见于东部近中心部位,墓主人的身份地位当较高。墓葬深度由于口部被破坏,已不可确知,但从现存墓葬的深度看,各墓之间仍有深与浅的区别,其中较深的 M56 深 1.25 米,较浅的 M74 仅深 0.05 米。

　　较大的墓设有壁龛,共发现 6 座,多为一龛,有两龛的墓仅 1 座[1]。这些墓一般较深,壁龛底部距墓底大约 0.2 ~ 0.3 米,壁龛内未见有任何遗存。两壁龛墓其中一个壁龛位于墓圹头端,另一个壁龛位于脚端。总的说来,以位于墓圹头端者为多。壁龛的形状多为平面截去一端的椭圆形,穹窿顶,平底,进深 0.56 ~ 1.5 米不等。凡是规模略大的墓葬都曾经过早期盗扰,因此有些墓葬的四壁上部已被破坏成不规则状,但近墓底处多还保持原状,如 M55、M85、M87、M105 等墓口均遭破坏,但底部则保持原状;M83 西南侧破坏部分上部虽较规整,但近底部则向墓圹内倾斜,并散置有许多与墓底属相同个体的散乱人骨。有些墓中从口部至底均弃置人骨,横七竖八毫无规律,而且往往残肢少臂,骨骼不全。个别墓中甚至人骨荡然无存,空空如也;而另外一些墓中则散置有分属 2 ~ 3 个个体的骨骼。这些墓葬只能依墓圹走向确定它们均属 A 类墓,但无法确定墓葬的葬具和葬式。墓内随葬品或被盗扰一空,或残存极少,而且已不放置在入葬时的位置。这种墓葬入葬时所具有的规格和标准已无法知晓。

　　3. 葬式

　　死者葬式明确的墓葬大部分是小型墓,共 205 例,可分为仰身直肢、仰身屈肢、侧身直肢、侧身屈肢和俯身直肢五种。其中仰身直肢最多,共 175 座,占可辨葬式墓中的绝大多数。这些墓葬一般头向与墓圹走向一致,面朝上或略偏向左、右,口张开,双手有的向内叠置在下腹部,有的置于身体两侧,下肢多数自然伸直,仅一例双腿交叉。仰身屈肢葬发现 16 例,面向一侧,双手呈搂抱状向胸腹内折,有的下肢呈直角弯曲,有的股骨与胫骨、腓骨并拢,双脚置于盆骨前。侧身直肢葬 4 座,侧身屈肢者发现 9 座,身体侧置,双腿上下相叠,双臂放在体侧。俯身直肢葬发现 1 座。所有人骨均保存较差,骨质疏松,有些仅存朽痕,无论可否辨别葬式,均十分易碎,一般很难提取,给人骨鉴定带来一定难度。

---

[1]　山西省临汾行署文化局、中国社会科学院考古研究所山西工作队:《山西临汾下靳村陶寺文化墓地发掘报告》,《考古学报》1999 年第 4 期。

墓内填土均为红褐花土，其中夹杂少量生黄土块，均纯净细腻。有9座经盗扰的墓室填土中有大块石头，即M26、M249、M258、M405，以及SKM16、SKM32、SKM37、SKM51、SKM78[1]。但放置位置和方式毫无规律，应为捣扰回填的墓志石。对于这种现象，经咨询中国社会科学院考古研究所何努先生，他认为："根据陶寺中期王族墓地大中型墓葬清理的经验，这些所谓填土里的大块石头，应是墓葬被捣毁后回填的'墓口标志石'，可简称'墓志石'。墓志石的功能是便于辨认和减少打破破坏。"少数墓的填土中发现有小块陶片，多为泥质或夹砂的灰陶残片。凡是经扰乱的墓葬，从开口以下直至墓底均散落有残碎的人骨，但填土与其他墓葬毫无区别。

4. 随葬品

A类墓中有143座发现随葬品，共428件，包括陶器13件、玉石器262件、骨器42件、蚌器28件、牙器32件，木器11件，石灰贝形器39件，其他1件。除绿松石、石箭镞、串饰等小件器物外，一般一座墓中仅有1～3件器物，另外272座墓则身无长物，仅存遗骸，甚至为空墓。

5. 人骨观察

A类墓发现的所有人骨保存极差，骨质非常疏松，有些仅存朽痕，很难提取，给人骨鉴定带来一定难度。关于人骨的相关研究可参见本书第四章。

第三节　B类墓葬的特点

1. 布局

B类墓是墓向东北的墓葬，计117座。这些墓葬分布得比较零星，虽头向、葬式相同，也有一定排列规则，但似乎不如A类墓更有规律。

2. 形制

B类墓也是竖穴土坑墓，其形制与A类墓基本相同，基本全是小墓，长1.45～1.90、宽0.45～0.8米，但深度较深，一般在0.4～0.9米之间，有67座被A类墓打破。未发现有意盗扰的现象。

3. 葬式

B类墓的填土大多呈黄褐色，极少有杂质。墓内未发现葬具痕迹，也没有铺撒朱砂的现象。死者墓向均为东北，方向在北偏东30°～48°之间。可辨葬式者均为仰身直肢，骨架保存较好。

4. 随葬品

B类墓大多无随葬品。随葬品计23件，其中陶器1件，玉石器4件，猪下颌骨1件；骨器17件，主要是骨簪和骨笄，分扁平长条状和圆棒状两种，均发现于死者头顶。

[1]　山西省临汾行署文化局、中国社会科学院考古研究所山西工作队：《山西临汾下靳村陶寺文化墓地发掘报告》，《考古学报》1999年第4期。

5. 人骨观察

关于人骨的相关研究可参见本书第四章。

第四节　A、B 类墓葬比较研究

发掘的 533 座墓葬基本分布在面积 2 500 余平方米的范围内，其中东半部墓葬分布稠密，西半部则较稀疏。按照墓向的不同可分为 A、B 两类。A 类墓向东南，约占墓葬总数的 77.8%，B 类墓向东北，约占 22.1%。

1. 布局

墓葬分布遵循一定规律，尤其 A 类墓左右并列，成排分布，井然有序，之间少有打破关系。显然，该墓地有一套严格的入葬规定和管理制度。B 类墓较 A 类墓相对零散些，但墓向一致，葬式相同，也有一定规律。

2. 形制

两类墓均以长方形竖穴土坑墓为主，四壁垂直，现存深度不一。A 类较浅，深度 0.5 米左右；B 类较深，多在 0.8 米左右。除少数 A 类墓长 2、宽 1 米以上外，其余的大小均为仅可容身的小型墓。个别规模略大的墓壁一侧有弧顶平底的洞穴式壁龛，但壁龛内未发现随葬品。

墓圹的平面形状，以长方形为主，还有的呈梯形或倒梯形。

（一）长方形：平面呈比较规整的长方形，四边接近直角相交，或略作弧形转角，这是一种最基本的形状。共发现此类墓葬 235 座。其中发现的圆角长方形墓葬最为特色，共发现此类墓葬 167 座。A 类墓葬有 122 座，B 类墓葬有 45 座。

（二）梯形或倒梯形墓圹头端与足端宽度不等，平面（以头端为准）呈梯形或倒置梯形，发现 208 座。圆角梯形墓葬共发现有 120 座。其中，A 类墓葬有 97 座，B 类墓葬有 23 座。

墓向：以墓圹中轴线头端为轴，墓葬朝向位于 90°～180°（含 90°～180°，下同）的有 415 座，又以朝向在 120° 到 160° 的最多，共 410 座，朝向在 120°～140° 的墓葬有 318 座。朝向位于 90°～120° 的墓葬有 5 座，分别是 M1、M7、M43、M46、M444。此外，朝向小于 90° 的有 117 座，其中，墓向在 40°～60° 的墓葬最多，共有 78 座。墓向小于 40° 且大于 0° 的墓葬有 38 座。墓向大于 60° 且小于 90° 的只有 1 座，墓号为 M223，墓向为 68°。

墓葬填土一般纯净细腻，A 类多为红褐花土，B 类多为黄褐土。规模略大的 A 类墓都曾被早期扰乱，而且小型 A 类墓也有很多被扰，但 B 类墓却少见此现象，其原因尚不清楚。

3. 葬式

个别规模略大的 A 类墓中发现有木质葬具遗痕，有 16 座墓有木棺。木棺仅余板灰痕迹，板灰痕迹多为长方形，个别为梯形和工字形。工字形木板前后挡板长度均大于两侧板之间的距离。但已无法辨别形制与结构。小型墓中少数人骨上可辨认出用编织物敛尸的痕迹。少数墓有铺撒朱砂的现象，朱砂位置多在股骨以上，有的仅在头部或胸部。

墓葬葬式绝大多数为仰身直肢,极少数为仰身屈肢或侧身屈肢。在墓向在90°～180°的415座A类墓葬中,葬式明确的墓葬有205座。墓向在90°以下的117座B类墓葬中,可判别葬式的墓葬有86座。综合而言,此次发现的所有墓葬中,可判别葬式的共有291座,可辨明的葬式主要有以下五种:仰身直肢葬(含下肢末端交叉):占据主导地位,尸骸仰面平置,面向上或偏向一侧,下肢伸直,双足并拢,双手多自然靠近盆骨两侧,也有的双手交叠于下腹部,无论是A型墓还是B型墓,仰身直肢葬都占据主导地位。A类墓中,仰身直肢葬共发现175座。B类墓中,仰身直肢葬共发现83座。仰身屈肢葬:死者躯干部位是仰身,面向上或偏向一侧,下肢稍屈。A类墓发现16座。侧身直肢葬:尸骸呈侧卧姿势,下肢伸直,且两腿呈上、下重叠状。A类墓发现4座,B类墓发现1座。侧身屈肢葬:死者躯干呈侧卧姿势,下肢作曲折状,A类墓发现9座。俯身直肢葬:A类墓发现1座,B类墓发现2座。

此外,在A类墓中还发现12座仰身葬,18座直肢葬,1座俯身葬,1座侧身葬,2座屈肢葬。B类墓中还有8座仰身葬。因尸骸保存不是很完整,无法对其葬式做进一步具体判别。

4. 随葬品

两类墓在随葬品方面有明显区别。B类墓除个别墓有骨簪和玉石器外,基本不见随葬品。A类墓则有35%左右的墓伴有随葬品。随葬品种类以玉石器为主,另有少量的陶器、骨器、蚌器、牙器等小件饰器。415座墓共获各类随葬品451件。陶器发现数量极少,除4座墓葬出土陶罐外,其余为陶瓶,共发现10件,大都出自宽在0.9米以上规模略大的墓中,位置多在墓底西北或西南角,器体紧贴墓壁,器物上部外表及口沿内侧均涂有红彩,但无图案。玉石器包括礼器、装饰品两大类。礼器主要为钺、刀,装饰品有璧、环、璜、腕饰、头饰等。

5. 人骨

A类墓人骨保存状况极差,骨质非常疏松,有些仅存朽痕;B类墓骨骼保存较好。根据人骨鉴定,墓主性别以女性居多,男性略少。年龄结构以中年最多,占50%以上,老年不足20%,余为青年、壮年、少年。

总体来看,A、B两类墓在墓向、葬制、随葬品等方面均有较为明显的区别。两类墓中有打破关系者均为A类打破B类,可以肯定B类早于A类,它们当是不同阶段的墓葬。A类墓出土的A型陶瓶和折肩罐同陶寺文化早期晚段同类器相似,而B类墓出土的陶罐M299∶1与垣曲古城东关庙底沟二期文化晚期陶罐ⅠH145∶43相似。

第四章　人骨研究

第一节　人骨特征与病理分析

本节对下靳史前墓地出土的人骨标本进行了观察、测量和统计分析。

一、性别、年龄鉴定与人口寿命的研究

（一）性别和年龄鉴定

下靳墓地的533座墓葬中，共采集人骨标本283例。受埋藏环境等诸多因素的影响，标本整体保存状况较差。本节关于每例标本的性别、年龄判定，主要依据吴汝康[1]和邵象清[2]所立标准。对成年个体性别的推断首先依据髋骨（包括耻骨、坐骨和髂骨）的形态特征，其次为头骨（包括下颌骨），再次为四肢长骨、胸骨等的特征。对年龄的界定首先依据耻骨联合面的磨耗和形状，其次是牙齿的磨耗程度，最后结合颅骨内骨缝及四肢长骨骨骺线的愈合情况综合判断。对于未成年个体的年龄推断主要依据牙齿的萌出、恒乳齿的替换以及长骨的长度做出判断。

表一　下靳墓地居民死亡年龄分布统计

年　龄　段	男　性	女　性	性　别　不　明	合　　计
未成年（＜14岁）	0.00%（0）	0.00%（0）	64.52%（20）	7.07%（20）
青年期（15～23岁）	8.33%（10）	12.12%（16）	6.45%（2）	9.89%（28）
壮年期（24～35岁）	24.17%（29）	31.82%（42）	6.45%（2）	25.80%（73）
中年期（36～55岁）	43.33%（52）	29.54%（39）	9.68%（3）	33.21%（94）
老年期（＞56岁）	24.17%（29）	26.52%（35）	12.90%（4）	24.03%（68）
成年（具体年龄不详）	0.00%（0）	0.00%（0）	0.00%（0）	0.00%（0）
合计	42.40%（120）	46.65%（132）	10.95%（31）	100%（283）

[1]　吴汝康、吴新智、张振标:《人体测量方法》,科学出版社,1984年,第11～24页。
[2]　邵象清:《人体测量手册》,上海辞书出版社,1985年,第34～56页。

从表一中可以看出,下靳墓地采集的283例人骨中,性别明确或倾向于明确者共252例,鉴定率为89.05%;由于每例个体牙齿保存较好且附着于上下颌骨,特别是下颌骨齿槽窝内,因此无年龄不详者。下靳人群中明确或倾向于属于男性的标本120例,属于女性的标本132例,男女两性比为0.91∶1。王建华统计的黄河中下游地区史前人口的男女两性比值数据如下:裴李岗时代1.59∶1,仰韶时代为1.72∶1,大汶口文化为1.75∶1,龙山时代为1.67∶1,二里头时代2.0∶1[1]。与之相比,下靳墓地居民男女两性人口数量差异较小。也有学者提出:"至少在新石器时代的晚期,女性的平均寿命已经开始长于男性,北方地区先秦时期的居民在性比构成上具有一个显著的特点,即时代越晚,性比越小。"[2]

从总体人口死亡年龄段来看,集中在中年期,其次为壮年期和老年期,青年期和未成年数量较少,人口寿命普遍较高(图四一二)。从性别角度来看,男性死亡高峰集中在中年期,占全部男性数量的43.33%,明显高于女性。而女性青、壮年期及老年期死亡率均高于男性,表明女性在青壮年时期死亡概率较高,而进入中年以后比较稳定,女性进入老年期的人数多于男性。本节对该墓地中未成年死亡者的性别不做判断(图四一三)。

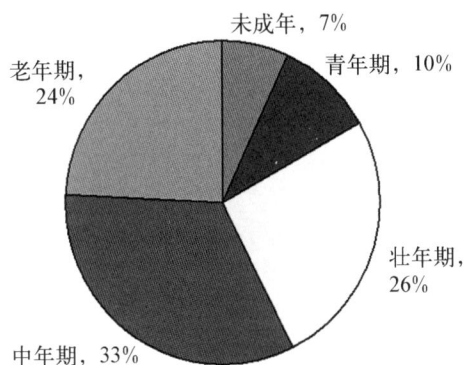

图四一二 下靳墓地居民各年龄段死亡率

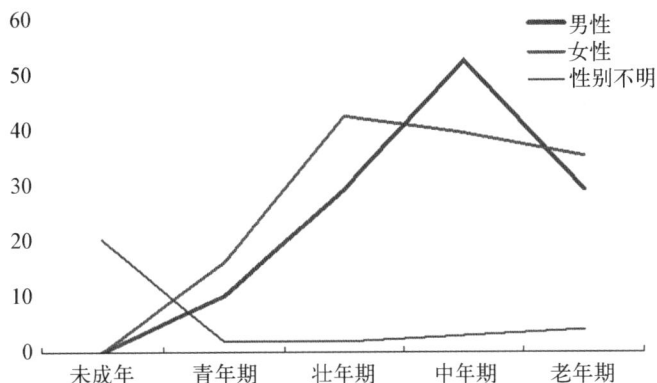

图四一三 下靳墓地男女两性死亡年龄分布图

(二)人口寿命研究

在考古学和人类学研究中,人口寿命的研究主要是指对基于一定样本量人口的平均预期寿命进行推算,一般采用编制简略生命年表的方法[3]。简略生命年表可以反映一段时间内一群人的死亡和生存经历,折射出这个地区居民的健康状况。简略生命年表所计算出的平均预期寿命有助于比较各地区古代居民死亡资料以及评估死亡趋势[4]。

下面采用编制简略生命年表的方法对临汾下靳墓地居民人口的平均寿命进行推算。首先我们制作了下靳墓地全部人口寿命简略年表(表二),然后又分别编制了男女两性各自的简略生命

[1] 王建华:《黄河中下游地区史前人口研究》,科学出版社,2011年,第180～206页。
[2] 李法军:《河北阳原姜家梁新石器时代人骨研究》,科学出版社,2008年,第14页。
[3] 刘铮、邬沧萍、查瑞传:《人口统计学》,中国人民大学出版社,1981年,第221～240页。
[4] 黄荣清等:《人口分析技术》,北京经济学院出版社,1989年,第57～99页。

年表,见表三和表四。这三个表可相互参照,有助于我们了解当时不同性别群体的寿命,同时也能反映出不同性别群体的生存状况。

表二 下靳墓地居民全体人口简略生命年表

年龄组 X	死亡概率 nqx	尚存人数 lx	各年龄组死亡人数 ndx	各年龄组内生存人年数 nLx	未来生存人年数累计 Tx	平均预期寿命 Ex
0—	0.00	283	0	283.0	11 603.0	41.00
1—	0.35	283	1	1 130.0	11 320.0	40.00
5—	2.84	282	8	1 390.0	10 190.0	36.13
10—	4.74	274	13	1 337.5	8 800.0	32.12
15—	2.68	261	7	1 287.5	7 462.5	28.59
20—	7.09	254	18	1 225.0	6 175.0	24.31
25—	11.86	236	28	1 110.0	4 950.0	20.97
30—	10.58	208	22	985.0	3 840.0	18.46
35—	14.52	186	27	862.5	2 855.0	15.35
40—	15.72	159	25	732.5	1 992.5	12.53
45—	17.91	134	24	610.0	1 260.0	9.40
50—	31.82	110	35	462.5	650.0	5.91
55—	100.00	75	75	187.5	187.5	2.50

表三 下靳墓地居民男性简略生命年表

年龄组 X	死亡概率 nqx	尚存人数 lx	各年龄组死亡人数 ndx	各年龄组内生存人年数 nLx	未来生存人年数累计 Tx	平均预期寿命 Ex
0—	0.00	120	0	120.0	5 260.0	43.83
1—	0.00	120	0	480.0	5 140.0	42.83
5—	0.00	120	0	600.0	4 660.0	38.83
10—	0.83	120	1	597.5	4 060.0	33.83
15—	2.52	119	3	587.5	3 462.5	29.10
20—	5.17	116	6	565.0	2 875.0	24.78
25—	10.90	110	12	520.0	2 310.0	21.00

续表

年龄组 X	死亡概率 nqx	尚存人数 lx	各年龄组 死亡人数 ndx	各年龄组内 生存人年数 nLx	未来生存人 年数累计 Tx	平均预期 寿命 Ex
30—	10.20	98	10	465.0	1 790.0	18.27
35—	13.64	88	12	410.0	1 325.0	15.06
40—	21.05	76	16	340.0	915.0	12.04
45—	16.67	60	10	275.0	575.0	9.58
50—	30.00	50	15	212.5	300.0	6.00
55—	100.00	35	35	87.5	87.5	2.50

表四 下靳墓地居民女性简略生命年表

年龄组 X	死亡概率 nqx	尚存人数 lx	各年龄组 死亡人数 ndx	各年龄组内 生存人年数 nLx	未来生存人 年数累计 Tx	平均预期 寿命 Ex
0—	0.00	132	0	132.0	5 675.0	42.99
1—	0.00	132	0	528.0	5 543.0	41.99
5—	0.00	132	0	660.0	5 015.0	37.99
10—	0.76	132	1	657.5	4 355.0	32.99
15—	2.29	131	3	647.5	3 697.5	28.23
20—	8.6	128	11	612.5	3 050.0	23.83
25—	11.97	117	14	550.0	2 437.5	20.83
30—	11.65	103	12	485.0	1 887.5	18.33
35—	16.48	91	15	417.5	1 402.5	15.41
40—	10.53	76	8	360.0	985.0	12.96
45—	19.12	68	13	307.5	625.0	9.19
50—	34.55	55	19	227.5	317.5	5.77
55—	100.00	36	36	90.0	90.0	2.50

以上三组简略生命年表计算出的下靳墓地居民的平均预期寿命为41.0岁,男性为43.83岁,女性为42.99岁。男性平均预期寿命高出总人口平均预期寿命2.83岁,女性平均预期寿命高出总

人口平均预期寿命1.99岁。其中下靳墓地居民中女性平均预期寿命低于男性,这种现象产生的原因是多方面的,社会因素和自然因素均不容忽视。有学者认为可能由于生产力低下,卫生状况欠佳,医疗条件恶劣,女性在孕产期很容易染疾死亡,导致了女性青年期死亡率趋高,进而拉低了女性平均预期寿命[1]。

我国史前时期编制过人口简略生命年表的墓地有江苏金坛三星村、河北阳原姜家梁、山西芮城清凉寺。他们的人口平均预期寿命分别为26.26岁[2]、34.06岁[3]及32.92岁[4]。与之相比,下靳墓地居民41.0岁的平均预期寿命明显较高。

二、头骨形态特征的研究

（一）头骨连续性形态特征的观察与研究

头骨连续性形态特征(continuous morphological trait)是指具有多个分级或分型的非测量性状,其中某些性状不具有多级分类的条件,只适合用"存在"或者"缺失"来表示,称为"非连续性形态特征"(discontinuous morphological trait),亦称"头骨小变异"(minor skeletal varint)[5]。观察方法主要依据邵象清和吴汝康等所确立的标准[6]。

下靳墓地发现的人骨个体虽然较多,但由于受埋藏环境的影响,真正保存较好可供观察的头骨仅有26例,其中男性11例,女性15例。在进行头骨的连续性形态观察时,所统计的男女例数除26例保存较好的头骨外,还包括虽然残破但仍可观察部分颅面部形态特征的个体。下靳墓地头骨连续性形态特征观察统计见表五。

表五　下靳墓地头骨连续性形态特征观察统计表（男女两性）

项目	性别	例数	形态分类及出现率					
			椭圆形	卵圆形	圆形	五角形	楔形	菱形
颅形	男性	10	10.00%（1）	90.00%（9）	0.00%（0）	0.00%（0）	0.00%（0）	0.00%（0）
	女性	13	30.77%（4）	69.23%（9）	0.00%（0）	0.00%（0）	0.00%（0）	0.00%（0）
	合计	23	21.74%（5）	78.26%（18）	0.00%（0）	0.00%（0）	0.00%（0）	0.00%（0）

[1]　山西省考古研究所:《清凉寺史前墓地》,文物出版社,2016年,第388页。

[2]　张君、王根富:《江苏金坛三星村新石器时代墓葬中的人口统计与研究》,《文物》2004年第2期,第54～60页。

[3]　李法军:《河北阳原姜家梁新石器时代遗址人口寿命研究》,《中山大学学报》2006年第1期,第62～66页。

[4]　陈靓、薛新明:《山西芮城清凉寺新石器时代墓地人口构成研究》,《西北大学学报(哲社版)》2010年第6期,第37～40页。

[5]　Jeffrey H. Schwartz, *Skeleton Keys—an Introduction to Human Skeletal Morphology, Development, and Analysis*, Oxford University Press, 1995, P257.

[6]　吴汝康、吴新智、张振标:《人体测量方法》,科学出版社,1984年,第71～93页;邵象清:《人体测量手册》,上海辞书出版社,1985年,第111～132页。

项目	性别	例数	形态分类及出现率				
			弱	中等	显著	特显	粗壮
眉弓突度	男性	9	11.11%（1）	11.11%（1）	55.56%（5）	22.22%（2）	0.00%（0）
	女性	14	71.42%（10）	14.29%（2）	14.29%（2）	0.00%（0）	0.00%（0）
	合计	23	47.83%（11）	13.04%（3）	30.43%（7）	8.70%（2）	0.00%（0）
			缺如	＜1/2	=或＞1/2	全长	
眉弓范围	男性	10	0.00%（0）	30.00%（3）	70.00%（7）	0.00%（0）	
	女性	13	23.07%（3）	69.23%（9）	7.70%（1）	0.00%（0）	
	合计	23	13.04%（3）	52.18%（12）	34,78%（8）	0.00%（0）	
			平直	中等	倾斜		
前额	男性	9	22.23%（2）	33.33%（3）	44.44%（4）		
	女性	15	80.00%（12）	20.00%（3）	0.00%（0）		
	合计	24	58.33%（14）	25.00%（6）	16.67%（4）		
			微波形	深波形	锯齿形	复杂形	
颅顶缝前囟段	男性	9	55.56%（5）	22.22%（2）	22.22%（2）	0.00%（0）	
	女性	13	69.23%（9）	23.08%（3）	7.69%（1）	0.00%（0）	
	合计	22	63.63%（14）	22.73%（5）	13.64%（3）	0.00%（0）	
			微波形	深波形	锯齿形	复杂形	
颅顶缝顶段	男性	9	0.00%（0）	44.45%（4）	55.55%（5）	0.00%（0）	
	女性	14	0.00%（0）	21.43%（3）	78.57%（11）	0.00%（0）	
	合计	23	0.00%（0）	30.43%（7）	69.57%（16）	0.00%（0）	
			微波形	深波形	锯齿形	复杂形	
颅顶缝顶孔段	男性	8	50.00%（4）	25.00%（2）	25.00%（2）	0.00%（0）	
	女性	14	50.00%（7）	28.57%（4）	21.43%（3）	0.00%（0）	
	合计	22	50.00%（11）	27.27%（6）	22.73%（5）	0.00%（0）	
			微波形	深波形	锯齿形	复杂形	
颅顶缝后段	男性	9	33.33%（3）	11.11%（1）	55.56%（5）	0.00%（0）	
	女性	13	0.00%（0）	23.08%（3）	76.92%（10）	0.00%（0）	
	合计	22	13.64%（3）	18.18%（4）	68.18%（15）	0.00%（0）	

续表

项目	性别	例数	形态分类及出现率					
			极小	小	中等	大	特大	
乳突	男性	11	0.00%（0）	0.00%（0）	18.18%（2）	72.73%（8）	9.09%（1）	
	女性	15	0.00%（0）	40.00%（6）	33.33%（5）	26.67%（4）	0.00%（0）	
	合计	26	0.00%（0）	23.08%（6）	26.92%（7）	46.15%（12）	3.85%（1）	
			缺如	稍显	中等	显著	极显	喙嘴
枕外隆突	男性	10	0.00%（0）	30.00%（3）	20.00%（2）	20.00%（2）	30.00%（3）	0.00%（0）
	女性	14	0.00%（0）	71.42%（10）	14.29%（2）	14.29%（2）	0.00%（0）	0.00%（0）
	合计	24	0.00%（0）	54.16%（13）	16.67%（4）	16.67%（4）	12.50%（3）	0.00%（0）
			圆形	椭圆形	方形	长方形	斜方形	
眶形	男性	8	0.00%（0）	12.5%（1）	12.5%（1）	0.00%（0）	75.00%（6）	
	女性	12	8.33%（1）	66.67%（8）	16.67%（2）	0.00%（0）	8.33%（1）	
	合计	20	5.00%（1）	45.00%（9）	15.00%（3）	0.00%（0）	35.00%（7）	
			心形	梨形	三角形			
梨状孔	男性	8	12.50%（1）	87.50%（7）	0.00%（0）			
	女性	8	75.00%（6）	12.50%（1）	12.50%（1）			
	合计	16	43.75%（7）	50.00%（8）	6.25%（1）			
			锐型	钝型	鼻前沟型	鼻前窝型		
梨状孔下缘	男性	9	11.11%（1）	88.89%（8）	0.00%（0）	0.00%（0）		
	女性	9	11.11%（1）	88.89%（8）	0.00%（0）	0.00%（0）		
	合计	18	11.11%（2）	88.89%（16）	0.00%（0）	0.00%（0）		
			不显	稍显	中等	显著	特显	
鼻前棘	男性	8	75.00%（6）	25.00%（2）	0.00%（0）	0.00%（0）	0.00%（0）	
	女性	3	33.33%（1）	66.67%（2）	0.00%（0）	0.00%（0）	0.00%（0）	
	合计	11	63.64%（7）	36.36%（4）	0.00%（0）	0.00%（0）	0.00%（0）	
			0级	1级	2级	3级	4级	
犬齿窝	男性	7	28.57%（2）	57.14%（4）	14.29%（1）	0.00%（0）	0.00%（0）	
	女性	7	42.86%（3）	0.00%（0）	42.86%（3）	14.28%（1）	0.00%（0）	
	合计	14	35.72%（5）	28.57%（4）	28.57%（4）	7.14%（1）	0.00%（0）	

续表

项目	性别	例数	形态分类及出现率				
矢状嵴			弱	中等	显著		
	男性	8	0.00%（0）	12.50%（1）	87.50%（7）		
	女性	15	26.67%（4）	40.00%（6）	33.33%（5）		
	合计	23	17.39%（4）	30.44%（7）	52.17%（12）		
鼻根凹陷			0级	1级	2级	3级	4级
	男性	6	33.33%（2）	66.67%（4）	0.00%（0）	0.00%（0）	0.00%（0）
	女性	11	72.73%（8）	27.27%（3）	0.00%（0）	0.00%（0）	0.00%（0）
	合计	17	58.82%（10）	41.18%（7）	0.00%（0）	0.00%（0）	0.00%（0）
翼区			蝶顶型	额颞型	点型	缝间型	
	男性	6	83.33%（5）	16.67%（1）	0.00%（0）	0.00%（0）	
	女性	10	100.00%（10）	0.00%（0）	0.00%（0）	0.00%（0）	
	合计	16	93.75%（15）	6.25%（1）	0.00%（0）	0.00%（0）	
鼻梁			凹凸型	凹型	直型		
	男性	3	0.00%（0）	66.67%（2）	33.33%（1）		
	女性	0	0.00%（0）	0.00%（0）	0.00%（0）		
	合计	3	0.00%（0）	66.67%（2）	33.33%（1）		
鼻骨			Ⅰ型	Ⅱ型	Ⅲ型		
	男性	3	33.33%（1）	66.67%（2）	0.00%（0）		
	女性	0	0.00%（0）	0.00%（0）	0.00%（0）		
	合计	3	33.33%（1）	66.67%（2）	0.00%（0）		
顶孔			无	仅左孔	仅右孔	左右全	附加孔
	男性	10	30.00%（3）	20.00%（2）	30.00%（3）	20.00%（2）	0.00%（0）
	女性	15	26.67%（4）	13.33%（2）	13.33%（2）	46.67%（7）	0.00%（0）
	合计	25	28.00%（7）	16.00%（4）	20.00%（5）	36.00%（9）	0.00%（0）
额中缝			无	≤1/3	1/3～2/3	≥2/3	全
	男性	10	100.00%（10）	0.00%（0）	0.00%（0）	0.00%（0）	0.00%（0）
	女性	15	93.33%（14）	0.00%（0）	0.00%（0）	0.00%（0）	6.67%（1）
	合计	25	96.00%（24）	0.00%（0）	0.00%（0）	0.00%（0）	4.00%（1）

续表

项目	性别	例数	形态分类及出现率				
腭形			U 型	V 型	椭圆形		
	男性	8	0.00%（0）	100.00%（8）	0.00%（0）		
	女性	10	0.00%（0）	80.00%（8）	20.00%（2）		
	合计	18	0.00%（0）	88.89%（16）	11.11%（2）		
腭圆枕			无	嵴状	丘状	瘤状	
	男性	9	0.00%（0）	55.56%（5）	33.33%（3）	11.11%（1）	
	女性	9	44.44%（4）	33.33%（3）	22.23%（2）	0.00%（0）	
	合计	18	22.22%（4）	44.44%（8）	27.78%（5）	5.56%（1）	
颏型			方形	圆形	尖形	角形	杂形
	男性	87	26.44%（23）	40.23%（35）	33.33%（29）	0.00%（0）	0.00%（0）
	女性	105	0.95%（1）	30.48%（32）	68.57%（72）	0.00%（0）	0.00%（0）
	合计	192	12.50%（24）	34.90%（67）	52.60%（101）	0.00%（0）	0.00%（0）
下颌角区			外翻	直型	内翻		
	男性	85	71.76%（61）	25.88%（22）	2.35%（2）		
	女性	103	25.24%（26）	54.37%（56）	20.39%（21）		
	合计	188	46.28%（87）	41.49%（78）	12.23%（23）		
颏孔位置			P_1P_2 位	P_2 位	P_2M_1 位	M_1 位	
	男性	83	4.82%（4）	55.42%（46）	36.14%（30）	3.61%（3）	
	女性	109	9.17%（10）	76.15%（83）	14.68%（16）	0.00%（0）	
	合计	192	7.29%（14）	67.19%（129）	23.96%（46）	1.56%（3）	
下颌圆枕			无	小	中	大	
	男性	83	46.99%（39）	22.89%（19）	15.66%（13）	14.46%（12）	
	女性	111	59.46%（66）	21.62%（24）	10.81%（12）	8.11%（9）	
	合计	194	54.12%（105）	22.16%（43）	12.89%（25）	10.82%（21）	
"摇椅"下颌			非"摇椅"	轻度"摇椅"	明显"摇椅"		
	男性	81	75.31%（61）	11.11%（9）	13.58%（11）		
	女性	109	64.22%（70）	22.94%（25）	12.84%（14）		
	合计	190	68.95%（131）	17.89%（34）	13.16%（25）		

头骨的每个不同部位都有各自不同的对比标准,依据观察结果,下面将分项对下靳墓地头骨连续性形态特征进行分析。

1. 颅形

下靳墓地男女两性颅形均以卵圆形者为主(男性占90.00%,女性占69.23%),余者皆为椭圆形颅(男性占10.00%,女性占30.77%)。

2. 眉弓

眉弓的形态观察分为两部分内容:眉弓突度和眉弓范围。

① 眉弓突度:眉弓突度通常可分为五级,即弱、中等、显著、特显和粗壮。下靳墓地中,男性以显著级为主(占55.56%),特显级其次(占22.22%),中等级和弱级再次(各占11.11%),无粗壮级。女性中以弱者为主(占71.42%),中等和显著者次之(各占14.29%),无特显者和粗壮者出现。

② 眉弓范围:眉弓范围分为五级,即0级、1级、2级、3级和4级。下靳墓地中,男性以2级和3级为主(共占70%),1级次之(占30%),无0级和4级出现。女性中以1级为主(占69.23%),其次为0级(占23.07%),3级仅出现一个个体(占7.69%),无2级和4级出现。

总体来看,男女两性眉弓的形态特征存在明显差异,男性眉弓的发达程度明显强于女性。其中眉弓突度男性多为显著级及其以上,女性则多为弱级;男性的眉弓范围中等者居多,女性则以弱者为主。

3. 前额

通常来说,不同种族及年龄差异都会造成人类头骨前部差异。其中远东和南亚蒙古人种比西伯利亚和北极蒙古人种的前额更为平直,男性前额倾斜度往往大于女性,儿童额部较为丰满。下靳墓地中,男性前额以倾斜为主(占44.44%),中等者次之(占33.33%),平直者最少(占22.23%)。女性前额以平直为主(占80%),中等者次之(占20%),无倾斜者。由此可知,该墓地男女两性前额形态特征符合性别差异的一般规律。

4. 额中缝

体质人类学一般认为,额中缝的出现与遗传因素、地理环境或者种族变异有关。人体额骨额中缝大约在一周岁开始愈合,两岁时大部分已经愈合,仅在眉间保留一小段,至六岁时完全愈合。下靳墓地发现的头骨中仅1例个体有全段额中缝(M001),判断为一成年女性,其余个体皆无。

5. 颅顶缝

描述颅顶矢状缝的形态时通常分为前囟段、顶段、顶孔段和后段四部分记录。下靳墓地发现的头骨在前囟段男女两性均以微波形为主,深波形次之,锯齿形再次,无复杂形出现;在顶段男女两性均以锯齿形为主,深波形次之,无微波形和复杂形;在顶孔段男女两性均以微波形为主,深波形次之,锯齿形再次,无复杂形出现;在后段男女两性均以锯齿形为主,男性微波形次之,深波形出现率极低,无复杂形,女性深波形次之,无微波形和复杂形出现。从颅顶缝看,下靳墓地男女两性均为简单型。

6. 乳突

根据人类学的研究发现,男女两性在乳突的发育程度上存在明显差异,通常情况下男性乳突发育较为粗大,女性乳突发育较为弱小。下靳墓地男性乳突以大者为主(占72.73%),中等者次之(占18.18%),特大者再次(占9.09),无小和极小者。女性中乳突以小者居多(占40%),中等者次之(33.33%),大者再次(占26.67%),无特大与极小者。这些现象表明,下靳墓地中男女两性乳突的发育状况存在明显的性别差异。

7. 枕外隆突

枕外隆突同样一直作为性别鉴定的重要依据。一般男性发育较为明显,女性发育微弱或少有发育。下靳墓地男性枕外隆突发育以稍显和极显为主(各占30%),其次为中等和显著(各占20%),无缺如和喙嘴者。女性则以稍显为主(占71.42%),中等和显著次之(各占14.29%),无极显、缺如与喙嘴者。

8. 眶形

下靳墓地男性眶形以斜方形为主(占75%),其次为椭圆形和方形(各占12.5%),无圆形与长方形者出现。女性以椭圆形为主(66.67%),方形其次(占16.67%),圆形和斜方形再次(各占8.33%),无长方形者出现。

9. 梨状孔

一般可分为三种形态,心形、梨形和三角形,一般来说前两者比较常见。下靳墓地中男性以梨形为主(占87.5%),心形次之(占12.5%),无三角形者出现。女性以心形为主(占75%),梨形和三角形次之(各占12.5%)。

10. 梨状孔下缘

一般可分为四种形态,分别是锐型、钝型、鼻前沟型和鼻前窝型。下靳墓地男女性梨状孔下缘均以钝型为主(各占88.89%),余皆为锐型(11.11%),两性皆无鼻前沟型和鼻前窝型出现。

11. 鼻前棘

鼻前棘的发育程度与鼻骨的高突程度有关。白洛嘉将其分为五级:不显、稍显、中等、显著和特显。下靳墓地男性鼻前棘以不显为主(占75%),其次为稍显(25%)。女性以稍显为主(占66.67%),其次为不显(33.33%)。两性均无中等、显著和特显者出现。

12. 犬齿窝

犬齿窝在不同人种中有明显的区别,蒙古人种通常犬齿窝不发达,欧罗巴人种和澳大利亚人种—尼格罗人种的犬齿窝则相对发达。犬齿窝一般可分为0~4五个等级。本组标本中男性以1级为主(占57.14%),0级次之(占28.57%),2级最少(占14.29%),无3级和4级者。女性以0级和2级为主(各占42.86%),3级次之(占14.28%),无1级和4级者。

13. 矢状嵴

黄种人中矢状嵴的出现率居于各大人种之首,在澳洲土著居民中也有相当的分布。本组标本中男性矢状嵴以显著为主(占87.5%),其次为中等(占12.5%),无弱者。女性矢状嵴以中等为主(占40%),其次为显著(占33.33%),最少为弱者(占26.67%)。

14. 鼻根凹陷

鼻根凹陷即鼻根点凹陷,可分为0~4级。本组标本男性以1级(略有凹陷)为主(占66.67%),0级(无鼻根凹陷)次之(占33.33%),无2级(凹陷中等)、3级(极为明显)和4级(鼻根点极深,深陷明显)出现。女性以0级(无鼻根凹陷)为主(占72.73%),1级(略有凹陷)次之(占27.27%),无2级(凹陷中等)、3级(极为明显)和4级(鼻根点极深,深陷明显)出现。

15. 翼区

翼区是指蝶骨大翼、顶骨、额骨和颞骨相交界的区域,除了这四块骨骼的骨缝可有多种衔接方式外,还可以观察到独立的翼上骨存在。翼区包括四种类型:H型(蝶顶型)、I型(额颞型)、X型(点型)和缝间型。本组标本中男性以H型为主(占83.33%),I型次之(占16.67%),无X型和缝间型。女性则全为H型。

16. 鼻梁

黄种人凹型鼻梁的出现率较高,本墓地中发现的人骨也不例外。男性个体的鼻梁均以凹型为主(各占66.67%),其次为直型(各占33.33%),无凹凸型出现。女性个体无可观察对象。

17. 腭形

腭形可分为U型、V型和椭圆形三种形态。本组标本中男性腭形全为V型,无U形和椭圆形者。女性腭形以V型为主(占80%),其次为椭圆形(占20%),无U型者。

18. 腭圆枕

腭圆枕的观察结构变异较大,男性嵴状最多(占55.56%),其次为丘状(占33.33%),最少为瘤状(占11.11%)。女性无腭圆枕者个体最多(占44.44%),其次为嵴状(占33.33%),最少为丘状(占22.23%),无瘤状者。

19. 顶孔数目

顶孔通常可分为无、仅左孔、仅右孔、左右全以及附加孔五种表现形式。本组标本中,男性以无顶孔和仅右孔者居多(各占30%),其次为仅左孔和左右孔全者(各占20%),无附加孔者。女性左右孔全者最多(占46.67%),其次为无孔者(占26.67%),最少为仅左孔和仅右孔者(各占13.33%),无附加孔者。

20. 额形

额形按照形态特征通常可分为方形、圆形、尖形、角形和杂形,两性的额部形态有明显差异,男性通常以方形和圆形为主,女性则以尖形为主。在本墓地发现的人骨标本中,男性以圆形的出现率最高(占40.23%),其次为尖形(占33.33%),最少者为方形(占26.44%),无角形和杂形者。女性以尖形为主(占68.57%),其次为圆形(占30.48%),方形仅1例(占0.95%),无角形和杂形者。

21. 颏孔位置

颏孔位置通常可分为P_1P_2位、P_2位、P_2M_1位及M_1位四种状态,该组标本中,男性颏孔位置以P_2位为主(占55.42%),其次为P_2M_1位(占36.14%),再次为P_1P_2位(占4.82%),最少者为M_1位(占3.61%)。女性颏孔位置以P_2位比率最高(占76.15%),其次为P_2M_1位(占14.68%),最少者为P_1P_2位(占9.17%),无M_1位者。

22. 下颌圆枕

下颌圆枕指下颌骨舌侧出现的圆形、椭圆形或者条纹形的骨质隆起,通常位于第一前臼齿到第二臼齿之间。该项特征在蒙古人种中有较高的出现率。该组标本中男性有下颌圆枕者占

53.01%，其中下颌圆枕显著者占 14.46%，无下颌圆枕者占 46.99%。女性有下颌圆枕者占 30.54%，下颌圆枕显著者占 8.11%，无下颌圆枕者占 59.46%。男女两性下颌圆枕合计出现率占 45.88%。

23."摇椅型"下颌

本组标本中男女两性均以"非摇椅"型下颌为主，总计占 68.95%，其次为"轻度摇椅下颌,占 17.89%，"明显摇椅下颌"占 13.16%。

24. 下颌角区

下颌角区一般分为三种形态：外翻型、直型和内翻型。本墓地发现的人骨中，男性外翻型的出现率最高（占 71.76%），其次为直型（占 25.88%），内翻型的出现率最低（占 2.35%）。女性中直型最多（占 54.37%），其次为外翻型（占 25.24%），最少者为内翻型（占 20.39%）。

根据以上各分项统计可知，下靳墓地个体的连续性形态特征如下：颅形以卵圆形为主；眉弓发育男性多属显著级，女性多弱级；颅顶缝以简单型为主；眶形多椭圆形和斜方形，眶角圆钝；梨状孔男性多梨形，女性多心形；两性鼻前棘分布均以不显和稍显为主；上颌中门齿均为铲形；鼻根凹陷以浅平为主；两性腭形以 V 型为主；颧骨上颌骨下缘转角处明显陡直者多；犬齿窝发育以弱为主；两性下颌圆枕出现率达 45.88%。这些特征说明，下靳墓地古代居民在连续性形态特征方面体现出了同种系的特征，属于蒙古大人种的范畴。

（二）颅面部测量性形态特征

下靳墓地中可供测量研究的头骨共计 18 例，其中男性 7 例，女性 11 例。通过对这些颅面部形态特征的测量记录，制作出了表六。

表六　下靳墓地主要颅面部测量性特征观察统计表（男女两性）

项　目	性　别	形态类型及出现例数				
颅指数 （8：1）		特长（<69.9）	长（70～74.9）	中（75～79.9）	短（80～84.9）	特短（>85）
	男（7）	0.00%（0）	28.57%（2）	71.43%（5）	0.00%（0）	0.00%（0）
	女（11）	0.00%（0）	45.45%（5）	36.36%（4）	18.18%（2）	0.00%（0）
	合计（18）	0.00%（0）	38.89%（7）	50.00%（9）	11.11%（2）	0.00%（0）
颅长高 指数 （17：1）		低（<69.9）	正（70～74.9）	高（>75）		
	男（4）	0.00%（0）	25.00%（1）	75.00%（3）		
	女（7）	0.00%（0）	14.29%（1）	85.71%（6）		
	合计（11）	0.00%（0）	18.18%（2）	81.82%（9）		
颅宽高 指数 （17：8）		阔（<91.9）	中（92～97.9）	狭（>98）		
	男（4）	0.00%（0）	25.00%（1）	75.00%（3）		
	女（7）	0.00%（0）	28.57%（2）	71.43%（5）		
	合计（11）	0.00%（0）	27.27%（3）	72.73%（8）		

续表

项　目	性　别	形态类型及出现例数				
额宽指数 （9：8）		狭（＜65.9）	中（66～68.9）	阔（＞69）		
	男（7）	14.29%（1）	28.57%（2）	57.14%（4）		
	女（10）	20.00%（2）	50.00%（5）	30.00%（3）		
	合计（17）	17.64%（3）	41.18%（7）	41.18%（7）		
垂直颅 面指数 （48：17）		很小（＜47.8）	小（47.9～51.1）	中（51.2～54.8）	大（54.9～58.1）	很大（＞58.2）
	男（3）	0.00%（0）	66.67%（2）	33.33%（1）	0.00%（0）	0.00%（0）
	女（5）	20.00%（1）	80.00%（4）	0.00%（0）	0.00%（0）	0.00%（0）
	合计（8）	12.50%（1）	75.00%（6）	12.50%（1）	0.00%（0）	0.00%（0）
上面指数 （48：45）		特阔（＜44.9）	阔（45～49.9）	中（50～54.9）	狭（55～59.9）	特狭（＞60）
	男（4）	0.00%（0）	0.00%（0）	75.00%（3）	25.00%（1）	0.00%（0）
	女（5）	0.00%（0）	100.00%（5）	0.00%（0）	0.00%（0）	0.00%（0）
	合计（9）	0.00%（0）	55.56%（5）	33.33%（3）	11.11%（1）	0.00%（0）
鼻指数 （54：55）		狭（＜46.9）	中（47～50.9）	阔（51～57.9）	特阔（＞58）	
	男（5）	20.00%（1）	60.00%（3）	20.00%（1）	0.00%（0）	
	女（5）	0.00%（0）	40.00%（2）	60.00%（3）	0.00%（0）	
	合计（10）	10.00%（1）	50.00%（5）	40.00%（4）	0.00%（0）	
眶指数 （52：51）		低眶型	中眶型	高眶型		
	男（6）	16.67%（1）	83.33%（5）	0.00%（0）		
	女（7）	18.57%（2）	71.43%（5）	0.00%（0）		
	合计（13）	23.08%（3）	76.92%（10）	0.00%（0）		
鼻根指数 （SS：SC）		很弱（＜23.4）	弱（23.5～35）	中（35.1～47.9）	突（48～59.5）	很突（＞59.6）
	男（6）	0.00%（0）	50.00%（3）	50.00%（3）	0.00%（0）	0.00%（0）
	女（7）	14.29%（1）	71.43%（5）	14.28%（1）	0.00%（0）	0.00%（0）
	合计（13）	7.69%（1）	61.54%（8）	30.77%（4）	0.00%（0）	0.00%（0）
面突度 指数 （40：5）		平颌（＜97.9）	中颌（98～102.9）	突颌（＞103）		
	男（3）	66.67%（2）	0.00%（0）	33.33%（1）		
	女（4）	50.00%（2）	50.00%（2）	0.00%（0）		
	合计（7）	57.14%（4）	28.57%（2）	14.29%（1）		

续表

项　目	性　别	形态类型及出现例数				
腭指数 （63∶62）		狭（＜79.9）	中（80～84.9）	阔（＞85）		
	男（4）	75.00%（3）	25.00%（1）	0.00%（0）		
	女（3）	33.33%（1）	0.00%（0）	66.67%（2）		
	合计（7）	57.14%（4）	14.29%（1）	28.57%（2）		
齿槽弓 指数 （61∶60）		长（＜109.9）	中（110～114.9）	短（＞115）		
	男（4）	0.00%（0）	0.00%（0）	100.00%（4）		
	女（3）	0.00%（0）	0.00%（0）	100.00%（3）		
	合计（7）	0.00%（0）	0.00%（0）	100.00%（7）		
面角（72）		超突（＜69.9）	突（70～79.9）	中（80～84.9）	平（85～92.9）	超平（＞93）
	男（5）	0.00%（0）	0.00%（0）	40.00%（2）	60.00%（3）	0.00%（0）
	女（4）	0.00%（0）	0.00%（0）	75.00%（3）	25.00%（1）	0.00%（0）
	合计（9）	0.00%（0）	0.00%（0）	55.56%（5）	44.44%（4）	0.00%（0）
齿槽面角 （74）		超突（＜69.9）	突（70～74.9）	中（80～84.9）	平（85～92.9）	超平（＞93）
	男（5）	40.00%（2）	40.00%（2）	20.00%（1）	0.00%（0）	0.00%（0）
	女（4）	50.00%（2）	50.00%（2）	0.00%（0）	0.00%（0）	0.00%（0）
	合计（9）	44.44%（4）	44.44%（4）	11.11%（1）	0.00%（0）	0.00%（0）
鼻颧角 （77）		很小（＜135）	小（136～139）	中（140～144）	大（145～148）	很大（＞149）
	男（6）	16.67%（1）	0.00%（0）	33.33%（2）	50.00%（3）	0.00%（0）
	女（8）	0.00%（0）	0.00%（0）	0.00%（0）	62.50%（5）	37.50%（3）
	合计（14）	7.14%（1）	0.00%（0）	14.29%（2）	57.14%（8）	21.43%（3）
颧上颌角 （zm1∠）		很小（＜124）	小（125～130）	中（131～136）	大（137～142）	很大（＞143）
	男（5）	0.00%（0）	20.00%（1）	80.00%（4）	0.00%（0）	0.00%（0）
	女（2）	0.00%（0）	50.00%（1）	0.00%（0）	50.00%（1）	0.00%（0）
	合计（7）	0.00%（0）	28.57%（2）	57.14%（4）	14.29%（1）	0.00%（0）

根据表六的统计结果，可以从以下方面对下靳墓地出土人骨的颅面部特征进行分析。

1. 颅指数（8∶1）

全组标本中，男性以中颅型为主（占71.43%），其次为长颅型（占28.57%），无特长、特短与短颅型。女性以长颅型为主（占45.45%），其次为中颅型（占36.36%），最少者为短颅型（占

18.18%），无特长与特短颅型。总体分析，男女两性颅型以中—长颅形为主，女性还拥有少量短颅型个体。

2. 颅长高指数（17∶1）

全组个体均以高颅型为主（男性占75.00%，女性占85.71%），各仅有1例正颅型，无低颅型。

3. 颅宽高指数（17∶8）

全组绝大多数属于狭颅型（男性占75.00%，女性占71.43%），少数个体属于中颅型（男性占25.00%，女性占28.57%），无阔颅型。

4. 额宽指数（9∶8）

男性阔额型最多（占57.14%），其次为中额型（占28.57%），最少者为狭额型（占14.29%）。女性中额型最多（占50.00%），其次为阔额型（占30.00%），最少者为狭额型（占20.00%）。

5. 垂直颅面指数（48∶17）

全组垂直颅面指数主要集中在小等级（男性占66.67%，女性占80.0%），其中男性中等级发现1例，无大、很大及很小等级。女性很小等级发现1例，无大、很大及中等级。

6. 上面指数（48∶45）

男性上面指数主要集中在中上面型（占75.00%），其次为狭上面型（占25.00%），无特阔上面型、阔上面型及特狭上面型。女性上面指数全为阔上面型。

7. 鼻指数（54∶55）

男性中鼻型最集中（占60.00%），阔鼻型和狭鼻型各仅有1例，无特阔鼻型。女性以阔鼻型为主（占60.00%），其次为中鼻型（占40.00%），无特阔及狭鼻型。

8. 眶指数（52∶51）

全组眶指数最多集中在中眶型（男性占83.33%，女性占71.43%），其次为低眶型（男性占16.67%，女性占18.57%），无高眶型。

9. 鼻根指数（SS∶SC）

男性鼻根指数全为中级和弱级，所占比例相同（占50.00%），无很弱级、突级及很突级。女性以弱级为主（占71.43%），很弱级和中级各1例。

10. 面突度指数（40∶5）

男性面突度指数以平颌型为主（占66.67%），其次为突颌型（占33.33%），无中颌型。女性平颌型和中颌型所占比例相同（占50%），无突颌型。

11. 腭指数（63∶62）

男性主要集中于狭腭型（占75.00%），中腭型1例，无阔腭型。女性以阔腭型为主（占66.67%），狭腭型1例，无中腭型。

12. 齿槽弓指数（61∶60）

该组标本中男女两性均为短齿槽型，无长齿槽型和中齿槽型。

13. 面角（72）

男性平颌型最多（占60.00%），中颌型其次（占40.00%），无突颌型、超突颌型及超平颌型。女性以中颌型居多（占75.00%），平颌型仅发现1例，无突颌型、超突颌型及超平颌型。

14. 齿槽面角（74）

男性以突颌型和超突颌型最多（各占40.00%），中颌型占1例，无平颌型（加上）及超平颌型。女性全为超突颌型和突颌型（各占50.00%），无中颌型、平颌型及超平颌型。

15. 鼻颧角（77）

男性鼻颧角主要为大级（占50.00%），其次为中等级（占33.33%），很小级仅占1例。女性鼻颧角主要为大级（占62.50%），很大级其次（占37.50%），无很小、小级及中等级。

16. 颧上颌角（zm1∠）

颧上颌角中男性以中等级为主（占80.00%），小级其次（占20.00%），无很小级、大级和很大级。女性大级和小级各发现1例，无很小级、中等级和很大级。

根据以上统计分析，我们将下靳墓地头骨的测量性形态特征概括如下：颅形为中颅型—高颅型—狭颅型相结合；面颅是中等偏狭的面型—偏低的中眶型—中—阔鼻型—中等偏弱的鼻根突度与中等偏小的垂直颅面比例相结合，面部在矢状方向上属于接近平颌型的中颌型，上齿槽角度属于突颌型，水平方向上有着中等偏大的上面部扁平度，拥有中等偏阔的腭形，短的齿槽型。

三、下靳墓地居民的肢骨研究

对肢骨的观察、测量和分析与头骨的研究具有同等作用，也是反映群体成员性别、年龄、生活环境及行为方式的重要因素。为此，笔者对下靳墓地个体肢骨进行了分析研究。首先按照《人体测量手册》中的相关测量项目和指数分级标准对该组个体肢骨进行测量，然后结合测量数据进行进一步研究。

（一）肱骨测量数据及指数的研究

下靳墓地人骨标本中可供测量的肱骨共18根，其中男性12根，女性6根。根据肱骨的各项测量数据的平均值，我们制作了表七。

表七 下靳墓地肱骨各项测量值及指数表

项　目	侧　别	男			女		
		N	X	Sd	N	X	Sd
最大长	L	3	292.33	13.12	2	314.00	8.00
	R	3	319.33	16.11	1	275.00	—
全长	L	3	289.00	12.03	2	310.00	7.00
	R	3	317.00	19.97	1	272.00	—
体中部最大径	L	3	22.07	0.60	2	23.35	0.85
	R	3	24.13	0.82	1	20.80	—

项 目	侧 别	男			女		
		N	X	Sd	N	X	Sd
体中部最小径	L	3	16.23	0.83	2	16.00	0.60
	R	3	18.00	0.90	1	15.50	—
体中部横径	L	3	19.13	1.29	2	20.75	0.35
	R	3	21.47	0.82	1	17.20	—
下端宽	L	3	57.33	2.36	2	59.5	1.50
	R	3	63.33	2.49	—	—	—
头纵径	L	3	42.03	2.50	2	46.35	2.65
	R	3	46.47	1.31	1	38.80	—
头横径	L	3	37.90	1.04	2	39.65	2.35
	R	3	42.50	2.45	—	—	—
体最小周长	L	3	59.67	2.87	2	59.00	3.00
	R	3	64.67	2.36	1	56.00	—
头周长	L	3	125.00	3.74	2	136.50	8.50
	R	3	136.00	8.29	—	—	—
髁干角	L	3	95.67	1.25	2	97.00	1.00
	R	3	93.33	3.30	1	97.00	—
横断面指数	L	3	73.52	1.75	2	73.55	5.12
	R	3	74.65	4.06	1	74.52	—
粗壮指数	L	3	20.45	1.31	2	18.76	0.48
	R	3	20.26	0.29	1	20.36	—

注：N为例数，X为平均值，Sd为标准差，X项中除指数外，单位为毫米。

从表七中肱骨的粗壮指数看，男性左右两侧的平均值约为20.36，其中左侧为20.45，右侧为20.26，左侧比右侧略显粗壮；女性的平均值为19.56，其中左侧为18.76，右侧为20.36，由于女性右侧肱骨仅发现1例，因此无法比较左右两侧的发育程度。总体来说，女性肱骨的粗壮程度比男性发育弱。

（二）股骨测量数据及指数的研究

本组标本中可供测量的股骨共8根，其中男性6根，女性2根，结合各项测量数据平均值，笔者制作了表八。

表八 下靳墓地股骨各项测量值及指数表

项 目	侧 别	男			女		
		N	X	Sd	N	X	Sd
最大长	L	1	440.00	—	2	429.50	9.50
	R	5	438.20	22.91	—	—	—
全长	L	1	437.00	—	2	424.00	11.00
	R	5	433.00	23.41	—	—	—
体上部矢径	L	1	27.50	—	2	25.40	0.20
	R	5	28.10	3.91	—	—	—
体上部横径	L	1	34.30	—	2	33.55	0.05
	R	5	33.18	2.04	—	—	—
体中部矢径	L	1	31.40	—	2	26.85	0.05
	R	5	28.20	1.27	—	—	—
体中部横径	L	1	26.50	—	2	26.65	0.75
	R	5	27.46	2.12	—	—	—
体中部周长	L	1	93.00	—	2	83	—
	R	5	87.40	4.32	—	—	—
颈高	L	1	36.30	—	2	34.00	1.00
	R	5	34.06	3.91	—	—	—
颈矢径	L	1	28.10	—	2	25.95	0.55
	R	5	26.74	4.16	—	—	—
头最大长	L	1	45.70	—	2	45.75	1.05
	R	5	47.16	4.25	—	—	—
头周长	L	1	145.00	—	2	144.00	3.00
	R	5	149.40	13.23	—	—	—
下部最小矢径	L	1	33.40	—	2	29.95	0.65
	R	5	31.06	3.03	—	—	—
下部横径	L	1	40.60	—	2	39.90	0.90
	R	5	40.84	5.57	—	—	—
上髁宽	L	—	—	—	1	75.00	—
	R	—	—	—	—	—	—

项 目	侧 别	男			女		
		N	X	Sd	N	X	Sd
外侧髁长	L	1	61.10	—	2	57.95	0.55
	R	5	61.36	2.79	—	—	—
内侧髁长	L	1	61.90	—	2	58.65	0.95
	R	4	62.50	4.53	—	—	—
颈干角	L	1	129.00	—	2	130	3.00
	R	5	128.00	1.41	—	—	—
髁干角	L	1	100.00	—	2	101.50	0.50
	R	5	100.00	2.00	—	—	—
长厚指数	L	1	21.28	—	2	19.59	0.51
	R	5	20.20	0.79	—	—	—
粗壮指数	L	1	13.25	—	2	16.62	0.16
	R	5	12.87	0.53	—	—	—
扁平指数	L	1	80.17	—	2	75.71	0.49
	R	5	89.17	26.26	—	—	—
嵴指数	L	1	118.49	—	2	100.84	3.03
	R	5	103.30	8.94	—	—	—

注：N为例数，X为平均值，Sd为标准差，X项中除指数外，单位为毫米。

从股骨的粗壮指数来看，男性左侧平均值为13.25，右侧为12.87，两侧平均值为13.06，左侧股骨较右侧稍显粗壮，女性左侧平均值为16.62，未发现右侧股骨，因此左右两侧粗壮程度无法比较；股骨扁平指数表明股骨骨干上部的发育程度，该组标本男性的左侧扁平指数为80.17，右侧为89.17，两侧平均值为84.67，左侧属于扁型，右侧属于正型，左侧扁平程度明显超过右侧。女性左侧扁平指数为75.71，属于扁型，右侧股骨缺失，因此左右两侧扁平程度无法比较。股骨嵴指数代表股骨（骨间）嵴的发育程度，该组标本男性的左侧为118.49，右侧为103.30，左侧的发育程度略强于右侧，两侧平均值为110.90；女性左侧的平均值为100.84，右侧股骨缺失，因此骨嵴发育程度无法比较。男性股骨嵴指数大于105，平均值达到了110，反映出该人群男性的股骨嵴非常发达。股骨的长厚指数反映出股骨骨干的厚度，该组标本男性左侧的长厚指数为21.28，右侧是20.20，左右两侧平均值为20.74；女性左侧是19.59，右侧股骨缺失。

（三）胫骨各项测量数据及指数的研究

下靳墓地共发现可供测量的胫骨8根,其中男性7根,女性1根,根据有关胫骨的各项平均值统计,我们制作了表九。

表九　下靳墓地胫骨各项测量值及指数表

项　目	侧　别	男			女		
		N	X	Sd	N	X	Sd
最大长	L	2	378.50	16.50	1	355	—
	R	6	374.50	13.90	—	—	—
全长	L	2	377.50	13.47	1	353	—
	R	6	372.50	13.89	—	—	—
体中部横径	L	2	21.25	0.15	1	20.80	—
	R	6	22.80	1.86	—	—	—
体中部最大径	L	2	31.20	0.49	1	30.00	—
	R	6	32.45	2.66	—	—	—
下端矢径	L	2	37.70	1.70	1	34.6	—
	R	5	37.92	2.08	—	—	—
下段宽	L	2	50.00	2.00	1	48	—
	R	4	50.00	2.74	—	—	—
滋养孔处矢径	L	2	33.20	0.80	1	33.20	—
	R	6	36.37	4.42	—	—	—
滋养孔处横径	L	2	23.90	0.90	1	21.40	—
	R	6	25.35	3.36	—	—	—
体最小周长	L	2	73.50	0.50	1	72.00	—
	R	1	77.17	6.47	—	—	—
胫骨指数	L	2	72.10	6.29	1	64.46	—
	R	6	69.75	4.91	—	—	—
中部断面指数	L	2	68.13	1.17	1	69.33	—
	R	6	70.30	2.21	—	—	—
胫骨长厚指数	L	2	19.50	0.72	1	20.40	—
	R	2	19.65	0.97	—	—	—

注：N为例数,X为平均值,Sd为标准差,X项中除指数外,单位为毫米。

从胫骨指数来看,男性左侧平均值为72.10,右侧为69.75,两侧的平均值为70.93,属于宽胫型。女性左侧胫骨发现1例,指数为64.46,属于中胫型,女性右侧胫骨未发现。胫骨中部断面指数显示,男性左侧为68.13,右侧为70.30,平均值为69.22。女性左侧胫骨发现1例,指数为69.33,女性右侧胫骨未发现。数据表明,男性整体胫骨中部发育较为圆钝。由于女性标本量有限,因此无法判断其整体胫骨发育程度,也无法进行男女两性之间的比较。

四、身高的推算

身高是了解古代人群营养健康状况的重要信息,是体质人类学研究中一项不可或缺的重要内容。从肢骨的长度来推算身高可以了解古代居民的身体发育状况,进而间接提供某一人群食物组成、营养状况和疾病现象等信息。利用四肢长骨的最大长来推算古代居民的身高是一项可行的方法。但是目前人类学界推算身高的公式很多,计算标准尚未统一。不同学者往往根据骨骼保存情况以及其他因素,选择不同的计算公式,因此推算出的身高具有一定的差异。根据以往的经验和下靳墓地人骨标本的保存状况,我们在推算下靳墓地男女身高时选择了不同公式,男性的身高推算公式选择了K.Pearson[1]和邵象清[2]的公式,女性的身高推算公式选用了K.Pearson[3]和张继宗[4]的公式。根据公式推算出来的结果,我们制作了表一〇和一一。

表一〇　下靳墓地居民身高推算表(男性)

		股骨最大长	胫骨最大长	K.Pearson公式		邵象清公式	
				股　骨	胫　骨	股　骨	胫　骨
M251	L	—	—	—	—	—	—
	R	435.00	—	163.09	—	164.97	—
M274	L	—	—	—	—	—	—
	R	436.00	—	163.27	—	165.20	—
M366	L	—	—	—	—	—	—
	R	430.00	—	162.15	—	163.81	—
M383	L	—	—	—	—	—	—
	R	410.00	—	158.39	—	159.19	—

[1] K. Pearson. Karl and Bell. Julia, *A study of the Long Bones of the English Skeleton*, Cambridge University Press, London. 1917. 转引自中国社会科学院考古研究所:《考古求知集》,中国社会科学出版社,1997年,第486～498页。

[2] 邵象清:《人体测量手册》,上海辞书出版社,1985年,第393～404页。

[3] K. Pearson. Karl and Bell. Julia, *A study of the Long Bones of the English Skeleton*, Cambridge University Press, London. 1917. 转引自中国社会科学院考古研究所:《考古求知集》,中国社会科学出版社,1997年,第486～498页。

[4] 张继宗:《中国汉族女性长骨推断身长的研究》,《人类学学报》2001年第4期,第302～307页。

续表

		股骨最大长	胫骨最大长	K.Pearson公式		邵象清公式	
				股 骨	胫 骨	股 骨	胫 骨
M392	L	440.00	—	164.03	—	165.56	—
	R	—	—	—	—	—	—
M426	L	—	—	—	—	—	—
	R	480.00	—	171.55		175.36	
M058	L	—	395.00	—	172.52	—	173.03
	R	—	—	—	—	—	—
M083	L	—	—	—	—	—	—
	R	—	365.00	—	165.39	—	166.53
M241	L	—	—	—	—	—	—
	R	—	374.00	—	167.53	—	168.58
M274	L	—	362.00	—	164.68	—	165.70
	R	—	360.00	—	164.20	—	165.39
M277	L	—	—	—	—	—	—
	R	—	390.00	—	171.33	—	172.23
M300	L	—	—	—	—	—	—
	R	—	396.00	—	172.75	—	173.60
M326	L	—	—	—	—	—	—
	R	—	362.00	—	164.68	—	165.85
两侧合计平均身高				163.75	167.89	165.68	168.86
平均身高				165.82		167.27	

表一一　下靳墓地居民身高推算表（女性）

		股骨最大长	胫骨最大长	K.Pearson公式		张继宗公式	
				股 骨	胫 骨	股 骨	胫 骨
M285	L	420.00	355.00	154.53	156.27	160.57	162.65
	R	—	—	—	—	—	—
M322	L	439.00	—	158.23	—	165.65	—
	R	—	—	—	—	—	—
两侧合计平均身高				156.38	156.27	163.11	162.65
平均身高				156.33		162.88	

K. Pearson 的公式为：

男性 S=81.306+1.880F　　　　　女性 S=72.844+1.945F

S=78.664+2.376T　　　　　　　　S=72.774+2.352T

邵象清的中国汉族男性身高公式为：

男性 S=64.362+2.30F ± 3.481（左）

S=85.339+2.22T ± 3.874（左）

S=64.484+2.31F ± 3.486（右）

S=83.310+2.28T ± 3.813（右）

张继宗的公式为：

女性 S=48.391+2.671F（左）

S=59.733+2.899T（左）

S=45.929+2.752F（右）

S=60.307+2.908T（右）

其中 F 为股骨最大长，T 为胫骨最大长。

从表一〇和一一的推算结果来看，下靳墓地男性居民的平均身高约在165.82～167.27厘米之间，女性居民共发现2例个体可进行身高推算，平均身高约在156.33～162.88厘米之间。虽然不同学者用的计算方式不一样，推算出来的身高准确性也会有区别，但相互之间的差距不会太大，我们仍然能够从身高数据入手，对下靳墓地居民生计模式管窥一二。以下选择了部分古代组的身高数据与下靳组进行对比研究，并且根据对比的数据统计制作了表一二。

表一二　下靳组与部分古代组身高的比较表

组　别	地　点	时代/文化	身　高	
			男　性	女　性
下靳组	山西临汾	龙山/陶寺	166.55	159.61
清凉寺组	山西芮城	仰韶/龙山	166.59	160.86
仰韶组	河南渑池	仰韶文化	171.10	—
西坡组	河南灵宝	仰韶文化	168.59	159.23
大汶口组	山东泰安	大汶口文化	171.68	—
姜家梁组	河北阳原	仰韶/龙山	169.69	160.39
大甸子组	内蒙古赤峰	夏家店下层文化	163.28	154.40
少陵原组	陕西西安	西周	164.22	155.11

组　别	地　点	时代/文化	身　高	
			男　性	女　性
新店子组	内蒙古和林格尔	东周	164.79	159.31
土城子组	内蒙古和林格尔	战国	164.82	153.15
余吾组	山西屯留	战国—汉代	165.60	153.19

　　据表一二显示,下靳墓地居民男性身高与同时期黄河中游的清凉寺组[1]较为接近,而明显低于黄河中下游时代较早的仰韶组[2]、西坡组[3]、大汶口组[4]及华北地区的姜家梁组[5],高于时代较晚的大甸子组[6]、新店子组[7]、少陵原组[8]、土城子组[9]和余吾组[10]。由于样本数量的限制,女性身高在时间和空间两方面很难进行科学的对比。有资料显示,种植农业的劳动强度和压力远大于采集经济,会对骨骼结构造成一定的影响,从而导致农业人群的身高逐渐下降[11]。下靳墓地居民的身高处于新石器时代仰韶时期与青铜—早期铁器时代的过渡位置,而男性作为聚落中的主要劳动力,身高也处于中等发育水平,因此下靳组男性身高符合上述规律。

五、下靳墓地居民口腔疾病

　　下靳墓地283例个体中,共发现84例患有口腔疾病,其中男性42例,女性40例,性别不详2例。运用临床医学、体质人类学及遗传学等相关学科知识,参照有关文献所叙述的标准,结合实际工作经验对该组居民存在的口腔疾病进行鉴定和记录,并制作了表一三。

（一）龋齿

　　龋齿在不同人群中出现率的高低反映了特定人群饮食结构的差异。不同生计方式的人群,龋齿的发病率不同。下靳墓地中发现患龋齿的个体共34例,男性18例,女性15例,性别不详1例。总患龋率为12.01%,其中男性患龋率为15.00%,女性患龋率为11.36%,男女合计11.66%。从龋齿的患病部位看,多发生在两牙相邻的远中齿颈及齿冠部,部分还见于咬合面、

［1］　陈靓:《第十章人骨特征与病例分析》,《清凉寺史前墓地》,文物出版社,2016年,第428～429页。
［2］　中国社会科学院考古研究所等:《灵宝西坡墓地》,文物出版社,2010年,第115～196页。
［3］　陈靓:《第十章人骨特征与病例分析》,《清凉寺史前墓地》,文物出版社,2016年,第428～429页。
［4］　陈靓:《第十章人骨特征与病例分析》,《清凉寺史前墓地》,文物出版社,2016年,第428～429页。
［5］　陈靓:《第十章人骨特征与病例分析》,《清凉寺史前墓地》,文物出版社,2016年,第428～429页。
［6］　陈靓:《第十章人骨特征与病例分析》,《清凉寺史前墓地》,文物出版社,2016年,第428～429页。
［7］　陈靓:《第十章人骨特征与病例分析》,《清凉寺史前墓地》,文物出版社,2016年,第428～429页。
［8］　陕西省考古研究院:《少陵原西周墓地》,科学出版社,2009年,第766页。
［9］　顾玉才:《内蒙古和林格尔县土城子遗址战国时期人骨研究》,科学出版社,2010年。
［10］　山西省考古研究所:《屯留余吾墓地》,三晋出版社,2012年,第376～377页。
［11］　王建华:《黄河流域史前人口健康状况的初步考察》,《考古》2009年第5期,第61～69页。

表一三 下靳墓地居民口腔疾病统计表

年龄段	墓号	性别	口腔疾病	墓号	性别	口腔疾病	墓号	性别	口腔疾病
未成年期（<14岁）	M314	不详	下颌右乳M₁、M₂为龋齿，龋面在颊侧齿颈处	M145	不详	上颌左P₁颊侧崩裂			
青年期（15～23岁）	M275	女	左侧M₃纵向阻生	M273	男	下颌左M₁颊侧有龋齿点	M094	男	左M₃为龋齿，龋齿点在齿冠颊侧面和远中面。下颌右M₃阻生，从颊侧向舌侧方向横向阻生
	M172	女	上颌左右两侧C营养不良。出现大齿门齿化	M285：2	女	左右M₃纵向阻生，从远中向近中方向阻生	M448	男	上颌左P₁为龋齿，龋齿点在咬合面上
壮年期（24～35岁）	M202	男	左M₁为龋齿，龋面在远中面齿冠处	M393	男	下颌右P₂患根尖脓肿，在颊侧形成7.5和7.3毫米的蚀洞	M277	女	下颌右M₃为龋齿，龋面在远中面和颊侧面
	M139	男	患牙周病，齿根暴露超过1/2	M229	男	上颌门齿不齐，左侧I₂变异	M259	男	上颌出现营养不良状态
	M428	女	下颌左右M₃阻生，向近中方向纵向阻生	M292	女	左P₂为龋齿，龋面在远中面齿颈处	M498	男	偏斜式磨耗严重，从舌侧向颊侧方向磨耗
	M083	男	下颌左右M₂、M₃已脱落。齿槽窝完全闭合	M380	女	下颌右M₂为龋齿，龋面在远中面齿冠处	M406	男	患牙周病，牙齿大部分脱落。齿槽窝完全闭合
中年期（36～55岁）	M057	女	下颌左M₁已经脱落。齿槽窝完全闭合	M409	女	下颌左右M₃为龋齿，龋面在咬合面上。患牙周病，右M₁，患齿根暴露超过1/2。左M₁、M₂、右M₁患齿槽脓肿，在齿槽窝形成凹凸不平的面。左右M₃纵向阻生	M385	男	左M₁为龋齿，龋齿点在咬合面近颊侧合面处。右C、P₁为龋齿，龋齿点在相邻齿上。下颌左M₁患根尖脓肿，在颊侧形成了一直径12.6毫米的蚀洞

续表

年龄段	墓号	性别	口腔疾病	墓号	性别	口腔疾病	墓号	性别	口腔疾病
中年期（36～55岁）	M241	男	下颌左 M_2 为龋齿、龋齿面在近中面上。 M_3 为龋齿，龋齿面在咬合面上。上颌左 I_1，形态变异	M523	女	下颌左 M_2 为龋齿、龋齿点在近中咬合面处。右 M_3 为龋齿，齿冠全部被蚀去。右 P_2 为龋齿，龋齿点在远中面齿颈处	M477	女	下颌右 M_3 纵向阻生
	M263	女	齿槽窝完全闭合	M413	男	下颌左 M_3 纵向阻生	M383	男	上颌右 M_3 为龋齿，龋齿点在咬合面上。左 P_2 患尖脓肿，在齿槽唇面有7.6毫米的蚀洞
	M281	女	下颌右 M_1、 M_2 患根尖脓肿，在齿槽面颊侧留有一个18.4毫米的蚀洞	M402	男	上颌左 M_1 为龋齿，龋齿面在近中面齿颈处	M416	女	下颌左 M_2、 M_3 已脱落，齿槽窝完全闭合
	M259	男	下颌左 M_2 为龋齿、龋齿面在近中面齿冠处	M516	男	上颌左 M_1 为龋齿，龋齿面在颊侧齿颈处	M372	男	上颌左C、 P_1 为龋齿，龋面在邻面。左 M_3 为龋齿，齿冠几乎完全蚀去。仅存舌侧小部分齿冠。左C、 P_1，右 P_1、 P_2 为龋齿，龋面在邻面。齿槽窝完全闭合
	M295	男	牙齿偏偏斜式磨耗严重，从舌侧向颊侧磨耗。齿槽窝完全闭合	M518	男	上颌左 P_1 为龋齿，龋齿面在远中面上	M387	男	右 M_2、 M_3 为龋齿，龋面在邻面上。 M_3 龋齿点在咬合面上。下颌左 M_1、 M_3 已脱落，齿槽窝完全闭合
	M320	女	下颌右 M_2 已脱落、齿槽窝完全闭合	M326	男	下颌左 M_2、 M_3 为龋齿，龋齿面在 M_2、 M_3 的邻面	M162	男	下颌齿列不齐
老年期（>56岁）	M010	男	上颌左 M_1 为龋齿，龋齿面在远中面齿颈处	M303	女	上颌右 M_2 患根尖脓肿，近中齿根变形，右侧 M_1 患根尖脓肿，在颊侧面的蚀洞直径14.0毫米。患牙周病，齿根暴露超过1/2	M232：2	女	下颌右侧 P_2、 M_1、 M_2、 M_3 已脱落，齿槽窝完全闭合

续表

年龄段	墓号	性别	口腔疾病	墓号	性别	口腔疾病	墓号	性别	口腔疾病
老年期（>56岁）	M401	男	上颌左右M_1偏斜式磨耗严重	M329	女	牙齿从舌侧向颊侧偏斜式磨耗	M319	女	下颌左M_2、M_3、右M_2已脱落，齿槽窝完全闭合
	M284	男	下颌左右M_1磨耗Ⅵ级，偏斜式磨耗严重	M346	女	患牙周病，大部分牙齿已脱落。齿槽窝完全闭合	M136	女	偏斜式磨耗严重
	M245	男	下颌左P_1、M_1、M_2为龋齿，P_1齿冠全部蚀去。M_1、M_2龋齿面在咬合面。下颌右M_1、M_2已脱落，齿槽窝完全闭合	M350	女	牙齿偏斜式磨耗严重，从舌侧向颊侧偏斜式磨耗	M287	女	患牙周病，齿根暴露超过1/2
	M493	男	左侧P_2为龋齿，龋齿面在远中面齿冠处。右侧M_1为龋齿，仅残存远中齿根一截。上颌左右M_3为龋齿，龋齿面在远中面齿颈处。患牙周病，齿根暴露超过1/2	M364	女	患牙周病，齿根暴露超过1/2。大部分牙齿脱落或者完全闭合。齿槽窝开始或者完全闭合	M104	女	患牙周病，齿根暴露超过1/2
	M15	女	上颌左右C为龋齿，龋齿面近中面。下颌左P_2、M_1为龋齿，龋齿面在邻面上。右M_2为龋齿，龋齿点在近中龋齿面、龋齿颈处。患牙周病和颊侧齿颈处。齿根暴露超过1/2	M365	女	患牙周病，齿根暴露超过1/2	M374	男	下颌左M_1患根尖脓肿，齿冠大部分脱落，仅残留齿根。下颌右中舌侧一截齿根。下颌右I_1，患根尖脓肿，在唇面形成一个直径6.4毫米的蚀洞
	M054：1	女	下颌右M_2为龋齿，龋齿面、龋齿面在近中面和颊侧齿颈处。右M_3为龋齿，龋齿面在近中面齿颈处。下颌左M_1患齿根尖脓肿，颊侧形成一个11.8毫米的蚀洞。齿槽窝完全闭合	M375	女	牙齿从舌侧向颊侧偏斜式磨耗。齿槽窝完全闭合。右M_3纵向阻生	M491	男	下颌右中I_1错位，被右I_2和左中I_1挤入内侧

续表

年龄段	性别	墓号	口腔疾病	性别	墓号	口腔疾病	性别	墓号	口腔疾病
老年期（＞56岁）	男	M095	下颌右M_3为龋齿，龋面在颊侧齿颈处	女	M378	下颌右C患根尖脓肿，在齿槽前面形成直径7.8毫米的蚀洞	男	M305	患牙周病，齿根暴露超过1/2。齿槽窝闭合
	男	M218	下颌左P_1为龋齿，龋齿面在近中面和舌侧面。右侧M_2为龋齿，龋齿面在近中面。P_2为龋齿，齿冠完全蚀去	女	M431	上颌左I_1患根尖脓肿，有直径7.5毫米齿蚀洞。下颌左右M_1从舌侧向颊侧偏斜式磨耗严重	男	M335	上颌右P_2患根尖脓肿，在颊侧形成6.8毫米的蚀洞。齿槽窝完全闭合
	女	M252	右M_1为龋齿，龋齿点在远中面齿颈处。患牙周病，齿根暴露超过1/2	女	M509	齿槽窝开始或者完全闭合	男	M453	下颌左右M_2患齿槽脓肿，在齿槽窝形成凹凸不平的表面
	女	M298	右P_2为龋齿，龋齿面在远中面上。下颌左M_1～M_3，右M_1～M_3已脱落，齿槽窝完全闭合	女	M517	牙齿大部分脱落，齿槽窝完全闭合	女	M522	下颌右P_2为龋齿，龋齿面在近中面齿颈处。下颌左M_3为龋齿，龋齿面在颊侧齿颈处
	女	M337	下颌右P_1为龋齿，龋齿面在近中，远中的咬合处。下颌右M_3为龋齿，龋齿面在颊侧齿颈处。患牙周病，齿根暴露超过1/2	男	M251	牙齿偏斜式磨耗严重，从颊侧向舌侧偏斜式磨耗。患牙周病，右M_1、M_2、右M_1已脱落，齿槽窝完全闭合	男	M434	患牙周病，齿根暴露超过1/2
	女	M371	上颌右M_2、M_3为龋齿，龋面在邻面。患牙周病，齿根暴露超过1/2。下颌左P_2、M_1、M_2已脱落，齿槽窝开始闭合	男	M269	齿槽窝完全闭合	男	M274	牙齿偏斜式磨耗严重，从舌侧向颊侧磨耗。齿槽窝完全闭合
	女	M389	左M_3为龋齿，龋齿点在咬合面近中方向	男	M272	齿槽窝完全闭合	女	M257	下颌右M_3阻生，向近中方向纵向阻生

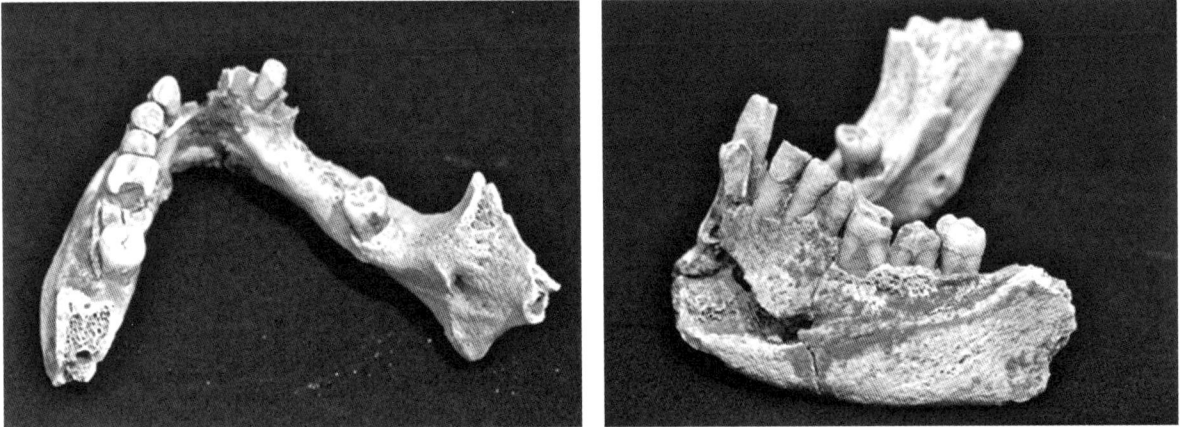

图四一四 M051下颌龋齿状况

(左M51(男)左M₁、M₂邻面龋9 右M51(男)左M₁、M₂邻面龋12)

颊侧及齿根表面。如M51下颌左侧M₁、M₂为龋齿,龋洞在邻面,龋面在远中面和颊侧面(图
四一四,图版二五〇,3)。

根据表一四和表一五的分析可知,下靳墓地居民患龋率呈现出老年期＞中年期＞青年期＞
未成年期＞壮年期的基本格局,两性相比男性的患龋率明显高于女性。因此可以推断,下靳墓地
居民患龋率随着年龄的增加呈现正比例上升态势,而壮年期患龋率最低可能是由于标本量较少
的原因,也可能是由于壮年期女性的标本量大于男性的缘故。

表一四 下靳墓地不同年龄组个体龋齿病统计表

年 龄 段	总 人 数	患龋人数	患 龋 率
未成年期(＜14岁)	20	1	5.00%
青年期(15～23岁)	28	2	7.14%
壮年期(24～35岁)	73	3	4.11%
中年期(36～55岁)	94	15	15.96%
老年期(＞56岁)	68	13	19.12%
合　计	283	34	12.01%

表一五 下靳墓地不同性别个体龋齿病统计表

性　别	总 人 数	患龋人数	患 龋 率
男性	120	18	15.00%
女性	132	15	11.36%
合计	252	33	13.10%

（二）牙周病

牙周病的鉴定通常以齿槽骨萎缩、臼齿齿根暴露超过1/3为标准。下靳墓地发现患有牙周病的个体17例，其中男性6例，女性11例。全体居民合计牙周病患病率达6.01%，男性患病率为5%，女性患病率是8.33%。这一比例与黄河中游新石器时代中晚期西坡墓地的40%[1]及姜家梁墓地的17.24%[2]相比差距较大。因此说，与同一时期同一地域范围内其他组相比较，下靳墓地居民牙周病的患病率明显较低，日常饮食中营养的摄取也相对较为均衡。在所有患病个体中，以M104情况最为严重（图四一五，图版二四九）。

（三）根尖脓肿

根尖脓肿的致病原因主要与龋齿、牙周病、创伤以及细菌性炎症有关。观察发现，下靳墓地患有根尖脓肿的个体共12例，其中男性占6例，女性占6例。总人口患病率达4.24%，其中男性患病率为5.00%，女性患病率为4.55%，男女两性患病率基本相同。据表一六分析可知，根尖脓肿的患病率与年龄成正比，年龄越大，患病率越高。据表一三统计可知，牙齿根尖脓肿严重者包括M393、M281、M383、M385、M054：1、M303、M378、M431、M335、M374等10例标本，患病牙齿表面均有直径超过7毫米的蚀洞形成。

表一六　下靳墓地不同年龄组个体根尖脓肿统计表

年　龄　段	总　人　数	患龋人数	患　龋　率
未成年期（＜14岁）	20	—	—
青年期（15～23岁）	28	—	—
壮年期（24～35岁）	73	1	1.37%
中年期（36～55岁）	94	4	4.26%
老年期（＞56岁）	68	7	10.29%
合　　　计	283	12	4.24%

（四）牙齿阻生及错位

牙齿阻生主要发生在上下颌的第三臼齿，即智齿。事实也是如此，据表一三统计可知，下靳墓地发现的9例牙齿阻生标本，其发生部位均为上颌或下颌的第三臼齿。如M275下颌左侧M_3阻生；M257下颌右侧M_3阻生（图四一六；图版二五一，5、7）。总人口牙齿阻生出现率为3.18%，其中男性发现2例，出现率为1.67%，女性发现6例，出现率为5.30%。此外，还发现1例标本出现牙齿错位现象，M491下颌右中I_1错位，被右I_2和左中I_1挤入内侧。

---

[1]　中国社会科学院考古研究所等：《灵宝西坡墓地》，文物出版社，2010年，第115～196页。
[2]　李法军：《河北阳原姜家梁新石器时代人骨研究》，科学出版社，2008年，第14页。

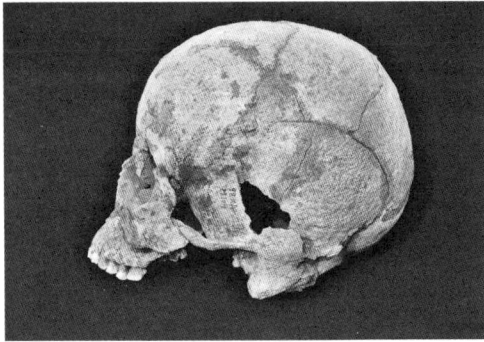

M104左视图

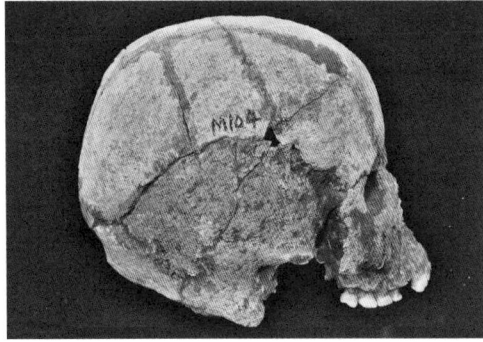

M104右视图

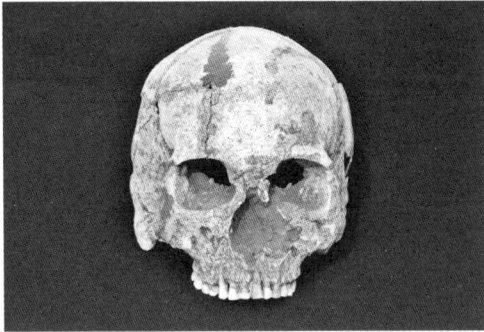

M104正视图

M104后视图

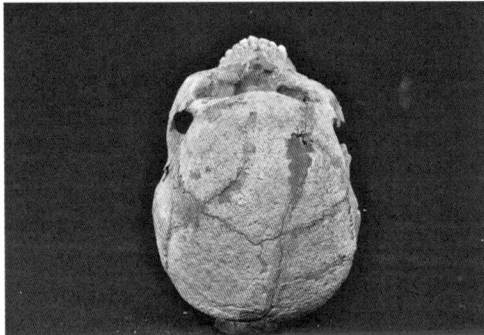

M104顶面观

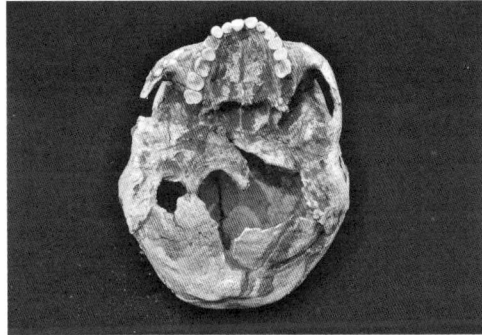

M104底面观

图四一五　M104头骨

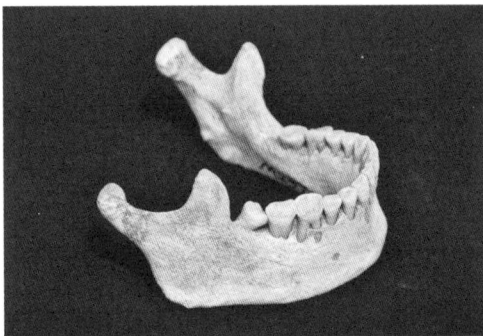

M257女

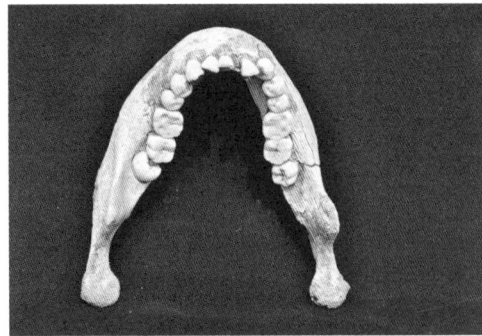

M257（女）

图四一六　M257下颌

（五）偏斜式磨耗

牙齿偏斜式磨损现象出现的原因,国内学者认为可能与将牙齿用作工具有关,如制皮等工种[1]。下靳墓地发现牙齿存在偏斜式磨耗的个体共11例,其中男性6例,女性5例。人口总偏斜式磨耗率为3.89%,男性为5%,女性为3.79%。男性中年期出现2例,老年期出现4例;女性5例均出现于老年期,其余年龄段两性均未发现。由此可推测,下靳墓地牙齿偏斜式磨耗现象主要存在于中老年人群中。

（六）老年性齿槽萎缩

下靳墓地人骨中,共发现老年性齿槽萎缩的标本27例,其中男性14例,女性13例。总发病率为9.54%,其中男性为11.67%,女性为9.85%。27例发病个体中,中年期有10例,老年期有17例,结合表一三所示,可知该组人群中齿槽萎缩多是由于老年牙齿脱落而发生的吸收闭合,而不是病变引起的。

（七）齿列不齐及牙齿形态变异

下靳墓地的个体中,发现有牙齿形态变异者共3例,其中M172因上颌左右两侧C营养不良,导致形态变异,出现犬齿门齿化;M229上颌门齿不齐,左侧I_2变异;M241上颌左侧I_1形态异常。除此之外,还发现2例标本,存在齿列不齐现象。M162下颌齿列不齐,下颌右侧I_2被I_1和C挤入舌面,形成内外两排;M229上颌齿列不齐,上颌左侧I_2切嵴正中向唇隆突处延伸的沟将齿冠分为两部分,形成两个齿尖(图四一七;图版二五一,1～4)。

（八）其他

下靳墓地人骨中,除上述口腔疾病之外,还发现M259存在上颌右侧C齿冠处可见两条平行的环形浅浅凹陷,为牙釉质发育不全现象(图一四八;图版二五一,6)。M145上颌左P1颊侧发生崩裂(图四一八;图版二五〇,4)。

六、种系特征研究

（一）与亚洲蒙古人种区系类型的比较

我们将现代亚洲蒙古人种中的北亚类型、东北亚类型、东亚类型和南亚类型与下靳组进行比较,以便确定下靳组先民与亚洲各支系蒙古人种的生物学距离。主要包括颅长、颅宽、颅高、最小额宽、颅指数、颅长高指数、颅宽高指数等17个比较项目,具体数据见表一七。

---

[1]　韩康信:《丝绸之路古代居民种族人类学研究》,新疆人民出版社,1993年,第176～260页。

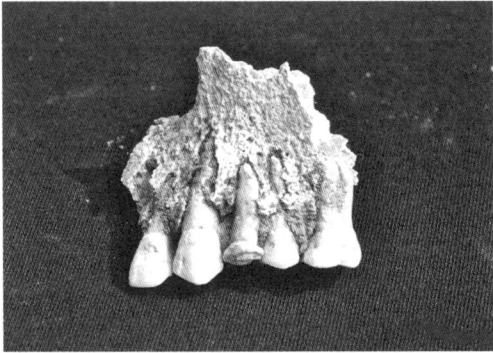
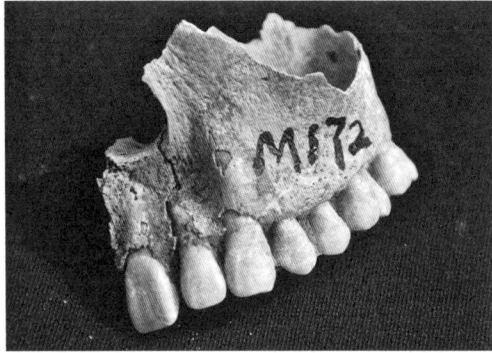

M172（女）

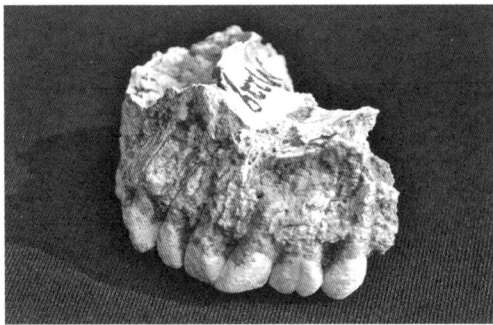
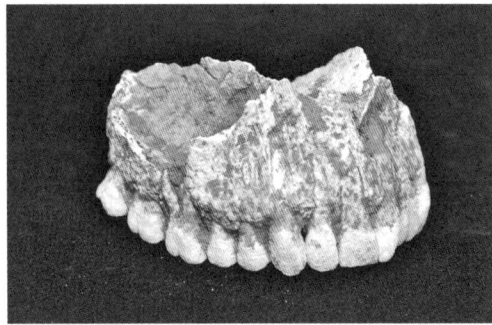

M229（男）

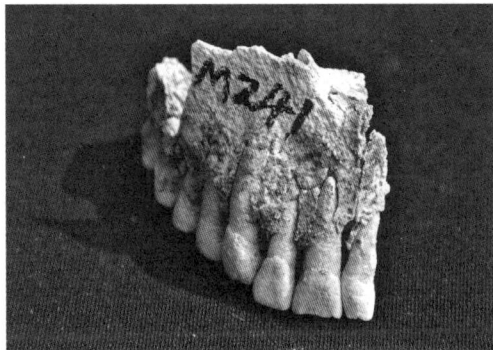
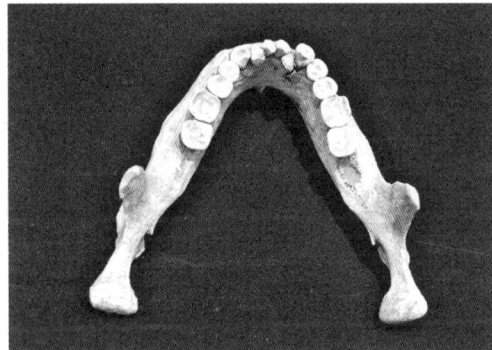

M241（男）　　　　　　　　　　　M162（男）

图四一七　下靳墓地齿列不齐与牙齿形态变异

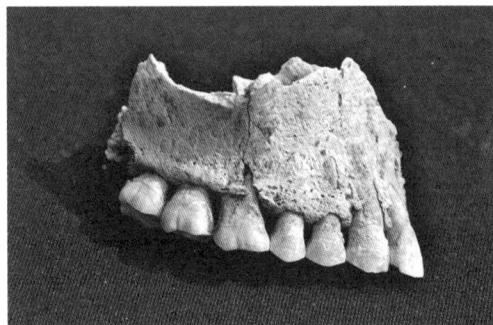

M145（不详）　　　　　　　　　　M259（男）

图四一八　下靳墓地牙齿其他问题

表一七　下靳组与现代亚洲蒙古人种的比较表

（长度：毫米；角度：度；指数：%）

No.	组别名称	下靳组	亚洲蒙古人种			
			北亚类型	东北亚类型	东亚类型	南亚类型
1	颅长	180.50	174.90～192.70	180.70～192.40	175.00～182.20	169.90～181.30
8	颅宽	138.00	144.40～151.50	134.30～142.60	137.60～143.90	137.90～143.90
17	颅高	139.50	127.10～132.40	132.90～141.10	135.30～140.20	134.40～137.80
9	最小额宽	95.16	90.60～95.80	94.20～96.60	89.00～93.70	89.70～95.40
32	额角n－mFH	84.18	77.30～85.10	77.00～79.00	83.30～86.90	84.20～87.00
45	面宽	135.00	138.20～144.00	137.90～144.80	131.30～136.00	131.50～136.30
48	上面高n－sd	73.78	72.10～77.60	74.00～79.40	70.20～76.60	66.10～71.50
8：1	颅指数	76.50	75.4～85.90	69.80～79.00	76.90～81.50	76.90～83.30
17：1	颅长高指数	76.95	67.40～73.50	72.60～75.20	74.30～80.10	76.50～79.50
17：8	颅宽高指数	100.38	85.20～91.70	93.30～102.80	94.40～100.30	95.00～101.30
48：17	垂直颅面指数	50.80	55.80～59.20	53.00～58.40	52.00～54.90	48.00～52.20
48：45	上面指数	55.67	51.40～55.00	51.30～56.60	51.70～56.80	49.90～53.30
77	鼻颧角	143.33	147.00～151.40	149.00～152.00	145.00～146.60	142.10～146.00
72	面角n－prFH	85.00	85.30～88.10	80.50～86.30	80.60～86.50	81.10～84.20
52：51	眶指数R	79.23	79.30～85.70	81.40～84.90	80.70～85.00	78.20～81.00
54：55	鼻指数	48.80	45.00～50.70	42.60～47.60	45.20～50.20	50.30～55.50
SS：SC	鼻根指数	36.08	26.90～38.50	34.70～42.50	31.00～35.00	26.10～36.10

注：亚洲蒙古人种组间变异范围值引自《柳湾墓地的人骨研究》[1]

　　据表一七可知，下靳组17个比较项目全部落入亚洲蒙古人种的变异范围，因此，我们可以确定下靳组古代居民属于亚洲蒙古人种。

　　下靳组落入北亚类型的变异范围有7项，分别为颅长、最小额宽、额角、上面高、颅指数、鼻指数、鼻根指数，而在体现差异的颅长高指数、颅宽高指数、垂直颅面指数、面宽、颧宽等比较项目上则相差甚远。因此说下靳组居民所体现的中颅、高颅、狭颅的颅型及中等偏大面部扁平度与中等偏狭面型等体质特征，与北亚类型的短颅、低颅、阔颅的颅型及极大面部扁平度的宽面型在形态上有较大差异，此二者关系疏远。

[1]　青海省文物管理处考古队等：《青海柳湾》，文物出版社，1984年，第272页。

下靳组落入东北亚类型的变异范围有8项,分别为颅宽、颅高、最小额宽、颅指数、颅宽高指数、上面指数、面角及鼻根指数,而在最能体现东北亚类型的面宽、额角、鼻颧角、鼻指数上,二者则有较大差距。东北亚类型的典型颅面体质特征有中等偏高颅型、较大面部扁平度的宽面型、倾斜的额部、略突的颌部、偏狭的鼻型,与下靳组相比,除高颅特征相近之外,其他特征差异明显,说明此二者关系也较为疏远。

下靳组落入东亚类型的变异范围有10项,分别为颅长、颅宽、颅高、额角、面宽、上面高、颅长高指数、上面指数、面角、鼻指数。其余7项中颅指数、垂直颅面指数、鼻颧角及眶指数4项非常接近东亚类型的下限,最小额宽、颅宽高指数、鼻根指数3项则略超出东亚类型的上限。颅指数及颅宽高指数与东亚类型变异范围的不同,反映了与东亚类型相比,下靳组古代居民拥有略长略狭的颅型。眶指数、垂直颅面指数、鼻根指数的不同则说明了下靳组古代居民相较东亚类型具有略低的眶型、略低的面型、略阔的鼻型。总体来说,下靳组古代居民所体现出的中颅、高颅、狭颅相结合的颅型、中等偏大面部扁平度、中等偏狭面型、中等偏阔鼻型、偏低中眶型等体质特征与东亚类型所具有的种族颅面部特征基本一致。

下靳组落入南亚类型的变异范围有10项,分别为颅长、颅宽、最小额宽、面宽、颅长高指数、颅宽高指数、垂直颅面指数、鼻颧角、眶指数、鼻根指数。其余7项中颅指数、鼻指数及额角非常接近南亚类型的下限,而颅高、上面高、上面指数、面角则略超出南亚类型的上限。颅高、颅指数与南亚类型变异范围的不同,反映了与南亚类型相比下靳组古代居民拥有略长略狭略高的颅型。面角、上面指数及额角的不同则说明了下靳组古代居民相较南亚类型具有略狭的面型、略狭的上面型。总体来说,下靳组古代居民颅面部所体现出的体质特征与南亚类型差异不大。

综合考虑,下靳组古代居民的种系特征与现代亚洲蒙古人种东亚类型最为接近,其次与南亚类型的关系也比较密切,与东北亚类型在颅型上有一定相似性,而与北亚类型差距最大。

（二）与亚洲蒙古人种各近代组的比较

为进一步了解下靳组的种族归属,本文选用了华北组[1]、华南组[2]、蒙古组[3]、爱斯基摩组[4]及印尼组[5]五个亚洲蒙古人种近代对比组。据18项测量、指数和角度项目的比较(表一八),并计算下靳组与各亚洲蒙古近代组的平均数组差均方根(r)和欧氏距离系数(Dij),从而判断他们之间的亲疏关系。

[1] 步达生:《甘肃河南晚石器时代及甘肃史前后期之人类头骨与现代华北及其他人种之比较》,《中国古生物杂志》第六号第一册,1928年,第1～28页。
[2] 颜間:《宝鸡新石器时代人骨的研究报告》,《古脊椎动物与古人类》1960年第1期,第33～243页。
[3] 中国科学院考古研究所体质人类学组:《赤峰、宁城夏家店上层文化人骨研究》,《考古学报》1975年第2期,第157～2159页。
[4] 颜間:《华县新石器时代人骨的研究》,《考古学报》1962年第2期,第85页。
[5] 颜間:《大汶口新石器时代人骨的研究报告》,《考古学报》1972年第1期,第91页。

表一八　下靳组与近代各人种的比较表（男性）

（长度：毫米；角度：度；指数：%）

No.	组别名称	下靳组	华北组	华南组	蒙古组	爱斯基摩组	印尼组	同种系标准差
1	颅长	180.50	178.50	179.90	182.20	182.30	174.90	5.73
8	颅宽	138.00	138.20	140.90	149.90	141.20	139.40	4.76
17	颅高	139.50	137.20	137.80	131.40	135.20	135.60	5.69
9	最小额宽	95.16	89.40	91.50	94.30	94.90	92.80	4.05
45	面宽	135.00	132.70	136.60	141.80	138.40	132.70	4.57
48	上面高 n−sd	73.78	75.30	73.82	78.00	77.60	66.60	4.15
54	鼻宽	26.27	25.00	25.25	27.40	24.40	26.80	1.77
55	鼻高 n−ns	53.50	55.30	52.60	56.50	54.60	50.60	2.92
51	眶宽 mf−ek	44.30	44.00	42.10	43.20	43.40	[41.70]	1.67
52	眶高	34.33	35.50	34.60	35.80	36.70	34.20	1.91
72	面角 n−prFH	85.00	83.39	84.70	87.00	83.30	—	3.24
8:1	颅指数	76.50	77.60	78.75	82.00	77.40	79.80	2.67
17:1	颅长高指数	76.95	[76.82]	[76.60]	[72.12]	[74.16]	77.50	2.94
17:8	颅宽高指数	100.38	99.55	97.80	88.19	95.75	97.50	4.30
9:8	额宽指数	68.99	[64.69]	[64.94]	[63.29]	[67.21]	[66.60]	3.29
48:45	上面指数	55.67	56.80	55.70	55.01	56.07	50.10	3.30
54:55	鼻指数	48.80	45.23	47.40	48.60	44.70	51.50	3.82
52:51	眶指数	79.23	80.66	84.90	82.90	83.00	80.20	5.05

注：1. 方括号内数值是根据平均值计算所得近似值。2. 同种系标准差（δ）中加下划线者为挪威组同种系标准差；加方框者为欧洲同种系标准差，其余均借用莫兰特埃及E组各项标准差。

1. 颅骨各测量、指数和角度项目的比较

据表一八颅骨各项测量值比较可知：下靳组颅长与华南近代组最接近，其次是蒙古近代组，最后是爱斯基摩近代组、华北近代组和印尼近代组；颅宽绝对值均小于其他5组，其中与华北近代组最接近，其次是印尼近代组和华南近代组，最后是爱斯基摩近代组和蒙古近代组；颅高绝对值均大于其他5组，其与华南近代组最接近，其次是华北近代组和印尼近代组，最后是爱斯基摩近代组和蒙古近代组；最小额宽与爱斯基摩近代组最为接近，其次是蒙古近代组和印尼近代组，最后是华北近代组和华南近代组。

其次从颅骨各项指数的比较可知：颅长高指数反映出下靳组属于高颅型，与华北近代组最为接近，其次为印尼近代组和华南近代组，而与爱斯基摩近代组和蒙古近代组相比则差距较大；从颅宽高指数来看，下靳组属于狭颅型，其绝对值均大于其他5组，而与华北近代组最为接近，其次与华南近代组和印尼近代组接近，与爱斯基摩近代组和蒙古近代组则最为疏远；下靳组颅指数绝对值均小于其他5组，属于典型的中颅型，与爱斯基摩组最为接近，其次为华北近代组和华南近代组，与印尼近代组和蒙古近代组差距较大。综合来看，下靳组颅骨的形态特征与华北近代组最为接近，其次为华南近代组和印尼近代组，再次为爱斯基摩近代组，与蒙古近代组差别巨大。

最后从面部各项测量值与指数值比较可知：下靳组属于中等上面高，与华南近代组最为相似，其次为华北近代组和爱斯基摩近代组，最后为印尼近代组和蒙古近代组；从鼻指数上来看，下靳组为中等偏阔鼻型，与蒙古近代组最为接近，其次为华南近代组和印尼近代组，与华北近代组和爱斯基摩近代组差异最为显著。下靳组眶指数与印尼近代组最为接近，其次为华北近代组和蒙古近代组，最后为爱斯基摩近代组和华南近代组。

以上比较分析显示，下靳组在狭颅方面与华南近代组最接近；高颅、中等偏低眶型及中等偏阔鼻型与华北近代组最为接近；在中颅和中等偏狭面等项目上则分别与华北近代组和华南近代组相近。因此，结合各项数值。排名比较（表一九），下靳组整体与华北近代组和华南近代组最为接近，其次为印尼近代组，再次为爱斯基摩近代组，与蒙古近代组相似度最小。

表一九　各对比组与下靳组比较所得名次数表（男性）

（总计中数字越小，表明其与下靳组关系越近）

组别 名称	颅长	颅宽	颅高	最小额宽	颅长高指数	颅宽高指数	颅指数	上面高	眶指数	鼻指数	总计
华北近代组	4	1	2	5	1	1	2	2	2	4	24
华南近代组	1	3	1	4	2	2	3	1	5	2	24
蒙古近代组	2	5	5	2	5	5	5	4	3	1	37
爱斯基摩近代组	3	4	4	1	4	4	1	3	4	5	33
印尼近代组	5	2	3	3	3	3	4	5	1	3	32

2. 均方根函数值（r）及欧式距离系数值（Dij）的比较

为了验证上述分析和结论，本文又进行了下靳组与亚洲蒙古人种各近代组之均方根函数值（r）及欧式距离系数值（Dij）的计算和比较分析。

平均数组差均方根公式如下：

$$R=\sqrt{\frac{1}{n}\sum_{k=1}^{n}\frac{(x_{ik}-x_{jk})^2}{\delta^2}}$$

其中，i，j代表颅骨组，k为比较项目，n为项目数，δ为同种系标准差。δ是借用莫兰特的埃及E

组的各项标准差,该数据引自韩康信、潘其风二位先生所著的《安阳殷墟中小墓人骨的研究》[1]。

　　欧式距离系数公式如下:

$$Dij=\sqrt{\sum_{k=1}^{m}(x_{ik}-x_{jk})^2}$$

　　其中,i,j代表颅骨组,k为比较项目,m为项目数。各组之间的关系由距离系数,即Dij值来决定。计算所得的Dij值越小,说明两组之间的关系越紧密[2]。

表二〇　下靳组与亚洲蒙古人种各近代组之均方根函数值及欧氏距离系数值表

函数值＼组别	下靳组—华北组	下靳组—华南组	下靳组—蒙古组	下靳组—爱斯基摩组	下靳组—印尼组
r全部项目18项	0.63	0.65	1.36	0.75	0.90
Dij全部项目18项	2.30	2.32	5.48	2.75	3.27

　　表二〇显示,下靳组与华北近代组的均方根值和欧氏距离系数都是最小,说明二者关系最为亲密;仅次于华北近代组的是华南近代组;再次为爱斯基摩近代组和印尼近代组,而与蒙古组之间的关系最为疏远。据此我们可以再次推测,下靳组古代居民的种族类型与现代亚洲蒙古人种东亚类型最为接近,其次为南亚类型,此外与东北亚类型也有很多相似之处,与北亚类型差距较大。该种族类型的构成模式正好与前3000年前后,黄河中下游古代居民普遍存在的种系特征相吻合。朱泓先生在其著作《体质人类学》中认为:“上溯到前3000年以前,中部以黄河为中心的新石器时代居民,总的来说接近东亚蒙古人种类型,同时也具有某些南亚蒙古人种的性状……从新石器时代到青铜时代,中国境内古代居民人种类型的地理分布,总的趋势表现出存在地域性的延续关系。黄河流域以东亚蒙古人种类型的群体占优势……。”[3]而对于下靳组与华南近代组存在较多相似性的这一特征我们或许可以解释为:“近现代华南居民的体质特征与古代华南地区居民体质特征相比,已经更多地具有华北地区居民混血的特征,或者他们本身就是直接从华北地区和其他北方地区迁徙来的。……而近现代的华南地区,例如广东、广西、福建等省、区的汉族居民在人种分类上仍归入东亚人种,虽然他们在体质特征上与华北汉族之间有着显著的差别。”[4]因此在新石器时代晚期尚未出现大规模不同种群之间人口迁徙、流动的情况下,下靳组与华南近代组之间的某些体质特征上的相似处,就可以解释为同种体质特征的因素在二者身上的共同体现[5]。

---

[1]　中国社会科学院历史研究所、中国社会科学院考古研究所:《安阳殷墟头骨研究》,文物出版社,1985年,第50～282页。

[2]　赵永生:《甘肃临潭磨沟墓地人骨研究》,吉林大学博士学位论文,2008年。

[3]　朱泓:《体质人类学》,吉林大学出版社,1993年,第249～256页。

[4]　朱泓:《体质人类学》,吉林大学出版社,1993年。

[5]　李法军:《陶寺居民人类学类型的研究》,《文物春秋》2001年第4期。

综上所述,根据下靳组与其他亚洲蒙古人种近代组的比较结果,我们可以确定下靳组与代表蒙古人种东亚类型的华北近代组在种系特征上最为接近;与代表蒙古人种东亚类型同时混有少量南亚类型因素的华南近代组也存在诸多相似特征;与代表南亚类型的印尼近代组和与代表东北亚类型的爱斯基摩近代组关系居中,而与代表北亚类型的蒙古近代组关系疏远。

（三）与其他相关古代组的比较

1. 与新石器时代组的对比分析

在探讨下靳墓地古代居民的种系特征时,相关地域内同属于新石器时代的数据更具有说服力,因此本文选取了地处黄河中游的陶寺组[1]、清凉寺组[2]、庙底沟组[3]、姜家梁组[4]、庙子沟组[5]、阳山组[6]、甘肃史前组[7]、昙石山组[8]、甑皮岩组[9]、仰韶合并组[10],共10个新石器时代颅骨组与下靳组进行比较(表二一)。除此之外,本文还采用了计算欧式距离系数的方法进行定量分析,并根据计算结果绘制聚类树状图(图四一九)。

表二一　下靳组与新石器时代颅骨组测量值的比较表（男）

（长度：毫米；角度：度；指数：%）

组别 名称	下靳组	陶寺组	清凉寺组	庙底沟组	姜家梁组	庙子沟组	阳山组	甘肃史前组	昙石山组	甑皮岩组	仰韶合并组
颅长	180.50	184.73	183.76	179.40	178.27	177.63	181.80	181.65	189.70	190.40	180.70
颅宽	138.00	141.93	140.35	143.80	134.20	137.03	133.30	137.00	139.20	138.80	142.56
颅高	139.50	144.04	145.92	143.20	138.10	140.93	133.90	136.80	141.30	140.00	142.53
上面高	73.78	73.92	73.89	73.50	75.53	73.50	75.60	74.80	71.10	67.70	73.38
面宽	135.00	140.32	137.91	140.80	135.63	136.64	131.70	130.70	135.60	134.60	136.37

[1] 李法军:《陶寺居民人类学类型的研究》,《文物春秋》2001年第4期。

[2] 山西省考古研究所:《清凉寺史前墓地》,文物出版社,2016年,第388页。

[3] 韩康信、潘其风:《陕县庙底沟二期文化墓葬人骨的研究》,《考古学报》1979年第2期,第255～270页。

[4] 李法军:《河北阳原姜家梁新石器时代人骨研究》,科学出版社,2008年。

[5] 朱泓:《内蒙古察右前旗庙子沟新石器时代颅骨的人类学特征》,《人类学学报》1994年第2期,第126～133页。

[6] 青海省文物考古研究所:《民和阳山》,文物出版社,1990年,第160～173页。

[7] 步达生:《甘肃河南晚石器时代及甘肃史前后期之人类头骨与现代华北及其他人种比较》,《古生物志丁种》第六号第一册,1928年。

[8] 韩康信等:《闽侯昙石山遗址的人骨》,《考古学报》1976年第1期,第121～129页。

[9] 张银运、王令红、董兴仁:《广西桂林甑皮岩新石器时代遗址的人类头骨》,《古脊椎动物与古人类》1997年第1期,第4～13页。

[10] 颜訚、吴新智、刘昌芝、顾玉珉:《西安半坡人骨的研究》,《考古》1960年第9期,第36～47页;颜訚:《宝鸡新石器时代人骨的研究报告》,《古脊椎动物与古人类》1960年第1期,第33～43页;考古研究所体质人类学组:《陕西华阴横阵的仰韶文化人骨》,《考古》1977年第4期,第247～256页;北京大学历史系考古教研室、中国社会科学院考古研究所:《元君庙仰韶墓地》,文物出版社,1983年,第47页。

名称 \ 组别	下靳组	陶寺组	清凉寺组	庙底沟组	姜家梁组	庙子沟组	阳山组	甘肃史前组	昙石山组	甑皮岩组	仰韶合并组
最小额宽	95.16	94.53	94.92	93.69	88.60	90.36	93.94	88.28	91.00	92.25	93.64
面角	85.00	84.86	87.31	85.80	82.59	82.33	84.38	84.96	81.00	83.50	81.39
颅指数	76.50	76.93	76.59	80.31	75.76	77.22	73.31	74.96	73.40	72.93	79.10
颅长高指数	76.95	77.64	79.52	77.64	78.74	79.57	73.76	75.65	73.80	73.53	78.62
颅宽高指数	100.38	102.06	103.93	99.47	102.33	102.95	101.84	100.45	99.50	100.86	99.41
眶高	34.33	32.79	33.92	32.40	33.39	32.93	33.30	33.80	33.80	35.80	33.48
眶宽	44.30	41.80	44.33	41.80	44.41	43.93	42.20	45.00	42.20	43.13	43.41
鼻宽	26.27	27.23	26.91	27.30	27.04	26.23	25.90	25.60	29.50	27.80	27.56
鼻高	53.50	54.45	54.12	54.00	55.58	52.63	54.80	55.00	51.90	52.95	53.36
鼻指数	48.80	49.99	49.77	50.15	49.00	49.90	47.25	47.33	57.00	52.50	52.08
眶指数	79.23	74.42	76.83	77.71	77.39	76.76	79.29	75.02	80.00	79.35	77.18
上面指数	55.67	51.55	53.85	51.86	55.71	53.68	53.68	56.48	52.50	47.62	54.58

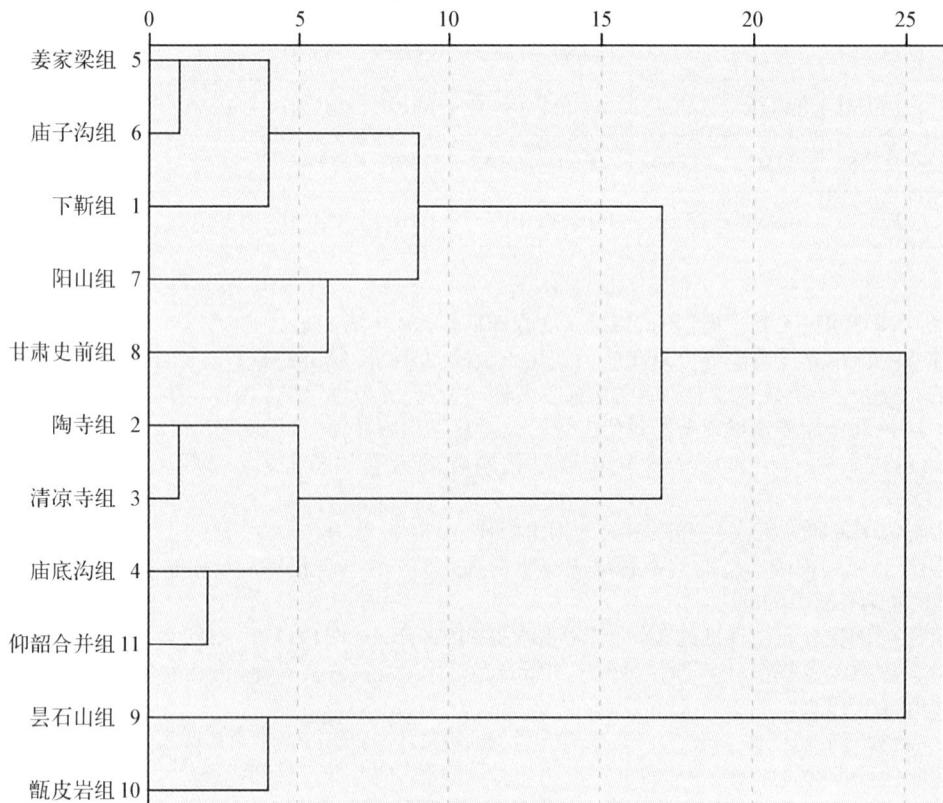

图四一九　下靳组与新石器时代对比组的树状聚类图

图四一九显示,与新石器时代各颅骨组相比,下靳组与长城沿线的姜家梁组和庙子沟组关系最为密切,而与华南地区的昙石山组和甑皮岩组关系最为疏远。在刻度小于10的范围内,这些对比组可以分为三大聚类群。第一大聚类群主要包括了姜家梁组、庙子沟组、下靳组、阳山组以及甘肃史前组,这一大类群又可以细分为几个小类:本文主要的描述对象下靳组与庙子沟组及姜家梁组关系最为亲密,他们拥有高颅结合中等偏长而狭窄的颅型,狭窄的面型,较大的面部扁平度等共同特征,属于古华北类型的人种范畴。阳山组及甘肃史前组聚为一小类,偏长的高颅结合偏狭的颅型,中等偏狭的面宽,中等的上面部扁平度,与黄河上游地区古西北类型人种特征相对应;第二大聚类群为黄河中游的陶寺组、清凉寺组、庙底沟组及仰韶合并组,从其颅面部特征来看,均属于古中原类型人种范畴。其中陶寺组和清凉寺组最先聚类,这与二者相近的地望和时间密不可分。庙底沟组与仰韶合并组亲缘关系明显,虽然在接近现代蒙古人种南亚类型的特征上庙底沟组不及仰韶组,但此二组古代居民在颅型、额型、面部扁平度、眶型和鼻型等体质特征上均表现出极大的相似性,这也反映了庙底沟二期文化和仰韶文化人群在体质特征上的连续性[1]。第三大聚类群为华南地区的昙石山组和甑皮岩组,二者关系密切,属于古华南类型的人种范畴,但与其余两大聚类组之间差距较大。

下靳组作为前3000年晋南地区发现的古华北类型人群,但与庙子沟组和姜家梁组等典型的古华北类型居民相比,受本土古中原类型种系特征的影响,难免存在年代和地域差异的特殊印记。从体质特征上来看,与同时期本土古中原类型各颅骨组相比,具有偏低的中眶型及阔鼻倾向等共同体质特征,这不仅在相同地域内较早的仰韶文化组居民中存在,同样也存在于现代华南地区居民的体质特征中,被认为是保存了旧石器时代祖先类型的某种尚未十分分化的性质[2]。这种类似南亚蒙古人种的体质因素在我国北方地区至少从新石器时代一直延续到夏商时期[3]。而与同时期本土古中原类型各颅骨组的差异主要体现在更大的面部扁平度及偏狭的面型等其他因素,这也导致了它与古中原类型各组保持着相对疏远的遗传学距离。这种状况的出现或许与长城沿线居民南下,外来种族基因流入等因素相关。与同时期黄河上游古西北类型各颅骨组相比,具有高颅结合偏狭的颅型及偏狭的面型等共同特征,差异主要体现在更大的上面部扁平度、阔鼻倾向及中颌型等其他因素。

2. 与青铜—早期铁器时代古代组的对比研究

为了探究下靳墓地古代居民与相关青铜—早期铁器时代古代居民在体质特征上的联系与区别,本文选择了内蒙古赤峰市西周—春秋时期夏家店上层文化合并组[4]、山西侯马西周—春秋战国时代上马组[5]、陕西铜川先周晚期瓦窑沟组[6]、河南安阳殷墟中小墓②组[7]、青海湟中县卡约文

[1] 韩康信、潘其风:《陕县庙底沟二期文化墓葬人骨的研究》,《考古学报》1979年第2期,第255～270页。
[2] 韩康信:《仰韶新石器时代人类学材料种系特征研究中的几个问题》,《史前研究》1988年第2期。
[3] 朱泓:《关于殷人与周人的体质类型比较》,《华夏考古》1989年第1期,第103～108页。
[4] 朱泓:《夏家店上层文化居民的种族类型及相关问题》,《辽海文物学刊》1989年第1期。
[5] 山西省考古研究所:《上马墓地》,文物出版社,1994年,第398～483页。
[6] 陈靓:《瓦窑沟青铜时代墓地颅骨的人类学特征》,《人类学学报》2000年第1期,第32～43页。
[7] 中国社会科学院历史研究所、中国社会科学院考古研究所:《安阳殷墟头骨研究》,文物出版社,1985年,第82～108页。

化李家山组[1]、甘肃民乐夏代晚期东灰山组[2]、内蒙古和林格尔东周时期新店子组[3]、内蒙古林西县东周井沟子组[4]、山西乡宁春秋时期内阳垣组[5]、河北省张家口市春秋时期白庙I组[6]，共10个青铜—早期铁器时代颅骨组与下靳组进行比较（表二二）。除此之外，本文还采用了计算欧式距离系数的方法进行定量分析，并根据计算结果绘制聚类树状图（图四二〇）。

表二二　下靳组与青铜—铁器时代颅骨组测量值的比较表（男）

（长度：毫米；角度：度；指数：％）

名称\组别	下靳组	夏家店上层组	上马组	瓦窑沟组	殷墟中小墓②组	李家山组	东灰山组	新店子组	井沟子组	乡宁内阳垣组	白庙I组
颅长	179.25	181.19	181.62	181.33	184.03	182.20	176.70	173.80	184.43	181.60	185.38
颅宽	135.82	136.20	143.41	140.08	140.13	140.00	137.63	153.27	147.88	142.70	139.88
颅高	138.32	140.70	141.11	139.45	140.32	136.50	136.05	129.18	131.50	139.70	146.50
上面高	71.43	75.10	75.02	77.50	73.81	77.30	73.10	73.91	79.00	75.90	76.00
面宽	131.34	133.75	137.36	136.31	133.08	138.60	133.33	142.08	143.67	136.80	136.50
最小额宽	92.39	89.00	92.41	91.50	90.43	91.20	88.28	94.33	93.83	92.80	94.00
面角	74.88	80.60	82.42	83.53	83.81	87.00	83.83	88.00	89.80	82.50	87.75
颅指数	75.80	75.06	79.00	77.00	76.50	76.93	78.39	88.13	80.39	78.60	75.32
颅长高指数	77.18	78.26	77.69	76.90	76.09	74.96	77.01	72.80	71.76	76.90	79.09
颅宽高指数	100.97	108.46	98.62	99.55	99.35	97.60	98.08	84.57	89.51	97.90	104.83
眶高	34.01	34.44	33.57	33.38	33.55	35.40	34.33	33.12	32.84	33.40	33.13
眶宽	43.20	42.80	42.99	41.92	42.43	43.20	42.40	44.38	43.34	42.30	42.80
鼻宽	26.66	28.08	27.27	26.38	26.99	26.70	26.30	27.12	27.66	27.00	26.30
鼻高	52.32	53.60	54.41	55.00	53.38	57.00	51.95	56.52	57.72	53.40	54.63
鼻指数	50.91	52.43	50.43	48.21	50.98	47.00	50.63	48.06	47.99	50.70	48.15
眶指数	79.65	80.48	78.00	80.00	78.59	82.00	81.16	74.71	75.88	79.20	77.43
上面指数	54.74	56.15	54.59	53.24	53.98	55.88	55.66	51.93	51.93	54.10	55.95
鼻颧角	143.33	149.50	148.73	145.10	144.38	147.40	148.13	148.77	153.57	149.92	146.88

[1]　张君：《青海李家山卡约文化墓地人骨种系研究》，《考古学报》1993年第3期，第381～413页。
[2]　甘肃省文物考古研究所、吉林大学北方考古研究室：《民乐东灰山考古》，科学出版社，1998年，第172～179页。
[3]　张全超：《内蒙古和林格尔县新店子墓地人骨研究》，科学出版社，2010年。
[4]　朱泓、张全超：《内蒙古林西县井沟子遗址西区墓地人骨研究》，《人类学学报》2007第2期，第97～106页。
[5]　贾莹：《山西浮山桥北及乡宁内阳垣先秦时期人骨研究》，吉林大学博士学位论文，2006年。
[6]　易振华：《河北宣化白庙墓地青铜时代居民的人种学研究》，《北方文物》1998年第4期，第8～17页。

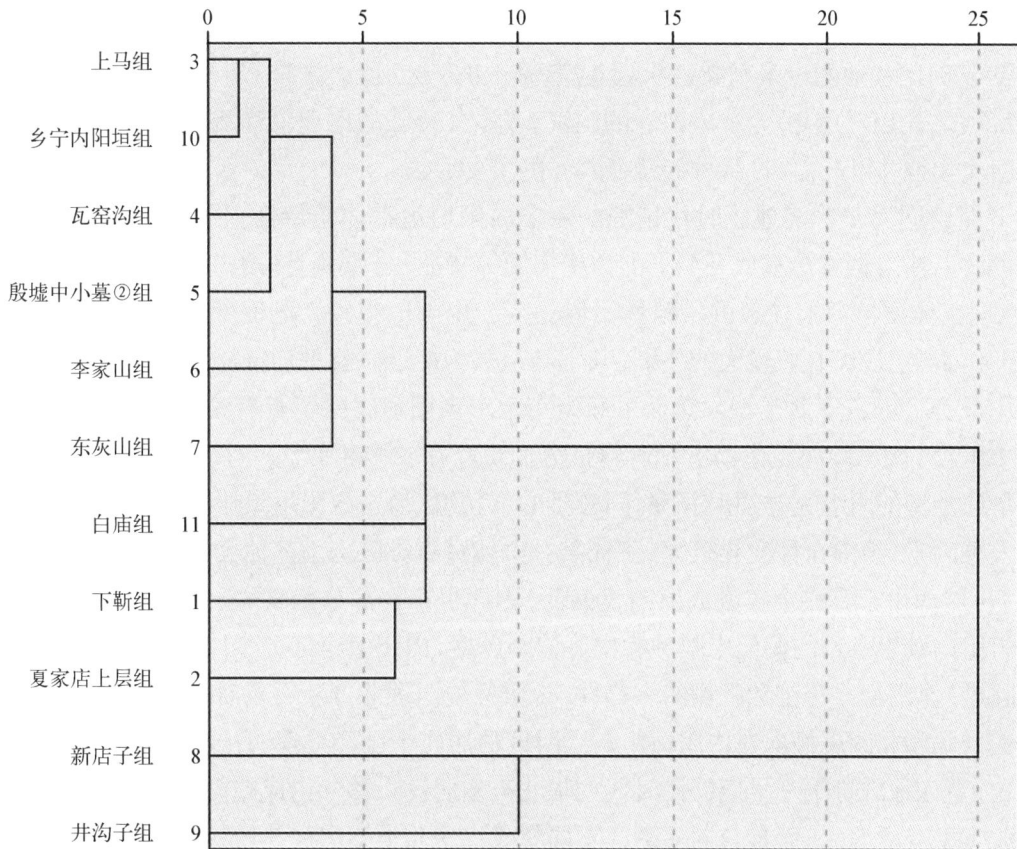

图四二〇　下靳组与青铜—铁器时代对比组的树状聚类图

图四二〇显示，与青铜—早期铁器时代各颅骨组相比，下靳组与夏家店上层文化合并组和白庙 I 组关系最为接近，而与新店子组和井沟子组关系最为疏远。在刻度小于 15 的范围内，这些对比组可以分为两大聚类群。第一大类群主要包括上马组、乡宁内阳垣组、瓦窑沟组、殷墟中小墓②组、李家山组、东灰山组、白庙 I 组及下靳组，其中这一大类群又可以分为几个小类：首先是黄河中游地区的上马组、乡宁内阳垣组、瓦窑沟组及殷墟中小型墓②组聚为一小类，其次是黄河上游地区古西北类型的李家山组和东灰山组可聚为一小类，最后是下靳组与古华北类型西辽河一带的夏家店上层文化合并组和冀北地区的白庙 I 组聚为一小类。除此以外，各小组之间也不同程度地存在着各种生物学联系。第二大类群由内蒙古中南部古蒙古高原类型的新店子组和井沟子组组成，此二者与包含下靳组在内的其余各颅骨组之间均存在较大的种族特征差异。

下靳组与西辽河一带的夏家店上层文化合并组种系关系最为接近，二者最为突出的颅面部共同特征是具有颇狭的颅型、偏狭的面型和较大的面部扁平度；与下靳组亲缘关系仅次于夏家店上层文化合并组的是白庙 I 组，二者具有相似的中颅、高颅和狭颅相结合的颅型以及偏狭的面型。下靳组与以上两组的区别主要体现在下靳组具有偏低的中眶型和偏阔的鼻型，这应是在本土古中原类型种系特征影响下的特殊印记。青铜—早期铁器时代古华北类型人种的中心分布范围除了延续新石器时代内蒙古中南部、晋北及冀北一带长城沿线等地区之外，还向东波及西辽河流域,而夏家店上层居民正是其典型代表。白庙I组古代居民的主要活动范围曾被冠以"山戎文化"之名,从时间和地望上来判断,实际上应归属于被"赵"所灭之"代"[1]。《史记·赵世家》载:"翟犬者,代之先也。""代"为狄人建立的国家。总之,特殊的地理位置及族属是造成下靳组与夏家店上层文化合并组及白庙I组种族特征差异的主要原因。

与下靳组同属于晋南地区时代稍晚的乡宁内阳垣组在体质特征上表现出的中颅结合高颅型、中等面型、中等偏宽鼻型以及明显的齿槽突颌等特征,与侯马上马组、铜川瓦窑沟组种系关系密切,表现出体质特征上较多的一致性。但是乡宁内阳垣组较大的面部扁平度,却与侯马上马组、铜川瓦窑沟组居民有着较大的差别,与下靳组更为接近。就平均特征而言乡宁内阳垣组应分属于古中原类型和古华北类型。然而下靳组与乡宁内阳垣组除了具有相似的面部扁平度之外,在偏低中眶型、阔鼻倾向及齿槽突颌等特征方面也存在较多相似性。作为同一地域范围内不同时代古华北类型的两组人群,相对于时间较早的下靳组,乡宁内阳垣组居民的体质中包含有比较复杂的人种因素,组内个体变异较大,然而某一个体又很难区别于其他个体。其平均颅长高比例为高颅型,然而由于有些个体颅高值明显偏低,因此也存在部分偏高的正颅型。除此之外,相比于下靳组组内较为一致的偏低中眶型和中等偏阔鼻型,内阳垣组部分个体还出现了狭鼻型、中鼻型及中眶型、高眶型。鼻型和眶型的多样性,也恰好说明了北方新石器时代古代居民中曾经普遍出现的偏低眶型和阔鼻倾向在内阳垣组东周时期的居民中已经呈现弱化趋势[2]。因此说与下靳组相比较,晋南地区青铜—早期铁器时代古华北类型居民人种学构成趋向复杂,不但与其他地域内古华北类型有所偏离,而且与同一地区不同年代古华北类型居民体质特征也有较大差异,这与地区性人群交流、融合及变异有着密不可分的关系。

地处黄河中游的山西侯马上马组、陕西铜川瓦窑沟组及河南安阳殷墟中小墓②组古代居民在体质特征上均属于古中原类型,同时也兼具复杂的人种学形态。下靳组古代居民中颅、高颅结合狭颅的颅型特征及中等偏阔鼻型,较明显的齿槽突颌等特征,与这三组比较一致,这应与相近的地理位置有关。区别主要体现在下靳组具有更大的上面部扁平度。

青铜—早期铁器时代黄河上游甘青地区以青海湟中县卡约文化李家山组及甘肃民乐夏代晚期东灰山组为代表的古西北类型居民,其普遍具有扁平的上面部结构,颅型也不再似新石器时代古西北类型那样狭长,各颅骨指数反而与古中原类型更加接近,这可能也是导致其与下靳组种族特征上相似的原因之一。而下靳组与青铜—早期铁器时代古西北类型的差异也主要体现在古西北类型居民具有更加狭长的颅型,相对较小的颅长、颅宽、颅高,以及平颌型的面角和更窄的面部特征。

属于古蒙古高原类型的新店子组和井沟子组,以短颅、低颅和阔颅结合高宽面为特征,而下靳组以中颅、高颅和狭颅结合中等偏狭面型、较大的面部扁平度为特征。此二者由于测量数据太过于典型,因此与下靳组及其余青铜—早期铁器时代不同种系特征各颅骨组均存在较大的偏离。

———————————

[1]　林沄:《关于中国的对匈奴族源的考古学研究》,《内蒙古文物考古》1993年第1期。

[2]　贾莹:《山西浮山桥北及乡宁内阳垣先秦时期人骨研究》,吉林大学博士学位论文,2006年。

这也暗示了在新石器时代乃至青铜—早期铁器时代这一时间范围内,北亚类型体质特征的人群还没有对晋南地区古代居民种族的形成造成普遍影响。

七、下靳墓地人骨特征

本节中笔者对山西临汾下靳村墓地出土的283例人骨标本做了性别和年龄段分布的统计,并编制了该人群的简略生命年表。对其中保存较好的26例头骨进行了形态观察和测量分析,还测量了四肢骨中的18根肱骨、8根股骨和8根胫骨,据此对下靳墓地先民进行了身高的推算。依据上述人骨遗骸探讨了下靳墓地居民的性别年龄分布结构、男女两性比、头骨及肢骨的形态特征,并与周邻地区不同时代的居民体质特征进行了比较。此外,还对当地居民存在的口腔疾病进行了统计分析。

（一）性别、年龄鉴定与死亡分布的特点

下靳墓地总的男女性别比为0.91∶1。男性人口总数略低于女性,可能是受到较少样本量的影响,也可能就是当地人口真实两性比的反映。因为在我国北方地区亦有部分史前墓地发现的女性人口多于男性,例如陕西华阴横阵墓地的男女两性比为0.70∶1[1],陕西潼关南寨子墓地两性比为0.75∶1[2],因此说,下靳墓地男女性比结构属于正常范围。从简略生命年表看,下靳居民的平均预期寿命为41岁,其中男性平均预期寿命为43.83岁,女性平均预期寿命为42.99,男性高于女性。

（二）头骨的形态特征

头骨作为人骨研究中的一项十分重要内容,在研究的过程中具体可分为观察和测量两部分内容。

1. 观察特征

下靳墓地居民颅形以卵圆形为主;眉弓发育男性多属显著级,女性多弱级;颅顶缝以简单为主;眶形多椭圆形和斜方形,眶角圆钝;梨状孔男性多梨形,女性多心形;两性鼻前棘分布均以不显和稍显为主;上颌中门齿均为铲形;鼻根凹陷以浅平为主;两性腭形以 V 型为主;颧骨上颌骨下缘转角处明显陡直者多;犬齿窝发育以弱为主;两性下颌圆枕出现率达45.88%。这些特征说明,下靳墓地古代居民在连续性形态特征方面体现出了同种系的特征。

2. 测量特征

下靳墓地头骨的测量特征主要包括脑颅、面颅、面部等几个方面,大致可概括为:脑颅为中颅型—高颅型—狭颅型相结合;面颅是中等偏狭的面型—偏低的中眶型—中—阔鼻型—中等偏弱的鼻根突度与中等偏小的垂直颅面比例相结合,面部在矢状方向上属于接近平颌型的中颌型,

[1] 王建华:《黄河中下游地区史前人口研究》,科学出版社,2011年,第180～206页。
[2] 陈靓、张燕、郭小宁、郭辉:《陕西潼关南寨子遗址出土人骨研究》,《考古与文物》2011年第6期,第93～96页。

上齿槽角度属于突颌型,水平方向上,中等偏大的上面部扁平度,中等偏阔的腭形,短的齿槽型。

（三）身高的推测

本文根据部分标本下肢骨的最大长度推算出下靳墓地不同性别居民的身高,其中男性居民的平均身高约在165.82～167.27厘米之间,女性居民的平均身高约在157.25～164.47厘米之间。其身高与同时期同一地域类其他古代组居民相类似,但明显低于时代较早的北方新石器时代中期古代组,高于时代较晚的北方青铜时代古代组。

（四）肢骨研究

通过对下靳墓地居民四肢骨的专项研究,我们发现该组个体骨骼发育整体较为粗壮,且体现出了明显的男女性别差异。该人群股骨骨干粗壮,男性股骨骨间嵴发达;男性胫骨的骨干发育程度多属于宽胫型,骨干中部较为圆钝,女性骨干发育程度多属于中胫型。

（五）口腔疾病

本文对下靳墓地居民口腔疾病的研究主要从龋齿、牙周病、根尖脓肿、牙齿阻生及错位、偏斜式磨耗、老年性齿槽萎缩六个方面来进行分析。发现该组古代居民患龋率为12.01%,其中男性患龋率为15.00%,女性患龋率为11.36%,并且随着年龄的增长,患龋率呈现出不断增高的趋势。与同时期同一地域内其他组别的居民相比对,下靳墓地居民6.01%的牙周病患病率明显较低,表明该组居民日常饮食中营养的摄取相对较为均衡。根尖脓肿患者相对较少,但患病情况普遍较为严重,而且患病率与年龄成正比,年龄越大,患病率越高。牙齿阻生部位皆发生于第三臼齿,偏斜式磨耗及老年性齿槽萎缩现象,多发生于老年个体。

（六）种系特征

根据形态观察和测量数据分析显示,下靳组古代居民的颅面部形态特征与现代亚洲蒙古人种东亚类型最为接近,其次与南亚类型关系也比较密切,可能还受到东北亚类型因素的影响。

通过与亚洲蒙古人种各近代组的比较可知,下靳组与华北近代组在种系特征上最为接近;与华南近代组也存在诸多相似特征;与印尼近代组和爱斯基摩近代组关系居中,而与蒙古近代组关系疏远。

与新石器时代相关古代组比较,下靳组居民与长城沿线古华北类型的庙子沟组和姜家梁组关系最近;与青铜—早期铁器时代各古代组比较,下靳组居民与古华北类型西辽河流域的夏家店上层文化合并组以及冀北地区白庙Ⅰ组关系最近。

下靳组作为新石器时代晋南地区古华北类型种系居民与东周时期晋南地区古华北类型的乡宁内阳垣组相比较,组内个体变异较小,种系纯度明显较高。受本土古中原类型种系特征的影响,难免存在年代和地域上的共同印记,如偏低的眶型和偏阔的鼻型。此外下靳组与黄河上游甘青地区古西北类型的阳山组、甘肃史前组及柳湾合并组等古代居民种群也存在相对较近的关系。

附表一 下靳墓地男性头骨测量值表

马丁号	测量项	测量项	例数	最大值	最小值	平均值	标准差	变异系数
1	g—op	颅长	7	187.00	174.00	180.50	4.77	2.64
8	eu—eu	颅宽	7	144.00	133.00	138.00	3.96	2.87
17	ba—b	颅高	4	144.00	134.00	139.50	4.80	3.44
21	po—po	耳上颅高	5	118.10	113.80	116.50	1.75	1.50
9	ft—ft	额骨最小宽	7	101.70	90.80	95.16	3.83	4.02
11	au—au	耳点间宽	6	133.00	121.20	126.40	4.39	3.47
25	n—o	颅矢状弧	5	385.00	358.00	372.00	10.61	2.85
26	n—b	额矢状弧	7	130.00	116.00	124.29	5.79	4.66
27	b—l	顶矢状弧	7	136.00	117.00	127.29	6.37	5.00
28	l—o	枕矢状弧	6	125.00	115.00	118.83	4.45	3.74
29	n—b	额矢状弦	7	116.70	103.80	110.83	5.22	4.70
30	b—l	顶矢状弦	7	123.00	108.20	115.34	5.05	4.38
31	l—o	枕矢状弦	6	107.70	93.80	99.95	5.33	5.33
43（1）	fmt—fmt	上面宽	6	111.60	101.20	107.83	4.05	3.76
44	ek—ek	两眶宽	6	103.70	95.50	101.15	2.99	2.96
23		颅周长	7	523.00	504.00	512.43	6.65	1.30
24	po—b—po	颅横弧	6	316.00	302.00	310.17	5.49	1.77
5	ba—n	颅基底长	3	103.50	98.00	100.50	2.78	2.22
40	ba—pr	面基底长	3	103.00	94.00	99.00	4.58	4.63
48	n—pr	上面高	5	75.20	68.80	71.16	2.63	3.70
	n—sd	上面高	4	79.50	70.80	73.78	4.05	5.50
45	zy—zy	颧宽	4	139.00	129.00	135.00	4.32	3.20
46	zm—zm	中面宽1	6	105.00	97.80	102.07	2.48	2.43
	sub zm—ss—zm		5	29.40	24.10	26.14	2.28	8.72
	Zm1—zm1	中面宽2	6	104.70	99.00	102.73	2.57	2.50
	sub zm1—ss—zm1		5	26.40	20.60	23.18	2.16	9.32
O3		眶中宽	6	63.20	50.40	56.85	4.61	8.11
SR		鼻尖高	3	21.60	16.50	18.37	2.81	15.30

马丁号		测量项	测量项	例数	最大值	最小值	平均值	标准差	变异系数
54			鼻宽	6	27.00	24.20	26.27	1.05	4.00
55		n—ns	鼻高	6	57.00	50.00	53.50	2.55	4.77
SC			鼻最小宽	6	12.00	5.50	8.35	2.28	27.31
SS			鼻最小宽高	6	3.60	1.90	2.95	0.70	23.73
51	L	mf—ek	眶宽	6	45.80	41.00	43.40	2.04	4.70
	R			6	47.00	42.20	44.30	2.08	4.70
51a	L	d—ek	眶宽	3	42.70	38.20	40.90	2.38	5.82
	R			3	43.80	38.50	41.27	2.66	6.45
52	L	Orb.Heig	眶高	6	36.90	32.00	34.47	2.17	6.30
	R			6	36.00	32.60	34.33	1.36	4.00
50		mf—mf	前眶间宽	6	22.70	18.10	20.32	1.98	9.74
FC		fmo—fmo	两眶内宽	6	103.00	93.40	99.25	3.45	3.48
FS		sub fmo—n—fmo	鼻眶内宽矢高	6	21.80	15.50	17.50	2.49	14.23
60		pr—alv	齿槽弓长	4	59.50	54.00	55.93	2.44	4.37
61		pr—alv	齿槽弓宽	4	68.70	65.00	66.78	1.95	2.92
62		ol—sta	腭长	4	52.30	44.80	47.65	3.39	7.11
63		enm—enm	腭宽	4	38.90	35.80	37.28	1.60	4.29
MH	L	fmo—zm	颧骨高	6	48.40	42.80	45.35	2.29	5.05
	R			6	49.40	42.00	45.30	2.64	5.83
MB	L	zm—rim	颧骨宽	6	30.00	24.60	26.50	2.31	8.72
	R			6	29.80	23.00	26.17	2.42	9.25
7		ba—o	枕大孔长	4	42.80	35.60	38.30	3.41	8.90
16			枕大孔宽	4	28.80	25.50	27.45	1.44	5.25
DC		d—d	眶间宽	3	23.20	20.70	22.30	1.39	6.23
DN			眶内缘鼻根突度	4	6.60	4.10	5.48	1.27	23.18
DS			鼻梁眶内缘宽高	3	10.50	8.80	9.57	0.86	8.99
21		po—po	耳上颅高	6	127.30	118.50	122.42	3.62	2.95
		n—rhi	n—rhi	3	28.80	19.60	24.80	4.72	19.32

续表

马丁号		测量项	测量项	例数	最大值	最小值	平均值	标准差	变异系数
		rhi—pr	rhi—pr	2	46.60	44.80	45.70	1.27	2.78
12		ast—ast	枕骨最大宽	6	119.80	103.90	111.60	5.76	5.16
8：1			颅长宽指数	7	79.10	71.70	76.50	2.69	3.52
17：1			颅长高指数	4	80.20	73.30	76.95	3.06	3.98
17：8			颅宽高指数	4	104.30	95.70	100.38	3.73	3.72
48：17			垂直颅面指数	3	52.20	50.00	50.80	1.22	2.40
54：55			鼻指数	5	51.00	46.50	48.80	1.68	3.44
52：51	L		眶指数	6	84.70	72.70	79.45	4.30	5.41
	R			6	84.00	75.50	79.23	3.15	3.98
52：51a	L		眶指数	3	86.40	80.00	83.40	3.22	3.86
	R			3	84.70	81.00	82.27	2.11	2.56
SS：SC			鼻根指数	6	43.60	28.30	36.08	7.14	19.79
48：45pr			上面指数	4	55.70	51.40	53.15	1.87	3.52
48：45sd				3	58.90	53.10	55.67	2.96	5.32
63：62			腭指数	4	80.00	74.40	78.35	2.66	3.40
61：60			齿槽弓指数	4	123.30	115.50	119.48	3.32	2.78
9：8			额宽指数	7	73.70	65.00	68.99	2.77	4.02
40：5			面突指数	3	105.10	94.00	98.58	5.81	5.89
16：7			枕骨大孔指数	4	79.00	63.80	72.03	6.31	8.76
SR：O3			鼻面扁平度指数	3	39.90	28.10	32.17	6.70	20.83
48：46pr			中上面指数	5	72.60	67.20	69.80	2.16	3.09
48：46sd				4	76.70	69.30	72.18	3.28	4.54
45：(1+8)/2			横颅面指数	3	85.30	80.40	83.57	2.75	3.29
17：(1+8)/2			高平均指数	4	90.70	84.50	87.08	2.77	3.18
54：51	L		鼻眶指数	6	62.60	57.20	59.37	2.39	4.03
54：51	R			3	65.00	61.60	63.17	1.72	2.72
72		∠n—pr FH	面角	5	91.00	81.00	85.00	3.74	4.40
73		∠n—ns FH	中面角	5	93.00	86.00	90.20	2.59	2.87

马丁号		测量项	测量项	例数	最大值	最小值	平均值	标准差	变异系数
74		∠ns—pr FH	齿槽面角	5	86.00	65.00	74.80	8.58	11.47
32		∠g—m FH	额侧角Ⅱ	5	79.00	74.00	76.60	2.07	2.70
		∠n—mFH	额侧角Ⅰ	5	87.00	81.00	84.20	2.39	2.84
		∠g—b FH	前囟角	5	50.00	44.00	46.40	2.30	4.96
72		∠n—rhi FH	鼻梁侧角	2	68.00	64.00	66.00	2.83	4.29
		∠Pr—n—rhi	Pr—n—rhi	2	21.00	18.00	19.50	2.12	10.87
77		∠fmo—n—fmo	鼻颧角	6	147.50	133.00	143.33	5.27	3.68
		∠zm—ss—zm	颧上颌角1	5	130.00	120.00	126.30	3.87	3.06
		∠zm1—ss—zm1	颧上颌角2	5	136.00	127.00	132.10	3.36	2.54
		∠n—pr—ba	面三角Ⅰ	3	72.00	66.00	69.83	3.33	4.77
		∠pr—n—ba	面三角Ⅱ	3	74.00	63.00	68.00	5.57	8.19
		∠n—ba—pr	面三角Ⅲ	3	45.50	40.00	42.17	2.93	6.95
		72～75	鼻梁角	2	27.00	15.00	21.00	8.49	40.43
79			下颌角	28	131.00	108.00	119.43	5.80	4.85
65			髁间径	26	135.00	112.00	123.43	7.11	5.76
66		go—go	下颌角间宽	46	113.30	80.50	101.87	6.68	6.56
67			颏孔间径	65	58.40	43.60	49.22	2.90	5.88
68（1）			髁颏长	27	108.80	88.70	99.00	5.70	5.76
68			下颌体长	27	79.00	65.00	72.93	3.90	5.34
69		id—gn	下颌联合高	53	43.00	29.10	35.17	3.14	8.94
70	L		下颌枝高	39	74.50	58.60	66.31	3.98	6.00
	R			36	74.40	58.00	66.56	3.80	5.70
71	L		下颌枝宽	38	48.20	39.50	44.05	2.33	5.30
	R			34	50.60	39.30	45.03	2.77	6.15
71a	L		下颌枝最小宽	61	40.70	30.90	36.31	2.34	6.45
	R			62	40.80	31.00	36.45	2.39	6.55
MBHI	L		下颌体高Ⅰ	65	38.20	25.80	30.96	2.59	8.35
	R			64	38.00	22.80	30.91	2.87	9.28

马丁号		测量项	测量项	例数	最大值	最小值	平均值	标准差	变异系数
MBTI	L		下颌体厚I	64	19.20	12.70	16.51	1.38	8.37
	R			65	19.60	13.70	16.87	1.38	8.18
	L		下颌髁突高	27	69.00	47.40	58.05	5.33	9.18
	R			27	71.00	48.00	58.03	5.65	9.73
	L		下颌喙突高	27	82.40	59.30	65.86	5.42	8.23
	R			22	72.30	59.50	65.66	3.68	5.60
		Bimen.bogen	颏孔间弧	65	71.00	51.00	58.85	4.28	7.28

说明：变异系数常用的为标准差系数，即标准差与平均值的比率

附表二 下靳墓地女性头骨测量值表

马丁号	测量项	测量项	例数	最大值	最小值	平均值	标准差	变异系数
1	g—op	颅长	11	186.00	171.00	178.00	4.94	2.78
8	eu—eu	颅宽	11	144.00	126.00	133.64	6.04	4.52
17	ba—b	颅高	7	142.00	134.00	137.14	3.18	2.32
21	po—po	耳上颅高	9	124.30	112.30	117.20	4.60	3.92
9	ft—ft	额骨最小宽	10	97.40	84.40	89.62	4.27	4.76
11	au—au	耳点间宽	11	136.40	106.80	120.59	8.06	6.68
25	n—o	颅矢状弧	8	388.00	349.00	372.13	12.71	3.42
26	n—b	额矢状弧	11	137.00	112.00	123.82	8.65	6.99
27	b—l	顶矢状弧	11	135.00	125.00	130.64	3.47	2.66
28	l—o	枕矢状弧	8	123.00	112.00	118.00	3.74	3.17
29	n—b	额矢状弦	11	120.60	101.00	109.50	6.23	5.69
30	b—l	顶矢状弦	11	124.30	112.20	118.19	4.09	3.46
31	l—o	枕矢状弦	8	102.80	97.80	99.73	1.76	1.76
43（1）	fmt—fmt	上面宽	6	107.80	94.30	100.88	5.26	5.21
44	ek—ek	两眶宽	5	100.70	91.90	95.88	3.98	4.15
23		颅周长	10	522.00	484.00	501.20	11.47	2.29
24	po—b—po	颅横弧	10	328.00	293.00	308.20	10.04	3.26

续表

马丁号		测量项	测量项	例数	最大值	最小值	平均值	标准差	变异系数
5		ba—n	颅基底长	7	106.00	94.00	97.64	4.07	4.17
40		ba—pr	面基底长	5	100.00	88.00	94.00	4.47	4.76
48		n—pr	上面高	5	69.80	62.40	66.08	2.84	4.30
		n—sd	上面高	5	73.00	65.10	69.08	2.89	4.18
45		zy—zy	颧宽	3	133.00	120.00	127.67	6.81	5.33
46		zm—zm	中面宽1	3	101.80	94.70	99.00	3.78	3.82
		sub zm—ss—zm		2	25.40	19.00	22.20	4.53	20.41
		Zm1—zm1	中面宽2	3	103.40	94.00	98.97	4.72	4.77
		sub zm1—ss—zm1		2	23.00	19.00	21.00	2.83	13.48
O3			眶中宽	4	60.80	55.00	57.20	2.63	4.60
54			鼻宽	5	28.10	25.60	27.04	1.01	3.74
55		n—ns	鼻高	5	55.90	45.60	51.14	3.79	7.41
SC			鼻最小宽	7	7.70	5.20	6.57	1.04	15.83
SS			鼻最小宽高	7	2.10	1.10	1.86	0.36	19.35
51	L	mf—ek	眶宽	7	44.70	39.80	41.53	1.62	3.90
	R			6	43.20	40.30	42.10	1.11	2.64
51a	L	d—ek	眶宽	7	41.10	36.40	38.74	1.70	4.39
	R			6	40.60	37.60	39.65	1.14	2.88
52	L	Orb.Heig	眶高	7	35.60	30.50	32.64	1.65	5.06
	R			6	35.20	32.60	33.68	0.86	2.55
50		mf—mf	前眶间宽	7	20.20	14.00	16.51	2.07	12.54
FC		fmo—fmo	两眶内宽	8	97.70	87.50	91.98	3.69	4.01
FS		sub fmo—n—fmo	鼻眶内宽矢高	8	14.40	10.40	13.23	1.38	10.43
60		pr—alv	齿槽弓长	3	56.20	51.80	54.07	2.20	4.07
61		pr—alv	齿槽弓宽	3	71.20	63.00	67.07	4.10	6.11
62		ol—sta	腭长	3	45.40	44.00	44.57	0.73	1.64
63		enm—enm	腭宽	3	42.00	35.90	38.63	3.10	8.02
MH	L	fmo—zm	颧骨高	5	49.50	41.80	45.72	2.95	6.45
	R			4	50.70	40.20	45.63	4.32	9.47

续表

马丁号		测量项	测量项	例数	最大值	最小值	平均值	标准差	变异系数
MB	L	zm—rim	颧骨宽	5	27.60	22.60	25.04	2.07	8.27
	R			4	28.30	22.20	26.30	2.78	10.57
7		ba—o	枕大孔长	5	38.00	31.80	35.28	2.48	7.03
16			枕大孔宽	5	33.70	25.00	27.76	3.70	13.33
DC		d—d	眶间宽	7	23.70	16.80	20.24	2.35	11.61
DN			眶内缘鼻根突度	7	5.00	3.60	4.16	0.53	12.74
DS			鼻梁眶内缘宽高	7	8.60	5.30	7.11	1.32	18.57
21		po—po	耳上颅高	11	132.00	101.30	115.96	8.23	7.10
12		ast—ast	枕骨最大宽	10	124.80	101.50	110.54	6.39	5.78
8:01			颅长宽指数	11	83.00	70.10	75.09	4.26	5.67
17:1			颅长高指数	7	81.60	73.60	77.41	2.76	3.57
17:8			颅宽高指数	7	107.90	94.40	101.56	4.91	4.83
48:17			垂直颅面指数	5	49.90	46.20	48.54	1.41	2.90
54:55			鼻指数	5	56.10	50.00	53.02	2.73	5.15
52:51	L		眶指数	7	84.80	72.60	78.67	4.05	5.15
	R			6	83.90	75.50	80.07	2.98	3.72
52:51a	L		眶指数	7	89.00	76.60	84.33	4.54	5.38
	R			6	89.90	80.30	85.02	3.32	3.90
SS:SC			鼻根指数	7	37.00	21.20	28.49	5.84	20.50
48:45pr			上面指数	2	52.50	49.80	51.15	1.91	3.73
48:45sd				2	54.90	52.70	53.80	1.56	2.90
63:62			腭指数	3	94.80	79.10	86.77	7.86	9.06
61:60			齿槽弓指数	3	126.70	121.60	123.97	2.57	2.07
9:8			额宽指数	10	71.50	62.30	67.51	2.91	4.31
40:5			面突指数	4	102.00	94.90	98.55	3.27	3.32
16:7			枕骨大孔指数	4	78.60	66.10	74.95	5.96	7.95
48:46pr			中上面指数	3	71.60	64.50	68.23	3.56	5.22
48:46sd				3	74.20	68.20	71.37	3.01	4.22

马丁号		测量项	测量项	例数	最大值	最小值	平均值	标准差	变异系数
45:(1+8)/2			横颅面指数	2	83.60	81.30	82.45	1.63	1.98
17:(1+8)/2			高平均指数	7	91.30	83.80	87.79	2.53	2.88
54:51	L		鼻眶指数	5	67.50	59.30	64.14	3.45	5.38
54:51	R			5	72.30	63.10	68.28	3.75	5.49
72		∠n—pr FH	面角	4	90.00	80.00	83.75	4.50	5.37
73		∠n—ns FH	中面角	4	91.00	87.00	88.25	1.89	2.14
74		∠ns—pr FH	齿槽面角	4	73.00	62.00	67.00	5.83	8.70
32		∠g—m FH	额侧角Ⅱ	8	93.00	84.00	88.38	3.16	3.58
		∠n—mFH	额侧角Ⅰ	8	95.00	88.00	91.00	2.73	3.00
		∠g—b FH	前囟角	8	54.00	49.00	51.00	1.51	2.96
77		∠fmo—n—fmo	鼻颧角	8	155.00	145.00	149.13	3.52	2.36
		∠zm—ss—zm	颧上颌角1	2	138.00	124.00	131.00	9.90	7.56
		∠zm1—ss—zm1	颧上颌角2	2	139.00	128.00	133.50	7.78	5.83
		∠n—pr—ba	面三角Ⅰ	5	76.00	68.00	72.00	2.92	4.06
		∠pr—n—ba	面三角Ⅱ	5	72.00	65.00	68.00	3.08	4.53
		∠n—ba—pr	面三角Ⅲ	5	42.00	39.00	40.00	1.22	3.05
79			下颌角	30	133.00	114.00	123.17	4.68	3.80
65			髁间径	36	132.70	96.10	116.48	7.82	6.71
66		go—go	下颌角间宽	53	110.00	78.80	93.82	7.05	7.51
67			颏孔间径	86	52.60	41.70	47.65	2.37	4.98
68(1)			髁颏长	30	107.90	87.00	98.77	4.63	4.69
68			下颌体长	30	79.50	60.80	70.93	4.61	6.49
69		id—gn	下颌联合高	70	37.30	23.80	31.93	2.84	8.88
70	L		下颌枝高	40	73.00	51.50	60.61	4.38	7.23
	R			43	68.30	51.80	60.29	3.50	5.81
71	L		下颌枝宽	39	47.00	35.30	42.25	2.93	6.93
	R			41	48.90	36.20	42.93	2.92	6.79
71a	L		下颌枝最小宽	79	41.50	29.20	34.70	2.33	6.70
	R			77	41.50	29.80	35.06	2.46	7.02

续表

马丁号		测量项	测量项	例数	最大值	最小值	平均值	标准差	变异系数
MBHI	L		下颌体高I	84	34.60	20.20	28.54	2.62	9.19
	R			85	37.10	22.00	28.70	2.71	9.45
MBTI	L		下颌体厚I	85	18.30	12.20	15.75	1.44	9.17
	R			86	19.00	13.00	16.24	1.54	9.48
	L		下颌髁突高	30	62.10	44.60	52.56	4.76	9.05
	R			30	61.30	43.50	52.67	4.95	9.39
	L		下颌喙突高	28	69.40	48.00	58.96	4.84	8.21
	R			27	67.30	45.00	59.41	5.13	8.64
		Bimen.bogen	颏孔间弧	86	65.00	50.00	56.78	3.02	5.31

说明：变异系数常用的为标准差系数，即标准差与平均值的比率

附表三 下靳墓地头骨个体测量表（男性）

（长度：毫米；角度：度；指数：%）

马丁号	M002	M277	M326	M366	M413	M466	M485
1	186.00	179.50	178.00	174.00	182.00	187.00	177.00
8	141.00	138.00	133.00	136.00	144.00	134.00	140.00
17	—	144.00	—	—	143.00	137.00	134.00
21	117.80	117.00	115.80	—	118.10	113.80	—
9	94.60	95.60	98.00	94.40	101.70	90.80	91.00
11	129.40	123.00	124.40	—	127.40	121.20	133.00
25	379.00	366.00	—		372.00	385.00	358.00
26	127.00	126.00	116.00	128.00	130.00	127.00	116.00
27	136.00	124.00	128.00	125.00	127.00	134.00	117.00
28	116.00	116.00	—	117.00	115.00	124.00	125.00
29	116.00	103.80	106.20	112.30	116.70	114.20	106.60
30	123.00	115.30	111.70	113.20	115.60	120.40	108.20
31	93.80	101.20	—	99.80	94.20	107.70	103.00
43（1）	105.90	111.60	106.70	110.00	111.60	101.20	—
44	101.70	103.70	100.60	102.00	103.40	95.50	—

马丁号		M002	M277	M326	M366	M413	M466	M485
23		523.00	511.00	504.00	510.00	520.00	510.00	509.00
24		315.00	313.00	306.00	—	316.00	302.00	309.00
5		—	100.00	—	—	103.50	98.00	—
40		—	94.00	—	—	100.00	103.00	—
48		71.50	75.20	—	68.80	71.50	68.80	—
		—	79.50	—	70.80	73.80	71.00	—
45		137.00	135.00	—	—	139.00	129.00	—
46		101.00	103.60	102.60	97.80	105.00	102.40	—
		24.40	25.20	24.10		27.60	29.40	—
		99.00	104.10	104.70	99.90	104.20	104.50	—
		20.60	22.80	22.20	—	23.90	26.40	—
O3		54.20	55.00	57.90	60.40	50.40	63.20	—
SR		21.60	—	16.50	17.00	—	—	—
54		26.50	27.00	26.40	26.50	27.00	24.20	—
55		57.00	55.80	52.00	53.30	52.90	50.00	—
SC		8.90	8.30	12.00	9.00	6.40	5.50	—
SS		3.60	3.60	3.40	2.80	1.90	2.40	—
51	L	43.20	45.80	41.00	43.00	45.80	41.60	—
	R	46.00	47.00	42.20	42.80	45.40	42.40	—
51a	L	—	42.70	—	—	41.80	38.20	—
	R	—	43.80	—	—	41.50	38.50	—
52	L	36.60	36.90	32.40	35.60	33.30	32.00	—
	R	36.00	35.50	33.30	35.00	33.60	32.60	—
50		21.80	18.10	21.60	22.70	19.50	18.20	—
FC		100.80	103.00	97.00	100.60	100.70	93.40	—
FS		21.80	17.20	19.00	15.80	15.50	15.70	—
60		—	54.90	—	54.00	55.30	59.50	—
61		—	65.00	—	65.20	68.20	68.70	—

续表

马丁号		M002	M277	M326	M366	M413	M466	M485
62		—	44.80	45.50	—	48.00	52.30	—
63		—	35.80	36.00	—	38.40	38.90	—
MH	L	45.80	47.60	43.80	43.70	48.40	42.80	—
	R	46.20	46.40	44.70	43.10	49.40	42.00	—
MB	L	24.70	25.50	25.40	24.60	28.80	30.00	—
	R	23.00	26.30	25.70	24.40	29.80	27.80	—
7		—	42.80	—	—	35.70	39.10	35.60
16		—	27.30	—	—	28.20	28.80	25.50
DC		—	20.70	—	—	23.20	23.00	—
DN		—	4.70	6.50	—	4.10	6.60	—
DS		—	8.80	—	—	10.50	9.40	—
21		125.50	119.80	119.60	—	123.80	118.50	127.30
n—rhi		28.80	—	19.60	26.00	—	—	—
rhi—pr		46.60	—	—	44.80	—	—	—
12		116.00	103.90	—	108.00	112.70	109.20	119.80
8:1		75.80	76.90	74.70	78.20	79.10	71.70	79.10
17:1		—	80.20	—	—	78.60	73.30	75.70
17:8		—	104.30	—	—	99.30	102.20	95.70
48:17		—	52.20	—	—	50.00	50.20	—
54:55		46.50	48.40	—	49.70	51.00	48.40	—
52:51	L	84.70	80.60	79.00	82.80	72.70	76.90	—
	R	78.30	75.50	78.90	81.80	84.00	76.90	—
52:51a	L	—	86.40	—	—	80.00	83.80	—
	R	—	81.10	—	—	81.00	84.70	—
SS:SC		40.40	43.40	28.30	31.10	29.70	43.60	—
48:45pr		52.20	55.70	—	—	51.40	53.30	—
48:45sd		—	58.90	—	—	53.10	55.00	—

续表

马丁号		M002	M277	M326	M366	M413	M466	M485
63：62		—	79.90	79.10	—	80.00	74.40	—
61：60		—	118.40	—	120.70	123.30	115.50	—
9：8		67.10	69.30	73.70	69.40	70.60	67.80	65.00
40：5		—	94.00	—	—	96.60	105.10	—
16：7		—	63.80	—	—	79.00	73.70	71.60
SR：O3		39.90	—	28.50	28.10	—	—	—
48：46pr		70.80	72.60	—	70.30	68.10	67.20	—
48：46sd		—	76.70	—	72.40	70.30	69.30	—
45：(1+8)/2		—	85.00	—	—	85.30	80.40	—
17：(1+8)/2		—	90.70	—	—	87.70	85.40	84.50
54：51	L	57.60	57.40	62.60	61.90	59.50	57.20	—
54：51	R	—	61.60	—	—	65.00	62.90	—
72		91.00	85.00	85.00	—	83.00	81.00	
73		93.00	90.00	91.00	—	91.00	86.00	
74		80.00	75.00	68.00	—	70.00	65.00	
32		74.00	77.00	78.00	—	75.00	79.00	
		81.00	84.00	86.00	—	83.00	87.00	
		44.00	47.00	50.00	—	45.00	46.00	
72		64.00	—	68.00	—	—	—	—
∠Pr—n—rhi		21.00	—	—	18.00	—	—	—
77		133.00	143.50	147.50	146.00	146.00	144.00	—
		128.00	128.00	130.00	—	125.50	120.00	
		136.00	132.00	134.00	—	131.50	127.00	
		—	71.50	—	—	72.00	66.00	
		—	63.00	—	—	67.00	74.00	
		—	45.50	—	—	41.00	40.00	
		27.00	—	15.00	—	—	—	—

附表四 下靳墓地头骨个体测量表（女性）

（长度：毫米；角度：度；指数：%）

马丁号	M001	M35	M057	M104	M114	M281	M297	M322	M364	M421	M488
1	171.00	182.00	185.00	174.00	176.00	179.00	172.00	180.00	186.00	177.00	176.00
8	142.00	138.00	130.00	144.00	132.00	128.00	126.00	135.00	135.00	134.00	126.00
17	134.00	134.00	—	142.00	—	135.00	136.00	—	140.00	139.00	—
21	112.40	112.60	—	121.90	113.50	119.40	112.30	118.20	124.30	120.20	—
9	—	86.00	88.90	97.40	84.40	86.20	88.00	90.50	96.50	88.90	89.40
11	129.00	123.80	123.50	136.40	114.80	106.80	113.40	122.00	121.80	120.00	115.00
25	360.00	379.00	373.00	—	—	—	349.00	384.00	388.00	374.00	370.00
26	116.00	121.00	125.00	136.00	116.00	124.00	112.00	135.00	137.00	120.00	120.00
27	126.00	135.00	135.00	130.00	128.00	132.00	125.00	130.00	130.00	135.00	131.00
28	118.00	123.00	113.00	—	—	—	112.00	119.00	121.00	119.00	119.00
29	101.00	108.00	110.80	117.70	105.30	106.60	104.70	116.80	120.60	107.20	105.80
30	113.00	120.20	124.30	117.80	116.00	118.70	112.20	114.00	118.90	123.70	121.30
31	100.00	100.80	97.80	—	—	—	98.00	102.80	101.00	98.20	99.20
43（1）	—	100.00	—	107.80	96.40	94.30	100.80	—	106.00	—	—
44	—	94.80	—	100.70	91.90	—	92.60	—	99.40	—	—
23	497.00	510.00	506.00	514.00	494.00	—	484.00	493.00	522.00	496.00	496.00
24	305.00	302.00	304.00	317.00	300.00	—	293.00	311.00	328.00	316.00	306.00
5	95.00	95.50	—	99.00	—	94.00	98.00	—	106.00	96.00	—
40	92.00	96.00	—	94.00	—	88.00	100.00	—	—	—	—
48	65.60	64.80	—	69.80	—	62.40	67.80	—	—	—	—
	68.50	68.50	—	73.00	—	65.10	70.30	—	—	—	—
45	—	130.00	—	133.00	120.00	—	—	—	—	—	—
46	—	100.50	—	101.80	—	—	94.70	—	—	—	—
	—	19.00	—	—	—	—	25.40	—	—	—	—
	—	99.50	—	103.40	—	—	94.00	—	—	—	—
	—	19.00	—	—	—	—	23.00	—	—	—	—
3	—	55.00	—	60.80	—	—	55.50	—	57.50	—	—
54	—	27.80	—	26.50	—	25.60	27.20	—	28.10	—	—
55	—	50.80	—	53.00	—	45.60	50.40	—	55.90	—	—
SC	5.20	7.70	—	7.00	—	6.00	7.00	—	7.70	5.40	—

马丁号		M001	M35	M057	M104	M114	M281	M297	M322	M364	M421	M488
SS		1.10	1.90	—	1.70	—	2.10	2.10	—	2.10	2.00	—
51	L	40.60	40.40	—	44.70	41.20	—	39.80	—	42.00	42.00	—
	R	—	41.70	—	42.80	41.60	43.20	40.30	—	43.00	—	—
51a	L	37.20	37.70	—	41.10	39.00	—	36.40	—	40.00	39.80	—
	R	—	39.20	—	40.20	39.70	40.60	37.60	—	40.60	—	—
52	L	33.00	32.40	—	33.60	31.80	—	31.60	—	35.60	30.50	—
	R	—	33.80	—	33.40	33.30	32.60	33.80	—	35.20	—	—
50		—	15.60	—	20.20	14.00	14.70	17.30	—	17.50	16.30	—
FC		—	92.20	—	97.70	87.80	87.50	91.00	—	96.60	90.50	92.50
FS		—	13.80	—	11.80	14.40	10.40	13.80	—	14.00	13.90	13.70
60		51.80	—	—	56.20	—	—	—	—	—	54.20	—
61		63.00	—	—	71.20	—	—	—	—	—	67.00	—
62		44.00	—	—	44.30	—	—	—	—	—	45.40	—
63		38.00	—	—	42.00	—	—	—	—	—	35.90	—
MH	L	41.80	46.20	—	49.50	—	—	44.00	—	47.10	—	—
	R	—	46.40	—	50.70	—	—	40.20	45.20	—	—	—
MB	L	22.60	27.60	—	26.20	—	—	23.30	—	25.50	—	—
	R	—	27.70	—	27.00	—	—	22.20	28.30	—	—	—
7		35.70	33.90	—	—	—	—	38.00	—	31.80	37.00	—
16		33.70	26.00	—	—	—	—	25.10	—	25.00	29.00	—
DC		—	19.40	—	23.70	16.80	18.50	20.50	—	20.20	22.60	—
DN		—	5.00	—	3.90	3.60	4.00	3.90	—	4.80	3.90	—
DS		—	8.40	—	6.40	6.40	6.30	8.60	—	8.40	5.30	—
21		125.00	119.00	119.50	132.00	111.70	101.30	108.40	116.70	116.30	114.70	111.00
12		116.70	109.70	107.20	124.80	101.50	—	105.50	108.00	110.40	110.60	111.00
8 : 1		83.00	75.40	70.10	82.80	75.00	71.50	73.30	75.00	72.60	75.70	71.60
17 : 1		78.40	73.60	—	81.60	—	75.40	79.10	—	75.30	78.50	—
17 : 8		94.40	97.10	—	98.60	—	105.50	107.90	—	103.70	103.70	—
48 : 17		49.00	48.40	—	49.20	—	46.20	49.90	—	—	—	—
54 : 55		—	54.70	—	50.00	—	56.10	54.00	—	50.30	—	—

续表

马丁号		M001	M35	M057	M104	M114	M281	M297	M322	M364	M421	M488
52 : 51	L	81.30	80.20	—	75.20	77.20	—	79.40	—	84.80	72.60	—
	R	—	81.10	—	78.00	80.00	75.50	83.90	—	81.90	—	—
52 : 51a	L	88.70	85.90	—	81.80	81.50	—	86.80	—	89.00	76.60	—
	R	—	86.20	—	83.10	83.90	80.30	89.90	—	86.70	—	—
SS : SC		21.20	24.70	—	24.20	—	35.00	30.00	—	27.30	37.00	—
48 : 45pr		—	49.80	—	52.50	—	—	—	—	—	—	—
48 : 45sd		—	52.70	—	54.90	—	—	—	—	—	—	—
63 : 62		86.40	—	—	94.80	—	—	—	—	—	79.10	
61 : 60		121.60	—	—	126.70	—	—	—	—	—	123.60	
9 : 8		—	62.30	68.40	67.60	63.90	67.30	69.80	67.00	71.50	66.30	71.00
40 : 5		96.80	100.50	—	94.90	—	—	102.00	—	—	—	—
16 : 7		—	76.70	—	—	—	—	66.10	—	78.60	78.40	—
48 : 46pr		—	64.50	—	68.60	—	—	71.60	—	—	—	—
48 : 46sd		—	68.20	—	71.70	—	—	74.20	—	—	—	—
45 :（1+8）/2		—	81.30	—	83.60	—	—	—	—	—	—	—
17 :（1+8）/2		85.60	83.80	—	89.30	—	87.90	91.30	—	87.20	89.40	—
54 : 51	L	—	66.70	—	61.90	—	59.30	67.50	—	65.30	—	—
54 : 51	R	—	70.90	—	65.90	—	63.10	72.30	—	69.20	—	—
72		84.00	80.00	—	90.00	—	—	81.00	—	—	—	—
73		88.00	87.00	—	91.00	—	—	87.00	—	—	—	—
74		71.00	62.00	—	73.00	—	—	62.00	—	—	—	—
32		87.00	90.00	—	93.00	84.00	—	86.00	89.00	86.00	92.00	—
		94.00	88.00	—	91.00	89.00	—	88.00	93.00	90.00	95.00	—
		51.00	50.00	—	52.00	51.00	—	50.00	51.00	49.00	54.00	—
77		—	149.00	—	154.00	145.00	155.00	147.00	—	148.00	147.00	148.00
		—	138.00	—	—	—	—	124.00	—	—	—	—
		—	139.00	—	—	—	—	128.00	—	—	—	—
		72.00	71.00	—	73.00	—	76.00	68.00	—	—	—	—
		68.00	70.00	—	65.00	—	65.00	72.00	—	—	—	—
		40.00	39.00	—	42.00	—	39.00	40.00	—	—	—	—

附表五　下靳墓地下颌骨个体测量表（男性）

（长度：毫米；角度：度）

马丁号		M010	M016	M49	M077	M94	M149	M162	M171	M173	M208	M237	M486	M491	M241	M251	M259	M268	M269
79		126.00	128.00	—	—	—	—	—	121.00	—	—	131.00	—	—	—	—	125.00	—	—
65		115.00	133.00	—	—	—	—	—	132.40	—	121.00	121.50	—	—	—	—	119.00	—	—
66		103.50	101.60	—	—	103.00	101.40	105.50	101.90	—	—	100.00	102.80	—	113.30	—	94.80	105.50	—
67		48.90	51.70	46.50	45.20	50.20	51.00	48.20	48.50	43.80	45.50	52.70	52.00	47.30	49.70	51.00	47.60	44.70	53.60
68（1）		104.20	105.80	—	—	—	—	—	94.80	—	—	107.50	—	—	—	—	101.70	—	—
68		73.10	74.60	—	—	—	—	—	68.20	—	—	73.10	—	—	—	—	72.00	—	—
69		31.00	36.00	32.60	32.30	39.00	33.50	33.20	29.10	—	—	34.00	38.00	30.40	38.00	35.60	—	34.20	41.10
70	L	67.20	58.60	—	66.60	—	—	64.70	61.20	—	—	61.70	—	69.70	—	—	62.00	68.60	—
	R	60.60	58.00	—	—	—	—	—	66.00	—	—	63.00	70.30	—	71.20	—	64.30	—	66.50
71	L	46.30	42.40	—	—	—	—	42.80	43.50	—	—	44.40	—	40.10	—	—	43.80	44.90	—
	R	46.20	43.00	—	41.20	—	—	—	46.80	—	—	45.30	46.80	—	50.60	—	45.40	—	50.50
71a	L	37.60	35.30	35.30	36.80	38.40	35.40	37.80	33.10	39.50	35.40	36.00	37.30	32.70	36.10	39.40	35.30	37.20	40.20
	R	37.80	36.80	34.40	37.50	36.30	35.30	39.90	34.30	30.40	34.80	36.70	38.50	31.00	37.40	39.30	36.60	35.90	40.20
MBHI	L	31.30	28.30	32.40	30.60	34.00	32.60	28.70	29.60	30.40	30.20	26.60	35.00	29.50	34.40	29.70	30.30	34.10	33.00
	R	31.80	22.80	32.20	29.00	34.60	30.00	28.60	29.50	32.40	31.10	28.20	33.00	29.80	35.20	29.40	30.70	34.00	34.30
MBTI	L	18.00	15.20	19.20	16.60	19.00	17.00	14.40	14.70	17.40	16.20	17.50	16.80	16.00	14.50	15.00	16.70	16.50	18.00
	R	17.60	15.60	19.60	17.00	19.60	17.40	14.80	15.80	16.70	17.10	17.30	17.40	15.00	15.00	14.40	15.20	16.60	17.80
Bimen. bogen		60.00	61.00	54.00	53.00	59.00	60.00	58.00	56.00	53.00	54.00	64.00	63.00	57.00	59.00	61.00	59.00	54.00	63.00

续表

马丁号		M272	M274	M277	M295	M300	M311	M326	M327	M332	M334	M335	M342	M349	M355	M359	M361	M372	M374
79		—	120.00	119.00	—	—	—	119.00	116.00	—	118.00	110.00	123.00	115.00	—	—	110.00	—	118.00
65		—	128.30	124.70	—	—	—	120.50	—	—	—	120.80	—	—	—	—	—	132.00	127.80
66		101.30	100.80	106.60	—	104.20	105.50	106.40	102.80	99.60	102.70	100.00	112.00	91.00	112.60	98.50	105.70	—	103.30
67		49.60	47.00	50.80	49.10	50.00	50.30	50.00	58.40	47.20	49.00	46.60	54.20	43.80	51.50	49.30	52.40	52.10	51.40
68(1)		—	93.00	103.30	—	—	—	99.00	98.50	—	106.00	88.70	—	88.90	—	—	93.30	—	102.40
68		—	67.00	76.80	—	—	—	69.00	75.50	—	75.00	70.30	—	68.00	—	—	74.80	—	76.20
69		—	36.90	33.60	32.30	—	35.60	35.50	35.80	35.40	34.40	30.60	43.00	31.00	34.00	33.50	36.10	—	—
70	L	65.80	68.80	68.00	—	—	59.20	69.60	67.70	—	71.80	73.40	—	60.80	—	68.00	67.30	71.60	66.20
70	R	—	68.40	69.20	—	69.50	—	72.50	66.20	66.70	72.20	72.80	70.00	65.20	—	—	69.20	—	62.20
71	L	48.00	43.20	43.00	—	—	42.10	46.80	48.20	41.20	—	39.50	—	41.00	—	44.80	41.00	45.50	44.40
71	R	—	45.40	46.00	—	46.50	—	49.40	46.60	41.20	45.60	39.30	47.40	42.70	—	—	44.80	—	46.20
71a	L	36.80	31.60	35.90	—	37.00	39.60	36.60	37.80	34.60	36.80	32.00	39.40	33.30	35.30	40.00	35.00	38.60	37.70
71a	R	35.70	33.00	35.40	33.00	38.80	38.70	38.80	39.20	33.00	34.60	31.40	40.50	33.70	35.40	39.50	37.80	37.90	38.30
MBHI	L	30.50	26.60	30.30	26.30	34.80	29.70	33.20	28.50	29.50	31.50	28.70	34.80	28.20	28.80	28.60	31.00	34.00	33.00
MBHI	R	35.00	30.80	28.50	26.50	34.00	30.00	32.00	30.40	27.50	29.20	24.60	35.40	27.20	27.90	29.60	29.80	33.30	30.00
MBTI	L	16.20	13.30	16.80	15.20	—	18.80	17.30	17.60	16.00	14.60	15.80	19.00	15.70	16.70	17.20	17.70	17.20	16.10
MBTI	R	15.30	14.80	17.80	14.80	17.20	19.00	18.80	18.40	15.40	16.00	16.60	19.50	16.80	16.80	17.50	18.70	17.50	18.00
Bimen. bogen		58.00	55.00	62.00	59.00	60.00	58.00	58.00	71.00	56.00	61.00	54.00	64.00	51.00	61.00	60.00	63.00	63.00	61.00

续表

马丁号		M383	M384	M385	M392	M393	M394	M402	M404	M410	M413	M415	M416	M429	M430	M431	M453	M454	M463
79		117.00	130.00	—	125.00	124.00	—	115.00	117.00	125.00	115.00	—	—	117.00	—	—	—	—	118.00
65		114.50	114.40	—	112.00	126.70	—	120.40	131.00	132.60	132.00	—	—	115.70	—	—	120.20	—	112.20
66		80.50	106.70	106.00	102.80	101.80	—	96.60	102.30	112.00	105.20	109.80	—	87.00	100.20	94.80	—	—	87.20
67		46.20	50.00	48.80	43.60	51.70	48.50	47.60	47.80	51.50	48.80	46.10	49.00	45.80	53.10	48.20	49.50	48.00	46.40
68(1)		94.70	105.20	—	101.00	108.80	—	92.80	105.00	102.60	94.50	—	—	96.00	—	—	—	—	99.30
68		71.00	75.00	—	65.00	78.50	—	69.50	78.00	67.80	79.00	64.70	—	73.30	—	—	—	—	75.40
69		36.20	36.00	31.50	36.00	36.50	39.50	—	—	39.60	36.30	33.80	37.80	35.80	—	32.80	42.60	32.00	32.70
70	L	63.30	59.00	—	66.20	63.40	—	65.00	65.20	65.50	72.40	—	—	62.20	—	62.00	66.00	—	67.90
	R	63.00	61.80	—	66.80	65.70	—	63.20	67.60	64.40	69.80	—	—	61.80	—	—	—	—	68.10
71	L	42.00	47.20	—	45.30	43.60	—	44.50	48.00	45.70	44.30	45.80	—	41.20	—	41.60	46.30	—	44.60
	R	42.40	47.60	—	44.70	45.00	—	43.50	47.20	—	43.30	—	—	41.80	—	—	—	—	47.10
71a	L	34.20	38.40	30.90	33.80	36.80	38.70	35.40	39.10	37.20	36.70	39.70	37.10	34.50	37.00	35.60	34.60	35.80	36.00
	R	35.80	40.40	33.10	33.70	37.70	36.80	35.80	37.70	36.00	36.00	38.40	37.70	33.80	38.30	36.60	34.00	—	36.20
MBHI	L	30.60	29.00	29.70	27.80	30.00	34.30	29.00	30.70	35.00	33.00	28.60	34.50	31.50	31.40	29.60	36.20	30.40	29.40
	R	30.90	—	29.10	30.20	29.40	36.80	29.20	32.00	31.50	33.00	29.20	35.00	33.70	31.80	29.80	33.00	30.40	28.80
MBTI	L	15.40	17.80	17.80	16.50	17.30	16.20	16.60	18.20	17.50	15.00	17.00	17.00	15.70	16.70	17.00	14.00	15.00	14.70
	R	16.70	17.00	17.20	17.20	17.60	—	59.50	64.20	—	72.30	—	—	66.80	—	—	—	—	60.70
Bimen. bogen		54.00	63.00	56.00	53.00	65.00	58.00	52.00	56.00	62.00	60.00	52.00	55.00	56.00	67.00	55.00	59.00	57.00	55.00

续表

马丁号		M466	M485	M493	M494	M498	M499	M501	M516	M518	M519	M520	例数	最大值	最小值	平均值	标准差	变异系数
79		—	—	—	—	—	—	117.00	—	—	117.00	108.00	28	131.00	108.00	119.43	5.80	4.85
65		—	—	—	—	—	—	122.40	—	—	135.00	124.00	26	135.00	112.00	123.43	7.11	5.76
66		—	98.00	100.00	—	—	—	98.00	—	—	112.70	98.20	46	113.30	80.50	101.87	6.68	6.56
67		49.80	55.80	50.00	46.30	50.10	51.00	50.60	44.80	49.80	52.60	46.80	65	58.40	43.60	49.22	2.90	5.88
68（1）		—	—	—	—	—	—	96.80	—	—	94.00	95.20	27	108.80	88.70	99.00	5.70	5.76
68		—	—	—	—	—	—	73.00	—	—	71.10	78.80	27	79.00	65.00	72.93	3.90	5.34
69		34.50	38.60	—	32.20	39.20	32.40	34.30	32.50	40.70	—	34.80	53	43.00	29.10	35.17	3.14	8.94
70	L	—	74.50	65.30	68.10	—	—	68.40	—	—	63.60	71.50	39	74.50	58.60	66.31	3.98	6.00
	R	—	—	—	—	66.90	—	67.00	—	—	65.00	74.40	36	74.40	58.00	66.56	3.80	5.70
71	L	—	48.20	44.20	42.00	—	—	44.80	—	—	44.10	41.00	38	48.20	39.50	44.05	2.33	5.30
	R	—	—	—	—	40.00	—	44.70	—	—	—	40.70	34	50.60	39.30	45.03	2.77	6.15
71a	L	34.10	40.70	35.50	33.20	—	34.70	40.00	—	40.40	35.60	32.00	61	40.70	30.90	36.31	2.34	6.45
	R	35.40	40.00	35.30	—	34.30	34.80	37.40	—	40.80	34.70	32.50	62	40.80	31.00	36.45	2.39	6.55
MBHI	L	33.20	38.20	28.50	30.40	30.20	29.20	30.00	30.50	34.20	25.80	32.60	65	38.20	25.80	30.96	2.59	8.35
	R	33.70	38.00	28.40	28.30	31.80	28.80	30.00	30.50	35.20	27.20	34.00	64	38.00	22.80	30.91	2.87	9.28
MBTI	L	17.80	17.50	14.80	17.00	16.30	17.00	18.20	16.70	17.90	15.50	12.70	64	19.20	12.70	16.51	1.38	8.37
	R	—	—	15.50	17.70	17.00	16.00	18.60	17.00	19.20	16.20	13.70	65	19.60	13.70	16.87	1.38	8.18
Bimen. bogen		60.00	70.00	64.00	53.00	59.00	64.00	60.00	55.00	59.00	63.00	60.00	65	71.00	51.00	58.85	4.28	7.28

附表六　下靳墓地下颌骨个体测量表（女性）

（长度：毫米；角度：度）

马丁号	M012：1	M012：2	M28	M35	M041	M044	M054	M057	M095	M104	M122	M134	M142	M144	M148	M152
79	—	—	—	114.00	—	119.00	—	133.00	114.00	—	—	133.00	—	—	—	—
65	—	—	—	120.30	—	123.40	—	132.70	110.00	113.30	—	121.70	—	—	—	—
66	—	—	—	96.00	86.40	89.00	—	101.70	92.40	—	—	100.20	—	—	—	—
67	48.40	43.70	50.50	51.50	46.80	49.00	49.70	49.80	44.80	46.50	49.10	46.90	45.50	49.70	50.60	46.50
68（1）	—	—	—	97.50	—	103.00	—	100.40	92.00	—	—	96.40	—	—	—	—
68	—	—	—	73.90	—	79.40	—	65.40	71.40	—	—	63.60	—	—	—	—
69	—	30.20	36.00	30.70	29.00	37.30	36.80	33.70	32.00	33.90	—	28.40	32.60	30.40	33.80	33.30
70　L	—	—	—	61.50	—	55.60	—	63.30	60.70	—	—	58.00	—	—	—	—
70　R	—	—	—	62.40	—	57.50	—	60.60	61.00	—	—	59.30	—	—	—	—
71　L	—	—	—	39.40	—	45.70	—	41.40	—	—	—	41.20	—	—	—	—
71　R	—	—	—	40.80	—	47.00	—	42.80	—	—	—	40.50	—	—	—	—
71a　L	35.20	32.50	38.50	34.30	31.80	41.50	35.00	34.80	33.70	37.80	—	32.00	33.30	36.70	35.30	33.20
71a　R	—	—	39.20	35.20	32.70	41.50	—	35.60	34.00	38.10	33.90	30.60	31.60	36.10	35.70	35.80
MBHI　L	26.10	24.60	30.60	30.60	28.00	34.60	34.60	28.60	27.60	28.80	29.50	27.70	31.00	29.50	28.00	26.70
MBHI　R	25.60	24.70	31.00	29.80	29.70	34.10	37.10	28.20	29.60	28.50	30.70	27.20	26.40	28.80	27.40	27.80
MBTI　L	16.50	14.10	16.50	18.10	14.80	14.40	13.70	16.30	16.30	15.20	17.80	17.70	13.70	18.30	15.00	16.20
MBTI　R	17.40	13.60	16.80	18.20	15.00	14.60	13.20	18.60	13.50	15.40	17.20	18.00	15.70	18.40	15.10	16.50
Bimen. bogen	57.00	53.00	61.00	63.00	56.00	59.00	59.00	58.00	53.00	55.00	57.00	55.00	55.00	58.00	61.00	56.00

续表

马丁号		M156	M159	M161	M163	M172	M204	M211	M218	M227	M231	M240	M253	M257	M263	M275	M282
79		—	124.00	—	—	—	120.00	—	—	—	—	—	—	121.00	123.00	127.00	—
65		—	122.00	—	—	—	114.60	—	—	121.30	—	112.80	—	109.80	117.50	96.10	—
66		94.80	106.00	—	—	—	88.00	87.00	87.80	—	—	—	84.40	94.20	86.50	83.80	97.00
67		48.40	48.50	47.80	49.00	51.80	45.50	44.50	46.70	51.30	46.80	50.20	44.20	48.80	46.40	44.20	45.30
68(1)		—	107.90	—	—	—	91.20	—	—	—	—	—	—	95.50	99.80	87.00	—
68		—	77.40	—	—	—	65.00	—	—	—	—	—	—	68.80	72.50	60.80	—
69		—	—	—	—	32.70	32.20	34.60	32.00	34.30	31.30	—	30.70	33.40	31.80	23.80	30.20
70	L	—	63.80	63.20	—	—	58.30	55.60	55.50	—	—	—	—	59.10	55.60	51.50	—
70	R	—	61.20	—	—	—	63.20	—	—	—	64.70	—	—	55.80	59.00	52.40	—
71	L	—	39.50	43.80	—	—	43.00	39.60	36.70	—	—	—	—	42.30	42.50	35.30	—
71	R	—	39.00	—	—	—	45.00	—	—	—	43.30	—	—	43.80	45.00	36.20	—
71a	L	36.50	33.40	38.80	36.50	34.10	31.70	31.50	33.60	32.80	—	33.70	33.90	34.00	34.70	31.30	35.30
71a	R	36.50	35.70	38.80	35.50	33.70	34.60	31.80	34.50	31.30	35.20	34.80	32.30	34.70	36.00	30.20	38.00
MBHI	L	28.50	31.40	28.30	30.60	26.70	29.00	27.00	26.60	32.20	28.00	31.80	26.30	30.10	26.00	23.00	26.10
MBHI	R	29.80	28.60	28.60	29.20	26.50	28.50	25.50	27.80	—	30.60	30.60	26.20	28.50	26.00	22.00	26.80
MBTI	L	16.80	16.00	16.80	16.50	16.90	16.50	13.00	13.30	15.00	14.60	16.60	15.60	14.60	16.00	15.40	14.70
MBTI	R	18.20	16.60	15.70	16.60	15.70	16.20	14.70	13.70	14.20	17.80	15.60	15.40	14.80	16.30	16.70	16.40
Bimen.bogen		59.00	55.00	59.00	58.00	60.00	52.00	51.00	56.00	59.00	56.00	58.00	52.00	59.00	55.00	53.00	54.00

续表

马丁号		M285:1	M285:2	M286	M287	M289	M292	M297	M302	M306	M308	M315	M316	M319	M320	M321	M322
79		—	—	122.00	—	124.00	—	—	—	—	—	—	—	—	—	121.00	—
65		—	—	102.50	—	113.20	—	102.40	—	—	—	—	113.40	—	118.30	112.30	—
66		110.00	—	87.30	—	100.70	91.00	—	91.80	84.20	101.70	—	—	—	—	93.30	100.40
67		51.70	45.50	46.50	47.70	48.80	45.00	46.30	42.30	51.00	44.80	50.30	45.70	46.50	46.80	48.80	48.70
68(1)		—	—	98.50	—	94.70	—	—	—	—	—	—	—	—	—	105.80	—
68		—	—	72.70	—	65.70	—	—	—	—	—	—	—	—	—	79.50	—
69		30.00	35.00	29.50	36.20	32.80	27.70	34.80	33.60	—	27.10	26.80	30.40	28.00	—	30.50	31.00
70	L	—	—	56.00	—	56.00	—	—	—	—	—	—	—	56.30	56.10	57.80	—
	R	62.70	—	—	—	57.30	62.20	58.80	57.20	—	—	—	64.30	—	—	56.40	64.40
71	L	—	—	41.60	—	39.30	—	—	—	—	—	—	39.40	44.20	38.80	40.40	—
	R	45.20	—	—	—	39.70	42.40	42.00	43.30	—	—	—	—	—	—	40.60	42.00
71a	L	37.60	32.50	34.80	—	33.00	31.80	35.20	35.50	35.50	34.40	36.00	32.40	38.60	32.10	33.20	35.00
	R	39.00	33.60	32.60	—	32.20	33.50	36.00	36.30	35.00	35.00	35.50	33.00	—	31.60	33.80	35.90
MBHI	L	25.00	28.50	25.20	31.00	—	20.20	31.20	27.00	32.00	25.70	26.80	27.80	25.20	26.30	28.30	28.20
	R	26.70	28.80	25.80	31.30	25.00	25.50	28.40	27.30	30.70	24.50	28.30	29.70	23.00	22.30	28.10	27.90
MBTI	L	15.50	17.50	13.80	15.00	15.70	14.50	17.30	14.40	16.60	16.20	16.40	14.30	15.30	13.60	18.00	16.30
	R	16.50	18.00	13.80	16.40	15.60	13.20	18.00	15.10	16.20	15.20	16.00	14.40	16.50	14.30	19.00	17.10
Bimen. bogen		60.00	53.00	55.00	57.00	55.00	53.00	55.00	50.00	61.00	56.00	59.00	53.00	55.00	60.00	60.00	56.00

续表

马丁号		M328	M329	M331	M336	M337	M338	M340	M345	M348	M350	M354	M357	M363	M364	M365	M368
79		—	123.00	122.00	131.00	—	126.00	—	127.00	—	122.00	—	—	—	—	128.00	—
65		—	118.80	115.70	126.20	—	125.30	—	116.80	—	122.80	—	—	—	—	118.20	—
66		—	94.00	91.20	102.10	106.00	89.00	97.30	85.70	102.30	90.30	91.00	—	—	—	92.80	—
67		49.00	51.50	46.60	49.50	46.70	43.60	52.60	46.50	50.00	46.00	46.80	51.00	48.00	49.30	46.20	49.00
68(1)		—	99.00	101.80	99.00	—	97.60	—	98.80	—	103.80	—	—	—	—	100.10	—
68		—	69.40	75.90	69.00	—	70.50	—	69.80	—	77.00	—	—	—	—	70.00	—
69		34.70	30.80	33.20	31.30	33.70	32.20	33.50	33.00	28.60	—	34.40	—	—	30.00	26.80	36.60
70	L	—	61.20	58.10	56.70	—	62.80	65.10	57.60	67.10	62.00	—	—	65.60	—	59.30	—
	R	—	59.00	59.00	58.00	55.80	62.90	—	58.80	—	61.70	60.40	—	—	62.70	59.50	—
71	L	—	41.60	44.30	43.30	—	46.60	46.20	44.30	44.20	47.00	—	—	44.30	—	44.00	—
	R	—	44.70	41.20	44.30	40.20	46.70	—	48.90	—	47.40	42.20	—	—	44.90	43.30	—
71a	L	—	34.60	39.60	37.50	33.70	36.30	40.00	36.00	36.30	37.50	35.70	36.00	38.60	—	33.70	34.40
	R	35.80	36.00	36.80	39.00	32.60	35.40	37.50	40.00	36.60	36.80	34.60	37.50	—	38.50	33.10	—
MBHI	L	33.60	31.70	26.20	29.40	26.70	29.30	33.80	26.00	31.00	30.00	28.50	29.00	32.80	25.80	29.80	31.20
	R	34.60	31.10	27.40	29.30	27.30	29.20	31.30	30.70	29.70	30.20	32.80	31.00	32.50	32.70	28.00	32.80
MBTI	L	16.80	16.40	18.30	16.40	14.80	13.30	15.00	17.30	13.00	15.00	17.00	17.80	16.80	14.80	12.20	14.20
	R	17.50	17.60	16.80	17.80	15.70	14.20	16.70	17.60	14.50	16.00	17.70	18.30	18.40	18.00	14.80	14.40
Bimen. bogen		58.00	59.00	54.00	59.00	57.00	53.00	65.00	55.00	62.00	54.00	55.00	59.00	57.00	59.00	58.00	60.00

续表

马丁号		M371	M378	M380	M381	M389	M396	M400	M407	M409	M421	M422	M428	M429	M431	M458	M474
79		—	—	125.00	—	—	124.00	—	—	—	—	—	124.00	117.00	—	120.00	125.00
65		—	—	126.80	—	—	106.30	—	—	—	—	—	124.00	115.70	—	105.40	110.50
66		82.80	—	99.60	—	98.20	93.10	97.50	84.70	—	—	—	105.60	87.00	94.80	99.20	89.20
67		46.50	47.40	50.30	46.60	42.20	46.80	48.40	48.60	48.20	47.60	47.60	47.10	45.80	48.20	50.80	46.00
68（1）		—	—	99.50	—	—	99.50	—	—	—	—	—	105.00	96.00	—	103.20	94.60
68		—	—	72.00	—	—	71.00	—	—	—	—	—	71.00	73.30	—	75.30	64.90
69		28.20	34.30	33.60	28.50	31.60	36.20	27.80	—	—	29.80	—	36.20	35.80	32.80	34.70	30.40
70	L	—	—	62.00	—	—	63.70	—	—	—	—	58.50	69.40	62.20	—	73.00	65.00
	R	58.80	—	59.70	51.80	53.70	65.40	—	—	—	—	—	65.80	61.80	62.00	68.30	63.50
71	L	—	—	40.00	—	—	40.00	—	—	—	—	42.20	45.10	41.20	—	45.10	41.30
	R	40.00	—	—	36.40	40.50	41.40	—	—	—	—	—	46.00	41.80	41.60	47.60	45.00
71a	L	32.50	—	35.50	—	29.20	36.00	32.70	32.60	32.00	36.10	36.00	31.40	34.50	35.60	33.80	34.90
	R	34.20	—	36.60	31.60	31.40	37.00	32.70	33.50	—	36.50	37.60	32.80	33.80	36.60	35.00	40.00
MBHI	L	23.70	29.80	30.30	24.30	28.20	30.00	27.50	29.20	27.60	25.80	28.20	32.20	31.50	29.60	29.70	28.20
	R	26.40	27.90	32.30	25.00	25.80	29.00	28.60	29.10	29.50	26.40	30.80	29.50	33.70	29.80	32.00	28.40
MBTI	L	16.40	17.00	17.70	15.80	13.10	17.00	15.80	17.10	15.70	17.00	17.70	14.60	15.70	17.00	13.00	17.20
	R	16.00	16.30	17.60	15.20	16.20	17.80	17.00	17.00	14.70	18.00	18.20	15.50	17.00	17.40	13.00	18.60
Bimen.bogen		54.00	58.00	62.00	56.00	53.00	55.00	56.00	56.00	59.00	55.00	58.00	57.00	56.00	55.00	63.00	55.00

续表

马丁号		M477	M482	M488	M521	M522	M523	例数	最大值	最小值	平均值	标准差	变异系数
79		124.00	124.00	—	116.00	—	122.00	30	133.00	114.00	123.17	4.68	3.80
65		126.00	121.00	—	119.30	—	116.90	36	132.70	96.10	116.48	7.82	6.71
66		104.80	99.30	90.80	96.00	78.80	94.00	53	110.00	78.80	93.82	7.05	7.51
67		51.40	49.00	46.30	49.60	41.70	45.00	86	52.60	41.70	47.65	2.37	4.98
68（1）		101.80	104.00	—	96.00	—	93.80	30	107.90	87.00	98.77	4.63	4.69
68		70.00	72.70	—	73.30	—	66.70	30	79.50	60.80	70.93	4.61	6.49
69		32.20	34.00	29.50	32.60	—	29.60	70	37.30	23.80	31.93	2.84	8.88
70	L	63.30	63.70	—	62.20	—	57.70	40	73.00	51.50	60.61	4.38	7.23
70	R	63.60	62.40	—	62.80	60.60	58.20	43	68.30	51.80	60.29	3.50	5.81
71	L	46.60	46.40	—	42.80	—	37.00	39	47.00	35.30	42.25	2.93	6.93
71	R	44.50	47.00	—	43.60	42.80	39.40	41	48.90	36.20	42.93	2.92	6.79
71a	L	35.00	38.00	30.50	33.60	32.30	34.00	79	41.50	29.20	34.70	2.33	6.70
71a	R	32.00	37.50	29.80	35.30	34.30	34.60	77	41.50	29.80	35.06	2.46	7.02
MBHI	L	28.80	27.70	27.40	28.30	—	28.40	84	34.60	20.20	28.54	2.62	9.19
MBHI	R	29.00	27.80	27.30	30.20	24.80	30.30	85	37.10	22.00	28.70	2.71	9.45
MBTI	L	15.50	17.50	15.20	14.70	—	15.50	85	18.30	12.20	15.75	1.44	9.17
MBTI	R	17.20	18.00	16.60	15.20	13.00	17.80	86	19.00	13.00	16.24	1.54	9.48
Bimen.bogen		61.00	57.00	57.00	61.00	53.00	52.00	86	65.00	50.00	56.78	3.02	5.31

附表七　下靳墓地肱骨个体测量表（男性）

（长度：毫米；角度：度）

项目＼墓号		M171	M259	M277	M313	M366	M392	平均值	标准差	最大值	最小值	例数
最大长	L	299.00	274.00	—	—	304.00	—	292.33	16.07	304.00	274.00	3
	R	—	—	342.00	306.00	—	310.00	319.33	19.73	342.00	306.00	3
全长	L	297.00	272.00	—	—	298.00	—	289.00	14.73	298.00	272.00	3
	R	—	—	340.00	304.00	—	307.00	317.00	19.97	340.00	304.00	3
中部最大径	L	21.50	21.80	—	—	22.90	—	22.07	0.74	22.90	21.50	3
	R	—	—	24.90	23.00	—	24.50	24.13	1.00	24.90	23.00	3
中部最小径	L	15.60	15.70	—	—	17.40	—	16.23	1.01	17.40	15.60	3
	R	—	—	19.10	18.00	—	16.90	18.00	1.10	19.10	16.90	3
体中部横径	L	19.50	17.40	—	—	20.50	—	19.13	1.58	20.50	17.40	3
	R	—	—	21.60	20.40	—	22.40	21.47	1.01	21.60	20.40	3
体中部矢径	L	20.80	21.30	—	—	22.30	—	21.47	0.76	22.30	20.80	3
	R	—	—	24.80	22.60	—	22.80	23.40	1.22	24.80	22.60	3
下端宽	L	59.00	54.00	—	—	59.00	—	57.33	2.89	59.00	54.00	3
	R	—	—	66.00	64.00	—	60.00	63.33	3.06	66.00	60.00	3
头纵径	L	40.90	39.70	—	—	45.50	—	42.03	3.06	45.50	39.70	3
	R	—	—	48.00	46.60	—	44.80	46.47	1.60	48.00	44.80	3
头横径	L	37.60	36.80	—	—	39.30	—	37.90	1.28	39.30	36.80	3
	R	—	—	45.60	42.30	—	39.60	42.50	3.00	45.60	39.60	3
体最小周长	L	56.00	60.00	—	—	63.00	—	59.67	3.51	63.00	56.00	3
	R	—	—	68.00	63.00	—	63.00	64.67	2.89	68.00	63.00	3
头周长	L	124.00	121.00	—	—	130.00	—	125.00	4.58	130.00	121.00	3
	R	—	—	145.00	138.00	—	125.00	136.00	10.15	145.00	125.00	3
髁干角	L	94.00	96.00	—	—	97.00	—	95.67	1.53	97.00	94.00	3
	R	—	—	91.00	91.00	—	98.00	93.33	4.04	91.00	91.00	3
骨干横断面指数	L	72.56	72.02	—	—	75.98	—	73.52	2.15	75.98	72.02	3
	R	—	—	76.71	78.26	—	68.98	74.65	4.97	78.26	68.98	3
肱骨粗壮指数	L	18.73	21.90	—	—	20.72	—	20.45	1.60	21.90	18.73	3
	R	—	—	19.88	20.59	—	20.32	20.26	0.36	20.59	19.88	3

附表八 下靳墓地肱骨个体测量表（女性）

（长度：毫米；角度：度）

项目	墓号	M420	M477	M322	平均值	标准差	最大值	最小值	例数
最大长	L	—	322.00	306.00	314.00	11.31	322.00	306.00	2
	R	275.00	—	—	275.00	—	275.00	275.00	1
全长	L	—	317.00	303.00	310.00	9.90	317.00	303.00	2
	R	272.00	—	—	272.00	—	272.00	272.00	1
中部最大径	L	—	24.20	22.50	23.35	1.20	24.20	22.50	2
	R	20.80	—	—	20.80		20.80	20.80	1
中部最小径	L	—	16.60	15.40	16.00	0.85	16.60	15.40	2
	R	15.50	—	—	15.50	—	15.50	15.50	1
体中部横径	L	—	21.10	20.40	20.75	0.49	21.10	20.40	2
	R	17.20	—	—	17.20	—	17.20	17.20	1
体中部矢径	L	—	22.00	19.20	20.60	1.98	22.00	19.20	2
	R	20.20	—	—	20.20	—	20.20	20.20	1
下端宽	L	—	61.00	58.00	59.50	2.12	61.00	58.00	2
	R	—	—	—	—	—	—	—	—
头纵径	L	—	49.00	43.70	46.35	3.75	49.00	43.70	2
	R	38.80	—	—	38.80		38.80	38.80	1
头横径	L	—	42.00	37.30	39.65	3.32	42.00	37.30	2
	R	—	—	—	—	—	—	—	—
体最小周长	L	—	62.00	56.00	59.00	4.24	62.00	56.00	2
	R	56.00	—	—	56.00	—	56.00	56.00	1
头周长	L	—	145.00	128.00	136.50	12.02	145.00	128.00	2
	R	—	—	—	—	—	0.00	0.00	0
髁干角	L	—	98.00	96.00	97.00	1.41	98.00	96.00	2
	R	97.00	—	—	97.00		97.00	97.00	1
骨干横断面指数	L	—	78.67	68.44	73.56	7.23	78.67	68.44	2
	R	74.52	—	—	74.52		74.52	74.52	1
肱骨粗壮指数	L	—	19.25	18.30	18.78	0.67	19.25	18.30	2
	R	20.36	—	—	20.36		20.36	20.36	1

附表九　下靳墓地尺骨个体测量表（男性）

（长度：毫米）

项目 \ 墓号		M016	M251	平均值	标准差	最大值	最小值	例数
最大长	L	256.00	255.00	255.50	0.71	256.00	255.00	2
	R	—	—	—	—	—	—	—
生理长	L	223.00	224.50	223.75	1.06	224.50	223.00	2
	R	—	—	—	—	—	—	—
骨干矢径	L	13.40	13.60	13.50	0.14	13.60	13.40	2
	R	—	—	—	—	—	—	—
骨干横径	L	15.60	17.90	16.75	1.63	17.90	15.60	2
	R	—	—	—	—	—	—	—
骨干断面指数	L	85.90	75.98	80.94	7.01	85.90	75.98	2
	R	—	—	—	—	—	—	—

附表一〇　下靳墓地尺骨个体测量表（女性）

（长度：毫米）

项目 \ 墓号		M172	M204	M257	M428	M477	平均值	标准差	最大值	最小值	例数
最大长	L	—	—	—	—	—	—	—	—	—	—
	R	238.00	240.00	261.00	275.00	270.00	256.80	17.02	275.00	238.00	5
生理长	L	—	—	—	—	—	—	—	—	—	—
	R	206.00	212.00	234.00	239.00	235.50	225.30	15.14	239.00	206.00	5
骨干矢径	L	—	—	—	—	—	—	—	—	—	—
	R	12.60	12.30	13.20	15.00	13.40	13.30	1.05	15.00	12.30	5
骨干横径	L	—	—	—	—	—	—	—	—	—	—
	R	15.20	15.60	15.70	17.10	16.00	15.92	0.72	17.10	15.20	5
骨干断面指数	L	—	—	—	—	—	—	—	—	—	—
	R	82.89	78.85	84.08	87.72	83.75	83.46	3.17	87.72	78.85	5

附表一一　下靳墓地桡骨个体测量表（男性）

（长度：毫米）

项目 \ 墓号		M005	M016	M171	M311	M359	M366	M393	平均值	标准差	最大值	最小值	例数
最大长	L	—	—	—	—	—	—	—	—	—	—	—	—
	R	221.00	236.00	237.00	238.00	224.00	238.00	237.00	233.00	7.26	238.00	221.00	7

续表

项目 ＼ 墓号		M005	M016	M171	M311	M359	M366	M393	平均值	标准差	最大值	最小值	例数
生理长	L	—	—	—	—	—	—	—	—	—	—	—	—
	R	212.00	224.00	223.50	228.00	212.00	224.00	225.50	221.29	6.52	228.00	212.00	7
骨干最小周长	L	—	—	—	—	—	—	—	—	—	—	—	—
	R	41.00	42.00	38.00	43.00	40.00	42.00	42.00	41.14	1.68	43.00	38.00	7
骨干矢径	L	—	—	—	—	—	—	—	—	—	—	—	—
	R	11.20	12.00	10.90	11.50	11.20	12.10	12.70	11.66	0.63	12.70	10.90	7
骨干横径	L	—	—	—	—	—	—	—	—	—	—	—	—
	R	16.20	14.30	13.60	16.00	14.60	15.90	14.70	15.04	0.99	16.20	13.60	7
桡骨长厚指数	L	—	—	—	—	—	—	—	—	—	—	—	—
	R	19.34	18.75	17.00	18.86	18.87	18.75	18.63	18.60	0.74	19.34	17.00	7
骨干断面指数	L	—	—	—	—	—	—	—	—	—	—	—	—
	R	69.14	83.92	80.15	71.88	76.71	76.10	86.39	77.76	6.20	86.39	69.14	7

附表一二 下靳墓地桡骨个体测量表（女性）

（长度：毫米）

项目 ＼ 墓号		M030	M231	M281	M321	M365	平均值	标准差	最大值	最小值	例数
最大长	L	226.00	—	—	233.00	—	229.50	4.95	233.00	226.00	2
	R	—	226.00	194.00	—	264.00	228.00	35.04	264.00	194.00	3
生理长	L	216.00	—	—	218.00	—	217.00	1.41	218.00	216.00	2
	R	—	212.00	183.00	—	252.00	215.67	34.65	252.00	183.00	3
骨干最小周长	L	38.00	—	—	45.00	—	41.50	4.95	45.00	38.00	2
	R	—	43.00	38.00	—	41.00	40.67	2.52	43.00	38.00	3
骨干矢径	L	10.80	—	—	12.50	—	11.65	1.20	12.50	10.80	2
	R	—	11.20	9.10	—	12.80	11.03	1.86	12.80	9.10	3
骨干横径	L	14.20	—	—	15.80	—	15.00	1.13	15.80	14.20	2
	R	—	15.50	15.10	—	16.30	15.63	0.61	16.30	15.10	3
长厚指数	L	17.59	—	—	20.64	—	19.12	2.16	20.64	17.59	2
	R	—	20.28	20.77	—	16.27	19.11	2.47	20.77	16.27	3
骨干断面指数	L	76.06	—	—	79.11	—	77.59	2.16	79.11	76.06	2
	R	—	72.26	60.26	—	78.53	70.35	9.28	78.53	60.26	3

附表一三　下靳墓地股骨个体测量表（男性）

（长度：毫米；角度：度）

项目 \ 墓号		M251	M274	M366	M383	M392	M426	平均值	标准差	最大值	最小值	例数
最大长	L	—	—	—	—	440.00	—	440.00	—	440.00	440.00	1
	R	435.00	436.00	430.00	410.00	—	480.00	438.20	25.62	480.00	410.00	5
全长	L	—	—	—	—	437.00	—	437.00	—	437.00	437.00	1
	R	428.00	432.00	424.00	405.00	—	476.00	433.00	26.17	476.00	405.00	5
体上部矢径	L	—	—	—	—	27.50	—	27.50	—	27.50	27.50	1
	R	27.20	25.80	35.60	24.40	—	27.50	28.10	4.37	35.60	24.40	5
体上部横径	L	—	—	—	—	34.30	—	34.30	—	34.30	34.30	1
	R	33.80	34.80	25.20	31.00	—	38.60	32.68	4.99	38.60	25.20	5
体中部矢径	L	—	—	—	—	31.40	—	31.40	—	31.40	31.40	1
	R	26.90	27.30	30.50	27.80	—	28.50	28.20	1.42	30.50	26.90	5
体中部横径	L	—	—	—	—	26.50	—	26.50	—	26.50	26.50	1
	R	29.60	25.40	27.10	25.00	—	30.20	27.46	2.37	30.20	25.00	5
体中部周长	L	—	—	—	—	93.00	—	93.00	—	93.00	93.00	1
	L	88.00	83.00	91.00	82.00	—	93.00	87.40	4.83	93.00	82.00	5
颈高	R	—	—	—	—	36.30	—	36.30	—	36.30	36.30	1
	L	32.60	33.30	35.20	28.60	—	40.60	34.06	4.38	40.60	28.60	5
颈矢径	R	—	—	—	—	28.10	—	28.10	—	28.10	28.10	1
	L	29.70	23.00	24.00	23.50	—	33.50	26.74	4.65	33.50	23.00	5
头最大长	R	—	—	—	—	45.70	—	45.70	—	45.70	45.70	1
	L	48.00	47.50	44.40	41.60	—	54.30	47.16	4.75	54.30	41.60	5
头周长	R	—	—	—	—	145.00	—	145.00	—	145.00	145.00	1
	L	152.00	150.00	140.00	133.00	—	172.00	149.40	14.79	172.00	133.00	5
下部最小矢径	R	—	—	—	—	33.40	—	33.40	—	33.40	33.40	1
	L	28.00	29.00	32.30	29.60	—	36.40	31.06	3.38	36.40	28.00	5
下部横径	R	—	—	—	—	40.60	—	40.60	—	40.60	40.60	1
	L	37.80	35.70	44.20	36.30	—	50.20	40.84	6.23	50.20	35.70	5
上髁宽	R	—	—	—	—	—	—	—	—	0.00	0.00	0
	L	—	—	—	—	—	—	—	—	0.00	0.00	0

项目 \ 墓号		M251	M274	M366	M383	M392	M426	平均值	标准差	最大值	最小值	例数
外侧髁长	R	—	—	—	—	61.10	—	61.10	—	61.10	61.10	1
	L	60.80	63.30	59.70	57.50	—	65.50	61.36	3.12	65.50	57.50	5
内侧髁长	R	—	—	—	—	61.90	—	61.90	—	61.90	61.90	1
	L	62.00	61.10	57.20	—	—	69.70	62.50	5.23	69.70	57.20	4
颈干角	R	—	—	—	—	129.00	—	129.00	—	129.00	129.00	1
	L	128.00	129.00	127.00	126.00	—	130.00	128.00	1.58	130.00	126.00	5
髁干角	R	—	—	—	—	100.00	—	100.00	—	100.00	100.00	1
	L	103.00	100.00	99.00	101.00	—	97.00	100.00	2.24	103.00	97.00	5
股骨长厚指数	R	—	—	—	—	21.28	—	21.28	—	21.28	21.28	1
	L	20.56	19.21	21.46	20.25	—	19.54	20.20	0.89	21.46	19.21	5
股骨粗壮指数	R	—	—	—	—	13.25	—	13.25	—	13.25	13.25	1
	L	13.20	12.20	13.58	13.04	—	12.33	12.87	0.59	13.58	12.20	5
股骨扁平指数	R	—	—	—	—	80.17	—	80.17	—	80.17	80.17	1
	L	80.47	74.14	141.27	78.71	—	71.24	89.17	29.36	141.27	71.24	5
股骨嵴指数	R	—	—	—	—	118.49	—	118.49	—	118.49	118.49	1
	L	90.88	107.48	112.55	111.20	—	94.37	103.30	9.99	112.55	90.88	5

附表一四　下靳墓地股骨个体测量表（女性）

（长度：毫米；角度：度）

项目 \ 墓号		M285	M322	平均值	标准差	最大值	最小值	例 数
最大长	R	420.00	439.00	429.50	13.44	439.00	420.00	3
	L	—	—	—	—	—	—	—
全长	R	413.00	435.00	424.00	15.56	435.00	413.00	3
	L	—	—	—	—	—	—	—
体上部矢径	R	25.60	25.20	25.40	0.28	25.60	25.20	3
	L	—	—	—	—	—	—	—
体上部横径	R	33.60	33.50	33.55	0.07	33.60	33.50	3
	L	—	—	—	—	—	—	—

续表

项目	墓号		M285	M322	平均值	标准差	最大值	最小值	例　数
体中部矢径		R	26.90	26.80	26.85	0.07	26.90	26.80	3
		L	—	—	—	—	—	—	—
体中部横径		R	25.90	27.40	26.65	1.06	27.40	25.90	3
		L	—	—	—	—	—	—	—
体中部周长		R	83.00	83.00	83.00	0.00	83.00	83.00	3
		L	—	—	—	—	—	—	—
颈高		R	33.00	35.00	34.00	1.41	35.00	33.00	3
		L	—	—	—	—	—	—	—
颈矢径		R	26.50	25.40	25.95	0.78	26.50	25.40	3
		L	—	—	—	—	—	—	—
头最大长		R	44.70	46.80	45.75	1.48	46.80	44.70	3
		L	—	—	—	—	—	—	—
头周长		R	141.00	147.00	144.00	4.24	147.00	141.00	3
		L	—	—	—	—	—	—	—
下部最小矢径		R	29.30	30.60	29.95	0.92	30.60	29.30	3
		L	—	—	—	—	—	—	—
下部横径		R	39.00	40.80	39.90	1.27	40.80	39.00	3
		L	—	—	—	—	—	—	—
上髁宽		R	75.00	—	75.00	#DIV/0!	75.00	75.00	2
		L	—	—	—	—	—	—	—
外侧髁长		R	57.40	58.50	57.95	0.78	58.50	57.40	3
		L	—	—	—	—	—	—	—
内侧髁长		R	59.60	57.70	58.65	1.34	59.60	57.70	3
		L	—	—	—	—	0.00	—	0
颈干角		R	133.00	127.00	130.00	4.24	133.00	127.00	3
		L	—	—	—	—	—	—	—
髁干角		R	102.00	101.00	101.50	0.71	102.00	101.00	3
		L	—	—	—	—	—	—	—
股骨长厚指数		R	20.10	19.08	19.59	0.72	20.10	19.08	3
		L	—	—	—	—	—	—	—

项目＼墓号		M285	M322	平均值	标准差	最大值	最小值	例 数
股骨粗壮指数	R	12.78	12.46	12.62	0.23	12.78	12.46	3
	L	—	—	—	—	—	—	—
股骨扁平指数	R	76.19	75.22	75.71	0.69	76.19	75.22	3
	L	—	—	—	—	—	—	—
股骨嵴指数	R	103.86	97.81	100.84	4.28	103.86	97.81	3
	L	—	—	—	—	—	—	—

附表一五　下靳墓地胫骨个体测量表（男性）

项目＼墓号		M058	M083	M241	M274	M277	M300	M326	平均值	标准差	最大值	最小值	例数
最大长	R	395.00	—	—	362.00	—	—	—	378.50	23.33	395.00	362.00	2
	L	—	365.00	374.00	360.00	390.00	396.00	362.00	374.50	15.23	396.00	360.00	6
全长	R	394.00	—	—	361.00	—	—	—	377.50	23.33	394.00	361.00	2
	L	—	364.00	372.00	359.00	389.00	393.00	358.00	372.50	15.22	393.00	358.00	6
体中部横径	R	21.40	—	—	21.10	—	—	—	21.25	0.21	21.40	21.10	2
	L	—	20.00	21.50	21.70	25.20	24.60	23.80	22.80	2.04	25.20	20.00	6
体中部最大径	R	31.80	—	—	30.60	—	—	—	31.20	0.85	31.80	30.60	2
	L	—	28.40	30.70	30.80	34.10	34.80	35.90	32.45	2.91	35.90	28.40	6
下段矢径	R	39.40	—	—	36.00	—	—	—	37.70	2.40	39.40	36.00	2
	L	—	36.30	38.00	36.00	41.80	37.50	—	37.92	2.32	41.80	36.00	5
下段宽	R	52.00	—	—	48.00	—	—	—	50.00	2.83	52.00	48.00	2
	L	—	48.00	—	47.00	54.00	51.00	—	50.00	3.16	54.00	47.00	4
滋养孔处矢径	R	34.00	—	—	32.40	—	—	—	33.20	1.13	34.00	32.40	2
	L	—	32.00	31.00	33.20	40.80	42.00	39.20	36.37	4.84	42.00	31.00	6
滋养孔处横径	R	23.00	—	—	24.80	—	—	—	23.90	1.27	24.80	23.00	2
	L	—	20.90	21.60	25.70	29.50	29.40	25.00	25.35	3.68	29.50	20.90	6
体最小周长	R	74.00	—	—	73.00	—	—	—	73.50	0.71	74.00	73.00	2
	L	—	68.00	71.00	74.00	85.00	83.00	82.00	77.17	7.08	85.00	68.00	6

第二节　人类牙釉质锶氧碳同位素分析

一、研究背景

临汾下靳墓地出土的人骨是研究陶寺文化人类体质特征、基因谱系、饮食结构、迁徙活动的重要资料。

人类牙釉质中保存了个体幼年摄入食物的锶、氧和碳等同位素信息,且能有效抵御后期埋藏过程中的成岩污染,是研究人类个体出生地域和幼年饮食的最佳材料[1]。锶同位素方法应用于古代人类迁徙研究的基本条件是各地区之间存在生物锶同位素的差异,且人体的锶同位素反映了生活地域的锶同位素特征[2]。锶同位素方法已经在中国古代人群迁移研究中有较多应用,取得了很多重要成果[3]。牙釉质氧同位素与幼年生活地域的气候环境有直接关系[4];牙釉质碳同位素反映了幼年的饮食状况[5]。在很多情况下,牙釉质的碳氧同位素也能反映人类的迁徙,对锶同位素分析具有印证和补充的作用[6]。

此前,赵春燕等先生对陶寺遗址中晚期部分人类的牙釉质进行了锶同位素分析,发现较高比例的人口并非陶寺本地人,这一结果对于认识陶寺文化中晚期的文化变迁具有重要意义[7]。但相对于陶寺、下靳、周家庄等遗址数量庞大的陶寺文化人骨来说,目前的数据量还不能全面揭示陶寺文化人口迁徙历史。而且之前的研究对象主要是灰坑、灰沟中的非正常死亡个体。对于排列

[1]　Koch, P. L., Tuross, N., Fogel, M., The effects of sample treatment and diagenesis on the isotopicintegrity of carbonate in biogenic hydroxylapatite, *Journal of Archaeological Science*, 1997, 24: 417～429.Budd, P., Montgomery, J., Barreiro, B., et al., Differential diagenesis of strontium in archaeological human dental tissues, *Applied Geochemistry*, 2000, 15: 687～694. Hillson, S., *Teeth*, Cambridge University Press, 2005.

[2]　Slovak, N. M., Paytan, A., Applications of sr isotopes in archaeology, *Handbook of Environmental Isotope Geochemistry*, Springer, Berlin, Heidelberg, 2012, pp.743～768.

[3]　尹若春、张居中、杨晓勇:《贾湖史前人类迁移行为的初步研究——锶同位素分析技术在考古学中的运用》,《第四纪研究》2008年第1期。Zhang, X. X., Burton, J. H., Jin, Z. Y., et al., Isotope studies of human remains from Mayutian, Yunnan province, China, *Journal of Archaeological Science*, 2014, 50: 414～419.赵春燕、王明辉、叶茂林:《青海喇家遗址人类遗骸的锶同位素比值分析》,《人类学学报》2016年第2期。

[4]　White, C. D., Spence, M. W., Stuart-Williams, H. L. Q., Oxygen isotopes and the identification of geographical origins: the valley of oaxaca versus the valley of mexico, *Journal of Archaeological Science*, 1998, 25: 643～655.

[5]　Cerling, T. E., Manthi, F. K., Mbua, E. N., et al., Stable isotope-based diet reconstructions of Turkana Basin hominins, *Proceedings of the National Academy of Sciences of the United States of America*, 2013, 110(26): 10501～10506.

[6]　Wu, X. T., Hein, A., Zhang, X. X., et al., Rresettlement strategies and han imperial expansion into southwest China: a multimethod approach to colonialism and migration, *Archaeological and Anthropological Sciences*, 2019, 11: 6783～6783.吴晓桐、张兴香、李雍等:《新疆吐鲁番加依墓地人类迁徙与饮食结构分析》,《西域研究》2021年第3期。

[7]　赵春燕、何驽:《陶寺遗址中晚期出土部分人类牙釉质的锶同位素比值分析》,《第四纪研究》2014年第1期。

整齐的陶寺文化大型公共墓地而言,外来人口的比例和迁移规律尚不得而知。下靳墓地虽然等级低于陶寺早中期王族墓地,但仍然发现较多的中型贵族墓,随葬有大量的玉石器,表明下靳族群也是陶寺文化中一支重要的贵族势力[1]。类似于陶寺遗址,下靳墓地出土的玉石器等随葬品也反映出很多外来文化因素,尤其是与海岱地区大汶口—龙山文化联系密切[2]。因此。下靳墓地对于研究陶寺文化人口迁徙及其反映的文化交流和社会发展具有重要意义。在此背景下,本研究对下靳墓地出土部分人类的牙釉质开展了锶、碳、氧同位素分析。

二、样本与实验方法

本节对采集自下靳墓地的40例成年人类个体的牙齿进行同位素分析,分别为男性20例,女性20例。牙齿样本优先选择第一臼齿,在缺少第一臼齿的情况下选择第二臼齿。在这40例进行同位素分析的牙齿中再选取6例牙根保存较好的样本送至北京大学年代学实验室进行^{14}C年代测定。

牙齿样本经超声清洗至水质清澈,晾干后用牙钻打磨外表面,去除可见污染。将部分牙釉质从牙齿上切下,打磨、切除牙本质部分,镜下观察无污染物,称量约20 mg。骨骼样本同样取20 mg左右。牙釉质和骨骼样本用超纯水和优级纯稀醋酸反复超声清洗8次,后将样本置于稀醋酸中12小时。之后用超纯水洗净、晾干,牙釉质置于特氟龙溶样小瓶中。骨骼样本置入石英坩埚在马弗炉中灰化8小时,温度875摄氏度。灰化后的骨骼和牙釉质样本中加入0.5 ml 8N超纯硝酸热解12小时,蒸干后加入0.5 ml 3N超纯硝酸热解12小时,蒸干后再加入0.5 ml 3N超纯硝酸。然后将锶特效树脂加入离子交换柱中,用超纯水和超纯硝酸反复清洗后,加入样本,用3N硝酸络合锶元素,并去除其他元素,最后用超纯水提取样本中的锶元素。提取后锶溶液用中国科学技术大学中科院壳幔物质与环境重点实验室电感耦合等离子体质谱仪(ICP-MS)测定浓度,然后配成1 ml 250 ppm的锶溶液上机测试锶同位素比值。锶同位素比值测试仪器为中国科学技术大学金属稳定同位素实验室Neptune plus型多接收等离子体质谱仪(MC-ICP-MS),测得的数据用同样条件下重复测试的标准Sr-碳酸盐NBS987进行校正,其^{87}Sr/^{86}Sr平均值为0.710 248 ± 0.000 012(2sd,n=99)。

牙釉质样本经打磨和反复清洗后研磨成粉末,用MilliQ纯水和5%稀醋酸超声波各清洗3次,每次10分钟。置换新的稀醋酸,使样品在酸中静置12小时,去除成岩物质。粉末样本清洗蒸干后取5 mg左右置于顶空样品瓶中进行He气排空处理,后与70℃无水磷酸反应2小时,分离后的CO_2气体测定采用国家海洋局第三海洋研究所的气体同位素质谱仪Finnigan Delta V和GasBench自动进样系统分析牙釉质碳酸盐中的C、O同位素组成,并穿插测试IAEACO-1和IAEA-CO-8标准样品进行校正,δ^{18}O和δ^{13}C的精度分别为 ± 0.2‰和 ± 0.2‰。

[1] Wu, X. T., Zhang, X. X., Jin, Z. Y., et al., Strontium isotope analysis of Yangtze alligator remains from Late Neolithic North China. *Archaeological and Anthropological Sciences*, 2019, 11: 1049～1058.

[2] 宋建忠:《山西临汾下靳墓地玉石器分析》,《古代文明(第2卷)》,文物出版社,2003年,第121～137页。

三、研究结果

（一）锶同位素

下靳墓地人类个体牙釉质$^{87}Sr/^{86}Sr$比值范围是0.710 496～0.712 098,平均值为0.711 330±0.000 270(1sd,n=40)(图四二一)。其中,女性个体牙釉质$^{87}Sr/^{86}Sr$比值范围是0.710 496～0.712 098,平均值为0.711 340±0.000 306(1sd,n=20)。男性个体牙釉质$^{87}Sr/^{86}Sr$比值范围是0.711 046～0.711 901,平均值为0.711 320±0.000 237(1sd,n=20)。女性个体的$^{87}Sr/^{86}Sr$比值分布范围较男性更宽,变化更大。

下靳墓地地处临汾盆地汾河东岸的台地上,地表广布深厚的第四纪黄土。受到黄土中可溶性碳酸盐的制约,黄土高原及附近地区具有均匀的生物性$^{87}Sr/^{86}Sr$比值,各地的生物$^{87}Sr/^{86}Sr$比值范围差别较小,一般均处于0.711 0～0.712 0之间[1]。就单个遗址来说,$^{87}Sr/^{86}Sr$比值范围更为狭窄,陶寺遗址的范围大约是0.711 044～0.711 314[2],清凉寺墓地的范围大约是

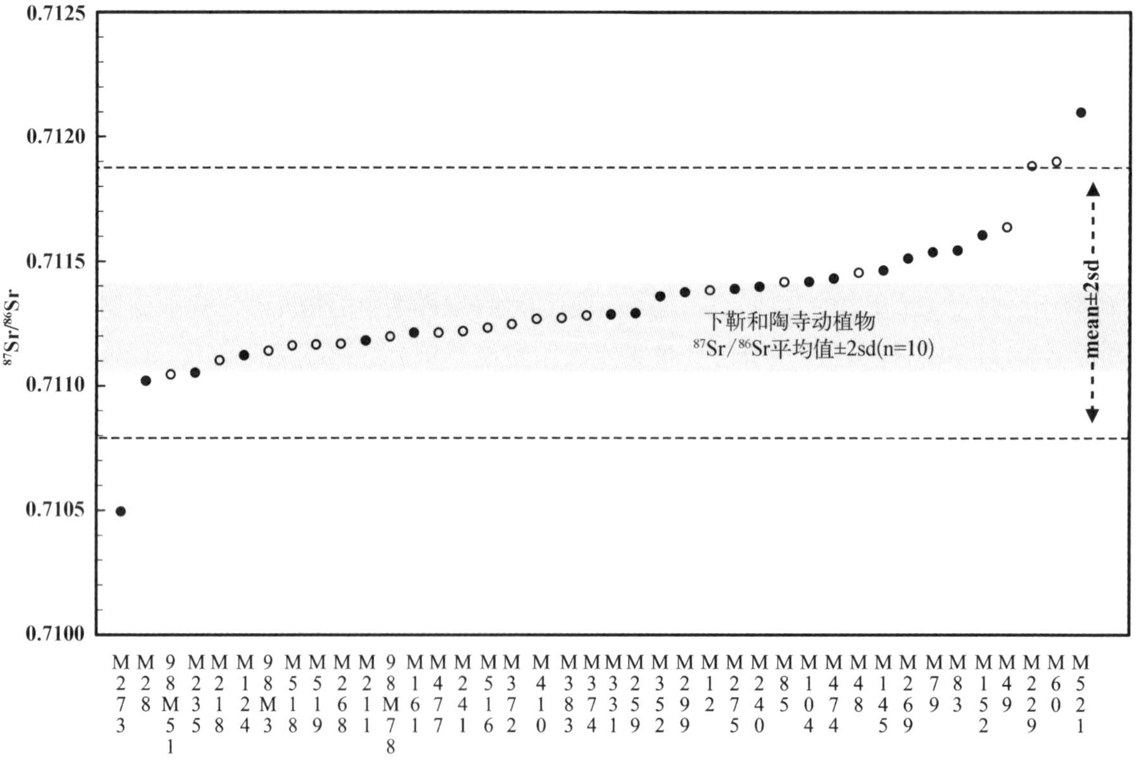

图四二一　下靳墓地人类牙釉质锶同位素比值

（空心圆圈代表男性,实心圆圈代表女性）

[1]　陈骏、仇纲、杨杰东:《黄土碳酸盐Sr同位素组成与原生和次生碳酸盐识别》,《自然科学进展》1997年第6期。Currell, M. J., Cartwright, I., Major-ion chemistry, $\delta^{13}C$ and $^{87}Sr/^{86}Sr$ as indicators of hydrochemical evolution and sources of salinity in groundwater in the Yuncheng basin, China, *Hydrogeology Journal*, 2011, 19: 835～850.

[2]　赵春燕等:《山西省襄汾县陶寺遗址出土动物牙釉质的锶同位素比值分析》,《第四纪研究》2011年第1期。

0.711 408～0.711 626[1]，石峁遗址的范围是0.711 067～0.711 303[2]。由于锶同位素背景的相近或重叠，利用锶同位素方法研究黄土高原内部不同地区之间的人口迁徙较为困难。比如，陶寺和石峁的$^{87}Sr/^{86}Sr$比值范围几乎重叠，单从锶同位素出发不可能研究二者之间的人群互动。但从另一个角度来说，大范围均匀的锶同位素背景也为研究跨地域的人群迁徙提供了基础条件。如果在遗址中发现了某个个体的$^{87}Sr/^{86}Sr$比值超出了本地区的锶同位素背景，则可判断该个体属于远距离移民。

下靳墓地的人类牙釉质$^{87}Sr/^{86}Sr$平均值为0.711 330，与黄土高原的生物锶同位素背景相符，据此可以判断下靳墓地中绝大部分人应当是本地或黄土高原内部的人口。2例个体（M273和M521）的牙釉质$^{87}Sr/^{86}Sr$比值分别为0.710 496和0.712 098，超出了黄土高原的生物锶同位素背景，可以确定来自较远地区。

一般来说，对于布局严整，数量庞大和延续时间较长的大型墓地而言，人群较为稳定，主体应为本聚落或附近聚落出生的人口。利用40例下靳人类牙釉质$^{87}Sr/^{86}Sr$平均值加减二倍标准偏差得到一个相对的本地范围0.710 788～0.711 871 04。有4例个体超出了这一范围，分别是M273、M521、M229和M60（见图四二一）。这其中除了2例已经超出黄土高原锶同位素背景的个体（M273和M521）外，还有2例个体（M229和M60）稍高于上限，基本上可以判断他们也是外来人口。

由于未采集到下靳遗址出土的古代动物遗骸，所以我们难以利用小动物或者家养动物来评估下靳当地的生物锶同位素背景。为了解决这一问题，本研究在下靳遗址及周边黄土中五个地点采集了5例现代植物样本。经分析，5例植物的$^{87}Sr/^{86}Sr$比值较为集中，范围是0.711 235～0.711 356，平均值为0.711 299±0.000 044（1sd，n=5）。植物的$^{87}Sr/^{86}Sr$比值符合黄土可溶性碳酸盐的锶同位素特征，并且与下靳墓地人类牙釉质的平均值非常接近。但是利用植物样本的平均值加减二倍标准偏差得到的范围0.711 212～0.711 387非常狭窄，在此范围内的个体仅13例。如果将剩余27例个体都判断为外地人显然不符合考古背景。因为还有相当一部分个体的$^{87}Sr/^{86}Sr$比值都在此范围上下分布，差别很小。

陶寺遗址距离下靳墓地仅20余公里，二者处于相同的地质环境，锶同位素不会存在很大差异。陶寺遗址5例猪牙确定的当地范围大约是0.711 044～0.711 314，与下靳植物十分接近且有所重合。将下靳植物和陶寺动物结合起来能更为合理地表征这一区域的生物锶同位素背景。经过统计，下靳和陶寺遗址植物和猪牙的$^{87}Sr/^{86}Sr$平均值为0.711 239±0.000 086（1sd，n=10），由此计算出当地的生物$^{87}Sr/^{86}Sr$比值范围是0.711 066～0.711 412（见图四二一）。以此为标准，下靳共有17例个体超出此范围，其中女性11例，男性6例。上文提到，下靳女性的$^{87}Sr/^{86}Sr$比值变化幅度要大于男性，表明下靳女性的移动性更强。因此，利用动植物确定的本地生物锶同位素背景和人类牙釉质$^{87}Sr/^{86}Sr$比值变化规律之间能相互印证。即使这17例个体中

---

[1] 山西省考古研究所等：《清凉寺史前墓地》，文物出版社，2016年，第538～543页。
[2] 赵春燕等：《陕西石峁遗址后阳湾地点出土动物牙釉质的锶同位素比值分析》，《考古与文物》2016年第4期。

有15例的 $^{87}Sr/^{86}Sr$ 比值仍然处于黄土高原生物锶同位素范围内，可能代表了他们的来源地不会太远，但可以确定在下靳墓地中女性占据了外来人口的大多数，而且2例远距离移民都是女性个体。

（二）碳同位素

牙釉质碳同位素反映了人类幼年的饮食状况。下靳人类牙釉质 $\delta^{13}C$ 值的范围是 $-4.5\sim-0.7‰$，平均值为 $-1.75\pm0.78‰$（1sd，n=40）（图四二二）。整体来看，下靳当地饮食以 C_4 食物为主。植物考古研究显示，陶寺文化的栽培作物以粟和黍为主，水稻占比极低[1]。陶寺遗址人骨和家养动物骨骼的碳氮稳定同位素分析同样显示陶寺先民以 C_4 植物为主食[2]。下靳墓地人类牙釉质的碳同位素特征与以往的发现基本一致，从饮食特征角度说明下靳墓地以本地人为主。

我们用下靳人类牙釉质 $\delta^{13}C$ 平均值加减二倍标准偏差得到下靳本地的 $\delta^{13}C$ 值相对范围是 $-3.31\sim-0.19‰$。值得注意的是，M83和M124两例女性个体的 $\delta^{13}C$ 值明显低于此范围，分别为

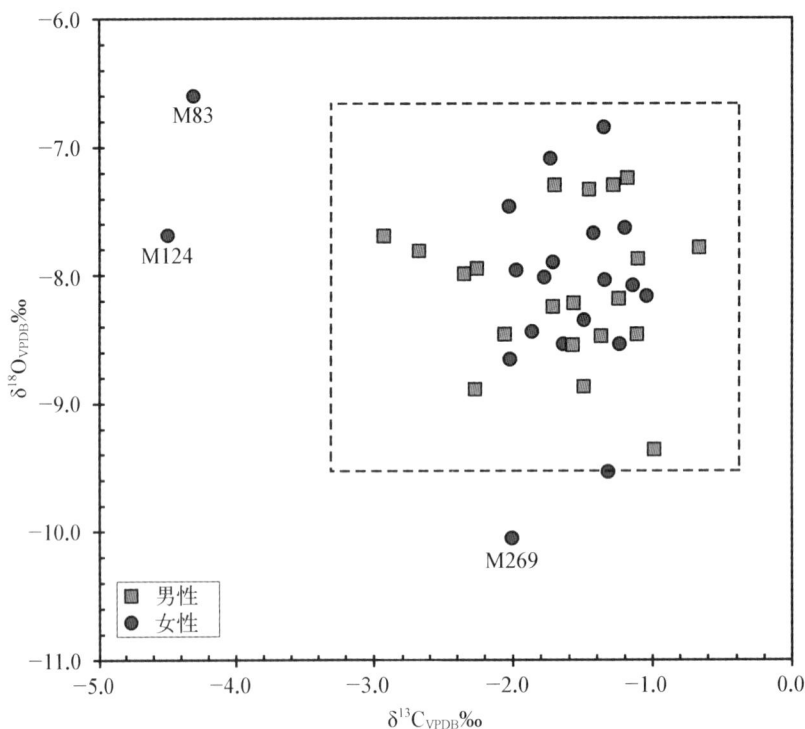

图四二二　下靳人类牙釉质碳氧稳定同位素值散点图

［1］ 赵志军、何驽：《陶寺城址2002年度浮选结果及分析》，《考古》2006年第5期。
［2］ 张雪莲等：《二里头遗址、陶寺遗址部分人骨碳十三、氮十五分析》，《科技考古（第二辑）》，科学出版社，2007年。陈相龙、袁靖、胡耀武等：《陶寺遗址家畜饲养策略初探：来自碳、氮稳定同位素的证据》，《考古》2012年第9期。

−4.3‰和−4.5‰,根据羟基磷灰石δ^{13}C值相对比食物富集10‰来计算[1],这两例个体幼年的饮食中含有一定量的C$_3$食物,属于C$_3$/C$_4$混合饮食类型。虽然晋南地区在龙山时代存在一些水稻种植,但比例很低,不足以改变人体的同位素组成。况且这2例个体的δ^{13}C值明显偏离了主体人群,说明她们幼年饮食的差异更可能是生活地域差异造成的。因此,我们据此判断M83和M124两例女性个体属于外来人口。

(三)氧同位素

氧同位素是另一种与生活地域直接相关的同位素"指纹"。温度、海拔和距海距离等环境因素制约了一个地区的氧同位素特征[2]。一般来说,纬度越低、海拔越低、距海越近则δ^{18}O值约高。下靳40例人类个体牙釉质碳酸盐的δ^{18}O值的范围是−10.1～−6.6‰,平均值为−8.09±0.71‰(1sd,n=40)(图四二二)。平均值加减二倍标准偏差得到下靳当地人类牙釉质碳酸盐的δ^{18}O值的范围是−9.51～−6.67‰。M83和M269两例女性个体的δ^{18}O值超出了此范围,分别为−6.6‰和−10.1‰。值得注意的是,M83的^{87}Sr/^{86}Sr、δ^{18}O和δ^{13}C值都超出了本地范围;M269的δ^{18}O值明显低于本地人群,且^{87}Sr/^{86}Sr也高于当地动植物的锶同位素比值范围。因此,多种同位素指标综合都证明M269和M83两例女性个体属于外来移民。

四、讨论

综合锶碳氧三种同位素分析结果,下靳墓地40例人类个体中可能有18例出生在遗址以外地区,其中12例为女性,6例为男性。虽然本地人仍然占据多数,但外来人口所占比例达到45%,表明陶寺文化早期人口来源的复杂性。在外来人口中女性占大多数,60%的女性来自外地,而男性则以本地人为主。即使考虑到目前所确定的下靳本地锶同位素范围可能偏窄,仍然可以肯定女性是外来移民的主体,而且她们之中至少有5例个体是跨地域迁徙到下靳地区的(图四二三)。

M273和M521的^{87}Sr/^{86}Sr比值不仅超出了下靳和陶寺动植物的锶同位素范围,而且已经超出了黄土高原和黄河中游地区的生物锶同位素背景。M521的^{87}Sr/^{86}Sr比值与伊洛地区的二里头遗址[3],南阳盆地的下王岗遗址[4]、淮河上游地区的瓦店[5]、贾湖遗址[6]和鲁中南地区尹家城遗

[1] Passey B. H., Robinson T. F., Ayliffe L.K., Cerling T. E., Sponheimer M., Dearing M. D., Roeder B. L., Ehleringer J. R., Carbon isotope fractionation between diet,breath, CO$_2$, and bioapatite in different mammals, *Journal of Archaeological Science*, 2005, 32: 1459～1470.

[2] Wu, X. T., Zhang, X. X., Jin, Z. Y., et al., Strontium isotope analysis of Yangtze alligator remains from Late Neolithic North China. *Archaeological and Anthropological Sciences*, 2019, 11: 1049～1058.

[3] 赵春燕等:《二里头遗址出土动物来源初探——根据牙釉质的锶同位素比值分析》,《考古》2011年第7期。

[4] 中国社会科学院考古研究所:《淅川下王岗:2008～2010年考古发掘报告》,科学出版社,第603～607页。

[5] 赵春燕等:《河南禹州市瓦店遗址出土动物遗存的元素和锶同位素比值分析》,《考古》2012年第11期。

[6] 尹若春、张居中、杨晓勇:《贾湖史前人类迁移行为的初步研究——锶同位素分析技术在考古学中的运用》,《第四纪研究》2008年第1期。

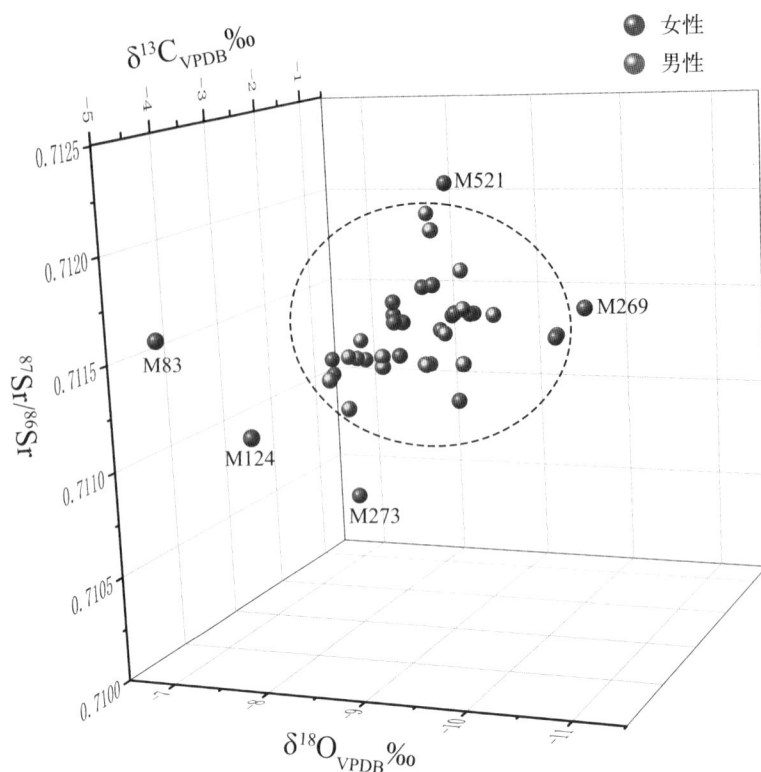

图四二三　下靳墓地人类牙釉质锶、碳、氧同位素比值散点图

址[1]的生物锶同位素背景较为接近，这些遗址的$^{87}Sr/^{86}Sr$比值基本上处于0.712 0以上。M273的$^{87}Sr/^{86}Sr$比值较低，更接近海洋的$^{87}Sr/^{86}Sr$比值（大约为0.709 2），属于海洋和陆地的混合特征，在东部沿海地区较为常见[2]。

　　M83和M124的幼年饮食属于C_3/C_4混合饮食，表明她们既食用粟黍也摄入水稻。龙山时代的稻粟混作区主要分布于山东、河南和皖北地区[3]。已有的研究发现日照两城镇[4]、滕州西公桥[5]、

[1]　Wu, X. T., Zhang, X. X., Jin, Z. Y., et al., Strontium isotope analysis of Yangtze alligator remains from Late Neolithic North China. *Archaeological and Anthropological Sciences*, 2019, 11: 1049 ～ 1058.

[2]　赵春燕、吕鹏、袁靖等：《大连市广鹿岛小珠山遗址出土动物遗骸的锶同位素比值分析》，《考古》2021年第7期。浙江省文物考古研究所、嘉兴博物馆：《马家浜》，文物出版社，第263 ～ 264页；HaoMing Yin, Fang Huang, Jun Shen, HuiMin Yu, Using Sr isotopes to trace the geographic origins of Chinese mitten crabs. *Acta Geochimica*, 2020, 39: 326 ～ 336.

[3]　He, K., Lu, H., Zhang, J., Wang, C., Huan, X. Prehistoric evolution of the dualistic structure mixed rice and millet farming in China. *The Holocene*, 2017, 27(12): 1885 ～ 1898.

[4]　Lanehart R. E., Tykot R. H., Underhill A. P., et al., Dietary adaptation during the Longshan period in China: stable isotope analyses at Liangchengzhen (southeastern Shandong), *Journal of Archaeological Science*, 2011, 38: 2171 ～ 2181.

[5]　胡耀武、何德亮、董豫等：《山东滕州西公桥遗址人骨的稳定同位素分析》，《第四纪研究》2005年第5期。

禹州瓦店[1]、郾城郝家台[2]、临汝煤山[3]、淅川下寨[4]等遗址有较多的人骨具有C_3/C_4混合饮食。因此，M83和M124很可能来自山东、河南或皖北地区。M83除了C_3/C_4混合饮食特征，还具有最高的$\delta^{18}O$值，说明她的来源地海拔更低、更靠近海洋。M83和M124的$^{87}Sr/^{86}Sr$比值特征在鲁北地区较为常见。综合判断M83和M124来自山东地区的可能性更大。

M269的$\delta^{18}O$值明显偏负，同时$^{87}Sr/^{86}Sr$比值和饮食特征与下靳差别不大，显示她可能来自海拔更高、温度更低、距海更远的西北黄土地带。

五、总结

通过锶、碳、氧3种同位素分析，我们发现下靳墓地中女性的移动性较强，外来人口比例较高，尤其是5例来自远方的个体均为女性。之所以会出现这种现象，我们认为最有可能的原因就是这些外来女性是通过婚姻嫁入下靳的，死后葬在下靳墓地中。下靳墓地所处的陶寺文化时期晋南地区已经进入父权社会，男性具有继承权，不同部落之间的通婚会造成女性个体的移动。这应该是下靳墓地外来女性比例较高主要原因。这种普遍的联姻也促进了部落集团之间形成政治联盟，对文化传播和中原地区的国家化进程具有促进作用。

第三节 线粒体DNA检测分析

对下靳墓地A、B两类墓葬居民的来源、内部亲缘关系以及他们和周边遗存人群关系的考察有助于了解下靳墓地墓葬形制变化、解析陶寺文化中心区居民的构成，有助于我们进一步探索陶寺文化的形成过程和形成动力等核心问题。

理论上，我们需要对每一座墓葬都进行研究，然而并非每座墓都有遗骸保存，受制于研究经费、研究周期的限制，我们不得不对实验对象进行挑选。尽可能挑选考古信息较全、规模较大、

---

[1] 周立刚：《稳定碳氮同位素视角下的河南龙山墓葬与社会》，《华夏考古》2017年第3期。陈相龙等：《稳定同位素分析对史前生业经济复杂化的启示：以河南禹州瓦店遗址为例》，《华夏考古》2017年第4期。

[2] 周立刚：《稳定碳氮同位素视角下的河南龙山墓葬与社会》，《华夏考古》2017年第3期。Wei Li, Ligang Zhou, YiHsien Lin, Hai Zhang, Xiaohong Wu, Chris Stevens, Yingliang Yang, Hui Wang, Yanming Fang, Fawei Liang, Interdisciplinary study on dietary complexity in Central China during the Longshan Period (4.5 ~ 3.8 kaBP): New isotopic evidence from Wadian and Haojiatai, Henan Province, *The Holocene*, 2021, 31(2): 258 ~ 270.

[3] 周立刚：《稳定碳氮同位素视角下的河南龙山墓葬与社会》，《华夏考古》2017年第3期。Wei Li, Ligang Zhou, YiHsien Lin, Hai Zhang, Xiaohong Wu, Chris Stevens, Yingliang Yang, Hui Wang, Yanming Fang, Fawei Liang, Interdisciplinary study on dietary complexity in Central China during the Longshan Period (4.5 ~ 3.8 kaBP): New isotopic evidence from Wadian and Haojiatai, Henan Province, *The Holocene*, 2021, 31(2): 258 ~ 270.

[4] 周立刚：《稳定碳氮同位素视角下的河南龙山墓葬与社会》，《华夏考古》2017年第3期。Wei Li, Ligang Zhou, YiHsien Lin, Hai Zhang, Xiaohong Wu, Chris Stevens, Yingliang Yang, Hui Wang, Yanming Fang, Fawei Liang, Interdisciplinary study on dietary complexity in Central China during the Longshan Period (4.5 ~ 3.8 kaBP): New isotopic evidence from Wadian and Haojiatai, Henan Province, *The Holocene*, 2021, 31(2): 258 ~ 270.

随葬品相对丰富的墓葬进行研究,如M47、M85、M91、M119、M122、M128随葬绿松石、玉环、玉钺,M76手部有绿松石腕饰等,以考察这些贫富不均、不同列(区域)墓主间的亲缘关系。本次实验有28例样本(全部是牙齿),出自22座墓,详细墓号见表二三。

表二三　实验样本编号、对应墓葬号及性别判定表

实验编号	墓　号	Amel−X	Amel−Y	SRY−1	SRY−2	Y−indel	性　别
E31126	M13	26 690	0	0	0	0	女
E31118	M16	0	0	15 143	25 591	0	男
E31111	M35	53 325	0	0	0	0	女
E31102	M41	0	0	588	5 376	0	男?
E31124	M44	29 406	0	0	0	198	女
E31101	M49	11 774	3 840	3 658	435	896	男
E31107	M51	0	0	23 981	20 225	0	男
E31125	M54A	68 676	35 153	0	0	121	男
E31121	M54B	0	0	0	0	0	
E31113	M57A	0	0	0	0	0	
E31122	M57B	0	0	0	0	0	
E31119	M77A	0	0	0	0	0	
E31112	M77B	0	0	0	0	0	
E31117	M78	30 158	0	0	0	0	女
E31120	M79	0	0	0	0	0	
E31103	M85A	116	0	118	14	0	男?
E31123	M85B	0	0	0	0	0	
E31114	M91	0	0	0	0	0	
E31105	M94A	15 717	0	0	0	0	女
E31108	M94B	0	16 103	0	0	0	男?
E31109	M114	116	0	0	0	0	女?
E31127	M122	0	0	0	0	0	
E31104	M124A	3 074	0	0	0	0	女
E31115	M124B	0	0	0	0	0	
E31110	M134	24 948	0	0	0	0	女

续表

实验编号	墓 号	Amel−X	Amel−Y	SRY−1	SRY−2	Y−indel	性 别
E31128	M141上颌	3 536	0	0	0	0	女
E31116	M144	6 438	0	0	0	0	男?
E31106	M148	0	0	0	0	0	

一、古 DNA 实验原理与方法

分子人类学利用人类自身遗传信息来分析人类起源、族群演化，其经典案例就是1987年 Cann 等人通过线粒体 DNA 多态性研究主张的"现代人非洲起源说"（"夏娃学说"，后来又引申出"亚当"学说）[1]。人类的交融、迁徙是频繁的，但受自身条件、社会发展状况、自然环境的影响，这种交融、迁徙总会局限在特定时间、空间范围内，表现在遗传学上就是单倍型的地域性特异性分布。需要注意的是，仅凭当代人数据反推古代人群的起源和迁徙容易受近期迁移事件的影响而导致结果出现偏差[2]，所以最直接的证据是对古代遗骸进行 DNA 检测。

（一）实验原理

人类的基因组由细胞核中的染色体和细胞质中的线粒体 DNA 组成，其物质基础是 DNA 大分子。在遗传过程中 DNA 由于复制错误会积累突变，在遗传漂变、瓶颈效应等的作用下，突变类型在群体之间会形成一定比例的差异。从测试对象来说，主要有对线粒体 DNA（mtDNA）、常染色体 DNA 和 Y 染色体非重组区 DNA 的研究。基于样本保存状况、研究经费、研究周期等因素，本次实验针对线粒体 DNA 展开，它严格遵循母系遗传，具有高拷贝数、高突变率却不重组的特点，自1980年代以来广泛应用于人类进化、迁徙以及人群遗传结构的研究当中（图四二四）。

（二）古 DNA 提取

本次实验严格按照古 DNA 研究的操作规范[3]对样本进行处理：① 去污染预处理；② 样品的

---

[1] 遗传学界推测，最早的现代人大约20万年前在非洲出现，其后代大约在13万年前从非洲走出。参看 Cann RL, Stoneking M, Wilson AC, Mitochondrial DNA and human evolution, *Nature*, 1987, 325: 31～36; Vigilant L, Stoneking M, Harpending H, Hawkes K, Wilson AC, African populations and the evolution of human mitochondrial DNA, *Science*, 1991, 253: 1503～1507.

[2] 中国大陆出土了众多从直立人至晚期智人的化石标本，他们在地域分布及形态特征上具有一定连续性，这点令部分学者对"非洲起源说"持有怀疑。相关讨论可参看吴新智：《与中国现代人起源问题有联系的分子生物学研究成果的讨论》，《人类学学报》2005年第4期；《中国古人类进化连续性新辩》，《人类学学报》2006年第1期。金力、褚嘉祐：《中华民族遗传多样性研究》第8章"应用 Y 染色体标记研究中国人群的遗传多样性"和第9章"东亚现代人的起源"，上海科学技术出版社，2006年。

[3] Pääbo S, et al., Genetic analyses from ancient DNA, *Annu Rev Genet*. 2004, 38: 645～679.

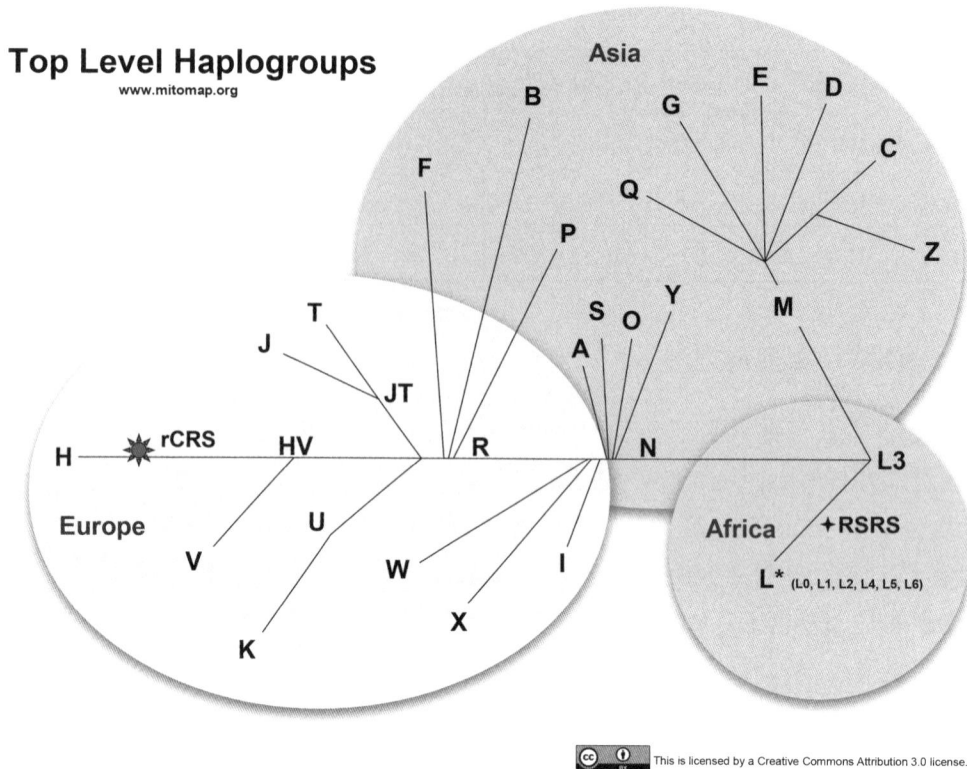

图四二四　亚欧非人群中的mtDNA遗传谱系

注：非洲大陆的特异单倍群L比欧亚人群中发现的类型都要更古老（所有线粒体谱系树的根部在非洲）。科学家将L单倍群分为L0、L1、L2、L3、L4、L5和L6这几支，其中L3是欧亚人群mtDNA的共同祖先。非洲以外的所有mtDNA分为M和N两大超级单倍群，其中，单倍群N包括了所有欧亚西部特异单倍群：H、I、J、K、T、U、V、W和X；东亚特异的A、B、R9、N9以及大洋洲特异的P单倍群也属于N分支；M单倍群只存在于东非、南亚、大洋洲、东亚以及中亚的各个族群中，在欧亚西部地区几乎不存在，亚洲北部族群中的C、D、G、M8、M9单倍群都是M单倍群的下游分枝，M7单倍群在亚洲南方的壮侗语系和南岛语系群体中非常高频。

钻孔取粉；③ DNA抽提沿用本实验室之前成熟运用的硅胶吸附法[1]。

　　基于多重PCR的方法[2]，本次实验对线粒体高变Ⅰ区（65～369）、高变Ⅱ区（16 024～16 397）、AMEL-X基因（11 315 018～11 315 075）、AMEL-Y基因（6 737 912～6 737 975）、Y-SRY基因（2 655 169～2 655 284）和Y-indel位点（15 508 692～15 508 747）共设计了16对多重PCR引物（具体位置信息见下表），并在引物末端连上Illumina通用测序接头。进行多重PCR扩增、产物纯化和文库质检，之后，通过Illumina HiseqXten测序平台进行高通量测序（表二四）。

---

[1]　Xu, Z., et al., Mitochondrial DNA evidence for a diversified origin of workers building First Emperor of China, *PLoS One*, 2008, 3(10): e3275. Zhang, F., et al., Prehistorical East-West admixture of maternal lineages in a 2,500-year-old population in Xinjiang, *Am J Phys Anthropol*, 2010, 142(2): 314～320.

[2]　Zheng, Z., Liebers, M., Zhelyazkova, B., et al., Anchored multiplex PCR for targeted next-generation sequencing, *Nature Medicine*, 2014, 20(12): 1479～1484. Massively parallel sequencing of 17 commonly used forensic autosomal STRs and amelogenin with small amplicons, *Forensic Science International: Genetics*, 2016, 22: 1～7.

表二四 16对多重PCR引物位置信息

Loci	PCR_start	Insert_start	Insert_end	PCR_end
HVS2-1	41	65	133	157
HVS2-2	109	131	195	228
HVS2-3	166	191	263	288
HVS2-4	231	260	316	339
HVS2-5	285	307	369	394
HVS1-1	15 991	16 024	16 086	16 111
HVS1-2	16 059	16 084	16 148	16 175
HVS1-3	16 113	16 139	16 207	16 233
HVS1-4	16 188	16 206	16 281	16 306
HVS1-5	16 257	16 279	16 353	16 372
HVS1-6	16 310	16 340	16 397	16 417
Amel-X	11 314 994	11 315 018	11 315 075	11 315 099
Amel-Y	6 737 888	6 737 912	6 737 975	6 737 999
Y-SRY-1	2 655 146	2 655 169	2 655 227	2 655 245
Y-SRY-2	2 655 203	2 655 221	2 655 284	2 655 307
Y-indel	15 508 669	15 508 692	15 508 747	15 508 782

（三）性别鉴定

在以前的法医学和古DNA研究中，往往利用X和Y染色体在AMEL基因上扩增片段长短的差异鉴别性别，但是有一些男性在AMEL基因上存在缺失，因此会把男性错误鉴别为女性[1]。本课题组在amelogenin（AMEL）基因的基础上，增加了Y染色体上的Y-indel位点和男性性别决定基因Y-SRY。针对这两段区域共设计3对引物，与其余13对引物一起进行复合扩增，后进行高通量测序，最终根据mapping到X和Y染色体上reads数及比例确定实验样本的性别[2]。

（四）母系族源鉴定

我们对线粒体高变区共设计了11对引物，完成测序后对序列进行拼接，可得到高变区的一

［1］ Santos, F. R., et al., Reliability of DNA-based sex tests, *Nature genetics*. 1998, 18: 103.
［2］ Skoglund, P., Storå, J., Götherström, A., et al. Accurate sex identification of ancient human remains using DNA shotgun sequencing, *Journal of Archaeological Science*, 2013, 40(12): 4477～4482.

致性序列[1]。通过与修正的剑桥参考序列(rCRS)比对,确定每条序列的突变位点信息。之后,借助在线工具HaploGrep2(v2.1.1),确定单倍群归属。

二、实验结果

(一)实验结果之性别判定

对出土遗骸可进行简单的年龄、性别鉴定,但基于观察的性别鉴定受遗骸保存完整性制约,有一定的缺陷,而DNA的分析则能有效克服这一不足,其结果对我们分析随葬品组合、墓葬排列关系很有帮助。遗憾的是,因遗骸保存状况不理想,28例样本中只有17例的性别得到确定(男8、女9,见表二三),男女比例基本持平。与个体的传统体质鉴定得到的结果基本持平。王建华对仰韶时期16个遗址墓主性别的整理显示,大部分遗址性别比例悬殊(半坡的男女比为5∶1),且男多女少,仅龙岗寺(共388例)、福临堡(31例)、王湾一期(29例)男女比例相对持平[2]。从人类社会的总体趋势看,1∶1的男女性别比是一个社会最理想的性别比。下靳墓地的性别比例相对均衡似乎暗示当时社会的相对稳定。当然这还需要更多证据支持。

(二)实验结果之族源分析

本实验室一次可对32例样本进行DNA抽提,在实验前也对样本质量进行了评估,DNA含量不算差。当大规模开展实验才发现很多看似坚固的样本(牙齿)在去污处理时就很酥软,测序时充满了杂合因子,导致28例样本中仅有两例样本的数据相对可靠。造成这个结果的原因除了样本来源比较古老、DNA降解严重外,一个重要原因就是山西南部相对潮湿、遗骸暴露在空气中的时间过长(1998年出土,至今已经二十年)。

根据变异位点,我们判定样本E31116(M144)的母系类型为D4j,E31103(M085A)的母系类型为A15,通过与公共数据库的比对,发现他们在中国汉族群体中是低频率分布(表二五[3])。

单倍群D主要分布在中国北方、北亚、西藏,在南亚和欧亚西部也有分布,主要有D4、D5和D6三个分支,其中D4高频分布在北方和东北,尤其是内蒙古(22.73%)、辽宁(21.83%)、黑龙江(21.51%)。单倍群A主要分布在中国北方、北亚、中亚,其在北方汉族的比例是8.53%,在南方汉族的比例仅6.54%;从整体分布看,其在冲积平原扩散分布;以省市来看,比例较高的天津仅仅是

[1] Malmström H, Gilbert M T P, Thomas M G, et al. Ancient DNA Reveals Lack of Continuity between Neolithic Hunter-Gatherers and Contemporary Scandinavians, *Current Biology*, 2009, 19(20): 1758～1762. Malmström H, Vretemark M, Tillmar A, et al, Finding the founder of Stockholm — A kinship study based on Y-chromosomal, autosomal and mitochondrial DNA, *Annals of Anatomy*, 2012, 194(1): 138～145. Malmström H, Linderholm A, Skoglund P, et al., Ancient mitochondrial DNA from the northern fringe of the Neolithic farming expansion in Europe sheds light on the dispersion process, Philos *Trans R Soc Lond B Biol Sci*, 2015, 370(1660): 20130373.

[2] 王建华:《黄河中下游地区史前人口性别构成研究》,《考古学报》2008年第4期。

[3] Yu-Chun Li, Wei-Jian Ye et al., River Valleys Shaped the Maternal Genetic Landscape of Han Chinese, Mol. Biol. Evol. doi: 10.1093/molbev/msz072 Advance Access publication May 21, 2019.

表二五 单倍型D4/M7/M8/A15/N9/B4等在各省市汉族中的分布频率表

区域	单倍型语言	D4（总计）	D4a	D4b	D4e	D4j	D5	M7（总计）	M8（总计）	A（总计）	A15	N9（w/o Y）	B4（总计）	F1
北方汉	语言	19.47	3.73	4.37	1.71	2.58	6.88	6.08	10.05	8.53	1.53	4.79	9.88	8.55
北京	普通话	19.71	3.90	4.45	1.45	3.23	6.68	5.57	9.80	8.46	0.89	4.68	10.24	8.57
河北	普通话	20.38	4.00	4.55	2.37	2.27	7.10	6.01	10.01	8.10	0.91	4.09	9.74	8.10
天津	普通话	21.05	3.22	5.56	0.29	3.22	7.31	4.68	10.53	11.99	2.63	5.56	6.73	8.77
新疆	普通话	15.58	1.30	1.30	1.30	2.60	5.19	7.79	12.99	9.09	1.30	3.90	12.99	2.60
黑龙江	普通话	21.51	3.66	4.35	1.60	2.52	8.47	5.95	8.92	5.72	0.69	6.86	7.32	8.92
吉林	普通话	18.11	3.15	2.89	2.10	1.57	8.14	3.94	8.40	9.45	1.84	5.77	9.71	8.92
辽宁	普通话	21.83	4.80	3.87	1.24	3.41	6.66	5.57	11.30	8.67	1.39	4.33	8.98	8.20
甘肃	普通话	17.42	2.26	5.48	1.61	1.94	6.45	7.74	10.00	9.03	0.97	3.23	11.94	10.00
内蒙古	普通话	22.73	5.68	5.11	1.70	5.68	5.68	5.11	6.25	6.82	1.70	7.95	7.39	7.95
宁夏	普通话	17.95	0.00	7.69	0.00	2.56	2.56	5.13	17.95	10.26	0.00	2.56	5.13	12.82
青海	普通话	16.00	0.00	12.00	0.00	0.00	4.00	4.00	0.00	8.00	0.00	0.00	4.00	20.00
陕西	普通话	15.84	3.20	3.74	1.96	2.85	6.58	8.90	10.50	9.96	2.14	4.45	10.32	8.01
河南	普通话	20.77	3.94	3.35	2.17	2.56	5.51	6.69	10.24	8.56	1.48	4.63	10.93	7.38
山东	普通话	18.66	4.23	4.61	1.63	1.90	7.16	5.80	10.03	8.13	2.01	4.93	10.63	9.16
山西	普语	18.10	2.15	5.37	1.53	2.91	7.67	6.29	10.74	8.59	1.84	4.60	9.66	9.05
南方汉		14.78	2.92	3.74	1.67	1.55	6.01	9.85	9.68	6.54	0.97	4.07	12.22	9.94

续表

区域	单倍型语言	D4（总计）	D4a	D4b	D4e	D4j	D5	M7（总计）	M8（总计）	A（总计）	A15	N9（w/o Y）	B4（总计）	F1
台湾	闽语	12.77	6.38	1.06	3.19	0.00	8.51	14.89	8.16	4.26	1.06	2.13	12.77	8.19
福建	闽语	12.74	4.03	2.58	2.74	1.13	8.23	13.87	6.91	4.84	0.97	5.00	11.94	8.63
安徽	安徽话	15.99	3.12	5.56	0.54	1.76	7.32	7.72	10.03	9.35	1.63	4.20	10.43	7.86
江苏	吴语	19.02	3.44	5.14	1.66	1.70	6.76	6.96	10.56	8.01	1.30	4.94	12.02	12.74
浙江	吴语	16.37	3.24	3.82	1.88	2.20	7.22	8.00	6.45	6.85	1.05	4.34	11.40	12.24
上海	吴语	14.74	2.27	3.55	1.36	2.00	8.19	9.28	10.67	6.46	1.27	5.00	14.38	8.44
江西	赣语	13.48	3.42	1.61	2.01	1.61	5.43	11.07	9.94	6.64	0.20	3.82	11.07	5.56
湖南	湘语	13.04	2.73	4.22	1.24	1.12	4.60	10.06	8.92	5.96	0.87	3.98	14.16	15.32
湖北	普通话	16.78	2.67	4.67	1.33	1.89	4.56	6.78	11.22	7.11	1.11	4.22	12.56	12.93
四川	普通话	14.51	2.03	3.61	2.56	1.20	4.59	9.85	9.77	6.32	0.90	2.86	11.95	11.28
云南	普通话	12.50	2.16	2.16	0.86	3.02	3.02	4.31	7.08	6.90	0.43	4.31	16.38	8.51
重庆	普通话	14.38	1.99	3.98	1.55	1.77	5.31	12.17	10.10	5.75	0.66	2.21	11.50	9.15
海南	闽语	4.08	2.04	0.00	0.00	2.04	6.12	14.29	22.22	4.08	0.00	2.04	10.20	10.48
贵州	普通话	17.83	3.82	3.82	3.18	1.91	4.46	8.92	0.00	8.28	1.27	2.55	8.28	15.09
香港	粤语	11.11	0.00	0.00	5.56	0.00	0.00	5.56	5.41	5.56	0.00	5.56	22.22	8.05
广东	粤语	8.90	3.07	1.98	1.34	0.51	4.48	16.26	12.47	3.97	0.45	3.39	12.23	10.66
广西	粤语	4.95	0.00	1.35	0.90	0.45	2.25	18.92	12.50	4.05	0.00	2.70	12.61	33.33

注：颜色越深，表明该类型在该地分布频率越高

2.63%，不过在藏族群体的比例却有4.6%[1]，很可能是汉藏分离后这一类型居民进入青藏高原并经历了"奠基者效应"。

根据现有的资料，线粒体单倍型D4在与下靳相距不远的横北倗国墓地（西周时期）较高频分布，在成功抽提的52例样本中出现12例（另有3例属于D5类型）[2]。下靳M144属于小墓，面积与已经公布的M136相近；M85稍大，面积是M76的两倍，两座墓均属于A类墓，长方形竖穴土坑，头向东南。本次实验所获得的数据有限，故本次研究所能揭示的考古学意义有限，但可以认为贫富不均、埋葬位置不同的两位墓主之间在母系上不属于同一家族。

[1] Liu, J. et al. Deciphering the signature of selective constraints on cancerous mitochondrial genome, *Mol. Biol. Evol*, 2012, 29: 1255～1261.

[2] Yong-Bin Zhao, Ye Zhang et al. Ancient DNA Reveals That the Genetic Structure of the orthern Han Chinese Was Shaped Prior to 3,000 Years Ago, PLoS ONE 10(5): e0125676. doi: 10.1371/journal.pone.0125676.

第五章　随葬品研究

下靳墓地发掘的533座墓葬基本分布在面积2 500余平方米的范围内,其中东半部墓葬分布稠密,西部则较稀疏。按照头向的不同大致可分为A、B两类。A类头向东南,约占墓葬总数的77.8%,B类头向东北,约占22.1%。A类墓葬发现随葬品的墓有143座,占墓葬总数的26.8%左右。除一座墓中发现有猪下颌骨外,出土其余各类随葬品451件(组)。其中陶器14件,玉石器266件(组),骨蚌牙器119件(组)等。B类墓随葬品只见于个别墓葬,主要是骨簪,骨簪分扁平长条状和圆棒状两种,均发现于死者头顶。玉石器、陶器少见。

随葬陶器有陶罐4件、陶瓶10件,大都出自宽在0.9米以上的墓葬中,墓主的身份较高,除M76外,所有出土陶器的墓全部经过盗扰,其他随葬品已被盗空。也许是陶瓶在当时不属于珍贵器物,因此才得以幸免,留存至今。陶瓶多数被放置在墓葬西北部角落里,器体紧贴墓壁。陶瓶均为泥质褐陶、圆唇、敞口、细长颈下部内束、折肩、下腹斜收或微内凹、小平底,器表素面或带有黑色陶衣,器物上部外表及器口内沿涂有一层红彩,但无图案。由于是烧后绘彩,因此极易脱落。

玉器有广义和狭义之分。东汉许慎在《说文解字》中称“玉,石之美者”,夏鼐先生也曾指出“玉在中国古代文献中,是指一切温润而有光泽的美石”,包含有绿松石、大理岩、孔雀石、蛇纹石、石英等各类石,而近现代矿物学仅仅把软玉(透闪石—阳起石)和硬玉(翡翠)称之为真玉。本文在谈及墓葬出土玉石时,根据检测结果做了相应区分。

按功能分,玉石器包括礼器、武器和装饰品,大部分出自圹仅容尸的小墓内,个别的是经扰乱的墓中的劫余。礼器主要有钺、双孔石刀;武器仅见石箭镞;装饰品有璧、环、璜、绿松石腕饰、串饰等。玉石器质地一般略显疏松,硬度不高,多数不是严格意义上的玉器,仅是颜色、质地较好的彩石类石器。依古人美石为玉的标准,这应是较早玉器的代表。钺一般为白色、褐色、灰绿色或彩色的玉钺,少数则为青灰色的石钺,整体呈梯形或长方形,前端为弧形或斜直形双面刃部,近上端中部有对钻或单面钻的单孔,器表打磨光滑,一般均横置于死者下肢骨上。有些原可能有垂直的缚柄,但已腐朽不存。双孔刀用白色、褐绿色带花纹的玉石制成,整体磨制十分精细,为狭长的长方形,刀端和背侧均磨出双面刃,近背部有均匀分布的双孔,应是夹在木柄内并加以缚绑的器物,一般放在墓内死者肱骨外侧的墓壁旁,刃部向下。这些器物没有明显使用痕迹,显然不是实用器,而且随葬钺、双孔刀的墓较少,应当是死者身份和地位的标志。璧用白色、青色及灰绿色等玉石制成,体扁平,磨光,有的质地十分疏软,有的则较坚硬而且是半透明状。器体断裂后钻孔联缀的现象比较普遍,而且有意用4～6块小玉片联缀成的"复合璧"造型别致,堪称精品。璧均发现于死者手臂上或旁侧。玉璜呈扁平的弧形,两端有小钻孔,置于胸部或上身旁侧。3座墓发现有绿松石腕饰,皆套于手腕部,以黑色胶质物为底,胶质物黏性较强,上面镶嵌绿松石碎片或蚌片。襄汾陶寺墓地也有类似的黑色胶状物,据研究可能属于生漆一类物质,氧化后变黑而已[1]。其他玉石类装饰品还有管状串珠、石贝状饰、绿松石头饰、断面为方形的指环。此外,一些墓中还发现有长条形玉片等佩饰。武器仅见成组的石箭镞置于死者体侧,呈扁薄的三角形,后端平齐,无铤。

骨器发现较少,主要是置于死者头顶的骨簪或骨笄,其中有的是扁平状,也有的为圆棒状。有些墓中发现有断面为圆形带铤的骨镞或整体为扁平三角形的无铤镞。此外,还有一些小件的装饰品。

牙饰、蚌饰发现于少数墓中死者的颈部。

第一节　陶　　器

533座墓中,随葬陶器墓14座,占墓葬总数的3%。出土陶器主要是陶罐和瓶。

陶瓶　10件陶瓶出土于10座墓中(图四二五)。

女性墓4座,性别不详的有4座,男性墓与男女合葬墓各1座。其中只有1座墓M76未经扰乱,已整体搬迁至山西博物院,标本M76：1,陶瓶摆放在墓室西北角。陶瓶已破碎,暂无分型。陶瓶口、颈、肩至腹上部多被涂红。

根据颈、肩、腹的差异,陶瓶可分三型：

A型,7件。敞口,折肩,腹斜或略内曲。标本M30：1、M55：2、M85：1、M87：1、M91：1、M240：1、SKM16[2]。

B型,侈口,长颈,折肩,斜腹,腹饰弦纹。标本M114：1。

C型,侈口,直长颈,折肩,直腹。标本M57：1。

陶瓶A型M30：1、M85：1、M87：1、M240：1同襄汾陶寺墓地早期晚段Ⅰ5a式相近,M55：2、SKM16、M91：1同早期晚段Ⅰ6式相近。

陶罐　出土陶罐4件,1件为折沿鼓腹罐(M299：1)、一件残(M294：1),另两件为大口折肩罐。折肩罐出土于M285、SKM58[3]。两件器物形态基本相同,均为侈口,束颈。溜折肩,肩腹之间钝折,肩以下饰绳纹,肩腹之间有接合痕迹。同陶寺墓地早期晚段大口罐Ⅰ7式相似。陶罐(M299：1)与垣曲古城东关庙底沟二期文化晚期折腹罐(IH145：43)相似。

[1]　中国社会科学院考古研究所、山西省临汾市文物局：《襄汾陶寺：1978—1985年考古发掘报告》,文物出版社,2015年,第1115页。

[2]　山西省临汾行署文化局、中国社会科学院考古研究所山西工作队：《山西临汾下靳村陶寺文化墓地发掘报告》,《考古学报》1999年第4期。

[3]　山西省临汾行署文化局、中国社会科学院考古研究所山西工作队：《山西临汾下靳村陶寺文化墓地发掘报告》,《考古学报》1999年第4期。

图四二五　陶瓶

A型：1～5.（M30∶1、M85∶1、M240∶1、M55∶2、M91∶1）B型：6.（M114∶1）C型：7.（M57∶1）

第二节　玉　石　器

下靳史前墓地随葬品种类以玉石器为主，包括钺、璧、双孔刀、镞、凿、镶嵌腕饰、璜形饰、管等，有少量玉石器因为残断无法判断其原来的形制。

一、玉石料检测

根据下靳墓地玉石器的出土情况，由北京联合大学研究团队对绿松石做了产地检测分析，由中山大学研究团队对其他玉石器做了质地测试分析。

（一）测试仪器及条件

在对出土器物的矿物组成及结构进行肉眼观察的基础上，本研究选择了红外光谱反射法结合便携式X射线荧光光谱仪(pXRF)对下靳墓地出土器物的材质进行无损鉴定。使用的仪器为中山大学地球科学与工程学院宝玉石研究鉴定(评估)中心的Thermo Scientific Nicolet iS5型傅里叶变换红外光谱仪,分辨率2 cm^{-1},反射法,扫描范围4 000～400 cm^{-1},扫描次数:32。利用OMNIC软件对采集到的红外反射光谱进行K-K校正。采用德国制造便携式X射线荧光光谱仪(pXRF),仪器能量分辨率<170 eV,元素分析范围Mg-U,大部分元素检测限优于10 ppm。

(二)测试结果分析

1. 透闪石质玉器

本类玉器具有多种颜色外观及结构类型,可以简单分为两大类,一类来自质地非常细腻,透明度高的玉料,这部分玉料的质地几乎可以和现代岫岩蛇纹石质玉近似,属于隐晶质或者显微纤维交织结构的玉料;另外一类来自质地较粗,大多具有柱状变晶结构的玉料,部分具有糖色。两部分代表性样品红外光谱见图四二六。主要矿物为透闪石,对应红外吸收峰为1 145 cm^{-1}、1 091 cm^{-1}、1 040 cm^{-1}、996 cm^{-1}、922 cm^{-1}、761 cm^{-1}、686 cm^{-1}、542 cm^{-1}、511 cm^{-1}、462 cm^{-1}。

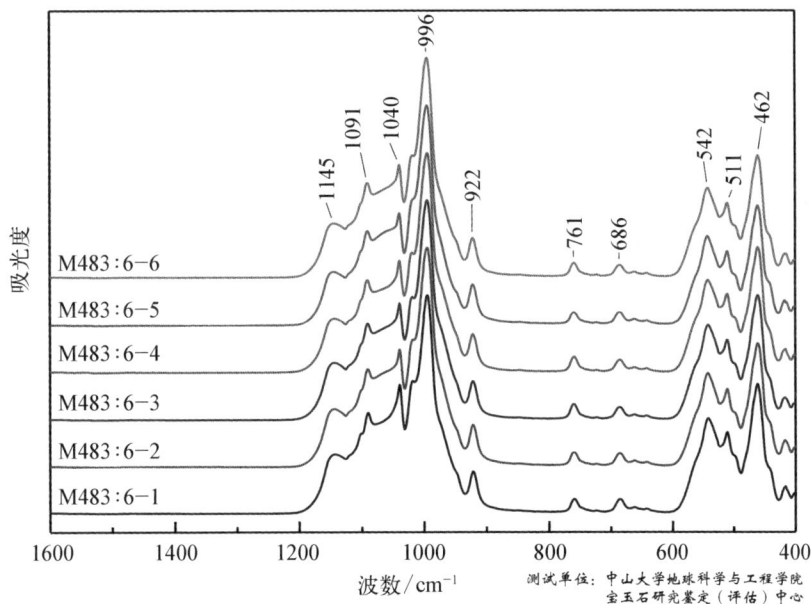

图四二六 代表性透闪石质玉器红外光谱图

(主要矿物为透闪石)

经红外光谱检测和pXRF成分佐证(表二六),材质为透闪石质玉的玉石器包括:M16:1、M47:1、M47:2、M47:4、M55:1、M60:1、M83:1、M136:1、M218:3、M250:1、M406:4、M472:2、M483:6、M492:1、M492:2。

表二六　下靳透闪石质玉器pXRF数据表（氧化物单位：%；元素单位：ppm）

样　品	SiO$_2$	TiO$_2$	Fe$_2$O$_3$	MnO	MgO	CaO	K$_2$O	Rb	Sr	Zn	Zr
M47：2	59	0.35	0.37	0.04	30	10	0.03	11	13	74	/
M60：1	59	0.04	/	0.05	28	12	0.04	11	11	42	17
M83：1	62	0.08	1.70	0.08	21	14	0.05	5	20	81	/
M136：1	59	0.26	0.17	0.09	30	11	0.02	9	15	97	/
M218：3	58	0.03	1.50	0.56	25	14	/	8	31	134	15
M250：1	59	0.68	0.33	0.07	29	10	0.10	20	10	56	/
M406：4	61	/	0.57	0.02	29	10	/	6	12	41	/
M472：2-1	60	/	0.61	0.03	29	10	0.04	10	28	46	/
M472：2-2	63	/	2.9	0.03	22	12	0.01	8	33	87	6
M472：2-3	60	/	0.20	0.00	29	11	/	6	17	49	/
M472：2-4	66	/	0.93	0.05	23	10	0.05	15	46	74	/
M472：2-5	61	/	0.16	0.01	30	10	0.02	5	14	61	/
M472：2-6	57	/	1.00	0.03	33	9	0.04	12	27	65	/
M483：6-1	59	0.02	0.76	0.06	29	11	/	5	16	57	10
M483：6-1	60	0.02	0.82	0.06	28	11	/	6	16	63	11
M483：6-2	59	0.02	0.50	0.03	29	11	/	6	15	39	5
M483：6-3	59	0.03	0.53	0.03	29	11	0.01	6	14	37	13
M483：6-4	60	/	0.42	0.02	29	11	/	4	12	30	8
M483：6-5	59	0.02	/	0.04	30	11	/	7	20	42	15
M483：6-6	60	0.02	/	0.03	29	11	/	8	16	42	10

注：/ 为低于检测限

2. 蛇纹石质类玉石器

　　本类玉石器多呈白—灰绿，夹杂浅绿色，半透明—不透明状，局部因受沁发白，间杂黑斑，粒状、斑状变晶结构，主要矿物为蛇纹石，含有磁铁矿副矿物，含量可达3%。部分代表性样品红外光谱见图四二七，可确认主要矿物为蛇纹石，对应红外吸收峰为1 089 cm^{-1}、1 046 cm^{-1}、672 cm^{-1}、565 cm^{-1}、489 cm^{-1}。

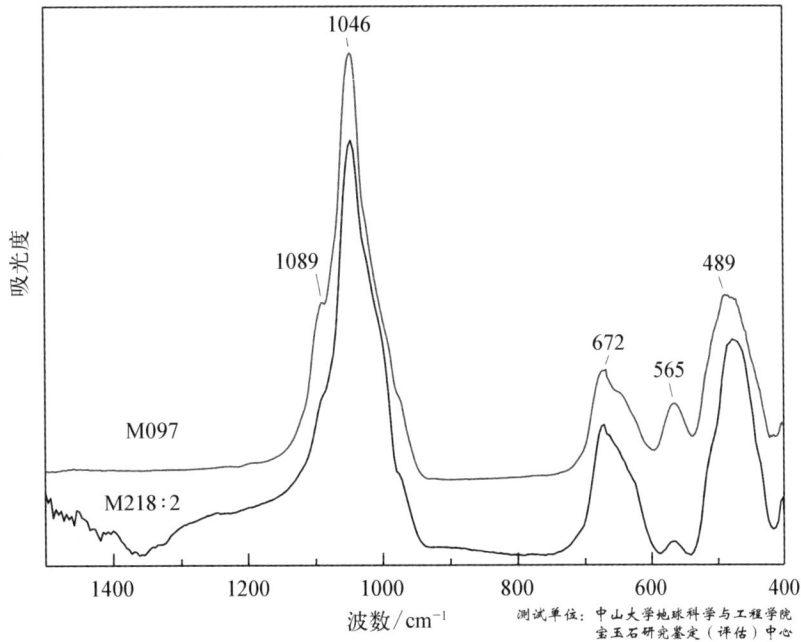

图四二七 代表性蛇纹石样品红外光谱图

（主要矿物为蛇纹石）

表二七 下靳蛇纹石样品 pXRF（半定量）数据

（氧化物单位：%；元素单位：ppm）

样 品	SiO$_2$	TiO$_2$	Fe$_2$O$_3$	MnO	MgO	CaO	K$_2$O	Cr	Ni	Sr	Zr
M97-1	47	0.03	2.3	0.02	50	0.04	0.06	1 643	2 038	/	/
M97-2	47	0.10	3.4	0.01	50	0.05	0.07	1 335	1 808	/	/
M97-3	48	0.02	2.0	0.02	50	0.12	0.04	730	2 066	/	/
M97-4	50	0.03	2.0	0.02	48	0.07	0.10	1 060	2 049	5	/
M97-5	50	0.02	4.0	0.02	46	0.04	0.07	633	2 375	7	/
M97-6	46	/	4.9	0.02	49	0.07	0.05	917	2 429	6	/
M97-7	48	0.04	2.1	0.02	50	0.14	0.11	988	2 378	/	/
M97-8	50	/	2.7	0.03	47	0.08	0.08	787	2 666	/	/
M218:2	50	/	2.0	0.05	48	0.48	0.03	1 436	1 400	8	/
M413:1	47	0.24	3.9	0.02	48	1.2	0.31	44	/	31	8
M516:1	56	0.31	2.2	0.07	38	3.9	0.19	/	/	75	32

注：/为低于检测限

经红外光谱检测和 pXRF 成分佐证（表二七），材质为蛇纹石的包括 M97：1、M218：2、M516：1、M413：1。

3.蚀变大理岩类玉石器

此类玉石器多数为白色—灰白—灰绿色,不透明—半透明状,具有重结晶粒状镶嵌结构,矿物的解理明显,部分玉石器可以见到蛇纹石蚀变。经红外测试确认,其主要矿物为方解石。部分代表性样品红外光谱如图四二八所示,矿物对应的红外吸收峰为 1 550 cm⁻¹、889 cm⁻¹、713 cm⁻¹。另外红外光谱中出现 1 041 cm⁻¹附近的吸收峰,为 Si-O 伸缩振动引起,表明样品还含有硅酸盐矿物,确定玉石器为蚀变大理岩,这一结果与 X 射线荧光光谱仪(pXRF)化学成分分析结果一致,但不同样品的元素组成具有一定的区别,显示出可能来自不同的产地或者矿点。

经红外光谱检测和 pXRF 成分佐证(表二八),材质为蚀变大理岩的玉石器包括:M71∶1、M139∶2、M139∶4、M144∶2、M205∶1、M213∶3、M214∶3 -1、M214∶3 -2、M218∶4、M221∶2、M228∶1、M241∶6、M245∶3、M245∶4、M255∶1、M268∶3、M269∶2、M276∶1、M335∶1、M372∶1、M372∶2、M374∶1、M394∶1、M401∶1、M406∶1、M406∶2、M409∶1、M409∶2、M410∶1、M518∶1。

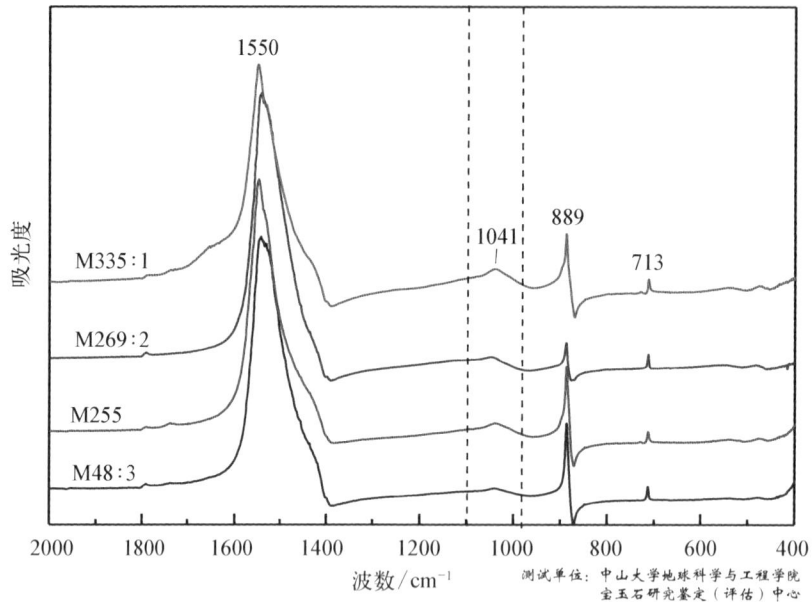

图四二八　代表性蚀变大理岩样品红外光谱图

(主要矿物为方解石)

表二八　下靳玉石器除透闪石和蛇纹石质玉器外,部分其他材质样品的 pXRF 数据

(氧化物单位:%;元素单位:ppm)

样品	SiO₂	TiO₂	Al₂O₃	Fe₂O₃	MnO	MgO	CaO	K₂O	Cr	Ni	Sr
M5∶1	62	/	/	1.40	0.00	35	1.1	0.10	/	79	/
M47∶7	55	/	36	0.40	/	/	/	8.7	/	30	469
M47∶8	7.1	/	/	0.41	/	/	92	0.08	66	/	119
M144∶2	36	0.13	/	1.70	0.05	38	24	0.07	/	/	96

续表

样品	SiO$_2$	TiO$_2$	Al$_2$O$_3$	Fe$_2$O$_3$	MnO	MgO	CaO	K$_2$O	Cr	Ni	Sr
M213：3	11	0.09	/	0.74	/	/	88	0.55	/	/	426
M214：3-1	15	0.14	2.1	0.86	/	/	82	0.05	95	/	698
M218：1	54	/	37	0.52	/	/	/	8.6	/	10	367
M218：4	14	0.20	/	0.99	0.01	/	85	0.06	134	/	368
M228	40	0.64	7.9	3.90	0.09	/	46	1.1	95	/	200
M245：3	3.5	/	/	0.62	0.10	/	96	/	/	/	131
M245：4	16	0.10	/	0.68	0.03	25	58	/	51	/	128
M250：6	48	0.14	6.6	1.10	0.03	43	1.4	0.06	/	27	37
M269：2	7.6	0.09	/	0.31	/	/	92	/	124	82	140
M366	6.6	0.04	/	0.40	/	/	93	/	51	/	270
M394	17	0.13	/	1.00	0.03	22	60	/	72	/	211
M401	10	0.15	/	1.50	0.50	/	88	/	97	25	479
M409：1	14	/	/	0.49	/	/	86	/	/	/	143
M440	52	1.71	36	0.86	0.02	/	/	9.9	/	21	88
M518：1	15	0.08	/	0.56	0.02	/	84	0.06	51	/	483

注：/为低于检测限

4. 伊利石质玉石器

此类玉石器颜色多为白、灰绿色，半透明—微透明状，有蜡状光泽，质地均匀细腻。部分代表性样品红外光谱见图四二九。主要矿物为伊利石，对应红外吸收峰为 1 093 cm^{-1}、1 043 cm^{-1}、545 cm^{-1}、486 cm^{-1}。

经红外光谱检测和 pXRF 成分佐证（见表二八），材质为伊利石质玉的包括：M47：3、M47：7、M58：2、M66：1、M124：1、M153：2、M218：1、M250：4、M440：1、M483：3、M483：8。

5. 绿泥石质玉石器

此类玉石器颜色多为灰白色—褐色，半透明—亚透明状，质地细腻，部分样品表面蚀变呈土状。代表性样品红外光谱见图四三〇。主要矿物为绿泥石，对应的红外吸收峰为 1 068 cm^{-1}、1 030 cm^{-1}、671 cm^{-1}、555 cm^{-1}、513 cm^{-1}、482 cm^{-1}。

经红外光谱检测和 pXRF 成分佐证（见表二八），下靳出土玉石器中材质为绿泥石质玉石器包括 M250：6、M250：7 和 M483：5。

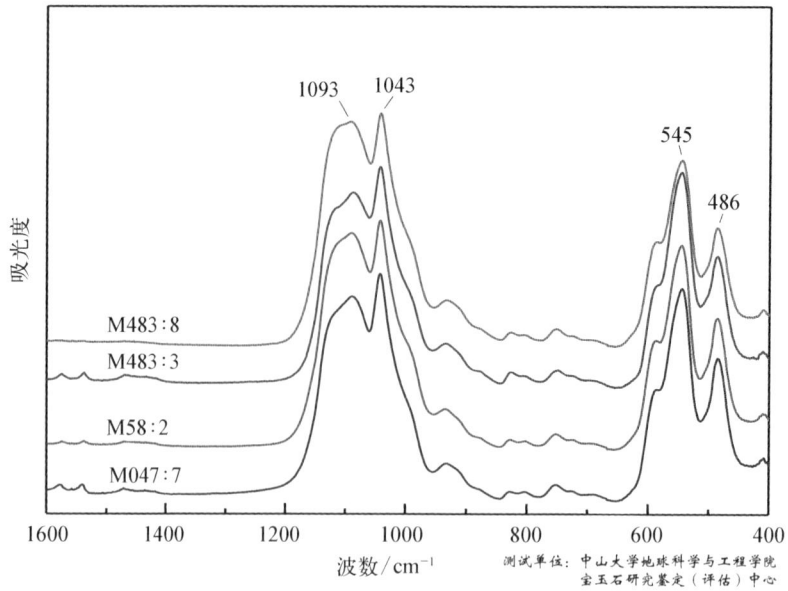

图四二九 代表性伊利石质玉样品红外光谱图

（主要矿物为伊利石）

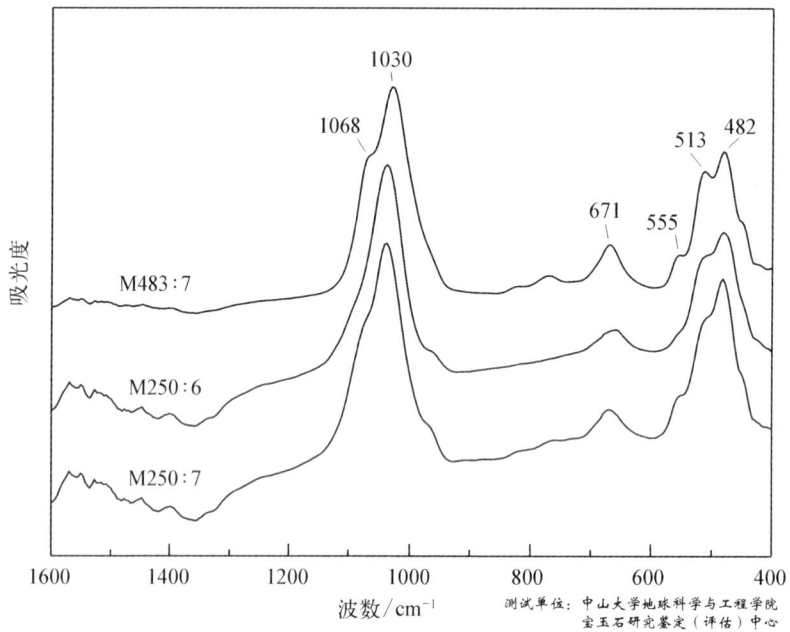

图四三〇 代表性绿泥石质玉样品红外光谱图

（主要矿物为绿泥石）

6. 石英质类玉石器

此类石器颜色为黄褐色、灰黑色，半透明—不透明状，质地较细。部分代表性样品红外光谱见图四三一。主要矿物为石英，对应的红外吸收峰为 1 188 cm^{-1}、1 145 cm^{-1}、802 cm^{-1}、787 cm^{-1}、544 cm^{-1}、494 cm^{-1}。

经红外光谱检测，材质为石英质玉的石器有 M263∶1、M483∶7。部分石英质玉石器未进行测试。

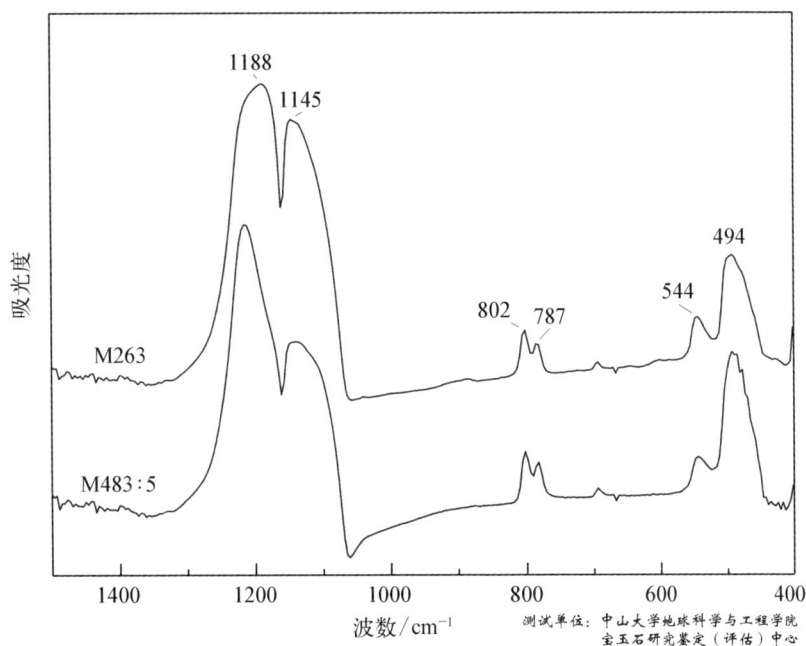

图四三一　代表性石英质玉样品红外光谱图

（主要矿物为石英）

7. 滑石质玉石器

代表性样品为M5∶1，黄褐色，半透明状，有蜡状光泽，质地细腻。红外光谱见图四三二。主要矿物为滑石，对应红外吸收峰为 $1\,137\,cm^{-1}$、$1\,042\,cm^{-1}$、$677\,cm^{-1}$、$520\,cm^{-1}$、$490\,cm^{-1}$。

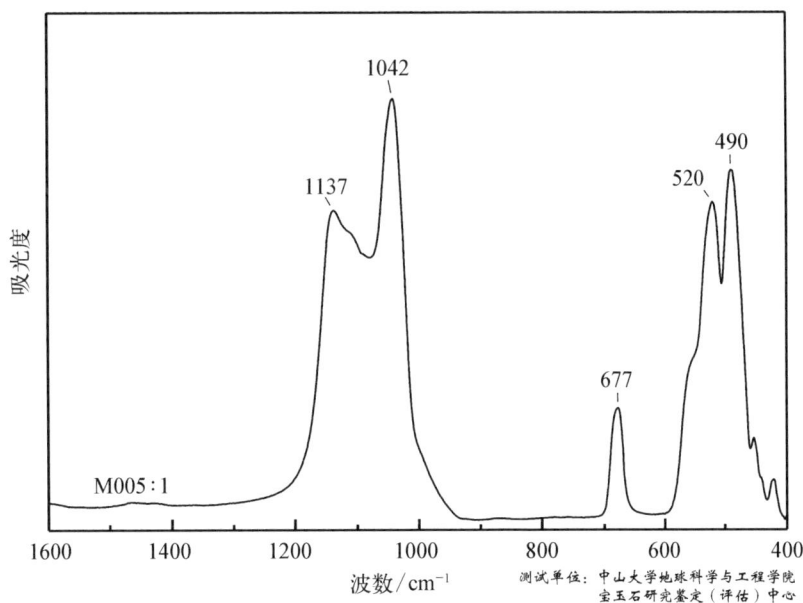

图四三二　滑石质玉样品M5∶1红外光谱图

（主要矿物为滑石）

8. 其他多矿物岩石类玉石器

下靳墓地出土玉石器材质除上述主要由单一矿物组成的单矿物岩石外，还有部分由多种矿物共同组成的多矿物岩石。这类玉石器显示出较复杂的红外光谱特征，成分特征同样不具有辨识性，无法通过常规的无损检测方法进行准确定名。对于这类玉石器，本次测试在岩相学观察基础上，结合红外光谱、X射线荧光光谱测试结果，对材质做出经验性推断。下靳墓地出土玉石器中多矿物岩石包括：M153∶1、M221∶1、M227∶1、M250∶10、M327∶1、M332∶1、M374∶2、M379∶1、M516∶2、M518∶2，其中以长英质岩石居多。

（三）玉石器的产地来源探索

玉石器的溯源需要大量测试分析工作的配合以及相应数据库的构建，特别需要对当地附近的地质概况及资源禀赋有深入的调研，目前这类探索可以分为三种不同类型的工作。其一，是通过对玉器岩石矿物外观特征的观察（主要是色感和质感），进行微损分析（例如浸油法、粉末红外法），根据对岩石矿物结构、构造及特征副矿物的判断，并结合对历史文献记载及现今出产玉料的岩石矿物学特征来进行产源判断的工作，过去文博界和考古界对玉料产地的推断大多属于这种类型；其二是通过对玉石进行感官结构判断，并与无损仪器结合来开展玉器玉料矿物组成及主微量元素的测试，根据测试结果与前人对现代玉矿玉料来源成果进行分析比较来进行玉料来源的推定，这是一种以微损测试为主的探索阶段，实际上，这种探索获得的结论仍然是推论性的；其三，是无损加微损大型仪器测试（例如，LIBS、LA-ICP-MS、TIMS、SIMS）等结合，获得较高精度的微量元素及同位素组成，配合比较完善的玉矿数据库的比对及历史文献研究获得的结果，来进行玉石器来源的判读，其结论具有明确的指示作用，这是目前正在探索和逐步成熟的玉石器溯源的方法[1]。

本次下靳墓地出土玉石器的测试，采用的是感官观测与无损仪器测试的组合，主要是在进行出土玉石器样品外观矿物组成观察的基础上，结合红外光谱和pXRF的测试来获得玉石器的矿物组成以及部分元素的含量，相互印证来确定出土玉器的主要矿物成分及其成分特征，个别的残损或者小件仪器，进行了LA-ICP-MS的原位测试。理论来说，上述工作最多也就是第二种类型的溯源，受到测试的数据检出限及精度限制，较难获得很完整的溯源判断。但是，可以结合整个墓地出土玉器的基本组成特征以及遗址群附近地质矿产资源的分布来对玉石器的来源进行分析，获得某些有一定意义的认识。

1. 从玉石器总体组成及其一般特征获得的认识

首先，根据受测170多件下靳墓地出土玉石器获得的材料类型包括透闪石质玉、蛇纹石质玉、蚀变大理岩、伊利石质玉、绿泥石质玉、滑石质玉、石英质玉，以及各种岩石材料初步判断，下靳墓地先民对随葬玉材的使用非常广泛，由于上述材料（矿物）的来源不可能是一个区域或者相近的矿源，因此，可以认为该地玉石材料的来源具有明显的多源性。

---

[1]　　丘志力等：《中国古代玉器玉料溯源：岩矿地球化学技术应用及存在问题》，《中国矿物岩石地球化学学会第17届学术年会》，2019年，第182～183页。

从该地最主要的玉石器为蛇纹石化大理岩及大理岩,同时也使用蛇纹石质的玉石材料看,其时对玉的认知仍然比较模糊,或者玉料的来源非常有限;从透闪石玉的感官特点看,不同器物透闪石的颜色结构颇为不同,部分材料的透明度明显比其他的玉器高很多,例如,M136:1双璜复合玉璧和M250:1的玉璜,可见其产地较为独特;从多数的透闪石玉器器形都很小,M472:2的复合玉璧由完全不同类型的闪石玉材料组成来看,其时透闪石玉的矿源(即使有的话)可能并没有获得较大规模的开发,或者说,其来源也是多源的,有可能不是当地矿源,而是从外地交易/换输入;从复合玉璧的组合使用习惯看,透闪石质材料十分珍贵或者用组合璧进行陪葬可能是其风俗之一。根据M483:6组合璧的穿孔特点以及该璧为一块玉料切割分成多块材料进行组合的特点看,似乎组合使用是人为安排的,至少显示出组合使用可能是该地的独特的用玉习惯。

2. 根据无损+原位LA-ICP-MS微量元素测试数据进行的判别

透闪石玉的产地判别难题一直困扰着宝石学界和考古学界。中山大学地球科学与工程学院宝玉石研究团队对国内外十余个产地的透闪石玉进行了系统的测试分析,建立了多产地透闪石玉化学成分组成的小型数据库,利用线性判别分析等多元统计分析方法,构建了透闪石玉产地判别模型。经检验,该模型判别准确率高达98%。下文尝试通过该方法对下靳墓地出土的透闪石玉的产地进行初步分析。

受测试条件限制,本次共选择7件(套)透闪石质玉器进行了LA-ICP-MS原位微量元素测试。每件样品选择5个平整、无受沁的点进行测试,结果取平均值,测试结果见表二九。

采用线性判别分析(LDA)对来自中国新疆和田、青海格尔本、四川汶川、辽宁岫岩、甘肃马衔山、甘肃肃北、江苏溧阳、贵州罗甸,以及韩国、俄罗斯等地的透闪石玉化学成分进行分析比较,构建产地判别模型[1],并将下靳透闪石玉作为未知样品,对其产地来源进行预测。

由表二九可知,下靳墓地出土的透闪石玉产地预测结果包含中国甘肃肃北(马鬃山和敦煌古玉矿遗址)、甘肃马衔山、四川汶川,以及俄罗斯等地。需要注意的是,利用线性判别分析模型进行未知样品产地预测时,模型给出的是与数据库中透闪石玉样品最接近的结果。预测结果受数据库样本影响,数据库中透闪石产地未涵盖待判别透闪石玉产地时,模型通常会给出错误的结论,因而需要对预测结果进行检验。下靳透闪石玉与其他产地透闪石玉微量元素线性判别分析投影图(图四三三)显示,所有样品投点均不在新疆、青海透闪石玉范围;样品M12:7、M483:6投点落在肃北透闪石玉范围内,表明这两件样品的玉料来自肃北的可能性高;样品M492:2的预测结果虽为肃北,但投点偏离肃北透闪石玉范围,其来自肃北的可能性较低;样品M136:1投点位置偏离其预测结果的俄罗斯较远,其产地来自俄罗斯的可能性较低;样品M250:1投点位置在俄罗斯边缘,不能排除其来自俄罗斯的可能性;样品M406:4投点位置偏移其预测结果的马衔山,排除其来自马衔山的可能性;样品M492:1投点位置偏离其预测结果的汶川较远,也排除其来自汶川的可能性。

[1]　张跃峰:《北山及敦煌造山带古采矿遗址(群)软玉成矿体系深部地质过程响应及其对丝绸之路华夏早期玉石文明的影响》,中山大学博士学位论文,2021年。

表二九　下靳透闪石玉样品微量元素组成表

（单位：μg/g）

样品	M492∶2	M136∶1	M250∶1	M492∶1	M483∶6-1	M483∶6-2	M483∶6-3	M483∶6-4	M483∶6-5	M483∶6-6	M012-7	M406-4
Sc	3.6	3.6	2.5	2.8	3.1	2.8	3.2	2.9	2.9	3.0	3.7	2.6
V	2.6	19.9	23.2	2.0	4.9	2.0	2.1	2.2	2.2	2.3	12.6	7.3
Cr	0.6	3.1	0.7	9.2	1.8	11.9	7.2	12.5	6.9	10.3	3.2	1.6
Co	1.0	0.1	0.5	1.1	0.9	1.1	1.0	1.1	1.1	1.0	0.6	0.2
Ni	2.1	1.1	7.2	2.0	3.4	3.5	3.7	4.3	3.5	4.3	5.7	2.4
Cu	2.7	0.2	0.0	2.9	0.1	0.0	0.0	0.1	0.0	0.1	0.5	0.1
Zn	37	119	47	47	50	24	25	26	26	27	23	42
Ga	1.0	2.0	2.6	0.5	1.3	1.0	1.0	1.2	1.2	1.1	1.6	1.7
Ge	0.9	1.2	1.5	2.1	0.8	0.8	1.0	0.7	0.8	0.8	1.1	1.1
Sr	6.2	12.1	9.2	16.1	15.3	8.3	8.7	10.6	10.1	11.6	11.0	7.7
Y	0.9	2.1	0.8	3.3	3.5	2.1	3.1	2.4	3.2	2.6	5.8	1.2
Zr	1.2	1.6	1.7	1.3	5.5	5.5	11.9	8.0	10.5	16.3	15.8	1.4
Hf	0.04	0.17	0.01	0.02	0.13	0.14	0.34	0.21	0.28	0.49	0.31	0.01
La	0.18	0.15	0.11	1.66	0.15	0.24	0.26	0.24	0.25	0.23	0.30	1.24
Ce	0.22	0.35	0.31	0.90	0.23	0.47	0.50	0.49	0.48	0.47	0.55	1.97
Pr	0.03	0.04	0.03	0.30	0.02	0.07	0.07	0.07	0.07	0.06	0.08	0.14
Nd	0.10	0.20	0.21	1.53	0.10	0.31	0.34	0.41	0.30	0.35	0.37	0.46
Sm	0.03	0.07	0.08	0.38	0.04	0.11	0.10	0.11	0.14	0.12	0.13	0.02
Eu	0.01	0.01	0.01	0.06	0.01	0.01	0.00	0.01	0.01	0.00	0.01	0.02
Gd	0.07	0.15	0.09	0.42	0.10	0.15	0.17	0.14	0.20	0.19	0.26	0.08
Tb	0.01	0.03	0.02	0.05	0.02	0.03	0.04	0.03	0.04	0.04	0.06	0.02
Dy	0.10	0.23	0.11	0.40	0.27	0.27	0.35	0.26	0.33	0.29	0.52	0.11
Ho	0.03	0.05	0.03	0.08	0.09	0.06	0.10	0.07	0.09	0.07	0.19	0.03
Er	0.08	0.16	0.08	0.19	0.40	0.18	0.39	0.25	0.35	0.27	0.70	0.09
Tm	0.01	0.03	0.01	0.03	0.08	0.03	0.07	0.04	0.06	0.04	0.12	0.01
Yb	0.06	0.24	0.05	0.12	0.57	0.19	0.61	0.32	0.44	0.36	1.02	0.09
Lu	0.01	0.04	0.01	0.02	0.08	0.04	0.11	0.04	0.06	0.06	0.19	0.02

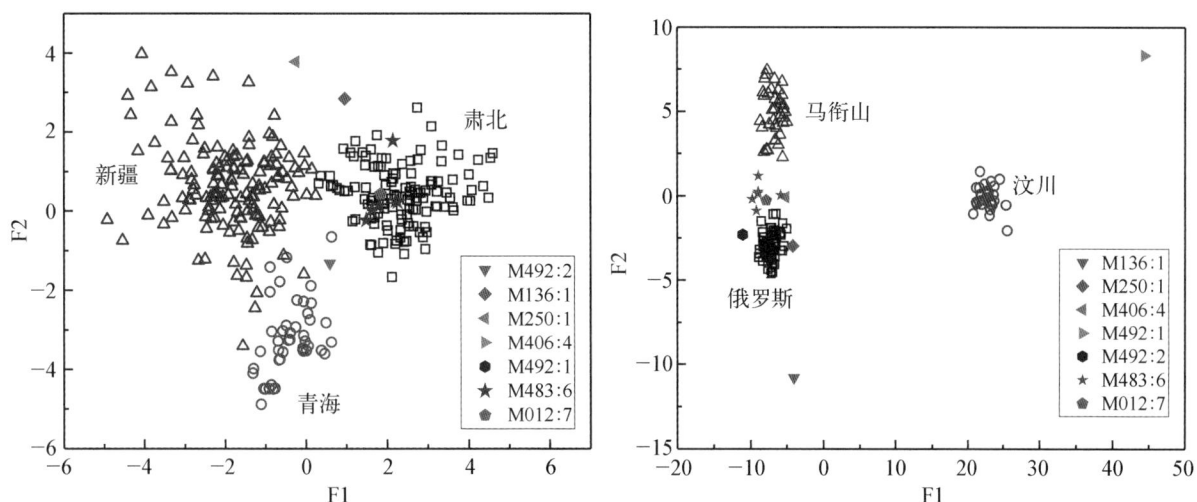

图四三三　　下靳透闪石玉与其他产地透闪石玉微量元素线性判别分析投影图

　　蛇纹石质的玉器是中国使用历史最悠久的玉石器种类之一[1]，根据其主体岩石的特征，蛇纹石玉主要可以分为超基性岩型和富镁碳酸盐型两种或者三种成因（混合岩化类型）类型[2]。在本次测定的170多件下靳墓地出土玉石器中，有4件玉石器（M97∶1、M218∶2、M413∶1、M516∶1）可以明确确定为较纯的、主要由蛇纹石矿物组成的玉器，根据pXRF无损测试结果（表二七），4个样品中Cr、Ni含量较高的有2个样品，分别为M97∶1的玉钺和M218∶2的玉环，其成因类型可归属于超基性岩型；而另外两件具有非常低Cr、Ni含量的M413∶1玉石钺和M516∶1的璜型组合璧（缺块），其成因类型应该属于富镁碳酸盐型。就目前国内蛇纹石玉矿的分布看，两种类型的蛇纹石玉同时在一个矿出现的很少见，显然，4件蛇纹石玉器的玉料来源有所不同；其中，M97∶1的玉钺形制特点为斑杂灰绿色，半透明—不透明状，杂质较多，呈现斑杂结构，具有结构粗以及黑色磁铁矿包体呈侵染状分布的特征，与来自泰山的蛇纹石较为相似，而与周边较近的陕西汉中蛇纹石玉、祁连山地区目前所知的蛇纹石玉及甘肃武山的鸳鸯玉均有所不同（均含有透辉石的副矿物），显示可能为东部输入的蛇纹石玉器/料。

　　可见，下靳墓地出土的透闪石玉料和蛇纹石玉料均具有多源性，目前可以确认部分透闪石玉料很大可能来自甘肃肃北地区发现的古玉矿，另有部分透闪石玉与目前已知的玉矿不符，存在来

[1]　栾秉璈：《史前古玉玉质及玉料来源问题研究》，《南阳师范学院学报（社会科学版）》2005年第2期，第113～116页。董俊卿、王永亚、干福熹等：《利用PIXE和ICP-AES对蛇纹石原料及中国古代蛇纹石玉器的微量元素分析（英文）》，《光谱学与光谱分析》2016年第11期，第3780～3788页。张跃峰等：《蛇纹石质"泰州玉"岩石矿物地球化学特征及产地来源分析》，《2013中国珠宝首饰学术交流会论文集》，科学出版社，2013年，第231～236页。

[2]　万朴：《我国两种类型蛇纹石玉的初步研究》，《非金属矿》1990年第1期，第10～12页。黄宣镇：《中国蛇纹石玉矿床》，《中国非金属矿工业导刊》2005年第3期，第55～57页。Evans B W., Lizardite versus antigorite serpentinite: Magnetite, hydrogen, and life(?), Geology, 2010, 38(10): 879～882.胡海燕、杨蓉、张丽倩等：《陕西汉中地区汉中玉中蛇纹石玉的矿物成分与成因分析》，《矿产勘查》2018年第6期，第1108～1112页。

自尚未发现古玉矿的可能性,其来源需要进一步研究(表三〇)。而蛇纹石玉料中,有一类可能来自山东泰山的蛇纹石玉料/器,而另外一类富镁碳酸盐型的玉器来源无法推测。

表三〇　下靳透闪石玉产地的线性判别分析预测结果表

样　品　名			预 测 结 果	可 信 度
M12：7			肃北	高
M136：1			俄罗斯	低
M250：1			俄罗斯	低
M406：4			马衔山	低
M483：6		1	肃北	高
		2	肃北	高
		3	肃北	高
		4	肃北	高
		5	肃北	高
		6	肃北	高
M492：1			汶川	低
M492：2			肃北	低

3. 根据墓葬遗址区域资源状况进行的判断

　　下靳墓地位于山西省西南部的临汾市,东倚太岳、北靠吕梁、南接中条山,地质构造上属于华北克拉通中部地块的断陷盆地(坳陷)。大量的钻井勘探证实,临汾坳陷新生界下伏基岩以石炭系—二叠系为主,其次为下—中三叠统,另有上侏罗统、太古宇变质岩等零星分布[1]。新太古代—中元古代时,该地处于华北克拉通东部地块与西部地块碰撞拼合并最终克拉通化的交接部位[2],周围新太古代到古元古代涑水杂岩有一系列的基性—超基性岩体等分布(蛇纹石玉产出的相关岩石),而古元古代主要分布火山—沉积岩系(吕梁群、岚河群、绛县群、中条群)。其中,中条群为

[1]　侯玉树、赵广江、杨永强等:《吕梁山古裂谷带演化及成矿制约研究》,《吉林大学学报(地球科学版)》2006年S1期,第16～18页。临齐玥、徐鸿博、张竞雄等:《汾断陷盆地孤峰山花岗闪长岩的地球化学和年代学及其地质意义》,《地质论评》2011年第4期,第565～573页。赵俊峰、盛双占、王栋等:《临汾—运城盆地上古生界演化、改造及油气资源潜力分析》,《地质论评》2019年第1期,第168～179。田辉、王惠初、任云伟等:《山西云中山—关帝山地区界河口岩群岩石学特征、LA-ICP-MS锆石U-Pb年龄及其归属》,《地质通报》2014年第5期,第672～683页。

[2]　Zhao, G. C., Sun, M., Wilde, S. A., Li, S. Z., Late Archean to Paleoproterozoic evolution of the North China Craton: Key issues revisited, *Precambrian Res*, 2005, 136: 177～202. 赵俊峰、刘池洋、Nigel MOUNTNEY等:《吕梁山隆升时限与演化过程研究》,《中国科学:地球科学》2015年第10期,第1427～1438页。

板岩、大理岩和绢片岩层,不整合覆盖于早期的片麻岩基底上;吕梁山地区界河口岩群也有一定量的条带状大理岩、斜长角闪岩等。上述岩石类型与下靳墓地出土石器的大理岩和蛇纹石化大理岩的岩性近似,在材料采用上具有地理上的便利,因此,上述的类似的玉石材料很有可能与当地有关。

国内单独的绿泥石矿发现较少[1],而附近区域的煤矿、铁矿中经常可以发现伊利石及绿泥石、石英、滑石的蚀变岩石[2],因此,绿泥石质、伊利石质玉石器等材料的使用,是否和当地具有相应的、有关的资源也无法排除。下靳墓地与清凉寺墓地不仅空间距离近、文化特征非常一致,而且两地出土玉器材料的组成也非常一致。不仅限于此,两地在透闪石玉使用的比例上也非常接近(占全部出土玉器的比例在10%左右)[3],同时,两地均有绿泥石质、伊利石质、石英质以及滑石质类玉石器的使用。这种情况要么说明这些材料在当地较容易获得,要么说明对这些材料的使用有明显的地方偏好。

（四）基本认识及结论

本次科学测试确定了下靳墓地出土及收集的玉石器中,有19件（套）透闪石质的玉器,在下靳266余件（套）的玉石器中所占比例为7%。由于并不是所有的玉石器都进行了科学测试,不排除个别可能属于透闪石质玉器但未做测试的可能,因此,上述比例仅为阶段工作成果。根据透闪石玉器的质地特点及7件玉器微量元素成分特征及其与国内目前透闪石玉矿玉料的科学比较,可以确认,该地有来自肃北的透闪石质玉料。

同时,科学鉴定出存在具有2种不同成因来源的4件蛇纹石质玉器,其中一件玉钺（M97∶1）可能和大汶口文化的蛇纹石质玉器具有相同的材料来源。

当地具有绿泥石质、伊利石质以及其他类型玉石器和岩石的产出条件,这些材料不排除为本地来源的可能（但本次的野外调研及采样,未采集到可以匹配的样品）。

综上所述,下靳墓地出土玉器玉料的来源是多元的,部分透闪石玉为甘肃西北部来源,蛇纹石玉则很可能有东部的来源,显示该地其时具有中转集散地之特点。但是,由于墓葬玉器和当时使用的大宗玉器的材料特点并非完全一致,有关的结论仍然有待更多的研究才能证实。

（五）绿松石制品的产源特征探索

绿松石,这一从新石器时代中期就被人们垂青的宝石矿物,在整个人类装饰品的历史上占

［1］ 张跃峰等:《广东信宜新发现的"绿泥石"质玉石研究》,《珠宝与科技——中国珠宝首饰学术交流会论文集（2015）》,2015年。

［2］ 金凤英、朱玉玲、康凯:《伊利石矿床成因类型及应用》,《吉林地质》2006年第3期,20～23页。尹向林、王进朝、杜宝珍:《山西长治芦沟铁矿地质特征及成因简析》,《山西冶金》2012年第4期,第51～53页。黄波、郑启明、石松林:《华北地区京西煤田侏罗纪煤层中伊利石矿物学特征及成因》,《煤田地质与勘探》2020年第2期,第92～98页。

［3］ 山西省文物考古研究所等:《清凉寺史前墓地》,文物出版社,2016年。

有举足轻重的地位。本研究对出土于临汾下靳墓地的7件绿松石制品的物相结构、铅锶同位素组成等进行检测分析，以期解读其背后隐藏的产源特征信号，探索早期下靳先民获取绿松石资源的方式。

1. 样品特征和测试方法

下靳墓地有10余座墓葬出土有绿松石制品，本研究取自该墓地的绿松石样品一共7件（表三一）。其中XJ-1来自M136，XJ-2、3来自M28，XJ-4、5、6、7来自M30。

表三一 临汾下靳绿松石形状及尺寸描述表

（单位：μm）

编 号	出土单位	所属文化/年代	形 状	长	宽	厚
XJ-1	M136		椭圆形	1 180	6 700	2 200
XJ-2	M28		长条状	1 210	3 900	1 700
XJ-3	M28		三角形	7 500 × 7 200	7 500	2 400
XJ-4	M30	陶寺文化早期	碎粒	3 400	1 800	1 380
XJ-5	M30		碎粒	3 500	2 800	1 400
XJ-6	M30		碎粒	3 140	2 200	1 500
XJ-7	M30		碎粒	4 000	3 700	2 360

本研究首先使用拉曼光谱仪对所取样品进行物相检测，以确定样品是否为绿松石；然后用TIMS对样品的铅锶同位素比值进行检测，以解读样品的产源特征。

拉曼光谱检测仪器为法国JY公司生产的Horiba型显微拉曼光谱仪，配备Olympus显微镜，激光器波长为638 nm，激光能量约为12.5 mw，曝光时间为30 s，扫描次数为30次，扫描范围4 000～100 cm。

本实验所使用的铅、锶同位素检测仪器是核工业北京地质研究院分析测试研究中心IsoProbe热电离质谱仪，英国GV公司（原MicroMass公司）制造。该设备配置有17个接收器，包括有9个法拉第杯、1个戴利检测器、1个电子倍增器和7个离子计数器，可以满足微量—超微量样品的高精度同位素分析测试。

2. 检测分析结果

（1）拉曼光谱检测及物相判断

对所取样品均作了拉曼光谱检测，检测结果见表三二和图四三四。由表三二可知，所取样品的拉曼峰位于3 437 cm^{-1}、1 038 cm^{-1}、813 cm^{-1}、642 cm^{-1}、415 cm^{-1}、232 cm^{-1}处；由图四三四可知，样品的强峰位于1 038 cm^{-1}附近。经过与标准谱图（在线矿物谱库http://rruff.info/index.php）对比，所取样品的拉曼谱图与绿松石矿［Turquoise，分子式$CuAl_6(PO_4)4(OH)_85H_2O$］的标准谱图四三四一致。

表三二　临汾下靳绿松石拉曼特征峰谱值

出土单位	样品号	ν(OH)伸缩振动	ν₃(PO₄)伸缩振动	ν(H₂O)伸缩振动	ν₄(PO₄)弯曲振动	ν₂(PO₄)弯曲振动	ν(CuO)
参考值（Ray L.Frost）		3 800～3 400	1 066,1 042	900～700	700～500	500～400	330,235
临汾下靳	XJ-1	3 474	1 038	812	641	416	229
	XJ-2	3 474	1 041	811	645	419	232
	XJ-3	3 472	1 041	811	643	418	232
	XJ-4	3 474	1 038	811	644	419	228
	XJ-5	3 472	1 041	812	643	418	231
	XJ-6	3 472	1 037	818	646	416	

注：临汾下靳XJ-7仅出现绿松石的拉曼主峰1 035，故其峰值不在此表中列出。

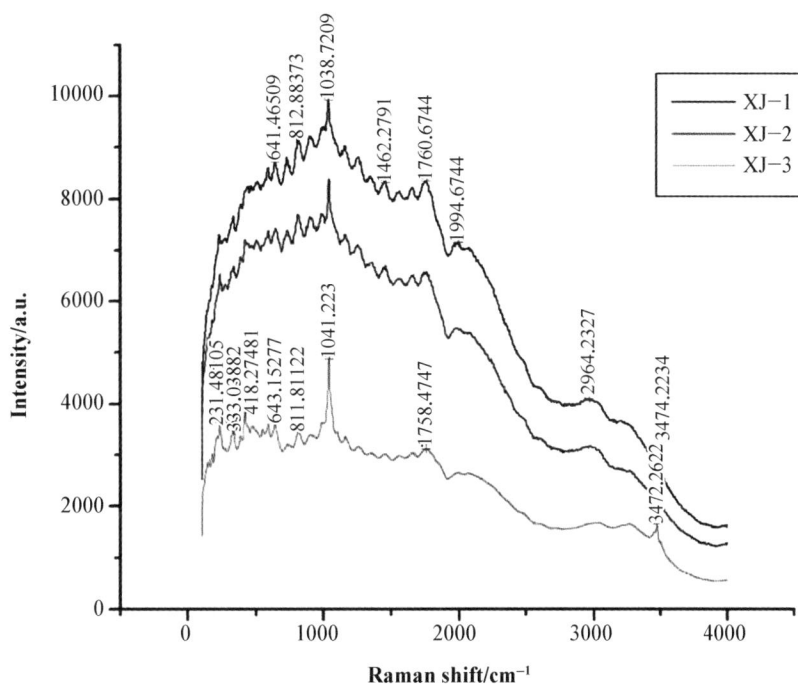

图四三四　临汾下靳绿松石拉曼图谱

根据Ray L. Frost[1]以及陈全莉[2]等人的研究，4 000～3 400 cm⁻¹范围内出现的拉曼谱峰是绿松石中羟基单元中的氢氧根拉伸振动引起的；在3 300～3 000 cm⁻¹范围内的峰值是绿松石水

[1] Frost Ray L, Reddy B Jagannadha, Martens Wayde N, et al. The molecular structure of the phosphate mineral turquoise—a Raman spectroscopic study. *Journal of Molecular Structure*, 2006, Vol. 788: 224.
[2] 陈全莉等:《绿松石的激光拉曼光谱研究》，《光谱学与光谱分析》2009年第2期，第406～409页。

单元中的氢氧根拉伸振动引起的；在 1 200～500 cm^{-1} 内产生的峰是磷酸根基团振动所致，具体表现为：1 159～976 cm^{-1} 范围附近为 v3（PO$_4$）非对称伸缩振动，在 641～548 cm^{-1} 范围为 v$_4$（PO$_4$）非对称弯曲振动，479～413 cm^{-1} 范围为 v$_2$（PO$_4$）对称弯曲振动。其中前一个峰值强度较高，为绿松石的主峰，后两个振动的峰都相对较小且强度低；330 cm^{-1}、235 cm^{-1} 附近出现的峰是绿松石中 v（CuO）振动引起的[1]。

由以上检测及分析可知，所取样品均为绿松石。

（2）TIMS 检测及 Pb 同位素分析

自然界中的铅存在四种稳定的同位素，它们是 ^{208}Pb、^{207}Pb、^{206}Pb 和 ^{204}Pb。铅同位素组成在很大程度上反映了成矿温度差异、矿化阶段以及成矿物质来源[2]。铅同位素组成可以作为矿石的"指纹"指征矿石产源。铅同位素被广泛地应用在国内外考古领域，用于指征早期青铜器及绿松石制品[3]等的产源。

本次将所有样品均作了铅同位素组分检测。检测结果见表三三。

表三三　临汾下靳绿松石铅同位素数据[4]

样 品 号	^{207}Pb/^{206}Pb	^{208}Pb/^{206}Pb	^{206}Pb/^{204}Pb	^{207}Pb/^{204}Pb	^{208}Pb/^{204}Pb
XJ-1	0.837 04	2.045 94	18.371 53	15.377 57	37.587 18
XJ-2	0.797 32	1.989 51	19.519 06	15.565 32	38.827 65
XJ-3	0.831 54	2.050 61	18.947 52	15.755 43	38.849 08
XJ-4	0.861 81	2.114 13	18.084 00	15.585 00	38.232 00
XJ-5	0.879 13	2.143 29	17.656 00	15.522 00	37.842 00
XJ-6	0.751 71	1.901 92	21.064 00	15.834 00	40.062 00
XJ-7	0.781 87	1.958 74	20.139 00	15.746 00	39.447 00

（3）TIMS 检测及 Sr 同位素分析

自然界中锶有四种稳定的同位素，它们是 ^{84}Sr、^{86}Sr、^{87}Sr 和 ^{88}Sr。其中 ^{87}Sr 是放射性同位素 ^{87}Rb（半衰期约 470 亿年）的衰变产物，因此地球上 ^{87}Sr 的总量是随时间不断增加的。而且不同的矿物和岩石成矿或成岩的年代不同以及母岩的铷锶含量比不同，其锶同位素组成也是不同的。一般用 ^{87}Sr 与 ^{86}Sr 的比值作为物质锶同位素组成的度量。对于大多数岩石和矿物，^{87}Sr/^{86}Sr 比值高于

[1]　李延祥、张登毅等：《山西三处先秦遗址出土绿松石制品产源特征的探索》，《文物》2018 年第 2 期。
[2]　地质部宜昌地质矿产研究所同位素地质研究室：《铅同位素地质研究的基本问题》，地质出版社，1979 年。
　　　金正耀：《中国铅同位素考古》，中国科学技术大学出版社，2008 年。
[3]　Alyson M. Thibodeau, Joaquin Ruiz, John T. Chesley, Lead and Strontium Isotopes as Tracers of Turquoise, *SAS Bulletin*, 2007(Summer): 10～13. Alyson M. Thibodeau, Isotopic evidence for the provenance of turquoise, mineral paints, and metals in the southwestern United States. PH. D dissertations, The University of Arizona, 2012.
[4]　李延祥、张登毅等：《山西三处先秦遗址出土绿松石制品产源特征的探索》，《文物》2018 年第 2 期。

0.7,有的矿物可达1.0以上。因此锶与铅相似,有可能应用于某些考古遗物的产地溯源[1]。

本次将所有样品均作了锶同位素组分检测。检测结果见表三四。

表三四　临汾下靳绿松石锶同位素数据[2]

样　品　号	遗　　　址	$^{87}Sr/^{86}Sr$	样　品　号	遗　　　址	$^{87}Sr/^{86}Sr$
XJ-1	下靳	0.711 21	XJ-5	下靳	0.710 22
XJ-2	下靳	0.712 70	XJ-6	下靳	0.710 27
XJ-3	下靳	0.711 27	XJ-7	下靳	0.710 20
XJ-4	下靳	0.710 11			

3. 讨论

将临汾下靳绿松石制品与五处绿松石矿源[3]的绿松石样品以$^{207}Pb/^{204}Pb$、$^{87}Sr/^{86}Sr$做散点图(图四三五)。

由图可知,临汾下靳4～7号样品大致聚在一起,其聚集范围大致与竹山喇嘛洞绿松石样品的分布范围接近,2、3号样品大致落在洛南辣子崖绿松石样品的分布范围之内。1号样品与其他样品及矿源的分布范围相差较大。

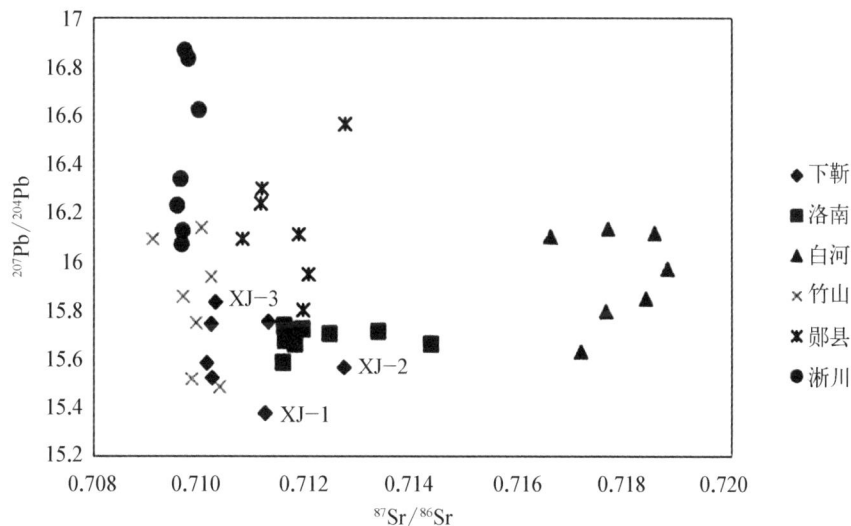

图四三五　临汾下靳与五处矿源绿松石样品铅锶同位素散点图

[1]　李延祥、张登毅等:《山西三处先秦遗址出土绿松石制品产源特征的探索》,《文物》2018年第2期。

[2]　李延祥、张登毅等:《山西三处先秦遗址出土绿松石制品产源特征的探索》,《文物》2018年第2期。

[3]　2012年7月,陕西洛南辣子崖发现一处古绿松石矿,碳十四数据显示其开采年代可以早到龙山时期。基于此,对陕西洛南辣子崖、白河白龙洞,河南淅川大石桥,湖北郧县云盖寺、竹山喇嘛洞等绿松石矿样的铅锶同位素进行了检测。详见先怡衡:《陕西洛南辣子崖采矿遗址及周边绿松石产源特征研究》,北京科技大学博士学位论文,2016年。

下文将铅锶同位素所示踪的样品的矿源特征信息与样品的考古背景相结合讨论。由表可知,4～7号样品源于M30,这几件样品的矿源特征指向竹山喇嘛洞;2、3号样品源于M28,这两件样品的矿源特征指向洛南辣子崖;1号样品源于M136,这件样品在本研究中尚未有确切的矿源与之对应。在已知的矿源之中,临汾下靳绿松石制品中源于竹山喇嘛洞的占多数,源于洛南辣子洞的其次,不见源于白河白龙洞的绿松石制品[1]。

表三五 临汾下靳绿松石样品矿源特征及考古背景对照表[2]

产源特征		临汾下靳(7个样品)
竹山喇嘛洞	4个样品	4(M30)、5(M30)、6(M30)、7(M30)
洛南辣子洞	2个样品	2(M28)、3(M28)
未知矿源1	1个样品	1(M136)

山西临汾下靳墓地出土的绿松石制品中,有很大一部分选料为带有黑色石皮做衬地的薄片状料。郭大顺通过对比东北地区及陕西出土的这类选料特殊的绿松石制品,认为他们有着千丝万缕的联系[3];方辉通过对东北地区出土的大量绿松石制品进行类型学研究之后提出,东北地区出土的绿松石制品不排除来自包括陕西在内的西北地区的可能[4]。值得注意的是,选料为"黑色石皮"状绿松石料的XJ-2,其铅锶同位素数据指向洛南辣子崖。这在科技考古方法上佐证了郭大顺先生在类型学方面关于此类绿松石料来源的推测。

4.结语

通过对出土于临汾下靳墓地7件绿松石样品进行物相、铅锶同位素组成的检测,我们可以得出如下初步结论:

铅锶同位素比值对绿松石制品矿源示踪结果显示:新石器时代晚期的临汾下靳墓地绿松石制品至少有3处不同的矿源,出土于M30的绿松石制品矿源指向竹山喇嘛洞,出土于M28的绿松石制品矿源指向洛南辣子崖,出土于M136的绿松石制品矿源未知。洛南辣子洞、竹山喇嘛洞的绿松石出现在下靳墓地,表明这两处绿松石矿的开采年代可早至庙底沟二期。

二、型式分析

玉石质随葬品的器形主要包括钺、璧(含复合璧)、镞、双孔刀、凿、琮、圭形器、锛、有领石环、镶嵌腕饰、轮形饰等,还有少量石器因为残断无法判断其原来的形制。

(一)钺

59件,出于52座墓中,墓大小约为长2、宽0.5米上下。一般每座墓随葬1件,出土2件的有9座墓(出土2件的墓葬有M218、M245、M372、M406、M439、M472、M483、M518、SKM13,其中7座墓

[1] 李延祥、张登毅等:《山西三处先秦遗址出土绿松石制品产源特征的探索》,《文物》2018年第2期。
[2] 李延祥、张登毅等:《山西三处先秦遗址出土绿松石制品产源特征的探索》,《文物》2018年第2期。
[3] 郭大顺:《从红山文化绿松石饰件想到的》,《中国古代玉器与玉文化高级研讨会纪要》,2000年。
[4] 方辉:《东北地区出土绿松石器研究》,《考古与文物》2007年第1期,第39～45页。

属男性,另2座墓性别不清)。多数出土于男性墓中,墓主属于女性的有6例,性别不清者9例。

出土位置未经扰动的墓中所发现的钺,皆横向平置,多置于髋骨或股骨上。出土2件且未扰乱位置的墓有M218、M483,一件置于右髋骨或股骨,另一件置于右臂外侧;M245与M406则头部出一件,另有肋骨和左股骨各出一件,M372所出一件置于髋骨上,另一件置于股骨上;SKM13出土的两件,一件置于棺内两髋骨上,另一件置于左臂棺外侧。

经鉴定,钺的质料属透闪石的仅有1件,并以大理岩占多数。

钺均为磨制,有6件两侧均为刃状边。有1件近顶端一侧打出缺口,即M472:1,应是便于缚柄而做。经观察,多件器物表面经抛光处理,其中有1件(M483:5)顶端无孔,器体较薄,且做过抛光,光可鉴人,可能更具象征意义。

一般在近顶部中间钻出一孔,孔径1厘米上下,仅M218:3钻2孔,应是断裂后为修补而钻。钻孔多为桯钻,有单面钻和对钻两种。33件采用单面钻,13件采用对钻,使用单面管钻的有5件,无钻孔8件,SKM69出土钺不清。

钺的长度以11~16厘米的居多,最短的3.9,最长的19.7厘米;宽度以5~8厘米的居多,最窄的1.3厘米,最宽的10厘米。有8件未钻孔,有2件表面遗有朱砂痕迹。绝大部分钺刃部无明显的使用痕迹,个别有不甚明显的使用痕迹。

59件中,按平面形状可分A、B、C三型,在A-C型中依刃部形制区又分出3个亚型。

A型,正视呈梯形,顶端(即背端)窄而刃端宽,两端宽度相差0.6~3厘米不等,多数相差1厘米上下。有32件,因残不能辨认刃端的有1件,即M245:2,其余31件按刃部分三个亚型:

Aa型,平刃9件,M119:2、M250:10、M327:1、M394:1、M519:1、SKM4:1、SKM6:1、SKM8:3、SKM69(图四三六)。

Ab型,斜刃12件,M47:8、M153:2、M161:1、M379:1、M401:1、M406:2、M406:3、M409:1、M410:1、M440:1、M483:5、SKM37:1(图四三七)。

Ac型,弧刃10件,M97:1、M269:2、M366:1、M428:1、M439:1、M472:1、M495:1、M516:2、M518:2、SKM13:1(图四三八)。

B型,正视呈长方形,两端宽度大致相等,刃端稍宽,两端宽窄相差不超过0.5厘米。共23件,依刃部分三个亚型:

Ba型,平刃8件,M48:3、M49:1、M211:1、M218:3、M218:4、M335:1、M374:2、M483:7(图四三九)。

Bb型,斜刃7件,M3:1、M221:2、M472:3、M518:1、M241:5、M372:3、M372:4(图四四〇)。

Bc型,弧刃8件,M227:1、M245:3、M263:1、M332:1、M337:1、M439:2、M477:1、M515:1(图四四一)。

C型,正视呈长条形,长度相当于宽度的3倍以上,共4件(图四四二)。依刃部分三个亚型:

Ca型,平刃1件,M413:1。

Cb型,斜刃2件,M45:2、SKM13:5。

Cc型,弧刃1件,SKM10:1。

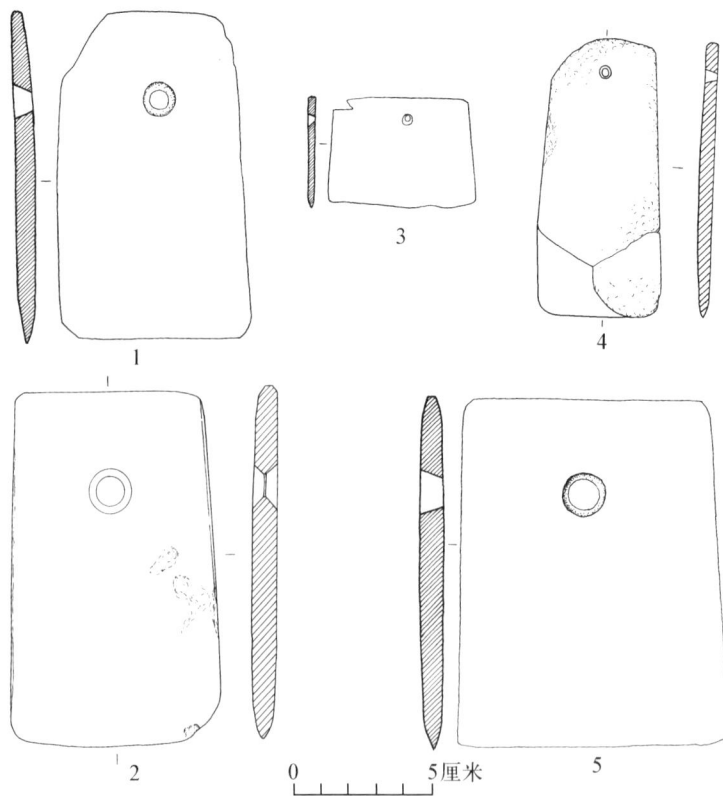

图四三六　Aa型钺

1. M519∶1　2. M327∶1　3. M119∶2　4. M394∶1　5. M250∶10

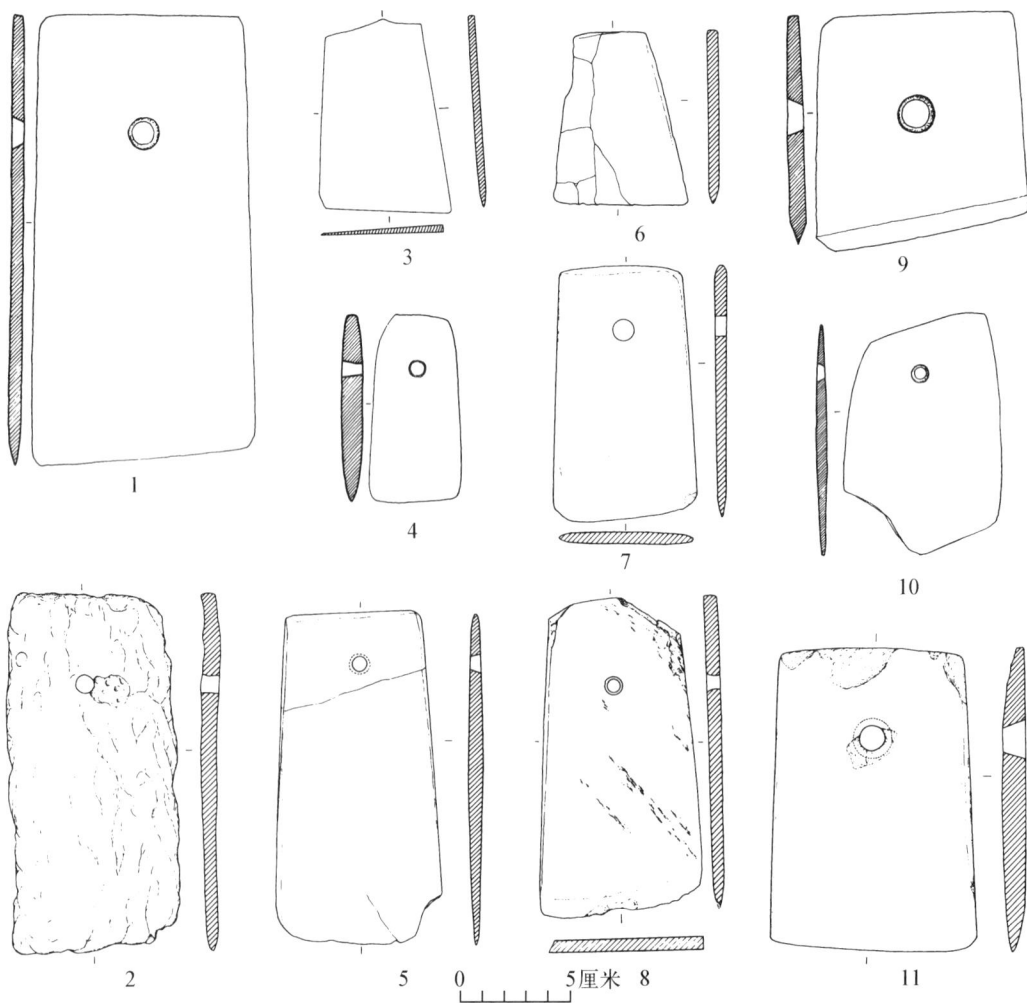

图四三七　Ab型钺

1. M406∶2　2. M161∶1　3. M483∶5　4. M409∶1　5. M440∶1　6. M406∶3　7. M153∶2　8. M47∶8　9. M410∶1　10. M401∶1　11. M379∶1

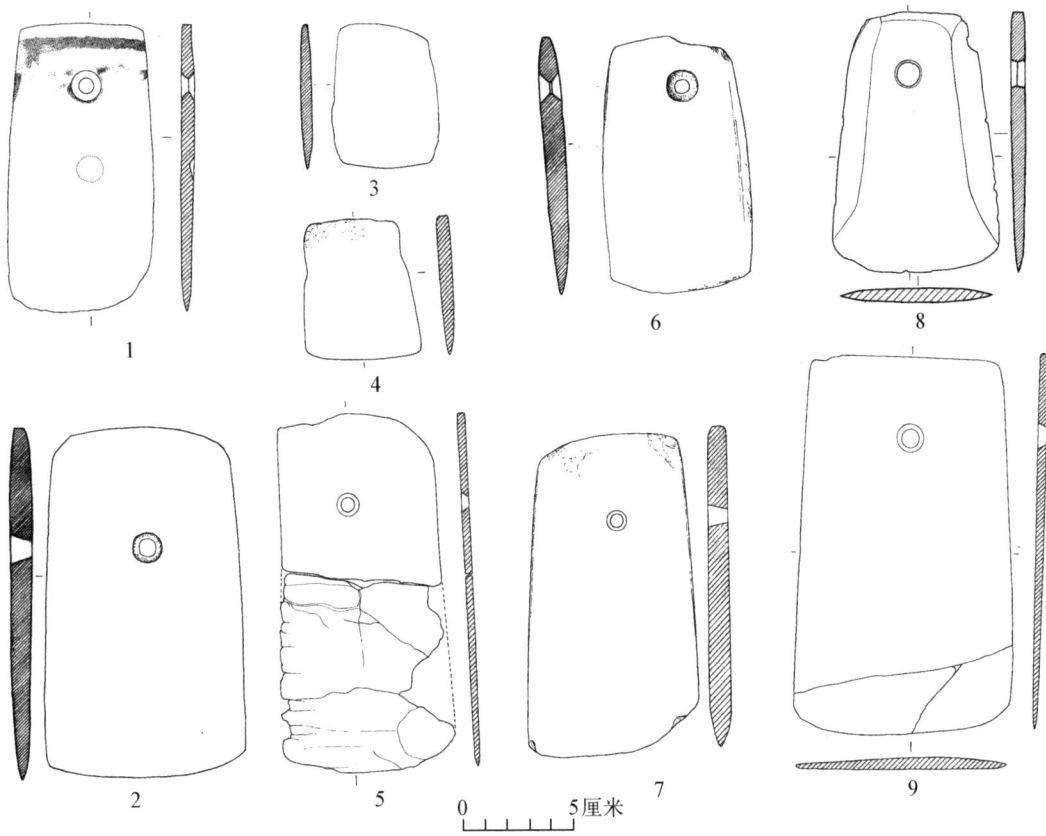

图四三八　Ac型钺

1. M439∶1　2. M518∶2　3. 269∶2　4. M472∶1　5. M428∶1　6. M495∶1　7. M516∶2　8. M97∶1　9. M366∶1

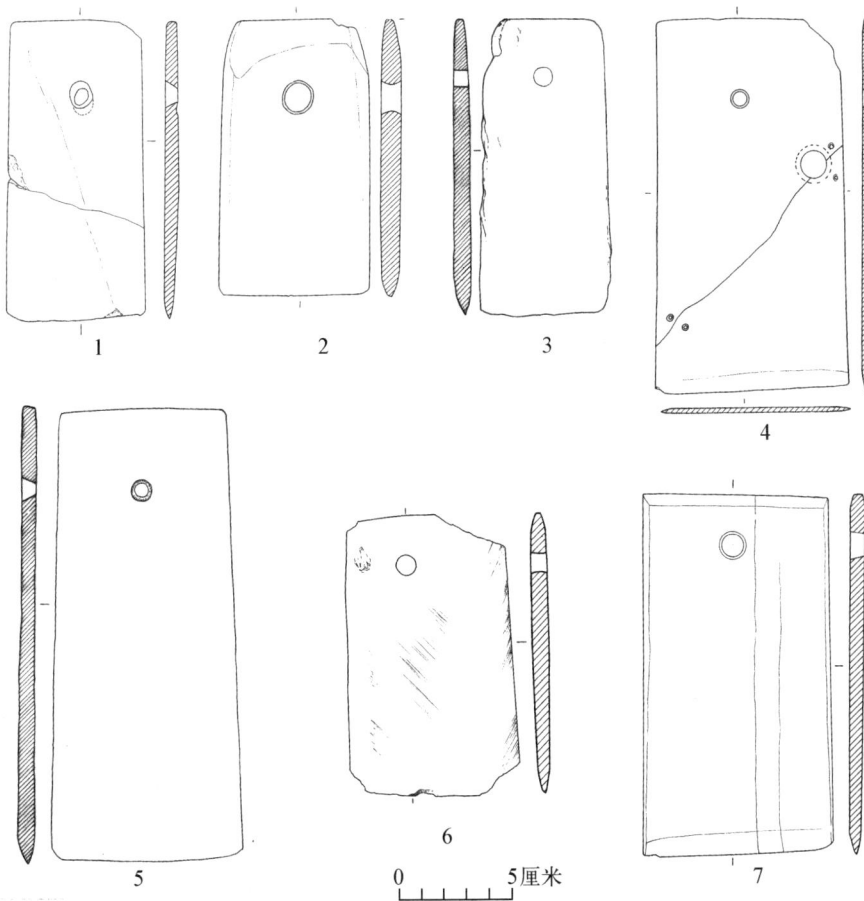

图四三九　Ba型钺

1. M335∶1　2. M483∶7　3. M218∶4　4. M218∶3　5. M48∶3　6. M49∶1　7. M211∶1

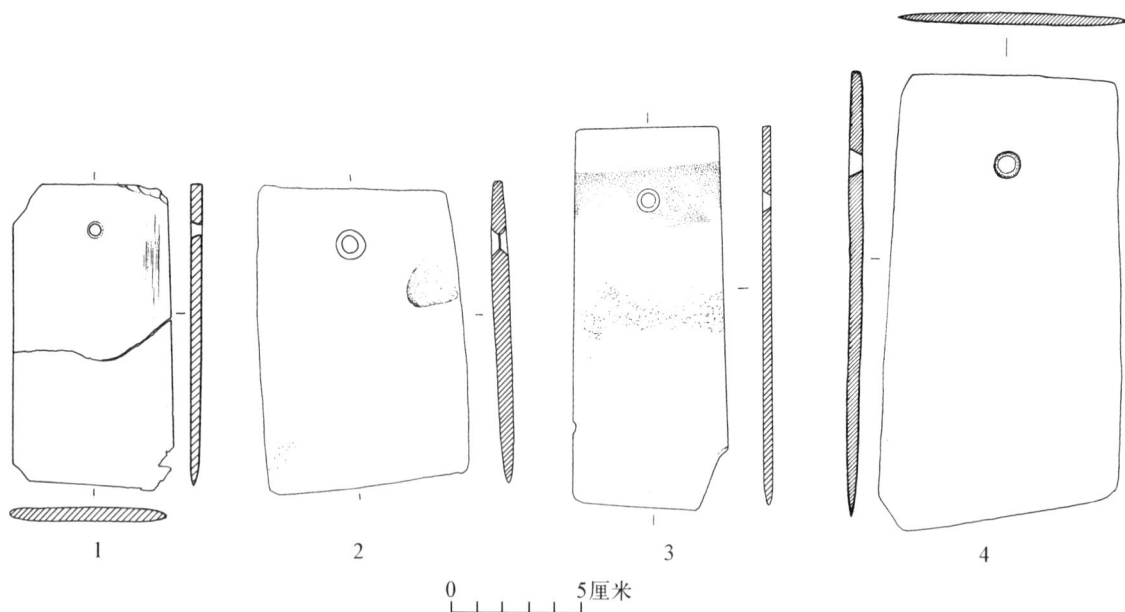

0　　　　　　5厘米

图四四〇　Bb型钺

1. M3：1　　2. M472：3　　3. M518：1　　4. M221：2

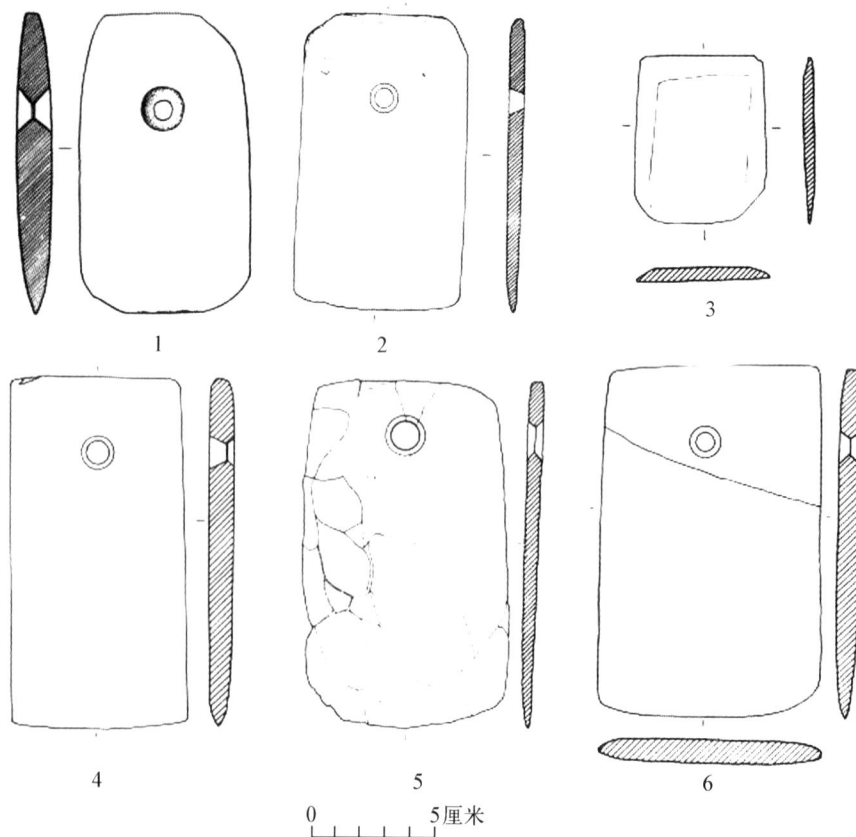

0　　　　　　5厘米

图四四一　Bc型钺

1. M227：1　　2. M515：1　　3. M263：1　　4. M332：1　　5. M477：1　　6. M439：2

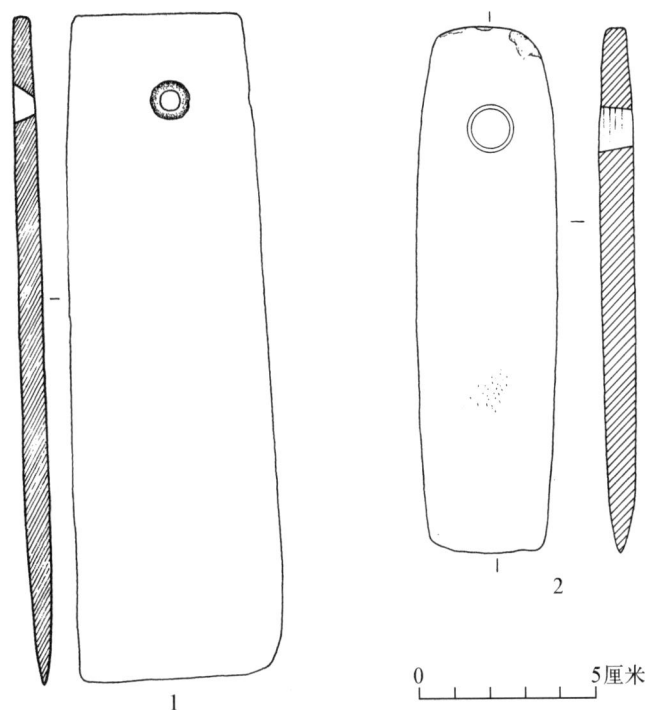

图四四二　C型钺

1. Cb型钺（M45∶2）　2. Ca型钺（M413∶1）

（二）璧

关于璧、环、瑗的定名，《尔雅·释器》中载："肉倍好谓之璧，好倍肉谓之瑗，肉好若一谓之环。"结合出土资料看，实际上先秦时期扁圆形的玉器之中，肉好的比例很不规则，因此造成此类玉器在定名上的混乱，夏鼐先生提出可以将璧、环、瑗三者总称为璧环类或简称为璧，本书即沿用此说。墓地出土玉石璧18件，出土于18座墓，墓主为男性者11座，女性6座，性别不清楚的1座。

置或套于右前臂的有11件，另有2件置于右肱骨上，1件套于右手，另有3件出土位置已扰乱。

多数璧的内外缘由厚至薄出刃，少数内外缘形制一致。按外周及中孔形制可分两型，即A和B型。A型，外周及中孔均做圆形，A型外径最大的23厘米，最小的4.7厘米，大多在11～17厘米之间，好径最大的11.8厘米，最小的2.1厘米，多数在6～7厘米之间，厚度多在0.5～0.8厘米之间，最厚的1厘米。B型，中孔做椭圆形，外周呈圆角长方形，1件，标本M150∶2，已残（图四四五，1）。A型，依好径与外周直径的比例，可分三个亚型：

Aa型，好径小于外径的二分之一，共8件，M141∶1、M145∶1、M213∶3、M221∶1、M241∶6、M268∶3、M372∶2、M406∶1（图四四三）；

Ab型，好径约略相当于外径的二分之一，上下误差不超过1厘米，共4件，M70∶2、M136∶1、M218∶2、SKM13∶3（图四四四，1、7）；

Ac型，好径大于外径的二分之一，但小于外径的三分之二，共5件，M45∶1、M47∶7、M245∶4、M273∶1、M352∶1（图四四四，2～6）。

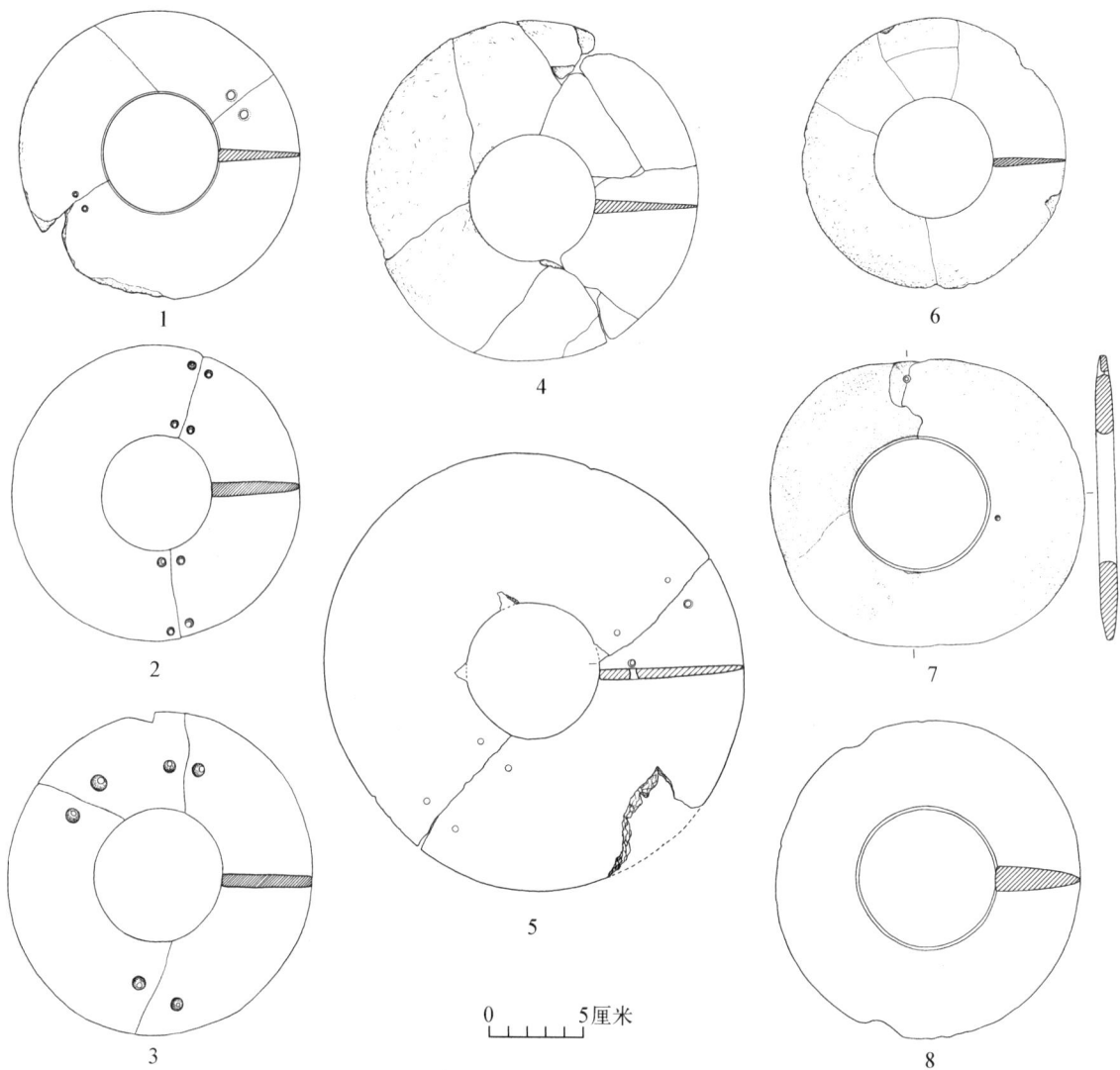

图四四三　Aa 型璧

1. M268 : 3　2. M145 : 1　3. M406 : 1　4. M241 : 6　5. M141 : 1　6. M372 : 2　7. M213 : 3　8. M221 : 1

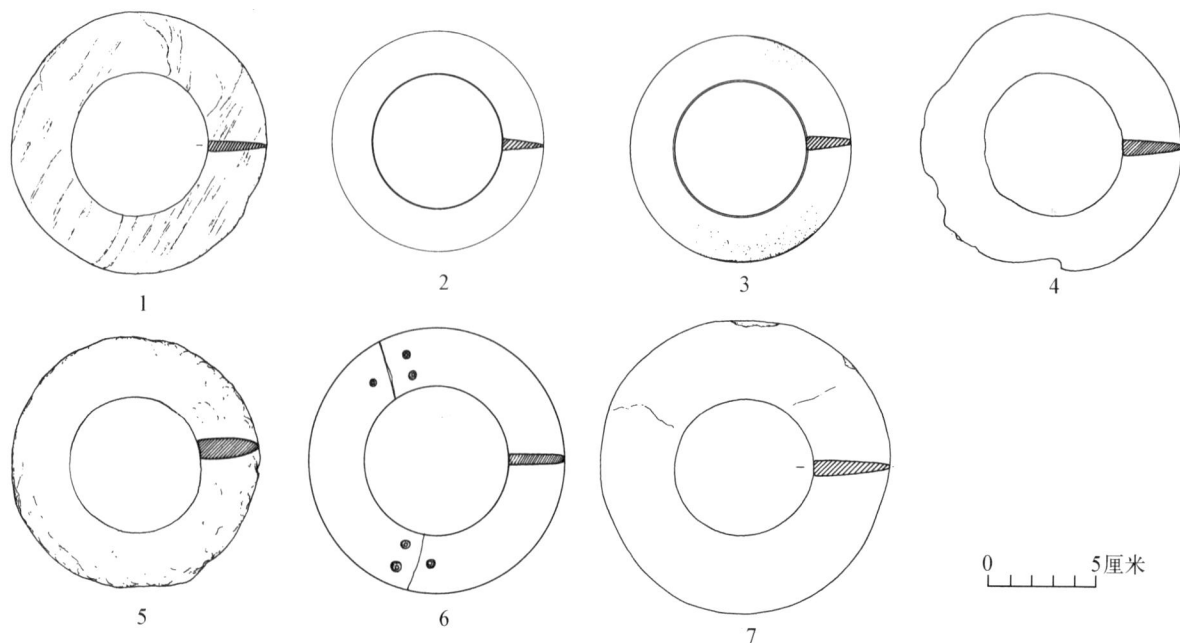

图四四四　Ab、Ac 型璧

1、7. Ab 型（M218 : 2、M70 : 2）　2、3、4、5、6. Ac 型（M352 : 1、M245 : 4、M273 : 1、M45 : 1、M47 : 7）

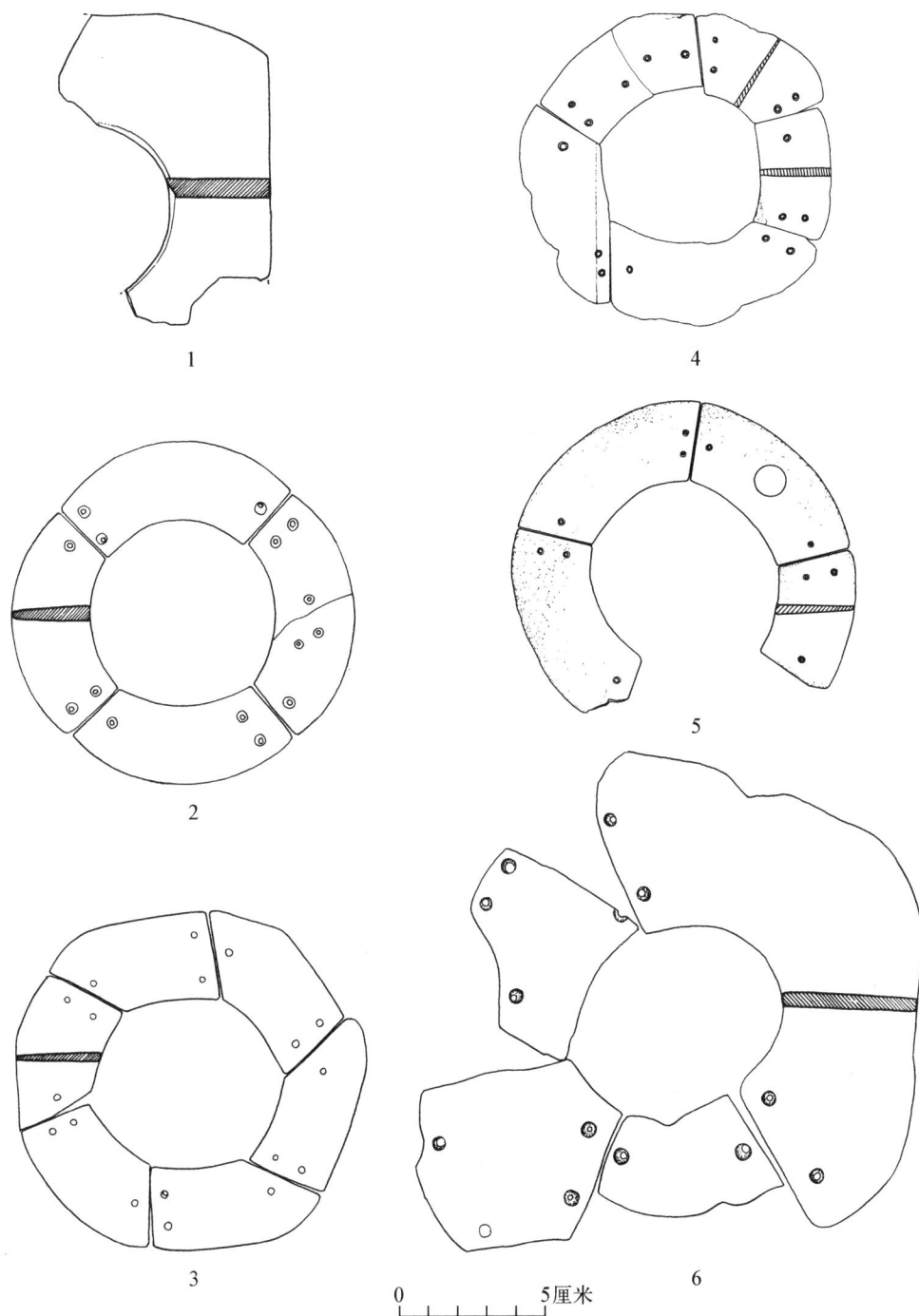

图四四五　B型璧和复合璧

1. B型璧(M150：2)　2～6. 复合璧(M229：1、M483：6、M472：2、M516：1、M108：1)

　　复合璧或曰联璜璧：由多节璜连在一起，合成圆形，每节璜的两端各有小孔一两个，当是串线绳或皮条所用。共出土8件(M108：1、M214：3、M229：1、M472：2、M483：6、M516：1、SKM8：4、SKM40：2)，发现于8座墓中，男性墓5件，女性墓1件，性别不明者2座(图四四五，

2～6）。出土位置未扰乱的墓中，所出复合璧套于右前臂3件，套于左前臂1件，置于右肱骨处1件。除2件稍规整外，即M229：1与M516：1，其余形制多不规整，拼合形成的复合璧外周和中孔多呈不规则圆形或椭圆形。

（三）镞

12座墓中出土30件，其中6座为男性墓，1座墓有男女两具人骨，3座为女性墓，有2座墓性别不详。各墓出土数量1～4件不等，仅M255出13件。未经扰动者的墓有5座，其中2座墓中各出1镞，出土位置均在头顶左侧，另外3座墓出土的镞分别在左股骨外侧、头骨右侧、左脚踝处。磨制，镞体表面平滑，锋刃锐利。质料以板岩最多，还有少量大理岩、片岩等。

依形制，可分以下五型：

A型，扁平薄片，平面呈三角形，两侧磨成弧刃，后端齐平，有11件，即M60：2、M104：1、M245：5、M245：6、M250：9、SKM3、SKM32（图四四六，1～3）。

B型，扁平薄片，前半部呈等腰三角形，后半部作长方形，后端齐平，有15件，如标本M60：3、M212：2、M255：3-15（图四四六，4、5）。

C型，器身平面呈柳叶形，横截面呈橄榄形，尖锋，弧形侧刃，无铤，有2件，如标本M301：1、SKM51：1（图四四六，6）。

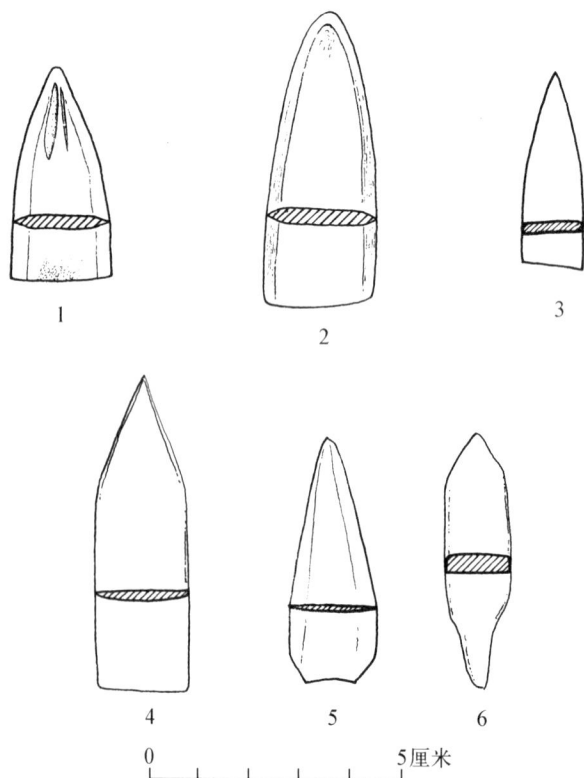

图四四六　镞

1～3. A型（M245：5、M245：6、M60：2）　4、5. B型（M255：12）　5. C型（M301：1）　6. D型（M289：1）

D型,扁平薄片,前端呈三角形,中部呈长方形,后端出铤,有1件,标本M289:1(图四四六,7)。
E型,前锋为三棱形,身作圆柱状,短铤作圆锥状,有1件,SKM58:5。

（四）双孔刀

出土于6座墓中,共6件,M58:1、M153:1、M385:1、SKM8:1、SKM51:6、SKM58:2。墓主皆为男性(图四四七)。

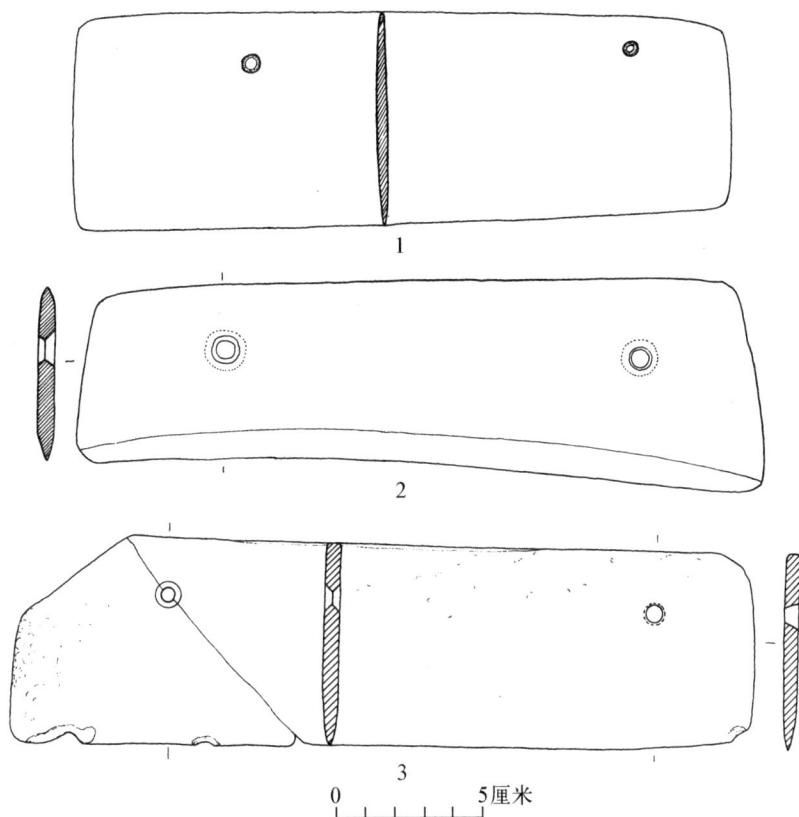

图四四七　双孔刀

1~3.(M58:1、M153:1、M385:1)

平面形制呈梯形,背窄刃宽,刀的左右两侧均宽窄不一,刃部无明显使用痕迹,2件背端和刃端均为双面刃,另4件的背端为平背。双孔的位置近刀背,但也有2件的双孔位置分布有别,一孔近刀背中部,一孔近窄端侧面中部。刃部不同,多斜直,仅1件(M153:1)刃部内凹。

（五）凿

1件,出土于M393,墓主为男性。M393:1,灰白色。长条形,两端薄中间厚,单面直刃,通体磨光。横置于右股骨上,质料为蚀变大理岩,器体已受腐蚀(图四四八,3)。

（六）琮

出土于2座墓中，一座墓主为女性，另一座性别不详，并且均被扰乱。一件已残，外侧为直角方形，中孔圆形，标本M115∶1；另一件，外侧为圆角方形，中孔圆形，标本M235∶2（图四四八，1、2）。

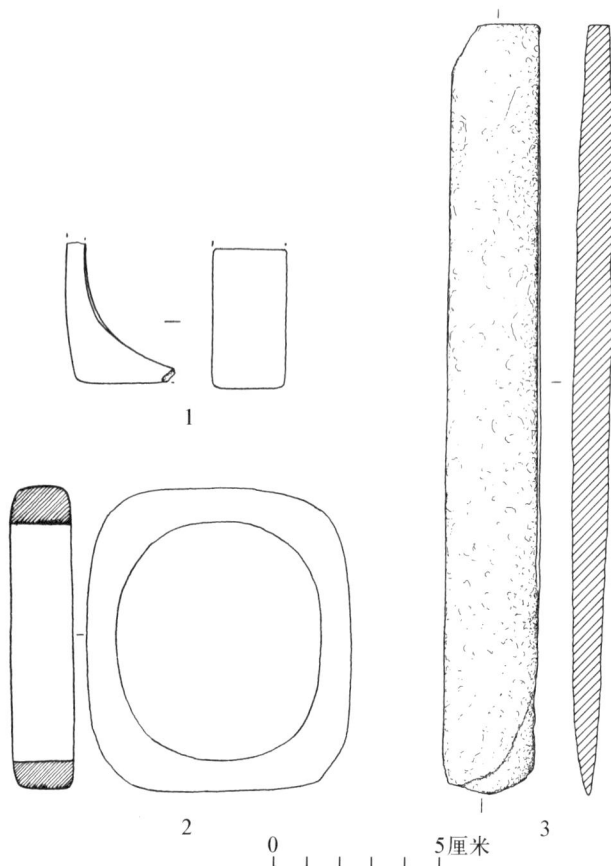

图四四八　琮、凿

1、2.琮（M115∶1、M235∶2）　3.凿（M393∶1）

（七）石圭

2件。器身长条形，上端有三角形尖锋，下端平直，标本M48∶1、SKM15∶3。

（八）锛

1件，平面呈长方形，器身扁平，平直单面刃，标本SKM15∶1。

（九）有领石环

也有学者称为有领璧。出土于3座墓中，每座墓出土1件，并且这些墓均被扰乱，墓主性别不详（图四四九，1～3）。横切面呈楔形，内缘厚，外边薄，内缘起棱。质料方面，1件（M234∶1）为大理岩，其余两件（M276∶1、M279∶2）为蚀变大理岩。

（十）镶嵌腕饰

绿松石（或骨饰）镶嵌腕饰3件，出自3座墓中，即M76：1、M136：3、M139：3，墓主皆为女性（图四四九，4）。

镶嵌所用的绿松石片饰，呈绿色，不规则形，大小不一，表面多磨光。绿松石（或骨饰）皆黏于黑色胶状物上，有较强的黏合性。出土时套于右（左）前臂（手腕）处。

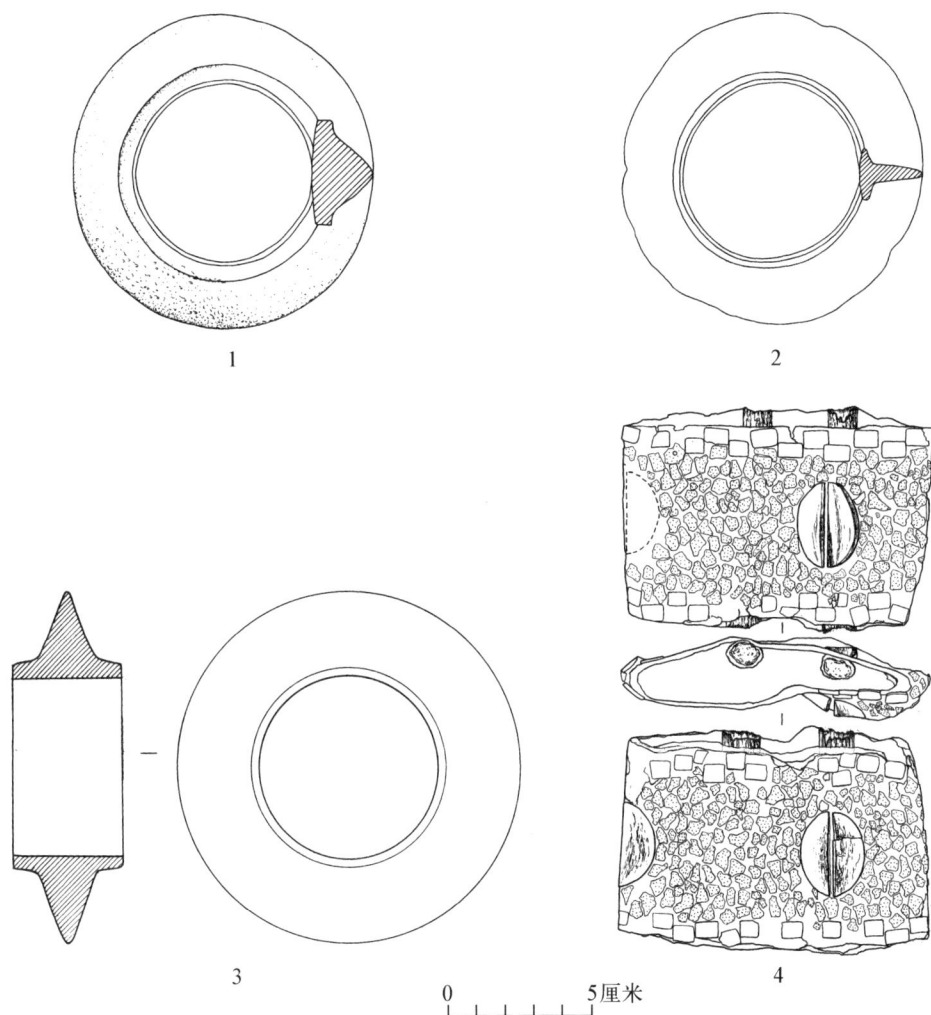

图四四九　镶嵌腕饰、有领石环

1～3. 有领石环（M276：1、M234：1、M279：2）　4. 镶嵌腕饰（M139：3）

（十一）轮形饰

平面作圆形，扁平，中央穿孔，共4件（M12：2、M44：3、M47：3和SKM69：1），1件已残，出土于4座墓中，墓均被扰乱，其中2座墓主为男性（M12、M47），1座为女性（M44），1座不明（SKM69）图四五〇，2～4）。质料方面，2件属大理岩，1件属伊利石，直径约为3厘米。

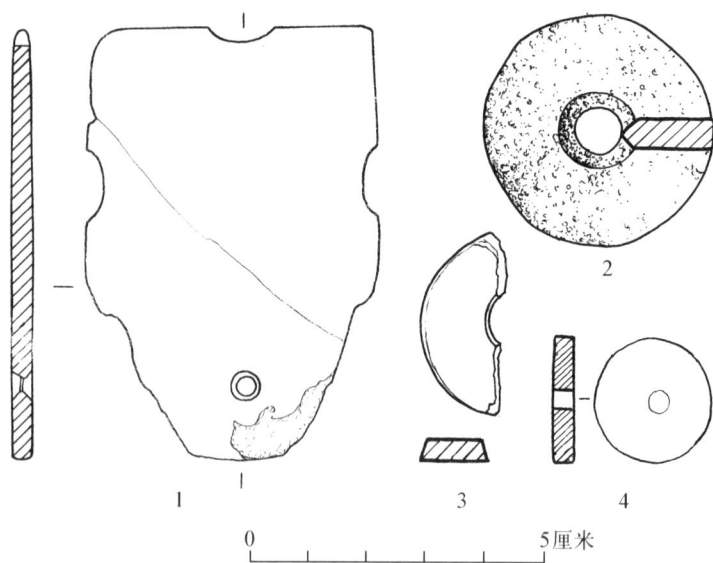

图四五〇　梯形花边石片、轮形饰

1. 梯形花边石片（M255：1）　2～4. 轮形饰（M44：3、M12：2、M47：3）

（十二）梯形花边石片

1件，青白色，器身近梯形，窄端有肩，近顶端有一对钻圆孔，厚度均匀，但宽端略薄，两侧及宽端中部有一圆形凹槽，通体抛光，标本 M255：1（图四五〇，1）。

（十三）V形槽玉石器

6件，出土于4座墓中，其中1座墓（M483）出土3件，其余各出土1件，即M16：1、M47：1、M483：3、M483：4、M483：8、M492：1（图四五一）。

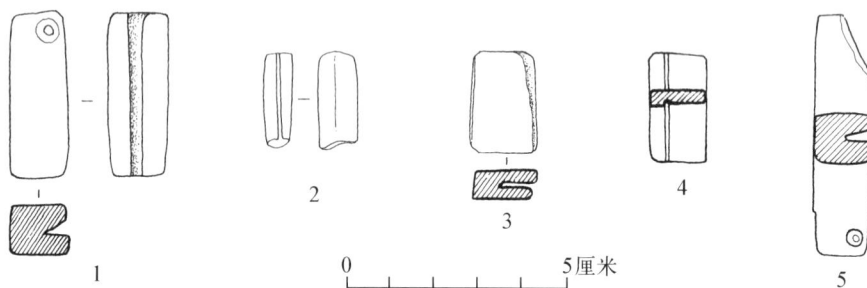

图四五一　V形槽玉石器

1. M483：3　2. M47：1　3. M483：4　4. M492：1　5. M483：8

（十四）管

发现32件。柱状，横截面呈圆形、鼓形或椭圆，中孔圆形（图四五二）。1件器身为梯形。可分五型：

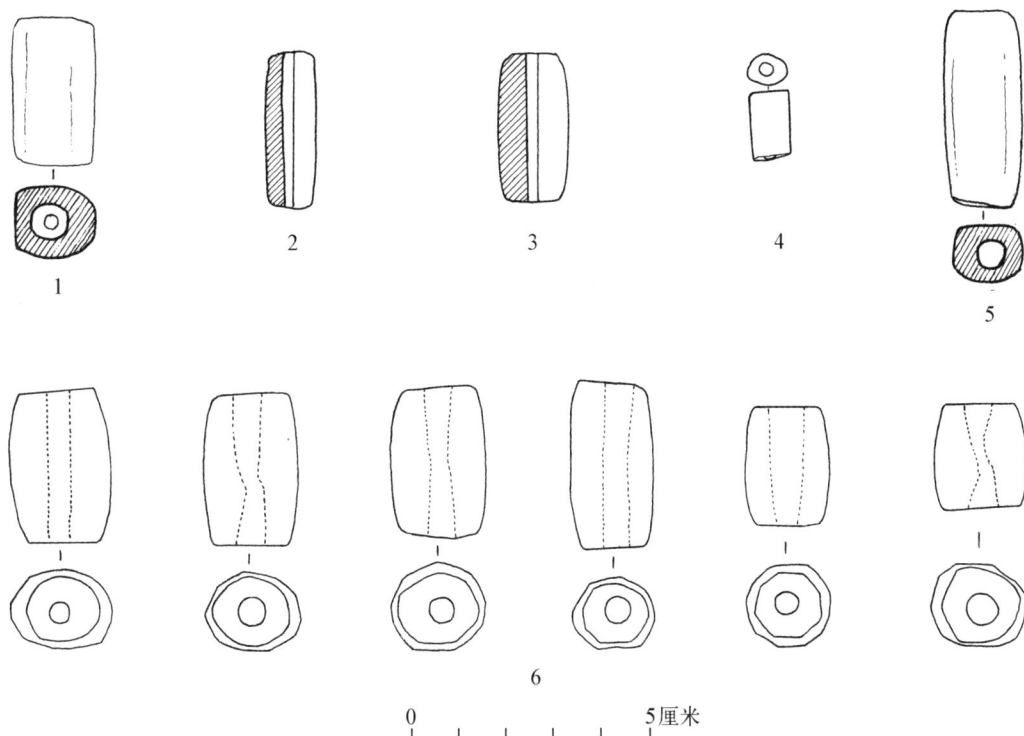

图四五二　管

1. M483∶2　2. M124∶1　3. M205∶1　4. M66∶1　5. M58∶2　6. M250∶2~7

A型　方管状,圆孔,共11件,标本SKM13∶2∶1、SKM51∶4。

B型　圆管状,圆孔,共9件,标本M66∶1、M124∶1、M205∶1、SKM13∶2∶2、SKM3、SKM39、SKM78∶2∶1。

C型　器身长管状,横截面为鼓形,共3件,标本M58∶2、M483∶2、SKM37∶5。

D型　器身平面作鼓形,横截面为椭圆形,共8件,标本M250∶2~7、M299∶2、SKM37∶1。

E型　器身主体为梯形,共1件,标本SKM78∶2∶2。

（十五）璜

或璜形饰。发现19件,出自16座墓中,其中3座墓各出土2件（M47、M250、M492）,其余各出土1件（图四五三）。多数为弧形片状或为璧环类残段做成璜使用,也有可能只是墓葬扰乱后的残段而已。标本有M12∶7、M47∶2、M47∶4、M104∶2、M124∶3、M139∶4、M218∶1、M250∶1、M250∶8、M375∶1、M409∶2、M483∶1、M492∶2、M492∶3、SKM8∶2、SKM32∶2。

（十六）笄

发现4件,出土于4座墓中,均出土于头骨处。可分为两型。A型,扁平长条形,末端呈刃状,共3件,标本M122∶1、M144∶1、SKM40∶1。B型,柱状,共1件,标本M12∶1。

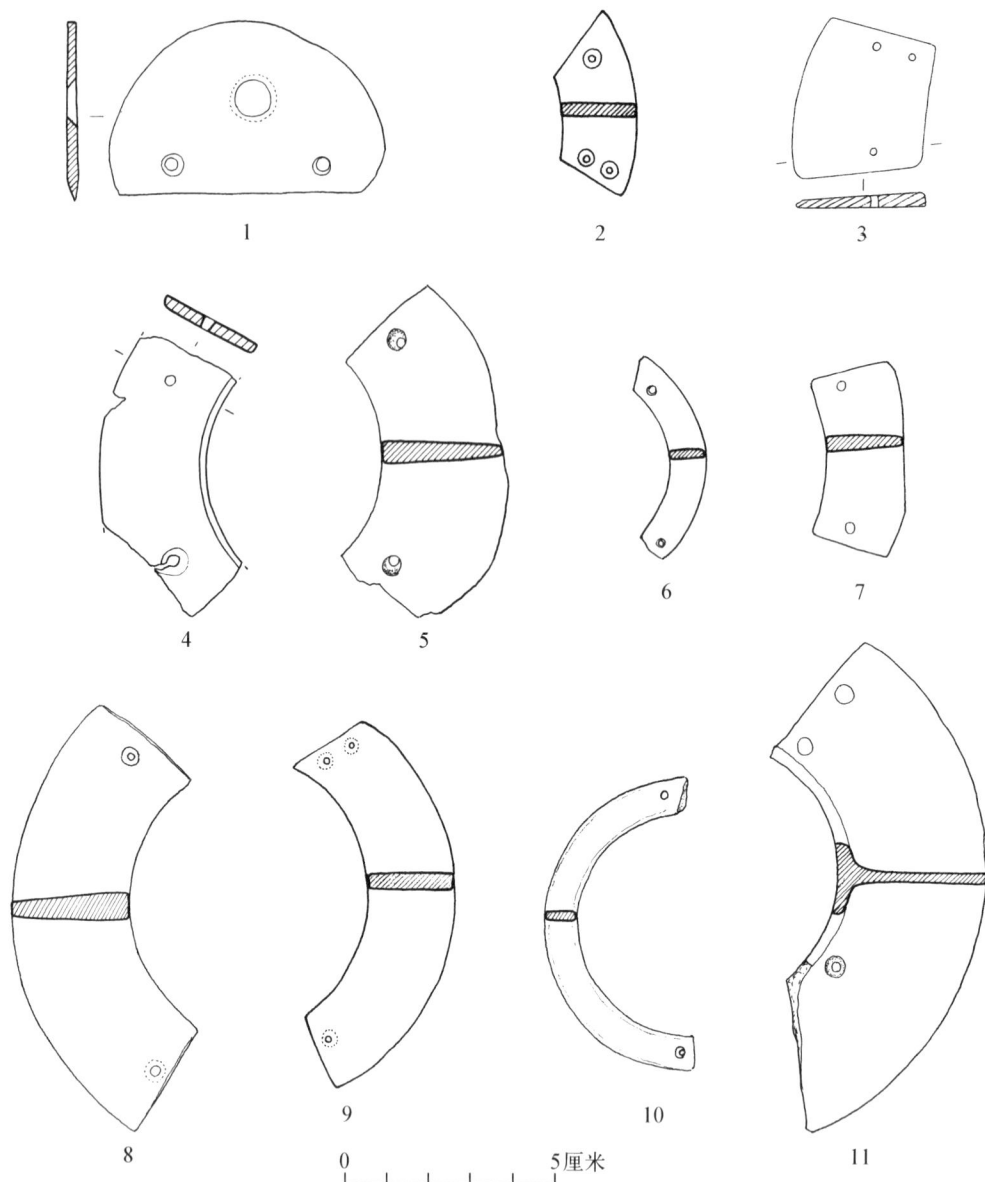

图四五三　璜形器

1. M375：1　2. M492：2　3. M218：1　4. M139：4　5. M409：2　6. M47：2　7. M47：4　8. M483：1
9. M492：3　10. M12：7　11. M124：3

（十七）其他形状类玉石器

其他形状的玉石器，有扁条形、柄形、锥形、梭形、扇形、三角形、梯形、不规则形等多种（图
四五四、四五五）。

三、制作工艺

下靳墓地所出玉石器表面大多被沁蚀，尤其接近人体的一面受有机物腐蚀，情况更为明显，
因此，给观察制作工艺的痕迹造成一定困难。经仔细观察研究，在一些小的玉石器上发现有直线

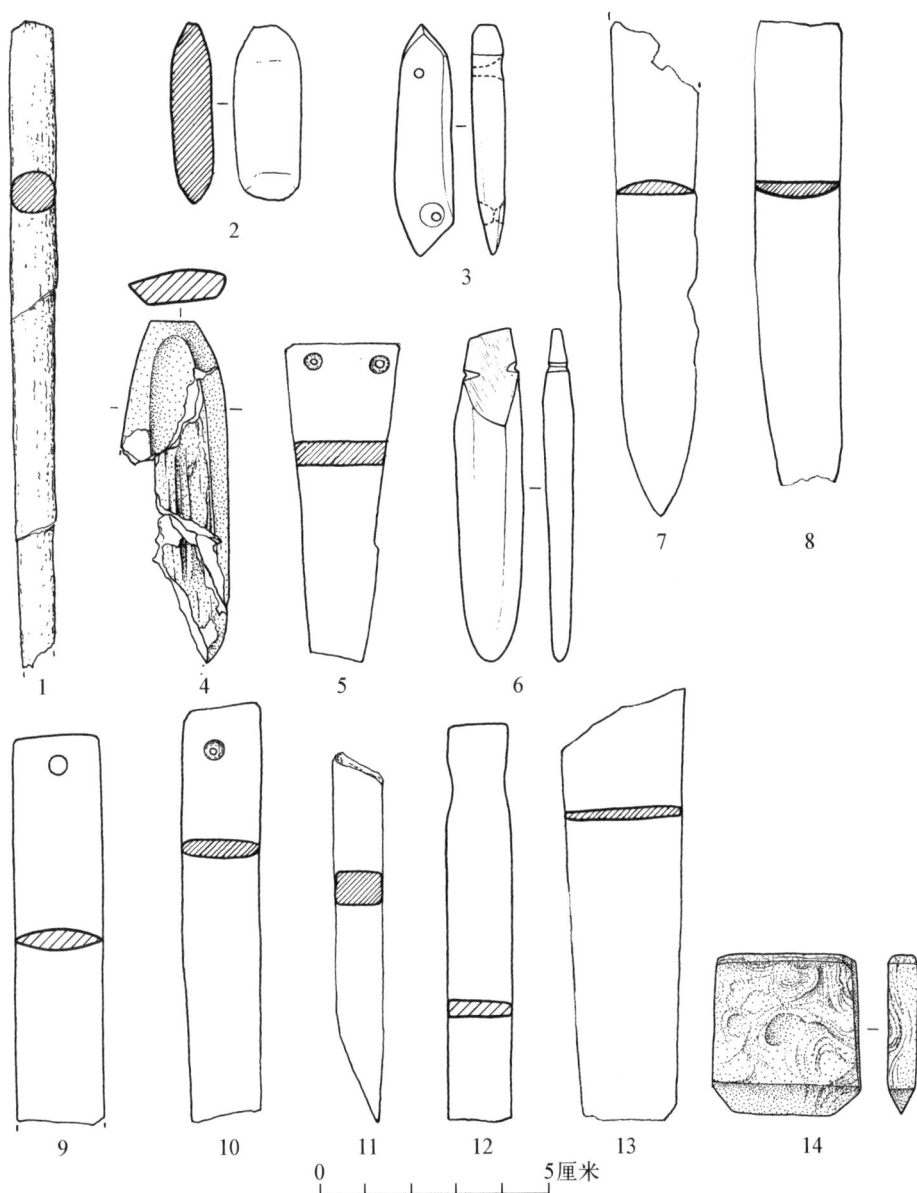

图四五四　石笄等玉石器

1. 石笄（M12∶1）　2. 梭形石饰（M136∶2）　3. 梭形石饰（M44∶4）　4. 锥形石器（M131∶1）　5. 梯形石片（M124∶2）
6. 柄形石器（M139∶2）　7. 石笄（M144∶1）　8. 石笄（M122∶1）　9、10、13. 扁条形石饰（M48∶2、M60∶1、M144∶2）
11. 锥形玉器（M83∶1）　12. 柄形石器（M87∶2）　14. 钺形石器（M44∶1）

锯割痕迹，当属硬性片锯开料所致（如不规则柱状玉器M47∶1、玉片M406∶4、玉片M492∶1）。钺类器表经研磨抛光后，基本观察不到开片和边缘锯割痕迹，但根据钺类器形大多规整精致，尤其有些边缘笔直（如钺M495∶1，侧面笔直）和厚度极薄（如钺M483∶5，厚度仅0.3厘米）这一情况看，使用片锯锯割当属无疑。个别器物表面遗留有线切割痕迹。至于是否使用砣具开料，由于没有确切证据，暂不清楚。下靳其他类型的玉石璧器表经打磨后大多已无法观察到开片的工具痕迹，正常情况下也当同制作钺类器一样使用了片锯。

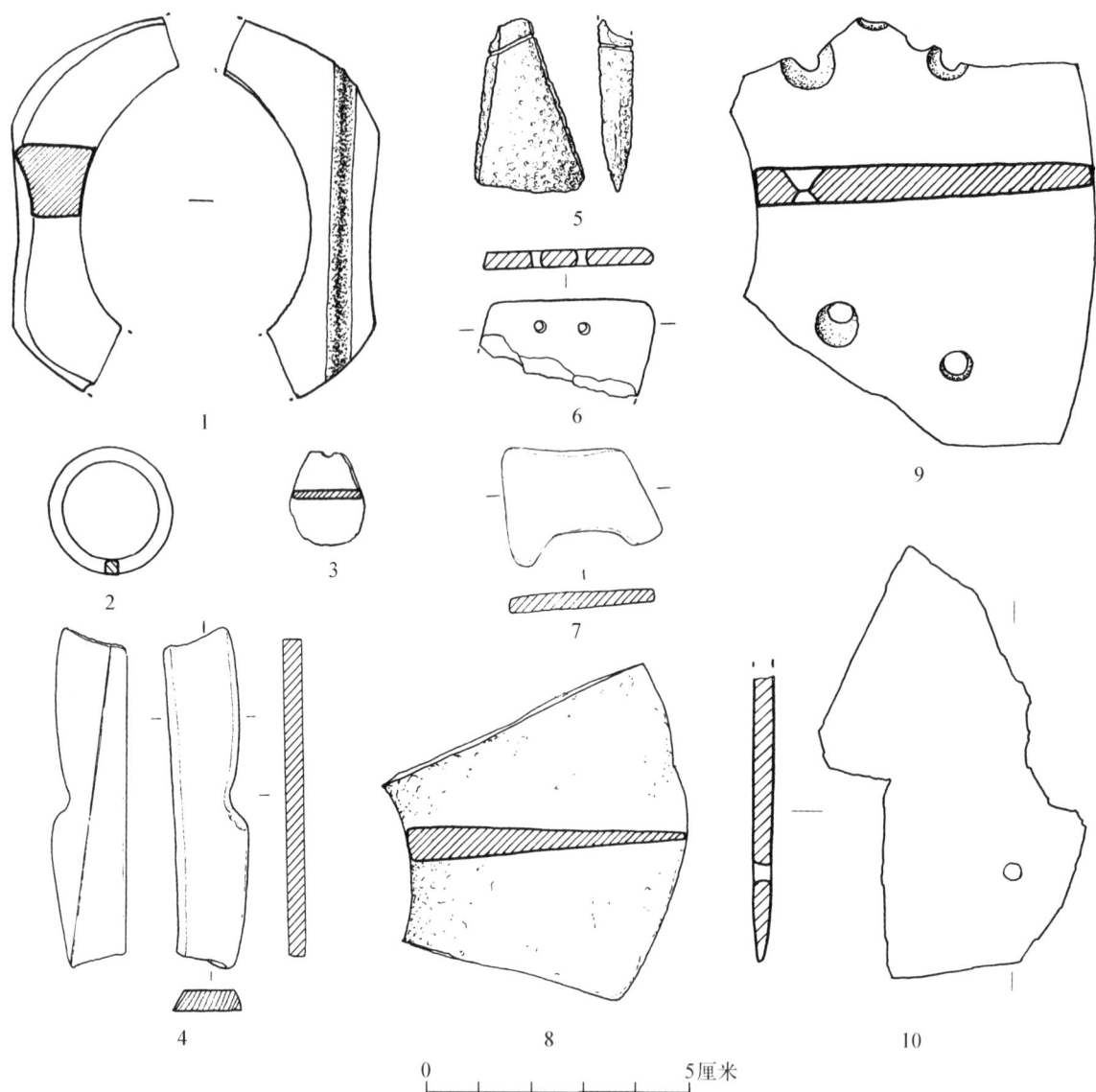

图四五五　坠饰等玉石器

1. 琮形石器（M467∶1）　2. 玉环（M55∶1）　3. 石坠饰（M241∶4）　4. 石片（M406∶4）　5. 三角形坠饰（M129∶1）
6. 穿孔石片（M5∶1）　7. 凹形石片饰（M372∶1）　8. 扇形石片（M358∶1）　9. 石片饰（M368∶1）　10. 不规则形石片饰（M151∶3）

　　经观察，钺刀类器表的钻孔方法有管钻和桯钻两种。管钻孔均较规整，有个别孔还能观察到
砂粒旋转的擦痕。此外，还发现有两例管钻错位遗留的钻痕[1]，是管钻技术的极好佐证。管钻又
分单面钻和双面钻两种，其中以单面钻为主，孔径多在1厘米。单面钻者正面孔径略大，底面孔径
略小，有个别孔在钻透时有崩裂，如钺M379∶1。因此，为避免崩裂现象，有些管钻孔采用了两面对
钻。两面钻者多为正面将钻透时，反过来对钻，因此，断面会留下一面深、另一面浅的对接现象，如

[1]　山西临汾行署文化局、中国社会科学院考古研究所山西工作队：《山西临汾下靳村陶寺文化墓地发掘报
　　　告》，《考古学报》1999年第4期。

钺 M227：1。桯钻孔在钺刀类器上发现较多，其特点均为两面对钻，孔口径较大，对接处径较小，断面呈明显的两锥体相接。有几例桯钻孔极不规整，不仅斜向错接，而且孔径也不圆整，似乎更像手握钻头所使，同时这几件钺整体做工也不精良，不像出自专门化作坊，更似出自民间个人之手。

璧上中孔极其规整，且孔径多为 6～7 厘米，应该是使用了很规范的工具，有可能是管钻，有些璧的外周也很圆整，大概也使用了同样的方法，因此，周缘很难看到明显的切角磨圆痕迹。而一些璧的中孔稍欠规整，其制作技法则可能是先在璧上画圆，然后钻孔穿过线锯锯割，最后打磨线痕。不过，也有一些璧采用了去方成圆法，如石璧 M245：4 等。

复合璧多是利用边角小料，经锯割、钻孔、打磨后，将数片连缀在一起形成，因此，在形状上很难统一，有的规范，有的杂乱，这完全取决于材料本身。材料富裕则用同一块料先锯割成形，然后再开片、钻孔、打磨。它的特点是分片质地相同，颜色纹理相近。分件完全相同的璜，叠置后可以重合，因此也有"联璜璧"之称。材料不足则用各种不同的边角料拼凑，其特点是分片看上去杂乱无章，质地、颜色、形状、大小均不一样。复合璧多用真玉（即透闪石玉）制成，厚度一般很薄，有的仅厚 0.2～0.3 厘米。由于孔眼极小（0.2～0.3 厘米），钻孔多单面锥钻，部分两面锥钻，且采用一端单孔、另端双孔的做法，连缀时单孔对双孔。复合璧的工艺说明了玉料的珍贵和稀缺，同时反映了古人最大限度合理利用这一稀有资源的聪明才智。

纹饰方面，同红山文化和良渚文化相比，下靳墓地所出玉石器全部为素面，良渚文化玉器中较多刻有精细的纹饰，可能是用细小的燧石细石器或鲨鱼牙齿所刻[1]，而红山文化中那些较粗深的纹饰有学者认为可能为砣具所刻[2]。这一时期玉石器的磨制工艺已经广泛应用，粗磨、细磨技术非常成熟。很多器物表面光滑无痕，有光泽感，抛光工艺已经相当普遍。如下靳墓地钺 M97：1、M218：3、M413：1，玉璧 M136：1，玉璜 M12：7 等表面均较光亮细腻。

四、功能探讨[3]

下靳墓地的一些玉石器出土位置明确，为认识各类玉石器的功能及性质提供了确凿的依据。就钺类的出土部位而言，出土位置未经扰动的墓中所发现的钺，皆横向平置，多置于髋骨或股骨上。出土 2 件且未扰乱位置的墓 M218、M483，一件置于右髋骨或股骨上，另一件置于右臂外侧；M245 与 M406 则头部出一件，另有肋骨和左股骨各出一件，M372 所出一件置于髋骨上，另一件置于股骨上。在陶寺墓地中[4]，有 80 多座墓出土玉石钺近百件，在墓中皆横向平置，大多数在股骨外侧或两股骨之间，放在头部左侧或右侧的有 13 例，少数在胸腹间或压在背下，个别在尸体上方的填土中。两个墓地的玉石钺放置部位相近，其功能也当类同。关于钺柄的装置方法，自从有学者注意到是横向装

[1] 注连国：《良渚文化玉器综论》，《东亚玉器》第一卷，香港中文大学，1998 年。
[2] 吴棠海：《红山文化治玉工艺研究》，《古玉鉴定》册，北京大学考古学系讲义，1997 年。
[3] 宋建忠：《山西临汾下靳墓地玉石器分析》，《古代文明（第 2 卷）》，文物出版社，2003 年。
[4] 中国社会科学院考古研究所、山西省临汾市文物局：《襄汾陶寺：1978—1985 年考古发掘报告》，文物出版社，2015 年，第 673 页。

柄后[1]，发掘者在陶寺墓地发掘中发现了几件横向装红彩木柄的证据[2]。大约与此同时，在寺墩、福泉山、反山、瑶山等墓地也发现了十多套横向装涂朱木柄的例证[3]，但与陶寺不同的是它们多与冠饰、端饰配套而成。下靳墓地虽未发现木柄痕迹，但有2件钺在背缘与穿孔间有明显的横向红彩痕迹（M410∶1），当是装柄后涂刷木柄时遗留的刷痕，这也说明下靳的钺装柄方法也是横向置柄。

目前，一般情况下，学者们都认为钺是一种代表权力的礼器。尤其是那些质地精美、制作考究的玉钺更是一种王权的象征。商周时期的青铜钺确与王权联系在一起，从甲骨文、金文中“王”字即为斧钺的象形字，到成汤放桀、武王伐纣等重大政治事件中史载的“汤自把钺”（《史记·殷本纪》）、“武王左仗黄钺”（《尚书·牧誓》）以及“武王载斾，有虔秉钺”（《商颂·长发》）等情况看，钺与军权和王权关系密切，因此钺也常被用作典礼和出行时的仪仗。虽然史前没有这样的记载，但在早于商汤、周武王一两千年的反山12号大墓中，饰有神徽的“钺王”置于墓主左手侧旁，显然也具有了王权的象征意义[4]。

钺虽是军权和王权的象征，但王者永远是凤毛麟角的，而作为史前墓地中经常发现的玉石钺，绝大多数情况下出于并非级别很高的墓中，但同样也非任何墓所能拥有。因此，就大多数普通墓葬所出玉石钺而言，它已失去了其本质性含义，仅仅代表了死者想达到的一种美好愿望，这或许正是其生前所没有的。下靳墓地发现的墓葬远没有王者身份的大墓，部分墓葬面积略大的墓主至多可能是生前拥有较高的社会地位和贵族血统，而一般出玉石钺的小墓墓主也就是生前略有地位和稍微富裕些而已。因此，这批玉石钺应该仅是反映了墓主人生前的一种身份和地位，并不能确指其拥有某一级别的权力。

下靳墓地发掘出土6件双孔刀。发掘出土的1件刀（M385∶1）在其背缘同孔之间有与背缘平行的红彩，这同钺背缘处的红彩如出一辙，也应是装嵌木柄后涂刷木柄时的刷痕，清楚地反映了双孔刀的装柄方法。说明双孔刀的使用及装柄方法同钺相似。

双孔刀较之于钺，发现数量少，且均发现于规模略大的墓中。6座出双孔刀的墓，有4座明确有棺，且其中2座还有壁龛。同时出双孔刀的墓也多有钺伴出，显然它们在整个墓地中占有特殊的地位。因此，这些墓主生前可能有较高的身份和社会地位。由此也可看出，双孔刀在其功能性质上同钺虽然相似，但是它可能具有更高级别的象征意义。

下靳墓地发现的玉石璧有18件，出土位置未扰乱比较明确的有11件，置或套于右前臂的有11件，另有2件置于右肱骨上，1件套于右手。陶寺墓地出土70余件玉石璧[5]，其墓主以男性居多，一般每墓1件，少数2件，个别3件。据观察，未经扰动出土位置的玉石璧，平置于尸骸上、下及旁侧者

[1] 中国社会科学院考古研究所：《胶县三里河》，文物出版社，1988年。
[2] 中国社会科学院考古研究所山西工作队、临汾地区文化局：《1978—1980年山西襄汾陶寺墓地发掘简报》，《考古》1983年第1期。
[3] 浙江省文物考古研究所：《良渚文化玉器》，文物出版社、两木出版社，1989年。
[4] 浙江省文物考古研究所：《良渚文化玉器》，文物出版社、两木出版社，1989年。
[5] 中国社会科学院考古研究所、山西省临汾市文物局：《襄汾陶寺：1978—1985年考古发掘报告》，文物出版社，2015年，第693页。

58件,套在臂部及手上的8件,不难看出,其功能应该主要是佩饰。这同良渚文化中大量的小孔玉璧当有根本的不同。迄今为止,除良渚文化较早的花厅20号墓中发现的"瑗式璧"是套在左臂上之外,其余大量的小孔玉璧多叠置于下肢附近,部分置于胸腹部或头端,鲜有置于手臂附近的,更无套于手臂之上的。如果从这个角度看,也许下靳和陶寺发现的璧都应该称作环,可能区别于同璧的"苍璧礼天"的礼仪性功能或者有学者认为的财富象征[1]。下靳墓地复合璧共出土8件,发现于7座墓中,男性墓5件,女性墓1件,性别不明者2座。出土位置未扰乱的墓中,所出复合璧套于右前臂2件,置于右肱骨处1件。陶寺墓地出土8件,大多数套在右臂,与玉石璧的情形相同。下靳与陶寺墓地的璧或复合璧虽可认为是装饰物,但若大若重的玉石器平素套于手臂之上似乎也不可理解,至多可能是在举行重大礼仪性活动或重要节日之中偶尔戴之。仍旧带有礼仪象征寓意。

关于陶寺文化玉器(透闪石类)的功能,何努先生将其放在华西系玉器[2]货币系统大背景下作了考察后认为,陶寺文化玉器的主体源于石峁集团的玉币输入,其中相当一部分转化为玉礼器为政治和礼仪服务,同时使用大理岩类的假玉(美石)仿制玉礼器,作为补充[3]。

五、源与流[4]

就目前对晋南地区史前文化序列的认识来看,这里最早的新石器文化是以翼城枣园为代表的一类遗存[5],其绝对年代距今7 000年左右,之后经东关一期[6]、北撖一至四期[7]发展为以西阴遗存为代表的典型庙底沟文化[8],其后庙底沟文化开始走向衰落,其间又经西王村仰韶晚期[9]和东关四期[10]为代表的遗存后,直接演变为庙底沟二期文化。陶寺文化早期大致和庙底沟二期文化晚期同时,即前2300年左右[11],而下靳墓地和陶寺墓地中大量随葬玉石器的墓正处于这一时期。检阅晋南地区庙底沟二期文化晚段之前的诸文化遗存,均没有随葬下靳和陶寺墓地一类玉石器的传统,其生产性工具中也无类似器具,甚至更大范围的陕晋豫交界一带也无这一传统,因此,这可能意味着陶寺和下靳墓地的这一传统渊源于别处文化,而不是本地的原始文化。

我们沿黄河而下发现,在下游地区的大汶口文化中盛行随葬钺、刀、璧环等玉石器。在大汶

[1]　王明达:《良渚文化玉璧研究》,《东亚玉器(第一卷)》,香港中文大学,1998年。
[2]　邓淑苹:《也谈华西系统的玉器》,(台北)《故宫文物月刊》第125～130期,1993年8月～1994年1月。
[3]　何努:《华西系玉器背景下的陶寺文化玉石礼器研究》,《南方文物》2018年第2期。
[4]　宋建忠:《山西临沂下靳墓地玉石器分析》,《古代文明》(第2卷),文物出版社,2003年。
[5]　山西省考古研究所:《山西翼城枣园新石器时代早期遗址调查报告》,《文物季刊》1992年第2期。
[6]　中国历史博物馆考古部等:《垣曲古城东关》,科学出版社,2001年。
[7]　山西省考古研究所:《山西翼城北撖遗址发掘报告》,《文物季刊》1993年第4期。
[8]　山西省考古研究所:《西阴村史前遗存第二次发掘》,《三晋考古(第二辑)》,山西人民出版社,1996年。
[9]　中国社会科学院考古研究所山西工作队:《山西芮城东庄村与西王村遗址的发掘》,《考古学报》1973年第1期。
[10]　中国历史博物馆:《垣曲古城东关》,科学出版社,2001年。
[11]　何努:《陶寺文化谱系研究纵论》,《襄汾陶寺遗址研究》,科学出版社,2007年,第424页。

口1959年发掘的133座墓中,有20座随葬玉石钺(原报告称铲)27件[1],其中M25随葬6件,M17和M130各随葬2件,其余17座墓各出1件。钺的位置均横向摆放,置于腰部的13件、腹部6件、头部4件、腿部3件、葬具外东北角1件。这种情况同下靳以腿部放置为主的方式略有不同,但从两者均以腰、腿、腹三个部位为主看,其间的联系还是很明显的。大汶口墓地的27件钺在发掘报告中被分为七式,其中的25件(Ⅱ～Ⅶ式)与下靳墓地Ac、Bb、Bc型的25件可相对应。这个数据足以反映两个墓地玉石钺类型的一致性,预示了具有相同的玉石器传统。

从年代看,大汶口墓地分为早中晚三期,大约相当于前3400～前2400年。随葬玉石钺的墓有8座为早期、2座为中期、9座为晚期,另有1座期别不明,大汶口文化中随葬玉石钺的传统源远流长。大汶口文化中随葬玉石钺的情况不仅发现于大汶口墓地,在其他的墓地中也有不同程度的发现,说明这种文化传统的确是整个大汶口文化中一个鲜明的特征,这一传统甚至在其后的龙山文化中继续发扬。

谈到以钺刀类玉石器为主随葬这一传统,还有一个值得讨论的文化,那就是薛家岗文化。薛家岗文化因安徽潜山县薛家岗遗址得名,是分布在江淮地区的一支原始文化。最能代表其文化特征的是薛家岗三期文化[2],其年代在前3100年左右,同大汶口墓地早中期之际相当。这期文化发现墓葬80座,均未发现墓圹和葬具,骨架全部腐朽无存,但发现了一批很有特色的钺刀类玉石器。报告称每座墓都有数量不同的随葬品,包括陶器、石器、玉器等,但报告中没有墓葬登记表,因此无从知道钺刀类的具体随葬情况。由报告可查知,石铲49件,分两式;石钺15件,分两式;玉铲11件,共计75件。实际看来,铲和钺区别不大,均可称钺。将薛家岗墓地的玉石钺同下靳墓地玉石钺相比,除其Ⅰ式风字形钺外,其余Ⅰ式铲、Ⅱ式铲、Ⅱ式钺在下靳墓地均有发现,但薛家岗接近方形的钺数量较多,而在大汶口和下靳则较少见。

目前,最早的多孔刀当属北阴阳营二期的2件七孔石刀,年代约在前3500年前。但最引人注目的则是薛家岗三期文化墓葬中发现的36件石刀,体呈扁薄长条形,一端窄,另端宽,刃部锋利,近顶部钻孔,有单面钻和两面对钻两种,孔均为奇数。有单孔刀2件、三孔刀13件、五孔刀7件、七孔刀5件、九孔刀4件、十一孔刀3件、十三孔刀1件。除单孔刀同方形钺有些相似外,其余的刀形制颇为统一,孔数与刀的长短成正比,从三孔刀长20厘米左右到十三孔刀长50余厘米,孔与孔的间隔多为3厘米。由此看出,薛家岗文化的多孔刀在中国史前文化中构成一个鲜明的特征。应该说,无论是下靳墓地的双孔刀,抑或清凉寺墓地的多孔刀,还是山东、陕北、甘青等地的龙山时代的多孔刀,甚至后来二里头文化的多孔刀,其最终的根系大概都与薛家岗文化的多孔刀有渊源关系。

考察下靳墓地璧类器物的渊源,有许多特征也能在大汶口甚至薛家岗墓地中发现。例如璧的孔径较大,多套于臂腕,肉缘断面以内厚外薄的楔形为主,甚至断裂后的缀补做法都如出一辙,如大汶口M73∶4、薛家岗M59∶1同下靳M145∶1。

---

[1]　山东省文物管理处、济南市博物馆:《大汶口》,文物出版社,1974年。

[2]　安徽省文物工作队:《潜山薛家岗新石器时代遗址》,《考古学报》1982年第3期。

关于复合璧(即联璜璧)的渊源,高江涛先生认为联璜璧(即复合璧)是晋南地区包括陶寺文化和清凉寺墓地原创的,之后北传至陕北,再通过陕北、内蒙古中南部等新华文化与齐家文化间的互动交流或文化扩张进而向西传至齐家文化分布区[1]。复合璧的工艺也许是受了璧断裂后缀补术之启发,由此也开辟了最大限度利用边角小料的制作方法。其中陶寺文化和清凉寺墓地玉石器属于墓葬中的随葬品,而在齐家文化中多用于祭祀。下靳墓地、清凉寺墓地均出土了有领石环,但更早的发现在大汶口文化遗址,那里曾出土象牙质有领环,可能属此类器物的源头。[2]

如果将下靳墓地和陶寺墓地随葬钺、刀、璧类玉石器的传统推到大汶口文化乃至薛家岗文化,那么陶寺文化就很可能成为这一传统传播路上的驿站。它沿黄河而上进入陕北龙山文化,并直达甘青齐家文化,无论从传播路线上,还是传播时间上均有一定的说服力。

陕北一带龙山文化晚期的遗址常有大量的玉石礼器出现,其中尤以神木石峁[3]、延安芦山峁[4]、新华[5]等遗址为名。主要的器类有钺、多孔刀、牙璋以及各类璧环等,其中钺、多孔刀、璧环类同下靳和陶寺墓地所出有很大的相似性。尤其多孔刀仅石峁遗址就发现10余件,多为三孔刀,余为双孔刀,其双孔刀的制法及形制同下靳墓地所出基本相同。此外,芦山峁遗址的一件复合环的做法同下靳的类似器物也完全相同[6]。这些情况表明,陕北一带的玉石器文化传统同黄河东岸的陶寺文化应该有一定的渊源关系。除陕北地区之外,甘青地区的齐家文化也常有钺、多孔刀和璧环类等玉石礼器的发现,如青海宗日遗址出土的多孔刀[7],与下靳和陶寺墓地的同类器也有许多共性,它们或许是受陕北玉石器文化影响的产物。中原地区除陶寺文化外,其他地点很少发现玉石礼器,但到了二里头文化却又出现了钺、多孔刀等玉石器。从陶寺文化到陕北龙山文化、甘青齐家文化直至二里头文化,都不同程度地发现了同下靳和陶寺墓地相类的钺、多孔刀、璧环等玉石礼器,它们之间究竟是种什么样的关系,仍然值得探讨。

第三节　骨、蚌、牙器

一、骨器

(一)骨镞

骨镞,共8件。出土于6座墓中,男3座,女2座,1座性别不清。可分两型:

A型 扁平薄片,两侧弧刃,后端齐平,有2件,同石镞中的A型,标本 M255：2、M301：2(图

[1] 高江涛:《陶寺遗址出土多璜联璧初探》,《南方文物》2016年第4期。
[2] 王强、赵海燕:《西玉东传与东工西传——黄河流域龙山时代玉器比较研究》,《东南文化》2018年第3期。
[3] 戴应新:《神木石峁龙山文化玉器》,《考古与文物》1988年第5、6期。
[4] 姬乃军:《延安市发现的古代玉器》,《文物》1984年第2期;姬乃军:《延安市芦山峁出土玉器有关问题探讨》,《考古与文物》1995年第1期。
[5] 神延:《陕北神木新华遗址玉器》,《收藏家》2000年第6期。
[6] 《东亚玉器(第三卷)》,香港中文大学,1998年。
[7] 黄宣佩:《齐家文化玉礼器》,《东亚玉器(第一卷)》,香港中文大学,1998年。

四五六,1、5）。

　　B型 锋部呈三棱锥体,三侧出刃,圆锥状铤,有6件,标本M16：2、M16：3、SKM32：1、
SKM37：2、SKM37：4、SKM58：3（图四五六,9、10）。

　　（二）骨饰

　　弧形饰,中部剖面呈扁方形,有5件,标本M12：3、M12：4、M12：5、M12：6、M12：9（图四五六,3、4）。

　　半圆形饰,共6件,直边呈锯齿状的有3套6件,标本M119：1、3,M119：4、5,M119：9、14（图四五六,7）。

　　月牙形饰,2件,标本M59：1、M59：2（图四五六,2）。

　　亚腰形饰7件,两边内凹6件,标本M119：6～8,M119：11～13；一边内凹1件,标本M119：12（图四五六,6、8）。

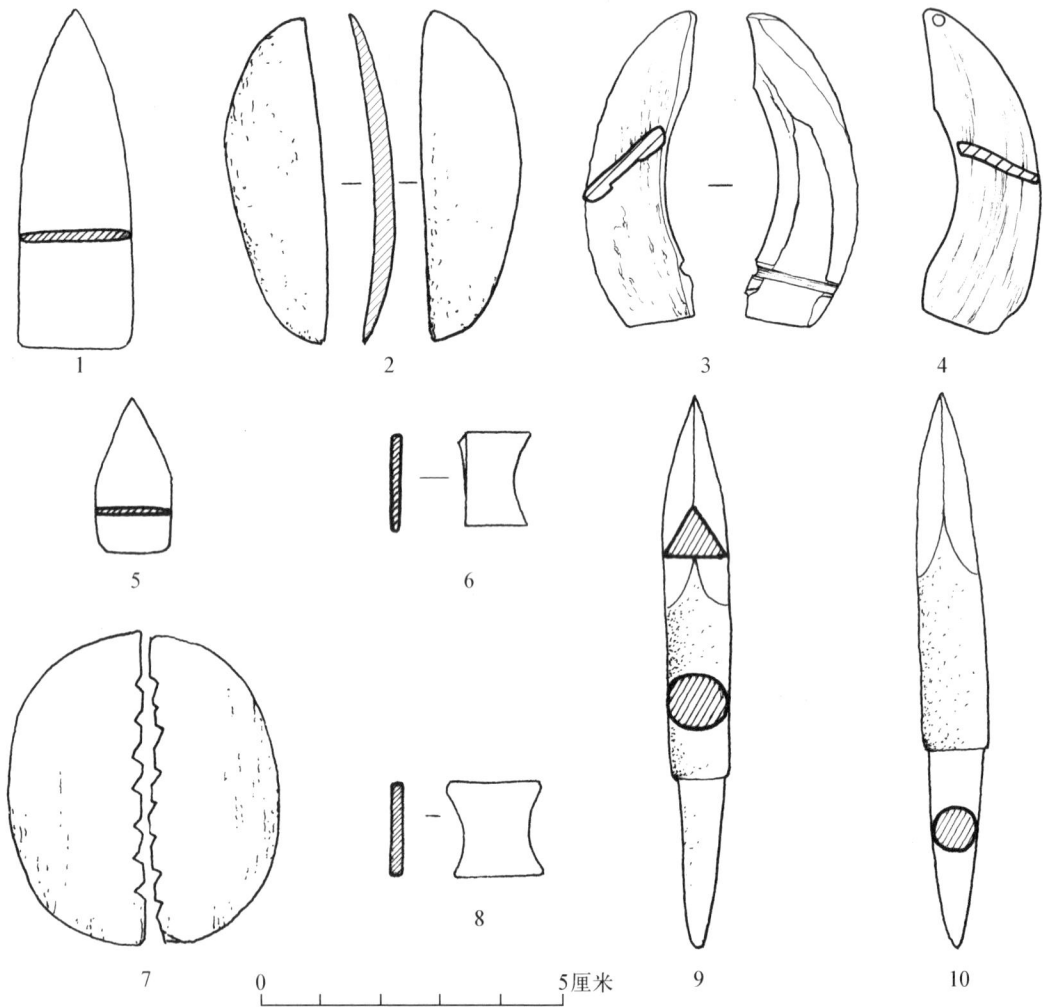

图四五六　骨镞和骨饰

1、5. A型骨镞（M255：2,M301：2）　3、4. 弧形饰（M12：9,M12：3）　2. 月牙形饰（M59：1,2）
7. 半圆形饰（M119：9,14）　6、8. 亚腰形饰（M119：12,M119：6）　9、10. B型骨镞（M16：3,M16：2）

（三）骨笄（簪）

两者形制功能相近，均为长条形，笄一端出尖或出刃，簪的两端出尖或刃，属于簪的有10件，笄有17件，不能辨出簪或笄的有5件。出土骨笄（簪）的墓共31座，其中M383出土2件。墓主为男性的8座，其余均为女性。根据形制不同，骨簪可分两型，根据两端形制，又可分别划出亚型。

A型　体扁平。

Aa型　一端呈尖状，另端呈刃状，标本M292∶1、M383∶2（图四五七，11）。

Ab型　两端均呈刃状，标本M50∶1、M302∶1、M383∶1（图四五七，6、10）。

Ac型　两端均作尖状，标本M331∶1。

B型　体呈柱状。

Ba型　一端呈尖状，另端呈刃状，标本M259∶1、M319∶1、M329∶1。

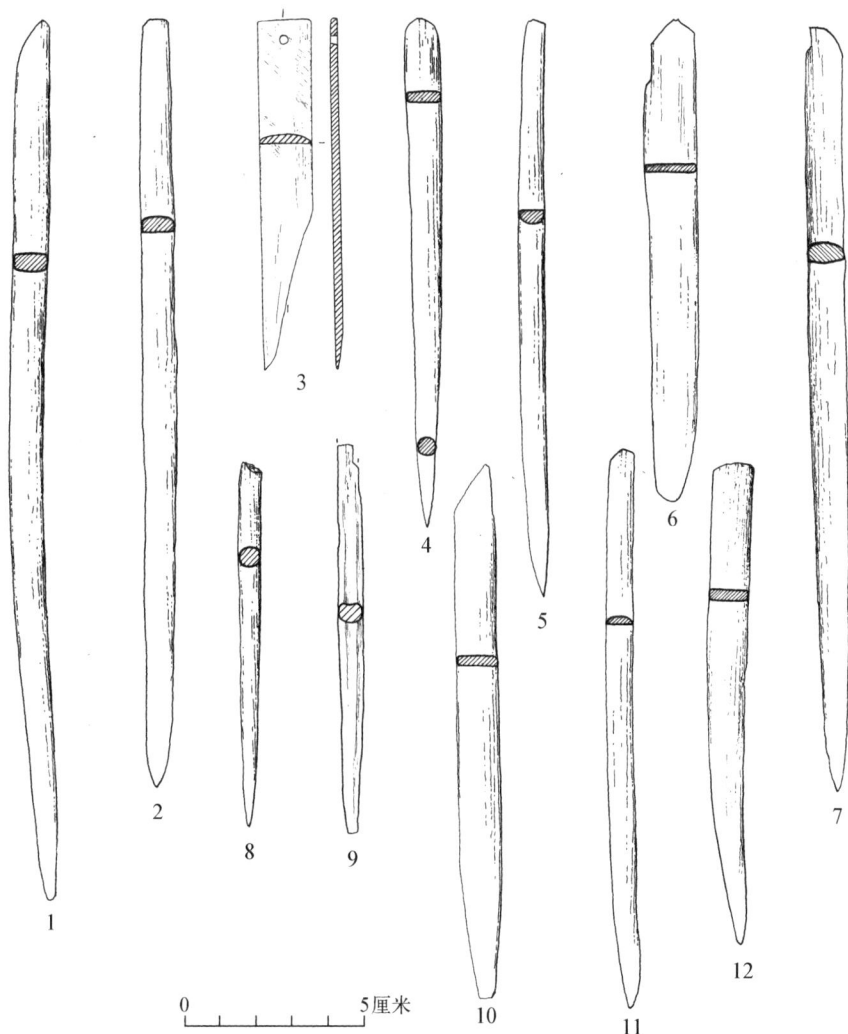

图四五七　骨簪、骨笄

1、2、4、5、8、9、12. Ab型骨笄（M402∶1、M308∶1、M288∶1、M297∶1、M15∶1、M83∶2）　3. B型骨笄（M245∶1）

6、10. Ab型骨簪（M50∶1、M302∶1）　7. Bb型骨簪（M269∶1）　11. Aa型骨簪（M292∶1）

Bb 型　两端皆呈尖状,一端尖锐,一端圆钝,标本 M269:1(图四五七,7)。

根据形制不同,骨笄分两型:

A 型　扁平或呈薄片状,根据末端不同分两亚型。

Aa 型　末端呈刃状,标本 M286:1。

Ab 型　末端呈尖状,标本 M15:1、M83:2、M151:2、M288:1、M297:1、M298:1、M308:1、M311:1、M364:1、M402:1、M478:1(图四五七,1、2、4、5、8、9、12)。

B 型　扁平,体中下部一侧内收,斜向出尖端,标本 M241:1、M245:1、SKM3:1、SKM8:5、SKM39:1、SKM40:1(图四五七,3)。

二、蚌器

镞,镞身平面呈三角形,尖锋,三棱状,长铤平面呈三角形,横截面呈圆形,标本 SKM58:4。

柄形饰,条形略弧,一端磨出凹槽,标本 M98:1、M98:2、M151:1(图四五八,1~3)。

穿孔条形饰,一端略宽,标本 M139:1(图四五八,4)。

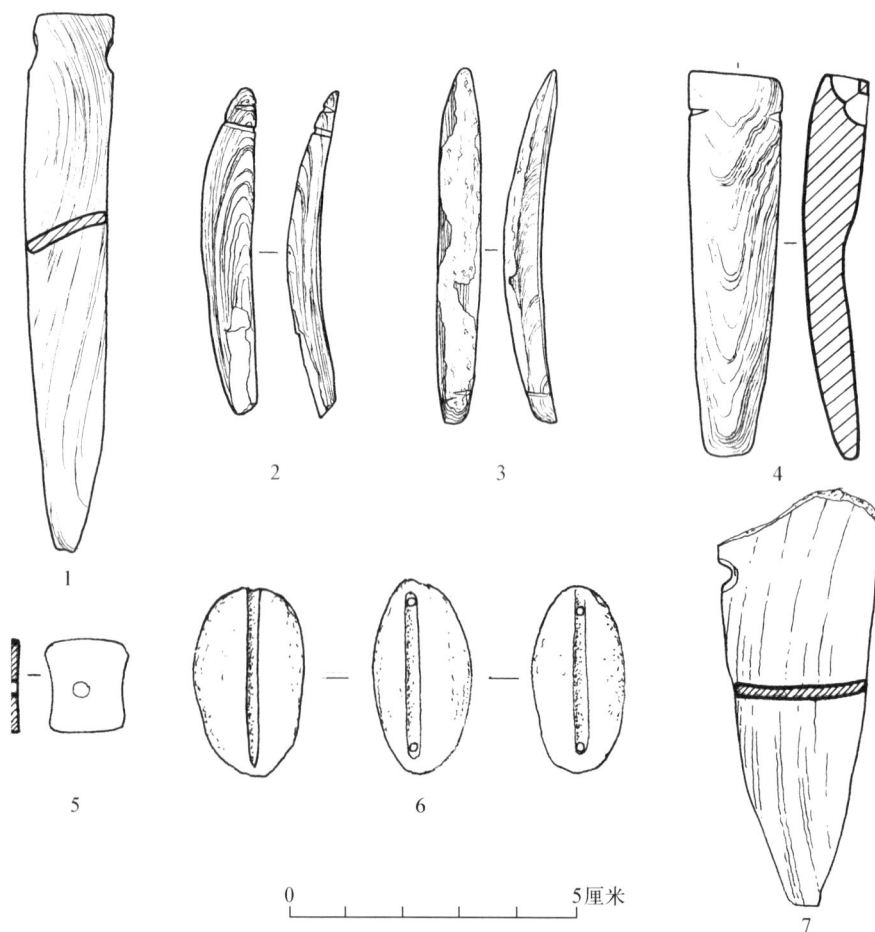

0　　　　　　　　　　5厘米

图四五八　蚌器

1~3.柄形饰(M151:1、M98:1、M98:2)　4.穿孔条形饰(M139:1)　5.穿孔蚌片(M119:10)　6.穿孔蚌壳(M70:1~3)　7.穿孔三角饰(M285:1)

穿孔蚌片,亚腰形,近中部穿孔,标本M119∶10(图四五八,5)。

穿孔三角饰,标本M285∶1(图四五八,7)。

穿孔蚌壳,1套,共20枚,发现于M70中,标本M70∶1-3(图四五八,6)。

指环,圆形,横截面呈长方形,标本SKM31∶1。

三、牙器

共35件,除未能分型2件,其余根据形制及剖面可分三型。

A型　8件,扁短略宽,标本M30∶2～4,M56∶1、2,M273∶2、3,SKM37∶6;其中两端穿孔2件,即M273∶2、M273∶3(图四五九,2～6、8)。

B型　扁薄略长,有15件,其中4件残,两端钻孔的3件,标本M135∶1,M77∶1、2,M141∶2、3,M145∶2,M150∶1、3,M202∶1,M212∶1,M268∶1,M279∶1,M284∶1(图四五九,1、11～14、16)。

C型　剖面呈三角形或弧三角形,有10件,M75∶1、M75∶2、M213∶1、M213∶2、M214∶1、M214∶2、M235∶1、M238∶1、M238∶2、M268∶2(图四五九,7、10、15)。

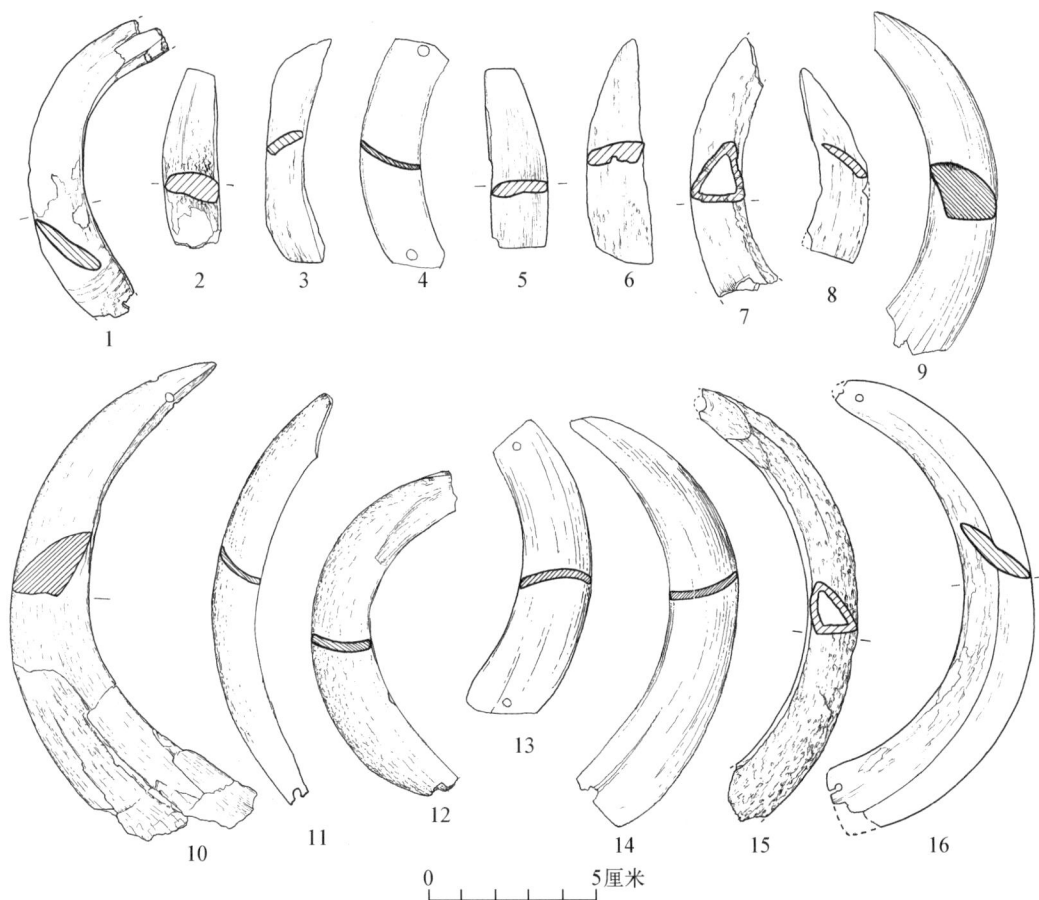

图四五九　牙器

2～6、8. A型(M56∶2、M30∶3、M273∶2、M56∶1、M30∶2、M30∶4)

1、11～14、16. B型(M141∶3、M284∶1、M268∶1、M145∶2、M212∶1、M141∶2)　7、10、15. C型(M75∶1、M235∶1、M75∶2)

第六章　墓地认识和讨论

第一节　年代推断

下靳墓地处于临汾盆地中心,属陶寺文化分布范围内的遗存。其中A类墓的整体面貌与陶寺墓地早期中、小型墓葬基本相同,二者不仅规模相当,头向一致,葬式相类,而且出土遗物的放置位置和形制特色也十分一致。因此,下靳墓地A类墓的年代应与陶寺墓地早期墓葬年代相当[1]。根据出土的陶瓶和陶罐分析,年代为陶寺文化早期偏晚,部分墓葬的年代不排除已进入陶寺文化中期,绝对年代当距今4 300年左右。

A、B两类墓不属于同一阶段,两者的头向、葬制、随葬品的种类都有十分明显的区别。B类墓极少被盗扰,并且骨骼保存较好,而A类墓不仅多数墓经盗扰,而且骨骼保存很差,所有两类墓有打破关系者均为A类墓打破B类墓,无一例外,因此,B类墓全部早于A类墓,头向东北,除个别墓随葬有随身的骨簪或笄外,较少发现随葬品。墓内人骨保存较好,填土也与A类墓不同,因此,B类墓是早于A类墓的不同阶段的另一个部落的墓葬。其中B类墓M299出土的折沿鼓腹罐M299∶1与垣曲古城东关庙底沟二期文化晚期折腹罐IH145∶43较为接近。

为了更好地了解墓地内不同类型墓葬的绝对年代,北京大学考古文博学院吴小红老师团队对分属两类墓葬的人骨标本进行了采集,采用加速器质谱碳十四年代测定方法进行系统的年代学研究。所采集的人骨标本有牙齿和骨骼,在实验室对采集的标本进行处理,提取其中的胶原蛋白,制成明胶后冷冻干燥,再经氧化还原得到石墨,之后在北京大学物理学院进行加速器质谱碳十四年代测定。共得到A类墓葬年代数据19个,B类墓葬年代数据14个。碳十四年代数据和校正后日历年代数据列于表三六,其中每个样品的日历年代数据为单一样品校正后结果。树轮校正所用曲线为IntCal20 atmospheric curve[2],所用程序为OxCal v4.4.4 Bronk

---

[1]　中国社会科学院考古研究所、山西省临汾市文物局:《襄汾陶寺:1978—1985年考古发掘报告》,文物出版社,2015年,第1115页。

[2]　Reimer, P., Austin, W., Bard, E., Bayliss, A., Blackwell, P., Bronk Ramsey, C., Butzin, M., Cheng, H., Edwards, R., Friedrich, M., Grootes, P., Guilderson, T., Hajdas, I., Heaton, T., Hogg, A., Hughen, K., Kromer, B., Manning, S., Muscheler, R., Palmer, J., Pearson, C., van der Plicht, J., Reimer, R., Richards, D., Scott, E., Southon, J., Turney, C., Wacker, L., Adolphi, F., Büntgen, U., Capano, M., Fahrni, S., Fogtmann-Schulz, A., Friedrich, R., Köhler, P., Kudsk, S., Miyake, F., Olsen, J., Reinig, F., Sakamoto, M., Sookdeo, A., & Talamo, S. (2020). The IntCal20 Northern Hemisphere radiocarbon age calibration curve (0−55 cal kBP). *Radiocarbon, 62*.

Ramsey[1]。

　　总体来看，下靳墓地墓葬人骨碳十四年代测定结果与墓葬A、B类别反映的时代先后顺序基本一致，时间略有重叠。为了方便讨论下靳墓地不同类别墓葬的时间范围，利用墓葬类型和地层所呈现出来的早晚关系，对下靳墓地A、B两类墓葬进行了分组校正，通过加边界做统计分析，得到下靳墓地A类墓葬的日历年代范围集中在公元前2300年～前2150年之间，B类墓葬的年代范围则集中在公元前2500年～前2250年之间。具体的校正模型这里不再赘述。

表三六

实验室编号	墓号	测年样品与墓葬性质	碳十四年代（距今）	树轮校正后年代（公元前）	
				1σ（68.2%）	2σ（95.4%）
BA221074	M340	墓主人牙齿 A类墓	3895±25	2458—2345	2464—2296
BA221016	M114	墓主人骨骼 A类墓	3880±25	2454—2300	2464—2239
BA221040	M273	墓主人骨骼 A类墓	3860±25	2450—2237	2457—2209
BA220988	M21	墓主人牙齿 A类墓	3845±25	2396—2209	2454—2203
BA221035	M262	墓主人牙齿 A类墓	3845±25	2396—2209	2454—2203
BA221062	M289	墓主人牙齿 A类墓	3820±25	2294—2204	2402—2146
BA221110	M420	墓主人骨骼 A类墓	3820±20	2292—2205	2343—2150
BA221042	M273	墓主人牙齿 A类墓	3815±25	2291—2204	2397—2146
BA221059	M285	墓主人牙齿 A类墓	3815±25	2291—2204	2397—2146
BA221114	M432	墓主人牙齿 A类墓	3815±25	2291—2204	2397—2146
BA221026	M263	墓主人牙齿 A类墓	3805±25	2288—2201	2341—2142
BA221004	M94	墓主人骨骼 A类墓	3800±25	2286—2154	2339—2141
BA221023	M236	墓主人牙齿 A类墓	3795±25	2285—2150	2334—2140
BA221091	M392	墓主人牙齿 A类墓	3790±25	2284—2147	2296—2138
BA221000	M85	墓主人牙齿 A类墓	3785±20	2281—2146	2289—2141
BA220992	M35	墓主人牙齿 A类墓	3780±25	2281—2143	2292—2069
BA221006	M103	墓主人骨骼 A类墓	3765±25	2272—2140	2286—2049
BA221072	M336	墓主人牙齿 A类墓	3765±25	2272—2140	2286—2049
BA221017	M162	墓主人牙齿 A类墓	3705±25	2140—2037	2198—1985
BA221094	M404	墓主人牙齿 B类墓	4075±25	2832—2501	2848—2494
BA221029	M237	墓主人牙齿 B类墓	3955±25	2564—2410	2570—2347
BA221033	M251	墓主人牙齿 B类墓	3950±25	2561—2355	2569—2344
BA221123	M485	墓主人牙齿 B类墓	3940±25	2475—2349	2565—2310

[1]　Christopher Bronk Ramsey (2021), https://c14.arch.ox.ac.uk/oxcalhelp/hlp_contents.html

实验室编号	墓号	测年样品与墓葬性质	碳十四年代（距今）	树轮校正后年代（公元前）	
				1σ（68.2%）	2σ（95.4%）
BA221084	M364	墓主人骨骼 B 类墓	3910±25	2463—2348	2469—2299
BA221121	M471	墓主人牙齿 B 类墓	3905±25	2462—2347	2468—2299
BA221097	M408	墓主人牙齿 B 类墓	3895±25	2458—2345	2464—2296
BA221045	M274	墓主人牙齿 B 类墓	3890±25	2456—2344	2464—2294
BA221130	M491	墓主人牙齿 B 类墓	3890±25	2456—2344	2464—2294
BA220994	M41	墓主人牙齿 B 类墓	3885±25	2455—2309	2464—2290
BA221077	M357	墓主人牙齿 B 类墓	3870±25	2451—2293	2461—2210
BA221066	M297	墓主人骨骼 B 类墓	3840±25	2343—2207	2454—2201
BA221119	M470	墓主人牙齿 B 类墓	3825±25	2334—2204	2437—2147
BA221115	M466	墓主人骨骼 B 类墓	3820±25	2294—2204	2402—2146

第二节　文化属性分析

临汾盆地类似于陶寺文化的遗存，早在20世纪五六十年代就已发现，但直到1978年对襄汾陶寺遗址进行的大规模发掘后才确立了陶寺文化（最初称为中原龙山文化陶寺类型）在龙山时代中的突出地位。80年代中期以来，在临汾盆地进行的反复调查和相关遗址的发掘不仅基本确定了陶寺文化的分布范围，而且找到了该文化进一步分期的线索和依据，使我们对该文化的认识进一步加深。与此同时，陶寺文化的直接前身庙底沟二期文化的整体面貌也被充分揭示出来。据近年的研究，以陶寺遗址早期为代表的遗存，其相对年代大致相当于运城盆地庙底沟二期文化的晚期阶段。这一时期，临汾的文化水平明显高于周边其他考古学文化，已经有了明显的贫富分化和等级差别，处于较高级别的方国文化阶段。

与陶寺遗址同步发掘的陶寺墓地包括了从庙底沟二期晚期直至龙山时代不同阶段的墓葬，其中我们认识比较清楚的是距今4300年前与陶寺遗址早期时代相同的墓葬。

下靳墓地是继襄汾陶寺以后又一个属于陶寺文化范畴的墓地。该墓地 A 类墓的整体特征与陶寺遗址中、小型墓基本相同。不见陶寺早期一类大墓所出的鼍鼓、特磬、蟠龙纹陶盘等王室重器；较少使用陶器随葬；墓葬形制、头向、葬式、葬俗及随葬的玉石器、骨蚌牙器种类和式样同陶寺文化中小型墓葬均表现出较强的一致性。墓中出土的玉石璧、钺，长方形双孔石刀及骨饰品和三角形薄片石镞与陶寺遗址早期中小墓中出土的同类器物也十分接近。尤其是二者的彩绘陶瓶如出一辙，而陶寺墓地已属于晚期的墓中却不随葬这类器物。因此，下靳墓地 A 类墓的时代当属陶寺文化早期。而 B 类墓，根据出土的陶罐（M299：1）判断，可能属于庙底沟二期文化晚期阶段。

　　下靳墓地中的 A 类墓方向相类,头向东南,据人骨保存可辨葬式的墓,多仰身直肢葬,其他葬式较少,小墓长不过 2 米,宽仅 0.5 米左右,基本仅可容身,宽度在 0.9 米以上的墓葬数量较少,一部分小墓没有任何随葬品,也不见葬具痕迹。小墓中虽有随葬品,但至多一两件不很精致的玉、骨器,而且不少器物是断裂后修复的,少见精品。规模较大的墓中常有陶瓶出土,盗扰残余的玉石器及其他装饰品亦较精致,这也许反映着死者生前贫富不均的现实。由于规模大一些的墓葬绝大多数已被盗扰一空,这种墓原来的入葬规格已无法全面了解。因此,墓葬间的等级区分界线和标准难以确定,给考古工作者留下深深的缺憾。

　　临汾下靳墓地和陶寺墓地均分布在古文献记载的唐尧部族活动区域内。《左传·哀公六年》记载:"《夏书》曰:惟彼陶唐,帅彼天常,有此冀方。"《淮南子·坠形训》高诱注:"冀,尧都冀州,冀为天下之号也。"《尔雅·释地》说:"两河间曰冀州。"郭璞注:"自东河至西河。"由此可见,尧部落所居冀州在山西汾水流域。这里曾被称为"大夏",《左传·昭公元年》载:"……迁实沈于大夏,主参,唐人是因,以服事夏商。"《史记·郑世家》之《集解》服虔曰:"大夏在汾、浍之间。"《史记·晋世家》记周成王封弟叔虞于唐时称:"唐在河汾之东方百里。"由此可知,陶唐氏部族所居之地在今以临汾盆地为主的汾河下游地区。

　　据文献记载,临汾夏商时属冀州,周初归晋国管辖,战国时期,韩初都平阳,后又属魏,秦统一后划归河东郡,汉朝在河东郡后设平阳县,308 年,刘渊起兵建都于此,直至隋开皇三年(583 年)才始称临汾。据传,在史前时期,帝尧曾在此建都。据史籍记载,尧"封于唐","游于陶",又称陶唐氏,"尧治平阳,统天下四方"。

　　1978 至 1985 年,在襄汾陶寺遗址范围内发掘了一处占地 4 万平方米的墓地,出土了成套的礼乐器物,如玉钺、石磬、鼍鼓和象征王权的彩绘蟠龙陶盘[1],之后还确定了陶寺早期小城、下层贵族居住区、宫殿区、东部大型仓储区、中期小城内王族墓地以及祭祀区内的观天象祭祀台基址[2]。陶寺遗址、墓地的文化遗物,在地望、年代、器物、葬法和赤龙图腾崇拜等方面基本与帝尧陶唐氏的史迹吻合,表明这里不仅是尧的中心,而且已经出现了中央国家政权。著名考古学家苏秉琦先生在《迎接中国考古学的新世纪》一文中概括说:"大致在距今 4 500 年左右,最先进的历史舞台转移到晋南。在中原、北方、河套地区文化以及东方、东南方文化的交汇撞击下,晋南兴起了陶寺文化。它不仅达到了比红山文化后期社会更高一阶段的'方国'时代,而且确立了在当时诸方国群中的中心地位。它相当于古史上的尧舜时代,亦即先秦史籍中出现的最早的'中国',奠定了华夏的根基。"[3]

　　下靳墓地发现的墓葬能反映入葬状态的主要是小型墓,其中一部分不见葬具遗迹,也没有任何随葬品的墓主人应当是社会最底层的贫民,另外一些小墓仅随葬装饰品或一两件不很精致的玉(石)、骨器,而且许多器物在断裂之后经修补加工,这些墓中的死者或稍富有一些,但社会地位当不

[1]　中国社会科学院考古研究所、山西省临汾市文物局:《襄汾陶寺:1978—1985 年考古发掘报告》,文物出版社,2015 年。
[2]　中国社会科学院考古研究所山西队等:《山西襄汾陶寺城址 2002 年发掘报告》,《考古学报》2005 年第 3 期。
　　何驽:《陶寺文化遗址——走出尧舜禹"传说时代"的探索》,《中国文化遗产》2004 年第 3 期。
[3]　邵望平、汪遵国:《迎接中国考古学的新世纪》,《东南文化》1993 年第 1 期。

会太高。墓葬宽在0.9米以上的墓绝大多数已被盗扰,远不能反映当时的现状,但我们仍可从残迹看出一些端倪。这类墓中多数留有板灰痕迹,当有木质葬具。盗扰劫余的玉器质地较好,同时佩戴制作讲究的装饰品,并且多数随葬彩绘陶瓶。陶瓶可能因在盗扰者看来不属于珍品而得以幸存,但在入葬时无疑是一种身份的象征。在这类墓中,M76规模并不算大,但入葬规格已十分特殊。虽然我们尚不能依此作为确定等级的最终标准,但已可看出死者之间确有等级划分的界限。从目前发掘的情况看,该墓地的整体级别较陶寺墓地要低,抑或这里仅是一个区域性的中心聚落,而远不是当时本部落的首府。

如果说陶寺墓地的规模和所反映的社会结构具有都城气魄,那么下靳墓地则是该部族中一个地方性中心聚落的典型代表,这是研究该部族基层结构最重要的资料。以此为基础揭示出来的社会组织结构极有可能成为诠释我国早期城邦制国家的重要环节,是研究唐尧文化的重要参考资料。

唐尧的墓地在文献中有一些线索。《墨子·节葬(下)》:"昔者,尧北教乎八狄,道死,葬蛩山之阴。"《山海经·海外南经》则说:"狄山,帝尧葬于阳,帝喾葬于阴。"《帝王世纪》引《山海经》说:"尧葬狄山之阳,一名崇山。"这里的蛩山、狄山和崇山当即是位于襄汾、翼城之间的崇山。经近年调查,陶寺文化的分布地域南起绛县,北过临汾,东越翼城,西至黄河,基本以崇山周围的汾、浍三角地区为中心,占据了临汾盆地的大部分区域。有确切资料表明至晚在庙底沟二期文化的晚期阶段,年代约在距今4 500至4 300年之间,上述区域内的文化特色已十分鲜明,其分布范围正好同唐尧部族的居住地吻合,蒯伯赞先生曾推定唐尧在前2297年,即距今4 300年前后。结合近年来陶寺考古的系列收获及考古学家的研究成果,下靳墓地及陶寺墓地早期墓葬无疑属于唐尧部族。

据何努先生主持的陶寺遗址群宏观聚落形态研究,下靳墓地相应的居址是东邓遗址,该遗址长约2 000米,宽约200米,总面积约40万平方米,沿汾河岸边分布。遗址内的遗迹主要以大型窖穴为主。该遗址是陶寺都城唯一的在汾河畔的口岸型遗址。通过对陶寺遗址群宏观聚落形态的研究,可认为东邓口岸聚落担负有陶寺都城内物资水陆转运职能同时兼具商贸口岸功能。下靳墓地中小型墓葬的主人可能是管理东邓口岸的官僚[1]。

第三节　随葬品文化因素分析

下靳墓地处于临汾盆地中心,属陶寺文化分布范围。它与陶寺墓地早期中小型墓不仅时代相当,而且墓葬形制、葬式、随葬品等方面也基本相同,很大程度上代表了陶寺文化的葬制和葬俗,是我们进一步认识陶寺文化墓葬方面难得的一批资料。尤其这批墓葬以玉石礼器为主要随葬品,一改晋南地区乃至中原地区史前文化中墓葬制度方面的一些传统因素,而以一种全新的外

---

[1]　何努:《2010年陶寺遗址群聚落形态考古实践与理论收获》,《中国社会科学院古代文明研究中心通讯》2011年第21期。

来文化迅速而深刻地改变着当地固有的传统理念,对旧有的文化形成了强大的冲击。这大概反映了距今4 300年前后中国社会的动荡变革,是意识形态领域的人文观念在考古遗存中的反映。

从下靳墓地和陶寺墓地的发现情况看,临汾盆地存在着一个以玉石礼器为主要随葬品的文化中心,此中心形成的具体过程还有待进一步的深入研究。这个中心大量消费和使用的玉石礼器来源问题尚不十分清楚,究竟是交换或再分配而来的,还是引进的,还需更深入的探讨,但我们认为后者的可能性更大。如果这样,那就是说在陶寺文化范围内可能存在着一个玉石器工业中心,这个工业所依赖的技术传统不是源于当地,而是舶来于黄河下游地区的大汶口文化乃至江淮地区的薛家岗文化。下靳墓地出土的玉石钺,平面呈长方形或梯形,有直刃、斜刃和弧刃,与黄河下游大汶口文化晚期至龙山文化的玉石钺相一致。关于大汶口文化的玉石器传统,张弛先生认为它本身也无这一传统,在其前身的北辛文化中丝毫看不到这一迹象。它主要是在继承北阴阳营—薛家岗玉石器系统的基础上发展起来的,大约到大汶口文化晚期渐渐有了自己的风格,而到龙山文化时期才算真正形成区域性的文化特色。若此,也就不难理解下靳墓地的玉石器为何既像大汶口的又像薛家岗的了。

如果陶寺文化的玉石器技术传统确实源于大汶口文化乃至薛家岗文化系统,那么将其作为这一技术传统西渐的中转站也就合乎情理了。通过陶寺文化的中介作用,这一传统得以顺利进入黄河西岸的陕北一带龙山文化,并继续向西挺进直达甘青的齐家文化。只是在这个漫长的传播过程中,这一技术传统不断变化,其产品形式也不断更新。但不管如何变化,人们崇尚以玉石礼器作为身份和社会地位标识的这一文化传统观念却始终贯穿于之后的中国历史发展中,对整个中华民族的文化传统产生了深远的影响。

有关陶寺文化玉石器文化传统的渊源问题,除了本文的粗浅认识外,其他学者也曾作过一定的探讨,如高炜先生认为陶寺玉器群集红山、大汶口、良渚、薛家岗诸文化玉器的一些因素为一体,并在吸收融合的基础上创造出自身的独立特征[1]。冈村秀典先生将陶寺的玉琮和玉璧定为中原龙山型,以示和良渚型以及齐家型的区别,并认为也是由东向西传播的结果。如此看来,不论对陶寺文化的玉石器传统如何认识,但对其中的一些主要文化因素源于长江下游地区的玉石器传统则没有什么异议。玉料方面存在由西向东传播的迹象。据中山大学对下靳玉器的质地测试分析,下靳墓地玉石料源于多处,透闪石为西部来源,蛇纹石则可能为东部来源。北京联合大学应用文理学院团队对下靳绿松石样品进行物相、铅锶同位素组成的检测分析认为,下靳绿松石至少有3处不同的矿源。

尽管如此,我们还不能说已经对陶寺文化的玉石器渊源问题彻底搞清,因此,如何进一步研究陶寺文化玉石器传统的形成以及它在史前玉石器传统中的作用,这仍是我们面临的重要课题。

朱绘陶瓶也属于较为特别的随葬器物,曾见于陶寺文化墓地。陶寺文化遗址出土彩绘陶瓶22件,其中1件出土于遗址,其余21件出土于墓地。朱绘陶器随葬属于大汶口文化的传统,朱绘陶瓶出土于陶寺文化早期大中型墓葬中,属于礼器范畴。下靳出土的陶瓶普遍使用彩绘,但不见陶寺文化墓地的彩绘图案。烧成火候低,烧成后涂饰的彩绘极易脱落,应是一种祭器,而非实用器。

[1]　高炜:《陶寺文化玉器及相关问题》,《东亚玉器》(第一册),香港中文大学中国考古艺术研究中心,1998年。

第四节　其他相关问题探讨

下靳墓地的发掘也给我们留下了难以索解的困惑,墓地A类墓中较大规模的墓葬绝大多数被不同程度盗扰。由于被盗墓中的珍贵随葬品多数被洗劫一空,而质地不精的陶瓶则被盗扰者遗忘,盗扰的目的似是为了获得随葬的精美礼器和首饰。同时,盗扰中虽有破坏墓圹和挖掘盗洞的情形发生,但大多数均依墓壁下挖,如果不是当时墓地还留有墓葬的标志,那就是盗扰者已可辨认墓中填土。而B类墓中填土一样易识,除被晚期墓葬打破外,较少经过盗扰,似乎盗扰者能够确定两类墓葬的区别,并且能确定死者身份与墓葬规模的内在联系。此外,经盗扰的墓为数众多,而且有些墓中散置有2个乃至3个以上个体的人骨,而其他墓中又有尸骨无存的现象,这种盗扰无疑具有较大规模。

从现有考古资料看,晋南地区从仰韶时代庙底沟文化时期开始一直没有在墓中放置随葬品的传统,即使排列有序,制度严格的墓地也不例外,但是下靳或陶寺墓地在继承依序入葬死者的传统基础上都随葬有精美礼器、装饰品及明显没有实用价值的彩绘陶瓶,产生这种变化的深层原因是社会制度的变革还是文化传统的替代,这是一个有待探讨的课题。墓葬中出土的玉器及其他珍贵饰品至少有一部分其产地不在临汾盆地一带,断裂后连缀现象也表明在当时这些饰品的珍贵程度,但是这些原料或器物究竟来自何方仍有待探索。此外,墓葬中形制特殊的彩绘陶瓶,在山西新石器遗址中无论哪一时期遗存中都不见相类的器物,而这种器物如果是本地制造的当有所本,迄今我们还没有见到与其基本一致的考古资料。或许是大汶口文化因素而来后的地方变体?

下靳墓地还有一些令人费解的困惑。其一,A类墓多数经过盗扰,就现场发掘时的观察和思考,我们认为这种盗扰可能发生在死者入葬后不久,但是盗掘者是什么人? 目的是什么? 等问题至今没有一个十分完满的解释。其二,墓中出土的玉石器和陶瓶的形制基本不见于年代相近的遗址中,而且其源流暂不清晰。这种仅见于墓中的器物到底隐含着什么信息还是有待解决的一个问题。下靳墓地中随葬器物的小型墓较陶寺墓地所占比例要大,这是否预示着这里的入葬规格与陶寺有所区别,尚不能妄下结论。

下靳墓地属于在临汾地区发现的一处陶寺文化早期墓地。墓地中随葬玉石器的葬俗、大量遭到扰乱的墓葬,这些具有时代特点的考古材料,为认识庙底沟二期文化时期较晚阶段或陶寺文化早期阶段的埋葬习俗和社会制度提供了十分珍贵的资料,对探索山西地区古代文明的起源、进程与模式有重要的参考意义。

附录

墓葬登记表

墓号	墓向	规格（墓口长×宽-墓深）	葬式	个体	性别	年龄	随葬品（数字为墓内器物编号）	备注
M1	118°	1.3×0.4-0.1		1	女	42.4		扰
M2	134°	1.31×0.43~0.54-0.54		1				扰
M3	145°	2.1×0.6~0.64-0.45	仰身直肢	1	女	成年	1石钺	M3→M7
M4	145°	1.95×0.42~0.44-0.36	仰身直肢	1	女	60以上		扰
M5	143°	1.59×0.85~1.06-0.5（墓口）1.47×0.82~1.04（墓底）		1	女	50~55	1穿孔石片饰	近代沟渠→M5
M6	46°	1.67×0.48~0.5-0.7	仰身直肢	1	女	30左右		M8→M6
M7	105°	1.1~1.3×0.43~0.46-0.2		1	男	60以上	1梯形绿松石饰	M3→M7 M7→M8
M8	145°	1.95×0.53~0.58-0.22		1	女			M8→M6 M7→M8
M9	136°	1.66×0.61~0.66-0.4						近代沟渠→M9
M10	130°	1.5~1.6×0.6-0.14		1	男	50~55		近代沟渠→M10 M11→M10 M10→M41 M10→M50
M11	130°	2.1×1.1-0.1		1	男	35~40		M11→M10 M11→M41 M11→M50 近代沟渠→M11
M12	143°	（墓口）1.9~1.94×0.77~0.83-0.6（墓口）1.8~1.87×0.7~0.76（墓底）	仰身直肢	1	男	50~55	1石笄、2轮形石饰、3、4、5、6、9弧形骨饰、7玉璜、8绿松石	M12→M13 M12→M15 M12→M41 近代沟渠→M12

续表

墓号	墓向	规格（墓口长×宽-墓深）	葬式	个体	性别	年龄	随葬品（数字为墓内器物编号）	备注
M13	52°	1.94～1.99×0.44～0.48-0.6	仰身	1	女	50～55	1骨管	M12→M13 近代沟渠→M13
M14	135°	1.8×0.6-0.35						M14→M15 近代沟渠→M14
M15	45°	1.92×0.5～0.6-0.4	仰身直肢	1	女	50～55	1骨笄	M12→M15 M14→M15 近代沟渠→M15
M16	130°	2.1×1-0.9		2	1男1女		1三角柱状V形槽玉块、2骨镞、3骨镞、4三角形石片	扰
M17	38°	1.2×0.45-0.3	仰身直肢	1	女	22以上		扰
M20	135°	1.63～1.71×0.7-0.45	直肢	1	男	22以上	1三角形石片	扰
M21	130°	1.94×0.5-0.2		1	男	35～40		M21→M32
M22	50°	1.7×0.55～0.6-0.16	仰身直肢	1	男	60以上		扰
M23	140°	0.62～1.1×0.5-0.1	直肢	1	女	成年		汉墓→M23 M23→M46 M23→M166
M25	130°	2.4×0.48-0.7		1				M25→M26 M25→M27
M26	142°	0.85×0.5-0.7						M26→M27 M25→M26
M27	128°	1.55×0.88-0.6						M25→M27 M26→M27
M28	140°	1.95×0.8～0.89-1.24		1	女	50～55	1绿松石碎块	扰

续表

墓号	墓向	规格(墓口长×宽-墓深)	葬式	个体	性别	年龄	随葬品(数字为墓内器物编号)	备注
M29	137°	1.0×0.4-0.25	屈肢	1	女	24以上		扰
M30	130°	2.06×0.93-1	直肢	1	女	成年	1陶瓶,2、3、4牙饰,5绿松石块	扰
M31	140°	1.91×1.39-0.8(墓口) 1.86×1.28(墓底)		2	男、女	男60以上;女30左右		扰
M32	155°	1.65×0.65-0.35		1	女	成年		M21→M32
M33	140°	1.51×0.4-0.1		1				扰
M34	135°	1.7×0.5-0.25	直肢	1	女	22以上		扰
M35	139°	1.85×0.48~0.55-0.54	仰身直肢	1	男	40~45		扰
M36	135°	1.4×0.6-0.2		1	女	少年		扰
M37	120°	2×0.7-0.35		1	男	60以上		M37→M38
M38	35°	1.5×0.5-0.65		2	男	男35~40;男60以上		M37→M38
M39	58°	1.75~1.94×0.74-0.18		1	男	60以上		M40→M39
M40	122°	1.75~1.88×0.75~0.85-0.46						M40→M39
M41	45°	1.8×0.5-0.8	仰身直肢	1	女	35~40		M10→M41 M11→M41 M12→M41 近代沟渠→M41
M42	123°	1.74×0.45-0.18		1				
M43	97°	0.9×0.77~0.81-1.1		1				M43→M44 M59→M43 现代墓→M43

续表

墓号	墓向	规格（墓口长×宽-墓深）	葬式	个体	性别	年龄	随葬品（数字为墓内器物编号）	备注
M44	130°	1.81×0.73-0.7	仰身直肢	1	女	50~55	1钺形石器,2绿松石片,3轮形石饰,4梭形石饰	M43→M44 现代墓→M44
M45	137°	1.15~1.87×0.45-0.4	仰身直肢	1	男	22以上	1石璧,2石钺	现代墓→M45 H1→M45
M46	105°	1.5×0.4-0.1	仰身直肢	1		成年		M46→M165 M46→M166 M23→M46 汉墓→M46
M47	140°	1.95×0.4~0.5-0.2	仰身直肢	1	男	60以上	1柱状V形玉块,2、4玉璜,3轮形石饰,5、6绿松石块,7玉璧,8石钺	
M48	137°	1.98×0.5~0.56-0.46	仰身直肢	1	男	50~55	1石圭,2扁条形石饰,3石钺	
M49	137°	1.86×0.56~0.63-0.46	仰身直肢	1	男	60以上	1石钺	M49→M51
M50	48°	1.8×0.5-0.7	仰身直肢	1	女	成年	1骨簪	M10→M50 M11→M50 近代沟渠→M50
M51	140°	0.98×0.51~0.56-0.2		1	男	50左右		M51→M64 M49→M51
M53	50°	1.35×0.3~0.44-0.45（墓口） 1.35×0.29~0.38（墓底）						近代墓→M53
M54	138°	1.74×0.34-0.4-0.35		1	女	35~40		
M55	138°	2.22×0.90-100-1.05		1			1玉环,2陶瓶	扰
M56	130°	2.4×1.36~1.44-1.25 棺1.77×0.8-0.25（高）		1	女	60以上	1、2牙饰	扰
M57	135°	1.91×0.91-0.93		2	男、女	男50~55; 女40~45	1陶瓶,2木环	扰

续表

墓号	墓向	规格（墓口长×宽-墓深）	葬式	个体	性别	年龄	随葬品（数字为墓内器物编号）	备注
M58	135°	1.96×0.98-1.4（墓口） 2.06×0.98（墓地） 1.86×0.51～0.05（棺）		1	男	22以上	1双孔石刀,2石管	扰
M59	138°	1.70×0.93～0.96-0.4（墓口）		1		10以下	1,2骨饰	M59→M43
M60	138°	2.01×0.94～1-1		1	男	60以上	1扁条形玉饰,2,3石镞	扰
M61	50°	1.4×0.50～0.55-0.25		1		幼儿		扰
M62	137°	1.64×0.5-0.4						M62→M63
M63	48°	长0.9×0.45-0.2						M62→M63 M64→M63
M64	138°	长1.2×0.5-0.45		1				M64→M63 M51→M64
M66	122°	2.16×1-0.54					1石管	M66→M67 M66→M68 M66→M69 近代墓→M66
M67	122°	1.63×0.6-0.55						M66→M67
M68	50°	0.65×0.7-0.2		1	男	50～55		M68→M69 M66→M68
M69	50°	1.45×0.6-0.17		1				M66→M69 M68→M69
M70	134°	1.47×0.45～0.53-0.16	仰身直肢	1	女	35～40	1穿孔蚌壳,2石璧	扰
M71	143°	1.88×0.76～0.8-0.6		1	女	45～50	1石器	扰
M72	130°	1.22×0.4-0.25						扰

续表

墓号	墓向	规格（墓口长×宽-墓深）	葬式	个体	性别	年龄	随葬品（数字为墓内器物编号）	备注
M73	150°	2.03×0.88~0.9-0.35		3	男、女、幼	男40~45；女29左右；幼十岁以下		扰
M74	140°	1.9×0.54-0.05	直肢	1	男	成年		扰
M75	133°	1.51×0.49-0.29		1	男	50~55	1、2牙饰	扰
M76	135°	1.95×0.91~0.95-1	仰身直肢	1	女	60以上	1绿松石腕饰、2骨笄、3木镯（已炭化）、4指环、5陶瓶（碎）	
M77	133°	1.71×0.46-0.26	侧身屈肢	1	男	40~45	1、2牙饰	扰
M78	160°	1.96×0.47~0.6-0.24		1	男	60以上		扰
M79	140°	1.26×0.4~0.45-10	仰身	1	女	60以上	1石器残块	
M80	160°	1.75×1.2-0.3						M80→M81
M81	133°	2.15×1.01~1.1-0.85（墓口） 2.15×0.96~0.98（墓底）		1				M80→M81
M83	145°	1.84×0.7-1.1		1	女	40~45	1锥形玉器、2骨笄	扰
M85	140°	2.2×1~1.1-0.9（墓口） 2×0.9~1.1（墓底）		1	男	60以上	1陶瓶	M85→M86 M85→M102
M86	140°	1.25×0.3~0.5-0.54（残宽）		1				M86→M102 M85→M86
M87	128°	1.85×0.9-0.8		1		60以上	1陶瓶、2柄形石器	M87→M88
M88	135°	1.65×0.7-0.4						M87→M88
M89	133°	1.4×0.45~0.50-0.2		1		15左右		扰
M90	129°	1.82~1.87×0.5~0.56-0.5	直肢	1	女			扰

续表

墓号	墓向	规格（墓口长×宽-墓深）	葬式	个体	性别	年龄	随葬品（数字为墓内器物编号）	备注
M91	133°	1.85×1.24~1.29-1.15					1陶瓶	扰
M92	136°	1.7×0.4~0.42-0.1	直肢	1		15左右		扰
M93	137°	1.6~1.7×1.04~1.06-0.85（墓口）		1	男	35~40		扰
M94	135°	1.95×0.5~0.6-0.54	仰身直肢	1	女	30左右		
M95	142°	1.8×0.6-0.14	仰身直肢	1	男	60以上		现代墓→M95
M96	134°	1.35×0.4~0.44-0.18		1		10以下		扰
M97	140°	2.1×0.52-0.4		1			1石钺	扰
M98	140°	1.75×0.36~0.4-0.25（墓底）	仰身直肢	1	男	60以上	1,2柄形蚌饰	
M99	139°	1.6×0.4~0.46-0.2		1			1石器（可能为璧）	扰
M100	140°	1.55×0.4~0.45-0.12		1				M112→M100
M101	138°	1.6×0.57~0.59-0.24		1				扰
M102	140°	0.75~1.25×0.6-0.15		1				M102→M103 M85→M102 M86→M102
M103	140°	1.5×0.45~0.5-0.1		1		30左右		M102→M103
M104	143°	1.8×0.66-0.4	仰身直肢	1	女	60以上	1石镞,2石黄,3、4木环（已炭化）,5绿松石块	
M105	135°	2×0.6-0.54		1	女	50~55	1木环（已炭化）	M105→M106
M106	138°	1.8×0.1~0.2-0.1		1				M105→M106
M107	140°	1.95×0.5-0.6	仰身直肢	1	女	50~55		扰

续表

墓号	墓向	规格（墓口长×宽-墓深）	葬式	个体	性别	年龄	随葬品（数字为墓内器物编号）	备注
M108	140°	1.33×0.4-0.13	侧身屈肢	1	女		1复合石璧	扰
M109	135°	1.55×0.4~0.45-0.12		2	女、男一具	女30左右；另一具20~25		扰
M110	128°	1.54×0.49~0.52-0.15		1	男	35~40		扰
M111	130°	1.4×0.44-0.12	仰身直肢	1	女	40~45		扰
M112	135°	1.1×0.4-0.35	仰身屈肢	1	女	10左右		M112→M100
M113	140°	2×0.7-0.85						M113→M114
M114	138°	1.88×0.75~0.79-0.91		1	女	40以上	1陶瓶	M113→M114
M115	137°	2.05×0.5~0.55-0.5		1			1石琮	M115→M116
M116	137°	2.04×0.49-0.3		1				M115→M116
M117	148°	1.9×0.56~0.6-0.35		1	男	60以上		扰
M118	143°	2×0.5~0.6-0.24		1				扰
M119	140°	2×1-1		1	女	60以上	1、3、4、5、9、14半圆形骨饰，2石钺，6、7、8、11、12、13亚腰型骨饰，10穿孔蚌片	扰
M121	145°	1.7×0.4~0.45-0.5		1				扰
M122	140°	2.1×1~1.1-0.6		2	男、女	男50左右；女40~45	1石芋	扰
M123	140°	2×0.6~0.72-0.55		1				扰
M124	130°	1.85~1.92×0.51~0.55-0.3	仰身直肢	1	女	50左右	1石管，2梯形石片，3石璜	
M125	130°	1.25×0.53~0.56-0.13	侧身屈肢	1				M125→M126

续表

墓号	墓向	规格（墓口长×宽-墓深）	葬式	个体	性别	年龄	随葬品（数字为墓内器物编号）	备注
M126	130°	1.6×0.8~1-0.7		1		60以上		M125→M126
M127	130°	2×0.5-0.75		1		60以上		扰
M128	132°	2×1-0.7		1	男	22以上		扰
M129	40°	1.5×0.55-0.7		1			1三角形石片	H3→M129
M130	35°	1.7×1-0.6		1	女			H3→M130
M131	135°	1.7×0.35~0.4-0.12	仰身直肢	1	女		1锥形石器	扰
M132	140°	1.74~1.8×0.6-0.45		1	男	60以上		扰
M133	137°	1.5×0.4-0.1		1		35~40		扰
M134	140°	2×0.6~0.65-0.4	仰身直肢	1	男	50~55		M134→M135
M135	127°	1.6×0.4-0.1	仰身直肢	1	男	50左右	1牙饰	M134→M135
M136	135°	1.8×0.58~0.65-0.55	仰身直肢	1	女	60以上	1玉璧,2梭形石饰,3绿松石腕饰	扰
M137	140°	1.3×0.45~0.5-0.2		1		20~25		扰
M138	145°	1.4×0.45-0.2	仰身屈肢	1	女	30左右		扰
M139	137°	1.75×0.68~0.8-0.6	仰身直肢	1	女	40~45	1蚌饰,2柄形石器,3绿松石腕饰,4石璜	
M140	137°	1.7×0.48-0.1	仰身直肢	1	女	30左右		M140→M141
M141	137°	1.7×0.45-0.35	仰身屈肢	1	男	35~40	1石璧,2牙饰,3牙饰	M140→M141
M142	137°	1.7×0.43~0.55-0.35	仰身直肢	1	女	30左右		扰
M143	160°	1.5×0.4~0.58-0.4		1				扰

墓号	墓向	规格 (墓口长×宽−墓深)	葬式	个体	性别	年龄	随葬品 (数字为墓内器物编号)	备注
M144	137°	1.9×0.43~0.5−0.5	仰身直肢	1	男	50~55	1石芊,2扁条形石饰	
M145	135°	1.6×0.4−0.1	仰身屈肢	1	女	35~40	1石璧,2牙饰	扰
M146	135°	1.11×0.4−0.07		1				M146→M147
M147	135°	1.8×0.4~0.43−0.1	侧身屈肢	1				M147→M148 M146→M147
M148	40°	1.7×0.5−0.6	仰身直肢	1	男	40~45		M147→M148
M149	40°	1.9×0.5−0.2	仰身直肢	1	男	35~40		M153→M149
M150	137°	1.8×0.5−0.1	仰身屈肢	1	男	40~45	1牙饰,2石璧,3牙饰	扰
M151	135°	1.6×0.42~0.45−0.3	仰身屈肢	1	男	50~55	1柄形蚌饰,2骨芊,3不规则形石片	扰
M152	135°	1.9×0.38~0.45−0.35	仰身直肢	1	女	40~45		
M153	140°	1.9×0.46~0.6−0.6	仰身直肢	1	男	60以上	1双孔石刀,2石钺	M153→M149 M153→M154
M154	35°	1.58×0.45−0.1	仰身直肢	1	女	成年		M153→M154
M155	148°	1.65×0.47~0.56−0.6	仰身直肢	1	男	50~55		
M156	37°	1.8×0.42~0.51−0.3	仰身直肢	1	男	50~55		扰
M157	30°	1.6×0.8−0.4		1		35~40		扰
M158	37°	2.1×0.5~0.6−0.65	仰身直肢	1	男	50左右		
M159	45°	1.9×0.55−0.6	仰身直肢	1	男	40~45		M159→M160
M160	45°	1.7×0.6−0.4	仰身直肢	1	女	60以上		M159→M160
M161	140°	1.7×0.55−0.6	仰身直肢	1	女	50左右	1石钺	

续表

墓号	墓向	规格（墓口长×宽-墓深）	葬式	个体	性别	年龄	随葬品（数字为墓内器物编号）	备注
M162	152°	1.7×0.57-0.35	仰身直肢	1	女	50~55		M162→M163 M162→M164
M163	152°	0.95×0.55-0.2	仰身	1	女	30左右		M162→M163
M164	45°	1.8×0.45-0.25		1				M162→M164
M165	45°	0.85×0.85（墓口） 0.62×0.85（墓底）-1	仰身	1				汉墓（M24）→M165 M46→M165
M166	40°	1.9×0.5-0.6	仰身直肢	1	女			M23→M166 M46→M166
M169	140°	1.5×0.45-0.3	直肢	1	男			扰
M172	125°	1.8×0.37~0.46-0.45	仰身直肢	1	男	30左右		
M173	140°	1.75×0.42~0.52-0.15	仰身直肢	1	男	40~45		扰
M201	137°	1.75×0.4-0.25	仰身直肢	1	女	30左右		M201→M204
M202	135°	1.8×0.55-0.2	侧身屈肢	1	男	45~50	1牙饰	M202→M204
M203	155°	1~1.14×0.41-0.2		1	女	成年		扰
M204	20°	1.6×0.46~0.48-0.7	仰身直肢	1	女	50~55		M201→M204 M202→M204
M205	135°	1.9×0.75-0.9					1石管	扰
M206	45°	1.3×0.42-0.5	仰身直肢	1	女	成年		M207→M206
M207	135°	1.9×0.55~0.65-0.6		1		50~55		M207→M206
M208	140°	2×0.7-1.3		1	男	50左右		扰
M209	138°	1.9×0.45~0.6-0.6		1	男	50~55		扰

续表

墓号	墓向	规格(墓口长×宽-墓深)	葬式	个体	性别	年龄	随葬品(数字为墓内器物编号)	备注
M210	25°	1.2×0.5-0.35		1	女	50左右		近代沟渠→M210
M211	140°	1.8×0.54-0.2	侧身屈肢	1	女	50~55	1石钺	扰
M212	140°	1.9×0.5-0.2	仰身直肢	1	男	40~45	1牙饰,2石镞	M212→M252
M213	145°	1.9×0.43-0.2	仰身直肢	1	女	35~40	1,2牙饰,3石璧	M213→M252
M214	145°	2×0.45-0.15	仰身屈肢	1	男	59.1	1,2牙饰,3复合石璧	扰
M215	143°	1.9×0.55-0.25	仰身屈肢	1	女	50~55		
M216	130°	1.7×0.45-0.4	仰身直肢	1	女	大于22		扰
M217	137°	1.6×0.5-0.4	仰身直肢	1	女	10~13		扰
M218	134°	2.1×0.6-0.55	仰身直肢	1	男	50~55	1石黄,2石璧,3玉钺,4石钺	
M219	135°	2.0×0.6~0.82-0.3 棺1.6×0.35		1	女	40~45		扰
M220	135°	1.9×0.5-0.45		1	男	大于41		扰
M221	135°	2×0.55-0.55	俯身直肢	1			1石璧,2石钺	M221→M251
M222	130°	1.6×0.42~0.55-0.15		1	女	成年	1木环(已炭化)	M222→M250
M223	68°	1.7×0.4~0.55-0.25		1	男	60以上		M224→M223 M225→M223
M224	145°	1.7×0.55-0.5		1				M224→M223
M225	130°	1.8×0.45-0.15		1				M225→M223
M226	120°	2×0.7~0.9-0.3		1	男	成年		扰
M227	133°	2.1×0.55~0.65-0.35	仰身直肢	1	男	60以上	1石钺	
M228	130°	2×0.5~0.6-0.25	仰身直肢	1	男	50~55	残石器(碎裂)	M228→M231

续表

墓号	墓向	规格（墓口长×宽-墓深）	葬式	个体	性别	年龄	随葬品（数字为墓内器物编号）	备注
M229	135°	1.8×0.35～0.45-0.15		1	男	50左右	1复合石璧	M229→M231 M229→M232
M230	135°	1.6×0.4～0.52-0.25	仰身直肢	1	女	50左右		M230→M231
M231	42°	2×0.5-0.9	仰身直肢	1	女	50～55		M228→M231 M229→M231 M230→M231
M232	42°	1.85×0.6-0.8	仰身直肢	1	女	60以上	1骨笄	M229→M232 M249→M232
M233	135°	1.5×0.34～0.47-0.25	仰身屈肢	1	男	30左右		扰
M234	135°	1.45×0.31～0.43-0.25		1		25～30	1有领石环	扰
M235	135°	1.45×0.3～0.45-0.2	仰身直肢	1	女	30左右	1牙饰,2石琮	扰
M236	135°	1.5×0.5-0.15	仰身直肢	1	女	10左右		M236→M237 M236→M266
M237	43°	1.9×0.5-0.9	仰身直肢	1	男	50左右		M236→M237
M238	138°	1.4×0.45-0.7-0.15		1	男	10～13	1,2牙饰,3残石器	扰
M239	120°	0.5×0.45-0.15		1				M65→M239
M240	132°	0.6～1.2×0.8-0.9		1	女	50～55	1陶瓶	M65→M240
M241	135°	2.7×0.6-1	仰身直肢	1	男	50～55	1骨笄,2残石器,3、4石坠饰,5石钺,6石璧	M241→M242
M242	40°	1.3～1.4×0.6-0.75	仰身直肢	1	女	成年		M241→M242
M243	145°	1.8×0.54～0.6-0.6	直肢	1	女	成年		M243→M244
M244	125°	0.12～1.68×0.6-0.15	仰身	1	女	10～13		M243→M244

续表

墓号	墓向	规格（墓口长×宽－墓深）	葬式	个体	性别	年龄	随葬品（数字为墓内器物编号）	备注
M245	137°	2.4×0.7~0.8-1.2 棺：2.24×0.61	仰身直肢	1	男	60以上	1骨笄，2、3石钺，4石璧，5、6石镞	M245→M247 / M245→M248
M246	140°	1.8×0.40~0.52-0.2	仰身直肢	1	男	60以上		M246→M247 / M246→M248
M247	47°	1.8×0.5-0.1					猪下颌骨	M245→M247 / M246→M247
M248	37°	1.2×0.55-0.6	仰身	1	女	60以上		M245→M248 / M246→M248
M249	130°	2.1×1.15-1.4						M249→M232 / M249→M253 / M249→M272
M250	132°	1.6×0.45-0.55		1			1玉璜，2~7石管，8石黄，9石镞，10石钺	M250→M251 / M222→M250
M251	38°	2×0.5~0.55-1.2	仰身直肢	1	男	60以上		M221→M251 / M250→M251
M252	42°	1.7×0.44~0.55-0.9	仰身直肢	1	女	60以上		M212→M252 / M213→M252
M253	40°	0.6×0.45~0.5-0.55	仰身	1	女	50左右		M249→M253
M254	133°	1.8×0.37~0.52-0.25		1	女	30左右		M254→M257
M255	125°	2.1×1-1		1			1梯形花边石片，2骨镞，3~15石镞	M255→M257
M256	42°	1.4×0.5-0.5	仰身直肢	1	男	大于24		M275→M256 / M285→M256
M257	48°	1.1×0.42~0.48-0.7	仰身	1	男	60左右		M254→M257 / M255→M257

续表

墓号	墓向	规格（墓口长×宽－墓深）	葬式	个体	性别	年龄	随葬品（数字为墓内器物编号）	备注
M258	133°	2.1×1.1-1.2		1	男	成年		M258→M259
M259	46°	1.9×0.6-1	仰身	1	女	50左右	1骨簪	M258→M259
M260	135°	1.95×0.66~0.8-0.9		1	男	60以上		M260→M261
M261	150°	1.75×0.75-0.3		1	女	大于35		M260→M261
M262	138°	2.4×1.45-1.5		1	男	60以上		M262→M263 M262→M264 M282→M262
M263	133°	1.8×0.51~0.59-0.15	侧身屈肢	1	男	50左右	1石钺	M263→M264 M262→M263
M264	135°	2×0.31~0.53-0.25	仰身直肢	1	男	13~19		M262→M264 M263→M264
M265	137°	2.3×1-1.2						扰
M266	140°	1.4×0.45-0.4	仰身直肢	1	女	30左右		现代传室墓→M266 M236→M266
M268	140°	1.6×0.34~0.49-0.15	仰身屈肢	1	男	60以上	1,2牙饰,3石璧	近代沟渠→M268
M269	130°	1.8×0.64~0.7-0.6	仰身直肢	1	女	60以上	1骨簪,2石钺	M269→M270 近代沟渠→M269
M270	50°	1.08×0.45-0.65	仰身	1	男	大于41		M269→M270
M271	130°	1.6×0.4-0.2	仰身直肢	1	女	30左右		M271→M272 近代沟渠→M271
M272	45°	2.1×0.5-1		1	男	60以上		M249→M272 M271→M272
M273	125°	1.6×0.55-0.2	仰身	1	女	25~30	1石璧,2,3牙饰	M273→M274 近代沟渠→M273

续表

墓号	墓向	规格（墓口长×宽－墓深）	葬式	个体	性别	年龄	随葬品（数字为墓内器物编号）	备注
M274	34°	2.13×0.6-1.1	仰身直肢	1	男	60以上		M273→M274
M275	120°	0.7×0.5-0.2	仰身	1	女	35~40	1木环	M275→M256 近代沟渠→M275
M276	138°	1.5×0.39~0.43-0.15	仰身屈肢	1		10~13	1有领石环	M276→M280 近代沟渠→M276
M277	43°	2.03×0.54-1	侧身直肢	1	男	30左右		M285→M277 近代沟渠→M277
M278	137°	1.5×0.5~0.75-0.4		1	女	大于24		M278→M281 近代沟渠→M278
M279	132°	1.4×0.6-0.1	仰身屈肢	1		10~13	1牙饰,2有领石环	M279→M281
M280	133°	1.8×0.42-0.3	仰身直肢	1	女	30左右		M276→M280 近代沟渠→M280
M281	45°	1.8×0.55-0.85	仰身直肢	1	女	60以上		M278→M281 M279→M281
M282	140°	1.7×0.8-0.45		1	男	35~40		M282→M262 近代沟渠→M282
M283	140°	0.9~1.0×0.4-0.15	仰身	1	男	30左右		近代沟渠→M283
M284	140°	1.73×0.57~0.6-0.55	直肢	1	男	60以上	1牙饰	近代沟渠→M284
M285	135°	1.45~1.56×0.94~1-1.4		2	男、女	男50~55; 女50~55	1蚌饰,2陶罐（残）	M285→M256 M285→M277 近代沟渠→M285
M286	142°	1.85×0.55-0.5	仰身直肢	1	女	40~45	1骨笄	
M287	135°	1.8×0.53~0.65-0.7	仰身直肢	1	男	60以上		
M288	130°	1.8×0.6-0.7	仰身直肢	1	男	60以上	1骨笄	近代沟渠→M288

续表

墓号	墓向	规格（墓口长×宽－墓深）	葬式	个体	性别	年龄	随葬品（数字为墓内器物编号）	备注
M289	140°	1.7×0.42～0.46-0.38	仰身直肢	1	女	50～55	1石镞	近代沟渠→M289 M289→M290
M290	45°	2.15×0.42～0.45-0.8	仰身直肢	1	男	40～45		M289→M290
M291	128°	1.65×0.42～0.5-0.4	屈肢	1	女	48		近代沟渠→M291
M292	42°	1.64×0.5-0.74	仰身直肢	1	女	50左右	1骨笄	
M293	130°	1.5×0.45～0.5-0.3	仰身直肢	1	女	大于24		近代沟渠→M293
M294	157°	1～1.2×0.5-0.35					1陶罐（填土中）	近代沟渠→M294
M295	132°	2×0.45～0.5-0.4	仰身直肢	1	男	60以上	1骨笄	
M297	40°	2×0.4～0.54-1.2	仰身直肢	1	女	50左右	1骨笄	
M298	50°	1.2×0.4-1.1	仰身直肢	1	女	50左右	1骨笄	M296（现代墓）→M298
M299	43°	1.9×0.46～0.55-0.25	俯身直肢	1	女	40～45	1陶罐.2绿松石管	扰
M300	45°	2.1×0.37～0.53-0.9	仰身直肢	1	男	50～55		
M301	40°	2×0.43～0.51-0.75	仰身直肢	1	男	60以上	1石镞.2骨镞	
M302	45°	2.1×0.47～0.61-0.6	仰身直肢	1	女	30左右	1骨簪	
M303	140°	1.8×0.48～0.6-0.5	仰身直肢	1	男	40～45	1骨笄	M303→M304
M304	35°	2×0.45～0.55-0.9	仰身直肢	1	男	大于24		M303→M304
M305	50°	2×0.45～0.52-0.9	仰身直肢	1	男	50～55		扰
M306	135°	2×0.45～0.6-0.55	仰身直肢	1	女	50～55		扰
M307	135°	1.8×0.9-0.1			男	60以上		M307→M329

续表

墓号	墓向	规格（墓口长 × 宽－墓深）	葬式	个体	性别	年龄	随葬品（数字为墓内器物编号）	备注
M308	130°	1.7 × 0.43～0.55－0.55	仰身直肢	1	女	60以上	1骨笄	扰
M309	135°	1.7 × 0.4～0.5－0.45	仰身直肢	1	女	20～25		
M310	140°	1.7 × 0.42～0.55－0.3	仰身直肢	1	女	35～40		
M311	133°	1.8 × 0.45～0.5－0.6	仰身直肢	1	女	40～45	1骨笄	
M312	122°	1.9 × 0.42～0.59－0.45	仰身直肢	1	女	40～45		
M313	35°	2.1 × 0.45～0.57－0.7	仰身直肢	1	男	40～45		近代沟渠→M313
M314	45°	1.5 × 0.45－0.15	仰身直肢	1	男	10～13		扰
M315	42°	2 × 0.41～0.5－0.6	仰身直肢	1	男	40～45		近代沟渠→M315
M316	50°	1.95 × 0.43～0.57－0.5	仰身直肢	1	男	35～40		近代沟渠→M316
M318	50°	1.9 × 0.48～0.61－0.75	仰身直肢	1	女	60以上		
M319	50°	1.9 × 0.44～0.52－0.9	仰身直肢	1	女	50～55	1骨簪	
M320	40°	1.9 × 0.46～0.55－0.8	仰身直肢	1	女	50左右		
M321	135°	2 × 0.43～0.47－0.3	仰身直肢	1	女	30左右		
M322	42°	2 × 0.6－0.9	仰身直肢	1	男	35～40		
M323	37°	2 × 0.6－0.65		1	女	成年		近代墓→M323
M324	132°	1.6 × 0.45－0.15	仰身直肢	1	女	60以上		扰
M325	133°	1.7 × 0.45～0.55－0.35	仰身直肢	1	男	60以上		M325→M326
M326	35°	2 × 0.6－0.7	仰身直肢	1	男	50左右		M325→M326
M327	138°	1.9 × 0.44～0.55－0.4	仰身直肢	1	男	60以上	1石钺	
M328	36°	1.8 × 0.45～0.5－0.35	仰身直肢	1	女	50左右		扰

续表

墓号	墓向	规格（墓口长×宽-墓深）	葬式	个体	性别	年龄	随葬品（数字为墓内器物编号）	备注
M329	137°	1.9×0.5-0.35	仰身直肢	1	女	60以上	1骨簪	M307→M329
M330	146°	2×0.4~0.55-0.6	仰身直肢	1	女	大于24		扰
M331	40°	1.85×0.5-0.75	仰身直肢	1	女	30左右	1骨簪	
M332	130°	2×0.55-0.65	仰身直肢	1	男	60以上	1石钺	
M333	142°	1.5×0.38~0.46-0.2	仰身直肢	1	男	10~13		
M334	138°	2×0.43~0.51-0.35	仰身直肢	1	男	50~55		
M335	140°	2×0.44~0.55-0.6	仰身直肢	1	男	50~55	1石钺	
M336	140°	2×0.45~0.52-0.4	仰身直肢	1	女	35~40		M336→M410
M337	140°	2×0.48~0.59-0.5	仰身直肢	1	男	60以上	1石钺	
M338	125°	1.8×0.4~0.43-0.4	仰身直肢	1	男	50~55		近代沟渠→M338
M339	145°	0.52~0.8×0.4-0.2	直肢	1		成年		近代沟渠→M339
M340	150°	2×0.3~0.5-0.25	仰身直肢	1	女	40~45		扰
M341	143°	2×0.35~0.55-0.2		1	男	35~40		扰
M342	143°	2.0×0.5~0.63-0.4	仰身直肢	1	男	40~45		
M343	140°	2×0.4~0.55-0.1		1				M343→M344 M343→M403
M344	55°	1.5×0.5~0.65-0.25	仰身直肢	1	女	10~13		M346→M344 M343→M344
M345	147°	1.93×0.4~0.45-0.3	仰身直肢	1	女	35~40		M345→M357 M345→M404
M346	143°	2×0.5~0.8-0.8		1	男	成年		M346→M344 M346→M357 M346→M403

续表

墓号	墓向	规格（墓口长×宽－墓深）	葬式	个体	性别	年龄	随葬品（数字为墓内器物编号）	备注
M347	132°	1.8×0.35~0.5-0.3		1		60以上		扰
M348	140°	1.88×0.4~0.6-0.65	仰身直肢	1	女	60以上		M348→M349
M349	38°	1.7×0.45~0.6-0.3	仰身直肢	1	男	30左右		M348→M349
M350	133°	1.8×0.45~0.5-0.4	仰身直肢	1	男	50~55		扰
M351	150°	1.1×0.5~0.6-0.1	仰身	1	男	大于20		近代沟渠→M351
M352	145°	1.27×0.5~0.65-0.3	仰身直肢	1	女	50~55	1石璧	近代沟渠→M352
M353	135°	1.9×0.4~0.6-0.45	仰身直肢	1	男	35~40		M353→M354
M354	45°	0.9×0.5-0.15	仰身	1	女	25~30		M406→M354 M354→M408 M353→M354
M355	138°	1.0×0.55-0.15	仰身	1	男	60以上		近代沟渠→M355
M356	138°	0.68×0.45-0.1	俯身	1	女	大于19		近代沟渠→M356
M357	43°	1.8×0.3~0.5-0.2	仰身直肢	1	男	40~45		M357→M404 M345→M357 M346→M357
M358	145°	1.7×0.56~0.6-0.25		1	男	成年	1扇形石片	扰
M359	125°	1.9×0.65-0.3	仰身直肢	2	男、女	男40~45；女60以上		M359→M360
M360	45°	1.7×0.5-0.45						M359→M360
M361	35°	1.7×0.44~0.56-0.15	仰身	1	男	30左右		扰
M362	128°	1.7×0.45-0.2	直肢	1		成年		近代沟渠→M362
M363	143°	1.8×0.4~0.5-0.1	仰身直肢	1	女	35~40		扰

续表

墓号	墓向	规格（墓口长×宽-墓深）	葬式	个体	性别	年龄	随葬品（数字为墓内器物编号）	备注
M364	42°	1.82×0.34~0.46-0.76	仰身直肢	1	女	60岁以上	1骨笄	
M365	37°	1.9×0.47-0.6	仰身直肢	1	男	50~55		
M366	130°	2×0.45-0.5	仰身直肢	1	男	50左右	1石钺	M366→M383
M367	145°	1.7×0.36~0.45-0.07		1				扰
M368	130°	1.7×0.4~0.53-0.15	仰身屈肢	1	男	50~55	1穿孔石片	
M369	133°	1.8×0.45~0.55-0.35	仰身直肢	1	男	50~55		扰
M370	135°	1.57×0.4-0.1		1	女			扰
M371	138°	1.6×0.44~0.55-0.15	仰身直肢	1	男	50~55		M385→M371
M372	133°	2.05×0.45~0.7-0.35	仰身直肢	1	男	50~55	1凹形石片饰2块,2石璧,3、4石钺	M385→M372
M373	145°	1.9×0.55-0.4	仰身直肢	1	男	60以上		
M374	145°	2×0.45~0.67-0.3	仰身直肢	1	男	50~55	1三角形石片,2石钺	M374→M387 近代沟渠→M374
M375	145°	1.8×0.45~0.55-0.15	仰身直肢	1	男	60以上	1石磺	M375→M387
M376	145°	1.8×0.45~0.65-0.25		1	男	60以上		扰
M377	145°	1.8×0.42~0.5-0.15	仰身直肢	1	男	50~55		
M378	145°	1.8×0.65-0.3	仰身直肢	1	男	50~55		
M379	147°	1.8×0.45~0.5-0.08	仰身直肢	1	男	成年	1石钺	M379→M520
M380	137°	1.8×0.45~0.56-0.25~0.45	仰身	1	男	50左右		扰
M381	138°	1.7×0.45~0.55-0.2	仰身直肢	1	女	30左右		扰

续表

墓号	墓向	规格（墓口长×宽－墓深）	葬式	个体	性别	年龄	随葬品（数字为墓内器物编号）	备注
M382	147°	1.8×0.45~0.5-0.1	仰身直肢	1	男	成年		扰
M383	43°	1.85×0.43~0.54-0.85	仰身直肢	1	女	40~45	1,2骨簪	M366→M383
M384	35°	1.9×0.4~0.6-0.15	仰身直肢	1	男	40~45		H3→M384
M385	145°	2×0.5-0.5	仰身直肢	1	男	35~40	1双孔石刀	M385→M371 M385→M372
M386	130°	1.75×0.4~0.5-0.6	仰身直肢	1	女	60以上		现代水渠→M386
M387	135°	1.8×0.45~0.55-0.35	仰身直肢	1	女	60以上		M374→M387 M375→M387
M388	140°	1.6×0.4-0.5		1				现代水渠→M388
M389	133°	1.8×0.5-0.2	仰身直肢	1	男	50~55		扰
M390	145°	1.8×0.4~0.55-0.07	仰身直肢	1				M420→M390 现代水渠→M390
M391	150°	1.8×0.4~0.55-0.05	直肢	1				现代水渠→M391
M392	135°	1.9×0.49~0.6-0.4	仰身直肢	1	男	50~55		现代水渠→M392
M393	140°	2×0.48~0.61-0.45	仰身直肢	1	男	30左右	1石凿	
M394	135°	2×0.65-0.4	仰身直肢	1	男	50~55	1石钺	现代水渠→M394
M395	147°	1.8×0.5~0.55-0.25	仰身直肢	1	女	50左右		
M396	145°	1.8×0.37~0.45-0.4	侧身直肢	1	男	40~45		
M397	138°	2×0.45~0.57-0.25	仰身直肢	1	男	35~40		扰
M398	132°	1.9×0.4~0.6-0.25		1	男	成年		扰
M399	145°	1.9×0.6-0.4	仰身直肢	1	男	50左右		H3→M399

续表

墓号	墓向	规格（墓口长×宽－墓深）	葬式	个体	性别	年龄	随葬品（数字为墓内器物编号）	备注
M400	138°	1.7×0.5-0.3	仰身直肢	1	男	30左右		H3→M400
M401	130°	1.9×0.55~0.62-0.25	仰身直肢	1	男	60以上	1石钺	H3→M401
M402	138°	1.8×0.55-0.5	仰身直肢	1	男	40~45	1骨笄	
M403	45°	1.7×0.55-0.6	仰身直肢	1	女	24以上		M343→M403 M346→M403
M404	48°	2×0.4~0.5-0.35	仰身直肢	1	男	40~45		M345→M404 M357→M404
M405	145°	1.84×0.6-0.4	无	1	女	35以上		近代沟渠→M405
M406	132°	1.95×0.65-0.4	仰身直肢	1	男	41以上	1石璧，2、3石钺，4不规则形玉片	M407→M406 M406→M354 近代沟渠→M406
M407	145°	1.8×0.5-0.4	仰身直肢	1	男	40~45	无	M407→M406 近代沟渠→M407
M408	55°	1.8×0.5-0.35	无	1	女	30左右		M354→M408
M409	135°	1.5×0.5-0.45	仰身直肢	1	男	大于41	1石钺2、石璜	近代沟渠→M409
M410	140°	2×0.45~0.55-0.5	仰身直肢	1	男	60以上	1石钺	M336→M410
M411	130°	1.8×0.38~0.45-0.07	侧身直肢	1	男	50~55		扰
M412	132°	1.8×0.45~0.55-0.35	仰身直肢	1	女	50左右		扰
M413	142°	2.05×0.45~0.55-0.34	仰身直肢	1	男	50左右	1石钺	扰
M414	135°	1.8×0.4~0.55-0.06	仰身	1	男	50~55		扰
M415	135°	2×0.4~0.59-0.25	仰身直肢	1	男	50左右		

续表

墓号	墓向	规格（墓口长×宽-墓深）	葬式	个体	性别	年龄	随葬品（数字为墓内器物编号）	备注
M416	140°	1.7×0.4~0.6-0.15	仰身	1	男	50~55		现代水渠→M416
M417	140°	1.15×0.38~0.42-0.1	无	1	无	无		现代水渠→M417
M418	140°	1.8×0.5~0.65-0.08	无	1	女	大于24		扰
M419	140°	1.46×0.57-0.15	侧身直肢	1	女	30左右		M428→M419
M420	145°	1.3×0.4~0.54-0.7	侧身屈肢	1	女	30左右		M420→M390 现代水渠→M420
M421	142°	1.65×0.44~0.52-0.55	仰身直肢	1	男	25~30		M432→M421 现代水渠→M421
M422	52°	1.75×0.52-0.3	仰身直肢	1	女	40~45		
M423	150°	1.7×0.42~0.53-0.1	仰身直肢	1	女	30左右		
M424	155°	1.7×0.5-0.7-0.1	仰身直肢	1	女	大于24		扰
M425	145°	1.8×0.4~0.5-0.2	仰身	1	女	30左右		扰
M427	138°	1.8×0.5-0.2	仰身直肢	1	男	50左右		M428→M427
M428	140°	2×0.55-0.54	仰身直肢	1	男	40~45	1石钺	M428→M427 M428→M419
M429	140°	1.75×0.4~0.49-0.2	仰身直肢	1	女	50左右		扰
M430	132°	1.8×0.5-0.4	仰身直肢	1	男	40~45		扰
M431	132°	1.78×0.38~0.53-0.35	仰身直肢	1	女	60以上		扰
M432	143°	1.72×0.4~0.5-0.4	仰身直肢	1	女	60以上		M432→M421
M433	140°	1.48×0.47~0.54-0.25	仰身屈肢	1	男	6~7.5		扰
M434	140°	1.75×0.43~0.54-0.35	仰身直肢	1	男	60以上		

续表

墓号	墓向	规格（墓口长×宽－墓深）	葬式	个体	性别	年龄	随葬品（数字为墓内器物编号）	备注
M435	143°	1.8×0.3～0.4-0.05	无	1	无	无		扰
M436	38°	1.5×0.5-0.05	俯身直肢	1	女	成年女性		近代沟渠→M436
M437	135°	1.7×0.35～0.4-0.2	直肢	1	无	无		扰
M438	35°	1.8×0.4～0.5-0.05	仰身直肢	1	男	大于41岁		M439→M438
M439	145°	1.8×0.5-0.5	无	无	无	无	1,2石钺	M439→M438
M440	138°	1.9×0.37～0.5-0.5	无	无	无	无	1石钺	扰
M441	137°	1.8×0.5-0.05		1	不详	不详		扰
M442	150°	0.62×0.4-0.25	仰身	1	男	35～40		近代沟渠→M442 M442→M443
M443	148°	0.52×0.43-0.2	仰身	1	女	60以上		近代沟渠→M443 M442→M443
M444	113°	1.7×0.4～0.45-0.1		1	男	40～45		近代沟渠→M444
M445	140°	1.88×0.6-0.2	仰身直肢	1	男	35～40		
M446	140°	1.8×0.39～0.51-0.06	仰身直肢	1	女	35～40		
M447	35°	1.7×0.45～0.6-0.2	无	1	无	无		扰
M448	147°	1.33×0.4～0.45-0.25	仰身直肢	1	男	35～40		扰
M449	140°	1.7×0.4～0.45-0.25	仰身直肢	1	女	大于24		扰
M450	135°	1.8×0.4～0.45-0.05	仰身直肢	1	男	大于24		扰
M451	140°	2×0.5～0.7-0.3	无	1	无	无		近代沟渠→M451
M452	135°	1.6×0.46～0.53-0.1	仰身直肢	1	男	20～25		扰

续表

墓号	墓向	规格（墓口长×宽-墓深）	葬式	个体	性别	年龄	随葬品（数字为墓内器物编号）	备注
M453	126°	1.2～1.7×0.7-0.85	无	1	男	60以上		M453→M454
M454	30°	1.8×0.6-1.25	无	1	男	50左右		M455→M454 M453→M454
M455	138°	1.8×0.45-0.25	无	无	无	无	无	M455→M454
M456	122°	1.05～1.5×0.5-0.3	无	无	无	无	无	近代沟渠→M456
M457	138°	1.3×0.5-0.4	无	无	无	无	无	M457→M458
M458	32°	2×0.48～0.61-0.7	仰身直肢	1	男	50左右		M457→M458
M459	145°	0.99～1.63×0.45-0.1	直肢	1	女	大于24		近代沟渠→M459
M460	128°	1.8×0.45～0.55-0.3	仰身直肢	1	女	30左右		M460→M462
M461	130°	1.9×0.65～0.8-0.75	无	1	无	成年		M461→M462 M461→M463 M461→M466
M462	45°	1.49×0.5-0.65	仰身直肢	1	男	大于24		M460→M462 M461→M462 M470→M462
M463	25°	1.24～1.38×0.54-0.8	仰身	1	男	50～55		M461→M463 M464→M463
M464	136°	1.7×0.5～0.6-0.45	无	1	无	成年		M464→M463
M465	133°	1.9×0.6-0.2	无	1	男	30左右		近代沟渠→M465
M466	30°	1.8×0.5-0.75	仰身	1	男	50左右		M461→M466
M467	139°	1.7×0.6-0.2	无	1	无	成年	1琮形石器	M467→M477
M468	140°	2×0.5-0.2	无	无	无	无		M468→M477

续表

墓号	墓向	规格（墓口长×宽-墓深）	葬式	个体	性别	年龄	随葬品（数字为墓内器物编号）	备注
M469	133°	1.75×0.5-0.1	仰身直肢	1	男	大于24		M469→M470 M469→M477
M470	135°	1.6×0.5-0.2	仰身直肢	1	男	40～45		M470→M462 M470→M471 M469→M470
M471	35°	1.8×0.45-0.46	仰身直肢	1	女	30左右		M470→M471
M472	132°	1.9×0.5～0.55-0.2	无	无	无	无	1、3石钺,2复合石璧	M472→M482 M472→M474
M473	132°	1.9×0.4～0.53-0.2	侧身直肢	1	女	30左右		M473→M474
M474	40°	1.9×0.46～0.57-0.7	仰身直肢	1	女	50～55	1骨笄	M472→M474 M473→M474 近代沟渠→M474
M475	135°	（残）0.73～1.15×0.5-0.25	无	无	无	无	无	近代沟渠→M475
M476	137°	2×0.4～0.5-0.35	直肢	1	女	30左右		M476→M477 M476→M478 M476→M479
M477	45°	1.9×0.55-0.95	仰身直肢	1	男	40～45	1石钺	M467→M477 M468→M477 M469→M477 M476→M477
M478	35°	1.6×0.5-0.7	仰身直肢	1	女	60以上	1骨笄	M476→M478 M478→M479
M479	37°	1.8×0.5-0.2	无	无	无	无		M476→M479 M478→M479
M480	135°	1.5×0.45-0.2	无	1	男	50～55		M480→M481

续表

墓号	墓向	规格(墓口长×宽-墓深)	葬式	个体	性别	年龄	随葬品(数字为墓内器物编号)	备注
M481	138°	1.9×0.45~0.5-0.35	直肢	1	女	大于22		M480→M481 M481→M482
M482	45°	1.8×0.55~0.62-0.9	仰身直肢	1	女	40~45		M481→M482 M472→M482 近代沟渠→M482
M483	130°	2×0.55~0.67-0.6	仰身直肢	1	男	50~55	1玉璜,2石管,3、4方柱状V形槽石饰,5、7石钺,6复合石璧	近代沟渠→M483
M484	45°	1.8×0.52~0.58-0.55	仰身直肢	1	女	50~55		
M485	35°	2×0.57~0.75-0.75	仰身直肢	1	男	50左右		
M486	35°	2×0.49~0.56-1	仰身直肢	1	男	40~45		近代沟渠→M486
M487	125°	1.9×0.5-0.25	仰身直肢	1	男	50左右		M487→M489
M488	45°	2×0.55-0.54	仰身直肢	1	男	50~55		
M489	36°	1.9×0.45~0.59-0.6	仰身直肢	1	女	35~40		M487→M489 M491→M489
M490	125°	1.9×0.45~0.5-0.3	仰身直肢	1	男	50~55		M490→M491 近代沟渠→M490
M491	48°	1.8×0.5-0.7	仰身直肢	1	男	50~55		M491→M489 M490→M491
M492	135°	2.1×0.6-0.45	无	无	无	无	1V形槽玉片,2、3玉璜	M492→M513 近代沟渠→M492
M493	140°	1.5×0.45-0.3	无	无	无	无		扰
M494	40°	2×0.6~0.66-0.55	仰身直肢	1	男	50左右		M495→M494 M497→M494

续表

墓号	墓向	规格（墓口长×宽－墓深）	葬式	个体	性别	年龄	随葬品（数字为墓内器物编号）	备注
M495	140°	0.8×0.45-0.22	无	无	无	无	1石钺	M495→M494 M495→M498
M496	138°	1.5×0.45-0.35	无	无	无	无		M496→M497 M496→M498 近代沟渠→M496
M497	138°	0.5×0.45-0.3	无	无	无	无		M497→M494 M496→M497 M497→M498
M498	47°	1.8×0.48～0.54-0.8	仰身直肢	1	男	50～55		M495→M498 M497→M498 M496→M498 M499→M498
M499	133°	1.9×0.45-0.4	仰身直肢	1	男	35～40		M499→M498
M500	140°	1.8×0.45-0.15		1	女	成年		M500→M501 M500→M502
M501	40°	1.9×0.55-1	仰身直肢	1	男	45～50		M500→M501 近代沟渠→M501
M502	37°	2×0.6-0.95	仰身直肢	1	男	50～55		M500→M502 近代沟渠→M502
M503	30°	2×0.65-0.9	仰身直肢	1	男	50～55		近代沟渠→M503
M504	40°	残1.0～1.3×0.5-0.4	直肢	1	无	成年		近代沟渠→M504
M505	40°	残0.9～1.2×0.5-0.4	直肢	1	女	成年		近代沟渠→M505
M506	42°	1.9×0.5-1.2	无	无	无	无		扰
M507	145°	1.7×0.4-0.11	无	1	无	无		M507→M508 M507→M509 近代沟渠→M507

续表

墓号	墓向	规格（墓口长×宽－墓深）	葬式	个体	性别	年龄	随葬品（数字为墓内器物编号）	备注
M508	35°	残1.43～1.56×0.5-0.35	仰身直肢	1	男	50～55		M507→M508 近代沟渠→M508
M509	32°	1.8×0.5-0.8	仰身直肢	1	女	60以上		M507→M509 近代沟渠→M509
M510	138°	1.5×0.41～0.49-0.2	仰身直肢	1	女	10～13		
M511	140°	1.6×0.4～0.45-0.4	无	无	无	无		扰
M512	135°	1.9×0.45～0.5-0.3	直肢	1	无	无		M512→M513
M513	45°	1.15×0.47-0.4	无	1	男	40～45		M492→M513 M512→M513 近代沟渠→M513
M514	140°	1.8×0.6-0.6	无	1	男	35～40		近代沟渠→M514
M515	132°	残1.7×0.13～0.34-0.6		1	无	成年	1石钺	近代沟渠→M515
M516	145°	2×0.6～0.65-0.3	仰身直肢	1	男	50左右	1复合石璧,2石钺	M516→M518 M516→M520
M517	150°	1.7×0.45-0.15	仰身直肢	1	女	48		扰
M518	143°	1.85×0.5-0.4	仰身直肢	1	男	50～55	1,2石钺	M516→M518
M519	145°	1.9×0.45～0.5-0.2	仰身直肢	1	男	50～55	1石钺	近代沟渠→M519
M520	40°	1.8×0.5-0.35	仰身直肢	1	男	40～45		M379→M520 M516→M520
M521	140°	0.6×0.45-0.34	仰身	1	女	50左右		近代沟渠→M521
M522	140°	1.8×0.45-0.4	仰身直肢	1	女	50左右		扰
M523	140°	0.51×0.43-0.4	仰身	1	女	50左右		近代沟渠→M523

Abstract

Xiajin village is located about 10 kilometers southwest of Linfen City, belonging to Yaomiao Town of Yaodu District in Linfen City. The Xiajin cemetery, about 25 kilometers away from Taosi site in the southeast, was excavated here in 1998, which is another large-scale prehistoric cemetery in Linfen basin after Xiangfen Taosi. A total of 533 tombs were excavated. The cemetery belongs to the late stage of Miaodigou second stage of Neolithic culture or the early stage of Taosi culture.

The excavated tombs were basically distributed in an area of more than 2,500 square meters. According to the head direction tombs can be divided into A and B two kinds. Category A heads to the southeast, accounting for about 77.8% of the total number of burials, and category B heads to the northeast, accounting for about 22.1%. The distribution of tombs follows certain rules, especially the left and right side-by-side juxtaposition of category A tombs, which are arranged in an orderly manner and rarely break the relationship between them. Obviously, this cemetery has A set of strict burial regulations and management system. B type of tomb is more scattered than A type of tomb, but the head is the same, the burial type is the same, there is A certain rule. The two types of tombs are rectangular and vertical, with vertical walls and different extant depths. Generally speaking, there are obvious differences between A and B in the direction, burial system and funerary goods. Between the two types of tombs, there is A break in the relationship between A and B, it is certain that B is earlier than A.they are different tribes in different stages.

Among them, the overall appearance of tomb A is basically the same as that of the early middle and small tombs of Taosi cemetery. They are not only the same in scale, head direction and burial style, but also the jade Bi, jade Yue, rectangular double hole stone knife, jade, bone ornaments and triangular thin stone clusters unearthed in the tomb are very similar to those unearthed in the early middle and small tombs of Taosi ruins. In particular, painted pottery bottles are the same.Therefore, the age of tomb A in Xiajin cemetery is the same as that of the early Tomb of Taosi cemetery, which belongs to the late stage of Miaodigou second stage culture or the early stage of Taosi culture in Linfen basin.

The small-scale tombs found in Xiajin cemetery can mainly reflect the state of burial, some of which have no remains of burial equipment, and the owner of the tombs without any burial objects should be the poorest of the society. In addition, some tombs only have burial decorations or one or two pieces of jade (stone) and bone ware that are not very delicate, and many of the artifacts have been repaired and processed after fracture. The dead in these tombs may be slightly Rich, but social status should not be too high. Most of the tombs with a width of more than 0.9 meters have been stolen and disturbed. Most of these tombs have traces of board ash, which should be used as wooden burial equipment. Although we can't use this as the final standard to determine the level, we can see that there is a level dividing line between the dead. The overall level of the cemetery is lower than that of Taosi cemetery, or it is only a regional center settlement.

The jade ritual vessels are main burial objects in these tombs. According to the existing archaeological data, there has been no tradition of placing burial objects in the tombs since the Miaodigou culture period of Yangshao era in the south of Shanxi Province, even if which are arranged in an orderly manner and strictly regulated, but In Xiajin or Taosi cemeteries, on the basis of inheriting the tradition of burying the dead in accordance with the order, are all buried with exquisite sacrificial utensils, decorations and colored painted pottery bottles of obvious no practical value, which is Contrary to the traditional elements of burial pottery in the prehistoric culture of south in shanxi, the traditional factors of burial pottery contradict each other, reflecting a new cultural concept. This concept has been exemplified in Dawenkou of Shandong, Liangzhu, of Zhejiang, Lingjiatan of Anhui and other places, reflecting the distinctive characteristics of that era, as well as the distinctive portrayal of the cultural concept in the field of ideology in the archaeological remains.The deep reason for this change is the change of social system or the replacement of cultural tradition, which is a subject to be explored.

The work comprehensively publishes the archaeological materials of more than 500 tombs of Miaodigou second stage culture period in Xiajin of Shanxi Province, and uses the archaeological method to classify and study the tombs, human bones and jade articles first, and then carries out comprehensive research to fully reflect the archaeological excavation results. It enriches the research contents of the second phase of the prehistoric Miaodigou cultural tomb and Taosi cultural, and contributes to the in-depth study of the Tang Yao cultural academic topic, and promotes the research of the subproject "the social and spiritual culture research in the formation and early development stage of Chinese civilization" of the "exploration project of Chinese civilization (2)", By comprehensively studying the material source and cultural meaning of prehistoric jade ware, which is beneficial to To explore the route of the early Jade Road. However, as the project belonging to the archaeological excavation work in the capital construction, it belongs to the rescue excavation. At the time of excavation, some tombs have been damaged, which affects the integrity of the tomb data acquisition, and is bound to affect the analysis of the whole cemetery. The phenomenon of theft, disturbance and destruction of Xiajin cemetery and burial jade may reflect the profound social change in this period. Although we have made a comparative study with the surrounding areas in the prehistoric background, it is still a little insufficient. It is necessary to further explore the historical and cultural origins of these phenomena. So far, I would like to ask you for your advice on the shortcomings.

后　记

　　《下靳史前墓地》付梓之际，首先向当年参加发掘工作辛勤付出的诸位前辈致以崇高敬意！向参与报告整理和研究工作的各位同仁表示衷心感谢！

　　下靳墓地发掘是1998年山西田野考古工作的一项重要抢救性发掘项目，该项目由时任山西省考古研究所副所长的石金鸣担任领队，宋建忠、薛新明参加了全部发掘。由于下靳墓地是继陶寺墓地之后的又一重要发现，发掘者于当年即在《文物》（1998年12期）发表了发掘简报，并引起学界高度关注。然而，由于主要发掘人员的田野工作繁忙及后来人事变动，项目领队石金鸣所长于2003年受命筹建山西博物院，次年出任山西博物院院长；宋建忠于2003年10月任山西省考古研究所常务副所长，并受石金鸣所长委托主持省考古所日常工作；薛新明自2003年起主要负责芮城清凉寺墓地的发掘与报告整理。因此，下靳墓地报告的全面整理工作未能及时有效展开。为了尽早整理并发布下靳墓地的全部发掘资料，2011年，时任山西省考古研究所所长的宋建忠，经与山西博物院院长石金鸣、省考古所薛新明协商，决定委托省考古所郭智勇全权负责下靳墓地报告的整理与编写工作。然而，郭智勇又于2012年调入山西博物院工作，报告整理工作再次受到影响，整理工作时断时续，直至现在。目前看到的这本报告就是编者负责整理编写的最终成果。

　　报告由郭智勇担任主编，负责资料的整理统筹和校阅修改。具体分工：郭智勇负责第一、二、三章，第五章，第六章第二、三、四节；西北大学陈靓教授以及傅家钰、雷帅负责第四章第一节；中国科技大学张兴香副教授负责第二节，上海复旦大学科技考古研究院文少卿副教授和博士后蒙海亮负责第三节；中山大学丘志力教授、杨炯博士、上海博物馆副研究员谷娴子负责第五章第二节玉石检测分析，绿松石检测分析由北京联合大学应用文理学院历史文博系讲师张登毅和北京科技大学科技史与文化遗产研究院教授李延祥负责；第六章第一节由北京大学吴小红教授负责。田野考古绘图由权美丽、牛秀平完成，室内绘图由孙先徒完成。墓地摄影由宋建忠、宋小兵完成。器物室内摄影由山西博物院秦剑完成。

　　报告形成初稿后，中国社会科学院考古研究所何努研究员、翟少东研究员，山西大学赵杰副教授、王小娟副教授，山西省考古研究院田建文、薛新明研究员均提出了不少修改建议。

　　整理和编写报告过程中，山西博物院原院长石金鸣、现任院长张元成全力支持该项工作，多次给予热情鼓励，让我有时间保证该项目顺利进行。山西省考古研究院王晓毅院长大力支持报告的整理出版工作,积极帮助申请出版补助资金,郑媛副院长帮忙审稿,刘岩副院长联系出版事宜,他们的热情付出保证了本报告的顺利出版。最后,要特别感谢石金鸣、宋建忠、薛新明三位先生对于晚辈的提携和信任,能够使我坚持不懈完成这项工作。在报告整理编写和修改期间,还得到诸多师友关心、支持和指导,谨此一并致谢!

下靳墓地的资料整理和最终发表,编者虽已尽力而为,但限于水平有限,仍有许多不足之处,敬请专家学者批评指正!

最后,再一次感谢所有为此项工作而付出努力的各位同仁!

编　者

2022 年 7 月

图版

图版一　墓地局部照

图版二　工地工作照

图版三　专家学者视察工地

图版四　专家学者视察工地

图版五　各级领导与考古队员合影

图版六　套箱搬迁墓葬

图版七 墓葬清理

图版八 墓葬清理

图版九 墓葬清理

图版一〇　M3

图版一一　M12

图版一二　M17

图版一三　M30

图版一四　M41

图版一五　M45

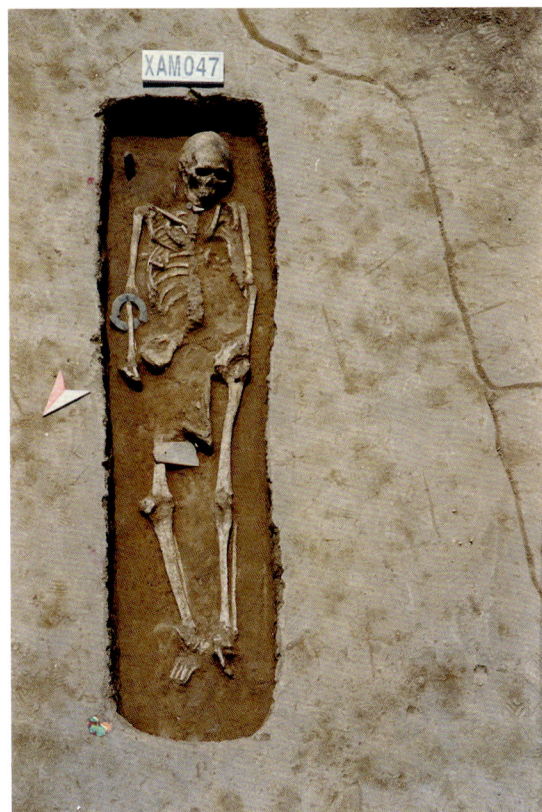

图版一六　M47

图版一七　M48

图版一八　M50

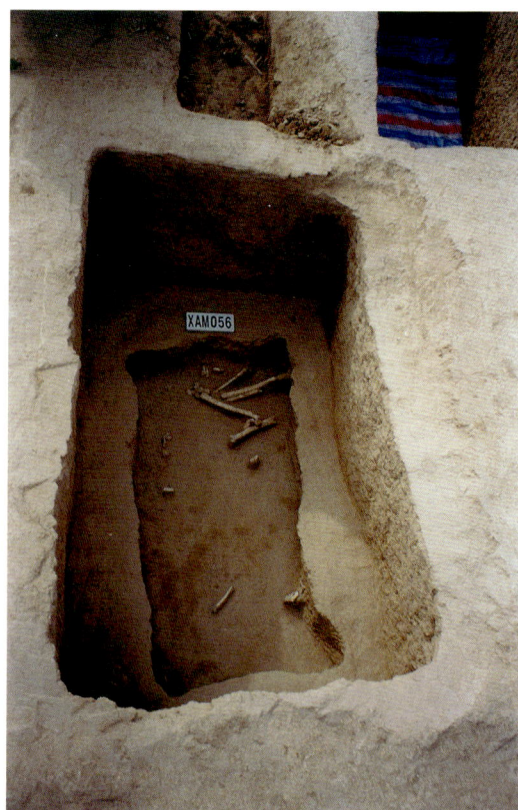

图版一九　M56

图版二〇　M70

图版二一　M76

图版二二　M91

图版二三　M93

图版二四　M94

图版二五　M98

图版二六　M107

图版二七　M123

图版二八　M124

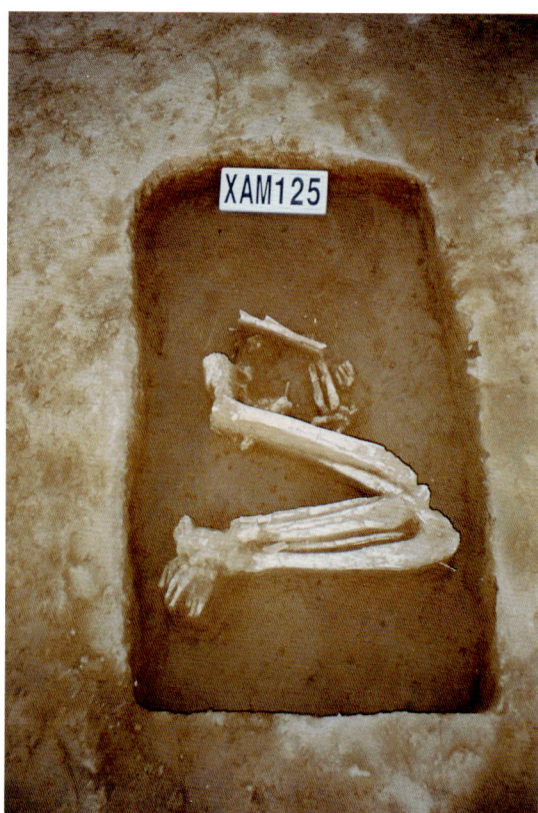

图版二九　M125

图版三〇 M134

图版三一 M136

图版三二 M139

图版三三 M140、M141

图版三四　M144

图版三五　M145

图版三六　M150、M151

图版三七　M152

图版三八　M153

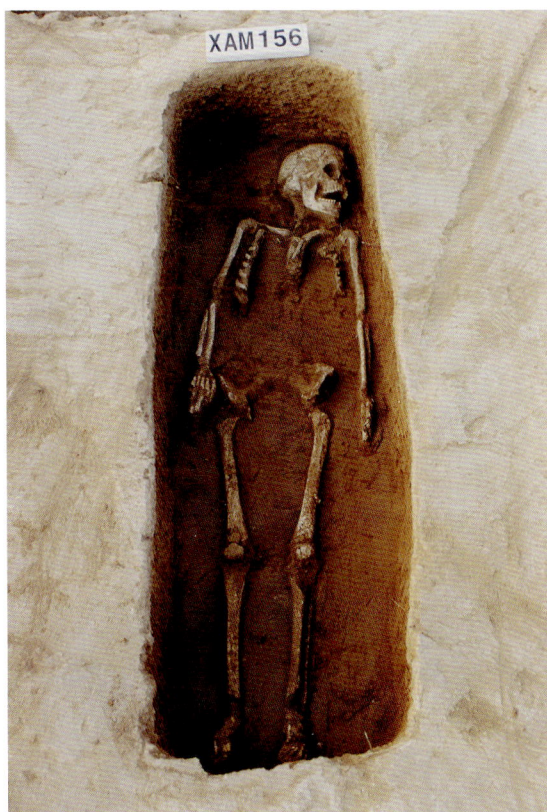

图版三九　M156

图版四〇　M158

图版四一　M161

图版四二　M173

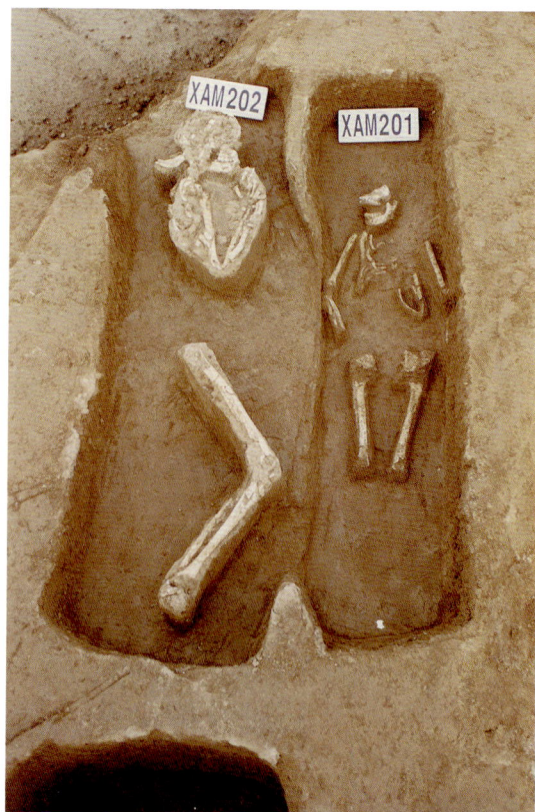

图版四三　M201、M202

图版四四　M211

图版四五　M212

图版四六　M213、M214

图版四七　M221

图版四八　M227

图版四九　M229

图版五〇　M231

图版五一　M237

图版五二　M241

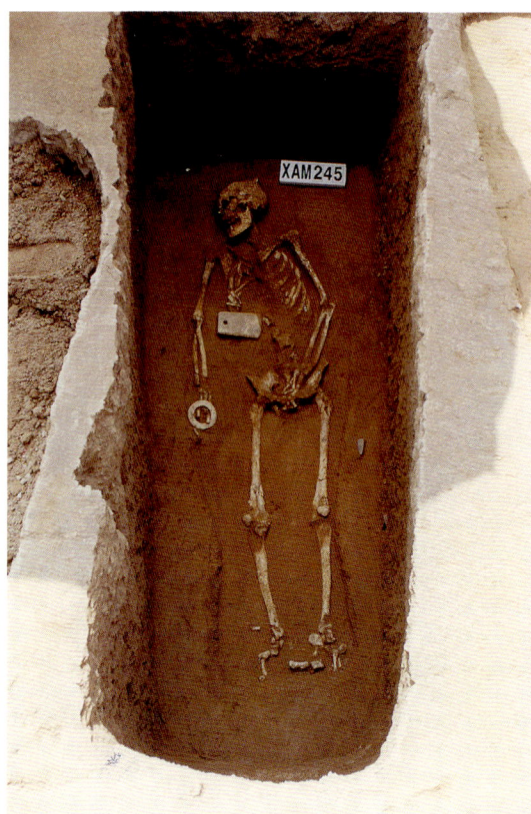

图版五三　M245

图版五四　M252

图版五五　M253

图版五六　M262

图版五七　M263

图版五八　M268

图版五九　M273

图版六〇　M274

图版六一　M276

图版六二　M281

图版六三　M286

图版六四　M287

图版六五　M289

图版六六　M290

图版六七　M292

图版六八　M295

图版六九　M297

图版七○　M300

图版七一　M301

图版七二　M302

图版七三　M303

图版七四　M304

图版七五　M306

图版七六　M308

图版七七　M309

图版七八　M310

图版七九　M312

图版八〇　M313

图版八一　M314

图版八二　M315

图版八三　M316

图版八四　M318

图版八五　M320

图版八六　M321

图版八七　M322

图版八八　M325

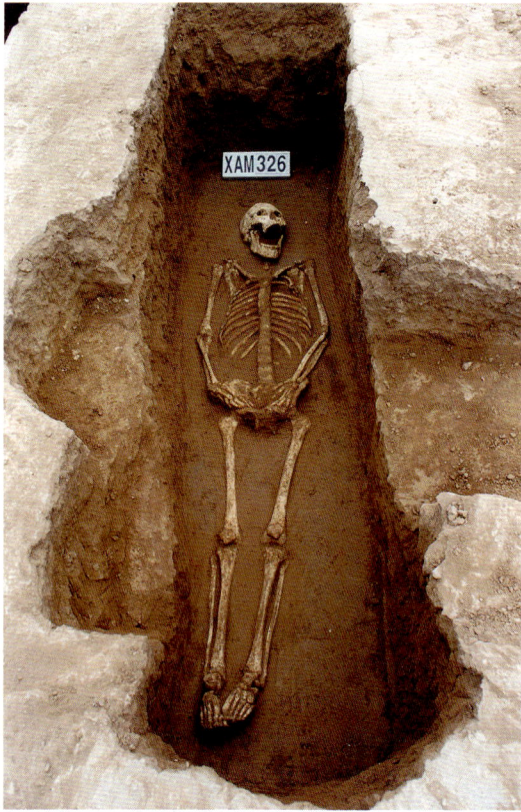

图版八九　M326

图版九○　M327

图版九一　M328

图版九二　M332

图版九三　M333

图版九四　M334

图版九五　M335

图版九六　M336

图版九七　M337

图版九八　M338

图版九九　M340

图版一〇〇　M342

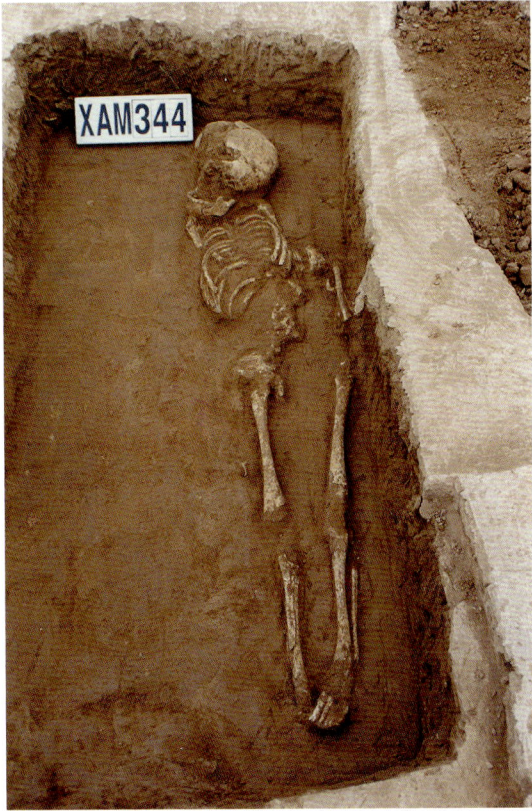

图版一〇一　M344

图版一〇二　M350

图版一〇三　M351

图版一〇四　M352

图版一〇五　M355

图版一〇六　M356

图版一〇七　M357

图版一〇八　M359

图版一○九　M361

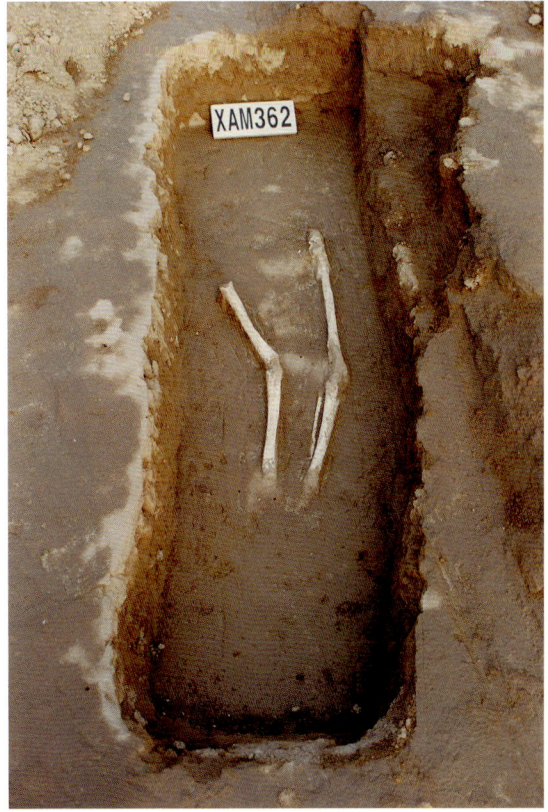

图版一一○　M362

图版一一一　M364

图版一一二　M365

图版——三　M368

图版——四　M372

图版——五　M373

图版——六　M374

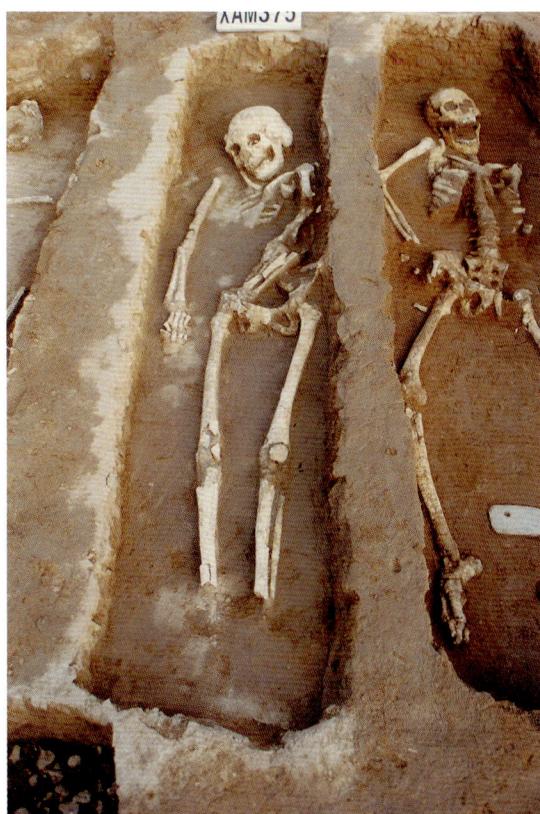

图版一一七　M375

图版一一八　M376

图版一一九　M379

图版一二〇　M382

图版一二一　M383

图版一二二　M385

图版一二三　M386

图版一二四　M387

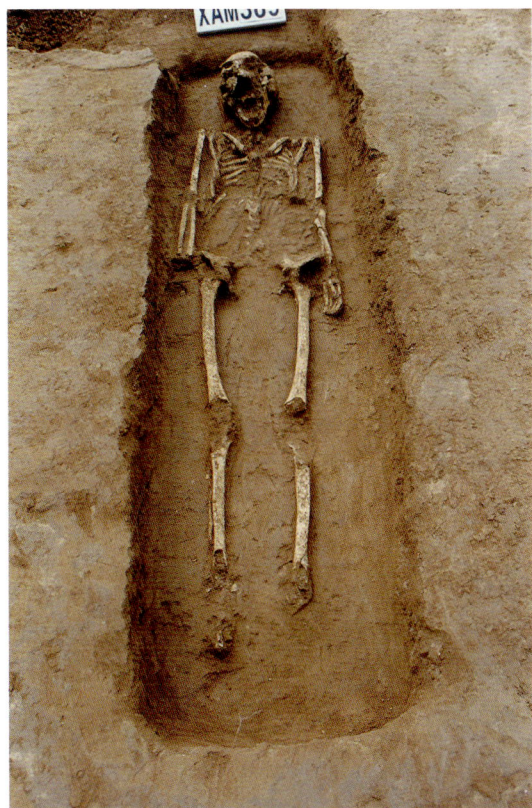

图版一二五　M389

图版一二六　M391

图版一二七　M392

图版一二八　M393

图版一二九　M394

图版一三〇　M397

图版一三一　M398

图版一三二　M401

图版一三三　M402

图版一三四　M406

图版一三五　M410

图版一三六　M412

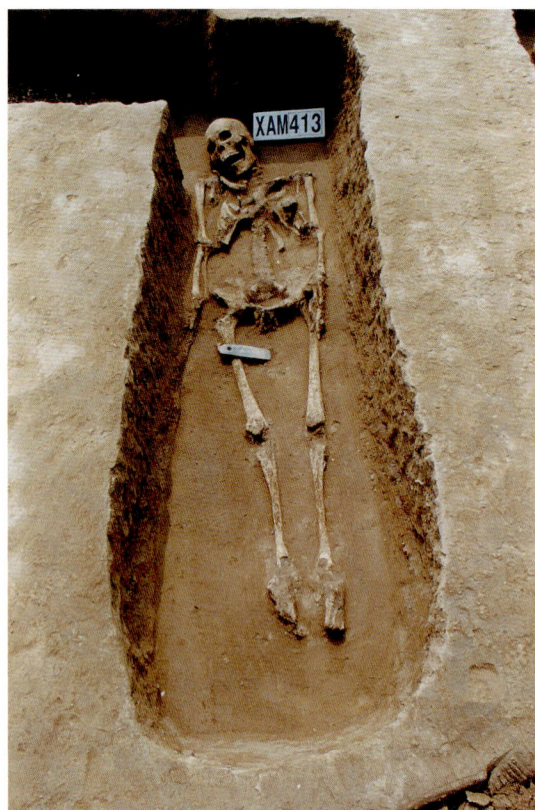

图版一三七　M413

图版一三八　M415

图版一三九　M416

图版一四○　M419

图版一四一　M420

图版一四二　M423

图版一四三　M424

图版一四四　M428

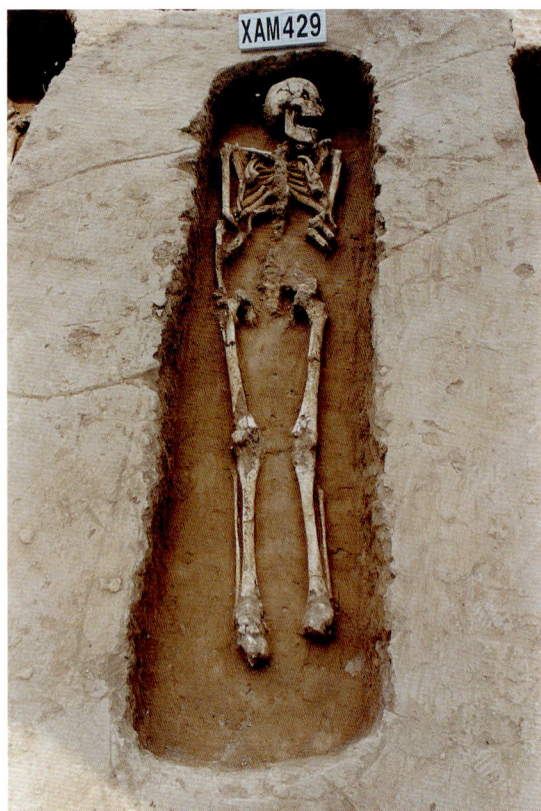

图版一四五　M429

图版一四六　M430

图版一四七　M431

图版一四八　M432

图版一四九　M434

图版一五○　M436

图版一五一　M442、M443

图版一五二　M444

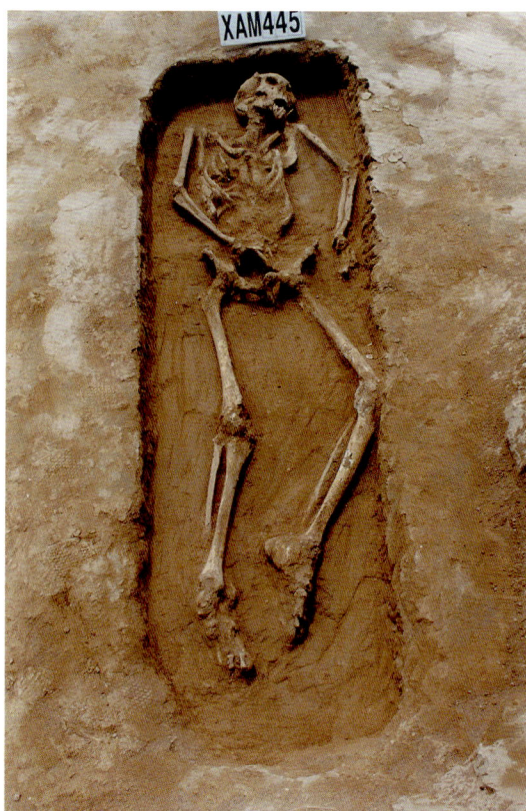

图版一五三　M445

图版一五四　M450

图版一五五　M452

图版一五六　M458

图版一五七　M460

图版一五八　M462

图版一五九　M463

图版一六〇　M464

图版一六一　M465

图版一六二　M466

图版一六三　M469、M470

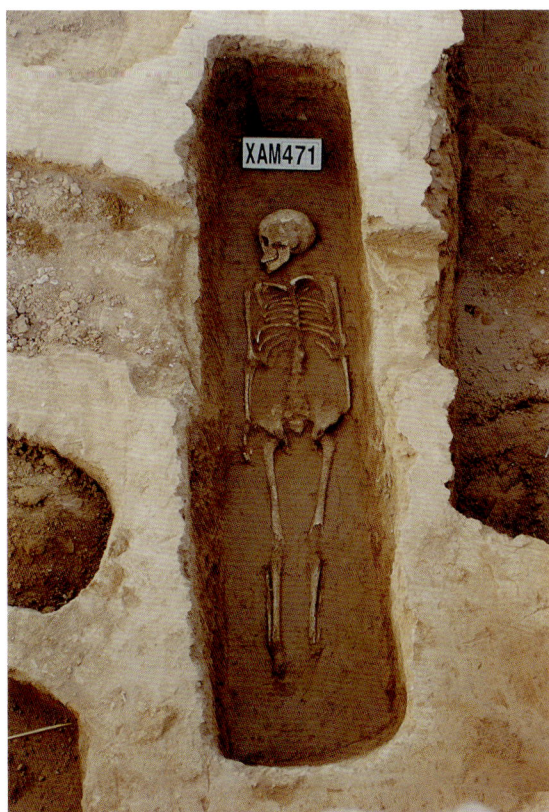

图版一六四　M471

图版一六五　M473

图版一六六　M474

图版一六七　M476

图版一六八　M477

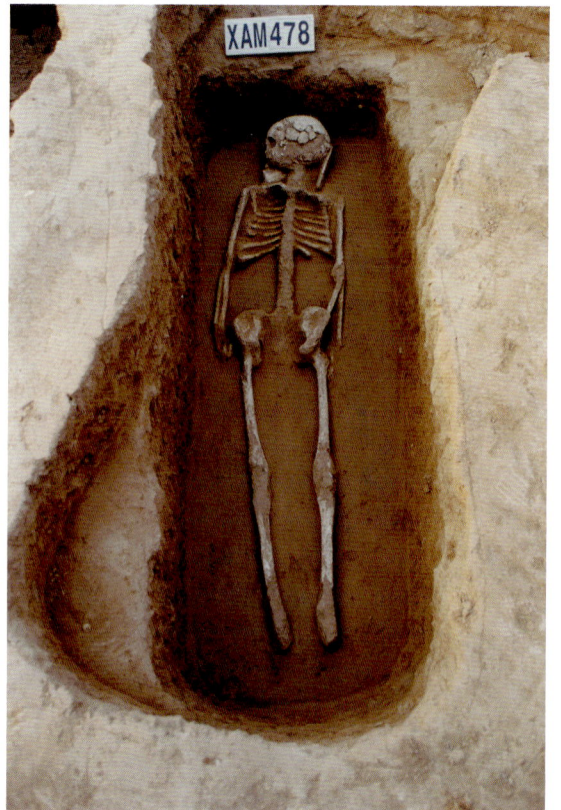

图版一六九　M478

图版一七〇　M481

图版一七一　M482

图版一七二　M483

图版一七三　M484

图版一七四　M485

图版一七五　M486

图版一七六　M487

图版一七七　M488

图版一七八　M489

图版一七九　M490

图版一八〇　M491

图版一八一　M494

图版一八二　M498

图版一八三　M499

图版一八四　M500

图版一八五　M501

图版一八六　M502

图版一八七　M503

图版一八八　M504

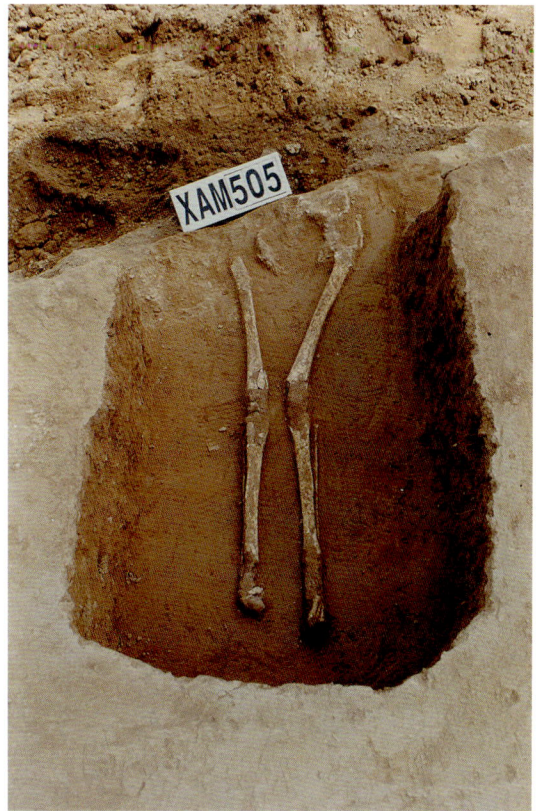

图版一八九　M505

图版一九○　M508

图版一九一　M509

图版一九二　M510

图版一九三　M512

图版一九四　M516

图版一九五　M517

图版一九六　M518

图版一九七　M519

图版一九八 M520

图版一九九　M521

图版二〇〇　M522、M523

1.M30:1

2.M55:2

3.M85:1

4.M87:1

图版二〇一　A 型陶瓶

1.A 型 M91:1

2.A 型 M240:1

3.B 型 M114:1

4.C 型 M57:1

图版二〇二　A、B、C 型陶瓶

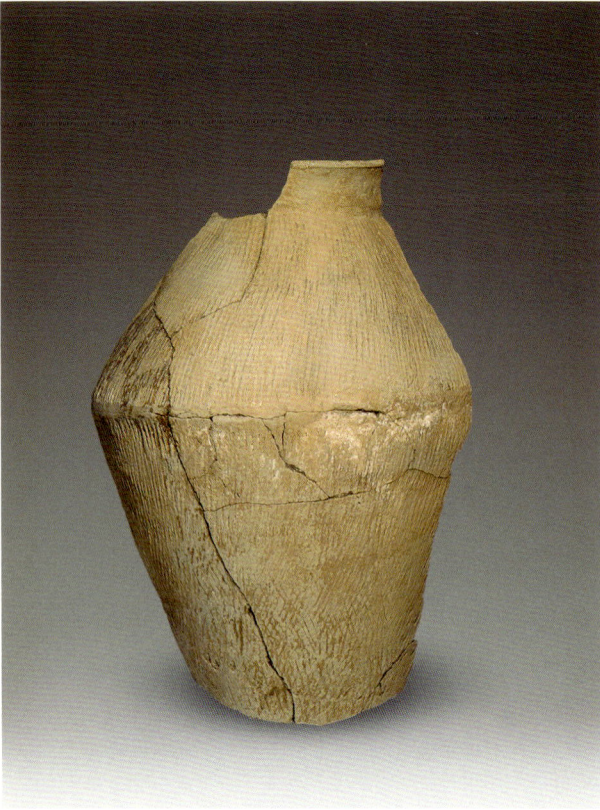

1. 陶罐 M285:2

2. 陶罐 M294:1

3. 陶罐 M299:1

4. 木环 M57:2

图版二〇三　陶罐与木环

1.M119:2

2.M250:10

3.M327:1

4.M519:1

图版二〇四　Aa 型玉石钺

1.M47:8

2.M153:2

3.M161:1

4.M379:1

图版二〇五　Ab 型玉石钺

1.M401:1

2.M406:2

3.M406:3

4.M409:1

图版二〇六　Ab 型玉石钺

1.Ab 型 M410:1

2.Ab 型 M440:1

3.Ab 型 M483:5

4.Ac 型 M97:1

图版二〇七　Ab 与 Ac 型玉石钺

1. M269:2

2. M366:1

3. M428:1

4. M439:1

图版二〇八　Ac 型玉石钺

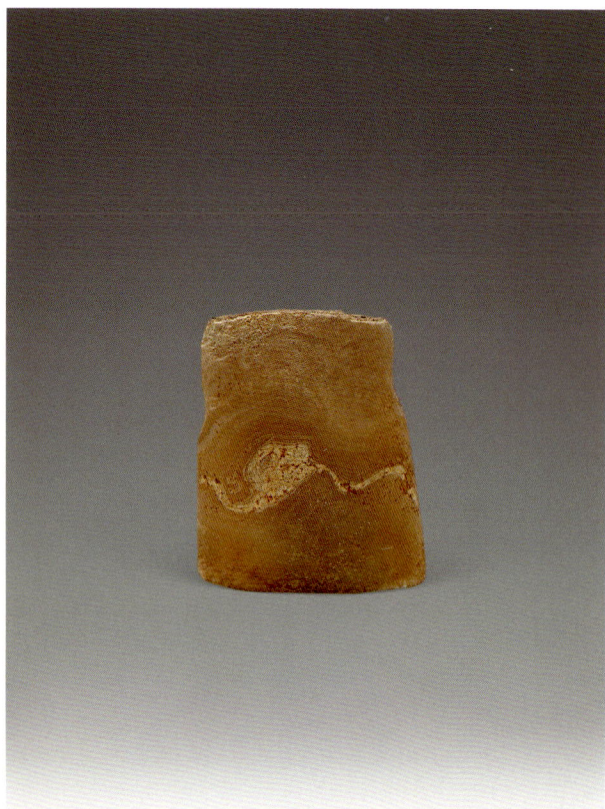

1.M472:1

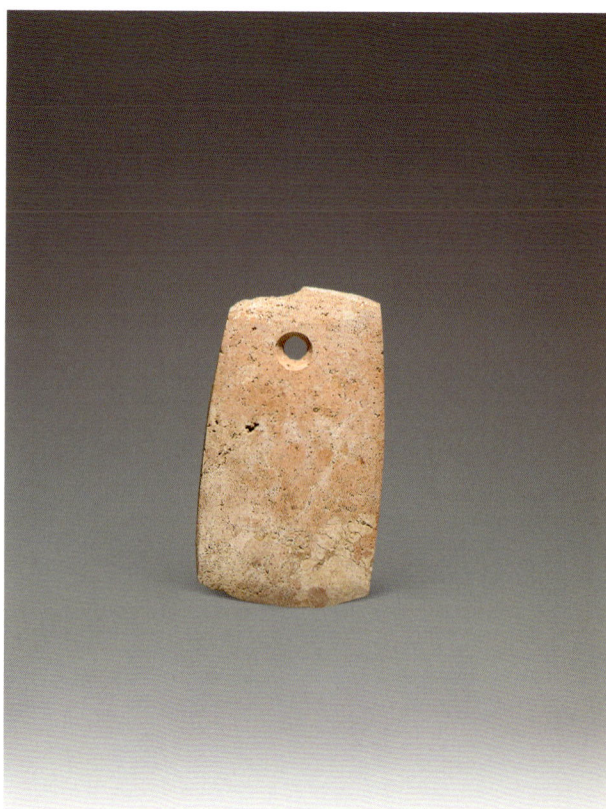

2.M495:1

3.M516:2

4.M518:2

图版二〇九　Ac 型玉石钺

1.M48:3

2.M49:1

3.M211:1

4.M218:3

图版二一〇　**Ba** 型玉石钺

1.M218:4

2.M335:1

3.M374:2

4.M483:7

图版二一一　Ba 型玉石钺

1.M3:1

2.M221:2

3.M472:3

4.M518:1

图版二一二　Bb 型玉石钺

1.M227:1

2.M245:3

3.M263:1

4.M332:1

图版二一三　Bc 型玉石钺

1.Bc 型 M439:2

2.Bc 型 M515:1

3.Ca 型 M413:1

4.Cb 型 M45:2

图版二一四　Bc、Ca 与 Cb 型玉石钺

1.M141:1

2.M145:1

3.M213:3

4.M221:1

图版二一五　Aa 型玉石璧

1.M241:6

2.M268:3

3.M372:2

4.M406:1

图版二一六　Aa 型玉石璧

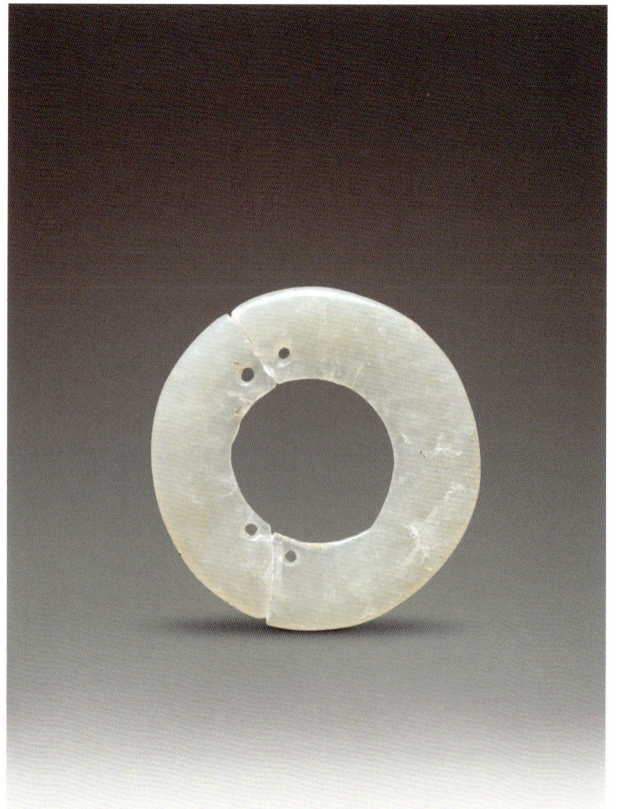

1Ab 型 M70:2

2.Ab 型 M136:1

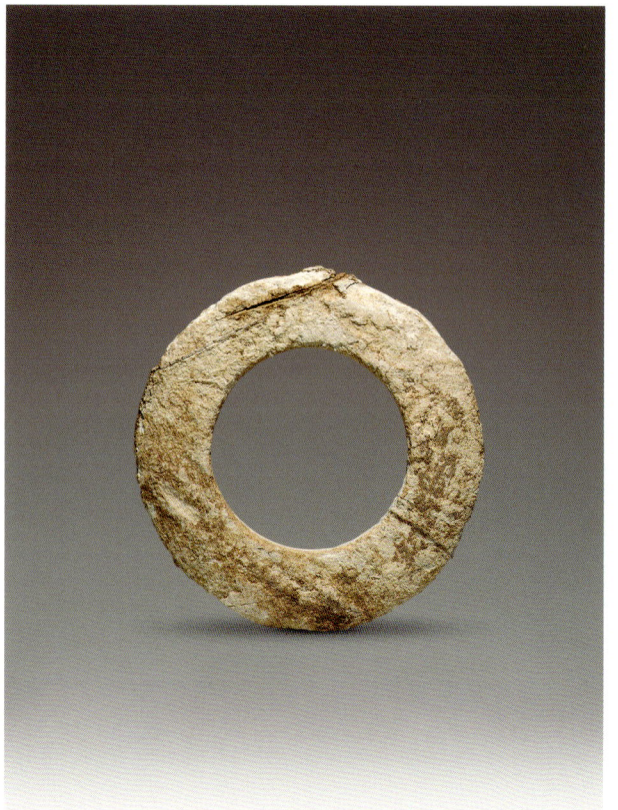

3.Ab 型 M218:2

4.Ac 型 M45:1

图版二一七　Ab 与 Ac 型玉石璧

1.Ac 型 M47:7

2.Ac 型 M245:4

3.Ac 型 M352:1

4.Ac 型 M273:1

5.B 型 M150:2

图版二一八　Ac 与 B 型玉石璧

1.M108:1

2.M214:3-1

3.M214:3-2

4.M214:3-3

图版二一九　复合玉石璧

1.M229:1

2.M472:2

3.M483:6

4.M516:1

图版二二〇　复合玉石璧

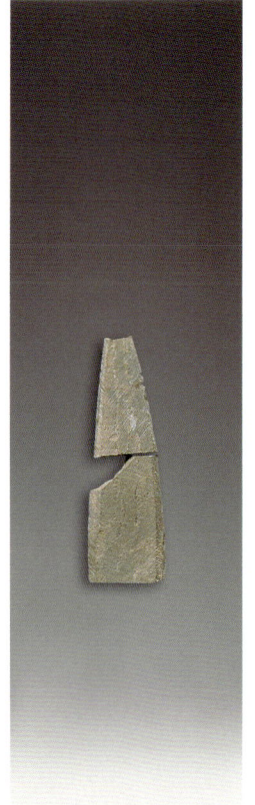

1.A 型 M60:2　　2.A 型 M104:1　　3.A 型 M245:5　　4.A 型 M245:6　　5.B 型 M60:3

6.B 型 M212:2　　7.B 型 M255:3　　8.B 型 M255:4　　9.B 型 M255:5　　10.B 型 M255:6

图版二二一　　A 与 B 型石镞

1.B 型 M255:7

2.B 型 M255:8

3.B 型 M255:9

4.B 型 M255:10

5.B 型 M255:11

6.B 型 M255:12

7.B 型 M255:13

8.B 型 M255:14

9.B 型 M255:15

10.C 型 M301:1

11.D 型 M289:1

图版二二二　B、C 与 D 型石镞

1.M58:1

2.M153:1

3.M385:1

图版二二三　双孔石刀

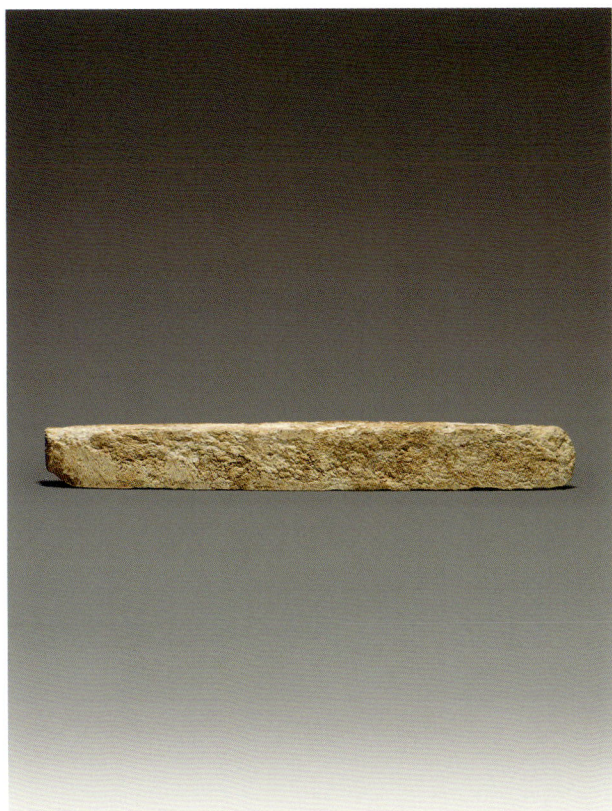

1. 石凿 M393:1

2. 石琮 M115:1

3. 石琮 M235:2

4. 石圭 M48:1

图版二二四　石凿、石琮与石圭

1.M234:1

3.M279:2

2.M276:1

图版二二五　有领石环

1. M136:3

2. M139:3

图版二二六　绿松石腕饰

1. 轮形石饰 M12:2

2. 轮形石饰 M44:3

3. 轮形石饰 M47:3

4. 梯形花边石片 M255:1

图版二二七　轮形石饰、梯形花边石片

1.M16:1

2.M47:1

3.M483:3

4.M483:4

图版二二八　Ｖ形槽玉石器

1. 方柱状 V 形槽石饰 M483:8

2. V 形槽玉片 M492:1

3. 玉石管 M66:1

4. 玉石管 M124:1

图版二二九　V 形槽玉石器与玉石管

1.M205:1

2.M58:2

3.M299:2

4.M483:2

图版二三〇　玉石管

1.M250:4

2.M250:5

3.M250:2~7

图版二三一　玉石管

1.M12:7

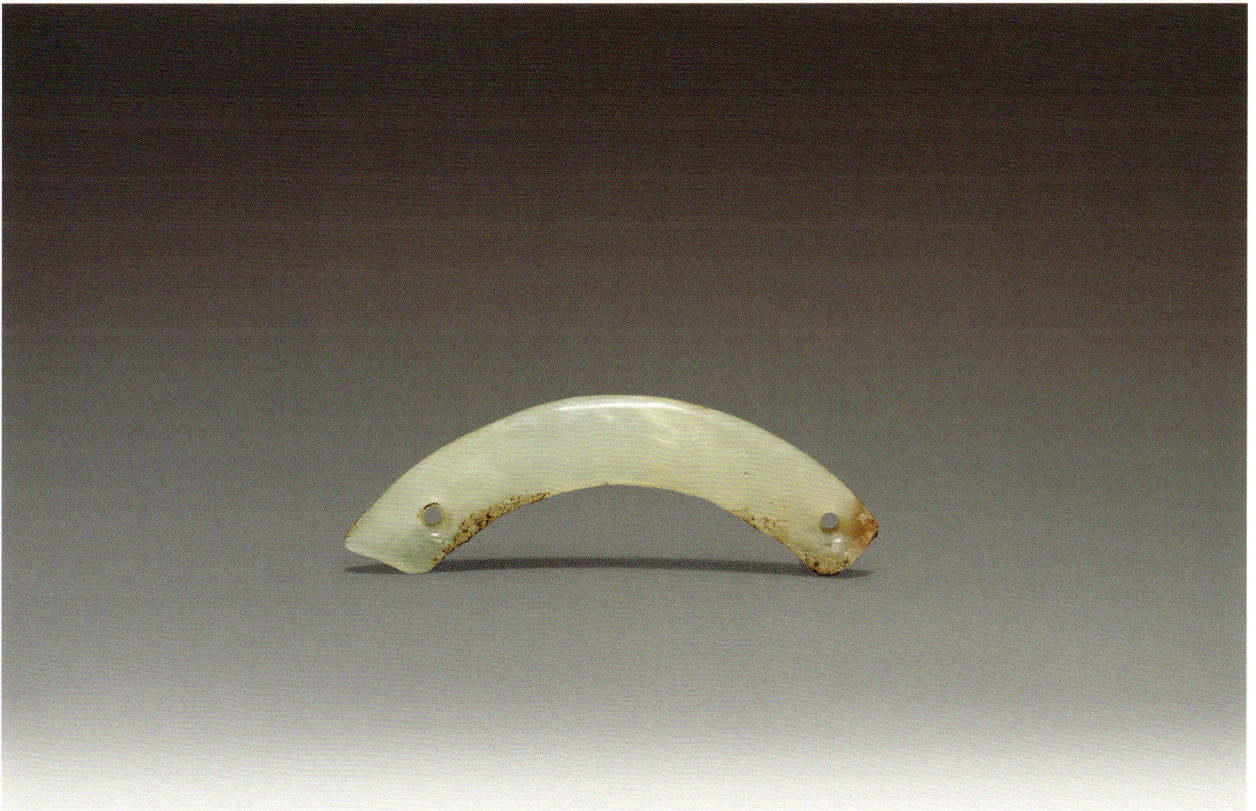

2.M47:2

图版二三二　玉石璜

1.M47:4

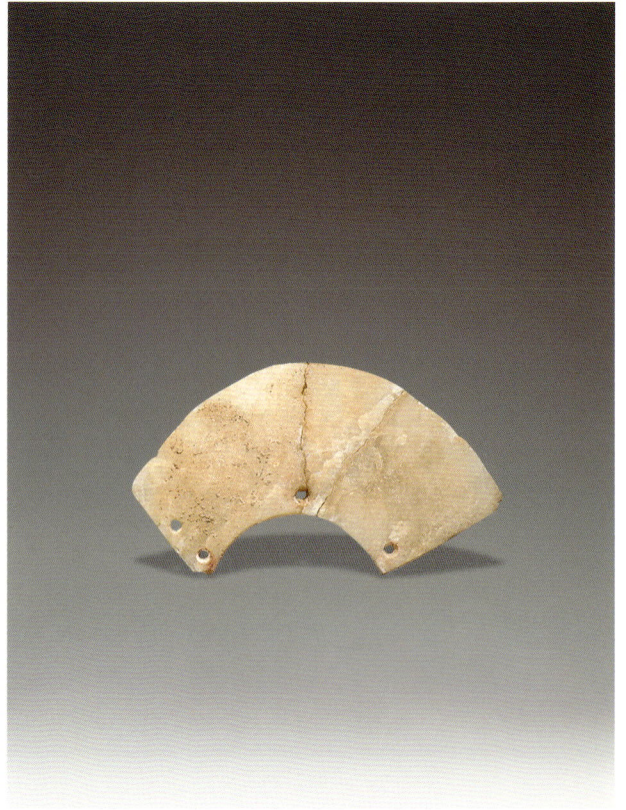

2.M104:2

3.M124:3

图版二三三　玉石璜

1.M139:4

2.M218:1

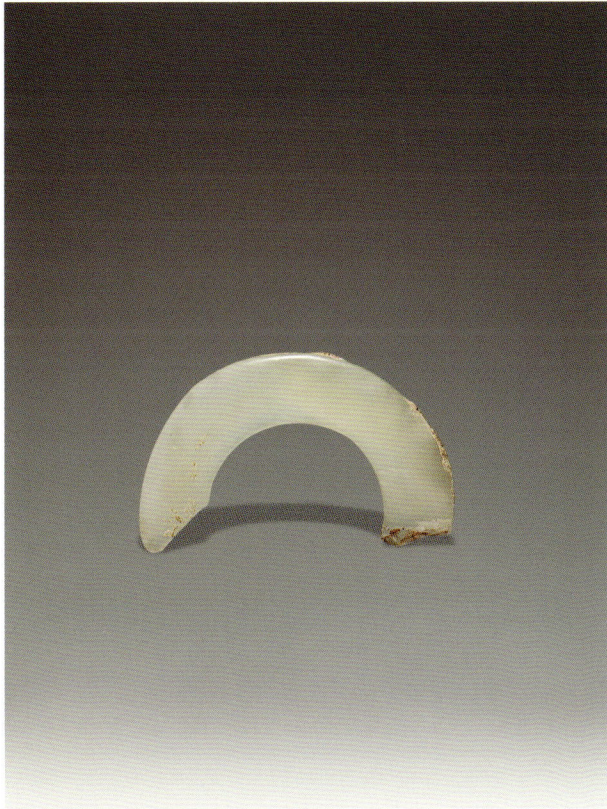

3.M250:1

4.M375:1

图版二三四　玉石璜

1.M409:2

2.M483:1

3.M492:2

4.M492:3

图版二三五　玉石璜

1. 石笄 M144:1

2. 扁条形石饰 M48:2

3. 扁条形玉饰 M60:1

4. 扁条形石饰 M144:2

图版二三六　石笄与扁条形玉石器

1. 柄形石器 M87:2

2. 柄形石器 M139:2

3. 锥形玉器 M83:1

4. 梭形石饰 M44:4

图版二三七 柄形石器、锥形玉器与梭形石饰

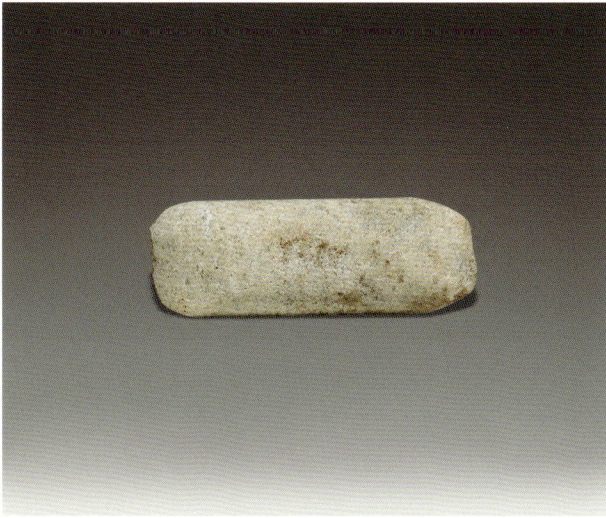

1. 梭形石饰 M136:2

2. 扇形石片 M358:1

3. 三角形石片 M16:4

4. 三角形石片 M20:1

5. 三角形石片 M129:1

6. 三角形石片 M374:1

图版二三八　梭形石饰、扇形石片与三角形石片

1. 梯形石片 M124:2

2. 不规则形玉片 M406:4

3. 不规则形石片 M151:3

4. 凹形石片饰 M372:1

图版二三九　梯形石片、不规则形玉石片与凹形石片饰

1. 穿孔石片饰 M5:1

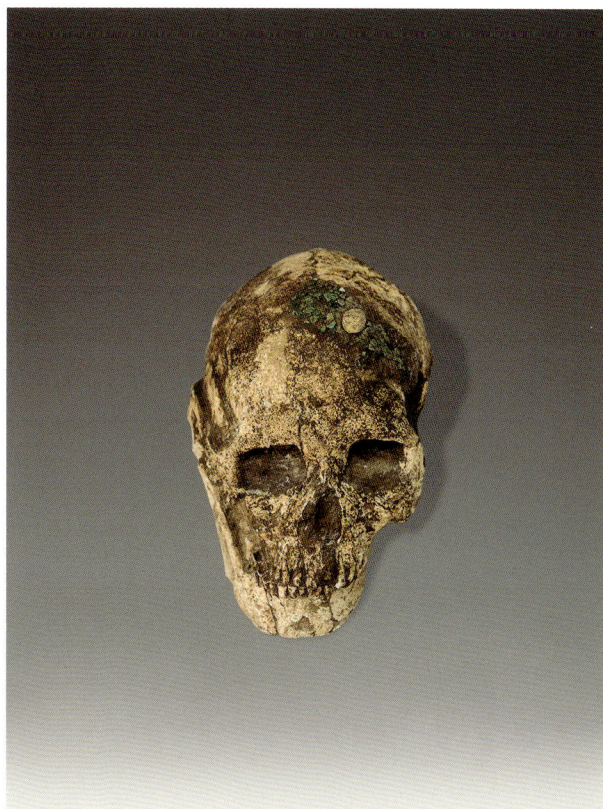

2. 绿松石 M47:5

3. 钺形石器 M44:1

4. 玉环 M55:1

图版二四〇　穿孔石片饰、绿松石、钺形石器与玉环

1. 穿孔石片 M368:1

2. 绿松石 M12:8

3. 梯形绿松石饰 M7:1

4. 绿松石坠饰 M241:3

5. 石坠饰 M241:4

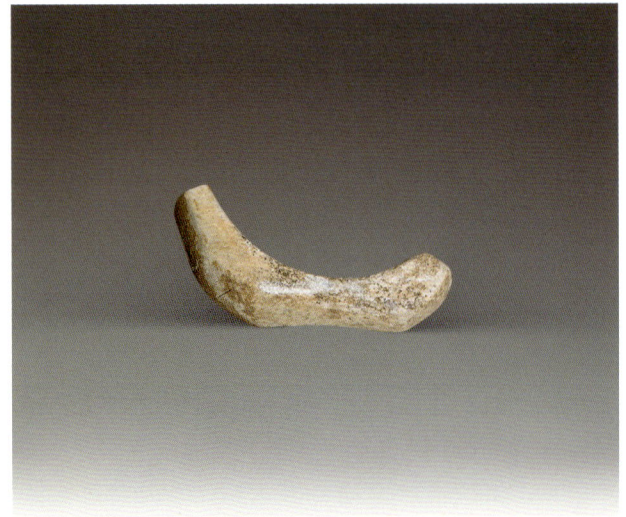

6. 琮形石器 M467:1

图版二四一　穿孔石片、绿松石饰、石坠饰与琮形石器

1. 骨镞 M255:2

2. 骨镞 M301:2

3. 骨镞 M16:2

4. 骨镞 M16:3

5. 弧形骨饰 M12:4、9、5、3

图版二四二　骨镞与弧形骨饰

1. 半圆形饰 M119:1、3

2. 月牙形饰 M59:1、2

3 亚腰形饰 M119:6-8、10-13

图版二四三　骨饰

1.Aa 型骨簪 M292:1　　2.Aa 型骨簪 M383:2　　3.Ab 型骨簪 M50:1

4.Ab 型骨簪 M383:1　　5.Ac 型骨簪 M331:1　　6.Ba 型骨簪 M259:1

7.Ba 型骨簪 M319:1　　8.Bb 型骨簪 M269:1　　9.Ab 型骨笄 M15:1

图版二四四　骨簪与 Ab 型骨笄

1.Ab 型 M288:1

2.Ab 型 M297:1

3.Ab 型 M298:1

4.Ab 型 M308:1

5.Ab 型 M311:1

6.Ab 型 M364:1

7.B 型 M241:1

8.B 型 M245:1

9.M232:1(未定型)

图版二四五　　骨笄

1. 柄形饰 M98:1、2

2. 柄形饰 M151:1

3. 穿孔条形饰 M139:1

3. 穿孔三角形饰 M285:1

5. 穿孔蚌壳 M70:1

图版二四六　蚌器

1.A 型 M30:2-4

2.A 型 M56:2、1

3.A 型 M273:2

4.A 型 M273:3

5.B 型 M77:2、1

6.B 型 M141:2

7.B 型 M145:2

8.B 型 M150:1、3

图版二四七　A 与 B 型牙器

1.B 型 M212:1

2.B 型 M268:1

3.B 型 M279:1

4.C 型 M75:1

5.C 型 M213:1

6.C 型 M214:1

7.C 型 M214:2

8.C 型 M235:1

图版二四八　B 与 C 型牙器

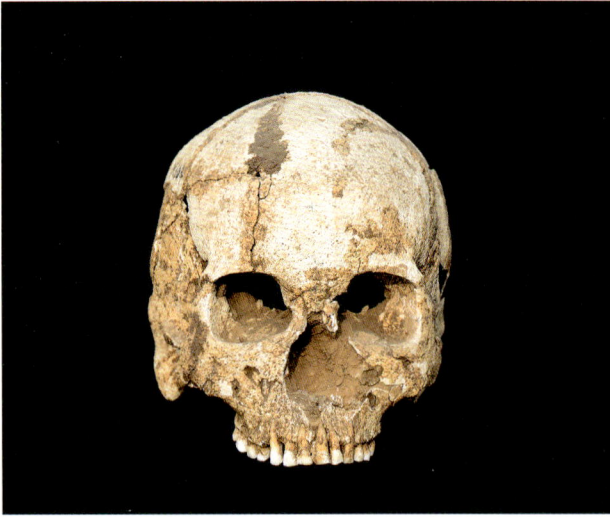

1. 正视

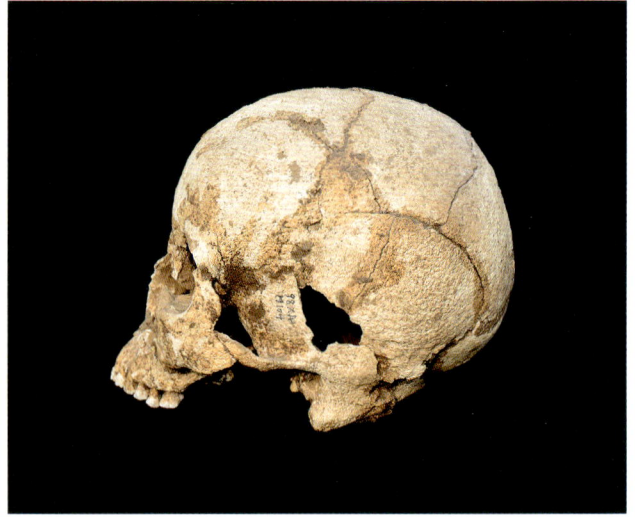

2. 侧视

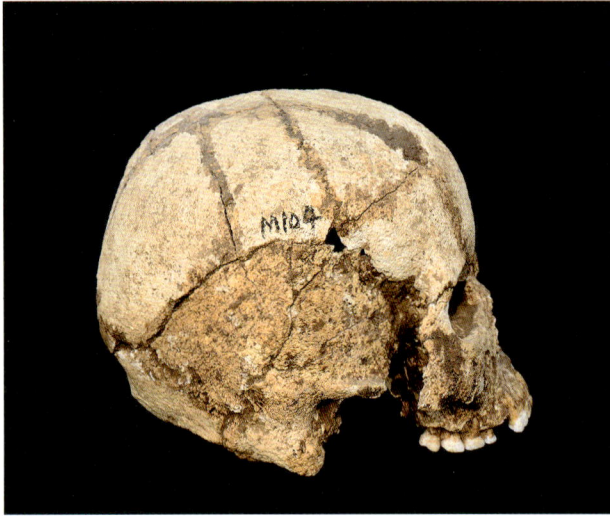

3. 侧视

4 后视

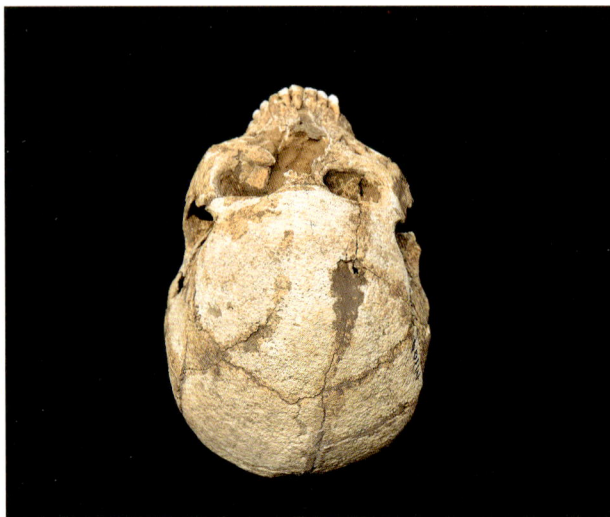

5. 顶面观

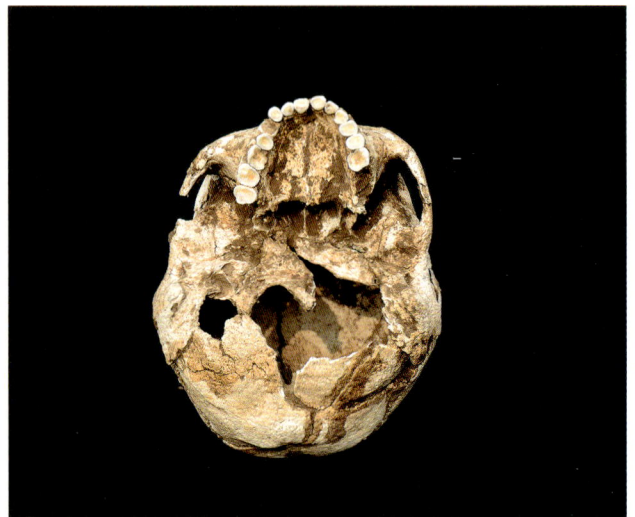

6. 底面观

图版二四九　M104 头骨

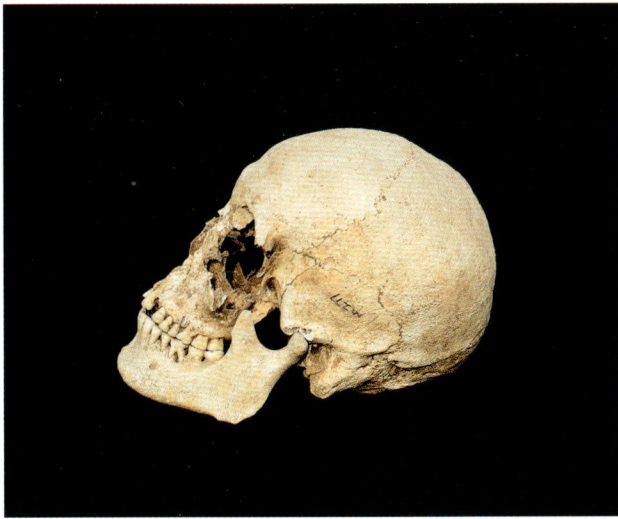

1.M277 头骨侧视

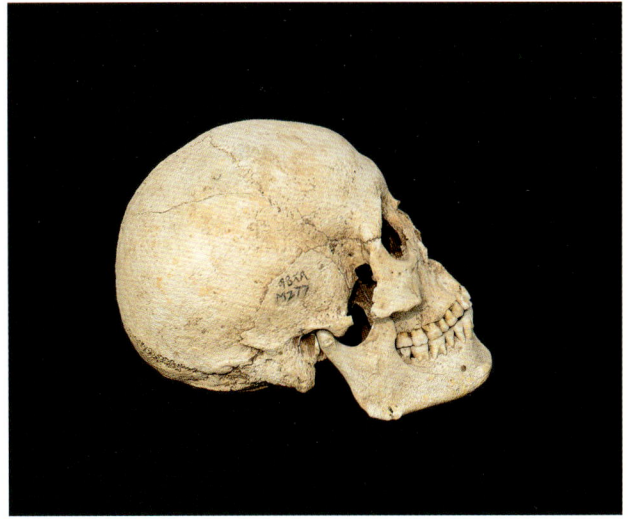

2.M277 头骨侧视

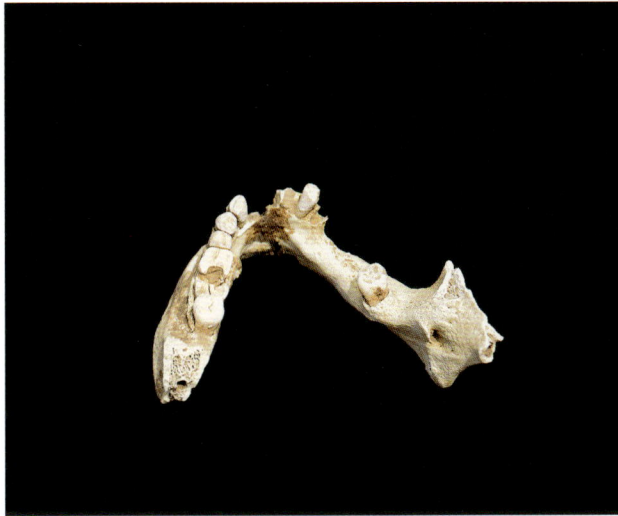

3.M51 左 M1、M2 邻面龋

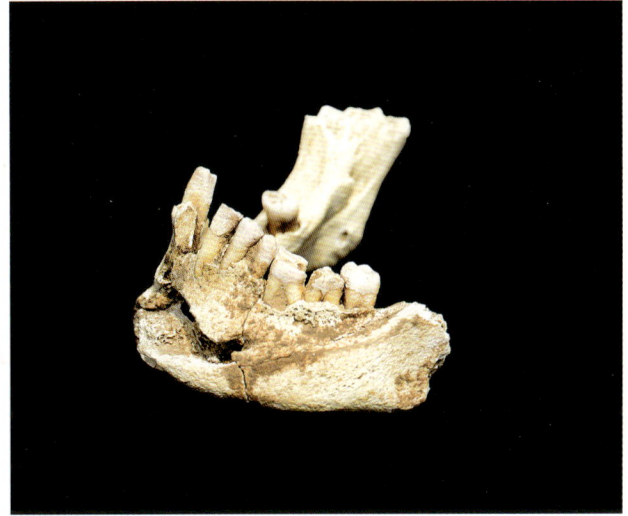

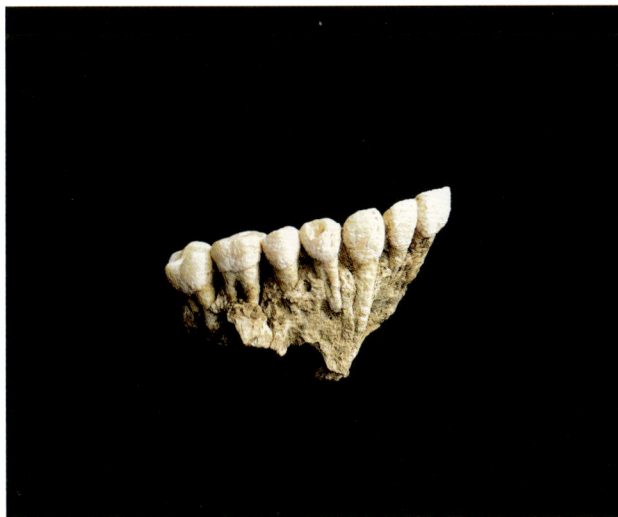

4.M145 上颌左 P1 颊侧崩裂

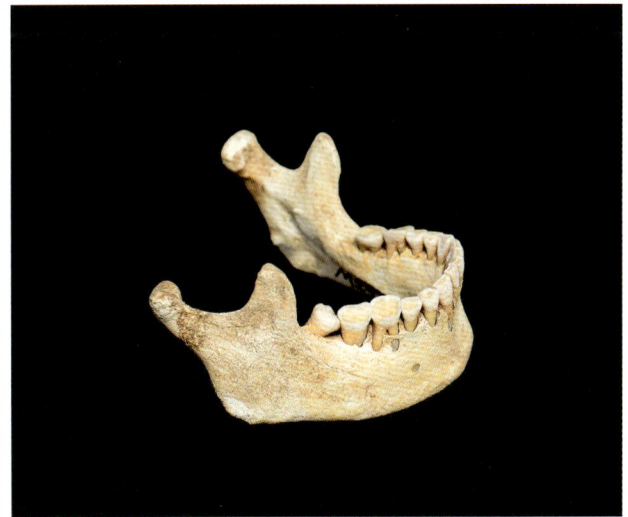

图版二五〇　　M277 头骨、M51 与 M145 牙齿状况

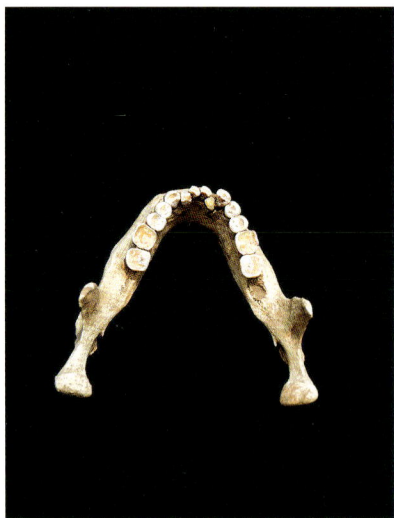

1.M162 下颌齿列不齐

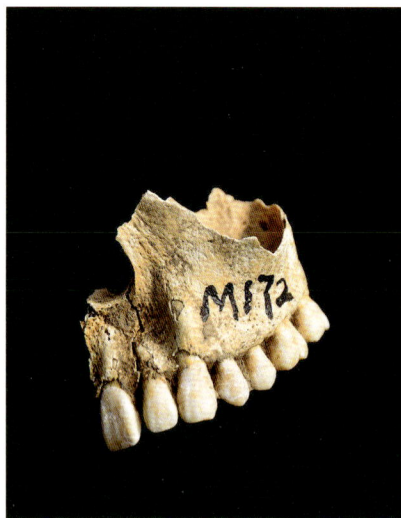

2.M172 左右 C 营养不良双铲门齿

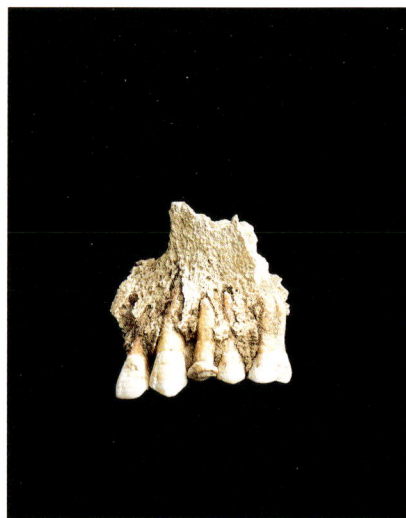

3.M229 上门齿不齐左 I2 变异

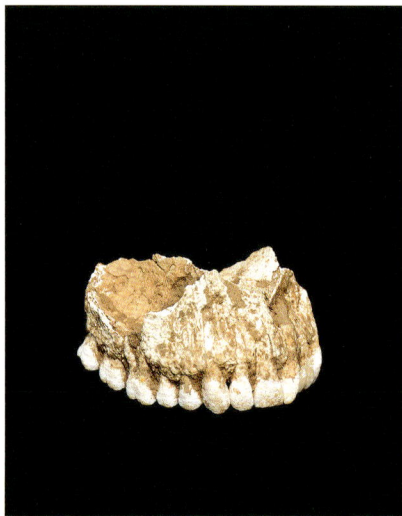

4.M241 上左 I 形态异常

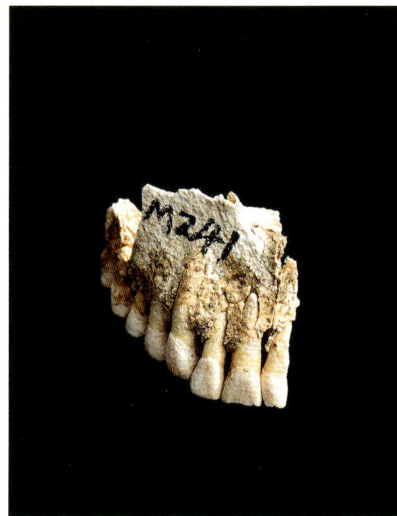

5.M257 下颌右 M3 阻生

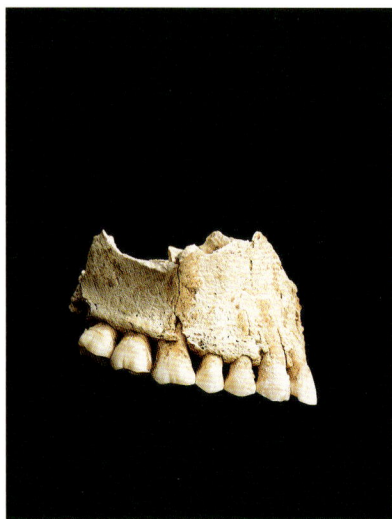

6.M259 上颌营养不良

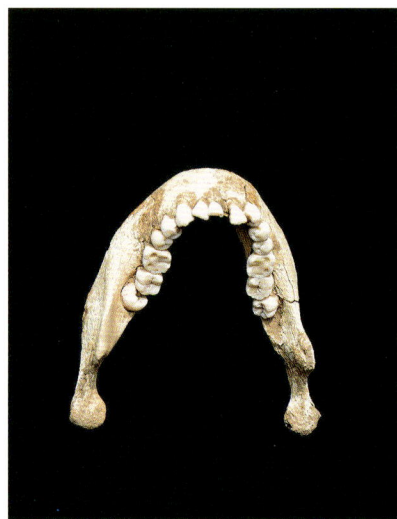

7.M275 下颌左侧 M3 阻生

图版二五一　M162、M172、M229、M241、M257、M259、M275 牙齿状况

图书在版编目（CIP）数据

下靳史前墓地 / 山西省考古研究院, 山西博物院编
著. —上海：上海古籍出版社, 2022.11
ISBN 978 − 7 − 5732 − 0380 − 9

Ⅰ.①下…　Ⅱ.①山…　②山…　Ⅲ.①墓葬（考古）−
研究−临汾　Ⅳ.①K878.84

中国版本图书馆CIP数据核字（2022）第135078号

下靳史前墓地

山西省考古研究院
　　　　　　　　　编著
山西博物院

上海古籍出版社出版发行

（上海市闵行区号景路 159 弄 1−5 号 A 座 5F　邮政编码 201101）

（1）网址：www.guji.com.cn

（2）E-mail：guji1 @ guji.com.cn

（3）易文网网址：www.ewen.co

上海雅昌艺术印刷有限公司印刷

开本 889 × 1194　1/16　印张 33.75　插页 60　字数 805,000

2022 年 11 月第 1 版　2022 年 11 月第 1 次印刷

印数：1—1,500

ISBN 978−7−5732−0380−9

K · 3222　定价：358.00 元

如有质量问题，请与承印公司联系